法学阶梯
INSTITUTIONES

普通高等教育**法学精品教材**

第三版

外国刑法纲要

ESSENTIALS OF FOREIGN CRIMINAL LAW

张明楷 著

法律出版社
LAW PRESS · CHINA

图书在版编目(CIP)数据

外国刑法纲要 / 张明楷著. -- 3版. -- 北京 : 法律出版社, 2020
ISBN 978-7-5197-3943-0

Ⅰ. ①外… Ⅱ. ①张… Ⅲ. ①刑法—国外—高等学校—教材 Ⅳ. ①D914

中国版本图书馆CIP数据核字(2019)第216791号

外国刑法纲要(第三版)
WAIGUO XINGFA GANGYAO(DI-SAN BAN)

著　　者 张明楷
责任编辑 吴　昉
装帧设计 乔智炜

开本 787毫米×1092毫米　1/16
印张 46.25　**字数** 1058千
版本 2020年1月第3版
印次 2020年1月第1次印刷
出版 法律出版社
编辑统筹 法律教育出版分社
总发行 中国法律图书有限公司
经销 新华书店
印刷 固安华明印业有限公司
责任印制 胡晓雅

法律出版社/北京市丰台区莲花池西里7号(100073)
电子邮件/info@lawpress.com.cn　销售热线/400-660-8393
网址/www.lawpress.com.cn　咨询电话/010-63939796

中国法律图书有限公司/北京市丰台区莲花池西里7号(100073)
全国各地中法图分、子公司电话:
统一销售客服/400-660-8393/6393
第一法律书店/010-83938432/8433　西安分公司/029-85330678
重庆公司/023-65382816/2908　上海公司/021-62071010/1636
北京分公司/010-62534456　深圳公司/0755-83072995

书号:ISBN 978-7-5197-3943-0　**定价:**98.00元
(如有缺页或倒装,中国法律图书有限公司负责退换)

作 者 简 介

张明楷 1959年生,湖北仙桃人。1982年毕业于湖北财经学院(现中南财经政法大学)法律系。曾是日本东京大学客员研究员、日本东京都立大学客员研究教授、德国波恩大学高级访问学者和中南政法学院(现中南财经政法大学)教授。现为清华大学法学院教授、博士生导师;中国刑法学研究会副会长、中国警察法学研究会副会长、中国检察理论研究会副会长。独著《犯罪论原理》(武汉大学出版社1991年版)、《刑事责任论》(中国政法大学出版社1992年版)、《刑法的基础观念》(中国检察出版社1995年版)、《市场经济下的经济犯罪与对策》(中国检察出版社1995年版)、《刑法学》(法律出版社1997年第1版、2003年第2版、2007年第3版、2011年第4版、2016年第5版)、《未遂犯论》(法律出版社·成文堂1997年联合出版)、《刑法格言的展开》(法律出版社1999年第1版、2003年第2版、北京大学出版社2013年第3版)、《外国刑法纲要》(清华大学出版社1999年第1版、2007年第2版)、《刑法学(教学参考书)》(法律出版社1999年版)、《法益初论》(中国政法大学出版社2000年第1版、2003年修订版)、《全国律师资格考试指定用书·刑法》(法律出版社2001年版)、《刑法的基本立场》(中国法制出版社2002年版、商务印书馆2019年修订版)、《刑法分则的解释原理》(中国人民大学出版社2004年第1版、2011年第2版)、《全国高等教育自学考试指定教材·刑法学》(北京大学出版社2006年第1版、2014年新版)、《诈骗罪与金融诈骗罪研究》(清华大学出版社2006年版)、《刑法学教程》(北京大学出版社2007年第1版、2010年第2版、2011年第3版)、《罪刑法定与刑法解释》(北京大学出版社2009年版)、《犯罪构成体系与构成要件要素》(北京大学出版社2010年版)、《刑法原理与实务》(北京大学出版社2010年版)、《刑法原理》(商务印书馆2011年第1版、2017年第2版)、《行为无价值论与结果无价值论》(北京大学出版社2012年版)、《刑法的私塾》(北京大学出版社2014年版)、《责任刑与预防刑》(北京大学出版社2015年版)、《刑法的私塾(之二)》(北京大学出版社2017年版)、《犯罪论的基本问题》(法律出版社2017年版);译《日本刑法典》(法律出版社1998年第1版、2006年第2版);在《中国社会科学》、《法学研究》、《中国法学》等刊物上发表学术论文四百余篇。

作者简介

[illegible]

第三版前言

《外国刑法纲要》第二版于2007年出版，距今已十余年。原本不打算对本书修修补补，因为我清清楚楚地知道，在国内陆陆续续翻译出版国外权威刑法教科书的当下，《外国刑法纲要》已无再版价值。但由于读者们的期待和出版社的催促，我还是犹犹豫豫地更改初衷，认认真真地删改本书，使第三版得以印行。

与第二版相同的是，第三版在形式上仍然采用德国、日本通行的三阶层犯罪论体系，并试图以通俗的语言、全面的视角将外国林林总总的理论与形形色色的判例介绍给读者（当然也有零零星星的分析），由读者判断各种学说的利弊和决定不同观点的取舍。我虽然时时刻刻告诫自己，一定要以中立态度介绍国外立法、理论与判例，但也明明白白地意识到，不管如何保持中立，都不可避免地打上自我立场的烙印。这是因为，每个人在阅读各种文献时，所看到的内容和获得的结论并不是取决于电脑与眼睛，而是取决于大脑与内心。本书没有像德国通说那样在构成要件中介绍故意，没有以独立的一章分别介绍不作为犯和过失犯，就足以说明这一点。尽管如此，我还是可以坦坦荡荡地说，书中所介绍的任何观点，都有可信的直接来源和可靠的间接来源。当然，由于外文资料和本人外语水平均有限，即使看书时仔仔细细、兢兢翼翼，但写书时不免浑浑噩噩、混混沌沌，成书后未免忐忐忑忑、战战惶惶。

和第二版不同的是，第三版就很多内容对德国、日本的刑法理论和判例进行了分别介绍；即使一并介绍时，也会尽可能说明日本与德国的差异。一些人习惯于认为，日本刑法理论整整齐齐地移植乃至完完全全地照搬了德国刑法理论。其实，除了形式上的三阶层体系之外，实体内容却大相径庭。例如，第一，德国刑法理论采取客观归责理论，但日本的通说采取相当因果关系说，即使是在德国取得博士学位的刑法学者也不赞成日本采用客观归责理论。第二，在违法性论方面，德国的通说是二元论，结果无价值论基本上没有学术地位，但在日本，法益侵害说（法益保护主义）是通说，结果无价值论至少是强有力的学说。第三，德国刑法理论的通说将故意作为主观的违法要素，但日本的通说仍然认为故意是责任要素；关于事实认识错误，德国的通说采取具体符合说，日本的通说则采取法定符合说。第四，关于未遂犯，德国实际上采取的是主观的未遂犯论（印象说），日本采取的是客观的未遂犯论；德国肯定不能犯的可罚性，日本否定不能犯的可罚性。第五，关于共犯，日本根据本国的立法与判例形成了自己的共犯理论，其所使用的很多概念（如行为共同说、犯罪共同说、部分犯罪共同说、共谋共同正犯、共犯的脱离等）并非源于德国。第六，关于罪数，日本采取了完全不同于德国的罪数论体系，其普遍使用的包括一罪、牵连犯、一连行为等概念并不见于德国。如此等等，不胜枚举。至于对具体犯罪构成要件的解释，则根本不存在日本移植德国刑法理论的现象。团藤重光、大塚仁等教授以往出版的刑法教科书都列有德国参考文献，但现在的刑法教科书

(如平野龙一、内藤谦、大谷实、浅田和茂、曾根威彦、西田典之、前田雅英、山口厚、高桥则夫、井田良、松原芳博等教授撰写的教科书)均不列德文文献。言必称德国的时代早已过去,完全没有德文注释的论著已经相当普遍。

"刑法反映存在于文化根底的价值,可谓其时代的文化的一面镜子"(H. Mannheim 语);"刑法特别敏感地反映着社会构造上或者社会意识上的变化"(W. Friedmann 语)。我国刑法理论的发展变化,充分证明了这一点。中国需要自己本土的体系化刑法理论,但本土理论与国外理论既非对立关系,也非同一关系,而是交叉竞合关系。我们需要借助国外的刑法理论认识自己的刑法理论,并且通过借鉴国外的刑法理论形成自己本土的体系化刑法理论。对国外学说唯唯诺诺地全盘接受或者轰轰烈烈地全面批判,都不利于中国刑法理论的繁荣与发展。懂得后再放弃,获得后再扬弃,或许是更好的学术路径。

张明楷

2019 年 5 月 3 日于清华明理楼

第二版前言

《外国刑法纲要》第一版写成于1991年,出版于1999年。此后,我不仅没有打算推出第二版或者修订版,而且意欲使本书逐渐退出学术领域。一方面,我一直以为,不应当将刑法学分为中国刑法学与外国刑法学。因为认识自己比认识别人更难,我们需要将别人作为参照体来认识自己。所以,不考察外国刑法学与中国刑法学的区别,就不可能真正了解中国刑法学。换言之,只了解中国刑法学,意味着并不了解任何刑法学。事实上,许多刑法学教材,也都不同程度地介绍了外国刑法学的内容。于是,撰写外国刑法教材似无必要。另一方面,国内已经翻译出版了不少外国刑法教材,使得中国作者撰写外国刑法教材的必要性大为减小。这次之所以花费近两年的时间修订本书,是基于以下理由:《外国刑法纲要》第一版每年重印几次,而且被学者们频繁引用,但是,第一版的内容已显得相当陈旧。近年来,国外的刑事立法相当活跃,刑法典被反复修改,但第一版仍然引用的是旧条文;有的权威学者已经改变了观点,但第一版介绍是该学者放弃的旧观点;有的学者在以前还不具有权威性,第一版没有介绍其观点,而现在该学者成为相当权威的学者,不可忽视其观点;有的学说由多数说变成了少数说,但第一版仍将其作为多数说介绍,或者相反。在这种情形下,第一版仍然被反复重印和频繁引用,必然使我产生了负罪感。刑法是时代的一面镜子,敏感地反映着社会的各种变化。所以,十多年前完成的《外国刑法纲要》第一版几乎只能作为历史文献,不再具有现实意义。而且,许多读者通过不同方式告诉我,他们喜欢阅读《外国刑法纲要》,因为其中的观点归纳全面,表述容易理解,十分期待本书第二版面世。既要不停地撰写新的论著,又要不断地修改旧的著作,这多少有些让人身心疲惫,但我总是享受着其中的快乐。为了避免以讹传讹,为了不辜负读者的期待,也为了自己快乐,我将《外国刑法纲要》第二版奉献给读者。

《外国刑法纲要》第二版,采用德国、日本通行的刑法学体系,系统阐述了外国最新刑事立法、刑法理论与典型判例,重点阐释了对中国具有借鉴意义的法条、学说与判旨。在阐述外国刑事立法时,注重说明其法律理由、政策理由与社会背景;在梳理外国理论学说时,注重分析其思想基础、争论焦点与具体理由;在介绍外国典型判例时,注重交待案件事实、判决理由与学理评说。本书呈现给读者的,是形形色色的论点与针锋相对的争辩,是相当详细的介绍与比较细腻的分析。相信本书有利于读者拓展知识和开阔视野,有助于读者提高法律思维能力和法律解释技巧。需要说明的是,为了减少篇幅,本书仅对引用的原文作了常规注释,对于其他观点仅在括号内注明了学者姓名。但我能够保证的是,书中所介绍的任何观点,都有直接来源和可靠的间接来源。

撰写外国刑法教材,只是在“编”书,而不是在“著”书。但是,这并不意味着“编”书容易“著”书难。我的体会是,撰写外国刑法教材比撰写中国刑法教材艰难得多,因为要系统了解外国刑事立法的最新发展状况，正确梳理外国刑法理论的各种学说，合理选择外国司法实务中的典型判例，了解立法、学理与判例背后的基本立场、社会背景等，实乃不易之事。这番话并不是为本书的错漏舛误寻找辩护理由，而是期待读者提出批评意见。

学弟李立众认真校正了本书，并提出了诸多有价值的宝贵建议；姚诗、陈洪兵、王军仁三位博士生也系统地校对了原稿。在此，一并表示诚挚的谢意！

张明楷

2007 年 1 月 23 日于清华明理楼

前　言

经过多年努力以及多方帮助,《外国刑法纲要》一书终于可以问世了。

以下三点是笔者特别注意的:第一,坚持“洋为中用”的原则,对中国刑事立法、司法及理论具有重要借鉴意义的外国刑法理论,是我阐述的重点;对此外的问题则未予提及或一笔带过。第二,紧密联系外国刑事立法例,注意说明其立法理由;注重介绍外国典型判例,尽量避免空泛的议论,从而使读者容易理解。第三,注重介绍新观点、新趋势,力求避免将陈旧、衰退的观点视为通说。

以下三点是需要特别说明的:第一,本书主要阐述的是大陆法系国家的刑法理论,其中以德国(不含“二战”后的民主德国)、日本的刑法理论为代表。对英美刑法较少提及,对东欧国家刑法未作介绍,敬请读者宽容。第二,本书起初是作为讲义撰写的,因而没有将各种观点的来源说明出处,只是在各种观点后的括号内注明了持该观点的学者姓名,文字表述也只是适应讲授所需,恳请读者原谅。第三,由于水平及资料有限,本书一定存在许多错误及疏漏之处,烦请读者指教。

以下三人是应当特别感谢的:一是中南政法学院的曾昭琼先生。曾老早先留学日本东北大学,对外国刑法研究得全面而透彻。我有幸师从曾老,学到了很多专业知识与研究方法。二是中南政法学院的江任天教授。江教授向我传授了大量的英美刑法理论,其丰富学识令人敬佩。三是日本东京都立大学法学部的前田雅英教授。在我两次留日期间,他不仅给我讲述了日本、德国刑法理论,而且提供了大量资料。

张明楷

1998 年 10 月于清华园

目　录

总　论

各　论

总　　论

第一编 刑 法

第一章 刑法与刑法理论

第一节 刑法的概念与机能

一、刑法的概念

一般来说,刑法是关于犯罪与刑罚的法律。从广义上来说,凡是规定犯罪的成立要件以及犯罪的法律效果的法律规范,都是刑法(实质意义的刑法);从狭义上说,刑法是指系统地规定犯罪与刑罚的法典,即刑法典。通常将刑法典称为普通刑法或一般刑法,刑法典以外的刑罚法规称为特别刑法。现在,由于作为刑罚补充的保安处分制度迅速发展,而且许多国家将保安处分规定在刑法典中,[1]所以,关于保安处分的法律也属于刑法。

在外国,既有使用"刑法"(Strafrecht, droit penal, penal law, diritto penale)一词的,也有使用"犯罪法"(Kriminalrecht, droit criminal, criminal law, diritto criminale)一词的。英美使用"犯罪法"一词,德国、日本则使用"刑法"一词,法国既使用"刑法"一词,也使用"犯罪法"一词。日本学者团藤重光认为,是使用"刑法"一词,还是使用"犯罪法"一词,主要是一种习惯,难说它们之间具有实质区别。或许可以认为,使用"刑法"一词时所重视的是规范的一面;使用"犯罪法"一词时所重视的是事实的一面。德国刑法学者 W. Sauer 等人主张,为了包含保安处分,使用"犯罪法"一词比使用"刑法"一词要好。Roxin 也指出,笼统使用"刑法"一词并不合适,本来应使用"刑法与保安处分法"的概念;但由于保安处分制度形成不久,为了简便起见,人们通常使用"刑法"这一被压缩的概念。

除了刑法这一概念以外,还有"刑事法"一词。刑事法包括刑法、[2]刑事诉讼法与行刑法,所以,刑法是刑事法的一个组成部分。

如果把一国的法律分为公法与私法,则刑法属于公法。一般认为,私法是调整个体与个体之间的关系的法律,公法是规制公权力行使的法律,刑法属于后者。尽管德国等国家出于传统的原因与刑法的特殊意义,习惯于将法律分为私法、公法与刑法三部分,使刑法独立于狭义的公法之外,但刑法仍然属于广义的公法。如果把一国的法律分为立法法、司法法与行政法,则刑法属于司法法。行政法的指导原理是合目的性,司法法的指导原理是

---

〔1〕 参见德国刑法第 61 条以下、奥地利刑法第 20 条以下、瑞士刑法第 42 条以下、西班牙刑法第 95 条以下、意大利刑法第 199 条以下,等等。

〔2〕 德国将刑事量刑法、青少年刑法独立于刑法之外。

法的安定性,刑法是以后者为指导的,基本上属于司法法。[3] 不过,行政刑法则兼有司法法与行政法的性质。如果把一国的法律分为实体法与程序法,刑法属于实体法。

二、刑法规范

刑法通常采取“犯……处……”的形式来规定犯罪与刑罚之间的关系。前半部分称为法律要件,表明成立某种犯罪的条件;后者是法律效果,限定刑罚的种类与范围。行政刑法常常在一个条文中规定禁止事项,而在另外的条文中规定违反禁止规范的法律后果,即将法律要件与法律效果分别规定在不同的条文中,这与在一个条文中规定法律要件与法律效果没有实质区别。刑法规范与民法规范在形式上是相似的,但刑法规范的法律要件明确、法律效果严密,则是与民法规范有区别的。

刑法规范究竟是裁判规范还是行为规范,抑或既是裁判规范又是行为规范,并不是一个没有争议的问题。称刑法规范为裁判规范,意味着当现实中发生了符合抽象的、假定的法律要件时,就通过裁判来现实地发动与之相对应的刑罚,而刑法规范就是进行裁判的基准。因为刑法不可能要求所有的人实施一定的适法行为。例如,对精神病人就不能要求他实施一定的适法行为,但仍然能够对其行为进行构成要件符合性、违法性的评价。称刑法规范为行为规范,意味着刑法规范是要求行为人实施一定适法行为、不得实施犯罪行为的行为规范。K. Binding 认为,这种行为规范是从刑罚法规中抽象出来的一种文化规范。日本的部分学者则认为,行为规范是内在于刑罚法规自身的禁止规范与命令规范。例如,规定对杀人者予以处罚的规范,如果离开了禁止杀人与命令不杀人的规范,其自身就不存在了。而且,正是因为介入了这样的行为规范,刑法规范与社会伦理规范就具有了密切关系,刑法规定为犯罪的行为,在社会伦理上也是不被允许的行为。但另一方面,刑法规范与伦理规范又具有严格区别,在社会伦理上受到非难的行为也可能在刑法上不是犯罪行为;反之,在社会伦理上不受非难的行为,也可能因为政策上的需要而成为刑法上的犯罪行为。

刑法规范究竟是裁判规范还是行为规范的争论,与对违法性的理解密切关系。如果采取行为无价值论的立场,就会重视刑法的行为规范性;反之,如果采取结果无价值论的立场,则会重视刑法的裁判规范性。换言之,如果认为刑法是对现实发生的犯罪进行裁判的基准,就必须从结果开始进行回溯性的考察,因而采取结果无价值论;如果认为刑法是指示国民不得犯罪的行为规范,那么,刑法就必须对控制行为的内心起作用,因而采取行为无价值论。不过,结果无价值论与行为无价值论只是强调的重点不同,结果无价值论不可能完全否认刑法规范具有行为规范的内容,行为无价值论也不可能彻底否认刑法规范具有裁判规范的内容。

行为规范包括不同内容。其中,禁止人们实施某种行为的规范称为禁止规范;命令人们必须实施某种行为的规范称为命令规范。与此对应地存在允许规范与豁免规范。允许规范意味着人们可以在特定情况下实施一般性(或原则上)禁止的行为,因而排除禁止规范的适用(例如,刑法禁止杀人,但允许特殊情况下的正当防卫杀人);豁免规范意味着人们在特定情况下不需要按照一般性命令行事(例如,刑法要求人们履行抚养义务,但如果

---

〔3〕 从裁判规范的角度而言,司法法规制的对象是司法人员,行政法规制的对象是行政执法人员,立法法的规制对象为立法人员。

自己的生命处于危险状态就不必履行该义务)。裁判规范同样存在相应的内容。

E. Mezger 最先将刑法规范分析为评价规范与决定规范来考虑。评价规范,是指刑法规范是从刑法的观点判断某个行为是否是无价值的规范,即一个行为是否有害是根据刑法规范进行评价的,因而刑法规范是评价规范。决定规范,是指刑法规范命令人们在实施行为时作出遵从刑法的意思决定,所以又称为意思决定规范。从逻辑关系来说,评价规范在前,决定规范在后。E. Mezger 指出,作为决定规范(命令)的法律,如果没有作为评价规范的法律,完全不可思议;作为评价规范的法律是作为决定规范的法律的绝对的逻辑前提;因为谁想"决定"某人的某种事情,他就必须先知道,他将为某人决定什么:他必须在决定性的实在意义上"评价"那种事情。作为决定规范的法律的逻辑前提,是作为评价规范的法律,是作为"客观生活秩序"的法律。E. Mezger 进而认为,违法性是由评价规范决定的,有责性(责任)是由决定规范决定的。但是,也有人认为,评价规范与决定规范共同决定违法性。显然,如果就违法性采取法规范违反说,则很容易到达主观的违法性论。因为如果认为违反意识决定规范就是违法,那么,就不能不认为决定规范是规范的重要部分。但是,如果就违法性采取法益侵害说,则理当采取客观的违法性论,即违法性是由"刑法应当保护何种利益"这种评价来决定的。

三、刑法的机能

所谓刑法的机能,也可以说是刑法的作用。关于这一点,有许多不同的提法,如社会保护机能、社会控制机能、报复的机能、预防的机能、法益保护的机能、社会伦理的机能、行为规制的机能、自由保障的机能等。确实,根据不同立场、理念与概括方法,会总结出不同的刑法机能。总体来看,刑法的法益保护机能与自由保障机能,是一般学者都承认的;至于社会伦理的机能、行为规制的机能,则主要是规范违反说、行为无价值论的主张者所承认的。下面介绍刑法的三个机能。

(一)自由保障机能

自由保障机能(也称人权保障机能),来自罪刑法定主义原则,是指刑法具有通过制约国家刑罚权的行使,保障行为人不受国家滥用权力的侵害,进而保障国民的个人自由及其他利益的机能。换言之,刑法以规定一定的行为是犯罪并给予刑罚处罚的方式,限制国家对刑罚权的发动或利用,在保障善良国民自由的同时,也保障犯罪人自身的自由[刑法的人权大宪章(Magna Charta)机能]。一方面,只要行为人的行为不构成刑法所规定的犯罪,他就不受刑罚处罚,在此意义上,就限制了国家对刑罚权的发动;反过来说,只要行为人的行为不构成刑法所规定的犯罪,他就不受国家刑罚的干预,他就是自由的,因而能保障善良国民的自由。另一方面,对犯罪人只能根据刑法的规定进行处罚,不得超出刑法规定的范围科刑,这便保障犯罪人免受不恰当的刑罚处罚。

(二)法益保护机能

法益保护机能,来自刑法的法益保护目的(或原则)。法益,是指法律所保护的利益,刑法具有保护法益不受犯罪侵害的机能。处罚伤害者的刑法规范,就是保护他人的身体健康不受伤害行为的侵害。所有的刑法规范都是为了保护某种法益而制定的,故刑法具有法益保护机能。法益保护机能具体表现为:(1)通过规定对侵害一定法益的行为予以刑罚处罚,防止一般国民侵害法益(一般预防);(2)通过对实际实施的犯罪科处刑罚,防止犯罪人重新侵害法益(特殊预防),也防卫其他人侵害法益(一般预防)。

但是,刑法以外的其他法律也在以某种形式保护法益,刑法是以刑罚作为手段保护法益的,只有当其他法律不能充分保护法益时,才能由刑法进行保护。刑法与其他法律的这种关系,被称为刑法的第二次性质(补充的性质)。但这并不意味着刑法从属于其他法律,刑法仍然具有独特的意义。

争论的问题是,刑法是仅仅保护法益,还是同时包含了对社会伦理的保护?如果认为伦理秩序也是一种法益,则不存在什么实质性的争议。但刑法规范与伦理规范存在严格区别,法益是法律所保护的利益,理所当然不包含伦理规范所保护的伦理秩序。所以,有人主张,刑法的机能只是保护法益。但有少数人认为,国家制定刑法是为了维护国家的公共社会秩序,为其文化发展服务,所以应当肯定刑法对社会伦理的保护机能。该问题的实质是法律与道德的关系,尤其是能否运用刑法推行道德的问题。

(三)行为规制机能

所谓行为规制机能,是指使对犯罪行为的规范评价得以明确,从而对公民的行为进行规范、制约的机能。其具体内容是,刑法将一定的行为规定为犯罪并给予刑罚处罚,表明该行为在法律上是无价值的(评价的机能)。同时命令行为人作出不实施这种犯罪行为的内心意思决定(决定的机能)。这与前述作为刑法规范的评价规范与意思决定规范相对应。例如,刑法规定:“伤害他人身体的,处三年以下自由刑。”这是一个刑法规范。这一规范表明,伤害他人身体的行为在法律上是无价值的行为,同时命令人们作出不实施伤害他人身体的行为的意思决定。

(四)刑法机能之间的关系

上述机能究竟是什么关系,也不是没有争论的。有的学者认为,自由保障机能与行为规制机能意味着防止犯罪的合理手段;法益保护机能则是防止犯罪的结果(前田雅英)。有的学者认为,法益保护机能,是刑法的第一次社会控制机能的表现;自由保障机能,则是刑法的第二次社会控制机能的表现(曾根威彦)。

可以肯定的是,刑法的法益保护机能与自由保障机能不免存在紧张关系。如果强调刑法的法益保护机能,刑法的自由保障机能就受到限制;反之,如果强调刑法的自由保障机能,就会招致法益侵害的增加。总体来说,只有对二者进行调和、充分发挥两方面的机能,才是最理想的。这也是刑法学的最重要课题。但事实上,近现代刑法常常是优先考虑自由保障机能。因为既然实行“法无明文规定不为罪”的罪刑法定原则,就意味着总是有部分法益侵害行为不可能受到刑罚处罚。这也正是维护罪刑法定原则、保障国民自由的必要代价。

四、刑法谦抑主义

刑法所发挥的机能不是无限的。一方面,对犯罪而言,刑法是一种有力的手段,但不是唯一的手段,而且不是决定性的手段,因为要减少犯罪就必须减少犯罪产生的原因,所以 F. v. Liszt 说,“最好的社会政策就是最好的刑事政策”。另一方面,刑法不能适用于所有的违法行为,只能慎重、谦虚地在必要的范围内予以适用。后者,就是所谓刑法谦抑主义(刑法的谦抑性)。日本学者平野龙一指出,刑法谦抑主义有三个方面的含义:“第一是刑法的补充性。即使是有关市民安全的事项,也只有在其他手段如习惯的、道德的制裁即地域社会的非正式的控制或民事的规制不充分时,才能发动刑法。……例如,交通事故对生命、身体的侵害,是一个重大社会问题,适用刑罚也会产生某种效果,但是,通过提高驾驶员与步行者的伦理与技术水平、改善道路与照明设备所收到的防止交通事故的效果会更大。第二是刑法的不完整性。如果像上面那样认为刑法具有补充的性质,那么,发动刑法的情况自然是不完整的。[4] ……第三是刑法的宽容性,或者可以说是自由尊重性。即使市民的安全受到侵犯,其他控制手段没有充分发挥效果,刑法也没有必要无遗漏地处罚。在现代社会,人不或多或少侵犯他人就不能生存下去,因此,各人在某种程度上必须相互忍耐他人的侵犯。如果对所有的侵犯行为都禁止,反而容易阻碍个人的自由活动。"[5]德国学者也明确指出:"通常,法律并不禁止可以想象到的一切法益侵害形态,而是仅禁止极为重大的侵害。这正是要求描述受处罚的一定的有害行为的各种条件的犯罪定义的理由。"[6]于是,法益保护被表述为"补充性的法益保护"或者"谦抑的法益保护原则"。

刑法谦抑主义不仅是刑法的解释与适用上应当考虑的,也是立法上应当考虑的。对于在立法上如何确定科刑的条件,实现刑法谦抑主义,H. L. Packer 提出了以下标准:(1)这种行为在大多数人看来,对社会的威胁是显著的,从社会的各重要部分来看是不能容忍的;(2)对这种行为科处刑罚符合刑罚的目的;(3)对这种行为进行控制不会导致禁止对社会有利的行为;(4)对这种行为能够进行公平的、无差别的处理;(5)对这种行为进行刑事诉讼上的处理时,不产生质与量的负担;(6)对这种行为的处理不存在代替刑罚的适当方法。[7]

近年来,刑法理论上提出了"无被害人的犯罪""自己是被害人的犯罪"的概念,前者如成人间合意的同性恋、赌博、堕胎等犯罪,后者如麻醉药品犯罪。有人根据刑法谦抑主义主张对这些行为实行"非犯罪化";一些国家的刑法也不再处罚成人间合意的同性恋,缩小了堕胎罪的处罚范围。但多数人认为,所谓无被害人的犯罪与自己是被害人的犯罪,大多是对社会法益的犯罪,从法益保护的观点来看,还不能不认为是犯罪。事实上,各国刑法不同程度地规定了"无被害人的犯罪"与"自己是被害人的犯罪"。

第二节 刑法理论

一、刑法学

从狭义上说,刑法学是指刑法解释学,即对现行刑法进行解释所形成的学说。从广义上说,刑法学包括刑法理论(刑法哲学)、刑法史学与比较刑法学。刑法理论是指对犯罪与刑罚的意义进行哲学探讨的学说;刑法史学是指对刑法的历史发展过程进行研究的学说;比较刑法学是指对各国刑法进行对比说明的学说。最广义的刑法学,则除了包括上述广义的刑法学以外,还包括刑事学——犯罪学与犯罪对策学。

---

[4] "不完整性"一词是从日语意译而来,直译为"断片性"。即刑法不能介入国民生活的各个角落。

[5] [日]平野龙一编:《现代法Ⅱ——现代法と刑罚》,岩波书店 1965 年版,第 21 ~ 22 页。

[6] [德]Albin Eser:《"法益侵害"と法益论における被害者の役割》,甲斐克则编译,信山社 2014 年版,第 68 页。

[7] H. L. Packer, *The Limits of the Criminal Sanction*, Stanford University Press 1968, p. 296.

一般所称的刑法学,是指狭义的刑法学——刑法解释学,同时包括了刑法哲学。刑法解释学一般与现代各国的刑法典总则与分则(各则)相对应,分为刑法总论与刑法分论(各论)。刑法总论以刑法总则的规定为中心,说明犯罪的成立及其样态,以及对犯罪适用刑罚的一般原则;刑法分论以刑法分则的规定为中心,研究具体犯罪及其法定刑。对刑法典以外的特别刑罚法规所规定的犯罪,是否作为狭义刑法学的刑法分论研究的对象,并不一致。有的学者在刑法分论中研究特别刑罚法规所规定的犯罪;有的学者在刑法分论中只研究特别刑法法规所规定的重要犯罪;有的学者在刑法分论中不研究特别刑罚法规规定的犯罪。由于各国特别刑罚法规越来越多,大多数学者都采取了最后一种做法。

刑法解释学是以刑法哲学为指导的,如果没有刑法哲学的指导,则不可能有理想的刑法解释学。刑法解释学上所出现的对立,主要产生于刑法哲学的对立。所以,刑法学不仅仅是刑法解释学,同时包含了刑法哲学。

二、学派之争——古典学派与近代学派

(一)旧派与新派的产生

刑法理论上产生过种种学派,但基本的学派是旧派(古典学派)与新派(近代学派、实证学派),后者包括刑事人类学派与刑事社会学派。刑法理论上先有旧派后有新派;没有新派时就不会有"旧派"的名称;具体来说,由新派学者 E. Ferri 将自己的观点称为新派,而将其之前的对立观点称为旧派。

旧派可分为前期旧派与后期旧派。

前期旧派是指 18 世纪中后期到 19 世纪前半期的旧派。这一时期的旧派刑法理论,以社会契约论、自然法理论为思想基础,具体表现为否定封建刑法。因此,理解这一学派基本观点的前提,是明确封建刑法的特点。大抵可以认为,封建刑法具有以下四个特点:一是干涉性,即刑法干涉个人生活的所有领域,包括干涉个人的私生活;二是恣意性,即对何种行为处以何种刑罚,事前并无法律的明文规定,通常由一定的人恣意裁量;三是身份性,即同样的行为由于行为人、被害人的身份不同,而导致处罚的有无与轻重;四是残酷性,这是指刑罚方法大部分是死刑与身体刑(平野龙一)。形成封建刑法上述特点的最根本原因在于国家权力的集中性、庞大性与绝对性,国家是个人生活的唯一场所。为了从根本上否认这一点,就必须使国家权力受到限制。于是前期旧派学者大多推崇社会契约论,[8]论证国家权力源于人民,从而达到限制国家权力,实现刑法的补充性、法定性、平等性与人道性的目的。

C. Beccaria 的《论犯罪与刑罚》一书全部针对封建刑法的上述特点。[9] 他从社会契约论出发,认为国家权力是由市民在必要最小限度内提供的自由所组成。但是,"每个人都希望交给公共保存的那份自由尽量少些,只要足以让别人保护自己就行了。这一份份最少量自由的结晶形成惩罚权。……如果刑罚超过了保护集存的公共利益这一需要,它本质上就是不公正的。刑罚越公正,君主为臣民保留的安全就越神圣不可侵犯,留给臣民

---

〔8〕 前期旧派中也有学者(如 J. Bentham)不赞成社会契约论。

〔9〕 新派学者以及日本刑法学者一般认为 C. Beccaria 属于旧派学者,但现今德国一般认为 C. Beccaria 是给予现代刑法理论强大影响的 18 世纪启蒙时期刑法思想的代表者,却不认为他属于旧派。这是因为德国学者所说的学派之争,是指第一次世界大战前后 Liszt 及其支持者们所引起的争论,即师承康德、黑格尔的主张演变而成的绝对刑罚理论(报应刑论)与主张刑罚是使犯罪人重返社会、保卫社会安全的理论(目的刑论)的对立。

的自由就越多。”这旨在排斥刑法的干涉性。他认为，只有法律才能规定犯罪与刑罚，任何司法官员都不能自命公正地对该社会的另一成员科处刑罚，超越法律限度的刑罚就不再是一种正义的刑罚。这排斥了刑罚的恣意性。他还指出：“每个人都应由同他地位同等的人来裁判，这是最有益的法律。”这便肯定了平等性因而否认了身份性。他认为，一种正确的刑罚，它的强度只要足以阻止人们犯罪就够了；用死刑来向人们证明法律的严峻是没有益处的。[10] 这排斥了刑罚的残酷性。

A. Feuerbach 确立了刑事审判中的法治国思想。为了避免刑法介入国民生活的各个角落，他主张通过各种手段对国家的刑罚权进行限制：一是通过法律的限制，这便是法无明文规定不为罪、法无明文规定不处罚的罪刑法定原则；二是通过行为进行限制，科处刑罚应以行为为标准而不能以行为人为标准，据此保障法的安定性，保障个人的自由；三是通过法律与伦理的区别进行限制，犯罪不是违反伦理而是违反法律的行为，立法者应当尊重良心的自由，法律不是伦理的审判者。作为刑法学家，A. Feuerbach 的最大功绩在于将罪刑法定主义、法律与伦理严格区别的思想纳入刑法理论体系之中。

J. Bentham 虽然承认国家权力的无限性与不可分割性，但是他认为国家权力必须受其存在目的——保证臣民福利的限制。他提出，公共福利是个人福利的总和，个人利益是唯一现实的利益，所以，必须关心个人，而不是压制个人。为此，他主张限制刑罚的适用，提出在下列四种情况下不得适用刑罚：一是无根据（groundless），即不存在现实之罪时，不得适用刑罚；二是无效果（inefficacious），如果刑罚的适用不会产生好的效果，就不得适用刑罚；三是无必要（needless），即当通过更温和的手段——指导、示范、请求、缓期、褒奖可以获得同样效果时，适用刑罚就是过分的；四是太昂贵（unprofitable），如果刑罚之恶超过罪行之恶，该刑罚便是不必要的。这种限制刑罚适用的观点显然旨在排斥刑法的干涉性。

泷川幸辰是日本前期旧派的代表人物。他起先认为道德与法律密切联系，但后来严格区分法律与道德、风俗：以国家强制力保障其实现的那部分是法律；依靠各人的内心期待其实现的那部分是道德；过去通行事实的拘束力原封不动得到承认的那部分是风俗。只有违反法律的行为才可能构成犯罪，这旨在限制刑法的处罚范围，排除刑法的干涉性。泷川极力主张罪刑法定原则。他认为，罪刑法定主义的精神是保护弱者免受强者的侵害。在社会内部存在强者与弱者的对立时，罪刑法定主义就必须成为刑法的铁则。泷川虽然有时认为罪刑法定主义既有保护国民的权利、自由的机能，又有保障犯人的权利、自由的机能，但他同时主张，如果深究的话，罪刑法定主义的机能可归结为对犯人权利、自由的保障，刑法存在的理由在于它是犯人的大宪章。这一观点意在限制刑法的恣意性。泷川还反对严刑峻罚。

概言之，前期旧派基本上都主张自由意志、行为主义、道义的责任、报应刑、一般预防。即人都是具有自由意志的，[11] 对基于自由意志所实施的客观违法行为，能够进行非难、追究其道义上的责任；为追究这种责任，对行为进行报应的方法就是刑罚，刑罚是对恶行的

---

〔10〕 以上参见［意］贝卡里亚：《论犯罪与刑罚》，黄风译，中国大百科全书出版社 1993 年版，第 9、11、20、47、49 页。

〔11〕 德国学者 Hippel、Mezger、Naucke、Jakobs 以及日本学者齐藤诚二等人提出，费尔巴哈并不承认意志自由，相反认为任何违法行为该存在于人类情感之中，人类情感是犯罪行为的心理原因。但不少学者认为，费尔巴哈的心理强制说表明他承认自由意志。

恶果,以对犯罪人造成痛苦为内容;对犯罪人进行报应,可警告一般人,以期待一般预防的效果,刑罚以一般预防为主要目的。

后期旧派是在前期旧派的基础上反驳新派而形成的;新派则是基于对前期旧派理论的不满而形成的,故在此先简述新派的产生。刑法理论一般认为,新派的产生或者说引起学派之争有两个方面的原因(木村龟二):

第一,19世纪中叶以后欧洲大陆特别是德国社会的、经济的变化。德国从19世纪中叶开始产业革命,由原来的农业国转变为工业国;近代的大工业都市的发展、工人的增加、工人阶级与资产阶级的对立、抗争的激化、大众的贫困化、失业人群的泛滥、家庭的崩溃、帝国主义战争等现象出现了;犯罪率上升,累犯特别是常习犯与少年犯急剧增加。然而,当时的刑法典,对作为新的犯罪现象的累犯、常习犯、少年犯罪没有做出任何考虑,使人们痛感其在新的犯罪现象面前无能为力。从此,发出了对以往刑法思想即古典的刑法理论的批判声,这是导致学派之争的现实原因。不难看出,犯罪现象的增加对社会造成的严重威胁,必然导致社会防卫的呼声高涨,社会本位的新派刑法观便应运而生。

第二,犯罪学的发达。19世纪30年代,L. A. J. Quetelet首先从统计学领域发展了犯罪学,阐明了犯罪的社会原因,对历来认为犯罪只是自由意志的产物的古典刑法思想给予了冲击。意大利的犯罪人类学派的创立者C. Lombroso,首先肯定犯罪的人类学的、遗传学的原因,阐明了犯罪是自然的必然的现象以及犯人的重要性。随后,E. Ferri在其著作中突出了犯罪的社会的、物理的原因;B. R. Garofalo在其著作中论证了犯罪人的危险性是犯罪的中心要素。这些思想旨在说明犯罪的中心不是行为,而是行为者即犯罪人,强调与犯罪作斗争的中心在于犯罪人的危险性、反社会性格,与犯罪中心主义的古典刑法相对而主张必须研究犯罪人,并根据犯罪人的分类使犯罪对策个别化。批判地继承Quetelet及意大利学派的思想,在德国进行综合性展开的则是F. v. Liszt。Liszt把犯罪原因分为个人的原因与社会的原因。消除社会原因必须主要依靠社会政策,所以,"最好的社会政策就是最好的刑事政策";刑罚主要消除个人原因,所以,"应受刑罚处罚的不是行为而是行为人"。就后者而言,首先必须考虑刑罚具有什么效果。Liszt认为,刑罚具有威慑、改善、隔离三种效果。对作为刑罚对象的犯罪人,也有必要进行相应的分类:机会犯人、可能改善的状态犯人、不能改善的状态犯人。对机会犯人进行威慑,对可能改善的犯人进行改善,对不能改善的犯人进行隔离。其中最重要的是可能改善的犯人,累犯与常习犯中的多数属于这一类,对这些人应采取不定期刑进行改善。这种改善不是指要把犯人改善成为伦理上很高尚的人,而是只要求改善成不侵害他人、进行正常生活的人。这样,刑罚就以犯罪人的性格本身为对象,对虽然没有实施犯罪但有危险性格的人,出于改善的目的也可能适用刑罚。但现代科学还不能在犯罪前判断某人的性格是否危险、某人是否会侵害他人权利,所以,科处刑罚只限于犯罪人危险性格征表为犯罪行为、并且法律明确规定了这种征表的场合(犯罪征表说)。在这个意义上说,规定犯罪的刑法是犯罪人的大宪章。为了做到这一点,刑法对犯罪概念的规定,应尽量客观化。Liszt虽然是新派的代表人物,但既推崇罪刑法定原则,又强调刑法规定的客观化。不过,其理论根据与旧派则是大相径庭的。

新派主张决定论、行为人主义、社会的责任、改善刑、特殊预防。新派否认没有原因的自由意志,认为犯罪的产生一定是基于某种原因;所以,仅对已经发生的行为进行非难、追究责任并不能防止犯罪,而必须研究犯罪原因;犯罪原因多种多样,其中行为人的性格是一个重要因素,故防止犯罪有赖于消除行为人的性格危险性;刑罚是改善性格的一种手段,刑罚的主要目的是预防犯罪人重新犯罪;对具有危险性格的人,不管其有无道义上的责任,基于社会生活的必要,必须令其承担责任,这便是社会的责任。

针对新派的上述主张,旧派学者给予了强烈反击,展开了真正意义上的"刑法学派之争"。德国的 K. Binding、E. Beling、Birkmeyer、M. E. Mayer 等人,是这个时代的旧派代表人物。后期旧派与前期旧派存在许多共同点,如都承认自由意志,都主张对基于自由意志而发动的客观行为应当科处与之相当的报应刑。但以 19 世纪 40 年代普鲁士国家主义为背景形成的所谓黑格尔学派,使德国旧派产生了很大变化,导致后期旧派与前期旧派存在不少差异。例如,前期旧派严格区分法与伦理,而后期旧派则将法与伦理同等看待;前期旧派所说的自由意志,是指对利害进行合理考虑,并据此实施行为的能力,而后期旧派所说的自由意志,是一种形而上学的、没有原因的自由意志;前期旧派所讲的报应是以一般预防为目的的心理强制,而后期旧派所言的报应则带有强烈的绝对报应、赎罪的报应的色彩。后期旧派具有明显的国家主义、权威主义的倾向,但也具有自由主义的一面,如要求刑罚与责任相适应,提倡形式的犯罪论等。因此,可以说,后期旧派以"国家自由主义"的意识观念为基础。国家主义与自由主义乍看起来相互矛盾,但落后的资本主义国家为了发展经济,与先进的资本主义国家对抗,必然一方面重视国家的作用,另一方面又保障个人的自由活动。结果,国家作为最高道义姿态的一方,对国家权力的行使进行自制。

(二)旧派与新派的基本对立

旧派与新派在诸多方面存在对立,下面就基本对立点作扼要介绍。

1. 研究犯罪与刑罚的前提是如何解释行为人为什么犯罪。旧派与新派存在自由意志论与决定论的对立。旧派主张自由意志论,即人都具有理性,可以任意地将某种引诱力作为行为的动机或者不作为行为的动机。这种绝对的自由意志论认为,所有的人都能够不受素质、环境的影响,而理性地选择行为。新派反对自由意志论、主张决定论。如 Ferri 指出:"人的自由意志的观念(因果关系是其中唯一不可思议的因素)引出一个假定,即一个人可以在善恶之间自由选择。但是,当用现代实证研究方法武装起来的近代心理学否认了自由意志的存在,并证明人的任何行为均系人格与人所处的环境相互作用的结果时,你还怎么相信自由意志的存在呢?""我们不能承认自由意志。因为如果自由意志仅为我们内心存在的幻想,则并非人类心理存在的实际功能。"〔12〕在决定论与非决定论之间,还存在形形色色的观点。大体而言,关于决定论、非决定论以及意志是否自由的问题,能作如下归纳:首先可以将不同观点分为两立论(相容论)与非两立论(不相容论);两立论大体上是指缓和的决定论,亦即,决定论与自由意志是可以相容而同时存在的,所以,即使采取决定论,也可以追究行为人的责任;非两立论包括认可决定论的立场(强硬的决定论)与否认决定论的立场;否认决定论的立场又包括两种观点:一是承认意志自由,二是否认意志自由(非决定论的自由意志否定说)。

2. 犯罪观与刑罚观的对立源于国家观、世界观的对立。旧派立足于个人主义、自由主义的观点,认为人的存在本身即是目的;为了个人的生存与发展,必须尽可能少地限制个

〔12〕［意］恩里科·菲利:《实证派犯罪学》,郭建安译,中国政法大学出版社 1987 年版,第 9、15 页。

人自由,尽可能多地限制国家权力;代表国家权威与规制的刑法,也应当限制处罚范围;刑法不能处罚单纯违反伦理秩序而没有侵害法益的人。这正是前期旧派严格区分法律与伦理的用意所在。新派表现出反个人主义、反自由主义的立场,以社会为本位。根据新派的观点,国家不只是为了保护国民利益,更要保护社会利益;个人是社会的人,只有保护社会利益才能保护个人利益,故社会利益优于个人利益。Ferri 说法更为明了:“就刑法而言,我们觉得,为了社会自卫的利益,有必要反对古典派过分强调个人主义的做法。”〔13〕后期旧派虽然相当和谐地主张个人主义与自由主义,但因为其偏重“社会伦理(规范)”概念,导致其基本价值观实质上多少倾向于社会本位。〔14〕

3. 旧派与新派在犯罪论领域彰显为客观主义与主观主义的对立。首先要指出的是,不管是旧派还是新派,都没有采取客观归罪与主观归罪的立场;对于犯罪的成立,都要求有符合构成要件的违法行为,主观上具有责任能力与故意、过失。但是,在客观要素与主观要素之间,究竟重视哪一要素,则会得出不同结论,于是形成了客观主义与主观主义。客观主义认为,刑事责任的基础是表现在外部的犯罪人的行为及其实害。客观主义立场旨在限制处罚范围,实现罪刑法定原则。主观主义认为,刑事责任的基础是犯罪人的危险性格即反复实施犯罪的危险性。主观主义立场旨在贯彻特殊预防的目的,实现社会防卫。刑罚的目的在于特殊预防,故针对犯罪人的危险性格科处刑罚才具有意义;只有消除了犯罪人的危险性格,避免其再次犯罪,才有利于实现社会防卫。在此意义上,犯罪人的危险性格是科刑的依据,外部行为没有任何意义。但由于现代科学研究结论表明,只有当犯罪人的内部危险性表现为外部行为时,才能认识其内部的危险性格,即只有借助于外部行为才能发现行为人的危险性格,在此意义上,又不得不将外部行为作为犯罪成立条件。〔15〕

4. 在构成要件领域,难以使用公认的概念来表述旧派与新派的对立。一般来说,两派对犯罪行为的定型的理解与程度,具有显著差异。旧派承认犯罪行为的现实意义,强调犯罪的定型性,将构成要件视为刑法理论的指导观念;新派认为犯罪行为只是行为人危险性格的征表,不重视犯罪的定型性。基于同样的理由,对构成要件的设定,旧派主张尽量将行为的样态具体化,并尽可能采用记述的要素,减少甚至删除规范的要素;新派则主张构成要件的简约化,主张仅设立抽象性或概括性规定。在构成要件解释上,旧派尊重罪刑法定原则,主张对构成要件进行严格解释,尤其排除类推解释。新派学者则赞成灵活解释,主张根据社会的需求与必要进行合目的的解释,其中至少有部分学者(如牧野英一)主张类推解释。

5. 在违法性领域,旧派与新派基本上不存在对立。换言之,违法性上的对立,与学派之争没有必然联系。例如,主观违法性论与客观违法性论的对立,与学派之争无关。再如,新派学者完全可能采取法益侵害说,而旧派学者也完全可能采取规范违反说。

---

〔13〕［意］恩里科·菲利:《犯罪社会学》,郭建安译,中国人民公安大学出版社 1990 年版,第 103 页。

〔14〕当然,所谓个人本位与社会本位,也只是意味着在个人利益与社会利益之间分别重视、强调个人利益与社会利益。旧派并非完全忽视社会利益,新派也并非完全忽视个人利益。

〔15〕客观主义与主观主义的对立在整个犯罪论领域都得到了具体表现,而且还影响了刑罚论。例如,关于构成要件要素,客观主义会尽量将主观要素排除在构成要件之外,而主观主义则会将主观要素置于构成要件之内。关于偶然防卫,客观主义者认为偶然防卫不成立犯罪,或者充其量成立犯罪未遂,而主观主义者一般认为成立犯罪既遂。关于未遂犯的处罚根据,客观主义者主张处罚根据在于行为导致结果发生的危险性,主观主义者认为处罚根据在于行为人的危险性格。如此等等。

6. 在责任领域，道义责任论与社会责任论成为旧派与新派基本对立点。道义责任论是旧派刑法理论的主张。旧派所说的责任，是指就犯罪行为对行为人的非难；所谓有责任，就是指能够就符合构成要件的违法行为对行为人进行非难或谴责。具体地说，犯罪是基于人的自由意志实施的行为，具有责任能力的人，均具有自由意志；故意、过失实际上是对基于自由的意志活动所实施的犯罪的认识要件；基于这种自由意志活动而实施犯罪行为时，才能受到伦理上的非难，对行为人处以作为报应的刑罚才是正当的。这是人类当然的伦理要求。正是在此意义上，使用"道义的"责任这一术语。道义责任论受到了新派学者的批判。新派学者认为，道义责任论的前提——自由意志不能得到科学证明，也不能说明常习犯、惯犯、未成年人犯罪等现象；道义责任论明显与社会防卫的目的相冲突。社会责任论为新派学者所提倡。其基本观点是，所谓责任，是对社会有危险的人，被社会科处作为社会防卫手段的刑罚的法律地位；犯罪是人的素质与环境的产物，犯罪人并不具有选择犯罪行为与适法行为的自由，因此，就犯罪行为对行为人加以非难是不可能的；刑法是对犯罪人将来再犯罪的可能性（性格的危险性）进行社会防卫的手段；正因为犯罪人在性格上具有危险性，所以处于承受社会的防卫处分的地位，这便是责任。由于社会责任论是以社会防卫为中心的刑法理论，容易与国家主义、权威主义相结合，形成扩大刑罚权的倾向，导致无视责任主义的本来的机能，因而受到了旧派学者的批判。

7. 旧派与新派在刑罚论方面表现为报应刑论与目的刑论的对立。报应刑论认为，刑罚的正当化根据在于报应的正义性。恶有恶报、善有善报，是社会所信守的道义原则。刑罚基于正义报应的要求而产生。报应起先意味着一种强烈的心理反射，从神意的报应思想，演进为道德的良心报应，后成为法律报应。现代刑罚理论所谓的报应，是指理性化以后的法律概念，是基于分配正义原则的作用，对不法侵害行为给予等价责任的刑罚之意。在后期旧派中，Birkmeyer 是报应刑的忠实代表。他指出，法律秩序是与国家的观念合一的，国家是法律秩序的维持者，犯罪是对法律秩序的侵害；因此，出现犯罪时，对犯罪进行报应以维持法律秩序，既是国家的权利也是国家的义务。报应要求对善因有善果，对恶因有恶果，报应是深深扎根于人性的正义观念的要求。目的刑论认为，刑罚的正当化根据在于目的的正当性。Liszt 倡导目的刑论。他将刑罚目的确定为特殊预防；为了尽可能有效地实施这一目的，刑罚制度必须具有灵活性、可变化性与保安性；犯罪人的个性是量刑的基础和标准，因为通过特殊预防，犯罪人的个性首先能够成为刑法措施的目的：以特殊预防为目的的刑法，必须以改变犯罪人的个性，使之在将来的生活中尊重刑法规范作为自己的首要任务；必须寻求有效的行为调节和个性研究方法，并将这些方法始终如一地运用于犯罪人。当然，报应刑论与目的刑论并非绝对对立。因为报应刑论是从刑罚的性质与功能的角度说明刑罚的正当化根据的，而目的刑论则从刑罚目的角度论述刑罚的正当化根据，二者不是就刑罚目的本身所产生的对立，因此，报应刑论与目的刑论完全可能统合起来，形成相对报应刑论。相对报应刑论大体上是德国、日本的通说。德国的 Mezger、H. Welzel、R. Maurach、H. Jescheck 以及日本的小野清一郎、团藤重光、大塚仁等人均持这种观点。相对报应刑论中，还有一种分配主义。即认为刑罚的目的与刑罚的发展阶段相适应，或者说在不同的刑罚阶段有不同的刑罚理念。如 Mayer 说，刑罚在与立法者、法官、监狱执行官的关系上，可分为刑罚的法定、刑罚的量定与刑罚的执行三个阶段；各个阶段的刑罚指导理念分别是：报应、法的确证与目的刑。

不难看出,旧派与新派的对立随处可见。但是,笔者认为,旧派与新派的初始对立实际上属于刑法学与犯罪学的区别。旧派的学说是标准的刑法学,它注重研究刑法规范,很少讨论犯罪的具体原因,也不注重犯罪人的研究;由于刑法规定的犯罪均表现为行为,故旧派重视行为;由于刑法只是规定刑罚,到后来才规定保安处分,所以,旧派只重视对刑罚与保安处分的研究,而不探讨其他社会对策。新派的初始学说基本上只是犯罪学。犯罪学重视犯罪原因与犯罪对策的研究。一方面,研究犯罪原因必然联系犯罪人,甚至要将犯罪人作为重点;另一方面,作为犯罪对策,显然不能只考虑刑罚,而必须考虑刑罚以外的其他措施。正如 Ferri 所言:实证刑法学派的"基本目标是从罪犯本身及其生活于其中的自然和社会环境方面研究犯罪的起源,以便针对各种各样的犯罪原因采取最有效的救治措施。"[16] Ferri 将自己的主张称为"犯罪社会学",其本意是以犯罪社会学对刑法及刑事诉讼法进行改正,这是一种刑事政策论。所以,新派源于犯罪学的发达。也正因如此,新派并没有形成自己的理论体系,他们只是基于自己的基本观点,对旧派的理论体系进行了部分修正、改造。所以,"现代学派刑法理论的基本架构,实为旧派所建构的。"[17]

上述区别导致旧派重规范、新派重事实。旧派总是从规范出发,而规范是针对一般人制定的;旧派同时注重对个人自由的保障,在一般性规范适用于具体的人时,为了救济人情弱点,又要求因人而异地考察各人的知能水平能否适用一般性规范的要求。于是形成了以下局面:旧派在解释刑法规范本身时,根据规范的特点,注重的是抽象人、一般人;但在适用规范时,则注重考虑具体人、个别人。例如,在判断行为人能否预见危害结果的问题上,旧派总是坚持以行为人的知能水平为标准进行判断。又如,在判断行为人是否具有期待可能性时,旧派坚持认为,应当以行为人在当时的具体情况下能否实施适法行为为标准。新派从事实出发,认为各个人都是不同的,有的人天生地具有犯罪的危险性,有的人则不具有危险性。但是,新派同时注重对社会的防卫,甚至认为,不具有一般人的知能的人都是对社会有害的人,于是,他们又以一般人的标准要求所有的人。结果形成了以下局面:在解释作为其理论根基的行为人时,新派注重的是具体人、个别人;但在适用规范时,则注重抽象人、一般人。例如,在判断行为人能否预见危害结果的问题上,新派主张以一般人的知能水平为标准,如果一般人能够预见而行为人没有预见,行为人便存在过失。又如,在判断行为人是否具有期待可能性时,新派认为,应当以一般人在当时的情况下能否实施适法行为为标准,如果一般人在当时能够实施适法行为,不管行为人如何,都应认为具有期待可能性。

---

〔16〕 [意]恩里科·菲利:《犯罪社会学》,郭建安译,中国人民公安大学出版社 1990 年版,第 1 页。

〔17〕 [日]大塚仁:《刑法における新、旧两派の理论》,日本评论新社 1957 年版,第 11 页。

第二章　刑法的基本原则

第一节　刑法的基本原则概述

刑法有哪些基本原则，并非十分明确的问题。有的学者只称罪刑法定主义是刑法的基本原则，有的则认为罪刑法定主义与责任主义是刑法的基本原则，还有人认为法益保护主义、客观违法论、行为主义是刑法的基本原则，有人认为谦抑主义也是刑法的基本原则，如此等等。

刑法的基本原则在刑法理论体系中的地位，也成问题。有的学者在教科书中，以独立的章节讨论罪刑法定主义等原则，有的学者在"刑法规范"中讨论罪刑法定主义等原则，有的学者在"刑法解释"中讨论罪刑法定主义等原则。

综合学者们的观点，笔者介绍三个基本原则：罪刑法定原则、法益保护原则、责任主义原则，这三个原则分别与构成要件符合性、违法性、有责性相对应，也可谓分别与刑法的自由保障机能、法益保护机能、行为规制机能相对应。

第二节　罪刑法定原则

一、罪刑法定原则的法律渊源与思想渊源

刑法理论上一般将罪刑法定原则的法律渊源追溯至1215年英王约翰签署的大宪章。大宪章第39条规定："对于任何自由人，不依同一身份的适当的裁判或国家的法律，不得逮捕、监禁、剥夺领地、剥夺法的保护或放逐出境，不得采取任何方法使之破产，不得施加暴力，不得使其入狱。"第40条规定："国王不得向任何人出售、拒绝或延搁其应享有之权利与公正裁判。"这些规定是当时的贵族、僧侣及市民为了抑制国王的专制、保护其既得利益而迫使英王制定的，它使英国人的人权在法律形式上得到了保护，奠定了罪刑法定主义的思想基础。此后，英国相继出现了一些制宪性文件，使上述规定的基本思想得以存续。如1628年的权利请愿书规定："国王非依法律的判决，不得逮捕、审讯任何自由人，不得作出没收的判决。"1688年的人身保护法对保护人身自由以及关于审判的"适当的法律程序"作出了规定。这些具有历史意义的表述都从不同角度巩固了罪刑法定主义思想。

与法治一样，罪刑法定主义也是针对专制的。正因如此，现代意义的罪刑法定原则的法律渊源是法国1789年的人权宣言、1791年的法国宪法及1810年的法国刑法典。人权宣言第8条规定："在绝对必要的刑罚之外不能制定法律，不依据犯罪行为前制定且颁布

并付诸实施的法律,不得处罚任何人。”这一规定确立了罪刑法定原则的基本方向。1791年的法国宪法融会了这一精神。1810 年的法国刑法第 4 条进一步规定:“没有在犯罪行为时以明文规定刑罚的法律,对任何人不得处以违警罪、轻罪和重罪。”[1]

刑法理论一般认为,罪刑法定原则的思想渊源为三权分立学说与心理强制说。

罪刑法定原则的提出首先应归功于三权分立的学说。三权分立学说由洛克首先提出,孟德斯鸠最终完成。在孟德斯鸠来看,三权分立是建立法治原则的前提,只有划分国家权力,国民的生命、自由与财产才能得到保障,也才能建立法治原则。因为将立法、司法、行政三种权力分掌于不同的人、不同的国家机关手中,可以保障这三种权力相互制约,又可以保持权力的互相平衡,从而保障这三种权力在有条不紊的秩序下互相协调地运作。根据三权分立的学说,立法机关依照正当的立法程序制定法律,这种法律具有最大的权威性和最普遍的约束力;司法机关必须正确适用法律,作出合法的判决;行政机关必须认真执行司法机关作出的最后判决,不得非法变更。所以,对于什么行为是犯罪、对于犯罪应当处以何种刑罚,必须由立法机关事先作出规定,然后由司法机关根据事前的规定作出判决。这便是罪刑法定原则。

A. Feuerbach 根据其心理强制说,于 1801 年最先在自己的教科书中以拉丁文格言形式将罪刑法定主义表述为“法无明文规定不为罪,法无明文规定不处罚”(Nullum crimen sine lege, nulla poena lege)。心理强制说以人是理性动物、又有自私特性为基点。其基本内容为,一切犯罪的心理成因均在人的感性之中,人们对行为或者从行为所产生的快感的欲望驱使其实施犯罪行为;因此,为了抑制这种感性,就需要使人们知道,因实施犯罪行为而受刑罚处罚所形成的痛苦,大于因犯罪行为本身所产生的快感。为了确立犯罪与刑罚之间的必然联系,就要求法律规定犯罪行为的必然后果。换言之,如果在法律上规定有犯罪必有刑罚,人们就会基于愉快与不愉快的合理打算选择自己的行为:为了避免刑罚所产生的大的不愉快,而选择因抑制犯罪行为所导致的小的不愉快。所以,为了抑制人们的犯罪决意,必须事先以法律规定犯罪的必然效果——科处刑罚。

二、罪刑法定原则的思想基础

三权分立思想与心理强制说作为罪刑法定原则产生的思想渊源,只具有沿革的意义,而不具有现实意义。因为这些理论要么存在缺陷,要么不能为罪刑法定原则的基本内容提供完整的理论依据。首先,三权分立思想没有为罪刑法定原则奠定理论基础。三权分立思想要求由立法机关制定法律,审判机关严格依照法律定罪量刑。这虽然否定了罪刑擅断主义,为罪刑法定原则中的法律主义(成文法主义)奠定了基础,但没有为罪刑法定原则的其他内容找到理论依据。例如,人们从三权分立出找不出刑法的明确性、禁止事后法、禁止处罚不当罚的行为等内容。其次,心理强制说不仅在理论上受到了批判,在事实上也难以成立。根据黑格尔的观点,这种心理强制说,只是把人当作狗一样看待的理论,而没有尊重人的尊严与自由。Erik Wolf 通过对犯罪原因的实证调查,所得出的结论是:行为人基于快乐与痛苦的比较而实施犯罪的情形极为罕见;行为人之所以实施犯罪,通常是因为在实施犯罪行为前存在侥幸心理,以为犯罪后不会发现,可以逃避刑罚处罚;如果

---

[1] 受 1810 年法国刑法典的影响,德国、比利时、日本等大陆法系国家于 19 世纪颁布的刑法典,都规定了罪刑法定原则。

没有这种侥幸心理,则不会实施犯罪行为。虽然 Erik Wolf 的观点也有绝对化的缺陷,但对心理强制说的否认却能成立。心理强制说虽然隐含了预测可能性的思想,但它本身也不能说明罪刑法定主义的禁止处罚不当罚的行为等内容的根据。

罪刑法定原则是现代刑法的根本原则,一般认为,其思想基础主要是民主主义与尊重人权主义,或者说是民主与自由。此外,也有学者另将一般预防、责任主义作为罪刑法定主义的思想基础。

民主主义要求,国家的重大事务应由人民自己决定,各种法律应由人民自己制定。刑法的处罚范围与程度直接关系着每一个人的生命、身体、自由、财产与名誉,属于特别重大的事项。所以,应当由人民决定什么行为是犯罪、对犯罪科处何种刑罚。但现实表明,人民不可能直接决定犯罪与刑罚;妥当的做法是由人民选举其代表组成立法机关,由立法机关制定刑法;由于立法机关代表人民的意志,故其制定的刑法也反映了人民的要求。刑法一经制定,便由司法机关适用,司法机关适用刑法的过程,也是实施人民意志的过程。民主主义理所当然导致出罪刑法定主义中的法律主义。由于刑法是人民意志的体现,司法机关能类推解释。又由于刑法是人民意志的体现,它要尽最大可能、最大限度地保护人民的利益,如果扩大处罚范围,就必然侵害人民的自由。这就导出禁止处罚不当罚的行为。正义与公平是人民的当然要求,立法机关根据国民意志制定的刑法,必须体现正义与公平。所以,立法机关制定的刑法必须规定与犯罪相均衡的刑罚,同时禁止残酷的刑罚;而均衡的标准是同时代的一般人的价值观念。

尊重人权主义是现代法治的核心。为了保障人权,不致阻碍国民的自由行动,不致使国民产生不安感,就必须使国民事先能够预测自己行为的性质与后果,必须事先明确规定犯罪与刑罚。因为当国民事先能够根据成文刑法预测自己的行为性质时,就不会因为不知道自己的行为是否会受到刑罚处罚而感到不安,也不会因为不知道自己的行为是否会受到刑罚制裁而不敢实施合法行为,从而导致行为萎缩的效果。在此意义上,尊重人权主义与使国民具有预测可能性(预测可能性原理)是一个含义。但是,国民对自己行为的性质与后果具有预测可能性的前提是事先有成文法的规定,这便是法律主义;事后法不能使国民具有预测可能性,因此,必须禁止刑法溯及既往;如果在具有成文法的前提下实行类推解释,国民也不能预测自己的行为是否会被类推解释为犯罪,因而侵犯了国民的自由,故必须禁止类推解释。不仅如此,刑法还必须具有明确性;如果含混不清、模棱两可或者前后矛盾,国民要么仍然不能预测自己行为的性质,要么左右为难,这便是刑罚法规的明确性原则;刑法是通过限制自由的手段来保护自由的,二者之间始终存在一个平衡问题,故刑法的处罚范围必须合理,否则便与刑法的宗旨相矛盾。

一般预防也被部分学者(Roxin)视为罪刑法定原则的思想基础。即如果刑法要追求一般预防的目的与效果,那么,就要求在事前明确规定被禁止的行为,从而使人们不实施犯罪行为。如果事前没有禁止规定,或者禁止性规定不明确,人们不能知道自己的行为是否被刑法禁止,就不能实现一般预防的目的与效果。所以,从一般预防的原理,可以引申出成文法主义、刑法的明确性、禁止溯及既往等要求。

责任主义也为罪刑法定主义的内容提供了部分依据。根据责任主义的原理,刑罚以责任为条件;然而,只有当行为人在事前已经知道或者至少有机会知道自己的行为被刑法所禁止的情况下,才能讨论行为人是否有责任。因此,责任主义也要求事前明确规定被禁止的行为,也引申出罪刑法定主义的部分内容。

罪刑法定主义的上述思想基础,使得罪刑法定不仅是一个刑法原则,也是一个宪法原则。魏玛宪法第 116 条规定:“任何行为,只有当制定法事先已经规定了可罚性时,才能判处刑罚。”而这一规定,与 1871 年德国刑法第 2 条关于罪刑法定原则的规定的表述基本相同。德国基本法第 103 条第 2 款也明文规定了罪刑法定原则。意大利宪法第 25 条第 2 款规定:“如果不是根据行为实施前生效的法律,不得对任何人进行处罚。”1946 年日本宪法第 31 条规定:“任何人非依法律所定程序,不得剥夺其生命或自由,或科以其他刑罚。”第 39 条规定:“任何人如其行为在实行时实属合法,或经认为无罪时,不得追究其刑事上之责任。”

不仅如此,罪刑法定原则还被写进了国际条约,得到了国际法的承认。例如,《世界人权宣言》第 11 条第 2 款规定:“任何人的任何行为或不行为,在其发生时依国家法或国际法均不构成刑事罪者,不得被判犯有刑事罪。刑罚不得重于犯罪适用的法律规定。”《公民权利和政治权利国际公约》第 15 条第 1 款也作了几乎完全相同的规定。《关于战俘待遇之日内瓦公约》第 99 条第 1 款规定:“战俘之行为,在其犯此行为时,非为当时有效之拘留国法律或国际法所禁止者,不得因此而受审判或处刑。”从这些条约中可以清楚地认识到,规定罪刑法定都是为了防止罪刑擅断,使人民免受不可预测的刑罚惩罚,从而保障人民的自由。因此,这些条约在规定罪刑法定原则之前,都强调了人人有权享有生命、自由和人身安全;任何人不得加以酷刑,或施以残忍的、不人道的或侮辱性的刑罚。如果没有罪刑法定原则,人民就不可能享有人权,故罪刑法定是人权的最有力保障。

三、罪刑法定主义的基本内容

民主主义、尊重人权主义等原理,要求行为构成犯罪以及受刑罚处罚必须以法律的存在为前提,这便是法律主义。但是只有处罚行为的法律存在,还不能满足罪刑法定主义的要求。如根据行为后开始实施的法律(事后法)来处罚以前的行为,便是国民不能预测的,因而是不允许的;又如对于刑罚法规没有直接规定的行为,类推适用某刑罚法规给予处罚的情况,虽然可以说形式上具有刑罚法规的依据,但实质上违反了罪刑法定主义的要求。上述法律主义、禁止事后法、禁止类推解释,是传统的罪刑法定主义的内容,被称为“形式的侧面”。形式侧面的主旨,在于限制国家的司法权力。

但是现在,罪刑法定主义的内容不限于形式的侧面,而是进一步要求刑法的内容适当、正当,不符合这一要求的刑法是违反宪法的,因而是无效的。这就是所谓的“适正处罚的原则”,或称“实体的正当程序”,被认为是罪刑法定主义的“实质的侧面”。这一原则要求,禁止不明确的刑罚法规(明确性的原则)、禁止残虐刑、禁止处罚不当罚的行为(刑罚法规适正的原则)。其中禁止不明确的刑罚法规,是保障国民的预测可能性、国会立法原则的要求;禁止残虐刑与禁止处罚不当罚的行为,是关于犯罪与刑罚的法律内容本身的正当性的问题。显然,实质的侧面要求刑法本身的正当性,具有限制国家的立法权力的意义。

问题是,能否从罪刑法定原则本身推导出实质的侧面?因为人们不能从罪刑法定原则中得出“其中的‘法’不能是恶法”的结论,所以有人主张,罪刑法定原则、法益保护原则、罪刑均衡原则、责任主义等只是一些具体原则,应当有一个更上位的原则。换言之,“没有法律就没有犯罪、没有法律就没有刑罚”中的“法律”是受实体的适正程序规则的法律,而“适正的法律”的判断标准不是出自罪刑法定原则本身,而是源于实体的适正程序的基本理念(尊重个人的自我决定权的思想)(荻原滋)。但是,一般认为,作为罪刑法定原则思想基础的民主主义与尊重人权主义等原理,不仅揭示了罪刑法定原则的存在依据,而且显示了罪刑法定原则的具体内容,因而完全可以推导出罪刑法定原则的实质侧面。

四、法律主义

罪刑法定原则中的法律主义,首先要求作为处罚的法律依据的刑法必须是成文的,这就是成文法主义。

为了保障国民对处罚的预测可能性,刑罚法规必须是用文字写下来的、成文的制定法。“刑法比其他法的领域更需要法的安定性,因为只有成文法才能保证法的安定性,故此每部现代刑法典都将刑法完全浇注为成文法的形式。”〔2〕但是,传统的观点认为,不成文法是由民众发展起来的法,比形式上的制定法更符合国民的意志,因而也可以根据它来处罚犯罪。例如,在英美,即使在制定法上没有被规定为犯罪的行为,法院可以根据不成文的普通法来认定犯罪、给予处罚。但这事实上是由法官创设犯罪,在必须肯定国民间的价值意识的多样性的时代,不应有“刑法上的民众法”。美国模范刑法典也认为,依普通法认定犯罪侵害了国民的权利,因而应当废止。

一般来说,成文的刑罚法规都是由立法机关制定的,行政机关的政令或者其他命令不能制定刑罚罚则。但是,有的国家宪法规定,当法律委任政令制定罚则时,政令可以在委任的范围内制定罚则。如日本宪法第73条规定:“除有法律特别委任的场合以外,政令不能设立罚则。”因为有法律的特别委任,理论上仍然认为这没有违反罪刑法定原则。

在刑法上必须采取成文法主义,是指如果不存在处罚行为的刑罚法规,就不能处罚行为。将行为包摄于刑罚法规规定的行为类型中的根据,当然可以援用判例、习惯、条理等不成文的“法源”。换言之,判例、习惯、条理本身不能直接作为法源,但能作为构成要件的理解与违法性判断的依据,即可以根据它们来确定某种行为是否属于刑罚法规所规定的犯罪行为。另外,尽管存在这样的包摄,即使没有成文法的根据,也可能否定这种行为的可罚性。如超法规的违法性阻却事由、超法规的责任阻却事由,便是如此。在这个意义上说,刑法的法源不限于成文法。〔3〕

五、禁止事后法

刑法只适用于其施行以后的犯罪,而不追溯适用于其施行之前的犯罪,这就是不溯及既往原则或禁止事后法的原则。这是国民预测可能性与责任主义的客观要求。刑法的溯及适用会破坏法的安定性,不当地侵害个人的自由。换言之,适用事后法,意味着国民必须遵守行为时根本不存在的“法律”,这是至为荒唐的。由于适用刑法的效果通常导致刑罚,而刑罚是一种剥夺性的痛苦,故与其他部门法相比,刑法对事后法的禁止极为严格。“有人将刑法比喻为一根‘带哨子的皮鞭’:在打人之前,法律应当给一个‘预先通知’。这就是‘lex moneat priusquam feriat’(法律在作出惩罚之前应当作出警告——引者注)的规则。所以,刑法仅适用于其颁布之后的行为。”〔4〕

---

〔2〕［德］古斯塔夫·拉德布鲁赫:《法律智慧警句集》,舒国滢译,中国法制出版社2001年版,第38页。

〔3〕罪刑法定主义包含了有利于被告的思想,故一般承认超法规的违法性阻却事由与责任阻却事由。

〔4〕［法］卡斯东·斯特法尼等:《法国刑法总论精义》,罗结珍译,中国政法大学出版社1998年版,第158页。

对于原先是适法行为而后来法律规定为犯罪行为的情况来说,禁止事后法是理所当然的。问题出在以下场合:行为时该行为违法,行为后法律变更,导致该行为或者不再是犯罪、或者是犯罪但法定刑发生变化的,应如何处罚该行为?一般认为,在这些情况下,原则上应适用旧法,但同时有一个例外原则:如果新法较轻,则适用新法。造成这种局面的原因,一方面是依据禁止事后法的原则,应当适用旧法;另一方面是有利于被告的原则,当适用新法有利于被告时,应适用新法。由此可见,"禁止事后法"只是禁止不利于被告的事后法。

另一个问题是,法院的判例(指大陆法系国家的判例)向着不利于被告人的方向变化时,是否像刑法的变更一样,禁止溯及既往呢?例如,对于同一行为,以往的判例不认定为犯罪,但后来的判例认定为犯罪。那么,对于事后发现的、发生在有罪判例之前的行为,能否以判例不得溯及既往为由不认定为犯罪呢?从结论上说,不同的观点都认为对该行为不得以犯罪论处,但理由不同:一种观点认为,判例常常作为国民行为的准则发挥着机能,换言之,国民往往根据判例了解行为的禁止性。因此,从保障被告人的预测可能性的立场来看,当判例的变更不利于行为人时,应当禁止判例具有溯及既往适用的效力(大谷实、曾根威彦)。另一种观点认为,判例不是正式的刑法渊源,判例的变更(新解释)意味着"刑法原本就是此意",所以,不存在禁止判例溯及既往的问题。但是,由于以往的判例将该行为宣告无罪,行为人不可能认识该行为的违法性,所以,应当以行为人缺乏违法性意识的可能性为由宣告无罪,而不是以判例不得溯及既往为由宣告无罪(Roxin、町野朔、前田雅英、山口厚)。

也有一种观点否认禁止事后法的原则,主张刑罚法规在原则上应当溯及既往。理由主要有两点:其一,刑罚法规与规范是分开的,犯罪是违反规范的,而不是违反刑罚法规的,适用新法不存在不合理的地方(Binding);其二,新法是以新思想为基础制定的,因此新法应优于旧法(宫本英修、江家义男、植松正、香川达夫)。但这种观点没有得到多数人的赞同。

德国刑法理论禁止溯及既往原则是否适用于体制犯罪一直存在讨论。所谓体制犯罪,是指国家掌权者进行侵犯人权的犯罪活动。第二次世界大战后的纽伦堡审判,将一些纳粹领导人判处战争罪、危害人类罪和危害自由罪,但是,当时的法律并不存在这样的罪名。在东西德合并后,联邦德国司法机关计划对那些当时射杀翻越柏林墙的难民的士兵处以刑罚,然而,民主德国边界法第 27 条规定,允许守卫边界的士兵击毙偷越国境的人员。德国宪法法院表示,即使对重罪存在辩护理由,但如果其辩护理由侵犯人权,就不应采纳。但这个判决备受争议,有学者(如 Roxin)认为,这个判决是正确的。

六、禁止类推解释

(一)刑法解释概说

刑法的解释与一般的法解释基本上是相同的。

首先,认识法规所使用的文言的含义的"文理解释"是共通的出发点。但是,语言所具有的含义,是从明确的核心部分向不明确的、含混的边沿扩展的,因此,如果仅采取文理解释,就会在解决具体的案件时遇到困难。例如,随意使用受委托保管的电池,可以认定为毁损了电池这种"物",构成毁损财物罪。但是,侵占电气或电流是否成立侵占委托物罪,就与法律条文中的"物"是否包括电气、电流有关。

其次,刑法的解释应考虑其他法规(包括其他刑罚法规与刑法以外的法规)的文理,使它们之间不存在矛盾,形成“体系性的解释”。特别重要的是,给刑罚法规赋予与宪法相符合的意义,是解释的合理理由之一。为了避免刑罚法规的违宪性,就必须作出合宪的限定解释。但是,在不损害一国法律的统一性的前提下,也应承认“概念的相对性”。如日本民法规定,“物”是指“有体物”,但刑法规定与刑法理论可能认为,不具有“有体性”的电气、电流应视为“物”。

再次,探求法规的立法者想给法律条文以什么含义,据此进行“主观的解释”“历史的解释”是不可避免的。因为立法者是为了适当解决将来所产生的情况而制定法律,法院等执法机关就有义务依据其意图适用法律。但是,立法者在制定法律的当时,不可能考虑到所有的情况,而且想知道立法者的意图十分困难,因此,必须对法律的含义进行“客观的解释”“同时代的解释”。

复次,同其他所有的法解释一样,刑法的解释终究也是考虑如何实现该法的目的,故必须作出符合目的的合理解释。在文理解释、体系的解释、历史的解释还不能形成一个一致的解释结论时,最终起决定作用的是“目的论的解释”。刑法解释的方法与其他法律的解释方法不同,就是由刑法的目的与其他法律的目的不同而导致的。所应注意的是,强调刑法中的目的论解释的人,往往只是重视对犯罪的处罚、防止,认为侵害、威胁了刑罚法规的“保护法益”的行为,就应受处罚。有时还认为“解释是无限的”(牧野英一),主张超出法律的文理进行解释。但是,刑法的目的不只是用处罚犯罪的办法来抑止犯罪,还要保护国民的权利。对刑法的目的论的解释,应同时考虑这两方面的目的。所以,特别应当坚持罪刑法定主义,把保障国民不受刑罚权的滥用的目的放在最优先地位(町野朔)。

最后,对刑法的解释必须明确,否则就有损构成要件的保障机能。事实上,刑法的明确性是由立法的明确性与解释的明确性共同实现的,刑法本身不可能绝对明确。

关于解释的技术通常有以下几种:一是扩张解释,即将法律文言扩大到超过一般日常用语的含义进行理解;二是与此相反的限定解释(缩小解释);三是扩大法规规定的事项推及于类似的事项上(类推解释);四是反对解释,即以行为是法规没有规定的事项为理由,而否认该法规对该行为的法律效果。例如,对刑法规定的犯罪阻却事由等进行类推解释,也是存在的。但是,如果以类推解释得出行为受处罚的结论时,不管这一解释怎样合理,也是不能允许的。禁止该意义上的类推解释,是启蒙时期以来的罪刑法定主义的派生原则之一。

(二)类推解释与扩张解释的界限

类推解释的含义及其与扩张解释的界限,并无定论。德国学者 Sauer 认为,法律上的类推就是理性、均衡地对待法律案例的表现。Klug 将类推适用的有效基础建立在类似性范围之中,又证明类似性范围是无法定义、非逻辑却又是目的取向的。这便助长了法学方法上对类推适用做实质性思考。Sax 则明确指出,做类似性判断时,所要检讨的事物之间性质的一致性,是透过具体的性质特征以及具体的标准去掌握,从逻辑上抽象地掌握类似性是做不到的;法解释的任务不是将法条文字作一个清楚地阐明,而是要发掘法律的意义;透过法律上的类推,才能使法律的意义发挥其作用;法律上的类推是一个中间地带,介于为实证法律所规范之领域及确定未为法条规定之领域二者之间;法律上的类推是以相同的规范目的为理由,导出可适用相同法律效果之结论。所以,法律上的类推与法解释之间其实是互通的,因为法律上的类推只有在目的论的法律解释的范围内,才称得上是逻辑上的正确推论。Sax 同时认为,允许类推并不是意味着否认罪刑法定原则;判断是否违反罪刑法定原则,则要看类推是否已经超出了可容许的目的解释的界限;这需要做严谨的求证,单纯诉诸类推禁止并无意义。Hassemer 认为,构成要件及其要素是借着特定的观点而得以与现实之间进行比较,进而产生联系,因此,解释的过程就是类推的过程,或者说法律的适用就是类推的程序。这些大体上赞成类推的观点,并不认为类推解释导致将刑法没有规定的行为也定罪处罚。不过,一般认为,罪刑法定原则所禁止的类推解释,是指对于刑罚法规没有明文禁止的行为,以其与刑罚法规的某种禁止性相类似为理由,而适用该刑罚法规。

扩张解释,是将刑罚法规使用的语言,扩大到超出其通常的含义所作的解释,因而与类推解释是不同的,没有违反罪刑法定主义。事实上,扩张解释也可能违反罪刑法定主义。但一般认为,从解释方法来说,扩张解释是得到允许的,而类推解释则是被禁止的。关于扩张解释与类推解释的区别,刑法理论上提出了许多不同区分标准。例如,有人指出,扩张解释是在语词的"可能的意义"(或"可能的口语词义")的范围内进行的,而类推解释超出了语词的"可能的意义"。所以,应考虑语词的日常的、自然的意义与所作的解释的共通的程度、偏离的程度,来决定"可能的意义"(Roxin、佐伯千仞、木村龟二、福田平、内藤谦)。有人提出,由"可能的意义"区分扩张解释与类推解释是不明确的,恐怕应以是否侵害了国民的预测可能性为实质标准(大谷实)。有人以为,扩张解释是扩张性地划定刑法的某个概念,使应受处罚的行为包含在该概念中;类推解释则是认识到某行为不是刑法处罚的对象,而以该行为与刑法规定的相似行为具有同等的恶害性为由,将其作为处罚对象(山口厚)。有人主张,如果一般人认为某个行为根据该法律条文应受处罚,那么,对该行为就当然以该条文为依据给予处罚,就应允许扩张解释;如果一般人认为某个行为根据该法律条文不应受处罚,那么,将这种行为解释为犯罪,则是类推解释(西原春夫)。但有人反对这一主张,因为国民对当罚性的意识与国民对法律条文意义的预见可能性,是两个不同的问题(町野朔)。

德国学者 Jakobs 认为,由于语言具有不确定性,刑法文字不可能具有使用上的界限。而且,即使刑法文字具有界限,具备以下条件时也可以超越其文字界限作出解释:(1)超越文字界限符合概念发展的连续性;(2)如果不超越文字界限就会导致恣意性评价;(3)超越文字界限符合相同案件相同处理的需要;(4)超越文字界限具有解决问题的妥当性。Hassemer 则指出,类推解释与扩张解释不具有性质上的区别,只是程度上的差异;所以,罪刑法定原则所禁止的不是类推解释,而是不被允许的过度的扩张解释。

(三)具体争议

在某种意义上说,扩张解释与类推解释的理论界限是比较明确的。但是,即使持相同观点的学者,就具体的解释结论而言,也会存在不同看法。换言之,对于同样的解释结论,即使对扩张解释与类推解释持相同观点的人,也可能得出不同结论。

例如,在德国,学者们经常讨论下列争议问题:(1)德国刑法第 224 条的规定,"使用武器"伤害他人的,构成危险伤害罪。行为人将硫酸泼洒到被害人脸上的,是否属于"使用武器"?有的持肯定回答(如 Roxin),有的持否定回答(如 Engisch)。(2)德国刑法第 224 条的规定,使用"其他危险工具"伤害他人的,构成危险伤害罪。砖头、水泥块等无疑属于危险工具,那么,行为人将被害妇女的头部撞向墙壁造成伤害的,是否属于使用“危险工具”伤害他人?换言之,墙壁是否“危险工具”?判例与部分学者(如Roxin)持否定说,部分学者持肯定说(如Stree)。(3)德国刑法第240条规定,行为人非法使用暴力,强制他人为一定行为、容忍或者不为一定行为的,构成强制罪。多名被告人因反对配置短程核导弹而参加示威游行,为了阻止军用车进入弹药库,与其他示威参加者一起,三次进入车道上静坐,妨害了军用车的通行。一种观点认为,被告人的行为属于以“暴力”强制他人不为一定行为;另一观点则持否定态度。(4)德国旧刑法时代的判例认为,电气或者电流不属于刑法第242条规定的作为盗窃罪对象的“物”,多数学者也赞同这一解释结论,但少数学者认为,电气或者电流也应认定为“物”(Kohlrausch)。(5)德国刑法第263条规定了诈骗罪,问题是,行为人使用自动功能装置,如使用公用电话时投入假币的,是否属于诈骗?判例认为,这种行为虽然与诈骗相似,但不能认定为诈骗罪,否则就是类推解释,因为设备不可能被欺骗,也不会产生认识错误。(6)德国刑法第267条规定了伪造、变造文书罪,对文书的复印件进行变造的,是否构成变造文书罪?存在肯定说与否定说,判例持否定说。(7)德国刑法第303条规定:“非法损坏或者毁坏他人财物的,处二年以下自由刑或者罚金。”行为人将40厘米×60厘米大小的彩色广告贴在邮局的电话配电箱上的行为,是否属于“损坏”?一审法院认定为损坏财物罪;联邦通常法院认为这种单纯变更外观的行为,不成立损坏财物罪。再如,被告人为了不让交通监控摄像头拍下自己的车辆,便在自己的机动车防晒板内侧以及后视镜内侧安装了数个反射镜。当交通监控摄像头准备将没有保持安全行车距离的被告人的机动车拍下之时,由于被告人的机动车内部装备了反射镜的缘故,导致交通监控摄像头在开启闪光灯之时过度曝光,从而没能拍出足以确认开车人身份的监控摄像。巴伐利亚州高级法院在参考前文所提及的1998年联邦最高法院的判例之后,肯定被告人的行为构成损坏物品罪。(8)德国森林盗窃法第3条规定:“以盗窃森林为目的,使用马车、河船或者载货动物的”,加重刑罚。行为人使用汽车盗窃森林的,能否使用该规定?判例持肯定回答。

在日本,对伪造、变造文书复印件是否构成伪造、变造文书罪、非物理性的损坏行为是否构成毁坏财物罪,也存在争论。下列介绍其他几例:(1)刑法分则将财产罪的对象规定为“财物”,同时规定“电气也视为财物”。日本民法将“财物”限定为有体物。于是出现了以下问题:电气以外的无形物是否是刑法上的物?有人认为,将电气以外的物解释为刑法上的物属于类推解释(平野龙一、中山研一、大谷实、山口厚),有的则认为属于扩张解释(甚至不是扩张解释)(小野清一郎、团藤重光、大塚仁)。(2)日本刑法规定了变造有价证券罪。行为人变造电话磁卡的,是否成立变造有价证券罪?判例与部分学者(大塚仁、大谷实、前田雅英)持肯定态度,部分学者持否定态度(团藤重光、西田典之、曾根威彦、山口厚)。(3)日本刑法规定了散布、贩卖、公然陈列猥亵物品(淫秽物品)的犯罪。储存了猥亵图像的电脑硬盘本身,是否属于猥亵物品?判例与部分学者(掘内捷三、前田雅英、园田寿)持肯定态度,部分学者持否定态度(西田典之、曾根威彦、佐久间修)。(4)日本卖淫防止法第12条规定,“使他人居住于自己占有、管理或者指定的场合从事卖淫,并从中获利的”,构成犯罪。被告人雇用“从事副业卖淫”的6名女子,让她们夜间在被告人经营的旅馆的一室集合应召。6名女子每天晚上在大致固定的时间来到旅馆,一直到次日凌晨3时左右都在该旅馆一楼的特定房间等待应召,其间不得擅自外出,如有客人则到另外的房间陪宿。判例认定被告人的行为符合卖淫防止法第12条的规定。但上述行为是否符合法条规定的“使……居住”,则存在争议。

可以肯定的是,不管刑法理论是否就类推解释与扩张解释形成公认的区分标准,对许多具体法律条文的解释结论,总会存在是否属于类推解释的争议。

七、明确性原则

(一)明确性原则概述

明确性“表示这样一种基本要求:规定犯罪的法律条文必须清楚明确,使人能确切了解违法行为的内容,准确地确定犯罪行为与非犯罪行为的范围,以保障该规范没有明文规定的行为不会成为该规范适用的对象”。[5]

将明确性作为罪刑法定原则实质的侧面,源于美国的“因不明确而无效的理论”。美国联邦最高法院于1914年认定“因不明确而无效的理论”是一个宪法问题。后来,联邦最高法院将这一理论适用于经济统制法规与社会立法领域。到了20世纪30年代,联邦法院进一步将因不明确而无效的理论适用于规制市民自由特别是言论自由的法规领域。因不明确而无效的理论,也得到了其他国家的确认。德国联邦法院于1969年5月14日明确表述了“必须使任何人都能够预测对何种行为规定了何种刑罚”的原则。日本的最高裁判所于1975年9月10日的判决指出:“之所以说刑罚法规因为其所规定的犯罪构成要件含混、不明确而违反宪法第31条导致无效,是因为这种规定没有向具有通常判断能力的一般人明示被禁止的行为与不被禁止的行为的识别基准,因此,不具有向受适用的国民预先告知作为刑罚对象的行为的机能,而且这种规定导致由国家或者地方公共团体的机关主观的判断、恣意地适用等,因而产生重大的弊害……因此,某种刑罚法规是否因为含混、不明确而违反宪法第31条导致无效,应当根据具有通常判断能力的一般人的理解,在具体场合能否判断某行为是否适用该法规为基准来决定。”[6]将明确性视为罪刑法定原则的实质侧面之一,是因为明确性是限制国家权力、保障国民自由的基本要求。

(二)构成要件的明确性

明确性原则首先要求刑罚法规对犯罪构成要件的规定必须明确。但是既然法律也是语言,就免不了语言边沿部分的不明确性。特别是刑法必须规定应受刑罚处罚的所有事态,无论如何也不得不使用抽象的、规范的语言。如果问题只是法律条文的语言的明确性,那么,“猥亵”“恐吓”等几乎所有的刑法律条文言都有问题。但是,不能认为它们都是违宪的、无效的。尽管如此,但如果刑罚法规的文言只是对考虑应否受处罚给予线索,也不能被认为都是合宪的。

保障国民的预测可能性、国会立法的原则,被认为是不能轻视的。但是,不明确的刑罚法规的弊害并非只是破坏了这些原则或没有满足这些原则的要求。更应当重视的是,由于刑罚法规不明确,国民常常对是否受处罚感到不安,于是便不得不广泛地抑制自己的行为,出现刑罚以前的“萎缩的效果”(chilling effect);而且由于给警察等法律执行机关留有广泛裁量的余地,会造成恣意地、有差别地执行法律。不仅不明确的法律条文存在这样的弊害,而且包含了不应受处罚的“广泛的”(overbroad)刑罚规范也存在这样的弊害。

---

〔5〕［意］杜里奥·帕多瓦尼:《意大利刑法学原理》,陈忠林译,法律出版社1998年版,第24页。

〔6〕日本《最高裁判所刑事判例集》第29卷第8号,第489页。

按照文字含义来执行这样的刑罚法规、处罚不应受处罚的行为的做法,现在是很稀罕的。但是,国民可能因为恐惧法律而不得不抑止自己的行为,执法机关可能有差别地执行法律。这样一来,问题就不在于不明确性与广泛性的区别,而在于合宪性的基准何在。由此可见,某个刑罚法规是否因不明确、广泛而被认为违宪、无效,不仅仅是文言的漠然性、广泛性的程度问题,而且必须考虑萎缩的效果、滥用法律的可能性及其程度,以及由此导致的侵害国民权利的种类与重大性的程度。

但是,关于构成要件明确性的标准,并没有完全一致的具体表述。可以肯定的是,人们对构成要件的解释总会存在分歧,但不可能将所有解释论上的分歧都归咎于刑法的不明确性。另外,刑法对构成要件的规定也不可能绝对明确。所以,有的学者要求,立法者必须努力做到"最大可能的明确性"。例如,在可能使用明确的法律措辞时,不要使用需要进行价值补充的概念(Kohlmann)。有的学者认为,是否具有明确性,必须就刑法规定本身进行一般性、抽象明性的判断;即使某个案件明显符合某法律条文的核心部分,但如果法律条文的周边部分并不明确,也不能认为该法律条文就该案件的适用而言具有明确性(山口厚)。有的学者指出,如果从一个刑法条文中能够推断出明确的保护目的,而且其文字的解释不可能任意扩张,那么,这个条文就是明确的(Roxin)。有的学者提出,刑法对于犯罪构成要件的规定,使得作为刑法适用对象的国民的平均人,能够根据刑法的文言理解刑法禁止什么时,就是明确的,否则便不是不明确的(金泽文雄)。

日本最高裁判所所持的态度是,如果用解释的方式明确限定了法律条文的含义、内容,就不应再指责其不明确性。德国的判例也认为,通过司法判例使不明确的法律具体化是符合宪法法要求的。但有学者认为,虽然用判例作出解释,可能使一般国民明确处罚范围、限制执法机关的裁量权,但是,如果法律条文自身对国民、执法机关是不明确、广泛的话,国民的权利在法院作出解释以前就受到了侵害,而事后法院也不能补救。故应根据法律条文自身来判断不明确性、广泛性。"用解释来补救"的方法,只是对虽然不当但还不至于违宪、无效的刑罚法规有采用的余地(町野朔)。

德国联邦宪法法院一直强调,在明确性原则的实践应用中,应当保证清晰性与严格性。迄今为止,德国没有出现一个刑罚法规由于不明确而被宪法法院宣告无效。德国宪法法院认为,立法者已经对刑法中的严重不法行为的构成要件作了足够明确的说明。

(三)法定刑的明确性

罪刑法定主义的内容,包括犯罪的法定与刑罚的法定;同样,明确性的原理不仅适用于犯罪,而且适用于刑罚。只规定行为应受处罚,或者虽规定刑种但没规定刑度,将具体的刑度委任给法官进行裁量的刑罚法规,即规定"绝对的不定刑"或者"绝对的不定期刑"的刑罚法规,违反了罪刑法定主义。换言之,作为法定刑,必须有特定的刑种与刑度。如果刑法对某种行为并没有规定刑罚,那么,根据"没有法定的刑罚就没有犯罪"(Nullum crimen sine poena legali)的原则,该行为便不是犯罪。同样,如果刑法只是规定对某种行为追究刑事责任,但没有规定特定的刑种与刑度,司法机关因为没有适用刑罚的标准,事实上也不可能追究刑事责任。所以,不同时代的刑法通常都对犯罪规定了特定的刑种与刑度。所不同的是,在一段时间内,西方一些国家的刑法(如1791年法国刑法典)规定了绝对确定的法定刑,使法官没有裁时的余地。从表面上看,刑法规定绝对确定的法定刑,有利于保障人权。但事实上,任何一种具体的犯罪都可能有不同的情节、不同的危害程度以及不同的人身危险性,而绝对确定的法定刑只能以该种犯罪的平均程度的危害性为根据予以确定,故反而侵害那些情节轻微、人身危险性较轻的部分犯罪人的人权。换言之,法定刑幅度过小,甚至是绝对法定刑,就使法官的裁量权过小,甚至不具有裁量权,这从刑事政策上看也是不妥当的,在某些场合会导致对行为人科处过重的刑罚。故美国联邦最高法院指出,规定谋杀警察官必须判处死刑这种绝对法定刑的刑罚法规,属于规定“残虐而且异常的刑罚”的法律,是违反宪法的。[7] 所以,现代各国的刑法都规定了相对确定的法定刑,法官不仅应当以相对确定刑为依据裁量刑罚,而且必须作出具体的裁量,即必须宣告具体的刑罚,而不能宣告不定期刑。相对确定的法定刑,一方面限制了法官自由裁量的权力,另一方面也有利于实现罪刑的均衡,因而符合法治的要求。

八、刑罚法规适正的原则

刑罚法规适正的原则,首先要求禁止处罚不当罚的行为,其次要求禁止残虐的、不均衡的刑罚。禁止处罚不当罚的行为,一方面要求不得违反人权保障规定处罚行为,即不得处罚符合宪法规定的权利行为,不得处罚无害的行为;另一方面要求不得处罚不值得处罚的行为,或者说不得处罚轻微危害行为以及缺乏处罚的必要条件的行为。禁止处罚不当罚的行为,也可谓适正(适当)的犯罪化,既是对立法的要求,也是对司法的要求。

如前所述,明确性的要求在很大程度是为了防止处罚范围的不确定性与过度的广泛性,美国联邦法院在20世纪二三十年代作出的有关因不明确而无效的判决,实际上也暗含着禁止处罚不当罚的行为。但真正确立禁止处罚不当罚的行为的原则的,是1940年的Thornhill判决。亚拉巴马州法规定,禁止劳动争议中的罢工纠察行为,违者处以刑罚。州法院根据这一规定,判决以和平方式进行罢工纠察的被告人有罪。但联邦最高法院的判决指出,和平的罢工纠察行为,应当作为言论自由予以保护;禁止一切罢工纠察行为的法律违反了适正程序;于是撤销了原审的有罪判决。到了20世纪60年代,“禁止过度的广泛性”的理论在判例上已经完全确立。

当今各国宪法一般都禁止“残虐的刑罚”,即禁止“以不必要的精神的、肉体的痛苦为内容、在人道上被认为是残酷的刑罚”(日本最高裁判所大法庭1948年6月30日判决)。现在世界各国刑罚体系中一般不存在身体刑,有争议的倒是死刑是否属于“残虐的刑罚”的问题。第二次世界大战后,欧洲各国相继废除了死刑,美国废除死刑的运动也高涨起来,这一运动至20世纪60年代达到了最高潮。美国联邦最高法院终于在1972年于法曼判决中指出,既存的死刑制度违反合众国宪法修正案第8条关于禁止“残酷、异常的刑罚”的条款,应宣告无效。但该判决又解释说,比死刑本身的“残酷、异常”性质更为严重的是,既存制度下对是否科处死刑的判断,由于完全由陪审团或法官裁判,其适用是恣意的、有差别的,因而应认为是违宪的。该判决作出后,全美的死刑宣告数量大为减少,确定死刑后被拘禁的人数也锐减。然而,其后全美各地的恶性犯罪激增,于是要求保留死刑的舆论高涨,不仅一般国民如此要求,而且知识阶层、法律家等也如此要求。因此,很多州又推行恢复死刑的立法,只是力图排除恣意地、有差别地适用死刑。其中第一种类型是,对于一定的犯罪,只规定死刑是绝对的法定刑;第二种类型是,作为决定死刑基准的事由,由法律明文规定,且控制死刑裁量权。其后,美国联邦最高法院的判决指出,法曼判决只是

---

〔7〕 Roberts v. Louisiana, 431U. S. 633(1977).

说对死刑的适用“完全由没有基准的”(unguided)裁量来决定的死刑制度是违宪法的,并非一概否定裁量的余地;只是完全没留裁量余地的绝对法定的死刑,违反了合众国宪法修正案第8条的基本精神。日本的最高裁判所也曾明确指出,死刑本身不属于宪法规定予以禁止的“残虐的刑罚”。

要求刑罚与犯罪的轻重相均衡的罪刑均衡原则,是启蒙思想以来的刑法基本原则,但宪法、刑法通常对此没有明文规定,于是学者们认为,宪法对残虐刑的禁止就包含了罪刑均衡的旨趣,或者认为宪法关于实体的正当程序的规定包含了这一旨趣。

禁止罪刑不均衡的原则,不仅针对立法权,而且针对司法权。当法院的宣告刑与具体的犯罪行为不均衡时,有的认为是违反了宪法(美国联邦最高法院持这一立场);有的认为这是量刑不当的问题,不是违反宪法的问题(如日本最高裁判所持这一主张)。通常认为,如果对具体犯罪的量刑不当,是由法定刑不当所致,则是规定该法定刑的刑法本身违反了宪法。

第三节 法益保护原则

法益保护主义认为,刑法的任务或目的是保护法益,犯罪应当被限定为对法益的加害行为(侵害法益或者具有侵害法益危险的行为);单纯违反伦理秩序的行为,不得以犯罪论处。需要指出的是,法益保护主义虽然是通说,但并没有得到所有刑法学者的承认,其中涉及的主要问题是法与伦理的关系以及由此带来的问题。

法与伦理的关系如何,是法哲学的一个重要问题。具体到刑法上来,表现为刑法是维护社会伦理的法律、还是保护法益的法律?这个问题在以前的英国,L. Stephen 与J. S. Mill进行过激烈的争论,后来 P. Devlin 与 H. L. A. Hart 之间展开了新的争论。Devlin 认为刑法具有维持社会伦理的任务,应当处罚反伦理的行为;Hart 批判这一观点为法律伦理主义,认为刑法原则上只是在行为侵害了他人利益时才能适用。

在德国也存在同样的对立。例如,Welzel 在自己的刑法教科书中说:“刑法的任务在于保护基本的社会伦理的心情(行为)价值。”〔8〕而当时不少年轻学者则反对刑法的伦理化,认为刑法是为保护法益服务的,对仅违反道德但没有侵犯法益的行为,应当予以非犯罪化。事实上,后一立场在德国近几十年的刑事立法中,一直发挥着非常重要作用。

日本的争论也相当激烈。小野清一郎说,刑法“维持、形成和发展国民的人伦文化秩序即道德秩序”;〔9〕团藤重光也说:“社会生活所必要的最小限度的道德规范,必须由法律去强制推行,在此限度内,道德规范就归化为法规范。”〔10〕而反对者平野龙一则认为,刑罚是一种重大的痛苦,不是维持伦理的适当手段;特别是在现代社会,伦理是一个相对的概念,社会对不同的伦理价值观应当宽容,即法律应当保障具有不同价值观的人共

〔8〕 转引自[日]平野龙一:《刑法总论Ⅰ》,有斐阁1972年版,第43页。
〔9〕 [日]小野清一郎:《刑法讲义总论》,有斐阁1950年版,第14页。
〔10〕 [日]团藤重光:《刑法纲要总论》,创文社1990年版,第28页。

存;如果认为刑法的任务是维持社会伦理,则容易导致在刑法的名义下,强制人们服从自己的价值观;所以,原则上只能是当行为造成了对他人的严重侵害或者危险时才适用刑法。

对大多数犯罪来说,如杀人、盗窃、强奸等犯罪,既侵害了法益,也违反了社会伦理,不管采取上述哪一种观点,实际上不会得出不同的结论。导致不同结论的是那些所谓"没有被害人的犯罪"与"自己是被害人的犯罪"。依据刑法应当维持社会伦理的观点,成人间的同性恋、通奸、兽奸等行为应当作为犯罪处理。因为这些行为违反了社会伦理道德规范。刑法为了维护社会伦理,就应当把这些行为当作犯罪处理。依据刑法只是保护法益的观点,则对上述行为不应以犯罪处理,因为这些行为并没有侵害他人的法益。

欧美各国历来对婚外性行为、同性恋行为、近亲相奸、通奸、兽奸、重婚、展示淫秽物品等性越轨行为,进行广泛的处罚。但是近来,成人间的相互同意的上述行为,只要不是公开进行的,以这些行为仅仅违反伦理为理由,而适当地不处罚。1957 年英国的"同性恋行为、卖淫问题调查委员会"建议不处罚成人间非公开的同性恋与卖淫行为,后来被采纳;美国模范刑法典废除了通奸罪、对成人之间的同性恋行为也不当犯罪处理;德国的新刑法也没有规定通奸罪与成人之间的同性恋犯罪;瑞典、丹麦等国也大多如此。日本刑法没有规定近亲相奸、同性恋与婚外性行为是犯罪,所规定的通奸罪在战后被废除,但刑法处罚赌博、吸食毒品的行为。

欧美许多国家对上述行为进行非犯罪化,就是以法益保护的观点为依据的。但是,持法益保护观点的人,并不一定都认为"没有被害人的犯罪"与"自己是被害人的犯罪"均不能当犯罪处理,行为没有侵害他人法益,但若侵害了社会法益时,仍应当作犯罪处理。可见,法益保护与伦理维持的观点,会给立法产生影响。

法益保护与伦理维持的观点,也可以说是对违法性的认识不同。违法性是犯罪成立的条件之一,法益保护的观点认为,违法性是指法益的侵害或危险,即侵害或威胁了法益时才具有违法性。伦理维持的观点认为,违法性是指违反法规范,但说违法是违反法规范,并不具有实质意义。违反法规范说的真正特色,是用违反道义秩序、违反文化规范与缺乏社会相当性来进行说明的。

在刑事立法上,过去几十年里,法益保护主义一直被作为基本指导原理。最为明显的是,在第二次世界大战后,各国刑法理论对法益概念的探讨迈入了新阶段,法益概念的重点被推移至刑事政策领域,成为研讨制定新条款或者修改旧条款的重要依据。于是,某种社会生活之利益应否由刑法保护,莫不以法益概念作为决定性的依据,法益概念成为确定刑法的处罚范围的价值判断标准。例如,德国在战后将成人之间自愿的同性恋、色情受虐狂等行为排除在刑法规制之外,就是因为这种行为仅违反了性道德观念,而没有侵犯法益。英国在 20 世纪 60 年代对自杀行为、堕胎行为、21 岁以上男子间的同性恋行为实行非犯罪化,也是基于同样的理由。

在刑法理论上,正如德国学者所言:"尽管'法益'的定义各种各样,但这个基本概念确实是现代德国刑法思想的重要概念。"〔11〕"战后,德国刑法学借助法益理论一直试图给

---

〔11〕 [德]Albin Eser:《"法益侵害"と法益论における被害者の役割》,甲斐克则编译,信山社 2014 年版,第 27 页。

刑法的暴力干预找到一个界限。其基本思想是:刑法只能保护具体的法益,而不允许保护政治或者道德信仰,宗教教义和信条,世界观的意识形态或者纯粹的感情。”〔12〕按照日本学者的说法,“法益保护主义的基本内容是,刑法的任务是保护法益,犯罪是对法益的加害行为,即应当被限定为对法益的现实侵害行为或者对法益产生危险的行为。这一观点成为当今学界通说性的共同理解”。〔13〕同样,在英语国家,刑法规范合法性的基础主要是19世纪以来一直起着重要作用的“损害原则”(Harm Principle);行使刑罚权的唯一目的,只能是阻止行为人对他人造成损害,即便是这种权力的行使违反该成员的意志。换言之,“预防对行为人以外(个人的或公共的)各方造成损害或损害风险,永远都是法律强制的适当理由。我们从这些合法性最为确定的干涉情形中得出的这个原则,可以称之为‘对他人的损害原则’或简称‘损害原则’,这个原则作为其正当立法限制方面的道德指引,可以推荐给立法者”。〔14〕

但是,法益保护原则也受到了挑战。例如,在2008年的“乱伦案判决”中,德国联邦宪法法院“多数法官在第39行及以下解释道:‘对所追求的目标,由于宪法的原因,刑法规范不会被逾越比该目标要求更严格的限制。需要特别指出的是,这些要求也无法从刑法法益理论中找到,甚至对法益概念本身也没有统一的意见’。”〔15〕德国联邦最高法院在2014年5月8日的判决也认为,基于刑法规范所追求的目标以及宪法上的原因,不能用超越比例原则的更为严格的要求来限制刑法规范,刑法规范的目标不能从刑法法益理论中引导出来。德国学者Hirsch并不否认从社会契约推导出的人的法益概念的可能性,但是他认为法益概念并不约束立法者。为了限制立法者,Hirsch回归到了宪法的合比例性原则。再如,由于日本近些年来的刑事立法出现了法益概念的抽象化、处罚的早期化以及重罚化现象,有学者指出:有必要探求替代法益保护原则的刑事立法的指导原理。而且,该指导原理必须从宪法上有关限制基本权的原则中寻找,这便是比例原则(井田良)。

然而,不注重目的正当性的刑事立法,只能起到单纯禁止人们实施某种行为的作用,而不能发挥刑法的法益保护与自由保障机能。所以,在“乱伦案判决中”,尽管德国联邦宪法法院认为,“禁止兄妹间发生性行为完全是考虑了基本法的规定,而不是考虑了法益的概念”,但宪法法院事实上又是从保护法益的角度做出解释的。亦即,“立法机关充分考虑了保护家庭秩序免受乱伦的危害,同时也充分考虑了保护陷于乱伦关系中的当事人,以及避免乱伦导致后代先天基因方面的疾病,因此它将继续对社会中的乱伦进行处罚,对此立法机关并没有超出它判决所能容许的范围”。〔16〕由于德国联邦法院对刑事立法的合宪性的决定性问题没有给出合理的解答及其逻辑上的缺陷,联邦宪法法院的决定在刑事法学界遭到了压倒性的批评。法益概念的抽象化、处罚的早期化以及重罚化现象,既不是法益概念本身造成的,也不是比例原则可以解决的。事实上,不考虑法益保护目的,是不

---

〔12〕［德］克劳斯·罗克信:《刑法的任务不是法益保护吗?》,樊文译,载陈兴良主编:《刑事法评论》(第19卷),北京大学出版社2006年版,第147页。

〔13〕［日］山口厚:《刑法总论》,有斐阁2016年第3版,第4页。

〔14〕［美］乔尔·范伯格:《刑法的道德界限(第1卷)·对他人的损害》,方泉译,商务印书馆2013年版,第11页。

〔15〕［德］米歇尔·库宾希尔:《对法益概念内涵的最新判例评述》,江溯译,载赵秉志等编:《当代德国刑事法研究》(第1卷),法律出版社2017年版,第203页。

〔16〕［德］米歇尔·库宾希尔:《对法益概念内涵的最新判例评述》,江溯译,载赵秉志等编:《当代德国刑事法研究》(第1卷),法律出版社2017年版,第204页。

可能贯彻比例原则的。比例原则只能以法益保护主义为前提而发挥机能,却不能替代法益保护主义(松原芳博)。

第四节 责任主义原则

一、责任主义的含义

"没有责任就没有刑罚",是消极的责任主义的经典表述;"有责任就有刑罚",则是积极的责任主义的表述。当今刑法理论的通说采取的是消极的责任主义。但是,消极的责任主义在不同层面具有不同含义或要求。

第一,在整体层面上,消极的责任主义是对必罚主义的否定。消极的责任主义的旨趣在于,没有责任时不应科处刑罚。不仅如此,即使在有责任时,从一般预防、特殊预防的观点来看,如果其他制裁或处分适当时,就应当控制刑罚的适用。显然,否定必罚主义意义上的消极的责任主义,是刑法谦抑性的另一种表述。

第二,在犯罪成立条件层面上,消极的责任主义是限定犯罪成立的原则,而不是扩张犯罪成立的原则。亦即,责任是犯罪的成立条件,没有责任就没有犯罪;责任要素的设定,只能限定犯罪的成立范围,而不会扩张犯罪的成立范围。争论问题是,在承认责任所具有的限制刑罚机能的同时,是否也承认责任具有为刑罚提供根据的机能?一种观点认为,凡是为刑罚提供根据的要素,都是限制刑罚的要素;反之亦然。另一种观点则认为,责任只具有限制刑罚的机能,而不能为刑罚提供根据。如何看待这两种不同观点,关键在于怎样理解"为刑罚提供根据"的含义。责任是成立犯罪的一个条件,当然也是刑罚的前提条件,倘若将这种前提条件理解为"为刑罚提供根据",则并无不当。但是,倘若认为,"为刑罚提供根据"意味着责任即非难可能性在使犯罪成立的同时,"要求"法官科处与非难可能性程度相适应的刑罚,则不可避免陷入绝对报应刑论,但是,绝对报应刑论不仅有悖刑法的谦抑性,而且不符合刑法的法益保护目的与刑罚的预防犯罪目的。因此,即使承认责任为刑罚提供根据,也只是意味着责任是成立犯罪和科处刑罚的前提条件。

第三,在量刑基准层面上,消极的责任主义意味着"责任是刑罚的上限",亦即,责任主义禁止刑罚超过责任程度。将责任作为刑罚的上限,意味着量刑时对预防犯罪的考虑,不得超过责任的上限。换言之,责任概念在量刑中的主要作用,在于针对过度的预防考虑设定限定,在此意义上发挥刑罚限定机能。

上述责任主义包括主观责任与个人责任这两个原则。众所周知,在近代以前,实行的是客观责任(结果责任)与团体责任。前者是指只要造成客观危害,就要追究责任;后者是指只要构成犯罪,不仅追究责任者本人的责任,还要追究与犯罪人有关的人的责任。与此相对,责任主义中的主观责任,是指只有当行为人具有责任能力以及故意、过失与期待可能性时,才能对行为人进行非难;主观责任不等于主观归罪,实际上也是主客观统一的。个人责任,是指只能就行为人实施的个人的行为对行为人进行非难。这二者又是密切联系的,其中的关键是主观责任。

二、责任主义的根据

当今大陆法系国家的刑法理论往往在宪法上寻找责任主义的根据，即认为责任主义是宪法上的原则。

德国基本法第 1 条第 1 款规定："人的尊严不可侵犯。尊重和保护人的尊严是一切国家权力的义务。"第 2 条第 1 款规定："人人有自由发展其人格之权利，但以不侵害他人之权利或不违犯宪政秩序或道德规范者为限。"德国学者指出："罪责原则是受宪法保障的。虽然这一原则没有明确在《基本法》和《刑法典》中予以规定，但是，它是法治国原则和《基本法》第 1 条第 1 款、第 2 条第 1 款的人的尊严和普遍行为自由之规定可推出的结论。"〔17〕

联邦德国宪法法院 1966 年 10 月 25 日的判决指出："对刑法上的不法行为的刑罚以及对其他不法行为的类似刑罚的制裁等一切刑罚均以存在责任为前提的原则，具有宪法的价值。该原则在作为基本法的本质原则之一的法治国原理中可以找到根据；法的安定性与实质的正义也是法治国原理的内容；此外，正义的理念要求构成要件与法律效果之间具有实质的适合关系。……刑罚、秩序罚对行为人的违法行为进行非难。这种刑法上的非难以具有非难可能性为前提。如果不是这样，刑罚便成为对行为人不应当承担责任的事实的一种报应，这与法治国原理不一致。因此，对没有责任的行为人的举止进行刑法的威慑或者类似刑法的威慑违反了法治国原理，侵害了行为人所享有的基本法第 2 条第 1 款的基本权。"〔18〕

日本宪法第 13 条规定："所有国民都作为个人而受到尊重。对于国民的生命、自由以及追求幸福的权利，只要不违反公共福祉，在立法及其他国政上都必须给予最大的尊重。"日本刑法学者也在本规定中寻求责任主义的宪法根据。例如，内藤谦教授指出，现代刑法中的责任主义原则，是将所有的人作为自由且平等的"法的主体"来看待的；责任主义通过将个人责任与行为责任作为犯罪与刑罚的前提来划定界限，从而保障由个人的尊严奠定基础的权利与自由即"人权"，免受国家权力为了无限定地追求预防犯罪的目的所进行的侵害；责任主义就是根据这种制约国家刑罚权的原理而形成的。责任主义在宪法上的根据就是日本宪法第 13 条所规定的对个人的尊重，亦即，由于每个人都具有生存的自律的人格性，所以，每个人都应当作为无可替代的存在而受到尊重。

此外，还可从刑罚目的的角度寻找责任主义的根据。因为处罚没有责任的行为，不可能抑止在将来的同样状况下发生相同的"犯罪"行为（不存在预防犯罪的效果）。刑罚是以痛苦为本质内容的，但单纯的痛苦并不是刑罚的目的，包含在刑罚中的对行为的无价值的判断，由刑罚传达给行为人与一般人，从而抑止未然的犯罪。因此，对刑罚可能产生影响的心理状态中所没有的行为处以刑罚，就收不到刑罚的效果。反过来说，如果不采取责任主义，在行为人对结果没有故意与过失时，也将行为作为犯罪科处刑罚，那么，由于缺乏对结果的预见（故意）与结果的预见可能性（过失），便不可能通过设定为了避免结果发生而不实施犯罪行为的"反对动机"来规制行为。因此，即使从伦理的、道义的观点上能够给予非难，但如果没有抑止犯罪的必要性，就没有必要科处刑罚。再如，刑法实行罪刑法

〔17〕［德］乌尔斯·金德霍伊泽尔：《刑法总论教科书》，蔡桂生译，北京大学出版社 2015 年版，第 208 页。

〔18〕转引自［日］西原春夫等编：《刑法资料》，柏书房 1995 年版，第 119 页以下。

定原则,事前以成文法的形式明确规定犯罪及其法律后果,从而使得人们能够在法律允许的范围内自由地行动。然而,只有当行为人具有违法性认识的可能性时,才能产生反对动机(才能产生遵从法的动机),进而才具有非难可能性;不可能知道自己的行为被法律禁止的人,不能产生反对动机,因而不能追究其责任。

只有行为人基于非难可能的意思活动,实施了符合构成要件的行为,才能对行为人进行法律上的非难(责任)的判断。对于这一点,不管采取哪一种立场,都是一致的。为了认定责任,至少要有责任能力与故意、过失,这是容易被接受的。这样,在贯彻责任主义时,特别要注意的是有关故意、过失的问题。可以说,没有故意、过失就不成立犯罪的原则,是狭义的责任主义。但是,具有故意与过失,不等于具有责任。换言之,即使存在故意与过失,也可能因为没有违法性意识的可能性、期待可能性,而没有责任。另外,故意与过失究竟是责任要素还是构成要件要素,则是存在争议的问题。

三、责任主义的贯彻

在犯罪概念中,之所以必须有"责任"或"有责性"的要素,一个重要原因是,现行刑法只承认犯罪的法律后果是"刑罚"。刑罚虽因种类不同具有差异,但都是以痛苦为内容的,而且所附随的法律性的、社会性的制裁是苛刻、严酷的。因此,19 世纪以来确立了"没有责任就没有刑罚,刑罚必须与责任相适应"的原则,为了限定刑罚,就确立责任主义的原则。

但是,有的国家承认罪责不以作为责任非难基础的故意、过失为要件,特别是英美法系的行政法领域,在许多场合,被告一方没有被证明有过失,也认定为有责任。这就是所谓的严格责任或绝对责任。严格责任的存在,既有历史的原因——古代结果责任的残余,又有现实的原因——现代社会犯罪的复杂性。

大陆法系国家刑法都规定,犯罪的成立原则上以有故意为必要,作为例外即使是没有故意的场合,也以过失为必要。如德国刑法第 15 条规定:"故意的行为才具有可罚性,但法律明文规定处罚过失的,不在此限。"奥地利刑法第 7 条规定:"(1)本法只处罚故意行为,但法律另有规定的除外。(2)对行为后果的发生行为人至少有过失的,行为人始受处罚"。日本刑法第 38 条第 1 项规定:"没有犯罪故意的行为,不处罚,但法律有特别规定的,不在此限。"在日本,特别刑法设有两罚规定,即从业人员实施了犯罪行为时,不仅要处罚从业人员,也要处罚业主。有的特别法规定,只有当业主对为防止从业人员的犯罪所必要的选任、监督等具有过失时,才处罚;但有的特别法并没有这一规定,以前曾把这种基于两罚规定的业主的责任,解释为绝对责任或转嫁责任,但判例认为,即使法律没有明文规定需要过失责任,也应理解为需要在选任、监督等方面具有过失,在业主证实自己没有过失的场合,应免除其罪责,显然是采取过失责任主义。日本最高裁判所大法庭 1957 年 11 月 27 日判例。

在贯彻责任主义时最成问题的是结果加重犯。不管是大陆法系国家还是英美法系国家,以前的立场是,故意实施某种犯罪,发生了行为人预想以外的重结果时,即使行为人对此结果不能预见,也应对重结果承担责任。这种做法现在被认为是结果责任、绝对责任而受到批判。有人主张结果加重犯的规定违反了责任主义,应当废除;[19]但一般还是认

---

〔19〕 德国学者 Liszt、E. Schmidt 称刑法关于结果加重犯的规定是"古代结果责任的遗物"。

为,应在不违反责任主义的范围内承认结果加重犯,即行为人在实施基本的犯罪行为时,对能够预见的加重结果承担责任。为了解决这一问题,1953年德国第三次刑法改正法新设的第56条规定:“法律对行为的特别结果规定了较重刑罚时,行为人至少因过失引起了该结果时,才能科处较重刑罚。”现行德国刑法第18条规定:“法律就犯罪的特别结果加重刑罚的,只有当正犯与共犯者对该结果至少具有过失时,才能适用。”这一规定也被其他一些国家的刑法效仿。日本改正刑法草案第22条也规定:“对于因发生结果而加重刑罚的犯罪,不能预见该结果的,不得以加重犯处断。”但是,还有一种有力的见解认为,由于结果加重犯是对关于基本犯罪行为通常能预想的结果追究罪责,所以,只要基本行为与加重结果之间具有相当因果关系就成立。日本审判实践上只要求基本行为与加重结果之间具有条件关系,而不问行为人对加重结果有无过失。虽然预见可能性的范围与相当因果关系的范围通常是一致的,二者所导致的结论没有实质的差异,但通说认为,从贯彻责任主义的观点来看,还是应当认定行为人对加重结果有无过失。

如上所述,各国刑法对过失犯的处罚,都以“有特别规定”为限。问题是,什么样的情形属于“有特别规定”?这也与责任主义的贯彻密切相关。[20] 一种观点认为,所谓“有特别规定”,是指法律明文规定了处罚过失行为的情形(木村龟二、中山研一);另一种观点则认为,只要从行政刑法的规定中可以看出其具有处罚过失行为的旨趣,就属于“有特别规定”,而不一定要求有明文规定(团藤重光、平野龙一)。

责任主义的贯彻还涉及许多问题。如处罚原因自由行为是否违反责任主义?故意的成立是否要求违法性的意识(可能性)?共谋共同正犯是否违反个人的责任?如此等等。本章以后章节会对这些问题作适当说明。

---

〔20〕 我国刑法第15条第2款规定:“过失犯罪,法律有规定的才负刑事责任。”“法律有规定”的确定,也面临着相同问题。

第三章 刑法的适用范围

第一节 刑法的适用范围概述

对行为可否适用刑法,是由实施行为的时间、场所以及行为人的属性所决定的。如果不能适用刑法,就不能提起公诉,不能进行审判;只有在能够适用刑法的前提下,才能提起公诉,才能进行审判。

即使能够适用刑法,但如果存在诉讼障碍(阻碍提起诉讼的法定情况与事实情况),也可能阻碍国家刑罚权的实现。但诉讼障碍与刑法的适用是应当加以区别的。在诉讼障碍消失时,仍可以提起公诉,进行审判。

刑法的适用范围,一般是指刑法的时间适用范围与空间适用范围,后者包括对人的适用范围。

第二节 刑法在时间上的适用范围

一、时际刑法的基本原则

当行为时、裁判时乃至其中间时的刑法不同时,就出现应当适用哪一种刑法的问题。这就是刑法在时间上的适用效力,被称为时际刑法。

根据罪刑法定原则的要求,定罪量刑应以行为时有法律的明文规定为限,这就是不溯及既往的原则。这一原则要求,对行为时不受处罚的行为,不能适用事后刑法给予处罚。这是时际刑法的一个原则。在刑罚法规有变更时,对行为时受处罚的行为,不能适用比行为时更重的刑法。这原本不是不溯及既往原则的内容,但现在逐渐演变成该原则的内容,也是时际刑法的一个原则。

当刑罚法规有变更时,是适用旧法还是适用新法,各国刑法通常采取从轻原则。主要有以下几种规定方式:

第一,明确规定适用处罚较轻的法律。如日本刑法第 6 条规定:“犯罪后的法律使刑罚有变更时,适用处罚较轻的法律。”德国刑法第 2 条第 3 款规定:“行为终了时有效的法律于裁判前变更的,适用处罚最轻之法律。”言下之意,如果旧法的处罚轻,就适用旧法;如果新法处罚轻,就适用新法。

第二,规定适用新法的条件。即原则上适用旧法,但符合一定条件时,则适用新法。这里的条件,通常是指处罚较轻。如瑞士刑法第 2 条规定:“在本法生效前所为之重罪或轻罪,于本法生效后受裁判的,惟本法处刑罚轻者,始可适用本法。"格陵兰刑法第3条规定:"本法典生效前的犯罪行为只有对其惩罚不高于前法者才适用本法。"这种规定与前一种规定方式相比,似乎更明确体现了不溯及既往的原则,但新法的适用范围实际上是相同的。

第三,规定有利于行为人的新法适用于已经判决的行为。前两种规定只是就未经判决的行为而言,不涉及已经判决的行为。有的国家刑法规定,只要新法对行为人有利,即使是已经判决的行为,也适用新法。如西班牙新刑法第2条规定:"即使已经最后宣判、罪犯已经服刑,有利于罪犯的刑法条款仍然具有溯及力。确定最有利的法律时,应当听从罪犯的意见。"意大利刑法第2条规定:"行为后法律变更为不处罚者,其行为不为罪;已经被定罪判刑的,终止其刑罚的执行和有关的刑事后果。"采取这种规定的国家,对于未经判决的行为,当然是适用有利于行为人的法律。

二、限时法理论

限时法是只在一定时期内实施的法律,属于一种特别法。法律条文明文规定了实施期限时,肯定属于限时法;法律条文没有明文规定实施期限,但事实上该法律只能在一定期限实施时,是否属于限时法,则存在争议;此外,行政刑法中的空白刑罚法规与限时法是何种关系,也需要研究。对于在限时法规定的时期内实施的行为,在期限届满后(限时法被废除后)才发现时,一般认为仍应依该限时法处理。例如,德国刑法第2条第4款规定:"仅适用于特定时期的法律,即使该法律在审判时已经失效,仍然适用于在有效期间内实施的行为。但法律另有规定的除外。"意大利刑法规定,不溯及既往的原则、适用有利于行为人的法律的原则,不适用于限时法规。采取这种做法的理由是,限时法是基于特定的目的,在一定期限内禁止、处罚特定的犯罪行为,如果行为人在此期限内实施了特定的犯罪行为,就应依该限时法处理。如果不依该限时法处理,则在临近期限届满时实施犯罪行为,期待裁判时废除限时法、不受刑罚处罚的案件,会大量增加。

但在学说上还有另外一种见解,即如果限时法的废除,是因为立法者认为该法规定的行为不具有可罚性,则对时限经过后发现的行为,不能依限时法处理;如果限时法的废除是由于某种状态的消失,则对时限经过后发现的行为,仍应依限时法处理。这一观点被称为"动机说",由日本学者牧野英一、植松正所提倡。这种动机说,就事实上的限时法而言,具有一定道理;对事先明文规定的限时法来说,则不一定合适。

三、确定犯罪时的理论

既然刑法的适用与实施行为的时间有很大关系,那么,如何确定行为时,则是一个不可忽视的问题。有的国家对此设有明文规定。如德国刑法第8条规定:"正犯或共犯实施行为时,为犯罪时;在不作为犯罪情况下,以犯罪人应有所作为之时为其犯罪时。结果于何时发生,非决定犯罪时之标准。"奥地利刑法第67条第1款规定:"行为人实施行为或者应当履行作为义务时,为行为时;应受刑罚处罚的行为结果何时发生,不是决定行为时的标准。"

不少国家刑法对犯罪时的确定没有明文规定,但在刑法理论上,一般认为行为时为犯罪时。由于刑法一般不处罚预备行为,故这里的行为通常是实行行为;如果在特殊情况下处罚预备,则预备行为时也是犯罪时。不作为犯罪没有表现出积极的举动,行为人应履行义务之时,就是不作为的开始之时(当然还应注意何时起具有故意、过失),因而是犯罪时。不以犯罪结果发生之时为犯罪时,是各国都接受的一个原则。

第三节 刑法在空间上的适用范围

一、概说

一国的刑法不仅能适用于本国领域内的行为,而且在一定条件下能适用于领域外的行为。决定刑法在空间上的适用范围的法原则,是刑法适用法的一种。

刑法在国外的适用,受到国际法的制约。以前曾有人主张,一个国家对发生在任何地方的犯罪都有逮捕、给予刑罚处罚的权利。但在国家主权也必须服从国际法的今天,不承认国家具有这种权利,特别是不允许为了行使刑罚权而侵害他国主权。刑法适用法自古以来就被认为是国际刑法,刑法在空间上的适用范围,必须服从国际法的原则。

上述制约刑法在空间上适用范围的国际法原则,就是国家自己保护与国际协同。行为与本国具有场所的、人的、物的关系,侵害了本国的正当利益时,就有权适用本国刑法。历来被承认的属地主义,就是国家自己保护原则的一种表现。另外,防止犯罪与保障犯罪者的权利,是现代国际社会所共同关心的事项,是各国相互协力所追求的目标。基于国际协同原则的要求,在一定条件下,一国对于与本国没有关系的犯罪行为(犯罪人不是本国人、犯罪地不在本国内),也能行使刑罚权。

刑法在空间上的适用范围,涉及对国内犯与国外犯的适用范围,[1]有两个基本的原则:属地原则与属人原则,其他原则都是对这两个原则的补充与发展。

二、国内犯

(一)属地主义、旗国主义

任何国家都有权对自己领域内的人的行为进行规制,以维护本国的国家与国民利益,而不问行为人的国籍。因此,一个国家对于发生在本国内的犯罪,不管行为人是否本国人,都要适用本国刑法。这便是属地主义的基本含义,它以国家主权和国家刑罚权为根据。

对于国内犯,不能以行为人的属性为理由排斥本国刑法的适用,在这个意义上说,论述刑法对人的适用范围是没有意义的。至于如何看待"对享有外交特权或豁免权的人不适用本国刑法追究刑事责任",则存在不同观点。一种观点认为,对这些人不适用本国刑法,是属地主义原则的例外。一些国家的立法也反映了这一观点。如意大利刑法第 3 条规定:"意大利刑法,适用于意大利国家领域内之本国公民及外国人。本国法或国际法规定的例外情况除外。"另一种观点认为,对这些人不追究责任,是因为存在诉讼障碍或者犯罪阻却事由。如果这种障碍与事由消失,则仍可适用本国刑法。换言之,不是本国刑法不适用这些人,而是因为存在追究这些人的刑事责任的障碍,或者因为这些人在当时具有犯罪阻却事由。尽管说法不同,但刑法适用的结局是一样的,似乎后者更加维护了本国主权。但两种观点在下列情况下会得出不同结论,即行为时享有外交特权或豁免权,行为后

---

〔1〕 国内犯与国外犯分别指发生在本国领域内的犯罪与发生在本国领域外的犯罪,而不是指本国人的犯罪与外国人的犯罪。

丧失了该项权利，而行为人仍在本国内的，能否追究其刑事责任？根据前一观点，不能追究刑事责任；根据后一观点，可以追究刑事责任。[2]

就国内犯而言，属地主义有利于维护国家主权、维护国内秩序，还有利于刑罚效果的实现、诉讼程序的顺利。

挂有本国国旗的船舶与航空器属于本国领土，不管其航行或停放在何处，对于在该船舶与航空器内的犯罪，都适用旗国的刑法，这就是旗国主义，[3]是属地主义的补充。这一主张不仅得到了国际法的承认，而且许多国家刑法对此作了明文规定。

对于国内犯，各国刑法基本上都是采取属地主义与旗国主义。例如，德国刑法第3条规定："德国刑法适用于本国内的一切犯罪行为。"第4条规定："在悬挂德意志联邦共和国国旗或者国徽之船舶、航空器内发生的犯罪行为，无论犯罪地法律如何规定，均适用德国刑法。"奥地利刑法第62条规定："奥地利刑法，适用于一切在奥地利境内实施的应受刑罚处罚的行为。"第63条规定："奥地利刑法，适用于在奥地利船舶或者航空机内实施的应受刑罚处罚的行为，船舶或者航空机位于何处，在所不问。"日本刑法第1条规定："本法适用于在日本国内犯罪的一切人。对在处于日本国外的日本船舶或者日本航空器内犯罪的人，亦适用本法。"其他国家也都设立了类似规定。

（二）犯罪地

如果采取属地主义，就必须严格确定犯罪地。所谓确定犯罪地，并不是指确定犯罪的发生之地是不是在本国的领域内，而是确定犯罪发生之地本身。换言之，一个犯罪总是具有多种因素，应以何种因素为标准确定犯罪发生之地，就成为需要研究的问题。从理论上说，对犯罪地的确定有以下几种观点：

第一，行为地说。此说认为，犯罪是行为，故行为人实际实施犯罪行为的地点或场所，就是犯罪地，不作为犯罪则以义务的来源地或发生地为犯罪地。此说未考虑行为的结果发生地，不利于保护本国利益和维护国家主权。

第二，结果地说。此说认为，行为人实施犯罪行为所导致的结果发生地为犯罪地。如日本学者町野朔指出，"刑法以保护法益为目的，法益侵害（危险）的结果是犯罪的实质（结果无价值论），应当认为结果说基本上是正确的。"[4]那么，在未遂犯的场合，由于没有发生犯罪结果，如何确定犯罪地呢？有人认为，以结果应发生之地为犯罪地（团藤重光），有人主张，行为所引起的法益侵害的危险本身也是结果，所以，法益侵害的危险地为犯罪地（平野龙一、町野朔）。

第三，中间地说（或中间影响地说）。中间地，是指在从犯罪的实行行为到结果发生之间的通过地中，对结果发生的危险起增加作用的场所。例如，甲以杀害日本国内的乙为目的，从国外将毒药寄送到日本，乙在日本饮用此毒药后受伤，在抵达韩国后死亡。由于

---

〔2〕日本大审院1925年3月25日的判例曾指出，享有外交特权或豁免权的人员，丧失了该资格或身份后，只要其犯罪没有超过公诉时效，就可以追诉（日本《大审院刑事判决录》第27辑，第187页）。

〔3〕我国有学者称为国旗主义，参见甘雨沛、何鹏：《外国刑法学》（上册），北京大学出版社1984年版，第243页。

〔4〕［日］町野朔：《刑法总论讲义案Ⅰ》，信山社1995年第2版，第97页。当然，町野教授并不完全赞成结果地说。因为他认为，制约刑法在空间上适用范围的国际法原则是国家自己保护与国际协同主义，所以，在处罚国外犯具有正当理由时，即使结果发生在国外，也可能对在本国领域内实施的行为适用本国刑法。他进而认为，"修正的普遍管辖主义"是妥当的。

在日本发生了伤害结果,所以,能够适用日本刑法。[5] 由此可见,所以中间地,实际上是指结果发生地的一部分或者危险结果发生地。[6] 中间地说只不过是犯罪地说的补充,而不可能是独立的确定犯罪地的学说。

第四,遍在说。[7] 此说认为,行为实施地与结果发生地都是犯罪地,行为或者结果有一项发生在本国内,就适用本国刑法。此说与行为说一样,以对本国领域内的人具有服从要求权为根据,并对属地主义所确定的范围进行了一定的扩大。

遍在说遭到了一些非议,例如,遍在说以国家对其领域内的人具有服从要求权为根据,存在扩大主权与刑罚权的倾向;如果每个国家都实行此说就会引起争议。但实际上,许多国家刑法明文规定了这一主张。概括起来,大致有三种规定方式:其一,规定行为或结果的发生地为犯罪地,至于是全部发生地还是一部发生地,则不明确。如德国刑法第9条第1款规定:“正犯行为之地,不作为犯情况下的犯罪人应有所作为之地,犯罪构成的结果发生之地,或者根据依犯罪人的意愿应当发生结果之地,皆为行为地。”瑞士刑法第7条的规定也是如此。其二,规定行为地、结果全部或一部发生地为犯罪地。如奥地利刑法第67条第2款规定:“行为人实施行为或者应当履行作为义务之地,或者构成要件的结果全部或者部分发生地,或者行为人希望的结果发生地,均为行为地。”其三,规定行为的全部或一部发生地、结果地为犯罪地。如意大利刑法第6条第2款规定:“构成犯罪的作为或者不作为的全部或者部分发生在意大利,或者因上述作为或者不作为所产生的结果发生在意大利的,视为在意大利国家领域内犯罪。”

网络犯罪的特点是,犯罪人虽然仅在甲国实施行为,其结果却可能发生在全世界。所以,A在甲国从网络上传播淫秽作品,B国公民能够从网络上观看该淫秽作品时,就可以认为结果已发生在B国。根据遍在说,也应适用B国刑法。但是,这可能并不现实。于是,国外学者就网络犯罪对遍在说提出了不少限制主张。例如,有人指出,结果发生地,仅限于结果犯与具体危险犯中的最初结果发生地;有人提出,结果发生地,仅限于实害结果发生地;有人建议,结果发生地,仅限于行为人在行为时所认识到的结果发生地;如此等等。

未遂犯没有发生犯罪结果,遍在说并不认为此种场合仅以行为之地为犯罪地,而是认为,行为之地以及“犯罪人愿意结果发生之地”“可能发生结果之地”,都是犯罪地。

关于共同犯罪的犯罪地的确定,理论上存在不同观点。第一种观点认为,正犯(实行犯)的犯罪之地为共同犯罪的犯罪地,采取共犯从属性理论的人,通常主张这一观点。第二种观点认为,正犯与共犯(狭义)的犯罪地都是共同犯罪的犯罪地。这似乎是共犯独立性理论的主张,但采取共犯从属性说的学者,也可能采取这种观点。[8] 第三种观点认为,共犯的共同行为发生之地为共同犯罪的犯罪地。从刑事立法上看,只有少数国家刑法对此设立了规定,如德国刑法第9条第1款规定了一般犯罪(包括正犯)的犯罪地,第2款规

---

〔5〕 根据结果无价值论的观点,日本是甲的杀人未遂犯的结果(危险)发生地,所以,日本国也是犯罪地。

〔6〕 需要注意的是,刑法理论现在所称的中间地,已经不是指单纯的通过地。例如,位于A国的甲,为了杀害C国的乙,而向乙邮寄毒药,运送该毒药的飞机上经过了B国领空或者在B国机场停留过几小时。在这种情况下,B国不是中间地,因而不能适用B国刑法。

〔7〕 我国有学者翻译为“偏在说”,参见甘雨沛、何鹏:《外国刑法学》(上册),北京大学出版社1984年版,第242页。

〔8〕 行为人在日本国内进行了贿赂的共谋,然后在日本国外提供了贿赂。日本东京地方裁判所认定该行贿罪为国内犯(东京地方裁判所1981年3月3日判决)。

定:“正犯之犯罪地,共犯之各个犯罪地,在不作为犯的情形下,共犯应有所作为之地,或者根据共犯的意愿犯罪应发生之地,均为共犯之犯罪地。共犯在国内参与国外犯罪的,即使依行为地法律不为罪,德国刑法仍然适用于该共犯。”

三、国外犯

属地主义对国内犯而言,是最理想的原则。但还有三种国外犯,应当或可以适用本国刑法,却是属地主义所不能解决的:一是外国人在国外实施的危害本国利益或本国国民权益的犯罪;二是本国公民在国外实施的某些犯罪;三是外国人在国外(包括不为任何一国所有的地域或场所)实施的危害各国共同利益的犯罪。各国刑法通常针对这几种情况,采取了其他一些原则。

(一)保护主义

保护主义的基本含义是,无论行为人是本国人还是外国人,只要其在国外的犯罪行为,侵害了本国利益或者本国国民的法益,就适用本国刑法。保护主义的实质意义在于,保护本国利益与本国国民的法益。侵害本国利益因而适用本国刑法的,称为国家保护主义;侵害本国国民的法益因而适用本国刑法的,称为国民保护主义(消极的属人主义)。

所谓侵害本国利益的犯罪,通常限于侵害国家安全、信用方面的犯罪,如内乱罪、外患罪、伪造货币罪等。如意大利刑法第 7 条规定:“本国公民或外国人,在国外犯下列之罪者,依意大利法律处断:1. 国事罪;2. 伪造国家印章罪,使用伪造的国家印章罪;3. 伪造在本国领域内合法流通的货币、印花税票或意大利公债券罪;4. 国家公务员滥用职权或者违反其职责义务所实施的犯罪;5. 根据法律的特别规定或者国际条约,应适用本国刑法的其他犯罪行为。”日本刑法第 2 条规定,对于在日本国外犯内乱罪、外患罪、各种伪造罪以及不正当使用公印罪、有关支付用磁卡的电磁记录的犯罪等,适用日本刑法。

侵害本国国民法益的犯罪,由于范围太广,不宜均适用本国刑法,所以,一般来说,只能对严重侵害本国国民法益的犯罪适用本国刑法。所以,不少国家不直接规定犯罪的种类,只作一般规定,或者在法定刑的轻重上加以限制。如瑞士刑法第 5 条规定:“在外国实施针对瑞士国民的重罪或轻罪,依照行为地法律也被认为是犯罪的,适用瑞士刑法,但以行为人在瑞士且未被引渡于外国,或者行为人被引渡至瑞士联邦政府为限。行为地法律对行为人处罚较轻的,适用行为地之法律。”德国刑法第 7 条、希腊刑法第 7 条也有类似规定。日本刑法原本对国民保护主义没作规定,但 2003 年增加了一个条文(第 3 条之二),规定在日本国外对日本国民实施强制猥亵罪、强制性交罪、准强制猥亵与准强制性交罪、强制猥亵等致死伤罪、杀人罪、逮捕与监禁罪、各种略取与诱拐罪、各种强盗窃罪的,适用日本刑法。

至于保护主义的适用是否以犯罪地的法律规定为犯罪为前提,各国刑法规定不一。德国、日本等国刑法没有以犯罪地的法律规定为犯罪为前提。例如,1 名德国人移民至澳大利亚后,在网络上发布否认纳粹罪行的言论。这一行为在德国是犯罪,但在澳大利亚不是犯罪。行为人到德国后,被德国司法机关追究刑事责任。这一事件引起了学者的争议。[9]

---

〔9〕 当然,由于行为人是在网络上发表言论,在德国就可以看到该言论。所以,也可能认为,犯罪地发生在德国。

(二)积极的属人主义

积极的属人主义,是指对本国国民在国外犯某些罪的,也适用本国刑法。对此原则,有两种不同的理由根据。一是基于国家主义的思想,认为本国国民即使在国外,也要效忠母国,有遵守本国刑法的义务,这是由国家与国民之间本来的道义关系决定的(小野清一郎)。二是基于国际协同主义的思想,认为本国国民在外国犯罪时,原则上应适用所在国刑法,但是当行为人未受处罚回到本国时,根据国际法所承认的本国公民不引渡的原则,不将本国国民引渡到外国,由本国在国内为外国进行"代理处罚"(平野龙一)。前者所引申出来的结论是,对在外国犯任何罪的本国国民,无论在外国是否受刑罚处罚都应适用本国刑法,被称为无限制的积极的属人主义。后者除了要求犯罪地的法律也认为是犯罪之外,还要求本国刑法轻于犯罪地国的刑法,且在外国没有受刑罚处罚,被称为有限制的积极的属人主义。

日本刑法属于前者,其第3条规定了日本国民在外国犯罪的,适用日本刑法,其中的犯罪包括相当多的种类;其第5条规定,同一犯罪行为虽然在外国受到确定判决的,不妨碍以另行处罚。西欧各国基本上向着后者的方向发展。前述瑞士刑法第5条的规定,就是如此。

(三)普遍主义

普遍主义以保护各国的共同利益为标准,认为凡是国际条约所规定的侵害各国共同利益的犯罪,即使犯罪人不是本国人,犯罪地不在本国领域内,也适用本国刑法。

采取普遍主义,主要是为了防止国际犯罪。20世纪70年代以来,为了加强国际合作,对付不断加剧的国际犯罪活动,国际上先后制定了一系列国际条约。如1970年12月16日的《关于制止非法劫持航空器的公约》、1971年9月23日的《关于制止危害民用航空安全的非法行为的公约》、1973年12月14日的《关于防止和惩处侵害应受国际保护人员包括外交代表的罪行的公约》、1979年12月17日的《反对劫持人质国际条约》等。这些国际条约规定,各缔约国应将条约上所规定的非法行为规定为国内法上的罪行,并应采取必要措施,对这些犯罪行使刑事管辖权,而无论罪犯是否本国人以及罪行是否发生在本国内。基于这些规定,各缔约国对条约所规定的犯罪得采取普遍主义。

如日本于1988年追加的刑法第4条之二规定,基于条约应受处罚的国外犯是刑法典上的犯罪时,处罚该国外犯。德国刑法第6条规定,"根据对德意志联邦共和国有约束力的国际条约的规定而应当予以追诉的国外行为","无论行为地法律如何规定……同样适用德国刑法"。例如,荷兰人N在荷兰向另一位荷兰人X出售了少量的"软"毒品(大麻)。该行为在荷兰是合法的,德国刑法禁止出售这种毒品。在N来到德国后,德国逮捕了N并对毒品交易行为判处自由刑。因为根据德国刑法的规定,德国对世界上任何地方实施的、根据德国法属于出售麻醉药品的可罚的任何行为,都可以适用德国刑法,而无论这一行为在行为地是否可罚,也无论这一行为是否以任何方式触及德国或德国公民的利益。不过,该有罪判决引起了荷兰的强烈抗议。实质的问题是,一个国家将自己的刑法提升为对任何地方的任何人都有约束力的世界标准的根据何在?

四、国际刑法及外国刑事判决的效力

如前所述,一般意义的国际刑法,就是刑法适用法。围绕犯罪的国际协力,不仅形成了上述作为刑法适用法的国际刑法,而且使刑法的整体国际化,形成了更广意义的国际刑法。

第二次世界大战后,联合国设立了纽伦堡国际军事法庭(1945年)、远东国际军事法庭(1946年),将德国和日本的战犯,作为“对人道的犯罪”“对和平的犯罪”的国际法上的犯罪者,给予了处罚。此后便形成了一种主张,认为当国家的指导者实施了侵害国际社会整体的犯罪行为时,应当由一个超国家的司法机关,适用规定了刑罚的国际法,给予刑罚处罚。这种实体的国际法也是国际刑法,但现在还不存在这样的国际刑法。1948年的《关于防止与处罚集团杀害的条约》以及1973年的《防止犯罪条约》,试图设置国际刑事法院,但未能实现。

为了防止国际犯罪,不使有的国家成为罪犯的避风港、不使罪犯有隐蔽场所,就需要有国际协同,这种国际协同正在成为现实。例如,1958年的《公海条约》规定,各国对不属于任何国家管辖地域的海盗船舶、航空器,有追捕、处罚的权利。类似这种条约和上述20世纪70年代的有关条约的规定,以及许多国家适应国际法所作的规定,也可以说是国际刑法。

在上述情况下,各国适用的是本国刑法。但为了追诉犯罪和保障被告人的权利,1961年的国际刑法会议决议提倡,对在外国实施的犯罪,适用行为地的外国刑法,这与调整冲突、决定准据法的国际私法相对应,也是国际刑法的内容。

由于犯罪人、被害者的国籍及犯罪地不同,可能出现几个国家的刑法对同一个犯罪都能适用的现象。在这种情况下,由哪一国来行使刑事管辖权,应由国际法来决定。决定这种管辖的原则,同样是国际刑法。

此外,与国际刑事司法协助有关的国际法、国内法,也可以称为国际刑法。

在刑事司法协助中,历来都有引渡犯人的做法。许多国家刑法对犯人引渡有明文规定,如意大利刑法第13条规定:“犯人的引渡,由意大利法律、国际条约和国际惯例调整。如果引渡请求所针对的行为,不被意大利法律和有关外国的法律规定为犯罪,不得引渡。对于国际条约未规定的犯罪,只要这些条约不明确禁止,也可以允许或者提议引渡。不允许引渡本国公民,除非国际条约予以明确许可。”日本于1953年制定了逃亡犯人引渡法,1979年制定了国际搜查互助法。

根据国际法及各国刑法的规定,引渡要求本国与请求引渡国的刑法均认为犯人的行为是犯罪;本国应对犯人进行追诉、审判;不经本国同意,不得将罪犯引渡给第三国;政治犯与本国犯人不引渡。

对外国刑事判决效力的承认,分为两种情况:其一,本国国民在外国犯罪并受到确定的有罪判决时,将该犯人移至本国后,执行外国的有罪判决;如在外国已经将刑罚执行完毕,或者外国法院作出无罪判决,则本国不再追诉。这被称为外国刑事判决效力的积极承认。欧盟各国已采取这种做法,这是为了避免犯人受到双重处罚,使犯罪人顺利地重返社会。其二,外国确定的刑事判决不制约本国刑罚权的实现,即不管外国确定的是有罪判决还是无罪判决,对同一行为本国可行使审判权,但对外国判决及刑罚执行的事实,给予考虑。这被称为外国刑事判决效力的消极承认。如日本刑法第5条规定:“同一行为虽然已经在外国受到确定判决的,不妨碍另行处罚。但犯罪人在外国已经全部或者部分执行了所宣告刑罚的,减轻或者免除其刑罚的执行。”

对于上述第二种做法,有的学者提出了异议。既然进行国际协同,采取普遍主义,如果犯罪人已在外国受到刑罚处罚,本国就没有必要再发动刑罚权(平野龙一);从尊重外国的刑事司法、考虑被告人权利的角度来说,应当避免双重处罚(町野朔)。

第二编 犯罪

第四章 犯罪与犯罪论

第一节 犯罪的定义、本质与分类

一、犯罪的定义

西方国家的刑事学认为,实质意义上的犯罪,是侵害社会生活共同秩序的人的行为,无论这种行为是由幼童实施的,还是成人实施的,也无论是由精神病人实施的还是由精神正常的人实施的。但刑法学上所说的犯罪,则只是其中应当科处刑罚的行为。

首先,犯罪概念必须由来于刑法的规定,至少与刑法规定相符合。当今各国刑法中的犯罪概念都以行为(包括作为与不作为)而不是以行为人的个性为基础,而且分则条文明确规定了各种犯罪的行为类型(构成要件),所以,犯罪概念的第一个要素是行为符合构成要件。由于刑法明文将不具有违法性的行为(如正当防卫、紧急避险等)排除在犯罪之外,因此,犯罪概念的第二个要素是违法性。此外,当今各国刑法都将幼童的行为、精神病人的行为、缺乏故意过失的行为,甚至没有违法性意识可能性的行为,排斥在犯罪行为之外。换言之,成立犯罪还需要具有非难可能性(有责性)。于是,有责性成为犯罪概念的第三个要素。

其次,犯罪概念还必须与刑法的目的、手段相符合。合法的行为不可能受刑罚处罚,因此,违法性是犯罪概念的一般特征。"虽然从形式上说,刑法上的违法性,是指对刑法规范(评价规范)的违反,但是,由于违法性是刑法规范做出否定评价的事态的属性、评价,故其内容便由刑法的目的来决定。将什么行为作为禁止对象,是由以什么为目的而禁止来决定的。在此意义上说,对实质违法性概念、违法性的实质的理解,由来于对刑法的任务或目的的理解。"[1]所以,如果认为刑法的目的是保护法益,那么,违法性的实质便是法益侵害(危险)。刑法的手段主要是刑罚。不管是将刑罚的正当化根据理解为报应,还是将刑罚的正当化根据理解为一般预防与特别预防,都以行为人具有非难可能性为前提。所以,有责性成为犯罪概念的特征。在法治国家,只能处罚法律明文禁止的犯罪行为,换言之,在法治国家,值得科处刑罚的行为,必须限于刑法明文规定的行为。所以,犯罪概念的另一特征是构成要件符合性。

德国和日本刑法理论通常由此分析得出结论,认为犯罪由三个要素构成:

---

〔1〕 [日]山口厚:《刑法总论》,有斐阁2016年第3版,第105页。

第一，构成要件符合性（该当性）。即犯罪首先必须是符合刑法典各本条[2]及其他刑罚法规[3]规定的某种犯罪构成要件的行为。这是罪刑法定主义的要求。罪刑法定主义决定了犯罪不只是一种反社会的侵害行为，而且首先必须是符合刑罚法规规定的构成要件的行为，否则可能导致刑罚权的恣意发动，侵害国民的人权。通常认为，构成要件符合性是一种一般的、抽象的、定型的、客观的判断。

第二，违法性。即犯罪应当具备违法性。由于构成要件是违法行为的类型化，故在通常情况下，符合构成要件的行为就具有违法性。但是，正当防卫杀人、紧急避难毁损财物等行为，虽然也符合构成要件，实质上却并不违反法秩序，即存在违法性阻却事由，因而不成立犯罪。在此意义上说，犯罪的成立除了符合构成要件之外，还要求行为具有违法性。一般认为，违法性是一种个别的、具体的、非定型的、客观的判断。

第三，有责性（责任）。犯罪的成立除了要求具备构成要件符合性与违法性之外，还要求行为人具有责任，即能够将对行为的非难加于行为人，或者说，能够就符合构成要件的违法行为对行为人加以非难。例如，对没有责任能力的人的行为，就不能进行责任非难；对于没有违法性认识可能性的行为人，也不能进行责任非难。在此意义上说，幼童的行为、精神病人的行为、不具有违法性认识可能性的行为，不成立犯罪。换言之，存在责任阻却事由时，行为不成立犯罪。这样，责任也成了犯罪的构成要素。有责性是个别的、具体的、内部的、主观的判断。

上述成立犯罪的三个要素，被称为犯罪构成要素，或者犯罪成立要件（我国一般称为三阶层体系）。将这三个要素综合起来，就形成了犯罪的形式概念：犯罪是符合构成要件的、违法的、有责的行为，或者说犯罪是具备构成要件符合性、违法性、有责性的行为。其实，构成要件是违法行为的类型化，构成要件符合性与违法性都是说明行为是否违法的要件。所以，从实质的观点进行考察，只有具备以下两个条件，才能认定为犯罪：其一，发生了违法事实（违法性）；其二，能够就违法事实进行非难（有责性）。据此，犯罪的实体是违法与有责。但是，由于刑法实行罪刑法定原则，所以，只有符合构成要件的违法行为，才成为犯罪的实体之一。德国刑法理论将符合构成要件并且违法（没有违法阻却事由）称为不法，于是，不法与违法就不是等同的概念。

具备构成要件符合性、违法性与有责性这三个条件就成立犯罪，产生国家的刑罚权。但是有一种例外情况，即某种行为虽然成立犯罪，但刑罚权的发生还需要具备其他条件，这种条件被称为客观处罚条件；妨碍刑罚权发生的事由也是得到承认的，这种事由被称为处罚阻却事由。

二、犯罪的本质

（一）法益与犯罪本质

形式意义的犯罪，是由国家判断为当罚的行为。国家为什么判断为当罚，理所当然包含了实质内容。形式意义的犯罪是实质意义的犯罪的一部分。那么，究竟应当如何理解犯罪的本质呢？

---

〔2〕“本条”是指规定具体犯罪及其法定刑的条文。

〔3〕广义的“刑罚法规”，是指规定具体犯罪及其法定刑的法规；狭义的“刑罚法规”，是指刑法典以外的规定具体犯罪及其法定刑的规范，如日本仲裁法中规定仲裁员受贿罪及其法定刑的条文，就属于刑罚法规。

起先,A. Feuerbach 提出了权利侵害说,认为犯罪是侵害他人权利的行为,国家也具有人格、享有权利,对国家的犯罪也是对权利的侵害。但是,用权利的观念并不能完全说明实定法所规定的犯罪,因为有些犯罪并不是侵害了权利。对宗教的犯罪、对伦理秩序的犯罪就没有侵害权利。于是,权利侵害说被法益侵害说代替。法益侵害说基本上处于通说地位。

法益侵害说是由 J. M. F. Birnbaum 最先倡导的,黑格尔学派通过论证犯罪是对法的本质的侵害,以及区分犯罪的保护客体(法益)与行为客体,推动了法益概念的形成。Jhering、Merkel、Wahlerg 的研究也为法益概念的形成奠定了理论基础。法益侵害说后来得到 Binding 与 Liszt 的继承与发展。Binding 说,法益是立法者所欲保护的对法秩序有价值的事物。这被称为形式的法益概念。Liszt 说:"法益,是法所保护的利益,所有的法益都是生活利益、个人的或者共同社会的利益;产生这种利益的不是法秩序,而是生活;但法的保护使生活利益上升为法益。"〔4〕这被称为实质的法益概念。据此,犯罪是侵害由法所保护的生活利益的行为。法益侵害说在日本得到了平野龙一、中山研一、前田雅英、山口厚等诸多学者的支持,成为现在的通说。

但是,法益并不是一个非常明确的概念,法益概念的机能也不是十分确定的。例如,Binding 所称的有价值的事物包括人、物、行为价值乃至规范的妥当状态(状态论),Liszt 认为法益只限于法所保护的人的生活利益(利益);Binding 展开法益论在于丰富其由规范概念展开的犯罪论,Liszt 则将法益作为刑法的正当性的一般根据。20 世纪后,关于法益概念的争论也十分激烈。R. Honig 与 E. Schwinge 主张目的论法益论,他们重视法益概念对犯罪构成要件的解释所具有的机能,至于某种法益是否受到了现实犯罪行为的侵害与威胁,法益概念对刑法处罚范围的限定作用,则不是重要问题,使法益概念的精神化更为明显。而 H. Maye 与 Welzel 则构建了物质的法益概念,尤其是 Welzel 将法益定义为纯粹规范所保护的实在的状态与对象,从而使法益概念的精神化现象得到了一定程度的扭转。

第二次世界大战后,"刑法的目的是保护法益""犯罪的本质是侵害法益"的命题虽然遭到了一些学者的反对,但仍然得到了多数人的肯定。至于具体到"什么是刑法保护的法益",仍然存在疑问与争论。与此同时,虽然精神化的法益概念仍然存在,但更多的学者强调物质的法益概念;尤其是日本,许多学者强调法益必须具有可能成为犯罪的侵害对象的现实的、事实的基础(内藤谦),或者必须是因果上可能变更的对象(伊东研祐)。此外,刑法理论也肯定了法益概念的多种机能:它是刑法解释的指导理念,它是决定行为是否具有违法性的实质标准,它将立法者的任务限定为保护法益,等等。归纳起来说,法益概念分为自由主义的法益概念(实质的法益概念、批判立法的法益概念)与实定的法益概念(形式的法益概念、方法论的法益概念)。前者是指基于国家的任务在所有犯罪中作为核心要素所要求的法益概念,这一概念是实质的犯罪概念的前提,是基于保障国民自由的观念的前实定的概念,它前置于刑事立法或者说直接指向刑事立法者。这种法益概念首先具有批判立法的功能,亦即,那些不符合法益保护目的要求的罪刑条文在实质上是错误的,进而要求立法者修改刑法。后者将法益理解为法所保护的利益,故法益不是前实定的

〔4〕 Liszt, Lehrbuch des deutschen Strafrecht, 21. u. 22. Aufl., C. H. Beck, 1919, S. 4.

概念。从法益的实际内容来说,二者在大部分场合不是对立关系。法益的内容本身是前实定的,但这种内容要受到刑法保护还必须依靠实定刑法。于是,前实定的法益中,一部分受到了刑法的保护,另一部分还没有受到刑法的保护。就已经受到刑法保护的部分而言,刑法理论既要以保护法益为根据解释法条,又要反思该法益是否值得刑法保护;就没有受到刑法保护的部分而言,刑事立法要考虑在社会发展变化后,其中哪些法益值得刑法保护。实质的法益概念侧重的是立法规制机能,即考虑的是刑法应当保护什么利益;方法论的法益概念侧重的是解释规制机能,即所讨论的是刑法正在保护什么利益。虽然后者只是用于指导对罪刑规范的解释,但它在教义学上的意义不可低估。

不过,当今刑法学家们对法益的概念依然表述不一,如 Lenckner 认为,法益是被表示为社会认可的有价值的生活利益;Kienapfel 认为,法益是刑法保护的对有秩序的人类共同生活所必需的价值、制度和状态;Roxin 认为,法益是指对个人的自由发展、基本权利的实现以及基于这两个目标所建立的国家制度的运作不可缺少的现实存在或目的设定;内藤谦认为,法益是从宪法的基本原理与构造来看,值得由刑罚法规保护的生活利益;伊东研祐指出,法益,是国家遵循宪法所(应当)构造的,对社会内的社会成员共同生活的存立的必不可少的条件,而且是由纯粹规范所(应当)保护的,因果上可能为变更的对象。事实上,各个学者都是根据本国刑法分则所规定的具体犯罪的法益进行归纳(其中包含了学者对具体犯罪的法益的理解)来界定法益概念的。

根据 Roxin 的观点,在过去几十年的刑法改革中,法益侵害说发挥了非常重要的作用。根据刑法仅应保护法益的思想,单纯违反伦理道德的行为、单纯违反纯粹的思想性目标设定的行为、违反人类自身尊严的行为、有意的自我损害行为,都不是犯罪行为。20 世纪 70 年代许多国家所实行的"非犯罪化",正是以法益侵害说为依据的。同样,现在一些国家不断在刑法中增设新的犯罪,也是因为出现了新的法益侵害行为。

法益侵害说虽然是刑法理论的通说,但不是唯一的学说。在德国纳粹时代,刑法学者 F. Schaffstein 认为,犯罪的本质与其说是法益的侵害不如说是义务的违反。这一观点与当时的背景是分不开的。在当时,国家主义得到强调,犯罪是对国家、社会共同体的危害;所以,即使没有侵害各个法益,但违反了对社会共同体所负有的义务、人伦的义务的行为,就是犯罪。W. Gallas 也同意这一观点,他指出法益侵害说对许多犯罪不能解释,例如,伪证罪的本质,用法益侵害说就不能说明,而用义务违反说就可以说明。但这种学说没有得到广泛认可。

折中说(法益侵害 + 义务违反)由日本的团藤重光提倡,得到了大塚仁等人的支持。折中说认为,现在的刑罚法规都是以个人的利益、国家及社会的利益为保护对象的,因此,可以将犯罪的核心理解为法益侵害,即通说的法益侵害说基本上是妥当的,对这里的法益应理解为法所保护的利益。但是,刑罚法规并不只是根据对法益的侵害结果来规定犯罪,许多规定同时重视了法益侵害、威胁的样态。例如,盗窃罪、诈骗罪、侵占罪等,就对个人财产的侵害这一内容上说,都具有共同的特征,但由于侵害的样态不同,而属于不同类别的犯罪。因此,作为犯罪本质的法益侵害、威胁,包含了侵害的方法与种类等。进一步考虑,应当承认犯罪有违反义务的一面,例如,尽管侵害的法益完全相同,但在不纯正的身份犯中,对身份犯的处罚重于非身份犯,如果无视身份者的义务违反,仅仅根据法益侵害这一点,则难以对此作出正确说明。于是,犯罪的本质就是包含了侵害、威胁样态的法益侵害、威胁,同时也是对一定的法的义务的违反。

此外,还存在否定法益侵害说的见解。例如,Jakobs 认为,将法益保护作为刑法的任务是比较勉强的;刑法只是辅助性地保护法益;许多法益是不可能受到侵害的,有些犯罪侵害的也不是法益;法益侵害性与道德违反性之间并无确定的界限。法律是人与人之间关系的构造,人是特定角色的承担者;认为刑法的任务是保护规范效力,是合适的;犯罪是对规范效力的损害,刑罚是对这种损害的清除。或许 Jakobs 的观点也多少混淆了手段与目的关系。

(二)法益与行为客体

行为客体是构成要件要素。很多构成要件都规定了行为客体,即构成要件的行为所指向的对象,如杀人罪中的"人"、财产犯罪中的"他人的财物"就是行为的客体。

行为客体与保护客体是有区别的两个概念(如果单纯使用"客体"一词,则通常指行为客体)。保护客体,是指构成要件所保护的客体,即法益。行为客体与保护客体在许多场合是一致的,例如,诈骗罪的行为客体是财产,其保护法益也是财产。但是,二者也有不一致的情况,例如,妨害执行公务罪,是以对公务员实施暴力、胁迫而成立的犯罪,其行为客体是公务员;但设立此罪并不是为了保护公务员的身体安全,而是为了保护公务员所从事的"公务"本身,即保护客体(法益)是公务。再如,盗窃罪的行为客体与保护法益,也并不相同。此外,在某些情况下,行为客体与保护法益虽然在内容上是一致的,但形式上则不一致。例如,杀人罪的行为客体是人,但保护法益则是人的生命。任何犯罪都有保护客体,不存在没有保护客体的犯罪;但并非任何犯罪都有行为客体,存在没有行为客体的犯罪,如单纯脱逃罪、重婚罪等。所以,保护客体并不等同于行为客体。

法益虽然不同于行为客体,但不能因为行为客体是一种具体的存在,就将法益当作被精神化了的观念上的价值。"'法益'是从'财产''财物'派生出来的概念。盗窃等罪的对象是财物,并不是作为物体就具有价值,而是所有者或占有者在可以使用、收益、处分它的效用中承认其价值。同样,法益意味着与人和某种事物的联系。因此,要能够说是法益,必须具有经验上可能把握的实体,而且,该实体对人是有用的。可以说,法益概念在与人和事物相联系的同时,通过价值与事实的联系,给刑事立法提供价值的正当性与事实的基础。没有满足这种经验的现实性及其与人的关系性的要求的存在,不能说是刑法应当保护的法益,将其作为理由的刑事立法就不具有正当性。"[5]换言之,如若保护的对象抽象得无法让人把握,就不能将其当作法益来保护。

行为客体与被害人是有区别的。被害人是因犯罪而遭受损害的人。在一个犯罪中,被害人不一定只是一个人。例如,杀人罪中除了被杀者以外,其亲属也是被害人;财产罪中的财物的占有人与所有人都是被害人。所以,被害人的范围比行为客体的范围要广。

三、犯罪的分类

对于犯罪,可以根据不同的标准进行不同的分类。例如,根据行为的表现形式,可以分为作为犯与不作为犯;根据行为的形态及其意义,可以分为实质犯、形式犯、结果犯、举动犯、侵害犯、危险犯、结合犯、结果加重犯等;根据构成要件是否要求行为主体具有一定

---

〔5〕[日]松原芳博:《刑事立法と刑法学》,载《ジュリスト》第1369号(2008年),第71页。

身份,可以分为身份犯与非身份犯;根据构成要件的符合情况,可以分为既遂犯、未遂犯、单独犯、共犯;根据对行为的非难形式,可以分为故意犯与过失犯(英美刑法中还存在不需要故意过失的严格责任犯罪);根据行为的主观面,还可以分为目的犯、倾向犯、表现犯。这些分类将在后面的有关章节中进行说明,这里仅对以后章节难以提到的分类作些介绍。

第一,重罪、轻罪与违警罪。以法定刑为标准,将犯罪分为重罪、轻罪、违警罪,始于1791年的法国刑法典。这种分类随后被1810年的法国刑法典、1871年的德国刑法典、1870年的日本刑法典以及其他许多国家的刑法典采取。现行日本刑法已取消这种分类,理由是现行刑法规定的法定刑幅度很大,对犯罪还必须考虑其具体情节,所以,抽象地对犯罪进行轻重分类不一定适当。但是日本的刑法施行法仍然以法定刑为标准,将法定刑的种类、幅度不同的犯罪,分别视为旧刑法上的重罪、轻罪与违警罪。现在,德国刑法、瑞士刑法仍然将犯罪分为重罪与轻罪,意大利刑法将犯罪分为犯罪行为与违警行为。将犯罪分为重罪与轻罪,有利于刑法对相关问题的处理更为精细与便利。例如,刑法总则可以规定仅处罚重罪的未遂犯而不处罚轻罪的未遂犯,使得未遂犯的处罚范围相对合适,也避免在刑法分则各条具体规定何种犯罪的未遂具有可罚性。

第二,亲告罪与非亲告罪。亲告罪,是指以有告诉权的人的告诉为追诉条件的犯罪(告诉才处理的犯罪)。刑法确定亲告罪主要有两点理由:一是有的犯罪涉及被害人的名誉,如强奸罪,为了尊重被害人的名誉,便规定为亲告罪;二是有的犯罪轻微,需要考虑被害人的意见,也规定为亲告罪。有的犯罪是经请求才处理的,这也视为亲告罪。如日本刑法第92条规定,损坏外国国旗、国徽罪,经外国政府请求的才处理。哪些犯罪是亲告罪,都是由刑罚法规明文规定的,而不是由司法机关决定的。除亲告罪以外的犯罪,都是非亲告罪。非亲告罪在刑法中总是占绝大多数。需要注意的是,亲告罪不等于自诉,在没有自诉制度的国家也会有亲告罪。

第三,政治犯与普通犯、确信犯。侵害国家政治秩序的犯罪是政治犯(也称国事犯)。刑法上的“政治犯”与政治上的“政治犯”不应是等同概念。与政治犯相对的一般犯罪是普通犯。政治犯与普通犯相结合的犯罪称为混合犯。确信犯,是指基于道德的、宗教的或者政治的确信而实施的犯罪。一般认为,确信犯有许多是出于利他的、进步的动机,所以对犯罪人需要进行特别处遇。另外,确信犯的故意与违法性意识,一直是故意论与责任论所关注的焦点之一。

第四,自然犯(刑事犯)与法定犯(行政犯)。这一区分观点最先由Carofalo提出。英美法上也把犯罪行为分为本质恶(mala in se)与禁止恶(mala prohibita)。现在,关于二者的区分标准,大致有以下不同观点:一是侵害法益的犯罪是自然犯,威胁法益的犯罪是法定犯;二是侵害或者威胁法益的犯罪是自然犯,纯粹或者单纯不服从法规的犯罪为法定犯;三是侵害或者威胁法益的是自然犯,违反公共秩序的犯罪是法定犯;四是同时包含形式要素(违反法规)与实质要素(侵害法益)的犯罪是自然犯,只具有形式要素的犯罪是法定犯;五是以侵害个人利益为前提、直接引起社会、国家损害的犯罪是自然犯,不以侵害个人利益为前提所引起的社会、国家损害的犯罪是法定犯;六是同时违反法规范及文化规范的犯罪是自然犯,只违反法规范的犯罪是法定犯;七是违反伦理道德、即使没有法律规定也属犯罪的行为是自然犯,没有违反伦理道德而只是由于法律规定才成为犯罪的行为是法定犯;八是违反基本生活秩序的犯罪是自然犯,违反派生生活秩序的犯罪是法定犯;如此等等。[6]

但是,以上各种区分标准都存在不合理之处,日本学者藤木英雄等人便认为,以伦理、生活秩序为标准区分刑事犯与行政犯、自然犯与法定犯是不妥当的。应当适应现代社会的复杂关系及犯罪的实态,将犯罪区分为现代型犯罪与传统型犯罪。前者是指与现代社会结构具有密切关系、发生于一般市民与企业中的犯罪,如环境污染犯罪、白领犯罪等。后者是指传统的、与现代社会结构没有密切关系的犯罪,如杀人罪、抢劫罪等。这一区分标准在具体适用时无疑也存在难题,但它提醒人们重视对现代型犯罪的研究,具有一定的意义。

第五,基本犯、加重犯与减轻犯。刑法通常将犯罪类型中最简单的形式规定为基本犯,以此为基础,通过补充构成要件要素,形成加重犯与减轻犯。例如,德国刑法第 212 条所规定的故意杀人罪是基本犯,第 211 条所规定的谋杀罪则是加重犯,与之相对,第 216 条规定的受嘱托杀人罪则是减轻犯。

第二节 行为理论

犯罪是行为。从实质意义上说,犯罪是侵害、威胁法益的行为;从形式意义上讲,犯罪是具备构成要件符合性、违法性、有责性的行为。所以,犯罪概念的基础首先是行为。古典学派认为行为是直观的现实存在,强调行为本身的现实意义;近代学派认为行为是行为者人格的征表,客观行为本身并不具有意义。但以行为的观念为核心来确立犯罪概念则是没有疑问的。尽管如此,但由于两派对行为的地位与作用认识不同,故在许多情况下得出了不同结论。

除了行为以外,行为人是否是犯罪概念的基础,也是有争议的。近代学派将犯罪理论的基础指向行为人,折中的观点认为犯罪概念的基础首先是行为,其次是行为人。

一、行为概念的机能

犯罪是行为,这是一个重要的命题。如果将行为作为构成要件符合性之前的一个独立要素,那么,该行为必然是中性无色的(不允许将由构成要件符合性、违法性、有责性评价的要素纳入行为概念之中),但又不能是没有任何内容的(否则,将其作为独立的犯罪要素就没有任何意义)。如果不将行为作为构成要件符合性之前的一个独立要素,那么,行为就不是中性无色的。

客观主义认为,行为的实质机能(界限机能)表现在两个方面:一方面,如果没有行为,就没有犯罪,就不能给予刑罚处罚;另一方面,存在行为时,作为处罚对象的只是行为。

关于第一方面,客观主义认为,思想本身不受国家权力的干涉,不仅政治的、宗教的思想是如此,其他方面的思想也是如此。内心里想奸淫妇女的人或许应受伦理谴责,但在刑法上不是犯罪,只有当这种想法表现为行为时,才受刑罚处罚。所以,在刑法上并不重要

---

〔6〕 参见[日]福田平:《行政刑法》,有斐阁 1978 年新版,第 3 页以下。

的举动,由于不认为是行为,一开始便排斥在刑法的考察范围之外。一般来说,这已不成问题。但也有值得研究之处,如英美刑法中的共谋罪与日本刑法中的共谋共同正犯。有人主张,在这种场合,只要有"意思的合致"就成立犯罪。果真如此,则没有行为就能成立犯罪。但实际上,英美刑法中的共谋罪要求有达成目的的行为才构成;日本刑法中的共谋共同正犯的成立,要求至少一人已实行犯罪,其他人至少有使共同的意思得以产生的共谋行为。

关于第二方面,客观主义认为,行为构成犯罪后,作为处罚对象的只能是行为,而不是行为人。但主观主义认为,处罚的对象是行为人而不是行为。折中主义认为,构成要件不仅是行为类型,而且是行为者类型,例如,对常习犯的规定就是如此,作为处罚对象的是行为以及行为者的人格。但客观主义反驳道,既然犯罪是行为,那么,常习性也是行为的属性,所以,处罚的对象只是行为。这种不同观点,必然导致对常习犯的认定根据与认定方法产生分歧。

以上可谓行为本身的实质机能。此外,刑法理论一般认为行为还具有其他一些机能:(1)作为结合要素的机能(或定义犯罪的机能),即在构建犯罪论体系时,将违法的、有责的、可罚的这些无价值判断结合起来的是行为这一概念。这是一种具有体系意义的机能。(2)作为基本要素的机能,即行为可以毫无例外地包含刑法上重要的、所有的人格态度(如不作为、过失),或者说,刑法所规定的、所评价的都是行为这一共通的概念。(3)作为分类标准的机能,即可以根据行为的内容与方式等,将犯罪划分为不同的种类。如作为犯与不作为犯,就是根据行为的样态作出的区分。各种具体犯罪的区分,一般也依赖于行为。

二、关于行为的学说

犯罪是一种行为,故什么是行为、行为的实质是什么的问题,就十分重要。探讨行为理论,还是哲学渗透到刑法理论领域以来的事情。由于行为包括故意行为与过失行为,包括作为与不作为,行为概念必须包含这些行为,这就给行为理论带来了难度。行为概念的重要及难度,导致刑法学者提出了各式各样的行为理论。各种行为理论都是为了说明犯罪"行为"的性质与特征,而不是笼统说明刑法所规定的一切行为的性质与特征。

(一)因果行为论

从19世纪以来,德国刑法学受迅速发展的自然科学与机械论的影响,将行为理解为一种因果事实,作为生理的、物理的过程来把握。到第二次世界大战前,这一理论在德国刑法学中占支配地位。在近代刑法理论中,也是占有重要地位的学说。用因果关系来解释行为的理论,最突出的是身体动作说(自然行为论)与有意行为说。所要注意的是,现在提因果行为论时,通常是指有意行为论。身体动作说只是少数人的主张。

身体动作说把行为理解为纯肉体的外部动作,这种外部动作包括身体的"动"与身体的"静"。至于这种动作是否由意识支配、支配动作的意识内容如何,并不是行为所要解决的问题,而是责任的内容。换言之,动作是否具有社会意义,不是构成要件符合性、违法性所要回答的问题,因而没有必要在行为概念中予以限定。而且,对犯罪是否成立的判断,首先应尽量从客观的、事实的要素出发,然后进行主观的评价,所以,在行为概念中纳入主观要素是不妥当的(平野龙一、内藤谦、町野朔)。但是,这一观点受到了批判。因为根据这一观点,单纯的反射动作、睡眠中的举动、幼童的动作都是行为,而将它们纳入作为刑法评价对象的行为概念中,并没有意义;行为是作为主观面与客观面的复合体而存在的,排除主观面便不妥当。身体动作说有利于说明构成要件符合性与有责性之间的关系,但难以回答构成要件符合性与违法性之间的关系。

有意行为说是德国、日本 19 世纪以来的多数说。有意行为说也把行为理解为自然的因果事实,这一点与身体动作说有共同之处,但有意行为说将有意性作为行为的特征,即行为是行为人在意识支配下表现于外的因果现象。有人说,行为是意识的客观化;有人道,行为是意识的表动或身体的外部动静;有人言,行为是由于行为人的意识所表现出来的身体动静以及由此而产生的结果。虽然表述不同,但都认为意识是身体动作的原因,而身体动作又是引起外界结果的原因。意识、身体动作、结果这一因果系列的必然发展过程,就是行为。由此看来,有意行为说所说的行为包括两个要素或特征:一是有意性或意识性,二是有体性或有形性。

有意行为说虽然主张行为的有意性,但是又认为行为概念中的意识是价值中立或中性无色的。换言之,意识的内容如何不是行为概念所解决的问题,而是责任的内容。所以,有意性虽是行为的特征,但意识的内容则不是行为的特征。这样就使意识与意识的内容相分离,行为概念中的意识则成了毫无内容的空洞的、抽象的概念。有意行为说旨在论证故意犯与过失犯都是行为。因为如果将意识的具体内容包括在行为概念中,势必否认过失犯有行为;然而,无论如何也不能否认过失犯有行为,所以将行为概念中的意识看成中性无色的,把意识的内容排斥于行为之外。

有意行为说不仅将思想与单纯的反射举动排除在行为之外,而且将动物与法人的举动排除在行为之外,因而实现了行为概念的诸多机能。但是,这一学说受到了批判。例如,从意识中排除意识的内容后,意识是什么呢?也有人批判说,有意行为说把行为理解为以意识为原因而展开的单纯的因果事实,也就是说,行为是单纯的因果的必然过程或必然的事实现象,对这种必然因果现象进行违法性、有责性的判断,具有什么意义呢?再者,有意行为说还碰到了不作为这一难题。按有意行为说的观点,意识表现为身体的动与静,动是作为,静是不作为,并将静包括在行为概念中,但即使是采取有意行为说的学者,也对这一观点表示怀疑。如 Radbruch 认为,行为概念的标志是意识与行动二者之间的因果关系,根据这一标志来看作为的时候,不存在什么问题,但对于不作为来说,则存在问题,因为不作为缺乏这种标志。于是 Radbruch 反对将不作为包括在行为概念中,这恰好与有意行为说的一般说法相反。此外,有意行为论常常将结果也包含在行为概念之中,这导致行为概念难以发挥界限机能。

(二)社会行为论

社会行为论在德国与日本也得到了不少学者的支持。社会行为论的基本含义是,刑法是一种社会统制手段,故具有社会意义的人的身体动静才是刑法上的行为。不过,学者们的表述存在若干差异。例如,Liszt 指出,行为不是自然科学观点下的一种生理现象,而是以对社会现实的影响为方向的一种社会现象。Eb. Schmdt 将行为定义为“对社会性外部世界的任意举动行为”;Maihofer 认为,人对刑法保护的法益的侵害态度,乃是具有社会意义的行为。他是用法益侵害的概念来制约行为的社会意义,实际上是说,行为的社会意义是对刑法所保护的法益的侵害。Jescheck 提出,对社会具有重要意义的自然人的态度就是行为。K. Engisch 说,行为是可以预测的,对社会具有重要“结果”的有意引起;佐伯千仞说,行为是有某种社会意义的某一个人的态度。

社会行为论的主张者虽然对行为所下定义不完全相同,但都将“社会”概念作为行为的核心因素。社会行为论将所有的对刑法判断具有意义的人的行为包含在行为概念之内,相应地将对刑法判断没有意义的行为排除于行为概念之外。而且,由于社会行为论将行为理解成一种价值关系的概念,所以,容易把作为与不作为都包括在行为概念中。

但是,社会行为论也存在缺陷。例如,一些对刑法判断没有意义的现象(如不可抗力、纯粹的反射性动作),也可能具有社会意义。所以,社会的行为概念缺乏界限机能。正因为如此,一些社会行为论者(如 Jescheck)不得不将人的“操纵可能性”等作为行为的前提,但是,这种“操纵可能性”与社会概念并无关联。再如,人的举止态度,有时是先有社会评价后有法律评价,有时是先有法律评价后有社会评价;“社会”这个范畴,更多的是包含在构成要件之中,而不是位于构成要件之前。因此,社会的行为概念没有将行为本身与构成要件的评价相区分。而且,“社会”这个范畴,也是解释违法性的一个重要概念,因而不是位于刑法之前的行为概念所具有的因素。既然如此,社会行为论就使行为概念丧失了结合要素的机能。

(三)目的行为论

目的行为论是由德国刑法学者 Welzel 于 20 世纪 30 年代提出的行为理论,在德国得到了 H. Maurach、R. Busch、W. Niese 等人的支持,在日本得到了木村龟二、平场安治、福田平等人的赞同。目的行为论也是在批判因果行为论的过程中逐渐产生的。

目的行为论认为,因果行为论将行为理解为外部的因果事实现象,把意识的内容从意识中抽出去,因而不能正确地把握行为的存在与构造。人的行为是实现一定目的的一种活动,它是一种目的事物现象,而不是单纯的因果事物现象。行为的目的性表现在,人以因果关系的认识为基础,在一定范围内预见自己的活动可能产生一定的结果,于是行为人设立各种各样的目的,选择达到目的的手段,朝着这些目的有计划地进行活动。换言之,人的行为不仅仅是因果关系的整个过程,而且是目的活动的整个过程。正是由于人能够实施有目的的行为,故可以用刑罚方法禁止或命令人的目的活动。于是,目的性是构成行为的核心要素。

就故意行为而言,目的行为论似乎不存在什么问题。[7] 难题在于如何说明过失行为具有目的性。Welzel 起先指出,故意行为具有现实的目的性,过失行为具有潜在的目的性。然而由于目的性是指向现实目标,属于积极的概念,主张目的行为论的 Niese 也从存在论的立场指出不存在所谓的潜在的目的性。Welzel 不得不改变说法,认为故意行为是指向构成要件结果的目的行为,过失行为是指向构成要件以外的结果的目的行为,或者说是指向法律上并不重要的结果的目的行为。他还举例说,某护士为病人止痛而注射吗啡,但因过失而超量,导致病人死亡。这种过失致人死亡的行为,是由有目的的注射行为所导致的,而不是有目的的致死行为。易言之,病人的死亡并不是护士所意欲或期待的结果,而是由其有目的的注射行为所导致的结果,所以过失行为也有目的性。但是,这种所谓的目的在刑法上并不具有任何意义。于是,有的目的行为论者指出,过失行为的目的性是

〔7〕 大陆法系国家的刑法理论认为,未必的故意与犯罪目的通常可以同时存在,即持未必的故意时,也可能具有犯罪目的。

"法所要求的目的性"。即法律为避免产生法益侵害的结果,便要求人们进行某种"目的操纵";过失犯没有符合这种要求,没有进行"目的操纵",而导致了法益侵害结果。可是,既然没有进行"目的操纵"的情形也是行为,那便表明目的本身不是行为的要素。此外,有的目的行为论者用"法律不同意的目的性"说明过失犯的目的性。例如,司机在十字路口遇到红灯时依然向前行驶,或者在没有看清前方的弯道时便超车,导致事故发生。司机以法律不同意的目的性形成了过失犯罪的不法,在此意义上,与故意行为的目的性相同。但是,即使认为这种观点能够说明部分有认识的过失,也不能说明无认识的过失。

对于不作为的目的性也存在疑问。Welzel 说,从存在论上说,由于不作为是某种行为的不作为,所以其自身并不是行为,也不存在因果性与(现实的)目的性,还缺乏像作为犯那样的事实的故意,但不作为是由"目的行动力"支配的,即行为人具有依据目的统制意思的能力,不作为是受这种能力支配的。在此意义上说,不作为与行为是并列的,其上位概念是人的行态,人的行态包括行为与不作为。日本学者福田平也赞成这一说法。有的目的行为论者解释说,在不作为的同时,往往有作为相伴随,将作为与不作为结合为一个整体来看,不作为是有目的性的。因果行为论者认为,这一说明至少在方法论上存在问题。

一方面,目的行为论的一个最重要的体系性结论,是将故意从责任转移到主观的构成要件中,并且为人的违法论奠定了理论基础。另一方面,与目的性没有关系的违法性的认识就不是故意的条件。于是,即使行为人缺乏违法性识的可能性,也不能据此否认其有故意。此外,目的行为论也为共犯论中的行为支配说提供了理论根据。不过,在当下,目的行为论在很大程度上已经丧失了以前所具有的意义。

(四)人格行为论

人格行为论认为,行为是行为者人格的主体的实现,换言之,行为是行为者人格的发现或者人格表现。团藤重光说,行为是在人格与环境的相互作用中,依据行为人的主体的人格态度而形成,并将主体的人格现实化;人的身体动静,只有与其主体的人格态度相结合,并能认为是其人格的主体的现实化时,才能认为是行为。不作为能表明主体的人格态度,当然是行为;过失也表现出主体轻视规范的人格态度,因而也是行为;忘却犯也是与主体的人格态度相联系的不作为,仍然是行为。单纯的反射动作与受绝对强制的动作,不表明人格态度,所以不是行为。Roxin 指出,行为首先是能够归于以心理和精神活动为中心的自然人的一切举止。所以,一方面,不可抗力、反射性举止等,不是人格的表现,因而不是行为;另一方面,思想与意志冲动虽然属于人的心理与精神领域的活动,但由于仅停留在内心,没有表现为外部举止,所以不是人格表现,因而不是行为。Roxin 还认为,人格行为论有利于行为概念发挥各种机能。[8] 德国的 Arthur Kaufmann 所主张的人的行为的概念(行为是人的客观化),也类似于人格行为论。

但是,人格行为论也不是没有疑问的。例如,根据人格行为论的观点,精神病人的杀

---

〔8〕 实际上,Roxin 是先设定了行为概念的任务或机能,然后评价哪些行为概念实现了其任务或机能;评价的结论是,人格行为论实现了其行为概念的任务或机能。

人举止，也是其人格表现，因而是刑法上的行为。这便使行为包含了不具有社会意义的事件。[9] 另外，过失的不作为犯（忘却犯）是否人格表现，也存疑问。而且，究竟什么是人格，刑法能否介入到行为人的人格，都是值得研究的。

（五）消极的行为概念

消极的行为概念的基本含义是，能够避免结果而没有避免的，就必须将结果归责于该行为人。如 Kahrs 指出，如果一个行为人能够避免某种结果的发生，法律也要求他避免这种结果的发生，那么，只要他没有避免这个结果的发生，就应当将该结果归责于该行为人（言下之意，能够避免结果而没有避免的，就存在行为）。根据这种观点，作为与不作为，都是因为没有避免结果的发生，所以，行为概念可以成为作为与不作为的上位概念。

但是，这种消极的行为概念，没有使行为特定化；而且，消极的行为概念，并非说明什么是行为，而是讨论归责问题。

对行为的认识不同，可能导致对其他问题的认识不同。如前所述，因果行为论认为行为是基于意思的身体动静；目的行为论认为行为是由目的支配的具有实在意义的统一体。因果行为论认为故意是责任的要素；目的行为论认为故意是构成要件的要素，在构成要件阶段区分故意犯与过失犯。因果行为论一般认为违法的本质是结果无价值（法益侵害）；目的行为论认为违法的本质是行为无价值（人的违法）。因果行为论一般认为违法性意识或者违法性意识的可能性是故意的要素；目的行为论认为违法性意识或者违法性意识的可能性，是另外独立的责任要素。

不过，现在有一些学者认为，行为概念已经不具有重要意义。换言之，上述关于行为概念的争论，其重要性是极为有限的。从理论上说，采取何种行为理论，并不必然决定采取何种犯罪论体系。例如，主张因果行为论的学者，也可能认为违法性意识及其可能性是独立的责任要素，而不是故意的要素。从实务上说，因为单纯否认行为性而宣告无罪的极为罕见，大多是因为否认构成要件符合性而宣告无罪。

三、行为人

主观主义刑法理论认为，应受处罚的不是行为而是行为人，犯罪概念的基础应是行为人。但是，在行为之前，衡量人的危险性是困难的，所以，主观主义理论不得不采取征表主义的立场。可以肯定的是，现在几乎没有一种理论将行为人作为犯罪概念的基础。

属于折中主义的观点认为，作为犯罪概念的基础，在肯定行为的同时，考虑行为背后的行为人，不仅是可能的，而且是必要的。刑法上的责任，是就犯罪行为对行为人进行人格非难，对违法性也不能无视行为人的意义进行论述，在法定刑范围内量刑时不可能不考虑行为人的具体人格，刑法对常习犯的规定同样表明人格的意义，如此等等，都表明构成要件不仅是行为类型，而且是行为者类型。但对行为者人格的认识，要通过现实的行为，所以，只能承认行为者类型对犯罪概念的补充意义（大塚仁）。但是，这种折中主义的观点受到了批判。对常习犯从重处罚，是因为其行为对法益的侵害更为严重。即使根据行为动机或者态度设置构成要件的，也应当在行为刑法而不是行为人刑法的意义上加以解释。

---

〔9〕 正因如此，日本学者大塚仁在赞成人格行为论的同时，加入了社会行为论的内容。他认为，作为犯罪概念的基底的行为，是作为行为人人格的主体性表现的、基于有意性的身体动静，是由一般人的认识性判断能够肯定其社会意义的东西。

第三节 犯罪论体系

对犯罪概念以及犯罪的一般成立要件进行分析、予以体系化的理论,就是犯罪论。从现在的学说状况来看,犯罪论体系所涉及的主要问题是构成要件符合性与违法性、有责性的关系。

一、犯罪论的形式体系

大体而言,从形式上说,具有代表性的犯罪论体系有以下几种:〔10〕

第一,犯罪的客观要素与主观要素的体系。这种体系被以前的德国所接受,也给日本不少影响。如 Birkmeyer 将犯罪要件分为“客观的构成要件”与“主观的构成要件”;Hellmuth Mayer 将犯罪要素分为“客观的违法”与“主观的归责可能性”;日本的大场茂马将犯罪的要素分为“客观的要素”、“主观的要素”与“中介要素(责任)”。近来,前田雅英采取了客观的构成要件、主观的构成要件要素、违法性阻却事由、责任阻却事由的体系。

第二,行为、违法、责任与构成要件的体系。如 Liszt 将犯罪的标志分为“作为行为的犯罪”“作为违法行为的犯罪”“作为有责行为的犯罪”“作为可罚的不法的犯罪”。其中“作为可罚的不法的犯罪”部分讨论的是构成要件符合性问题。Beling 则分为“行为”、“行为的违法性”、“行为的有责性”与“犯罪类型及其在刑法上的意义”进行论述,其中的“犯罪类型”就是指构成要件。

第三,行为、构成要件或侵害性、违法性、责任的体系。如牧野英一所确立的体系是:“作为行为的犯罪”、“作为侵害行为的犯罪”、“作为违法行为的犯罪”与“作为有责行为的犯罪”;Roxin、泷川幸辰、佐伯千仞、中山研一的犯罪论体系是“行为”、“构成要件”、“违法性”与“责任”。采取这种体系的人认为,行为是成立犯罪的第一要件,没有行为就没有犯罪,符合构成要件的、违法的、有责的都是行为,所以,应当在构成要件符合性之前说明行为。

第四,构成要件符合性、违法性、有责性的体系。这一体系由 M. E. Mayer 首倡,对其后的学说产生了很大影响。德国、日本的许多学者都采取这种体系。采取这种体系的人认为,处于犯罪概念核心的行为,当然可以作为构成要件来考虑,但罪刑法定主义是刑法的基本原则,由于犯罪必须是符合刑罚法规规定的构成要件的行为,所以,作为犯罪概念核心的行为,并不是单纯的行为自身,而是符合构成要件的行为。在构成要件符合性之前所说明的行为,是没有任何内容的、空洞的行为,因为没有任何意义。

第五,行为、不法、责任的体系。构成要件包括在不法中。此学说由 Mezger 首倡,其后,得到了德国的 E. Schmidt 和 Jescheck、瑞士的 Hafter 以及意大利的 Bettiol、Battaglini、Maggiore等人的支持。

第六,行为与行为人的二元的犯罪论体系。认为犯罪概念的基础包括行为与行为人的学者,一般采取这种二元的犯罪论体系。Kantorowicz 将可罚的行为定义为“有责地实

---

〔10〕 现在的刑法理论一般承认客观的处罚条件,所以,关于犯罪论体系的介绍,没有将客观的处罚条件纳入其中。

施的符合构成要件的非适法行为”,把它分为“客观的行为面”与“主观的行为人面”。在行为面论述“行为”、“构成要件符合性”与“缺乏违法阻却事由”;在行为人面论述“行为人”、“责任”与“缺乏一身的处罚阻却事由”。Radbruch 着眼于行为人的刑事政策的意义,作为目的论的犯罪论体系,分为“犯罪”与“犯罪人”。在前者中,论述构成要件符合性与违法性;在后者中论述归责可能性与归责能力。

第七,法国的二元论体系。法国的二元论体系中的“二元”是指犯罪与责任两大内容。其中,“犯罪”中包括法定要素与事实要素,法定要素实际上就是罪刑法定原则;事实要素大体上相当于客观构成要件,其中包括了未遂与中止的内容。“责任”包括三方面的内容:一是故意与过失,二是行为主体即自然人与法人,三是责任减轻与免除事由(精神错知、被强制与认识错误)。

以上只是介绍了犯罪论体系的轮廓,至于在犯罪论中,是否分别论述作为犯与不作为犯、故意犯与过失犯的构成要件符合性、违法性与有责性,则呈现不同局面。大体而言,日本的刑法理论一般没有分别论述作为犯与不作为犯、故意犯与过失犯的构成要件符合性、违法性与有责性,而德国 20 世纪 80 年代以来的刑法教科书,一般将作为犯与不作为犯、故意犯罪与过失犯罪分别讨论。下面介绍几例(已有中译本的不介绍)。

Hermann Blei 的犯罪论体系如下:

第一编　概要与基本概念
第二编　行为与构成要件
　第一章　行为
　第二章　客观构成要件
第三编　故意犯罪行为
　第一章　构成要件
　第二章　违法性
　第三章　责任
第四编　故意犯罪行为的特别表现形态
　第一章　未遂
　第二章　正犯与共犯
第五编　过失犯
第六编　不作为犯
第七编　竞合〔11〕

Hans Welzel 的犯罪论体系如下:

第一编　犯罪的构造与行为人的本质
　第一章　不法及其行为人
　　第一节　故意犯罪的不法(客观构成要件、主观构成要件、正当化事由、正犯、共犯等)

〔11〕 采取类似的犯罪论体系的还有很多,例如,Eberhard Schmidhäuse, Strafrecht Allgemeiner Teil, J. C. B. Mohr, 1982; Wessels/Beulke, Strafrecht Allgemeiner Teil, 30 Aufl., C. F. Müller, 2000。

第二节 过失犯罪的不法
第二章 责任(责任能力、违法性认识的可能性、期待可能性)
第二编 犯罪实行的阶段(未遂、中止)
第三编 可罚的不作为
第四编 犯罪的单数与复数

Kristian Köhl 的犯罪论体系如下:

第一编 概说与行为概念
第二编 既遂的、故意的作为犯
第一章 构成要件符合性
第二章 违法性
第三章 责任
第四章 错误
第三编 未遂与中止
第四编 过失犯
第五编 不作为犯
第六编 正犯与共犯
第七编 竞合〔12〕

二、犯罪论体系的发展与变迁

即使不同的学者在形式上采取构成要件符合性、违法性、有责性的三阶层犯罪论体系,但其具体不一定完全相同。

古典的犯罪论体系从因果行为论出发,主张对构成要件符合性与违法性进行纯客观的判断,将所有主观要素(故意、过失、目的)纳入责任内容,责任的本质在于行为人对构成要件行为所具有的故意与过失心理(心理责任论)。在古典的三阶层体系中,不法是客观的、责任是主观的。

新古典的犯罪论体系初步打破了"不法是客观的、责任是主观的"命题。一方面,特别的主观构成要件要素(如目的犯中的目的)被纳入构成要件,成为主观的构成要件要素。这便开始承认主观的不法要素。另一方面,采取了规范—心理的责任论,即开始承认规范的、客观的责任要素(如责任能力),责任不再是纯粹的主观心理状态,而是对行为人的行为的可谴责性。不过,对于违法性认识的可能性是否属于故意的内容,存在争议。

目的行为论的犯罪论体系将故意从责任转移到构成要件,使之成为主观的构成要件要素,并且全面认可主观的不法要素与行为无价值;但违法性认识的可能性与故意相分离,成为责任的独立要素。责任的判断已经脱离了行为人的主观心理状态,形成了纯粹的规范责任论。在目的行为论的犯罪论体系中,"不法是客观的、责任是主观的"命题完全不成立。

折中的犯罪论体系同时承认行为无价值与结果无价值,故意具有奠定不法的功能,所

〔12〕 采取类似的犯罪论体系的也有一些,例如,H. Jeschck/T. weigend, Lehrbuch des Strafrecht, Allgemeiner Teil, 5. Aufl., Duncker & Humblot, 1996。

以被留在构成要件中，仍然属于主观的构成要件要素，目的等特别的主观构成要件要素继续被承认；在因果关系（条件关系）的判断之外，新增加了客观归责（归属）的内容。折中的犯罪论体系仍然采取规范的责任论，但在责任层面承认作为责任形式的故意，使得责任故意与构成要件故意具有不同的性质与功能，此即故意的双重地位或者双重功能。一般来说，具有构成要件的故意时就会有作为责任形式的故意，唯一的例外只是假想防卫等允许的构成要件错误的场合。亦即，在假想防卫等场合，行为人虽然具有构成要件故意，但没有作为责任形式的故意，因而仅成立过失犯。〔13〕

〔13〕 关于与此相关的二阶层的犯罪论体系，参见本书第五章第一节。

第五章　构成要件符合性

第一节　构成要件的概念

一、构成要件的意义与机能

构成要件的观念,来源于中世纪意大利的纠问程序中的"corpus delicti"概念。当时的纠问程序分为一般纠问与特别纠问,一般纠问在于确证犯罪事实是否存在,特别纠问是针对特定的嫌疑人进行的纠问。一般纠问中所应当确证的犯罪事实(罪体)被称为"corpus delicti",它意味着舍弃了与行为人联系后的一种外部的客观实在。18 世纪末,Klein 在他的《普通德国刑法纲要》一书中,将"corpus delicti"翻译成"Tatbestand"一词,日本学者将"Tatbestand"译为构成要件。[1] 当时,构成要件只具有诉讼法上的意义,将它运用到实体法上来,是 C. C. Stübel 与 Feuerbach 的功劳;而真正形成构成要件理论,还是 20 世纪初的事情。

一般认为,构成要件是指刑罚法规规定的犯罪类型,或者说是对可罚行为的类型性描述。有的则说,构成要件是犯罪轮廓的观念形象。应受社会伦理非难,应受刑罚处罚的行为,在法律规定之前,有无数的类型,可以说这就是刑事学上的犯罪类型,立法者将这些行为进行取舍选择,规定成为法律上的犯罪定型。于是,刑事学上的当罚行为的类型,与法律上的可罚行为的类型相分离。例如,一般的反自然的性行为、通奸等行为,在刑事学上是犯罪类型,但通常不是刑法上的犯罪类型。另外,刑事学上被认为是几种犯罪类型的行为,在刑法上可能只是一个犯罪类型。例如,扒窃、入室盗窃、顺手牵羊的盗窃等在刑事学上是不同的犯罪类型,但在刑法上只是一个犯罪类型——"窃取他人财物"。又如,在现实社会中存在各种不同的杀人行为,如刀杀、枪杀、药品杀、绳索杀等,但在刑法上也被规定为一种犯罪类型——"杀人"。这样的犯罪类型(定型),就是犯罪的特别构成要件,或者简单地称为构成要件。

构成要件与犯罪类型是什么关系,并非没有争议。多数学者认为,构成要件就是犯罪类型。显然,如果认为故意、过失属于构成要件的内容,那么,构成要件就是犯罪类型;如果认为故意、过失不是构成要件的内容,则构成要件不是犯罪类型。例如,如果认为杀人罪的构成要件包含杀人故意的要素、过失致死罪的构成要件包含过失的要素,那么,杀人罪、伤害致死罪、过失致死罪的构成要件就不同,[2] 于是,构成要件成为犯罪类型。反之,

---

〔1〕 这一翻译并非十全十美,但已约定俗成。另需指出的是,在日本刑法理论中,没有"犯罪构成"这一概念。

〔2〕 本书采用外国刑法与刑法理论的表述,所称杀人罪、伤害罪,指故意杀人罪、故意伤害罪(有特别说明的除外)。

如果认为杀人的故意、致人死亡的过失不是杀人罪、过失致死罪的构成要件要素，那么，杀人罪、伤害致死罪、过失致死罪的构成要件便相同，于是，构成要件不是犯罪类型。在德国，一般认为故意、过失是构成要件的内容；在日本，部分学者认为故意、过失是构成要件的内容，部分学者认为故意、过失只是责任要素。

构成要件与法律条文是何种关系，在理论上也存在分歧。少数人认为，刑法分则各本条的前半部分是关于构成要件的规定，后半部分是关于刑罚的规定。因此，可以说构成要件与法律条文是完全统一的，法律条文就是构成要件。多数人认为，相当多的刑法条文需要进行解释，如果不进行解释，就不可能明确构成要件，所以，构成要件不是法律条文本身，而是通过对刑法条文进行解释所得到的观念形象。

构成要件与犯罪成立条件的关系，则比较明确。在德国、日本等大陆法系国家，不管采取何种犯罪论体系，通常所称的构成要件，是指作为犯罪要素的构成要件，而不等于犯罪成立条件；换言之，符合构成要件只是成立犯罪的条件之一；违法性、有责性也是犯罪成立条件。

由于构成要件是将现实中的个别的、具体的犯罪现象进行抽象、概括出共同要素后形成的观念形象，因此，构成要件是抽象的、观念的概念，而不是具体的事实。符合构成要件的事实，便是构成事实或犯罪构成事实。

关于构成要件的机能，可以归纳为以下几个方面：

第一，自由保障机能（罪刑法定主义的机能）。一方面，由于构成要件将犯罪进行了定型化，什么行为应当受处罚、什么行为不应当受处罚，就有了明确的界限。只要不实施符合构成要件的行为，就不会受到国家刑罚的干预。在此意义上说，构成要件保障一般国民的自由。另一方面，刑罚只在符合构成要件的范围内适用，在此意义上说，构成要件又保障犯罪人不受不恰当的处罚。然而，在构成要件符合性、违法性、有责性的体系中，构成要件本身并不能担保罪刑法定主义的实现，因为构成要件只是在“法无明文规定不为罪”这种与存在刑罚法规的关系上起到罪刑法定主义的机能；事实上，只有同时在违法阻却事由、责任阻却事由、客观处罚条件等领域贯彻罪刑法定主义，才能保障人权。例如，无视法律所规定的容许性要件（阻却违法性的要件）而认定犯罪的做法（如将正当防卫认定为犯罪），依然违反了罪刑法定主义。再如，当责任年龄以14周岁为起点时，将年仅13周岁的人的杀人行为认定为犯罪（无视法定的责任阻却事由），也违反了罪刑法定主义。又如，对不具备客观处罚条件的行为科处刑罚，同样不符合罪刑法定主义。可见，为了保障罪刑法定主义的实现，认定犯罪必须在任何方面都具有法律的明文规定。这种保障罪刑法定主义的实现所要求的全部要件（乃至包括诉讼法条件），叫作保障构成要件（Garantientatbestand），也有学者称为广义的构成要件（如果认为保障构成要件仅包括成立犯罪所必须具备的实质要件，则与广义的构成要件具有等同含义；如果认为保障构成要件还包括诉讼要件，则与广义的构成要件不是等同概念）。

第二，犯罪个别化机能。包含了故意、过失的构成要件，是犯罪的类型或定型，这便使各种犯罪具有自身的特点，因而与其他犯罪相区别。例如，杀人罪的构成要件，不仅不同于盗窃罪、放火罪的构成要件，也不同于伤害致死罪、过失致死罪的构成要件。不同犯罪之间的区别，要在构成要件中去寻找。因此，构成要件使得各种犯罪相区别成为可能。这就是犯罪的个别化机能。

第三,违法性推断机能。主张构成要件是违法类型的观点认为,行为符合构成要件虽然不等于违法,但能推断行为具有违法性。因为在一般情况下,符合构成要件的行为都具有违法性,只有在例外情况下才不具有违法性。因此,只要行为符合构成要件,事实上就可以推断行为的违法性。此外,主张构成要件是违法有责类型的观点认为,构成要件还具有责任推断机能,即行为符合构成要件,就可以推断行为具有责任性。

第四,故意规制机能。一般认为,故意是对符合构成要件的客观事实的认识、容认。[3] 换言之,构成要件规制了故意的认识内容与意志内容。由于故意不可能包含对主观要素的认识,所以,如果认为故意、过失不是构成要件要素,那么,肯定构成要件的故意规制机能就不存在任何疑问;如果认为故意、过失是构成要件要素,同时肯定构成要件的故意规制机能,那么,具有故意规制机能的构成要件,只能是不包含故意、过失要素的构成要件。于是,“构成要件”一词出现了不同含义。其一,在 Beling 之前,人们只是将犯罪定义为“以刑罚威慑的违法的、有责的行为”;构成要件符合性隐含在“以刑罚威慑”的措辞中。Beling 认为这一措辞不明确,人们无从得知以刑罚威慑的行为是什么性质;而构成要件则提供了这种可能性。在此之前,成立犯罪所必须具备的要素,如行为、结果、对象等,因为没有“住所”而“四处游荡”,构成要件为它们提供了体系上的位置。这个意义上的构成要件,被称为体系构成要件(Systemtatbestand)。这种体系的构成要件,因是成立犯罪首先必须具备的条件,故也可谓作为犯罪要素的构成要件。其二,现行德国刑法第 16 条第 1 款规定:“行为人在实施行为时没有认识属于法律的构成要件的情况的,不是故意行为。因为过失而实施的可罚性,不受影响。”由于德国刑法理论现在的通说认为,作为犯罪要素的构成要件,不仅包括客观构成要件,而且包括故意、过失等主观构成要件,但故意的成立只要求认识到属于构成要件的客观情况,而不可能要求行为人认识到自己的主观情况;不仅如此,部分客观情况也不需要行为人认识。所以,德国刑法第 16 条中的“构成要件”是仅指成立故意所要求认识到的客观的构成要件。这个意义上的构成要件称为错误构成要件(Irrtumstatbestand)[4]或法律构成要件(gesetalichen Tatbestand)。这个构成要件是从体系构成要件中分离出来的一部分;正是这个意义上的构成要件具有故意规制机能。

此外,构成要件还具有其他一些机能,如刑法理论的机能、诉讼法的机能等。

二、构成要件理论

所谓构成要件理论,是指关于犯罪是符合构成要件的违法、有责的行为的理论。此可谓狭义的构成要件理论,旨在探讨构成要件符合性与违法性、有责性的关系。现实的行为如果与构成要件相符合,就具有构成要件符合性。同时具备了构成要件符合性、违法性与有责性的行为,才是犯罪。因此,构成要件与违法性、有责性之间是什么关系就成为问题。切断构成要件与违法性、有责性之间的关系的观点,被称为行为构成要件说;将构成要件作为违法的类型来考虑的学说,被称为违法类型说;更进一步认为构成要件是违法有责类型的主张,被称为违法有责类型说。

(一)行为构成要件说

构成要件理论的创始者 Beling 认为,构成要件是与法的价值判断相分离的、纯粹形

---

〔3〕 既然对符合构成要件的客观事实持容认态度时就是故意,持希望态度时当然也是故意。因此,没有将“希望”态度排斥在故意之外的含义;也可以说,类似这种场合的“容认”包含了“希望”。

〔4〕 因为故意的成立条件与认识错误是一个问题的两个方面。

式的、记述的、价值中立的行为类型;这种意义的构成要件,使犯罪类型的外部轮廓变得明确,以实现刑法的保障机能。所以,Beling 的构成要件,不包含主观的、规范的要素,也与违法性没有关系,可以说是典型的行为构成要件说。Beling 认为,犯罪必须与刑法分则各本条规定的构成要件相符合,这是罪刑法定主义的严格要求;构成要件正是为了说明刑法分则各本条所规定的犯罪类型的轮廓,构成要件的符合性则正是要求行为与刑法分则规定的犯罪类型的轮廓相一致。

Welzel 基本上立于 Beling 的行为构成要件说的立场,同时又对构成要件与违法性的关系作了更为清晰的说明。他举例说,"杀人"这一构成要件,是将"不能杀人"这一禁止规范的素材,对象性地记述下来的东西;因此,能根据构成要件符合性挑选出作为违法判断对象的、在刑法上具有重要性的行为。但是,由于法秩序除了禁止规范以外,还包括容许命题,故构成要件的实现仅仅在违反规范的意义上还不是违法的,只是在没有介入容许命题(即正当化事由)的场合才能确定为违法。在根据构成要件符合性,挑选出作为违法性判断对象的、在刑法上具有重要性的行为这一点上,这一学说承认构成要件不是没有价值的东西,而与违法有一定的关系;在构成要件的实现只有介入容许命题时才能确定为违法这一点上,这一学说明确指出只要根据容许命题的存否这一消极的程序,来进行违法判断就足够了。可见,这一学说没有把实质的违法性的判断尽量纳入构成要件的判断,是在保持构成要件的记述性的特点的同时,使符合构成要件的行为能合理地成为违法判断的对象。但是,Welzel 与 Beling 不同,他认为构成要件中包含了主观要素(特别是故意、过失)与规范要素。

在日本,木村亀二、平场安治、福田平等人的观点接近 Welzel 的立场,最近,内田文昭、曾根威彦也采用行为构成要件说(行为类型论)。如曾根威彦指出,既然构成要件是犯罪的观念形象,那么,它就仅仅是一种形式,不表示实质内容;构成要件符合性的判断,是一种形式的事实判断,而不是对事实的实质的价值判断。因此,构成要件符合性的判断,不同于对事实的实质否定的价值判断(违法性的判断)。构成要件符合性与违法性的关系,不是原则与例外的关系,而是形式与实质的关系。显然,曾根威彦的观点与 Beling 的观点并不完全相同。

但是,行为构成要件说存在疑问。首先,既然构成要件与违法性没有关系,那么,符合与违法性没有关系的构成要件的行为,为什么能成为违法性判断的对象(客体)呢?对此,Beling 作了如下解释:在通常的构成要件中,刑罚法规没有明示必须特别考虑违法性的要素(如德国旧刑法第 221 条只是规定:"故意杀人者,处……"),只要这种刑罚法规没有明文要求违法性,就认为符合构成要件的行为具有可罚性,这是因为存在原则上禁止杀人的规范。因此,在这种场合,构成要件指示了违法性,符合构成要件就意味着原则上具有违法性,构成要件是违法性的"征表"。倘若果真如此,Beling 的构成要件,在作为违法性的"征表"的意义上,与违法性存在关系,不能说构成要件是完全没有价值的。其后,M. E. Mayer 将 Beling 的思想一般化,认为所有的构成要件都是违法性的征表,是违法性的认识根据。二者如同烟与火的关系,只要不存在违法性阻却事由,符合构成要件的行为就是违法的。其次,根据行为构成要件说,对构成要件只能进行形式的解释。但是,这种观点必然导致在构成要件外就违法性进行伦理的判断;也可能导致实质上不值得科处刑罚的行为也被科处刑罚。换言之,如果构成要件的判断不具有实际内容,符合构成要件的行为的范围就被扩大,反而会有损构成要件的保障机能。

(二)违法类型说

违法类型说(或违法行为类型说)使构成要件与违法性之间的关系更为密切。根据其代表人物 Mezger 的观点,违法意指对法益的侵害或者威胁(法益侵害的危险)。构成要件则是从众多的行为中,将值得作为犯罪给予特别处罚的类型性的法益侵害与威胁,以法的形式规定下来的东西。在此意义上说,构成要件是违法行为的类型,是违法性的存在根据(Ratio Essendi)。这一学说从实质性、价值性上理解构成要件,认为在构成要件的判断中,必须考虑实质的违法性。因此,只要是作为违法性基础的事实,主观的要素也好,规范的要素也好,都包含在构成要件之内。

在违法类型说内部,就构成要件是否包含故意、过失,可以分为两种立场。

一种立场是,承认构成要件的故意规制机能,考虑为什么认识到属于构成要件的事实就可以认定为故意的问题,并且认为,正是因为属于构成要件的事实是违法的事实,所以故意的成立必须认识到属于构成要件的事实,所以,构成要件是违法类型,具有违法推定机能。于是,故意、过失只能置于构成要件之外,作为责任要素考虑。这便否定了构成要件的犯罪个别化机能(平野龙一、山口厚)。将构成要件定义为“犯罪类型”、重视构成要件的犯罪个别化机能的学者,批判这种观点导致构成要件丧失犯罪个别化机能。

另一种立场是,虽然认为构成要件是违法类型,但同时将故意、过失理解为违法要素,故构成要件包含了故意、过失(德国的多数说,日本的福田平、井田良等)。这种立场肯定了构成要件的违法推定机能与犯罪个别化机能,却否定了构成要件的故意规制机能。但这种立场也受到了批判:因为违法性的实质内容是法益侵害与危险,而将故意、过失作为违法要素的观点,实际上是将行为或者行为人的无价值性作为违法要素。这是结果无价值论者难以赞成的。

在违法类型说内部,就构成要件与违法性的关系,又可以分为两种立场。

第一,从构成要件是违法性的认识根据出发,在区分构成要件符合性与违法性的基础上,认为符合构成要件的行为原则上具有违法性,只是在例外情况下(具有正当化事由时)阻却违法性。Mezger 认为,构成要件与正当化事由,即作为违法基础的事由与违法阻却事由,是原则与例外的关系;构成要件的实现在原则上具有违法性,但如果存在正当化事由时,则例外地阻却违法。由此可见,Mezger 是将构成要件与违法性作为一体来把握的,只是为了说明上的便利,从中区分构成要件与违法阻却事由。Mezger 的构成要件理论,被称为新构成要件论。采取违法类型说的学者,大多坚持这一立场。

但是,这种立场也存在疑问。首先,这种原则与例外的关系,只不过是一种单纯的说明形式,并不具有实体性的意义。其次,如果说违法性的判断只是消极地、“例外地”将不违法的行为排除在外,那么,违法性这一犯罪要素并没有积极地确认违法行为,反而只具有形式化的意义。最后,如果说作为犯罪要素的违法性只是例外地排除不违法的行为,那么,就没有考虑违法性程度的意义。

第二,从构成要件是违法性的存在根据出发,将构成要件符合性与违法性完全把握为一体,使构成要件符合性融合在违法性中。于是,构成要件符合性不是独立的犯罪要素,而是存在于违法性中。换言之,构成要件与违法性融为一个整体的“不法”构成要件(Gesamttatbestand)。所谓“消极的构成要件要素的理论”(二阶层的犯罪论体系)就是如此。

这种理论认为,既然违法类型说认为构成要件是“被类型化的违法”,是违法类型,那么,就应否认构成要件与违法性之间的区别,以行为符合构成要件来直接确定违法性。这一学说将违法阻却事由作为消极的构成要件要素来认识,为了确定构成要件符合性,必须是在存在积极的构成要件要素的同时,又不存在消极的构成要件要素;犯罪论体系就不是由构成要件符合性、违法性、有责性的三个阶段(三级)构成,而应是由构成要件符合性 = 违法性、责任这两段(两级)来构成。这种理论实际上将违法性阻却事由视为消极的构成要件要素,故存在违法性阻却事由时,并不具有构成要件符合性。德国的 Merkel、Frank、Baumgarten 以及日本的中义胜等采取了这种消极的构成要件要素理论。

消极的构成要件要素理论的依据是:首先,构成要件不仅包含了法益侵害行为是违反规范的行为这种抽象的评价,而且已经包含了对具体行为的最终的无价值判断。因此,立法者在制定规范命令时,已经同时考虑了例外情况,刑法的禁止自始就受到了违法阻却事由的限制。[5] 其次,构成要件要素与正当化事由的区别不是基于实质的对立,而是受表述形式要求的制约(违法阻却事由原本就是从分则中归纳、抽象出来的),故构成要件要素都可以作为正当化事由来把握,反之,正当化事由都可以作为构成要件要素来理解。再次,刑法分则规定的某些要素,究竟是属于构成要件还是属于违法性,并不明确。最后,消极的构成要件理论还可以解决混乱的认识错误问题。例如,行为人误以为存在违法阻却事由时(如假想防卫、假想避险时),能否追究故意犯罪的责任?在德国,严格责任论[6]的主张者中有人认为,即使存在违法阻却事由的错误,也应追究故意犯罪的责任,因为现行德国刑法第 16 条只是规定,没有认识到符合构成要件的事实时不存在故意,作为反对解释,是否认识到违法阻却事由,便与故意没有关系,所以,即使误认为存在违法阻却事由,也成立故意犯。但是,这种结论并不妥当。于是,消极的构成要件要素理论认为,违法阻却事由属于消极的构成要件要素,因此,对违法阻却事由也应适用现行德国刑法第 16 条,即误以为存在消极的构成要件要素时,不成立故意犯。

但是,消极的构成要件要素理论在德国趋向衰退、消亡。[7] 因为消极的构成要件要素理论,将正当化事由与消极规定的构成要件要素相混淆。实际上,消极规定的构成要件要素与正当化事由不可能等同,构成要件要素与正当化事由的条件不可能简单地互换,两种符合性的判断标准、方法与原则存在重大差异。在德日犯罪论体系中,行为是否符合构成要件是一种定型的判断,不需要价值衡量;但正当化事由不是基于规范的一般例外,而是为了解决社会冲突而必须就个别事例进行价值衡量。缺乏构成要件要素的行为,原本就没有侵害刑法所保护的法益,故在刑法上不具有重要性;可正当化事由原本是侵犯法益的行为,它之所以合法,是因为从特定的角度看具有值得肯定的价值。将二者混为一谈,无异于将打死一只苍蝇(缺乏构成要件符合性)与正当防卫中的杀人行为(按照消极的构成要件要素理论也属于不符合消极的构成要件的行为)相提并论(Padovani)。此外,不符合构成要件的行为不一定是法秩序允许的行为。如盗用行为虽然不符合构成要件,但仍

---

〔5〕 例如,关于杀人罪的规范所禁止的是除正当防卫等之外的杀人。

〔6〕 这里的“严格责任”与英美刑法上的严格责任(strict liability)不是等同概念,参见本书第七章第五节。

〔7〕 Baumann、Weber、Bockelmann、Volk、Eser、Burkhardt、Roxin、Hirsch、Gallas、Jakobs、Lackner、Armin Kaufmann、Schmidt、Maurach、Zipf、Päffgen、Dreher、Welzel、Noll、Schmidhäuser、Statenwerth、Wolter 等学者都反对消极的构成要件要素理论。

然是民法上的侵权行为,可以进行正当防卫;而正当防卫等违法阻却行为是法秩序所允许的行为,对之不得主张正当防卫(Roxin)。

需要指出的是,虽然消极的构成要件要素理论导致两级的犯罪论体系(不法构成要件与责任),但主张两级的犯罪论体系的人,并非都赞成消极的构成要件要素理论。换言之,即使不赞成消极的构成要件要素理论,也可能采取两级的犯罪论体系。两级的犯罪论体系有许多支持者(如 Engisch、Arthur Kaufmann、Lange、Weber、Schünenmann 等)。根据 Roxin 的说法,两级的犯罪论体系不仅在逻辑上是可行的,而且作为违法根据的要素是否列入构成要件,与作为排除违法的要素是否列入违法性,只是形式与文本风格问题。三级的犯罪体系实际上是将一部分对违法性具有重要意义的要素分配给构成要件,将另一部分对违法性具有重要意义的要素分配给违法性。

现在,德国有不少学者将构成要件理解为禁止素材。亦即,所谓具备构成要件符合性,就意味着已经发生了可以被一般性地(在不考虑特定的正当化事由的情况下)评价为不法的事实。但是,如果存在正当化事由,则具备构成要件符合性的事实不能评价为不法事实。一方面,如果实现了构成要件而且没有正当化事由,那么,符合构成要件的事实就成为违法性评价的对象本身。另一方面,行为符合构成要件,并不意味着在具体案件中缺乏正当化事由。其实,这也只是表述了原则与例外的关系。

(三)违法有责类型说

违法有责类型说(或违法有责行为类型说)在日本是有力的学说。小野清一郎指出:"犯罪的实体是违法的行为、行为者对此负有道义上的责任的行为,是违法且有责的行为类型。但是要成为可罚的行为的话,要依据特殊的刑法各本条的规定。刑法各本条所规定的特殊的、类型的违法、有责的行为,即是构成要件。在前面表现出来的是构成要件,其背后的实体的意义是违法性与道义的责任。"[8]他认为,杀人罪、伤害致死罪、过失致死罪的客观的构成要件要素是相同的,要区分它们的构成要件,只能以主观上的故意、过失为依据,故主观上的故意、过失也是构成要件。团藤重光接受这一观点,认为故意、过失是作为有责类型的构成要件的要素,并以日本刑法第 104 条为例,说明期待可能性也是构成要件的要素。该条规定:"隐灭、伪造或者变造有关他人刑事案件的证据,或者使用伪造、变造的证据的,处二年以下惩役或者二十万元以下罚金。"如果对关系自己的刑事案件的证据实施上述行为,则因为没有期待可能性,而不成立犯罪,故期待可能性也是构成要件要素。藤木英雄、大塚仁、大谷实等人也持上述观点。

将构成要件理解为违法有责类型的学者,也面临着故意、过失是构成要件要素还是责任要素的问题。有的学者认为,故意、过失既是责任要素,也是构成要件要素(小野清一郎);有的学者认为,故意、过失既是违法要素,同时也是责任要素与构成要件要素(团藤重光、大塚仁);有的学者认为,故意、过失是一般的责任要素(所有犯罪都要求的主观要素),而不是构成要件要素(町野朔)。

违法有责类型说也存在问题。首先,如果说构成要件是责任的"征表"或认识根据,则应根据符合构成要件的行为推定责任的存在;但在责任中,不能仅仅根据有无阻却责任事由来确定责任,而必须积极地判断责任的有无,责任的推定是没有意义的(福田平)。

---

〔8〕 [日]小野清一郎:《犯罪构成要件の理论》,有斐阁 1953 年版,第 19 页。

其次,如果认为故意、过失既是违法要素,也是责任要素,那么,就丧失了区分违法性与有责性的意义。最后,如果认为构成要件是违法有责类型,就不宜采取构成要件符合性、违法性、有责性的犯罪论体系。

为了避免上述缺陷,主张违法有责类型说的西田典之教授提出了如下主张:构成要件这一犯罪成立条件,是基于罪刑法定原则的要求,其最重要的机能是“没有构成要件符合性就没有犯罪”的保障机能。既然犯罪是可罚的违法行为、有责行为的类型,那么,构成要件当然必然是由违法构成要件与责任构成要件组成的违法、有责行为类型。客观的责任要素,当然也包含在故意的认识对象之中,即使从故意规制机能来看,将构成要件限定为违法构成要件也是错误的。而且,由于故意、过失是将可罚的责任类型化的东西,所以,应作为责任构成要件。于是,对犯罪成立与否的判断,就应采取以下顺序:违法构成要件符合性→违法阻却→责任构成要件符合性→责任阻却。西田教授认为,将构成要件理解为可罚的违法、有责类型,可以实现构成要件的最重要机能即保障机能;将构成要件理解为由违法构成要件与责任构成要件组成,可以维持构成要件的个别化机能;由于违法构成要件具有违法推定机能、责任构成要件具有责任推定机能,有利于实现与日本刑事诉讼法第 335 条相对应的诉讼法的机能;〔9〕这种体系还有利于解决假想防卫与共犯问题。

三、构成要件的分类

对于构成要件,可以从不同角度进行分类,在解释论上具有特别重要意义(几乎也是最有争议)的分类,主要有以下几种。

(一)基本的构成要件与修正的构成要件

根据日本刑法学者小野清一郎、团藤重光、大塚仁等教授的观点,刑法分则以及其他刑罚法规所规定的具体犯罪的构成要件,就是基本的构成要件。与此相对的修正的构成要件,则是刑法总则就未遂犯、共犯对基本构成要件进行修正而形成的构成要件。基本的构成要件是关于既遂犯并且是单独犯的构成要件,未遂犯与共犯的构成要件则是以基本的构成要件为前提,基于实质的必要性与政策的理由而扩大处罚范围,就行为的发展阶段或复数行为者的参与形态进行的部分修正。这种修正作为一般规定,都设立在刑法总则中。

例如,杀人未遂并不符合杀人罪的构成要件,但由于刑法总则设有处罚未遂犯的规定,这一规定对刑法分则规定的杀人罪要求发生死亡结果的构成要件进行了修正,杀人未遂便符合这种修正了的构成要件。再如,教唆杀人行为,由于并没有实施杀人的实行行为,不符合杀人罪的基本构成要件,但刑法总则设有处罚教唆犯的规定,这一规定对刑法分则规定的杀人行为必须是实行行为的构成要件进行了修正,教唆杀人行为就符合这种修正了的构成要件。

不过,将构成要件分为基本的构成要件与修正的构成要件,也并非没有疑问。修正的构成要件理论似乎存在一种不该存在的“但书”关系:成立故意杀人罪以发生死亡为要件,但是没有发生死亡结果的,也成立故意杀人罪。再如,“修正的构成要件”概念容易使人误认为只有未遂犯、共犯的构成要件是“正确的构成要件”(平野龙一);也容易使人通

---

〔9〕 日本刑事诉讼法第 335 条第 1 项规定:“作出有罪宣告时,应当指明构成犯罪的事实、证据的目录以及适用的法令。”

过对通常的构成要件理论进行修正来处理未遂与共犯理论;更没有说明未遂犯、共犯的性质与处罚根据(前田雅英)。

在德国和日本,许多学者将未遂犯与共犯一般作为犯罪的(特殊)表现形态或现象形态(Mezger、H. Mayer、Hermann Blei、Maurach 等)或犯罪形态(Liszt、Eb. Schmidt、植田重正等)来认识;有的学者将共犯作为构成要件实现的补充、将未遂犯作为构成要件的实现与责任的补充(Jakobs)。

(二)关闭的构成要件与开放的构成要件

这一分类由 Welzel 提倡。关闭的构成要件(完结的构成要件、封闭的构成要件),是指刑罚法规在构成要件的规定上,已经将犯罪的所有要素完全地表示出来了。开放的构成要件(需要补充的构成要件、敞开的构成要件),是指刑罚法规只记述了犯罪要素的一部分,其他部分需要法官在适用时进行补充。例如,过失犯与不真正不作为犯的构成要件就是如此。过失犯中,刑罚法规一般只是记述了对法益侵害的结果,而法律所要求的注意义务内容,则由法官确定。不真正不作为犯中究竟哪些人负有作为义务,也要由法官进行判断。

需要注意的是,并非当一个构成要件中存在不成文的构成要件要素时,该构成要件就是开放的构成要件;只有当某构成要件没有指示违法,因而需要在构成要件之外确定"专门的违法性特征"时,该构成要件才是开放的构成要件。换言之,在开放的构成要件的情形下,必须在违法性阶段寻找积极的违法性的基础。例如,德国刑法第 240 条第 1 款与第 2 款分别规定:"非法使用暴力或者以明显的恶害相威胁,强制他人为一定行为、容忍或者不为一定行为的,处三年以下自由刑或者罚金刑。""如果使用暴力或者以恶害相威胁迫使他人达到所追求的目的,被视为卑鄙的(verwerflich),该行为即是违法的。"根据 Welzel 的观点,上述第 1 款所规定的是强制罪的构成要件,只要实施了第 1 款规定的行为,就符合强制罪的构成要件。但是,符合第 1 款规定的行为,并不一定违法;或者说,目的的"卑鄙性"才为强制行为的违法性奠定了基础。目的的"卑鄙性"不是构成要件的要素,而是构成要件之外的违法性问题。

但是,开放的构成要件概念,现在基本上已被否定。首先,如果肯定开放的构成要件,就意味着否定构成要件的违法性推定机能,这是持违法类型说乃至违法责任类型说的学者都难以同意的。其次,如果在构成要件之外寻找违法性的根据,必然损害构成要件的保障机能。再次,开放的构成要件理论,实际上是将需要补充的构成要件要素,从构成要件转移到违法性中去,从而将其排除在故意的认识对象之外。但这并不妥当。例如,日本刑法第 95 条第 1 项规定:"当公务员执行职务时,对其实施暴行或者胁迫的,处三年以下惩役或者监禁。"该条虽然没有表述为"当公务员依法执行职务时",但妨害公务罪以所妨害的公务具有适法性为要件。事实上,妨害公务罪的成立,要求行为人认识到公务员的职务具有适法性。但主张开放的构成要件的人,实际上是将公务的"适当性"作为构成要件之外的违法要素,而不要求行为人认识。这显然不妥当(山口厚)。最后,就德国刑法第 240 条而言,所有为"卑鄙性"评价提供根据的要素或情节,应当作为符合构成要件的事实来评价,而不应在构成要件事实之外评价(Roxin)。所以,大体上可以说,只存在开放的刑罚法规,不存在开放的构成要件(佐伯千仞)。

不过,关于开放的构成要件的讨论,使理论上发现了整体的行为评价要素(全行为的评价要素)(gesamttatwertende Merkmale)。有的构成要件中存在这样的要素:如果不作出否定性的规范的、整体的评价,就不明确其不法类型的轮廓。如前述德国刑法第240条中的“卑鄙”,日本刑法第130条所规定的侵入住宅罪的“无正当理由”这样的构成要件要素,如果与违法性判断相分离,就不能充足其内容(不能判断行为是否“卑鄙”、是否“无正当理由”)。这样的要素称为整体的行为评价要素。其中,整体的评价的事实前提属于构成要件;整体的评价本身属于违法性。具有这样的整体的行为评价要素的构成要件,也显示了不法类型的轮廓,而不是开放的构成要件。

(三)客观构成要件与主观构成要件

根据Roxin的观点,自从主观的构成要件要素被发现和得到承认以后,客观构成要件与主观构成要件的分类,就得到了德国刑法学界的普遍承认。属于客观构成要件的有:行为主体、构成要件的行为、结果以及因果关系与客观归责关系;属于主观构成要件的有:构成要件的故意与过失,[10]以及目的犯中的目的、倾向犯中的内心倾向、表现犯中的内心经过等内心态度。

但是,首先,如果只是将构成要件要素分为客观构成要件要素与主观构成要件要素,那么,就应认为上述分类不是对构成要件的分类,而是对构成要件要素的分类。所以,将构成要件本身分为客观构成要件与主观构成要件,并不准确。其次,故意、过失是否是构成要件要素,仍然是存在争议的问题。按照井田良教授的说法,是否承认既遂犯的故意属于主观的不法要素,是行为无价值论与结果无价值论的分水岭。换言之,结果无价值论者也完全可能承认未遂犯的故意以及目的属于主观的不法要素。

如前所述,德国的通说认为,故意、过失是构成要件要素,而不是责任要素。对此,Roxin提出了五点理由:(1)构成要件是犯罪类型,如果离开了故意就不能勾画出犯罪类型;(2)未遂的成立以行为人具有故意为条件,换言之,某种行为是否实现了未遂犯的构成要件,仅通过客观行为还不能得出结论,必须考虑行为人的故意(目的指向);(3)大多数构成要件行为,都是由表达了目的性的动词来限定或描述的,人们不可能没有意识和意志地实施诸如“追踪野兽”“进行反抗”“伪造”“强制”等构成要件的行为;(4)目的犯、倾向犯、表现犯等,都是以具有故意为前提的。例如,如果没有盗窃故意,就不可能具有“非法占有目的”;(5)将故意单纯作为责任要素,缺乏根据。

但是,日本的许多学者依然认为,故意、过失不是构成要件要素,而是责任要素。因为:(1)如果将故意、过失作为构成要件要素,可能导致构成要件成为犯罪的积极成立要件的总和,从而导致构成要件丧失作为独立的犯罪成立条件的意义;(2)将故意、过失作为构成要件要素,会导致违法要素与责任要素的混淆,进而对犯罪的成立与否陷入“整体的考察”;(3)将故意、过失作为构成要件要素,会导致构成要件丧失故意规制机能,因为只有客观事实才能成为故意的认识对象,主观内容不可能成为故意的对象(山口厚);(4)故意、过失是说明行为人是否具有非难可能性的要素,因而应当属于责任要素。如果将故意、过失排除在责任要素之外,就意味着非难可能性是仅由责任能力、违法性意识的可能性以及期待可能性来说明的。事实上,故意、过失是积极地说明行为人的非难可能性

---

〔10〕 并不是所有承认主观构成要件要素的理论与学者,都认为过失是主观的构成要件要素,不少学者认为过失不是构成要件要素,只是责任要素。

的要素,因而应归入责任要素(高山佳奈子)。

四、构成要件要素

作为构成要件的具体内容的要素,就是构成要件要素。各种具体犯罪的构成要件的要素,是刑法各论研究的问题。在总论中研究共同的构成要件要素。如行为、行为对象(行为客体)、结果、因果关系、行为的状况与条件[11]等都是构成要件要素,此外,故意、过失、目的、内心倾向等也被部分学者归入构成要件要素。对于构成要件要素,可以根据不同标准进行不同的分类。

(一)客观的构成要件要素与主观的构成要件要素

作为行为的外观、客观方面的构成要件的内容的要素,就是客观的构成要件要素。如行为的客观面、行为主体、行为客体、行为的状况都属于客观的构成要件要素。作为行为人的内心、主观方面的构成要件的内容的要素,就是主观的构成要件要素。故意、过失、目的等属于这一类。显然,只有承认主观的构成要件要素的学者,才承认这种分类;否认主观的构成要件要素的学者,必然否认这种分类。

(二)作为违法类型的构成要件要素与作为责任类型的构成要件要素

如果把构成要件理解为违法、责任的类型,则构成要件的要素可以分为作为违法类型的要素与作为责任类型的要素。传统的格言是,违法是客观的、责任是主观的。因此,大体而言,作为违法类型的构成要件要素,是以客观的构成要件要素为中心的;与此相对,作为责任类型的构成要件要素,则基本上是主观的构成要件要素。即行为的客观面、行为主体、行为客体、行为的状况属于作为违法类型的构成要件要素,故意、过失等则属于作为责任类型的构成要件要素。

但是,有三点值得注意:(1)如前所述,一些学者认为故意、过失既是构成要件要素,又是责任要素;如果这些学者对构成要件采取违法类型说,则故意、过失既是违法要素,又是责任要素。(2)许多学者认为,违法性的判断对象并不仅限于客观的要素,目的、内心倾向等也是违法性的判断对象,因而承认所谓主观的违法要素。于是,目的、内心倾向等被认为是主观的违法要素(因为有些犯罪不考虑这些要素,就不能认定其为违法)。(3)适法行为的期待可能性这种客观的要素,属于责任要素,而不是违法要素。所以,客观的构成要件要素与作为违法类型的构成要件要素、主观的构成要件要素与作为责任类型的构成要件,并不是等同的概念。

将上述两种分类归纳起来,形成了以下四种观点:(1)主观的违法要素肯定说认为,主观的构成要件要素具有使违法性加重的机能,是行为无价值的重要要素,因而是作为违法类型的构成要件的不可缺少的要素。(2)主观的责任要素肯定说认为,主观的构成要件要素只能作为责任要素予以肯定,而不能作为违法要素。(3)主观的构成要件要素全面否定说认为,主观的构成要件要素会引起"刑法不健全的主观化",因而不能承认主观的构成要件要素。根据这种观点,可以将主观内容转移为客观要素,即可以用行为的客观的危险替代主观的要素。(4)主观的构成要件要素部分肯定说认为,只有目的犯的目的

---

〔11〕 有的构成要件要求行为在一定的状况或条件下实施,这种构成要件所要求的行为的状况或条件,也是构成要件的要素。例如,德国刑法第111条第1款规定:"公然在集会中或者通过散布文书,煽动他人为违法行为者,与教唆犯的处罚相同。"这里的"在集会中"就属于行为的状况,是构成要件的要素。

等超过的内心倾向才能成为主观的构成要件要素。

(三)记述的构成要件要素与规范的构成要件要素

记述的构成要件要素与规范的构成要件的区分,并没有完全统一的标准。Mezger 起初认为,从法官的立场来看,对于与构成要件要素相对应的客观事实,只需要进行事实判断、知觉的、认识的活动即可确定的要素,是记述的构成要件要素。与此相对,为了确定构成要件要素,需要法官的评价的要素,或者说需要法官的规范的评价活动、需要法官的补充的价值判断的要素,就是规范的构成要件要素。Mezger 后来指出,记述的构成要件要素,是在任何意义上都不要求法官的评价的要素;对记述的构成要件要素虽有解释的必要,但在解释上没有任何争议,在认定事实是否符合构成要件时,不需要法官的个人评价。规范的构成要件要素,是需要填充的构成要件要素,即法官仅仅根据法规的记述还不能确定,只有进一步就具体的事实关系进行判断与评价(这种判断与评价既可能是基于法官的自由裁量,也可能需要基于道德、礼仪、交易习惯等法以外的规范)才能确定的要素。

Welzel 认为,构成要件记述的是人在一定的社会生活中的态度,是具有社会生活意义的世界的一个片断。因此,法定构成要件的行为事情,常常(规范的构成要件要素也好、记述的构成要件要素也好)是充满了这种意义的社会生活事实,是在社会生活中具有特别的意义与机能的事实关系。但是,这样的事实关系可以分为两类,一类是像“人”“物”“动产”“杀害”等可以感觉的理解的要素,另一类是像“他人的物”“文书”“猥亵物品”等由感觉的认识只能获得非本质的部分,本质的部分只有通过精神的理解才能获得的要素。前者称为记述的构成要件要素,后者称为规范的构成要件要素。概言之,规范的构成要件要素的本质,是只有通过精神的理解才能获得其内容的要素,而记述的构成要件要素,则是只要通过感觉的认识就可以获得其内容的要素。Roxin、平野龙一也持这样的理解。如 Roxin 指出:记述的要素要求一种感性的认识,相反,规范的要素要求一种精神上的理解。平野龙一也说,规范的构成要件要素“是不能进行感觉的理解,只能进行精神的理解的要素”〔12〕。

关于规范的构成要件要素的类型,学者们有不同的归纳。例如,Mezger 将规范的构成要件要素分为四类:(1)法律的评价要素,即需要参照刑法以外的其他法律领域中的法的评价或者法的概念的构成要件要素,如“他人的物”“狩猎权”“未成年人”“商人”“公务员”“公文书”“货币”“财产”“律师”等。(2)一般文化的、社会的评价要素,即要求参照法律以外的伦理的、社会的、经济的等一般文化的性质的评价的构成要件要素,如“猥亵的”“侮辱”“损害”“泄愤”等。(3)量的评价要素,即为了确定界限,法官必须进行量的评价的要素,如“公然”“微薄的价值”“毁损”“持有武器”“放火”“残废”等。(4)主观的评价要素,即必要的评价完全由法官基于主观的裁量的构成要件要素。Kunert 将规范的构成要件要素分为四种类型:(1)价值要素,即记述了自然的要素(如行为或者文书)以及对该自然要素附加了社会共同体的情绪的价值态度的要素,如“淫秽物品”等。(2)考量要素,即必须参照社会的一般人的量的评价结果的要素,如“微薄的价值”“法外的金额”等。(3)意义要素,这种要素是记述了“历史发展过程中所形成的作为文物的存在的形成物”“在文明或者文化的状态中具有其客观的现实的存在基础的社会的、客观的意义形成

〔12〕 [日]平野龙一:《刑法总论Ⅰ》,有斐阁1972年版,第168页。

物”,如“住宅”“公务员”“律师”“有价证券”“货币”“法院”“婚姻”“他人的财物”等。(4)认识的判断要素,如“危险性”“虚假的事实主张”“虚假的陈述”等。平野龙一也将规范的构成要件要素分为四类:第一类是纯粹的法律概念,如妨害公务罪中的公务的“合法性”;第二类是与价值有关的概念,如“虐待”“猥亵”等;第三类是具有社会意义的概念,如“文书”“住宅”等;第四类是伴随事实判断的概念,如“危险”等。

当然,规范的构成要件要素与记述的构成要件要素的区分具有相对性,或者说二者的差异不是质的差异,而是量的差异。[13] 例如,故意杀人罪中的杀“人”这一要素、盗窃罪中的“财物”这一要素,一直被认为是记述的构成要件要素。但是,随着脑死亡概念的产生,大脑已经死亡但心脏还在跳动的A是否为“人”,随着财产现象形式的复杂化,何种价值、何种形式的物才是盗窃罪中的“财物”,也在一定程度上需要解释者与司法者的评价的、规范的理解(町野朔)。所以,纯粹的记述的要素与纯粹的规范的要素并不多见。

记述的构成要件要素与规范的构成要件要素的区分,具有重要意义。一方面,从沿革来说,规范的构成要件要素的发现,使构成要件由单纯的行为类型发展为违法类型;另一方面,区分记述的要素与规范的要素,有利于故意的认定以及事实认识错误与法律认识错误的区分。

(四)积极的构成要件要素与消极规定的构成要件要素

通常的构成要件要素,是积极地表明成立犯罪必须符合的要素,这就是积极的构成要件要素,一般的构成要件要素都是积极的构成要件要素。但例外地也存在否定犯罪性的构成要件要素,这便是消极规定的构成要件要素。例如,日本刑法第109条第1项规定:“放火烧毁现非供人居住而且现无人在内的建筑物、船舰或者矿井的,处二年以上有期惩役。”第2项规定:“前项所列之物属于自己所有的,处六个月以上七年以下惩役,但未发生公共危险的,不处罚。”该项的但书内容就是消极规定的构成要件要素。消极规定的构成要件要素实际上是因为规定方式不同而产生的,其意义与积极的构成要件要素没有本质区别。从积极的角度来理解上述第2项规定,就是只有发生公共危险才构成犯罪。不过,从法文的表述方式与语感来看,二者还是存在细微差别的。

有两点应当注意:其一,这里所讲的消极规定的构成要件要素,与前述消极的构成要件要素理论是不同的概念。前述消极的构成要件要素理论,将违法阻却事由理解为消极的构成要件要素。其二,构成要件要素中,还存在一种消极地把握的构成要件要素,如“无正当理由”“未经允许”等。这些要素虽然是消极地把握的,但仍然积极地记述了构成要件的内容。

五、构成要件符合性

构成要件符合性(该当性),是指构成要件的实现,即所发生的事实与刑罚法规所规定的构成要件相一致。在论及构成要件符合性的有无时,要区别理解三个概念:一是构成要件自身;二是符合构成要件的事实,即构成事实;三是构成要件符合性的判断。首先要

---

〔13〕 Wolf认为所有的构成要件要素都具有规范的性质,故所有的构成要件要素都是规范的构成要件要素。他将构成要件要素分为两类:一类是对法官来说,价值本身已经通过法律形成的要素,即已经充满价值的概念,如公务员、未成年人等概念;另一类是法律只是赋予了价值的形式,其内容需要法官的主观的价值认识来充足,即需要填充的价值概念。

解释、确定构成要件的意义，以此为指导形象，然后明确具体的构成事实的特性或特点，再判断二者是否相一致。

构成要件符合性的判断，是一种价值关系的事实判断，是一种抽象的、定型的判断，或者说是用一种抽象的、定型的基准进行的判断。因为构成要件是一种抽象的犯罪定型，构成要件符合性的判断，就是看事实是否符合犯罪定型，因此是一种抽象的定型的判断。至于构成要件符合性的判断是形式的判断还是实质的判断，则存在争议。如果采取形式的犯罪论，则会认为构成要件符合性的判断只是形式的判断；如果采取实质的犯罪论，则会认为构成要件符合性的判断是实质的判断。不过，只要承认构成要件是违法类型，就不可能完全形式地判断构成要件符合性。

除了构成要件符合性以外，小野清一郎还提出了“构成要件的充足”概念。根据小野的观点，未遂犯的构成事实，符合构成要件，但没有充足构成要件。既遂犯以充足构成要件为条件，未遂犯则只需要符合构成要件，而不必充足构成要件。因此，不充足构成要件是可以成立犯罪的，但不符合构成要件则不能成立犯罪。但是，现在一般认为，构成要件的充足这一概念没有存在的余地。因为既然小野认为未遂犯的构成要件是被修正过的、独立的构成要件，那么，未遂犯就完全符合这种构成要件，不应当说未遂犯没有充足构成要件。

构成要件符合性判断的重要意义，在于确认是否存在符合构成要件的主体与行为（广义）。就举动犯而言，只要身体的动静（狭义的行为）符合构成要件，即可认为具有构成要件符合性；〔14〕就结果犯而言，除要求有狭义的行为外，还要求发生一定的结果，要求身体的动静与结果之间具有因果关系（或客观归责可能性）。此外，不管是举动犯还是结果犯，都存在应否考察其主观要素的问题。以下几节分别论述行为主体、实行行为、结果、因果关系与客观归责，以及主观的构成要件要素。

第二节 行 为 主 体

一、自然人

行为的主体或犯罪的主体，首先是自然人。作为构成要件要素的行为主体，只要求是自然人，至于自然人的责任年龄、责任能力，则不是构成要件的内容。这是因为，构成要件至少是违法类型，而法是人类共同体的规范，只有人的行为才存在违法与否的问题。首先，作为违法类型的构成要件，当然包括自然人这一主体要素。但是，根据客观的违法性论，只要自然人的行为符合构成要件，即使其没有达到责任年龄、不具有责任能力，也不影响对其行为违法性的评价。所以，责任年龄、责任能力是责任要素，而不是构成要件要素。

多数犯罪没有对主体进行限定，但是，有的构成要件要求行为人具有一定的身份（或属性），这就是身份犯（德国称为特别犯）。所谓身份，除了男女性别、国内人国外人的区

〔14〕 对此还存在争议。刑法的目的在于保护法益，没有侵害或者威胁法益的行为，不可能成立犯罪，故不少学者认为，举动犯也有结果。

别、亲属关系、公务员等资格外,还包括与一定的犯罪行为有关的犯罪人在人的关系上的特殊地位或状态。

身份犯分为真正身份犯(纯正特别犯)与不真正身份犯(不纯正特别犯);前者以行为人的身份作为犯罪的构成要件要素,如果行为人不具有这种身份,则不成立犯罪,所以,也称为构成的身份犯;后者以行为人的身份作为法定刑的加重或减轻的条件,如果行为人不具有这种身份,则科处通常之刑,所以也称加减的身份犯。

就真正的身份犯而言,如果行为人不具有构成要件所要求的身份,其行为便不具有构成要件符合性。如接受他人财物的人,倘若不具有公务员身份,就不符合受贿罪的构成要件。但是,"疑似身份犯"不属于真正身份犯。"由于能够引起作为构成要件内容的法益侵害的,事实上限于具备一定属性的人,欠缺该属性的人不可能单独引起法益侵害,因此不能肯定犯罪的成立,但法律条文上并没有限定主体的犯罪,称为疑似身份犯。与身份犯的区别,在于法律条文上是否限定了主体这一点。例如,在强奸罪(日本刑法第177条)中,能够'奸淫女子'的只限于男性,女性事实上不可能单独犯强奸罪。但是,在强奸罪中,由于法律条文并没有将犯罪主体限定为男性,即没有要求'实施了奸淫的男子',而是任何'实施了奸淫的人'都可能成为主体,所以,即使是女性,其故意采取利用没有责任能力的男性等方法,也可能作为间接正犯实施强奸罪,这一点是与身份犯不同的。"〔15〕

在真正的身份犯中,身份之所以成为构成要件要素,是因为将身份作为犯罪的实质要素即违法性或者责任考虑的结果。在此意义上说,可以将身份犯分为违法身份犯与责任身份犯。〔16〕在违法身份犯中,只有当行为人具有该身份时,才能使主要的保护法益或者次要的保护法益受到侵害,所以,这种身份为法益侵害的可能性提供了基础,如受贿罪的主体身份"公务员",就是违法身份。在责任身份犯中,行为人是否具有该身份,并不影响法益侵害的有无与程度,但影响责任非难的加重或者减轻。例如,常习赌博罪、常习盗窃罪中的"常习者"就是责任身份。

二、法人

(一)概说

英美法系国家一直承认法人可以成为犯罪主体,大陆法系国家则历来否认法人可以成为犯罪主体。但近来,在大陆法系国家中,法国刑法极为宽泛地承认法人为犯罪主体。不过,在德国、日本等国,法人能否成为犯罪主体,还存在争论。所涉及的是法人有无犯罪能力的问题。

法人犯罪能力否定说认为,犯罪行为是一种身体的动静,法人没有身体,当然不会有身体的动静;犯罪行为是基于意识的身体动静,法人没有意识,所以不能有基于意识的身体动静;作为犯罪法律后果的刑罚是一种伦理的非难,只能对具有伦理的主体性的人适用刑罚,而法人不具有伦理的主体性,因此不能对法人适用刑罚;作为刑罚体系的中心的自由刑只能对自然人适用,即使是罚金,在不能缴纳时也要留置劳役场或易科自由刑,这也

---

〔15〕[日]山口厚:《刑法总论》,有斐阁2016年第3版,第36~37页。需要说明的是,日本于2017年修改了刑法第177条,强奸罪的对象不再限于妇女,而是包括男性在内。原本的强奸罪被修改为强制性交等罪。但山口厚教授的以上论述对理解我国刑法中强奸罪的规定仍然具有意义。

〔16〕在身份既是违法要素也是责任要素的场合,称为违法·责任身份犯。

否定了法人的犯罪能力；肯定法人犯罪，既处罚法人自身，同时又处罚法人代表，使一个犯罪行为受到双重处罚，这是不合理的。这种否定法人的犯罪能力的观点，在德国、日本等国仍然是相当有力的。

法人犯罪能力肯定说则认为，随着法人活动范围的扩大，有必要在特别刑法、尤其是在行政刑法领域，对法人的违法活动进行刑法上的规制，实际上存在许多规定处罚法人犯罪的立法例。问题在于怎样从理论上说明法人可以成为犯罪的主体。肯定说指出，法人机关的行为就是法人的行为，机关的意识就是法人的意识，故法人可能有行为与意识；刑罚不一定是一种伦理的非难，而是社会的非难，法人当然可以接受社会的非难；对法人判处罚金是可以执行的，还可以将解散法人、停止或限制营业等行政处罚作为刑罚方法。[17]

折中说认为，只能在行政刑法中承认法人的犯罪能力。因为行政刑法重视的是行为对合目的的政策要求的侵害，而非对社会伦理的规范违反，这与承认法人的犯罪能力是相符合的。而且，如果在行政刑法领域否认法人的犯罪能力，则忽视了行政刑法的特殊性，也不符合当今社会的要求。

这里涉及如何理解代罚规定、两罚规定的问题。以前的行政刑法、特别刑法中，设有代罚规定，即就从业人员的行为处罚业主。近年来一般设立两罚规定，即同时处罚从业人员与业主。[18] 业主包含了法人，于是法人就成为犯罪主体。如果依据法人犯罪能力否定说的观点，上述规定应当是无效的。但是，持否定说的人并不是主张上述规定无效，而是认为，在代罚规定的场合，是将从业人员的责任转嫁到法人身上，并不是肯定法人的犯罪能力；在两罚规定的场合，也不是肯定法人的犯罪能力，只不过是肯定法人的受刑能力。但法人犯罪能力肯定说则认为，责任转嫁是违反责任主义的；另外，刑罚是对犯罪行为的处罚，受刑主体与犯罪主体应当是一致的，承认非犯罪主体是受刑主体，也违反责任主义。

无论如何，在刑罚法规特别规定处罚业主（法人）的情况下，必须明确处罚的根据。“无过失责任说（转嫁责任说）”认为，处罚业主的根据，是将从业人员等人的犯罪行为的责任转嫁到业主身上。所以，业主是对他人的行为承担责任，而不问业主本身有无过失。显然，这种观点违反了责任主义。“过失推定说”认为，处罚业主的根据是其没有尽到为防止违法行为所必要的注意的过失，而且，该过失是推定的，只要没有无过失的反证即可处罚。可是，过失的推定（只要没有无过失的反证就不能免责）有悖于“存疑时有利于被告人”的刑事审判铁则，也不一定符合责任主义。“纯过失说”认为，处罚业主的根据是其没有尽到为防止违法行为所必要的注意的过失，但该过失不是推定的。然而，从高度分工的企业结构来看，难以肯定业主对从业人员实施违法行为具有具体的预见可能性，结局只能要求一般的、抽象的预见可能性，这反而扩大了处罚范围，与其宗旨不相符合。于是，有一种有力的观点认为，对于两罚规定，应将法人固有的监督过失责任作为处罚根据（佐伯仁志）。也正因如此，日本刑法理论所称的法人犯罪，基本上都是指过失犯罪，这与我国的单位犯罪存在明显的区别。

---

〔17〕 此外，有的国家刑法对不具有法人资格的团体，也设有特别的处罚规定，肯定法人的犯罪能力的观点，也在法律规定的范围内肯定不具有法人资格的团体的犯罪能力。

〔18〕 两罚规定的方式一般是：“法人的代表人、法人或者人的代理人、使用人以及其他从业人员，就该法人或者人的业务犯……罪的，除处罚行为人外，对法人或者人科处各本条的罚金刑。”

在肯定法人具有犯罪能力的前提下,主要存在两种处罚法人犯罪的基础理论。同一视理论认为,应当将特定的自然人的犯罪视为单位犯罪,进而处罚单位。例如,单位的法定代表人等实施逃税行为的,就应当视为单位逃税,从而追究单位的刑事责任。据此,单位犯罪以自然人犯罪为前提。同一视理论有利于处理单位经济犯罪,也有利于处罚小规模单位的犯罪,组织模式理论有利于处罚大规模单位的犯罪。组织模式理论认为,即使没有介入特定的自然人,也应当将单位本身作为处罚对象。例如,大型企业排出的废水污染环境,即使不能追究任何自然人的刑事责任,也可以追究单位的刑事责任。组织模式理论有利于处理单位公害犯罪,也有利于处罚大规模单位的犯罪。美国模范刑法典对要求犯意的犯罪采取同一视理论,对于其他犯罪采取替代责任理论。

(二)法国刑法中的法人的刑事责任

19 世纪的法国,并不承认法人可以成为犯罪主体,但 1994 年 3 月 1 日开始施行的法国新刑法规定了法人的刑事责任,这在大陆法系国家特别引人注目。法国肯定法人的犯罪能力的理由主要有:(1)法人具有实在性,其实施的犯罪,是可以作为现实事态予以认识的。(2)从造纸厂造成水质污染之类的事例可以看出,法人并非都是为了社会目的而活动,相反,法人也可能违反法所承认的设立目的而实施违法行为。(3)对犯罪的法人虽然不能科处自由刑,但可以科处自由刑以外的其他刑罚。对犯罪的法人科处刑罚,既不与刑罚性质相冲突,也能发挥刑罚的预防机能。(4)与自然人相比,法人具有更高的支付能力,通过科处罚金追究法人的刑事责任,也是合理的。换言之,如果仅追究法人代表者的个人责任,往往不利于保护被害人的法益(Pradel)。

关于处罚法人的理论根据,在法国存在不同学说。报偿责任论指出,通过自然人的行为进行活动而获得利益的法人,对自然人的行为所构成的犯罪,应当承担刑事责任。代位责任论指出,法人是替代为了法人而行动的自然人承担刑事责任。同一看待理论认为,可以与法人同一看待的法人的代表者等人的行为,就是法人的行为,法人对该个人的行为应当承担刑事责任。根据同一看待理论,与法人同一看待的个人应当是特定的,而且应与法人共同受罚。同一看待理论在法国是相当有力的学说。

法国刑法第 121-2 条第 1 款规定:"除国家之外,法人依照第 121-4 条至第 121-7 条所作的区分,且在法律或条例规定的情况下,对其机关或代表为其考虑实施的犯罪负刑事责任。"

首先,法人犯罪只能是法人机关或者其代表实行的犯罪。"代表"也是法人的机关之一,"机关"可谓"代表"的例示。根据传统的同一看待理论,可以与法人同一看待的自然人,必须是能够作出作为法人的意思决定的人,因而基本上限于公司的董事长这样的最高机关。但这样严格的解释过于限制了法人犯罪的处罚范围,于是法国刑法使用了"代表"(représentant)一词。[19] 如果从字面上理解,法人的机关特别是代表机关,是法人的法定代理人,所以,"代表"中的一部分可能与"机关"相混同,而且导致"代表"一词丧失意义。所以,根据现在有力的解释,不具有代表权限的企业经理,具有代理法人实施特定行为权限的代理人,属于"代表"。于是,法人中的代理人都可以成为"代表"。有的学者认为,

---

[19] 在法国 1978 年至 1983 年的刑法修改草案中,并没有该词,只规定法人机关实施的行为是法人的行为;1986 年以后的草案,才增加了"代表"一词。

"代表"不限于法人的法律上的代理人,只要在法人的中心部门(en son sein)活动,其犯罪举动导致对法人科处刑事责任的人即可(Gunehec)。

其次,机关或者代表的犯罪行为只有为了法人的考虑(pour leur compte)而实施时,才处罚法人。"为了法人的考虑"而实施,不限于为了法人获得经济利益,只要按照法人的经营、组织、机能(或者法人的目的)而行动,就属于"为了法人的考虑",故行为对象的价值,不必要求可以进行经济的计算与评价。可以肯定的是,在法人的机关或者代表为了使法人获得财产性利益而实施行为时,属于"为了法人的考虑"。此外,法人的机关或者代表以法人的名义实施行为,但不是直接使法人获得利益时,也属于"为了法人的考虑"。例如,建设公司为了确保作业员的安全,按人数准备了安全带,但现场监督员没有确认作业员是否系好了安全带,作业员因此受伤。作业员受伤导致公司蒙受损失,所以,没有确认作业员是否系好安全带的行为,似乎不是"为了法人的考虑"。但是,由于现场监督员的行为是按照法人的经营或者目的而实施的,仍然属于"为了法人的考虑",故建设公司应当承担刑事责任。但在下列三种情况下,法人的机关或者代表所实施的行为不属于"为了法人的考虑":(1)专门为了自己固有的利益或者第三者的利益而实施的行为;(2)为了法人的份额所有人中的少数人的利益或者被雇用者的利益而实施的行为;(3)为了国家利益而实施的行为。

法国刑法第131-37条至第131-39条规定了对法人的处罚。对犯罪的法人适用罚金时,罚金数额为对自然人的罚金数额的5倍。"5倍"并非理论上演绎的数额,而是立法上的妥协产物。1978年的刑法改正准备草案规定对法人的罚金数额是对自然人的罚金数额的2倍,1983年的草案规定为10倍,1986年的草案改为5倍,后来得到议会的认可。但是,如果法人犯罪后再次犯重罪的,罚金数额是对自然人的罚金数额的10倍。法国刑法典对犯罪的法人还规定了其他刑罚措施:如解散法人、禁止直接或者间接从事一种或数种职业性或社会性活动、对法人实行司法监视、禁止公开募集资金、没收用于犯罪之物和犯罪孳生之物等。

第三节　实 行 行 为

一、实行行为概述

从形式上说,符合各种构成要件的行为,就是实行行为。[20] 但实行行为有其质的规定性。虽然就举动犯而言,一般来说,只要符合构成要件的定型就成立实行行为;但就结果犯而言,具有各种犯罪类型所规定的导致结果发生的危险性的行为,才是实行行为。例如,杀人罪中的杀人行为,必须是能够导致他人死亡的行为;行为本身不具有危险性,只是偶然引起死亡结果或行为人自认为可能导致死亡结果的行为,不是杀人罪的实行行为。某甲希望某乙死于列车事故,而劝某乙乘坐列车的行为,不是杀人罪的行为;即使某乙确实死于列车事故,甲的行为也不成立杀人罪。关于这一点,以前的理由是某甲的劝说行为

〔20〕 德国刑法理论没有使用"实行行为"的概念。

与某乙的死亡之间没有因果关系。但如果这样解释,就可以将上述劝说行为认定为杀人未遂行为,但以未遂处理也不妥当。所以,现在不少学者将这种情况解释为缺乏实行行为性(有的解释为排除客观归责,即没有制造不被允许的危险),因而不成立犯罪。又如,某丙自认为将盐水给某丁饮用会导致死亡而实施的相同行为,也不是杀人行为。这种行为属于不可罚的不能犯(不构成未遂犯)。因为行为本身不具有导致结果发生的危险性,即不具有实行行为性。〔21〕

在认定实行行为性时,是否需要联系故意内容进行具体判断,在理论上存在争议。一种观点认为,行为是否具有法益侵害的危险只需要进行客观判断。另一种观点认为,在故意犯的场合,如果实行行为时不伴随着故意,就不能认定构成要件符合性。因为只能针对认定了已经产生"杀人故意"的那部分行为,讨论有没有杀人罪的实行行为性才有意义。在许多场合,如果不确定故意内容,就不能确定要讨论哪个罪的实行行为性。例如,行为人向牵着狗的人开枪射击时,如果是想杀人,其行为就是杀人罪的实行行为;如果是想杀死狗,其行为就是故意毁坏财物罪的实行行为。但是,即使持这种观点的学者也认为,给实行行为奠定基础的危险性或者结果发生的危险性,其本身是一个客观问题,并不受行为人的认识与意志的影响(前田雅英)。

德国、日本刑法理论一般认为,着手实行前的预备、阴谋行为,由于刑法分则将它们规定为特别的构成要件,所以符合这种构成要件的行为,也能被认为是实行行为。于是,实行行为成为相对的概念。

实行行为始于何时,与实行的着手密切关联。其中的问题在于,实行行为能否与着手相分离,即着手能否存在于实行行为之前或者实行行为之后。这与未遂犯的关系密切,所以放在未遂犯一章中论述。这里要介绍的是日本审判实践关于一连的实行行为的起点与终点的认定。

近年来,日本裁判所的判决书在因果关系的认定、防卫过当、原由自由行为等方面使用"一连"行为、"一体"行为的表述。例如,行为人计划首先使被害人服用安眠药,然后使被害人坐在车中坠落海中溺死,但被害人由于服用安眠药而死亡。日本最高裁判所认为,行为人的行为构成故意杀人既遂,理由如下:(1)第一行为对于第二行为具有必要的不可欠缺性;(2)第一行为成功之后,对于完成第二行为不存在会成为障碍的特殊情况;(3)第一行为与第二行为之间具有时间、场所上的接近性。据此,第一行为与第二行为是紧密相接的行为,开始实施第一行为时,就具有达到杀人程度的客观危险。例如,丈夫和妻子一起在家里自杀,丈夫开始想先把妻子刺死,然后再自杀。丈夫持刀往妻子身上捅了很多刀,但妻子没有死亡。随后,丈夫到厨房把瓦斯打开,打算让瓦斯爆炸一起身亡。妻子在此期间跑到阳台上,想通过翻阳台到邻居家。丈夫看见后就去拽妻子,就想把妻子拽回来,但在拉拽过程中,妻子从阳台上摔下身亡。日本最高裁判所认为,丈夫的几个行为在时间、场所上相连接,应当将一连串的行为看作一个行为,从而肯定故意杀人既遂的成立。

日本刑法理论也没有对上述认定提出反对意见,不仅如此,有的学者还对诸多判例进行总结归纳,提出了将复数的行为认定为"一连的实行行为"的具体标准:(1)第一行为的

〔21〕 正因如此,有的学者认为,没有必要将实行行为本身作为构成要件的要素,只需要判断行为与构成要件的结果之间是否具有刑法上的因果关系即可,而不需要独立地判断是否存在实行行为。

危险性。如果第一行为具有决定性的危险,那么,认定其具有实行行为性就不成为问题;如果第一行为的危险性比较稀薄,就要求其与第二行为具有强烈的紧密相接性。(2)密接行为性。第一行为对于确实且容易地实施第二行为来说,是必要的、不可欠缺的;第一行为成功后,对于完成第二行为(实施犯罪计划)而言,不存在会成为障碍的特殊情况;第一行为与第二行为之间具有时间、场所的接近性;实现结果的意思具有连续性。(3)第一行为时具有故意(前田雅英)。

实行行为以行为人自身的直接、积极的身体活动去实行为原则,这种情形称为作为的直接正犯,其实行行为性容易理解。此外,有的情形是行为人用消极的动作来实现犯罪,或将他人作为工具实现犯罪,这分别是不作为犯与间接正犯。间接正犯与共犯具有密切关系,故意放在共犯一章讨论,本节仅讨论不作为犯。

二、不作为犯

(一)处罚不作为犯的法理与问题

法益侵害通常是由积极的身体动作——作为来实现的,但是也可能由不实施所期待的一定行为——不作为来实现。在由积极的作为实现构成要件的场合,只要行为人没有侵害他人法益的权利,对于要求其不实施积极的作为、肯定构成要件符合性、认定犯罪的成立,就没有特别的疑问。在由不作为实现构成要件的场合,是以没有通过积极的行为回避构成要件的实现(法益侵害的引起)作为处罚理由的。但是,在幼儿落水溺死的场合,并非没有救助的所有人都是处罚对象。所以,不作为在何种范围内可以当作犯罪处理,就成为不作为犯论所要研究的课题。

德国的部分学者从实质上将不作为犯分为真正不作为犯与不真正不作为犯。前者是单纯的不作为即可实现真正不作为犯构成要件的情形,而后者另要求发生构成要件的结果。换言之,真正不作为犯是与纯粹的举动犯相对应的概念,不真正不作为犯则属于结果犯。由于真正不作为犯不要求发生构成要件结果,所以,以刑法有特别规定为限;而不真正不作为犯因为要求发生构成要件的结果,所以,不以刑法有特别规定为限。根据这种观点,举动犯不可能成立不真正不作为犯。我国刑法理论没有接受这种分类。

根据日本、韩国的通说以及德国的部分学说,在法律明文规定处罚不作为犯时,由于作为义务的主体和内容(谁应干什么)大体上有了明确规定,可以说没有什么疑问。这种不作为犯属于真正不作为犯。日本刑法第 107 条规定的不解散罪、第 130 条的不退去罪、第 218 条的保护责任者遗弃罪,以及德国刑法第 323c 条的不履行救助义务罪就是其代表例。但是,诸如杀人罪、放火罪等在文言上预想由“杀人”“放火”这种作为来实现的构成要件,由不作为来实现时,就属于不真正不作为犯。在什么场合可以肯定其构成要件符合性,成为重要问题。

处罚不真正不作为犯的根底是法益保护的思想。杀人罪、放火罪、毁损器物罪等的保护法益,一方面,可能受到积极的侵害行为(作为)的侵害;另一方面,当这些法益处于危险状态时,不予救助的不作为,也会使之受到侵害。例如,不救助溺水儿童、不灭熄正在燃烧的住房、不给即将枯萎的盆花浇水等便是如此。因此,从法益保护的观点来看,不作为也是刑法所关心的对象。但是,人权保障的思想要求限制不真正不作为犯的处罚范围。因为如果把所有的不作为都当作处罚的对象,便会驱使所有的人都去救助法益,法益好像可以受到保护,但人们的日常生活就必然陷入无限的不安与混乱,而且过度限制了国民的自由。所以,Feuerbach说,犯罪在原则上限于作为犯,不作为犯只是在依据“特别的法的根据(法律或者契约)”存在作为义务的场合,才例外地被承认。也因为如此,需要合理区分不作为犯与作为犯。

但是,即使是例外的,对法条预定的作为犯罪,能否允许处罚不作为犯呢?处罚不真正不作为犯是否借用了作为犯的法条?即使允许处罚,作为义务的主体与内容在没有明文规定的情况下,如何才能明确限定不真正不作为犯的处罚范围?这便是不真正不作为犯所存在的问题。

(二)不作为与作为的区别

所谓不作为与作为的区别,主要是指不真正不作为犯与作为犯的区别。以行为是违反禁止规范,还是违反命令规范为标准区分作为与不作为,是一种传统的观点。这种观点并没有过时,仍然具有重要意义,但刑法理论上还存在以其他标准区分作为与不作为的学说。

Engisch的能量说,根据是否投入能量区分作为与不作为:向一定方向投入能量的是作为,不向一定方向投入能量的是不作为。例如,士兵因为听到“注意!”的命令而像柱子一样站立时,由于士兵使用了内部能量而直立,故属于作为;再如,医生撤除患者的生命维持装置的行为,意味着没有投入更多的能量,因而是不作为。但是,这种观点导致作为与不作为区分的复杂性与恣意性,而且实际的区分结论也不妥当(如上述医生的行为应否认定为不作为,便存在疑问)。

Welzel的因果关系基准说,根据行为与结果之间是否具有因果关系区分作为与不作为。在作为的场合,如果除去作为,结果将不发生;在不作为的场合,即使除去不作为,也依然缺乏行为决意,缺乏操纵结果的目的。所以,作为引起了结果,而不作为没有引起任何现象。但是,如果认为不作为对结果没有因果关系,那么,对于不作为的结果犯就只能以未遂犯论处,这恐怕存在疑问。

Samson的法益状态说,从法是通过制定规范来保护法益的认识出发,主张规范的机能在于使规范所指向的人产生一定行为的动机。以杀人罪为例,如果规范所指向的人处于缩短他人生命的地位,那么,规范便禁止其缩短他人生命的行为;如果规范所指向的人处于延长他人生命的地位,则规范命令其延长他人的生命。因此,作为的杀人就是指“生命缩短的引起”;不作为的杀人就是指“生命延长的非引起”。据此,“使法益状态恶化”的是作为,“没有使法益状态好转”的是不作为。

此外,社会意义说,根据行为的社会意义是引起结果还是不防止结果来区分作为与不作为。例如,医生关闭患者的呼吸器的行为,在社会意义上是不防止死亡结果,因而是不作为。但由于“社会意义”的概念不明确,也导致其区分标准不明确。价值说根据价值判断区分作为与不作为,这显然会导致判断的不明确。最终原因说认为,如果与结果最接近的原因是作为,就认定犯罪行为为作为,如果与结果最接近的原因是不作为,就认定犯罪行为为不作为。但是,与结果最接近的原因不一定最具有刑法意义。义务内容说认为,如果行为人的义务内容是不作为,那么其行为就是作为;如果行为人的义务内容是作为,那么其行为就是不作为。例如,行为人应当踩刹车而不踩导致行人死亡的,其义务内容是作为,故属于不作为。可是,义务内容具有相对性,人们完全可以认为,此时行为人的义务内容是不向前驾驶车辆,因而是作为。介入说认为,法益向好的方向发展时行为人介入的

（如阻止医生救助他人），是作为；法益向恶的方向发展时行为人不介入的（如医生不救助患者），是不作为。但是，在许多场合，作为一种存在的法益不一定有向好或者向恶的方向发展的趋势。而且，这种学说没有回答法益向恶的方向发展时行为人介入的情形属于作为还是不作为。非难重点说认为，在具体案件中，如果非难的重点是作为，就评价为作为犯；如果非难的重点是不作为，就评价为不作为犯。显然，这种学说并没有提供适当的标准。

也有学者认为，"作为与不作为的区别"，并不是一个具有意义的问题设定。因为就同一身体动作而言，一方面是作为，另一方面则是不作为，二者是可以两立的（如汽车司机本应踩刹车时却踩了油门）。因此，应当独立地考察作为犯的成立与不真正不作为犯的成立；通常判断行为是否符合作为犯的成立要件；在行为不符合作为犯的成立要件时，再判断行为是否符合不作为犯的成立要件（作为优越说）（Spendel、Arthur Kaufmann、山口厚）。

大体而言，以下结论是能够被学者接受的：阻止第三者救助被害人的行为是作为；阻止被害人躲避的行为是作为；撤除或撤销他人已经采取的救助措施的是作为（以积极动作中断自己的救助活动的行为性质，还存在争议）；过失犯中未履行注意义务而积极行为的是作为。

（三）不真正不作为犯与罪刑法定主义

德国的 Armin Kaufmann 从规范论理的观点认为，处罚不真正不作为犯违反了罪刑法定原则。Armin Kaufmann 对于"不真正不作为犯，是由不作为实施的作为犯，符合作为犯的构成要件"的观点，作出了如下批判：规范分为禁止规范与命令规范，前者是要求不实施一定的行为（不作为），后者是要求实施一定的行为（作为）。例如，作为犯的杀人罪的构成要件，是以违反了"禁止杀人"这一禁止规范的作为为处罚对象的。与此相对，对溺水的子女不予救助的父亲所要求的是救助这种作为，这里是违反命令规范的问题。因此，对该父亲以杀人罪论处，便是认为杀人罪的构成要件包含了违反命令规范（实际上不包含违反命令规范），这是一种类推解释，违反了"法无明文规定不为罪"的原则。但是 Armin Kaufmann 也不至于否定处罚不真正不作为犯，只是由于存在上述疑念，他就要求处罚不真正不作为犯时，必须限于明确存在防止结果发生的法的义务，而且这种义务违反的当罚性与作为同等的情形。

不少学者认为，Armin Kaufmann 的上述主张具有相当的说服力。在日本，有的学者基于同样的理由，提出应该否定对不真正不作为犯的处罚（金泽文雄）；有的学者对不真正不作为犯的范围进行了严格限制（浅田和茂〔22〕）；有的学者则认为，应当从正面承认类推解释，以便肯定对不真正不作为犯的处罚（香川达夫）。法国的学说与判例不承认不真正不作为犯，也是基于同样的理由。

与此相对，德国、日本的通说认为，处罚不真正不作为犯并不触犯禁止类推解释的原则。其论据有三：（1）从规范的角度来说，如果认为杀人、放火等罪的构成要件，只是意味着禁止规范的违反，那么，Kaufmann 的批判是妥当的。可是"禁止杀人"的禁止规范，其

〔22〕 浅田和茂主张，由于刑法规定了保护责任者遗弃罪，所以，杀人罪并不包括不作为的形态。亦即，对于所谓不作为的杀人应认定为保护责任者遗弃罪。

中也应包含“在特定场合必须实施一定的作为”的命令规范。不过,这一构想仍然拘泥于“由不作为实施的作为犯”的思维方法中。故有学者提出,作为杀人罪构成要件的基础的规范内容是“尊重人的生命”,这一规范可能由作为与不作为两种形式来违反。因此,将这一规范构成要件化了的“杀人”中,就同时包含了违反禁止规范与违反命令规范,只是二者必须价值等同(福田平)。还有学者指出,禁止规范的违反也是一种命令规范的违反,反过来说,命令规范的违反也是禁止规范的违反(山口厚)。(2)从身体动静的角度来看,如果认为刑罚法规所规定的杀人、放火行为只限于作为,那么,处罚不作为的杀人与放火的确会违反罪刑法定原则。可是,杀人、放火等罪的构成要件,并没有将杀人、放火行为限定为作为。例如,刑法规定的是“杀人者,处……”而不是规定为“以作为方式杀人者,处……”。概言之,从规定的形式上被认为是作为的表述,在文理解释上,也完全可能包含不作为(藤木英雄)。例如,母亲不授乳致婴儿饿死的场合,当然被包含在“杀人”之中,这只不过是各个构成要件的解释问题。(3)从作为与不作为的性质来看,作为与不作为虽然构造不同,但是,当由不作为导致的构成要件的实现,与由作为导致的构成要件的实现具有等价性(可以同等看待)时,不管是作为还是不作为,将构成要件的实现作为处罚对象,并不属于类推解释。

依据上述观点,至少从法律主义的角度来看,处罚不真正不作为犯,并不违反罪刑法定主义。但不可否认的是,在不真正不作为犯的场合,由于欠缺作为义务的主体与内容的具体基准,容易导致处罚范围不明确。于是,刑法理论上主张不真正不作为犯的立法化。实际上,也有这样的立法例。如德国刑法第 13 条规定:“(1)行为人不防止刑法的构成要件结果的,只有当他在法律上必须保证该结果不发生,而且该不作为与因作为而实现法定的构成要件相当时,才依法受处罚。(2)不作为犯的刑罚可以根据第 49 条第 1 款减轻处罚。”奥地利刑法第 2 条、西班牙刑法第 11 条、日本改正刑法草案第 12 条也有类似规定。增设这样的法律规定,虽然可以消除类推解释的疑念,但仍然没有完全满足明确性的要求。不管采用什么标准区分真正不作为犯与不真正不作为犯,可以肯定的是,刑法没有明文规定不真正不作为犯的处罚范围,所以必须回答这样的问题:究竟谁的、什么不作为符合杀人罪、放火罪的构成要件?如果对此没有明确基准,处罚不真正不作为犯就不会明确,因而违反罪刑法定主义。所以,保证人地位、作为义务的问题,就成为不作为犯论的核心。

(四)保证人地位与作为义务在体系上的位置

就不真正不作为犯而言,并不是只要不作为与构成要件的结果之间具有因果关系,就肯定构成要件符合性。例如,在没有救助溺水儿童的场合,并不是只有其父母的不作为与儿童的死亡之间具有因果关系,其他在场人员的不作为都与儿童的死亡之间具有因果关系。但是,如果认为所有可能救助溺水儿童的人的不作为都符合杀人罪的构成要件,就明显扩大了处罚范围。于是,德国、奥地利等国的刑事立法、日本的刑法理论与判例,将基于保证人地位的作为义务,视为不真正不作为犯的成立要件。因为既然以自由主义为基础的刑法原则是,只要没有积极地实施某种行为就不得处罚,那么,只有在特殊的场合,才能以刑罚威慑强制人们实施一定的作为,所以,需要从实质上理解基于保证人地位的作为义务。

根据 Rudolphi 的观点,保证人地位具有以下三个内容:(1)法益的负责人具有保护法益免受威胁的能力；(2)行为人负有保护法益的作为义务；(3)行为人基于保护作用的支配，引起了法益侵害的事态。问题是，保证人地位与基于保证人地位产生的作为义务，在犯罪论体系中居于何种位置？

作为义务首先被视为违法性问题。如 M. E. Mayer 指出："符合构成要件的作为，只要根据法规或法秩序不被认为是正当的，就是违法的；与此相对，符合构成要件的不作为，只要不是法规或法秩序所禁止的，就不是违法的。因此，在不真正不作为犯的领域，原则与例外是倒过来的。"〔23〕牧野英一也曾经指出："我认为，作为理论上的见解，作为的因果关系问题与关于违法性的问题，应当区别开来进行考虑，而不作为中的义务违反应作为违法性的要件。"因为既然承认没有作为义务的人的不作为与结果也有因果关系，那么"义务违反的问题应从其因果关系在法律上是否不法的价值判断上来考察，才是适当的"。〔24〕这样，在不真正不作为犯罪中，构成要件符合性就失去了违法推定的机能。

与违法性说相对，首先把作为义务置于构成要件领域的是德国学者 Nagler 的保证人说。他认为，既然不作为也是一种实行行为，那么在构成上必须与作为犯相同，他把负有防止结果发生的特别义务的人称为"保证人"，只有保证人（作为义务者）的不作为才符合构成要件。这一见解，可谓德国的通说。在日本，为了维持构成要件的违法推定机能，保证人说也居于支配地位。

那么，保证人地位与作为义务究竟是什么关系呢？一体说（统一说）认为，对于保证人地位与保证人的作为义务，应当在社会观念上作一体化的理解，因为二者的区分是相当困难的（大塚仁、前田雅英）。分离说（区分说）认为，应当将保证人地位与保证人的作为义务分离地考虑，前者属于构成要件的内容，后者属于违法性的内容（福田平、曾根威彦）。一体说与分离说会影响对有关作为义务的错误的处理根据与结论。依照分离说，作为义务不是故意的认识内容，但为作为义务提供根据的事实的、法律的事项（保证人地位）则是故意的认识内容。所以，关于作为义务本身的错误，属于违法性的错误；关于为作为义务提供事实的、法律的事项的错误，属于事实认识错误。根据一体化说，保证人地位与作为义务均属于不成文的规范的构成要件要素，只要行为人对作为义务具有外行人的认识（或者意义的认识），就不阻却故意；如果缺乏外行人的认识（或者意义的认识），则阻却故意。

例如，甲与乙（未成年）为父子关系，设想两种情形：(1)乙掉入河中，甲虽发现，但误以为掉入河中的不是自己的儿子乙，而是与自己无关的丙，因而没有救助，导致乙死亡。(2)甲明知掉入河中的是自己的儿子乙，但误以为自己没有义务救助乙，因而没有救助，导致乙死亡。根据分离说，上述第一种情形属于保证人地位的认识错误，故第一种情形中的甲不成立不作为的故意杀人罪。相反，关于保证人义务的认识错误则属于违法性的认识错误或者禁止的错误，因而不阻却故意的成立。上述第二种情形属于保证人义务的认识错误，故第二种情形中的甲依然成立不作为的故意杀人罪。根据一体说，在上述第一种情形中，由于甲对作为义务缺乏外行人的认识（或者意义的认识），故阻却故意犯罪的成立；在上述第二种情形中，由于甲对作为义务具有外行人的认识（或者意义的认识），故不

---

〔23〕 M. E. Mayer, Der Allgemeine Teil des Deutschen Strafrechts, 2. Aufl., Verlag Winter, 1923, S. 191.

〔24〕 转引自[日]芝原邦尔等编：《刑法理论の现代的展开·总论Ⅰ》，日本评论社1988年版，第79页。

阻却故意犯罪的成立。

(五)保证人的作为义务的发生根据

成立不作为犯罪,除了要求具有符合构成要件的结果与实行行为(没有实施必要的、可以避免结果发生的行为)、实行行为与结果之间具有因果关系(存在客观归责)外,还要求行为人负有具体的作为义务以及回避危险的可能性。关于保证人的作为义务的发生根据,刑法理论上存在不同学说。

1. 形式的法义务说

形式的法义务说(形式的三分说)将作为义务的发生根据限制在三个方面:(1)基于法令产生的义务,如基于民法产生的夫妻之间的相互扶养义务。(2)基于合同、无因管理产生的义务,如护士基于其与患者之间的护理合同产生的护理义务,开始进行无因管理的人负有相应的作为义务。(3)基于习惯、条理产生的作为义务。[25] 由于习惯、条理的内容不明确,所以必须对内容进行类型化。其类型之一是基于先前行为引起的作为义务,即由于危险的先前行为制造了要求通过作为防止结果发生的危险状况的人,负有作为义务。司机的过错使行人身负重伤时,司机负有救助被害人的作为义务。[26]

形式的法义务说,将非刑罚法规中的义务作为刑法上的作为义务的根据,但是,为什么非刑罚法规中的义务与刑法上的作为义务同等看待,这是形式的法义务难以回答的。事实上,非刑罚法规的作为义务的违反,并没有直接为刑法上的作为义务违反提供根据。

2. 实质的法义务说

实质的法义务说,主张从更为实质的观点讨论作为义务的发生根据。其中又可以分为不同学说。

第一,先前行为说。该说认为,在不作为犯中,应重视它在作为义务之前与作为犯在存在构造上的差异,这种差异表现在,作为具有原因力,不作为从自然性质上看不具有原因力,只不过是利用了既存的因果流。为了消除这一差异,使不作为犯与作为犯具有构成要件上的同等价值,“不作为者在实施该不作为之前,必须是自己设定了侵害法益的因果流”。因此,要成为作为义务的根据,至少必须有不作为者基于故意或过失的先前行为,而且仅此就够了(日高义博)。根据这一观点,司机撞人后单纯逃走的,只要司机具有故意,也构成不作为的杀人罪。在失火的情况下,即使单纯从现场逃走的,只要逃走时有故意,便构成不作为的放火罪。不仅如此,由于父母监督不够,幼儿实施盗窃行为的,如果父母目击幼儿行窃放任不管,就构成间接正犯形态的不真正不作为犯的盗窃罪。这一学说最大的优点是,依据事实的判断来明确界定不真正不作为犯的成立范围。但也存在不少疑问。例如,首先,它否定了不作为的原因力。于是,结果的发生是由于先前行为所引起,不作为犯罪本身似乎不存在了。其次,它一方面过于扩大了某些不真正不作为犯的成立范围,另一方面又过于缩小某些不真正不作为犯的成立范围。例如,这一学说会使很多过失犯转化为故意犯,使教唆犯、帮助犯转化为正犯;但又否认了在接受保护义务场合的不

---

〔25〕“条理”一词是从拉丁语的“naturalis ratio”及德语的“natur der sache”翻译而来,直译为“事物的本性”,意译为“事物的道理”或“自然的事理”。

〔26〕西班牙刑法大体上采用了形式的法义务说,根据其第 11 条的规定,只有当行为人依法律规定或者因合同产生了特定的义务,或者先前的作为或不作为使法益处于危险状态时,才成立不作为犯。

作为犯的成立(西田典之)。

第二,事实上的接受说(具体的依存说)。根据这种学说,在法益的维持具体依存于某人时,不作为者与结果之间就具有依存关系。换言之,事实上接受法益的维持的人,就产生作为义务。例如,在母亲反复向幼儿提供食物的场合,就可以说存在事实上的接受行为。认定事实上的接受行为的基准有三:其一,谋求法益的维持、存续的行为(阻害结果发生的条件行为)的开始、存在;其二,不作为者反复、继续实施事实上的接受行为;其三,对法益保护的排他性,即其他人不能干涉法益的维持(堀内捷三)。根据这种观点,将小孩带到水池边散步的父亲,在小孩落入水池时不予救助的,只要有能够救助的第三者在场,就因为没有法益保护的排他性,而不成立不作为犯。显然,这种观点所提出的判断基准并不明确,其结论也不一定妥当。还有学者提出,在个人法益的场合,要考虑被害人现实所处的状态以及谁处于应当保护该被害人的法益的地位;在公共法益的场合,则主要判断结果的发生是否处于行为人的支配领域内(浅田和茂)。

第三,因果经过支配说。根据这种学说,为了保证不作为与作为的等价性,要求不作为者具体地、现实地支配因果经过。其具体类型有:其一,具有事实上的排他性支配的场合。即在不作为者基于自己的意思享有或者设定了排他的支配时,具有作为义务。亲子关系就是如此。其二,具有支配领域性的场合。即不作为者虽然不是基于支配的意思,但对于向结果发展的因果经过处于事实上的支配地位时,具有作为义务。基于身份关系、社会地位而负有在社会生活上持续保护、管理义务的情形属于这一类。其三,具有规范的支配的场合。即存在不作为处于应当作为的地位的规范要素的场合,具有作为义务。但是,持反对观点的人指出,一方面,因果经过的支配是不明确的概念;另一方面,在规范的支配的场合,能否认定为因果经过的支配,也是存在疑问的。

第四,多元说。多元说主张多元地理解作为义务的发生根据。如前田雅英认为,应当以法益关系事情为基础,根据各个犯罪类型,确定有无作为义务。具体来说,要考虑以下事项:其一,行为人是否对结果发生的危险提供了重大原因(如先前行为);其二,行为人处于能够控制危险的地位(如实施了接受危险的行为的场合);其三,为防止结果发生而履行作为义务的难易程度;其四,行为人在何种程度上确切地认识到结果的发生,以及是否存在"意欲"等主观上的事情;其五,是否存在其他可能防止结果发生的人。此外,还要考虑基于法令、合同等行为人与被害人的关系;当存在其他参与人时,还必须判断"应当归责于谁"。

3. 机能的二分说

在德国,由 Armin Kaufmann 提倡的关于作为义务的机能的二分说占支配地位。这一理论也旨在根据实质的观点确定保证人的作为义务,在此意义上说,可以归入实质的法义务说。根据机能的二分说,作为义务分为对特定法益的保护义务(保护义务)和保证人对危险源的监督义务(安全义务或监督义务)。

保护义务的发生根据可以分为规范的根据、制度的·任意的根据与机能的根据。(1)规范的根据,是指法律为了防止特定的法益不受威胁或者阻止对法益的威胁,而对特定的人设定保护义务的情形。如亲子关系、夫妻关系、兄弟姐妹关系等,因为共同生活而形成家庭共同体或者密切的生活关系时,产生抚养义务、扶养义务、相互扶助义务。但已经分居、相互敌视的夫妻之间则不产生保护义务。(2)任意的·制度的根据,是指不作为者与被害人之间基于合意而设定的接受保护机能的关系,以及在企业等团体中负有这种保护机能的情形。如游泳学习者与教练者之间的关系、危险共同体,都产生相应的作为义务。危险共同体是危险活动的参与者以相互协助与关照为目的而结成的共同体(如登山队)。偶然聚焦在一起的人,并不形成危险共同体,因而相互之间不产生保护义务。(3)机能的根据,是指被害人的法益机能性地依存于特定的人的作为的情形。最典型的是,被害人的法益,由不作为者的先前的法益维持行为机能性地得以维持,如果没有不作为者的法益维持行为,就丧失法益的情形。如自愿接受保护或者救助义务而形成的作为义务等。

安全义务的发生根据主要有:(1)管理危险物品、危险设置、危险系统的人,由于其不履行义务而对被害人产生现实的危险状况时,负有作为义务。机动车的所有人具有阻止不懂驾驶技术的人驾驶其机动车的义务;机动车司机在紧急刹车时有义务向后面的车辆发出信号。(2)对第三者负有监督义务的人,对第三者故意或者过失实施违法行为具有制止义务,否则,可能成立第三者犯罪的正犯或者共犯。例如,根据德国的判例,监护人负有防止受其监护的未成年人实施犯罪行为的义务;监狱的监管人员负有防止被监管人实施犯罪行为的义务。(3)行为人的先前行为制造了对他人的危险时,负有作为义务。根据 Rudolphi 与 Jescheck 等人的观点,先前行为只有符合以下三个条件时才产生作为义务:一是先前行为必须造成了发生结果的紧迫危险;二是先前行为必须在客观上是违法的;三是义务违反性必须存在于相应的对旨在保护相关法益的规范的违反之中。其中争议最大的是先前行为是否必须是违法行为。第一种观点认为,先前行为必须是违法行为。因为只有当先前行为是违法行为时,才能为行为人的责任奠定基础,才能认为被害人的法益侵害取决于先前行为人。第二种观点认为,先前行为不必是违法行为,只要引起了法益侵害的危险,就产生作为义务。因为每个人都应当对自己的行为负责,即使是合法行为,也必须避免对他人造成不应有的损害。第三种观点认为,问题不在于先前行为是否违法,而在于对法益产生危险的先前行为而能否归责于行为人。例如,先前行为属于被害人自我答责的,不产生作为义务(如正当防卫)。

总之,刑法理论的方向是,一方面从实质上寻求作为义务的发生根据,另一方面又力图使作为义务的发生根据类型化、明确化。

(六)回避危险的可能性

回避危险的可能性(作为可能性),大体指行为人具有实施积极行为、避免结果发生的可能性。一种观点认为,回避危险的可能性是保证人的作为义务的前提(前提说)(中山研一、西田典之、前田雅英等);据此,回避危险的可能性是构成要件要素。另一种观点认为,回避危险的可能性是与保证人的作为义务相并列的独立的要件(并存说)(内藤谦),其中,部分学者认为,为作为可能性提供基础的事情是构成要件要素,但作为可能性本身是违法要素;部分学者认为,回避危险的可能性与作为可能性不是等同概念,作为可能性是责任要素。一般来说,回避危险的可能性的判断,包含两个方面:一是以作为能力为中心的事前的判断,即作为可能性的判断;二是回避危险的可能性的判断,即事后的判断。

需要注意的是,学者们所使用的"作为可能性"概念的含义并不完全相同。有的将作为可能性理解为实施作为的可能性,即理解为客观的、主观的行为能力。有的将作为可能性理解为实施作为、避免结果的可能性,即包含了作为可能性与回避结果的可能性。至于作为可能性是指行为人个人的作为可能性,还是平均人的一般的作为可能性,也存在不同理解。德国的个人标准说是有力的学说,[27]日本的通说采取一般人标准说。

(七)不作为与作为的等价性

如前所述,根据德国刑法第13条的规定,只有当不作为与因作为而实现法定的构成要件相当时,该不作为才成立犯罪,此即不作为与作为的等价性(同价值性)要求。但是,等价性的地位在理论上存在争议。一种观点认为,等价性只是为实质意义的作为义务的发生根据提供基础并限制作为义务发生根据范围的指导原理(平野龙一、福田平、大谷实、西田典之)。另一种观点认为,等价性是在具有作为义务的前提下,进一步限定不作为犯的成立的要件的总和(川端博、佐久间修)。根据后一观点,前述因果经过支配说中的支配领域性,就不是作为义务的发生根据,而是等价性的要件之一。根据前一观点,支配领域性是作为义务的发生根据。也有人认为,当构成要件对行为手段或方法没有特别要求时(与杀人、伤害等),只要不作为造成了构成要件结果,就成立不作为犯罪,"等价性"不具有特殊意义;但是,当构成要件对行为手段或方法具有特别要求时,只有当不作为符合构成要件所要求的手段或方法时,才能成立该罪(Jescheck)。例如,当构成要件的内容以残忍手段致人重伤时,并不是任何不作为的伤害都符合这一要求。还有人认为,等价性只是不真正不作为犯的构成要件的解释原理,既不是作为义务的限定原理,也不是限定不作为犯成立的独立原理(山中敬一)。

总体来看,与德国刑法理论相比,日本刑法理论似乎更加主张限制不真正不作为犯的处罚范围。日本刑法理论所讨论的不真正不作为犯,一般仅限于杀人、放火等严重犯罪。

第四节　结　果

一、结果与犯罪的成立

(一)结果的必要性

结果是构成要件的重要要素。不过,是否任何犯罪的成立都要求发生结果,并没有形成统一的意见。一种观点认为,要成立犯罪,仅有行为还不够,还必须发生构成要件的结果,在此意义上说,"没有结果就没有犯罪"。广义的"行为",不仅指身体的动静,还包括由此而产生的结果。所谓"犯罪是行为",在广义上也包括了结果。另一种观点则认为,结果的发生只是结果犯的构成要件,行为犯的成立不要求发生结果。这不仅涉及对结果的不同理解,还涉及对犯罪本质、违法性实质的不同看法。

从实质意义上说,结果是指对法益的侵害与法益侵害的危险,[28]也可以说是对法益的侵害及威胁。结果本应是一种外部的客观状况,在一般情况下,是否发生了结果是容易

[27] 倘若对回避危险的可能性采取个人标准说,那么,它与期待可能性(能否期待行为人履行作为义务)是什么关系就成为问题。

[28] 危险概念具有多种含义,并非任何危险都是结果,只有行为引起的具体的危险状态才可能是结果,行为本身的危险(行为的属性)则不是结果。由于危险概念具有多种含义,故日本刑法学者木村龟二说:"危险概念是一个危险的概念。"参见[日]木村龟二:《新刑法读本》,法文社1959年全订新版,第263页。

认定的。但是,要判断某种结果是不是构成要件所预想的结果,在不少情况下则比较困难。例如,脑死亡是否属于杀人罪构成要件结果的死亡,就是有争议的问题;至于某种行为是否具有法益侵害的危险性,则更难判断。

某种结果是否属于构成要件的结果,在“量”方面也存在问题,即轻微的法益侵害是否构成要件的结果。例如,盗窃一张报纸是否构成盗窃罪?对于这种所谓的“轻微犯”,有的学者用可罚的违法性论来说明。即在法益侵害轻微的场合,行为虽然符合构成要件,但违法性没有达到可罚的程度。换言之,盗窃一张报纸的行为也符合盗窃罪的构成要件,但不具有可罚的违法性。有的学者通过否认构成要件符合性来说明。因为构成要件并不是单纯的违法行为类型,而是值得科处刑罚的违法行为的类型;如果否认轻微法益侵害的可罚性,就应当否认其构成要件符合性。易言之,轻微的法益侵害,并不是构成要件的结果。如果根据 Beling 等人的构成要件论,强调构成要件的明确性与形式性,一张报纸也是盗窃罪构成要件中的“财物”,因而盗窃一张报纸也符合盗窃罪的构成要件。倘若依据行为是否具有可罚的违法性认定是否构成犯罪,反而使处罚范围不明确,违反罪刑法定主义。

(二)结果形态与犯罪分类

根据法益侵害、危险的形态,可以对犯罪进行不同的分类。

1. 形式犯与实质犯

以往,日本刑法理论常常根据犯罪的成立是否要求发生结果,将犯罪分为形式犯与实质犯,但分类标准并无定论。第一种观点认为,只要求实施构成要件行为,而不要求对法益造成侵害或者危险的犯罪,是形式犯;构成要件以对法益造成侵害或者危险为内容的犯罪,是实质犯,其中以现实上对法益造成侵害为内容的犯罪称为侵害犯,仅要求有侵害法益的危险的犯罪为危险犯,危险犯又可以分为具体的危险犯与抽象的危险犯(大塚仁)。第二种观点认为,形式犯与实质犯的区别,在于危险的程度不同。形式犯并不是只要在形式上违反法的命令与禁止就成立,而应要求某种侵害法益的危险,但这种危险是比抽象的危险犯中的危险更为轻度的间接的危险(团藤重光)。第三种观点认为,形式犯对法益也具有危险性,只不过实质犯的被侵害法益是比较特定的,而形式犯的被侵害法益是很不特定的(如超速驾驶罪)(平野龙一)。现在,强有力的观点认为,刑法以保护法益为目的,所有的分则条文都有其保护的法益;因此,符合构成要件的行为,都是对法益的侵害或者威胁;在此意义上说,所有的犯罪都是实质犯,形式犯没有存在的余地(町野朔)。也有学者指出,所有的犯罪都是实质犯,人们所称的形式犯,要么是将轻微法益侵害作为结果的结果犯,要么是将轻微的危险结果作为结果的抽象的危险犯(山口厚)。

2. 侵害犯与危险犯

根据结果的样态,将犯罪分为侵害犯(实害犯)与危险犯,是德国、日本等大陆法系国家刑法理论都接受的一种分类。侵害犯,是指以造成一定的法益侵害为条件的犯罪,如以剥夺人的生命为要件的杀人罪就是侵害犯;危险犯,则是以发生法益侵害的危险为要件的犯罪。危险犯还可以分为具体的危险犯与抽象的危险犯。不过,二者的区分标准也没有定论。

第一种(传统)观点(一般危险说)主张,具体的危险犯是以发生危险作为构成要件要素的犯罪;抽象的危险犯虽然与前者一样,也以发生危险作为处罚根据,但它是不以发生危险作为构成要件要素的犯罪。据此,具体的危险犯中的危险是构成要件要素,需要具体判断;抽象的危险犯中的危险不是构成要件要素,因而不需要具体判断,也不允许反证(M. E. Mayer、Mezger、泷川幸辰、木村龟二等)。如 Roxin 指出:"在具体的危险犯中,只有行为客体在具体案件中真实地处于危险之中,即侵害结果的未发生纯属偶然时,才实现了构成要件……在抽象的危险犯中,行为所具有的典型性危险是对该行为予以处罚的根据,但在具体案件中的刑事可罚性并不取决于危险的真实出现。"〔29〕但是,就抽象的危险犯而言,一方面将危险作为处罚根据,另一方面在处罚时又不判断是否存在危险,是存在疑问的。而且,对于客观上没有任何危险的行为也认定为犯罪,有悖刑法的目的。

第二种观点(危险性推定说)鉴于上述传统观点的缺陷,提出具体的危险犯与抽象的危险犯都是以对法益侵害的危险作为处罚根据的犯罪,但前者的危险是需要在司法上具体认定的,后者的危险是立法上推定的。其中,对于抽象的危险,有的主张不允许反证,有的认为在有反证的情况下应否定危险。显然,本说并没有完全克服前一学说的缺陷。

第三种观点认为,具体的危险是"作为结果的危险",抽象的危险是"行为的危险"。具体地说,"在具体的危险犯中,要求有构成要件上的'危险'这样的'结果',而抽象的危险犯则没有这样的要求。着眼于这种法文规定的形式的差异,二者的区别应是:具体的危险犯 = '作为结果的危险';抽象的危险犯 = '行为的危险性'"。〔30〕可是,如何区分作为结果的危险与行为的危险,仍然存在难题。

第四种观点认为,具体的危险犯与抽象的危险犯只是危险程度不同。有人认为,抽象的危险犯是具体的危险犯的前一阶段,即侵害意味着发生实害,具体的危险意味着侵害的可能性,抽象的危险意味着具体的危险的可能性(Cramer)。有人认为,具体的危险犯的危险是高度的危险,抽象的危险犯是比较缓和的危险(平野龙一、前田雅英、山口厚)。这种观点是日本刑法理论的通说。

德国刑法理论一般认为,抽象危险犯既可能是行为犯,也可能是不以法益侵害作为结果的犯罪(如醉酒驾驶罪)。就抽象的危险犯而言,司法机关只需要判断行为是否符合构成要件的规定,而不必判断是否出现了具体危险。

3. 行为犯与结果犯

德国、日本刑法理论,还从结果的角度将犯罪分为行为犯与结果犯。传统观点认为,结果犯是以发生结果为构成要件的犯罪;行为犯是指不以发生结果为构成要件的犯罪。主张刑法的目的是维护社会伦理秩序的人,常常赞成这种分类标准。现在大多认为,结果犯是指行为终了与结果发生之间有一定时间间隔的犯罪,行为犯则是指行为终了与结果发生之间没有时间间隔的犯罪(Roxin、平野龙一、山口厚)。也有人认为,凡是构成要件中要求结果发生的犯罪就是结果犯;如果构成要件只是表述了行为进程而没有提及结果的,就是行为犯(Kindhäuser)。还有人认为,结果犯是要求侵害行为客体的犯罪,行为犯则是不要求侵害行为客体的犯罪(町野朔)。所以,行为犯并不是没有发生结果,换言之,所有的犯罪都是结果犯。主张刑法的目的是保护法益的人,往往支持"行为犯也要求发生结果"的观点。

与行为犯相近的概念是企行犯。企行犯,是指行为虽然未遂但应与既遂同等看待的

〔29〕 C. Roxin, Strafrecht Allgemeiner Teil, Band I, 4. Aufl., C. H. Beck, 2006, S. 338.

〔30〕 [日]松生健:《危险犯における危险概念》,载《刑法杂志》1993 年第 24 卷第 1 号。

犯罪,换言之,只要到达了未遂阶段就当作既遂犯处罚的犯罪,就是企行犯。根据德国学者 Weber 的看法,立法者创设企行犯构成要件的理由主要有二:其一,行为人虽仅着手于未遂阶段,但几乎已经不可能对由此所产生的危险加以控制,如内乱罪。其二,未遂行为本身已经对法益造成了破坏,因而有必要将未遂与既遂相提并论。如在德国,处罚受贿罪是为了保护公职行为的纯洁性以及人民对该纯洁性的信赖。行为人对公职行为要求、约定贿赂的,就已经破坏了公职行为的纯洁性以及人民的信赖,无须等待行为人取得财物便可认定为既遂。企行犯分为纯正企行犯与不纯正企行犯。前者是指构成要件明确规定了"着手实行"的犯罪(参见德国刑法第 81 条);后者是指构成要件没有明确规定"着手实行",但按其表述,只要着手实行了犯罪就认定为既遂的犯罪(参见德国刑法第 292 条第 1 款第 1 项)。

4. 结果加重犯

与结果犯相关联的是结果加重犯(加重结果犯)。结果加重犯,是指实现了基本的构成要件后,又发生了某种加重结果,因而应加重处罚的犯罪。伤害致死罪是其适例。

结果加重犯的法定刑过重,是世界范围内的普遍现象。过重的表现为,虽然结果加重犯通常表现为基本犯罪的故意犯与加重结果的过失犯的复合形态,但其法定刑却远远重于基本犯的法定刑与过失犯的法定刑之和。关于结果加重犯的加重根据,刑法理论上存在不同观点。

单一形态论认为,加重结果的发生只是客观的(加重)处罚条件,不需要行为人具有认识和认识可能性;结果加重犯与基本犯一样,都是单纯一罪;刑法之所以对结果加重犯加重刑罚,就是因为客观上发生了加重结果。显然,单一形态论既违反责任主义原理,也不能说明结果加重犯的加重根据。

复合形态论认为,结果加重犯是基本犯的故意犯与加重结果的过失犯的复合形态;由于过失犯一般不处罚未遂,所以没有发生加重结果时,也不成立结果加重犯。显然,复合形态论虽然实现了责任主义的要求,但仍然不能说明结果加重犯的加重根据。换言之,复合形态论只能说明结果加重犯的法定刑应为故意犯与过失犯的法定刑之和,而不能解释为什么结果加重犯的法定刑远远超出故意犯与过失犯的法定刑之和。

危险性说在德国与日本是最有力的学说。该说认为,具有一定倾向(在经验上内含着发生加重结果的类型的、高度的危险性)的故意犯,作为其倾向的现实化而造成了加重结果,就是结果加重犯的加重根据;结果加重犯,是立法者就类型性地发生加重结果的频率极高的一定的故意犯,事前挑选出来作为特别形态的犯罪类型而加以规定的。因此,结果加重犯不是基本犯与加重结果之间的单纯外形上存在关联的犯罪类型,而是由于固有的不法内容(危险关联)使基本犯与加重结果具有内在的密切关联和特定构造的犯罪类型。[31] 这一学说仍然不能说明结果加重犯的加重根据,因为基本犯的法定刑事实上已考虑了行为发生加重结果的危险。

---

〔31〕 此外,Jakobs 认为,在结果加重犯的场合,基本犯以对人的生命、身体的危险为内容,或者基本犯预想了对人的生命、身体的危险,而行为人存在"同一的危险的量的错误"。即由于行为人对基本犯可能造成的被害程度,或者对基本犯中存在的法益受侵害危险产生误解,形成量的错误时,才产生结果加重犯。因此,结果加重犯的加重根据,是行为人对基本犯产生的危险的量的制御不能(Günther Jakobs, Strafrecht Allgemeiner Teil, 2. Aufl., Walter de Gruyter, 1993, S. 332.)。可以看出,Jakobs 的观点与危险性说没有实质区别。

成立结果加重犯必须具备以下条件:其一,发生了法定的加重结果。大陆法系国家一般仅将人的死亡与伤害规定为加重结果的内容,将财产损害规定为加重结果的很罕见。其二,基本犯罪与加重结果之间具有因果关系,而且该因果关系以"直接性"(Unmittelbarkeit)为要件,即只有当具有造成加重结果高度危险的基本行为直接造成了加重结果时,或者说,只有当基本犯与加重结果之间具有"直接性关联"时,才能认定为结果加重犯。就致死类型的结果加重犯而言,要以致命性的实现的有无为标准进行判断。例如,行为人在实施基本行为之后或之时,被害人自杀自残、自身过失等造成严重结果的,因缺乏直接性要件,不能认定为结果加重犯;行为人实施强奸行为后,被害人自杀身亡的,不应认定为强奸致人死亡;行为人对被害人实施轻伤行为,被害人在逃跑过程中不慎从二楼窗户掉下摔死的,不成立故意伤害致死;被害人在追赶抢劫犯时摔死的,抢劫犯不成立结果加重犯。其三,行为人对加重结果至少有过失,几乎成为各国刑法理论的通说,并已被一些国家(如德国)立法化。

二、结果与犯罪的终了

虽然发生了法益侵害的结果就成立犯罪,但所成立的犯罪何时终了,仍然成为问题。在犯罪尚未终了时,并不开始计算追诉时效;犯罪已经终了后,就不可能加入共犯。所以,确定犯罪终了的时点,具有重要意义。但应注意的是,犯罪的终了与犯罪的既遂不是等同的概念。

根据构成要件结果的发生与犯罪终了的关系,可以将犯罪分为即成犯、继续犯与状态犯。

一般来说,即成犯,是指随着一定的法益侵害结果的发生,犯罪即成立而且同时终了的犯罪。杀人罪、放火罪等大多数犯罪都是即成犯。

关于继续犯(持续犯)的定义,理论上存在不同表述。有人指出,继续犯,是指随着法益侵害结果的发生,犯罪便既遂,但其后不法行为与不法状态仍然处于持续状态的犯罪(大谷实)。有人认为,在继续犯的场合,之所以在法益侵害结果的持续期间肯定犯罪也在持续,是因为能够持续地肯定法益侵害结果的引起、持续地肯定构成要件符合性;继续犯的成立并不是要求行为本身的持续,只要求同等的法益侵害性的持续。如非法拘禁罪,持续拘禁的每时每刻,都与开始拘禁时一样地剥夺了被害人的自由。即使行为人在开始拘禁后放置不管,但只要其后与此具有等同价值的"不释放"被害人的不作为在持续,就属于继续犯(平野龙一、山口厚)。还有人提出,继续犯,是指并不因为构成要件的实现而终了,而是通过行为人持续的犯罪意志维持犯罪的持续,并且其创设的不法状态仍然持续的犯罪(Roxin)。其实,刑法理论对继续犯的范围几乎没有争议,只是对继续犯的表述不同。但表述不同在某些情况下会影响犯罪的成立与否。〔32〕在继续犯持续的过程中,可以成立共犯,可以进行正当防卫,法律变更时适用新法。

状态犯,是指随着法益侵害结果的发生,犯罪便终了,但法益侵害的状态仍在持续的

〔32〕如果将行为的持续性作为继续犯的要件,那么,过失将他人关闭在某房间的行为人,只要意识到自己将被害人关闭在房间,即使在不可能释放被害人的场合,也成立非法拘禁罪。如果不将行为的持续性作为继续犯的要件,那么,在上述情况下,就必须通过考虑释放(法所期待的作为)的可能性等,判断非法拘禁罪的成立与否。

犯罪。或者说,在状态犯的场合,法益侵害的持续状态,不能评价为构成要件符合性,因而不能持续地肯定构成要件符合性。换言之,状态犯中的法益侵害状态的持续不需要行为人的行为维持。盗窃罪、侵占罪是其适例。状态犯完成后,在法益侵害状态下所实施的行为,如果能包含在对该犯罪的构成要件的评价中,就不构成另外的犯罪。如盗窃财物后又毁损财物的,只构成盗窃罪,不另成立毁损财物罪。这被称为不可罚的事后行为。但是,如果超过了构成要件所预定的范围,则构成另外的犯罪。如盗窃他人的存折后又冒名取出存款的,成立盗窃罪(存折)与诈骗罪(存款)。

第五节 因果关系与客观归责

一、因果关系与客观归责概说

要将所发生的结果归责于行为人,就要求行为人的实行行为与结果之间具有"原因与结果"这种关系,这就是因果关系。[33] 如果实行行为与结果之间缺乏因果关系,那么,行为人就只负未遂的罪责;在结果加重犯的场合,行为人仅负基本犯的罪责。

根据构成要件的规定,因果关系必须是一个特定的发展过程。例如,恐吓罪(敲诈勒索罪)必须是由于行为人的恐吓行为,使被害人产生畏惧心理,从而作出有瑕疵的财产处分行为,向行为人提交财物。如果行为人虽然实施了恐吓行为,但被害人并没有产生畏惧心理,只是基于怜悯之心而提供财物时,则恐吓行为与被害人提供财物之间没有因果关系,只成立恐吓未遂罪。典型的还有诈骗罪,即欺骗行为必须使受骗者产生认识错误,从而处分财产。再如,就结果加重犯(如伤害致死罪)而言,符合基本犯罪构成要件的实行行为(伤害)与加重结果(死亡)之间必须有因果关系,否则,行为人只负基本犯(伤害罪)的责任,而不承担结果加重犯(伤害致死罪)的罪责。

一般认为,因果关系是构成要件的因果关系,因而在刑法理论上必须研究这种因果关系。但是,M. E. Mayer、泷川幸辰提出因果关系论是不必要的理论。他们认为,刑法上的因果关系必须在行为的界限内适用,而行为是基于人的意欲或者意欲可能性的身体动静,因此,行为的因果关系的判断,必须就基于意欲或者意欲可能性的身体动静进行考虑。意欲或意欲可能性是以结果预见或预见可能性为前提的,所以,行为的因果关系,必须限定在结果的预见或预见可能性的范围之内。结果的预见可能性是故意与过失的界限,故行为的因果关系的界限与故意、过失的界限是一致的。换言之,关于因果关系的理论,实际上是关于故意、过失的责任理论(或责任理论的一个内容),在刑法理论中特别论述因果关系就没有必要。但多数观点认为,因果关系与责任不是等同的,即因果关系问题是作为论及具体行为人的责任的前提的定型问题;由于结果犯是构成要件预定了实行行为与结果之间的因果关系,所以,是否存在因果关系,对于判断结果犯的构成要件符合性,就具有

---

〔33〕 因果关系究竟是物理的、实在的关系(存在论的因果关系),还是观念的、逻辑的关系(逻辑的结合说),在理论上还有争论。前者是指原因事实上产生了结果这种关系;后者意味着原因与结果之间的关系,是事项与事项之间的恒常的、规则性的关联。

重要意义。

历来在犯罪论中讨论的因果关系概念,将自然科学与社会科学中所使用的范畴论的概念与法律上的目的论的概念混为一体。例如,相当因果关系概念,实际上不是因果关系论,而是限定因果关系的目的论概念。但是,以往的刑法理论并没有将因果关系论本身与限定因果关系范围的理论相区别。然而,因果关系概念应当是普遍的概念,犯罪论中的因果关系概念,不能严重偏离自然科学、社会科学的因果关系概念,如同刑法上的"身体""死亡"不能偏离生物学、医学上的概念一样。如果将不具有自然科学、社会科学意义的因果关系的结果归责于行为人,必然缺乏说服力。客观归责论(Lehre von der objecktiven Zurechnung)[34]正是为了避免这种不当局面而形成的理论。

客观归责论,是为了客观地判断"能否将结果作为行为人的作品而归属于行为人"的理论。这一理论将自然科学、社会科学的因果关系概念,与刑法上限定因果关系的目的论相区别,一方面以行为与结果之间的因果关系为前提(基础),另一方面又从法的观点对因果关系进行限定。[35] 所以,本节先论述各种因果关系理论,然后讨论客观归责论的具体内容。

从 Stübel 于 1805 年在《犯罪之构成要件》一书中提出因果关系的问题,到 Trager 于 1904 年发表《刑法及民法上之因果关系概念》为止,其间经过一个世纪,议论相当激烈。此后,关于因果关系的研究也得到了重视。虽然有近两个世纪的研究,外国刑法理论中的因果关系论仍然形形色色,莫衷一是。关于因果关系的理论,大致有条件说、原因说、相当因果关系说、合法则的条件说、重要说等。此外,对于疫学因果关系、不作为犯罪的因果关系,也存在不同看法。

二、条件说

(一)条件说的含义

在实行行为与结果之间,只要存在"没有前者就没有后者"这种条件关系,就认为有刑法上的因果关系。例如,甲殴打乙,致乙受伤,乙乘坐的救护车在途中出现交通事故,致乙死亡。甲的殴打行为与乙的死亡之间就具有因果关系,因为甲不殴打乙,乙就不会乘坐救护车;乙不乘坐救护车,就不会死亡。

第二次世界大战前,在 Buri 的影响下,德国法院均采取条件说;第二次世界大战后的联邦德国法院,继承了这一立场;在刑法理论上,Liszt 、Eb. Schmidt、Welzel、Baumann、

---

〔34〕 有的译为客观归属论、客观归咎论。

〔35〕 "归责(Zurechnung)"的词源是拉丁语的"归责(imputitio)",德国的刑法学在 Samuel Pufendorf(1632～1694 年)时代就将其作为重要概念使用。Feuerbach 也使用了归责概念。将法哲学上的重要意义赋予归责概念的是黑格尔。黑格尔指出,只要通过将外部的事实归责于主体即意思,才能认为该外部事实是行为人的行为的作品。在刑法学中继承黑格尔的归责论的是 C. R. Köston(1813～1856 年)、J. F. H. Abegg(1796～1868 年)、A. F. Berner(1818～1907 年)。19 世纪后半叶,由于自然科学的思考方式盛行,条件说占支配地位。但为了限定处罚范围,出现了条件关系中断论与各种原因说。进入 20 世纪后,欧洲的许多国家都从规范的观点提出了限定因果关系范围的理论。Karl Engisch 采用了相当因果关系论。此后,Karl Larenz 于 1927 年出版了《黑格尔归责论与客观的归责概念》一书,从客观的归责论的观点为相当因果关系说提供根据。Richard Honig 于 1930 年提倡以客观的目的可能性为归责基准的客观的归责论。此后,即使在第二次世界大战后,归责论的思想仍然被 Werner Hardwig、Hellmuth Mayer 等刑法学者维持。20 世纪 60 年代末到 70 年代,Rudolphi、Roxin、Schünemann 等刑法学者进一步完善了客观归责论的内容。

Weber、J. Wessels、Maurach、H. Zipf 等人都主张条件说。在日本,审判实践上的主流是采取条件说,刑法理论上也有不少人(草野豹一郎、齐藤金作、江家义男、下村康正等)主张条件说。在现在的德国,作为客观归责论基础的因果关系,也是条件说。

条件说认为给结果以影响的所有条件都具有同等的价值,因而又被称为等价说或同等说。由于这一学说认为所有的条件关系都是刑法上的因果关系,导致处罚范围广成为其特色。但如后所述,条件说也对条件关系进行了一些限制。

条件关系,是指实行行为与结果之间的关系,因此即使预备行为产生了结果,也不是因果关系的问题。例如。甲为了毒死乙,在酒杯里投放毒药后,将酒杯放在自己家的书柜上,准备待乙到来时毒死乙。但在乙来之前,甲的朋友丙到甲家,在甲没有注意的情况下饮酒后死亡。甲的行为只成立杀人预备罪与过失致死罪的想象竞合,而不成立杀人罪,因为不存在作为条件的杀人罪的实行行为。

条件关系所说的结果,只限于现实产生的结果。例如,甲开车撞了乙,乙受伤并将在5小时后死亡,但2小时后乙被丙开车撞死。在这里,作为条件关系的结果,是2小时后的死亡,不是5小时后的死亡。即需要讨论的只是丙的行为与死亡结果之间的关系。

(二)对条件说的批判及条件说的反论

对条件说的批判之一:如果采取条件说,处罚范围就会扩大,或者说条件说过于苛刻。例如,甲打伤乙后,乙在去医院的途中被车轧死。根据条件说,甲对乙的死亡也应承担责任。但这是不合理的。

条件说的支持者反驳认为,条件说虽然扩大了因果关系的范围,但没有扩大处罚范围。因为是否受处罚,还有责任这一限定因素。如上例,甲的行为虽然与乙的死亡具有条件关系,因而肯定其具有因果关系,但是,甲对乙的死亡并没有故意与过失,因而不能对乙的死亡承担责任。再以结果加重犯为例,通说认为,只有当加重结果是由行为造成并且具有过失时,行为人才对加重结果承担责任,这也表明责任这一要素起了限定作用。换言之,因果关系与处罚范围并不是等同的。所以,上述对条件说的批判是不公正的。

对条件说的批判之二:如果认为可以由责任限定处罚范围,那么,在发生了构成要件结果时,也会扩大处罚范围。例如,甲意欲致乙死亡,便劝乙乘坐火车,期望乙在火车出轨事故中死亡;倘若乙果真死于事故,甲的劝说行为就是乙死亡的条件。根据条件说,由于甲具有杀人故意,应当承担责任。但这是不合理的。

条件说的支持者则反驳道,在上述情况下,根本不存在杀人罪的实行行为。因为甲劝乙乘坐火车的行为本身,不具有侵害法益的危险性,因而不符合杀人罪的实行行为的质的规定性,当然也就不存在因果关系问题。甲既不负杀人既遂的责任,也不负杀人未遂的责任。

对条件说的批判之三:如果前行为是结果发生的条件,但在因果关系的发展进程中,介入了其他行为或因素,导致了结果的发生,那么,让作为条件的前行为承担责任,也是不合理的。例如,甲欲杀死乙,但只造成了伤害,乙在住院期间,由于地震导致医院起火而被烧死。让甲负杀人既遂的责任是没有道理的。

为了说明因果关系发展进程中的异常现象,条件说提出了因果关系中断论(只有采取条件说的人,才能提倡因果关系中断论)。即在因果关系的发展进程中,如果介入了第三者的故意行为(有的也认为包括过失行为)或者某种自然事实,那么,前行为与结果之间的因果关系便中断。在上例中,地震这一自然事实中断了甲的行为与乙的死亡之间的因果关系,甲仍然只负杀人未遂的责任。

但是,中断论也受到了指责,即中断论一方面以条件说为基础肯定条件关系,另一方面又否认条件关系,陷入了自相矛盾的境地。为了避免中断论的这一矛盾,Frank 等人提出了禁止溯及的理论,即如果自由且有意识(故意、有责)的行为成为结果发生的条件,那么先行条件就不是原因。但是,这一理论与中断论并没有实质的区别。

无论如何,刑法上的因果关系,以实行行为与结果之间具有条件关系为前提。所以,如何判断条件关系,是一个重要的问题。

(三)条件关系的判断

关于实行行为与结果之间是否存在条件关系,在一般情况下容易判断,主要有以下几点需要说明。

1. 因果关系的断绝

因果关系的断绝,是指先行条件对某一结果还没有起作用时,与此无关的后条件导致了结果发生的情形。在这种场合,先行条件就不再是结果的原因。例如,甲毒打卧病在床的乙,造成 3 小时后死亡的伤害,但 2 小时后发生地震,房屋倒塌,乙被压死。由于即使没有甲的毒打行为,乙也在同样时间死亡,故不承认甲的行为是乙死亡的原因。这种情形与因果关系的中断不同。在因果关系中断的场合,先行条件已开始对发生结果起作用。

2. 假定的因果关系

假定的因果关系,是指虽然某个行为正在导致结果的发生,但即使没有该行为,也会由其他情况导致相同结果发生的情形。死刑执行人丙,在将要扣扳机射击杀人犯乙的一瞬间,被害人的父亲甲突然替丙扣了扳机。如果甲不扣扳机,乙也要死亡。对此,是否承认甲的行为与结果之间的条件关系,在刑法理论上仍有争议。肯定说认为,由于事实上是甲的行为导致了乙的死亡,所以,应当肯定其与死亡之间的条件关系(Roxin、[36] 平野龙一、大塚仁、大谷实)。否定说认为,在上述情况下,没有此行为也将发生此结果,不符合条件关系,故不能认为此行为与结果之间具有条件关系(町野朔)。

3. 合义务的择一的举动

合义务的择一的举动(或合法的择一的举动),是指虽然行为人实施违法行为,造成了结果,但即使其遵守法律,也不能避免该结果的情形。德国曾有这样的判例:被告人甲在一条笔直的 6 米宽的道路上驾驶着汽车,右侧的乙朝着相同的方向骑着自行车。按规则,汽车与行人应当保持 1.5 米的距离,但甲只保持了 0.75 米的距离。而乙则由于饮酒醉倒在车下,被车后轮轧死。法院否认甲的行为与乙的死亡之间具有条件关系。理由是,即使甲使汽车与乙保持适当距离,发生同样事故的盖然性仍然很高,乙仍然会死亡。但理论上存在两种不同观点:肯定说认为,既然甲的行为客观上造成了他人死亡,就存在因果关系;只是由于甲不具有预见可能性,所以不承担责任(平野龙一、大塚仁、山中敬一)。否定说认为,既然不符合条件关系的公式,就不能肯定因果关系(町野朔)。

---

〔36〕 不过,在客观归责论中,Roxin 认为假定的因果关系在大多数情况下不影响客观归责,只是少数情况下影响客观归责。即在行为人仅仅修改了一种自然因果性,而没有在整体上恶化被害人的状况时,应排除归责。

4. 择一的竞合(二重的因果关系)

择一的竞合,是指两个以上的行为分别都能导致结果的发生,但在没有意思联络的情况下,竞合在一起导致了结果发生。例如,甲与乙在没有意思联络的情况下,都意欲杀死丙,并同时向丙开枪,均打中了心脏。又如,甲与乙在没有通谋的情况下,分别向丙的一个酒杯里投放达到了致死量、并在相同时间内起作用的毒药,丙饮酒后死亡。在这种情况下,即使没有甲的行为或者没有乙的行为,丙都要死亡,那么,是否适用条件关系公式呢?如果根据条件关系公式,否定因果关系,则甲与乙的行为都只成立杀人未遂。但此结论的合理性受到怀疑。

对此,刑法理论上存在三种学说:(1)事实否认说认为,择一的竞合事实上不可能发生,也不可能证明,故没有必要考虑这样的事例(冈野光雄)。但是,即使事实上难以发生择一的竞合案件,但如何认定类似案件的因果关系,是因果关系论不能避免的问题。(2)结果回避可能性说(因果关系否定说)认为,作为条件关系的内容,在确认事实的结合关系的同时,更重要的是结果回避可能性。在择一的竞合的场合,不能肯定结果回避的可能性,因而应否定行为与结果之间的条件关系,结局,甲、乙的行为只能成立杀人未遂(町野朔、山口厚)。但是,甲、乙的行为本身都具有杀死丙的危险性,不承认它们与结果之间的条件关系显然是不现实的。当然,如果能查明丙的死亡是由于甲或乙的一人行为所致,则理当对其中一人的行为认定为既遂,对另一人的行为认定为未遂。(3)除去全部条件说主张,为了避免不合理的现象,应对条件关系公式进行了修正:即在几个条件的场合,如果除去一个条件结果将发生、除去全部条件结果将不发生,则全部条件与结果都存在条件关系。这样,就肯定了上述甲、乙的行为与结果之间具有因果关系,都构成杀人既遂(Tornowski、Welzel、Maurach、木村龟二、平野龙一、西原春夫、前田雅英等)。但是,也有学者对一这学说提出疑问:“除去全部条件”的根据是什么?因为如果动辄“除去全部条件”进行判断,必然导致条件关系范围的扩大。

5. 可替代的充分条件

A 想杀死 C,便在 C 准备进行穿越沙漠长途旅行的前夜,悄悄地溜进 C 的房间,把 C 水壶里的水换成无色无味的毒药。B 也想杀死 C,于同一夜里的晚些时候,溜进了 C 的房间,在 C 的水壶底部钻了一个小洞。次日晨,C 出发了,他没有发现水壶上的小洞。两小时之后,C 在沙漠中想喝水,但水壶是空的。由于没有其他水源,C 在沙漠中脱水而死。这种情形既不是择一的竞合,也不是假定的因果关系。如果根据条件关系的公式,A 与 B 的行为都不是 C 死亡的原因,但这种结论难以被人接受。根据存在论的因果关系理论,C 事实上是脱水而死,而不是被毒死,故 B 的行为与 C 的死亡之间具有因果关系。但有的学者会以 B 没有在整体上恶化被害人的状况为由,仅将死亡结果归责于 A。

6. 重叠的因果关系

两个以上相互独立的行为,单独不能导致结果的发生,但合并在一起导致了结果发生时,就是重叠的因果关系。例如,甲、乙二人没有意思联络,分别向丙的食物中投放了致死量 50% 的毒药,二人行为的重叠达到了致死量,丙吃食物后死亡。在这种情况下,一般承认甲、乙的行为与结果之间具有条件关系,都构成杀人既遂。但也有学者持反对意见,认为甲的行为与乙的行为分别都不能导致结果的发生,在没有意思联络的情况下,将死亡结果归责于他们,不具有合理性。也有学者认为,虽然可以肯定条件关系,但由于能够否认相当因果关系，故对甲、乙只能认定为杀人未遂。

由上可见，条件说是一种有力的主张，但确实存在一些难点。可以肯定的是，如果单纯采取“没有前者就没有后者”的条件关系公式判断刑法上的因果关系，一方面，难以解释许多案件（如择一的竞合、可替代的充分条件、假定的因果关系等）；另一方面，也会导致因果关系范围的扩大。所以，一方面，采取条件说时，必须对条件关系公式进行修正，以解释择一的竞合、可替代的充分条件、假定的因果关系等现象；另一方面，要通过将原因与结果限定为定型的实行行为与现实的结果，以及采取因果关系中断论或者禁止溯及论，以防止因果关系范围的扩大。

三、合法则的条件说

合法则的条件说认为，根据条件说无法确定因果关系，必须根据作为日常生活经验法则的合法则性克服条件说的缺陷。[37] 根据此说，因果关系并不是“没有该行为就不会发生该结果”的关系，只有根据科学的知识，确定了前后现象之间是否存在一般的合法则的关联后，才能进行个别的、具体的判断。换言之，根据合法则的条件说，在认定因果关系时，首先确认存在一般的因果关系（因果法则），即确认是否存在可以适用于特定个案的自然科学的因果法则；然后认定“具体的因果关系”，即确认具体的事实是否符合作为上位命题的因果法则。所以，合法则的条件说所称的“合法则”，并不是指条件说所主张的逻辑性条件，也不是指相当因果关系所说的生活经验，而是指当代知识水平所认可的法则性关系。易言之，因果法则关系的存在，必须得到当代最高科学知识水平的认可，如果根据这种科学知识难以理解，则不能承认因果关系。当然，如果经验法则与科学法则并不矛盾，这种经验法则也包含在“合法则”中。概言之，合法则的条件说认为，在依次逐一检讨联系行为与结果之间的事实经过时，只有当可以用自然法则来说明行为与结果之间的联系时，才能肯定条件关系。

根据合法则的条件说，在行为导致有特殊体质的被害人伤亡时，具有因果关系；在假定的因果关系、择一的竞合、重叠的因果关系的场合，也具有因果关系。合法则的条件说否定因果关系中断论，换言之，因果关系中的结果并不因第三人的故意或过失的介入而被否认；至于因果关系的断绝，合法则的条件说则认为没有因果关系。

合法则的条件说，同样是为了限制因果关系的范围，可是，很难认为合法则的条件说提供了明确、具体的判断标准。也有学者认为，条件说与合法则的条件说在结论上是相同的，只不过后者采用了直接、简明的判断方法（井田良）。

四、原因说

原因说是批判条件说而出现的学说。原因说为了防止条件说不当扩大因果关系的范围，主张从结果发生的条件中，以某种规则为标准挑选其中应当作为原因的条件，只有这种原因与结果之间才存在因果关系。由于原因说主张就各种不同情况分别判断因果关系的有无，因而也被称为个别化说。显然，这种原因说并不等同于我国刑法理论中的必然因果关系说。

究竟以什么为基准来寻找原因，则出现了不同的学说：最终条件说认为，从时间上看，最后对结果起作用的条件，就是原因（Ortmann）。但事实上，在最后起作用的条件，并不都

---

〔37〕 也有一些学者将合法则的条件说归入条件说（如山中敬一）。

是重要的条件。异常行为原因说认为,在生活上违反常规所实施的行为就是原因(v. Bar)。然而,有许多情况下,违反常规的行为也不一定对结果的发生起重要作用。优势条件说认为,决定结果发生方向的条件就是原因(Binding、Nagler)。不过,如何确定决定结果发生方向的条件是不明确的。最有力条件说认为,对结果最有力的条件就是原因(Birkmeyer)。但是,如何确定什么条件最有力也不是没有问题的。动力原因说认为,对结果的发生给予动力的条件就是原因(Kohler)。这同样不容易确定。

总之,多数学者认为,原因说的意图是正当的,但要从对结果起作用的众多条件中,挑选出一个条件作为原因,不仅是极为困难的,而且是不现实的。原因说虽然提出了各种各样的限制因果关系的标准,但各种标准要么与因果法则本身相矛盾,要么难以认定。况且,结果的发生,并非总是依赖于一个单纯的条件,在不少情况下,应当承认复数条件竞合为共同原因。所以,原因说已完全丧失学术价值与现实意义。

五、相当因果关系说

(一)相当因果关系概说

相当因果关系说(也称相当说)的基本内容是,根据一般人社会生活上的经验,在通常情况下,某种行为产生某种结果被认为是相当的场合,就认定该行为与该结果具有因果关系。"相当"是指该行为产生该结果在日常生活中是一般的、而不是异常的,或者说,在日常生活中,该行为一般会产生该结果。相当因果关系说,同原因说的宗旨一样,是为了限定刑法上的因果关系的范围。

在德国,只有 W. Sauer、R. Hippel 等少数学者采用相当因果关系说,法院在刑事审判中从不采用此说,但在民事审判中则采取此说。这是因为德国刑法理论认为,刑法中的故意过失、违法、有责等理论,已经足以解决条件说所存在的扩大处罚范围的问题;而民事上有所谓无过错责任或危险责任,故必须从严认定因果关系,不能采取条件说。但在日本,相当因果关系说则是刑法理论的通说。

相当因果关系有两个特色:一是排除条件说中的不相当的情况,即以条件关系为基础,同时从法的观点将因果关系限定在日常生活经验上通常可能产生的范围内;二是以行为时的一般人社会生活上的经验为标准判断是否具有相当性。在相当因果关系的判断中,存在两个重要问题:一是判断资料的限定,二是判断基准(程度)的确定。

(二)判断资料

在判断行为与结果是否具有相当因果关系时,首先遇到的一个问题是,将哪些事实作为判断有无相当因果关系的资料或基础。对此,相当因果关系说内部存在客观说、主观说与折中说的对立。由 M. Rumelin、小野清一郎、平野龙一等人主张的客观说认为,应以行为时存在的全部情况以及一般人可能预见的行为后的情况为基础判断相当性。由 Kries、宫本英修等人主张的主观说认为,应当以行为人当时认识到的以及可能认识到的情况为基础判断相当性。由 Trager、木村龟二、团藤重光等人主张的折中说认为,应当以行为时一般人可能认识到的情况以及行为人特别认识到的情况为基础判断相当性。

根据客观说,在行为时,一般人没有预见到、行为人没有认识到的特别情况,也成为认定因果关系的基础,这对行为人过于苛刻,脱离了相当因果关系说本来的宗旨,受到了批判。例如,外表上看完全没有异状的被害人,却患有脑梅毒病,脑组织异常,行为人轻轻拍打被害人的头部,就导致被害死亡。根据客观说,以"轻轻拍打脑组织异常的人的头部"

为基础进行判断，死亡结果就是相当的，于是肯定行为与结果之间存在因果关系。但让行为人负伤害致死罪的责任，则太苛刻。

根据主观说，行为人没有认识到的情况，即使一般人认识到了，也不能作为认定因果关系的基础。因而被批评为“失之过窄”。

于是，折中说认为，既然一般人不能认识到被害人脑组织异常，就不能认为有相当因果关系。但是，如果行为人知道被害人脑组织异常，则认为存在相当因果关系。

上述各种学说，主要是对行为当时存在特殊情况时的处理存在争议。例如，甲伤害乙，但乙是血友病患者，因流血不止而死亡。客观说认为，既然行为时乙患有血友病，不管甲是否知道与应否知道这一事实，甲的行为与死亡结果之间具有因果关系。主观说认为，如果甲知道或应当知道乙是血友病患者，则甲的行为与死亡结果之间具有因果关系。折中说则认为，如果行为时一般人知道乙是血友病患者这一事实、或甲特别知道这一事实，就承认甲的行为与死亡结果之间的因果关系；如果一般人不知道、甲也不知道这一事实时，则不存在因果关系。

折中说曾经是日本刑法理论的通说，但是现在，客观说基本上取代了折中说的地位。因为因果关系具有客观性，不受行为人的主观认识的左右。“行为人偶然知道某种特殊情况，则行为与结果之间具有因果关系，反之，如果不知道这种特殊情况，则行为与结果之间没有因果关系”的观点，违背了通常的因果关系概念。相当因果关系说所期望回答的问题，一是现实发生的结果归责于谁的实行行为；二是存在复数条件（原因）时如何分配归责；三是不能将一般人不能预见的结果归责于某人。虽然前两个问题可以说是因果关系问题，但第三个问题应由有责性来解决。所以，客观说认为主观说与折中说混淆了因果关系与有责性的问题。

（三）判断基准

判断行为与结果是否具有相当因果关系时，遇到的另一个问题是“相当性”的基准。对此，刑法理论上存在五花八门的表述。如 Kries 认为，相当性是指行为发生结果的“客观的可能性”；木村龟二指出，相当性是指行为发生结果的“一般可能性”；团藤重光说，相当性是指行为发生结果的“经验上的通常性”；此外，还有“高度的定型性”或“高度的盖然性”（井上正治）、“常见的可能性”（50% 以上的可能性）（内田文昭）、“某种程度的可能性”（内藤谦）、“经验法则上可能的程度”（大谷实）等说法。也有学者从消极的角度提出相当性的基准，即“除极为偶然的以外”均具有相当性（平野龙一），或者“除极为异常的以外”均具有相当性（藤木英雄）。由此看来，相当因果关系也不一定提供了明确的判断基准。

（四）广义的相当性与狭义的相当性

受 Engisch 将规范的保护范围理论应用于相当因果关系说，分析“行为的危险性”与“危险的实现”的影响，主张相当因果关系说的部分学者，将相当性分为广义的相当性与狭义的相当性。广义的相当性是指行为时结果发生的可能性的判断，因而是一种实行行为性的判断。广义的相当性判断的难点是行为时被害人存在特殊情况的场合。狭义的相当性则是对已经产生的异常的因果关系的评价问题，主要是对行为后介入了其他行为产生结果的案件，评价其因果关系的问题。日本学者前田雅英对这些特殊情况的因果关系相当性的判断，提出了一些独到的见解。他认为，广义的相当性，应当以行为时的客观情况为基础进行判断,具体地说,一要分析行为本身所具有侵害性的大小,二要分析客体所具有的特殊性。对于狭义的相当性的判断,则要具体分析三个方面的情况:一是行为导致结果发生的概率的大小,二是介入情况的异常性的大小,三是介入情况对结果的作用大小。也有学者认为,这种观点实质上属于客观归责理论。

总之,相当因果关系说,旨在限制因果关系的范围,将具有条件关系的异常情形排除在因果关系之外。但是,关于"相当性"的判断资料与判断基准,也不是没有疑问的。

六、重要说

重要说(由 Mezger 提倡)明确区分由条件说认定的理论因果关系与具体结果的发生在法律上的重要性。重要说,不像相当因果关系说那样,将因果关系限定在相当的范围内,而是在承认条件说所确定的条件关系的基础上,按照具体的构成要件的意义与目的,以及构成要件理论的一般原理,确定结果归责的范围。换言之,因果关系包含两个问题:一是意思活动与结果之间的因果关系,根据条件说确定;二是该因果关系是否具有法的重要性,由具体的构成要件确定。

与条件说、相当因果关系说、合法则的条件说不同,重要说严格区分了因果的思考与归责的思考:根据条件说进行判断有无因果关系,根据一定的标准判断应否实行客观归责。这与后述的客观归责理论采取了相同的态度。但由于重要说仅将构成要件作为客观归责的标准,因而受到了客观归责理论的批判。

七、客观归责理论

客观归责理论以条件说或者合法则的条件说为前提。但是,将具有条件关系的行为宣布为违法不一定是有意义的,因为将一个行为宣布为违法的目的是禁止这种违法行为,或者说使一般人不实施这种违法行为。说一个行为造成了他人死亡(事实),并不意味着该行为是违反规范的(价值);将一个有重大因果偏离的结果归属于行为人,并不利于预防一般人造成这种结果。所以,必须目的性地判断什么行为是违法行为。正如 C. Roxin 所言:"只要人们将不法理解为通过不允许的危险的实现所导致的法益侵害,就能同时实现一种从存在论向规范论的转变。因果性和目的性是一种存在类型,该类型从以该类型为依据建构的理论立场(物本逻辑的立场——引者注)出发仅仅能决定诸如什么是杀人、毁坏或者伤害。相反,如果人们从本文所发展的见解(规范论的见解——引者注)出发则会得出如下结论,虽然每项杀人——在上述事例范围内——也是以实证的根基为前提的,但是,一个导致死亡的行为(Todesverursachung)是不是杀人行为(Tötungshandlung),应当规范地依据是否遵守抑或违反允许危险的规定作出判断。"〔38〕概言之,要使刑法规范发挥行为规范的机能,就必须对行为、结果及其因果关系进行规范评价。换言之,在与结果有条件关系的行为中,只有当行为制造了不被允许的危险,而且该危险是在符合构成要件的结果中实现(或在构成要件的保护范围内实现)时,才能将该结果归属于行为人。所以,实行客观归责必须具备三个条件:一是行为制造了不被允许的危险;二是行为实现了不被允许的危险;三是没有超出构成要件的保护范围。客观归责理论也相应地就这三个条件(客观归责的具体标准)展开了具体论述(主要就侵害犯而言)。

---

〔38〕 C. Roxin, Das strafrechtliche Unrecht im Spannungsfeld von Rechtsgüterschutz und individueller Freiheit, ZStW 116(2004), S. 931.

（一）制造不被允许的危险

现代社会是一个危险的社会，许多危险行为对社会发展具有重要意义，因而得到允许。所以，只有制造了不被允许的危险，才可能将结果归责于行为人。

其一，如果行为人的行为减少了对被害人已经存在的危险，就排除客观归责。例如，甲看到一块石头快要落在乙的头上，便推了一下乙，使石头砸在乙的肩膀上。尽管乙的肩膀也受到了伤害，即使甲希望乙的肩膀受到伤害，但不能将伤害结果归责于甲。[39] 其二，如果行为没有减少法益损害的危险，但也没有以法律上的重要方式提高法益损害的危险时，也不能将结果归责于行为人。例如，行为人以杀人故意劝他人跑步，即使他人因跑步被车撞死，也不能将该死亡结果归责于行为人。再如，行为人向快要决堤的河里倒了一盆水，由于不能肯定一盆水增加了决堤的危险，故不能将决堤的结果归责于行为人。其三，假定的因果关系，通常不排除客观归责。但是，如果行为人仅仅修改了自然的因果经过，没有在整体上恶化被害人的状况时，则排除客观归责。其四，行为人虽然制造了危险，但如果危险被允许，则排除客观归责。例如，遵守交通规则的驾驶行为致人死亡的，不能将死亡结果归责于驾驶者。

反之，只有当行为人的行为制造或者提高（增加）了不被允许的危险，而且这种危险具有认识的可能性，才有可能实行客观归责。

（二）实现不被允许的危险

实行客观归责的前提是，在结果中实现了由行为人所制造的不被允许的危险。因此，下列情形下排除客观归责：其一，行为虽然对法益制造了危险，但结果的发生并不是由该危险所致，而是偶然与危险同时发生时，排除客观归责。例如，甲造成乙伤害后，乙在住院期间死于医院的火灾。由于乙的死亡并不是由伤害引起，伤害行为与住院行为并没有引起乙被烧死的危险，所以，不能将死亡结果归责于甲。但是，行为制造的危险不受妨碍而实现为结果时，则肯定客观归责。例如，A 造成 B 的伤害后，B 没有治疗伤口导致死亡的，应将结果归责于 A。其二，如果行为没有实现不被允许的危险时，排除客观归责。例如，行为人没有按照规定对原材料进行消毒，导致职工感染疾病死亡。但事实上，即使行为人按照规定对原材料进行消毒，也不能发现病毒。由于没有消毒的行为，并没有实现不被允许的危险，故排除客观归责。换言之，只有存在结果回避可能性，或者说，只有当行为人具有对结果的操纵可能性时，才可能实行客观归责。其三，行为没有引起注意规范的保护目的所包含的结果时，排除客观归责。易言之，行为人的行为虽然违反了注意规范，但所造成的结果并不是违反注意规范所造成的结果时，排除客观归责。例如，行为人酒后在封闭的高速公路上驾驶机动车，撞死了突然横穿公路的被害人。禁止酒后驾驶的规范，是为了防止因丧失或减轻控制车辆的能力而造成伤亡结果，所以，不能将死亡结果归责于行为人。其四，关于合法的择一的举动，还没有形成一致结论。如就前述合法的择一的举动的德国案例，Roxin 主张将骑自行车的人的死亡归责于司机；Jakobs 则认为，如果司机在超越被害人时，被害人已经不可阻止地左右摇晃，就不能将结果归责于司机；如果被害人在

---

[39] 如果行为人不是减少了对被害人已经存在的危险，而是通过另一种危险加以替代，并且使被害人的损害轻于原来的损害时（如从着火的房间将小孩扔出窗外，导致小孩受伤），虽然不排除客观归责，但可以通过紧急避险、基于推定的承诺等排除行为的违法性。

左右摇晃时,司机没有保持规定的距离,则是实现了超车时没有保持法定距离的危险,应将死亡结果归责于司机。

(三)构成要件的保护范围

在通常情况下,只要行为人制造并实现了不被允许的危险,就可以进行客观归责。但是,具体犯罪的构成要件有特定的保护范围或保护目的,如果所发生的结果不包括在构成要件的保护范围或者保护目的之内,就不能将结果归责于行为人。其一,行为人参与他人的故意的自损行为时,不能将他人的自损结果归责于行为人。例如,乙是吸毒者,甲将毒品交付给乙,乙注射毒品后死亡。在这种情况下,如果乙知道注射毒品的危险,就不能将死亡结果归责于甲。[40] 其二,在被害人意识到他人行为对自己法益的危险性,却同意他人实施给自己造成危险的行为时,不能将由此产生的结果归责于行为人。例如,在狂风暴雨之际,乘客不顾摆渡人员的"危险"警告,执意要求摆渡人员让其过河。摆渡人员在运送乘客过河时,渡船翻沉导致乘客死亡。由于乘客认识到并接受了危险,不能将结果归责于摆渡人员。[41] 再如,乙坐在甲自行车的后架上,行至下坡路段时,乙要求甲"冲下去"。甲"冲下去"后,导致乙摔伤。对此,不能将乙的伤害结果归责于甲的行为。其三,在防止结果的发生属于他人的责任领域时,该结果不属于行为人的行为所符合的构成要件的保护目的之内的结果,不能将结果归责于行为人。例如,甲在夜间驾驶没有尾灯的货车,警察发现后将警车开到货车前面拦截该货车。为了保障后面车辆的安全,警察将打开的手电筒放在甲的货车后。警察令甲将货车开到下一个加油站,准备开车跟随货车行驶,以保护该货车的安全行驶。在甲开车之前,警察将手电筒拿走。恰在此时,被害人的货车撞上甲的货车,被害人遭受重伤。德国法院认定甲的行为成立过失致伤罪,但德国刑法理论认为,在本案中,防止结果发生属于警察的责任领域,而不能将被害人的重伤结果归责于甲。

客观归责论将因果关系与归责问题相区别:根据条件说进行判断有无因果关系,根据一定的标准判断应否实行客观归责。与重要说不同,客观归责理论并非仅以构成要件的目的与意义为标准决定客观归责。虽然德国的刑法理论以及日本的部分学者都采取了客观归责论,但客观归责论也不是没有疑问的。其一,客观归责论是在没有限定实行行为的范围与性质的前提下展开讨论的。换言之,许多案件是因为没有实行行为而不成立犯罪(如劝人跑步),而没有必要用客观归责论说明其不成立犯罪。其二,客观归责论甚至将结果回避可能性、认识错误、被害人承诺、推定的承诺、过失论等问题,作为客观归责的内容展开讨论,已经超出了构成要件符合性的判断。其三,客观归责论大多以罕见的伤亡案件为例、从否定客观归责的角度展开讨论,其结论能否适用于普通案件,也存在疑问。其四,客观归责论提出的归责基准,大多只是对其他领域的部分结论的归纳,换言之,由客观归责理论解决的问题,都可以通过实行行为、条件关系(相当因果关系)、预见可能性、结果回避可能性、违法性判断、量刑规则等解决。其五,虽然客观归责论在德国居于通说地位,但该理论对德国的审判实践并没有产生很大影响,德国、日本都有学者反对客观归责

---

〔40〕 这是德国学者的观点,在笔者看来,之所以形成这样的结论,是因为德国刑法并不处罚教唆、帮助自杀的行为。在处罚教唆、帮助自杀行为的国家,这一归责标准并不成立。

〔41〕 但是,能否认为该结果超出了构成要件保护范围,理论上还存在争议。

理论,也有学者仅肯定客观归责理论的部分内容。

客观归责论与条件说、相当因果关系说之间的关系,也耐人寻味。事实上,有的学者将相当因果关系说作为结果归责的基准看待,在此意义上,相当因果关系说也是一种客观归责论(山口厚)。同样,条件说对原因与结果的限定、对中断论或禁止溯及论的采纳,在某种意义上,也可谓一种客观归责论。所不同的是,客观归责论将实行行为的定型、结果回避可能性等问题都纳入客观归责的范围,而条件说、相当因果关系说则并非如此。

八、疫学的因果关系

产业、食品、药品等公害犯罪中,往往难以确定因果关系。例如,某些药品的副作用就难以用科学方法来解释。如对药品进行化学、药理学检测,没有发现有害成分,但事实上服用该药品的人要么死亡要么身体受到伤害。可是,如果行为与结果之间的因果关系发展,由于没有被科学的自然的法则完全解明,就否认刑法上的因果关系,对大多数公害犯罪就不能认定,就不能追究行为人的责任。为了解决这种不合理的现象,就提出了疫学的因果关系论(或流行病学的因果关系)。

疫学是研究疾病的流行、群体发病的原因与特征,以及预防对策的医学分支学科。与临床医学以诊断、治疗单个患者为目的相对,疫学以多数群体为对象,通过调查疾病的发生状态,探讨该疾病的存在原因、扩散过程及预防方法。其对原因的解明有助于刑法上因果关系的认定。根据疫学理论,符合以下四个条件,就可以肯定某种因子与疾病之间具有因果关系:其一,该因子是在发病的一定期间之前起作用的因子;其二,该因子的作用程度越显著,患病率就越高;其三,该因子的分布消长与疫学观察记载的流行特征并不矛盾;其四,该因子作为原因起作用,与生物学并不矛盾。概括起来说,某种因子与疾病之间的关系,在医学上、药理学上即使得不到科学证明,但根据大量的统计、观察,能说明该因子对产生疾病具有高度的盖然性时,就可以肯定其因果关系。

日本曾有这样的案例:熊本县水俣湾周围的居民,多发原因不明的怪病,被称为水俣病。发病原因在医学上、药理学上不能得到证明,但地处水俣市的肥料公司的工厂所排出的含有有机水银的废水,污染了水俣湾的鱼贝类,吃了这种鱼贝的人有很大可能患上此病。因而肯定工厂有关人员排出废水的行为与居民患水俣病之间具有疫学的因果关系。裁判所认定该公司的经理和工厂厂长犯有业务上过失致死伤罪。在德国也有类似的案件。

对疫学的因果关系论,在理论上也有不同看法。如 Armin Kaufmann 等人说,既然没有确定自然科学的因果法则,就不能肯定有刑法上的因果关系。换言之,只有确定了自然科学的因果法则之后,才能肯定刑法上的因果关系。还有人认为,根据存疑时有利于被告的原则,既然没有严格证明行为与结果之间的因果关系,就不能认定行为符合构成要件。但町野朔等人则认为,刑法上的因果关系与科学上的因果关系不是一回事,科学上的因果法则只不过是认定刑法上的因果关系的经验规则;为了认定刑法上的因果关系,不仅要利用病理学、生物学,而且要利用疫学。

疫学因果关系论,不仅与条件说不相矛盾,而且与相当因果关系说也不矛盾。不少主张相当因果关系说的学者,也主张采用疫学的因果关系论。此外,合法则的条件说也不否认疫学的因果关系,因为疫学的因果关系虽然不能得到自然科学的解明,但依然是合法则的条件关系。

九、不作为的因果关系

严格地说,所谓不作为的因果关系,应是不作为与结果之间的关系。受自然科学因果关系的影响,不作为与结果的因果关系一直是被人们议论的对象。因为不作为没有动作,是“无”,“无中不能生有”,因而否认不作为的原因力。Welzel 认为不作为不是行为,也得出了类似的结论。

从 19 世纪中叶以来,一般肯定不作为与结果之间的因果关系。因为如果实施了某种作为,结果就不会发生,这表明不作为与结果之间至少从条件关系公式来看,存在条件关系。条件关系公式是“没有该行为就不会产生该结果”的假言判断,在作为的场合,是“除去”作为来考虑的,在不作为的场合,是“附加”作为来考虑的。同样,就因果关系的合法则性(原因在前,结果在后)来考虑,不作为与结果之间的因果关系也是应得到承认的。因为如果实施了一定的作为,就确实可以防止结果的发生,既然如此,不作为与现实的结果就是一种法则性的结合(Engish)。如母亲杀害婴儿,用绞死的方法杀人,与用不授乳的方法使其死亡,二者至少在因果性上没有差异。这种作为与不作为都是与结果的法则性的结合。

Armin Kaufmann 也肯定了不作为本身的原因力。但是,由于即使撇开不作为者来看,结果仍然发生,故不作为者自身对于结果不具有条件关系,因而不具有因果关系。不过,不作为与不作为者自身应加以区别,只就前者来肯定因果关系,在论理上是错误的。刑法上因果关系的判断,是行为与结果之间的关系判断,这就要求考察是谁的不作为,仅仅考察不作为自身与结果的因果关系是没有意义的。可以说,能够实施作为的 $Y_1 - Yn$ 的不作为,作为一个总体与结果具有因果关系。例如,幼儿掉进湖中后,站在岸边的父亲以及其他所有人的不救助行为,都是幼儿死亡的原因。肯定了这个意义上的因果关系之后,再具体确定谁应该实施作为。这种选择机能,就是不作为犯中的作为义务。

刑法理论为力图说明不作为与结果之间的因果关系,还出现了其他形形色色的主张。他行为说认为,在不作为期间,不作为犯所实施的其他行为与结果之间具有因果关系(Luden);这种观点可能导致否定不作为犯本身,也与不作为犯的构造相矛盾。先行行为说主张,在不作为之前所实施的行为是结果发生的原因力,与结果具有因果关系(Kurg、Glaser、Merkel);这种观点同样可能导致否定不作为犯本身。他因利用说提出,本应防止既发的某种因果发展的人,利用这种因果发展而造成一定的结果时,其不防止因果发展的不作为,实际上已经支配了因果关系,是结果发生的原因(Frank、Eb. Schmidt);干涉说则说,不作为时行为人的决意具有原因力,是结果发生的原因,具体地说,行为人压制基于作为义务而实施作为的冲动、压抑防止结果发生的条件、引起结果的这种心理过程,具有原因力(Binding、Buri、Ortmann);这种学说与因果关系的构造相矛盾。准因果关系说认为,不作为与结果之间不存在物理的因果性,但在法律上,比照作为与结果之间的因果关系进行处理(Liszt、Beling)。这些主张现在都被认为是不妥当的。

现在多数人认为,不作为并不是单纯的“无”,而是没有实施法律所期待的行为,在社会意义上仍然是一种存在。既然不作为是指没有实施法律所期待的作为,那么当然就包含着一种规范的意义,其因果性就应当从规范的观点去理解。上述主张或多或少是从自然主义的、物理的角度来说明不作为的因果关系的,因而难以得出正确结论。既然刑法上的因果关系是受刑法目的规制的,那么,论述不作为的因果关系就没有特别的困难。例如，儿童落水后，由于父母没有救助而溺死。虽然从自然主义的角度而言，溺死是因为肺中进入了水，但这是由于父母不救助这一不作为，导致儿童一直处于水中因而溺死，因而能肯定父母的不救助与儿童的死亡之间具有因果关系。所以，如果证明行为人实施了法律所期待的作为后结果就不发生，就能肯定不作为与结果之间的因果关系。反之，倘若行为人实施了法律所期待的作为，依然会发生结果，则不能肯定不作为与结果之间的因果关系。

根据客观归责论，不作为与结果之间的客观归责，不能适用危险增加理论，即不要求制造了不被允许的危险。因为在不作为犯的场合，缺少行为人的行为与结果之间的现实的因果关系；而在作为犯的场合，这种现实的因果关系是对结果实行客观归责的基础。

第六节 主观的构成要件要素

一、主观的构成要件要素概说

如前所述，Beling 所称的构成要件只限于客观的、记述的构成要件要素。但是，H. A. Fischer 于 1911 年首先发现了主观的违法要素；随后，Nagler 也认为，盗窃罪中的非法占有目的，能够决定行为的法益侵害性，但不属于责任要素，他将目的犯中的目的称为“超过的内心倾向”；M. E. Mayer 提出，特定的目的、内心倾向属于主观的构成要件要素；Mezger 则将主观的构成要件要素分为三个类型：目的犯、倾向犯与表现犯。随着目的行为论的展开，故意也被许多学者视为主观的构成要件要素。

在德国，通说都承认上述主观的构成要件要素，但在日本则存在争议。

主观的违法要素肯定说认为，故意、过失对于构成要件的个别化或定型化具有重要机能，而且具有违法性加重机能，属于构成要件要素。目的犯中的目的、倾向犯中的内心倾向以及表现犯中的内心经过，是主观的违法要素，因而也成为构成要件要素。各种主观的构成要件要素，是行为无价值的重要要素，因而是作为违法类型的构成要件的不可缺少的要素（团藤重光、福田平、大塚仁等）。

主观的责任要素肯定说，仅肯定作为责任要素的主观的构成要件要素，而不承认作为违法要素的主观的构成要件要素。持这种观点的学者，要么是重视构成要件的个别化机能（前田雅英），要么是采取了价值中立的构成要件论（曾根威彦）。

主观的构成要件要素全面否定说，则将所有的主观要素归于责任要素，而不认为它们是构成要件要素。如中山研一认为，主观的构成要件要素，会导致“刑法的不健全的主观化”；主观的要素可能转换为客观的要素，或者说，主观的要素可以由行为的客观的危险替代。内藤谦指出：“如果从构成要件＝结果无价值的违法行为类型说的立场来考虑，作为构成要件内容的法益的侵害、危险，是指客观的侵害与客观的危险性，其存否与强弱，必须基于行为的客观要素进行判断。行为人主观上的想法这种内心的、心理的要素，原则上是责任的问题而不是违法的问题。因此，不是作为违法行为类型的构成要件的问题。”〔42〕

主观的构成要件要素部分肯定说认为，只有短缩的二行为犯中的目的与未遂犯的故

---

〔42〕［日］内藤谦：《刑法讲义总论》（上），有斐阁 1983 年版，第 216 页。

意(引起既遂结果的意思),是主观的违法要素,因而是构成要件要素(平野龙一、山口厚)。因为只有在上述两种情况下,目的与故意影响法益侵害的有无与程度。[43]

不难看出,即使同样对构成要件持违法类型说或者对违法性持结果无价值论的学者,在主观的构成要件要素问题上也会得出不同结论。这是因为学者们对构成要件的机能、违法性的判断等问题仍然存在分歧。

所要指出的是,将故意、过失作为构成要件要素的学者中,如果认为故意、过失是主观的违法要素,就会在构成要件阶段讨论故意与过失;如果认为故意、过失是作为责任要素的构成要件要素,则会在责任论中讨论故意与过失。本书也在第七章"责任"中详细介绍故意过失的内容与有关学说。

二、特殊的主观构成要件要素

全面肯定主观构成要件要素的理论,将主观构成要件要素区分为一般的主观构成要件要素与特殊的主观构成要件要素,前者是指故意、过失,后者是指故意、过失之外的目的、内心倾向、内心经过等主观的违法要素。[44]

(一)目的犯

目的犯(Absichtsdelikte),是指以特定目的作为主观构成要件要素的犯罪。从目的与行为的关系考察,目的犯的目的表现为两种情形:一种是只要实施符合构成要件的行为就可以(但非必然)实现的目的。如盗窃罪、诈骗罪,只要实施窃取、骗取行为就可以实现非法占有目的。另一种是实施符合构成要件的行为后,还需要行为人或第三者实施其他行为才能实现的目的。如德国、日本刑法中的伪造货币罪,单纯的伪造行为,不能实现"行使目的",只有将伪造的货币置于流通,才能实现"行使目的"。德国刑法理论称前者为断绝的结果犯(kupierte Erfolgsdelikte)、后者为短缩的二行为犯(verkuemmert zweiaktige Delikte)或者不完全的二行为犯(nuvollkomme zweiaktigen Delikte);日本有学者称前者为直接目的犯、后者为间接目的犯。

短缩的二行为犯的基本特点是,"完整"的犯罪行为原本由两个行为组成,但刑法规定,只要行为人以实施第二个行为为目的实施了第一个行为(短缩的二行为犯的实行行为),就以犯罪(既遂)论处,而不要求行为人客观上实施第二个行为;与此同时,如果行为人不以实施第二个行为为目的,即使客观上实施了第一个行为,也不成立犯罪(或者仅成立其他犯罪)。在此意义上说,短缩的二行为犯实际上是将二行为犯或复行为犯缩短为一行为犯或单行为犯。也可以说,短缩的二行为犯,是刑法将并未完成的二行为犯,作为追求第二个行为的目的犯予以规定的,因而也可以称为以第二个行为(后行为)为目的的犯罪。短缩的二行为犯中的目的,不以实行犯本人实现为限;为了他人实现目的时,也不妨碍短缩的二行为犯的成立。

"在直接目的犯中,要求行为人将目的的内容作为确定的东西加以认识;与此相反,在间接目的犯中,一般只要有未必的认识就够了。"[45]换言之,在短缩的二行为犯的场

---

〔43〕 持这种观点的学者,将未遂犯的引起既遂结果的意思归入目的犯的目的。

〔44〕 除了目的、内心倾向、内心经过之外,德国刑法理论还承认不纯正的心情要素,如谋杀罪中的"残忍"、交通犯罪中的"严重违反交通"等。这些要素不是独立的社会伦理的价值判断,而是特别的不法要素的主观的内容。

〔45〕 [日]大塚仁:《刑法概说》(总论),有斐阁2008年第4版,第135页。

合，不需要目的是确定的，只要知道或许有谁会实施实现目的的行为就够了。

关于目的与违法性的关系，刑法理论上存在不同观点。第一种观点认为，目的犯中的目的是主观的违法要素，如果行为人不具有特定目的，就没有侵害和威胁法益，不具有违法性。第二种观点认为，主观的要素都属于责任要素，即使目的犯中的目的，对法益侵害性也没有任何影响。第三种观点认为，法益侵害的有无与行为人的意思没有关系，故原则上不应承认主观的违法要素，但当作为构成要件要素的结果是法益侵害的危险时，应例外地承认行为人的主观意思影响法益侵害的有无与程度，故可以作为违法要素。如果目的犯的目的，构成法益侵害的危险的基础，便是主观的违法要素；如若不构成法益侵害的危险的基础，就不是主观的违法要素。

（二）倾向犯

所谓倾向犯，是指行为必须表现出行为人的特定内心倾向的犯罪，只有当这种内心倾向被发现时，才能认为其行为具有构成要件符合性。[46] 典型的倾向犯便是各种猥亵罪，即只有当行为人实施的行为表现出行为人具有刺激或者满足性欲的内心倾向时，该行为才符合猥亵罪的构成要件，才具有违法性。如果外表上属于猥亵行为，但行为人并没有刺激或者满足性欲的内心倾向，则不符合猥亵罪的构成要件。除了猥亵罪外，德国刑法理论还认为具有对保护法益的特别危险倾向（如“为自己或者第三人的利益”）的犯罪、职业犯、常习犯，以及其他一些性犯罪属于倾向犯。

德国刑法理论普遍将倾向犯的内心倾向作为主观的违法要素，日本以前的通说也是如此，但日本现在的通说则否定倾向犯概念。以强制猥亵罪为例。日本现在的通说认为，该罪的法益是性的自由；至于行为人是否出于性的刺激或者满足的内心倾向，并不影响其客观行为是否侵害了被害人的性的自由；换言之，即使行为人出于报复心理实施的猥亵行为，也同样侵害了被害人的性的自由。所以，性的刺激或者满足的内心倾向，不是主观的违法要素。日本最高裁判所也曾认为强制猥亵罪是倾向犯，但2017年日本最高裁判所变更了判例，不再将内心倾向作为强制猥亵罪的主观要素。

（三）表现犯

表现犯，是指行为表现出行为人内心的、精神的经过或状态的犯罪。如果不将外部事情与行为人的精神经过或状态进行比较，就不能正确判断其违法性与构成要件符合性。例如，伪证罪中的“虚伪陈述”，不是指违反客观事实的陈述，而是不符合自己的记忆的陈述（主观说），据此，只有当行为人作出的陈述表现出不符合自己记忆的心理状态时，才成立伪证罪。

虽然德国刑法理论普遍承认表现犯，但日本现在的通说则否认表现犯。一方面，按照客观说，只有当证人所作的陈述违反客观事实时，才有必要由刑法规制；单纯违反内心记忆却符合客观事实的陈述，没有必要给予刑罚处罚（平野龙一）。另一方面，即使采取主观说，违反记忆的客观的陈述，才为违法性奠定基础，而不是单纯的内心状态或内心经过成为违法要素。所以，不管对“虚伪陈述”是采取客观说还是采取主观说，都不能承认伪证罪的内心状态是主观的违法要素。

---

[46] 显然，倾向犯并不是说行为人具有某种犯罪的倾向时就是犯罪，也不是说犯罪的倾向本身是处罚的根据，而是说除了故意之外，行为反映出特定内心倾向时，才构成犯罪。或许这个概念容易引起误会，但已约定俗成，不必计较用语本身。

第六章 违 法 性

第一节 违法性的概念

一、违法性的意义

犯罪行为不仅是形式上符合构成要件的行为,而且实质上是法律所不允许的行为,即必须是违法的行为。如果客观上不存在违法性,即使责任再重大,也不成立犯罪。这就是将违法与责任分别论述的意义所在。

所谓违法,就是指行为违反法律,即行为为法律所不允许。这只是一般性定义,必须联系后述违法性的本质来理解。德国刑法理论明确区分违法(Rechtswidrigkeit)与不法(Unrecht)两个概念:违法表示符合构成要件行为的性质,是指对刑法禁止与命令的违反;不法表示行为符合构成要件并且没有违法阻却事由,换言之,具备构成要件符合性、违法性的行为就是不法行为。[1]

刑法分则的某些条文,有时也使用"违法""非法"概念。对此,应当分为两种情形:其一,对违法性的例示,[2]如"违法地损坏或者毁坏他人的财物"(德国刑法第303条)、"非法逮捕或者监禁他人"(日本刑法第220条)等。这里的"违法""非法"不是构成要件要素,而是对违法性的一般性提示。如山口厚指出:"法文中的'非法',是由于存在基于法令的逮捕、监禁属于适法行为的情况,为了确认一般的违法性要件而规定的(违法要素),其自身不是特别的构成要件要素。"[3]曾根威彦指出:"成立逮捕监禁罪,要求行为必须是'非法'地实施的。这是因为在社会生活上,在他人的自由行动对自己或者第三者并非理想之事的场合,逮捕监禁该他人属于适法的情形并不少见,所以,注意性地规定违法性的一般原则。在此意义上说,'非法'是违法要素,而不是构成要件要素。"[4]其二,属于主观的构成要件要素(或责任要素)的情形。某些财产罪要求"为获取违法的利益""以使自己或者第三者非法地占有为目的",其中的"违法""非法"就属于构成要件要素(如果不承认主观的构成要件要素,则会认为其中的"违法""非法"属于责任要素)。

由于构成要件是违法行为的类型,所以,符合构成要件的行为,在通常情况下具有违法性(构成要件的征表机能、违法性推定机能)。但是,有的行为虽然符合构成要件,却不具有违法性,正当防卫、紧急避险等行为就是如此。这种排除了符合构成要件的行为的违

---

〔1〕 如果采取四级的犯罪论体系,不法则包含了行为、构成要件符合性、违法性这三个范畴。

〔2〕 一些学者认为,这样的例示是多余的,并没有必要(如Roxin)。

〔3〕 [日]山口厚:《刑法各论》,有斐阁2010年第2版,第84页。

〔4〕 [日]曾根威彦:《刑法各论》,弘文堂2012年第5版,第50页。

法性的事由,就是违法性阻却事由,或者叫正当化事由。[5]

在三阶层犯罪论体系中,违法性是犯罪成立的第二个条件。对一个案件,首先要判断行为是否符合构成要件,如果不符合就不构成犯罪,没有必要再判断有无违法性;如果行为符合构成要件,则要进一步判断有无违法性,但由于构成要件是违法行为的类型,在一般情况下符合构成要件的行为具有违法性,所以判断违法性实际上只是判断是否存在违法性阻却事由即可;如果存在则行为不违法,因而不构成犯罪,无须判断有无责任的问题;如果不存在违法性阻却事由,则再进一步判断有无责任。

德日刑法理论中的违法性论一般只论及违法性的存否问题,即只论及是否存在违法性阻却事由的问题,但日本学者大塚仁认为,在违法性论中,除了违法性的存否问题之外,还有违法性的程度问题。因为量刑应当以犯罪的程度为重要基础,而犯罪的程度取决于违法的程度与责任的程度。因此,在违法性论的领域,必须考虑违法性的程度。[6]

任何一种行为,要么是违法的,要么是适法的。这是一般的见解。但有的学者认为,在违法行为与适法行为之间,存在一种放任行为或放任领域,即立法者放弃对其评价。例如,吃饭、散步等行为,并不能成为法律评价的对象,因而既不是违法行为,也不是适法行为(小野清一郎、牧野英一、Arthur Kaufmann 等)。然而,如果对上述这种行为进行不法侵害,则被害人有权实行正当防卫,这就表明,这些行为仍然是受法律保护的,因而应属于适法行为的范畴(泷川幸辰、佐伯千仞、大塚仁)。还有学者认为,应当承认在构成要件之前的放任行为(如自杀),但不能在"不法"领域承认放任行为(Roxin)。

违法性的判断,意味着行为在法律上无价值。关于违法性的判断,需要区分几个概念:一是作为判断基准的规范,二是作为判断对象的事实,三是判断自身。判断自身又包括判断行为与判断结果。行为是否存在违法性,就是一种判断结果。

一般来说,构成要件符合性的判断,是一种抽象的、定型的事实判断;而违法性的判断,则是一种具体的、非定型的价值判断。也可以认为,构成要件符合性的判断是一种积极的正面的判断,违法性的判断则是消极的否定性的判断。尽管如此,违法性的判断与构成要件在本质上都属于相同的法的评价的层面(井田良)。责任判断虽然也是一种具体的、非定型的价值判断,但它是以对行为人的非难可能性为内容的,而违法性判断是与行为人的非难可能性相分离、对行为的非主体面的客观判断。

二、客观的违法性与主观的违法性

客观的违法性论将法律理解为客观的评价规范,无论行为人有无责任,只要客观上违反法律,就具有违法性。换言之,客观的违法性论将违法性与有责性相分离,使违法性论独立于责任论。于是,无责任能力人的侵害行为也具有违法性,对之应当允许进行正当防卫。

主观的违法性论将法规范理解为对行为人的命令规范,因此,违反规范的人必须是能

---

〔5〕 也有学者认为违法性阻却事由与正当化事由不是等同概念,即将违法性阻却事由分为排除刑事不法的事由与正当化事由(Günther)。这可能涉及两个问题:其一,刑法是否需要对阻却违法性的事由本身进行积极的、肯定的评价?其二,"正当化事由"是指阻却违法性的事由本身是正当的,还是指在刑法上阻却违法性的事由?如果对第一个问题持肯定回答,对第二个问题持后一回答,那么,违法性阻却事由与正当化事由就是等同概念。

〔6〕 或许可以认为,形式的违法性不存在违法程度问题,实质的违法性则存在程度问题。

够理解规范内容的人,只有能够作出意思决定的人的行为,才谈得上有无违法性的问题(命令说);违法性的有无,只能就有责任的人的行为而言。[7] 易言之,在主观的违法性论中,具有责任也是违法性的要件,违法性与有责性被合一地理解,而没有相互区别。于是,对于精神病患者等无责任能力人的行为,就不能认定为违法行为,不能对之进行正当防卫。

从学说史上看,本来客观的违法性论产生在前,但 Merkel 于 1867 年首倡的主观的违法性论,得到了 Ferneck、Dohna、宫本英修等人的支持,一时成为有力的主张。后来,Jhering、Loffler、Nagler、Mezger 等人又为客观的违法性论奠定了基础,使客观的违法性论成为通说。根据 Mezger 的观点,主观的违法性论只是将法规范理解为意思决定规范,所以否认没有责任的违法性。法是否只限于决定规范的问题,是认识论的法概念问题,不是规范的法理念问题;是存在的问题,不是当为的问题。Mezger 认为,作为决定规范的法不能不被认为是作为评价规范的法,也就是说,法既有决定规范的一面,也有评价规范的一面;而作为评价规范的法是作为决定规范的法的无条件的前提。人们在决定干什么之前,必须评价应当干什么,所以,评价规范在决定规范之前。例如,在作出"不得杀人"这种命令时,必然有"杀人行为是恶的行为"的评价在先。决定规范要求有规范所指向的人,而评价规范则是万人共通的客观存在;刑法的目的是保护客观地存在的生活利益,刑法不应介入伦理的范围。因此,违法性应是一种万人共通的客观的判断。违法性由评价规范决定,责任由决定规范决定。于是,违法性与责任相分离,违法性成为一种与行为人的能力无关的客观判断。

客观的违法性论是通说,主观违法性论的支持者很罕见。可以认为,主观的违法性论与客观的违法性论的对立已不存在,只是在客观的违法性论内部存在某种对立。这种对立主要表现在,对违法性是否与决定规范无关(违法性是否仅意味着违反评价规范)存在不同看法。一种观点认为,违法性意味着评价规范的违反(旧客观的违法性论)。另一种观点认为,评价规范与决定规范双方共同决定违法性,即违法不是仅仅意味着违反评价规范,而是意味着也同时违反了针对一般人的决定规范。例如,日本学者福田平、大塚仁等人认为,主观的违法性论忽视了违法性观念与责任观念的质的区别,将二者予以混淆,在这一点上是不妥当的。违法性必须是在对行为人进行非难之前得到独立的判断,故客观的违法性论是正确的。但是,Mezger 对刑法规范的分析是有疑问的。在责任方面,不是仅有决定规范就够了,也必须以评价规范作为判断有无责任的基准;在违法性方面,除了评价规范之外,必须承认一般的决定规范或者命令、禁止规范。在法规范的制定阶段,确实是评价在决定之前,但是,一旦法规范制定之后,在法规范的适用阶段,法的命令、禁止则应当在评价之前,而且只有对违反一定的法命令、禁止的行为与行为人,才可能评价其违法性与责任。在违法性方面所要考虑的决定规范,不是以特定的行为人为对象的,而是针对抽象的一般人的当为规范;而评价规范则是判断违反一般的决定规范的行为的意义的规范,具有客观的特性。与此相对,在责任方面,决定规范与评价规范,是以具体的行为人为对象的,具有个别的、主观的特性。从实践上认定犯罪的过程来看,一般的、客观的判断在前,个别的、主观的判断在后,这也应解释为违法性的判断应当优先于责任判断(新

[7] 这种主观的违法性论实际上就是我国传统刑法理论中的主客观统一的违法性论。

客观的违法性论)。[8]

本来,对于违法性的本质采取规范违反说的人,应当主张主观的违法性论,而且主观违法性论是根据规范违反说的观点产生的。但事实上,采取规范违反说的人也主张客观的违法性论。之所以导致这种局面,可能与犯罪论体系有关。客观违法性论是与构成要件符合性、违法性、责任的犯罪论体系相适应的,即为了将违法性与责任分开,违法性也必须是客观的。主观的违法性论没有区分违法性与责任,从而影响了通说的犯罪论体系,所以被多数学者反对。因此,可以肯定,客观的违法性的形式意义,就在于使违法性与责任相区别。

客观的违法性的实质意义,在于违法性判断的对象是法益侵害、危险的引起行为这种客观的事态。即使持客观的违法性论的学者,也可能有限地承认主观的违法要素(如目的、未遂犯的故意等),于是,行为人的内心也成为违法性判断的对象。但是,在这种场合,不是从责任评价的规范的观点进行评价的,而是从有无法益侵害及其危险这种事实的观点,将目的、未遂犯的故意等作为违法性评价对象的。

三、形式的违法性与实质的违法性

形式的违法性,意指行为违反法规范,违反法的禁止或命令。换言之,形式的违法性,是从形式上将违法定义为违反法。Merkel、Binding 等人就是这样理解违法性的。Merkel 曾说,违法是指否定法,即违反客观的法秩序自身。Binding 则说,犯罪不是违反刑罚法规本身,而是违反了作为刑罚规范前提的规范(规范论)。

将违法性解释为违反实定法规,是最容易被人们理解的,也不存在什么错误。但是,形式的违法性没有说明违法性的实体,人们不能不进一步问:"法秩序禁止什么、允许什么?"于是,出现了实质的违法性论,它是用"违反实定法规"以外的实质的根据来说明违法性的。实质的违法性,有利于考察行为的违法程度,有利于构成要件的解释以及对构成要件符合性的判断,还有利于合理确定正当化事由的根据与范围。

现在,关于实质的违法性的理解,主要是法益侵害说与规范违反说的争论。

法益侵害说认为,违法性的实质是对法益的侵害与威胁。Liszt 认为,实质的违法性是指行为"对社会有害(反社会的或非社会的)"、是"侵害社会的举动"、是"对法益的侵害或者威胁"。[9] Mezger 认为,违法性的实质是对一定的生活利益的侵害或者有侵害的危险(威胁)。日本学者泷川幸辰认为,违法性的实质是对"被害人利益"的侵害。宫本英修指出:"违法行为以法益的侵害或威胁为内容……要成立违法行为,至少必须威胁了法益。"[10]前田雅英说:"刑法是为了更好地保护更大多数国民的利益而统制社会全体的手段,故国民的利益受到侵害是违法性的原点。因此,首先将违法行为定义为'导致法益的侵害或者危险(一定程度以上的可能性)的行为'(法益侵害说)。法益是指应当由刑法来保护的利益。"[11]

---

[8] 主观的违法性论认为法规范指向的是有责任能力的人,新客观的违法性论认为法规范指向的对象是所有的人,旧客观的违法性论认为法规范指向的对象不仅包括所有人,而且包括自然现象与动物。

[9] 转引自[日]木村静子:《违法と责任》,载[日]阿部纯二等编:《刑法基本讲座》(第3卷),法学书院1994年版,第8页。

[10] [日]宫本英修:《刑法学粹》,弘文堂1930年版,第220页。

[11] [日]前田雅英:《刑法总论讲义》,东京大学出版会2015年第6版,第30页。

规范违反说(也称法规范违反说)则认为,违法性的实质是违反法规范或者违反法秩序。如 M. E. Mayer 认为,违法性是指"与国家承认的文化规范不相容的态度"。[12] 小野清一郎说:"违法性的实质是违反国家的法秩序的精神、目的,对这种精神、目的的具体的规范性要求的背反。违法性的实质既不能单纯用违反形式的法律规范来说明,也不能用单纯的社会有害性或社会的反常规性来说明。法在根本上是国民生活的道义、伦理,同时也是国家的政治的展开、形成,它通过国家的立法在形式上予以确定或者创造。而且,这种形式的法规总是适应国民生活的条理或道义观念,以实现国家的目的。这种法是整体的秩序,违背它就是违法。"[13] 团藤重光则指出,违法性"从实质上说,是对整体法秩序的违反,是对作为法秩序基础的社会伦理规范的违反"。[14] 在规范违反说看来,刑法规范的实质是社会伦理规范,从根本上说,法是国民生活的道义、伦理。所以,违反刑法的实质是违反刑法规范背后的社会伦理规范。可是,什么是"法秩序的精神、目的"、什么是"作为法秩序基础的社会伦理规范",其内容并不明确。

有的学者试图调和法益侵害说与规范违反说。如大塚仁指出,违法性的实质是违反国家、社会的伦理规范,侵害或者威胁法益。首先,被置于违法性判断的基底的社会伦理规范,受到国家的观点的制约。舍弃国家意义上的、人类普遍的社会伦理规范也是可能存在的,但当今的刑法,作为国家的刑法,是国家制定、实施和维持的,故支撑刑法的社会伦理规范必然受国家的制约。其次,国家、社会的伦理规范不是静态的、固定的,而是随着时代的变化具有动态的、发展的性格。所以,违法性的判断必然以适合当时的、具体的国家、社会的伦理规范为标准。最后,在认识作为现实地判定违法性的存否及程度的规准的国家、社会的伦理规范是什么时,具有相当多的困难;特别是在当今的具体国家、社会中,存在不同的社会观念、不同的价值观的对立,所以,违法性的判断可能因判断者的主观差异而得出不同结论。但是,不能任意地采取相对主义的立场,从维持法的安定性以及与社会发展相适应的观点来考虑,必须寻找应当作为适正的刑事裁判规准的伦理规范。例如,随着社会发展,有利于社会的危险行为越来越多,只要这些危险行为是与国家、社会伦理规范相符合的,即使具有法益侵害的危险,也必须承认其适法性。[15] 但是,违反伦理规范却不侵害法益或者相反的现象,是必然存在也是必须合理对待的,因而二者不可能完全调和。大塚仁认为被允许的危险之所以被允许,并不是进行法益衡量的结果,而是因为它们符合国家、社会伦理规范。事实上,大塚仁教授基本上站在了规范违反说的立场。

如何看待形式的违法性与实质的违法性的关系,是需要说明的问题。

Nagler、Frank 等人指出,形式的违法性观念与实质的违法性观念的对立,只是一种观念的重复;Hirsch、Lenckner、Bockelmann 等人则完全排斥形式违法性与实质违法性的区分,主张只需要一个统一的违法性概念。但多数人则认为,形式的违法性与实质的违法性,是相对应的概念,但不是相对立的概念,二者分别从形式的、外表的,以及实质的、内容

---

〔12〕 M. E. Mayer 指出:"文化规范是作为宗教的、风俗的命令与禁止,以及作为交易上、职业上的要求而规律个人的规范的总称。法律规范原则上是国家所承认的文化规范。"(转引自[日]福田平:《行政刑法》,有斐阁 1978 新版,第 15 页)。

〔13〕 [日]小野清一郎:《新订刑法讲义总论》,有斐阁 1948 年版,第 119 页。

〔14〕 [日]团藤重光:《刑法纲要总论》,创文社 1990 年第 3 版,第 188 页。

〔15〕 参见[日]大塚仁:《刑法概说》(总论),有斐阁 2008 年第 4 版,第 356 ~ 357 页。

的角度来探求违法性的实质,将二者结合起来就说明了违法性的本质(大塚仁)。不过,形式的违法性与实质的违法性虽然能够相互重合,但也可能分离。即存在具有实质的违法性而没有形式的违法性的行为,但一般不存在具有形式的违法性而没有实质的违法性的行为。

Baumann、Maurach 等人认为,形式的违法性与构成要件符合性的意义相同,实质的违法性则意味着行为符合构成要件且不具有违法性阻却事由。也就是说,符合构成要件的行为,就是形式的违法;形式上违法的行为,通常实质上也违法,但如果具有违法性阻却事由,则不具有实质的违法性;反之,如果不存在违法性阻却事由,就具有实质的违法性。然而,这种观点没有明确区分构成要件符合性与形式的违法性,受到了不少批判。这是因为,首先,形式违法性是指行为违反法规范,或者说行为被刑法所禁止;依法执行死刑、正当防卫的杀人虽然符合构成要件,但并不具有形式的违法性。如果说依法执行死刑也具有形式的违法性,则导致合法的行为同时违法的矛盾结论。其次,如果说构成要件符合性等同于形式的违法性,那么,犯罪论体系便演变成形式的违法性、实质的违法性与有责性。可是,构成要件符合性不可能由形式的违法性取代。

Roxin 认为,形式违法性是违反刑法这种实定法秩序,而实质违法性虽不位于宪法之前却位于刑法之前。当一个行为没有形式违法性时,不能以实质违法性为由肯定形式违法性的存在;但可以用实质违法性概念检测成文刑法(如处罚单纯违反道德的行为,不仅违反宪法,而且在形式上是无效的)。另外,可以根据实质违法性,承认刑法没有明文规定的超法规的违法性阻却事由。超法规的违法性阻却事由,不仅排除行为的实质违法性,也排除行为的形式违法性。

四、结果无价值与行为无价值

对于行为现实引起的对法益的侵害或者威胁(危险)所作的否定评价,称为结果无价值(Erfolgsunwert);对于与结果切断的行为本身的样态所作的否定评价,称为行为无价值(Handlungsunwert)。[16] 结果无价值中的"结果",不仅指现实的法益侵害,还包括法益侵害的危险;行为无价值中的"行为",不仅指人的客观行为(外部态度),还包括人的内心意思(内部态度)。一般来说,行为无价值论认为,违法性的根据在于行为本身的样态(反伦理性、不具有社会的相当性、反规范性)以及行为人的主观恶性,即行为本身恶是违法性的根据;结果无价值论则认为,违法性的根据在于行为对法益的侵害或者威胁的结果,即结果恶才是违法性的根据。

结果无价值论的基本立场是,刑法的目的与任务是保护法益,违法性的实质(或根据)是法益侵害及其危险;没有造成法益侵害及其危险的行为,即使违反社会伦理秩序,缺乏社会的相当性,也不能成为刑法的处罚对象;应当客观地考察违法性,主观要素原则上不是违法性的判断资料,故意(尤其是既遂犯的故意)、过失不是违法要素,而是责任要素,主观要素只有在例外情况下对结果无价值产生影响时,才是主观的违法要素;违法评

---

〔16〕 行为无价值与结果无价值是日本学者根据德语翻译而成,但这种翻译并非十分理想。有学者认为,译为行为反价值与结果反价值比较合适。但约定俗成的缘故,现在一般使用行为无价值与结果无价值的概念。所要注意的是,行为无价值与结果无价值并不只是分别说,行为、结果没有什么价值或者价值中立,而是分别说,行为、结果是恶的。行为无价值即行为"恶",结果无价值即结果"恶"。那么,违法性的根据究竟是行为恶还是结果恶,便成为行为无价值论与结果无价值论争论的焦点问题。

价的对象是事后查明的客观事实。根据结果无价值论,违法性的有无,原则上应当独立于行为人的认识、意志、目的等主观因素就行为的客观面进行判断;故意杀人罪、故意伤害致死罪与过失致人死亡罪,在违法程度上是相同的,只是责任程度不同。与行为无价值论被称为人的违法论相对,结果无价值论被称为物的违法论。这种物的违法论所强调的是行为人的主观能力与主观意识不是违法评价对象。

行为无价值有多种含义。首先是评价基准问题,即"无价值"是什么含义?对此存在以下理解:(1)行为"无价值",是指行为违反国家的道义(如小野清一郎)、违反社会伦理秩序(如团藤重光)或者违反公序良俗(如牧野英一)。与此大体相同的观点认为,行为"无价值",是指行为缺乏社会的相当性(如藤木英雄、福田平)。(2)近年来在国外特别有力的观点认为,行为"无价值",是指行为具有规范违反性,即行为时违背行为准则、行为规范(如井田良)。其中的规范,是指与伦理道德无关的,维护社会秩序、保护法益所需要遵守的行为规范。(3)行为"无价值",是指行为人具有侵害法益的志向性(如 Armin Kaufmann、D. Zielinski、增田丰)。这种观点仅考虑主观要素,认为只要行为人意图通过客观的符合构成要件的方法、形态引起结果无价值,就具有行为无价值。(4)行为"无价值",是指行为具有侵害法益的一般危险(如野村稔)。在行为人将尸体当作活人开枪的场合,由于具有发生结果的一般危险,因而具有行为无价值,成立杀人未遂。(5)行为"无价值",是指对尊重法益要求的违背(Eb. Schmidhäuser),或者动摇了社会对法益安全的信赖(盐见淳)。上述第一种理解是在与法益侵害没有关系的伦理道德方面寻求违法性的根据(可谓传统的行为无价值论);后几种理解在不同程度地与法益侵害相关联的意义上理解行为无价值。其次是评价对象问题,即"行为"是什么含义?一种观点将故意犯罪中的行为无价值等同于主观的不法要素,将行为无价值理解为纯粹的"意图无价值";另一种观点认为,通过相应的行为实现犯罪企图主要也包括在行为无价值中。所以,行为无价值中的"行为"基本上是指行为本身以及行为人的主观内容。正因如此,行为无价值论者都认为,故意、过失是主观的违法要素。

一元的行为无价值论认为,行为的目的、故意、过失以及行为样态、义务违反决定行为的违法性;法益侵害及其危险对违法性没有实质意义。因为刑法规范是行为规范,只有行为能够成为一项禁令的对象;结果的发生与否具有偶然性,故不能成为禁令的对象。据此,结果无价值不是违法的构成部分,而是单纯的客观处罚条件。可是,这种观点不仅与未遂犯从宽处罚的刑法规定不一致,而且与未遂犯未发生侵害结果才属偶然的客观事实不相符,故现在采取这种观点的学者极为罕见。当今的行为无价值论都可谓二元的行为无价值论,但由于对行为无价值存在不同理解,二元论的内容也并不相同。

关于行为无价值对违法性判断的作用,二元论有不同主张。(1)侧重结果无价值论的观点主张,结果无价值不能单独决定行为的违法性,只有同时存在行为无价值时,才能肯定行为的违法性。因此,行为无价值仅具有限定处罚范围的意义。如大塚仁教授指出:"不可能无视结果无价值来讨论刑法中的违法性,行为无价值以结果无价值为前提,同时使作为结果无价值的事态的刑法上的意义更为明确,故应将二者并合起来考虑。"〔17〕大塚仁一方面认为,将法益的侵害、威胁理解为犯罪的本质,本身具有妥当性;另一方面又认

〔17〕［日］大塚仁:《人格的刑法学の构想》,载《法学教室》1990年第113号。

为，单纯根据结果来评价违法性是不全面的，还要考虑引起结果的手段、方法等；对于侵害财产的犯罪，刑法根据其侵害行为的样态区分为盗窃罪、诈骗罪、侵占罪、恐吓罪等，就考虑了行为无价值；刑法根据主体的身份不同规定不同犯罪与法定刑（如普通侵占罪与业务侵占罪的罪名与法定刑不同），也是考虑了行为无价值。因此，应当将结果无价值与行为无价值结合起来考虑。（2）侧重行为无价值论的观点主张，行为无价值是违法的基础；只要具有行为无价值，就具备了处罚的基础；但是，作为附加的要素，为了限定处罚范围，有时也要求结果无价值。于是，结果无价值仅具有限定处罚范围的意义。（3）还有一种没有明确表明侧重点的二元论。如 Roxin 指出："构成要件的充足，没有例外地以行为无价值与结果无价值为前提。……不法，通常是这两种无价值的结合。"〔18〕根据 Roxin 的观点，在侵害犯中，如果发生了结果，实现了结果无价值，则成立犯罪既遂；如果缺乏结果无价值，存在行为无价值，则成立未遂犯。他举例说，当甲以杀人故意向乙的头部开枪导致乙死亡时，必须将该死亡结果作为甲杀人行为的组成部分，并且进一步看作禁止对象。如果甲开枪后没有打中乙，则仅成立杀人未遂。因此，一个杀人行为是由行为无价值与结果无价值共同组成的。

结果无价值论与行为无价值论在以下几个方面表现出明显的对立：（1）违法性的本质是法益侵害还是规范违反？结果无价值论将违法性理解为对法益的侵害或者威胁，现实产生的对法益的侵害或者威胁就成为违法性的根据。行为无价值论要么认为刑法的目的是保护社会伦理秩序，因此违法性就是对作为秩序基础的社会伦理秩序的违反；要么承认刑法的目的是保护法益，但违法性的本质是对保护法益所必须遵守的行为规范的违反；要么认为刑法的目的是保护法规范本身的效力。（2）没有侵害法益的危险性时，能否根据行为的反伦理性、反规范性、义务违反性进行处罚？结果无价值论认为，如果行为没有侵害法益的危险性时，不管行为如何具有反伦理性、反规范性与义务违反性，也不能以犯罪处罚。行为无价值论则认为，如果行为具有反伦理性、反规范性、义务违反性，即使没有侵害法益的危险，也要以犯罪论处。（3）违法判断的"静"的对象是主观的因素还是客观的因素？结果无价值论否认故意是违法要素；行为无价值论则将故意作为违法要素。此外，结果无价值论者一般不承认其他的主观违法要素，或者只在主观要素决定法益侵害的有无与程度时，才承认主观的违法要素；行为无价值论者则普遍且宽泛地承认其他主观的违法要素。（4）违法判断的"动"的对象以什么为中心？结果无价值论主张以结果为中心判断行为是否违法；而行为无价值论提倡以行为为中心判断行为是否违法。（5）以什么时间为基点判断违法性？结果无价值论一般主张对违法性的有无进行事后判断；而行为无价值论主张以行为时为基点进行判断。（6）违法性阻却的一般原理（根据）是什么？结果无价值论主张法益衡量说；行为无价值论采取社会的相当性说、目的说或者多元的判断标准。（7）是否承认主观的正当化要素？结果无价值论否定主观的正当化要素；行为无价值论承认主观的正当化要素。（8）对过失犯采取何种立场？结果无价值论采取旧过失论；行为无价值论采取新过失论或者超新过失论。

行为无价值论对结果无价值论的批判，集中在以下几点：（1）结果无价值论忽视了刑法规范既是评价规范，又是意思决定规范，仅认为违法是违反评价规范，因而扩大了违法

〔18〕 C. Roxin, Strafrecht Allgemeiner Teil, Band I, 4. Aufl., C. H. Beck, 2006, S. 321.

概念。(2)并非任何侵害或者威胁法益的行为,都被刑法规定为犯罪;另外,刑法规定的某些犯罪并没有侵害或者威胁法益,只是违反了规范。(3)许多犯罪要求特定的行为方式,表明不是仅由结果决定违法性。(4)结果无价值论的主张者事实上承认主观的违法要素,这与结果无价值论相矛盾。

结果无价值论对(二元的)行为无价值论的批判,可归纳为以下几个方面:(1)行为无价值论认为刑法的目的与作用在于保护社会伦理的行为价值,但是,刑罚是一种重大的痛苦,并非维持社会伦理的适当手段;而且在现代社会,何种伦理正确也是相对的;将维持社会伦理作为刑法的任务,不仅是对刑法的过分要求,而且容易在法的名义上强制他人服从自己的价值观;刑法原则上只有在违反他人意志、给他人法益造成了重大侵害或者危险时才予以适用。部分行为无价值论将缺乏社会的相当性作为违法性的本质,但社会相当性的概念并不明确。将规范违反作为违法性的本质,实际上是同义反复。(2)行为无价值论导致结果成为违法要素之外的东西,甚至成为客观的处罚条件,这是不能被人接受的。(3)行为无价值论将故意理解为一般违法要素,这容易导致违法的主观化乃至道德化,与客观的违法性相矛盾。(4)二元论将违反义务的行为无价值与作为客观事态的结果无价值这两种异质的要素统合为一个违法概念,存在论理上的矛盾。(5)根据二元论,如果认定违法性时既要考虑结果无价值,又要考虑行为无价值,那么,二元论所认定的违法性的范围应当更加窄于结果无价值论所认定的范围。因为结果无价值论仅仅根据结果认定违法,而二元论要同时根据行为与结果认定违法,显然从逻辑上看二元论认定违法的范围要窄。然而,事实上却并非如此,二元论所认定的违法范围有时宽于结果无价值论认定的违法范围。例如,彻底的结果无价值论认为偶然防卫没有造成任何不法结果,不具有违法性,不成立犯罪;而二元论则认为,偶然防卫成立犯罪未遂甚至成立犯罪既遂。这表明,所谓的二元论实际上也只是考虑了行为无价值。

此外,行为无价值论认为,结果无价值论不能说明未遂犯的处罚根据。结果无价值论指出,杀人未遂的成立,以发生致人死亡的危险为前提,因此,未遂犯也具有结果无价值。换言之,杀人未遂的成立,不能成为二元论的根据。行为无价值论指出,刑法根据行为的方式、样态将侵害相同法益的犯罪规定为不同的罪名,说明立法者注重行为无价值。结果无价值论承认,在违法性判断过程中,“不是仅考虑现实所产生的结果,而且也必须考虑行为方法、样态。但即使在这种场合,也是为了考虑行为方法、样态所具有的侵害法益的一般危险性,而不是考虑方法、样态本身的反伦理性、行为无价值性”。[19]

五、可罚的违法性

(一)可罚的违法性的意义

违法性的概念,并不为刑法所独有,所有的法领域都有违法的概念。某个行为是否违法,本来应从国家的整体法秩序的观点进行考察,而不单纯是刑罚法规范围的问题。但是,刑法上的违法性,是在量上达到了一定的严重程度,在质上值得科处刑罚的违法性。这就是所谓可罚的违法性的含义。因此,“可罚”便是值得科处刑罚的含义。

可罚的违法性的理论认为,某种行为即使在形式上符合构成要件,也不具有违法性阻却事由,但如果不具有可罚的违法性,则不成立犯罪。

---

〔19〕［日］平野龙一:《刑法总论Ⅱ》,有斐阁1975年版,第216页。

(二)可罚的违法性论的根据

可罚的违法性概念的提出,具有两个根据:一是刑法的谦抑性,二是实质的违法性论。

刑法并不是以所有的违法行为、所有的责任行为为当然对象的,并不是对任何侵害或威胁了他人生活利益的行为都发动刑罚;而是尽量采取其他社会统制手段,只有当其他社会统制手段不能起作用时,才适用刑罚。因此,并不是对任何违法行为都适用刑罚,只能对那些值得科处刑罚的违法行为适用刑罚。如果行为不具有这种可罚的违法性,则不能认定为犯罪。

根据实质的违法性论的观点,违法性不单是违反实定法规,而是违反作为实定法规精神、目的的规范(规范违反说),或者侵害或威胁法益(法益侵害说)。这样,违法就有程度上的不同,即有严重违法与轻微违法之分。同样是违法,但是民法上的违法与刑法上的违法,在质与量上都有区别。有的违法行为非常轻微,没有达到法律所预想的程度,即使它符合构成要件,也不能认定为犯罪。

由此看来,可罚的违法性理论,是以违法相对性论(违法多元论)为前提的。即各种法律基于其固有的目的,而产生不同的法律效果。例如,民事上的不法行为所产生的法律效果,是以救济被害人的损失为目的的损害赔偿,刑法是以保护法益和维护社会生活的安全为目的,所以其法律效果是最具有强制力的刑罚。既然如此,作为一种成立条件的违法性,在不同的法领域当然就应当不同,因而刑法上的违法性与其他法律上的违法性具有区别。例如,在刑法上被认定为违法的行为,在民法及其他法领域一定是违法的,但在民法及其他法领域被认定为违法的行为,在刑法上并不当然就是违法的。违法相对性论,在日本居于通说地位。

但是,违法相对性论并没有一统天下,在德国,违法统一论(违法一元论)属主流理论。违法一元论认为,违法是指对整体法规范、整体法秩序的违反,即任何违法行为都将破坏整体法秩序。整体法秩序宛如一条帆船,民法这一部分破了也好,刑法这一部分破了也好,都会使整个风帆破裂。其中,严格的违法一元论认为,在一个法领域中被认定为违法的行为,绝对不可能在其他法领域被认定为合法行为。因此,民法及其他法律上的违法行为,符合刑法上的构成要件时,在刑法上就必然是违法的(德国的主流理论)。缓和的违法一元论则认为,违法性虽然是在根本上、在法秩序的整体中是统一的,但违法存在不同的类别与程度。民法上的违法行为,在刑法上并不能认为是适法行为,但没有达到刑法上的违法程度。实际上,这种缓和的违法一元论与违法多元论得出的是相同结论。显然,根据严格的违法一元论,可罚的违法性概念没有存在的余地。缓和的违法一元论则有可能承认可罚的违法性概念。

违法统一论与违法相对论在下列问题上答案不同:(1)如果符合构成要件的行为,在民法、行政法上是得到允许的,能否认为在刑法上也是正当的?(2)如果符合构成要件的行为,在民法、行政法上被禁止的,是否当然在刑法上具有(可罚的)违法性?违法相对论对这两个问题都持否定回答;严格的违法一元论对这两个问题都持肯定回答;缓和的违法一元论对第一个问题持肯定回答,对第二个问题持否定回答。

也有学者指出,即使认为违反民法、行政法的行为不一定成立犯罪,也不直接意味着民法、行政法的违法性与刑法的违法性不同,亦即,不必将这种现象理解为违法的相对性,而是可以理解为对违法行为的法律效果的相对性(这是由不同法领域的不同目的决定的)。例如,不履行债务的行为,在整体法领域都是违法的,但只是在民法上产生法律效果,在刑法上不产生法律效果;反之,故意杀人行为在刑法上是违法的,在民法以及其他法领域也不可能是合法的,但刑法对其规定了法律效果。因此,可以采用违法一元论。不过,采取违法一元论的前提是承认一般的违法性(例如,刑法中作为正当防卫对象的不法行为或违法行为,就是只需要具有一般的违法性的行为),如果行为不具有一般的违法性,也就不能肯定刑法的违法性。但由于作为违法类型的构成要件,是为了科处作为刑法所独有的法律效果的刑罚而确立的要件,构成要件的设立导入了刑事政策的考量,因此,在判断构成要件符合性时,必须判断行为是否具有刑法所独有的可罚的违法性。只有在这个意义上,才区分刑法的违法性与其他法律的违法性。同样,在违法阻却事由的判断阶段,与轻微的法益侵害不符合构成要件一样,也可以认为轻微的违法阻却可罚的违法性(井田良)。

(三)体系上的地位

缺乏可罚性的场合,究竟是阻却构成要件符合性,还是阻却违法性,是有争议的问题。构成要件符合性阻却说认为,构成要件是犯罪的定型,立法上只是将值得处罚的、具有实质的违法性的行为类型化为构成要件,因此,符合构成要件的行为,就具有可罚的违法性,而不能认为符合构成要件的行为不具有可罚的违法性。换言之,应当认为,行为如果不具有构成要件所预想的、达到了可罚程度的违法性,就不能认为该行为符合构成要件。认为不具有可罚的违法性的行为不符合构成要件,就使犯罪与非犯罪有了严格区别,与构成要件的保障机能相一致(藤木英雄)。这是实质的犯罪论的观点。

违法性阻却说认为,可罚的违法性,是与违法性的实质有关的问题,当然应当在违法性论领域中讨论,而不能作为构成要件符合性问题。构成要件是犯罪类型,它不涉及犯罪的实质、程度问题;如果认为在判断构成要件符合性时,必须考虑违法性的实质,则使构成要件符合性判断与违法性判断混同起来,势必形成违法性——构成要件符合性——有责性的犯罪论体系。而且,如果将实质的要素纳入构成要件,就使构成要件的外延不明确,反而有损构成要件的保障机能。这种通说是形式的犯罪论者的观点。根据这种观点,就必然出现"可罚的违法性阻却事由"的概念,它与"违法性阻却事由"究竟是什么关系呢?一种观点认为,后者是使行为完全不具有违法性,或者说是使行为成为适法行为的事由;前者并不是使行为完全不具有违法性,而是使行为不具有犯罪类型所预想的可罚的违法程度的事由。另一种观点则认为,可罚的违法性阻却事由,是一种超法规的、使行为缺乏实质的违法性的事由,应将它比照一般的违法性阻却事由看待。

(四)可罚的违法性概念的否定

有的学者认为,可罚的违法性是一个不必要的概念。其理由是,刑法上的违法性是客观的法益侵害或者威胁,这种违法性当然达到了值得科处刑罚的程度。刑法上的违法性是判断行为是否值得处罚的要件,所以,具有刑法上的违法性,也就具有了值得处罚的违法性,没有必要再使用可罚的违法性的概念。而且可罚的违法性概念,引起了许多混乱(前田雅英)。这也是实质的犯罪论的观点。

第二节 违法性阻却事由概说

一、违法性阻却事由的意义

违法性阻却事由(违法阻却事由),意指排除符合构成要件的行为的违法性的事由。由于构成要件是违法行为类型,所以,在通常情况下,如果某种行为具有构成要件符合性,就意味着发生了作为违法性实质的法益侵害或危险,因而该行为具有违法性。但在某些情况下,由于某种特殊理由、根据的存在,否定了符合构成要件行为的违法性,这种特殊理由、根据就是违法性阻却事由,也称为正当化事由。

"法秩序禁止什么、允许什么"这一违法性问题,从法益侵害说的观点来分析,可以分为两个问题:一是法秩序禁止何种法益侵害;二是在法益发生冲突时,法秩序允许什么优先。例如,有人主张没有被害人的公然猥亵(如露阴)行为不具有违法性,而有人认为这种行为侵犯了社会伦理秩序,因而具有违法性。这种对立属于第一个问题。又如,当报道活动侵害了他人名誉时,在什么情况下该报道活动具有违法性。这属于第二个问题。

如果认为构成要件是形式的、记述的类型,则上述两个问题都是构成要件符合性的判断之后的实质的违法性的判断问题。根据违法类型说,作为犯罪成立条件的违法性,实际上专门检讨违法性阻却问题。因为积极地为处罚提供基础的违法性,意味着发生构成要件所规定的结果(法益侵害、危险),所以,构成要件的实现,原则上就具有实质的违法性。这也是罪刑法定原则的实质要求。如果在构成要件事实之外,另外寻找作为处罚根据的违法性,则必然违反罪刑法定原则。

二、违法性阻却事由的本质

关于违法性阻却事由的本质所回答的问题实际上是:符合构成要件的行为在什么情况下阻却违法性,或者说什么样的事由能够阻却符合构成要件的行为的违法性。

目的说认为,如果行为是为了达到国家承认的共同生活的目的而采取的适当手段,则是正当的(Liszt、木村亀二)。目的说又可以分为衡量型目的说与重视手段型目的说。在衡量型目的说看来,所谓"为了正当的目的而采取的适当手段",意味着目的的客观价值与手段所产生的法益侵害的比较衡量。例如,"为了实现劳动者的权利的目的,何种程度的争议行为是正当的",对此,应当将劳动者的权利与被害法益进行比较衡量。这样,衡量型目的说与后述法益衡量说相差无几(结果无价值论)。重视手段型目的说则强调手段的反伦理性,不管目的如何正确,如果手段不被允许时,则不能认为是正当化事由。例如,为了保护环境权而使用暴力,就不能认为是正当化事由。所以,只有在采取适当的手段时,才能认为是正当化事由。于是,重视手段型目的说接近社会的相当性说(行为无价值论)。但是,究竟什么是为了正当目的而采取的适当手段,这是不明确的问题,而且容易导致用国家目的来制约个人的权利。

社会的相当性说认为,在历史地形成的社会伦理秩序的范围内,被这种秩序所允许的行为(社会的相当行为),就是正当的(Welzel、团藤重光、福田平)。由于超出了社会的相当性的法益侵害才有违法性,理所当然社会的相当性是阻却违法性的一般原理。行为无价值论者一般主张社会的相当说。社会的相当性概念,由 Welzel 提出。他说:"由于社会的复杂化,在日常生活中,如果不伴随任何法益侵害,就不可能生活。因此,如果将所有的法益侵害结果的发生(结果无价值)作为违法予以禁止,社会便停滞。所以,应当认为,法益侵害中属于社会的相当范围的行为,缺乏违法性。"〔20〕概言之,社会的相当性是指"在历史地形成的社会伦理的共同生活秩序的范围内得到允许"。〔21〕 Welzel 有时将社会的相当性作为习惯法上的正当化根据,后来又以社会的相当性限制构成要件。现在,刑法理论上对社会的相当性概念存在很大争议。Jescheck 等人将社会的相当性作为排除构成要件符合性的情况;Schünemann 将社会的相当性作为正当化事由;Roeder 将社会的相当性作为免责的根据;Hirsch、Lenckner 等人主张将社会的相当性作为一般的解释原理运用;Mitisch、Gallas、H. Mayer、Roxin 等人以社会的相当性概念不具有明确的标准、有损法的安定性、不具有特别意义等为由,拒绝接受这个概念。事实上,Welzel 提出的需要用社会的相当性解决的事例,〔22〕都是可能以不具有构成要件符合性、法益侵害性为由排除犯罪成立的。换言之,对 Welzel 提出的问题,只要以保护法益为导向进行解释即可解决(Roxin、前田雅英)。

法益衡量说与关于违法性的法益侵害说相联系,以结果无价值论为基础。它认为,如果符合构成要件的法益侵害行为是为了救济更高价值的法益,则这种法益侵害行为就是正当的。简单地说,牺牲价值低的法益来救济价值高的法益就是正当的。其中又可以分为几种学说。一元的优越的利益说主张,应当单纯就两种法益的大小进行判断,只要行为所保护的法益不小于所损害的法益,就阻却违法性(内藤谦、前田雅英、曾根威彦)。〔23〕 持这种观点的学者,或者在构成要件论中讨论被害人承诺,或者认为,在被害人承诺的场合,是个人的自由意思决定与身体的不可侵害的利益的衡量。二元的法益衡量说主张,阻却违法性的实质原理是"利益的阙如"与"优越的利益保护"(Mezger、平野龙一、中山研一、山口厚等)。利益的阙如(法益性的阙如)的原理,是指由于具体案件的特殊性,应当受保护的利益事实上不存在,或者不值得保护时,行为阻却违法性。被害人承诺是其适例。优越的利益保护的原理,是指为了避免对某种法益的侵害,而必须引起另外的法益侵害时,对相关法益进行衡量的结果是,行为整体上所保护的法益与所侵害的法益相等,或者更加优越于所侵害的法益时,行为阻却违法性。紧急避险是其适例。

Jescheck、大塚仁等学者主张并合说。Jescheck 主张将法益衡量说与目的说结合起来说明违法性阻却事由的实质;大塚仁主张将目的说与优越的利益说相结合作为违法性阻

---

〔20〕 转引自[日]前田雅英:《现代社会と实质的犯罪论》,东京大学出版会 1992 年版,第 73 页。

〔21〕 团藤重光说,社会的相当性是指"得到了作为法秩序基底的社会伦理规范的允许";大塚仁说,社会的相当性是指"得到了现实的国家社会中形成的社会伦理秩序的允许";大谷实说,社会的相当性是指"对于现存的社会秩序的存续、发展来说被认为是相当的"。

〔22〕 Welzel 整理出九种具有社会相当性的具体事例:(1)被允许的危险行为;(2)交通管理部门对自由的限制;(3)侄子期待有钱的伯父在事故中死亡而劝诱伯父乘坐火车旅行的行为;(4)士兵在战场上杀死敌人的行为;(5)为了杀人而在森林中种植颠茄(其果实有毒)的行为;(6)丈夫以杀死妻子为目的与妻子实施正常性交的行为;(7)胁迫罪中的可罚的胁迫的界限;(8)体育活动;(9)过失犯中"社会生活上必要的注意"的内容。

〔23〕 德国学者 Noll 提出的价值衡量说与此有别。Noll 虽然认为,价值衡量是违法性阻却事由的原理,但应当衡量的价值不仅包括法益,而且包括各种社会关系,如国家、司法、家族等秩序等。

却事由的根据。Roxin 指出,如果试图将违法性阻却根据归结为一种无所不包的原理,那么,该原理只能保持必要的抽象和无内容性;只有通过多元的角度,才能说明违法性阻却事由。他将“保护原则”“法的确证原则”“比例性原则”“利益衡量原则”“自治原则”等作为社会的秩序调整原理的内容,说明违法性阻却事由。山中敬一将正当化事由的根据分为主要正当化原理与辅助性正当化原理。前者是指优越的利益的原则,后者是根据不同的正当化事由采取的不同辅助原理,如正当防卫的辅助性正当化原理是个人保全原理与法确证原理,被害人承诺的辅助性原理是自己决定原理与社会的价值原理,紧急避险的辅助性原理是人格的自律性原理,自救行为的辅助性原理是法秩序未确立原理与官宪代行原理。

Jakobs 采取多元论,提出了三个原理:(1)被害人自我答责的原理,如果某个行为是被害人所管辖之风险的结果,那么,这个行为就阻却违法性(如正当防卫、阻却违法的防御性紧急避险、自力救济等);(2)符合被害人利益的原理,如果某个行为是有利于被害人的或者至少是被害人可以接受的,那么,这个行为就阻却违法性(如推定的承诺);(3)最低限度的团结原理,为了保护公众或者他人明显更为优越的利益,即使某个行为侵害了被害人的利益,该行为也阻却违法性(如阻却违法的攻击性紧急避险)。

三、主观的正当化要素

主观的正当化要素,意味着由于存在正当化的认识、意思,而使行为正当化的要素。具体来说,正当防卫时的防卫意思、紧急避险时的避险意思,就是主观的正当化要素。但是,正当化事由的成立,是否以行为人主观上具有正当化要素为前提,存在争论。

德国的通说是肯定主观的正当化要素。如 Roxin 指出,一种行为,只有在既不存在行为无价值,也不存在结果无价值时,才是合法的。但行为人以犯罪故意实施的行为符合正当防卫、紧急避险的客观条件时(如后述偶然防卫),至少存在行为无价值,所以不能正当化。Spendel、Rohrer 等少数人否定主观的正当化要素。

在日本,关于主观的正当化要素存在必要说与不要说之争。一般来说,行为无价值论者主张必要说。其中,一种立场认为,主观的正当化要素,是使行为正当化的必要条件;如果缺乏主观的正当化要素,其行为就不能被正当化。因此,缺乏主观的正当化要素时,行为构成犯罪既遂(福田平、大塚仁)。另一种立场认为,缺乏主观的正当化要素时,虽然为行为无价值提供根据,但结果无价值是由客观的正当化要素决定的。所以,在缺乏主观的正当化要素时,虽然行为是违法的,但其结果是正当的,故应认定为犯罪未遂(中义胜)。

不要说主要是结果无价值论者的主张。根据不要说,基于事后的判断,如果没有发生违法结果的危险性,客观上又存在正当化事实时,因为缺乏法益侵害及其危险,故不能认定为犯罪(中山研一、内藤谦等)。不要说在日本基本上处于通说地位。

美国在此问题上也存在对立的观点。例如,医生亚历克斯意图杀害患者戴维,准备将空气注入戴维的静脉,靠近戴维并且偷偷地拔出注射器。恰恰就在此时,戴维由于医疗账单对亚历克斯有气,就用拳头猛击亚历克斯的鼻子,使其倒下不省人事。美国学者弗莱彻在描述此案后指出:“多年以前,保罗·罗宾逊(Paul Robinson)在《加州大学洛杉矶法学评论》上发表文章认为,无论被告是否知道正当化的情节与否,都可以适用正当化的请求。他的论据是,正当化的规范是纯粹客观的;它不要求主观的心理状态作为其成立的基础。当时,我写了一篇文章回应,解释说,世界上所有的法律体系,在事实上都对自我防卫和紧急避险的辩护要求一种主观要素,这种做法看来是正确的。在上面给出的例子中,戴维将为刑事殴打罪承担责任。亚历克斯的攻击在客观上的情节应当是没有意义的。从那以后,可以公平地说,我们一直在试图改善我们的立场,但是,任何一方都没有能够提出压倒性的论点。"〔24〕

弗莱彻承认,"在大众的情绪中,存在着一种对客观性理论的直观性的支持,至少是部分的支持"。〔25〕但是,弗莱彻本人的直觉则是,戴维的行为构成殴打罪。于是,他要为自己的直觉找到理由。他在分析了规范与特权的关系后指出:"最适当的描述禁止性规范和特权之间关系式是:人有义务遵守禁止性规范,并且在具备正当事由的情况下有违背这一义务的特权。""对正当事由的明知,是违背义务者行使其特权的必要条件。有三个论点支持这个结论:第一,正当事由下的规范违反(该客观事实足以阻却定罪),从其基本方面说,不必延伸到特权的领域。第二,对'行使特权'的概念分析支持一种看法:'行使'行为或者'依特权去行为',以明知正当事由的存在为前提。"第三,"正当事由的主张代表了禁止性规范的例外。作为例外,这些主张只应适用于那些享有特殊处遇的人。加入这个因素,使行为人的意图变得重要了,因为仅有客观情境不足以确立某人特殊的、践踏他人法益的权利。某人违反了规范还可以享有例外的待遇,他必须至少知道支持其例外主张的情境。"〔26〕

四、违法性阻却事由的分类

对违法性阻却事由,能否在体系上进行分类,是学者们所关心的问题。刑法学者历来从实质的观点探讨违法性阻却事由的分类。

Mezger 将违法性阻却事由分为:基于利益阙如(不法阙如)的原则的违法性阻却事由与基于优越的利益原则的违法性阻却事由;前者如基于被害人的承诺的行为、基于推定的承诺的行为等,后者又可分为基于特别行为权的行为与基于特别行为义务的行为;正当防卫、紧急避险是基于特别行为权的违法性阻却事由,基于职务上的义务的行为、基于适法命令的行为等是基于特别行为义务的违法性阻却事由。

Sauer 将违法性阻却事由分为三类:第一类是防卫自己免遭危险与救助危险的违法性阻却事由,如正当防卫、紧急避险;第二类是行使形式的权利、权限的违法性阻却事由,如强制权、惩戒权、被害人的承诺等;第三类是促进公共生活利益的违法性阻却事由。

但不少学者认为,上述分类都是以违法性阻却事由的共同因素为中心进行分类的,难以说是方法论上、体系上的分类。

法国刑法理论则将违法性阻却事由分为两大类:第一类是依法律命令或有权限的官宪的指令的事由;第二类是法律允许的事由,其中又包括两种:一是法律明示允许的事由——正当防卫;二是法律默示允许的事由——紧急避险与被害者的承诺。

日本刑法理论一般将违法性阻却事由分为四类:一是紧急行为,包括正当防卫、紧急避险、超法规的自救行为、义务的冲突;二是基于法令的行为;三是正当的业务行为,包括业务行为与超法规的劳动争议;四是其他违法性阻却事由,包括被害者的承诺、推定的承

〔24〕[美]乔治·弗莱彻:《刑法的基本概念》,蔡爱惠等译,中国政法大学出版社 2004 年版,第 133 页。
〔25〕[美]乔治·弗莱彻:《刑法的基本概念》,蔡爱惠等译,中国政法大学出版社 2004 年版,第 134 页。
〔26〕[美]乔治·弗莱彻:《反思刑法》,邓子滨译,华夏出版社 2008 年版,第 414 页。

诺、安乐死。

总之,不同国家的刑法理论对违法性阻却事由所作的分类,与本国刑法对违法性阻却事由的规定密切联系。此外,分类标准是多种多样的,不同的学者可以采取不同的标准进行不同的分类。很难说哪种分类正确,哪种分类不正确。

德国、日本刑法理论,通常还将违法性阻却事由分为法定的违法性阻却事由与超法规的违法性阻却事由。之所以出现超法规的违法性阻却事由的概念,是因为德国旧刑法没有规定紧急避险,紧急避险阻却违法性只是刑法学者的主张,故称为超法规的紧急避险。后来,德国最高法院承认紧急避险是违法性阻却事由。直到 1952 年制定秩序违反法时,才将超法规的紧急避险法定化,1969 年联邦德国新刑法第 34 条才正式规定紧急避险。但是,超法规的违法性阻却事由这一概念,却仍然使用。因为刑法不可能将阻却违法性的所有事由都规定下来,在刑法规定之外必然存在事实上被公认的违法性阻却事由。日本刑法理论也使用超法规的违法性阻却事由的概念。

从刑事立法例来看,各国刑法都规定了正当防卫与紧急避险,多数国家的刑法规定了执行命令、履行职务的行为。如上所述,在刑法理论上也研究一些超法规的违法性阻却事由。下面分别介绍正当防卫、紧急避险与其他违法性阻却事由。

第三节　正 当 防 卫

一、正当防卫的意义与根据

根据各国刑法的规定,一般来说,正当防卫是指为保护自己或他人的权利,对紧迫(正在进行)的不法侵害所采取的必要防卫行为。正当防卫不仅在刑法理论上被认为是违法性阻却事由,而且有的国家刑法规定本身就指出正当防卫“不违法”。德国刑法第 32 条规定:“实施正当防卫所要求的行为的,不违法。”“为使自己或者他人免受正在发生的不法侵害而实施的必要的防卫行为,是正当防卫。”奥地利刑法第 3 条规定:“为使自己或者他人的生命、健康、身体的完整性、自由或者财产免受正在发生的不法侵害而实施的必要的防卫行为,不违法。”

德国刑法理论一般认为,正当防卫的正当化根据为“个人保全”与“法的确证”两个原理。个人保全原理,是指法律允许个人采取各种必要的防卫性保护措施,或者说,受到不法侵害行为攻击的个人可以采取必要手段保全自己。这一原理可以用社会契约论来说明。例如,根据霍布斯的观点,市民对国家的义务持续到国家能够基于其权力保护市民的场合(时期);在国家不能保护市民的利益时,市民就能够行使天赋自卫权力进行自我保护,任何契约都不可能使市民放弃这个天赋自卫权利。个人保全原理显然具有一定的合理性,但并非没有疑问。一方面,各国刑法都认可为了第三人的利益实施的正当防卫,但个人保全原理不能说明这一点。另一方面,既然在国家不能保护市民的利益时,任何契约都不可能使市民放弃自卫权利,那么,也不得以防卫过当为由使市民放弃自卫权利,于是,市民可以无限制地对不法侵害人加以防卫,因而不可能存在防卫过当现象。但是,这样的结论显然不符合各国刑法关于防卫过当的规定。

法的确证的原理,意味着法秩序即使受到了侵害,也不能退缩,而是要以严肃地显示其存在的方式维护法秩序。简言之,法的确证就是指"法秩序的防卫""捍卫法秩序""宣示法秩序的存在"。这是因为,不法侵害行为不仅侵害了个人法益,而且侵害了法的理念,侵害了基本的法秩序,于是,防卫行为不仅防卫了个人法益,而且防卫了法秩序。正因为如此,正当防卫不需要利益衡量,防卫人也没有退避义务。又由于法秩序终究是为了保护个人利益,所以,每个人都可以通过防卫行为来对抗不法侵害,为了保护他人的利益也可以进行正当防卫。但是,就该原理的具体内容而言,学者们有不同的理解。

有学者认为,防卫法秩序的妥当性(或者效力),在正当防卫中是一种决定性的原理;法秩序的优越性,可以从其规范妥当性的保护必要性的角度找到根据,正当防卫通过抑止行为不法,保护、确证法秩序的规范妥当性(Hirsch)。有的学者将法秩序的妥当性分为规范的妥当性与经验的妥当性两个层面来理解。首先,不法侵害通常侵害了规范的妥当性。但是,只有当法秩序的有效性现实地受到威胁时,才能承认对法秩序的经验的妥当性造成了侵害,才能发动正当防卫。因此,为正当防卫不要求利益衡量奠定基础的不法侵害,并非单纯的不法行为,而必须是更重大的攻击,即必须是对法秩序经验的妥当性的攻击。法秩序属于共同社会基本秩序的成员,只有通过精神上共有属于共同生活的基本秩序的各种价值,才可以使法秩序得以存续。公然无视法秩序的保护,侵害他人的法益,就表明了对法的基本秩序的精神上共有的反抗,就是对法秩序的经验的妥当性的攻击。于是,对法秩序的经验的妥当性的攻击,受到以下两方面的限制:一方面,如果原本就不是法秩序共同体的成员,便不可能攻击其内部共有的经验的妥当性。因此,儿童、精神病人等人,因为没有精神地参与价值的秩序,不能表明对法秩序的重大轻视,不能认定为对法秩序的不法攻击,对这种攻击不能进行正当防卫。另一方面,如果不是明显地无视法秩序,就不能认为经验的妥当性受到了攻击。于是,基于强制、错误的攻击,就不是对经验的妥当性的攻击。此外,违法行为中,一般人乃至警察默认的行为,周围的人看不到的那种偷偷侵入住宅的盗窃犯人,不是对法秩序的经验的妥当性的明显攻击,也不能以正当防卫相对抗。但是,一旦不法行为被评价为对法秩序的经验的妥当性的侵害,在考虑与之对抗的防卫行为的正当化时,就与保全法益的价值完全无关。因此,在众目睽睽之下,无视警告窃取水果的人,由于攻击了法秩序经验的妥当性,如果没有其他办法,即使杀害了他,也是正当防卫(Schmidhäuser)。

德国的多数学者将法确证的实体进行刑事政策的理解,即法确证的利益,是指对将来的不法侵害的预防、抑止的法利益。例如,Roxin 指出:"立法者通过正当防卫推进特殊预防与一般预防的观点,可以认为是一种更为精密的推论。通过被攻击者的防卫,就阻止了攻击者本人实现违法行为。在此意义上,个人保全原理有利于特殊预防。法确证原理意味着,对其他的潜在犯罪者而言,由于存在防卫行为的对抗,显示出谁也不能冒险实施违法的攻击,这便为一般预防服务。由于被攻击者及其救助的赶快到场,在有些场合,使攻击者考虑到,自己可能受到比他惹起的危险与他所要得到的利益更大的被害,通过这样的威吓效果可以抑止攻击,而且可以适当地实现国民对法的信赖的安定化。"〔27〕

〔27〕 C. Roxin, Die ,, sozialethischen Einschränkungen" des Notwehrrechts—Versuch einer Bilanz—, ZStW Bd 93, 1981, S. 73f.

日本则存在诸多学说。(1)法的自己保全说认为,正当防卫,是国家机关不能预防或恢复不正当侵害对法秩序的侵害时,补充性地允许私人进行预防与恢复的情形(团藤重光)。这种见解只是以法确证的原理作为正当防卫正当化的根据。(2)自己保存说认为,消极地允许国民在紧急状况下基于自己保存本能而保护自己生活利益,是正当防卫的基本原理(泷川幸辰、香川达夫)。这种学说仅将个人的保全作为正当防卫的原理。(3)社会相当性说认为,正当防卫之所以正当化,除了自己保存的本能之外,还因为正当防卫是历史地形成的社会生活秩序内的社会相当行为(福田平、大塚仁)。但是,社会相当性的观点对正当防卫的本质没做任何说明。(4)法确证的利益说(法确证衡量要素说),将“个人保全的利益”与“法确证的利益”的维护作为正当防卫的违法性阻却根据。即在法益衡量的框架下,防卫人所保全的个人利益与法确证的利益之和,优越于防卫行为所侵害的利益,故正当防卫阻却违法性(内藤谦、曾根威彦)。这种学说旨在说明正当防卫造成的损害可能大于不正当侵害造成的损害。即在正当防卫造成的损害大于不正当侵害造成的损害时,如果将正当防卫形成的法确证的利益放在正当防卫所保护的利益一边,则正当防卫所造成的损害仍然小于不正当侵害造成的损害。但是,这种“利益的加算”是否有利于划定正当防卫与防卫过当的界限,还存在疑问。(5)法益性的阙如、缩小说,通过优越的利益的原则说明正当防卫的正当化根据。即不正当侵害者的法益,因为其正在进行不正当侵害而被否定,或者其法益因为其正在进行不正当侵害而受到缩小评价,所以,防卫人的法益常常优越于不正当侵害者的法益(平野龙一、前田雅英)。但是,这一学说没有说明不正当侵害者的法益性阙如、缩小的根据。(6)优越的利益说认为,防卫人(被侵害者)对于急迫的不法侵害没有回避、躲避的义务,防卫人的正当利益,相对于不正当侵害具有质的优越性;不正当侵害者使自己的法益与防卫人的法益陷入“法益冲突”的状态,应当在不正当侵害者的负担内消解这一冲突;因此,防卫人的利益在性质上优越于不正当侵害者的利益,故防卫造成的损害可以大于不正当侵害所造成的损害(山口厚)。

二、正当防卫的要件

从各国关于正当防卫的规定来看,正当防卫的成立需要具备以下几个要件:一是必须存在紧迫不法的侵害,二是为了保护自己或者他人的权利,三是防卫行为具有必要性与相当性。

(一)紧迫不法的侵害

1. 紧迫(正在进行)

紧迫,意指不法侵害处于直接面临、正在进行或者还在继续的状态(Jescheck、Roxin、Wessels)。“正在进行”本身是容易认定的,所以,关键在于如何确定正在进行的开始点与结束点。

关于不法侵害的开始点,德国、日本刑法理论一般认为,如果防卫人直接面临不法侵害时,就可以实施正当防卫。有人认为,当后来不能够再对一个不法侵害进行防卫,或者只能在很困难的条件下进行防卫时,这种不法侵害就属于直接面临的状态(Schmidhäuser、Samson)。但是,这种观点可能导致防卫过于提前。有人指出,不法侵害的着手以及着手之前的预备结束阶段,属于直接面临的状态,可以进行正当防卫;对于还没有靠近着手的预备性攻击,不能进行正当防卫(Roxin)。

如果某种不法侵害形式上已经结束,但实质上还没有停止时,可以进行正当防卫。如对于持续犯而言,只要犯罪还在持续,就可以进行正当防卫。但就状态犯而言,存在争议的是,侵害行为已经结束,但当场使用强力挽回损失的行为,是否属于正当防卫?例如,盗窃罪完成后,被害人在犯行当场或者附近,使用强力夺回被盗财物的行为,是否属于正当防卫?一种观点认为,由于盗窃行为已经完成,即侵害已经过去,所以,被害人的行为不是正当防卫,而是一种自救行为(牧野英一、小野清一郎等)。另一种观点则认为,紧迫性就是现在性,从与防卫行为在时间上的关系来看,包括直接面临侵害的场合、侵害正在进行的场合与侵害继续的场合,紧迫性与被害的现在性没有关系,与犯罪是否既遂也没有关系(H. Mayer、Maurach、Welzel、Rittler、泷川幸辰),因此,盗窃犯持有赃物在现场或逃走过程中,就是现实地继续占有赃物,紧迫的侵害就在继续,被害人用强力夺回财物就是正当防卫。

设立自我保护装置(如自动射击装置、围墙上的玻璃碴、看门狗等)防卫不法侵害的,也是正当防卫。因为这种自我保护装置只是在侵害成为现实时才起作用,所以,仍然是针对紧迫的侵害的,应当认为是正当防卫(Jescheck、大塚仁等)。但是,自我保护装置所造成的风险由设置者承担,即如果自我保护装置导致不法侵害者以外的人伤亡,设置者应当对此承担责任。此外,威胁他人生命的自我保护装置缺乏正当防卫的必要性条件(Roxin、Jescheck、前田雅英),换言之,如果自我保护装置不相当,则可能因为不符合正当防卫的其他条件而不成立正当防卫。

防卫人已经预见到了的侵害,并不丧失紧迫性。日本20世纪50年代的判例认为,如果预见到了侵害,并且对侵害进行了充分的准备时,则侵害行为不具有紧迫性。[28] 但20世纪70年代的判例则认为,即使侵害已经被预见到,也不能否认其紧迫性。[29] 现在,日本刑法理论都认为,对于已经预见的不法侵害能够进行正当防卫。因为正当防卫不是责任阻却事由,不以不法侵害人的突然袭击压制防卫人的意志为条件,只要存在法益侵害的客观紧迫性,就可以进行正当防卫。

2. 不法

不法,就是违法,即必须是违法的侵害,因而不限于符合构成要件的不法行为。日本刑法使用的是“不正当”一词,但通说仍然将它解释为违法。由于只能针对不法行为进行正当防卫,所以对正当合法行为不允许进行正当防卫。正当防卫并不是只能针对犯罪行为,对其他违法行为也可能进行正当防卫。一般认为,作为防卫对象的不法,并不是指刑法上的违法性(不是指作为犯罪成立条件之一的违法性),只要是对一般值得保护的利益的侵害即可。

有争议的是,对紧急避险能否实行正当防卫?首先,德国刑法将紧急避险分为阻却违法的紧急避险与阻却责任的紧急避险,一般认为,对于阻却责任的紧急避险,应是可以防卫的,因为该行为仍然具有违法性,只是缺乏有责性。其次,日本刑法没有区分阻却违法的紧急避险与阻却责任的紧急避险(但有学者对二者进行了区分),如果将紧急避险作为违法阻却事由,能否对紧急避险实行正当防卫?少数学者认为,紧急避险行为虽然阻却刑

〔28〕 参见日本最高裁判所1959年11月27日判决,载日本《最高裁判所刑事判例集》第3卷第11号,第1801页;日本最高裁判所1965年10月25日判决,载日本《最高裁判所刑事判例集》第9卷第11号,第2295页。

〔29〕 日本最高裁判所1971年11月16日判决,载日本《最高裁判所刑事判例集》第25卷第8号,第996页。

法上的违法性,但可能产生民事上的损害赔偿义务,因而可能违反民法,故可能对紧急避险实行正当防卫(松宫孝明)。但多数人不同意这种观点。虽然作为正当防卫对象的不法侵害,不以具有刑法上的违法性为前提,但将刑法上允许的行为,作为正当防卫的对象,会导致刑法上的违法评价的矛盾。

另有争议的是,对于无责任的不法侵害能否进行正当防卫?一种观点持否定说。Jakobs认为,对于明显无责任的不法侵害不能进行正当防卫;H. Mayer认为,只能对有责任能力且故意的不法侵害进行正当防卫;Bertel认为,对于儿童和精神病人的不法侵害不能进行正当防卫。德国的通说认为,正当防卫所针对的不法侵害不必是有责的,对无责任能力的人仍然可以进行正当防卫。但是,在不法侵害由无责任能力的人实施时,防卫权受到限制。亦即,防卫人首先应当逃避侵害行为,在不能逃避的情况下可以采取防御性防卫,在防御性防卫无效的情况下可以进行攻击性防卫(三阶层防卫理论)。另一种观点认为,只要侵害行为客观上是违法的,就可以进行防卫,而不问侵害人是否有责,故对精神病人、幼儿的侵害行为也可以进行正当防卫;对于故意行为与过失行为都可以进行正当防卫。理由可以归纳如下:刑法明确区分了违法性与责任,而刑法规定的正当防卫的对象只需具有违法性;对无责任的违法行为进行正当防卫,也符合正当防卫的正当化根据;正当防卫不是对"不法侵害"的法律制裁,而是对个人法益的防卫,不必要求不法侵害具有责任。当然,在侵害者是年少者或者侵害行为表现为过失时,由于"侵害"的程度轻微,排除侵害的方法也就可以缓和。但这一结论并不一定具有一般的妥当性,毕竟要由具体的情况来决定。这是日本的通说。两国学说之所以存在这种区别,是因为德国对防卫过当的认定不考虑利益权衡,故需要在正当防卫的前提条件中对防卫权进行限制。

3. 侵害

侵害,是指对法益造成实害或者危险,不要求符合构成要件。多数观点认为,不管不法侵害是故意行为还是过失行为,都可以成为正当防卫的对象。但也有人认为,只能对故意行为进行正当防卫。

对动物的侵害能否进行正当防卫?如果是无主的非保护动物侵害人的法益,对之进行反击的,没有必要考虑正当防卫观念问题。动物的饲主、管理者基于故意或过失,将动物作为犯罪工具进行利用时,这种侵害就是饲主、管理者自身的侵害,对此当然可能进行正当防卫,但这不是对物防卫的问题。所以,问题主要在于两种情形:其一,对于有主动物在没有主人唆使的情况下所进行的侵害,能否进行正当防卫?否定说中采取主观的违法性论的人认为,正当防卫所针对的侵害必须是有责任能力的人在故意或过失心理支配下的侵害,动物的袭击不是不法侵害,故所谓对动物防卫不是正当防卫。否定说中采取客观的违法性论的人则认为,法本来是共同体的规范,而共同体只存在于人类,动物、自然现象不能进入这种共同体,对动物的举动、自然现象不能进行违法评价。但动物的袭击是一种危险,可以成为紧急避险的对象。肯定说则认为,只要是对法益的侵害与威胁,就能被评价为违法,所以,违法评价的对象不仅限于人的行为,还包括动物的举动与自然现象。况且,作为正当防卫对象的违法,与作为犯罪成立条件的违法并不是一回事。如果将正当防卫对象的不法侵害限制在人的侵害的范围内,就不能充分保护被侵害者。即使承认可以紧急避险,但由于紧急避险的要件严格,仍然不利于保护被侵害者。肯定说的另一种解释是,有主动物的袭击,乃饲主的管理过失所致,本质上属于人的过失的危险行为,因而存在人的不法侵害行为,对此当然可以进行正当防卫。其二,无主(无人饲养)的保护动物侵害人的法益时,能否进行正当防卫?肯定说认为,作为防卫对象的保护动物的法益主体虽然不是个人,但从被侵害者的立场以及避免侵害的必要性来看,与自然人实施的不法侵害没有区别,能够进行(准)正当防卫。[30] 如果说只能进行紧急避险,则明显会出现不协调现象(Spendel、山口厚)。否定说(德国的通说)认为,保护动物对人的攻击不是正当防卫对象的不法侵害,故杀害该野生动物的行为不是正当防卫。如果肯定这种情形可以进行正当防卫,违反了正当防卫的正当化根据(法确证的原理)。

不法侵害人A使用B的所有物正在进行不当侵害时,能否针对B的所有物进行正当防卫?第一种观点认为,在B没有过错的情况下,对这种情形应认定为紧急避险。第二种观点认为,不法侵害不以侵害者具有过错为前提,只要具有客观的违法性即可。所以,即使法益主体B没有侵害故意,甚至缺乏行为性,针对B的所有物进行的防卫也是正当防卫。第三种观点认为,如果B缺乏行为性,也可以准用正当防卫的规定,即在与正当防卫相同的范围内肯定违法性的阻却(成立准正当防卫)。第四种观点认为,此时,B的所有物已经与侵害人A一体化,成为侵害行为的有机组成部分,当然可以对此进行正当防卫。

自然人的不法侵害是否必须具有行为性?这是刑法理论存在争议的问题。一种观点认为,不法侵害必须具有行为性(Roxin、Mitsch、西原春夫、内田文昭),所以,对于处于癫痫发作中或者睡梦中的人的侵害,不能进行正当防卫,但可以进行紧急避险。另一种观点认为,不法侵害不必具有行为性(Welzel、Weber、平野龙一、大塚仁、曾根威彦、前田雅英、山口厚)。这与上述对物防卫相关联。

当法人成为不法侵害者时,能否进行正当防卫?Roxin认为,法人不可能具有刑法意义上的行为,而且对法人的防卫不可能达到一般预防的法确证的效果,故不可能对法人进行正当防卫。当然,在法人中的自然人实施违法行为时,对该自然人可以进行正当防卫。

多数观点认为,对不真正不作为犯可以进行正当防卫;至于对真正不作为犯能否进行正当防卫,则存在争议。日本的刑法理论、判例以及德国的部分学者(如Jescheck)持肯定回答。日本曾有这样的判例:对进入自己住宅、要求其退出而不退出的人,以强力拉出门外的行为,认定为正当防卫。德国的部分学者持否定回答,因为真正不作为本身并没有侵害法益,对真正不作为犯进行防卫在事实上也不适当。例如,汽车司机撞伤他人后不将被害人送往医院,第三者对司机使用暴力使其履行救助义务,不是正当防卫,但可以成立紧急避险(Roxin)。[31]

对自己招致的侵害能否进行正当防卫,是值得研究的问题。根据法确证的原理,在由被攻击者自己的违法挑拨行为所招致的攻击的场合,正当防卫被限制或者否定。首先,被攻击者有意图地挑拨攻击时,正当防卫被否定。对有意图的挑拨者没有保护的必要性,而且违法的挑拨者不能确证法秩序。其次,非意图的(未必的故意或者过失)但有责地挑拨的场合,正当防卫虽然不完全被否认,但法确证的利益减少,正当防卫的正当化范围受到

---

〔30〕 因为不法或者违法仅限于对人的行为的评价,所以,针对保护动物的侵害所进行的防卫只能准用正当防卫的规定,在与正当防卫相同的范围内肯定违法性的阻却,就可以解决问题(准正当防卫)。

〔31〕 对于不履行债务的不作为,应当通过民事诉讼程序或者其他法律救济手段使对方履行债务或者赔偿时,也不能进行正当防卫。

限制。例如,“一个人侮辱另一人,旨在激怒其对自己实施暴力性攻击,从而能够在对其防卫中将其击毙”。德国的主流观点认为,在此不仅要以滥用权利为由否认正当防卫,而且要以刑罚惩罚挑拨者。亦即,对于以加害的意图通过违法的行为挑拨他人攻击的人,不能援引正当防卫的规定。因为这个人对自己故意以自己的违法攻击引起的自己的危险化,刑法没有保护的必要。“而且,这个人作为违法的挑拨者,只是为了加害的目的而在作准备时,并不是在确证法。”[32]总之,如果行为人故意挑拨对方,引起对方对自己进行侵害,然后以正当防卫为借口进行反击,就是对正当防卫的滥用,而不是正当防卫。但学者们对不构成正当防卫的理由表述不一。有人认为,在这种情况下,缺乏侵害的紧迫性,因而不是正当防卫;但也有人认为,在这种情况下,并不是缺乏紧迫性,而是缺乏防卫意思。此外,如果以违法的行为引起对方的侵害行为时,则该侵害行为本身是正当防卫,不能对这种正当防卫再进行正当防卫。不过,对自己招致的侵害行为,也不是绝对不能进行正当防卫的。例如,如果过失引起对方的侵害,而且这种过失本身又轻微,或者预想只会引起对方的轻微反击,而对方对异常重大的法益进行侵害时,仍有实行正当防卫的余地。

还要说明的是,关于这个问题,德国不少刑法学者是用原因中的违法行为理论来解决的。这一理论认为,某种行为是否阻却违法,应根据行为自身进行判断,而不应当考虑事前行为与事后行为。当自己的行为招致了紧迫的不法侵害时,在这种情况下所实施的防卫行为本身,仍然是正当防卫,是违法性阻却事由。但是,行为人对招致侵害的行为以及造成的法益侵害结果(正当防卫造成的结果),要承担刑事责任(Baumann、Tröndle、Schmidhäuser)。这一理论在日本也得到了一些学者的支持。这一理论是运用了原因中的自由行为的理论进行考虑的,但受到了批判。一方面认为防卫自身是适法的,另一方面又让行为人对事先招致侵害的行为与作为正当防卫结果所发生的法益侵害承担刑事责任,这当然是有矛盾的。在这种场合,应当将正当防卫的成立与否,同招致侵害的行为,进行一体化的评价(Roxin)。

与上一个问题相联系的是斗殴过程中有无正当防卫的问题。突然受一方的攻击而进行的正当防卫案件是很少的,大多是基于某种原因而产生对立,然后向着攻击与反攻击的方向发展。这样,在防卫者一方也存在某种问题的场合,究竟在何种范围内承认正当防卫,这实际上是正当防卫论的重要问题。

德国的刑法理论与判例一般认为,在相互斗殴时,由于相互同意他人的殴打,因而缺乏违法性,故任何一方都不是正当防卫。第二次世界大战前的日本大审院,援用自古以来的“斗殴无防卫”的法理,认为斗殴中没有正当防卫观念存在的余地,一概否认斗殴中的正当防卫。[33] 但是这种做法受到了严厉的批判。第二次世界大战后,日本最高裁判所作了改正,积极地承认了斗殴中有正当防卫的情况。[34] 现在的问题是,在何种范围可以承认正当防卫?日本的最高裁判所是根据行为人的主观状况来划定界限的。如果行为人对对方有积极的加害意思,就不承认有正当防卫。但理论界对此颇有异议,一般认为在两种情况下可以进行正当防卫:一是在斗殴过程中,如果一方明示且实际中止斗殴,另一方仍

---

〔32〕 C. Roxin, Strafrecht Allgemeiner Teil, Band I, 4. Aufl., C. H. Beck, 2006, S. 678.

〔33〕 日本大审院 1932 年 1 月 25 日判决,载日本《大审院刑事判决录》第 11 卷,第 1 页。

〔34〕 日本最高裁判所 1948 年 7 月 7 日判决,载日本《最高裁判所刑事判例集》第 2 卷第 8 号,第 793 页;日本最高裁判所 1957 年 1 月 22 日判决,载日本《最高裁判所刑事判例集》第 11 卷第 1 号,第 31 页。

然进行攻击时,中止的一方可以进行正当防卫。在笔者看来,这已经不是斗殴“过程中”的正当防卫问题了。二是在一般性斗殴过程中,一方的攻击急剧加重时,另一方可以进行正当防卫。

(二)为了保护自己或者他人的权利而防卫

1.可能防卫的权利范围

德国、日本等国都只规定了对于自己或者他人的权利或者利益可以进行防卫。换言之,原则上所有的个人(包括法人)法益(如生命、健康、财产、名誉、居住权等),都是可以防卫的;至于这些个人法益是否属于刑法保护的法益,则在所不问。例如,日本的判例对于保护夫权的行为,也认定为正当防卫。

对于侵害公法益的行为能否进行正当防卫,换言之,能否为了保护公共的法益而进行正当防卫,还存在争议。可以肯定的是,如果对公法益的侵害同时侵害了个人法益时,是允许进行正当防卫的。例如,允许任何目击者对露阴行为进行正当防卫,因为刑法规定公然猥亵罪是为了保护个人的性的羞耻心。再如,为了防止国家财产被盗窃或者被毁坏,可以实施正当防卫。但对没有同时侵害个人法益的行为能否进行正当防卫,则说法不一。Jescheck 指出,对公共秩序以及整体法秩序的侵害,只能由国家及其机关防卫,而不能由个人防卫。Roxin 指出,如果在公民没有保护个人利益的需要时也允许正当防卫,正当防卫给社会秩序造成的损害会大于其益处。但 Schroeder 认为,在有限的范围内,可以为公法益进行防卫。例如,对妨害司法或者私放罪犯的行为,可以进行正当防卫。不仅如此,德国的通说还认为,当现实的国家利益受到直接威胁,而主管机关在特定场合又无法保护这一国家利益时,为了保护作为主权象征的国家法益,也可以进行正当防卫。日本一部分学者(平野龙一、内藤谦、前田雅英)不赞成为公法益进行正当防卫;另一部分学者(团藤重光、福田平、大塚仁、山口厚等)与判例则认为,只有在不能期待国家机关的有效保护的极紧迫的情况下,才例外地允许公民为了公共的法益进行正当防卫。

2.防卫意思

防卫行为的对象,只能是不法侵害者,对第三者进行防卫的,不可能正当化。这是没有疑问的。问题是,正当防卫的成立,是否要求防卫人具有“防卫意思”。

防卫意思是否必要,是德国、日本刑法理论一直争议的问题。在德国,以前是防卫意思不要说广为传播,现在则是防卫意思必要说占通说地位;在日本,以前是防卫意思不要说占支配地位,但自从1936年大审院采取必要说的立场以来,必要说便成了有力的主张,主张不要说的人较少。但是近来,不要说的主张几乎成为通说(至少是有力说)。必要说与不要说的对立,曾经是同主观主义刑法理论与客观主义刑法理论的对立相对应的,最近则可以说是同行为无价值与结果无价值的对立相对应的。

必要说认为,行为是主观与客观的统一体,防卫行为也是如此,如果没有防卫意思,就不是防卫行为。这种防卫意思是作为违法性阻却事由的正当防卫行为的主观的正当化事由。而且从法律条文上分析,一般规定正当防卫是“为了排除……”或“为了保护……”而进行的防卫,这就肯定了防卫意思的必要性。还有人指出,正当防卫是保护法秩序的行为,只有打算保护自己或他人权利免受紧迫不法侵害的人,才有保护法秩序的资格。不要说则认为,违法性的有无,属于行为客观方面的问题,因此,违法性阻却的判断也应当与行为人的主观没有关系。必要说与不要说的争论,主要集中在防卫意思的内容与偶然防卫上。

防卫意思本来应包括防卫目的与防卫认识，前者说明行为人对侵害人进行反击是出于防卫，后者说明行为人认识到自己的行为是防卫行为。但采取防卫意思必要说的学者认为，防卫意思就是防卫认识，即只要认识到自己的行为是与紧迫的不法侵害相对抗的行为，就是具有防卫意思。这样来解释防卫意思，是为了处理基于兴奋、愤怒进行的防卫行为。因为在基于兴奋、愤怒进行防卫时，防卫人不可能具有防卫的目的；但如果不承认这种情况下的防卫是正当防卫，又不妥当；不过，基于兴奋、愤怒进行防卫时，防卫人认识到了自己的行为是与紧迫的不法行为相对抗的行为，因而具有防卫认识。所以，一方面认为防卫意思是必要的，另一方面又认为防卫意思只限于防卫认识。[35]

但采取不要说的学者则认为必要说有矛盾。因为必要说也认为，当行为人利用他人的攻击，进行积极的加害时（口实防卫），缺乏防卫的意思，不是正当防卫。即如果具有积极的加害意思，则表明没有防卫意思。但为什么一旦有积极的加害意思，就否认防卫意思的存在呢？在有加害意思的情况下，行为人认识到自己的行为是与紧迫的不法侵害相对抗的行为，也有防卫意思。所以，必要说是有矛盾的。

防卫意思是否必要，与对偶然防卫的认识是密切联系的。例如，A 用枪射击 B 时，刚好 B 已经在外套里藏着手枪要射击 A。A 的行为便是偶然防卫。在这种场合，A 的行为从外形上看是正当防卫，但完全没有防卫意思。必要说否定其为正当防卫，不要说则肯定其为正当防卫。必要说认为，偶然防卫行为的性质与通常的杀人没有任何区别，却因偶然的情况承认其为正当防卫，这是可笑的。其中有人认为，偶然防卫行为与杀人行为没有区别，但其结果则是法律允许的，或者说结果不是无价值的，因而只成立杀人未遂。将偶然防卫作为正当防卫宣告为无罪，或许有悖于朴素的正义感。因此，不要说中也有人以行为人主观上具有故意为理由，认为对偶然防卫应以犯罪未遂处罚（平野龙一、内田文昭）。但是，有人认为，这种见解与强调违法性判断的客观性及违法性同责任的区别的立场不一致，而采取不要说则可保持一致（前田雅英）。于是，关于偶然防卫的学说可以整理如下：

（1）部分行为无价值论者认为，正当防卫的成立要求防卫意识（主观的正当化要素），偶然防卫缺乏防卫意识，因而成立犯罪既遂（行为无价值论的既遂说）。例如，大谷实提出的理由是：“第一，刑法中的行为由主观要素与客观要素组成，即使在防卫行为中，这一点也应是当然的前提，与主观的违法要素被作为犯罪成立条件相对应，应当承认主观的正当化要素。第二，如果将明显出于犯罪意图而实施的、引起了行为人所预想的结果的攻击行为认定为正当防卫，就会保护不法者，违反通过法的确证以维护社会秩序的正当防卫的宗旨。因此，在偶然产生防卫结果的场合（偶然防卫）……因为缺乏防卫意识而不应当认定为正当防卫。第三，应当认为，刑法第 36 条所使用的‘为了’防卫权利的文言，表明了必须有防卫意识的旨趣……必要说的一种观点认为，既然客观上满足正当防卫的要件，就不存在结果无价值，由于缺乏防卫意识，具有行为无价值，故成立未遂犯。但是，由于阻却违法性的对象是符合构成要件的事实整体，将行为与结果分开评价是不合适的。因此，既

---

〔35〕 这是必要说中的多数人的观点，但也有不少人认为，防卫意思包括防卫认识与防卫目的（如 Jescheck、泉二新熊、青柳文雄、下村康正等）。

然站在必要说的立场,一般就应主张成立既遂犯。"[36]大塚仁提出的理由与此完全相同。

(2)部分行为无价值论者(也可谓二元论者)认为,正当防卫的成立要求防卫意识,偶然防卫造成了正当的结果,缺乏结果无价值,但存在行为无价值,因而成立犯罪未遂(行为无价值论的未遂说)。这是德国的通说。在二元论占通说的德国,一种行为举止,只有既不具备行为无价值,也不具备结果无价值时,才可能是合法的,但偶然防卫仅存在行为无价值,所以,成立不能犯未遂。日本的多数二元者论也持这一立场。例如,井田良指出:"从立足于行为无价值论的立场出发,要承认违法性阻却的效果,不仅要求存在符合违法性阻却事由(如正当防卫)的客观事实,而且要求行为人是在认识到该事实的基础上而实施的行为……行为人没有认识到属于违法性阻却事由的事实而实施行为时,是为了实现其认识到的没有被正当化的法益侵害或者危险的事实而实施行为的,故能够肯定故意犯的违法性。即使偶然产生了符合违法性阻却事由的客观事实,也仍然存在行为无价值,行为不法被肯定。"[37]

(3)部分结果无价值论者认为,正当防卫的成立虽然不要求防卫意识,但偶然防卫是由于偶然原因没有造成法益侵害结果,因而具有造成法益侵害的危险,故成立犯罪未遂(结果无价值论的未遂说)。例如,西田典之指出:偶然防卫"确实缺乏结果无价值,但是,也可能认为其存在发生结果的危险。这一点可以与以下问题并行考虑。例如,不知道对方是尸体,以为对方还活着而开枪,事后鉴定表明,当时对方已经死亡。该行为是否成立杀人未遂?显然,对这一问题的处理最终归结于对后述的不能犯采取何种见解,本书虽然采取防卫意识不要说,但认为偶然防卫应当具有未遂的可罚性。"[38]山口厚、佐伯仁志也持类似观点。山中敬一教授采取防卫意识不要说,但他认为,偶然防卫存在危险无价值。例如,在丙故意杀害丁时,偶然防卫者乙向丙开枪,碰巧造成了正当防卫的结果。倘若乙的行为无论是稍微提前一点,还是稍微推后一点,都成立故意杀人罪。在所有的偶然防卫事例中,都是如此。所以,即使不采取事前判断的具体危险说,而是采取事后的观察,也可以说乙的行为产生了造成违法结果的危险状态。例如,在丙于乙开枪之后的最后一瞬间实施了侵害行为的场合,乙的行为就已经发生了具体的危险。在这种情况下,虽然存在正当防卫的结果,不存在结果无价值,但已经发生的违法的危险状态不能被正当化。概言之,虽然不存在结果无价值,却存在危险无价值。

(4)部分结果无价值论者认为,紧急救助型的偶然防卫属于正当防卫,自已防卫型的偶然防卫成立犯罪未遂(结果无价值论的二分说)。主张这一观点的曾根威彦指出:在B以杀人故意杀害了C,实际上C当时正在对B实施故意杀人行为的场合,"B的法益与C的法益处于冲突之中,法律不可能认为其中的任何一方处于优越的地位"。"二者处于不正对不正的关系,缺乏正当防卫的前提,因而难以认定B的行为成立正当防卫。就此而言,在本案中,结局是防卫意识作为主观的正当化要素起到了作用,但是,必须注意的是,这是因为没有防卫意思的B的法益被评价为不正当的利益,而不是像行为无价值论所说的那样,不具有防卫意思的B的心理状态本身为行为的违法性奠定了基础。但是,虽然

---

〔36〕[日]大谷实:《刑法讲义总论》,成文堂2012年第4版,第282~283页。

〔37〕[日]井田良:《讲义刑法学·总论》,有斐阁2008年版,第258页。

〔38〕[日]西田典之:《刑法总论》,弘文堂2010年第2版,第171页。

不能认定 B 的行为成立正当防卫,但应认为其违法性的程度仅处于未遂的限度内。诚然,C 已经死亡,B 的行为符合杀人既遂的构成要件(这一点在通常的正当防卫的场合也一样),但由于 C 的法益也是不值得法保护的不正当利益,故应做出与通常的杀人不同的法律评价。不过,由于现实上发生了结果,不是适用未遂犯的规定,而是准用未遂犯的规定。”〔39〕

(5)部分结果无价值论者认为,正当防卫的成立不要求防卫意识,偶然防卫成立正当防卫(结果无价值论的无罪说)。例如,有学者指出,在偶然防卫的场合,“客观上存在紧迫、不正的侵害事实,以及防卫行为与防卫效果,客观上处于正对不正的关系,因而存在法确证的客观的利益”。〔40〕按照从客观到主观认定犯罪的路径,应当排除犯罪的成立。“不管是从事前观察,还是从事后观察,偶然防卫都客观上阻却了作为未遂犯的不法内容的基础,应当无罪。”〔41〕

对过失的偶然防卫(如 A 正在杀害 B 时,C 过失射击了 A),防卫意思不要说主张成立正当防卫;防卫意思必要说则存在两种观点:一种观点认为成立过失犯;另一种观点认为属于过失的未遂犯,但由于过失犯不处罚未遂,因而不处罚。

那么,采用防卫意识不要说时,如何解释刑法所规定的“为了排除……”或“为了保护……”呢?有学者指出,将防卫意识理解为防卫意图、动机时,它只是单纯的心情要素;将防卫意识理解为对正当防卫状态及其他符合正当防卫的事实的认识时,它是作为责任要素的正当防卫的“故意”(一种比喻),只要不采取将一般故意作为主观的违法要素的行为无价值论,就必须否定其作为违法要素的性质。既然正当防卫是违法阻却事由,而主观“故意”不是违法要素,偶然防卫当然也可能成立正当防卫。也有一些学者认为,将“为了排除……”或“为了保护……”理解为客观上是排除不法侵害或者保护法益的行为即可。

3. 防卫行为、防卫对象与防卫效果

作为违法阻却事由的正当防卫行为,是抵御、制止不法侵害的行为,原本是符合构成要件的行为。正是因为符合构成要件,故需要作为违法阻却事由来考虑。对不法侵害者进行攻击的防卫行为(攻击性防卫)通常是符合构成要件的行为。德国刑法理论还使用防御性防卫的概念。然而,如果防御性防卫行为原本不符合构成要件,就没有必要作为刑法上的违法阻却事由。

防卫行为只能针对侵害人实施,而不能针对第三者实施。问题是,防卫行为导致第三者伤亡时应当如何处理?例如,乙侵害甲,甲为了反击而向乙投掷石块,但石块没有击中乙而击中丙,使丙受伤,或者在击中乙的同时也击中丙,使丙受伤。甲的行为针对乙而言,无疑是正当防卫;但就对丙的伤害而言,则存在不同观点。第一种观点认为,甲对丙也是正当防卫。因为丙的伤害是由乙的正当防卫行为引起的结果;即使正当防卫行为对第三者产生了违法结果,也不使其丧失正当性。而且,既然甲的行为是正当防卫,就应当将所发生的全部结果作为整体进行评价(川端博)。这种观点背后的观念是,不能认为甲的行为既是合法的(对乙而言)又是违法的(对丙而言)。但是,根据这种观点,没有实施不法

〔39〕［日］曾根威彦:《刑法の重要问题》(总论),成文堂 2005 年第 2 版,第 94～95 页。
〔40〕［日］内藤谦:《刑法讲义总论》(中),有斐阁 1986 年版,第 344 页。
〔41〕［日］林幹人:《刑法总论》,东京大学出版会 2008 年第 2 版,第 197 页。

侵害的丙必须忍受甲的防卫行为,这缺乏合理性。第二种观点认为,甲的行为成立紧急避险。因为甲的行为不是对不法侵害本身的反击,而是对无关的第三者的反击,完全符合紧急避险的条件(牧野英一、团藤重光、福田平、大塚仁、大谷实等)。但是,紧急避险与正当防卫的条件不同,将甲的行为认定为紧急避险也有疑问。第三种观点认为,甲的行为成立假想防卫。因为丙没有实施不法侵害,但甲的防卫行为导致了丙的伤害结果,所以应视为一种假想防卫,阻却故意责任(前田雅英)。第四种观点认为,如果甲对丙的伤害符合紧急避险条件,就认定为紧急避险;如果不符合紧急避险的条件,则成立故意犯或者过失犯(山中敬一)。此外,有人认为,甲的行为成立假想避险,有人认为甲的行为成立防卫过当(空间防卫过当)。

防卫行为排除了不法侵害时,当然成立正当防卫。问题是,防卫行为未能排除不法侵害,却损害了不法侵害者的法益时,是否成立正当防卫?少数学者对此持否定态度,即只有在防卫行为排除了不法侵害的情况下,才成立正当防卫。但是,多数人不同意这种观点。可以肯定的是,对排除不法侵害根本不起作用的行为,不是正当防卫行为;但是,正当防卫的成立,不以防卫行为排除了不法侵害为条件;如果因为防卫行为没有排除不法侵害而不成立正当防卫,反而构成违法行为,就会阻止人们实施正当防卫,使刑法规定的正当防卫丧失意义。所以,只要从事前的角度来看有可能排除不法侵害或者有可能增加不法侵害的实施难度,就可以成立正当防卫。反之,如果行为不具有这样的性质,则不是防卫行为。例如,甲骑摩托车到达现场开始对乙实施伤害行为时,丙毁坏甲的摩托车的行为,不是防卫行为。此外,只能造成防卫过当的行为,或者以防卫过当的意思实施的行为,则是违法的,不能被允许(相应地,对这种行为也可以进行正当防卫)。

(三)防卫的必要性与相当性

德国刑法明文规定正当防卫应当是“必要的防卫”,刑法理论据此提出了正当防卫的必要性;而日本刑法规定正当防卫是“不得已所采取的行为”,但刑法理论没有争议地将“不得已所采取的行为”解释为必要的行为。

在日本,刑法理论上对必要性的概念主要有三种理解:(1)必要性是指反击行为作为防卫权利的手段,必须是在必要最小限度内的行为。这种理解虽然并不主张正当防卫要像紧急避险那样严格,但仍然意在严格限定正当防卫。例如,即使是对生命的不法侵害,但如果不杀死对方只打伤其手臂就能防卫生命,就只能打伤手臂。再如,在不伤害侵害人一方,能够很容易地逃避的场合,就应当逃避。正当“防卫”行为,在性质上是对侵害人的反击。因此,逃避侵害的行为不是防卫行为。这种理解过分地限制了正当防卫的成立范围。(2)只要能排除紧迫的不法侵害,就是必要的。换言之,即使不进行防卫,有其他容易采取的方法避免侵害性时,实施正当防卫也是必要的。这种理解将正当防卫视为正义的实现、正义的确证或者义务,于是主张扩大正当防卫的范围。但它过分扩大正当防卫的成立范围,不符合现代社会的实际。(3)必要性是指防卫行为是为排除不法侵害所必要,必要性不一定要求没有其他避免方法。这是一种折中的理解,是刑法理论上的通说。一方面对正当防卫的必要性的解释不能过分严格,另一方面又要最大限度地保护防卫人与侵害人双方的利益。因此,要求尽量使用轻微的防卫手段。

在日本,刑法理论关于必要性与相当性的关系的基本态度是,防卫行为在排除不法侵害的必要限度内是被允许的(必要性),但并非所有具备必要性的防卫行为都被允许,防卫行为必须限定在相当的范围内(相当性)(大塚仁、大谷实、前田雅英等)。但持反对观点的学者认为,这里所称的"必要性"并不是指"一定要"的意思,其内容中是要求具有防卫作用,因而缺乏限定性;而其中的"相当性"也极不明确。持反对观点的学者指出,防卫人面临不法侵害时,没有回避、逃避的义务,所以,排除不法侵害的必要的不可缺少的对抗行为(防卫行为的必要性)都是允许的。在判断排除不法侵害的必要性时,一方面必须考虑不法侵害的强度,另一方面要考虑被侵害者的体力等身体条件以及可能利用的防卫手段。必须通过综合考虑这些要素来具体地判断排除不法侵害的必要性。在考虑了防卫行为系排除不法侵害所必要,以及被侵害者的具体的能力等情况的基础上,只要是客观上被认可的行为,即使结局导致过当的结果,或者即使对于排除不法侵害并不充分,也作为排除不法侵害的必要行为,阻却违法性(山口厚)。问题是,在明显有失均衡的场合(如为了对盗窃一个苹果的人实施正当防卫,射杀盗窃者成为唯一手段时),能否成立正当防卫?有力的见解认为,在这种场合,因为缺乏相当性的要件,而成立防卫过当(平野龙一、内藤谦、大谷实、曾根威彦)。但有的学者指出,不应当允许为了保护轻微的法益而实施明显有失均衡的防卫行为,故上述场合既不成立正当防卫,也不成立防卫过当;如果将上述场合认定为防卫过当,则是以不明确的根据、基准划定正当防卫的界限,结局会广泛地将明显有失均衡的情形认定为防卫过当,从而反过来过于限定正当防卫的成立(山口厚)。

德国刑法第 32 条第 2 款规定了正当防卫的必要性(Erforderlichkeit),第 1 款规定了正当防卫的要求性(Gebotenheit)。一种观点认为,必要性与要求性的含义相同(Bockelmann、Jescheck);另一种观点认为,要求性不同于必要性,后者是对正当防卫的社会伦理限制(Roxin)。[42]

根据德国联邦最高法院的判例与刑法理论,必要性是指防卫人必须从许多可能的防卫方法中,选择使不法侵害者遭受最轻微损害的方法,但防卫人没有必要忍受财产上的损失与身体上的伤害,而是有权使用客观上有效的手段。防卫行为之所以必须具有必要性,是因为正当防卫不是惩罚性行为,其目的仅仅在于保护法益免受不法侵害,所以,应当遵循对侵害人最大限度的宽恕原则,应当在可供选择的防卫手段内,选择造成损害最小、危险最小的防卫手段(最温和的防卫手段)。当然,防卫人没有必要退却,没有必要将自己置于危险的境地;防卫行为所造成的损害也不必小于所要防卫的损害。必要性应当根据不法侵害(与侵害的强度、侵害人的危险性、侵害行为的危险性等)与防卫(如防卫手段)的整体情况进行判断。

首先,"在适当的、多种可供选择的防卫手段中,最温和而且不与自身损害的直接危险相联系的防卫行为,才是必要的……最温和的防卫手段,是指可以用拳头或者脚对攻击者进行防卫的人,不得使用刀或者枪进行防卫;能够使用殴打工具或者武器进行威胁,或者通过警告性射击威胁攻击者的人,不得开枪射击"。[43]

其次,如果防卫人只有唯一的防卫手段时,不管防卫行为会给不法侵害者造成何种损害,都属于最轻微的防卫手段。例如,"向一名逃跑的小偷开枪,如果是保护财产的唯一

---

〔42〕 当然,主张要求性与必要性的含义相同的德国学者,也会主张对正当防卫进行一定的限制。

〔43〕 C. Roxin, Strafrecht Allgemeiner Teil, Band I, 4. Aufl., C. H. Beck, 2006, S. 674ff.

方法时,也是‘必要的’”。[44]在课堂设例中,一名行动不便的老人,在没有其他办法的情况下,为了击落爬在树上偷苹果的少年而开枪射击,也是必要的。

再次,如果不同的防卫行为会造成不同的防卫效果时,防卫人不必冒着防卫失败的风险选择最轻微却不一定能制止不法侵害的防卫手段。但是,在使用枪支进行防卫时,必须首先对不法侵害者进行口头警告,然后鸣枪示警。在这样的措施无效时,才可以开枪射击;但在开枪射击时,也要尽可能瞄准非要害部位。

最后,对防卫行为的必要性应当进行事前的判断,判断资料是处于防卫人地位的一般人(理性第三人)在防卫当时所认识到的事实。

根据 Roxin 等学者的观点,德国刑法第 32 条第 1 款所规定的要求性,是与上述必要性不同的对正当防卫的社会伦理限制。

第一,按照法确证原理,在不法侵害者没有责任,不能对之予以刑罚处罚的场合,虽然也不丧失法确证的必要性,但与通常的不法侵害相比,法确证(一般预防)的利益大幅度减弱,因此,对之进行的正当防卫受到限制。对于无责任能力的人的侵害行为,只有在无法回避时才允许正当防卫。在不法侵害者责任减弱的场合,如醉酒者以及陷入可以回避的违法性错误的场合,正当防卫也应当受到同样的限制。

第二,如前所述,有目的的挑拨后的反击,不成立正当防卫。

第三,在侵害行为相当轻微的情况下,正当防卫受到法益均衡的限制。例如,不能为了制止轻微盗窃而采用有生命危险的防卫行为。根据法确证说,在不法侵害轻微的场合,法确证的利益比通常的场合减少,但减少的方式没有达到上述两种情形,不能要求被攻击者有退避义务或者向第三者要求救助的义务。但是,不能采取对生命有危险的手段。例如,“为阻止 X 偷走一瓶柠檬汁,W 朝 X 开了致命的一枪”。Kindhäuser 明确指出,在本例中,“由于 X 的生命在价值上明显高于像一瓶柠檬汁这种价值轻微的物品,这样,W 就只能采用更为轻缓的防卫或只得采取防御防卫的方式”。[45]再如,一个小偷在盗窃了价值 10 芬尼(旧货币单位,相当于人民币 0.5 元)的财物后逃之夭夭,行为人向他开枪射击。罗克辛教授认为,由于受侵害者可能遭受的损害微乎其微,故由法确证所实现的利益明显下降,但没有丧失。因此,正当防卫权原则上还是存在的,只是基于应予照顾的要求,需要对侵害者的生命予以怜惜。

第四,在亲子关系、夫妻之间这种在不真正不作为犯中给保证人的地位奠定基础的关系内部发生攻击时,法确证的利益比通常的场合减少。因此,不能直接采取致命性的防卫手段。“至少对于正常的夫妻关系而言,大多要求受到威胁的一方包容侵害者,尽可能地避开侵害,在可以选择的几种防卫方式中,应采用最温和的手段,只要没有面临更严重的危险,就应放弃会危及生命的防卫手段,哪怕没有更安全的方式。”[46]例如,妻子为了防止醉酒的丈夫的暴行而用雨伞将丈夫捅死的,不成立正当防卫。

第五,对于敲诈勒索的行为,不允许采用杀死或者严重伤害的防卫行为。根据 Roxin 的观点,如果对胁迫的勒索性攻击不限制正当防卫权,因而允许被勒索人在没有其他方法

---

〔44〕 C. Roxin, Strafrecht Allgemeiner Teil, Band I, 4. Aufl., C. H. Beck, 2006, S. 679.

〔45〕 [德]乌尔斯·金德霍伊泽尔:《刑法总论教科书》,蔡桂生译,北京大学出版社 2015 年版,第 172～173 页。

〔46〕 [德]冈特·施特拉腾韦特、洛塔尔·库伦:《刑法总论Ⅰ——犯罪论》,杨萌译,法律出版社 2006 年版,第 72 页。

的场合,秘密地杀害勒索者,就是不合适的,因为在这种场合,个人保全的要求与法确证的要求都降低了。显然,这样设定是以防卫人秘密杀害或者严重伤害勒索者为前提的。亦即,由于防卫人不得杀害或者严重伤害勒索者,所以,需要对正当防卫进行限制。换言之,如果不进行限制,就意味着防卫人可以杀害或者严重伤害勒索者。

三、防卫过当

一般来说,防卫过当是指超过了防卫的程度。防卫过当因不符合正当防卫中的必要性或者相当性而成立。主要表现为手段的明显不均衡与结果的明显不均衡。

对防卫行为是否超过必要、相当的程度的判断基准,理论上存在有争议。有一种观点认为,应当以防卫人的主观判断为基准,即只要防卫人认为自己的防卫是必要的、相当的,就没有过当。但通说则认为,防卫是否过当的判断是一种客观的判断,与防卫人自身的判断没有关系。这种客观的判断,必须考虑防卫人与侵害人的年龄、性别、体力的差异、力量的差别、攻击的缓急程度、法益的比较等,根据具体情况作出综合的判断。

德国部分学者、日本的通说与判例将防卫过当分为两种类型:一种是质的过当或强度的防卫过当(intensive Notwehrezess),另一种是量的过当或范围的防卫过当(extensive Notwehrezess)。前者是指在存在正当防卫状况的前提下,防卫的强度超过了防卫的必要限度的情形。例如,用赤手空拳进行防卫可以保护利益,却用短刀刺伤胸部致侵害人重伤的,是质的过当。后者是指正当防卫的状况并(已)不存在的情况下,超出正当防卫时间界限的防卫。从概念上说,量的过当分为过早的量的过当(事前过当)与过迟的量的过当(事后过当)。例如,甲得知乙将要伤害自己,于是提前伤害了甲。这属于过早的量的过当。再如,防卫人殴打侵害人,侵害人已经停止了侵害,防卫人却继续殴打的,是过迟的量的过当。同样,防卫人的最初一击已经将不法侵害者击倒,但因过于恐惧而继续使用器物攻击,导致不法侵害者死亡的,也是过迟的量的过当。可见,这种量的过当,实际是我国刑法理论所说的一种防卫不适时(事前防卫与事后防卫)。

关于量的过当,德国刑法理论存在三种处理意见:第一种意见(主流观点与司法判例)认为,对于所有的量的过当都不得适用防卫过当的规定。因为在不法侵害尚未开始或者已经结束时,原本就不存在正当防卫的前提条件,当然也就不可能存在防卫过当。例如,德国曾有这样的案例:被告人与妻子的父亲和哥哥发生争吵,父亲用拳头殴打被告人的后脑部,哥哥用刀袭击被告人,于是被告人掏出枪,父亲便逃走了,尽管如此,被告人仍然连开四枪,其中一枪打中哥哥的大腿使之负伤,另一枪将妻子打死。法院判决指出:"被告人对其兄开枪时,存在正当防卫的状况,但开枪打伤其兄的大腿后,就不存在正当防卫的状况。因此,后面的开枪行为不是……防卫过当行为。"〔47〕第二种意见(广为流传的观点)认为,对两种量的过当,都应当适用防卫过当的规定。因为正当防卫的界限也包括时间上的界限,而且在动机方面,量的过当与质的过当没有区别。第三种意见(学界多数见解)认为,对于过迟的量的过当可以适用防卫过当的规定,但对于过早的量的过当不适用防卫过当的规定。因为在过迟的量的过当的场合,事后的防卫行为与不法侵害的结束之间存在时间上、空间上的密切联系,因而存在正当防卫的前提条件。

---

〔47〕 转引自[日]堀内捷三、町野朔、西田典之编:《判例によるドイツ刑法》(总论),良书普及会1988年版,第83页。

日本的判例与刑法理论的通说采取上述第三种意见。日本的判例认为,基于一个意思决定,在同一机会中,针对紧急的不法侵害实施的防卫行为,只要可以作为一连串的对抗行为来把握,就可以将防卫过当作扩张解释,将一连串的行为整体认定为防卫过当。例如,防卫人使用劈柴刀消除了不法侵害人的侵害势态后,仍然继续攻击对方三四次。日本最高裁判所将防卫人的一连串行为作为整体认定为防卫过当。[48] 日本刑法理论的通说也主张,对量的防卫过当按防卫过当处理。例如,西田典之指出:"手段本身相当但在量上过头的情形,是量的过当。如果对量的过当进行分析性的判断,那么,在对方的攻击已经停止时,就不存在紧迫的不法侵害,就没有再防卫的必要……根据责任减少说,考虑到防卫人在紧急状态下的精神动摇这种状况,不自觉地反击过头这种量的过当,也可能包括在防卫过当中。"[49] 再如,山口厚指出:"虽然说是在侵害终了后,但如果能够评价为是对针对侵害实施的一连串的、一体化的防卫行为,就可能从整体上认定为防卫过当。为了认定为量的防卫过当,在以行为的时间上、场所上的连续性为前提的同时,还要像判例所示的那样,必须是以同一意思所实施的行为。在这样的场合,由于能够评价为针对侵害的行为,因此,不管对防卫过当的根据采取什么样的观点,都能认定成立防卫过当。"[50] 显然,在山口看来,不管对防卫过当减免处罚的根据采取违法减少说、责任减少说抑或违法和责任减少说,都应当承认量的防卫过当,并且适用减免处罚的规定。

防卫过当分为故意的防卫过当与过失的防卫过当。在防卫人对过当事实具有认识,有意识地造成防卫过当时,认定为故意犯罪没有疑问。在防卫人对过当事实缺乏认识的场合(无意识的防卫过当),就属于过失的防卫过当。问题在于,过失的防卫过当是成立故意犯罪还是过失犯罪?一种观点认为,对于无意识的防卫过当,应当按照假想防卫处理,如果错误可以避免,则认定为过失犯罪(德国判例、Jescheck 等);另一种观点则认为,无意识的防卫过当也成立故意犯罪,因为故意是对构成要件事实的认识、容认,而正当防卫是符合构成要件的事实,行为人对正当防卫事实存在认识、容认,而防卫过当起因于正当防卫,所以,防卫过当自然是故意的(大谷实)。但是,这两种观点都存在不协调的问题。

对于防卫过当,一般根据其情节减轻或者免除处罚。关于减免的理由,在理论上有不同的学说。责任减少说认为,由于防卫过当不是正当防卫,因此不存在违法性阻却事由,也即具有违法性,但由于防卫过当是在紧急状态下实施的,防卫人受到不法侵害者的心理压迫,因此不能给予强烈的非难。也就是说,防卫过当的违法性与一般犯罪没有区别,只是责任不同(平野龙一、堀内捷三)。如果彻底坚持责任减少说,就重视主观上陷入紧急状态的事实,即使客观上不存在紧迫的不法侵害,只要行为人认为存在紧迫状态,就可以减免刑罚;反之,如果以积极的意思造成过当结果,则不认为责任减少,即使存在紧迫的不法侵害,也不能减免刑罚。可见,这是不妥当的。违法减少说认为,防卫过当虽然不完全符合正当防卫的要件,但与一般的法益侵害行为不同,而是针对紧迫的不法侵害防卫正当的利益,因此,防卫过当的违法性就减少了(町野朔)。违法减少说虽然能说明对防卫过

---

〔48〕 日本最高裁判所 1959 年 2 月 5 日判决,载日本《最高裁判所刑事判例集》第 13 卷第 1 号,第 1 页。

〔49〕 [日]西田典之:《刑法总论》,弘文堂 2010 年第 2 版,第 178 ~ 179 页。

〔50〕 [日]山口厚:《刑法总论》,有斐阁 2016 年第 3 版,第 144 页。

当的减轻处罚,但不能说明对防卫过当的免除处罚。违法责任减少说认为,在防卫过当的场合,不仅违法性减少了,而且责任也减少了,这就是刑罚的减免根据(团藤重光、大塚仁、大谷实、前田雅英、山口厚等)。

日本《关于盗犯等的防卫与处分的法律》第1条第1项设立了关于正当防卫的特别规定。即在以下场合,为了排除对自己或者他人的生命、身体或者贞操的紧急危险而杀伤犯人的,属于日本刑法第36条第1款的正当防卫:(1)为了防止盗犯或者为了取回盗赃时;(2)为了防卫携带凶器或者跨越、损坏门窗、墙壁等或者开锁侵入他人的住宅或者他人看守的邸宅、建筑物或者船舶时;(3)为了排除无故侵入他人的住宅或者他人看守的邸宅、建筑物或者船舶的人或者不接受从这些场所退去的人时。此规定究竟是缓和了日本刑法第36条关于正当防卫要件,还是属于明示具体适用范围的注意规定,理论上存在不同看法。

德国刑法第32条规定了正当防卫,其第33条规定:"如果行为人出于慌乱、恐吓或者惊吓而超过正当防卫界限的,不予处罚。"德国的主流观点将这一规定理解为免责的紧急避险,这样的理解虽然并非没有疑问,但可以肯定的是,这种情形缺乏可罚性。按照Armin Kaufmann、Rudolphi、Jescheck、Weigend等人的观点,之所以缺乏可罚性是因为责任的双重减少。一方面,行为人的责任因为面对不法侵害所产生的心理上的压力而减轻;另一方面,行为人不只是损害了一种法益,而且保护了另一种法益,这种对法益的援救降低了不法,因而间接地降低了责任。这种双重的责任减轻,导致行为的不法内容、责任内容尚未达到可罚性的程度,因而不可罚(Armin Kaufmann、Rudolphi、Jescheck)。[51]按照Roxin的观点,不可罚是因为责任减少以及刑事政策(一般预防的需要)的理由。按照德国刑法第33条的规定,免除防卫者的防卫过当的罪责,与防卫者是有意识地防卫过当还是无意识地防卫过当没有关系。

四、假想防卫与假想防卫过当

假想防卫,是指客观上不具备正当防卫的要件,但防卫人误以为具备正当防卫条件的情形。假想防卫的一种情形是,客观上不存在紧迫的不法侵害,但行为人误认为存在这种侵害,进而实施正当防卫。关于这种假想防卫的处理,理论上也存在不同看法。第一种观点主张将假想防卫作为事实的错误或者独立的错误来处理,阻却故意;如果行为人具有过失,则成立过失犯罪(团藤重光、大塚仁、曾根威彦、山口厚等)。第二种观点认为,即使是假想防卫时,行为人也是有意识地引起构成要件的结果,认识到了符合构成要件的客观事实,所以,假想防卫属于违法性的错误,并不阻却故意(福田平、大谷实)。对于没有过失的假想防卫,一种观点认为,只要有合理的理由,应当认为是正当防卫(野村稔);另一种观点认为,没有过失的假想防卫固然是不可罚的,但不能视为阻却违法性的正当防卫。

假想防卫的另一种情形是,防卫行为超过了防卫限度,但防卫人误以为没有超过防卫限度,或者防卫人误以为防卫的手段相当,但实际并不相当。例如,防卫人以为自己在使用木棒子进行防卫,但实际上使用的是铁棒,实施了不适当的防卫行为。例如,甲夜间醉酒后闯入乙的住宅,用铁制火钳向乙捅来时,乙按住了甲,等警察到来时,因为乙压迫甲颈部已经导致甲窒息身亡。日本盛冈地方裁判所1961年3月15日的判决认为,乙的行为

---

〔51〕这种责任的双重减少说,实际上相当于日本的违法和责任减少说。

属于误想防卫,即乙打算实施相当的防卫行为,但超过了防卫限度,乙对甲的死亡存在过失责任。但理论上有少数人认为,对这种假想防卫也应认定为故意犯罪。

假想防卫与防卫过当的竞合,就是假想防卫过当,即本来不存在紧迫的不法侵害,但行为人误认为存在而实施防卫行为,且这种防卫作为对误想的侵害的防卫是过当的。日本曾经有这样的案例:甲的长男乙,对没有开始实施侵害行为的丙用链条进行殴打,也没有停止的意思,在与手上握着菜刀的丙对峙之际,听见乙的叫声而跑来的甲,不知真相,误认为乙受到丙的攻击,为了排除侵害,开枪射击,丙负重伤。甲的行为被认为是假想防卫过当。

假想防卫过当有两种情况:一是行为人对防卫行为造成过当有认识,二是行为人对防卫行为造成过当没有认识。问题是,假想防卫过当是否阻却故意?一方面认为防卫过当是故意的,另一方面假想防卫是过失,于是出现了对假想防卫过当是按故意犯罪论处,还是按过失犯罪论处的问题。一般认为,在这种场合,应根据行为人对过当事实是否具有故意来确定假想防卫过当是故意犯还是过失犯。

争议的另一问题是,对假想防卫过当是否适用刑法关于防卫过当减免处罚的规定。德国的少数说认为,假想防卫过当时,虽然不存在正当防卫的前提条件,但行为人承担了强大的心理压力,即使不能认定为防卫过当,也应当类似适用防卫过当的规定。德国的通说则认为,假想防卫过当并不存在正当防卫的前提或者势态,其行为不具有防卫性,当然不能认定为防卫过当,也不能适用防卫过当的规定。在日本,对防卫过当减免处罚根据采取责任减少说的学者认为,假想防卫过当时行为人的责任减少,因而可以适用防卫过当的规定;对于在适用中可能产生的不均衡问题,可以交由法官自由裁量(西田典之)。对防卫过当减免处罚根据采取违法责任减少说的学者则认为,假想防卫过当时,违法并没有减少,故不能直接适用防卫过当的规定;但由于行为人的责任减少,可以类推适用防卫过当的规定(山口厚、松原芳博)。两国刑法理论之所以存在明显区别,是因为两国刑法对防卫过当的处罚规定不同。

第四节　紧 急 避 险

一、紧急避险的概念

紧急避险,是指为了避免对自己或者他人的生命、身体、自由或财产的紧急危险,不得已损害其他利益的行为。

紧急避险与正当防卫一样,都属于紧急行为。二者最大的差别在于:紧急避险是两个合法利益之间的冲突,即所谓"正对正",而正当防卫是对不法侵害的防卫,即所谓"正对不正"。

紧急避险的观念比正当防卫的观念产生的要晚。Geib 在 1862 年提出"正当防卫无历史"。这一名言正好说明正当防卫是古老的制度。罗马法与日耳曼法,只是允许单个的紧急避险行为,没有关于紧急避险的一般概念。虽然在中世纪的教会法中,有"紧急时无法律"(Necessitas non habet legem)的法律格言,但并不存在关于紧急避险的特别规定。

加罗林纳刑事法典也只是规定，濒临饥饿时，为了自己或妻子的生命而盗窃的，由法律家决定。此后，1810年的法国刑法典、1851年的普鲁士刑法典都只是规定心理受强制时的行为不构成犯罪，1871年的德国刑法典也没有规定紧急避险。正因如此，德国刑法理论起先认为紧急避险是超法规的违法性阻却事由。

现在，各国刑法典一般规定了紧急避险。但各国民法典也规定了紧急避险，刑法上的紧急避险与民法上的紧急避险并不完全相同。一般来说，民法上的紧急避险只是承认针对物实施避险，针对人实施避险在民法上都是违法的；此外，民法上的紧急避险不要求法益的权衡。

二、紧急避险的正当化根据

关于紧急避险的正当化根据，理论上有四种学说：

第一，处罚阻却事由说，认为紧急避险行为完全具备构成要件符合性、违法性与有责性，但刑法考虑到人情的弱点，不处罚这种行为，因此，紧急避险只不过是一种处罚阻却事由（大场茂马、Birkmeyer）。这一学说现在很少有人赞成。

第二，责任阻却事由说，认为从侵害了法益这一点来看，紧急避险行为是违法行为，但是在这种情况下，由于没有其他方法可以避免危险，即不能期待行为人采取其他方法避免危险（不具有期待可能性），因而排除了行为人的责任（M. E. Mayer、泷川幸辰、植松正等）。可是，当行为人为了他人的利益而采取紧急避险时，是不能用不具有期待可能性来说明的。再者，当行为人为了保护较小利益而损害较大利益时，也可能没有适法行为的期待可能性，如果采取责任阻却事由说，就应承认这种行为阻却责任，但这与紧急避险要求严格的法益均衡并不一致。此外，如果认为紧急避险行为具有违法性，便对此行为可以进行正当防卫，这也不妥当。因此，责任阻却事由说只是少数人的立场。

第三，违法性阻却事由说，认为在两种法益产生冲突、没有其他方法可以避免的情况下，通过权衡法益而损害较小法益，就阻却了实质的违法性（小野清一郎、团藤重光、平野龙一、大塚仁、大谷实、前田雅英、山口厚等）。其中一部分人采取法益衡量说的立场，认为保护较大的法益是法的要求，根据优越利益的原则，紧急避险行为阻却违法性。当两种法益的价值相同时，紧急避险行为则作为一种放任行为，被法律所承认。另一部分人采取社会的相当说的立场，认为紧急避险行为是一种社会的相当行为，因而阻却违法性。违法性阻却事由说是日本刑法理论的通说，但其面临的问题是，如何说明损害的法益与保护的法益价值相同时也阻却违法性？有的学者认为，在法益价值相同时，属于责任阻却事由（下述二分说）；也有的学者认为，在法益价值相同时，从整体上看没有造成损失，故属于违法阻却事由。但如何认识以牺牲生命保护另一生命的情形，仍有不同看法。有的学者认为，不得已牺牲对方的生命保护自己的生命的行为，虽然不能得到社会的赞赏，但并不具有值得处罚的违法性（前田雅英）。也有的学者则认为，人的生命以及身体的重要部分，只能作为自己的目的，不能作为他人的手段。在此意义上说，对人的生命以及身体的重要部分的侵害，不能作为紧急避险阻却违法性；对此，只能视具体情形，认定为超法规的责任阻却事由（山口厚）。

第四，可罚的违法性阻却说。根据民法的相关规定，即使某个行为属于刑法上的紧急避险，原则上仍然负有损害赔偿义务。所以，从法秩序的统一性角度来看，紧急避险原则上只能是可罚的违法性阻却事由。只有在民法上也阻却了损害赔偿责任的场合，才属于完全的违法阻却事由(曾根威彦)。据此,紧急避险分为阻却违法性的紧急避险与阻却可罚的违法性的紧急避险。也有学者认为,所有的紧急避险都属于可罚的违法性阻却事由。因为紧急避险是单方面地转移危险,损害了他人的正当利益,因而具有一般的违法性。但由于保全了同等以上的法益,可以否认社会性损害的存在,故阻却可罚的违法性(生田胜义)。

第五,二分说,即在保护较大法益损害较小法益时,是违法性阻却事由;在两种法益的价值相同时,是责任阻却事由(Frank、Eb. Schmidt、Mezger、木村龟二、佐伯千仞等)。二分说是德国刑法理论的通说。这一学说来自1927年的德国刑法草案,现行德国刑法也将紧急避险分为阻却违法性的紧急避险(第34条)与阻却责任的紧急避险(第35条)。前者是指行为人在紧急状态下,为避免自己或他人的生命、身体、自由、财产之现时危险,所损害的法益小于所保护的法益时,应是法律允许的行为,故排除违法性。后者主要是指为了保护自己、亲属或者其他与自己关系密切的人的生命、身体或者自由免受现时危险,所损害的法益并不小于所保护的法益时,由于不符合法益权衡的原则,故仍然是违法行为,只能根据没有期待可能性的法理,排除行为人的责任。日本刑法没有像德国刑法那样,明文将紧急避险分为阻却违法性的紧急避险与阻却责任的紧急避险,但理论上仍然存在二分说。有的学者认为,紧急避险原则上是责任阻却事由,但在避险行为保护了明显优越的利益的场合则阻却违法性(森下忠)。有的学者主张,避险行为所保护的法益优于所损害的利益时阻却违法性;所保护的利益等同于所损害的利益时则阻却责任(佐伯千仞、内藤谦、浅田和茂、阿部纯二、中义胜、山中敬一、井田良);有的学者主张,紧急避险通常阻却违法性,但衡量的法益是生命或者身体时,则阻却责任(木村龟二)。

在采取二分说的德国,关于阻却违法的紧急避险的正当化根据,主要存在三种学说:其一,优越利益的原理。亦即,紧急避险之所以阻却违法,是因为该行为保护了更为优越的利益(法益)。其二,社会团结义务(或社会连带责任)的原理。由于社会成员相互之间负有一定程度的团结义务或者连带责任,故在遇到紧迫危险时,被避险人基于团结义务或者连带责任,必须容忍避险行为,避险行为在此也成为合法行为。其三,将上述二者结合起来的学说。

三、紧急避险的要件

紧急避险的要件与正当防卫的要件有相同之处,也有不同之处。所涉及的问题主要是,现时危险、不得已、避险意识、法益的均衡(损害的均衡)等。至于业务上负有特别义务的人不适用紧急避险的规定,则是许多国家刑法的明文规定。

(一)存在现时危险

危险,是指对自己或他人的生命、身体、自由、财产的危险。但是,当面临危险的法益主体放弃自己的法益时,由于法益丧失保护价值,对该危险不能进行紧急避险。对国家、社会法益的危险也可以实施紧急避险,由于刑法一般没有规定为了保护国家、社会法益的紧急避险,故称为超法规的紧急避险。危险是对法益造成实害或者危险的状态,对危险的发生原因没有限制,包括由于人的行为、自然现象、动物以及社会关系所产生的危险。

危险必须是紧迫的,这与正当防卫中的紧迫性基本相同。按照德国的主流学说,对危险的判断是从中立观察者的角度在事前做出的一种预判。在侵害已经发生的情况下,危险则表现为损害可能性的增加。

对自己招致的危险,能否进行紧急避险,理论上存在不同学说。(1)全面肯定说认为，虽然不允许滥用紧急避险，但只要符合其他条件，对自招的危险也应允许实行紧急避险。因为法律并没有将危险限定为必须不是自己招致的危险，而且对于避险这种本能的行为应当宽容（植松正）。德国的通说认为，避险人的过错并不排除适用紧急避险的规定。[52] 例如，对交通事故负有责任的司机，为了避免被害人的痛打，而违反法律规定离开现场的，成立紧急避险。此说受到的批判是，当行为人由于重大过失招来的危险侵害轻微的法益时，招致危险的人在一定范围内有忍受的义务，否则就是不公平的。(2)全面否定说认为，对危险的概念应理解为偶然的事实，不能包括由自己的故意、过失导致的危险（川端博）。[53] 但不少人批判指出，如果行为人由于轻微的过失招来了对自己生命的危险，并且损害他人的轻微利益可以避免危险时，应当认为是紧急避险。而且，自己招来的危险的事态、受侵害的种类、性质各不相同，不能一概否认对自己招致的危险进行紧急避险。(3)形式的二分说认为，故意招致危险时，应否定紧急避险；过失招致危险时，应肯定紧急避险。[54] 但上述对肯定说与否定说的批判，也适用于二分说。(4)实质的二分说中的相当说认为，应根据具体情况判断是否允许紧急避险。意图利用紧急状态而招来危险时，理当不允许实行紧急避险。但是，对因偶然的事情而招来的危险（包括过失自招的危险，也包括故意自招的危险），应当允许实行紧急避险。对自己招致的危险能否进行紧急避险，要通过法益比较、自己招致的情节、危险的程度等进行综合评价（大塚仁）。实质的二分说中的另一观点指出，招致危险的行为与避险行为不具有紧密的因果关联时，成立紧急避险。例如，当甲向狗投掷石块，招致狗的袭击时，甲为了避免紧迫的危险而逃入乙的住宅时，符合紧急避险的要件，原则上成立紧急避险。但是，在招致危险的行为与避险行为的因果关联很强，可以视为整体上的一连串行为时，应例外地否认紧急避险的成立，因为在这种场合，在行为人实施招致危险的行为时刻，就可以评价为避险行为的开始，故可以认为，反击行为并不是“为了避免危险”的行为（前田雅英）。(5)以原因中的违法行为的法理处理的学说认为，行为人招致危险进而实行避险行为时，其避险行为符合紧急避险条件的，虽然成立紧急避险，因而阻却违法性，但是，如果招致危险的行为是违法的，与避险行为造成的结果之间具有因果关系时，应当追究刑事责任，即应当根据招致危险时的责任内容追究刑事责任（平野龙一、山口厚，德国也有部分学者采取这种学说）。

至于对自己招致的针对他人的危险，刑法理论一般主张允许紧急避险。例如，甲的行为导致对乙的生命产生危险，甲便可以通过适当地损害丙的利益避免对乙的生命危险。当然，其中也存在行为人对招致危险的违法行为应否承担刑事责任的问题。

对紧急避险不能实行正当防卫，但紧急避险行为又是一种危险，因此，有的学者提出，对紧急避险行为又可以实行紧急避险。

（二）避险行为

避险行为，是避免现时危险的行为。避险行为指向与危险无关的第三者时，属于攻击性紧急避险；避险行为指向危险源本身时，属于防御性紧急避险。防御性紧急避险在不要求针对不法侵害方面，与正当防卫存在区别。

---

〔52〕 不过，德国刑法理论上是在“法益的均衡”方面讨论此问题的。

〔53〕 德国刑法第 35 条所规定的阻却责任的紧急避险，要求所避免的危险不是避险人自己引起的危险。

〔54〕 意大利刑法第 54 条明文规定，只能对并非由避险人自愿造成的危险进行避险。

要成立避险行为,就要求有避险效果。与正当防卫一样,只要行为具有保全法益的可能性,就属于避险行为。

(三)不得已

由于紧急避险是正与正的法益之间的冲突,所以,只有在不得已时才允许紧急避险。不得已意味着采取紧急避险是唯一的方法,再没有其他避免危险的途径。对此,各国刑法都有明文规定,如德国刑法要求"别无他法可以避免",意大利刑法要求"不能以其他方法加以避免",奥地利刑法与日本刑法要求"不得已"。要求紧急避险出于不得已,在刑法理论上称为补充的原则或补充性。

所要指出的是,日本刑法对正当防卫与紧急避险都规定要"不得已",但在刑法理论上,没有争议地将正当防卫中的"不得已"解释为必要性与相当性,而将紧急避险中的"不得已"解释为没有其他办法的唯一办法。这便是刑法用语的相对性,在刑法理论上得到了普遍承认。

(四)避险意思

紧急避险的成立是否要求避险意思,与正当防卫是否要求防卫意思,存在同样的争论。主张防卫意识必要说的学者,必然主张避险意识必要说;反之亦然。

(五)法益的均衡

如果采取二分说,那么,作为责任阻却事由的紧急避险,对法益所造成的损害不必小于所保护的法益;作为违法阻却事由的紧急避险,对法益造成的损失必须小于所保护的法益(所保护的法益明显大于所损害的法益)。如果采取违法性阻却事由说,为了保护价值大的法益而牺牲价值较小的法益,以及为保护一方的法益而牺牲另一方的同等价值的法益,都是被允许的。但是,无论如何,不允许牺牲价值大的法益以保护价值小的法益。德国的主流观点认为,由于防御性紧急避险是针对危险源本身,所以,利益权衡的结果通常有利于避险人。于是,防御性紧急避险的限度要大于攻击性紧急避险的限度。

对法益价值的比较,确实存在种种困难。一般是根据不同的法益在刑法上的地位来确定,即根据将不同法益作为保护对象的各种犯罪的法定刑的轻重进行判断。一般来说,生命法益高于身体法益,身体法益重于财产法益。但是,还是应根据具体事态进行判断。例如,为了避免轻微的国家法益而牺牲他人的生命、为了避免轻微的身体伤害而毁损他人特别高额的财产,就不符合法益权衡的原则。所以,不可能有一个抽象的、一般的标准,应当根据具体事态,按照法秩序整体的精神,作出合理的判断。法益价值的衡量,不应当根据行为人的价值观进行判断,而应当根据社会的一般价值观念,进行客观的、合理的判断。德国学者 Roxin 对作为违法性阻却事由的紧急避险的法益权衡问题进行了详尽的分析,提出了以下权衡要点:法定刑的比较、法益的价值取向、法益损害程度、生命之间没有权衡、危险的程度、自治原则、法定的规则、紧急避险状况下的过错、特定的义务地位、避免和造成的损害对相关人员的意义等。按照 Kindhäuser 的观点,在进行利益权衡时,可以采取以下三个步骤:首先,需要确定所涉及的法益在法秩序中具有什么样的抽象价值,对此可按具体个罪的刑罚幅度及其在宪法上的相应价值进行判断。其次,在同一种利益相互冲突时,要考虑可能遭受损害的大小。最后,要考量危及法益的危险的各自程度。例如,为了挽救人的生命而醉酒驾驶的,属于阻却违法的紧急避险。此外,为了保护一个法益免受危险而损害两个以上法益时,应当将后者作为一个整体与所保护的法益相权衡。

根据德国的二分说,在不能期待行为人忍受危险的情况下,牺牲他人生命以保护自己、亲属或者其他关系密切的人的生命的,属于阻却责任的紧急避险。换言之,通过杀人的方法保护其他人生命的行为,不可能成为阻却违法的紧急避险。在日本,部分学者仍然认为上述情形属于阻却违法的紧急避险,部分学者则认为上述情形属于超法规的责任阻却事由。

四、避险过当与假想避险

避险行为超过其程度的,就是避险过当。当所牺牲的法益大于所保护的法益时,毫无疑问是避险过当。但对违反补充性原则,在有其他避免危险的办法时实施的避险行为,是否认定为避险过当,存在争议。有一种观点认为是避险过当,但通说认为,在存在其他办法时,就不存在紧急避险的前提,所实施的行为不能认为是避险过当。

本来不存在紧迫的危险,行为人误认为存在因而进行避险的,是假想避险。假想避险与避险过当竞合时,就是假想避险过当。

五、受强制的紧急避险

所谓受强制的紧急避险(Nötigungsnotstand,强迫的紧急避险或胁迫的紧急避险),是指受他人强制实施紧急避险的情形。例如,绑架犯 A 绑架了 B 的儿子,要求 B 抢劫银行巨额现金,否则杀害其子。B 为了挽救儿子的生命而实施了抢劫银行的行为。B 的行为是否成立紧急避险? 这涉及紧急避险的多个条件。

限定说认为,如果被强制者 B 实施了盗窃等较轻的犯罪,当然成立紧急避险,但在实施了抢劫等重大犯罪的情况下,不成立紧急避险。该说同时认为,如果缺乏期待可能性,则阻却责任。此说的理由是,首先,如果认为 B 的行为成立紧急避险,则其行为属于合法行为。果真如此,银行职员等反击 B 的行为反而不成立正当防卫,这显然不妥当。银行职员并没有忍受 B 的抢劫行为的义务。其次,由于 A 意图通过 B 的行为实现自己的意图,故可以认为 B 分担了 A 的不法行为。所以,在衡量被强制者 B 的法益(其儿子的生命)与其侵害的法益(银行财产)时,必须考虑 B 分担了违法行为的事实。

非限定说认为,在受强制的紧急避险的场合,虽然应当考虑被强制者 B 分担了不法行为的事实,但从实质上看,只有当存在避险以外的保全法益的方法而 B 却采取了紧急避险的方法时,才能认为 B 分担了不法行为。因此,应当在补充性要件(不得已)的范围内探讨是否成立紧急避险,而不能对此附加其他特别限制。换言之,只要 B 的行为符合紧急避险的条件,就成立紧急避险。

日本东京地方裁判所对类似案件,认定为避险过当。案件如下:奥姆真理教的原信教者 A 与信教者 X,因为将 X 的母亲从教团设施带出而被抓获,他们均被戴上手铐后,被奥姆真理教的教祖 Y 等近 10 人带到封闭的密室,Y 命令 X 杀害 A,X 便将 A 勒死。东京地方裁判所 1996 年 6 月 26 日的判决指出,成立紧急避险需要具有现实的危险,而且在生命对生命的场合,对紧迫性要件需要作更为严格的解释。X 虽然有被杀害的可能性,但在 X 决意实施杀害行为时,Y 只是口头要求 X 杀害 A,故不存在对 X 的生命的紧迫危险。但是,由于 X 被拘禁,故存在对身体自由的现实紧迫的危险。即 X 只能通过杀害 A 来摆脱身体拘禁,故符合补充性要件。但是,从法益衡量来看,不能肯定为了保护身体自由而杀害他人。所以,X 的行为成立避险过当。

第五节 其他违法性阻却事由

除了正当防卫与紧急避险之外,还有其他一些违法性阻却事由。其中,有些是刑法明文规定的,有些则是刑法没有明文规定的,这也因各国刑法而异。下面就几种主要的违法性阻却事由(其中有些是否属于违法性阻却事由尚有争议),作一些说明。

一、法令行为

法令行为,是指直接根据成文法律、法令的规定,作为行使权利或者承担义务所实施的行为。由于法令行为是法令本身所承认的、形成法秩序的一部分的行为,因而自然是适法行为。但是,有的行为从形式上看,是行为人基于法令行使权利的行为,可实际上是一种滥用权利的违法行为。所以,具体的行为是否属于法令行为,要依照法令的理念或精神进行判断。法令行为大致有四类:

第一,基于政策的理由而排除违法性的行为。即某种行为本来是违法的,但由于一定的政策上的理由,法令特别规定排除这种行为的违法性。例如,日本刑法第 187 条规定了发行彩票罪,所以,发行彩票的行为就是一种违法行为,但基于财政政策的理由,赛马法、自行车竞赛法等法律,规定某些发行彩票的行为是适法行为。

第二,法令有意明示了适法性条件的行为。即某种行为原本是违法行为(有的已经在理论上被认为是违法性阻却事由),但法令特别规定在一定条件下该行为为适法行为。例如,有的国家刑法规定堕胎罪,但又有法律规定,符合一定条件的堕胎行为,是适法行为。要注意的是,在这种情况下,法令往往规定了明确的界限,超出了界限的行为,仍然是违法行为。

第三,职权(职务)行为。即一定的公务员根据法令行使职权(职务)的行为。例如,司法人员对犯罪的嫌疑人实行逮捕,就是如此。职权(职务)行为的根据除了法令的直接规定以外,还有上级的职务命令。问题在于根据上级的违法命令所实施的行为,是否阻却违法性。通说认为,由于命令的内容是违法的,所以,不能认为执行违法命令的行为是违法性阻却事由。但是,不能期待行为人不执行上级命令,也就是说,行为人缺乏适法行为的期待可能性,因此阻却责任。有的国家刑法明文规定了职权(职务)行为的适法性。

第四,权利(义务)行为。即在法令规定上作为某人的权利(义务)的行为。例如,一般人逮捕现行犯,就是法令规定的一种权利(义务)行为。

二、正当业务行为

正当业务行为,是指虽然没有法令的直接规定,但在社会观念上被认为是正当的业务上的行为。业务,是指人在社会生活上反复或继续实施的行为。但并非因为是“业务”就阻却违法,而是因为“正当”才阻却违法。例如,职业摔跤等,不构成伤害罪、暴行罪。

正当业务行为阻却违法性必须具备两个基本条件:其一,业务必须是正当的。如果是不正当的业务,则不阻却违法性。其二,行为自身是业务范围内的行为。如果超出了正当业务的范围,则不阻却违法性。

事实上,有些行为虽然不是一种业务行为,但是由于社会观念认为它是正当的行为,也被认为是违法性阻却事由。例如,有些体育活动(如拳击),原本不是一种业务,但社会观念认为它是正当的,因而阻却违法性(Zipf)。但拳击已演变为职业活动,也可以说是正当业务行为。

三、自损行为

自损行为,是指行为人自己侵害自己法益的行为。这种行为原则上没有违法性。因为法益主体自身侵害自己的法益时,就没有必要认为其法益是应受保护的法益。但是如果这种行为同时侵害了他人的法益时,则不阻却违法性。有的国家刑法还将这些行为设立为独立的构成要件行为。例如,日本刑法第262条规定:“虽然是自己的物,但如果已经受到查封、已经担负物权或已经出租而加以损坏或伤害的,按照前三条的规定(关于毁弃罪的规定——笔者注)处断。”

四、被害人的承诺

(一)概说——法的根据与适用范围

早在古代,就有一句法律格言:“经承诺的行为不违法”(Volenti non fit injuria)。显然不能一概按字面含义适用该格言,换言之,该格言在适用时常常要受一定的限制(Mezger)。自古以来,被害者的承诺给犯罪的成立与否以重大的影响,而且事实上,被害者的承诺历来是作为犯罪阻却事由,特别是违法性阻却事由的一种来予以论述的。有的国家刑法对此有明确规定,如意大利刑法第50条规定:“经可以有效地处分权利的人同意,对该权利造成侵害或者使之面临危险的,不处罚。”但多数国家的刑法典对此并无明文规定。例如,日本刑法典没有直接把被害者的承诺规定为违法性阻却事由,因此,一部分学者就认为日本刑法第35条后段关于一般的正当化行为的规定(该条规定:“依据法令或者正当业务实施的行为,不处罚。”),包含了被害者的承诺,为它找到了一定的法规上的依据(木村龟二、团藤重光、大塚仁);有的则认为被害者的承诺是超法规的违法性阻却事由。

要说明的是,以前用被害者的承诺来解决的事例,已有一部分由其他理论解决了。首先在故意犯的领域,如拳击等社会公认的体育竞技,在遵守其规则的前提下,在参与者之间产生的故意的侵害犯(伤害身体等行为),逐渐不是由被害者的承诺这种违法性阻却事由来说明,部分学者用社会的相当性来解释(Kohlrausch、Lange、Mezger、Jescheck)。但日本通常把它包含在正当业务行为之中。另外,在过失犯的场合,历来认为承诺是一种有效的阻却事由,但在最近的德国出现了用其他法理来说明的见解。例如Frisch认为,被害者如果有意识地将自己置于他人的危险行为中,则行为人不具有注意义务违反性,因而不具有构成要件符合性(危险共同体说)。此外,还有被允许的危险说(Eser)、接受危险说(Zipf)、自己危险化说(Roxin)等。

被害者的承诺不单是违法性阻却事由,它在刑法的判断上具有多种含义。首先是承诺属于构成要件的场合,这里有两种情况:(1)被害者的承诺是构成要件要素的犯罪,如承诺杀人罪、同意堕胎罪等,在这种情况下,没有得到承诺的犯罪往往是特别严重的犯罪,得到承诺的犯罪原则上不阻却违法性,只是作为违法减轻类型。(2)在构成要件上不问被害者有无承诺的犯罪,即被害者无判断能力,也不允许反证,即使有承诺也无效的犯罪,如奸淫幼女罪。其次是以没有被害者的承诺,即以违反被害者的意思为构成要件内容的犯罪,如果得到承诺,则不具有构成要件符合性,如强奸罪、侵入住宅罪、盗窃罪等。

(二)违法性阻却的承诺与构成要件阻却的同意的区别

主张违法性阻却的承诺应当与构成要件阻却的同意或者合意相区别的见解,在德国自 Geerds 以来已占通说地位。根据 Geerds 的观点,违法性阻却的承诺与构成要件阻却的同意,所起的作用是不同的。

1."承诺"

首先,被害者的承诺权限不及于国家利益、公共利益,只限于个人利益,这是一个前提。其次,承诺者在具体的场合,对被认为必要的行为的不法性及效果具有理解力,而且对年龄要有较高的要求。最后,承诺是被害者在行为之前明示的或默示的,被害者的意思必须被行为者知道(意思表示说)。因此,表示的结果即行为者对承诺的认识,必须是违法性阻却事由的标志(主观的正当化要素)。

2."同意"

首先,同意是按照构成要件的明示或者在其性质上,犯罪以违反、强制、压制被害者的意志为前提时才存在的。例如,强奸、侵入住宅、盗窃等。其次,关于同意的意思能力,鉴于构成要件的机能,对行为的不法性的理解力在这里不是重要的,只要被害者认可性地表示出自然的意思即可。最后,对同意的形式必须采取意思方向说,即同意只要存在于被害者内心即可,不一定要求表示出来。但是,行为人是否知道构成要件要素的存在或阙如,不是本质的问题。

根据 Geerds 的观点,"承诺"与"同意"的效果不同。其一,关于可罚未遂的可能性,承诺时完全没有可罚未遂的可能性;同意时则具有可罚未遂的可能性。其二,关于错误,对同意的认识错误,是构成要件的错误;与此相对,对承诺的认识错误,常常是违法性的错误(或者是对允许的构成要件的错误)。其三,关于违反良俗、欺骗与强制,在承诺的场合,行为违反良俗时,其承诺不具有违法阻却的效力(参见德国刑法第 228 条),由于法律只承认被害者的起初意思具有决定意义,因此,基于欺骗或强制的承诺也不阻却违法性。与此相反,在同意的场合,不存在违反良俗问题,基于欺骗或强制的同意都有效地阻却构成要件符合性。例如,基于欺骗使对方交付财物时不构成盗窃罪,只构成诈骗罪;强制进入住宅时不构成侵入住宅罪,只构成强要(强制)罪。

Geerds 提倡的上述区分,自 1953 年以来一直在德国居于通说地位,但 20 世纪 70 年代以后,人们对这种区分进行了尖锐的批判(Maurach、Zipf)。批判的论据涉及个人法益的法益论、分则的构成要件的解释、承诺的本质论、构成要件与违法性的关系等多方面的问题。综合所有的批判来看,一方面是围绕着由承诺与同意的区分所产生的刑法上的处理;另一方面是围绕着承诺与同意在犯罪体系上的地位问题。根据目前最有力的见解,所有的有效的承诺与同意都阻却构成要件(构成要件阻却一元论)(Kientzy、Roxin、Rudolphi、Zipf)。这种观点把承诺与同意的存在作为所谓特殊的消极构成要件要素来把握。因此,在法益被委托给其所有者或担当者的处分权的场合,承诺与同意的存在便使法益失去了刑法上的重要性。因为在保护可能处分的法益的刑法规定中,原来的法益不是不可侵犯的,而是由法益的权利者自律地支配。

Geerds 的观点早已介绍到日本,但日本只有部分学者接受了这种观点。

由此可见,关于被害人承诺或同意的性质与地位,在刑法理论上形成了以下不同见解:其一,认为所有的被害人承诺或同意都阻却构成要件符合性,故在构成要件符合性阶段讨论被害人承诺(构成要件说)(如Roxin、前田雅英、山中敬一等)。这种观点的基本理由是,因为被害人承诺或同意而否定成立犯罪,是因为否定了构成要件符合性;存在有效的被害人承诺或同意时,不仅缺乏结果无价值,而且缺乏行为无价值,因而并没有实现犯罪类型,不可能符合犯罪构成要件。其二,认为所有的有效的被害人承诺或同意都阻却违法性,故在违法性阶段讨论被害人承诺或同意(正当化事由说)(如曾根威彦等)。〔55〕其三,认为部分被害人的承诺阻却构成要件符合性、部分被害人的承诺阻却违法性(二分说、二元说)(Geerds)。〔56〕本书暂且将被害人的承诺作为违法性阻却事由处理。

(三)违法性阻却的承诺的本质

承诺的本质,即被害者的承诺阻却违法的根据,与对违法性的本质、违法阻却的一般原理乃至刑法的任务、机能的理解有密切联系。对这些问题的理解不同,就对承诺的本质认识不同,而且这些见解的差异反映到了承诺的要件、效果上。

可以说,承诺是伴随法益论的探讨、深化而取得进展的。法益通常被定义为“受法的保护的利益”,可见法益概念有两个侧面:一是“法的保护”,二是“利益”。下面要介绍的两种学说则注重的侧面不同(但二者是可以统一的)。

利益放弃(消灭)说认为,法秩序把法益的维持委托给法益的保持者,承诺表明他放弃了自己的利益(Honig、Mezger、Liszt、Eb. Schmidt、町野朔)。被害者的承诺,是由“利益阙如的原理”来说明的阻却违法的古典事例。但是为什么承诺杀人不被允许?承诺伤害也只是在一定范围内才被允许?为什么可以让国家免除保护法益的任务?这些都是该说不能回答的问题。

保护放弃(保护必要性否定)说认为,承诺是被害者放弃自己的利益因而放弃了法的保护(Dreher、Geerds、Welzel、Wessels)。这一学说是德国刑法理论的通说,德国判例也采取这一立场。日本也有学者肯定这一学说(西原春夫、奈良俊夫)。但是为什么私的放弃可以违反国家的公的保护义务?这是该说没能说明的问题,而且该说对个人承诺的限度没有解明(Jescheck、Hirsch)。

有学者认为,上述两种见解并不矛盾。在现实生活中,需要根据法益的性质来决定是法益本身消灭还是法益的要保护性被否定。例如,就对自由的犯罪而言(非法拘禁、非法侵入住宅、强奸等),如果行为符合被害人的意志,就不能认为存在法益侵害。盗窃罪也是如此,如果被害人同意,就不可能存在盗窃行为,因而不能肯定构成要件符合性。但是,就伤害罪而言,即使被害人同意,也存在法益侵害的事实,能够肯定构成要件符合性,只是要保护性被否认,进而阻却违法性(井田良)。

---

〔55〕日本学者山口厚在违法性论中论述被害人承诺,但他同时指出:“被害人的同意(承诺),是指由于法益主体的有效同意,法益丧失了其要保护性,因而否认犯罪成立的情形,这是以‘法益性的阙如’作为理由的违法性阻却事由。但是……如果说由于法益主体的有效同意,使法益丧失了要保护性,那么,就应认为否定了法益侵害的存在本身,否认了构成要件符合性(构成要件不符合事由)。在此意义上说,也可以考虑将被害人的同意作为与有无作为构成要件要素的结果相关的问题,在论述构成要件时进行处理,是更具有理论性的。”([日]山口厚:《刑法总论》,有斐阁2016年第3版,第162页。)山口教授考虑到法益性的阙如是违法性阻却原理,故将被害人承诺作为违法性阻却事由处理。

〔56〕Jakobs采取了三分说:合意、阻却构成要件符合性的同意与作为正当化事由的承诺。合意,是从阻却构成要件符合性的同意中分离出来的一部分,如对盗窃罪中“窃取”、非法侵入住宅罪中的“侵入”的承诺,就属于这一类。

法政策说或利益衡量说,从利益衡量的原理寻求承诺的正当化根据,认为不妨害人格自由的权利行使应视为有社会价值,因此,在一定的法秩序的限度内,个人对法益的主观评价具有决定性意义(Noll、Eser 等)。这是韩国的多数说,日本也有部分学者采取这一学说。曾根威彦指出:“同意行为之所以能够被正当化,是由于同意而实现的自己决定自由这种利益,优越于被行为所侵害的利益。被害人的同意,是在同一法益主体即被害人的内部进行利益衡量,这是其特色,但在优越利益原理起支配作用这一点上,其和正当防卫之类的其他正当化事由基本上一致。因此,如同同意他人侵害自己生命(同意杀人)之类的场合一样,在所侵害法益优越于自己决定自由的利益的时候,尽管具有同意,也仍然违法。”〔57〕但也有学者对此提出了疑问。因为法益主体对法益处分的“个人自由”,不是独立于法益之外的东西,而是法益自身的构成要素,不可能在法益侵害与由法益处分所实现的“个人自由”之间进行衡量(山口厚)。

(四)承诺的对象

承诺的对象究竟是行为还是结果?这一问题曾经是与主观的违法要素论相关联而论述的。德日学者常常讨论下列设例:(1)射击场上的姑娘 F,手上拿着玻璃球,射击名手 S 谨慎地瞄准玻璃球射击,不幸失败了,打中了 F 的手,使之负伤。(2)S 缺乏应有的注意,轻率地射击,或者以伤害的故意进行射击,给 F 造成同样的伤害。在这两种场合,承诺的效果是否不同?

将承诺的对象仅限于“行为”的见解(行为说)认为,上述第一、二两种情形都不是基于承诺,因而是违法的(Gerland、M. E. Mayer、Zipf)。认为承诺的对象也包括“结果”的见解(结果说)则主张,第一种情形的伤害结果包括在承诺中,因而阻却违法性;第二种情形不是基于承诺,故是违法的(肯定行为者的主观的违法要素)(Kebler、Mezger)。日本学者大多认为,即使是过失犯,一般也应承认阻却违法性(木村龟二、平野龙一、福田平)。也有学者认为,这个问题一方面与违法性的基本问题相交错,另一方面在故意犯、过失犯两者中已形成独自的问题领域。大体上说,承诺以符合有效条件为前提,只要被害者在承诺时,预想到了结果、无条件地肯定法益侵害的结果,那么,承诺的对象就包括结果,也包括具体的危险行为。

(五)承诺的前提条件

根据德国日本学说的一般见解,承诺的前提条件有以下几点:

第一,有效的承诺以承诺者对被侵害的法益具有处分权限为前提。首先,关于对国家或社会法益的犯罪,国家、社会通常不考虑对侵害这些法益给予承诺,而且事实上也不可能,因此,承诺只限于个人的法益。但当国家、社会的法益与个人的法益竞合时,承诺的违法减轻效果就成为问题。其次,即使是对个人法益的犯罪,关于对生命、身体的侵害的承诺也有一定的限度。得到被害者承诺而杀人的,一般构成犯罪(当然存在例外);但对得到被害者承诺而伤害的,由于刑法没有明文规定,故对其处理还存在争议。最后,一般不承认代理承诺,但只要第三者具有承诺权限(法定代理人、亲权者、监护人),就应认为不是代理行使承诺权,而是基于承诺权者自己权限的承诺(西原春夫、内藤谦)。但是,如果法定代理人、亲权者、监护人逾越了其决定权限,则其承诺无效。

---

〔57〕［日］曾根威彦:《刑法学基础》,黎宏译,法律出版社 2005 年版,第 60 页。

第二,承诺者不一定必须具备民法上的行为能力,[58]但对所承诺的事项的意义、范围必须具有理解能力(Hirsch)。因此,不能理解上述内容的幼儿及高度的精神障碍者的承诺等是无效的。[59] 换言之,已满14岁的未成年人也可能具有承诺能力,而且其决定优于法定代理人的决定。

第三,承诺必须是承诺者的真实意思。因此,戏言性的承诺、基于强制或威压的承诺等是无效的。但是,基于错误的承诺,则是一个特别问题。换言之,被害人因受欺骗而基于错误作出承诺时,该承诺是否有效,是颇有争议的问题。

其一,德国、日本的传统理论认为,基于错误的承诺不是真实意思,因而一概无效(全面无效说);或者说只要错误与承诺之间存在条件关系,承诺就是无效的(条件错误说)。全面无效说虽然有利于保护被害人的自主决定权,但导致处罚过宽。例如,行为人欺骗被害人说,如果让我殴打你的头部,我就付钱。行为人在征得被害人同意后,殴打了被害人头部,但没有付钱。在本案中,虽然说如果得不到金钱就不会让人殴打,但就对于身体行使有形力的暴行罪的法益侵害这一点而言不存在错误,既然如此,就不成立暴行罪。但根据全面无效说,行为人的行为依然成立暴行罪。

其二,本质错误说(重大错误说、决定性动机错误说)认为,如果被害人没有陷入错误(或者知道真相)就不会做出承诺时,或者说,因欺骗行为引起了决定性的动机错误时,该承诺无效。[60] 但是,如何区分决定性的动机错误与非决定性的动机错误,则是一个难题。

其三,由Arzt发表的限制性理论认为,只有当行为人的欺骗导致被害人产生与法益有关的错误(法益关系的错误)时,即只有当被害人对所放弃的法益种类、范围或者危险性发生错误时,该承诺才无效;如果被害人只是对承诺后所得的回报产生错误(对承诺动机的错误),则该承诺仍然有效(法益关系的错误说)。法益关系的错误说的出发点是,通过一定的客观基准,将法益主体的错误区分为重要的错误和不重要的错误;所采用的客观基准是,该构成要件的法益和限定地理解的其保护价值(如人的身体本身是受保护的,其存在价值是保护对象,但其交换价值不是保护对象)。存在法益关系的错误时,由于实质上并不存在对法益侵害的同意,故不能阻却违法性。但必须留意的是,是否属于法益关系的错误,取决于如何理解该构成要件的法益。例如,与身体不同,就财产而言,不仅其存在本身受保护,而且作为实现一定目的的交换手段的侧面也受保护(山口厚)。

其四,自律的自我决定说认为,应当以承诺是否属于法益主体的自由的自我决定的结果,来判断承诺是否有效。如果除了承诺之外别无选择,该承诺就不是自我决定的结果,因而无效。这种学说建立在法益关系的错误说基础之上,即只要存在法益关系的错误,承诺就无效。但不存在法益关系的错误时,则需要判断承诺是否具有任意性(可选择性)。关于选择可能性的判断标准,则存在主观说与客观说。根据主观说,需要根据法益主体自己的价值观、心理状态,判断是否属于不得不放弃法益。根据客观说,需要根据一般观念来判断法益主体放弃法益是否具有合理性。

其五,德国学者Roxin提出了一种折中的方案,即被害人的承诺在实现行为自由的范

---

〔58〕 也有观点认为,承诺能力以具有民事行为能力为前提。

〔59〕 参见日本大审院1934年8月27日判决,载日本《大审院刑事判例集》第13卷,第1086页;日本最高裁判所1952年2月21日判决,载日本《最高裁判所刑事判例集》第27卷第2号,第275页。

〔60〕 也有学者将本质错误说归入全面无效说,亦即,全面无效说也要求被害人存在重大意思瑕疵。

围内有效。一是被害人存在法益关系的错误时,其承诺无效。二是基于伴随性情节的错误所作出的承诺,在其不涉及法益时仍然有效。三是被害人的错误虽然不涉及法益,而是基于博爱目的,没有体现行为自由时,其承诺无效。例如,行为人欺骗一位母亲,声称该母亲的儿子必须进行角膜移植,母亲为此献出了一只眼睛。实际上,行为人将该移植改作他用,或者仅出于伤害该母亲的目的。母亲的承诺无效,行为人依然成立伤害罪。四是行为人谎称存在紧急避险状态而使被害人作出承诺时,该承诺无效。[61]

第四,必须存在承诺。但承诺必须存在于何时,存在不同观点。重视行为无价值的观点,要求承诺存在于行为时,德国判例要求承诺必须存在于行为前(据此,着手实行后实行终了前的承诺,虽然使侵害结果正当化,而承诺之前则存在犯罪未遂问题)。重视结果无价值的观点,则只要求承诺存在于结果发生时。由于承诺使法益的法益性或者保护价值丧失,故只能以结果发生时为基准。没有争议的是,事后给予的承诺,并不妨碍犯罪的成立。另外,预先给予的承诺,只要没有特别的情况变更或没被撤回,就是有效的(西原春夫、须之内)。

第五,关于承诺的表示,存在意思方向说与意思表示说的对立。以前基于民法上的法律行为说的立场(被害人承诺是民法上的法律行为),主张严格的意思表示说,即被害人必须将其承诺表示于外部。目前,行为无价值论者采取这一学说。结果无价值论者一般采取意思方向说,即只要存在承诺即可(只有被害人内心同意即可),不要求该承诺表示于外部。现在,德国与日本存在一种限制的意思表示说(中间说),即不问表示是明示还是默示,均不影响承诺的成立(Hirsch、福田平、大塚仁)。限制的意思表示说与意思方向说实际上没有多大区别。还有学者认为,只是在行为时存在承诺意思,但没有任何表现出来的线索时,被害人的承诺不被承认(町野朔、内藤谦)。

第六,是否要求行为人认识到承诺的存在?一般来说,根据意思表示说,对承诺的认识作为主观的正当化要素是必要的(木村龟二、福田平、大塚仁);根据意思方向说,对承诺的认识是不必要的。于是,如果行为人缺乏对承诺的认识,依据必要说一般成立既遂犯,依据不必要说为无罪(中山研一、内藤谦)或犯罪未遂(井上正治、平野龙一、町野朔)。不过也有人认为,采取意思方向说与承诺的认识必要说并不矛盾。在缺乏承诺的认识的场合,只要根据事前的一般判断能肯定行为具有具体的危险性,就有未遂犯成立的余地(振津隆行)。上述第五、第六两点的争议,是行为无价值论与结果无价值论的对立的表现。

五、推定的承诺

现实上没有被害人自身的承诺,但如果被害人知道了事实的真相,当然会作出承诺,在这种情况下,推定被害人的意思所实施的行为,就是基于推定的承诺的行为。例如,发生火灾之际,屋主不在场,为了避免烧毁其房屋及其他财产,而拆除房屋的一部分,或者进入屋内救出贵重物品的行为,就是基于推定的承诺的行为。即在这种情况下,推定屋主同意上述行为,使上述行为阻却违法性。

关于推定的承诺与被害人承诺的关系,理论上有不同看法。有的学者将二者均作为违法性阻却事由(Jescheck、曾根威彦等),有的学者将推定的承诺作为违法性阻却事由,

[61] 按照日本教授西田的观点,上述第三点、第四点都可以用法益关系的错误来解释。

将被害人承诺作为阻却构成要件符合性的事由(Roxin、山中敬一),有学者将二者均作为阻却构成要件符合性的事由(林幹人)。[62]

基于推定的承诺的行为的性质或正当化根据,在学说上很有争议。第一种观点认为,推定的承诺是被害人的承诺的延伸,与被害人的承诺一样,基于"利益阙如"的原理而阻却违法性。但是,推定的承诺与被害人的承诺毕竟有区别,将二者完全等同起来,是欠妥当的。第二种观点认为,基于推定的承诺的行为,是一种事务管理行为,因而阻却违法性(Baumann/Weber)。但是民法上的事务管理,本来只是考虑偿还费用或赔偿损失的一种制度,它与刑法上的推定的承诺在性质上是不同的。第三种观点认为,推定的承诺是一种(超法规的)紧急避险,因而阻却违法性(Bockelmann)。但是,紧急避险是牺牲第三者的利益,而推定的承诺是为了保护被害人的此利益而牺牲被害人的彼利益,不能认为基于推定的承诺的行为,是一种紧急避险行为。第四种观点认为,基于推定的承诺的行为,既不是基于被害人承诺的行为,也不是紧急避险行为,而是介于二者中间的一种基于被允许的危险的独立的违法性阻却事由。这是因为,所谓推定被害人知道真相将承诺,是以合理的一般人意志为标准,而不是以被害人的实际意志为标准(但有争议)。显然,推定被害人知道真相会承诺,属于一种事前判断。这意味着需要采用被允许的危险的法理。Roxin指出:"在推定的承诺的场合,只不过是以一种推定的承诺为根据的。即使存在着被害人的现实意志与侵害法益相对立的危险,也可以侵害被害人的法益。"[63]但是,这一观点忽视了推定的承诺实际上与被害人意思的一致性。第五种观点认为,基于推定的承诺的行为,基本上是基于被害人承诺的行为的延伸,但又是一种具有独特性质的超法规的违法性阻却事由。

基于推定的承诺的行为,必须具备以下条件:(1)被害人自身没有现实的承诺,否则就是被害人承诺了。推定的承诺具有补充性,只有在不可能得到被害人的现实同意时才能考虑适用推定的承诺。换言之,只要有可能通过各种途径询问被害人的意志,就不允许推定被害人承诺。这是因为,"由于对他人的决定的相关推定常常伴随一定的风险,所以,只有当行为人对所有情况凭良心进行认真审查之后,才允许介入他人的法领域。如果行为人没有按照义务进行审查,其介入行为与被害人的真实意志相矛盾,就是违法的"。[64] (2)推定被害人知道真情将承诺。一种观点认为,这种推定要以合理的一般人为基准,不以被害人的实际意思为基准。例如,某人患疾病,丧失意识,需要做手术。这就可以根据合理的一般人的意思,推定被害人会承诺。但手术后,患者由于宗教的理由,并不承诺该手术。在这种情况下,仍应阻却违法性。另一种观点则认为,这种推定要以被害人自身的价值观为标准。亦即,当被害人的价值观不同于一般人时,必须根据被害人的价值观推定其是否会承诺;只有没有事实表明被害人的价值观不同于一般人时,才可以根据社会的一般观念推定被害人的意志。在上例中,如果行为人知道被害人是信仰某种宗教因而不会同意做手术时,就不能根据一般观念推定其同意。(3)是否必须为了被害人的利益而实施行为,还存在争议。少数观点认为,必须是为了被害人的一部分利益而牺牲其

[62] 前田雅英以前都在"客观的构成要件"讨论被害人承诺与推定的承诺,但他否认推定的同意的独立意义,主张将其作为紧急避险的成立与否来考虑。

[63] C. Roxin, Strafrecht Allgemeiner Teil, Band I, 4. Aufl., C. H. Beck, 2006, S. 820.

[64] H. Jeschck/T. Weigend, Lehrbuch des Strafrechts. Allgemeiner Teil, 5. Aufl., Duncker & Humblot, 1996, S. 388.

另一部分利益;多数观点认为,基于推定的承诺的行为,也可能出于保护行为人或者第三者的目的(如友人一时不在时,从友人的香烟盒中拿出一支香烟吸)。(4)必须是针对被害人有处分权限的个人法益实施的行为。

还需要说明的是,有些案件不需要作为推定的承诺处理。例如,部分推定的承诺完全可以归入现实的承诺(默示的承诺)。又如,店员暂时离开商店时,顾客按照标明的售价将现金置于柜台内将商品拿走。对于这样的行为,完全不需要认定为推定的承诺,而是应当认定为现实的承诺(默示的承诺)。再如,被害人住宅发生火灾时,行为人侵入住宅抢救卧病在床的老人的,可归入紧急避险。亦即,住宅主人没有同意老人死亡的权利,因而不可适用推定的承诺。

与推定的承诺不同的是假定的承诺(假定的同意),是指行为人在能够取得被害人承诺的情况下,由于违反义务没有取得被害人的承诺,进而实施了符合构成要件行为,但事后查明,如果行为人事前征求被害人的意见,被害人也会承诺。例如,外科医生甲在给患者乙做肩胛骨手术时,不小心将钻针折断并遗留在乙的体内,只有再次手术才能取出钻针。但是,甲隐瞒了这一事实,向乙谎称第一次手术引起了并发症,需要第二次手术才能完全康复,因而获得了乙的同意。所要讨论的问题是,第二次手术行为是否构成故意伤害罪?

在德国,相当多的学者认为,由于医生没有履行告知说明义务,所以侵害了患者的自我决定权;这种假定的承诺不足以事后阻却第二次手术行为的违法性。但有判例认为,由于患者知道真相后原本会同意,同意的表述并不重要,故医生的行为并不违法。还有少数学者认为,医生的行为仅成立犯罪未遂。

六、危险接受

(一)危险接受概述

具有刑法意义的危险接受,分为两种类型:

第一,自己危险化的参与:被害人意识到并实施了危险的行为,而且遭受了侵害结果,但被告人的参与行为与被害人的侵害结果之间具有物理的或者心理的因果性。简言之,被告人参与了被害人的自发的自己危险化。例如,德国曾发生如下案件:被害人是海洛因的持有人,让被告人将注射器给其使用,被害人利用该注射器注射海洛因,进而死亡。德国法院以前认定这种行为成立过失致人死亡罪,但在本案中否认了过失致人死亡罪的成立(海洛因案)。

第二,基于合意的他者危险化:虽然给被害人造成侵害结果的是他人的行为,但被害人认识到并且同意被告人行为给自己带来的危险(被害人仅承诺了危险,而没有承诺侵害结果)。如德国的梅梅尔河案:在狂风暴雨之际,两位乘客不顾船工的"危险"警告,要求船工使其过河。船工在运送乘客过河时,渡船翻沉导致乘客死亡。德国法院认为,船工对乘客没有特别的保护义务,也没有违反义务,否认其行为构成过失致人死亡罪。

自己危险化的参与和基于合意的他者危险化有三个共同特点:其一,侵害结果的发生,由被告人与被害人的不注意的态度相互作用而共同引起。其二,被告人与被害人都不希望、放任侵害结果发生,相反,都相信、期待侵害结果不发生。其三,被害人"过失地"参与了结果发生,所涉及的都是被告人最终应否承担过失犯刑事责任的问题。

正因为自己危险化的参与和基于合意的他者危险化具有共同点,所以,刑法理论用危险接受概括二者。倘若认为对二者的处理结论相同,对二者的区分就没有意义;如若认为对二者应当做出不同处理,对二者的区分则具有意义。

危险接受与被害人承诺(同意)具有两个明显区别:其一,危险接受基本上是就过失犯罪而言;被害人承诺虽然也适用于过失犯,但主要是就故意犯罪而言。其二,危险接受时,被害人只认识到了行为的危险,并没有承诺侵害结果的发生,没有放弃自己的法益;被害人承诺时,被害人同意侵害结果的发生,放弃了自己的法益。

从20世纪初开始,德国便开始讨论过失犯中的同意对象问题,亦即,是只要同意行为就阻却违法,还是只有同意结果才阻却违法?例如,乙、丙、丁都认识到甲醉酒驾驶机动车,但仍然坐在甲驾驶的机动车上,甲过失导致事故,乙、丙、丁三人均受重伤。如果说同意的对象只是行为就可以了,那么,既然被害人乙、丙、丁同意了醉酒驾驶行为,甲对三人的重伤便不负刑事责任,因而不成立交通肇事罪(或过失致人重伤罪),仅成立危险驾驶罪。但是,如果认为同意的内容必须包含结果,由于乙、丙、丁只是同意了醉酒驾驶的行为,而没有同意重伤的结果,所以,乙要承担交通肇事罪(或过失致人重伤罪)的刑事责任。

根据Welzel的观点,过失犯的违法性基础,是懈怠社会生活上必要的注意行为即违反注意义务的行为,结果发生只是具有限制不法的机能,而不具有构成不法的机能。给过失犯的不法奠定基础的是存在违反注意义务的行为和不存在违法阻却事由,所以,被害人承诺的对象只要指向违反注意义务的行为就够了。换言之,对危险行为本身的承诺,阻却了过失犯的行为无价值,因而阻却违法性。井田良也持类似观点:"自己决定权的内容,不仅包括允许自己的利益受到损害的自由,而且包括会使自己的利益遭受危险的自由,即具有通过甘冒风险而享受超越风险的某种利益的自由……代表性的事例有柔道、拳击等格斗性运动和医生的危险手术等。在这样的场合,可能以被害人知道行为具有一定的危险而同意为由,在此限度内否定被害人的法益的刑法保护……实行行为是'具有超出被允许的危险之上的危险的危险行为',被害人对该危险的同意,使被害人遭受该危险而适法化。"〔65〕

前田雅英教授认为,被害人同意在故意犯与过失犯中都阻却违法性,但是,在过失犯的场合,大多会发生当事人预想外的结果,被害人对所发生的结果本身存在明确同意的情形较少。因此,在过失犯的场合,同意的内容较为抽象即可阻却违法。亦即,虽然严格地说被害人对结果发生没有同意,但自己积极地置身于高度危险时,就可以说对于由该危险当然预测到的结果存在同意。

德国学者Beulke指出,对于危险接受,应当通过被害人承诺一元地解决。因为确实认识行为对自己法益的危险而承诺该行为的人,事后提出没有考虑侵害结果的发生,是不自然的、非现实的。换言之,在危险接受的场合,应当肯定被害人承诺了结果。刑法只是处罚得到承诺的故意杀人行为,既然如此,就不能认为刑法也处罚得到承诺的过失致人死亡行为,所以,当过失致人死亡的行为得到了被害人承诺时,就不能以犯罪论处,否则与罪刑法定原则相抵触。

讨论危险接受问题,必须明确几个前提条件:其一,危险接受案件以发生侵害结果为前提。倘若被告人实施了被害人所同意的危险行为,但并没有发生侵害结果,则不具有刑

〔65〕［日］井田良:《被害者の同意》,载《现代刑事法》第14号(2008年),第90~91页。

法上的意义。其二,被害人必须具有认识能力与控制能力。例如,在被害人毒瘾发作,处于没有控制能力的状态时,被告人将大量毒品交付给被害人吸食,被害人吸食后死亡的,就不属于危险接受的问题,被告人的行为成立相应的犯罪。其三,被害人必须对危险事实具有明确认识。如果被告人隐瞒真相,使被害人缺乏相应的认识时,就不应当作为危险接受案件处理。例如,被告人知道自己患有严重性病,但隐瞒真相,与对方性交时不使用安全套,使对方感染严重性病的,成立故意伤害罪。其四,被告人在被害人还没有认识到危险的情况下实施了某种行为,导致被害人不得不陷入危险的,不属于危险接受案件。例如,被告人甲对乙家放火,放火燃烧的当时,乙为了救助家中的亲人,而冲入燃烧的家中,但因为丧失意识而倒下,因一氧化碳中毒而死亡。甲应对乙的死亡承担刑事责任。其五,对于侵害公法益的犯罪,不存在危险接受的问题。例如,乙明知卖淫女甲患有严重性病,但依然不采取预防措施而与之性交,进而感染了严重性病。就甲的行为是否对乙成立过失致人重伤罪而言,是危险接受问题。但是,即使否认甲的行为成立过失致人重伤罪,也不能否认其行为成立侵害公法益的传播性病罪。

(二)自己危险化的参与

自己危险化的参与的最大特征是,被害人的行为是导致侵害结果发生的直接原因,或者说,被害人自己支配了侵害结果的发生,被告人只是参与了被害人的自己危险化。一般认为,对于自己危险化的参与,只要符合前述危险接受的前提条件,就不能将侵害结果归属于被告人的行为(被告人的行为不成立犯罪)。问题是,如何说明其理由。[66]

1. 规范的保护范围之外的见解

20 世纪 70 年代以后,德国的通说通过客观归责理论中的构成要件作用范围,否认自己危险化的参与行为成立犯罪。其基本理由是,根据德国刑法的规定,被告人故意参与被害人的故意自杀或者故意自伤的行为,原则上不受处罚;既然如此,被告人参与他人的故意的自己危险化的行为,同样也不能受处罚;比之更轻的过失参与他人的自己危险化的行为,就更不应当受到处罚(Roxin)。换言之,既然故意教唆、帮助他人自杀的行为,不在构成要件的作用范围之内(处于规范的保护范围之外),那么,过失教唆、帮助被害人的自己危险化的行为,就不可能符合构成要件。

但是,德国通说的理由并不成立,其中的当然推论也遭受了质疑。诚然,从表面上看,被告人参与被害人的故意自杀行为(自己侵害)比参与被害人的可能致死行为(自己危险化)更为严重。但是,如果从被害人的自己决定的角度来看,前者的被害人不仅认识到侵害结果,而且期待、希望侵害结果的发生;后者的被害人只是认识到行为的危险,并反对侵害结果的发生(曾根威彦)。对结果的评价,必须联系法益主体对法益的态度。在参与被害人的自我侵害的场合,被害人放弃了法益;但在参与被害人的自己危险化的场合,被害人没有放弃法益。概言之,假如承认对自杀、自伤的承诺有效,教唆、帮助自我侵害的行为没有侵害法益,而教唆、帮助自己危险化的行为却侵害了法益。既然如此,就不能认为参与被害人的自我侵害比参与被害人的自己危险化更为严重。

诚然,从客观危险状态考察,在一些场合,自我侵害行为(自杀)对生命的危险高于自

[66] 德国、日本学者大多试图以一个原理解决自己危险化的参与和基于合意的他者危险化,因此,后述关于基于合意的他者危险化的学说,也成为自己危险化的参与阻却犯罪成立的理由。

己危险化的行为。在此意义上说,既然参与危险更高的行为(教唆、帮助自杀)不可罚,那么,参与危险较低的自己危险化的行为,就更不可罚。但是,这也难以成为自己危险化的参与一概不可罚的论据。在自己危险化的参与的场合,即使被害人并不希望、放任死亡结果发生,但其行为导致死亡的危险性也可能很高。例如,自杀存在大量未遂情形,自己危险化存在大量现实化的情形。这表明,自己侵害与自己危险化的区别,并不是危险程度高低的区别。亦即,不能认为,自己危险化的行为的危险性必然低于自己侵害行为的危险性。因此,不能从自杀(自己侵害)参与的不可罚性论证自己危险化的参与的不可罚性(岛田聪一郎)。

2. 与过失的教唆犯、帮助犯的比较

如果说刑法只处罚过失的正犯,而不处罚过失的教唆犯与过失的帮助犯,那么,就没有理由处罚自己危险化的参与行为。这是因为,即使过失乃至故意的正犯导致第三者的法益遭受侵害时,过失的教唆行为与过失的帮助行为也不受刑罚处罚,既然如此,在被害人自己导致法益遭受侵害时,过失的教唆行为与过失的帮助行为(自己危险化的参与)就更不应当受处罚。显然,这一理由是以对过失犯采取限制的正犯概念为前提的。如果对过失犯采取统一的正犯概念,过失的教唆犯与过失的帮助犯均属于正犯,则难以得出上述结论。

(三)基于同意的他者危险化

1. 规范的保护范围之外的见解

Roxin 认为,自己危险化的参与时,因为行为造成的结果不在规范的保护范围之内,因而不能将结果归属于自己危险化的参与行为。Roxin 进而指出,当基于合意的他者危险化行为在所有重要方面可以与自己危险化的参与行为同视时,否定结果归责。换言之,只有当基于合意的他者危险化,也处于规范的保护范围之外时,才否定客观归责。Roxin 一方面认为,这种同视一般是不可能的。因为将自己的危险化委托给他人的人(基于合意的他者危险化的场合),比尝试以自己的力量支配危险进而使自己危险化的人(自己危险化的参与的场合),更要听任事态摆布。另一方面又指出,具备下列条件时,二者可以同视:(1)侵害结果是被害人所冒危险的现实化,不是添加了被告人的其他过错而产生的;(2)就共同实施的行为,被危险化的被害人与实施危险化行为的被告人,具有同等程度的答责性。而且,只要被害人与被告人对危险化具有同等程度的预见,就能肯定同等程度的答责性,进而否定客观归责。

但是,Roxin 的上述观点受到了批判。首先,自己危险化的参与时,被害人支配了结果的实现,而在基于合意的他者危险化的场合,被告人支配了结果的实现,认为二者具备一定条件就可以同视,基本上是不可能的。诚然,从作为该理论基础的自己决定的自由来看,二者似乎没有本质不同。但是,在自己危险化的参与的场合,被告人的参与行为只是附属性的存在,通常应当置于刑法的规制之外;在基于合意的他者危险化的场合,被告人的危险行为正是刑法评价的对象,被害人的合意只不过是间接影响犯罪性程度的附随情况(曾根威彦)。其次,Roxin 教授提出的两个同视条件,不仅缺乏实际意义,而且导致自己危险化的参与和基于合意的他者危险化完全等同。第一个条件是没有任何价值的,因为即使在自己危险化的参与场合,侵害结果也是所冒危险的现实化。如果侵害结果不是所冒危险的现实化,就不成其为危险接受的案件(岛田聪一郎)。

2. 被害人自我答责理论

被害人自我答责理论,也可谓客观归责理论的一个内容。但是,在危险接受问题上,这种理论并不是从规范的保护范围角度展开讨论的,而是从被害人与被告人的答责分配的角度而言的。不过,将被害人自我答责理论作为基于合意的他者危险化不构成犯罪理由的各种观点并不完全统一,所提出的排除犯罪成立的条件更不一致。下面只能选择几种具有代表性的观点予以说明。

(1)Zaczyk 的见解

Zaczyk 认为,个人的自我答责是不法层面的问题。刑法上的不法,是对各具体人的人格性的攻击,即对各具体人的现实自由的缩减。通常的不法案件,表现为参与一方的积极部分与另一方的消极部分的对置,故自己侵害本身并不意味着不法。因为针对自己实施的自己侵害行为,缺乏法律上特定的人格性的关联。基于这样的观点,Zaczyk 指出,"有意识的自己侵害",是被害人知道结果却实施侵害自己法益的行为,被害人意欲结果的发生。在此,是被害人制造了"意思、行为与结果的统一体",被害人是行为的中心,也是行为的目标。在这种场合,原则上排除被告人的答责,完全由被害人答责。但是,在危险接受的场合,被害人以为结果不会发生,因而不像有意识的自己侵害那样,制造了"意思、行为与结果的统一体",故不能完全由被害人自我答责。换言之,在危险接受案件中,之所以将被告人作为过失正犯予以处罚,是因为结果的发生是由被告人偶然造成,而不是由被害人造成。那么,如何确定谁答责呢? Zaczyk 提出通过以下两个阶段的考察来确定:第一个阶段:"在法所确定的形态上,被害人能否信赖他人通过适合义务的态度对导致侵害的过程进行支配?"如果对此持肯定回答,就否定被害人自我答责,产生他人的答责性;如果得出否定结论,则由被害人自我答责,否定他人的答责。但是,即使肯定被害人自我答责时,还需要进行第二个阶段的考察:"在法所确定的形态上,被害人能否信赖自己完全没有推进自己危险化的可能性?"如果对此持肯定回答,就否定被害人自我答责,产生他人的答责性。但是,这种肯定他人答责性的情形仅限于例外场合,因为一般来说,被告人没有对被害人的监督义务。结局是,只要被告人没有违反注意义务就缺乏归责可能性。据此,梅梅尔河案中,只能由被害人自己答责,因为船工对乘客并不负有特别的监督义务。反之,在毒品案中(被告人将毒品或者注射品交付被害人,被害人注射毒品过量导致死亡),由于被告人的行为违反有关毒品的法律,违反了注意义务,因而不是由被害人答责,而必须由被告人答责。

(2)盐谷毅的见解

日本学者盐谷毅虽然区分了自己危险化的参与和基于合意的他者危险化,但同时认为,二者具备以下三个条件时,阻却犯罪的成立:一是被害人完全认识到行为的危险性和特定的构成要件结果发生的可能性;二是被害人对上述危险性具有认识、评价的能力(自己答责能力),具有意志决定的自由;三是在客观上,被害人并不只是单纯地将事态发展委托给被告人,而是对结果发生至少显示出与被告人同等程度以上的积极态度(自己答责的态度)。虽然自己危险化的参与通常能满足第三个条件,但基于合意的他者危险化并不当然满足第三个条件,只有当被害人对事态整体掌握了"主动权",侵害结果归属于被害人的答责领域时,才符合第三个条件。[67]

3. 被害人信条学的原理

如果说被害人自我答责理论所考虑的是被害人与被告人之间的答责关系,那么,被害人信条学的原理则考虑的是被害人与国家之间的管辖关系。

被害人信条学的原理的根本思想是,“在并非由家长主义而是由自由主义构成的法秩序中,保持法益、不使法益危险化的第一次的管辖,指向的是作为法益主体的被害人本身”。[68] 如 Amelumg 指出,刑法是国家保护法益的最后手段,如果被害人本身可运用适当的手段保护其法益而任意不用,则刑法没有介入的余地。Schünemann 指出,传统的犯罪论体系仅以被告人的行为为依据判断是否具有构成要件符合性、违法性与有责性,但这种做法不能全面地解释因被害人行为介入所产生的犯罪行为;被害人的行为对于犯罪的成立有其独立的地位;对被告人的刑罚的必要性与对被害人保护的必要性是相对存在的,因为刑罚作为国家预防社会侵害的最后手段,在被害人能够自我保护却疏于自我保护的情况下,即被害人不值得保护也不需要保护的情况下,国家刑罚权便无发动的余地,对被告人也就没有处罚的必要。所以,“刑法相对于可能和可胜任自我保护的潜在被害人应当是一种辅助性手段,或者说具有第三顺位性。”[69]

根据这样的观点,被害人对自己法益的态度就具有重要性,在可以期待被害人保护自己的法益、回避侵害结果的场合,即使被告人参与其中,也不应当承担罪责。因此,在基于合意的他者危险化的场合,由于被害人没有妥善地保护自己的法益,故不得动用刑法追究被告人的责任。甚至有学者认为,只要被害人对危险有相当缓和的、抽象的危险的认识,或者只要被害人有认识的可能性,就不应当追究被告人的刑事责任。例如,如果被害人知道被告人是卖淫女,就应当具有抽象的危险的认识,即使卖淫女隐瞒自己患有艾滋病的真相,被害人没有认识到具体的艾滋病感染可能性而感染了艾滋病的,也要否定卖淫女的行为成立过失犯(M. C. Meliá)。[70]

此外,持被害人信条学理论的学者,还认为被害人自我答责理论过于僵化,被害人信条学则很有弹性,这种弹性表现在三个方面:(1)运用层次多样性,不仅可以运用于客观归责,还可以运用于违法阻却事由以及作为刑法分则的重要解释原理。(2)没有排他性,可以联合其他一些原则进行法益权衡,以具体实现刑法的最后手段原则。(3)提供了可以依循的思考方向,可以避免非此即彼的僵化判断。

4. 行为的危险性否定说

山口厚教授曾经指出,在“对死亡的危险接受”的事例中,法益主体虽然并没有同意死亡结果,但同意了死亡的危险(同意了行为的危险性)。行为的危险性,是认定相当因果关系或者客观归属关系的要件。因此,在确实能够认定被害人“同意”行为的危险性的限度内,就可以规范地否认“行为的危险性”,进而否认相当因果关系或者客观归属关系,结局是否认过失犯的构成要件符合性,因而不成立过失犯。后来,山口厚教授指出,法益

---

〔67〕 [日]盐谷毅:《被害者の承诺と自己答责性》,法律文化社 2004 年版,第 371 页以下。

〔68〕 Ulfrid Neumann, Die Strafbarkeit der Suizidbeteiligung als Problem der Eigenverantwortlichkeit des “Opfers”, JA 1987, S. 248.

〔69〕 转引自申柳华:《德国被害人信条学研究》,中国人民公安大学出版社 2011 年版,第 97 页。

〔70〕 M. C. Meliá, Opfer Verhalten und objective Zurechnung, ZStW 111, S. 378.

主体具有使自己的利益遭受危险的自由,这种自由既可以表现在自己危险化的参与中,也可以表现在基于合意的他者危险化中。既然法益主体认识到并同意实施危险行为,那么,对于客观上、主观上不可能回避的结果,就不应当追究行为人的刑事责任。如果追究刑事责任,就与允许实施危险行为相矛盾。反过来说,如果客观上、主观上具有回避结果的可能性,则没有理由否认行为人的行为构成犯罪。

七、治疗行为

治疗行为,是指为了治疗的目的,基于患者或者其保护人的承诺或推定的承诺,采取医学上所承认的方法,而伤害人的身体的行为。也有不少学者将这种行为归入正当业务行为。这种行为阻却违法性。例如,患者小腿有恶性肿瘤,有生命危险,根据现在的医学水平,基于患者或其保护人的承诺或推定的承诺,进行截肢的行为,就是治疗行为。这种行为虽然伤害了被害人的身体,但不具有违法性。

关于治疗行为的性质也有争议,一种观点认为治疗行为阻却构成要件符合性(治疗行为非伤害说),即对构成要件应当从社会生活秩序上理解,现代社会中的治疗行为是一种有用的行为,这种行为没有被类型化为构成要件,因此,治疗行为本身不符合构成要件。也有人认为,治疗行为因为得到了被害人的同意,因而不具有构成要件符合性。通说则认为,治疗行为是对患者身体、生命有危险的行为,这种行为当然符合构成要件(治疗行为伤害说),所以,治疗行为不是阻却构成要件符合性,而是阻却违法性。

关于阻却违法性的根据,有人认为治疗行为出于正当的主观目的,所以不违法;有人认为治疗行为具有社会的相当性,故阻却违法性;有人认为因为治疗行为得到了被害人的同意或者推定的同意,故阻却违法性;有人认为,应以保护优越的利益和尊重患者的意志为根据,使治疗行为阻却违法(一方面,患者的同意使得其法益的要保护性减弱或者被否定;另一方面,治疗行为旨在实现维持或者恢复健康乃至挽救生命这种积极的利益)。前两种观点是行为无价值论的观点,第三种观点既可能是行为无价值论的观点,也可能是结果无价值论的观点,最后一种观点是结果无价值论的观点。

阻却违法性的治疗行为,必须符合以下要件:(1)必须有患者的承诺,这种承诺由患者本人或者患者的保护人作出均可,这种承诺不是一种概括的承诺,而应是一种具体的承诺。例如,只是同意进行治疗的承诺,并不符合条件;同意截肢、同意拿掉肾脏等承诺,才算是承诺。这种承诺也可能是一种推定的承诺。一般认为,医生有义务对患者说明治疗行为的必要性与危险性。(2)具备医学的适应性,即治疗行为对于维持患者的生命、维持或者增进患者的健康是必要的。(3)具备医术的正当性,即按照医学上承认的医疗技术实施治疗行为。人体实验是被禁止的。性转换手术、单纯的整容手术等不以治疗为目的,不属于治疗行为。当然,根据被害者的承诺,仍然阻却违法性。

专断的治疗行为,即缺乏承诺所进行的治疗行为,不阻却违法,仍然成立犯罪(伤害罪或者刑法规定的独立犯罪类型)。[71]

治疗行为一般是业务医师实施的行为,非业务者的治疗行为是否阻却违法性,也成为一个问题。通说认为,刑法上的伤害罪,以人的身体状况、健康状况不产生不良变化为保

---

〔71〕 奥地利刑法第110条第1款规定:“未经他人之同意而依医学上之规则为诊治者,处六个月以下自由刑或科三百六十日额以下之罚金。”

护法益，非业务者的治疗行为，只要符合前述要件，就没有侵害上述法益，因而也阻却违法性。

八、安乐死与尊严死

安乐死，是指在患者临近死期，难以忍受痛苦的情况下，根据患者的嘱托，使用医学处置方法，让其无痛苦地死亡的行为。

德国刑法理论将安乐死分为积极的直接安乐死、积极的间接安乐死与消极的安乐死。积极的直接安乐死，是指为了减轻患者的痛苦而终结其生命或者加速其死亡的方法。在这种情形下，行为人以直接故意的心态终结患者的生命或者加速其死亡。德国的少数学者认为，这种安乐死应当是合法的，但多数人认为，这种安乐死不仅符合杀人罪的构成要件，而且具有违法性与有责性。[72] 积极的间接安乐死，是指为了减轻患者的痛苦而采取了符合医疗行业规范的措施，但该措施具有缩短患者生命的可能性。在这种情形下，行为人的目的是缓解患者的痛苦，但对加速患者死亡的结果持间接故意的心理态度。少数观点认为，这种安乐死因为符合医疗行业规范，没有创设法不允许的风险，因而不符合杀人罪的构成要件。通说则认为，这种安乐死仍然符合杀人罪的构成要件，但由于患者承受的痛苦足以摧毁其尊严，应当认定这种安乐死符合阻却违法的紧急避险的条件。但是，仅因为行为人对死亡持间接故意，就得出与持直接故意的情形完全不同的结论，也受到了批判。因为紧急避险的成立与否与行为人主观上的故意形态没有直接关系。消极安乐死，是指基于患者真实的意志或者推定的意志，放弃或者中断可以延长其生命的治疗措施，从而使其有尊严地自然死亡的情形。这种安乐死在德国不违法。

在日本，安乐死分为不作为的安乐死与作为的安乐死，前者也叫消极的安乐死，是指单纯地不予医治，让患者死亡的安乐死。例如，患者不愿意继续承受痛苦，而拒绝实施延长生命的手术，医生遵从患者的意思而实施手术，患者因而提前死亡。对于这种安乐死，通说认为不违法，因为在这种场合医生并没有实施治疗行为的义务。后者有三种情况：(1)没有缩短患者生命的安乐死（本来的安乐死、真正的安乐死或纯粹的安乐死），这种行为被作为一种治疗行为，认为它是适法的。(2)具有缩短患者生命危险的安乐死（间接安乐死）。为了减轻患者的痛苦而采取的措施，即使具有缩短生命的危险，但只要符合安乐死条件，就视为正当的业务行为，阻却违法性。(3)作为缩短生命手段的安乐死（积极的安乐死、直接安乐死），这是一种为了免除患者痛苦，而提前结束其生命的方法。有一种学说认为，在不可医治的患者处于极度的肉体痛苦时，为了缓和这种痛苦，而让其无痛苦地死亡，是社会的伦理要求，是阻却违法性的事由。但所谓“社会伦理的要求”的说法并不明确。还有学者认为，安乐死合法化的根据在于，患者本人通过比较自己仅有的一点生命与解除难以忍受的痛苦，并基于自己决定权而选择后者时，就应当尊重其最后的选择，法律就不要介入、干涉。安乐死的状况，是维持生命与解除痛苦之间不可能共存的对立的例外局面。在这种状况下，尊重患者希望死亡的自己决定权，与刑法禁止得承诺的杀人并不相抵触（井田良）。不过，安乐死的合法化只是理论或者判例的主张，在法律上承认积极的安乐死的国家相当罕见。

---

〔72〕 虽然有少数学者认为这种行为符合阻却违法的紧急避险的成立条件，但多数人持反对态度。因为生命法益重于其他任何法益，避免任何痛苦的利益都不可能大于生命这一法益。

安乐死必须具备一定的条件,只有符合条件的安乐死,才能阻却违法性。根据日本名古屋裁判所1965年12月22日的判决,实施安乐死的条件是:(1)根据现代医学知识和技术,患者的疾病为不治之症,而且临近死亡。这里的不治之症,显然是一个相对的概念,因为医学会不断发展进步,过去的不治之症,现在可能是能治之症,现在的不治之症,将来会成为能治之症。所以,只能根据当时的医学知识与技术进行判断。(2)患者有难以忍受的肉体痛苦,见到患者的其他人也难以忍受。如果只是精神上的痛苦,则不能实施安乐死。(3)以缓和患者的死亡痛苦为目的。(4)在患者意识清楚、能表明意志的场合,必须有本人的真挚的嘱托或者承诺。在此意义上说,安乐死也是一种基于被害人承诺的行为。(5)原则上由医师执行。(6)执行方法在伦理上必须是妥当的,能够被接受的。对于上述条件,结果无价值论与行为无价值论有不同的看法。主要表现在,结果无价值论者认为,上述第三、第六两个条件,是不必要的条件。因为结果无价值论者重视的是结果,而不是行为本身与行为的目的。而行为无价值论者重视行为本身与行为的目的,故认为这两个条件是必不可少的条件。

后来,日本横滨地方裁判所于1995年3月28日就东海大学安乐死事件提出了以下要件:(1)患者存在难以忍耐的激烈的肉体痛苦;(2)患者的死亡不可避免而且临近死期;(3)关于患者的意思表示的必要性,就间接安乐死而言,只要有患者的推定的意思即可,但就积极的安乐死(直接安乐死)而言,则以明示的意思表示为必要。

与安乐死相联系的是尊严死(自然死)的概念。由于医学的进步,对植物人等也可能依靠某种装置、药物来维持其生命,撤除植物人等的生命维持装置,停止无益的、多余的延长生命的措施,让其自然地死亡,就是所谓的尊严死。由于认为这种做法是保持了患者的尊严,承认其死亡权利,所以称为尊严死。尊严死与安乐死不完全相同,因为尊严死不符合安乐死的前两个条件。美国有些州正在立法允许尊严死,日本在刑法理论上大多认为尊严死应当适法化。

九、自救行为

权利受到侵害的人,在通过法律程序、依靠国家机关不可能或者明显难以恢复权利的情况下,依靠自己的力量救济权利的行为,就是自救行为。例如,盗窃罪的被害人,在犯罪人将毁损盗窃财物或逃往外地等场合,来不及通过法律程序挽回损失,便迅速从盗窃犯手中夺回财物,就是一种自救行为。

自救行为也是一种紧急行为,它与正当防卫的区别在于,正当防卫是在侵害正在发生时实施的,而自救行为是在侵害终了之后实施的。正因如此,对自救行为并非均持肯定态度,因为一般国家的刑法并没有规定自救行为,而且在侵害行为结束之后,原则上只能通过法律途径寻找救济,这就成了否定说的理由。但通说认为,在现代法治国家,虽然原则上要通过国家机关来救济对法益的侵害,但事实上,国家的救济机关不是万能的,在一些紧急情况下,应当允许被害人自己实施恢复权利的行为。但即便如此,对自救行为阻却违法必须设置更严格的条件。

自救行为必须具备以下条件:(1)已经对法益造成了违法侵害,不问侵害是刚刚结束,还是经过了一定的时间。如果侵害正在进行,就是正当防卫与紧急避险的问题了。显然,一般来说,对已经实施的人身侵害不可能实施自救行为。如果人身侵害持续进行,则可以进行正当防卫。因此,只能针对财产侵害实施自救行为。(2)通过法律程序、依靠国家机关不可能或者明显难以恢复权利。例如,获得了商品的债务人不支付货款,对商品的货款享有债权的人,不知道债务人的姓名与住所,如果债务人离去就无法实现债权时,就属于这种情形(井田良)。(3)自救行为能够使权利人的利益得到救济。(4)自救行为具有相当性,要考虑自救方法与程度的补充性与法益权衡性。

十、义务冲突

义务冲突,是指存在两个以上不相容的法律上的义务,为了履行其中的某种义务,而不得已不履行其他义务的情况。例如,律师为了在法庭上维护被告人的权益,不得不泄露他人的秘密;医生为了抢救重病患者,不得不放弃医治轻病患者。

义务冲突与紧急避险在"紧急"这一点上有相同之处,但紧急避险是一种作为的形式,义务冲突则是一种不作为的形式;此外,就紧急避险而言,只要避险人愿意忍受危险,可以不实行紧急避险,但就义务冲突而言,负有义务的人必须履行其中的某项义务。

阻却违法性的义务冲突必须具备两个基本条件:(1)存在两个以上的义务冲突,这里的义务只限于法律上的义务,不包括道义上、宗教上的义务。但也有人认为,包括道义上、宗教上的义务与法律上的义务的冲突,因为成文法律具有局限性,道义上的义务有时重于法律上的义务。(2)必须权衡义务的轻重,即必须是为了履行重要的义务,而放弃非重要的义务(需要按照阻却违法的紧急避险的基本原则进行判断);否则,就不阻却违法;不过,如果行为人没有履行重要义务的期待可能性,则阻却责任(Mezger、Gallas、Welzel、Jescheck 等)。争论问题是,在权衡法益时,是否考虑谁对紧急状态有过错。例如,一名医生面临两个受伤者,甲是事故的被害人,乙是事故的制造者,在两个受伤者的受伤程度相同而医生只能抢救其中一人时,医生应当抢救谁?一种观点认为,不应当考虑谁对紧急状态有过错,该医生想抢救谁就抢救谁(Lenckner)。另一种观点认为,医生应当将事故的被害人置于优先抢救的地位(Roxin)。当然,如果事故的制造者的生命处于危险之中,而事故的被害人的生命并不处于危险之中,医生就应当优先抢救事故的制造者。

在义务冲突的情况下,如果行为人没有履行任何义务,应当对违反哪一义务的不法承担责任呢?有人主张仅对最轻的不法承担责任,有人主张对所有不法承担责任,有人主张对其中的一个最重的不法承担责任。

此外,如果义务冲突由负有义务的人造成,则不能将义务冲突作为违法阻却事由。例如,夜晚值班的医生 A 擅离职守,第一个受伤者 B 被送到医院半小时后,A 才回到值班室,此时另一受伤者 C 被送到医院。原本只要半小时就可以抢救受伤者,不会形成义务冲突。如果 A 只抢救了 B 而导致 C 流血过多死亡的,则 C 的死亡应当归属于 A 的行为,而不能阻却违法。

第七章 责 任

第一节 责任的概念

一、责任的意义

要成立犯罪，除了必须具备构成要件符合性、违法性以外，还要求行为人具有责任。所谓责任，是指就符合构成要件的违法行为对行为人的非难。简单地说，是指非难可能性。

作为犯罪成立条件，责任与有责性是一个意思（将“责任”作为量刑基础时，不应以“有责性”一词替代）。亦即，行为人必须有责地实施了符合构成要件且违法的行为。此外，德日也有学者使用“主观的归责可能性”的概念。他们认为，“责任”一词具有多义性，容易使人联想起道德的责任与宗教上的罪责。而且，从与违法判断的关系上看，违法判断与责任判断都是说明犯罪是应当受到非难的行为，违法判断从客观上说明犯罪行为应受非难，责任判断是从主观上分析行为人应否受到非难，故使用“主观的归责可能性”较为妥当。

根据结果无价值论的观点，在犯罪论体系中，违法性与有责性处于相对应的地位。大体而言，违法判断是对行为的客观的、具体的判断，责任判断则是考虑到行为人的意思与主观能力，对行为所作出的主观的、具体的判断。[1] 违法判断是责任判断的前提，绝对不可能先判断责任后判断违法。换言之，虽然存在“行为违法但没有责任”的情形，但不可能存在“行为不违法却具有责任”的情形。但责任判断究竟是一种积极判断，还是一种消极判断，在理论上存在争议。如果认为构成要件是违法行为的类型，则构成要件只能推定违法性的存在，而不能推定责任的存在，因此，责任判断应是一种积极判断。但即使认为构成要件是违法有责类型，也存在不同观点。一种观点认为，责任判断是要将行为与行为人的人格结合起来进行判断，因而应是一种积极判断。另一种观点则认为，由于构成要件符合性能够推定责任，所以，只要消极地判断是否存在责任阻却事由即可。事实上，德国、日本刑法理论对责任能力采取了消极判断，而对责任故意、责任过失则采取了积极判断。对违法性的意识（可能性）、期待可能性也采取消极判断，但违法性的意识（可能性）、期待可能性是否故意、过失的内容，则存在争议。

“没有责任就没有刑罚”，这是近代刑法的一个根本原理，只有当行为人存在主观的责任、个人的责任时，其行为才成立犯罪。所谓主观的责任，是指当行为人具有责任能力

---

〔1〕 如前所述，无论是结果无价值论还是行为无价值论，都会承认或者部分承认主观的违法要素。例如，结果无价值论也可能承认未遂犯的故意、目的犯中的目的是主观的违法要素。

与故意或过失、违法性的意识(可能性)以及期待可能性时,才能对行为人进行非难;所谓个人的责任,是指只能对行为人自己实施的个人的行为进行非难。

二、责任的本质

各国刑法总则,通常都规定了责任能力、故意、过失与认识错误,这便是对责任的规定。但各国刑法并不是积极地规定责任,而是消极地规定责任,因此,如何理解责任的本质,就成为犯罪理论研究的问题。这样,犯罪观、刑罚观乃至世界观的对立,就必然反映在责任观上,使责任论产生对立。不仅如此,责任问题还与犯罪人的处遇密切联系,所以,责任论不仅影响犯罪论的结构,而且影响抑止犯罪的整体对策。

(一)道义责任论、社会责任论与法的责任论

关于责任非难的本质或者基准,存在道义责任论、社会责任论与法的责任论的区别。

旧派主张的道义责任论,从报应论的立场出发,认为犯罪是基于人的自由意志实施的行为;具有责任能力的人,是具有自由意志的人;故意、过失实际上是对基于自由的意志活动所实施的犯罪的认识要件;基于这种自由意志活动而实施犯罪行为时,才能受到伦理上的非难,对行为人处以作为报应的刑罚才是正当的。以自由意志为根据来探讨责任,是德国学者 Kleinschrod 从 1794 年开始展开的。他认为,行为人自由地决定违反法律,是一切归责的根据,基于自由意志的违法活动或对自由的滥用,就产生责任。

道义责任论一方面以启蒙思想家所提出的个人主义、平等主义为背景,另一方面又一直存在于古代的法律思想中,即人都是有理性的,既然行为人以自己的意志去实施犯罪,就应当承担责任,这是人类的当然的伦理要求。正是在此意义上,使用“道义的”责任这一用语。此外还存在一种修正的道义责任论,认为人具有相对的意志自由,故主张以道义责任论为核心,同时认为人的活动受其素质与环境的制约;因此,就其自由范围内的行为,从社会伦理的观点对行为人所进行的道义上的非难,就是责任(大塚仁)。

新派主张的社会责任论,从目的刑论的立场出发,其基本观点是,责任是对社会有危险的人,被社会科处作为社会防卫手段的刑罚的法律上的地位;犯罪是人的素质与环境的产物,犯罪人并不具有选择犯罪行为与适法行为的能力,即不具有自由意志,因此就犯罪行为对行为人加以非难是不可能的;刑法是对犯罪人将来再犯罪的可能性即性格的危险性,进行社会防卫的手段;正因为犯罪人在性格上具有危险性,所以处于承受社会的防卫处分的地位,这就是责任。

由于社会责任论是以社会防卫为中心的刑法理论,容易与国家主义、权威主义相结合,形成扩大刑罚权的倾向,结果导致无视责任主义的本来的机能,因而受到了批判。但是,社会责任论认为,并不是危险性的征候以某种形式表现出来时,就具有责任,只有在现实地实施了犯罪行为,具有故意、过失的心理事实时,才具有责任。所以在对现行法的解释上,并不是那么过激的主张。现实上,社会责任论与道义责任论的决定性的差别是,如何认识无责任能力人的责任。社会责任论认为,对社会有危险的人,有承受社会防卫手段的义务,因此,精神病人、刑事未成年人也是有责任的。这与道义责任论的观点所得出的结论相反。

法的责任论虽然也以报应刑论为基础,但认为责任非难是一种法律上的非难,而不是一种道德审判与伦理评价。因此,只能根据法律判断行为人是否具有责任,而不能根据伦理道德判断行为人是否具有责任。法的责任论同时承认目的刑论,认为刑法上的责任非

难,是从作为社会统制手段的刑法的立场所进行的非难。换言之,责任是为了预防犯罪、抑制犯罪而科处的,使含有非难可能性这种特殊意义的刑罚被正当化的要件(山口厚)。

(二)行为责任论、性格责任论与人格责任论

道义责任论与社会责任论的对立,在关于责任非难的对象(或责任的基础)是什么这一点上,形成了行为责任论与性格责任论的对立。

行为责任论认为,责任非难的对象是各个犯罪行为,是指向各个犯罪行为的意思,因而又称为个别行为责任论与意思责任论。行为责任论认为,应受处罚的不是行为人,而是行为;或者说,被追究责任的是行为,而不是其背后的性格、人格。道义责任论与法的责任论一般采取的是行为责任论。

性格责任论则认为,责任非难的对象不是各个犯罪行为,而是行为人对社会的危险性格。责任是应当被科处社会防卫处分的地位。据此,应受处罚的不是行为,而是行为人。社会责任论一般采取性格责任论。但是,从人权保障的观点来看,如果仅有危险性格就成为处分对象,是不妥当的。所以,只有当具有危险性格的人现实地实施了犯罪行为时,才能成为社会防卫处分的对象。犯罪行为只具有征表危险性格的意义。由于理论根基的不当,性格责任论已退出学术舞台。

人格责任论认为,具有主体性的行为人的人格是责任的基础。人格责任论在第二次世界大战前,由 Mezger 和 Bockelmann 提倡。此说认为,人格分为由素质、环境宿命地形成的部分和由行为人有责地形成的部分,只能就后一部分对行为人人格进行非难。根据 Mezger 的观点,有责的人格形成责任,是由日常生活的行状导致的,只要这种行状是可以改变的,就可能对人格进行非难。此即行状责任(Lebensführungsschuld)。Bockelmann 认为,采取何种生活态度的决断,是人格责任的根据,并强调意思责任的要素。此即生活决定责任(Lebensentscheidungsschuld)。日本学者团藤重光、大塚仁也主张人格责任论。他们认为,犯罪行为是行为人人格的主体的实现,故责任的第一次基础是犯罪行为,但人格一方面是受素质、环境制约,同时又是行为人主体性地形成的,故在行为责任的背后,存在第二次的责任基础,即对人格形成的责任。例如,团藤重光指出,对行为意思不能与行为者人格相分离来考察;既然责任意味着非难,那就可能而且必须将应当归责于行为人的人格形成作为责任的根据。例如,常习犯,如果其常习性的形成是由其素质、环境决定的,他就不是刑罚的对象,只能是保安处分的对象;反之,如果常习性的形成可以归责于本人,则责任非难大,应科处重刑。这是将人格形成作为责任要素考虑所得出的当然结论。团藤同时指出,责任判断的对象是符合构成要件的行为本身,责任判断是考察行为是否有责,故首先必须着眼于行为。但犯罪行为又是行为人人格的现实化,即在犯罪行为的背后预示行为人潜在的人格体系,犯罪行为与人格不可分离;人格的形成虽然受素质、环境的制约,但又是由行为主体自身的努力而形成的,因而可以针对人格态度对行为人加以非难。行为责任是第一次的,人格责任是第二次的,但归根到底应当统一考虑。

人格责任论虽然对说明部分常习犯的责任具有一定的优势,但存在明显的缺陷。现实上能否区分宿命地形成的人格与行为人有责地形成的人格,就是一个根本的疑问。例如,在面对不同的常习犯时,法官根本不可能区分谁的常习性是宿命地形成的,谁的常习性是行为人有责地形成的。即使能够进行区分,而提出有关犯罪人生活的全部经历的证据,不仅在诉讼程序上不可能,而且如此介入个人生活也并不妥当。追溯人格形成的全过

程，只能对社会的弱者起到不利作用。况且，人格责任论会超越特定的犯罪行为，将责任非难的对象扩大到漫无边际的人格形成行为，明显与罪刑法定原则相冲突。此外，人格责任论所采取的是积极的责任主义，而不是消极的责任主义。所以，人格责任论现在已经失去了支持者。

(三)心理责任论与规范责任论

关于责任非难是属于心理事实还是规范评价，存在心理责任论与规范责任论的分歧。

心理责任论认为，责任的实体是行为人的心理关系，基于心理关系不同，将责任分为故意与过失，行为人在具有责任能力之外，还具有故意、过失时，就追究行为人的责任。这一学说在19世纪末20世纪初占统治地位。

规范责任论的特色在于，在与法律规范的关系上把握责任。它认为，法律规范终究是以对个人的命令、禁止表现出来的，这种命令、禁止就行为人一方而言，只有在能够遵从即能够实施犯罪行为以外的行为时，才是适当的。换言之，为了给予责任非难，仅仅具有故意、过失的心理要素并不够，还必须是能够期待行为人在具体情况下实施其他适法行为，只有在这种场合，才能考虑责任非难。这就是所谓的期待可能性的思想，这一思想在20世纪初，主要由德国学者Frank、Goldschmidt、Freudenthal、Eb. Schmidt提倡、确立和发展起来；规范责任论正是以此为核心形成的。在这个意义上说，规范责任论与期待可能性理论，可以说是同一理论。

Frank说，责任的本质是非难可能性。与此同时，从日常生活的用语例来看，为了归责于行为人，除了要考虑责任能力、故意、过失外，还要考虑第三个责任要素——“附随情况的正常性”。随后，Goldschmidt说，对于责任来说，更为本质的第三个要素是义务违反性。他提出了二元的规范论：除了要求行为人的一定的外部态度的法规之外，还存在一种义务规范，它命令行为人决定采取上述外部态度所必要的内心态度；违反前者就产生违法性，违反后者便产生责任。Freudenthal则说，责任的实体是，行为人应当采取其他态度，而且能采取其他态度，但他却违反这种期待而实施犯罪行为。其后，Eb. Schmidt在此基础上发展了规范责任论。他批判了Goldschmidt的二元的规范论，同意Mezger将规范分为评价规范与决定规范的观点，认为决定规范期待行为人作出适法行为的决意，而要期待行为人作出适法行为的决意，除了要求行为人具有责任能力、故意、过失之外，还要求可能期待行为人不实施违法行为而实施适法行为，期待可能性是一种规范的要素。

概言之，根据规范责任论的观点，在具体情况下，即使认定了具有故意、过失的心理事实，也有不能给予非难的场合。规范责任论是当今的通说。

心理责任论与规范责任论并不是对立关系，因而存在将二者结合起来的观点即规范的心理责任论。这种学说在心理责任论的基础上，增加了认定有责性的规范要素或标准，认为责任是对行为人在正常精神状态与正常环境中故意或者过失地实施犯罪的非难可能性。正如平野龙一所言：“虽说是心理的责任论，也并不是不规范地考虑责任；虽说是规范的责任论，也并非否定心理的要素的存在……只不过规范的责任论认为，即使在有责任能力的人认识到犯罪事实而实施行为的场合，也有通过检讨其‘心理的’动机形成的过程，而不能对其非难的情形。”〔2〕

〔2〕［日］平野龙一：《刑法总论Ⅱ》，有斐阁1975年版，第271页。

(四)其他责任论

关于责任的本质,刑法理论还存在其他观点。

平野龙一从后述缓和的决定论出发,提出了实质的行为责任论。其基本观点是,人的意欲,一方面要遵从法则,另一方面又是左右结果的一个要素;人格、环境的性质本身影响责任的轻重;如果行为是作为人格与环境的相互作用的必然结果而产生的,那么,只要环境并不异常,此人或者具有同样人格的人,实施犯罪行为的危险就大;原则上,越是人格相当,换言之,规范的人格层的"特质"越相当,责任就越重。平野龙一认为,人是否自由,不是是否被决定的问题,而是被什么决定的问题;在刑法上,可以通过社会的非难来决定就是自由的,刑罚也利用了人的意志所具有的法则性,从而使将来的行为人以及一般人在相同事态下不实施犯罪行为。

Jakobs 从预防目的为责任提供根据,倡导机能的责任论。根据他的见解,刑罚是由目的决定的东西,只有目的才能赋予责任概念的内涵。处罚犯罪是为了维护对一般规范的信赖,为了进行承认规范的一般性教化。刑罚的目的是积极的一般预防,保障规范得到普遍遵守。因此,责任的实质是,行为人在面对合法有效的规范时却欠缺对法律的忠诚。根据机能责任论,行为人是否具有责任,取决于根据积极的一般预防的设定标准,是否有必要处罚行为人。换言之,依照积极的一般预防这一目的设定的标准,若有必要处罚行为人,行为人就是有责的。在机能责任论看来,责任与预防具有共同的本质,它们只是同一个事物的不同侧面,行为人曾经是否忠诚于法规范是责任问题,行为人将来是否忠诚于法规范还是责任问题,同时,行为人是否忠诚于法规范也决定了行为人将来是否犯罪,还会影响一般公众今后对法规范的态度,因此,也是预防问题。显然,在功能的责任概念中,责任不是行为人个人的问题,而是为了实现对法的忠诚的训练、对秩序的信赖的安定化而不可避免需要追究的东西。但是,机能的责任论,没有说明规范的合法性与破坏规范者的责任之间的关系。

Kindhäuser 等人主张的商谈的责任论认为,在一个民主社会里,自治且有人格的各个人,对于其利益应当得到怎样的协调和处理,有着相应的理解。当这种理解以法律的形式表示出来后,就形成了各种规范。行为人既是规范的缔造者,也是规范的接收者。行为人在作为规范的缔造者这个角色时,便和其他人之间确定了上述理解,因此,他只能以理解(商谈)的方式从事行为,而不应当与法律规范发生偏离。在民主社会中,每个人虽然都可以谋求各种规范的改变,但也必须诚实地注意到他人权利的存在,交往性地参与这种理解的过程。如果行为人以能够归责的方式破坏了这种规范,那么,他就否定了规范赖以存在的根基——所有参加者的理解。概言之,对于各种利益之间的合法协商,存在行为人的理解与其他人的理解。如果行为人不按照其他人的理解实施行为,通过犯罪行为表现出对其他人所占份额的不诚实(参与了规范的缔造,也是规范的接收者,却不按照规范行事),就是实质的责任。

Roxin 提倡规范的应答可能性说。他认为,责任是不顾规范的应答可能性的不法行为。当行为人在行为时,他的精神和心理处于能够应答规范的号召的状态,心理上具有作出以规范为导向的行为决定的可能性,在具体案件中存在健康的成年人都具有的心理的控制可能性时,就可以肯定行为人的责任。这种责任不涉及不可能证明的假说,而是涉及经验科学的智识。责任是经验的材料与规范的材料的混合;控制能力与规范的应答可能性是根据经验认定的;适法行为的可能性,则是规范的要求。Roxin 还在责任概念的基础上,通过加入通过刑罚处罚的预防必要性的判断,形成答责性(Verantwortlichkeit)的概念。尽管行为人能够倾听规范的号召作用,具有控制能力,心理上具有实施适法行为的可能性,却实现了刑法上的不法时,就能够肯定责任。在这种场合,虽然通常能够肯定处罚的必要性,但例外地在阻却责任的紧急避险等场合,由于没有预防性的处罚必要性,故阻却答责性。显然,规范的应答可能性说,实际上是在有责性之外增加了预防必要性的内容。

三、责任论的基础

责任可谓非难可能性,因而需要考虑在何种场合具有非难可能性。对此,因是否承认意志自由而出现了不同的立场。在此意义上说,意志自由问题,是责任论的基础。

(一)非决定论与决定论

非决定论认为,人可以自由地决定其意志。虽然所有的现象都是遵从因果法则而产生的,但人能够自由地介入因果过程。人的意志,不仅可以遵从因果法则引起某种结果,而且是自发的、创造性的东西。因此,责任的实质内容在于,行为人具有他行为可能性,即能够实施其他合法行为而不实施不法行为,却实施了不法行为(Welzel)。非决定论是以道义的责任论为基础的观点,是形而上学的后期旧派的刑法理论的基础。但是,意思自由原来是指"人一般具有意志自由"这种"抽象的人"的意志自由,而刑法上的责任是对于"具体的个人"的具体行为的责任非难问题。可是,具体的个人在行为时是否存在意志自由,是无法证明的。而且,既然人的意志完全自由,刑罚就不可能抑止犯罪。

决定论认为,人的所有意志决定与行为,都是遵从因果法则的原因的结果,因而是被决定的,人没有意志自由。换言之,人的意志决定由素质、环境来决定。一旦以决定论为基础,就必然否认以他行为可能性为前提的道义责任论。因此,责任是对于具有社会危险性格的人,应当接受为了防卫社会而采取的一定处分的地位。于是,责任概念只不过是意味着这种社会的危险性。但是,这种决定论不利于保障国民的自由,其不当性已被历史所证实。

(二)相对的非决定论与缓和的决定论

相对的非决定论是非决定论的修正形式。它认为,非决定论所说的、人的意志完全独立于因果法则,是错误的。相对的非决定论,是从非决定论向决定论接近。决定的形式,除了因果的决定层外,还有意义的或价值的决定层。人在以因果的决定为基础的同时,又具有遵从意义或价值作出意志决定的能力。人在具有这种能力时,就具有意志自由。

缓和的决定论则由来于决定论,认为决定论所说的,任何事项完全由自然法则决定,人完全没有自由的余地的观点,是不当的。缓和的决定论是从决定论向非决定论接近。它认为,人的意志依照因果法则、由因果法则决定,但不是由"生理层"决定,而是由自己的"意义层"或者"规范心理层"决定。换言之,人是否自由,不是是否被决定的问题,而是被什么决定的问题。如果不是被生理决定、而是被规范的心理决定时,人就是自由的。在缓和的决定论看来,决定论与自由意志并不矛盾。诚然,法则性与"没有受强制意义上的自由"(外部的自由)没有矛盾,但是,决定论、非决定论所讨论的问题,是关于意志决定、行为的选择可能性(内部的自由),缓和的决定论不承认这种选择可能性。所以,决定论与自由意志仍然是矛盾的。

大体而言,关于决定论、非决定论以及意志是否自由的问题,可以作如下归纳:首先可以将不同观点分为两立论(相容论)与非两立论(不相容论);两立论大体上是指缓和的决定论,亦即,决定论与自由意志是可以相容而同时存在的,所以,即使采取决定论,也可以追究行为人的责任;非两立论包括认可决定论的立场(强硬的决定论)与否认决定论的立场;否认决定论的立场又包括两种观点:一是承认意志自由,二是否认意志自由(非决定论的自由意志否定说)。

(三)不可知论与规范的要求说

不可知论认为,意志自由的存在与否是不可能证明的,在知识论上不可知,在经验科学上不能证明。这种不可知论在刑法学上产生了两种观点。

第一,作为责任判断基准的平均人标准说。此说认为,虽然不能证明人是否基于自由意志而实施行为,但在行为人没有做到平均人所能做到的意义上说,仍然可能产生他行为可能性问题。即根据我们的经验,在相同状态下,如果他人(平均人)基于其立场,并不像行为人那样缺乏意志力的紧张,而是实施了其他行为,那么,行为人在这种状态下也具有他行为可能性,因而值得非难(Jescheck)。易言之,根据一般的经验,行为人因为没有像平均人那样做,而可能受到社会的非难。

第二,规范的要求说或意志自由拟制说。即虽然不能证明意志自由,但必须视为自由。起初,意志自由拟制说将作为个人能力的责任理解为"国家所需要的拟制"(Kohlrausch),即通过拟制或推定行为人具有他行为可能性,国家可以有效地进行犯罪预防,后来被人作为规范的要求来考虑。法秩序,通过将行为人是具有能够在自己的责任状态下行动的人格的自由人来对待,可以充分发挥现代社会的法律制度的机能。与法律之下人人平等的观念一样,法律之下人人平等,并不是可以科学地实证的命题,但为了使法更好地发挥机能,作为规范的要求而假定法律之下人人平等(Roxin)。拟制人的意志自由,从以下前提出发,即成年人只有在异常情况下才可能阻却责任非难,或者说,成年人通常具备战胜犯罪诱惑的必要意志力。这便意味着,从刑罚制度的观点来看,受刑者不是治疗的对象,而是要将其作为具有自由的人格的人来处遇。

四、责任的要素

概言之,责任的要素包括责任能力、故意、过失、违法性的意识(或违法性意识的可能性)与期待可能性。这些要素决定了责任是否存在。但是,对上述要素的地位或相互关系仍然有争议。

第一种观点认为,只有责任能力与故意、过失是责任的要素,期待可能性与违法性的意识包括在故意、过失之内,即没有期待可能性与违法性的意识就没有故意、过失。这种观点所受到的批判是:故意、过失是一种心理的要素,期待可能性与违法性的意识是规范的要素,不能将规范的要素列入心理的要素之内。

第二种观点认为,责任能力、故意、过失与期待可能性是责任的要素,违法性的意识则是故意、过失所包含的内容。日本的不少学者采取这一观点。

第三种观点认为,责任能力、故意、过失、违法性的意识与期待可能性是责任的要素。这一种观点与上述第二种观点所受到的批判是:故意是一种直接的反规范性的态度,因此,不仅要考虑认识方面的要素,还应考虑情绪方面的要素,违法性的意识正是故意的重要组成部分,不能将违法性的意识独立于故意之外。

第四种观点认为,责任能力、违法性的意识与期待可能性是责任的要素,故意、过失是构成要件要素(违法要素)。然而,责任毕竟应以责任事实(故意、过失)为基础,如果责任要素中没有故意、过失,责任判断就会落空。

第五种观点认为,狭义的责任,意味着作为认识或者辨认的可能性的非难可能性。因此,结果的预见可能性、责任能力、违法性意识的可能性是责任要素。但是,具备这些责任要素并不等于具有责任。从处罚的必要性的观点来看,在利益冲突的状态,还必须追问法律是否期待行为人在何种程度上实施合法行为这种意义上的非难可能性,这便是可罚的责任。根据可罚的责任论,即使存在狭义的责任,但在利益冲突的状态中,行为人的不法或者责任显著减少,在处罚的必要性及其与处罚的均衡性的相关关系中考虑个人的责任时,如果法秩序完全不能期待行为人打消违法行为时,就不成立犯罪;在认为减轻或者免除刑罚具有妥当性时,就意味着可罚的非难可能性减少或者消灭。于是,以往作为规范责任论的核心的期待可能性问题,就被置于可罚的责任中(山中敬一)。概言之,结果的预见可能性、责任能力、违法性意识的可能性是狭义责任的要素,期待可能性是可罚的责任的要素。

根据德国多数学者的观点,在责任阶层需要考虑五项内容:一是责任能力;二是特殊的责任要素,即加重或者减轻非难可能性的要素(如德国谋杀罪中的卑劣动机);三是作为责任形式的故意与过失;四是违法性意识(认识)的可能性;五是责任阻却事由(缺乏期待可能性,如免责的紧急避险)。下面分别论述责任能力、故意、过失、违法性意识的可能性(违法性意识)与期待可能性问题。

第二节 责 任 能 力

一、责任能力的意义

行为人不具备有责地实施行为的能力时,不能对该行为人进行法的非难,其责任被阻却。进行责任非难所要求的行为人的能力,就是责任能力。现代各国刑法都规定了责任能力。例如,德国刑法第 20 条规定:“行为人在实施行为时,由于病理的精神障碍、深度的意识错乱、智力低下或者其他严重的精神病态,不能认识行为的不法,或者不能根据其认识而行动的,其行为无责任。”德国刑法第 21 条规定:“行为人认识不法的能力或者根据其认识行动的能力,由于第二十条所列原因,在实施行为时显著减弱的,可以根据第四十九条第一款减轻其刑。”日本刑法第 39 条规定:“心神丧失人的行为,不处罚。心神耗弱人的行为,减轻处罚。”此外,各国刑法还对责任年龄作了规定,如德国刑法第 19 条规定:“行为人行为时未满十四岁的,无责任能力。”日本刑法第 41 条规定:“不满十四岁的人的行为,不处罚。”

各国现行刑法,通常没有规定责任能力的定义,也并不是直接积极地规定责任能力,即不是直接规定犯罪的成立要求行为人具有责任能力,而是消极地规定无责任能力与限定责任能力,上面所举的立法例便是如此。

德国、日本刑法学是将责任年龄放在责任能力中说明的,如未满 14 岁的人是未达到责任年龄的人,他们的行为不受处分,并非因为他们心神丧失,而是基于刑事政策的理由。但也有一种观点认为,未满 14 岁的人不具有责任能力,因而不受处罚。

对聋哑人应否适用无责任能力或限定责任能力规定的问题,由于对这些人的教育的发达,也产生了疑问。

责任能力是责任的要素,还是责任的前提,这是有争论的问题。通说认为,责任能力作为承担责任的人格的能力,是行为人的属性,是责任的前提;如果是无责任能力者,则并不判断有无故意、过失,便认定为无罪。其具体理由主要有两点:其一,责任能力与行为人对具体行为的违法性意识是分开的,是自由的行为人的属性,说明行为人在行为时对自由行为的是非有无认识的可能性,因而是责任的前提。其二,责任能力是作为责任的前提的主体的适格性进行规定的,因此,责任能力应与其他责任要素相区别,必须先对责任能力进行判断,所以说是责任的前提。但这一观点受到了批判。因为责任能力在程度上有无限的差别,这种差别影响对行为的非难可能性的强弱,故责任能力并不单纯是责任的前提。

将责任能力作为责任要素的观点认为,责任能力虽是作为非难可能性前提的人格的适格性,但责任能力同时是能否辨别各个行为的是非善恶以及依据这种辨别实施行为的问题,所以,它并不只是非难的前提,而且是对行为的意思形成的非难性的本身。对此,通说又反驳道,果真如此,责任能力与违法性的意识可能性就难以区分了。但对方回答说,无责任能力是精神障碍所致,而违法性的意识不可能性则是由于其他原因,即使采取责任要素说,无责任能力也不会在违法性意识的可能性中解决,二者也不会混淆。

二、责任能力的本质

关于责任能力的本质,新旧学派有不同的观点。

旧派认为,责任能力的本质是有责行为能力、意思能力或犯罪能力。他们认为,责任能力问题实质上是意志自由的问题。人在具有从善去恶的意志自由的前提下,不决意从善,却决意从恶,因而应负道义上的责任。但并不是任何人都具有意志自由,具有意志自由的先决条件是,行为人能够认识其行为的价值或行为的是非善恶;具有这种认识能力的人,才产生对自己行为的责任,法律才认为其具有责任能力;反之,则不具有责任能力。所以,责任能力是辨别是非善恶的能力,或者说是意思能力。又由于具有这种能力的人,才能实施犯罪,故责任能力可以说是犯罪能力。

认为责任能力是有责行为能力的观点,一般主张责任能力是故意、过失的前提。即具有责任能力的人才可能具有故意或过失;不具有责任能力的人则不可能产生故意或过失。

新派认为,责任能力是刑罚适应能力。他们认为,行为人并不能自由地决定自己的意志,犯罪是人的素质与环境的产物。刑法的机能是针对犯罪人将来再犯罪的可能性即性格的危险性,对社会进行防卫。旧派所谓的有能力之人与无能力之人,就其行为对社会应负的责任而言,在实质上并没有区别;只是法律因对象不同而采取不同的处罚方法,都是为了防卫社会。对于具有通常能力的人,科处通常的刑罚,便足以实现刑罚的目的;对于精神异常的人或年幼者,因其不能适应刑罚而采取其他办法,并不是因为他们不应负责任。所以责任能力是刑罚适应能力,即是被科处刑罚的一种资格。新派对责任能力是故意、过失的前提的观点给予了批判。他们认为,责任能力与故意、过失毫不相干,没有达到责任年龄的人也可能具有犯罪的故意与过失,但不具有责任能力,并不是具有责任能力的人才可能有故意、过失。可是,如果将责任能力理解为刑罚能力,那么,责任能力只需存在于刑罚时,不仅不符合刑法要求行为时具有责任能力的规定,而且会得出惯犯不具有责任能力的不当结论。

折中说认为,无论如何理解责任能力,责任能力的有无均应以行为人是否具有通常的意思决定能力为标准。通常的意思决定,是通常人依据社会生活的要求而行动的一般知能。具体地说,责任能力包括两个方面的内容:一是一般人所具有的认识行为的社会价值的能力;二是基于这种认识而决定其意思的能力。此即所谓社会行为能力或社会适应能力。具有这种能力的人,才具有刑罚适应性。这一学说试图调和意思能力说与刑罚能力说。但不要认为,这种折中说主张责任能力是犯罪能力与刑罚适应能力的统一。

日本较为有力的可罚的责任说认为,有责行为能力与刑罚适应能力并非完全处于二律背反的关系。有责行为能力也是指为了科处刑罚的前提能力,是与刑罚效果相关联的概念。在此意义上说,有责行为能力与刑罚适应能力具有内在的关联。因为责任概念设定了适合受刑罚处罚的条件,故必须从刑事政策的目的上建构其内容。刑法规定未满14岁的人无责任能力是一种不能反证的推定,但这并不意味着13岁的人一律缺乏辨别是非善恶的能力,即13岁的人也可能具有责任能力。可是,从刑事政策的观点来看,对未满14岁的人科处刑罚会对少年的健康成长造成恶劣影响,所以,一律否定其责任能力。于是,即使在具有责任能力的场合,也可能否定"可罚的责任能力"。显然,即使是作为有责行为能力的责任能力,也必须反映处罚的必要性这一刑事责任目的,考虑为了实现这一目的的刑罚适用能力的侧面(平野龙一、内藤谦、山中敬一等)。

三、无责任能力与限定责任能力

(一)责任能力的判断

通说及审判实践认为,由于精神障碍等,没有辨认事物的是非善恶的能力,没有依据这种辨认而控制行动的能力时,就是无责任能力。这里以精神障碍的要素、辨认是非的能力及据此控制行动的能力为核心。只规定精神障碍要素的方法称为生物学的方法;只规定辨认控制能力的方法称为心理学的方法;将二者结合起来规定的方法称为混合的方法,即首先确定影响责任能力的生理原因,再标明由这种原因所导致的影响责任能力的心理状态。从刑事立法上看,大多数国家刑法都采取了混合的方法。[3]

人们历来认为,责任能力的有无,由法官进行法律的、规范的判断,这就导致不少问题。核心的问题是,鉴定的结果是典型的精神病,而法官为什么能认定为具有责任能力?为了解决这一问题,法国旧刑法采取了生物学的方法,即以是否存在精神或意识障碍来判断有无责任能力。但法国新刑法第122-1条采取了混合的方法。美国也有一部分州所采取的标准是,不问行为人有无辨认能力与控制能力,只要行为是由精神病所导致的,就认为无责任能力。

混合的方法实质上是以意志自由为前提,以行为人能否基于对是非的辨认控制自己的行为来进行判断的。但是对这种判断的可能性还不能进行科学的证明,因此这一方法逐渐受到指责,认为这一判断容易成为伦理的、政策的判断,使有无责任能力的判断受价

〔3〕 参见德国刑法第20条、第21条,瑞士刑法第10条、第11条,意大利刑法第88条、第89条,西班牙刑法第20条。

值观、政治状况的左右。为了避免这种现象,必须对生物学的方法进行再评价,这就要使责任能力问题与意志自由的问题分开。同时要考虑的是,作为法律所禁止、命令的对象的人,是占国民绝大多数的精神状态正常的人,具有精神疾病的人,并不是法律禁止、命令的对象的人,在这个意义上说,生物学理论是有说服力的。因此,判断的基准应是,行为人能否实施正常的社会行动,反过来说,行为人有无病态精神或意识障碍。

但不幸的是,精神医学与心理学方面的诊断是混乱的,不仅如此,精神病的定义本身又相当含糊。如何把握所谓"处于正常与异常之间的人"、如何认识病理性醉酒等,关于它们的范围与界限,在学说上也多种多样。既然如此,完全依赖于精神医学的要素或科学的鉴定,还是不现实的。

关于法官与精神医学者之间的关系,存在两个方面的问题:其一,出现不同的鉴定结果时,最终以什么为基准进行判断? 其二,这一基准的标志是什么? 结果法官最终舍弃法律的、规范的立场,以行为人能否属于一般正常人的范围为基准进行判断。但不能没有标准地判断是正常还是异常。根据这一观点所产生的有力见解是,仅用心理要素中的行为人对行为性质的认识或对法律是否允许的识别能力,来判断行为人有无责任能力。精神医学者也能在某种程度上,判断病理的障碍与上述认识能力之间的关系。这一判断标准实际上是英美法长期以来所采用的标准,即 M' Naghten Rule。这一规则是以行为人对行为的性质及行为的善恶的认识能力为标准,确立这一规则的判决指出:"为建立以精神病为理由的辩护,必须清楚地证明,在实施这种行为时,被告人由于精神疾病而缺乏理智,以致不知道他所从事的行为性质和意义,或者即使知道但不了解他正在进行的行为是错误的。"〔4〕但仅仅强调认识能力,而无视意思的、情绪的侧面的做法也受到了批判,又由于难以判定对行为的控制能力,仍然维持着这一规则。

最后是关于人格异常的问题。人格异常的概念在医学上就是很混乱的,法学家还不能介入进去讨论。但日本判例通常认为,人格异常者具有完全的责任能力,在这一点上没有争议。

(二)限定责任能力

责任能力明显减弱或降低时,就是限定责任能力,对此,许多国家的刑法有明文规定,通常对限定责任能力者减轻处罚。如前述德国刑法第 21 条与日本刑法第 39 条的规定。

限定责任能力与部分责任能力(或一部责任能力),是两个不同的概念。部分责任能力,是指行为人对一部分犯罪具有责任能力,而对另一部分犯罪没有责任能力的情况。但在理论上,并不是都肯定部分责任能力的概念。一般来说,对责任能力采取犯罪能力说、主张责任能力是责任要素的人,就肯定部分责任能力的概念;而对责任能力采取刑罚适应能力说、主张责任能力是责任前提的人,就否定部分责任能力的概念。

聋哑人的责任,在有的国家刑法中有规定,在有的国家刑法中没有规定。日本刑法第 40 条原本规定:"又聋又哑的人的行为,不处罚或者减轻处罚。"一般认为,如果聋哑程度严重,就是无责任能力,因而不处罚;如果聋哑程度轻,则具有限定责任能力,因而减轻处罚。这是考虑到行为人的生理缺陷妨碍了其精神发育。但是,在现代聋哑教育很发达的情况下,难以发现聋哑人有特别的精神障碍,因此,把聋哑人当作无责任能力的人或者限

〔4〕 Kenny/Turner, *Outline of Criminal Law*, 19th ed., Cambridge at University Press, 1966, p. 83.

定责任能力的人来对待,并不妥当。如果确实由于聋哑而导致精神障碍,也只需要适用关于责任能力的一般规定即可。基于这一理由,日本于1995年删去了其刑法第40条关于聋哑人的规定。

四、刑事未成年人

一般来说,达到一定的年龄就具有责任能力。当然,究竟一个人从什么时候起具有责任能力,实际上是有区别的,但刑法为了避免对各个具体的人进行考察,就统一确定一个年龄,认为凡是达到一定年龄的人,就具有责任能力,这个年龄就是刑事责任年龄。没有达到这个年龄的人,就是刑事未成年人。

刑事责任年龄的确定,各国并不完全相同。这是因为各国要考虑本国的地理气候条件、儿童发育状况、教育发展水平以及刑事政策观点等问题。德国、意大利、奥地利、日本都规定刑事责任年龄的起点为14岁。需要指出的是,德国、日本刑法理论并不将刑事责任年龄作为一个独立的问题进行论述,一般是在讨论无责任能力的问题时,简单说明刑事未成年人。在许多学者看来,刑事未成年是无责任能力的问题。因此,他们认为,刑法关于刑事未成年人的规定,是关于无责任能力的规定的一部分。但在笔者看来,这一理论与他们对无责任能力所下的定义,又是不尽一致的。因为通说认为,无责任能力是由于精神障碍而不具有认识能力或控制能力,但刑事未成年本身并不是一种精神障碍。当然,刑事未成年可谓法律拟制的无责任能力。

五、原因自由行为

(一)概说

原因自由行为(actio libera in cause),有的也称原因中的自由行为,是指有责任能力的行为人在一时丧失责任能力的状态下实施了符合构成要件的行为,但是否陷入这种无责任能力状态,行为人原本可以自由决定;如果是故意或者过失使自己处于无责任能力状态,则行为人应承担刑事责任。[5] 简单地说,原因自由行为,是指故意或过失使自己处于无责任能力的状态,在无责任能力的状态下,实施了符合构成要件的行为。例如,行为人为了杀人,事先大量饮酒,使自己处于无责任能力的醉酒状态,在此状态下实施杀人行为。[6] 行为人仍应对此杀人行为承担责任。

原因自由行为的理论,其沿革还不清楚,但在十七八世纪的德意志普通法时代,就论及这种行为是否具有可罚性的问题,当时有力的理论主张及法律规定是肯定其可罚性。但是自从Savigny否定原因自由行为的理论以后,否认这种行为的可罚性的立法也曾出现。后来,刑法理论上肯定其可罚性的主张才成为通说。现在,德国、法国、意大利、瑞士、日本等大陆法系国家的刑法理论,都承认原因自由行为的理论。

本来,从责任主义的观点来说,责任能力必须存在于行为之时,行为人只对在有责任能力的状态下所实施的行为及其结果承担责任,不能追究在无责任能力状态下所实施的行为的责任。这就是"行为与责任同时存在的原则"(简称"同时存在的原则")。在贯彻这一原则时,对原因自由行为产生了疑问:行为人在实施符合构成要件的行为时,没有责任能力,怎么能追究其责任呢?以前虽有人否认其可罚性,但现在的学说与判例都一致肯

---

〔5〕 也有人认为,原因自由行为包括故意或过失使自己陷入精神耗弱状态的情况。

〔6〕 国外刑法理论与审判实践认为,醉酒可能导致无责任能力。

定其可罚性。因此,一方面要遵循“行为与责任同时存在的原则”,另一方面要为其可罚性找到理论依据。为了了解问题的争论焦点,下面先介绍否定说与肯定说理论的形成。

(二)否定说与肯定说

在责任主义确立之前,原因自由行为的可罚性,还不是一个难题,19世纪前的德意志与意大利的学说,都肯定其可罚性,而且在立法上也能找到根据。

到19世纪40年代,为了贯彻行为与责任同时存在的原则,便出现了原因自由行为不构成犯罪的主张,受Savigny的影响,否定说成了占支配地位的见解。1871年的德国刑法典与以前的刑法不同,没有设立有关原因自由行为的可罚性的规定,就是受否定说的影响。

否定说的基本理由是,实施行为时处于无责任能力状态的人,其以前的意识(设定原因时的意识)与行为时的心理联系已经完全断绝。一个人不可能在心神丧失、缺乏自由意志时,按照在正常心理状态下所作的决定实施行为。如果能够依照原来的决定实施行为,就表明行为人在实施行为时具有责任能力,当然不能免除行为人的责任。因此,所谓原因自由行为的理论本身是矛盾的。由于行为人在实施符合构成要件的行为时不具有责任能力,故应否认原因自由行为具有可罚性(浅田和茂)。

19世纪70年代,受当时盛行的因果行为论的影响,肯定原因自由行为具有可罚性的见解再度兴起。因果行为论认为,行为是由意识引起的人的身体动静,行为人的内在意识是原因,由此导致的外界变动为结果,原因与结果之间的因果关系的整个历程就是行为。换言之,行为只是基于某种意识而引起的人的身体动作,而且引起外界的变动,至于内在意识究竟如何,不是行为概念所要解决的问题。在原因自由行为中,原因行为(也称设定原因的行为,如饮酒)是犯罪的实行行为,结果行为(导致结果发生的行为)是原因行为的单纯的结果;整个因果历程是基于有责任能力时的意识而为的行为,至于意识的连续性并不是一个重要问题。

就一般情形而言,有责任能力时所设定的原因行为,充其量只是犯罪预备阶段的行为。虽然这种预备阶段的行为与此后陷入无责任能力状态时的引起构成要件结果的行为之间的心理上的关联性已经断绝,但如果设定原因行为的人,打算利用自己的无责任能力状态实施犯罪行为,则其正常心理状态仍然对结果行为具有支配力,因而具有非难可能性。具体地说,首先,从一般人的感情上看,由于醉酒等一时性地无责任能力时,其所实施的危害行为,仍然为社会所不能容忍。其次,从实证学派的观点来看,为了防卫社会,对于具有侵害性、危险性的原因自由行为,应当予以禁止。最后,从古典学派的观点来看,原因自由行为出于行为人的自由意志,而刑罚是对自己自由决定的行为的非难,故对原因自由行为应当加以非难。

原因自由行为具有可罚性,这一点现在已经没有异议,问题在于处罚的对象是什么。对此有三种见解:一是原因行为说,认为设定原因的行为是处罚对象,因为结果行为是在无责任能力的状态下实施的,不能成为处罚对象;二是结果行为说,认为引起结果发生的行为是处罚对象,因为实际侵害法益的行为是结果行为,原因行为本身不具有可罚性;三是合并行为说,认为原因行为与结果行为合并起来作为处罚的对象。这一问题与原因自由行为的着手时期密切相关。

原因自由行为既可能构成故意犯罪,也可能构成过失犯罪。前者如行为人为了实施某种杀人行为，又为了逃避责任，便故意饮酒以致无责任能力，在无责任能力状态下实施杀人行为。后者如扳道工因饮酒泥醉，在丧失责任能力状态下，在列车到来前没有放下栏杆，导致汽车与火车相撞。原因自由行为构成过失犯与不作为的故意犯是不存在问题的，但对构成作为的故意犯则存在疑问，理论上的争论焦点也主要在这一方面。

为了说明原因自由行为的可罚性，就必须说明这一观点同行为与责任同时存在的原则的关系；而为了说明这一关系，就涉及如何理解行为与责任同时存在的原则中的"行为"的意义，与此相联系的实行行为的着手时期，以及对故意或过失陷入限定责任能力时的行为是否适用原因自由行为的法理。

（三）肯定说的论据

肯定说中有主观主义的刑法理论与客观主义的刑法理论。主观主义的刑法理论认为，刑法的评价对象，着重于行为人的人格、特性、动机等反社会的性格；如果行为人已经实施作为反社会性征表的行为，就应科处刑罚。在原因自由行为的情况下，行为人基于犯罪的意识而设定原因行为，就是反社会性人格的征表，自应受刑罚处罚。由此看来，从主观主义的刑法理论来考虑，原因自由行为的可罚性不存在任何难题。客观主义刑法理论以实行行为作为刑法的评价对象，原因自由行为中的实行行为何在，则是激烈争论的问题。总体来说，存在构成要件模式与例外模式（责任模式），前者坚持行为与责任同时存在的原则，将实行行为追溯至原因行为；后者承认行为与责任同时存在的原则存在例外，将结果行为解释为实行行为，但将对结果行为的责任追溯至原因行为时。

1. 间接正犯的构造说

以往的通说认为，设定原因的行为具有实行行为性，这就坚持了行为与责任同时存在的原则。即行为与责任同时存在的原则中的行为，与未遂犯成立要件中的实行行为是同义的。因为责任能力不仅包括辨认行为是非的能力，而且包括与辨认相应的控制行为的能力，实行行为本身当然是受到这样一种控制所实施的行为。只有这样理解责任能力，实行行为时必须具有责任能力才是当然的道理（团藤重光）。在原因自由行为中，行为人在实施通常的犯罪行为形态中的定型的实行行为时，处于无责任能力的状态。因此，为了肯定实行行为与责任同时存在的原则，只好把设定原因的行为解释为定型的实行行为。[7]

但是，设定原因的行为（如饮酒行为）原本没有实行行为性，在没有实行行为性的行为中寻找实行行为，正是以往通说的弱点。针对这一点，通说用间接正犯的理论进行类比。间接正犯是将他人作为工具予以利用，而原因自由行为是将自己的无责任能力状态作为工具予以利用，二者虽有区别，但就介入无责任状态的人的举动以实现犯罪意图而言，都是一种利用行为，故论理构成相同。如同间接正犯场合的利用行为是实行行为一样，在原因自由行为场合，设定原因的行为（也是一种利用行为）当然是实行行为。

德国学者 Roxin 也认为，责任能力并不需要存在于实现构成要件的全部过程，只要行为人在着手时具有责任能力即可；[8] 行为人开始实施原因行为（如饮酒等），虽然没有表现为伤害、侮辱等实行行为，但表现为伤害、侮辱的开始，即着手（未遂的开始）。如同在

---

〔7〕 请注意，通说将上述"行为与责任同时存在的原则"中的"行为"限定为实行行为。

〔8〕 即使在非原因自由行为的场合，行为人在实施构成要件的行为过程中陷入无责任能力状态的，只要没有出现重大的因果关系的偏差，就应认定为犯罪既遂。

间接正犯中,被利用者离开间接正犯者的控制才存在未遂一样,在原因自由行为中,在行为人将自己置于无责任能力状态时,便是未遂的开始,他使自己成为其自己的、无责任的工具,并且从开始出现无责任能力的状态时,才不再控制进一步的过程。

如果依据以往的通说类比间接正犯,那么利用自己的限定责任能力时,则不能适用原因自由行为的法理。即行为人故意或过失使自己陷入精神耗弱状态而引起危害结果时,精神耗弱状态时的举动是实行行为,当然不能类比间接正犯的法理。

但是,上述通说受到了许多批判:(1)在原因自由行为的场合,通说不适当地扩大了实行行为的范围,即过早地认定实行行为的着手,忽略了构成要件的定型性。如果彻底坚持这一观点,那么,打算在泥醉中杀人时,其设定原因的饮酒行为是实行行为,即使在泥醉后没有杀人,也成立杀人未遂。这显然不合情理,也混淆了预备行为与实行行为之间的区别,而且忽略了构成要件的定型性。(2)通说根据客观说的观点,认为开始实施定型的实行行为的时刻是实行的着手;在原因自由行为的场合,则认为在此之前的设定原因行为的开始是着手,这是自相矛盾的。(3)即使类比间接正犯的法理,在间接正犯的场合,也不存在应当把利用行为当作实行行为的必然性。不仅如此,当行为人过失陷入无责任能力的状态,然后实施了符合构成要件的行为时,并不能类比间接正犯的法理。(4)如果坚持通说的观点,当行为人使自己陷入无责任能力的状态以实施一定的犯罪行为,而设定原因行为的场合,如果在陷入无责任能力状态之前的限定责任能力状态,实施了该犯罪行为时,一方面,原因行为终了即成立一个实行行为;另一方面,对在限定责任能力状态下实施的现实的犯罪行为,应作为限定责任能力者的行为予以评价,成立另一个实行行为。这是根据通说得出的逻辑结论。但将基于一个犯意实施的一种社会现象,认定为两个不同的实行行为,是不合理的。如果说在上述情况下只成立一个实行行为,即不适用原因自由行为的法理,那么应减轻其刑,这也是不合理的。[9]

基于通说的缺陷,不少学者对通说进行了修正。如有的学者为了维持构成要件的定型性,认为原因行为本身对一定的法益造成侵害或构成威胁时,才能认为是原因行为,才能肯定其为实行行为。但这一观点仍然使预备行为与实行行为难以区别。

2. 原因行为时支配可能性说

此说认为,原因自由行为时的实行行为是结果行为,但行为人在实施原因行为时,对结果行为具有“支配可能性”,所以,行为人应对结果行为承担责任。这虽然形式上违背责任与实行行为同时存在的原则,但符合该原则的实质要求。因为在原因自由行为中,无责任能力时的实行行为,是有责任能力时的表象,或者通过支配可能性,在有责任能力时支配或者可能支配是否实施实行行为。因此,在实施原因行为的时点,就能够由行为人的规范意识抵抗实行行为(结果行为)。但是,这一学说依然没有说明,为什么只要对结果行为具有支配可能性,行为人就必须对结果行为承担责任。这一学说实际上是追究原因行为的责任,但原因行为不是符合构成要件的行为;仅因对符合构成要件的行为具有支配可能性,就针对符合构成要件的行为追究责任,是不合理的。

3. 意思决定行为时责任说

西原春夫指出,行为开始时的最终的意思决定,贯穿于至结果发生的行为整体,因此,

---

〔9〕 各国刑法一般规定对限定责任能力者的犯罪,减轻其刑。

只要最终的意识决定时具有责任能力,即使于现实的实行行为即结果行为时丧失责任能力,也不妨认为有责任能力而追究责任。其基本理由是,在规范的责任论中,责任判断是从意思决定规范的立场对意思决定进行的非难。故责任能力必须存在于作出实施行为的意思决定之时。刑法上的行为是特定意思的实现过程,一个特定意思贯穿于一个行为。由此可以得出以下结论:(1)对行为的责任能力,只要存在于对该行为的最终意思决定之时即可;(2)责任能力不必存在于违法行为本身的开始时,而是只要存在于包含违法行为的整体行为的开始时即可;(3)在有责任能力的状态下,预见会在无责任能力状态下实施一定的行为时,只要这种预见在通常人看来并非不合理,就是可能实现的。这一学说对行为与责任同时存在的原则进行了修正,认为只要在事前有控制能力即可。但事前的控制并不能掩盖行为时无责任能力的事实。

4. 正犯行为时责任说

这种观点指出,正犯与实行的"同一性"虽然是共犯论的基底,但应当承认二者的分离,只要正犯行为时具有责任能力,即使实行行为时没有责任能力,也应认为符合行为与责任同时存在的原则,应当追究责任(平野龙一)。有学者批判道,这种观点不仅引起了概念的混乱,而且只是将实行行为的名称变更为正犯行为。

5. 相当原因行为时责任说

这种学说将具有责任能力的原因行为作为问责的对象,认为只要原因行为与结果行为及结果之间具有相当因果关系和责任关联(故意、过失),就可以追究原因自由行为的责任。这种见解的出发点是,为了追究结果的罪责,必须区别行为所必需的危险性与未遂犯成立的危险性。实行行为的概念,是作为因果设定行为的因果连锁的起始点,因此成为问责对象的行为,责任要件是实行行为时点的问题。与此相反,只有发生了具体危险时才能肯定未遂的成立。[10] 因此,实行的着手是实行行为的开始,但不是未遂的成立时点;实行行为只是作为问责对象的行为,未遂是与实行行为相分离的、发生具体危险时而成立的。换言之,实行行为可以分为"作为因果关系起点的实行行为"与"作为未遂行为的实行行为"。原因行为是作为因果关系起点的实行行为,[11] 因而对原因自由行为追究责任符合实行行为与责任同时存在的原则(山口厚、内藤谦)。这种观点似乎只是形式上符合了实行行为与责任同时存在的原则。

6. 例外说

此说认为,原因行为不是实行行为,但与结果行为具有密切关联,原因行为是责任非难的根据。换言之,责任非难的根据不在于无责任能力状态下实现构成要件的行为,而在于行为人有责地实施原因行为。处罚原因自由行为虽然不符合实行行为与责任同时存在的原则,但该原则不必严格适用于原因自由行为,即原因自由行为是同时存在原则的例外(Jescheck、Rudolphi、Wessels、西原春夫、大谷实等)。但是,为什么原因自由行为可以成为同时存在原则的例外,其根据不明确。

(四)原因自由行为的类型

日本部分学者将原因自由行为分为两种类型。一种类型称为意思连续类型,即一开

---

〔10〕 因此,并不是只要实施了实行行为,就成立未遂;只有实施了实行行为,且发生了具体危险,才成立未遂。

〔11〕 但不是未遂犯,所以克服了前述间接正犯的构造说的缺陷。

始就具有实施结果行为的意思。例如,行为人具有杀人故意,为了鼓足杀人勇气而饮酒,按事先计划实施杀害行为,但行为人在实施杀害行为时因为酩酊而陷入无责任能力状态。在这种场合,容易认定行为的危险性以及行为人对危险性的认识。

另一种类型称为意思不连续类型,即实施原因行为时并无实行结果行为的意思,在原因行为之后才产生实施结果行为的意思。例如,行为人大量饮酒陷入酩酊状态,基于一贯的习性或者习癖而产生伤害的故意,在无责任能力状态下伤害了同桌的被害人,但行为人当初并没有实施结果行为(伤害行为)的确定故意。在这种场合,虽然可能存在未必的故意的情形(行为人预想到通过酩酊的生理过程会产生杀伤的犯意,并具有利用这一过程的意思),但大多数是过失犯成立与否的问题。不过,要认定过失犯,不仅要求原因行为本身具有引起结果发生的一定程度的危险性,还要求原因行为与结果之间具有相当因果关系。一般来说,具有一旦酩酊便实施杀伤行为的习癖时,以及原因行为与结果行为之间在时间、场所上具有接近性时,能够肯定相当因果关系的存在。

德国刑法理论将原因自由行为分为故意原因自由行为与过失原因自由行为。故意的原因自由行为,是指行为人故意地使自己陷入无责任能力的状态,并且在造成这种状态时已经具有在无责任能力状态下实施特定犯罪行为的故意。换言之,故意的原因自由行为要求行为人具有双重故意。也只有在行为人具有双重故意的前提下,才能认定行为人先前的原因行为与后来在无责任能力状态下实施的不法行为具有密切的内在联系,进而认定为故意犯罪。上述意思连续类型的原因自由行为,实际上也是故意原因自由行为。有争议的问题是,如果行为人在无责任能力状态下实施不法行为时产生了对象错误的,应当如何处理?例如,行为人意图杀害甲,为此而大量饮酒,在丧失责任能力的状态下却误将乙当作甲杀害。一种观点认为,行为人的对象错误不阻却故意,依然成立故意杀人既遂。另一种观点认为,原因自由行为时的对象错误,相对于行为人原本的计划而言属于打击错误,故应按打击错误处理。

过失原因自由行为,是指缺乏双重故意的情形,其中包括几种具体的情形:(1)故意陷入无责任能力状态,但在无责任能力状态下过失实施不法行为;(2)过失陷入无责任能力状态,且在无责任能力状态下过失实施不法行为;(3)过失陷入无责任能力状态,但在无责任能力状态下故意实施不法行为。上述意思不连续类型,可谓过失原因自由行为。德国通说认为,对于过失原因自由行为,按过失犯处理即可。在此意义上说,过失原因自由行为的概念没有存在的必要。

德国刑法第323a条第1款规定:"故意或者过失服用酒精饮料或者其他麻醉品导致陷入昏醉状态,并在此状态下实施违法行为,而因其处于昏醉状态下导致不具有责任能力或者不能排除其无责任能力状态的,处五年以下自由刑或者罚金。"〔12〕亦即,如果行为人故意或者过失使自己陷入无责任能力的状态,但在无责任能力的状态下实施违法行为时缺乏故意与过失的,则适用上述规定。但是,如果对陷入无责任能力状态缺乏故意与过失的,则不成立犯罪。

日本刑法没有类似德国刑法第323a条的规定,因而不可能照搬德国刑法理论与判例的观点。但可以肯定的是,对于原因行为与结果行为均非故意而仅有过失的原因自由行

---

〔12〕 同条第2款规定:"前款犯罪的刑罚不得重于其在昏醉状态下所犯之罪的刑罚。"

为,以过失犯论处,是为多数学者和判例所接受的。问题是如何解释故意原因自由行为。山口厚将其分为结果行为非故意与结果行为有故意两种情形展开说明。

首先,结果行为非故意的情形。在物理性地引起了构成要件结果,但不能认定行为人对引起该结果具有故意时,如果要肯定故意犯的成立,理所当然需要肯定原因行为时具有故意且原因行为具有实行行为性。在肯定了二者的场合,然后就需要判断因果关系,即实行行为的危险性是否介入行为人自身的非故意行为而现实化的结果。如果得出肯定回答,就可以肯定原因行为是符合构成要件的实行行为。在这种场合,结果行为是不是在无责任能力状态下实施的,并不是什么特殊的问题,只是在判断能否肯定实行行为的危险性的间接现实化时要考虑的问题。显然,在此采取的是构成要件模式。

其次,结果行为有故意的情形。在物理性地引起了构成要件结果,且能认定行为人对引起该结果具有故意时,如果采取构成要件模式,那么,为了肯定原因自由行为的可罚性,就必须肯定原因行为具有实行行为性。要肯定实行为性,就必须肯定行为具有实现构成要件结果的现实危险性。但是,在结果行为以前的原因行为阶段,通常不能肯定原因行为具有实现构成要件结果的现实危险性(当然存在例外)。因此,在这种通常的场合,只能将物理地引起构成要件行为的结果行为作为实行行为;对这种结果行为的非难可能性,只能采取责任模式。根据责任模式,以实施结果行为的意思,实施使自己陷入无责任能力状态的原因行为的场合,与在完全责任能力状态下实施结果行为的场合,具有同等的责任非难,因此,可以肯定原因自由行为具有完全的可罚性。也就是说,虽然在结果行为时的同时性的非难可能性丧失或者减少了,但可以考虑事前的非难可能性。这便认可行为与责任同时存在原则存在例外。但是,在这样的场合,在实施原因行为时就必须有实施结果行为的意思,而且能肯定结果行为时具有故意以及其他责任要素。

(五)判例与立法

如前所述,根据责任主义的要求,责任能力必须与行为同时存在,如果刑法没有特别规定,就不能处罚无责任能力状态下实施的行为。可见,原因自由行为理论原本是为了弥补刑事立法的不足而提出来的,旨在为故意或过失招致的精神障碍行为,寻求给予处罚的合理根据。大陆法系国家都承认原因自由行为的可罚性,但有两种情况:一是现行刑法并没有就原因自由行为的可罚性作明文规定,但审判实践上对此持肯定态度,如日本;二是现行刑法对原因自由行为的可罚性作了明文规定,如意大利、瑞士、奥地利。

现行日本刑法并没有规定原因自由行为的可罚性,但审判实践上持肯定态度。第二次世界大战后,关于原因自由行为的判例并不少见,这里只举两例。例一:被告人是麻药中毒者,为了得到购买麻药的资金,于 1948 年 7 月和次年 2 月,分别拿走他人所有的 17 个坐垫和 2 件衬衣。最高裁判所指出:"即使被告人在失去自制力的当时没有责任能力,但在连续使用麻药时,被告人是有责任能力的,而且只要认识到(未必的认识)连续使用麻药会导致陷入麻药中毒状态,就是原因自由行为,应当给予处罚。"[13]在此,日本最高裁判所使用了"原因自由行为"一词,明示了适用原因自由行为的理论。例二:被告人开车去喝酒,喝了 20 瓶啤酒后,处于心神耗弱状态,误认为他人的汽车是自己的汽车而开走。最高裁判所指出,即使开车时是因饮酒处于精神耗弱状态,但饮酒时具有醉酒开车的

〔13〕 日本最高裁判所 1953 年 12 月 24 日判决,载日本《最高裁判所刑事判例集》第 7 卷第 13 号,第 2646 页。

意识,不适用刑法第 39 条的“心神耗弱人的行为减轻刑罚”的规定。[14] 这里虽未使用“原因自由行为”一词,但仍然适用了原因自由行为的理论。

现行日本刑法虽未规定原因自由行为,但 1974 年的改正刑法草案第 17 条设立了规定。其第 16 条规定了无责任能力人之行为不罚、限制责任能力人之行为减轻其刑;第 17 条则规定:“(1)自己故意招致精神障碍,导致发生犯罪事实的,不适用前条之规定。(2)自己过失招致精神障碍,导致发生犯罪事实的,与前项同。”

大陆法系的其他许多国家刑法,对原因自由行为设有明文规定。如瑞士刑法总则第 10 条规定无责任能力人之行为不罚,第 11 条规定限制责任能力人之行为减轻其刑,第 12 条规定:“如果严重的精神障碍或者意识错乱是由行为人自己故意造成,并在此等状态下实施犯罪行为的,不适用本法第十条和第十一条的规定。”这一规定积极地肯定原因自由行为的可罚性。

(六)实行中途丧失责任能力

与上述原因自由行为不完全相同的是实行中途丧失责任能力的情形。即行为人在具有责任能力时开始实施实行行为,但在实行行为的过程中陷入无责任能力状态。对此应如何处理,也是值得研究的问题。德国曾发生如下案件:被告人起先用铁锤殴打被害人但没有致人死亡,由此陷入无责任能力状态,在无责任能力状态下继续实施殴打行为导致被害人死亡。对此问题,有三个解决途径:(1)适用原因自由行为的法理。因为行为人在实施与结果有直接因果关系的行为时已经没有责任能力,所以与原因自由行为的事例相同(山口厚、曾根威彦等)。但反对者认为,实行中途丧失责任能力根本不同于原因自由行为,不应当适用原因自由行为的法理。(2)将具有责任能力时的实行行为与陷入无责任能力后的实行行为作为“一体”或“一个”行为来考虑,从而肯定行为人对陷入无责任能力时的引起结果发生的行为也具有责任能力(中森喜彦)。可是,为什么将二者作为“一体”或者“一个”行为来考虑,还缺乏充分理由;而且如何判断一体性、一个行为,也并不明确。(3)作为因果关系的错误或者客观的归属问题来解决。即在陷入无责任能力状态前,就已经存在犯罪的未遂。对行为人是否适用既遂的刑罚,就取决于无责任能力状态的出现,是否表现为因果关系的非重大偏离。如果因果关系的偏离重大,行为人便不承担既遂责任。但一般来说,在上述场合,因果关系的偏离并不重大,行为人应负既遂的责任(德国的通说)。

第三节 故　意

一、故意的概念

现代刑法以处罚故意犯为原则,以处罚过失犯为例外。如德国刑法第 15 条规定:“只有故意的行为才具有可罚性,但法律明文规定处罚过失行为的除外。”法国、意大利、日本等大多数国家的刑法都有类似规定。这种规定的具体意义在于,分则未明示为过失的犯

---

〔14〕 日本最高裁判所 1968 年 2 月 27 日判决,载日本《最高裁判所刑事判例集》第 22 卷第 2 号,第 67 页。

罪,只能由故意构成。

关于故意的定义,理论上有许多说法。如德国学者 Blei 说,故意是对法定构成要件之行为情状的知与欲;Wessels 说,故意是构成要件实现之知与欲;Cramer 说,故意是对属于法定构成要件的客观要素的知与欲;Maurach/Zipf 说,故意是对为认知所支配的实现客观构成要件的意欲。对其中的"欲"应如何理解,是一个很大的问题。日本学者对故意所下的定义也形形色色,有的说,故意是对犯罪构成事实的认识;有的讲,故意是对犯罪构成事实的认识与容认。〔15〕

由于大陆法系国家刑法一般都没有规定故意与过失的定义,故刑法理论上对故意概念存在很大争议。许多人认为,故意包括认识因素与意志因素。认识因素是对构成要件中的一切客观事实的认识,不具有此认识的,不成立故意。有的学者强调对构成要件所有客观要素的认识,有的学者强调对构成要件结果的认识。当然,具体犯罪的故意所要求的认识内容是不相同的。一般认为,故意首先要求对符合构成要件的事实有认识。但故意又不要求对所有的构成要件事实都有认识。例如,主观的构成要件要素,如故意本身、目的犯中的目的,就不是认识的对象。再如,客观的处罚条件也不是认识的对象。通常认为,故意的认识对象是符合构成要件的事实(故意的构成要件关联性),具体包括以下内容:(1)实行行为(客观面)与构成要件的结果;(2)实行行为与构成要件结果之间的因果关系;(3)行为的主体、行为的客体、行为的状况;(4)规范的构成要件要素。由于构成要件是违法类型,所以,从实质上说,故意的认识内容是给违法性奠定基础的事实,但不是违法性本身。此外,对符合构成要件事实的认识,不要求随时随地都有积极明确的认识,而是只要具有潜在的伴随认识即可。例如,警察在刑讯逼供时,脑子里并没有想到自己是警察。尽管如此,还是可以肯定他是知道自己是警察的,故应认定他对自己的特殊身份具有认识。

对实行行为的认识是成立故意所不可缺少的。对实行行为的认识,也可以说是对实行行为性的认识。通常,这一认识不成为问题,往往只要客观上具有实行行为性就够了。但是,在某些情况下,则不是如此。例如,行为人劝被害人乘坐一辆放有炸药的火车,希望被害人死亡,被害人果真因为所乘坐的火车发生爆炸事故而死亡。在这种情况下,应当认为客观上具有实行行为性。如果行为人对实行行为性有认识,则承担故意的责任;如果行为人对实行行为性缺乏认识,则不成立故意。

在结果犯的场合,如果没有认识到结果的发生就不能成立故意。但是,对结果的认识并不要求很具体。例如,在杀人罪的场合,只要认识到有人死亡即成立故意;再如,在盗窃罪的场合,不要求行为人认识到使谁的财产受损失。

一般认为,由于因果关系是构成要件的主要要素,因而是故意所必须认识的对象。但对因果关系的认识,只要求认识其基本的部分,不要求对因果发展的具体样态有认识。也有学者(如前田雅英)认为,故意的成立不需要认识因果关系。其理由是:(1)对因果经过的事前认识,与故意非难的实质——违法性的意识——没有关系,也就是说,对因果经过是否有认识,并不能决定行为人有无违法性意识。(2)对因果关系有无认识,并不能决定

〔15〕　由于故意的定义涉及故意与过失的区别(尤其是未必的故意与有认识的过失的区别),故上述定义只是一般性介绍。

犯罪类型是否特定,即不考虑对因果关系的认识,也能确定犯罪类型。(3)现在对因果关系认识问题的讨论,实际上与对因果关系的认识错误问题的讨论混为一谈。

行为的主体、行为的客体与行为的状况是构成要件要素,所以,故意的成立要求对这些要素有认识。问题在于对行为主体的认识。例如,受贿罪的行为人是否必须认识到自己是公务员?如果认为主体不是构成要件要素,则不需要这种认识。但反过来考虑,如果非公务员以为自己是公务员而收受财物时,属于幻觉犯,不构成受贿罪的未遂犯。可见,主体的身份是违法性的基础,因而是构成要件要素,故意的成立要求认识到行为的主体。

构成要件分为记述的构成要件要素与规范的构成要件要素。故意的成立,不仅要求认识记述的构成要件要素,而且必须认识到规范的构成要件要素。有的学者通过分析行为人对犯罪事实的认识阶段,说明了这个问题。以杀人罪为例:(1)认识到用枪射击被害人的胸部(单纯的事实认识);(2)认识到上述事实是"杀人"行为(社会的、规范的意义的认识);(3)认识到杀人是坏的(违法性的认识);(4)认识到符合刑法第××条(具体条文的认识)。在记述的构成要件要素的场合,上述(1)、(2)、(3)不可分割地联系在一起,一般人只要认识到(1),就能够认识到(2)与(3)。但是,规范的构成要件要素的特色在于,上述(1)与(2)是分离的。再如,在颁布猥亵物品罪的场合:(1)单纯的事实认识只是对书画本身的认识;(2)社会的、规范的意义的认识是对猥亵性的认识;(3)违法性的认识是对违法的猥亵物品的认识;(4)具体的条文的认识是对该行为符合刑法第××条的认识。对上述(1)的认识是必要的,对(4)的认识是不必要的,这在理论上没有争议;从以一般人为基准的非难的视点来看,故意的成立要求对(2)有认识。问题在于,一般人认为该书画是猥亵物品,而行为人认为不是猥亵物品时,行为人是否具有颁布猥亵物品罪的故意?如同一般人认为是"人",而行为人却认为是"狗"进行杀害一样,行为人绝对不存在故意。既然行为人不认为是猥亵书画,就不能认为他有颁布猥亵物品罪的故意。但是,也有人认为,刑法中的非难的要素是以一般人的规范意识为基础的,只要认识到一般人认为是猥亵物品,不管行为人如何认识这种物品,行为人主观上就存在故意(前田雅英)。

意志因素,是指在认识到构成要件的客观事实后,对实现这种客观事实的决意。通说认为,不仅积极希望实现犯罪事实的态度是故意,而且消极容认实现犯罪事实的态度也是故意。

按照德国的通说,故意必须存在于着手实行犯罪之时,即着手实行符合构成要件的行为时必须存在故意;至于行为人在结果发生时是什么心态,则不影响故意的成立。例如,故意着手实行杀人行为之后就后悔的,也不影响杀人故意的成立。再如,过失行为导致他人死亡后,事后对死亡结果非常开心的,也不成立故意犯。

关于故意的对象范围,存在不同学说。严格故意说认为,故意的成立除了事实的认识外,还包括违法性的意识。限制故意说认为,故意的成立,只需要事实的认识与违法性意识的可能性。严格责任说认为,只要有事实的认识就成立故意,行为人对于违法性阻却事由的事实前提的错误,属于法律错误;故假想防卫时,仍有犯罪故意,只是在有相当理由时阻却责任而已。限制责任说也认为,只要有事实的认识就成立故意,但行为人对于违法性阻却事由的事实前提的错误,属于事实错误,故假想防卫阻却故意的成立。

二、故意的地位

以前的口号是,"违法是客观的、责任是主观的"。即违法性是有关行为外部侧面的东西,责任是有关内部的心理的东西。因此,作为违法性判断对象的构成要件,只是行为的外部侧面的记述;责任由对行为外部侧面的内心关系的故意、过失构成,故意、过失本身就是责任。所以在很长时间内,故意与过失属于责任要素。但是,某些犯罪仅凭行为的外部侧面,并不能明确判断是否具有违法性,只有借助于主观方面的内容,才能判断行为的违法性。于是,出现了所谓主观的违法要素,如目的犯中的目的。

另外,未遂犯的故意也被认为是主观的违法要素,因为即使认为未遂行为违法的根据是它具有结果发生的危险性,但如果不查明行为人的主观意图,就不能判断危险性的有无。然而,未遂犯的故意与既遂犯的故意并没有区别,如果认为未遂犯的故意是主观的违法要素,那么,既遂犯的故意也是主观的违法要素。

由于目的行为论的兴起,主观的违法要素的范围更为扩大。目的行为论认为,为了实现预先所认识的目的而实施的有意识、有目的的动作,就是行为,当此目的内容是构成要件的结果时,故意(所谓事实的故意)就是行为的构成要件,因此所有故意犯的故意都是构成要件的要素,由于构成要件是违法性判断的对象,故意也是违法性的要素,而不是责任要素或责任形式。这一学说在德国已是多数说,日本也有不少学者采纳这种观点。现在,对故意的地位形成了三种基本的主张。

(一)构成要件要素说

目的行为论者大多认为,故意是构成要件的要素。这里的故意,是指事实故意,即对犯罪的事实的认识,不包含违法性的意识。

(二)双重地位说

这一学说认为故意既是构成要件要素又是责任要素。团藤重光认为,由于构成要件是违法有责类型,故意是主观的违法要素,因而也是构成要件的要素;不仅如此,正是因为行为人具有故意、过失,才能将对行为的非难归责于行为人,所以,故意、过失的本籍仍然是责任。于是形成如下局面:对于构成要件事实的认识、容认,是作为构成要件要素的故意;对关于违法性事实的认识、违法性意识的可能性及期待可能性,是作为责任要素的故意。有人则认为,故意是对犯罪构成要件的结果的实现意思,因而是构成要件要素,但构成要件的故意只是实现构成要件的犯罪个别化的机能。在责任中必须确定应当或值得给予责任非难的故意,所以故意也是责任要素。德国不少学者肯定故意的双重机能。一方面,故意对于不法具有重要意义,因而是构成要件要素;另一方面,相对于过失犯而言,故意是一种加重的责任形式。故意的行为人常常具备实际的不法意识(当然也可能陷入不可避免的禁止错误),而过失的行为往往不知道自己实现了某个犯罪的构成要件,因而不具有相应的不法意识。

(三)责任要素说

这一学说主张故意只是责任要素。同样采取这一学说的人,理由也不一定相同。有人认为,在进行违法性判断时,应当考虑的只是与法益的侵害、危险相关的外部的、客观的事实,只有这样,才能保证判断的客观性。目的犯中的目的、未遂犯的故意,都不是主观的违法要素,而是责任要素。有人虽然承认目的犯的目的、未遂犯的故意是主观的违法要素,但认为既遂犯的故意不应成为构成要件要素,否则构成要件就失去了规制故意的机能。

三、关于故意的学说

关于故意的学说,实际上是关于故意内容或本质的学说,由于对故意内容的认识与对过失的认识密切联系,因而也是关于故意与过失的界限的学说。

(一)意志说、认识说与动机说

关于故意的本质,历来有意志说与认识说之争。即意欲实现构成要件内容才成立故意的学说为意志说(希望说),只要对构成事实有认识就成立故意的学说为认识说(表象说)。前者强调故意的意志因素,后者强调故意的认识因素。如果彻底依意志说,没有意欲的心理便排斥在故意之外,这就缩小了故意的范围;如果完全依认识说,则所有有认识的过失都会全部归入故意,这便扩大了故意的范围。德国、日本均有不少学者主张认识说。

根据意志说,故意是对所认识到的结果的意识,必须具有"认识的要素"与"意志的要素"。但是行为人对实现意志以外的结果的心理态度,与故意的存否没有关系。故意是对能够支配犯罪结果的心理予以追究的意思责任,它与"恶的意思"有严格区别。另外,对结果的实现意志以对结果的认识为前提,对没有认识到的结果的实现意志是不存在的。但是,这种认识只有与实现意志结合起来后,才能成为故意。这就是所谓的动机说,它认为故意与过失的区别,要以行为人的认识与意志是否结合起来,即是否成为行为的动机为基准。

(二)盖然性说、可能性说与容认说

盖然性说以认识说为基础,也是只从认识因素方面区分故意与过失,即行为人认识到结果发生的盖然性(较大的可能性)时是故意,只认识到结果发生(或构成要件的实现)的可能性时是过失。[16] 也可以说,行为人认识到结果发生的可能性很大时是故意,认识到结果发生的可能性不大时是过失(H. Mayer、前田雅英)。这一学说的根据是,行为人的认识程度对他的意欲具有征表意义,即行为人认识到结果的发生具有盖然性时,他意欲该结果发生;行为人认识到结果的发生具有可能性时,他不意欲该结果发生。但并非总是如此,行为人认识到结果发生的盖然性时,也可能依赖自己的幸运或者侥幸而认为结果不会发生;行为人认识到结果发生的可能性时,也可能意欲结果发生。故依据这一标准难以区分故意与过失。而且,盖然性与可能性只不过是程度的差异,而故意与过失的责任具有质的区别,以量为基准来区分故意与过失是存在疑问的。

可能性说是源于认识说的另一种学说。此说认为,不要求行为人认识到结果发生的盖然性,只要认识到结果发生的可能性便成立故意,因为单纯对结果发生可能性的想象,就必须阻止行为人继续行为;反之,行为人相信结果不发生时,就包含了对这种可能性的否定(Schröder、Schmidhäuser、宫本英修等)。但是,这种学说导致有认识的过失没有存在的余地。

与此相对,容认说以希望说为基础,认为行为人对结果发生的可能性有认识时,应根据行为人的意志来区分故意与过失,容认结果发生的是故意,不容认结果发生的是过失。所谓容认,就不具有像希望或者意欲那种程度的侵害法益的积极态度,只要行为人对结果

---

〔16〕 关于故意的各种学说,在讨论认识与意志因素时,有的学者是针对结果而言,有的学者是针对构成要件的实现而言。

的发生“不介意”,对可能发生的结果“完全不关心”,就足以成立故意,即消极的容认就是故意。容认说适当考虑了故意的认识因素与意志因素,得到了许多学者的支持(团藤重光、木村龟二、福田平、大塚仁、西原春夫、内田文昭等)。在日本等国居于通说地位。容认说又可以分为积极的容认说与消极的容认说。积极的容认说要求行为人具有即使发生结果也可以的积极的容认态度(团藤重光)。根据 Frank 公式,以行为人对构成要件的实现具有明确的认识(假定具有确定的故意)时,是否仍然实施该行为为基准,如果仍然实施该行为,即属于积极的容认。消极的容认说认为,只要行为人对发生结果不介意,消极地接受、忍受就行了(小野清一郎)。Engisch 认为,行为人无所谓地接受结果发生时,就属于故意。这种无所谓理论或无关心说(Gleichgültigkeitstheorie),实际上也属于消极容认说。但是,根据什么判断行为人对结果的发生是容认还是不容认,仍然是一个难题。特别是消极的容认时,根本没有心理的实质,故难以认定故意。也有人认为,容认并不是意志的内容,只是“情绪的附随物”,不能作为责任心理要素(平野龙一)。

(三)其他学说

客观化的意志说认为,应当从客观上判断某种心理状态是故意还是过失,如果从客观上进行评价得出的结论是,结果与行为人的计划相符合,则认定为故意;否则即为过失。例如,有意识地引起某种事故,认识到第三者或许会在事故中受到侵害,即使行为人并不希望第三者受到侵害,也应当认为行为人对第三者受侵害存在故意。反之,躺在宾馆床上吸烟的人,即使明知有发生火灾的危险,也不能认定为故意(Roxin)。

根据回避意志说,行为人在实现某种目的时,也会认识到发生一定附随结果的可能性;如果行为人不希望该附随结果的发生,就会变更行为手段。因此,如果行为人所实施的不是实现附随结果而是回避附随结果的受控制的行为,就缺乏故意的意志因素;反之,如果行为没有因回避附随结果而受到控制,则应认定为故意。换言之,要通过对实现结果的意思(实现意思)与回避结果的意思(回避意思)进行比较,看行为人实现了何种意思,来区分未必的故意与有认识的过失(Welzel、Armin Kaufmann、川端博、町野朔)。

此外,认真说认为,如果行为人严肃认真地认为结果可能发生而仍然实施该行为,则属故意;如果行为人并不真的认为结果会发生,则等于不认为结果有发生可能,此时成立过失。不能控制的危险说认为,如果行为人客观上通过高度危险的行为创设了不能控制的危险,其实现仅取决于偶然因素时,就具有间接故意;或者认为,如果某个决定是和法秩序的风险原则不相容的,那么,该行为就是故意行为;反之,则为过失。典型故意风险说认为,如果行为人的行为在抽象意义上可以被视为导致结果的方式,且由此创设的危险是一种典型的故意风险时,成立间接故意;反之,则成立过失。

(四)判例

德国有一个著名的判例。案情如下:K 与 J 想抢劫他们认识的 M 的财物。他们先计划使 M 吃安眠药令其陷入不能抗拒的状态,但计划失败了。后来,K 提出用皮带勒 M 的脖子,捆住 M 的手脚,然后取走其财物。两人都意识到,勒脖子可能导致重大伤害,还可能导致 M 死亡。某日,他们到了 M 家,因为上述方法危险而没有勇气实施,便没有采取该方法。于是,J 提出用沙袋将 M 打昏进行抢劫,K 同意。他们考虑到,沙袋不会对 M 的头部造成很大打击,因而不会导致重大伤害。于是,二人再次到 M 家。J 的裤子口袋里装着沙袋,K 为预防万一而携带了皮带(但 J 不知道)。二人按计划行动,J 在 K 的眼前,用沙袋打了M的头部两次,但在没有出现他们所期待的效果时,沙袋裂开了。于是,K取出皮带,从M的背后,将皮带套在M的脖子上,二人紧扯皮带两端,使M无法呼吸。K与J就开始劫取M的财物。最后,两人才想起看看M是否活着。但是,虽然他们赶紧进行人工呼吸,M还是死亡了。

德国联邦法院第五刑事部1955年4月22日的判决指出,认识到行为或许产生结果,以及同意(Billigung)结果的发生,是未必的故意的两个独立的要件。虽然从认定的事实来看,被告人并不积极希望M死亡,但是,未必的故意与有认识的过失的决定性区分标准在于是否同意结果的发生,换言之,故意的成立不要求行为人希望结果发生;即使行为人不希望结果发生,也可能成立故意。在法律意义上,行为人为了达成目的,而在其他方法不能达成其目的时,如果意识到其行为本身会引起不希望的结果,在这种情况下,应认定行为人同意结果发生。于是,未必的故意与有认识的过失的区别如下:行为人认识到或许会发生结果,但期待结果不发生,而冒险实施行为时,是有认识的过失;与此相对,行为人在以其他方法不能达到自己的目的时,采取非本意的手段达到目的,而冒险实施行为时,则是未必的故意(BGHSt 7,363)。虽然判决认定被告人的行为属于故意,但还难以断定该判例采取了何种立场。

再如,被告人为了摆脱警车对自己的追捕,用自己较大吨位的汽车撞击警车以使之不能追捕自己。被告人认识到自己的行为可能出人命事故,虽然他不希望这种结果发生,但仍然实施了该行为,因为他无论如何要摆脱警察的追捕。德国联邦最高法院认定被告人具有未必的故意。

日本大审院时代的判例,都采取认识说;日本最高裁判所判例,究竟采取容认说还是盖然性说,则存在不同看法。例如,关于买受赃物罪,日本最高裁判所的判例曾指出:“成立故意,不一定要求行为人确定地知道所要买受的是赃物,只要行为人具有知道或许是赃物竟买受的意思(所谓未必的故意)即可。”[17]有的学者认为,本判例采取了容认说的立场;但有的学者则指出,仅凭判决中的“竟”(敢て)一词认为本判例采取容认说,是不成立的。主张盖然性说的学者则认为本判例采取了盖然性说。下级裁判所有明确采取容认说的判例。如有的判例指出:“未必的故意,是指认识到结果发生的可能性即结果发生的盖然性大,却容认其发生的心理状态。”[18]

(五)故意与过失的关系

关于故意与过失的关系,在解释论上存在不同看法。德国部分学者指出:“过失不是故意的减轻形式,而是与故意不同的概念(BGH 4,340[341])。与对应的故意犯罪相比,过失犯罪行为的不法内容与责任内容较轻。因为在过失情况下,行为人对法秩序的要求的违反不是有意识,而是因为不注意。因此,就同一事实而言,故意和过失是相互排斥的。”[19]根据这种观点,不能将故意行为认定为过失犯罪;在行为人的心理状态不明的情况下,也不能认定为过失犯罪。德国的通说则认为,故意和过失处于一种位阶关系,即在不清楚一个行为是出于故意还是出于过失时,根据存疑时有利于被告人的原则,能够认定

〔17〕　日本最高裁判所1948年3月16日判决,载日本《最高裁判所刑事判例集》第2卷第3号,第227页。

〔18〕　日本高松高等裁判所1957年3月11日判决,载日本《高等裁判所刑事裁判特报》第4卷第5号,第99页。

〔19〕　H. Jescheck/T. Weigend, Lehrbuch des Strafrechts Allgemeiner Teil, 5 Aufl., Duncker & Humblot, 1996, S. 563.

为过失犯罪。这并不是说,故意概念中包含了过失的要素,因为一个放任结果发生的人,不可能轻信可以避免结果的发生;一个明知结果发生的人,不可能没有预见结果的发生。但不能据此否认故意与过失之间的规范性位阶关系,亦即,与过失相比,故意必须具备更多的要素。[20] 据此,对于故意行为可能认定为过失犯罪。

日本学者一般认为故意与过失是位阶关系。有的学者指出,如果说故意责任的本质是"认识到了构成要件事实",过失责任的本质是"没有认识到构成要件事实",那么,故意与过失的责任内容在逻辑上就是相互排斥的,不可能存在共通之处。但这种观点以过失的本质是"违反预见义务"为前提。如果说违反预见义务是过失犯的本质,那么,故意犯罪时因为履行了预见义务,责任就应更轻了,但事实上并非如此。所以,故意责任的本质是认识到了构成要件事实,过失责任的本质是具有认识构成要件事实的可能性。"因此,不应将预见义务违反作为过失犯的要素。故意与过失存在大小关系或者阶段关系,两者都是为责任提供根据的心理要素。过失中并非没有任何心理状态,而是存在可能预见犯罪事实特别是法益侵害的心理状态。"[21] 山口厚明确指出,过失是"到达故意心理状态的可能性",是"故意的可能性"。[22]

四、故意的样态

(一)确定的故意与不确定的故意

一般认为,认识到犯罪的实现(发生结果)是确定的,就表明有确定的故意。"意图"与"确知"就是确定的故意(直接的故意),它作为故意的存在形态是没有问题的。意图,是指行为人把犯罪结果作为目的的情况,不要求行为人认识结果确实要发生。确知指行为人认识到结果确实要发生的情况,不要求行为人以犯罪结果为目的。例如,在用枪支射击距离较远的人时,行为人就具有杀人的意图与非法持有枪支的确知。

不确定的故意包括未必的故意、概括的故意、择一的故意。

认识到结果可能(而非确实)发生(不是确知),并且不是积极希望结果发生(不是意图)的心理状态被认为是未必的故意。换言之,发生结果本身是不确实的,但认识到或许会发生结果,而且认为发生结果也没有关系的心理状态,是未必的故意。也有人认为,只要认识到结果或许会发生,不问对结果是什么态度,都是未必的故意。据此,未必的故意与我国刑法中的间接故意不是等同概念。德国、日本刑法理论肯定未必的故意,法国刑法理论的主流观点并不认真区别未必的故意与有认识的过失,其判例原则上将未必的故意理解为过失。

行为人认识到结果发生是确实的,但结果发生的客体不特定,即客体的个数以及哪个客体发生结果是不确定的场合,被称为概括的故意。例如,向一群人投掷炸弹的行为人,对因爆炸而死亡的具体范围是不确定的。这便是概括的故意(日本刑法理论的概念)。在这种场合,行为人对死亡的人成立故意杀人既遂,对于有死亡危险但没有死亡的人成立故意杀人未遂,二者构成想象竞合。行为人在事前对客体并不特定,也并不影响故意的成立。例如,在电话亭里放置加入了毒药的饮料,导致拾取并饮用了该饮料的人死亡,这种

[20] C. Roxin, Strafrecht Allgemeiner Teil, Band I, 4. Aufl., C. H. Beck, 2006, S. 1091.

[21] [日]高山佳奈子:《故意と违法性の意识》,有斐阁1999年版,第137页。

[22] [日]山口厚:《刑法总论》,有斐阁2016年第3版,第252页。

场合的杀人故意是成立的。既然有致使进入危险领域内的人死亡的意思,就不缺乏故意的特定性。因此,对发生的结果是否具有概括的故意,取决于行为人对危险行为所涉及的范围的认识以及对客体可能存在的预见。德国刑法理论中的累积故意与上述概括的故意相似,即行为人认识到自己的行为可以同时实现数个构成要件。例如,逃犯甲认为自己开一枪就可以同时打死警察与警犬。在这种场合,任何一个构成要件的实现,都要归责于甲。亦即,对已经实现的构成要件成立既遂犯,对未实现的构成要件成立未遂犯,二者构成想象竞合。

行为人认识到数个客体中的某一个确定会发生结果,但不确定哪个客体会发生结果时,就是择一的故意。与概括的故意或累积的故意不同,择一的故意认识到结果只发生于一个客体上。例如,逃犯甲的手枪只有一发子弹,警察乙带着警犬在后面追捕,甲认识到回头射击既可能只打中警察,也可能只打中警犬,但不可能同时击中警察与警犬。客观方面则存在多种可能:(1)仅打中警犬;(2)仅打中警察;(3)既没有打中警察,也没有打中警犬(其中,又可能存在打死警察的危险大、打死警犬的危险大等情形);(4)同时打中了警察与警犬。对此,国外刑法理论存在不同观点。第一种观点认为,甲只对已经实现的构成要件成立既遂。据此,在上述第一种情况下,甲仅承担故意毁坏财物罪的责任,而不承担故意杀人未遂的责任;在上述第三种情况下,甲不承担任何责任。这显然不合适。第二种观点认为,只处罚一个(既遂或者未遂的)重罪。据此,在上述第四种情况下,仅认定为故意杀人罪,而不能评价毁坏财物的事实。更为重要的是,将上述案例稍加改变,追捕逃犯的是两名警察,逃犯甲一枪打死两名警察时(行为人所欲实现的是两个相同的构成要件时),不能确定孰轻孰重。第三种观点(德国的通说)认为,甲对已经实现的构成要件成立既遂,对未实现的构成要件成立未遂,二者构成想象竞合。据此,在上述第一种情况下,甲成立故意毁坏财物既遂与故意杀人未遂,属于想象竞合。在第二种情况下,如果不处罚故意毁坏财物的未遂,就只认定为一个故意杀人既遂,没有必要再认定故意毁坏财物未遂。在第三种情况下,也只认定为一个故意杀人未遂。在第四种情况下,认定甲成立故意杀人既遂与故意毁坏财物罪的想象竞合。这种学说事实上将择一的故意与第一种情形的概括故意同等对待。可是,在择一故意的场合,行为人没有认识到可能同时实现两个构成要件。既然如此,就不能让行为人对两个构成要件事实承担故意责任。尽管如此,这种观点的缺陷还是少于前两种观点。

(二)一级直接故意、二级直接故意与间接故意

这是德国刑法对故意的分类。所谓一级直接故意也称蓄意,是指行为人(有目的地)追求构成要件的实现。换言之,如果行为人一心想将构成要件的结果作为终极目标或者必需的阶段性目标加以实现,便是在追求构成要件的实现。例如,为了骗取保险金(终极目标)而杀害被保险人(阶段性目标)的,对骗取保险金与杀人均有一级直接故意。一种观点认为,如果行为人虽然希望发生构成要件结果,但同时认为自己的行为并不一定能够发生结果,则不能认定为一级直接故意。例如,甲向远方的仇人乙开枪射击,虽然甲希望乙死亡,但并不认为自己的射击行为能够击中对方。另一种观点则认为,只要行为人刻意追求结果的发生,即使认为结果只是可能发生,也成立一级直接故意。据此,上述中的甲依然成立一级直接故意。

二级直接故意,是指行为人明知自己的行为必然引起构成要件的实现。显然,二级直

接故意所侧重的是认识因素,即使行为人并不希望构成要件的实现,也不影响二级直接故意的成立。在刑法分则条文规定了“明知”“违背良知”的犯罪中,需要二级直接故意。

间接故意,是指行为人认识到自己的行为可能实现构成要件,并且容忍或者放任其发生。但有争议的是,间接故意是否需要意志因素?一种观点认为,仅有认识因素就可以成立间接故意;另一种观点认为,仅有认识因素还不够,还需要有意志因素才能成立间接故意。后一种观点旨在区分间接故意与有认识的过失,至于如何区分,则存在前述“关于故意的学说”的不同观点。

(三)事前的故意与事后的故意

行为人误以为第一个行为已经完成了犯罪,为了防止他人发觉或出于其他目的,而实施第二个行为,实际上是第二个行为才导致行为人所预期的结果。这种场合,被称为事前的故意,也称为 Weber 的故意。例如,甲以杀人故意勒乙的脖子,致乙休克,甲误认为乙已死亡,为了消灭罪迹,甲将乙扔入河中,实际上乙是被淹死的。这种情况通常是作为因果关系的错误来处理的。

行为人没有故意地实施了可能产生一定结果的行为后,才产生了故意,其后放任事态自然发展,导致了结果的发生。这种场合,就是事后的故意。例如,医生开始动手术后,对患者产生了杀意,中途停止手术放置不管,导致患者死亡。实际上,这是不作为犯的问题。

需要指出的是,上述事前的故意、事后的故意,与从字面意义上理解的“事前的故意”“事后的故意”不是等同的概念。行为之前存在故意,但行为时没有故意的,也是一种事前的故意,但不是刑法上的故意。例如,行为人事先以杀人的故意拔出装有子弹的手枪,打算经过很长谈判结束后射杀被害人,但在射杀前由于失误导致被害人死亡。这里只存在杀人的预备与过失致死罪。但是,这并不意味着故意必须存在于实行行为的始终,只要在实施导致结果发生的必要且重要部分时具有故意即可(或者只要在实行行为的着手时具有故意即可)。例如,行为人为了杀人而安置了炸弹,即使在炸弹爆炸时放弃了杀人的故意,或者在爆炸的瞬间处于睡眠状态,也成立故意杀人罪。行为人过失或者意外导致了仇人死亡,事后对此感到很满意或者很高兴的,可谓一种事后的故意,但也不是刑法上的故意。

(四)侵害故意与危险故意

侵害犯的故意,就是侵害故意;危险犯的故意,就是危险故意。前者认识到了行为对一定法益的侵害,而且容认其发生。后者认识到了行为对一定法益的危险,而且容认危险的发生。一般认为,在具体的危险犯的场合,行为人必须认识到具体的危险。关于抽象的危险犯的危险故意,存在不同见解:第一种观点认为,抽象危险的发生不是构成要件要素,所以,只要认识到其他构成要件要素即可,不必认识到抽象危险。第二种观点认为,抽象的危险犯以没有达到具体危险程度的漠然的危险为要件,危险故意也只要与此对应即可。第三种观点认为,在抽象的危险犯的场合,也要求发生与具体危险一样的危险,只不过危险的发生是法律上推定的,但危险故意是不能推定的,要求行为人认识到具体危险。

关于未遂犯的故意,有人认为只要有危险故意即可(平野龙一),有人则认为,未遂犯的故意必须是侵害故意。

(五)未确定的故意与附条件的故意

由于故意必须是认识到犯罪结果并有实现该结果的意思,实现意思必须确定,所以对引起结果的行为还没有决意的心理状态,不是故意,而是“未确定的故意”或“未决意”。例如,行为人取出手枪,但究竟是胁迫还是杀害,尚处于未决定的状态,此时子弹射出打死被害人。在这种场合,不仅不成立杀人既遂罪,也不成立杀人的未遂罪与预备罪。由此可见,未确定的故意并非故意,因而不属于故意的一种。实现意思的确定性,在未完成犯罪中也是共通的要件。

行为人决意在某种条件具备之后,便实施直接引起结果发生的行为的心理状态,就是附条件的故意,既然“条件成熟就实施行为”的这种意思是确定的,就不缺乏故意的确定性。例如,做好杀死对方的准备,如果与对方交涉不成功就杀死对方的场合(基于未确定事实的故意),已经袭击女方,但如果女方不漂亮就不强奸的场合(保留中止的决意),就是附条件的故意。

在这种情况下,行为能够成立预备罪与未遂罪。上述二例,在没有实施杀人的实行行为与没有实际奸淫女方的情况下,分别构成杀人的预备罪与强奸的未遂罪。这里的“未遂罪”是广义的概念,包括障碍未遂与中止未遂。但是在条件成熟、实施预定的行为之前,这种心理状态下的行为导致结果发生的场合,不成立犯罪既遂。例如,行为人打算在对方不满足自己的条件,就用枪杀死对方,并做好了射击的姿势,但在听到答复之前,手枪射出子弹,致对方死亡。在这种场合,不成立杀人既遂,只成立杀人未遂罪(有人认为是预备罪)与过失致死罪,二者为想象竞合。为了使行为人对结果承担责任,就要求行为人具有最终实施实现结果的行为的意思。在附条件的故意的场合,由于能肯定行为人有引起结果发生的危险的意思,故能成立未遂犯,但是支配结果的意思不能确定,故不能成立既遂犯。

如上所述,实现意思是指以自己的行为使结果发生的意思。在共犯者对支持、帮助实行者实行犯罪附加了条件的场合,如果条件成熟、实行者引起结果发生,共犯者当然负既遂的责任;但即使条件不成熟,实行者实施的行为引起了结果的发生时,共犯者对既遂结果也负责任。

五、错误对故意的阻却

(一)错误概述

错误,是指行为人的认识与实际情况不一致。行为人发生这种错误时,就产生是否阻却故意的问题。

以前,一直是将错误分为事实的错误与法律的错误(违法性的错误、禁止的错误)。前者是指行为人所认识的事实与实际发生的事实不一致;后者是指行为人的违法判断与客观的违法不一致。迄今为止,这种分类也并非不成立。在以前,故意只被认为是责任的要素,而现在多数人认为故意也是构成要件的要素,所以将事实的错误改称为构成要件的错误。即构成要件故意中的认识,是对犯罪事实——符合构成要件的事实的认识,因而对事实的认识错误,就是对构成要件的认识错误。如前所述,关于违法性阻却事由的事实前提的错误(正当化事由的错误)的性质,严格责任论认为是法律错误,限制责任论则认为是事实错误。根据严格责任说,事实错误就是指构成要件的错误;而根据限制责任说,事实错误包括构成要件的错误与正当化事由的认识错误。下面所称的事实错误,限于构成要件的错误,至于正当化事由的认识错误,留在最后讨论。

关于错误论与故意论的关系,理论上存在不同观点。一种观点认为,错误论是对故意实施行为整体（包括发生结果）的评价，具有与故意论不同的独立的作用，因而具有与故意论不同的原理。这种观点的实质是，在不能根据故意论认定行为人对某种结果具有故意时，可能或者可以根据错误论认定行为人对该结果具有故意。于是，错误论成为认定故意的另一途径。另一种观点认为，错误论是故意论的反面。因为，“刑法学中所讨论的错误，并非主观面与客观面之间存在不一致的所有情形，而是限于故意（犯）的成立与否成为问题的场合。客观面发生了某种重大的事项（如发生了人死亡的结果），主观面对一定的事态具有认识时，主观面的这种认识，可否认为是与该客观事实相对应的故意（如杀人罪的故意），才是刑法中的错误论的问题。”〔23〕显然，认识错误与故意是表里关系，对认识错误的处理在于解决行为人对发生的结果是否具有故意责任。所以，“必须维持‘错误论是故意论的反面（Kehrseite）’这一命题。因此，在故意成为问题的时候，不存在‘不适用错误论’的情形；在根据故意论不认为有故意的场合，也不能根据错误论认定有故意”。〔24〕

在日本，事实的错误分为具体的事实错误与抽象的事实错误。对事实的错误的处理，除具体符合说、法定符合说与抽象符合说外，还有其他学说。但实际上，就具体的事实错误而言，主要是具体符合说与法定符合说的争论；就抽象的事实错误而言，则主要是法定符合说与抽象符合说的论争。德国刑法理论没有明确将事实错误区分为具体的事实错误与抽象的事实错误，亦即，不管是具体的事实错误还是抽象的事实错误，都按同一原理解决。

（二）具体的事实错误

所谓具体的事实错误，是指行为人认识的事实与实际发生的事实的不一致，是属于同一构成要件范围内的，即行为人只是在某个构成要件的范围内发生了对事实的认识错误，因而也被称为同一构成要件内的错误。具体的事实错误，又可分为三种：一是对象错误，例如，以为是甲而举枪射击，实际上对方是乙。即本来是乙，行为人误以为是甲而开枪射击。二是方法错误，例如，行为人举枪射击甲，因为没有瞄准而打中了旁边的乙。〔25〕 三是因果关系的错误。对于具体的事实错误，具体的符合说与法定的符合说会得出不同的结论。

具体符合说认为，行为人所认识的事实与实际发生的事实具体地相一致时，才成立故意（德国的通说、日本的有力说）。法定符合说认为，行为人所认识的事实与实际发生的事实，只要在构成要件的范围内是一致的，就成立故意（日本的通说、德国少数说）。

如果彻底坚持具体符合说，则所有具体的事实错误都将否定故意的存在。但是，德国、日本刑法理论中的具体符合说，并不是从形式上坚持具体的符合说，而是认为对象错误并不重要，因而并不阻却故意的成立。所以，就对象错误而言，具体符合说与法定符合说得出的结论仍然是相同的（理由不同），〔26〕只是对方法错误产生不同的结论。例如，行

---

〔23〕［日］井田良、丸山雅夫：《ケ－ススタディ刑法》，日本评论社2004年第2版，第112页。

〔24〕［日］平野龙一：《刑事法研究最终卷》，有斐阁2005年版，第3页。

〔25〕请注意，这里的方法的错误，就是我国刑法理论中所说的行为差误，与我国传统刑法理论中的方法错误不是等同概念。

〔26〕例如，甲想杀乙，但误将丙当作乙杀害。不管是具体符合说还是法定符合说，都认为甲成立故意杀人既遂。具体符合说的解释是，甲想杀眼前的这个“人”，事实上也杀害了眼前的这个“人”，所以，主观认识与客观事实完全一致。法定符合说的解释是，甲想杀“人”，事实上也杀害了“人”，所以，主观认识完全符合客观事实，因而成立杀人既遂。再如，A想杀仇人B，但误将远方的狗当作B开枪射击。不管根据什么学说，A对狗都只成立过失毁坏财物，因而不可罚。至于A是否成立故意杀人未遂，则取决于采取何种未遂犯理论。

为人举枪射击甲,却因没有瞄准而击中了乙。具体符合说认为,对甲是杀人未遂,对乙是过失致死(二者是想象竞合)。因为行为人要杀甲,却失败了,错误地杀了乙,所以,对杀甲是杀人未遂,对乙是过失致死。法定符合说则主张成立一个杀人既遂。因为甲也好、乙也好,都是“人”,既然行为人已经杀了“人”,就成立杀人既遂。

如果更详细地考察法定符合说,可以发现其有两种情形。其一,在杀人的场合,将故意的认识对象视为舍弃具体的事实的、不管谁都可以的抽象的“人”。因此,虽然行为人指向眼前的自己瞄准的人实施杀人行为,但故意的成立,只需行为人指向与此完全没有关系的抽象的“人”即可,故意内容不必与现实的危险完全一致。其二,虽然行为人所具有的现实的故意内容是指向A的,但这种故意,在法定的符合的限度内,可以转用于B这个“人”。在此,问题不在于故意的内容本身,而在于可否通过错误论将对A的故意转用于B。而转用的基准是,在法律上是否属同一评价的事实。

联系到德国、日本刑法的规定,具体符合说确实存在问题。例如,行为人欲打死甲饲养的狗,却打中了甲饲养的猫。根据具体符合说,行为人对狗是毁坏财物罪的未遂,而对猫则成立过失毁坏财物罪。但这两个“罪”在现行刑法上都不是犯罪。于是,对行为人只能以无罪处理。可是,对这种行为以无罪处理并不妥当。再如,行为人举枪射击甲,却因没有瞄准而击中乙时,根据具体符合说,属于杀人未遂与过失致死的想象竞合,结局仅认定为杀人未遂。这违反国民的法感情。此外,具体的符合说还存在其他缺陷,如导致罪刑不均衡,与构成要件理论不协调等。

由于具体符合说对打击错误与对象错误的处理不同,于是必须区分二者,但二者的区分也面临困难。例如,A为了勒索财物,向X的办公室拨打恐吓电话,但接电话的是X的秘书Y,Y基于恐惧心理交付了财物。这是对象错误还是打击错误?再如,甲想诬告陷害乙,就想将毒品塞进乙的口袋,但却错将毒品塞进了丙的口袋,导致丙被司法机关怀疑。又如,张三前一天晚上在仇人(丈夫)专用的汽车上安装炸弹意欲炸死仇人,但第二天仇人的妻子偶然开启车门时被炸死。持具体符合说的论者对上述案件都存在行为人是打击错误还是对象错误的争论。

具体符合说的不妥当性,并不意味着法定符合说不存在问题。法定符合说也难以解决一些问题。例如,行为人本欲杀甲,但一枪将甲与乙都打死。具体符合说认为,在这种情况下,对甲成立杀人既遂,对乙成立过失致死。而根据法定符合说的“既然行为人要杀人且已杀死了人就成立杀人既遂罪”的观点,则行为人对甲是杀人既遂,对乙也是杀人既遂(想象竞合)。日本的团藤重光、大谷实以及裁判所就是采取这一观点(数故意说)。但是,倘若如此,那么,当行为人意欲杀甲,却因为方法错误杀死乙时,应当是对乙成立杀人既遂,对甲成立杀人未遂。但法定符合说又认为只成立对乙的杀人既遂罪。再如,行为人意欲杀甲,开枪射击时,子弹刚好从甲与乙的空隙中穿过,根据法定符合说,应当成立两个杀人未遂罪。显然,这样来解决是不合理的。

鉴于此,有的学者对法定符合说进行了修正,即一方面坚持法定符合说,另一方面又主张,以一个故意(杀甲的故意)杀死甲、乙二人时,只成立对甲的杀人既遂罪和对乙的过失致死罪(一故意说)。因为对甲的杀害目的已经实现,对乙的结果则是“过剩结果”,不能用故意去说明。但是,这种修正说又不能解决好下面的案件:行为人意欲杀甲,一枪导致甲受伤和乙死亡。根据这种修正说,首先承认对乙是杀人既遂,由于只有一个故意,只能认为对甲是过失伤害。但是,行为人本欲杀甲,结果对甲只成立过失伤害罪,这是不合理的。再如,行为人意欲杀害A,一枪导致B与C均死亡时,一故意说更没有办法解决。

所要说明的是,即使采取相同学说的人,对同一案件的看法,也并不完全相同。例如,大塚仁、福田平、下村康正均采取法定符合说中的一故意说,但对具体案件得出结论并不一致。例如,X想杀害A而开枪,使A受重伤,并使B死亡。大塚仁认为,X是对B的杀人既遂罪与对A的过失伤害罪的想象竞合;福田说认为,X仅成立对B的杀人既遂罪;下村康正认为,X是对A的杀人未遂罪与对B的过失致死罪的想象竞合。再如,X想杀害A而开枪,使A受重伤,并使B和C死亡。大塚仁认为,X是对A的过失伤害罪、对B或者C的杀人既遂罪,对不是杀人既遂的一方成立过失致死罪,它们是想象竞合;福田平认为,X成立对B或者C的杀人既遂罪,是B还是C是不能特定的。下村康正认为,X是对A的杀人未遂罪、对B、C的过失致死罪的想象竞合。

采取折中说的少数学者主张,当行为侵犯的是高度个人化的法益时,对打击错误采取具体符合说,如果行为侵犯的只是财产法益等非高度个人化的法益时,则采取法定符合说。因为只有在高度个人化的法益时,才特别关注行为侵害的对象;而在财产法益等场合,行为人对被害人的认识通常只属于犯罪动机的范畴。然而,行为人是否认识到了符合构成要件的事实,并不取决于法益的区别。

总之,不管是具体符合说、法定符合说抑或折中说,都还不能圆满解决千姿百态的具体的事实错误问题。

Roxin采取了接近具体符合说的行为计划理论。关于方法错误,Roxin指出,下列三种情形是方法错误的特殊情况,各种学说都应得出相同结论:(1)行为人所认识的对象与现实打击的对象不具有等价性时,排除故意犯罪的既遂。如甲瞄准花瓶射击,却击中了乙。此时成立毁坏财物罪的未遂与过失致死罪(以有过失为前提)。(2)当方法错误导致结果不再处于适当的因果关系范围内时,排除故意犯罪的既遂。例如,甲向乙射击时,子弹没有打中乙,而是打在墙上又弹回来,然后以甲不能预见的方式,打死了远在街道另一边的行人。对此,只能认定甲对乙的杀人未遂。(3)行为人对因方法错误产生的结果具有未必的故意时,不影响故意犯罪既遂的成立。如甲瞄准乙开枪时预见到可能打中丙,事实上也打中了丙。对此,具体符合说与法定符合说都主张认定甲对丙成立故意杀人既遂。但Roxin认为,甲的行为除了成立对丙的杀人既遂外,还成立对乙的杀人未遂。对于除上述情形之外的方法错误,Roxin提出了行为计划理论,简言之,如果方法错误导致行为计划失败,就不成立故意犯罪既遂;反之,则成立故意犯罪既遂。例如,行为人想杀害仇人,但因方法错误杀害了自己的儿子,对此不能认定为杀人既遂。再如,行为人出于恶作剧向过往行人扔雪球,但雪球没有击中所瞄准的人,而是击中后面散步人的脸部,对此应认定故意伤害既遂。对于对象错误(对被害人人身的认识错误),Roxin也贯彻了其行为计划理论。但是,如何评价行为计划是否实现,可能缺乏明确标准。

因果关系的错误,是指行为人所认识的因果关系的发展经过与现实发生的因果关系的发展经过不相一致,包括狭义的因果关系的错误、事前的故意与构成要件的提前实现等情形。

例如,行为人意欲杀甲,将甲推入河中,本欲使其溺死,但甲实际上因头部撞向桥墩而死亡。这便属于狭义的因果关系的错误。一般认为,如果在社会的一般观念上,该行为产生该结果被认为是相当的,就不阻却故意。也有学者认为,这种案件并不是错误论的问题,而是客观的归属论(相当因果关系论)的问题(町野朔)。因为在这种场合,行为人对既遂结果存在故意。如在上例中,只要行为人预见了"溺死"的因果经过,其故意就是充分的。客观的因果经过具体如何发展,与故意不必是一致的。客观上发生的因果经过,只要处于客观上可以归属的范围内,行为人就负故意杀人既遂的责任。如果否定这一点,则是未遂。

问题在于对所谓事前的故意(Weber 的概括的故意)应如何处理? 例如,甲欲杀害乙,对乙进行殴打,致乙休克,甲误认为乙已经死亡,为了隐匿罪迹将乙扔入河中,乙被淹死。对此有不同的学说。[27] (1)概括的故意说(单一行为说)认为,概括地看行为的全系列,与以单纯的杀人故意而实现杀人结果的情况完全相同,所以,作为整体是一个故意犯。但这种学说在德国19世纪被否认。(2)纯粹的因果经过错误说,将第二行为作为介入事情,在可能预见的场合,第二行为与发生的结果处于相当因果关系的范围内,因果经过的错误并不重要,因此,能够肯定故意杀人既遂(木村龟二、福田平、大谷实等)。(3)行为计划说认为,要以"行为人的计划"为基准进行判断。如果行为人有意图地实施第一行为,那么,意味着其计划实现了,成立故意杀人既遂;如果行为是以未必的故意或消极容认的态度实施第一行为(如为了强奸而施加暴行,以未必的故意使被害人"死亡",在误以为妇女死亡的情况下,实施第二行为),由于行为人希望回避其结果的发生,故不再是行为计划的实现,不能认定为杀人既遂(Roxin)。(4)未遂犯·过失犯并合罪说认为,在概括的故意事例中,行为人不是仅实施了一个行为,而是实施了两个行为,所以,不能援用因果关系的错误说,而应认为第一行为是未遂犯,第二行为是过失犯,二者是并合罪(Engisch、Frank、中山研一、香川达夫、曾根威彦),也有学者认为是想象竞合(泷川幸辰)。(5)原因中有故意的行为说认为,在原因行为成为结果行为的原因的场合,采取类似原因自由行为的法理的理论构成,对第一个杀人行为的责任非难,为对第二个行为的责任非难提供根据。换言之,由于没有第一行为就没有作为死亡原因的第二行为,所以,对不实施第二行为的期待,与对不实施第一行为的期待是相同的(宫本英修、中野次雄)。(6)相当因果关系说认为,只能通过相当因果关系来解决问题。如果第一行为与结果具有相当因果关系,则认定为故意杀人既遂;否则只能认定为故意杀人未遂与过失致人死亡的想象竞合(町野朔、前田雅英)。(7)客观的归属说认为,如果第二行为处于第一行为的客观的归属可能性的范围内,就肯定归属,成立故意杀人既遂;如果在客观的归属可能性范围外,则否定归属。故意,只要存在于第一行为时的杀害之点就足够了。因为在由第一行为制造了杀害结果发生的危险,由此制造的状况的危险处于存续期间,第二行为是以由此诱发的行为人的自然的动机关联而产生的,危险实现关联也是应当肯定的。但是,第一行为制造的危险几乎平常化之后而实施第二行为的(如行为人射击的子弹没有击中,但被害人装出死亡的样子,行为人误信被害人死亡,将其扔入河中,导致被害人死亡),危险实现关联应被

---

〔27〕 日本曾有如下判例:某女想杀害丈夫前妻之子,用细麻绳勒熟睡中的小孩的脖子,小孩身体不动后,被告人以为其死亡了,为防止他人发现犯行而将其放置在海岸的海滩上后回家,小孩因吸入砂末而死亡。日本大审院的判例就此案指出,"依照社会生活上的普通观念",可以认定第一行为与第二行为之间存在"因果关系"。但这一判例没有将因果经过的错误作为媒介,而是直接将相当因果关系作为问题的。

否定。此外,基于中止的动机实施第二行为,但中止失败而发生结果的场合,危险实现关联被否定(山中敬一)。

与事前的故意相反的是构成要件的提前实现。例如,行为人计划先向被害人头部击一拳,使其休克后,再杀害被害人,但最初的一拳就导致被害人死亡。一般来说,在这种场合,必须判断最初的一拳(前行为)是否已经是实行的着手。如果还只是属于预备行为,则只成立过失致死罪。例如,行为人将枪拿到手上时,就因走火而击中他人的,只成立过失致死罪。如果前行为已经可以被认定为构成要件行为的着手,则其对因果关系的错误认识没有意义,仍然成立犯罪既遂。

日本曾有如下判例。被告人意图放火自焚,在封闭的自家房屋内洒了约6.4升汽油,然后为了在死前抽最后一支烟用打火机点烟时,由于汽油的蒸气导致火灾,使家屋全部烧毁。判例指出,"考虑到汽油的强烈的着火性,如果出现了任何烟火,就使洒在本房屋的汽油着火,引起火灾是必定的状况,所以,被告人通过洒汽油而放火的企图的大部分已经完成。在此阶段,引起法益侵害即烧毁本案房屋的迫切危险已经发生,因此,认定已经存在通过上述行为的放火罪的实行的着手是相当的。""上述状况下,如果以打火机点火就引发火灾,这是一般人容易理解的,而不是不能预想的事情,被告人点火时并没有改变烧毁本案房屋的意思。所以,上述过程中,不能否定通过引火导致了本案的结果,不能免除被告人放火既遂罪的刑事责任"。[28] 虽然有不少学者赞成这一判例结论,但也有学者认为,行为人用打火机点烟时,没有放火的故意,故不能成立放火既遂罪,但可以成立放火未遂罪(山口厚)。

(三)抽象的事实错误

1. 抽象的事实错误概述

抽象的事实错误,是指行为人所认识的事实与现实所发生的事实,分别属于不同的构成要件,或者说,行为人所认识的事实与所发生的事实跨越了不同的构成要件,因此也被称为不同构成要件间的错误。例如,甲意欲杀乙,但一枪只是打死了乙饲养的狗。甲在主观上是杀人故意,但结果符合毁坏财物罪,对此如何处理,就是关于抽象的事实错误的理论所要解决的问题。

抽象的事实错误可以分为客体的错误与方法的错误。以为是狗而开枪,结果打死的是人,就属于前者;为了杀人而开枪,因未瞄准打死了狗,就属于后者。抽象的事实错误不存在因果关系的错误问题。抽象的事实错误实际上存在三种类型:一是主观方面轻而客观方面重,即行为人本欲犯轻罪,客观上却是重罪的犯罪事实,本欲毁坏财物却打死了人,就是如此。二是主观方面重而客观方面轻,即行为人本欲犯重罪,客观上却是轻罪的犯罪事实,本欲杀人却打死了他人饲养的狗,就是如此。三是主观方面与客观方面分别符合不同的构成要件,但二者的法定刑相同。

关于抽象的事实错误,有的国家刑法设有明文规定,例如,德国刑法第16条第2款规定:"行为人在行为时误认为实现的是较轻的法律构成要件的,对其故意行为仅依较轻的法律处罚。"这一规定表明,如果行为人本欲犯轻罪,但客观上又触犯了重罪的,只能依轻罪处罚。显然,这里只规定了上述抽象的事实错误的第一种类型。日本刑法第38条第2

---

〔28〕 日本横滨地方裁判所1983年7月20日判决,载日本《判例时报》第1108号,第138页。

项规定:“实施了本应属于重罪的行为,但行为时不知道属于重罪的事实的,不得以重罪处断。”[29]根据日本刑法的这一规定,本欲犯轻罪而客观上符合重罪犯罪事实的,不得适用重罪之刑。可见,这里也只规定了上述抽象的事实错误的第一种类型。那么,对行为人本欲杀人却只打死了狗之类的案件如何处理,实际上是依靠刑法理论解决的。此外,对于上述第三种类型,各国刑法都没有明文规定,理论上也存在争议。

2. 法定的符合说

法定符合说认为,只要行为人所认识的事实与现实的事实处于同一构成要件内,就可以认定故意,因此,抽象的事实错误原则上阻却故意。但是,以业务上侵占罪的故意实施行为,只是实现了单纯侵占罪的场合,阻却业务上侵占罪的故意,又因为没有单纯侵占罪的故意而成为不可罚,则并不合理。因此,法定符合说也认为,抽象的事实错误并不都阻却故意,而是在一定范围内承认抽象的事实错误并不重要。围绕这一范围,学说上存在分歧。

(1)构成要件的符合说

此说从构成要件上理解法定符合说的意义,认为即使是跨越构成要件间的错误,在这些构成要件重合的限度内,也认定故意的成立。但在构成要件符合说的内部,因对“重合”限度的理解不同,又存在不同学说。

第一,严格符合说将承认重合的范围限定为有刑罚的加重事实的场合、有刑罚的减轻事由的场合、财产犯中认识与事实不符合的场合,并且重合的限度是具有法条竞合关系的场合(香川达夫)。但是,该见解使重合的范围过于狭窄。杀人与伤害,具有法条竞合关系,但没有加重、减轻关系。再者,在财产犯中,什么罪与什么罪之间的错误存在重合限度也并不明确。

第二,形式的、实质的符合说将构成要件的重合限度,理解为构成要件原则上形式地重合的场合,以及实质上重合的场合。据此,除了杀人与承诺、嘱托杀人、强盗与强盗杀人等处于加重、减轻关系的构成要件之间以外,关于共犯的错误的场合,包括存在大小(重轻)的包含关系的场合,即包含盗窃与抢劫(强盗)、敲诈勒索与抢劫、伤害与杀人、侵占脱离占有物与盗窃、胁迫与敲诈勒索等场合(福田平)。概言之,本学说将具有基本构成要件与加重、减轻构成要件关系这样的构成要件的形式的重合的情况作为出发点,扩大到构成要件要素具有相当部分的实质的共通性的情形。其一,具有基本、派生关系的构成要件间的错误。在认识到轻罪而实现了重罪的场合,在轻罪的限度内成立故意犯,但在这种场合,对于作为客观事实的重罪的实现,可能被认为包含了轻罪;反之,在认识到重罪却实现了轻罪的场合,由于可以认为重罪故意包含了轻罪故意,认定轻罪的成立没有疑问。其二,不具有基本、派生关系的构成要件间的错误。例如,行为人客观上持有海洛因(重罪),却误以为持有麻醉药品(轻罪),两个构成要件之间不具有基本、派生关系(在日本是由不同法律规定的不同犯罪)。有人认为,对此应作为抽象的事实错误,认定轻罪的成立(福田平)。但为什么成立客观上没有实现的轻罪,依然没有得到说明。有人提出,在这样的场合,将客观上实现的构成要件修正为主观上所认识到的轻罪一方的构成要件,使轻罪得以成立(町野朔)。有人指出,在这种场合,是将同一的法益的侵害、危险作为构成要

[29] 日本刑法的这一规定,源于我国的唐律“其本应重而犯时不知者依凡论,本应轻者听从本”的规定。

件要素的，是实现了由两者合成的犯罪类型（林幹人）。有人主张，上述海洛因与麻醉药品的种类差别在构成要件上并不重要，两者符合同一的构成要件（山口厚）。

第三，实质的符合说将构成要件的重合理解为"保护法益的共通性以及构成要件的行为的共通性"。这一见解不将重合考虑为构成要件要素的共通性，而是对各构成要件进行类型性的抽象化，在各自的"法益""行为样态"的共通的"类型"上认定社会通念上涵摄的符合，在这一点上，比上述形式的、实质的符合说，更加扩大了重合的范围。

第四，实质的同质性说主张在以下两种场合具有重合性质：其一，一个构成要件内涵性地包摄其他构成要件的场合；其二，具有构成要件的外延的包摄性的场合。前者之例如，同意杀人与杀人、杀人与伤害、盗窃与侵占脱离占有物、盗窃与强盗、恐吓与强盗、伤害与死体损坏等，也要认定符合（平野龙一）。外延的包摄性包括以下情形：一是即使不是被相同概念包摄，但只要被相同构成要件所规定的概念所包摄即可。例如，教唆对方使用"印章"伪造公文书，对方使用公务员的"署名"伪造公文书的场合，印章与署名是不同的概念，但由于是在相同构成要件中的择一性的规定，所以，可以说具有"构成要件性的"符合。此外，同意杀人与帮助杀人、第一项诈骗与第二项诈骗，也是如此。二是即使是以另外的条文规定的，但只不过是立法技术上以另外的条文而书写时，实质上是构成要件的符合的情形。公文书伪造与虚伪公文书作成、持有麻醉药品与持有海洛因的符合就是其例。本说受到的批判是，明显扩大了构成要件符合性的范围，可能使构成要件弛缓。

（2）罪质符合说

本说主张，在法定符合说的范围内，在认识的事实与发生的事实作为犯罪具有类似性质的场合，不应当承认故意的阻却，只要所指向的是一般人基本上在等同意义上考虑的法益侵害，即使法益侵害的方法多少有些不同，也认定符合（西原春夫）。这种学说将犯罪的被害法益及犯行方法等的"罪质"作为基准判断符合性。例如，遗弃尸体与普通遗弃罪的法益，在严格的法律意义上是不同的，但如果从日常生活的实态来看，能够认定行为人具有扔掉生死不明的状态的人的意思时，可以认定符合性。这种学说受到的批判是，以离开了法律意义的日常生活的实态为基准认定符合性，其基准不明确。

（3）不法·责任符合说

本说认为，成立故意所要求认识到的，是有关使行为成为犯罪的事实，即有关不法·责任事实的东西（町野朔）。符合构成要件的事实的认识是不必要的，只要对作为构成要件的实质内容的不法·责任的认识即可。因此，如果在构成要件的不法·责任内容中能够认定符合性，就可以肯定故意的成立。本说认为，杀人罪与毁坏财物罪、伤害罪与毁坏尸体罪之间，由于不法的质不同，不存在不法·责任内容的符合。此外，以非法占有目的为必要的盗窃罪与不以此为必要的毁坏财物罪，虽然不法内容是一致的，但责任内容不同，所以不能承认符合性。与此相对，输入麻醉药品（构成要件 A）与输入海洛因（构成要件 B）之间，能够认定符合性（构成要件 A 与构成要件 B 如同具有共通的不法·责任的海面下的冰山的各自的一角；故意的对象是海面下相联结的不法·责任内容）。本说使构成要件概念空洞化，因而受到了批判。

3. 抽象符合说

抽象符合说"抽象地"把握所有构成要件的区别，认为抽象的事实错误，至少在与轻罪的关联上认定故意犯的成立。但是，对故意进行抽象化时的基本观点存在分歧。

牧野英一主张在轻罪的限度内认定故意。首先,以甲轻罪的故意实现了乙重罪的事实时,是甲轻罪的既遂与乙重罪的过失的想象竞合。例如,以毁坏财物的故意致人死亡时,是毁坏财物罪的既遂与过失致死罪的想象竞合。其次,以乙重罪的故意实现了甲轻罪的事实时,是对乙重罪的未遂(或不能犯)与对甲轻罪的故意犯的既遂,将二者合一按较重一方的罪(杀人罪)的未遂(在不能犯的场合,按毁坏财物罪的既遂)处断。

宫本英修主张可罚的符合说。此说认为,作为一般规范上的问题,具体的符合是必要的;在没有具体符合的场合,阻却对结果的故意(规范的故意);但作为刑法上的问题,一方面存在故意行为,另一方面毕竟是基于同一人的责任而发生了结果,既然如此,就可以将故意行为与另一过失结果结合起来,将其作为既遂罪处罚。换言之,故意内容与现实结果不要求具体的符合,即使抽象地(类型地)不符合,但只要是可罚地符合,不妨对其结果(犯罪)认定有故意而认定故意犯的成立,但必须适用日本刑法第 38 条第 2 项"实施了本应属于重罪的行为,但行为时不知道属于重罪的事实的,不得以重罪处断"的规定。这种故意称为"可罚的故意"。此说可以归纳为以下三个命题:(1)预见了但没有发生的事实属于未遂;(2)没有预见的事实属于过失;(3)以可罚的意思发生了可罚的结果时属于既遂。第一命题与第二命题是想象竞合关系;第三命题与前两者分别为(作为法条竞合的)择一关系。根据这种见解,以轻罪故意发生了重结果时,如以毁坏财物的故意致人死亡时,想定毁坏财物罪的未遂与、过失致死罪、杀人罪的既遂这三个命题,但是,最重的杀人罪的既遂虽然成立,但根据日本刑法第 38 条第 2 项,只能在毁坏财产罪既遂的刑罚限度内处罚。在以重罪故意发生了轻罪的结果时,如以杀人故意发生了毁坏财物的结果时,虽然想定杀人罪的未遂、过失毁坏财物罪、毁坏财物罪的既遂,但按重的杀人罪的未遂处断。但本说没有任何理论根据。

草野豹一郎的观点是,在抽象的事实错误时,即使没有处罚未遂的规定,也承认处罚未遂。(1)以犯轻罪的意思,实现了重罪时,除了认定为轻罪的未遂外,要考察过失犯的成立与否,就重罪成立过失时,与轻罪是想象竞合,就重罪不成立过失,仅以轻罪的未遂处断。例如,以毁坏财物罪的故意致人死亡时,想定毁坏财物的未遂(本来不可罚),它与过失致死罪是想象竞合,按毁坏财物罪的未遂处断。(2)以犯重罪的意思,实现了轻罪时,除认定重罪的未遂外,还考察是否成立轻罪的过失犯,成立过失犯时,属于与重罪的想象竞合;对轻罪不存在过失犯时,仅以重罪的未遂处断。轻罪的过失犯与重罪的未遂都没有处罚规定时,成立重罪的未遂,但根据日本刑法第 38 条第 2 项的规定,在较轻的犯罪的故意犯的限度内处断。例如,以保护责任者遗弃的意思发生了遗弃尸体的事实时,成立保护责任者遗弃的未遂,根据上述第 38 条第 2 项在遗弃尸体的既遂的限度内处断。本说认为,尽管刑法没有未遂的处罚规定却要处罚未遂,这违反了罪刑法定主义。

可以肯定的是,抽象的符合说已经完全衰退,现在是法定符合说内部的争论。

除此之外,还有一种所谓"双重构成要件错误"。例如,德国刑法第 123 条规定:"非法侵入他人住宅、经营场所、安宁的地产或者用于公共事务或公共交通的封闭场所的,或者无权在其中滞留,经权利人要求仍不离去的,处一年以下自由刑或者罚金。"案情是,"小偷 T 侵入了某家住宅,但原以为这是一家商店。"德国的通说认为,"若行为人针对构成要件的选择要素发生了认识错误,而认识错误所涉及的要素只是某一上位概念之下的次级情况(Unterfälle),那么,该认识错误就不值得加以考虑。"据此,德国学者认为:"T 的认识错误就根本没有任何影响;第123条的构成要件的叙述所覆盖到的只是受保护的空间领域,而没有给列举出来的这些领域分别赋予独立的意义。毋宁说,这些领域只是统一的保护对象的具体例子而已。但若行为客体在性质上各不相同(如第274条第1款中的文书和技术图样),那么,情况便有所不同。在该种情况下,根据第274条,错误地混淆了某一技术图样,对于事实上的客体而言,则导致阻却故意,对于设想中的客体而言,则成立力图。"〔30〕

(四)正当化事由的错误

正当化事由的错误,也称允许的构成要件错误,是指尽管不存在正当化事由(违法性阻却事由)的事实前提,但行为人误以为存在的情形。假想防卫、假想避险就是正当化事由的错误。争论的问题是,正当化事由的错误,是什么性质的错误?

故意说认为,违法性认识是犯罪故意的认识内容。在正当化事由的错误的场合,行为人没有认识到自己行为的违法性,因而阻却故意。如果错误可以避免,则成立过失犯;如果错误不能避免,则不成立犯罪。但是,由于当今刑法理论一般不认为违法性认识是故意的认识内容,所以,现在采取故意说的学者较少。

消极的构成要件要素理论认为,违法性阻却事由是消极的构成要件要素,因此,关于违法性阻却事由的错误,就是构成要件的认识错误,阻却构成要件的故意。这一理由可以得出假想防卫、假想避险是过失犯或者意外事件的合理结论。但由于通说采取三阶层体系,所以采取这种观点的是少数人。

严格责任说认为,正当化事由的错误是禁止的错误(违法性的错误),行为人的错误可以避免时,作为故意犯处罚,但有减轻责任的可能性;在错误不可避免时,阻却责任(Welzel、Bockelmann、Maurach、木村亀二、福田平、西原春夫、大谷实等)。〔31〕根据这种学说,错误分为构成要件的错误与禁止的错误,后者与故意的成立与否没有关系,只是责任问题;违法性意识的可能性,是与故意不同的责任要素;关于违法的评价的错误与关于正当化事由的错误,都是禁止的错误,因而不影响故意的成立。但是,在假想防卫、假想避险等场合,行为人虽然没有认识到自己行为的违法性,但其价值判断与法秩序完全一致,只是没有认识到相应的前提事实,如果将其作为禁止的错误以故意犯处罚,明显不当。

限制责任说认为,关于正当化事由的错误,也是一种事实错误,因而阻却责任故意(日本的通说、德国判例的立场)。此说认为,虽然违法性意识的可能性是与故意不同的责任要素,却不能据此得出正当化事由的错误是违法性的错误的结论。但是,如果不采取消极的构成要件要素理论,就难以说明正当化事由的错误是事实错误。Roxin以刑事政策的思想为基础予以说明:故意犯的行为人作出了实施法规范所禁止的行为决定,而认为自己在实施正当防卫的人,其目标设定与法规范完全一致,当后者由于缺乏注意而引起了法律所禁止的结果时,只能受到过失的非难。正当化事由的错误,应当与构成要件的错误同等看待(或类推适用刑法关于构成要件错误的规定)。

法律效果的限制责任论则认为,正当化事由的错误,既不是事实的错误,也不是禁止

〔30〕［德］乌尔斯·金德霍伊泽尔:《刑法总论教科书》,蔡桂生译,北京大学出版社2015年版,第257页。

〔31〕Jescheck认为,在正当化事由的错误的场合,由于行为人误认为存在允许规范的介入,而且错误仅仅指向行为的禁止,因而属于间接的禁止错误。

的错误,而是一种独立的错误类型。这种错误不影响构成要件的故意,但影响责任故意。根据这种观点,在假想防卫的场合,行为的不法与普通的故意犯相同,但责任轻于普通的故意犯。

不法阻却说认为,正当化事由的错误,不阻却故意本身,但阻却违法性阶段的故意不法,即阻却故意行为的行为无价值(Lenckner)。根据这一观点,从评价的前提这一视角来看,构成要件要素与正当化事由之间没有差异,所以,关于正当化事由的事实前提的错误,必须与构成要件要素的错误得出相同结论。行为人认识到正当化事由而行为时,阻却了由故意提供根据的行为无价值。据此,存在正当化事由的错误时,直接阻却故意不法,然后是有无过失不法的问题。但人们批判该说混淆了现实地存在正当化事由与误以为存在正当化事由的不同情形。

第四节　过　　失

一、过失的概念

什么是过失?这并不是一个简单的问题。在责任论中,从消极的角度看,过失是没有故意但又需要承担责任的一种心理状态;从积极的角度看,过失是违反注意义务。过失犯论基本上就是在讨论注意义务的问题。

一般认为,所谓违反注意义务,是指违反结果预见义务与结果回避(避免)义务,而预见义务与回避义务,只存在于具有预见可能性与回避可能性的场合。或者说,结果预见义务、结果回避义务与预见可能性、结果回避可能性是表里关系。

"没有故意、过失就不能处罚",是责任主义的最主要的内容。但是,并不是只要有过失就必须处罚。当今各国刑法都以处罚故意犯罪为原则、以处罚过失犯罪为例外,即只有在有特别规定的情况下,才处罚过失犯罪。

由于过失犯大多是结果犯,而结果犯是可以成立未遂的,因此,从理论上说,处罚过失的未遂犯是可能的。但是,由于处罚过失犯罪本身是一种例外,所以,立法者不设过失犯未遂的处罚规定。

根据行为人对犯罪事实有无认识,可以分为有认识的过失与无认识的过失。有认识的过失与未必的故意的区别,一直是刑法理论争议的问题。根据 Roxin 的观点,未必的故意时,行为人对可能侵害法益作出了决定;有认识的过失时,行为人尽管创设了不被允许的危险,但仍然相信这种结果不会发生。刑法理论一般认为,有认识的过失与无认识的过失的区分并不具有重要意义,因为两种过失的后果在刑法上没有任何区别。

理论上还将过失分为普通过失、业务过失与重过失、轻过失。普通过失,是指在构成要件上没有特别限制的一般的过失。业务过失,是由于违反业务上的注意义务所构成的过失。业务,是指基于社会生活上的地位而反复、继续从事的事务。通常对业务过失犯罪加重刑罚。重过失,是指违反注意义务的程度严重的过失,即只要行为人稍微注意就可以避免结果的发生,但行为人却违反了这种起码的注意义务。业务过失,实际上也是一种重过失。轻过失,则是指违反注意义务的程度轻微的过失。许多国家的刑法都有关于普通过失犯、业务过失犯与重过失犯的构成要件的规定，但一般没有关于轻过失犯的构成要件的规定。[32]

以前的通说认为，过失与故意一样，是一种责任条件或者责任形式，过失的实体是不注意，如果这种不注意与结果之间具有因果关系，就肯定过失犯的构成要件符合性，如果否认过失，就阻却责任（旧过失论）。但是由于现代社会日益复杂化，许多具有危险性的行为，对社会具有有用性与必要性，故不能认为所有的危险行为都是违法行为。因此，许多行为如果不联系行为人是否具有过失，就难以肯定是否具有违法性，就难以区分过失行为与意外事件。不仅如此，如果只在责任论中讨论过失，就有陷入结果责任的危险。因此，应当承认过失在违法性中的意义。在第二次世界大战前的德国，Radbruch、Engisch 等人将过失视为违法性的要素。第二次世界大战后，Welzel 的目的行为论，进一步肯定了这一点。

上述观点的进一步发展，使过失成为构成要件问题。因为构成要件是违法类型，作为违法性要素的过失，首先应当是作为构成要件要素的过失。换言之，某种举止是否属于过失，是在构成要件中决定的。这种观点基本上是通说。于是，过失在构成要件、违法性、责任三个阶段都成为问题（新过失论）。在构成要件与违法性阶段，过失所违反的注意义务，是以一般人为基准的客观的注意义务（客观的注意义务的违反与客观的预见可能性）；在责任阶段，注意义务则是以行为人为基准的主观的注意义务（主观的注意义务的违反与主观的预见可能性）。另外，针对新过失论向旧过失论提出的疑问，又形成了修正的过失论。

但是，义务是以可能性为前提的，注意义务的内容包括以预见可能性为前提的预见义务与以结果回避可能性为前提的结果回避义务。关于预见可能性，有一种见解认为，只要对结果的发生具有危惧感就行了（超新过失论）。但是，这种缓和预见可能性的内容的观点，是否违反了责任主义，则值得研究。

德国现在的刑法教科书并不是在构成要件符合性、违法性与有责性三个阶层中，分别讨论过失犯的相关问题，而是将过失犯独立出来讨论。对过失犯的认定大体上采取如下步骤（两阶层的过失模式）：在构成要件符合性阶层，首先判断行为、结果与因果关系，其次判断过失的客观要件（客观的注意义务违反与客观的预见可能性），最后判断狭义的结果归责，其中主要是义务违反的关联性与规范保护目的。在违法性阶层，与故意犯一样判断违法性阻却事由。在有责性阶层，除了责任能力、违法性意识的可能性之外，特别要判断的是过失的主观要件（主观的注意义务的违反与主观的预见可能性）。与故意犯不同的是，故意这一主观要件是放在构成要件阶层判断的，但过失犯的主观要件是放在有责性阶层判断的。这是因为，目的的行为论虽然可以使故意成为构成要件要素，但不能使过失成为构成要件要素，所以，过失犯的主观要件仍然留在有责性阶层。当然，也有学者主张将主观的注意义务的违反与主观的预见可能性作为过失犯的构成要件要素，从而主张一阶层的过失模式，即在构成要件阶层判断主观的过失。

---

〔32〕 德国刑法要求一些结果加重犯对加重结果出于“轻率”，而不是单纯要求过失。这种轻率一般被称为重过失。有的学者将轻率理解为责任形式（Maurach），有的学者理解为不法特征（Tenckhoff），有的学者理解为跨越不法与责任的特征（Roxin）。

日本的刑法教科书,一般在构成要件符合性、违法性与有责性三个阶层中分别讨论过失犯的相关问题。例如,在构成要件符合性阶层所讨论的实行行为,依然适用于过失犯;在违法性阶层讨论的正当防卫、紧急避险同样适用于过失行为;在有责性阶层讨论的过失犯主要包括以下内容:过失犯处罚的例外性、过失犯的构造、过失的要件(过失犯的实行行为和预见可能性的对象、程度等)、过失的种类(其中包括监督过失)。

二、旧过失论与修正的旧过失论

(一)概述

传统观点认为,犯罪分为客观的方面与主观的方面,客观的外部的要素是违法性的要素,主观的内部的要素属于责任的要素,即违法是客观的、责任是主观的。过失是责任论的问题,与违法性没有关系。过失虽是同故意相提并论的,但在内容上可以与不作为相比,不作为是身体的懈怠,过失是精神的懈怠,即过失是一种不注意的心理态度。

旧过失论的特点是重视结果预见义务。在构成要件符合性与违法性阶段,故意犯与过失犯是基本相同的,二者的区别只存在于责任阶段。过失与故意相并列,是责任要素或形式。换言之,过失、故意不是违法性阶段的问题。因为违法性的本质是法益侵害及其危险,而过失与故意并不影响客观的法益侵害与危险。所以,旧过失论与结果无价值论具有亲和性。有人认为,过失的本质在于由于不注意而没有预见结果。但果真如此,则故意的责任要轻于过失的责任,因为故意时没有违反注意义务。于是,有学者提出,故意是认识、预见到了符合构成要件的事实,过失则是对于符合构成要件的事实具有认识、预见的可能性,于是,过失是故意的可能性(山口厚)。[33]

如上所述,如果只要行为人对发生的结果具有预见可能性就成立过失,[34]那么,就会无限扩大过失犯的处罚范围。所以,一部分学者采取了新过失论,另一部分学者则对旧过失论进行了修正。修正的旧过失论基于结果无价值论的立场,以旧过失论为基础(过失是预见义务的违反),同时认为,过失的实行行为是具有发生构成要件结果的一定程度的实质的危险性的行为。[35] 换言之,只有具有发生构成要件结果的一定程度的实质的危险的行为,才是符合过失犯客观构成要件的行为。所以,并不是只要事后的判断得出行为人对结果具有预见可能性的结论,就直接成立过失犯。根据这种修正的旧过失论,是否存在过失犯的实行行为,是构成要件符合性的问题,而是否具有结果的预见可能性,则是有责性的问题。

(二)过失犯的实行行为

过失犯的客观的构成要件要素,是实行行为性、法益侵害的结果以及二者之间的因果关系(客观归责)。过失犯的实行行为性曾经不成为问题,只要认定某种行为与结果有因果关系,该行为就是符合构成要件的实行行为。但现在认为,过失犯的实行行为也必须具有某种危险性。过失犯的实行行为,就是违反客观的注意义务,具有引起构成要件结果的现实危险性的行为。

---

〔33〕 这种传统的过失论,现在被称为旧过失论。这是由新过失论者所取的名称,虽是“旧”过失论,但现在仍然是有力的观点。

〔34〕 其实,这是对旧过失论的误解。既然以结果发生为前提,当然必须以有实行行为以及实行行为与结果之间的因果关系为前提。

〔35〕 但也有学者认为,所谓修正的旧过失论,实际上是典型的旧过失论(桥爪隆)。

过失犯的实行行为性比故意犯的实行行为性要弱,这是因为刑法往往并没有严格规定过失犯的实行行为。例如,行为人为了杀甲,将毒药准备好以后放在自己家里的书架上,但某日乙到行为人家里见到毒药后以为是酒而喝下,结果死亡。行为人的行为不具有杀人罪的实行行为性,但具有过失致死罪的实行行为性,属于杀人预备罪与过失致死罪的想象竞合。

过失犯的实行行为与结果发生之间可以存在时间上的间隔。例如,粗心大意将有毒物资置于非安全场所,3 年后导致他人死亡的,也可能成立过失犯。过失犯的实行行为也可以追溯。例如,不具有驾驶技能的行为人驾驶汽车致人死亡的,由于其驾驶行为本身实际上是危险行为,因而是过失行为(接受过失)。

由于过失犯的实行行为性并不严格,所以当一个人的行为分为几个阶段,造成了结果时,如何认识过失犯的实行行为,就存在争议。例如,汽车司机饮酒后开车,没有注意前方而辗死了人。在这种情况下,究竟哪一种行为是过失犯的实行行为呢?过失阶段说认为,只有离结果最近的最后的行为是过失犯的实行行为,上例中的没有注意前方就是实行行为,其他行为都不是实行行为。与此相对,过失并存说则认为,对发生结果起作用的数个不注意的行为,全部作为一个过失行为。前例中的饮酒与没注意前方加起来是过失的实行行为。但是,饮酒本身并不是直接导致结果的行为,过失并存说没有从结果发生的危险性上限定过失的实行行为。尽管如此,一般认为过失并存说较为妥当,换一个例子就可以说明这一点。货车司机自己没有把货物装好,后来在高速公路上野蛮行驶,结果货物落下来砸死了后面的汽车司机。由于没有把货物装好,即使适当行驶也同样会出现事故。过失并存说就能正确说明这种情况。

另外,一些新过失论者认为过失犯都是不作为犯——过失犯是没有采取结果回避措施。但有的学者对此持有异议,如前田雅英认为过失犯一般也是作为犯。例如,过失开枪致人死亡,实行行为是不注意开枪射击的作为,应当不打中他人却没有做到这一点(不作为)并不是实行行为。再如,不注意前方而辗死他人时,不注意前方这种不作为并不是过失的实行行为,面对路上的行人仍然以原速行驶这种危险行为才是过失的实行行为。

过失行为与结果之间必须具有因果关系(能够进行结果归属)。在日本,强调的是过失行为与结果之间的相当因果关系。相当性的判断与故意犯的情形相同,即应当以裁判时查明的所有事实为基础,以科学的一般人的见地基准,将经验法则上稀有的危险或者因果经过排除在外(否认相当因果关系)。例如,年轻男子与其女朋友约好在一个地点见面时,女朋友在约会地点偶然被一颗流星砸死了。德国的旧过失论认为,男子的行为是符合构成要件且违法的杀人行为,只是由于缺乏过失责任而不可罚。但是,日本的旧过失论不会得出这样的结论,而是认为男子没有过失的实行行为,其约会行为与结果之间也不可能有相当因果关系。

(三)过失犯的预见可能性

1. 关于预见可能性的对象

作为责任形式的过失,是能够认定为对符合构成要件事实的预见可能性的心理状态,即过失是到达故意这种心理状态的可能性。因此,成立过失犯所必须可能预见的事实,与成立故意所必须认识的事实是相通的。根据持旧过失论的学者以及日本判例的观点,预见可能性的对象,并非可能引起某种不清楚的抽象的结果,而是特定的构成要件结果以及引起该结果发生的因果关系的基本部分(有争议)。

就构成要件的结果来说,虽然对中毒引起伤害的结果具有预见可能性,但如果对死亡缺乏预见可能性时,就不能成立过失致死罪。至于是否要求对特定人的死亡具有预见可能性,则存在争议。一种观点认为,不需要就对实际受侵害的对象(被害人)所产生的侵害具有预见可能性,只要对同种对象产生的侵害具有预见可能性即可。例如,2 位被害人趁驾驶员不注意时偷偷地坐在卡车车厢里。驾驶员因操作失误,导致 2 人死亡。日本最高裁判所的判决指出,驾驶员对操作失误可能导致他人死伤的结果是具有预见可能性的,进而认定为过失致死罪。[36] 这一判决显然认为,不需要行为人对实际受到侵害的具体对象所产生的侵害具有预见可能性。另一种观点则认为,必须要求行为人对实际受到侵害的具体对象所产生的侵害具有预见可能性(山口厚)。

成立过失犯,不要求对具体的因果经过有认识可能性。日本的判例与部分学者认为,只需要对因果关系的基本部分具有认识可能性即可。因果关系的基本部分,意味着如果可能认识到该事实就能够肯定对结果的预见可能性的预兆、契机、经验的事实等。例如,如果可能认识到是学生道路,就能够肯定对有学生从十字路口跑出来具有预见可能性。也有学者认为,所谓对因果关系的基本部分的认识可能性,属于为了推导出对结果发生的预见可能性的“中间项”,只是认定论上的实践性辅助概念。即使不能预见实际发生的因果进程,但只要对可以产生同一结果的其他因果进程具有预见可能性,就能肯定过失犯的成立。

2. 预见可能性的程度

旧过失论者以往主张必须有高度的预见可能性,或者说,必须达到能够“容易”预见结果发生的程度。但是,高度的预见可能性,并不意味着结果发生概率高,因为高概率的结果也可能是难以预见的。以往之所以提出这样的要求,主要是因为旧过失论主要通过预见可能性的基准来限定过失犯的处罚范围。现在,由于旧过失论也强调过失犯的实行行为与相当因果关系(结果归属),故有的学者主张对预见可能性的程度予以缓和。其中,有学者主张即使只具有低度的预见可能性,也能成立过失犯;有学者主张,应当将具有尊重法益的规范心理能力的一般人作为基准。

3. 预见可能性的基准

关于预见可能性的基准,理论上存在争议。(1)旧派刑法学者提出了主观说,认为是否具有结果预见义务,应以具体的行为人的注意能力为标准。其基本理由是,对行为人进行道义的非难,不应超过行为人的注意能力的范围。(2)与此相对,新派刑法学者提出了客观说,认为是否具有结果预见义务,应以抽象的一般人的注意能力为标准。这是以社会防卫论为基础的,认为不具有通常人的注意能力的人,对社会存在危险,因而应受处罚。(3)折中说认为,不具有通常人的注意能力的人就具有社会危险性,是征表主义的观点,责任的本质是道义的非难,所以不能不考虑行为人自身的注意能力。折中说又有各种各样的表述。有人指出,刑法以一般的当为为基本,但只能在行为人可能的范围内实行归责(小野清一郎)。有人提出,如果行为人的注意能力低于通常人的注意能力,则仍应采取主观说,只是在行为人的注意能力高于通常人的注意能力时,才采取客观说(仍依通常人

〔36〕 日本最高裁判所 1989 年 3 月 14 日判决,载日本《最高裁判所刑事判例集》第 43 卷第 3 号,第 262 页。

的注意能力为标准决定有无注意义务)(团藤重光)。还有人认为,构成要件的过失采取客观说,但作为责任的过失则应采取主观说(大塚仁)。(4)能力区别说也是一种有力的学说。内藤谦、曾根威彦等人认为,作为心理作用的"注意"本来是以通常人为标准的,但作为其结果的"预见",则应考虑行为人的身体条件、知识、经验、认识能力,采取主观的标准。根据此说,即使同等程度地紧张意识,也不可避免地因为人的身体条件等区别导致认识范围不同,故应以各人为基准判断预见可能性,平野龙一则认为,疲劳、酩酊、兴奋等生理的方面,应采取主观的基准,规范心理的方面则应采取客观的基准。这种见解旨在说明,不能因为行为人在日常生活中粗心大意、丢三落四而免除其过失责任。

三、新过失论

(一)新过失论的意义

新过失论的产生固然有前述体系上的原因,但支撑新过失论的实质理由是,以结果预见可能性为中心的旧过失论过于扩大过失犯处罚范围。特别是在交通犯罪场合,根据旧过失论,只要存在结果与因果关系,认定行为人有预见可能性,就要受处罚。但是,只要驾驶机动车,就存在预见发生某种事故的可能性。这样,旧过失论就接近于结果责任。而且,以机动车为中心的交通工具,对社会生活起着重要的作用,如果过于严格地追究交通事故的刑事责任,就有碍于社会的发展。

因此,即使对结果有预见可能性,但如果履行了结果回避义务,就不成立过失犯。这样,注意义务的中心,就由结果预见义务移向结果回避义务;而且,将结果回避义务作为客观的行为基准而设定成客观的注意义务,使之成为违法要素。这种以结果回避义务为中心的过失论,就是新过失论。

新过失论不仅将过失作为责任问题,而且也作为构成要件符合性与违法性的问题,故不仅着眼于作为心理状态的过失,而且着眼于其行为的侧面。新过失论的特色,除了将注意义务客观化,将过失视为违法要素以外,更重要的是以结果回避义务为核心,据此,过失行为是指没有采取应当采取的某种回避措施。换言之,过失的核心在于不符合一定的行为基准。所以,新过失论的背后是规范违反说与行为无价值论。新过失论似乎将过失犯理解成了不作为犯(当然,并不是所有的新过失论者都将过失犯理解为不作为犯),结果回避义务就相当于不作为犯中的作为义务,由于这种义务没有规定在构成要件中,所以,过失犯的构成要件是开放的构成要件。

于是,新过失论形成了客观的过失与主观的过失的二重的过失论。以一般人(平均水平)为标准考察,一般人能够回避结果而行为人未能回避结果时,其行为具有构成要件符合性与违法性;但是,以行为人本人为标准考察其能否回避结果时,如果能够回避结果则有责任,反之则没有责任。〔37〕这样,在构成要件论中讨论客观的过失,在责任论中讨论主观的过失。

(二)客观的过失(过失的客观要件)

新过失论所说的过失的客观要件,主要是指客观的注意义务违反与客观的预见可能

---

〔37〕也有学者主张,应以行为人的个人能力为标准判断过失构成要件的实现(Jakobs)。还有学者认为,一方面,处于平均水平以下的能力并不能排除过失行为的构成要件符合性与违法性,但排除责任;另一方面,行为人的能力超过平均水平时,就应当按超过平均水平的能力判断构成要件符合性与违法性(Roxin、Cramer)。

性。二者看似有别,但实际上难以区分,在具体案件中实际上是同时考察的。一般来说,违反注意义务,意味着如果行为人在行为时保持必要的谨慎就可以认识并避免造成结果。就此而言,需要判断的是,为了避免构成要件的结果发生,在法律上行为人需要具备什么样的能力?应当遵守规范的人就应当相应地具有遵守规范的能力;行为人必须努力认识和避免那些可能使其行为产生构成要件结果的前提条件,从而应当彻底放弃实施某种危险行为,或者不接受自己不能胜任的任务或工作。

新过失论所说的行为规范或者行为基准包括以下内容:首先,在存在相应的法律法规的规定时,行为人是否遵守了这些规定是判断其是否违反了注意义务的重要资料。违反了法律法规规定的,原则上就违反了注意义务。但在个案中,如果行为人可以预见到发生结果的危险,即使其遵守了相应的法律法规,也有可能违反了注意义务(参见后述信赖原则)。其次,在没有法律法规规定的场合,行业标准就是判断行为人是否违反了注意义务的依据。最后,在没有法律法规与行业标准的场合,则以处于相同生活领域中的理性第三人为标准判断行为人是否违反了注意义务。对此存在的争议是,在判断行为人是否违反了注意义务时,是以一般人为标准还是采取个别化标准。

(三)狭义的客观归责

在狭义的客观归责中,主要讨论的是义务违反的关联性与规范保护目的。

倘若行为人不谨慎地造成了某个法益侵害结果,而且,如果行为人保持谨慎,本来就可以预见并避免结果发生的危险时,那么,该侵害结果就是基于义务违反而发生的。于是,违反注意义务与造成结果之间就具备了所谓"义务违反的关联性"。如果行为人保持谨慎也不能避免结果的发生时,结果就因其不可避免性而不能归属于行为人,此时便缺乏"义务违反的关联性"。如果事后无法查清行为人保持谨慎是否也无法避免结果的发生,则存在争议。有一种观点认为,当行为人的行为与结果之间具有因果关系时,只要行为人不谨慎的行为明显增高了发生结果的可能性,就足以将结果归属于行为人(危险增高理论)。但主流观点则认为,如果事后不能够近乎肯定的高度可能性确定,行为人谨慎地行为本来能够避免结果的发生,那么,就不存在"义务违反的关联性",因而不能进行客观归责。换言之,危险增高理论不符合事实存疑时有利于被告的原则。

至于规范保护目的,则与前述(第五章)客观归责理论中所说的规范保护目的相同。例如,甲司机违反义务超越乙驾驶的汽车,患有心脏病的乙因受惊吓导致心肌梗塞而死亡。禁止违章超车的规范目的,并不是避免他人的心脏病发作。所以,不能将乙的死亡归属于甲的违章超车行为。再如,A 伤害了 B,导致 B 右腿截肢。后来,B 轻率地决定参加登山旅行,在登山过程中因为截肢的缘故而摔死。不管 B 对自己的死亡有无过错,都不得将 B 的死亡结果归属于 A 的行为。

(四)过失的主观要件

新过失论所讨论的过失的主观要件,包括主观的注意义务的违反与预见可能性。在预见可能性方面,就预见的对象而言,新过失论也会认可具体的预见可能性,但在预见程度上,则不要求高度的预见可能性,甚至主张危惧感说。在预见可能性的标准方面,同样存在与旧过失论相同的争论。

(五)旧过失论对新过失论的批判

新过失论在"二战"后的联邦德国得到了支持与发展,在日本也得到了不少学者的赞成。但旧过失论对新过失论进行了批判。(1)在新过失论中,如何设定行为基准,是一个重要问题。但是,脱离结果的预见可能性的“行为基准”必定是不明确和恣意的。为了避免恣意的行为基准,便援引行政取缔法规上的义务。于是,以引起一定结果为成立要件的过失犯,成为行政取缔法规违反的结果加重犯。这不仅没有限定过失犯的处罚范围,反而扩大了过失犯的处罚范围。在公害问题严重以及所谓的风险社会,新过失论与其此前的限定处罚范围的主张背道而驰,摇身一变又走向了处罚扩张论。(2)新过失论在其构造上,没有与具体的预见可能性相联系,容易转化为危惧感说(超新过失论)。例如,井田良指出,只要肯定预见可能性的法益关联性,就应当基本上支持危惧感说。(3)新过失论使过失犯的违法性的重点从结果无价值移向行为无价值,于是过失犯中的法益侵害的含义就会变得模糊不清。(4)新过失论没有注意保护人的生命、身体,特别是在公害犯罪的情况下,要么容易给公害企业找到逃避责任的理由,要么会扩大处罚范围。此外,新过失论认为旧过失论扩大处罚范围,是因为扩张地理解了预见可能性。如果对预见可能性作限定性的理解,也完全可能限定过失犯的成立范围。

四、超新过失论

(一)超新过失论的产生

旧过失论以结果预见义务为中心,新过失论以结果回避义务为中心,但要产生结果回避义务,就必须有结果发生的预见可能性,即只有在能够预见结果发生的前提下,行为人才具有采取回避措施避免所预见的结果发生的义务。问题在于预见可能性的内容,新过失论与旧过失论一样,一般将预见可能性理解为具体的预见可能性,即对于结果及其与自己行为之间的基本因果关系的预见可能性。与此相反,日本的超新过失论认为,所谓预见可能性,并不需要具体的预见,仅有模糊的不安感、危惧感就够了。所以,超新过失论又称不安感说、危惧感说。

从20世纪60年代后期开始,日本的过失犯论产生了很大的动摇。由于公害犯罪大量产生,而新过失论又限定了过失处罚范围,因此需要扩大过失处罚范围。日本的森永牛奶事件,就是一个动因。森永乳业公司德岛工厂,一直从有信用的药店购买一种提高粉乳溶解度的安定剂——磷酸氢二钠。但一个时期,一种与上述安定剂不同的、含有砷的“松野制剂”被称为磷酸氢二钠,从此药店购进了工厂。加入这种物质所制造的粉乳,造成许多婴儿死伤。德岛地方裁判所以制造方法本身不能生产出有害物质、信赖了药店等为理由,否定了工厂厂长的过失责任。但高松高等裁判所认为本案成立业务上过失致死伤罪,理由是,对药店将“松野制剂”作为磷酸氢二钠出售虽然是不能预见的,但是,在购入了与预定不相同的物品时,使用这种物品应当有不安感,这种不安感就是对危险的预见。理论上使这一判决理由进一步发展,形成了不安感说。

(二)超新过失论的评价

超新过失论仍以结果回避义务为中心,这一点与新过失论完全相同,但鉴于被害的重大性,超新过失论对行为人提出了高度的结果回避义务,这与新过失论正相反;而且,作为结果回避义务前提的预见可能性,不要求有对具体结果的预见可能性,只要行为人具有某种不安感、危惧感就认为有预见可能性。

超新过失论受到了批判:(1)超新过失论过于扩大过失处罚的范围,有时会形成客观的责任,违反责任主义。例如,驾驶机动车就会有发生事故的不安感、危惧感。再如,以开发新药为例,对开发者而言,无论如何采取措施,仍然会对未知的副作用有不安感。但如果以此为基础而处罚过失的话,就使刑事责任等同于结果责任。但超新过失论反驳说,超新过失论并不立即肯定上例存在过失,如果从当时的情况与条件来看,采取了足以消除危惧感的回避措施,即使由于该药的副作用致人死伤,也不认为有过失。(2)危惧感、不安感的概念极为含糊,究竟具有何种程度的危险意识才是有危惧感,难以正确认定。超新过失论认为,只要行为人不是认为危险绝对不会发生,就认为有危惧感。(3)超新过失论特别就未知的领域提出自己的理由,认为在一些科学实验、工程等新尝试的场合,由于没有经验的积累,不可能对结果有具体的预见,但许多场合却发生了重大的结果。根据旧过失论与新过失论,这些行为就不可罚,但这是不合理的。而新过失论则认为,就最初的事故而言,即使由于是未知的危险而不追究过失责任,但由于知识的积累,第二次以后的事故就是有预见可能性,可能追究过失责任。故新过失论没有不妥当的地方,超新过失论没有必要。

现在,支持超新过失论的人并不多,日本的裁判所实际上只有森永牛奶案件采取了超新过失论。其后还有判决明确否定超新过失论。例如,札幌高等裁判所于1976年3月18日就一医疗事故所作的判决指出:"如果抱有内容不特定的、一般的、抽象的危惧感或不安感,就直接肯定行为人对结果有预见和回避的义务,过失犯的成立范围就可能无限定地逐步扩大,从责任主义的见地来看,是不适当的。"〔38〕所以,现在一般认为超新过失论有扩大刑事责任的危险,而新过失论并没有什么特别不合适之处,新过失论作为整体是可以维持的。

特别需要说明的是,超新过失论与新过失论并不是对立的,持新过失论的学者完全可能在预见可能性上采取超新过失论。

五、过失犯与被允许的危险

新过失论的发展基础是被允许的危险的理论。随着高速度交通工具的发展,矿山、工厂、土木建筑以及科学实验等社会生活的复杂化,危险行为明显增多。但这些具有侵害法益危险的行为,在社会生活中不可避免地存在着,而且对社会的发展具有有用性与必要性。因此,即使这种行为发生了法益侵害的结果,在一定范围内也应当允许。这就是被允许的危险。实施这种危险行为的人,如果遵守了其行为所必需的规则,以慎重的态度实施其行为,即使造成了法益侵害结果,也应认为是合法的。这就是被允许的危险的理论。

被允许的危险的理论认为,如果禁止所有的危险行为,社会将停止发展。这一理论的第一个特色就是优先考虑社会的发展,即使对生命身体具有一定的危险,但社会的发展是重要的。那么,决定被允许的危险行为范围的基准,就是上述功利主义的衡量理论,既然如此,就是看行为是否具有相当性,而社会的相当性的具体化是没有违反社会生活上必要的注意义务。于是,这种注意义务的违反的构成就与以结果回避义务为中心的新过失论联系起来了。而且,被允许的危险的理论认为,既然日常生活中存在必要的危险行为,在许多情况下就不能否认有预见法益侵害的可能性,对此都以过失犯论处是不妥当的。"至此,过失犯就具有了预见可能性之外的新的要件,这便是'超过了被允许的危险'。但是,这个要件,在与刑法上的过失在同各种法规的规则违反相融合的同时,逐渐地消解到

〔38〕 日本《高等裁判所刑事判例集》第29卷第1号,第78页。

该规则违反即外部的注意义务的违反之中。”[39]换言之,只要遵守了行为基准或者行为规范,在一般意义上就不会将实施有风险的行为认定为违反注意义务。例如,完完全全遵守了所有交通规则的驾驶者,即使其驾驶行为是有危险的,也没有违反注意义务。

旧过失论则认为,认为产业革命的发展、危险行为的增多,要求采取新过失论,也只是一种价值判断,而不是必然结论。在行为无价值论之前便存在被允许的危险的理论。因为被允许的危险的理论的核心内容是,当行为的危险性与行为的有用性相比,后者比前者更为优越时,应当允许实施该行为。这正好是结果无价值论的观点。即根据结果无价值论,没有达到一定程度的结果无价值,不值得科处刑罚;存在优越的利益时,阻却行为的违法性,使行为正当化。所以,没有必要将被允许的危险作为社会相当的问题来讨论。

旧过失论也并非完全否认被允许的危险的概念,而是从法益衡量的角度肯定被允许的危险。亦即,将引起结果的危险性与法益保护的利益性(也包括冒险的必要性)加以衡量,如果利益超过了危险性或者二者相等时,就允许实施该危险行为。行为人实施该危险行为,即使造成了不能避免的法益侵害,也否认过失犯的成立。与此同时,旧过失论也指出,如果行为人履行了减少行为危险性的结果回避义务,危险性得以减少,那么,其行为就不具备过失犯的实行行为性。在这种的场合,没有必要称为被允许的危险。

六、过失犯与危险分配的法理

危险分配的法理所讨论的是,在认定过失犯时,对加害人与被害人应分别提出什么注意义务的问题。如果对加害人提出的义务范围较广的话,被害人的注意义务范围就会较窄;反之,如果给加害者提出的注意义务的范围较窄的话,那么,被害人的注意义务范围就会较广。因此,基于现实社会的要求,应当对危险进行适当的分配。例如,日本在第二次世界大战前,有专用轨道的火车、电车对行人造成事故时,行人负担危险的范围就相当广;而一般道路上的汽车对行人造成事故时,基本上是由驾驶员一方负担危险,但是在 20 世纪 50 年代以后,随着社会的复杂化,则增加了行人对危险的负担。新过失论与旧过失论在这一点,似乎没有明显的区别。

七、过失犯与信赖原则

新过失论与信赖原则具有密切联系。在合理信赖被害人或第三者将采取适当行为时,如果由于被害人或第三者采取不适当的行为而造成了侵害结果,行为人也对此不承担刑事责任。这一理论就是信赖原则。信赖原则自 1935 年以来,通过德国的判例形成和发展起来,这一原则最先主要是与处理交通事故有关。从事交通运输的人,在遵守交通规则而实施其行为时,只要没有特殊情况,就可以信赖其他有关人也会遵守交通规则;如果其他人不遵守交通规则,造成了事故,遵守交通规则的行为人就不承担责任。这一原则在第二次世界大战后,被介绍到日本,基本上得到了日本刑法理论与审判实践上的支持。现在,信赖原则的适用范围,不限于交通事故,在企业活动与医疗活动及其他活动中,也适用这一原则。

信赖原则是否有存在的必要,在理论上还有争议。肯定说认为,信赖原则为防止扩大过失犯的处罚范围提供了一定的基准,因而是必要的。肯定说是现在的通说。消极的肯定说认为,在适用信赖原则的场合,是因为被害人不实施结果回避行为的可能性小,因此,

---

〔39〕［日］松宫孝明:《刑事过失论の研究》,成文堂 2004 年版,第 42 页。

被告人的行为不具有实质的危险性,因而不成立过失犯。这样,信赖原则,只不过是明示了过失犯成立的一般条件,而不是一种特别的原则或者要件。否定说认为,信赖原则来源于纳粹的交通政策,目的是保护全体利益而牺牲行人与水平不高的驾驶人员,因而是为了保护社会利益而牺牲个人利益的原则,应当全面否定。

一般认为,适用信赖原则是有条件的。主观要件是,行为人信赖他人将实施适当的行为,而且这种信赖在社会生活上是相当的;客观要件是,存在信赖他人采取适当行为的具体状况或条件,自己的行为不违法。不符合上述要件,就不能适用信赖原则。例如,驾驶员不能信赖幼儿、酩酊者、身体障碍者会遵守交通规则、采取适当行为。再如,他人明显没有遵守相关规则时,行为人不能信赖他人遵守规则(如行人正在撞红灯时,司机不能信赖行人遵守交通规则)。又如,自己实施违法行为时,不能信赖他人采取适当行为。

新过失论认为,信赖原则是限定注意义务的。亦即,基于行为人最初可以依赖的不会发生结果的情状(尤其是他人的行为),行为人实施的行为导致结果发生的,就要因为没有违反注意义务而不能将结果归属于行为人。

旧过失论的部分学者认为,信赖原则是限定预见可能性的。在合理信赖被害人或第三者会采取适当行为时,就应当认为一般人不能预见被害人或第三者会采取不适当的行为。换言之,信赖原则是一种将不具有针对结果的预见可能性的情形予以类型化的原理。于是,信赖原则就应成为判断有无预见可能性的基准。但是,旧过失论的部分学者则认为,信赖原则是从行为的危险性的角度出发,对结果回避义务加以限定的原则。

八、过失的竞合

某种犯罪结果的发生,可能是由于二人以上的过失行为所造成。这里的二人以上,既可能都是加害人,也可能包括被害人。例如,行人甲无视交通信号横穿马路,汽车司机乙应减速而未减速,造成甲死亡。这就是甲的过失与乙的过失相竞合造成了结果(对向型过失竞合)。又如,汽车司机甲因不注意撞倒行人乙,后面的汽车司机丙由于过失从乙身上轧过去,造成乙死亡。这就是甲、丙二人的过失相竞合造成了结果(直列型过失竞合)。再如,A 与 B 共同将某物抛下,过失导致他人死亡(并列型过失竞合)。根据竞合的原因,又可以将过失的竞合分为不同的情形:两个以上的行为人的过失偶然竞合导致结果发生的,称为偶然的竞合型过失。在团体医疗、工场内的共同作业等有组织地分配了各自的作用、职责的场合,二人以上的过失导致结果发生的,称为组织内竞合型过失。在缓和的体制中,既以对对方行为的反应而相互影响又各自实施自己的行为而导致过失的,称为相互依存的竞合型过失。在过失竞合的场合,就需要考虑各自的注意义务,考虑各人是否违反义务。

德国刑法理论与判例认为,如果数个不谨慎的行为人的行为造成了一个结果,而且,只有当他们所有人都保持谨慎才能避免结果,亦即,即便其中一人谨慎地行为也会造成结果时,则所有的行为人都对结果承担责任。例如,两辆公交汽车相撞于一条狭窄的山路上,导致旅客伤亡。如果两个司机都遵守交通规则尽量靠右行驶,就能避免这次事故,但两个司机都没有这样做。在本案中,任何一个司机都不能说,即使自己遵守交通规则尽量靠右行驶也不能避免事故的发生,从而免除自己的责任。换言之,只有当两个司机(过失的同时正犯)都遵守交通规则谨慎地驾驶,仍然会发生事故时,才能否定两个司机的责任(Kindhäuser、Puppe)。

过失竞合中,特别需要说明的是监督过失。由于业务或者其他社会生活上的关系,负有义务监督他人不致过失造成法益侵害的人,没有履行这种监督义务时,就是监督过失。监督义务的内容,是事前的指示、指导、指挥、命令、行动中的监视与事后的检查。例如,工厂的废水含有有毒物质,现场作业员由于操作错误,将废水排入河中,附近居民吃了受污染的鱼后,身体健康受到影响。现场作业员是直接行为人,应当监督现场作业员、使其认真履行注意义务的上司,由于没有做到这一点,就具有监督过失。在某种情况下,还要追溯至工厂厂长的监督过失。再如,如果事故是由于单位的管理体制不完善而引起时,单位的最高领导人就有监督过失。概括起来说,监督过失主要发生在两种场合:一是没有履行对人的监督义务(狭义的监督过失,间接防止型);二是没有确立安全的管理体制,后者也可以说是一种管理过失(直接介入型)。

狭义的监督过失的注意义务内容与一般过失的注意义务内容具有区别。一般过失的注意义务是预见自己的行为直接产生的结果,并应采取结果回避措施;狭义的监督过失的注意义务则是预见自己的行为将引起被监督人的过失行为,并产生结果,为了避免结果应采取某种行动。由此看来,狭义的监督过失的预见可能性的对象不是结果本身,而是直接行为人的过失行为,但如果预见到直接行为人的过失行为,就能预见最终的结果。直接行为人的过失行为只是一个中间项,具有中间项的预见可能性,就具有最终结果的预见可能性。这种中间项是作为因果发展的基本部分表现出来的,因果发展的基本部分的预见可能性,是判断结果预见可能性的手段(中间项理论)。

在管理过失的案件中,不是要追究因为未对直接行为人进行适当监督而最终(间接)造成结果的过失责任,而是行为人原本应当合理地采取结果回避措施(如防灾措施),但由于没有采取结果回避措施或者措施不健全而产生了结果,因而应当承担的过失责任。显然,在这样的场合,仅仅是措施不健全本身还不至于引发结果,而是由于介入了过失行为或者自然灾害,一旦发生了危险之后,由于防灾措施不健全而最终导致了结果。因此,管理过失中的预见可能性,是一种附有发生了危险这一条件的预见可能性。于是,对于由过失行为或者自然灾然而产生危险这一点的预见可能性,在何种程度上是必要的,以及能否肯定这种程度的预见可能性,就存在争议。

由上可见,监督过失是一种不作为型的过失。所以,只有对结果的发生负有相当的作为义务的人,才可能承担监督过失的责任。

不难发现,监督过失的理论与信赖原则具有相互抵触的一面。因为信赖原则认为,如果行为人合理信赖被害人或第三者会采取适当行为,而被害人或第三者采取了不适当的行为导致结果发生时,行为人对此不负刑事责任。而监督过失理论认为,在具有监督过失的场合,监督者就应对被监督者的过失行为与结果承担责任。那么,监督者也可能信赖了被监督者,在这种情况下,究竟是适用信赖原则、还是适用监督过失的理论呢?如果都适用信赖原则,监督过失的理论就几乎没有存在的余地。一般认为,如果监督者的信赖是合理的,则仍应适用信赖原则;如果监督者的信赖是不合理的,则适用监督过失理论。

九、过失犯的违法阻却事由

过失犯中的违法阻却事由没有特别之处。但是,由于德国的通说将故意作为违法要素,所以,就主观的正当化要素而言,则与故意犯存在区别。例如,根据德国的通说,成立正当防卫需要具备主观的正当化要素(防卫意识),因此,偶然防卫不成立正当防卫,而是成立未遂犯。但是,在过失行为的场合,根本不需要任何主观的正当化要素。换言之,在这种场合,行为的主观方面并不以认识为必要,因而就不需要通过对正当化情状的认识来抵消行为不法。于是,过失的偶然防卫并不违法,不可能成立未遂犯。当然,也有学者认为,即使在过失行为的场合,也需要行为人对正当化的情状具有认识,或者至少需要有实施合法行为的一般意识。不过,由于刑法不处罚过失的未遂犯,所以,上述分歧不具有实际意义。

十、业务过失加重刑罚的理由

刑法一般规定业务过失罪的法定刑重于普通过失罪的法定刑,这样规定的理由何在呢?

刑法理论上存在以下不同观点:(1)由于行为主体是业务人员,因而负有不同于一般人的高度的注意义务,违反这种义务就要承担较重的责任。所以,对业务过失犯的处罚要重于普通过失。根据这种观点,在业务过失的场合,实现行政取缔目的的原理修正了固有刑法的原理,因而不考虑行为人的具体的能力,即使业务人员欠缺注意能力,也不能阻却责任。但是,无论是业务人员还是普通人员,就同一行为而言,所要求的注意义务必须是相同的。故这一观点被认为是有疑问的。(2)对业务人员特别有必要进行严格的一般警戒,从而实现一般预防的目的,因而需要加重业务过失的刑罚。这一说法被认为只是考虑了对业务过失加重刑罚的刑事政策意义,而没有考虑其法律意义。(3)对业务过失加重刑罚,是为了实现一般预防与特殊预防。这种观点同样存在缺陷。(4)在业务上的过失犯罪场合,被害法益是比较重大的或者是多数的,因此,其违法性严重。但被害法益是否重大、是否多数不一定能够肯定。而且,该观点没有说明责任非难的程度所具有的重要意义。(5)由于业务人员具有高度的注意能力,其注意义务的违反程度就显著,其超出社会的相当性的程度就严重,因此,行为的无价值性就严重。但是,离开违反注意义务的程度认定行为无价值,是存在疑问的。(6)由于业务人员有高度的注意能力,即使是相同的不注意,与一般人相比,也应受到更重的责任非难。(7)由于业务人员具有高度的注意能力,其违反义务的行为不仅违法性的程度高,而且责任重。

不难看出,所谓业务过失加重刑罚的根据,实际上是指业务过失与普通过失的区别。那么,二者的区别,究竟是违法性程度的区别,还是非难程度的区别,抑或在两方面都有区别,是与有关过失犯的犯罪论体系的对立密切相关的。

第五节 违法性的意识

一、违法性的意识概述

违法性的意识(违法性的认识或不法的意识),是指认识到自己的行为是违法的。成立犯罪是否需要违法性的意识、违法性的意识在犯罪论上处于何种地位,是存在争议的问题。违法性的意识问题,大多是作为违法性的错误(禁止的错误)问题从反面进行议论的。违法性的错误,是指没有事实错误,但不知道其行为在法律上是不被允许的,或者错误地以为其行为被法律所允许的情形。

德国刑法第17条规定:“行为人在行为时没有认识其行为是不法的,如果该认识错误不可避免,则是无责任的行为;如果该认识错误可以避免,则可以依照刑法第49条第1款减轻处罚。”据此,缺乏对违法性的认识时,虽然不影响故意的成立,但影响责任的有无。奥地利刑法第9条第1~3款规定:“行为人因法律上的认识错误而未认识到行为不法,如果该错误认识不可避免,则对其行为不负责任。”“对于行为人及任何人而言,很容易认识行为不法,或者如果行为人虽不了解有关规定,但根据其职业、工作或者其他情况,有义务认识该规定的,则其法律上的认识错误应受谴责。”“错误应受谴责时,如果行为人故意行为,适用有关故意行为的刑罚;如果行为人过失行为,适用有关过失行为的刑罚。”该条第1款与德国刑法第17条前段的规定相同;第2款实际上规定了不属于不可避免的认识错误的情形;第3款的规定表明,法律认识错误并不影响故意与过失的成立。大体来说,欧洲大陆国家刑法大多规定无可避免的法律认识错误具有免责的效果。[40]

日本刑法第38条第3项规定:“即使不知法律,也不能据此认为没有犯罪的意思。但是,可以根据情节减轻刑罚。”对于该规定的解释,因违法性的意识是否必要的立场不同而产生分歧见解。大审院、最高裁判所的判例的主流,是采取违法性的意识不要说。因此,第38条第3项所说的即使不知“法律”也不能据此认为没有“犯罪的意思”,被解释为“即使没有违法性的意识也不能阻却故意”。因此,但书规定,欠缺违法性的意识具有应当宥恕的理由时,虽然不阻却故意,也具有减轻刑罚的可能性。但日本学说并不都赞成判例的见解。即使根据刑法的规定,认为不知法律不影响故意的成立,但不知法律会影响责任的有无。所以,刑法理论上仍然有不同的主张。

二、违法性的意识的学说

（一）违法性意识不要说

传统的违法性意识不要说认为,违法性的意识不是故意的要件,即使存在违法性的错误也不阻却故意,不影响犯罪的成立(泉二新熊以及日本判例)。同样,违法性意识的可能性,也不是责任的要素。这一见解紧紧追随“法的不知有害”的罗马法格言。但是,这个法谚是与现代的法思想背道而驰的。传统的不要说的理论根据,要么认为法是他律规范,受规范指令的人没有必要知道其违法性,要么假定国民都必然知道违法。但是,前者是基于权威主义的法律观,后者只不过是为了处罚的方便而作出的没有根据的拟制。因此,传统的违法性意识不要说采取了过度的必罚主义,明显违反责任主义。

现在,有的学者以实质的故意概念主张违法性意识不要说。这一见解,不是形式地将故意理解为“犯罪事实的认识”,而是理解为使故意非难成为可能的犯罪事实的认识;这种实质的故意概念的内核,是“一般人能够意识到的关于该犯罪类型的违法性的认识”。换言之,实质的故意概念,将违法性意识的可能性纳入故意中。这种学说也认为,如果行为人虽然具有故意但以为被允许而不能非难时,可以作为例外的(超法规的)责任阻却事由,在期待可能性领域处理(前田雅英)。就将违法性的意识作为故意要件这一点来说,该见解与限制故意说大体相同;但就不将违法性的意识问题作为独立的要件这一点而言,

---

〔40〕 法国新刑法第122-3条规定:“能证明自己系由于其无力避免的对法律的某种误解,认为可以合法完成其行为的人,不负刑事责任。”意大利刑法第5条规定了“不得因不知法律而免除刑事责任”,但意大利宪法法院于1988年3月24日宣布该条违宪,因为对法律的无可避免的不知,应当免除责任。

该见解类似于违法性意识不要说。此说受到的主要批判是,将故意概念实质化,会导致故意概念丧失明确性;而且容易导致超出个人的违法性意识的可能性追究个人的责任。

(二)严格故意说

严格故意说认为,违法性的意识是故意的要素。因此,要认定故意,就必须现实地存在违法性的意识(小野清一郎、泷川幸辰、中山研一等)。根据此说,违法性的错误阻却故意。在处罚过失犯的场合,关于违法性的错误存在过失时,作为过失犯处罚。因为行为人存在犯罪事实的认识与违法性的意识时,就存在阻止行为人实施违法行为的反对动机,突破这种反对动机而作出违法行为的决意,便成为重的责任非难的根据。故意犯的处罚之所以重于过失犯,就是因为故意中包含了违法性的意识。违法性的意识,正是故意与过失的分水岭。〔41〕

但是,首先,激情犯、确信犯、常习犯等常常欠缺违法性的意识,而刑法仍然处罚甚至加重处罚。这是严格故意说不能解释的。其次,根据严格故意说,因过失而欠缺违法性的意识时,可能阻却故意,但如果缺乏过失犯的处罚规定,就不可罚,这在刑事政策上是不合理的。最后,在行政犯中,要证明违法性的意识是困难的,严格故意说导致行政刑法难以达到行政取缔目的。

为了救济严格故意说的缺陷,有人提倡一种修正说:一方面认为,故意的成立以违法性的意识为必要;另一方面认为,在行为人因为过失而缺乏违法性的意识时,与故意犯同样地处罚(宫本英修、佐伯千仞)。此即违法性的过失准故意说。然而,这种观点不仅缺乏理论根据,而且,将故意、过失同等对待,在逻辑上是自相矛盾的。

(三)自然犯、法定犯区别说

基于社会责任论的自然犯、法定犯区别说主张,就自然犯而言,不必将违法性的意识作为故意的要素,但法定犯要求将违法性的意识作为故意的要素(牧野英一、八木胖)。因为自然犯的反社会性不依赖于刑法所规定的构成要件,所以,只要行为人认识到犯罪事实而实施行为,就征表行为人的反社会性格;与此相对,法定犯自身并不是犯罪,将其作为犯罪是基于政策上的理由,因此,仅有犯罪事实的认识还不够,只有知道该事实是违法的而实施行为,才能认定其反社会性格。但是,自然犯与法定犯的区别是相对的,将违法性的意识的需要与否依存于这种不明确的区别,是不合理的。

(四)限制故意说

此说认为,故意的成立不要求现实的违法性意识,但要求违法性意识的可能性(团藤重光、井上正治、藤木英雄)。根据此说,即使欠缺违法性的意识,但如果具有违法性的意识的可能性,就不阻却故意;如果没有该可能性,就阻却故意。团藤重光将人格责任论作为其根据。根据他的观点,决定非难程度的,不是违法性的意识的有无、强弱本身,而是其背后的人格形成。例如,对于违法性意识迟钝的常习犯人,所谴责的是其人格形成。因此,故意责任的本质,不是意识到规范却要违反规范这种意思,而在于"人格态度的直接的反规范性"。既然认识到犯罪事实,行为人就直接面临着规范问题。所以,违法性的意

---

〔41〕 持该学说的人,将日本刑法第38条第3项"法律"解释为"法规",于是,故意的成立不要求行为人知道法规的明文规定(条文),故"法律的不知"并不阻却故意;换言之,日本刑法第38条第3项不是关于违法性的意识的规定。该项但书的旨趣是,即使具有违法性的意识,但没有认识到法规的明文规定时减轻刑罚。

识本身不是故意的要件。但是,对欠缺违法性的意识具有合理理由时,必须阻却故意责任。

限制故意说在将"可能性的认识"作为界限的故意概念中,加入了"认识的可能性"这种过失的要素,试图将故意与过失这种本质上相互排斥的矛盾概念结合起来,存在逻辑上的缺陷。人格责任论的说明,也存在疑问。

(五)责任说

责任说将违法性意识的可能性解释为与故意相区别的责任要素,因此,违法性的错误与故意的成立无关,但该错误不可能回避时,阻却责任;可能回避时,只能减轻责任。责任说又分为严格责任说与限制责任说,前者将正当化事由的错误理解为违法性的错误(Bockelmann、Heitzer、Armin Kaufmann、Welzel、木村龟二、福田平、西原春夫、大谷实),后者将正当化事由的错误理解为事实错误(Eser、Engisch、Roxin、Kühl、Schmidthäuser、Stratenwerth、平野龙一、内藤谦、曾根威彦、山口厚、山中敬一等)。

根据责任说,违法性意识的可能性不是故意的要素,而是责任要素;实施了符合构成要件的违法行为的行为人不具有违法性意识的可能性时,不能对其进行非难,不能肯定责任的存在。因为具有违法性意识的可能性时,才能产生遵从法的动机,才具有非难可能性;对于不能知道自己的行为被法律禁止的人,不能从法律上要求他放弃该行为,因而不能追究其责任。唯有如此,才能保障行为人的行动自由。这一道理,不仅适用于故意犯,也适用于过失犯。换言之,违法性意识的可能性,是独立于故意、过失之外的,故意犯与过失犯共同的责任要素;缺乏违法性意识的可能性时,不阻却故意、过失,但阻却责任。

一些学者指出,具有违法性的意识与仅具有违法性意识的可能性这两种情形,"行为人的心情本身完全不同","责任非难的程度也当然不同",但责任说没有区分"违法性的意识"与"违法性意识的可能性",将两者相同地作为责任的要素来对待。责任说则反驳道,虽然行为人是认识到犯罪事实(故意),还是只有认识犯罪事实的可能性(过失)的区别,导致责任非难的质的区别,但违法性的意识与违法性意识的可能性,在提供了不实施违法行为的反对动机的形成可能性这个意义上说,都是相同的。直接的反对动机的形成可能性(具有违法性的意识的场合)与间接的反对动机的形成可能性(违法性意识的可能性的场合),虽然在非难程度上具有量的差异,但在为责任非难提供根据这点上,没有质的区别。

可以肯定的是,责任说是德国、日本刑法理论的通说;责任说中,限制责任说是通说。

三、违法性的意识的对象与形态

(一)违法性的意识的对象

"违法性意识的对象"所讨论的问题,实际上是指"违法性的意识"中的"违法性"的含义。德国、日本存在相同的争论。

第一种观点将违法性的意识理解为前法律的规范违反的认识,即只要具有"反条理的认识""反社会的认识""违反人伦的认识""社会危害性的认识""道德危害性的认识",就具有违法性的意识;换言之,只要认识到自己的行为"是违反国民的道义"的、认识到自己的行为是违反"作为法规范的基础的国家、社会的伦理规范"的,就具有违法性的认识(Arthur Kaufmann、Schmidthäuser、小野清一郎、泷川幸辰)。但是,这种学说导致禁止的内容不明确,或者说导致"违法性"的意识非常宽泛。违反伦理道德的认识,充其量只是违法性的意识的手段,而不是违法性的意识本身。而且,在现代社会,社会伦理的评价是多元化的,仅以伦理为基准进行评价是危险的。[42] 所以,现在几乎没有人赞成这种观点。

第二种观点将违法性的意识理解为法律上的禁止、命令违反的意识。即违法性的意识,是行为"在法律上是不被允许的意识",是"行为被法所禁止的认识"。这是德国、日本的通说。这里所说的法与法律,并不限于刑法,行为人对违反其他法律的意识,也属于违法性的意识。换言之,行为人不需要认识到自己行为的刑事违法性,只要知道自己的行为可能违反民法、行政法、经济法等法律,即使认为自己的行为不会触犯刑法,也就具有了违法性的意识。

问题是,法律上的禁止、命令违反的意识,是否意味着"实质的违法性的意识"?团藤重光认为,行为人只要不是法学家,就不可能知道法的规定;但是,即使不知法的规定,通常也会意识到行为是违法的。所以,必须区分"是否知道形式的法律规定"与"是否具有实质的违法性的意识",后者才是违法性意识的问题。Jescheck 等人也认为,违法性的意识是指对实质的违法的认识,而且只要是普通人的认识即可;但单纯认识到违反伦理,则不构成违法性的意识。也有学者将"在法律上不被允许"与"实质的违法性"并列作为违法性意识的对象(大谷实、川端博)。还有学者指出,应当认为实定法意义上的"法律上的禁止、命令违反的意识"是违法性的意识的对象,即违法性的意识,意味着行为人意识到自己的行为是违反实定法上的禁止、命令,被法秩序否定性评价的行为(山中敬一)。

但是,不管违法性的意识是指形式的违法性的认识,还是实质的违法性的认识,如果认为其中的违法包括违反民法、行政法等法律的认识,还是有疑问的。换言之,只要行为人具有违反民法的认识,就在刑法上肯定其非难可能性,并不一定合适。

第三种观点将违法性意识中的"违法性",与犯罪论体系上的"违法性"做统一理解,认为违法性的意识是对刑法的禁止规范或者评价规范违反的认识,但不包括刑罚可罚性、法定刑的认识。换言之,对刑罚可罚性、法定刑的认识错误,不属于法律认识错误,不影响责任的程度。持这种观点的学者指出,上述第二种观点是以违法一元论为根据的,如果采取违法相对论,则必须将违法性的意识理解为刑法的禁止性的认识。当行为人只能认识到自己的行为违反民法、行政法,而不能认识到自己的行为违反刑法时,刑法就不能过问。另外,虽然行为人不具有刑法禁止的认识可能性时,不能进行非难,这是保障行为人自由的要求,但是,不能保护那些期待受到轻的处罚(法定刑的认识错误)而实施重罪的情形。所以,法定刑的错误不能影响责任(高山佳奈子)。

第四种观点将违法性的意识理解为可罚的刑法违反的意识。这一学说认为,违法性的意识,是指认识到自己的行为是刑罚法规规制的对象;换言之,违法性的意识,不仅包括刑法违反的认识,而且包括可能被作为具体的可罚的违法的认识这种意义上的"可罚的刑法违反的认识"(Feuerbach、Otto、Schroeder、内藤谦、町野朔、井田良)。如内藤谦指出:"既然并非一概否定刑罚的一般预防机能,而是承认刑罚威慑对违法行为的抑止机能,那么,对于缺乏对自己行为的可罚性的认识、认识可能性的行为人加以刑法上的非难,而予以处罚,就是在与以刑罚抑止犯罪这种刑法目的无关地追究刑法上的责任,因而是不妥当

---

[42] 严格故意说的学者大多采取这种见解,旨在通过对违法性意识的内容进行缓和的解释,避免故意的成立范围过于狭窄。

的。”[43]根据可罚的刑法违反说,违法的法律效果也是违法性意识的对象,故对法定刑的认识错误也可能成为违法性的错误。[44]

上述第二、三、四种观点在司法实践上的意义可能不是很大,因为在通常情况下,违法性的意识都是与刑法违反的意识、刑事可罚性的意识联系在一起的。

(二)违法性的意识的构成要件关联性

通说认为,违法性意识,既可能是现实的意识,也可能是潜在的意识,只要行为人应当意识到自己行为的违法性,即使其没有现实地意识到,也能肯定行为人具有责任。但是,说“违法性”是意识的对象时,并不是指只要行为人意识到“抽象的禁止”就够了,而是要求行为人意识到作为各构成要件的具体的不法。换言之,违法性的意识,意味着行为人认识到由该构成要件所包含的特定的法益侵害。这被称为违法性的意识的“构成要件关联性”。

例如,德国曾发生以下案件:行为人将他人博物馆的馆藏物卖往外国。行为人知道其行为属于盗窃,但没有认识到其行为违反了关于禁止输出馆藏物的另一项法律。德国联邦法院没有认定被告人对输出馆藏物存在禁止的错误,而是认为不法的意识是“不可分”的,即被告人能够通过认识自己的行为属于盗窃来抑制其行为。但德国刑法理论则认为,该判例违反了责任主义。行为人不是有责地实现抽象的违法性,而是有责地实现特定的构成要件时,才能进行非难。换言之,行为人有责地实现了此构成要件时,并不意味着他已经或者能够认识另一构成要件的不法。所以,应当承认违法性意识的可分性(构成要件的可分性)。

违法性意识的可分性与不可分性所讨论的问题是,在X、Y、Z三个事实作为违法要素的犯罪中,行为人认识到X、Y、Z事实的实现,但认为法律仅禁止X、Y,没有也不可能认识Z被法律禁止时,对于Z能否认定为违法性的错误。违法性意识的可分性说持肯定回答,不可分性说持否定回答。例如,行为人以暴力相威胁的手段,使债务人返还财物。根据可分性说,行为人就“胁迫”具有违法性的意识,而且以为取回这样的物是在行使权利,认为是适法的,因此,对“抢劫”没有违法性的意识。

对于所谓二重的禁止错误(doppelter Verbotsirrtum)也可以从可分性的观念进行考察。行为人虽然没有从构成要件的关联上认识到禁止性,但从其他方面认识到禁止性时,在与构成要件的关联上,依然缺乏违法性的意识,存在违法性的错误。例如,日本的刑法典没有规定近亲相奸罪,但地方制定的淫行处罚条例规定了近亲相奸的犯罪。外国人与其18岁的侄女发生性交,误以为违反了日本刑法典,但完全不知道违反了地方制定的淫行处罚条例。根据可分性说,在这种场合,应认为行为人就淫行处罚缺乏违法性的意识。

(三)违法性的错误的类型

违法性的错误存在以下类型:(1)就禁止规范的存在有错误的情形,此即直接的禁止的错误。误以为违法行为是合法行为而实施的情形,就属于这一类。(2)认识到行为被法禁止,但错误地认为,在其具体案件中存在正当化规范。此即所谓间接的禁止的错误。

---

〔43〕 [日]内藤谦:《刑法讲义总论(下)Ⅰ》,有斐阁1991年版,第1034页。

〔44〕 例如,根据刑法规定,对行为人的犯罪行为本应适用加重法定刑,但行为人在行为时误以为自己的犯罪行为仅适用基本法定刑。根据可罚的刑法违反说,如果行为人的认识错误不可避免,则只能适用基本法定刑。

又包括两种情形:一是对法秩序并不承认的正当化规范的存在本身的错误(容许的错误);二是对法秩序承认的正当化规范的界限作扩大解释的情形(容许界限的错误)。(3)错误地解释构成要件要素,误以为自己的行为不符合构成要件要素的情形。这是解释的错误,称为涵摄的错误(包摄的错误)。涵摄的错误不是事实的错误,并不阻却故意,而且,它也不一定是禁止的错误。但是,有的场合也可能成为禁止的错误。向主管机关寻问后得到允许而以为其行为不符合构成要件的,就应认定为禁止的错误。(4)行为人知道禁止规范,但误以为该规范无效的情形。这称为有效性的错误。

四、违法性的错误的"回避可能性"的判断

根据责任说,违法性的意识的"可能性"是责任要素。亦即,即使行为人存在禁止的错误,但只要禁止的错误可以避免(具有潜在的违法性意识),就仍然具有责任。反过来说,如果违法性意识的缺乏具有相当的理由,或者不可避免地缺乏违法性的意识时,不能追究责任。那么,以什么基准、如何判断违法性意识的"可能性"?这与缺乏违法性的意识"是否不可避免"或者"是否具有相当的理由"是本质相同的问题。德国刑法第 17 条规定违法性的错误"不可避免"时,阻却责任。刑法理论认为,不能对此作过于严格的解释,否则就会返回到"法的不知有害"的思想。因此,只要缺乏违法性的意识"具有相当的理由",行为人认为其行为被允许具有"可以接受的理由",就阻却责任。

要认定存在回避可能性,必须具备以下条件:(1)行为人必须具有认识违法性的现实可能性(有意识到违法性的渠道);(2)行为人必须具有对其行为的法的性质进行考量的具体契机;(3)必须可以期待行为人利用向其提供的认识违法性的可能性(Rudolphi),即可以期待行为人利用相应的渠道意识到自己行为的违法性。回避可能性的判断基准,不是"一般人",而是具体状况下的"行为者本人的个人的能力"。由于是责任的判断,所以,不能以平均人能否回避为基准。

要避免违法性的错误,就需要进行法的状况的确认。大体而言,下列三种情形提供了对法的状况进行确认的契机:(1)对法的状况产生了疑问时。行为人对法的状况产生疑问,意味着对行为的违法性产生疑问,但行为人没有真正地考虑该疑问,而是轻率地相信其行为具有合法性时,存在违法性的错误,而且该错误是可能避免的。在行为人对法的状况进行了咨询等情况下,并非一概具有或者不具有避免可能性。行为人遵从最高法院的判例或者确定的判例产生了违法性的错误时,该错误应属于不可避免的错误。在判例有分歧时,如果行为人遵从了上级法院的判例,也应属于不可避免的错误而阻却责任。行为人信赖了主管机关的见解产生了违法性的错误时,该错误也应属于不可避免的错误。行为人信赖作为私人的专家意见而产生违法性的错误时,并非均属于不可避免的错误,因为即使是律师、法律学者等专家,也不属于对刑罚法规的解释、运用、执行负有法律责任的公务员,所以,如果允许信赖私人意见而行为,就有害于法制度的统一性。但是,完全不允许国民信赖专家的意见,也是存在疑问的。所以,当行为人在信赖具有资格的法律家的意见时,应当进行具体的判断,有时也能排除责任。(2)知道要在法的特别规制领域进行活动时。行为人要在法的特别规制领域从事活动时,没有努力收集有关法的情报的,其违法性的错误原则上属于可能避免的错误。(3)知道其行为侵害基本的个人的、社会的法益时。行为人意识到自己的行为侵害他人或者公共的安全时,即使具有违法性的错误,该错误也是可能避免的。

五、事实的错误与违法性的错误的界限

事实的错误与违法性的错误,在概念上的区别是明确的。但由于构成要件要素中包含有规范的构成要件要素,包含由民法、行政法等规定的法的事实,故二者在事实上的区别不一定是明确的。又由于二者具有不同的后果,所以,二者的区别成为重要问题。

从事实的错误到违法性的错误之间,大致存在五种情形:(1)自然的物理的事实的错误,如将人误认为狗而杀害的情形。这是最明显的事实的错误,阻却杀人故意。(2)社会意义的错误,如行为人本来在贩卖淫秽文书,但他误以为其贩卖的不是淫秽文书。这种错误也属于事实的错误。由于对事项的社会意义的认识,只要有行为人所属的外行人领域的平行评价就足够了,所以,只有在对这样的平行评价存在错误时(以为其他人都认为该文书不属于淫秽文书时),才是社会意义的错误。(3)规范的事实的错误,是指对由民法、行政法等提供意义的事实的错误(大体上是社会意义的错误的一种)。例如,盗窃罪的构成要件中的"他人"这一要素,[45]本来必须进行社会意义的理解,但该"他人"的要素,如果不进行法的性质的理解就不可能得出正确结论。行为人的所有物在公共机关管理之下时,根据法律规定属于他人的财物,行为人误以为是自己的财物而取回的,究竟是事实的错误还是违法性的错误,还存在争议。再如,关于妨害执行公务罪中的公务员执行职务行为的适法性的认识错误,也属于这一类,其究竟属于何种错误,也争论不休。(4)规范的评价的错误,即行为人对其行为的违法评价存在错误的情形,是典型的违法性的错误。(5)法的概念的错误(涵摄的错误)。例如,行为人将他人的笼中小鸟放出,但误以为其行为不属于"毁坏财物"。这种情形不影响毁坏财物罪的故意。再如,误以为共同占有的物不是"他人的财物"而出卖的,也不影响盗窃罪的成立。

关于事实的错误与违法性的错误的区分基准,理论上存在不同学说。

第一,通过刑罚法规的错误与非刑罚法规的错误进行区别的学说。日本以往有这样的判例,认为刑法第 38 条第 3 项的"法律"仅指刑罚法规,刑罚法规的错误不阻却故意(责任),但非刑罚法规的错误是事实的错误,阻却故意。这一学说是采用了德国帝国法院所采用的区别基准。

但此说受到了批判。例如,在错误地认为伪造文书罪中的"文书"不是文书的场合,如果认为这是刑罚法规的错误,就不阻却故意,这是不合理的。而且,刑罚法规、非刑罚法规的区别自身对故意的成立与否并不具有意义。此外,例如,监护人误以为对子女的伤害没有超出惩戒权范围的,是对刑法的错误还是对民法的错误,也是不明确的。

第二,以严格责任说为根据的见解,可以分为形式说与实质说。

形式说认为,根据严格责任论,形式上,关于构成要件该当事实的错误阻却故意,但对行为不被允许的错误是禁止的错误,该错误具有相当性时,阻却责任(福田平)。但由于严格责任说本身缺乏妥当性,故形式说也受到了批判。

实质说认为,关于构成要件该当事实的错误中应当唤起违法性的意识的事实(作为违法性的前提的符合构成要件的客观事实)的错误,是事实错误;关于行为在法律上不被允许的错误,是违法性的错误(西原春夫、大谷实)。但是,此说忽视了对违法阻却事由的

---

〔45〕 盗窃行为只能是窃取"他人"占有的财物,而不可能窃取自己占有的财物;而"他人"的含义是由法律确定的,并不是从一般意义上理解的。

事实前提的错误。

第三,通过对于理当具有违法性意识的事实有无认识内容、如果具有该事实认识是否同时错误地以为不违法进行区别的学说。本说立足于故意说,认为在事实错误的场合,一般人大体上本来不能产生违法性的意识;与此相对,法律的错误是,本来对能够期待其唤起违法性意识的事实具有认识,但由于错误而认为不违法。这是两者区别的实体(藤木英雄)。此说由于故意说本身的缺陷而存在疑问。

第四,将违法性的意识的可能性在实质的故意中消解的学说。本说将否定故意的错误,限定为关于犯罪事实的重要部分的错误,将其称之为实质的故意概念,具有"如果是一般人就可能意识到该犯罪类型的违法性的认识"就是故意,即只要对可能予以故意非难的犯罪事实具有认识,就具有故意。据此,违法性意识的可能性,在故意论中消解,丧失独自的存在意义。"从论理上说,在欠缺违法性意识的可能性的场合,承认存在极为例外地产生难以以有无故意来处理的案件的余地,对此以期待可能性论处理"。[46]

对于本说存在如下批判:此说以违法性的意识取代事实的认识;根据这种观点,不可避免地得出既然具有违法性的意识或其可能性就具有故意的结论。

第五,根据是事实的错误还是规范的评价的错误予以区别的学说。此说根据是关于构成要件该当事实与违法阻却事由的事实前提的事实的错误或者法律的事实的错误,还是关于规范的评价的错误,来区别是阻却故意的事实的错误,还是不阻却故意的违法性(法律)的错误。[47] 这大体上是一种通说。

本说的理由是,对构成要件事实的认识,不是单纯的自然事实的认识,而是必须对事实的社会意义具有认识。社会意义的认识,不是一般性的"是被禁止的认识"(违法性的意识),而是对具体的构成要件要素的一般的、社会的认识。所以,假想防卫是一种事实认识错误。根据本说,即使不知道构成要件要素中记述的概念本身,但知道其要素的形状、机能、效果、社会有害性或者法益侵害性时,也能认定故意。例如,即使不知道"甲基苯丙胺"这一名称,但知道其形状、性质,知道它是"滥用后会形成身体的、精神的依赖,可能对个人、社会带来重大恶害的药物",就可以认定故意。

第六节 期待可能性

一、期待可能性理论的产生

所谓期待可能性,是指根据具体情况,有可能期待行为人不实施违法行为而实施其他适法行为。期待可能性的理论认为,如果不能期待行为人实施其他适法行为,就不能对行为人的行为进行非难,因而就不存在刑法上的责任。期待可能性的理论与规范责任论是一种表里关系。

---

〔46〕[日]前田雅英:《现代社会と实质的犯罪论》,东京大学出版会1992年版,第224、301页。

〔47〕此说中还包含这种学说,即关于违法阻却事由的事实前提的错误不是阻却构成要件的故意的错误,而是在责任论中阻却责任的第三种错误。

期待可能性的理论,来自1897年3月3日德国帝国法院第四刑事部对所谓“癖马案”的判决。被告人是马车夫,从1895年起受雇于经营马车出租业的雇主。在受雇期间,被告人驾驭双辔马车,而其中一匹马为绕缰之马,时时用尾巴绕缰绳,并用力压低缰绳。被告人与雇主对该马的缺点都清楚。1896年7月19日,被告人正驾驭之际,该马在某街头,突然用尾巴绕缰绳并用力下压,被告人虽然想拉缰绳制驭该马,但不奏效,马向前飞跑,致行人受伤。检察官以过失伤害罪提起公诉,但原判法院宣告无罪,检察官不服,提出上诉,案件移至德国帝国法院。帝国法院驳回上诉,理由是,要肯定基于违反义务的过失责任,不能仅凭被告人曾认识到“驾驭有恶癖之马可能伤害行人”,还要以被告人当时是否能基于该认识而向雇主提出拒绝使用此马。但我们不能期待被告人不顾自己的职业损失、违反雇主的命令而拒绝使用此马,因此,被告人不负过失责任。简言之,由于不能期待被告人实施其他合法行为,所以,其行为不构成过失责任。此后,Frank、Goldschmidt、Freudenthal、Eb. Schmidt 等人以此为契机,使期待可能性的理论得以确立和发展。

期待可能性的理论后来传到日本。1933年11月21日,日本大审院对“第五柏岛丸事件”所作的判决,被认为是肯定期待可能性的先例。被告人是领有乙种二等驾驶员执照的海员,从1932年6月起受雇于广岛县音户町的航运业主木村,担任一机帆船(船名为第五柏岛丸,载重9吨)的船长,从事运送旅客的业务。该船的乘客定额为24名,如超载则有颠覆危险,被告人对此也清楚。1932年9月13日6时左右,该船却载乘客128名从某港口出发,10时许行驶在某海面时,另一机帆船(第二新荣丸)从后边驶来,从右边超越,相距约16米宽。第五柏岛丸的一部分乘客为了避免浪水溅身,便从右边移向左边,致使船向左边倾斜。又由于载客过多,船尾吃水较深,海水从船尾浸入,使船颠覆,导致28人死亡,8人受伤。原判认定被告犯有业务上致死伤罪,判处6个月的禁锢。大审院则认为量刑不当,改判处以300日元罚金。其理由有两点:其一,由于当时上班乘客异常多,而交通工具极为缺乏,乘客不顾船员阻止争先恐后上船。其二,该船的航行费用,需要超过乘客定额数倍的船票费,才能弥补其收支平衡。被告就超载乘客的危险曾再三向船主提出忠告,但船主不予采纳,仍令其超定额运载乘客。这两点理由实际都说明被告人是不得已超定额运载乘客的,因而所处的刑罚相当轻。日本刑法理论认为,这一判决是以期待可能性的理论为依据的。

二、期待可能性的法律性质

根据期待可能性理论,如果不可能期待行为人实施适法行为时,就理当阻却责任。但是,缺乏期待可能性,究竟是属于一般的超法规的责任阻却事由,还是只限于法律规定的责任阻却事由,在理论上有不同看法。

德国的通说认为,缺乏期待可能性只是刑法规定的阻却责任事由的理论基础,或者说,缺乏期待可能性只限于法律规定的责任阻却事由,而不是一般的超法规的责任阻却事由。例如,德国刑法规定由于慌乱、恐惧或者惊吓导致的防卫过当不受刑罚处罚,其理论基础就是期待可能性的理论,即在上述情况下,不可能期待行为人不超过防卫限度。在法律没有明文规定的情况下,不能以缺乏期待可能性为由免除责任。德国刑法理论持这一观点的主要理由是,如果无限制地适用期待可能性的理论,就可能导致刑法的弹性过大。不过,以上主要是针对故意的作为犯而言,德国刑法理论一般认为,缺乏期待可能性时,可以排除过失行为与不作为犯的责任。此外,有的学者认为,在纯正不作为犯中,缺乏期待可能性便阻却构成要件符合性(Jescheck/Weigend)。有的学者认为,在纯正不作为犯与不纯正不作为犯中,缺乏期可能性都阻却构成要件符合性(Lenckner)。有的学者认为,在过失犯中,期待可能性具有双重功能:一是决定客观的注意义务的履行与否,二是决定主观的预见义务(Henkel)。

日本的通说则认为,缺乏期待可能性是一般的超法规的责任阻却事由。其理由是,既然在实定法的背后,存在期待可能性的思想,那么,在缺乏期待可能性时,应解释为阻却责任。如果只将期待可能性理论作为刑法规定的责任阻却事由的解释原理,就不能充分发挥这一理论的作用。但日本刑法理论最近受德国刑法理论的影响,上述通说正在产生动摇。另外,在日本最高裁判所的判例中,也未见到以缺乏期待可能性为由宣告无罪的判例。

期待可能性不仅存在有无的问题(是否阻却责任的问题),而且还存在程度问题(是否减轻责任)。即如果认定期待可能性低或小,则是减轻责任的事由。

一般认为,刑法规定对防卫过当、避难过当减免刑罚,就是以期待可能性的理论为依据的。某些国家刑法规定在不能抵抗的强制状态下实施的侵害行为不负责任(如法国旧刑法第64条、奥地利刑法第114条),也可以解释为由于缺乏期待可能性。日本刑法没有就此作出规定,但多数学者将其解释为缺乏期待可能性,因而阻却责任。但某些行为不受处罚是否因为缺乏期待可能性,则有不同看法。对服从违法拘束命令的行为的看法就是如此。违法拘束命令,是指须绝对服从的、但又违法的命令。例如,军队的下级对上级的命令有绝对服从的义务,但该命令是违法的。如果下级执行了该命令,在刑法上应如何处理呢?Hippel等人认为这种情况属于违法性阻却事由,即这种行为不具有违法性。Frank、Eb. Schmidt、Dohna、大塚仁等人则主张是责任阻却事由,具体表现为缺乏期待可能性。即由于下级执行的是违法命令,因而其行为仍然是违法的,但下级对上级的命令又必须绝对服从,所以缺乏期待可能性。

三、期待可能性的地位

缺乏期待可能性,就否定责任的存在,对此没有疑问。但期待可能性在责任论中处于一种什么地位,在学说上存在不一致的观点。

第一种观点认为,期待可能性是包含在故意、过失中的要素,或者说是故意、过失的构成要素(Freudenthal、Eb. Schmidt、小野清一郎、泷川幸辰、团藤重光等)。根据这一观点,如果没有期待可能性,就不成立故意、过失。其基本理由是,由于故意、过失是责任的种类或形式,责任论中的故意、过失就是责任故意与责任过失,如果缺乏期待可能性,就没有故意责任与过失责任,当然也就不成立故意与过失。但是,这一观点受到了批判。因为期待可能性是一种客观的责任要素,有无期待可能性,只能根据客观事实进行判断,与行为人的主观内容没有直接关系。而责任故意与责任过失是一种主观的责任要素,对二者应当加以区别;再者,从故意与过失本身的含义来看,前者是对犯罪事实的认识与容认,后者是对注意义务的违反,从此意义上说,故意、过失的成立不应当包含期待可能性的要素。

第二种观点认为,期待可能性是与责任能力、故意、过失相并列的第三个责任要素(Frank、Goldschmidt、福田平、大塚仁)。这种观点认为,责任故意与责任过失是主观的责任要素,而期待可能性是一种客观的责任要素,二者应当予以区别,期待可能性是独立于故意、过失之外的第三种要素。但这种观点也存在疑问。即如果认为期待可能性是第三个责任要素的话,那么,公诉机关对每一个案件都必须积极证明存在期待可能性,这被认为是不合理的,而且事实上也并非如此。

第三种观点认为,责任能力、故意、过失是责任的原则要素,期待可能性则是责任的例外要素,因此,缺乏期待可能性是一种责任阻却事由(Jescheck/Weigend、Lenckner、佐伯千仞、平野龙一、中山研一)。这种观点基本上居于通说地位。根据这一观点,只要具有责任能力与故意或过失,就可以推定责任的存在,但如果缺乏期待可能性时,则阻却责任。换言之,责任能力与故意、过失是积极的责任要素,缺乏期待可能性则是消极的责任要素。但是,如果这样理解,就不能说明期待可能性小时,对减轻责任所起的作用。

四、期待可能性的判断标准

所谓期待可能性的判断标准,就是指以什么为标准来判断行为人是否具有适法行为的期待可能性。这是期待可能性理论中争议最大的问题。如果说前面的一些争论只是一种理论体系上的争论,对具体案件的结论不会产生影响,那么,关于期待可能性判断标准争论,则会导致不同的结论。在学说上,有行为人标准说、平均人标准说与法规范标准说。

Freudenthal、Heinitz、团藤重光、大塚仁等学者,从道义责任论的立场出发,主张行为人标准说,即以行为时的具体状况下的行为人自身的能力为标准。如果在当时的具体状况下,不能期待该行为人实施适法行为,就表明缺乏期待可能性。因为责任是就符合构成要件的违法行为而对行为人进行的人格非难,这就决定了要以行为人为标准。而且期待可能性的理论,本来就是为了针对行为人的人性弱点而给予救济,故期待可能性的存否,自然应以行为人为标准。

Goldschmidt、Eb. Schmidt、小野清一郎、藤木英雄、西原春夫等学者则主张平均人标准人说,如果对处于行为人状态下的通常人、平均人,能够期待其实施适法行为,则该行为人也具有期待可能性;如果对处于行为人状态下的通常人、平均人,不能期待其实施适法行为,则该行为人也不具有期待可能性。这种观点认为,责任判断虽然是一种个别的判断,必须以每个人的具体情况为基础,但在判断的标准上,应当以平均人为标准。

Wolf、佐伯千仞等学者所主张的是法规范标准说或国家标准说。前面两种主张,都是从被期待的一方提出判断标准,而法规范标准说则是从期待一方提出判断标准的,即主张以国家或者国家的法秩序的具体要求为标准,来判断是否具有期待可能性。因为所谓期待,是指国家或法秩序对行为人的期待,而不是行为人本人的期待,因此,是否具有期待可能性,只能以国家或法秩序的要求为标准,而不是以被期待的行为人或平均人为标准。

上述三种学说,都受到了批判。对行为人标准说的批判是:如果行为人本人不能实施适法行为,就不期待其实施,那么就没有法秩序可言。而且,这一学说不能说明确信犯的责任,因为确信犯大多认为自己的行为是正当的,倘若以行为人为标准,这些人就缺乏期待可能性,因而不能承担责任,但事实上并非如此。行为人标准说破坏了责任判断的确实性与均衡性,最终将造成刑法的消亡(Jescheck/Weigend、Lenckner)。对平均人标准说的批判是:所谓通常人、平均人,是一种不明确的观念;此说也没有考虑到对平均人能够期待而对行为人不能期待的情况,这就不符合期待可能性理论的本意;此外,责任能力的观念已经是以平均人的观念为基础形成的,如果期待可能性的有无也以平均人为标准,则是概念的重复。对法规范标准说的批判是:期待可能性的理论本来是为了针对行为人的人性弱点而给予法的救济,所以,应考虑那些不能适应国家的期待的行为人,法规范标准说则没有考虑这一点;而且究竟在什么场合国家或法秩序期待行为人实施适法行为,是一个不明确的问题,因此,法规范标准说实际上没有提出任何标准。

也有学者指出,上述三种说明只是把握了问题的部分侧面,其对立并无重要意义。就行为人的身体的、心理的条件等能力而言,必须以具体的行为人为基准,而不可能以一般人为基准,但这并不意味着,以"因为是这个行为人所以没办法"为由而阻却责任。"平均人"也不意味着统计学意义上的平均人,而是在何种程度上可以期待适法行为的意义上而言的,纯粹是规范的概念。在期待一方与被期待一方存在紧张关系时,如何判断就是规范问题。结局,只能在考虑行为人的能力的前提下,判断能够期待行为当时的行为人通过发挥其能力而不实施违法行为(山口厚)。

五、期待可能性的认识错误

一般来说,狭义的期待可能性的认识错误,属于对客观的责任要素的认识错误,主要存在两种情形。

(一)积极的错误

积极的错误,是指原本并不存在丧失期待可能性的事情,但行为人误以为存在。第一种观点认为,积极的错误阻却故意(团藤重光)。倘若认为,故意的认识内容(认识对象)包含有责的事实,那么,这种观点便具有合理性。但是,故意是对符合构成要件的违法事实的认识与容认,期待可能性本身并不是故意的认识内容,而是故意之外的责任要素。第二种观点认为,对于期待可能性的积极错误,应当像禁止的错误一样处理:如果该错误不可避免,则阻却责任(福田平)。这种观点虽然提出了处理原则,但缺乏根据。第三种观点认为,如果行为人对其陷入认识错误具有过失,便成立过失犯(中山研一)。这种观点也认为,缺乏期待可能性是责任阻却事由,但是,既然在行为人具有故意、过失与责任能力时,原则上就具有期待可能性,那么,在确定了行为人已经具有故意或者过失后,再以期待可能性的错误影响故意与过失的成立,显然不当。第四种观点认为,"在有关期待可能性的积极错误的场合,应当直接就行为人的心理状态本身判断有无期待可能性。亦即,不是以对错误是否有过失、错误是否可以避免为基准,而是应以是否存在足以否定期待可能性的心理状态为基准。因此,在有关期待可能性的积极错误的场合,应当认为已经在规范的责任的层面上,阻却或者减弱了责任"。[48]但是,一概承认期待可能性的积极错误阻却或者减弱责任,会导致不当扩大责任阻却的范围,损害刑法的安定性。第五种观点认为,期待可能性的积极错误,虽然使行为人缺乏期待可能性,但是,如果行为人发挥自己的主观能力,就可以认识到存在期待可能性时,应认为存在期待可能性。因此,对于期待可能性的积极错误,宜在期待可能性的判断内部予以解决(前田雅英)。

(二)消极的错误

消极的错误,是指原本存在丧失期待可能性的事情,但行为人误以为不存在。例如,行为人以为自己窝藏的是与自己没有亲属关系的犯罪人,实际上窝藏的是自己出走多年的儿子。既然客观上存在缺乏期待可能性的事情,理当阻却责任。另外,由于实际上存在缺乏期待可能性的事情,就没有对行为人进行特殊预防的必要性;又由于这种消极的错误极为罕见,因而也缺乏一般预防的必要性,故不能进行非难(浅田和茂)。

---

〔48〕[日]浅田和茂:《刑法总论》,成文堂2007年补正版,第361页。

第八章 未 遂 犯

第一节 未遂犯概说

一、未遂犯的概念与形态

一般来说,未遂犯是指已经着手实行犯罪而未达既遂的犯罪。当然,各国刑法对此规定不尽一致,基本上存在两种类型。一种类型是在未遂犯的定义中明确排除中止犯。如法国旧刑法第2条规定:"已着手犯罪行为之实行,而非因己意中止或因犯罪不能发生结果而不遂者,按既遂之刑罚处罚之。"法国新刑法第121-5条也明确将中止犯排除在未遂犯概念之外。另一种类型是在未遂犯的定义中没有排除中止犯,但对中止犯的处罚又有例外规定。如德国刑法总则第二章第二节的标题为"未遂",其第22条规定:"行为人根据其对行为的构想,直接着手构成要件的实现的,是犯罪未遂。"这里没有排除中止犯,但第24条第1款规定:"行为人自愿放弃行为的继续或者防止犯罪的完成的,不受未遂犯处罚。"再如,日本刑法第43条规定:"已经着手实行犯罪而未遂的,可以减轻刑罚,但基于自己的意志中止犯罪的,应当减轻或者免除刑罚。"

显然,在德国、日本刑法与刑法理论中,未遂有广义与狭义之分。广义的未遂包括障碍未遂与中止未遂,狭义的未遂仅指障碍未遂。障碍未遂与中止未遂又都可以分为着手未遂与实行未遂。

障碍未遂,是指由于违背行为人意志的原因而导致的未遂,也即除中止犯以外的未遂;中止未遂,则是出于行为人的意志而形成的未遂;着手未遂,是指行为人已经着手实行犯罪但没有完成实行行为的未遂;实行未遂,则是实行行为已经实行终了但没有发生构成要件结果的未遂。可见,障碍未遂与中止未遂是根据未遂的原因所作的分类,着手未遂与实行未遂是就实行行为是否终了所作的划分。另应说明的是,不能犯是与未遂犯相关联的一个较为复杂的概念,需要讨论。预备与阴谋则是未遂之前的行为,不能认为是未遂犯。但预备与阴谋都放在未遂论中研究。

日本刑法理论的传统观点认为,既遂犯的构成要件是基本的构成要件,而未遂犯并不符合基本的构成要件,只符合修正的构成要件。但这种观念正在改变,现在许多学者在构成要件论中研究未遂犯,而不将未遂犯视为修正的构成要件的符合形态。德国刑法理论现在一般分别论述故意的作为的既遂犯、过失犯、不作为犯、未遂犯。

二、未遂犯的处罚范围

在采取结果主义的古代刑法中,只是对造成了结果的行为进行处罚,还没有对未遂的处罚规定。中世纪意大利法学使未遂的概念得以发达,加罗林纳刑法典设有未遂处罚应轻于既遂处罚的规定。一般认为,现代意义上的未遂处罚,始于1810年的法国刑法典,后来被1871年的德国刑法典继承。

在刑法的发展史上,责任主义的确立,从两个方面对结果主义进行了修正:其一,即使发生了结果,但如果行为人不具有非难可能性,也不能给予刑罚处罚;其二,即使没有发生结果,但如果行为人实施了足以发生结果的危险行为,且具备非难可能性,也应当给予处罚。这样,各国刑法便都设立了处罚未遂的规定。

但在未遂处罚的范围上,则因刑法理论与刑法规定的不同而不同。如果彻底坚持主观主义的犯罪理论,则所有犯罪的未遂都应同既遂一样处罚,因为是否发生结果,对行为人的犯罪性并不具有重要意义。如果彻底坚持客观主义的犯罪理论,则对没有发生结果的未遂可以不处罚。

不过,从大多数国家的刑法规定来看,对未遂处罚的规定,既没有彻底坚持主观主义的立场,也没有彻底坚持客观主义的立场,而是将二者进行了调和。这种调和表现在两个方面:一方面是并非对所有犯罪的未遂都进行处罚,另一方面是对未遂的处罚要轻于既遂的处罚。就未遂处罚的范围而言,各国刑法大致有三种类型:

第一种类型是对所有故意犯罪的未遂都给予处罚。例如,奥地利刑法第15条第1款规定:“对故意行为的刑罚威慑除适用于实行终了的行为外,同样适用于未遂及未遂的每个参与人。”

第二种类型是对较重犯罪的未遂才给予处罚。例如,德国刑法将犯罪分为重罪与轻罪,其第23条第1款规定:“重罪之未遂,均应处罚,轻罪未遂之处罚,以法律有明文规定者为限。”法国旧刑法也有类似规定。再如,瑞士刑法将犯罪分为重罪、轻罪与违警罪,其第21条、第22条规定只处罚重罪与轻罪的未遂,而不处罚违警罪的未遂。

第三种类型是无论是何种犯罪,只有在刑法分则与其他刑罚法规有明文规定的情况下才处罚未遂。例如,日本刑法第44条规定:“处罚未遂罪的情形,由各本条规定。”即刑法分则条文及其他规定具体犯罪与法定刑的法条没有规定处罚未遂时,就不能处罚未遂。瑞典刑法第23章第1条也有类似规定。

第二、三种类型可谓对未遂处罚具有例外性,即刑法原则上处罚既遂,只是例外地处罚未遂。

三、未遂成立的可能性

从刑法理论上看,究竟哪些犯罪有成立未遂的可能性,是有研究余地的。需要研究的是过失犯、结果加重犯、不作为犯、举动犯有无未遂成立的可能性。

(一)过失犯

历来的通说认为,由于过失犯都是结果犯,只有发生结果才成立犯罪,所以,过失犯没有成立未遂的余地。但另一种观点认为,过失犯也有实行行为与结果之分,因而从理论上说,过失犯也能成立未遂。这一争论涉及两个问题:一是未遂犯的成立是否以故意犯为前提,二是结果是否过失犯的本质属性。

从未遂犯的立法史来看,未遂犯的成立仅限于故意犯。例如,加罗林纳刑法第178条规定的未遂概念,就以“恶意”为必要。中世纪末的意大利法律,虽然没有关于未遂处罚的一般规定,但在具体的未遂处罚的规定中,也有“意欲”“企图”等用语。通说以此立法史为根据,说明未遂犯的成立仅限于故意犯。

通说进一步认为,结果是过失犯的本质属性。例如,Hippel 说:“过失犯的处罚,以客观上发生结果为必要,未遂犯的处罚以主观上的故意为必要,故论理上不可能有过失犯的未遂。”Eisemann 则说:“过失犯中不存在未遂的观念,因为行为的违法性是从行为的违法结果中才能认识到的。”[1]泷川幸辰进一步指出:“在当今的过失概念中,‘发生结果’不单是处罚条件,而且是构成犯罪的本质的要素。……在过失概念的现代发展阶段,不存在过失犯的未遂。”[2]但肯定过失犯的未遂的学者则认为,结果并不是过失犯的本质属性,结果的发生并没有使过失行为与其他行为相区别;对于过失犯也应考虑其实行行为与结果。过失犯的实行行为也存在着手;当已经着手实行过失行为,而没有发生结果时,就是过失犯的未遂(木村龟二、福田平)。

由于现代各国刑法一般以处罚既遂为原则,以处罚未遂为例外,在刑法中都不设处罚过失犯的未遂的规定,故无论理论上对过失犯的未遂是持肯定态度还是持否定态度,过失犯的未遂总是不受处罚的。但是,过失犯有无未遂的问题,与结果加重犯有无未遂的问题相联系。承认过失犯的未遂,旨在承认结果加重犯的未遂。

(二)结果加重犯

结果加重犯究竟有没有未遂,至今在日本还存在肯定说与否定说两种对立的观点。其中肯定说主要有以下三种主张:

第一种主张是,故意的结果加重犯存在未遂。有的学者(木村龟二)将结果加重犯分为偶然的结果加重犯、过失的结果加重犯与故意的结果加重犯。所谓偶然的结果加重犯,是指行为人对加重结果既没有故意,也没有过失,只是由于偶然原因造成了加重结果。过失的结果加重犯,则是指行为人对加重结果具有过失,或者说是对加重结果要求有过失的结果加重犯。故意的结果加重犯,就是行为人对加重结果具有故意的结果加重犯。将结果加重犯进行这种分类以及赞成这种分类的人,就认为故意的结果加重犯存在未遂。因为故意犯是存在未遂的,故意的结果加重犯对基本结果与加重结果都是故意的,所以能够成立未遂。

但有学者(大塚仁)认为,所谓故意的结果加重犯,是故意的结果犯的一种情形。换言之,结果加重犯并不包括故意的结果加重犯,因此,结果加重犯还是不存在未遂。例如,故意伤害他人进而抢劫财物的,伤害结果为加重结果,由于行为人对伤害持故意,所以是一种单纯的结果犯,如同伤害罪一样,不是结果加重犯。因为结果加重犯是实施基本的犯罪行为而导致了加重结果,行为人故意造成加重结果时,就不是“实施基本的犯罪行为而导致了加重结果”,所以不是结果加重犯;此时的未遂也就不是结果加重犯的未遂,而是一般的结果犯的未遂。不过,这种人为的限定是否符合刑法规定,则是需要研究的。

第二种主张是,行为造成了加重结果,但基本犯未遂时,就是结果加重犯的未遂(如后所述,实际上可以称为未遂的结果加重犯)。例如,行为人强奸妇女,虽然其暴力行为导致妇女伤亡,但未能奸淫妇女。在这种情况下,由于发生了加重结果,因而是结果加重犯;但基本犯仍然是未遂,故既是结果加重犯,又是未遂,因而是结果加重犯的未遂。Frank、Eb. Schmidt、Hippel、Welzel 等人持这一主张。

---

〔1〕 以上转引自[日]野村稔:《未遂犯の研究》,成文堂1984年版,第99~100页。

〔2〕 [日]泷川幸辰:《犯罪论序说》,有斐阁1947年改订版,第137页。

但持反对观点的人(如福田平)认为,结果加重犯着眼于基本行为所产生的加重结果,发生加重结果是结果加重犯的构成要件,加重结果是符合这一构成要件的结果;既然符合结果加重犯的构成要件,产生了加重结果,即使基本犯是未遂,也成立结果加重犯的既遂。[3] 再者,是既遂还是未遂,应着眼于严重结果。即应以严重结果发生与否为标准,而不能以轻微结果发生与否为标准。强奸妇女的行为致人伤亡是严重后果,发生了这种严重后果就是既遂,而不问行为人是否实际上奸淫了妇女。

第三种主张是,加重结果未发生时是结果加重犯的未遂。这种观点认为,结果加重犯是故意犯与过失犯的复合体,过失犯在理论上可以成立未遂;而既遂未遂又应以是否发生严重结果为标准,故当加重结果未发生时,即对加重结果的过失犯未遂时,就是结果加重犯的未遂。Thomsen、Kohler、牧野英一、植松正、团藤重光等人持此主张。

肯定结果加重犯存在未遂的观点,虽然理由不相同,所认定的未遂的范围也不相同,但都肯定结果加重犯有未遂。肯定说还能从刑法上找到根据。例如,日本刑法第240条规定了抢劫致死伤罪,第241条规定了抢劫强制性交等以及抢劫强制性交致死罪,[4]这两条规定的显然是结果加重犯;该刑法第243条又规定:"……第二百三十八条至二百四十条以及第二百四十一条第三项犯罪的未遂,应当处罚。"这就肯定了强盗致死伤罪、抢劫·强制性交致死罪这两种结果加重犯存在未遂。

否定结果加重犯有未遂的人则认为,结果加重犯是指实施基本的犯罪行为而导致了加重结果,因而加重其刑的犯罪,结果加重犯以发生加重结果为要件,如果没有发生加重结果,则不成立结果加重犯,也就无所谓结果加重犯的未遂;反之,只要发生加重结果,就构成结果加重犯的既遂,而不问基本犯是既遂还是未遂。

德国现在的通说肯定结果加重犯的未遂,但结果加重犯的未遂与未遂的结果加重犯所指称的是两种不完全等同的现象,不过所要讨论的问题仍然在于是否适用结果加重犯的法定刑,同时适用未遂犯的处罚规定。结果加重犯的未遂,是指行为人故意实施结果加重犯,虽然基本犯已经既遂,但没有造成加重结果。例如,行为人意图通过暴力杀害被害人的方法抢劫财物,虽然抢劫了财物,但没有导致被害人死亡。对此,应适用抢劫致人死亡的法定刑,同时适用未遂犯的处罚规定。对此没有争议。未遂的结果加重犯,则是指行为人在实施故意的基本犯时,过失造成了加重结果,但基本犯止于未遂。例如,行为人的强奸行为导致被害人死亡,但奸淫行为未得逞。第一种观点认为,对所有的未遂的结果加重犯都要适用结果加重犯的法定刑,同时适用未遂犯的处罚规定(Otto)。或者说,这种观点认为,对结果加重犯的未遂与未遂的结果加犯犯应当做相同处理。第二种观点则认为,在并非故意引起了加重结果的场合,始终都要求基本犯的完成;如果基本犯没有既遂,就不能适用结果加重犯的法定刑(Hillenkamp)。第三种观点(折中说)认为,需要根据具体犯罪的构造,判断给加重处罚提供根据的基本构成要件的典型的危险性,是基于构成要件的结果,还是基于构成要件的行为(Roxin)。例如,放火致死应当是被害人被火烧死,如

[3] 如果结果加重犯与基本犯分别构成不同的犯罪,结果加重犯的成立不依赖于基本犯的成立,这种反对观点则是相当有力的。

[4] 日本刑法第241条第1项规定:"犯抢劫罪或其未遂罪的人也犯了强制性交等之罪(第一百七十九条第二项之罪除外,下同)或其未遂罪,或者犯强制性交等之罪或其未遂罪的人也犯了抢劫罪或其未遂罪的,处无期或者七年以上惩役。"第3项规定:"因第一项之罪的行为致人死亡的,处死刑或者无期惩役。"

果放火的未遂已经导致他人死亡，就不可能适用放火致死（结果加重犯）的法定刑。再如，强奸致死时通常不是由于奸淫行为本身致人死亡，而是暴力、胁迫手段致人死亡，所以，强奸手段致人死亡但奸淫行为未得逞时，仍然要适用结果加重犯的法定刑，同时适用未遂犯的处罚规定。

（三）不作为犯

一般认为，不真正不作为犯存在未遂，例如，不作为的杀人、放火都存在未遂犯。对此几乎没有争议。

问题在于真正不作为犯是否存在未遂。通说认为，真正不作为犯是一种举动犯，与作为义务的成立同时构成既遂，即什么时候产生作为义务，什么时候就是犯罪既遂，如果没有产生作为义务则不成立犯罪，故没有考虑未遂的余地（M. E. Mayer、Eb. Schmidt、泉二新熊、大场茂马等）。

但另一种有力的观点认为，作为义务的具体成立时期，与实施违反作为义务的不作为时期之间，多少有时间上的间隔，因此，在理论上仍应肯定真正不作为犯存在未遂（牧野英一、木村龟二、佐伯千仞、野村稔等）。例如，不退去罪，被要求退去的人，在退去上要经过必要的时间，而在此之前被推出门外时，则成立不退去罪的未遂。

（四）行为犯

一种观点认为，行为犯只要求有一定的身体动静就构成既遂，故没有成立未遂的余地。另一种观点则认为，行为犯是在行为实行终了情况下就构成既遂，所以不可能存在实行未遂。但行为犯并不是一经着手即告终了，而是需要一定的时间，既然如此，就应当肯定行为犯存在着手未遂。

四、未遂犯的处罚根据

在未遂场合，并没有发生法益侵害的结果，那么处罚未遂的理论根据何在？对此，主观主义理论与客观主义理论的回答并不相同。

客观的未遂论的基本观点是，未遂犯的处罚根据在于发生了法益侵害的客观危险性；即使存在犯罪的意思，但如果没有发生法益侵害的客观危险性，也不能作为未遂犯予以处罚。因为刑法的目的是保护法益；反过来，犯罪的本质是对法益的侵害与威胁（危险），犯罪是因为侵害或者威胁法益才受处罚：既遂犯是因为行为侵害了法益而受处罚，未遂犯则是因为行为具有侵害法益的危险性而受处罚，故未遂犯都是危险犯（平野龙一、西田典之、山口厚、Hippel）。客观的未遂犯论中又存在不同的学说。

形式的客观说认为，发生构成要件结果的现实危险性或者实现犯罪的现实危险性是未遂犯的处罚根据；而是否具有上述现实危险，则应以各刑罚法规规定的构成要件为基准进行形式的判断。这种观点强调罪刑法定原则，认为作为未遂犯处罚根据的危险，是一种“定型的、类型的危险”，故危险的内容应根据刑罚法规规定的构成要件来考察，危险的有无应根据行为是否符合构成要件进行判断。

实质的客观说认为，对法益侵害的危险是未遂犯的处罚根据，而是否具有上述危险，应从实质上进行判断。实质的客观说又分为行为危险说、危险结果说与综合的危险说。行为危险说认为，作为未遂犯处罚根据的危险是“行为的危险”（行为的属性），即行为所具有的侵害法益的危险性；危险的有无应以行为时的情况为基础进行事前判断，而不考虑事后的因素。危险结果说认为，作为未遂犯处罚根据的危险是“作为结果的危险”，即行为所造成的危险状态;危险的有无应以客观情况为基础进行事后的判断。综合的危险说认为,行为的危险与作为结果的危险是未遂犯的处罚根据。因为刑法是保护法益的,只有当行为具有侵害法益的客观危险(作为结果的危险)时,才可能作为犯罪处罚;但作为结果的危险是以行为的危险为前提的,如果没有行为的危险,就没有未遂犯的实行行为。因此,一方面要区分行为的危险与作为结果的危险,另一方面成立未遂犯又同时要求具备二者。如果虽有作为结果的危险,但行为不符合构成要件,不具有行为的危险时,则不能作为未遂犯处罚。

主观的未遂论的基本观点是,未遂犯的处罚根据在于未遂行为显示出犯罪人的性格危险性的、与法相敌对的犯罪意思;如果某种行为已将这种犯罪意思表现在外部,则未遂犯的意思与既遂犯的意思没有差异;既然如此,未遂犯就应与既遂犯受到同等处罚。这种基本观点来自主观主义的犯罪理论(牧野英一、Weber、Otto)。主观的未遂论所导致的结论是,不仅未遂犯应与既遂犯同等处罚,甚至预备犯、阴谋犯也应与既遂犯同等处罚。主观的未遂论的根底,在于过度强调社会伦理价值与社会防卫。

折中的未遂论认为,未遂犯的处罚根据首先是实现犯罪的现实危险性,其次必须考虑行为人的主观内容。如西原春夫所说:“刑法的目的在于保护国民的利益,另外,又必须限定在没有不当地压迫国民的自由、权利、利益的范围内。如果这样来理解,未遂犯的处罚根据应当在二者(指主观的未遂论与客观的未遂论——引者注)的调和线上展开。即刑法的任务是保护法益,同时又以规范的形式指向人们的行为。因此,违法是侵害法益的行为违法,而不是侵害法益本身违法。行为现实地侵害了法益时,显然在上述意义上是违法的。但被禁止的行为并不仅限于这样的行为,具有侵害法益的客观的危险的行为,也必须考虑通过刑法予以禁止。未遂犯的处罚根据,正是这种行为对法益侵害的客观的危险。”[5]西原同时认为,判断客观的危险性时,不仅要考虑行为人的故意、过失,而且要考虑行为人的计划、目的等主观内容。西原的上述观点实际上是一种折中论。因为他所说的客观的危险性,不是只根据客观情况进行判断,而是要同时根据行为人的主观内容进行考察,于是行为人的主观内容也成为未遂犯的处罚根据之一。

印象说(德国的通说),也被德国学者认为是一种折中的学说(在本书看来实际上是主观的未遂犯论)。根据印象说,未遂犯的处罚根据是,行为人已经落实的法敌对意思在客观上动摇了公众对法秩序效力的信赖、扰乱了公众对法安定性的感觉。换言之,之所以处罚未遂犯,是因为行为人以其行为明确地表达他不想遵守法规范,因而使规范的效力恶化或者使人们遵守规范的信赖落空。显然,印象说建立在积极的一般预防理论基础之上。但是,印象说的内容过于易变和不确定,难以成为未遂犯的处罚根据;而且,这种学说不能区分未遂犯与预备犯(Roxin)。

上述有关未遂犯处罚根据的争论,牵涉以下一些根本问题:其一,刑法所应保护的究竟是社会伦理的价值(主观的未遂犯论),还是具体的法益(客观的未遂犯论)?其二,应受处罚的究竟是行为人(主观的未遂犯论),还是行为(客观的未遂犯论)?其三,刑法所应重视的是社会防卫(主观的未遂犯论),还是国民自由的保障(客观的未遂犯论)?其四,是采取必罚主义(主观的未遂犯论),还是采取谦抑主义(客观的未遂犯论)?

---

〔5〕[日]西原春夫:《刑法总论》,成文堂1977年版,第277页。

上述有关未遂犯处罚根据的争论，直接影响对未遂犯的具体问题的看法。其一，关于着手的认定，客观的未遂论主张客观说或以客观说为基础的折中说，即以行为对法益侵害的危险性达到一定程度或紧迫程度时为着手；而主观的未遂论一般认为，客观行为征表出行为人具有特定的犯罪意思时就是着手。其二，未遂犯与不能犯的区别，客观的未遂论严格区分未遂犯与不能犯，坚持以行为的法益侵害的危险性的有无来区分未遂犯与不能犯；主观的未遂论基本上不区分未遂犯与不能犯，充其量将迷信犯排除在未遂犯之外。其三，关于未遂犯的处罚，客观的未遂犯论或者主张不处罚未遂犯，或者主张对未遂犯必须减免刑罚；主观的未遂论则主张对未遂犯与既遂犯同等处罚；如此等等。

第二节　障碍未遂

一、障碍未遂的概念与成立条件

通常所称的未遂犯，是指障碍未遂（本书以下所称的未遂，一般指障碍未遂），即由于违背行为人意志的原因所导致的未遂。Roxin根据德国刑法第22条与第23条关于能犯未遂与不能犯未遂的规定，将未遂定义为，基于行为人的表象而加以评价的，通过现实的手段所引起的接近构成要件的危险化，或者虽然在事前可能认识到并不危险，但行为接近构成要件，根据立法者的判断多多少少使法产生震撼的规范违反。

关于未遂犯的成立条件，各国刑法理论是根据本国的刑法规定进行归纳的。例如，日本刑法理论根据其刑法第43条的规定，认为成立未遂有两个条件：一是已经着手实行犯罪；二是未遂。由于因己意而中止是中止犯的成立条件，所以，不在未遂犯的成立条件中说明“违背行为人的意志”。言下之意，如果因己意而中止，则不符合未遂犯的成立条件。[6] 德国刑法理论则根据其刑法第22条的规定，认为成立未遂有三个条件：一是行为人有犯重罪或轻罪的决意；二是已经开始实行犯罪；三是未遂。因己意而中止也是中止犯的成立条件，故也不在未遂犯的成立条件中讨论“违背行为人的意志”。

德日刑法理论一般没有注重说明作为未遂犯成立条件的“未遂”的含义。显然，未遂包含两种情况：一种情况是没有完成实行行为，另一种情况是虽然完成了实行行为但没有发生构成要件的结果。在日本，有的学者将未遂表述为“没有完成犯罪”（大谷实），有的学者表述为“没有充足构成要件”（小野清一郎），有的学者表述为“没有发生结果”（藤木英雄）。

二、犯罪的决意

犯罪决意是德国刑法理论讨论的问题。根据德国的刑法理论，未遂的主观构成要件与既遂相同，所以，未遂犯中的犯罪决意，包括实现客观构成要件的故意，以及法律所要求的其他特殊的主观要素。

德国判例认为，只有当行为人具有无条件的犯罪决意时，即行为人作出实施相应行为

〔6〕 因己意而中止是中止犯的成立条件，而“因己意而中止”与“违背行为人的意志”是相对并择一的，故在中止犯论中说明“因己意而中止”，而不必要在未遂犯论中说明“违背行为人的意志”。

的决意不取决于外部条件时(无条件的决意),才能成立未遂犯。问题是,如何认定无条件的决定?德国学者通常分三类情形来讨论。

第一种情形是未确定的故意的情形,即行为人虽然有实施构成要件行为的倾向,但还不知道自己是否打算犯罪。这种情形还不存在无条件的决意,属于“未决意”。例如,行为人将手枪对准他人,虽然形成了威胁,但还没有确定打死或者打伤他人。这种情形不可能成立杀人或者伤害的未遂犯。

第二种情形是作出的决意取决于某种条件情形。例如,医生决定给妇女实施堕胎手术,然后对妇女进行身体检查,以确定手术是否危险。如果没有危险,就实施堕胎手术。这种情形被认为具有无条件的决意。再如,德国于1968年1月曾审判过这样的案件:被告人为了兜风,意欲盗用汽车。被告人与其他共犯人一起发现两辆汽车,为了确定汽车的方向盘是否上锁,便摇动前轮。被告人当时的想法是,如果没上锁就将汽车开走。但由于两辆汽车均已上锁,便打消了盗用念头。地方法院认定,被告人的行为构成无权限使用汽车罪的未遂犯。被告人提出上诉,认为自己的行为是不可罚的预备行为,但被上诉审驳回。上述判决的理论根据是,一般的犯罪决意,都含有或多或少的假定条件,同故意包括未必的故意一样,决意也包括不确定的犯罪决意。某种条件的不确实性,只是说明决意的实现不确实,对决意本身的存在不产生影响。汽车是否上锁,与行为人是否存在决意,并没有关系,只是影响其决意的实现。日本的审判实践也肯定上述情形能成立预备犯与未遂犯。

第三种情形是保留中止的决意的情形,亦即,行为人首先作出了一个实施构成要件行为的决意,但同时考虑到在构成要件行为完成之前实施中止行为的可能性。这种情形也被认定为具有无条件的决意。例如,行为人决定奸淫幼女,并将幼女锁在一个房间,但同时决定,如幼女哭泣就将幼女放走。这种情形也认定行为人具有无条件的决意,如果行为人放走了幼女,则成立奸淫幼女的中止犯。

也有学者(Roxin)认为,虽然上述三分法能够提供一种有用指针,在内容上也具有说服力,但在某些情况下,人们应当将案件事实归入其中的哪一类,则不无疑问。进而认为,如果行为人指向实施犯罪行为的动机优于抑制的表象,即使最后还有犹豫的可能性,也应认定行为人具有犯罪的决意。一个人如果只是检讨实施犯罪的可能性,或者对作出决定犹豫不决时,就还没有形成犯罪的决意。但是,主要以实行犯罪的意思进入实行阶段的人仍然存在的犹豫,不妨碍对犯罪的决意与未遂的认定,但常常应当认定为保留中止的决意。

此外,如果某个犯罪的既遂可以由间接故意构成,那么,犯罪的决意也只需要间接故意。因为任何一个犯罪既遂都经历了或者包含了犯罪未遂阶段,未遂的主观要件与既遂的主观要件是重合的,所以,未遂所要求的故意形式就(只)是既遂所要求的故意形式。换言之,多数学者肯定间接故意的未遂具有可罚性。但少数学者认为,间接故意未遂不具有可罚性。因为法律对行为人回避结果发生的行为规定了不可罚的效果(中止犯),在间接故意未遂的场合,行为人也防卫或者回避了结果的发生,所以,同样应当放弃刑罚(Puppe)。但这种观点受到了批判。因为自动中止时行为人放弃了故意,而且积极地采取了回避结果发生的措施,而间接故意未遂的场合,既没有放弃故意,也没有积极地采取结果回避措施(Roxin)。

三、实行的着手

（一）关于着手的理论学说

从形式上说，实行的着手，是指实行行为的开始（当然，着手与实行行为是可能分离的）。但如何认定实行的着手，则存在主观说、客观说与折中说之争，这种争论实际上是对实行行为本身的争论。近年来，关于着手的争论实际上演变成对未遂犯处罚根据的争论。

关于着手的学说实际上是关于如何认定着手的学说。主观的未遂论主张主观说，客观的未遂论则主张客观说。

主观说是新派的观点。新派认为犯罪是行为人危险性格的发现，故行为人意思的危险性或者说犯罪意思被发现时就是实行行为的着手。如牧野英一指出："在从犯罪人主观侧面把握犯罪观念的要点、将犯罪理解为犯意的表现时，着手便应存在于遂行犯罪的犯意状态中。从这一点来看，能根据遂行的行为确定犯意成立时，就是着手。"〔7〕再如宫本英修说："犯罪实行的着手就是具有完成力的犯意的表动，或者说这种犯意的表动是犯意的飞跃的表动（详细说是进一步的飞跃的紧张的犯意的表动）。"〔8〕又如木村龟二指出："当行为表示出行为者的犯罪意思没有二义的、不可能取消的确实性时，就是着手。"〔9〕显而易见，他们都将行为人的犯罪意思已经表现出来作为认定着手的标准，只是对表现的程度有不同说法而已。

主观说的不合理至为明显。(1)理论的破绽。即主观说一方面认为犯罪是行为人危险性格的征表，理应根据行为人的意思的危险性认定着手。但是，主观说论者使用的"遂行的""飞跃的"概念，实际上是偷偷地在客观方面谋求着手的认定。(2)标准的含糊。"犯意的飞跃的表动"根本不能作为认定着手的具体标准；如果在认定着手时重视主观的要素，那么就丧失了实行行为所具有的区分未遂与预备的分水岭的机能，即如果根据主观说判断实行的着手，犯罪的预备行为都有可能被认定为实行行为。(3)着手的提前。根据主观说，为了侵入室内盗窃而将玻璃打破的行为就是盗窃罪的着手，以抢劫目的持枪侵入他人住宅时就是抢劫罪的着手，因为在这些场合各犯意已经明显地表现于外部了。但这种结论是难以被人接受的。(4)根基的错误。主观说将行为人的危险性格作为未遂犯的处罚根据或对象，要么以社会防卫为重点，要么采取的是将刑罚理解为教育即善的乐观主义，因而容易侵犯公民个人的自由。

客观说是旧派的观点，但其中有各种不同学说。形式的客观说（也称定型说）认为，实行的着手以实施一部分符合构成要件的行为（显示构成要件特征的行为）为必要，而且以此为足（Liszt/Schmidt、Hippel、H. Mayer、团藤重光等）。这种形式的客观说虽然可谓客观的未遂论的观点，但它是与结果相分离进行考察的，基本上只是重视行为无价值，注重刑法对社会伦理价值的保护。在此意义上说，它与主观的未遂论是比较接近的。

形式的客观说也存在缺陷：(1)没有从实质上回答什么是实行行为，也没有回答什么是着手和如何认定着手。离开犯罪本质的观点讨论实行行为，必然使实行行为成为没有

---

〔7〕［日］牧野英一：《日本刑法上卷》，有斐阁 1937 年重订版，第 254 页。

〔8〕［日］宫本英修：《刑法大纲》，弘文堂 1935 年第 4 版，第 178～179 页。

〔9〕［日］木村龟二：《新刑法读本》，法文社 1959 年全订版，第 255 页。但木村后来持主观的折中说。

边际、没有定型的抽象概念。(2)形式的客观说既可能使着手过于提前,即在缺乏处罚未遂的实质的根据时认定实行的着手。(3)形式的客观说也可能使着手过于推后。正如平野龙一和西原春夫分别所言:“从实际上看,一旦采取形式的客观说或定型说,在许多场合,实行的着手就有过于推迟的倾向。例如,杀人实行着手是扣动枪支的扳机之时,仅瞄准还不是着手;盗窃的实行着手是手伸向财物之时,甚至是开始转移他人财物时,仅接近财物或者仅物色盗窃之物时还不是着手。这确实使未遂范围过于狭窄。”〔10〕“即使从法条的文理角度出发,基于生活用语来解释符合构成要件的行为,形式的客观说也过于缩小了属于犯罪概念要素的行为的范围,导致在非常迟的时期里才能认定实行的着手,因而不妥当。”〔11〕形式的客观说论者也意识到了这一点,于是提出了补救方案。如Frank对形式的客观说进行了修正与扩张:根据自然的理解,行为人的行为与构成要件行为具有必然的紧密关联,而显得是构成要件的组成部分时,属于实行的开始(Frank 定式)。团藤重光指出:“行为自身虽然没有显示出构成要件的特征,但从整体上看,如果行为具有定型的构成要件的内容时,也不妨将其解释为实行的着手。”〔12〕根据团藤的观点,行为人实施了一部分“窃取”行为时就是盗窃罪的着手,实施了一部分“杀人”行为时就是杀人罪的着手;虽然行为自身还不具备“窃取”“杀人”的特征,但从整体上看开始实施了属于“窃取”“杀人”内容的行为时,也是盗窃罪与杀人罪的着手。但是,这种观点有自相矛盾之嫌:一是先将构成要件视为一种定型,然后又对其内容进行扩张,这便失去了定型的限定性意义;二是既然行为自身不符合构成要件,怎么可能整体上具有定型的构成要件内容呢?事实上,从形式的客观说的全部内容来看,团藤重光等学者实际上已经转向了实质的客观说。

实质的客观说(M. E. Mayer、Kohlrausch、不破武夫、平野龙一等)分为实质的行为说与结果说。实质的行为说认为,开始实施具有实现犯罪的现实危险性的行为时就是实行的着手。如大塚仁指出:“开始实施作为构成要件内容的实行行为,即开始实施对实现犯罪具有现实危险性的行为时是着手。从理论上说,只是实施了与犯罪构成要件密接的行为时还不够;但与此同时,行为是客观面与主观面的统一,因此,作为构成要件内容的实行行为,当然也必须具备其构成要件上的必要要素。”〔13〕与形式的客观说一样,实质的行为说基本上重视行为无价值,认为行为本身的反规范性是未遂犯的处罚根据。结果说则认为,当行为发生了作为未遂犯的结果的危险性时,即侵害法益的危险性达到了具体程度(一定程度)时,才是实行的着手。如平野龙一认为,之所以处罚未遂犯,是因为其行为具有发生结果的具体的危险;未遂犯是具体的危险犯,故只有当行为发生了具体的、迫切的危险时,才是实行的着手。前田雅英认为,实行行为并不意味着是形式上符合构成要件的行为,而是“具有发生结果的一定程度以上的危险性的”的行为;着手是未遂犯的违法侧面(客观方面)的问题,与未遂犯的处罚根据是表里关系,最终只能从是否发生了值得作为未遂犯处罚的危险性来“逆算”实行的着手。因此,只有当行为发生了作为未遂犯的结果的危险性时,才是实行的着手;而只有当侵害法益的危险性达到具体程度(一定程度)

---

〔10〕[日]平野龙一:《刑法总论Ⅱ》,有斐阁1975年版,第313页。

〔11〕[日]西原春夫:《刑法总论》,成文堂1977年版,第281页。

〔12〕[日]团藤重光:《刑法纲要总论》,创文社1990年第3版,第355页。

〔13〕[日]大塚仁:《注解刑法》,青林书院新社1971年版,第293页。另参见[日]大谷实:《刑法讲义总论》,成文堂2012年第4版,第364~366页。

以上时,才是作为未遂犯的结果的危险性。结果说重视结果无价值,是典型的客观主义的观点。事实上,就一般犯罪的着手而言,实质的行为说与结果说得出的结论没有区别,只是在隔离犯、间接正犯的场合,二者的结论可能存在差异。例如,行为人通过邮局将毒药寄给外地的某人,希望某人饮用后死亡。实质的行为说一般认为,行为人在寄送毒药时,就已经着手实行犯罪,因为该行为本身具有致人死亡的危险。但结果说往往认为,只有当毒药寄送到被害人家中时,才产生紧迫的危险,此时才能认定为着手实行犯罪。

除此之外,还有各种折中说。其中以主观说为基础的折中说称为主观的客观说或主观的折中说。如木村龟二在后期的著作中指出:"根据主观的客观说,应以行为人的'整体的计划'为基础,对构成要件的保护法益造成直接危险的行为明确地表现出行为人的犯罪意思时,就是实行的着手。纯主观说与主观的客观说的区别在于,前者是在行为人的犯罪意思所认识到的情况下,根据行为人的见解,认为行为人实施了实现构成要件的行为时,就是实行的着手;与此相对,后者是在行为人的犯罪意思所认识到的情况下,并非根据行为人的见解,而是实施了客观上具有直接侵害法益的危险的行为时,才是实行的着手。"〔14〕主观的折中说仍然是将客观行为作为犯罪意思的征表来考虑的,即犯罪意思明确地表现出来时才是着手,但犯罪意思只有在行为具有侵害法益的危险性时才表现出来。主观的客观说,基本上是德国的通说(Ebert、Gropp、Jescheck/Weigend、Rudolphi、Eser、Welzel/Weulke 等),亦即,既考虑行为人的想法,也考虑行为对受保护的行为客体的侵犯的直接性,综合主观与客观方面的标准。〔15〕客观的折中说则以客观说为基础。如福田平指出,行为是主客观的统一体,实行的着手也必须从主客观两个方面认定。因此,在故意犯罪的场合,主观上具有实现犯罪构成要件的意思(构成要件的故意),客观上实施一部分符合构成要件的行为时,就是实行的着手;"符合构成要件的行为"是各论中的各个构成要件的解释问题,但一般来说,是指具有实现犯罪构成要件的现实危险性的行为。

根据折中说,在判断行为侵害法益的危险性时,必须考虑行为人的犯罪计划;〔16〕而考虑的结果是,不仅犯罪故意决定法益侵害的危险性,成为主观的违法要素,而且比犯罪故意更为具体的犯罪计划也决定法益侵害的危险性,成为主观的违法要素。根据折中说,只有完全查明、证实了行为人的犯罪计划,才可能认定着手;但一旦不能证实行为人的犯罪计划,折中说就没有实践意义。

(二)关于着手的审判实践

在审判实践上,日本采取的主要是实质的客观说。日本有以下一些判决例:在侵入住

---

〔14〕[日]木村龟二:《刑法总论》,有斐阁1978年增补版,第345页。

〔15〕德国刑法理论存在一些为了解决模糊地带案件的着手的具体学说。例如,领域论认为,只要行为人侵入了被害人的保护领域,并且犯罪行为与其追求的结果发生之间具有时间上的紧密联系,就是着手。考验论认为,如果从行为人的角度来观察,行为人已经跨越了相应的界限,认为"现在已经可以开始了",那么就是已经着手了。征表论认为,如果在外人看来,行为人的行为已经可以被理解为决定违背规范了,或者说,外部的情状已经征表了实现构成要件的开端,就是着手。与之类似的非双重意义论认为,行为人的犯罪意志已经在其外部行为中非双重意义地表现出来时,即行为人的外部行为表现出行为人具有某个特定的犯罪意志时,就是着手。危险论认为,如果行为对法益造成了具体的危险,就是着手。中间动作论认为,按照行为计划,行为人的行为与实际的实现要件实现之间不再存在进一步的实质性的中间步骤时,就是着手。

〔16〕例如,甲想毒杀乙,已将毒药放入饮料中。如果甲的计划是接下来乙自己会喝饮料,那么,这时就已经着手实行了;如果甲的计划是稍后将饮料递给乙,此时则是预备。

宅盗窃财物案中,侵入被害人的住宅后,开始物色财物时,为着手;在盗窃仓库中的财物的案件中,侵入仓库的行为是着手;在扒窃案中,为了窃取被害人口袋中的钱财,用手接触口袋时为着手;侵入家用电器店后,向有现金的地方走去的行为,为盗窃罪的着手;为了强奸妇女,将妇女拉入汽车的驾驶席上时,是强奸罪的着手;行为人配置了有毒饮料后,被害人拾得后即将饮用之前,是杀人罪的着手;行为人打算先使用氯仿使被害人失神(第一行为),然后将被害人装进汽车使其连车带人坠入海中溺死(第二行为),实施第一行为时就是故意杀人罪的着手;放火行为产生了引起房屋烧毁的紧迫危险时,是放火罪的着手。

德国审判实践的主流是主观说或折中说。例如,关于盗窃罪有以下一些判决例:为了盗窃没有上锁的房屋中的财物,站在该房屋门前的行为,就是着手;为了扫除盗窃财物的障碍,将看门犬引走的行为,是盗窃罪的着手;行为人用力将被害人屋顶上的两块木板松脱,以便晚上从缝隙中进入屋内盗窃的,被认定为着手;为了给盗窃屋内财物找借口,而请求进入屋内的行为,也是着手。又如,甲想闯入被害妇女的庄园,以便既强迫与妇女性交,又盗取妇女的财物,但甲在试图撬开地下室的窗户时未能成功,因为该窗户安装了金属栏杆。法院认定甲对盗窃成立未遂,但对强奸不成立未遂。再如,行为人为了入户抢劫而揿下门铃,如果行为人已站在被害人住处的门口,并打算在被害人一开门便马上用准备好的凶器实施暴力的,则是抢劫罪的着手。几名行为人打算抢劫运送货币的银行职员,便刺穿了职员停在一个车位的汽车轮胎,在职员将要出现的地方附近等候,旨在汽车轮胎没有气、职员停车时实施抢劫,法院认定为抢劫罪的着手。行为人想击毙被害人,用步枪的枪托强行打开被害人的房门后冲了进去,但此时被害人已经从窗户逃走,联邦法院认定行为人已经着手实行杀人行为。几名行为人将燃烧瓶扔到一家咖啡屋门前,旨在促使被害人离开咖啡屋,以便可以随后直接在街上殴打被害人,但没有人离开咖啡屋,故无法实施计划中的身体伤害,法院认定为危险性身体伤害的着手。行为人为了对儿童实施性行为,要求儿童跟着自己走,但被儿童拒绝的,认定为奸淫儿童的着手。显然,德国审判实践所认定的着手时期比较早。

法国审判实践起先采取实质的客观说。例如,侵入住宅盗窃财物的案件中,侵入住宅的行为虽然能使人想象行为人具有盗窃罪的犯意,但这种行为还不是盗窃罪的着手。后来则倾向于形式的客观说与主观说。认为在类似上述案件中,侵入住宅的行为是盗窃罪的着手;为了盗窃汽车,侵入车内的行为是着手;医生承诺施行堕胎,在收取费用之后,拿着堕胎工具前往请托人家里的行为,是堕胎罪的着手。

(三)几种特殊犯罪的着手

1. 不纯正不作为犯的着手

对于不纯正不作为犯,显然不能像作为犯那样,从自然的、物理的意义上认定实行行为的着手,因而理论上存在争议。第一种观点认为,在保证人具有作为可能性的最初阶段认定着手,因为对保证人的命令存在于可以防止结果发生的最初阶段。如母亲为了使婴儿饿死而首次不喂奶时,就是着手(Herzberg、Maurach/Grössel/Zipf、牧野英一)。第二种观点认为,可以防止结果发生的最后阶段是着手,因为只需要保证人在最后防止结果发生即可(Welzel、Armin Kaufmann、中山研一)。第三种观点认为,延迟履行作为义务,导致给被害人造成直接危险或者使原来的危险增大时,才构成未遂,所以,在法益面临急迫并具体的危险时仍然不作为而导致结果可能发生时,就是不纯正不作为犯的着手(Jescheck/

Weigend、Rudolphi、Eser、Fischer、西原春夫等)。

2. 间接正犯的着手

间接正犯的实行着手,基本上存在五种观点:

第一种观点认为,被利用者开始实施犯罪行为时为间接正犯的着手(Maurach、Kadel、中山研一等)。这种观点一方面将利用者(间接正犯)与被利用者视为一个整体,所以,当被利用者着手时就是间接正犯的着手(整体性方案);另一方面以实质的客观说为基础,认为利用行为本身不能导致结果的发生,只有被利用者开始实施犯罪行为时,才具有结果发生的危险性,故应以被利用者的行为为标准判断间接正犯的着手。这两种观点的对立,涉及如何认识实行行为的问题:是从自然主义的观点认识实行行为,还是从规范主义的观点认识实行行为?19 世纪时,采取自然主义的观点,重视被利用者的行为,认为被利用者开始实施犯罪行为时为着手。20 世纪一般从规范主义的观点出发,认为利用行为的开始是着手。

第二种观点认为,利用者开始利用被利用者的行为,就是间接正犯的着手。换言之,利用者开始实施利用行为,或者说利用者在对被利用者施加影响时,就是着手(Baumann、Weber、木村龟二、团藤重光、福田平等)。这种观点被称为影响说或者严格的个别性方案。〔17〕 在这种观点看来,间接正犯中的被利用者,包括不是刑法评价对象的人(如精神病患者、没有达到责任年龄的人),将被利用者的身体动静认定为刑法上的着手实行,是不妥当的。而且,着手实行是基于实行的意思所实施的行为,在间接正犯的场合,只有间接正犯者具有实行的意思,被利用者没有实行的意思,不能认为被利用者的行为是实行行为。另外,这种观点是主观说与形式的客观说所采取的观点,主观说认为犯意在外部明确化时为着手,行为人开始利用他人时,就使犯意在外部明确化,因而是间接正犯的着手。形式的客观说认为开始实施构成要件的行为为着手,而在间接正犯中,利用行为是构成要件的行为,因此,开始实施利用行为时是间接正犯的着手。

第三种观点认为,在利用者对被利用者施加影响后,一旦放手让事实按照利用者的设想来发生(随后实现构成要件)时,就是间接正犯的着手(Jescheck、Kindhäuser 等)。这种观点被称为修正的个别性方案,其理由是,在间接正犯的场合,利用者操纵行为的流程,因而其行为起着决定性作用。利用者对被利用者施加影响时,就完成了实现构成要件之前的本质性的中间步骤;当利用者放手让事实发生时,他就做出了实现构成要件的决定,而且不需要他再实施其他行为。例如,甲将一把枪交给乙,谎称枪中没有子弹,希望乙次日用此枪吓唬丙。根据该观点,甲开始对乙说用枪吓唬丙时,还不是间接正犯的着手(根据上述第二种观点则已经着手),只有当乙拿着枪离开甲时,才是间接正犯的着手。

第四种观点认为,在一般情况下,开始实施利用行为是着手,但在利用有故意的工具时,则被利用者开始实施犯罪行为时为着手(Welzel)。这种观点试图克服上述各种观点的缺陷,但只是少数人的观点。

第五种观点认为,以被利用者的行为具有引起结果发生的现实的危险或者紧迫的危险时为着手,这种危险既可能存在于利用者的利诱行为中,也可能存在于被利用者的犯罪

〔17〕 与整体性方案不同的是,个别性方案将被利用者视为利用者的纯粹的犯罪工具,故着手与否只能取决于利用者的行为。

行为中(平野龙一、西原春夫、藤木英雄、大谷实、前田雅英等)。这种观点以实质的客观说为基础,可谓日本的通说。例如,日本审判实践也持这一观点,例如,被告人以杀人为目的,利用不知情的邮政局职员,将毒药寄往被害人。日本大审院1918年11月16日的判决认为,毒药到达被害人手中时,才是实行的着手,开始寄送的行为不是杀人罪的着手。

3. 原因自由行为的着手

对原因自由行为的着手的认定,与对于原因自由行为的实行行为(处罚对象)的认定,有着密切关系。如果认为设定原因的行为是实行行为(处罚对象),则设定原因的开始是着手。例如,行为人为了在泥醉中杀人而饮酒,该饮酒行为是实行行为,开始饮酒时就是原因自由行为的着手。认为间接正犯以利用行为为实行行为、利用行为的开始是着手的人,一般认定开始设定原因的行为是着手。如果认为引起结果发生的行为是实行行为(处罚对象),则开始实施引起结果发生的行为为着手。在上例中,饮酒不是着手,饮酒后开始实施杀人行为时才是着手。

前一种观点是形式的犯罪论者的主张,但并非没有问题。例如,行为人为了在泥醉状态中伤害他人而饮酒,但要认定饮酒行为是伤害罪的着手是困难的。根据这种观点,为了杀人而饮酒以致泥醉,因而未能杀人的,也必须认定为杀人未遂。于是,有的学者解释说,从事实上看,在泥醉状态中常常产生凶暴性,有用暴力加害他人癖性的人,为了伤害同席人而饮酒时,该饮酒行为就具有实现犯罪的现实危险性,因而可以将开始饮酒的行为,认定为伤害罪的着手。概括起来说,如果设定原因的行为本身具有侵害法益的危险性,则设定原因行为的开始为着手;如果不具有这种危险性,则不能认定为原因自由行为。但这种观点人为地缩小了原因自由行为的范围。

4. 共同正犯的着手

例如,A和B共同决定盗窃一辆摩托车。根据他们的计划,A去剪断摩托车的防盗链,然后B发动摩托车。当A正要剪断防盗链而B在一旁等着发动摩托车时,警察将二人抓获。争论的问题是,B能否作为正犯的盗窃未遂处理?

整体判断说认为,在共同正犯的场合,一部分正犯着手实行犯罪时,其他所有共同正犯均构成着手。换言之,任何一个正犯的着手时间点同时也是其他所有共同正犯同意实行犯罪的时间点,因为在共同正犯中,每个正犯的行为对其他正犯的行为都有意义。况且,在既遂的场合,任何一个正犯造成的结果必须归属于每一个共同正犯。既然如此,在未遂的场合,任何一个正犯的着手也必须认定为其他共同正犯的着手。据此,对上例中的B应当以盗窃未遂论处。

个别判断说认为,对每个决定与他人一起实施犯罪的参与人的行为,都应当单独评价,因此,共同正犯的着手应当根据单个行为人的情况进行具体判断。即使其他共同正犯已经着手实行犯罪,但尚未开始对犯罪作出贡献的行为人,不成立犯罪未遂。换言之,每个参与者只有在实施了具有独立意义行为的情况下,对他才可能按照未遂的共同正犯予以处罚;如果行为人在等待实施属于自己本应实施的那部分行为时,他什么都没有做,就不能处罚他。据此,对上例中的B不能按盗窃未遂论处。

5. 过失犯的着手

着手是实行行为的起点,过失犯是有实行行为的,因而过失犯也存在着手问题,故着手并不是故意犯罪的特有概念。一般认为,行为人开始违反注意义务时,为过失犯的着手。但是,由于各国均不处罚过失的未遂犯,所以研究过失犯的着手实际上没有多大意义。

四、未遂犯的处罚

如果刑法规定处罚未遂以分则有特别规定为限,则只有在分则有特别规定时,才能处罚未遂。在这种情况下,既遂与未遂的区别便成为罪与非罪的区别。但是,如果某罪的未遂并不受处罚,而该未遂行为符合其他既遂罪的构成要件时,则应依其他犯罪论处。在这种情况下,既遂与未遂的界限便成为此罪与彼罪的界限。例如,日本刑法不处罚非法逮捕的未遂,但如果非法逮捕的未遂构成暴行罪,则应依暴行罪处罚。

对未遂犯的处罚,有必减主义、同等主义与得减主义三种立法例和学说。

必减主义以客观主义为基础,认为未遂犯没有导致结果的发生,其危害必然小于既遂犯,因此应采取必减主义。如意大利刑法第56条第2款规定:"未遂犯之处罚程度如下:法定刑为无期徒刑的,处十二年以上有期徒刑;在其他情形下,按为相关犯罪规定的刑罚减轻三分之一至三分之二处罚之。"加拿大刑法、巴西刑法、印度刑法都是采取必减主义。

同等主义以主观主义为基础,认为刑罚作为防卫社会的手段,应着眼于行为人的危险性格,而未遂犯与既遂犯在危险性格上并没有差异,因此,未遂犯与既遂犯应同等处罚。例如,法国旧刑法第2条规定,对于重罪未遂犯,"按既遂之刑罚处罚之"。

得减主义则是主观主义与客观主义相调和的产物,认为从客观方面看,未遂犯轻于既遂犯,但从主观方面看,未遂犯并不轻于既遂犯,故是否减轻处罚,要视具体情况决定,既可以减轻处罚,也可以不减轻处罚。德国刑法、日本刑法便是如此。[18]

第三节　不　能　犯

一、不能犯的含义

不能犯的概念有不同的含义。在日本,不能犯,是指行为人认识到结果的发生,但其实施的是不具有结果发生的危险性的行为。不能犯是不可罚的行为。例如,行为人以为盐水可以致成年人死亡,而将盐水给对方饮用的行为,就是不能犯。如果行为人的行为有导致结果发生的危险性,即使客观上没有导致结果发生,也是未遂犯,而不是不能犯。据此,不能犯与未遂犯是相互排斥的概念(本书以下所称不能犯,是指不可罚的不能犯)。

德国刑法第23条第3款规定:"行为人由于严重无知,对犯罪对象或者手段产生认识错误,而不可能完成犯罪的,法院可以免除刑罚或者酌情减轻刑罚。"(以下将德国规定的这种情形称为不能犯未遂)。在德国,未遂犯分为"能犯未遂"和"不能犯未遂",进而对基于严重无知的"不能犯未遂"规定了刑罚的任意减免。但是在日本刑法及其理论中,需要区分的是"可罚的未遂"这一整体和"不可罚的不能犯"。当然,德国的不能犯未遂也并非完全等同于日本的不可罚的不能犯。

广义的不能犯,还包括事实的欠缺与幻觉犯。

关于不能犯的理论,在刑法理论上究竟处于什么地位,是一个有争议的问题。一种观

〔18〕 日本刑法典虽然规定的是得减主义,但日本盗犯防止法第2至4条则规定未遂犯与既遂犯处以同等刑罚。

点认为,不能犯是构成要件符合性的问题,即是实行行为的定型性的问题。由于不能犯从一开始就不符合构成要件,故是着手实行之前的问题。持这种观点的人一般在构成要件论中讨论不能犯。另一种观点则认为,不能犯属于实行的着手理论中的实质的危险性问题,因为是否着手是由有无结果发生的危险决定的,不能犯正是缺乏这种危险性的情况。持这种观点的人通常在未遂犯论中研究不能犯。

其实,未遂犯中的着手实行,意味着存在结果发生的危险。关于危险的判断,存在两方面的问题:一是是否存在危险,亦即,是否具有发生结果的危险性;二是危险达到了何种程度,即是否靠近了实害结果的发生。前者对应的是不能犯论,后者对应的是着手理论。有些行为具备了具体犯罪的着手的外观,但可能不具有结果发生的危险。这种情形就是不能犯。

二、不能犯的学说

所谓不能犯的学说,是指有关区分不能犯与未遂犯的标准的学说。从基本的对立点上去区分,首先可以分为主观说与客观说,前者以行为人主观上的危险性为判断基础,后者以行为客观上的危险性为判断基础。其中,根据判断标准的不同,主观说又分为纯粹主观说与主观的危险说、客观说又有具体的危险说、客观的危险说与定型说。这只是几种主要学说,事实上还有其他许多学说,如印象说、法律的不能·事实的不能说,等等。

由德国学者 Buri 率先提倡的纯粹主观说认为,既然行为人以犯罪意思实施了行为,故即使没有发生结果,通常也存在危险,应以未遂犯论处,只是迷信犯不可罚。这种学说以行为人本人认识到的事实为基础,并且以行为人本人的认识为基准判断危险的有无。如日本新派刑法学者宫本英修指出:“既然有了犯意的飞跃和表动,就不管其未能既遂的原因如何,通常应认定为未遂。因此,(纯粹主观说)是原则上不承认不能犯的学说,但迷信犯的情况不作为犯罪来处理。”[19]根据纯粹主观说,只有迷信犯属于不能犯,其他因方法不能、对象不能与主体不能而导致未能既遂的情况,都成立未遂犯。即只有意欲引起犯罪结果而采取超自然方法实施行为的,才是不能犯;意欲引起犯罪结果而采取自然方法实施行为的,都是犯罪。

纯粹主观说存在许多问题:(1)根据纯粹主观说,只要认定行为人在实施行为时意欲发生犯罪结果,就均应作为未遂犯进行处罚,这既容易导致主观归罪,又扩大了处罚范围,也与不能犯的性质相悖。(2)纯粹主观说一方面以主观主义的征表说为根据,认为犯意表现为客观行为时就是未遂犯,而非不能犯,但另一方面认为迷信犯不可罚,这也是自相矛盾的。(3)作为纯粹主观说基础的主观主义理论本身就存在缺陷,易言之,将行为人的危险性格作为科处刑罚的基础,并不科学。

由德国学者 Weber、日本学者牧野英一、木村龟二提倡的主观的危险说(抽象的危险说)认为,应当以行为人在行为当时所认识到的事实为基础,以一般人的见地来判断有无危险;如果按照行为人的计划实施行为具有发生结果的危险性,就是未遂犯;即使按照行为人的计划实施行为也不具有发生结果的危险性,则是不可罚的不能犯。例如,行为人本想用毒药杀人但错将砂糖当作毒药,如果按照行为的计划使用毒药杀人,就具有致人死亡的危险,因而是未遂犯。再如,行为人以为砂糖可以致人死亡而使人食用砂糖,即使按照

〔19〕[日]宫本英修:《刑法大纲》,弘文堂1935年第4版,第190页。

行为人的计划实施该行为也不可能发生致人死亡的结果,因而属于不能犯。与纯粹主观说一样,主观的危险说也是以行为人认识到的事实作为判断资料的,所不同的只是后者以一般人的观点来判断行为人所认识到的事实有无发生结果的危险。

主观的危险说为迷信犯不受处罚找到了根据。但此说没有考虑行为在客观上是否侵犯了法益,导致客观上完全不可能侵犯法益的行为也成立犯罪未遂。此说不是根据行为的客观事实判断该行为有无侵害法益的危险,而是根据行为人的认识内容判断有无危险。结局是,只要行为人认识到的事实"是一般人认为有危险的事实",不管客观事实究竟如何,都认定为有危险;换言之,只要行为人对实行行为有认识(有故意),不管客观上有无实行行为,都认为有危险。这显然不合适。

由德国学者 Liszt 提倡的具体的危险说(新客观说)主张,以行为当时行为人特别认识到的事实以及一般人可能认识到的事实为基础,从客观的见地、作为对事后的预测(站在行为时预测该行为事后会发生结果,也可谓事前判断),判断有无发生结果的危险。如果判断存在具体的危险,则成立未遂犯;如果判断不存在具体的危险,则属于不可罚的不能犯。例如,行为人以为硫黄可能致人死亡而使他人服用硫黄,或者以为向静脉注射少量空气可以致人死亡而注射少量空气。尽管从科学的观点来看没有发生死亡结果的危险,但由于一般人感到有危险,故应成立未遂犯,而非不能犯。在行为人以为手枪中有子弹而故意开枪,实际上手枪中没有子弹的情况下,要根据一般人是否感到有危险作为判断基准:如果行为人夺取执勤警察的手枪后开枪,即使手枪中没有子弹,一般人也会感到有危险,因而成立未遂犯;如果一般人一看便认为行为人所使用的手枪没有子弹,不会感到有危险,就属于不能犯。行为人意欲以毒药杀人,但因将药名弄错买回了营养药而非毒药,于是以杀人故意将该营养药给他人饮用时,由于一般人不会认为这种情况有危险,故成立不能犯。又如,在以为是活人而向尸体开枪时,如果在当时的情况下一般人认为对方是活人即一般人认为有致人死亡的危险,则成立未遂犯;如果行为人认为是活人,而一般人在当时的情况下均认为是尸体,则成立不能犯。以盗窃的故意扒窃没有财物的口袋时,如果一般人在当时的情况下认为口袋里没有财物,则属于不能犯;如果一般人认为口袋里可能有财物,就构成未遂犯。〔20〕

具体的危险说也不是十全十美的学说。(1)具体的危险说具有不明确性。首先,具体的危险说主张以行为人特别认识到的事实与一般人可能认识到的事实作为判断资料决定行为是否具有危险性,但如果行为人特别认识到的内容与一般人可能认识到的内容不一致时,就不明确究竟以什么事实作为判断资料。其次,具体的危险说均主张以一般人的判断为基准决定行为是否具有危险性,但是,实际上并不明确"一般人的判断"基准是什么。(2)具体的危险说主张以行为人特别认识到的事实及一般人可能认识到的事实为判

---

〔20〕 此外,定型说也被归入具体的危险说。定型说认为,由于刑法中的构成要件行为,必须具有发生构成要件结果的一般危险,一般来说,在实质犯中,不具有发生结果的危险的行为,即不能完成犯罪的行为,就不是实行行为,属于不能犯。换言之,如果行为不具有构成要件的定型性,就是不能犯;反之,具有构成要件的定型性,则是未遂犯(小野清一郎、团藤重光)。对定型性的判断,应在行为时一般人所认识、预见的事实,以及行为人实际上所认识、预见到的特别事实的范围内,以具体状况为基础,从科学的观点以及社会的一般观念,来判断行为是否具有发生结果的危险,判断行为是否具有构成要件的定型性。在对具体案件的判断上,定型说与具体的危险说没有实质的区别。

断资料,因此在以行为人特别认识到的事实为判断资料这一点上,与主观的危险说得出的结论相同,容易导致以行为人认识的有无来决定危险性的有无。(3)具体的危险说主张以行为当时一般人的判断为基准决定是否存在危险性(事前判断),而完全不考虑事后判明的情况,这不科学。刑事诉讼法设立了鉴定制度,而鉴定都是在事后进行的,鉴定制度意味着应当考虑事后判明的情况。(4)具体的危险说与刑法保护法益的目的相矛盾,而且导致对连科学上完全没有危险的行为也肯定其危险性,这便扩大了处罚范围。以一般人的判断为基准决定有无危险性,就意味着脱离客观事实进行判断。不难看出,根据具体的危险说,刑法不是保护法益而在于保护一般人的安全感。这显然不合适。(5)具体的危险说在某些情况下也可能导致缩小处罚范围。即根据科学的因果法则,某种行为具有侵害法益的危险性,而在一般的社会通念还没有意识到这一点时,如果彻底坚持具体的危险说,则应认为这种行为没有危险性,不能作为未遂犯处罚。

德国著名的刑法学鼻祖 Feuerbach 最先提倡的客观的危险说(纯粹客观说)认为,行为人所意欲的侵害结果一开始就不可能实现(绝对不能)时,没有危险性,成立不可罚的不能犯;行为自身虽然具有实现侵害结果的可能性,但在特定状况下未能发生侵害结果(相对不能)时,具有危险性,成立未遂犯;在认定是绝对不能还是相对不能时,应以行为时存在的一切客观情况为基础或资料,事后以科学的因果法则为标准进行判断。据此,行为人误将砂糖当成毒药给他人饮用的,属于绝对不能,成立不能犯。因为根据科学的因果法则,将砂糖给他人饮用的行为,在任何情况下都不可能造成他人死亡。行为人以杀人故意将没有达到致死量的毒药给他人饮用的,则属于相对不能,成立未遂犯;但如果毒药的量极少,则有可能属于不能犯。行为人以硫黄杀人时,由于在科学法则上缺乏作为杀人手段的性质,故属于绝对不能,成立不能犯。行为人使用没有子弹的手枪向他人射击时,由于事后确认该手枪中没有子弹,以此事实为基础进行判断,只能得出绝对不能的结论。在对象并不存在的情况下,行为人所实施的行为(如误将尸体当活人而开枪),通常成立不能犯。

客观的危险说存在以下问题:(1)客观的危险说认为行为绝对不能造成结果时为不能犯、行为相对不能造成结果时为未遂犯,但绝对不能与相对不能之间的区别本身就是不明确的。(2)客观的危险说主张根据行为时的一切客观的、具体的情况为基础,并考虑事后判明的事实,再根据科学的因果法则进行事后判断,但这种判断的结局是,所有没有造成结果的行为都是绝对不能,因而所有的未遂犯都成为不能犯。因为对事物的经过进行事后的、科学的考虑时,一切都是必然的,没有发生结果也都是必然的。使他人吞服毒药但后来他人因服用解毒剂而得救的、因没有瞄准而没有打中他人的、由于被害人移动身体而没有打中的,都是符合因果法则的必然结论,只是行为当时行为人没有预测到而已。在这个意义上可以说,所有的未遂犯都是不能犯。因此,既然现行刑法的立场是承认未遂犯,那么,就不允许进行事后的科学判断(西原春夫)。(3)客观的危险说还过于缩小了未遂犯的处罚范围,这虽然符合刑法谦抑性的要求,但是否符合保护法益的目的,则存在疑问。

正因为客观的危险说存在问题,故许多学者对该说进行了修正。如有学者提出,在侵害结果没有发生的场合,根据科学的因果法则事后考虑假定存在什么事实(假定的事实)时才能发生侵害结果,再考虑这种假定的事实有无存在的可能性,进而决定有无具体危险(山口厚)。有学者认为,判断有无危险时,只能以行为时存在的一切客观事实为基础,但如果彻底实行事后判断,则所有的危险犯都将成为不能犯,而立法者作出了能够以行为时的一定危险为根据进行处罚的政策决定。因此,在政策上有必要事前作为未遂犯处罚的场合,应当以行为时存在的一切客观事实为基础,以行为时作为判断时点,判断"从行为时来看结果发生的合理(科学)概率";在进行危险性判断时,没有必要连细微的具体情况也考虑,对客观事实有必要进行某种程度的抽象化;对危险性的判断,不是以神的眼光进行判断,而是以人的眼光进行判断,所以,结果的发生要以概率的形式来表现,结果的发生也才具有可能,不致使所有的未遂都成为不能犯(前田雅英)。有人主张,应以客观的危险说为基础,以具体的危险说为补充进行判断(内田文昭)。

如前所述,德国刑法在未遂犯问题上采取了主观的未遂犯论,但主观的未遂犯论不能说明为什么由于严重无知而实施的未遂犯的可罚性小于其他未遂犯的可罚性,也不能说明为什么刑法不处罚所有的未遂,更不能说明为什么对未遂犯的处罚没有等同于对既遂犯的处罚。于是,德国刑法理论从未遂的应受处罚性的角度讨论未遂犯的处罚根据,形成了印象理论。即虽然坚持主观的未遂论的立场,但同时对其作出限制:只有当行为影响了公众对法律效力的信任,或者动摇了公众对法秩序有效性的信赖时,才具有未遂犯的可罚性。概言之,印象理论以动摇对法律效力的印象来解释德国刑法第22条的"直接着手",并说明对重大无知的不能犯未遂的减免处罚规定。但是,行为何时造成影响法律效力的印象,并不明确。

不难看出,上述各种学说主要对危险的判断资料、判断基准时与判断标准存在不同看法。纯粹主观说的判断资料是行为人认识的事实,判断基准时是行为时,判断标准是行为人本人;主观的危险说的判断资料是行为人认识的事实,判断基准时是行为时,判断标准是一般人;具体的危险说的判断资料是一般人认识的事实与行为人特别认识的事实,判断基准时是行为时,判断标准是一般人(多数说);客观的危险说的判断资料是所有的客观事实,判断基准时是裁判时(事后判断),判断标准是科学的因果法则;修正的客观危险说的判断资料是所有的客观事实,判断基准时是行为时,判断标准是科学的一般人。

下面主要就主观的危险说、具体的危险说与客观的危险说(包括修正的客观的危险说)的分歧举例如下。情形一:一般人(可能)认识到枪中有子弹,行为人认为枪中没有子弹,实际上枪中有子弹。主观的危险说认为是不能犯,具体的危险说与客观的危险说认为是未遂犯(有无故意是另一问题)。情形二:一般人认识到枪没有子弹,行为人认为枪中没有子弹,实际上枪中有子弹。主观的危险说认为是不能犯,具体的危险说认为是不能犯,客观的危险说认为是未遂犯(有无故意是另一问题)。情形三:一般人(可能)认识到枪中有子弹,行为人认为枪中有子弹,实际上枪中没有子弹。主观的危险说认为是未遂犯,具体的危险说认为是未遂犯,客观的危险说认为是不能犯。情形四:一般人认识到枪没有子弹,行为人认为枪中有子弹,实际上枪中没有子弹。主观的危险说认为是未遂犯,具体的危险说认为是不能犯,客观的危险说认为是不能犯。情形五:一般人(可能)认识到枪中有子弹,行为人认为枪中没有子弹,实际上枪中没有子弹。主观的危险说认为是不能犯,具体的危险说认为是未遂犯,客观的危险说认为是不能犯。

在日本的审判实践上,被认定为不能犯的情况有:对已经死亡的胎儿施行堕胎手术的;以杀人的意思将硫黄粉末拌入酱汤给被害人喝的,该行为对杀人罪而言是不能犯,但成立伤害罪;手榴弹长时间埋在地下,丧失了本有的性能,不能引发爆炸,导致杀人未能成功的;意欲制造兴奋剂,但所使用的原料不可能制造出兴奋剂的。在日本的审判实践上被认定为未遂犯的情况有:以杀人目的,将没有达到致死量的毒药投入被害人饮料中的;以杀人为目的,将氰酸钾投入被害人的炊具中,使做出的米饭呈黄色、具有臭味的;将没有达到致死量的空气注入被害人静脉中的;向口袋中没有钱财的人实施盗窃行为的;向警察开枪而枪中没有子弹的;原材料能够制造出毒品,但制造时添加的原材料没有达到足够量的;如此等等。

三、不能犯未遂

如前所述,德国刑法第 23 条第 3 款规定:“行为人由于严重无知,对犯罪对象或者手段产生认识错误,而不可能完成犯罪的,法院可以免除刑罚或者酌情减轻刑罚。”该规定于 1975 年增加,其实际意义虽然很小,但体系上的影响很大,使得人们认为德国刑法采取了主观的未遂犯论。尽管如此,还是有不少学者主张将没有危险的情形排除在外(Graf、Dohna),或者主张对该规定进行限制性解释(Hirsch)。需要说明的是,其中的“严重无知”并不包括迷信犯的情况,换言之,迷信犯并不成立不能犯未遂。“严重无知”,是指行为人就有关行为对象或者行为手段(工具)的一般性因果关联存在极为怪异的想法,或者说完全违背了人们的日常生活经验。例如,行为人以为只要让健康的被害人喝下葡萄糖,被害人就会死亡,于是投放了葡萄糖。再如,行为人以为用手枪就可以击落高空飞行的航空器,于是开枪射击。这些行为都成立不能犯未遂。

韩国刑法第 27 条也规定:“因实行的手段或者对象错误,致使结果不可能发生,如果存在危险性,仍予处罚。但可以减轻或者免除处罚。”显然,韩国刑法规定的不能犯未遂,完全不同于德国。据此,因手段错误或者对象错误导致行为不具有发生结果的危险性的,则属不可罚的不能犯。

四、事实的欠缺

事实的欠缺,也称为构成要件的欠缺,是由 Dohna 等人提出的概念。该概念与不能犯相关联,但其内容并不一定明确,一般是指本来欠缺构成要件要素中(关于因果关系的部分除外)的犯罪的主体、客体、手段、行为状况等要素,但行为人误认为存在这些要素的情况。

主体的事实欠缺,主要是指行为人本不具有特殊身份,但误认为自己具有特殊身份,从而实施身份犯罪的情况。例如,行为人本来不是公务员,但误认为自己是公务员而收受贿赂的,就属于主体的事实欠缺。

客体的事实欠缺,主要是指行为的客体并不存在,而行为人误认为存在,从而实施某种行为的情况。例如,杀人罪的客体是活人,在实际上并不存在活人的时候,行为人误认为存在而实施杀人行为。再如,行为人误将自己占有的财物当作他人占有的财物而“盗窃”。[21]

手段的事实欠缺,主要是指对所使用的手段发生错误,不能导致结果发生。例如,行为人以为砂糖可以致人死亡而使用砂糖“杀人”。[22]

行为状况的事实欠缺,是指本来不存在某种状态,而行为人误认为存在。例如,日本

---

〔21〕 按照事实欠缺的理论,行为人为盗窃他人财物而将手伸进他人的空口袋时,属于未遂,而“盗窃”自己占有的财物时,属于事实的欠缺。

〔22〕 如果本想使用毒药但误将砂糖当作毒药,则是不能犯的问题。

刑法第114条规定,在发生火灾时,隐匿或损坏救火用具的,是犯罪行为。本来没有发生火灾,但行为人以为发生了火灾,而损坏救火用具的,就属于行为状况的事实欠缺。

事实的欠缺与不能犯究竟是什么关系,或者说,是否所有的事实欠缺都不可罚,是值得研究的问题。虽然一般认为,事实的欠缺是不可罚的,但有人提出了不同看法。例如,Dohna认为,在关于客体的事实欠缺中,只有当客体根本不存在时才是不可罚的;Welzel、Stratenwerth认为,只有主体的事实欠缺才是不可罚的;Roxin、Jakobs等人则认为,只有在真正身份犯的场合,行为人误以为自己具有特殊身份的,才不受处罚;德国的多数学者认为,手段的事实欠缺,是不可罚的。还有人否认事实的欠缺的概念,认为所有事实的欠缺的场合,都是应当受处罚的(牧野英一)。

在肯定事实的欠缺概念的基础上,如何认识其不可罚的根据,也有不同看法。Beling认为事实的欠缺属于幻觉犯,因而不可罚;Frank认为事实的欠缺是因为行为人发生认识错误而不罚;M. E. Mayer与泷川幸辰认为事实的欠缺缺乏违法性。大塚仁认为,事实的欠缺是构成事实的欠缺,因而不是幻觉犯;行为人发生认识错误时,也不能否认存在未遂犯;对事实的欠缺可罚与否应从构成要件符合性上去解释。在犯罪的主体、手段、行为状况的事实的欠缺时,由于这些要素是构成要件的必要要素,因而欠缺这些要素就不具有构成要件符合性,因而不可罚。但是,客体的事实欠缺则不能一概认为不可罚,要根据具体的危险说进行判断。

五、幻觉犯

所谓幻觉犯,是指某种事实并不违法,但行为人误认为违法。例如,行为人明知对方是已满14岁的少女,且少女自愿与之发生性交。行为人以为在上述情况下与之性交是违法的,实际上该行为并不违法。可见,幻觉犯属于行为人对规范方面的认识错误。由于行为人的行为在法律上不是犯罪,因而是不可罚的。

幻觉犯与法律的错误不同。法律的错误,是指某种事实本来是违法的,但行为人误认为不违法。例如,行为人知道女方不满14岁,但认为得到了女方的同意而发生性交时就不违法,在得到女方同意的情况下发生了性交。可见,法律的错误也是关于规范的认识错误,但与幻觉犯正相反。

幻觉犯与狭义的不能犯相异。狭义的不能犯,是指本来不存在违法的事实,但行为人认为存在。例如,行为人认为女方只有14岁,而与之发生性交,实际上女方已有15岁。可见,不能犯是对事实的认识错误。

幻觉犯与事实的错误有别。事实的错误,是指本来存在违法事实,但行为人误认为不存在。例如,女方只有12岁,行为人认为女方是高中生,在得到其同意的情况下发生了性交。事实的错误是对事实的认识错误,这与幻觉犯不同。

第四节　中　止　犯

一、中止犯的概念

如前所述,不管各国刑法是否将中止犯归入未遂犯,但中止犯本身是与障碍未遂犯有严格区别的,刑事立法与刑法理论都肯定了这种区别。

一般认为,所谓中止犯,是指已经着手实行犯罪,但基于自己的意志而阻止犯罪完成的情况。中止包括两种类型,一是已经着手实行犯罪,但在实行行为终了之前,基于自己的意志而停止实施犯罪行为;二是在实行行为终了之后,结果发生之前,基于自己的意志,采取某种措施防止了结果的发生。

与对障碍未遂采取得减主义不同,多数国家刑法规定对中止犯采取必要减免主义,有的国家(如德国)刑法规定对中止犯不处罚。因此,认定是否成立中止对行为人具有重大意义。

二、中止犯减免刑罚的根据

为什么对中止犯必须减免刑罚的问题,实质上是中止犯的法律性质问题。理论上存在形形色色的观点,不同观点会对中止犯成立条件产生直接影响。下面区分日本路径与德国路径来讨论。

(一)日本学说

1. 政策说

一般预防政策说原本是 Liszt 提倡的观点,这一观点认为,刑法规定对中止犯减免刑罚,是基于防止犯罪这一政策理由,即是为了给走上犯罪道路的人架起一道“返回的金桥”(金桥理论)。特别预防政策说是日本学者牧野英一、木村龟二的观点,这一观点也认为刑法规定对中止犯减免刑罚是基于防止犯罪这一政策理由,但它着眼于特殊预防,即认为中止犯的人身危险性减少或消灭了,因而减免刑罚。但是,政策说存在问题。例如,根据政策说,仅在知道刑法规定了中止犯的人中间才产生减免效果,但事实上并非如此。再如,“根据刑事政策说,犯罪论的评价与科刑可以分离,故区别刑罚的减轻与免除的理由基准在哪里,还有疑问”。〔23〕

2. 法律说

违法性减少、消灭说认为,基于自己的意志而中止犯罪,使得违法性减少或者消灭。其中,承认主观的违法要素的见解认为,行为人的主观要素对违法性产生影响,行为人任意中止犯罪行为时,这种主观要素说明行为的违法性减少、消灭了(Hegler、平野龙一、福田平)。不承认主观的违法要素的见解认为,实行的着手现实地发生了危险状态的违法性,但任意的中止使已经发生的违法性减少或者消灭(中山研一、内田文昭)。但是,其一,如果违法性已经发生,就无法在事后减少或者消灭。其二,如果违法性消灭,就表明行为没有违法性,不能成立犯罪,这与减免刑罚是有矛盾的。其三,这一学说不能说明共犯的中止。违法是连带的,责任是个别的。如果中止使违法性减少,则共犯中一人中止时,对其他共犯人也应减免刑罚,这显然不合适。

责任减少、消灭说认为,基于自己的意志而中止犯罪,使有责性减少或者消灭。其中,基于人格责任论立场的见解认为,中止行为显示的行为人的人格态度使其责任减少或者消灭,故减免刑罚(团藤重光)。基于结果无价值论的见解指出,在行为已经产生了既遂的具体的危险而又没有达到既遂这一点上,中止犯与障碍未遂犯相同,两者的区别仅在于没有既遂是否基于自己的意志。这种主观要素,并不是使违法性减少或者消灭,而是使责任减少或者消灭(内藤谦、曾根威彦)。但是,仅仅着眼于责任减少,不能完全说明对中止

---

〔23〕 [日]曾根威彦:《刑法の重要问题》(总论),成文堂2005年第2版,第276页。

犯减免刑罚的理由，而且这种观点常常要求中止行为必须基于悔悟等伦理动机，这将使中止犯的成立范围过于狭小。

违法、责任减少、消灭说认为，因着手而一度产生的违法与责任，由于中止行为而减少或者消灭，因而减免刑罚（佐伯千仞）。其中将故意作为主观的违法要素的见解认为，中止行为使故意丧失实效性，因而导致违法性减少；而且，任意中止的决意，也使法敌对性减弱，进而使责任减少（川端博）。与此相似的危险消灭说认为，在具体的被害法益遭受未遂犯引起的危险时，为了对该法益进行救济，奖励消灭“引起既遂结果的危险”，刑法设置了纯粹政策性的规定。但是，在行为人没有认识到自己的行为消灭了危险时，不值得给予奖励，故不能肯定中止犯的成立（山口厚）。

3. 并合说

并合说认为，上述任何一种观点，都不可能说明对中止犯减免刑罚的理由，只有将上述观点合并起来进行考虑，才能说明对中止犯减免刑罚的理由。刑法规定中止犯不处罚时，采取以政策说为基础的并合说；刑法规定中止犯减免刑罚时，采取以法律说为基础的并合说。但并合说之间还存在激烈争论。

（二）德国路径

在德国，法律说大体上是19世纪的学说，早已退出历史舞台。金桥理论也只是在德国帝国法院的判例中占主导地位，现在已经处于边缘地位。

德国当下占主导地位的是刑罚目的理论，主要有两种观点。第一种观点认为，在中止犯的场合，由于没有发生犯罪结果，所以没有积极的一般预防的必要；又由于行为人在关键时刻回到了忠实于法规范的立场，因而也没有特殊预防的必要，于是，对中止犯免除处罚。“从积极的一般预防的角度看，这意味着：行为人通过其中止已经表示出，他想认可规范，因而没有使得公众对规范效力的信任落空，也就不需要加以处罚。”〔24〕第二种观点认为，对中止犯之所以免除处罚，是因为没有一般预防的必要性。因为中止犯的行为人在关键时刻以自己的具体行动回到合法性立场，证明了法的有效性，即使不处罚也不会损害刑罚一般预防的目的。根据第一种观点，一般预防必要性与特殊预防必要性的同时丧失，是中止犯免除处罚的根据。根据第二种观点，即使具有特殊预防的必要性，但只要没有一般预防的必要性，就能成为中止犯免除处罚的根据。

显然，上述观点与对刑罚正当化根据的理解相对应。如果认为刑罚的正当化根据是积极的一般预防与特殊预防，那么就会采取第一种观点。例如，Roxin所主张的综合预防论，就是积极的一般预防与再社会化（重返社会）意义上的特殊预防的统合。Roxin指出，法治社会有两个对立目标的设定，保护社会与保障自由，必须使二者处于良好的均衡状态。为了保护社会，必须进行积极的一般预防。与此同时，必须保障犯罪人的人权，不能将具有受刑经历的人排除在社会之外，而必须使他们享有重返社会的机会。所以，刑罚的目的是一般预防与再社会化意义上的特殊预防。于是，Roxin认为，中止犯免除处罚的根据是没有一般预防与特殊预防的必要性。反之，如果认为刑罚的正当化根据只是积极的一般预防，就会采取第二种观点。

由于德国刑法规定对中止犯免除处罚，又由于中止犯在中止之前所形成的不法与责

---

〔24〕［德］乌尔斯·金德霍伊泽尔：《刑法总论教科书》，蔡桂生译，北京大学出版社2015年版，第302页。

任是客观存在的,而不可能消除,所以,只能从缺乏预防目的角度讨论中止犯免除处罚的根据。于是,刑罚目的说成为德国刑法理论的通说。除此之外,德国还有其他学说。

行为变更说是 Jakobs 的主张。Jakobs 认为,既遂犯的不法,不在于法益侵害,而在于规范侵害,即实施了不被允许的危险行为。同样,未遂也是实施了不被允许的危险行为,未遂也是完全的规范侵害。中止犯的特殊性在于仍然处于正在进行的状态,因而是具有变更可能性的行为。中止是已经存在可罚的行为之后所实施的"事后行为",它虽然不能消除未遂的不法性(一旦产生了未遂这一事实,就不可能由中止溯及消灭),但可以终止未遂阶段。在中止的场合,规范侵害只是短时间存在。规范侵害的阶段短暂,正是行为人中止行为的业绩。虽然中止还有"残存的不法",但仍有可能放弃刑罚。此说没有说明"为什么有残存的不法,却可以免除刑罚";再者,"行为变更可能性"对说明中止犯的成立条件也不具有明确的意义。

责任(债务)履行说是 Herzberg 的主张。此说认为,行为人实施不法行为后,缓解了不法行为,履行了恢复原状的义务时,刑罚威慑便是无用的。但是,此说缺乏说明力,也不能解决中止犯成立条件的问题,因而几乎没有支持者。

危险化的逆转说是 Jäger 的主张。此说将中止行为定位于与犯罪构成要件相反的"免除处罚的构成要件"。从预备行为开始到既遂为止,危险是不间断地上升的。未遂所产生的危险并不因为中止而被否定;中止行为中断了未遂的危险或者使其不转变为事后的损害。换言之,中止者的功绩在于去除了未遂的危险,因而去除了未遂的效果。可是,与其说中止行为中断了未遂的危险,还不如说中止行为中断了既遂的危险。

三、中止犯的成立条件

德国刑法第 24 条分别规定了单个行为人的中止与数个参与者的中止。就单个行为人的中止来说,首先要判断的是行为是否已经成立障碍未遂,如果没有成立障碍未遂,就进一步区分行为是否实行终了;如果未实行终了,就判断行为人是否放弃了犯罪;如果已经实行终了,就判断行为人是否阻止了犯罪既遂,或者是否为阻止犯既遂做出了真挚的努力;最后再判断行为人是否具有任意性(自愿性)。就数个参与者的中止而言,首先判断的也是行为是否已经成立障碍未遂,如果没有成立障碍未遂,就进一步区分判断行为是否既遂;如果没有既遂,就判断参与人是否阻止了犯罪既遂,或者是否为阻止犯罪既遂做出了真挚的努力;如果已经既遂,就判断参与人是否为阻止犯罪既遂做出了真挚的努力;最后再判断参与人是否具有任意性(自愿性)。

日本刑法理论就中止犯的成立条件,通常讨论如下几点:一是中止的任意性,二是有中止行为,三是结果没有发生,四是中止行为与结果不发生之间具有因果关系(尚有争议)。此外,如果刑法将中止规定为未遂的一种,即如果未遂包括障碍未遂与中止未遂,则中止也必须是已经着手实行犯罪,但预备罪中能否存在中止,也是值得研究的问题。

(一)任意性

中止行为的任意性,就是要求基于行为人自己的意志而中止,进一步说,就是要求在没有外部障碍的情况下,行为人基于自由的意志决定而中止犯罪。但是,究竟应当如何理解基于自己的意志而中止,则存在很大的争议。

1. 关于任意性的学说

关于任意性的学说,大体上可以分为心理的方法(心理的任意性概念)与规范的、评价的方法(规范的任意性概念)。主观说、客观说、客观的主观说属于前者,限定的主观说、主观的价值生活说、犯罪人理性说等属于后者。

(1)主观说

此说认为,如果行为人的中止动机是基于对外部障碍的认识(表象),则是障碍未遂;除此之外就是任意的中止。其中颇有影响的是 Frank 公式——中止是能达目的而不欲,未遂是欲达目的而不能。Schroder 则认为,基于自律的动机(自由选择的结果)而放弃的,是中止;基于他律的动机(强制状态的结果)而放弃的,是未遂。

这一学说的特点在于强调行为人中止犯罪必须不是基于对外部障碍的认识,否则就是未遂。但是这一学说存在问题。因为从主观上说,中止是一种积极的态度,这就需要考虑行为人中止犯罪的动机。根据这一学说,若行为人虽然暂时中止犯罪,但并没有放弃犯罪意图,而是等待有利时机的,也成立中止。此外,当本不存在外部的障碍,而行为人误认为存在时,此说可能认定为中止;反之,当本来存在外部障碍,而行为人在没有认识到的情况下中止犯罪时,此说可能认定为未遂。再者,Frank 公式中的"能"与"不能"如何认定,也是不明确的。至少可以在两个意义上解释"能"与"不能":一是指伦理的可能性,二是心理的、物理的可能性。例如,儿子决意杀害父亲且已经向父亲瞄准,但没有开枪。如果单纯从心理的、物理的角度来说,开枪是可能的;如果从伦理的角度来说,开枪是不可能的。

(2)客观说

此说认为,对没有完成犯罪的原因,应根据社会的一般观念,进行一般的客观的评价,判断是否存在障碍。其具体标准是,如果在这种场合对一般人不会产生强制性影响,而行为人中止了犯罪的,就成立中止;反之如果在这种场合能给一般人产生强制性影响,则是未遂(西原春夫、前田雅英等)。这一见解曾经是日本刑法理论的通说,日本审判实践也曾采用过这一观点。

这一学说的特色在于,从客观上判断行为人是否基于自己的意志而中止,因而受到了批判。即本来是一种主观的内心状态,却只从客观方面进行判断,从方法上说就存在问题。

(3)客观的主观说(新客观说)

此说以主观说为基础,客观地判断行为人对外部事实的现实认识过程,如果行为人认为能够既遂即中止的,就具有任意性。换言之,以行为人的主观认识为基础,客观地判断能否既遂、是否不希望既遂(福田平、香川达夫)。

此说仍然没有说明,为什么"客观地"判断任意性这种"主观的"内容。另外,此说也存在主观说的缺陷。

(4)限定的主观说(规范的主观说)

此说对上述主观说在动机上进行了限定,认为只是在基于广义的后悔这种内心的障碍的场合,才能认为是基于自己的意志的中止。所谓广义的后悔,包括悔悟、悔改、惭愧、同情等心情,基于这种心情而中止犯罪的,才是基于自己的意志的中止(佐伯千仞、中山研一、内田文昭、西田典之)。

这一学说从行为人的主观内心状态说明任意性,从方法上说应当认为是正当的。但此说将任意性与伦理性相混同,导致对中止的认定过于严格,在许多情况下,行为人虽然不是基于广义的后悔而中止犯罪的,也应认为是中止。

(5)主观的价值生活说

此说由 Schmidhauser 提倡,基本观点是,任意性的判断基准是行为人的主观的价值生活。继续实现行为人的企图对行为人无价值时,放弃继续实施的,不具有任意性;在考虑了所有契机的前提下,继续实现行为人的企图对于行为人并非无价值时,放弃继续实施的,具有任意性。据此,中止的任意性的判断必须以行为人的认识为基准,从行为人的体验中去把握,其中重要的是行为人的欲求、嫌厌或者愉快与不愉快的认识。概言之,要对行为人在生活中形成的主观价值这一基准,与理性的、一般社会承认的基准进行对比,基于主观价值的认识而形成的决断,被理性的行为克服时,就具有任意性。所以,中止犯不受处罚的根据在于,通过克服其主观价值进行了理性的自我调整。

这一学说受到的批判是,没有说明为什么主观价值的认识与理性之间的对比,成为任意性与非任意性的区分根据,而且其判断标准并不明确。

(6)犯罪人理性说

Roxin 否认心理的任意性概念,将犯罪人理性作为任意性的判断基准。犯罪人理性不同于常人的理性,犯罪人非常冷酷,但会周密地考虑其具体行为的计划及其得失。犯罪人理性地放弃犯罪时,不具有任意性;反之,不理性、不合情理的放弃,则具有任意性。例如,以为被发觉而放弃的,对于犯罪人而言是理性的,因而不具有任意性。反之,实施犯罪行为时,没有任何具体的原因,只是突然感到强烈的恐惧而放弃的,对于犯罪人而言(根据犯罪人之间的规范),属于非理性的行为,因而具有任意性,成立中止。同样,基于羞耻心、后悔等而放弃犯罪的,都属于非理性的行为,成立中止。在判断放弃犯罪是否基于犯罪人理性时,犯罪人心理动机的强弱不是决定性因素。例如,在犯罪人以为被发觉而放弃犯罪时,即使他认为还存在可以继续完成犯罪而不受处罚的机会,也不具有任意性。反之,因为感到恐惧而放弃犯罪时,即使恐惧心理达到了无法克服的程度,也具有任意性。

可是,犯罪人理性说存在诸多问题。其一,犯罪人理性的概念本身缺乏严密性,因而容易导致认定的随意性。其二,根据 Roxin 提出的判断基准,越是冷酷的犯罪人越容易肯定其任意性。其三,犯罪人理性说难以适用于实行终了的中止。

2. 关于任意性的具体问题

对中止犯的任意性的理解与认定,除了在一般学说上存在争论外,在一些具体问题上也有不同看法。

第一,中止动机的伦理性。限定的主观说认为,任意性以中止动机的伦理性为前提。但通说认为,任意性的成立不以中止动机的伦理性为必要。当然,如果中止动机具有伦理性,则能肯定任意性。德国的刑法理论认为,不能从伦理上对任意性加以规定。

第二,放弃犯意的彻底性。德国较早的判例要求行为人必须最终放弃犯意,否则不成立中止犯。但德国刑法理论的通说认为,只要放弃了具体犯罪行为,原则上就可能成立中止犯。但是,如果行为人打算下一步实施的行为与其已经实施的行为在自然意义上被认定为同一个犯罪行为时,则应当认为行为人没有放弃犯意,因而不成立中止犯。日本的判例和多数学者认为,任意性的成立不以行为人彻底放弃犯意为必要(小野清一郎、牧野英一、宫本英修等)。不过,平野龙一认为,行为人是否放弃犯意不属于任意性问题,而是是否实施了中止行为的问题。中止是指行为人中止已经着手的实行行为,而非是否放弃了犯意的问题。能否将因等待他日实行或者为了实施其他行为而放弃犯行认定为中止行为,取决于其他行为与所放弃的行为是一个实行行为,还是分别的实行行为。以打算他日窃取而放弃正在实行的盗窃行为为例。如果是侵入仓库后发现财物过多,打算开车来窃取的,不是中止行为。打算窃取现金,但因为有宝石,而只窃取宝石、不窃取现金的,不是中止行为。但是,行为人认为与其盗窃不如放火因而放弃盗窃行为的,就盗窃而言,属于中止行为。

第三,基于惊愕、恐怖而放弃犯行。持主观说与限定的主观说的学者一般认为,基于惊愕、恐怖而放弃犯行的,不符合任意性的条件(也有例外)。但持相反观点的人认为,完全不被外界事实触动而产生中止动机的情况,是几乎不可能的,不能以放弃犯行是基于惊愕、恐怖为由,而否认中止行为的任意性。

第四,基于嫌恶之情而放弃犯行。日本的多数学者认为,基于嫌恶之情而放弃犯行的,不具有任意性。但少数学者认为,嫌恶之情与任意性是两个不同的问题。

第五,担心被发觉而放弃犯行。有人认为,因为担心被当场发觉而放弃犯行的,不具有任意性。但有的学者则认为,如果担心发觉后被告发、逮捕与受处罚而放弃犯行的,属于障碍未遂;如果担心发觉后因被告发、逮捕、受处罚等给自己带来名誉上的损害而放弃犯行的,具有任意性。

第六,基于目的物的障碍而放弃犯行。这是指行为人在实施财产犯罪时,因为没有发现当初预想的目的物而放弃犯行的情况。在日本,一种观点认为,这种情形成立障碍未遂。另一种观点则认为,应当区分不同情况,不能完全否认任意性。如有学者指出,行为人没有盗窃特定目的物的意图,只是想窃取一般财物时,如果因为财物价值小而不窃取的,成立中止犯;行为人意图窃取特定目的物,但特定物并不存在时,即使没有窃取其他财物,也是障碍未遂(植松正)。德国的判例认为,行为人打算抢劫巨额款项,但对方只有少量现金的,成立障碍未遂,而不成立中止犯。

3. 关于任意性的判例

在德国,基于良心放弃犯罪的,基于羞耻感而放弃犯罪的,基于恐惧而放弃犯罪的,基于惊愕而放弃犯罪的,因共同犯罪人的强烈非难而放弃犯罪的,都被认定为中止。已经着手实施强奸行为,但发现被害人是认识的人,因而害怕她提起刑事诉讼而放弃强奸的,或者因被害人处于月经期而认为不适合奸淫而放弃的,或者行为人因被害人假装同意发生性关系而放弃继续实施强制行为的,没有认定为中止。

日本审判实践上,对中止的任意性的认定并不一致。在否定成立中止犯时,采取的是主观说或客观说;在肯定成立中止犯时,采取的则是限定的主观说。否定成立中止犯(任意性)的案例有:以杀人意思,用短刀刺入被害人胸部,见血液溅出而停止的;放火时间已晚,起火时天已拂晓,担心被发觉而取走放火媒介物的;对妇女使用暴力时,电车的灯光照射,使行为人发现自己伸入阴道的手指上有血而惊愕,进而停止奸淫行为的;对妇女使用暴力,但由于妇女哭泣,担心被人发现而停止奸淫行为的;对妇女使用暴力的过程中射精而放弃奸淫行为的;因没有发现盗窃的目的物而放弃盗窃行为的。肯定成立中止犯的案例有:被告人(男)为了与恋人一起自杀,将腰带勒着女方颈部,因女方哀求而中止实行行为的;在实施杀人行为的过程中,见被害人及其子女均流泪哭泣而产生怜悯之心,中止行为的;为了骗取保险金而放火,在没有达到独立燃烧的程度时突然悔悟,而将火扑灭的;行为人着手实施强奸行为,被害人虽哀求停止强奸行为,但对行为人继续实施强奸行为没有实质障碍,行为人放弃强奸行为的。

(二)中止行为

中止犯的成立要求行为人有中止行为。在着手中止的场合,只要行为人放弃进一步的实行行为即可。在实行中止的场合,则要求行为人为防止结果的发生而采取积极措施,即行为人要基于真挚的努力(态度)而采取积极的行为。少数观点认为,只有当行为人为防止结果的发生而做出了被期待的最佳选择时,才能认定为真挚的努力。多数观点则认为,只要行为人开启了阻止结果发生的因果流程,创造了保护法益的机会,并因此防止了结果发生,就能认定为中止犯。

这一点与实行终了的认定有关联。实行行为是否终了对区分着手中止与实行中止具有重要意义,因而对决定行为人是否必须采取积极措施有重要意义。关于实行行为是否终了的认定标准,学说上有不同的看法。例如,A使用能连发八弹的手枪杀人,开第一枪擦破被害人的皮肤后,即停止行为。如果认为A开第一枪即行为终了,则仅成立未遂,而不成立中止;反之,如果认为A开第一枪后行为并未终了,则可能成立中止。

主观说认为,行为是否终了,应以行为人的犯罪计划或认识内容为标准(牧野英一、宫本英修、泷川幸辰)。根据主观说,如果A打算只开一枪,则实行行为已经终了;如果行为人打算开八枪,则实行行为没有终了。与此相似的行为计划说(德国部分判例的观点)认为,如果行为人在行为开始时有犯罪计划,并实施了所计划的行为时,就是实行终了;如果行为开始时没有犯罪计划,就考察行为人在停止行为时的主观内容:如果行为人不认同先前行为引起的结果,并且认识到有继续实行的可能性,则是未实行终了;反之,则是实行终了。据此,如果A打算只开一枪,则实行行为终了;如果A没有计算开几枪,就考察其在开第一枪之后的主观内容:如果A不认同擦破皮肤的结果,并认识到有继续开枪的可能性,则属于未实行终了;如果A认同擦破皮肤的结果,则属于实行终了。但是,主观说会导致不合理结论。例如,行为人第一枪命中被害人,导致濒临死亡的重伤,只要行为人主观上认为行为还没有实行终了,就属于未实行终了;只要行为人不继续射击,就成立中止。这被认为是不合理的。德国刑法理论普遍认为,行为计划说不正确。

修正的主观说认为,在实行行为已经产生了发生结果的危险时,不管行为人的主观内容如何,都属于实行终了,单纯放弃行为的,不成立中止犯。反之,在实行行为还没有产生发生结果的危险时,则根据行为人的主观内容区分实行终了与未实行终了。在前例中,如果A只打算开一枪,则属于实行终了,成立未遂犯;如果A打算开八枪,则属于未实行终了,不再继续开枪的,成立中止犯。

客观说认为,应以行为的外部形态或者对结果发生的客观危险性为标准。在上例中,由于A开第一枪就足以致人死亡(具有发生结果的可能性),因而实行行为已经终了(植松正)。根据这种观点,实行终了时通常属于障碍未遂,因而缺乏合理性。与客观说相似的个别行为说(德国的部分学说)认为,应以行为人在中止前所实施的行为是属于引起结果的充分的行为为基准,如果得出肯定结论,则实行行为已经终了。

遮断说主张以是否引起了"不遮断因果关系就发生结果"这种状态为标准区分实行行为是否终了。如果引起了"不遮断因果关系就发生结果"这种状态,实行行为就终了;反之,实行行为则没有终了。行为是否引起了上述状况,与行为人的认识、计划、意志等主观内容无关,仅根据客观事实进行判断(西原春夫)。据此,如果A第一枪击中被告人,造成了倘若放任不管就死亡的重伤,就引起了“不遮断因果关系就发生结果”的状态,故实行行为终了;如果第一枪没有击中被害人,实行行为就还没有终了。遮断说实际上认为,行为造成的状态接近发生构成要件结果时,才是实行行为的终了时期。因此,即使行为人将自己认为必需的行为实行终了,但只要没有造成上述状态,实行行为就没有终了。这似乎不合理。

折中说认为,应将行为时的客观情况与行为人的主观内容综合起来进行客观的判断。因为实行行为是主观与客观的统一体,实行行为的终了时期也应从主观与客观两个方面进行综合判断(平野龙一、福田平、大谷实等)。根据折中说,由于A的行为结果只是擦破皮肤,不具有造成死亡的危险,而且A还能够继续实施开枪行为(只要他想开枪,就能开枪),因而实行行为没有实行终了。在这种情况下,只要A基于自己的意思而不再开枪,则是着手中止。如果A误以为第一枪已打死对方而没有开第二枪,则因为没有认识到实施防止结果发生的行为,而成立障碍未遂。德国的全部行为说与折中说相似。全部行为说认为,行为人在实现犯罪时所使用的最初手段失败之后,还有其他手段且该手段与行为人先前的行为属于单一行为时,即使先前的行为对结果的发生是充分的,在后来的行为完毕之前,仍然属于未实行终了的情形。

(三)没有发生结果

中止的成立,是否要求没有发生结果,是一个有争议的问题。刑事立法上的规定也不尽一致。日本刑法理论的通说认为,即使行为人为防止结果的发生作出了真挚的努力,但如果发生了结果,则不成立中止。因为日本刑法将中止犯规定为未遂犯的一种,既然发生了结果,就不可能被认为是未遂,因而不可能认为是中止犯。

但主观主义刑法理论所重视的是行为人的主观面,对中止犯的认识也是如此。由于行为人基于自己的意思,为防止结果的发生作出了真挚的努力,即使发生了结果,也说明行为人的责任减少了,因而应当认定为中止。

(四)中止行为与结果不发生之间具有因果关系

日本刑法理论的多数说与审判实践认为,成立中止犯要求行为人的中止行为与结果不发生之间具有因果关系,即结果之所以不发生,是因为行为人的中止行为所致。因此,如果行为人虽然中止了犯罪,但是由于他人的行为致使结果没有发生时,或者行为人的犯罪行为一开始便不能引起结果发生时,就不能成立中止犯。当然,要求行为人的中止行为与结果不发生之间具有因果关系,并不意味必须排斥他人的协助;但是,如果主要是他人的行为防止结果的发生,行为人只起协助作用,则不能认定为中止犯。另一种有力的观点则认为,由于防止结果发生的真挚努力使行为人的责任减少,故当行为人为防止结果的发生作出了真挚的努力时,就应认定为中止,不要求中止行为与结果不发生之间具有因果关系。这一争论与中止犯减免刑罚的根据相关:如果主张违法性减少说,则持前一观点;如果采取责任减少说,则持后一种主张。

德国刑法理论的通说及审判实践,是采取后一种主张。德国刑法第24条第1款在规定了中止犯不受未遂犯处罚之后,接着规定:“如果没有中止犯的努力该行为也不能完成的,只要行为人自愿地和认真地努力阻止该行为的完成,就不受处罚。”

四、放弃重复侵害的行为

成立中止犯,以行为没有构成障碍未遂为前提。换言之,如果犯罪行为由于某种障碍不能达到既遂,就不可能再构成中止。问题是如何判断何时成立障碍未遂?在通常情况下不存在疑问,但在放弃重复侵害的场合则存在争议。

犯行计划说的基本观点是,在行为人计划以特定的手段造成犯罪结果时,如果按其计划实施的手段产生了障碍,就不可能成立中止犯,而是已经成立犯罪未遂;此时行为人变更手段的,则是新的计划与新的行为;中止新的行为与前面的犯罪未遂没有关系。如果行为人事先没有限定犯罪手段,而是根据具体情况实施行为,那么,在可以继续实施行为发生犯罪结果时放弃行为的,就对整体行为成立犯罪中止。但是,犯行计划说不具有可操作性。当行为人的枪中有二至八发子弹时,我们何以认定行为人的计划是开几枪?结局只是依赖行为人的口供,知道司法机关采取这一学说的行为人都会说想开两枪以上。

个别行为说(未遂犯说)认为,每个意图导致结果发生的行为都是着手,任何一个行为未能导致结果发生时,就构成障碍未遂。换言之,行为人认为适合引起构成要件结果的个别行为,分别各自成立独立的着手。各个个别行为不成功,就已经不可能成立中止,而是成立障碍未遂。例如,如果行为人相信用啤酒瓶击打一次头部就可能导致被害人死亡,但如果并没有因此而造成死亡的,即使行为人可以转用其当初计划的其他手段,也不能成立中止犯,只能成立未遂犯。再如,行为人手枪中装有六发子弹,如果第一枪没有击打被害人,就成立杀人未遂,即使后来可以射击而自动放弃的,也不成立杀人中止。个别行为说在德国仍有较多的支持者(Bergmann、Gutmann、Jakobs)。但是,这种学说没有将行为看作一个整体;而且,按照个别行为说的逻辑,只要着手实行犯罪后,就没有成立犯罪中止的余地。

修正的个别行为说认为,如果行为人已经实施的个别行为是“绝对独立的”,即可以认为行为人已经不能支配时(如没有命中的射击,或者误以为会立即死亡而注射毒药的场合),该个别行为成立未遂犯;但是,如果个别行为只是“相对独立的”,其自身终了时,只要行为人认为可以继续实施而放弃的(如毒药已经投入被害人食物中,但在被害人食用之前告诉被害人不要吃),便成立中止犯(Eser)。但是,如何区分某个个别行为是绝对独立的行为,还是相对独立的行为?则不无疑问。

整体考察说(中止犯说)认为,已经着手实施的行为与后来被行为人中止的犯罪行为是一个整体,行为人在还能够使犯罪行为既遂的情况下却放弃犯罪的,则成立中止未遂。不过,整体考察说也可能导致中止未遂的范围过宽,所以,有学者建议对整体考察说进行修正(山中敬一、Roxin)。

五、中止犯的定罪

中止犯在中止行为之前的犯罪行为,可能符合另一犯罪的构成要件。在这种情况下,如何定罪,是值得研究的问题。日本刑法理论一般认为,行为人中止了甲罪,但中止之前的犯罪事实符合乙罪的构成要件,通常只成立甲罪的中止犯,而不成立乙罪的既遂犯。例如,行为人犯杀人罪,在实行过程中中止了杀人行为,即使中止前的行为已经造成了伤害结果,也不成立伤害罪(也有少数人主张只处罚伤害罪的既遂)。在具有手段行为与结果行为的结合犯中,行为人中止了结果行为时,就成立结合犯的中止犯,即使手段行为已经完成且符合另一犯罪的构成要件,也不以另一犯罪论处。例如,抢劫犯的行为人在实施了暴力、胁迫行为后，中止了强取财物的行为，这就成立抢劫罪的中止犯，暴力、胁迫行为不另构成暴行罪与胁迫罪。但是，当所中止的犯罪与中止之前的行为所构成犯罪是一种并合罪或科刑上的一罪的关系时，则不是成立一个中止犯。例如，行为人以盗窃目的侵入他人住宅后又中止盗窃行为的，就要负侵入住宅罪的既遂责任。另外，当中止行为本身符合某罪的构成要件时，也应以独立的犯罪处罚。例如，实行了放火行为的人，为了防止火灾的发生，而损坏了一部分建筑物的行为，构成放火罪的中止犯与损坏建筑物罪。

德国刑法对中止犯仅规定了免除处罚一种法律后果。如果对造成伤害结果的故意杀人罪中止犯也免除处罚，必然导致罪刑不均衡。所以，德国刑法理论的通说与审判实践的做法是，重罪的中止犯造成轻罪的既遂时，属于重罪的中止犯与轻罪的既遂犯的竞合。其中既可能是想象竞合，也可能是法条竞合，但均按轻罪的既遂犯定罪量刑。例如，行为成立谋杀罪的中止时，虽然不处罚谋杀罪（因为对中止犯免除处罚），但如果造成了伤害，则应认定为故意伤害罪的既遂犯。

1960 年苏俄刑法第 16 条规定："自动中止犯罪的人，只有在他已实施的行为中实际上含有其他犯罪构成时，才负刑事责任。"意大利刑法第 56 条关于自动中止犯的规定与苏俄刑法相同，所以，意大利学者也指出："自动中止排除未完成犯罪的可罚性，但如果已实施的行为本身能单独构成其他犯罪，行为人就应承担相应的刑事责任（例如，在进入他人住所后放弃实施盗窃行为，仍应按刑法典第 641 条第 1 款规定的侵犯住所行为处罚）。"〔25〕

第五节　预　备　罪

一、预备罪的概念

所谓预备，就是指着手之前的准备行为，当刑法规定将这种行为作为犯罪处罚时，这种犯罪就是预备罪。现代各国刑法原则上不处罚预备罪，只是处罚少数极为严重的犯罪的预备罪。例如，日本刑法规定了内乱预备、外患预备、私战预备、放火预备、伪造货币预备、杀人预备、抢劫预备、以索取赎金为目的的拐诱与略诱的预备、准备不正当制作支付用磁卡电磁记录等预备罪。

由于预备行为是为实行行为进行准备，因此，行为人必须是故意的，不可能存在过失的预备罪。刑法理论上没有争议地认为，预备犯是目的犯。

预备行为是对犯罪的完成起实质作用的行为，既包括有形的预备，也包括无形预备。前者如准备杀人的工具，后者如打听被害人的住处。但预备行为必须是具有某种程度的危险性的行为。

与预备相关的是阴谋的概念。阴谋，是指二人以上就实行犯罪进行合意。有人认为，只要有合意行为就成立阴谋罪；有人主张，只有达成合意才成立阴谋罪。同预备罪相比，

〔25〕［意］杜里奥·帕多瓦尼：《刑法利刑法原理》（注评版），陈忠林译评，中国人民大学出版社 2004 年版，第 277 页。

阴谋罪的处罚的范围更为狭小。

虽然有一种观点认为,阴谋是预备的一部分,即阴谋属于预备行为,但多数人认为,由于刑法是将阴谋与预备作为两种行为进行规定的,应当将阴谋与预备加以区别;从事实上看,阴谋是二人以上在预备行为之前的阶段进行谋议,因而与预备不同。不过,从阴谋的观念本身来看,不一定要求阴谋必须在预备行为之前。

二、预备罪的种类

预备罪可以分为自己预备罪与他人预备罪以及从属预备罪与独立预备罪。

自己预备罪,是指行为人以本人(或者与他人共同)实行犯罪为目的,实施预备行为才能构成的预备罪。如果行为人为了他人实行犯罪而实施预备行为时,则不构成预备罪。例如,当刑法规定"以犯前款罪为目的的预备,处……"时,一般只限于以本人实行犯罪为目的,因而是自己预备罪。同时,这些预备罪的构成要件,都是以对基本的构成要件进行修正而形成的,因而可以称为从属预备罪。

与此相对,当刑法独立地规定了某种预备罪的构成要件,成立预备罪不要求以本人实行犯罪为目的,为他人实行犯罪实施预备行为也能成立预备罪时,此时的预备罪则是他人预备罪。由于刑法将这种预备罪规定为一种独立的行为类型,因而一般是独立预备罪。例如,日本刑法第153条规定:"以供伪造、变造货币、纸币或者银行券之用为目的,准备器械或者原料的,处三个月以上五年以下惩役。"该条规定的预备罪就是一种独立的犯罪,因而是独立预备罪。

不过,自己预备罪并不一定都是从属预备罪,他人预备罪也不一定都是独立预备罪。而且,刑法理论上对应否肯定他人预备罪的概念,存在不同看法。

肯定说认为,为了他人实行犯罪而进行准备时,当然也是一种预备行为;行为人是预备罪的帮助犯,具有可罚性。否定说认为,刑法规定"以犯前款罪为目的的预备,处……"时,显然是就同一主体而言,即预备的主体与实行的主体必须是同一的,不应当存在为他人实行犯罪的预备罪;再者,为他人实行犯罪而实施的预备行为,比为自己实行犯罪所实施的预备行为的危险性要小,如果认为预备罪包括他人预备罪,则使本来并不明确的预备罪的处罚范围更加不明确,容易违反罪刑法定主义。二分说则认为,当刑法将预备罪作为独立的犯罪进行规定时,包括他人预备罪;其他的预备罪则不包括他人预备罪。

独立预备罪与从属预备罪涉及预备罪本身有无实行行为性的问题。对此,理论上存在三种不同认识。

第一种观点否认预备具有实行行为性。其理由是,实行行为具有定型性、限定性,即什么行为是实行行为,刑法分则都进行了定型或限定,而预备是没有定型性、限定性的行为,它只能是基本构成要件行为之前的一种行为,不能与实行行为相混淆。如果预备具有实行行为性,则如何认识实行的着手又成为问题,因为通常所说的实行的着手,并没有包括预备的着手。再者,刑法规定未遂犯时,指明是着手实行之后才成立未遂犯,这就指明在此之前的预备不可能成立未遂犯,认为预备具有实行行为性,就破坏了刑法上概念的统一性。

第二种观点肯定预备具有实行行为性。理由在于,预备罪是以对基本犯罪的构成要件的修正形式进行规定的,因而预备罪有其自身固有的构成要件,实现这种构成要件的行为,就应认定为实行行为。这一观点是现在的通说。由此看来,实行行为具有相对性。

第三种观点是折中说，认为当刑法将预备罪规定为独立的犯罪时，该预备具有实行行为性；反之，当刑法没有将预备规定为独立的犯罪，只是作为基本犯罪的构成要件的修正形式进行规定时，则预备不具有实行行为性。日本刑法学者团藤重光、福田平持这一观点。

三、预备罪的中止

有的国家刑法将中止犯视为未遂犯的一种，而未遂的要件之一是已经着手实行犯罪，于是就出现了行为人在预备阶段基于自己的意志而中止预备行为时，能否适用刑法关于中止犯的规定以减免刑罚的问题。

否定说认为，预备罪是一种举动犯，只要行为人实施了预备行为，就成为预备罪的既遂，因而没有成立中止犯的余地。而且，刑法规定中止犯只能在着手实行后成立，故预备罪的中止犯是不成立的，所以，不能适用刑法关于中止犯减免刑罚的规定。

肯定说认为，预备是向基本的构成要件发展的行为，可以认为预备罪的中止是基本犯罪的中止。而且，肯定适用刑法关于中止犯的规定，与对中止犯减免刑罚的理由完全一致。如果否定适用中止犯的规定，则会造成量刑上的不均衡。

肯定说是通说，但是在肯定适用刑法对中止犯减免刑罚的规定时，又碰到了以哪一种罪的法定刑（既遂罪的法定刑、还是预备罪的法定刑——德国、日本等国刑法对预备罪规定了独立的法定刑）为基准刑进行减免的问题。

一种观点认为，应当以既遂犯的法定刑为基准刑，而且只能免除刑罚。因为预备罪的构成要件是被修正过的，这一点与未遂（包括中止犯）相同。既然未遂犯（中止犯）以既遂犯的法定刑为基准刑，预备的中止犯也应以既遂犯的法定刑为基准。但由于刑法已经减轻规定了预备罪的法定刑，故不允许再减轻，只能免除刑罚。

另一种观点虽然也认为应当以既遂犯的法定刑为基准刑，但认为既可以免除刑罚，也可以只减轻处罚。因为刑法对预备罪的法定刑的减轻规定，并不妨碍法官在裁量预备罪中止犯的刑罚时，再度减轻处罚。

还有一种观点认为，应当以预备罪的法定刑为基准刑给予减轻、免除处罚。由于未遂罪的法定刑与既遂罪的法定刑是同一的，所以，对一般的中止犯要以既遂罪的法定刑为基准刑。既然预备罪有自己独立的法定刑，则对预备罪的中止犯就应当以预备罪的法定刑为基准刑给予减轻或免除处罚。

第九章　共　　犯

第一节　共犯的基本观念

一、共犯的概念与种类

所谓共犯，是指二人以上共同实现犯罪，这是最广义的共犯概念。二人以上故意共同实现犯罪的，可谓中间意义的共犯。狭义的共犯，是指相对于正犯（共同正犯）的教唆犯与帮助犯。

最广义的共犯，可以分为任意的共犯与必要的共犯。

所谓任意的共犯，是指在法律上预定为单独犯的犯罪，由二人以上共同实行的情况。例如，刑法规定盗窃罪时，所预想的是一人盗窃，当二人以上共同实行盗窃行为时，则是任意的共犯。刑法总则所规定的共犯处罚原则，便是就任意的共犯而言。德国、日本刑法将任意的共犯又分为共同正犯、教唆犯与帮助犯三种形态。[1] 共同正犯、教唆犯与帮助犯一起被称为广义的共犯，其中的教唆犯与帮助犯则被称为狭义的共犯。由此可见，共同正犯、教唆犯、帮助犯的分类主要是对共犯形态的分类，不只是对共犯人的分类（当然，在某种意义上说也是对共犯人的分类）。

所谓必要的共犯，是指刑法分则或者其他刑罚法规所规定的，必须由二人以上共同实行的犯罪。刑法总则所规定的共犯，不包括这种必要的共犯。

一般认为，必要的共犯包括对向犯与多众犯。

对向犯（对立的犯罪），是指二人以上的行为相互以存在对方的行为为要件的犯罪，如重婚罪、贿赂罪。[2] 窝藏罪不是对向犯，因为窝藏罪的成立不以被窝藏的犯人实施对应的行为为前提。刑法所规定的对向犯，一般分为三种类型：一是双方的罪名与法定刑相同（如重婚罪）；二是双方的罪名与法定刑都不同（如贿赂罪的行贿与受贿）；三是只处罚一方的行为（片面的对向犯，如贩卖淫秽物品一般只处罚卖者一方，不处罚买者一方）。[3]

多众犯（众合犯、集合犯、集团犯），是指以多数人实施向着同一目标的共同行为为成立条件的犯罪。例如，日本刑法第106条规定，“多众聚集实施暴行或者胁迫的是骚乱罪”，这就是多众犯。在多众犯中，由于参与者的样态、程度等不相同，法律一般对不同的

---

〔1〕 这是德国、日本刑法理论的观点。其实，“共犯”一词有两种含义：一是就犯罪形态而言；二是就共同犯罪人而言。德国、日本刑法理论认为任意的共犯是最广义共犯的一种，同时又认为共同正犯、教唆犯、帮助犯是任意的共犯的三种形态。笔者仍然按照德国、日本刑法理论的观点进行论述。

〔2〕 一种观点认为，单纯以作为对象的人的存在为前提的犯罪，不是对向犯。

〔3〕 虽然这种情况不是共犯，称为对向“犯”并不合适，但由于这种犯罪也要以对方的行为为要件，故刑法理论仍然称为对向犯。

参与者规定不同的法定刑。

除了对向犯与多众犯以外，还有人提出了会合犯的概念，是指不要求二人以上的行为之间存在对向关系，也不要求像多众犯那样具有集团的性质[4]的犯罪。例如，有的国家刑法规定了准备凶器集合罪，多数人准备凶器集合在一起，就是犯罪。这便是一种会合犯。

如上所述，刑法分则规定必要的共犯时，有的只规定处罚一方，有的是对不同参与人规定不同的法定刑，这里就产生了以下问题：在对向犯中对刑法分则没有规定给予处罚的另一方，以及在多众犯中对刑法分则没有规定给予处罚的其他参与人，能否根据总则规定的任意共犯来处理？

首先，在片面的对向犯的场合，刑法规定只处罚一方的行为，对另一方（必要的参与人）的行为能否作为任意的共犯进行处罚？例如，刑法分则一般规定只处罚贩卖淫秽物品的行为人，那么，能否根据刑法总则的规定，将购买淫秽物品的人作为教唆犯或者帮助犯处罚？对此存在不同学说。

立法者意思说认为，在具有对向犯性质的 A、B 两个行为中，立法者仅将 A 行为作为犯罪类型予以规定时，当然预想到了 B 行为，既然立法者不设规定处罚 B 行为，就表明立法者认为 B 行为不具有可罚性。如果将对方以教唆犯或帮助犯论处，则不符合立法者的意图。例如，立法者在规定贩卖淫秽物品罪时，当然想到了有购买淫秽物品的行为，立法者没有规定要处罚这种行为，就说明立法者认为这种行为不能以犯罪论处。如果将这些人以教唆犯、帮助犯论处，则违背立法意图。在立法者意思说看来，B 行为之所以不可罚，是因为其对向性的参与行为的定型性、通常性。因此，如果参与行为超出了定型性、通常性的程度，就应以教唆犯、帮助犯论处。例如，购买淫秽物品的人即使主动请求卖主出售给自己，也不构成教唆犯与帮助犯。但是，如果对方并不出售淫秽物品，而购买者积极地推动对方，劝导其出售淫秽物品给自己的，则成立教唆犯（团藤重光、日本的判例）。根据这种见解，犯人教唆他人窝藏自己时，成立窝藏罪的教唆犯。因为在这种场合，犯人并不缺乏定型的期待可能性。

立法者意思说受到了两点批判：其一，由于定型性、通常性的基准不明确，因而导致片面的对向犯的处罚范围不明确。其二，其背后的基本思想不一致。因为立法者意思说本身似乎以因果共犯论为根据，但其所举之例则是以责任共犯论为根据的。

实质说主张个别地、实质地说明片面的对向犯的参与行为的不可罚性。实质的根据之一是，当处罚规定以保护实施参与行为的被害人为目的时，由于参与行为缺乏违法性而不可罚。例如，法律规定，明知是未成年人而向其出售香烟的，构成犯罪。即使未成年人请求卖主出售香烟给自己，也不成立教唆犯。因为该规定是为了保护未成年人，未成年人是被害人。相对于未成年人而言，其法益不是保护客体，故未成年人的行为缺乏违法性。这种情形如同请求他人伤害自己的行为不成立伤害罪的教唆犯一样。实质的根据之二是，参与者没有责任的情形。例如，犯人毁灭证据、藏匿等行为，也侵犯了国家的司法作用，因而具有违法性，但刑法之所以不处罚该行为，是因为不具有期待可能性。所以，犯人教唆他人为自己毁灭证据、教唆犯人窝藏自己的，也不具有期待可能性，因而不可罚。

---

〔4〕 与我国刑法理论所说的集团不是一个意思，只是意味着多人行为的目标同一。

可罚的规范目的说认为,不处罚片面的对向犯的一方的参与行为,是基于犯罪论上的实质理由与处罚的必要性意义上的政策判断。持本说的学者认为,实质说所举的缺乏违法性与缺乏责任之例,并不是完全没有违法性与责任,只是缺乏可罚的违法性与可罚的责任。将参与行为排除在构成要件之外,本来是立法性的政策的当罚性判断。不处罚片面的对向犯的一方的参与行为,是因为从规范的目的出发,基于对处罚目的的考虑和刑事政策的可罚性评价的判断而不可罚。

德国的判例认为,在对向犯的场合,只要必要的参与人没有逾越自己的角色,其行为就是不可罚的。例如,在犯人被监管人员放走的场合,犯人不可能构成私放囚犯罪的共犯。但是,如果犯人唆使监管人员放走自己,则会构成私放囚犯罪的教唆犯。另外,如果法条所要保护的就是必要参与人的利益,那么,即使必要的参与者逾越了自己的角色,也仍然不成立共犯。例如,幼女唆使成年男子对自己实施猥亵或者奸淫行为的,该幼女不可罚。

其次,在多众犯中,刑法分则规定了不同参与者的法定刑,或者说,只规定了一部分参与行为,那么,对刑法分则没有规定的参与行为,能否根据刑法总则关于任意共犯的规定进行处罚?例如,日本刑法第77条对内乱罪的"首谋者""参与谋议或者指挥群众""附和随行及其他仅参加暴动"三种参与行为规定了法定刑。一种观点认为,对除此之外的其他参与行为,即使从形式上看符合总则规定的教唆犯、帮助犯的要件,也不能以教唆犯、帮助犯论处。因为多众犯涉及的人很多,刑法只规定处罚几种参与行为,就是为了限定处罚范围,如果另外根据总则的规定处罚其他参与人,则违反立法意图(团藤重光、福田平、大塚仁)。另一种观点认为,对上述集团内的三种行为人虽然不适用共犯的规定,但对在集团外参与集团的人则适用共犯规定。例如,教唆他人参加暴力的、劝诱他人参加内乱的,仍然适用共犯规定(日本的通说)。

二、正犯与共犯

(一)正犯的概念

正犯是与狭义的共犯(教唆犯、帮助犯)相对的概念,一般是指实施了符合基本构成要件的实行行为的情形。根据正犯者的人数、相互之间的意思联络的有无,可以将正犯分为单独正犯、同时正犯(同时犯)与共同正犯。另外,根据行为是否以自己身体动静实现构成要件,可以将正犯分为直接正犯与间接正犯。直接正犯前面已经说明,单独正犯是指一个实行犯罪的情形,间接正犯、共同正犯是后面要具体说明的,这里只是简单说明同时正犯。

所谓同时正犯,是指二人以上在没有意思联络的情况下,同时对同一客体实行同一犯罪。同时正犯虽然一般发生在同一地点,但不要求犯罪地点同一。例如,甲从A地、乙从B地分别以杀人罪的故意,同时将毒药寄给丙,构成杀人罪的同时正犯。同时正犯中的"同时",只要求在时间上基本相同,不要求实行的着手、终了与结果发生的时间完全相同。同时正犯既可以是故意犯,也可以是过失犯。由于同时正犯是二人以上没有意思联络的犯罪,所以不能认为是共犯。[5]

---

〔5〕 但是,有的国家刑法对有的同时正犯特别规定以共犯论处。例如,日本刑法第207条规定:"二人以上实施暴行伤害他人的,在不能辨认各人暴行所造成的伤害的轻重或不能辨认何人造成了伤害时,即使不是共同实行的,也依照共犯的规定处断。"这被认为是将同时犯以共犯处断的特例。

正犯概念,大体上分为单一的正犯概念、扩张的正犯概念与限制的正犯概念。

所谓单一的正犯概念或包括的正犯概念,是指凡是参与犯罪的人都以正犯论处。例如,奥地利刑法第12条规定,直接实施犯罪行为的人、教唆他人实施犯罪行为的人以及帮助他人实施犯罪行为的人,都是正犯。此外,意大利刑法典、丹麦刑法典都采取了单一的正犯概念。但是,单一的正犯概念将因果关系的起点视为构成要件的实现,既无限扩张了刑事可罚性的范围,也有违反罪刑法定原则之嫌。

扩张的正犯概念,主要是近代学派所采取的主张(也有旧派学者采取这种观点)。这一学说认为,对犯罪的实现起任何条件作用的人,都是实施了符合构成要件的实行行为的人,因而都是正犯;但是,法律例外地将教唆犯与帮助犯规定为共犯(Eb. Schmidt、Mezger、宫本英修)。法律的这种规定限制了对正犯的处罚范围,即本来教唆犯与帮助犯也是正犯,但法律将其规定为共犯,限制刑罚——从轻处罚。此即所谓刑罚限制事由。根据这一观点,间接正犯自然是正犯,不需要有间接正犯的概念。扩张的正犯概念,受到了客观主义刑法理论的批判。因为扩张的正犯概念,忽视了实行行为的定型意义,即刑法关于教唆犯、帮助犯的规定,在社会观念上,应当是与正犯不同的类型,而扩张的正犯概念认为它们的实质相同,因而是违反法感情的。

限制的正犯概念,也可以称为缩小的正犯概念,认为以自己的身体动静直接实现构成要件的人就是正犯,此外的参与者都是共犯。根据这一观点,刑法规定对正犯以外的共犯进行处罚,是对处罚范围的扩大,即所谓刑罚扩张事由(Beling、Hegler、团藤重光、平野龙一等)。这里特别涉及间接正犯的问题,由于间接正犯是利用他人实施犯罪行为,因而是共犯。但这一结论不妥当。所以,主张限制的正犯概念的学者,不得不想方设法说明间接正犯是正犯。限制的正犯概念,是德国、日本刑法理论的通说。

(二)正犯与共犯的区别

当刑法将广义的共犯分为正犯(实行犯)、教唆犯与帮助犯时,存在正犯与共犯的区别问题。对此,刑法理论上存在形形色色的学说。

1. 主观说

主观说以因果关系理论中的条件说为基础,认为对构成要件的结果设定条件的人,都是对结果设定原因的人,所有的条件都是原因,所有的条件均属等价,故从因果关系的见地来看,不可能区分正犯与共犯,只能从行为人的主观方面来寻求二者的区别。至于如何具体区分正犯与共犯,则又存在不同学说。目的说或利益说(Interessentheorie)认为,为了实现自己的目的或者为了自己的利益而实施行为的,是正犯;为了实现他人的目的或者为了他人的利益而实施行为的,是共犯。这一学说无疑存在缺陷。因为根据该说,行为人受嘱托杀人的、为了第三者的利益而盗窃或抢劫的,都不可能成为正犯;丈夫为了讨妻子的欢心而为妻子窃取金银首饰的,也不可能成立正犯。这显然不合理。再者,当行为人同时为了实现他人的利益与自己的利益而实施犯罪行为时,或者直接为了他人的利益、间接为了自己的利益或者相反而实施犯罪行为时,可能无法区分正犯与共犯。故意说(Dolustheorie)认为,以"实施自己的行为的意思"(animus auctoris)或自己行为的意思而实施行为的,是正犯;以"加担他人的行为的意思"(animus socii)或加担行为的意思而实施行为的,是共犯。这一学说当然存在疑问。因为如何区分自己行为的意思与加担行为的意思,明显是一个难题;而且,即使以所谓加担行为意思实施的行为,从法秩序的见地来看完全可能是正犯行为。例如,产妇甲意欲杀死婴儿,但由于身体虚弱,便请求乙女将婴儿置入浴缸中溺死。按照主观说,乙女只是帮助犯。可是,即使乙女出于加担的意思,但其行为却不是帮助行为,而是独立的实行行为。

2. 客观说

形式的客观说(实行行为性说)(formal-objektive Theorie)认为,以自己的身体动静实施符合基本构成要件的实行行为的人是正犯,用符合修正构成要件的教唆行为、帮助行为对正犯的实行行为进行加担的人,则是共犯。换言之,完全或者部分实施了构成要件所规定的行为的,均是正犯,实施构成要件以外之行为的,皆为共犯。该学说的主要理由是:采取这一标准,符合构成要件理论;这一标准也有利于限制正犯的范围,从而有利于实现刑法的人权保障机能。然而,这一理论面临的最大难题是间接正犯。由于间接正犯是利用他人实施犯罪行为,而没有亲手实施符合构成要件的行为,根据该说本应是共犯,但这一结论并不妥当。于是,主张形式的客观说的学者不得不想方设法说明间接正犯的正犯性。如有的学者提出,对实行行为应当进行规范的、整体的评价,据此,间接正犯也是正犯。但这有自相矛盾之嫌。该学说同时面临着共谋共同正犯的难题。共谋共同正犯中,一部分人只是参与了共谋而没有参与实行,但仍为正犯。对此,形式的客观说却难以说明。此外,有些共同正犯并不一定亲手实施实行行为,这也是形式的客观说不能解释的。

实质的客观说(material-objektive Theorie)是为了克服形式的客观说而产生的学说。但其中的"实质"究竟指什么,则没有形成统一认识,因而出现了各种不同观点。重要作用说认为,从实质上看,对结果的发生起重要作用的就是正犯,反之则是共犯。这一学说认为,形式的客观说一方面强调构成要件所具有的定型性;另一方面又扩张构成要件,或者从整体上认定构成要件符合性,这是自相矛盾的,而且使构成要件的定型性丧失意义。因此,应当用实质的观点考察正犯与共犯的区别。如平野龙一指出,对于正犯与共犯的区别,应当从实质上考察,即行为人的行为对于犯罪的完成是否"在实质上起到必要的或重要的作用"。必要性说(Theorie der Notwendigkeit)主张,凡是对于犯罪事实属于不可或缺的加功者,就是正犯,其余皆为共犯;所谓不可或缺的加功者,是指如果没有其加功,则无从发生犯罪事由。遗憾的是,对于"不可或缺"的认定仍然是难题;关于正犯与间接正犯、教唆犯的区分,该说也可能得出不合理的结论。同时性说(Theorie der Glrichzeitlichkeit)提倡,在犯罪行为(实行行为)之同时对该犯罪事实予以加功者,属于正犯,在犯罪行为之前予以加功者,属于共犯。该说虽然提供了非常明确、易于认定的标准,但它既不能解释间接正犯,也不能解释事中帮助犯。优势说(Theorie der Überordnung)提出,共同正犯与帮助犯之间没有固定的区分标准,只能根据具体情况进行判断。共同正犯与共犯的最大区分标准为,正犯对于犯罪事实具有优势关系,而共犯所加功的犯罪事实仅为附属之部分。可惜的是,如何区分优势与附属,是一个更为棘手的问题。

以因果关系理论中的原因说为基础的客观说认为,行为对结果的发生起原因作用的,就是正犯;行为对结果的发生起条件作用的,就是共犯。但在大陆法系国家刑法理论与审判实践中,原因说已被彻底淘汰。正因如此,客观说没有被人们接受。

3. 规范的综合判断理论

规范的综合判断理论是德国判例的立场。此说认为,正犯的意思并不是法官可以确定的内心事实,而是一种评价性的判断。行为人是否具有正犯的意思,需要对案件的全部情况进行评价判断后得出结论，这种评价所依据的事实应包括行为人从犯罪结果中获得利益的程度、行为人参与犯罪的范围、行为人对犯罪事实的支配、行为人意欲进行犯罪事实支配的意思。显然，这种规范的综合判断理论，实际上是前述主观说与后述犯罪事实支配理论的综合或者折中。这种理论不能说明为什么依据上述评价要素确定正犯，未能给出这些要素之间的优先次序，缺乏一个统领性的原则，因而导致正犯与共犯的区分的不确定性。

4. 犯罪事实支配理论

犯罪事实支配理论（Tatherrschaftslehre）是德国刑法理论的通说。该理论指出，正犯是具体犯罪事实的核心角色（Zentralgestalt）和犯罪过程的关键人物（Schlüsselgigur），共犯则是配角（Randfigur）。犯罪事实支配理论也属于实质的客观说，亦即，在德国，实质的客观说就是指犯罪事实支配理论。

根据 Roxin 的观点，在大多数犯罪中，可以根据犯罪事实支配理论区分正犯与共犯：犯罪的核心角色是支配犯罪实施过程的人，共犯虽然对犯罪事实存在影响，但却不是能够决定性地支配犯罪过程的人。Roxin 将这类犯罪称为支配犯（Herrschaftsdelikten）。就支配犯而言，犯罪事实支配分为以下三种情形：

第一，行为支配（Handlungsherrschaft）。自己实施犯罪行为的人，通过对行为的支配从而支配整个犯罪事实。原则上，亲自实施符合构成要件的犯罪行为的人都对犯罪事实具有行为支配，成立直接正犯。即使实施符合构成要件的犯罪行为的人受到强制或者陷入阻却责任的认识错误，也不影响其成立直接正犯。但是，行为人仅实施部分行为而不能直接支配符合构成要件的全部事实的，不成立直接正犯。例如，在抢劫犯罪中没有实施暴力、仅取得他人财物的人，只成立盗窃罪的正犯，不成立抢劫罪的正犯。但是，如果存在事先约定，由他人实施暴力行为，行为人负责取得财物，则成立共同正犯。

第二，意思支配（Willensherrschaft）。通过他人实施犯罪行为的人，是通过意思的支配进而支配整个犯罪事实的人，属于间接正犯。意思支配包括通过强制的支配、通过错误的支配和通过权力组织的支配。

第三，功能性支配（funktionale Herrschaft）。多人共同实施犯罪的行为人，通过功能性支配，支配整个犯罪事实，成立共同正犯。形成功能性支配必须具备三个条件：一是必须存在共同的犯罪计划，因为行为的分工以及共同实行均以具有共同计划为前提。这是共同正犯与同时犯的区别所在。但是，共同的犯罪计划并不要求由参与者共同拟定与共同决定，如果甲制定了犯罪计划，并请求乙参加，乙同意参加的，就形成了共同的犯罪计划。二是必须在犯罪实行阶段共同参与犯罪的实行，仅参与预备行为的人不成立共同正犯。[6] 三是必须在实行阶段作出了重大贡献，即对犯罪的完成承担了不可或缺的功能。当多人分担犯罪的实行行为时，就可以认为他们是共同正犯。例如，A 压制被害人，再由 B 实施强奸行为或者取走财物的行为的，成立共同正犯；为入室盗窃的人望风，使其盗窃行为得以实现的，成立盗窃罪的共同正犯。

根据 Roxin 的见解，对义务犯与亲手犯，不能适用犯罪事实支配理论。义务犯，是指

---

〔6〕 对此存在争议。德国判例认为，在预备阶段微不足道的参与也可能成立共同正犯。Stratenwerth 认为，在预备阶段存在策划和组织行为时，才成立共同正犯。

行为人违反了法律对其特别要求的义务、背离了其所担当的社会角色而形成的犯罪。在义务犯的情况下,只有违背自身所负担的义务并因此导致危害结果的人才是犯罪事实的核心角色,才是正犯。换言之,身份犯的正犯只能是具有身份的行为人。例如,医生通过无保密义务的人公开其所获得的他人秘密的,虽然直接公开秘密的人支配了犯罪事实,但并不构成正犯,只是负有保密义务的医生成立泄露他人秘密罪的正犯。同样,亲手犯的正犯只能是符合刑法所规定的特殊条件的行为人。[7] 例如,不具有特定亲属关系的人,不成立乱伦罪的正犯;不具有证人身份的人,不可能构成伪证罪的正犯。

应否从行为支配、意思支配、功能性支配三个方面构建犯罪事实支配理论,在德国刑法理论上并没有定论。如 Jakobs 认为,应当通过形式的犯罪事实支配(行为人实施形式上符合构成要件的实行行为)、作为决定支配的实质的犯罪支配(行为人决定是否实施犯罪)、作为构建支配的实质的犯罪支配(行为人确定了实现构成要件的犯罪事实的具体发展过程)来构成犯罪事实支配理论。而且认为,这三种支配类型并不与直接正犯、间接正犯、共同正犯三种正犯形态相对应。此外,对应否区分支配犯、义务犯、亲手犯进行讨论,也存在不同见解。有的学者认为,犯罪事实支配理论同样适用于义务犯与亲手犯。

三、共犯的本质

关于共犯的本质,形成了几种学说的对立(主要是日本刑法理论的争论)。

(一)犯罪共同说与行为共同说

犯罪共同说与行为共同说所争论的是,共犯究竟要求什么是共同的? 换言之,二人以上的行为在哪些方面是共同的才成立共犯? 其中主要是就共同正犯而言。

犯罪共同说认为,共同犯罪必须是数人共同实行特定的犯罪,或者说二人以上只能就完全相同的犯罪成立共同犯罪。如日本学者泷川幸辰指出:“共犯是指数人共同实施特定的犯罪(如杀人罪);共同者所共同的是特定的犯罪……共犯受构成要件的制约,如 A、B 共同杀人这一事实才具有刑法上的意义。C 出于杀人的犯意、D 出于抢劫的犯意,只是单纯的行为共同时,只能成立各自的单独犯。”[8]例如,甲以杀人的故意、乙以伤害的故意,共同对丙实施暴力行为,导致了丙死亡。犯罪共同说的部分主张者认为,由于甲与乙都是实行犯,但各自触犯的罪名不同,因而不成立共同正犯,只能分别以单独犯论处。根据这一观点,A 以杀人故意、B 以伤害的故意向 X 开枪射击,只能查明 X 因为中了 A 或者 B 射击的一发子弹死亡,但不能查明该子弹由谁的枪支所发时,A 只成立故意杀人未遂,B 也只能成立故意伤害未遂(如果刑法不处罚故意伤害未遂,则充其量成立暴行罪)。这样的结论虽然严格限定了共同正犯的成立范围,但却没有考虑法益侵害的事实。于是,犯罪共同说的另一部分主张者指出,在上例的甲与乙共同实施暴力的案例中,甲与乙成立故意杀人罪的共同正犯,但对乙只能判处故意伤害致死的刑罚(因为不能超越行为人的责任科处刑罚);在 A、B 共同射击的案例中,A 与 B 也成立故意杀人罪的共同正犯,但对 B 只能科处故意伤害致死的刑罚。这种学说也称为完全犯罪共同说或强硬

---

[7] Roxin 认为,亲手犯有三种类型:一是违法性存在于确定行为的答责性之中,而不是经由危害结果来表现的犯罪,如乱伦罪;二是将一种具体的生活方式作为可罚性的犯罪,如德国刑法第 181a 条规定的促成卖淫罪;三是部分只能由负担义务的人所实施的犯罪,如德国刑法第 153 条、第 154 条、第 156 条规定的陈述性犯罪。

[8] [日]泷川幸辰:《犯罪论序说》,有斐阁 1947 年版,第 226 页。

的犯罪共同说。[9]

部分犯罪共同说主张,二人以上虽然共同实施了不同的犯罪,但当这些不同的犯罪之间具有重合的性质时,则在重合的限度内成立共同犯罪。例如,甲以杀人的故意、乙以伤害的故意共同加害于丙时,只在故意伤害罪的范围内成立共犯。但由于甲具有杀人的故意与行为,对甲应认定为故意杀人罪。再如,A 教唆 B 敲诈勒索他人财物而 B 实施了抢劫行为时,A、B 在重合的限度内即敲诈勒索罪的限度内成立共犯。但由于 B 具有抢劫的故意与行为,对 B 应认定为抢劫罪。部分犯罪共同说历来是德国的通说,德国的判例也采取部分犯罪共同说。日本的审判实践也基本上采取部分犯罪共同说。例如,七名共犯人共谋伤害他人,但其中一人以杀人故意共同攻击被害人,致其死亡。日本最高裁判所 1979 年 4 月 13 日的判决指出:应当认为,具有杀人故意的一人与“不具有杀人故意的六名被告人,在杀人罪的共同正犯与伤害致死罪的共同正犯的构成要件相重合的限度内,成立较轻的伤害致死罪的共同正犯”。[10]

犯罪共同说的基本理由主要有三点:(1)根据罪刑法定原则,成立犯罪首先要求行为具有构成要件符合性;共同犯罪的成立必须受构成要件的制约,以构成要件理论为基础;而构成要件是特定犯罪的构成要件,或者说不同的犯罪具有不同的构成要件。就共同正犯而言,只有当二人以上的行为符合刑法分则规定的构成要件时,才可能成立共同正犯;就其他共同犯罪而言,只有当至少一人的行为符合刑法分则规定的构成要件,其他共犯人的行为符合刑法总则规定的所谓修正的构成要件时,才可能成立共同犯罪。(2)犯罪共同说有利于严格划定共同犯罪的成立范围,这便有利于实现刑法的自由保障机能;如果只要求前构成要件的、前法律的行为相同就成立共犯,便扩大了共犯的处罚范围,有损刑法的自由保障机能。(3)日本刑法规定:“二人以上共同实行犯罪的,都是正犯。”犯罪共同说的观点与这一规定相符合。因为“共同实行”意味着有共同的实行行为,而不同的犯罪有不同的实行行为,故只能就相同的实行行为即相同的犯罪成立共同正犯。

行为共同说(事实共同说)认为,共同犯罪是指数人共同实施了行为,[11]而不是共同实施特定的犯罪。或者说,各人以共同行为实施各人的犯罪时也成立共同正犯。换言之,在“行为”方面,不要求共同实施特定的犯罪,只要行为具有共同性,就可以成立共同犯罪;在“意思联络”方面,也不要求数人必须具有共同实现犯罪的意思联络,只要就实施行为具有意思联络,就可以成立共同犯罪。

对行为共同说的主要具体观点,可归纳如下:(1)二人以上可以就不同的犯罪成立共同正犯。例如,甲以抢劫的意思、乙以强奸的意思,共同对丙实施暴力,导致丙身受重伤。根据行为共同说,甲成立抢劫(致人重伤)罪的共同正犯(不管是否取得财物),乙成立强奸(致人重伤)罪的共同正犯(不管是否奸淫既遂)。(2)成立共同正犯不要求罪名相同,即不承认罪名的从属性。上例即可说明这一点。(3)不仅承认片面的教唆犯与帮助犯,而且承认片面的共同正犯。(4)既承认过失犯的共同正犯,也承认过失犯与故意犯的共同正犯。例如,根据行为共同说,“甲、乙因不注意,共同从屋顶上扔下物品导致行人死亡

[9] 以下的“犯罪共同说”一词,如无特殊说明,均指完全的或强硬的犯罪共同说。

[10] 日本《最高裁判所刑事判例集》第 33 卷第 3 号,第 179 页。

[11] 以往的主观主义者的行为共同说所称的行为共同,是指前构成要件的或前法律的自然的行为相同;当今的行为共同说所称的行为共同,是指违法的构成要件该当行为相同。

时,成立过失犯的共同正犯;如果在该例中,乙注意到有行人,则甲、乙成立故意犯与过失犯的共同正犯。"〔12〕

行为共同说的理由如下:(1)犯罪共同说对共同犯罪的认定不充分。如甲以杀人的故意、乙以暴行的故意共同攻击丙,根据犯罪共同说,甲、乙只是同时犯,分别对故意杀人罪与暴行罪承担责任,忽视了共同的暴行意思与共同的暴行行为的事实。(2)刑法只是规定"共同实行犯罪"的是共同正犯,而没有特别将故意的共同规定为要件,况且过失犯罪也有实行行为,事实上也存在二人以上共同过失实行犯罪的情况,所以,犯罪共同说没有法律依据。(3)犯罪的成立当然以行为符合构成要件为前提,但采取行为共同说时,对各共犯人行为性质的认定仍然是以其符合构成要件为依据的。(4)采用行为共同说,也并没有扩大处罚范围,因为即使承认成立共同犯罪,各共犯人也只能在自己故意、过失的限度内承担责任。

起先,犯罪共同说与行为共同说的实质分歧在于行为主义与行为人主义的对立、客观主义与主观主义的对立。但是,现在有不少学者站在客观主义的立场采取行为共同说。例如,前田雅英指出,只要构成要件的重要部分是共同的,就成立共同正犯,不要求所有共犯人的罪名相同。例如,X、Y以杀人的故意,Z、W以暴行的故意,对A实施加害行为并致其死亡时,即使不明确谁的行为是死亡原因,也应认为X、Y成立杀人罪的共同正犯,Z、W成立伤害致死罪的共同正犯。因为在伤害致死的范围内具有重合性,能够认定共同关系。再如,山口厚认为,只要就共犯的处罚根据采取因果的共犯论或惹起说,就应当支持行为共同说。之所以处罚共犯,是因为共犯通过介入其他共犯者的行为而导致构成要件的结果,共犯具有其固有的违法性与责任,所以,就应将共犯现象理解为"数人实施数罪"。共同正犯以介入共同者实现符合构成要件的事实为必要,故关于符合构成要件的事实的因果性的检讨具有重要意义。即在与自己的行为具有因果性和介入其他共同者的因果性而实现了构成要件事实的范围内,在共同者的责任限度内追究共同正犯的罪责。因此,共同正犯的成立不需要故意的共同,也不要求罪名相同。

德国虽然没有犯罪共同说与行为共同说之争,但其刑法理论与判例实际上采取的是行为共同说,至少可以说,德国刑法理论就具体案件的结论与行为共同说完全相同。首先,从共同正犯的成立条件来说,德国刑法理论没有要求二人以上有共同故意,只是要求有共同的行为计划(Der gemeinsame Tatplan),或者共同的行为决意(Der gemeinsame Tatenschluβ)。共同的行为计划或者共同的行为决意,是指"所有行为人都意识到且希望共同行动"。但这里的行为决意或行为计划不同于犯罪故意(Vorsatz)。其次,就具体案件的认定而言,德国刑法理论与判例实际上采取了行为共同说的立场。例如,Roxin指出:"A与B共同实施强制行为,但只有A利用该强制实施了抢劫时,可以将B作为第240条(强制罪——引者注)的共同正犯处罚,将A作为第249条(抢劫罪——引者注)的正犯处罚(BGH GA 1986,121)。相同情形是,在按照第249条处罚的A采用了抢劫手段,而B对此并不知情时,B是盗窃罪的共同正犯者(RGSt 12,10)。同样,某人在作为伤害的共同正犯承

---

〔12〕[日]江口三角:《犯罪共同说と行为共同说》,载[日]藤木英雄编:《刑法の争点》,有斐阁1984年增补版,第116页。

担责任时,他的共犯者可能成立更重的故意杀人罪(RGSt 44,323)。"[13]在上述几例中,Roxin 并没有分别说 A 与 B 构成强制罪的共同正犯、盗窃罪的共同正犯、故意伤害罪的共同正犯,因而并没有采取(部分)犯罪共同说。这是因为,只要二人以上有共同的行为决意,并且有实现决意的共同行为,就足以将结果归属于行为人,因而应当以共同正犯论处。

(二)共犯从属性说与共犯独立性说

要处罚狭义的共犯时,是否要求正犯已经着手实行犯罪,或者说,虽然实施了教唆、帮助行为,但当对方没有着手实行犯罪时,能否处罚教唆未遂与帮助未遂,这就是共犯从属性说与共犯独立性说所争论的问题。

共犯从属性说认为,正犯者已经着手实行犯罪是成立狭义的共犯的要件,如果正犯者没有着手实行犯罪,就不成立狭义的共犯。其根据有以下几点:(1)作为基本构成要件的实行行为与包含在修正的构成要件中的教唆、帮助行为,在定型性上具有明显区别,后者的犯罪性明显低于前者的犯罪性,只有附加前者的行为才具有可罚性。(2)刑法一般规定"教唆他人实行犯罪的……""帮助正犯者……",这在文理上就承认了共犯的从属性,说明他人没有实行犯罪时、他人还没有成为正犯者时,就不成立教唆犯与帮助犯。(3)单纯的教唆、帮助行为本身,还不具有实现犯罪的现实危险性。换言之,单纯的教唆、帮助行为,并不能侵害法益,也不具有侵害法益的危险,因而缺乏违法性,所以不可罚。(4)虽然有的国家将教唆规定为独立的犯罪,但这种规定是过度的伦理主义或者只关心防卫社会的结果,因而不可取。

共犯独立性说则认为,狭义的共犯根据其自身固有的行为而成立,并不要求有正犯者的实行行为。教唆、帮助行为本身是行为人反社会性格的征表,对结果的发生具有原因力,因此,在没有正犯者的实行行为时,也构成犯罪。教唆、帮助行为本身的着手,就是共犯的实行着手,当对方拒绝实行犯罪时,教唆、帮助行为构成未遂犯。犯罪征表说是共犯独立性说的基本理由。此外,共犯独立性说认为,共犯从属性说以他人是否实行犯罪来决定教唆、帮助行为本身是否构成犯罪,这种思维方法是不妥当的。况且,刑法规定处罚教唆、帮助自杀,而不处罚自杀行为本身,就说明共犯的独立性。

一般来说,新派采取共犯独立性说,旧派采取共犯从属性说,但并非绝对如此。例如,Liszt 是新派代表人物,但主张共犯从属性说;Binding 是旧派学者,却主张共犯独立性说。从现在的情况来看,多数刑法学者采取共犯从属性说。

共犯从属性说与共犯独立性说所争论的是从属性有无的问题。如果承认共犯的从属性,则还存在共犯从属性的程度问题:狭义的共犯对正犯具有何种程度的从属性,是要求正犯仅仅实施符合构成要件的行为就处罚共犯,还是要求正犯的行为完全构成犯罪才处罚共犯?这里的"正犯"显然不是仅指真正意义上的正犯,而是指被教唆者与被帮助者(其中也可能是真正意义上的正犯)。对此,M. E. Mayer 概括了四种从属形态:(1)最小从属性:只要正犯的行为单纯地符合构成要件,共犯即成立。果真如此,则参与他人并不违法的行为时也可能成立共犯,例如,劝他人实施符合构成要件的某种正当业务行为时,也能成立共犯。这就没有考虑共犯的实质。(2)限制从属性:正犯的行为符合构成要件而且违法时,共犯才成立。其理由在于,共犯的成立虽然仅仅要求正犯的行为单纯地符合

---

[13] C. Roxin, Strafrecht Allgemeiner Teil, Band II, C. H. Beck, 2003, S. 95.

构成要件并不够,但不能要求正犯具有责任,因为责任是对行为人的人格的非难,正犯是否具有责任不影响共犯的成立。例如,没有达到刑事责任年龄的少年,具有相当程度的规范意识,能够理解自己行为的意义。利用他们进行犯罪的,应当成立教唆犯,而不是成立间接正犯。(3)极端从属性:正犯的行为具备构成要件符合性、违法性与有责性时,才成立共犯。因为刑法规定的是教唆、帮助他人实行"犯罪",既然是犯罪,就要求具备构成要件符合性、违法性和有责性。如果坚持这一观点,则帮助没有责任能力的人实施犯罪行为时,就没有可罚性,这显然不合理。此外,刑法规定的实行犯罪,是指只要客观上有犯罪的实行就够了,并不要求实际上构成犯罪。(4)夸张从属性(最极端从属性):正犯的行为除了具备构成要件符合性、违法性与有责性之外,还要具备一定的可罚条件,共犯才成立。这一极端的主张也受到了批判。

M. E. Mayer 本人曾经指出,最小从属性在立法上难以被采用;此外,极端从属性也违反当时德国刑法第 50 条的规定,也不能采用;限制从属性虽然是最具有优势的,但由于教唆犯、帮助犯的成立要求正犯的行为是可罚的行为,因而不得不采取极端从属性说。1943 年德国刑法部分修改时,规定教唆犯、帮助犯的成立条件是正犯实施了"受刑罚威吓的行为",而且共犯者的处罚与其他人的责任没有关系,于是限制从属性成为通说。现行德国刑法规定教唆犯、帮助犯是教唆、帮助他人"故意实行违法行为"(第 26 条、第 27 条),而且对共犯者"依其责任予以处罚,不考虑他人的责任"(第 29 条),这就更为明确地采取了限制从属性说。

日本刑法理论的通说也是限制从属性说。[14] 只要正犯的行为符合构成要件而且违法,狭义的共犯就成立。但是,如果以暴力强制刑事未成年人,使之实施犯罪行为,则不成立狭义的共犯,而是间接正犯。日本的审判实践以前一直采取的是极端从属性说,但最高裁判所在 1984 年 9 月 12 日的判决中指出,利用刑事未成年人进行犯罪时,除了成立间接正犯之外,也可能成立教唆犯,这表明审判实践开始向限制从属性说倾斜。不过,最小从属性说在日本也是有力说。

四、共犯的处罚根据

刑法为什么处罚狭义的共犯,其根据何在,这就是共犯的处罚根据问题。

在以前的德国,有力的主张是责任共犯说,即由于共犯者将正犯者引诱至责任与刑罚中,或者说由于共犯使正犯者堕落,所以共犯者也应受处罚。H. Mayer 的经典表述是:"正犯实行了杀人行为,教唆犯制造了杀人犯。"根据责任共犯论,共犯的成立以正犯具有

---

[14] 平野龙一将共犯从属性分为三个类型来说明,即实行从属性、要素从属性与罪名从属性。"要素从属性,是指作为共犯概念上的前提的正犯行为,是只要符合构成要件就行了(最小从属性说),还是以符合构成要件的违法行为为必要,而且仅此就够了(限制从属性说),抑或要求符合构成要件的违法、有责行为(极端从属性说)的问题……罪名从属性,是指共犯是应当与正犯的罪名相同(罪名从属性说),还是说共犯与正犯的罪名不同也可以(罪名独立性说)。这一对立也称为犯罪共同说(承认罪名从属性)与行为共同说(承认罪名独立性)。"显而易见,要素从属性是从属性的程度问题,罪名从属性与罪名独立性是犯罪共同说与行为共同说的对立问题,平野所说的实行从属性,才是一般意义上的共犯从属性的含义。那么,平野是如何解释实行从属性的呢?他指出:"实行从属性,是正犯现实地实施实行行为是否为共犯成立要件的问题,换言之,尽管实施了教唆行为,但正犯没有实行犯罪时,能否作为教唆未遂处罚。即使正犯没有实行行为,对教唆者也可以作为教唆未遂处罚的观点,叫作共犯独立性说,相反的观点叫做共犯从属性说。"([日]平野龙一:《刑法总论Ⅱ》,有斐阁 1975 年版,第 345 页以下。)

构成要件符合性、违法性、有责性为前提(极端从属性说)。但是,极端从属性说不符合责任判断的个别性原则,而且德国刑法规定共犯者各依自己的责任受处罚,他人的责任不影响对共犯的处罚,故责任共犯论与德国刑法的规定不相符合,因而没有支持者。

不法共犯说(违法共犯论)认为,由于共犯者诱使正犯者实施了符合构成要件的违法行为,或者以某种援助行为促进了违法的正犯行为,因而应受处罚(Welzel、Baumann、Maurach、Zipf 等)。根据不法共犯论,共犯的成立只要求正犯的行为具有构成要件符合性、违法性;如果正犯行为是违法的,共犯行为(只要不存在固有的违法阻却事由)也就是违法的,因而承认违法的连带性。不法共犯论容易说明对真正身份犯的共犯的处罚根据。例如,非公务员教唆公务员受贿的,因为其导致公务员实施了符合构成要件的违法行为,所以承担受贿罪的罪责。但是,不法共犯论也会导致不当结论。例如,A 请求正犯 B 杀害自己,正犯 B 杀害 A 未遂。由于 A 使正犯 B 实施了受嘱托杀人未遂的违法行为,因而成立受嘱托杀人未遂的教唆犯。但这种结论不合理。于是,采取不法共犯论的学者,对这种情况便通过例外地肯定违法性的相对性,说明 A 的行为不可罚。

惹起说(因果共犯论)认为,共犯的处罚根据,在于通过介入正犯的行为引起了法益侵害(构成要件该当事实)。据此,直接引起法益侵害的是正犯,介入正犯行为间接引起法益侵害的是共犯,正犯与共犯的差异在于引起法益侵害的样态不同。据此,在上例中,由于刑法并不要求 A 保护自己的生命,故 A 没有引起法益侵害,因而不可罚。惹起说内部又可以分为几种学说。

纯粹惹起说(独立性志向惹起说)是原封不动地将惹起说与共犯的成立条件直接联系起来的观点,它将作为共犯处罚根据的法益侵害的间接惹起,理解为"从共犯的立场来看,通过正犯惹起了(违法的)法益侵害结果(构成要件该当事实)",以共犯行为自身的违法性为基础考虑共犯的违法性,认为共犯的成立不一定要求正犯的行为具有构成要件符合性,因而肯定"没有共犯的正犯"(如 A 按照被害人 X 的请求对 X 实施重大伤害行为,X 无罪,但 A 构成伤害罪)和"没有正犯的共犯"(如 B 唆使 Y 实施自伤行为,Y 无罪,但 B 构成伤害罪的教唆犯),也肯定对过失行为的共犯,还会否认间接正犯。纯粹惹起说虽然有利于说明共犯固有的犯罪性,但不一定符合刑法的规定(如根据日本刑法的规定,不可能存在没有正犯的共犯)。

修正惹起说(从属性志向惹起说)是德国的通说与判例的立场,认为共犯的违法性不是由来于共犯行为本身,而是由来于正犯行为的违法性。换言之,处罚共犯者,是因为其诱使、促成了正犯的行为,共犯的违法必从属于正犯的违法性。据此,A 按照被害人 X 的请求对 X 实施重大伤害行为的,由于 A 的行为违法,故 X 的行为也违法(否认没有"没有共犯的正犯");B 唆使 Y 实施自伤行为的,由于 Y 的自伤行为合法,故 B 的唆使行为也合法(否认"没有正犯的共犯")。根据修正惹起说,教唆未遂是不可罚的,但未遂的教唆则具有可罚性。根据其中部分学者的观点,对非故意行为,也能成立共犯。

混合惹起说(从属的法益侵害说)认为,共犯通过正犯者间接地侵害了法益,共犯的违法性由来自共犯行为自身的违法性和正犯行为的违法性。混合惹起说旨在通过要求"存在正犯的违法性"来制约共犯的处罚范围。据此,不存在"没有正犯的共犯",但 A 按照被害人 X 的请求对 X 实施重大伤害行为的,A 的行为违法,X 的教唆行为不违法;被害人教唆他人杀害自己的、犯人教唆他人窝藏自己的,都不可罚。

第二节 间接正犯

一、间接正犯概述

实行行为,不一定只限于行为人自身的直接的身体动作,和利用动物、工具一样,将他人作为工具实行犯罪,也是可能的。这种将他人作为工具来利用、从而实现犯罪的情况,就是间接正犯。[15] 如果着眼于间接正犯的构成要件符合性,就会在构成要件中讨论间接正犯;如果着眼于共犯关系,就会在共同犯罪中讨论间接正犯。[16]

间接正犯在立法例上始于德国1913年刑法草案第33条。现在,有的国家的刑法明文规定了间接正犯,例如,德国刑法第25条第1款规定:“自己或者通过他人实施犯罪行为的,作为正犯处罚。”多数国家的刑法虽然没有规定间接正犯,但在刑法理论上仍然承认这一概念。

关于间接正犯概念的产生原因,理论上有不同的解释。一种解释是,基于限制的正犯概念和共犯的极端从属性的观点,[17] 只有直接正犯者的行为具备构成要件符合性、违法性与有责性,教唆犯、帮助犯才成立共犯;但将无责任能力的他人作为工具实现犯罪时,既不符合直接正犯的条件,又不符合教唆犯、帮助犯的条件;为了避免处罚上的空隙,作为一种二次性的、补充的方案,将这种情况作为间接正犯处罚。另一种解释是,应当从规范的观点,肯定间接正犯与直接正犯具有相同的性质。实际上,在今天的德国与日本,并不是都采取限制的正犯概念与共犯极端从属性的观点,但都使用间接正犯概念。[18] 这是因为,在利用者将被利用者作为工具实行犯罪的场合,利用者在背后对直接行为者进行了支配、操纵,与直接正犯支配、操纵行为事态没有区别。

关于间接正犯的实行行为性,以前的德国是用“工具理论”来说明的。即被利用者如同刀枪棍棒一样,只不过是利用者的工具;既然利用刀枪棍棒的行为是实行行为,那么也应肯定利用他人的行为具有实行行为性(M. E. Mayer 等)。但是,被利用者是有意识的人,毕竟与工具不同。“优越性理论”认为,由于利用者对被利用者具有优越性,所以利用者是正犯(Hegler)。可是,这种理论也不利于合理确定间接正犯的范围。在日本,有一种观点从构成要件的立场理解间接正犯的实行行为性。即根据规范主义的观点,只有当利用者存在与直接正犯没有实质差异的实行行为性时,才成立间接正犯。具体基准是,利用者的利用行为,具有通过客观上介入被利用者的身体活动,引起一定的法益侵害、威胁的必然的、现实的、因果的危险性。简言之,利用者的利用行为具有引起一定法益侵害的现实的危险性时,就具有与直接正犯相同的实行行为性(大塚仁)。不过,这种基准不一定

---

〔15〕 间接正犯是实行行为的一种样态,不可单纯理解为行为人。

〔16〕 德国学者一般在共同犯罪中讨论间接正犯。

〔17〕 本章将说明有关共犯的各种概念。

〔18〕 所要指出的是,也有人否定间接正犯的概念。例如,H. J. Bruns、佐伯千仞等人认为,如果承认扩张的正犯概念,间接正犯的问题就可以在共同犯罪中解决。牧野英一等人则站在共犯独立性说的立场上,认为利用他人的场合都包含在共犯之中,完全不需要有间接正犯的概念。但这种观点没有被多数人接受。

明确。规范障碍说认为,在被利用者具有规范的障碍时,利用者的利用行为具有实行行为性;在被利用者可能产生规范障碍时,利用者的利用行为只能认定为教唆犯(西原春夫)。但是,这种观点导致间接正犯的范围窄小。现在,在德国占通说地位的是犯罪事实支配说。这一学说也得到日本等国学者的支持。

根据 Roxin 的观点,对犯罪实施过程具有决定性影响的关键人物或核心角色,具有犯罪事实支配性,是正犯。犯罪事实支配分为三个类型:其一,行为支配,即行为人通过自己直接实施犯罪行为从而支配犯罪事实,并使自己的行为成为犯罪事实中心。这就是直接正犯。其二,意思支配,即行为人不必出现在犯罪现场,也不必参与共同实施,而是通过强制或者欺骗手段支配直接实施者,从而支配构成要件的实现。这就是间接正犯。其三,功能性支配,即行为人与其他人一起共同负担犯罪完成的重要功能,从而支配构成要件的实现。此即共同正犯。概言之,之所以肯定间接正犯的实行行为性,是因为间接正犯与直接正犯、共同正犯一样,支配了犯罪事实,支配了构成要件的实现。

二、间接正犯的基本类型

Roxin 在讨论间接正犯时,区分了支配犯、义务犯与亲手犯三种情形。根据 Roxin 的观点,支配犯的间接正犯实际上只能存在于三种情形中:"第一,幕后者能够通过迫使直接实施者实施符合构成要件的行为,从而达成自身对于犯罪事实的支配性(通过强制达成的意思支配)。第二,幕后者可以隐瞒犯罪事实,从而欺骗直接实施者并且诱使对真相缺乏认知的实施者实现幕后者的犯罪计划(通过错误达成的意思支配)。第三,幕后者可以通过有组织的权力机构将实施者作为可以随时替换的机器部件而操纵,并且据此不再将实施者视为个别的正犯而命令,进而达成对犯罪事实的关键支配(通过权力组织的支配)。除了上述三种基本支配情形之外,不可想象其他情形。利用无责任能力、减轻责任能力和未成年人的情形,在构造上只是强制性支配与错误性支配的结合而已。"〔19〕

通过强制的意思支配,是最容易理解的间接正犯类型。例如,甲胁迫乙对丙实施伤害行为,否则就杀害乙或者乙的家人,从而导致乙对丙实施了伤害行为。甲成立伤害罪的间接正犯。问题是,幕后者所实施的强制达到何种程度时,才能认定为间接正犯。根据 Roxin 提出的"责任承担原则",如果幕后者的行为符合德国刑法第 35 条的前提(幕后者的行为对直接实施者形成了现时的、别无他法可以避免的对生命、身体或者自由的危险时),从而使实施者的行为免除了刑事责任时,就应当认定幕后者所实施的行为足以构成犯罪事实支配,进而认定为间接正犯。幕后者虽然没有实施胁迫行为,但通过创设与德国刑法第 35 条相符合的客观情形,从而使直接实施者陷入紧急避险状态时,也成立间接正犯。以上结论也适用于"强制自我损害"的情形。如强迫他人自伤或者自杀的,成立伤害罪或者谋杀罪的间接正犯。此外,幕后者通过利用合法行为形成强制性支配的,也成立间接正犯。

通过错误的意思支配,包括四种类型:其一,幕后者利用直接实施者无构成要件的故意的行为。例如,A 将毒药冒充为葡萄糖液交给 B,让 B 向患者注射,致使患者死亡的,A 是杀人罪的间接正犯。再如,乙误以为活人丙是稻草人而欲向"稻草人"开枪时,甲明知乙实际上是要向丙开枪,却仍然将自己的猎枪给乙使用,导致乙过失杀害丙的,甲是杀人

〔19〕 C. Roxin, Strafrecht Allgemeiner Teil, Band Ⅱ, C. H. Beck, 2003, S. 23.

罪的间接正犯。其二,幕后者利用直接实施者基于法律错误(违法性的认识错误)的行为。这种情形比较少见。其三,幕后者利用直接实施者基于对免责事由的认识错误的行为。换言之,直接实施者的行为虽然具有构成要件符合性、违法性的行为,但误以为自己会被免责。在这种情况下,造成直接实施者的错误或者利用其错误的幕后者是间接正犯。其四,直接实施者的行为具有构成要件符合性、违法性与有责性,但幕后者就与犯罪本身相关的因素进行欺骗,从而导致直接实施者实现了幕后者的计划时,幕后者为间接正犯。这主要是指直接实施者误以为仅实施了基本的犯罪行为,实际上幕后者利用直接实施者实现了加重构成的情形。

通过权力组织的意思支配,是指幕后者控制一个权力组织,经由命令(而非强制或者欺骗),通过整个机构的运转而完成犯罪行为的情形。发布命令者即为间接正犯。

Roxin 的上述观点并没有完全得到刑法理论的承认。例如,关于通过错误的意思支配的第四种类型,以及通过权力组织的意思支配,就遭受到了许多学者的反对。

三、间接正犯的成立范围

这里所讨论的间接正犯的成立范围,是从另一角度对间接正犯类型的归纳。

(一)利用他人不属于行为的身体活动(非行为的介入)

例如,利用他人的反射举动或者睡梦中的动作实现犯罪的,属于间接正犯。

(二)利用缺乏故意的行为(无故意者的介入)

这就是所谓利用不知情者的间接正犯。例如,医生指使不知情的护士给患者注射毒药,构成杀人罪的间接正犯。当被利用者没有过失时,利用者成立间接正犯是没有多大疑问的。当被利用者具有过失时,利用者是否成立间接正犯,则存在争议。这里的关键在于是否承认过失共同犯罪。Birkmeyer 等人肯定过失的共同犯罪,因而认为被利用者存在过失时,利用者是被利用者的共犯,而不是间接正犯;Frank 等人则说,如果认为这种情况是共犯,那么,正犯是过失犯,共犯(教唆犯、帮助犯)是故意犯,让有故意的共犯从属于只有过失的正犯,只负过失犯的刑事责任,是不合理的。

被利用者虽然具有其他犯罪的故意但缺乏利用者所具有的故意时,利用者也可能成立间接正犯。例如,甲明知丙坐在丙家的屏风后,但乙不知情,甲唆使乙开枪毁坏丙的屏风,乙开枪致丙死亡。乙虽然具有毁损器物罪的故意,但没有杀人罪的故意。杀人罪的结果只能归责于甲,甲成立间接正犯。[20] 被利用者虽然有引起结果的故意,但对侵害程度具有错误时,利用者是否成立间接正犯则有争议。例如,A 将 C 的贵重物品谎称为普通物品,使 B 毁坏。一种观点认为,B 没有毁坏贵重物品的故意,A 就贵重物品的毁坏成立间接正犯。另一种观点则认为,如果完全处于动机错误中的被利用者完全以刑法上的答责方式行事,则不能认定利用者成立间接正犯。

(三)利用有故意的工具(有故意者的介入)

有的犯罪的成立除了要求有故意之外,还要求有特定目的,或者要求行为人具有一定的身份。所谓有故意的工具,就是指被利用者虽然有责任能力并且有故意,但缺乏目的犯

---

〔20〕 也有一种观点否认间接正犯的成立,认为乙成立毁损器物罪与过失致死罪的想象竞合;甲成立毁损器物罪的教唆犯与过失致死罪的教唆犯的想象竞合,但由于不处罚过失犯的教唆犯,故对甲只能以毁损器物罪的教唆犯论处。

中的目的,或者不具有身份犯中的身份。德国、日本刑法理论一般认为,利用有故意的工具的情况,也属于间接正犯。因为当目的与身份是构成要件的要素时,缺乏该构成要件要素的行为,就是不符合构成要件的行为;利用不符合构成要件的行为,成立间接正犯。但是,也有学者反对这种结论。从犯罪事实支配的角度来考察,由于直接实施者具有犯罪故意,故难以肯定幕后者操纵或支配了其行为,因而难以认定为间接正犯。从自由意志的角度来考察,由于直接实施者完全具有意志自由,能够将行为的结果归责于直接实施者,故能否一概将利用者认定为间接正犯,也存在疑问。但是,持反对意见的人,也并非一概否定上述情形属于间接正犯,而是对其中的部分情形以其他理由认定为间接正犯。例如,在德国、日本,伪造货币罪必须"以行使为目的"。在幕后者利用没有行使目的的人伪造货币时,一方面,可以将"以行使为目的"解释为包含"以他人行使为目的",进而肯定被利用者具有行使目的,成立共犯;另一方面,在被利用者没有"以自己或他人行使为目的"的情况下,可以认定被利用者缺乏对伪造货币罪结果的认识,即否认其具有伪造货币罪的故意,肯定幕后者成立间接正犯(山口厚)。

关于利用有故意而无身份的情形,也存在不同看法。例如,公务员甲使知情的妻子乙接受贿赂,甲是否成立受贿罪的间接正犯?第一种观点认为,甲成立受贿罪的间接正犯,乙成立受贿罪的帮助犯。理由是,就甲而言,有关受贿罪这样的身份犯的法规范,只针对具有一定身份的人,只有具有该身份的人才可能实施违反法规范的实行行为。因此,利用不能实施实行行为的非身份者收受贿赂的行为,可谓利用欠缺规范的障碍的人的行为,具有实现犯罪结果的现实的危险性,可以肯定为间接正犯。就乙而言,因为其不具有法规范所要求的身份,因而不能实施受贿罪的实行行为,故不能成立正犯,只能成立帮助犯。第二种观点认为,甲成立受贿罪的教唆犯,乙成立受贿罪的帮助犯。理由为,就甲而言,在利用有故意的人的场合,由于被利用者具有规范的障碍,而不可能成立单纯的工具。因此,利用者不能随心所欲地对之进行支配与利用;利用者不可能像自己实行犯罪那样,具有实现犯罪计划的确实性。所以,利用者的行为不能成立实行行为,只能成立教唆犯。就乙而言,由于其欠缺身份,不可能成立正犯,只能成立帮助犯。第三种观点认为,应当根据非身份者的参与情况进行区分。如果身份者甲对非身份者乙处于单方的支配关系,则甲是间接正犯,乙是帮助犯;如果甲与乙处于相互协力的状态,则成立受贿罪的共同正犯。

"利用有故意的帮助的工具"的情形,也值得讨论。例如,丙请求乙帮助自己购买毒品,乙便与毒品贩卖者甲进行联络,并将交易的数量、金额、时间、场所(某个宾馆大厅)等告诉甲。甲以自己亲自进行交易的目的来到宾馆大厅,但发现交易对方是与自己关系不好的丙,便将毒品交给乙,托付乙进行交易。乙认识到该笔毒品交易的卖主与买方为甲与丙,而将毒品转交给丙,并将从丙处取得的毒品对价交给甲,乙没有从中获得任何利益。可以认为,乙实施了毒品的买卖行为,但实际上甲与丙是毒品买卖的当事者。那么,甲是否是贩卖毒品的正犯?间接正犯否定说认为,甲与丙之间虽然介入了乙的行为,但乙完全基于自己的意思决定实施了买卖行为,故不能肯定背后的行为者甲的行为为正犯行为。但持这种观点的学者认为,如果构成要件具有只有背后的行为者才能造成法益侵害的特殊性,利用有故意的帮助的工具可以成立间接正犯(山口厚)。间接正犯部分肯定说认为,虽然作为实行行为的买卖行为是乙实施的,但甲准备了毒品,并且获得了出卖毒品的全部利益,可以从实质上将甲评价为买卖的主体,甲应当成立正犯。乙只是出于帮助的故意,并且没有取得任何利益,不成立共同正犯,只能认定为帮助犯(前田雅英)。

(四)利用被害人的行为(被害人的介入)

当利用者使被害人丧失自由意志,或者使被害人对结果缺乏认识或产生其他法益关系的错误,导致被害人实施了损害自己法益的行为时,利用者成立间接正犯。例如,甲谎称乙饲养的狗为疯狗,使乙杀害该狗的,是故意毁坏财物罪的间接正犯。再如,行为人强迫被害人自杀的,成立故意杀人罪的间接正犯(山口厚)。

(五)利用他人的适法行为(适法行为的介入)

例如,利用他人的正当防卫、紧急避难行为实现犯罪,一般认为成立间接正犯。日本曾有这样的判例:孕妇自己施行堕胎手术,结果导致自己的生命危险,于是要求医生取出胎儿。这种利用医生的紧急避难进行堕胎的行为,被法院认定为堕胎罪的间接正犯。不过,也有人认为本案不是间接正犯,因为孕妇已经实施了部分堕胎行为(平野龙一)。但是,对一些具体案件也存在争议。例如,甲想利用乙的正当防卫杀害X,于是诱导X对乙进行不法侵害,乙正当防卫杀害了X。乙的行为是正当防卫,甲是否成立杀人罪的间接正犯?间接正犯肯定说的理由是,首先,实施正当防卫的乙,在当时的情况下不可能形成反对动机,可谓背后利用者甲的工具。其次,背后利用者甲使X实施不法侵害行为,引起了违法阻却状况,在紧急状态下,可以认定乙的自由意志受到了甲的制约,故可以将甲的行为评价为间接正犯。间接正犯否定说认为,虽然利用他人的正当防卫行为的情形也可能成立间接正犯,但是,从利用者必须有与直接正犯相同的实行行为性来考虑,在上例中,由于介入了很大的偶然性,不能认定利用者甲通过被利用者乙支配了结果,利用行为与直接正犯的实行行为不具有等价性,故甲不成立杀人罪的间接正犯,也不成立杀人罪的教唆犯。教唆犯说的理由是,应当从限制的正犯概念出发,尽可能限制间接正犯的成立范围,对甲的行为应以杀人罪的教唆犯论处。

(六)利用无责任能力者的身体活动(无责任能力者的介入)

无责任能力者(包括没有达到刑事责任年龄的人)的身体活动不是基于自由意志的行为,故不能将其结果归责于无责任能力者,只能归责于其背后的利用者,肯定利用者的行为具有构成要件符合性。例如,利用幼儿、严重精神病患者的身体活动实现犯罪的,就是间接正犯。问题在于,利用无责任能力者实施犯罪的是否均成立间接正犯?肯定说认为,凡是利用无责任能力者实施犯罪的,都构成间接正犯(Roxin)。否定说认为,当儿童或者精神病患者具有辨别是非的能力、具有自由意志时,利用者就不构成间接正犯,而应成立教唆犯或者帮助犯(Welzel、Jescheck)。肯定说反驳道,否定说的观点与刑法关于责任能力的规定相矛盾,而且没有明确标准来认定被利用者是否具有辨别是非的能力。显然,问题的关键在于,是形式地确定间接正犯的成立范围,还是根据间接正犯的成立根据确定其成立范围。

至于利用减轻责任能力者实施犯罪的,是否成立间接正犯,理论上也存在争议。有的学者持否定说,因为减轻责任能力者依然具有自由意志,故不能将利用者认定为间接正犯(Baumann/Weber、山口厚)。有的学者持肯定说,因为在这种场合,仍然能够肯定利用者对犯罪事实的支配(Schünemann)。有的学者指出,当幕后者有意地致使实施者陷入减轻责任能力状态实施犯罪行为时,幕后者成立间接正犯(Schaffstein)。有的学者认为,如果幕后者利用减弱认识能力者实施犯罪的,成立间接正犯;如果幕后者利用减弱控制能力者实施犯罪的,成立教唆犯或帮助犯(Roxin)。这些不同的观点,反映出对间接正犯的成立根据存在不同理解。

(七)对被利用者进行强制使之实施一定的犯罪活动(受强制的行为的介入)

这是指利用者对他人进行强制(包括物理的强制与心理的强制),压制他人意志,使他人丧失自由意志时,不能将结果归责于受强制者,只能归责于强制者(也有学者将这种类型归入上述第二类,如大谷实)。

(八)利用他人缺乏违法性认识的可能性的行为

如果利用了他人不可避免的违法性认识错误,则没有争议地成立间接正犯。至于利用他人可以避免的违法性认识错误的情形是否成立间接正犯,则存在争议。例如,甲欺骗乙说:"丙的不法侵害虽然已经结束了,但你现在攻击他仍然是正当防卫。"乙信以为真,在丙的不法侵害结束后,伤害了丙。一种观点认为,如果乙的认识错误是可以避免的,则甲不成立间接正犯,仅成立教唆犯。另一种观点则认为,无论乙的认识错误是否可以避免,都不会改变乙没有认识到违法性的事实,而且乙的认识错误是由甲所引起,故应认定甲为间接正犯。

需要指出的是,间接正犯的成立,并不意味着共同犯罪的否定。正如 Roxin 所说:"幕后者成立间接正犯和实施者成立直接正犯,二者之间并不是绝对相互排斥的关系。相反,在强制性支配的情形下,幕后者的意思支配以实施者的行为支配为前提。"〔21〕再如,公务员利用妻子收受贿赂时,公务员是间接正犯,妻子是帮助犯,二人成立共同犯罪。又如,应当保守患者秘密的医生,通过其他人泄露患者秘密的,医生为间接正犯,直接泄露者构成共犯。

四、义务犯

如前所述,Roxin 在讨论间接正犯时区分了支配犯与义务犯。对于支配犯,根据幕后者是否支配了犯罪事实(是否核心角色),区分间接正犯与共犯。但对于义务犯而言,则不可能采取上述标准。大体而言,义务犯是指这样一种犯罪类型:刑法条文针对构成要件的结果或者不阻止侵害结果的行为规定了法定刑,而没有明文规定实行行为的外在形式;只要行为人违反了其所负有的义务,背离了其所担当的社会角色,就构成该罪。在这类犯罪中,负有义务且因作为或者不作为导致侵害结果发生的人,是犯罪事实的核心角色。例如,医生基于职业获取了他人的隐私后,通过无义务的人泄露该隐私的,虽然无义务的人直接实施了泄露行为并实际上支配了犯罪事实,但只有医生(负有义务的人)是间接正犯。

但是,很多学者不同意 Roxin 的观点,仍然主张以统一的标准(事实支配)区分间接正犯与教唆犯、帮助犯。例如,Schünemann 指出,义务犯是对于法益的保护支配,是对一定社会领域进行控制的社会性支配;Gallas 与 Jescheck 认为,在上述场合,幕后者存在"社会的"或"规范—心理的"支配性,没有幕后者的行为,直接实施者根本不可能实施犯罪,所以,应当将幕后者认定为间接正犯。

五、亲手犯

一般来说,亲手犯是指必须由正犯者自己直接实行的犯罪。通说认为,亲手犯(或自

〔21〕 C. Roxin, Strafrecht Allgemeiner Teil, Band II, C. H. Beck, 2003, S. 23.

手犯)不可能存在间接正犯。但是,关于亲手犯的含义与范围,在刑法理论上并不统一。文本说认为,如果描述某种犯罪的构成要件的文字含义中没有包含亲手实施之外的行为方式,那么,该犯罪就是亲手犯。这种学说以"只有亲手实施构成要件的人才是正犯"的命题为前提,然而该命题并不成立。身体行为说认为,如果只要有相应的行为就可以实现构成要件,而不必发生结果,那么,该犯罪就是亲手犯。据此,行为犯就是亲手犯。例如,非法侵入他人住宅,是亲手犯,不可能有间接正犯。但是,持反对观点的人指出,在行为人利用无责任能力者闯入他人住宅,侵犯了他人的居住权时,没有理由不认定为间接正犯。根据 Roxin 的观点,亲手犯分为三种类型:第一类是行为关联性犯罪,这是指犯罪的不法并非取决于侵害结果,而是取决于行为本身的可谴责性的犯罪。最典型的是乱伦罪。第二类是生活方式性犯罪,即诸如流浪罪或游荡罪等以特定的生活方式作为可罚性基础的犯罪。第三类是陈述性犯罪,"依法宣誓作证的人"的伪证罪等属于这一类。[22]

理论上也有少数人否定亲手犯的概念。如 Liszt、大场茂马等人基于因果论的观点认为,只要利用他人的行为与犯罪的结果之间具有因果关系,就可能成立间接正犯,从而否认亲手犯的概念;Eb. Schmidt、竹田直平等人基于扩张的正犯论的立场,认为对犯罪结果的实现给予了任何条件的人都是正犯,也否认亲手犯的概念。

第三节　共同正犯

一、共同正犯的概念

共同正犯,是指二人以上共同实行犯罪的情况。倘若成立共同正犯,则各行为人都依正犯处罚。在德国,共同正犯基本上没有争议地属于正犯,但在日本则存在争议。日本刑法明文规定共同正犯"属于正犯",意味着对共同正犯与单独正犯等同对待:一方面,适用与单独正犯相同的法定刑;另一方面,对共同正犯的教唆、帮助就属于对正犯的教唆、帮助,因而成立狭义的共犯(共同正犯不具有从属性)。但是,从共同正犯的定位来说,有的观点强调共同正犯的正犯性(据此,身份犯的共同正犯必须具有身份),有的观点则强调共同正犯的共犯性(身份犯的共同正犯不需要具有身份)。

如果分别考察,当各行为人只实施了部分实行行为时,就应当只承担部分责任。但在共同正犯的场合,由于各正犯者相互利用、补充其他人的行为,便使自己的行为与其他人的行为成为一体,导致了构成要件结果的发生。因此,即使只是分担了一部分实行行为的正犯者,也要对共同的实行行为所导致的全部结果承担正犯的责任。例如,甲、乙二人共同杀害丙,即使只是甲的一发子弹实际造成了丙死亡,乙也承担杀人既遂罪的责任。这就是部分实行全部责任的原则。

二、共同正犯的要件

共同正犯的部分实行全部责任原则,决定了共同正犯必须是各行为人在共同实行一

〔22〕 我国有人认为强奸罪是自手犯,但国外刑法理论对此持否定态度,普遍承认妇女可以成为强奸罪的间接正犯与共同正犯。

定犯罪的意思下，分担实行行为，相互利用、补充对方的行为，使各行为人的行为成为一个整体而实现犯罪。因此，成立共同正犯，要求二人以上主观上有共同实行的意思（意思的联络、共同的行为决意），客观上有共同实行的事实（行为的分担、实质性贡献）。〔23〕

所谓共同实行的意思，是指二人以上的行为人有共同实施实行行为的意思，即为了实现某种犯罪，而相互利用、补充对方的行为的意思。显然，对共同犯罪的本质（犯罪共同说与行为共同说）的认识不同，对共同实行的意思内容的要求就不同。如根据行为共同说，共同实行的意思并不是指故意的共同，只要对实施符合构成要件的行为具有意思联络即可。

共同实行的意思，不要求一定以明示的方法而产生，只要行为人相互之间形成默契的认识就行了。在数人共同实行犯罪的场合，不要求数人之间直接形成共同实行的意思，通过某个行为人分别向其他行为人联络，间接地形成共同实行的意思也可以。共同实行的意思，只要求存在于行为时，不要求事前通谋，不要求行为人一起商谈。因此，共同实行的意思，既可以是在实行行为之前形成，也可以是在实施实行行为时形成。在实施实行行为时，偶然地产生共同实行的意思的共同正犯，被称为偶然的共同正犯。由于形成了共同实行的意思，所以不同于同时正犯。

共同实行的意思，并不以共同制定或者决定行为计划为前提。例如，甲制定了具体的杀人计划后告诉乙，邀约乙共同实施杀人行为时，乙表示同意的，就能认定共同实行的意思。共同实行的意思，也不以所有参与者对各个行为的详细认识为必要，只要大致确定具体情况下如何实施行为就足够了。另外，如果行为人不知道自己在与其他人共同实行，就不可能成立共同正犯；一个参与人的行为超出了共同的行为计划的范围时，就不能将超出范围的行为与结果归属于其他参与人。

所谓共同实行的事实，是指二人以上的行为人共同实行了某种犯罪，各行为人的行为，分别来看，或者作为整体来看，都具有实现犯罪的现实危险性。按照形式的客观说，如果二人中有一人实施的是实行行为以外的协力行为，则不成立共同正犯。按照实质的客观说，如果二人中有一人实施的行为并没有起到实质作用，或者说没有发挥重要机能，就不成立共同正犯。这涉及前述正犯与共犯的区别问题，因而存在争议。甲、乙二人以共同实行抢劫罪的意思，共同对丙实施暴力行为，然后都夺走了丙的财物的，当然成立抢劫罪的共同正犯。同样，甲、乙二人以共同实行抢劫罪的意思，甲对丙以暴力相威胁，夺走丙身上的现金，其间乙到丙的另一房间盗走丙的财物的，也成立抢劫罪的共同正犯。

按照德国的判例与学说，下列情形均成立共同正犯：抓住被害人使另一参与者能够没有障碍地伤害被害人的；对实施性强制的行为人进行“使之鼓起勇气的喊叫”的（部分学者对此持反对态度）；虽然未打算实施实行行为，但到现场后强化了正犯者的行为决意的（部分学者对此持反对态度）；通过望风来确保入户盗窃者安全的；抢劫银行时驾驶逃逸的汽车的。此外，盗窃犯带着拳击手到现场，以便被发现时能保护自己，但盗窃犯并没有被发现，拳击手仅提供了从属性服务时，拳击手也是共同正犯。理由是，对参与人是否起

〔23〕 Roxin 认为，成立共同正犯必须具备三个条件：一是必须有共同的行为计划，因为分工即共同实行是以共同计划为前提的；二是必须共同实行，即必须在实行阶段有共同的作业，仅仅在预备阶段参与是不够的（但刑法理论对此存在争议）；三是必须在实行阶段起实质性作用，对行为计划的实现发挥了重要机能。显然，后两个条件实质上就是要求有共同实行的事实。

到了重要作用,应当进行事前判断,而不是进行事后判断。亦即,如果行为先前已经发挥了重要作用,即使事后来看这种协力是没有必要的,也应当认定为共同正犯。在本案中,拳击手伴随盗窃犯到达现场,对盗窃犯的计划及其实行,就具有重要意义(Roxin)。

日本判例将下列情形认定为共同正犯:甲、乙、丙共谋盗窃,甲诱骗被害人离开宾馆房间,乙从被害人房间窃取财物后交给丙,丙将财物拿走,甲、乙、丙三人构成共同正犯;甲、乙共谋骗取财物,甲又分别使丙、丁实施欺骗行为并骗取了财物时,即使乙没有直接与丙、丁共谋,也认定乙为共同正犯;乙将被害人引诱至现场,甲对被害人实施抢劫,二人构成抢劫的共同正犯;甲、乙共谋抢劫,甲使用手枪对被害人进行胁迫,乙站在旁边,甲、乙构成抢劫罪的共同正犯;共谋持凶器侵入被害人住宅抢劫,只有一人强取财物的,所有人都是共同正犯;谋议放火的一人制作放火装置,另一谋议者点火的,构成放火罪的共同正犯。

三、过失的共同正犯

二人以上的共同过失犯罪,能否成立过失的共同正犯,尚存争议。这与过失犯的本质相联系,关系到对“共同实行的意思”如何理解的问题。

在以前,采取犯罪共同说的学者一般认为,共同实行的意思,是指行为人就特定的犯罪具有共同的故意,因而否定过失的共同正犯;采取共同行为说的学者通常认为,共同实行的意思,是指行为人对犯罪行为的共同意思,而不要求共同故意,因而肯定过失的共同正犯,同时肯定故意犯与过失犯也可以构成共同正犯。但是,现在也有采取犯罪共同说的学者肯定过失的共同正犯,这就使学说上的对立复杂化。

是否承认过失的共同正犯,不单是一个理论问题,而且涉及具体案件中的罪与非罪的认定。尤其是当二人以上共同实施危险行为导致了结果的发生,但不能查明是谁的行为实际上导致了结果发生时,是否承认过失的共同正犯就会得出不同的结论。例如,甲、乙二人误把丙当作野兽同时开枪射击,导致丙死亡。现查明丙因中一弹而死亡,但不能查明这一弹为谁所发。如果承认过失的共同正犯,则甲、乙二人均构成过失致死罪;如果不承认过失的共同正犯,则由于不能认定谁的行为导致了死亡结果,因而都是未遂,而过失犯的未遂不具有可罚性,所以,甲、乙二人都不构成犯罪。是否承认过失的共同正犯,还与是否承认结果加重犯的共同正犯相关联。

在刑法理论上,对过失的共同正犯形成了肯定说、限定肯定说与否定说。

肯定说不仅肯定过失的共同正犯,而且肯定故意犯与过失犯的共同正犯。对共同犯罪的本质持不同立场的学者提出了不同的理由:行为共同说认为,只要有行为的共同,就成立共同正犯,故应肯定过失的共同正犯。犯罪共同说认为,成立共同正犯,不要求“故意的共同”,只要求“犯罪的共同”;或者认为,只要有共同实施过失犯的“实行行为”的意思,就具备了作为“部分实行全部责任”根据的“意思的疏通”的内容。以目的行为论为基础的学说认为,过失行为是一种不注意的目的行为,当然是一种意思行为,故二人以上能够共同实施过失行为。过失犯中的实行行为,是违反客观的注意义务,具有引起构成要件结果的现实可能性的非故意的形态,二人以上完全可能共同实施这种行为,因而肯定过失的共同正犯。肯定说已经成为德国、日本理论的通说,日本的判例也肯定了过失的共同正犯。

持限定肯定说的学者认为,应当对过失的共同正犯的成立范围进行限制:只有当法律对共同行为人科以共同的注意义务,共同行为人共同违反了该注意义务时,才肯定过失的共同正犯。其理由是,当法律对各行为人科以共同的注意义务时,各行为人不仅自己应遵守义务,而且要使其他行为人遵守义务。共同违反这种注意义务时,就不只是违反了自己的注意义务,对其他行为人违反注意义务的行为也应当承担过失责任。这里就产生了共同的实行意思。日本学者大塚仁认为,符合下面两个条件时产生共同的注意义务:其一,二人以上共同实行某种具有导致结果发生的高度危险性的行为时,从社会观念上看,各行为人不仅要自己注意防止结果的发生,而且也具有防止其他行为人的行为发生结果的注意义务。其二,各行为人必须处于同一的法律地位,如果不处于同一的法律地位,则不产生共同的注意义务。例如,客车司机与售票员不处于同一的法律地位,各自的注意义务不同,当司机过失造成事故时,售票员不承担过失责任。但有学者对此持批评意见:在能够认定为"共同违反了共同注意义务"的场合,就可以通过认定各行为人违反了各自的注意义务而追究过失责任,因而等同于过失同时犯,反而没有必要承认过失的共同正犯了。

否定说不承认过失的共同正犯,也不承认故意犯与过失犯的共同正犯。首先,共同正犯的综合要素,是各行为人具有用相互利用、补充的行为导致结果的决心,这种相互理解的心理状态,只能存在于故意行为中。其次,过失犯的本质要素是违反注意义务,这就决定过失犯的所谓意思联络,只是一种非犯罪意思的联络,而不可能是犯罪意思的联络。因此,肯定过失的共同正犯与过失犯的本质是相矛盾的。否定说是少数说。

德国的判例采取否定说,德国较早的文献中也只有少数学者主张肯定说。但是,"现在学界中越来越多的学者肯定过失的共同正犯的可能性。实际上,能够肯定过失的共同正犯。反对观点(缺乏对实现共同的构成要件的决定以及以此为目的的实行分工)是以过失的场合不可能存在的故意的共同正犯的基准为依据的,因而是不能令人信服的。法律在第 25 条第 2 款中只要求共同实行,并没有要求共同实行的故意性。如果考虑到面临过失时的归属构造,那么,'数人共同制造的不被允许的危险被现实化的结果时',就存在过失的共同正犯。"[24]这一方面说明,德国通说关于共同正犯成立条件的共同的行为计划或者共同的行为决意,并不是指共同的犯罪故意。另一方面说明,德国刑法学界越来越多的学者实际上主张行为共同说。

四、结果加重犯的共同正犯

当二人以上共同实行结果加重犯的基本犯罪行为,其中一部分行为人的行为造成了加重结果时,其他行为人是否对此加重结果承担责任,就成为值得研究的问题。例如,甲、乙二人共同实行伤害罪,如果甲的行为造成被害人死亡时,乙对此死亡结果是否承担责任?这就涉及对结果加重犯本身的认识,以及是否要求各行为人对加重结果具有共同的意思的问题,这与对过失的共同正犯的认识也有密切关系。

通说肯定结果加重的共同正犯,即二人以上共同实行结果加重犯的基本犯罪行为,其中一部分人的行为造成加重结果时,不仅构成基本犯罪的共同正犯,而且构成结果加重犯的共同正犯。换言之,只要共同参与人对基本犯罪存在共同计划与共同实施,就足以成立结果加重犯的共同正犯。但是肯定结果加重犯的共同正犯的理由,并不一致。

有人说,结果加重犯的成立,只要求基本犯罪行为与加重结果之间具有条件关系就够了,不要求行为人对加重结果有故意与过失;因此,既然二人以上共同实行基本犯罪行为,

---

〔24〕 C. Roxin, Strafrecht Allgemeiner Teil, Band II, C. H. Beck, 2003, S. 97.

那么,在认定了该基本行为与加重结果之间具有条件关系时,就成立结果加重犯的共同正犯。日本的审判实践就持这一理由。这种理由建立在对加重结果不要求有故意过失的基础上,有违反责任主义之嫌。

有人说,结果加重犯的成立,只要求基本犯罪行为与加重结果之间具有相当因果关系即可,因此,当二人以上共同实行基本犯罪行为,且该基本犯罪行为与加重结果之间具有相当因果关系时,就成立结果加重犯的共同正犯。这与上述理由基本相似,也被认为不符合责任主义的要求。

肯定说中的多数人,根据责任主义的要求,认为结果加重犯的成立要求行为人对加重结果有过失,因而结果加重犯是基本犯罪的故意犯与加重结果的过失犯的复合形态。在此前提下的理由又以不同学说为根据:行为共同说认为,只要对符合构成要件的行为有共同的意思,就成立共同正犯,因而承认过失的共同正犯;承认过失的共同正犯,就得承认结果加重犯的共同正犯。基于犯罪共同说的人,考虑到结果加重犯的特殊性,也肯定结果加重犯的共同正犯。即在实施基本犯罪行为时,便具有发生加重结果的高度危险性,这就要求共同实行基本犯罪行为的人都采取慎重态度,相互防止加重结果的发生。如果其中一人的行为导致了加重结果,则不仅是该行为人违反了注意义务,其他行为人也违反了注意义务,因而成立结果加重犯的共同正犯。

与通说相对立的否定说则认为,在结果加重犯的场合,只能成立基本犯罪的共同正犯,不能成立结果加重犯的共同正犯。因为从责任主义的要求来看,成立结果加重犯以行为人对加重结果具有过失为要件,而过失犯的本质是无意识,不可能就过失犯形成共同意识,因而否认过失的共同正犯,也否认结果加重犯的共同正犯。

由此看来,肯定过失的共同正犯的学者,就肯定结果加重犯的共同正犯。〔25〕

五、部分的共同正犯

部分的共同正犯是德国刑法理论使用的概念。例如,甲与乙共同对丙实施强制行为,但是,该强制行为仅被甲实施抢劫所利用(乙并没有参与抢劫)。在这种场合,甲是抢劫罪的正犯,乙是强制罪的共同正犯(部分的共同正犯)。再如,A 与 B 共同对 C 实施伤害行为,但 A 却趁机故意杀害 C 时,A 是故意杀人罪的正犯,B 是故意伤害罪的共同正犯(部分的共同正犯)。概言之,只要两个犯罪之间存在加重减轻关系,其中的部分行为人仅就较轻的犯罪成立共同正犯时,就属于部分的共同正犯。

六、片面的共同正犯

所谓片面的共同正犯,是指各行为人之间没有形成相互的意思联络,只有一方行为人以参与的意思分担了犯罪的实行行为的情况。可见,片面的共同正犯是介于共同正犯与同时正犯之间的一种情况。

持行为共同说的学者一般肯定片面的共同正犯,〔26〕因为共同正犯的成立只要求对行为有共同的意思,而不要求有相互的意思联络。例如,甲欲强奸丙女,乙在甲不知道的情况下,以共同的意思将丙女的手脚捆绑起来,使甲顺利地奸淫了丙女,这就构成强奸罪的共同正犯。但持犯罪共同说的学者否认片面的共同正犯,认为片面的共同正犯只不过是

---

〔25〕 不过,也有少数学者否认过失的共同正犯,却肯定结果加重犯的共同正犯(如团藤重光)。

〔26〕 当然,也有持行为共同说的学者否认片面的共同正犯(如木村龟二、前田雅英)。

同时正犯。因为刑法之所以设立关于共同正犯的特别处罚规定,是考虑到共同正犯中的各行为人以相互利用、补充的方式实现了犯罪,因而各行为人都承担全部责任。但在上述场合,各行为人之间不具有相互利用、补充其他行为人的行为的意思,故片面的共同正犯的观念应当加以否定。

七、承继的共同正犯

承继的共同正犯,是指先行为人已经实施了一部分实行行为之后,后行为人以共同实行的意思参与实行犯罪的情况。实际上还存在承继的帮助的情况,即先行为人实施了一部分实行行为之后,后行为人以加担的意思参与犯罪。先行为人实施了一部分实行行为之后,不可能再有承继的教唆,因为教唆是使他人产生犯意的行为。[27] 这里研究承继的共同正犯。

问题之一:行为在法律上已经既遂,但还没有实质性完结时,能否成立承继的共同正犯(或承继的帮助犯)?这是德国刑法理论讨论的问题。例如,A 窃取他人财物后被被害人追击,B 帮助 A 摆脱被害人的追击,使其获得财物。德国判例认为,在法律上既遂而没有实质性完结时,仍然可能成立共同正犯(承继的帮助犯)。但 Roxin 等人则认为,承继的共同正犯只能存在于犯罪行为既遂之前。换言之,犯罪既遂之后不可能有承继的共同正犯。在犯罪行为实质性完结之后,绝对不可能成立承继的共同正犯与帮助犯。

问题之二:当先行为人实施了一部分实行行为之后,后行为人以共同实行的意思参与犯罪时,能否就整体犯罪成立共同正犯?例如,甲以抢劫故意对丙实施暴力行为之后,乙以共同实行的意思参与犯罪,夺取了财物。乙与甲是否就全体犯罪(抢劫罪)成立共同正犯?对此存在不同学说。

肯定说认为,在上述场合,后行为人与前行为人构成抢劫罪的共同正犯,因为乙参与的是抢劫行为,而不是单纯的盗窃行为(西原春夫、西田典之等)。也有学者认为,甲实施暴力行为之后,产生了使丙恢复反抗能力的义务;乙参与甲的不作为进而夺取财物的,成立抢劫罪的共同正犯(山口厚)。

否定说认为,后行为人只对参与后的行为与结果承担责任,因而只能就参与后的犯罪成立共同正犯,而不能就整体犯罪成立共同正犯。据此,在上例中,乙只承担盗窃罪的责任,而不承担抢劫罪的责任。再如,A 恐吓被害人,使被害人处分财产,B 协助 A 取得财产的,不成立恐吓罪的共同正犯(也不成立帮助犯)。因为 B 参与后的行为并不符合任何犯罪的构成要件。只有在 A 正在实施恐吓时 B 参与恐吓的,才成立恐吓罪的共同正犯(町野朔、曾根威彦等)。

中间说有不同的观点。有人认为,在诈骗之类的犯罪中,先行为人实施了欺诈行为之后,后行为人只是参与接受财物的,不能构成承继的共同正犯。像抢劫罪这样的结合犯,其自身是一种独立的犯罪类型。由于抢劫罪是以暴力、胁迫为手段而取得财物,因而不能简单地将其分为暴行罪、胁迫罪与盗窃罪。即使后行为人只参与了取走财物的行为,但由

---

〔27〕 但是,在甲开始对丙实施教唆行为后,乙参与进来与甲共同教唆丙犯罪的,也可谓承继的教唆。此外,在德国,承继的教唆,是指在正犯着手实行后,教唆犯使正犯的行为出现了改变或者提升,但未导致行为的中断,正犯继续实施的行为与之前的行为成为构成要件上的一个行为单数。例如,乙正在实施强制猥亵行为,但甲唆使乙实施强奸行为。于是,乙实施了强奸行为。乙的行为在构成要件上仍然是一个行为单数,而非数罪,甲则是强奸罪的教唆犯。

于了解先行为人所实施的暴力、胁迫行为,并且基于利用的意图而与先行为人共同夺取财物,就应认为是实行了抢劫罪的"强取"行为,因而成立抢劫罪的共同正犯。有人指出,在通常情况下,对与自己的行为没有因果关系的参与之前的先行为人的行为不承担责任。但是,如果参与前的先行行为的效果在持续,后行为人利用这种状态时,则后行为人对所利用的状态承担责任。在抢劫罪中,认识到先行为人实施了暴力或胁迫行为,并且以利用意思与先行为人共同夺取财物时,应当认为是以暴力的效果而"强取"财物(平野龙一、大塚仁、大谷实、前田雅英、佐久间修)。

问题之三:后行为人对参与之前的先行为人所实施的实行行为以及由该行为所产生的结果是否承担责任?例如,当甲以抢劫的故意对被害人丙实施暴力且导致丙死亡后,乙参与夺取财物的,乙是否负抢劫致死罪的责任?对此,也存在肯定说与否定说之争。

肯定说认为,后行为人对参与之前的先行为人所实施的行为及其结果应当承担责任。即在上例中,乙应承担抢劫致死罪的责任(Frank、木村龟二、福田平、藤木英雄等)。其理由主要是:其一,既然后行为人了解先行为人的意思,并且利用先行为人已经造成的事态,就表明二者就行为的整体形成了共同的意思,因而对整体形成共同正犯。其二,在法律上,共同正犯是因为相互了解和参与实行而对他人行为承担责任,至于相互了解的时间则不是一个重要问题。在承继的共同正犯的情况下,后行为人与先行为人之间具有相互的了解,而且都实施了实行行为,因而均应承担全部责任。其三,后行为人以利用已经发生的事实的意思参与犯罪,就使其行为与先行为人的行为成为一体,后行为人利用已经产生的结果,就如同利用自己引起的结果,这就表明二者对先行为人的先前行为也具有相互利用、补充的意思。

否定说则认为,后行为人对参与之前先行为人所实施的行为及其结果不承担责任,在上例中,乙不对丙的死亡承担责任(Lobe、Roxin、牧野英一、平野龙一、大塚仁等)。其主要理由有:其一,先行为人已经实行了行为,或已造成了结果,后行为人的行为不可能成为先行为人已经实施的行为及其结果的原因,不能对该行为及其结果承担责任,只能对参与后的行为及其结果承担责任。其二,共同正犯要求有共同实行的意思与共同实行的事实,后行为人对参与之前的先行为人的行为与结果虽然了解,但不表明有共同实行的意思和共同实行的事实。否定说是通说。

八、共谋共同正犯

(一)共谋共同正犯的意义

共谋共同正犯所指的现象是,二人以上共谋实行某犯罪行为,但只有一部分人基于共同的意思实行了犯罪,没有直接实行犯罪(没有分担实行行为)的共谋人也成立共同正犯。例如,甲与乙共谋杀丙,事后,只有甲一人实施杀人行为导致丙死亡,在这种情况下,乙构成杀人罪的共谋共同正犯,乙也对杀人行为及其结果承担责任。但究竟应否承认共谋共同正犯的概念,则存在诸多争议。即只有共谋,而客观上没有共同实行行为时,能否成立共同正犯?

欧洲大陆法系国家,对共谋共同正犯一般没有规定,现行日本刑法也没有规定共谋共同正犯,但日本改正刑法草案第27条规定:"二人以上谋议实行犯罪,共谋人中的某人基于共同的意思而实行犯罪的,其他共谋人也为正犯。"这一规定就承认了共谋共同正犯。日本自大审院时代就承认共谋共同正犯,"二战"后的最高裁判所也一直承认共谋共同正犯。

（二）关于共谋共同正犯的学说

以前的通说是否认共谋共同正犯。因为既然是共同正犯，就至少要求各行为人实施了一部分实行行为；承认共谋共同正犯，就是承认没有分担实行行为的人也是共同正犯。否定说是基于三个前提：(1)共同正犯是正犯；(2)正犯是分担了实行行为的人；(3)单纯的共谋（者）不是实行行为（者）。但是，从文理解释上说，在数人共同实行了犯罪这个意义上，将共谋共同正犯解释为"共同实行"了犯罪，也并非不可能。另外，即使在分担了实行行为的场合，也可能仅与结果之间具有心理的因果性。例如，甲乙二人基于共同实行的意思，同时举枪瞄准被害人开枪，但只有甲打中了被害人。此时，乙的行为与结果之间也仅有心理的因果性。既然如此，就表明实行行为的分担本身不是决定性的因素。所以，现在有较多的学者肯定共谋共同正犯，肯定的理由则形形色色。

1. 共同意思主体说

共同意思主体说与犯罪共同说、行为共同说不是回答同一问题的学说，或者说，不是同等层次的学说。这一学说着眼于共犯的社会心理特点，认为二人以上基于实行一定犯罪的共同目的，而成为同心一体，即共同意思主体。作为这种共同意思主体的活动，至少有一人实行了犯罪时，所有的共谋者都成为共犯。这种共同意思主体活动的责任，本来不能归于违法的、一时存在的共同意思主体，但由民法上的组合理论进行推定，再者由于刑法规定的刑罚主体只是自然人，因而应当考虑共同意思主体。

共同意思主体说为日本刑法学者草野豹一郎所提倡，虽然得到了部分学者的支持，但受到了许多批判。因为共同意思主体说立足于团体责任的原理，违反了现代刑法的个人责任的原则；这一学说又不当地扩大了共同正犯的概念，违反了罪刑法定原则；而且，一方面将共犯现象视为共同意思主体的活动，同时将其责任转嫁到团体成员的个人头上，这是自相矛盾的。

2. 间接正犯类似说

间接正犯类似说认为，在各人基于意思联络，相互利用、补充他人的行为，以实现共同的犯罪意思的场合，直接实行犯罪的人就是作为全体共谋者的手足而实行犯罪；没有分担实行行为的人，实际上是将其他人作为犯罪的工具进行利用；另外，直接实行犯罪的人，由于认识到自己背后有共谋者存在，就得到了精神上的支援。因此，共谋者之间由于存在相互利用、相互补充的关系，因而应视为有共同实行的事实（藤木英雄、庄子邦雄）。

在间接正犯类似说看来，担当实行行为的人，既是正犯，也是所有共谋者的工具。这一观点将共谋共同正犯的成立范围限定在必须存在支配与被支配关系的场合，目的在于防止扩大处罚范围；而且这一学说立足于个人责任的原理，符合现代刑法的责任主义的要求。但是，共谋者与直接实行者的关系，毕竟不同于利用者与被利用者的关系。在间接正犯的场合，确实存在支配与被支配的关系，被利用者可谓利用者的工具；但共谋者与直接实行者并非处于支配与被支配的地位，而是一种平等关系。因此，间接正犯类似说也受到了批判。

日本的审判实践以前采取共同意思主体说，但最高裁判所在1958年"练马案件"中所采用的观点则接近于间接正犯类似说，该案件的判决指出："二人以上为了实行特定的犯罪，在共同意思下形成一体，相互利用他人的行为，谋议将各自的意思付诸实现，进而实行了犯罪,就成立共谋共同正犯。因此,既然认定了在上述关系中参加共谋的事实,即使是没有直接参与实行行为的人,也意味着将他人的行为作为自己的手段而实施犯罪,没有理由使行为人之间的刑事责任产生差异,因此,在上述关系中是否直接参与实行行为,所起的作用如何,并不左右各共犯的刑事责任自身的成立。”〔28〕

3. 行为支配说

团藤重光认为,使共同者实施实行行为的人,应当作为基本构成要件该当事实的共同实施者,成立共同正犯。换言之,支配构成要件该当事实的人,主导了构成要件该当事实的实现,应认定为共同正犯。大塚仁指出,实行行为是对犯罪的实现具有现实危险性的行为,单纯的共谋并不是实行行为,单纯的共谋者并不是共同实行犯罪的人;对单纯的共谋者,按其行为性质,只能按教唆犯或帮助犯处罚。但是,在一定的社会关系中,当发布命令的人处于压倒的优势地位,给直接实行犯罪的人以强烈的心理影响时(没有使直接实行者失去意思自由),则发布命令的人与直接实行犯罪的人构成共同正犯。但这不是“共谋”共同正犯,而应称为优越支配共同正犯。〔29〕

但是,行为支配的概念可能导致实行行为概念的扩大。此外,这种学说或许能够说明支配型的共谋共同正犯,但难以说明分担型的共谋共同正犯。

4. 实质的正犯论

实质的正犯论从实质上理解实行行为,进而肯定共谋共同正犯。例如,平野龙一认为,为了将通过其他正犯者的心理间接地对犯罪的实行起重大的实质作用的人认定为共同正犯,需要从主观的要素和客观的要素两个方面明确和限定共谋共同正犯的内容。主观上的意思方向必须对犯罪的实行具有客观的、重要的影响力,客观上必须至少一人已经实行犯罪。再如,西田典之否认“实行行为 = 正犯性”这一前提,认为起到了与实行行为相当的重要作用时,就是共同正犯。因此,如果能够肯定共谋者的参与对犯罪事实有重要的贡献,发挥了相当于实行的作用,就能够认定为共谋共同正犯(准实行共同正犯论行为说)。又如,前田雅英指出,在具有共谋这种强烈的心理的因果性,实行行为可以评价为“共同的东西”的场合,参加共谋的人也可以评价为共同正犯,其具体要件是:(1)基于共同的意思由某人实行;(2)存在能够被评价为“实行”的共谋关系;(3)参与者具有正犯者意思。

(三)共谋共同正犯的成立要件

如果肯定共谋共同正犯的概念,就必须明确共谋共同正犯的成立要件。不言而喻,肯定共谋共同正犯的理由不同,对共谋共同正犯的成立要件的理解就不同。下面只是就共谋共同正犯的成立要件作一般性说明。

首先,共谋共同正犯的成立要求有二人以上的共谋。所谓共谋,是指二人以上为了实行特定的犯罪,以将各自的意思付诸实现为内容而进行谋议(其中,持共同意思主体说的学者强调二人以上必须在共同意思之下形成同心一体;间接正犯类似说强调共谋人相互利用的意思)。共谋既可以是明示,也可以是暗示;共谋不限于数人同时在一起谋议,可以是数人顺次联络、形成共同的犯罪意思;共谋不限于对实行的具体方法进行谋划,可以

---

〔28〕 日本《最高裁判所刑事判例集》第12卷第8号,第1718页。

〔29〕 就正犯与共犯的区别采取犯罪事实支配理论的 Roxin,实际上将部分共谋共同正犯作为间接正犯处理。

是对犯罪的大体计划进行谋议。因此,不要求单纯的共谋者明知直接实行者的具体的实行行为的内容;另外,没有参与谋议,仅仅知道他人将实行犯罪的,不能认为是共谋。

其次,共谋共同正犯的成立要求所有共谋者都具有明确的正犯意思。所以,并非有单纯的意思联络就是共谋共同正犯。

最后,共谋共同正犯的成立要求参与共谋的人中有一部分人直接实行了犯罪。如果所有的人都直接实行了犯罪,则不是共谋共同正犯,而是一般的共同正犯;如果没有人直接实行犯罪,也不是共谋共同正犯。

具备上述条件的,成立共谋共同正犯。有学者认为,共谋共同正犯分为两种类型:一是支配型,即单纯的共谋人与直接实行者居于支配与被支配的地位。集团中的首要分子与成员往往处于这种地位。支配型的共谋共同正犯,一般容易得到肯定。二是对等型,即单纯共谋的人与直接实行者居于同等地位,以什么理由来肯定这种共谋共同正犯,则是共谋共同正犯理论所研究的中心问题(前田雅英)。有学者提出,共谋是成立共同正犯的最低条件,但并非只要有共谋,就成立共谋共同正犯。在共同实行的共同正犯中,只有在共谋的基础上添加亲手实行这一附加因素,才可以成立共同正犯。因此,在没有亲手实行的共谋共同正犯中,除了共谋外也必须存在与亲手实行相当的附加因素,对此需要具体判断。首先,在行为人只参与共谋而没有实施其他行为时,如果能够认定其对共谋的形成发挥了主导作用、对共谋的维持发挥了重要作用(附加因素),如基于上下级关系下达指挥命令(支配型),或者以出谋划策替代实行行为的分担(参谋型)的,就能够认定为共谋共同正犯。其次,行为人在共谋之外实施了对犯罪的实现有贡献的行为时,如望风、在现场下达指示或迎送实行者,只要其贡献达到了相当于实行行为的重要程度(附加因素),也能肯定共同正犯的成立。在判断作用是否相当于实行行为时,应当考虑其在共谋的形成和维持中发挥作用的大小,以及共谋以外的行为作为结果发生的原因所起的作用大小(佐伯仁志)。

(四)共谋关系的脱离

共谋关系的脱离,是指共谋共同正犯中的一部分共谋者,在共谋共同正犯着手实行犯罪之前脱离共谋关系时,对在脱离之后的其他共谋者所实行的行为不承担责任。对共谋共同正犯持肯定观点的人,为了避免不适当地处罚脱离了共谋关系的共谋者(脱离者),提出了这一理论。否定共谋共同正犯的学者则认为,脱离者对脱离前的行为只能承担预备罪、阴谋罪的责任,对脱离后的他人的行为,不成立教唆犯、帮助犯的责任。

在肯定共谋共同正犯的场合,如果参与共谋的一部分人,在着手实行前的阶段改变意图、脱离共谋关系时,应当如何处理,就成为问题。肯定共谋共同正犯的学者一般认为,脱离者不能再承担共同正犯的责任。问题在于,具备什么条件时,才算是脱离了共谋关系。通常认为,要脱离共谋关系必须具备以下三个要件:一是必须在直接实行者着手实行之前脱离;二是必须表明脱离的意思,这里的表明不要求明示,默示也可以;三是必须让其他共谋者知道,单纯内心的脱离,不认为是共谋关系的脱离。

具备上述条件,就表明脱离者与其他共谋者不再是同心一体,不再是共同意思主体(共同意思主体说);具备上述条件,就表明脱离者对其他共谋者没有心理影响和精神支援,不再存在利用与被利用的关系(间接正犯类似说)。所以,脱离者不再对其他共谋人所实行的行为与结果承担责任。

九、附加的共同正犯与择一的共同正犯

附加的共同正犯(Die additive Mittäterschaft)是德国学者 Herzberg 为反对功能性支配理论而提出的正犯类型。例如,为了确保暗杀的成功,20 个杀手同时向一名被害人开枪射击,被害人身中数弹,但不能查明是哪些杀手射中了被害人。Herzberg 认为,在这种场合,并不存在犯罪事实的功能性支配,但所有的杀手都是谋杀罪的共同正犯。Roxin 则认为,在这种场合,每个杀手的行为都对犯罪行为的实施具有重要功能,因为每个杀手的行为都使得犯罪的成功更为确定并确保了结果发生,因而每个杀手都是共同正犯。

择一的共同正犯(Die alternativeMittäterschaft)是指如下情形:多个杀手基于共同计划分别在不同马路上伏击被害人,最终由其中一个杀手杀害被害人。根据 Rudolphi 的观点,此时只有杀害被害人的杀手是谋杀罪的正犯,另外潜伏在其他马路上的杀手不是共同正犯。Roxin 则认为,对这种情形需要区别对待。如果杀手们堵住了被害人房屋的所有出口或者封堵了被害人的所有逃跑线路,即使最终仅由一个杀手杀害了被害人,也应认为所有杀手都是共同正犯。反之,如果在多个城市分散地埋伏一些杀手,被害人出现在哪个城市就由哪个城市的杀手杀害,则只有杀害者是正犯,其他杀手不成立共同正犯。

十、预备罪的共同正犯

德国、日本等大陆法系国家刑法仅处罚明文规定的预备罪。对预备罪是否存在共同正犯,也是刑法理论争论的问题。否定说认为,共同正犯是就共同实施基本的构成要件行为而言的,将此概念扩张到修正的构成要件行为并不合适(大塚仁)。二分说认为,预备罪分为独立罪与非独立罪,只有作为独立罪的预备罪存在共同正犯(西原春夫)。肯定说认为,二人以上共同实行预备行为时,成立预备罪的共同正犯(平野龙一、藤木英雄、大谷实、西田典之、前田雅英、山口厚等)。

第四节　狭义的共犯

狭义的共犯,是指教唆犯与帮助犯。教唆犯、帮助犯的成立条件,以及教唆犯、帮助犯与共同正犯的区别,都是需要研究的问题。

一、教唆犯

(一)教唆犯的概念与成立条件

所谓教唆犯,一般是指唆使他人产生犯罪的决意,进而使其基于此决意实行犯罪的情况。按照限制从属说,成立教唆犯以被教唆者实施符合构成要件的不法行为为前提。至于是否要求被教唆犯产生犯罪故意,则存在不同观点。将故意作为违法要素的学者,一般认为教唆犯必须引起了被教唆者的犯罪故意;将故意作为责任要素的学者,则不一定要求教唆犯引起被教唆者的犯罪故意。在德国,"从 1943 年起直至'二战'后,尽管已经存在限制从属性原则,但判例仍然公开表明,正犯没有故意时,共犯仍然可能成立,原因在于判例不是将故意视为构成要件的要素,而是视为责任的要素。”〔30〕现行德国刑法第 26 条规定之所以肯定共犯对正犯故意具有从属性,是因为自目的行为论产生以来,德国刑法理论采取了二元论,将故意作为构成要件要素看待。由于故意是构成要件要素,因而也是违法要素(因为故意表明行为人对规范的违反更为严重)。所以,即使采取最小限制从属性说,共犯对正犯故意也具有从属性。

成立教唆犯,要求有教唆行为,这一点没有疑问。至于是否要求有教唆的故意,故意的内容是什么,是否要求被教唆的人实行犯罪,则有相当多的争议。

所谓教唆行为,就是指唆使他人产生犯罪决意的行为。教唆的手段、方法没有特别限制,劝告、嘱托、欺骗、威胁、哀求、指示、命令、引诱、怂恿等都可能成为教唆行为。不过,如果欺骗、威胁超过了一定程度,使被教唆者失去意志自由时,则成立间接正犯,而不是教唆犯。至于教唆行为是明示的还是暗示的,也不影响教唆行为的成立。

问题是,如何判断某种行为是否构成“唆使”？换言之,行为人对正犯产生何种影响时,才能认定为教唆？德国刑法理论对此存在不同观点。纯粹引起说认为,只要行为人引起了正犯的犯罪决意,就成立教唆犯。意思联络说(通说)认为,只有当行为人与正犯之间具有意思联系或者交流动作时(如请示、鼓励、答应给予酬劳等),才成立教唆;如果仅仅创造了刺激犯罪行为的情形,则不是教唆。计划支配说认为,行为人对正犯形成了实施犯罪的计划支配时,才能构成教唆。但这一观点导致教唆犯的成立范围过窄。不法协议说认为,只有当行为人与正犯达成了不法协议时,才成立教唆犯。判断双方是否达成了不法协议的标准是,如果行为人从双方的不法协议中退出,正犯就放弃犯罪。例如,出纳甲知道同事乙比较贫困,便故意将保险柜打开并且离开财务室,乙见状便盗取了保险柜内的现金。纯粹引起说认为甲构成盗窃罪的教唆犯;意思联络说对此存在争议;计划支配说与不法协议说则认为甲不成立教唆犯。

教唆行为的对象,则因对共犯性质的理解不同而不同。如果采取极端从属性说,则教唆行为的对象必须是有责任能力的人;如果采取限制从属性说,则教唆对象可以是无责任能力的人。通说是采取后者,但是,这里的无责任能力的人,也必须是有一定的规范意识的人,如果教唆像幼儿或高度的精神病患者这样缺乏规范意识的人犯罪,则是间接正犯,而不成立教唆犯。不仅如此,教唆行为的对象还必须是特定的;但特定并不意味着只能对一人教唆,对特定的二人以上实施教唆行为,也能成立教唆犯。如果唆使的对象不特定,则叫煽动,不成立教唆;煽动是比教唆更为缓和的概念。

由于教唆通常是使他人产生犯罪的决意,故在被教唆者已经产生犯罪决意的情况下,不可能再成立教唆,只能成立帮助犯。但是,在 B 有犯甲罪的决意时,A 教唆 B 实施乙罪的,A 仍然成立乙罪的教唆犯。同样,在 B 打算将来实行犯罪,而 A 唆使 B 现在实行犯罪的,也成立教唆犯(Roxin)。争议问题是,在 B 具有实施某种犯罪的决意,A 唆使 B 实施加重犯罪的,是否成立教唆犯？对此,德国刑法理论上存在四种学说:(1)拆解分析说主张,唆使者仅对正犯没有决意的构成要件部分成立教唆犯(Bemman、Cramer、Eser、Freund、Puppe、Stratenwerth)。例如,B 打算对 C 实施盗窃行为,但 A 教唆 B 对 C 实施暴力抢劫。A 除了成立盗窃罪的帮助犯外,另成立暴行罪或者伤害罪的教唆犯。但是,这种观点

〔30〕 C. Roxin, Strafrecht Allgemeiner Teil, Band II, C. H. Beck, 2003, S. 139.

似乎将抢劫视为盗窃与暴行或者伤害的简单相加,因而受到了批判。(2)综合考察说主张,唆使者对所唆使的重罪成立教唆犯(Roxin、Baumann/Weber、Krey、Otto 及判例)。在上例中,A 不仅使 B 实施了暴行或者伤害,而且使 B 实现了一个独立的违法性,故 A 成立抢劫罪的教唆犯。同样,正犯原本仅想盗窃 1 欧元,而行为人唆使其盗窃数千欧元的,也成立教唆犯。(3)规范性支配说认为,只有当进行加重教唆的幕后者具有规范性支配时,才就加重犯罪成立教唆犯(Schulz)。在上例中,A 成立抢劫罪的教唆犯。但是,如果 B 具有盗窃的决意,A 只是教唆 B 在盗窃时携带武器,则不成立教唆犯(仅成立帮助犯),因为在后一种情况下,行为的重点仍然在于对财产的侵犯。不过,规范性支配的概念比较模糊,缺乏明确的标准。(4)折中说认为,行为人唆使正犯实施的加重构成要件行为是一个独立的犯罪时,成立教唆犯;行为人唆使正犯实施的只是加重犯而非独立的犯罪时,不成立教唆犯(Grünwald)。但是,刑法理论上还没有成功地区分独立犯罪与加重犯。

教唆行为必须是教唆特定的犯罪,即必须使被教唆者产生特定的犯罪决意。唆使他人实施一般违法行为的,可能成立独立的犯罪,但不是教唆犯。如果只是单纯地让对方实施犯罪,则不成立教唆犯;另外,教唆犯的成立并不要求教唆行为就具体的犯罪时间、场所、方法作出指示。

实施教唆行为时,如果所教唆之犯罪的客体还不存在,而是以出现客体为条件的教唆,也成立教唆犯。例如,教唆怀孕的妇女在分娩后杀死婴儿的,成立教唆犯。

不管教唆犯的成立是否要求故意,故意进行教唆的情况总是大量存在的。在故意教唆的情况下,对教唆的故意如何理解,特别涉及未遂的教唆的问题。这里所说的未遂的教唆,是指陷阱教唆之类的情况,即教唆者教唆他人实施不可能既遂的犯罪行为。具体是指,教唆者在实施教唆行为时就认识到,被教唆人产生犯罪决意后实行犯罪,只能是未遂,不可能达到既遂。例如,甲将一把没有装上子弹的手枪交给乙,指示乙开枪杀死丙,乙开枪射击,因没有子弹而没能导致丙死亡(甲虽然也实施了帮助行为,但只被认定为教唆犯)。这表面上是未遂的教唆的可罚性问题,实际上是对教唆犯的故意如何理解的问题。

可罚说有各种各样的理由。一种观点认为,教唆行为不是符合基本构成要件的行为,而是符合修正了的教唆犯构成要件的行为,因而教唆犯的故意内容没有必要涉及基本构成要件的全部内容,只要教唆者认识到被教唆者将实施实行行为,就成立教唆犯的故意。这是以往基于共犯从属性说所采取的观点。另一种观点认为,教唆犯的处罚根据是教唆者使被教唆者堕落,如果被教唆者实行了所教唆的犯罪,只要刑法有未遂处罚的规定,就表明教唆犯使被教唆者堕落,因而具有可罚性。还有一种观点认为,教唆行为使被教唆者实施未遂行为,就具有结果发生的危险性,在观念上可以认为存在结果,教唆者对这种结果有认识,并不欠缺主观的要素,因而成立教唆犯。

较早的不可罚说从共犯独立性说的立场出发,认为教唆犯的故意必须是一定的犯罪本身的故意,教唆犯对被教唆犯的行为所导致的基本构成要件的结果要有认识,否则不成立教唆犯。既然是唆使他人实施不可能导致结果发生的行为,就表明缺乏教唆犯的故意,不成立教唆犯。还有一种理由认为,既然教唆者确实能够阻止被教唆者行为的结果,就表明教唆者没有认识到结果发生的危险性,因而不可罚。

以往的学说对立局面是,共犯从属性说的观点承认未遂的教唆的可罚性,共犯独立性说的观点则否认未遂的教唆的可罚性;或者说,共犯从属性说的观点认为教唆犯的故意不要求认识到结果的发生,而共犯独立性说则认为教唆犯的故意必须认识到结果的发生。其关键在于,共犯从属性说将教唆行为理解为使他人实施实行行为,只要求教唆犯认识到使他人实施实行行为即可,不要求认识到该实行行为所导致的结果;共犯独立性说则把教唆行为自身理解为一种实行行为,因而教唆的故意必须包含对结果的认识。

但是,现在采取共犯从属性说的学者也会主张不可罚说。例如,德国刑法理论的通说一方面采取限制从属性说,另一方面认为教唆犯的故意内容必须是意图使正犯既遂,如果行为人只是希望正犯行为失败或者未遂,则不成立教唆犯。日本也有不少采取从属性说的学者赞成不可罚说。如前田雅英从处罚未遂的实质理由是发生结果的危险性出发,说明未遂的教唆不具有可罚性。山口厚基于共犯的处罚根据(因果共犯论),认为只有当唆使者具有与正犯相同的故意时,才能成立教唆犯。

与上述问题密切联系的是,教唆者实施教唆行为时,认为被教唆者的行为只能未遂,但被教唆者的行为却导致了结果的发生并构成既遂时,应当如何处理?例如,甲教唆乙用枪射击穿了防弹衣的丙,认为乙的行为只能构成未遂,但乙却一枪击中丙的头部,致丙死亡。可罚说认为,此时仍然成立杀人罪未遂的教唆,其理由与上述可罚说的理由相同。不可罚说认为,甲只成立过失犯。

教唆犯的成立是否要求被教唆的人实行犯罪?共犯从属性说认为,教唆犯的行为从属于实行犯的实行行为,所以,只有当被教唆的人实行犯罪后,教唆犯才成立;共犯独立性说则认为,教唆行为本身是一种独立的实行行为,因此,即使被教唆的人没有实行犯罪,教唆犯也成立。

(二)过失教唆犯与教唆过失犯

所谓过失教唆犯,是指由于过失引起他人实行犯罪的决意的情况。单纯从事实上说,这种情况是可能存在的,但通说否认过失的教唆犯(德国有不少学者认为,过失教唆可能成立过失正犯)。因为教唆是指使他人产生实行特定犯罪的决意,所以,过失不可能教唆他人犯罪;根据犯罪共同说,故意犯与过失犯也不可能构成共犯;再者,即使肯定过失教唆犯,对该教唆犯在刑法上也找不到处罚的法定刑。主张共同行为说的部分学者则肯定过失教唆犯,因为共犯不是犯罪的共同,而是行为的共同,故意的实行犯与过失的教唆犯不妨也能成立共犯。不过,由于刑法对教唆行为没有设置处罚过失犯的规定,所以,肯定过失教唆犯没有实际意义。

所谓教唆过失犯,是指故意教唆他人实施过失犯罪的情况。通说对此也持否定态度,因为教唆是指使他人产生实行犯罪的决意,这就不可能教唆他人犯过失罪。根据共犯从属性说的观点,如果正犯是过失犯,则对故意的共犯也以过失犯论处,这是不可能的。因此,通说认为,对于故意教唆他人实施过失犯罪的,通常应认定为间接正犯。〔31〕

顺便指出,由于以往的通说认为结果加重犯对加重结果只能是过失,因而对结果加重犯的教唆也持否定态度,因为教唆犯不能是对过失犯罪的教唆。现在有不少学者认为,即使结果加重犯对加重结果只能是过失,但意图使他人犯过失罪的情况是可能存在的,故可以肯定对结果加重犯的教唆犯(Roxin、Baumann/Weber、Eser、Hirsch、Jakobs、Cramer 等)。

---

〔31〕 德国刑法第 26 条规定:"故意教唆他人使之故意实行违法行为者,为教唆犯,对其处罚与正犯相同。"这一规定就否认了过失教唆犯与教唆过失犯。

例如,A 教唆 B 用啤酒瓶打 C 的头,两人对死亡都有过失时,B 成立伤害致死罪的正犯,A 成立伤害致死罪的教唆犯。此外,如果认为结果加重犯的成立只需要基本犯罪行为与加重结果之间具有条件关系或相当因果关系,则结果加重犯的教唆犯是能够成立的。

(三)片面的教唆

片面的教唆,是指教唆者虽然实施了教唆行为,但被教唆者并没有认识到自己被教唆的事实。是否承认片面的教唆,也就关系到教唆犯的成立是否以被教唆者认识到被教唆的事实为必要的问题。

否定说认为,从教唆的概念本身来看,被教唆者不可能是没有认识到被教唆事实的人;教唆行为并不只是单纯地引诱犯罪的行为,而是给他人以心理影响,并在这种影响下使他人产生实行犯罪的决意,因而教唆犯的成立以正犯者认识到被教唆的事实为必要。

肯定说则认为,被教唆者所没有认识到的教唆是存在的,从共犯的处罚根据上看,使他人实施违法行为就应作为共犯处罚,在片面教唆的场合,仍然存在共犯的处罚根据,即教唆行为实际上引起了被教唆者实行犯罪,因而成立教唆犯。

(四)间接教唆与再间接教唆

所谓间接教唆(连环教唆),是指教唆教唆者的情况。例如,甲教唆乙,让乙教唆丙实行犯罪,甲的行为就是间接教唆。再如,A 教唆 B 实行犯罪,但 B 没有实行犯罪,而是教唆 C 实行 A 所教唆的犯罪的,A 是间接教唆。[32] 对此,有的国家刑法作出了明文规定。例如,日本刑法第 61 条规定,教唆教唆犯的,也同教唆犯一样,按照正犯论处。

再间接教唆,则是教唆间接教唆者的情况。再间接教唆的行为是否具有可罚性,在理论上存在争议。否定说认为,只有当法律明文规定处罚教唆犯时,才能处罚教唆犯;由于刑法没有规定再间接教唆犯,所以不可罚。因为罪刑法定主义要求处罚范围明确,因而原则上只处罚符合基本构成要件的行为,如果在正犯者背后无穷无尽地追溯教唆犯,则违反罪刑法定主义。但肯定说认为,法律规定间接教唆犯与教唆犯同样处罚时,间接教唆犯也就等同于一般教唆犯,因此,对间接教唆犯的教唆也就是对教唆犯的教唆,当然就是可罚的。德国刑法没有像日本刑法第 61 条那样的规定,但德国的判例与通说认为,无论是间接教唆还是再间接教唆,均应作为正犯的教唆犯而受处罚。因为在这种情况下,每一个教唆都通过其自身的贡献共同地教唆正犯实行犯罪。当然,每个教唆犯都必须具有确定的教唆故意,并且具有教唆行为,单纯传递信息的人只能成立帮助犯。

(五)不作为教唆犯与教唆不作为犯

不作为教唆犯,是指以不作为方式教唆他人犯罪的情形。Bloy、Kindhäuser、胜本勘三郎等人对此持肯定态度,认为教唆行为本身可以由不作为构成。一种情形是,事先的行为引起了他人的犯罪决意,行为人应使他人打消犯意而不采取措施时,即是不作为的教唆犯。例如,A 对 B 开玩笑说,如果 B 抢劫 C 的财物,A 就给 B 一笔酬劳。但 B 将玩笑当真,准备实施抢劫行为。A 发现后却没有向 B 说明自己只是开玩笑。但多数学者对此持否定态度,认为这并不是不作为本身引起了他人的犯罪决意,而是先前的作为引起了他人的犯罪决意。要使他人产生犯罪的决意,就必须有积极的教唆行为,单纯的不作为不可能

---

[32] 团藤重光认为,间接教唆应仅限于与间接正犯相对应的情形。例如,甲将教唆犯罪的书信托付给不知情的乙转交给被教唆者丙手中时,甲是间接教唆。

引起他人的犯罪决意,充其量只是创设了犯罪诱因。即使不作为例外地具有唆使内容,也只是一种被推论出来的行为,而不能评价为教唆行为。另一种情形是,负有监督义务的保证人允许被监督者教唆第三者实施犯罪行为。持否定态度学者认为,这种情形也是被监督者的作为引起第三者的犯罪决意。显然,肯定说与否定说的分歧焦点并不相同。

教唆不作为犯,是指教唆他人实行不作为犯罪的情形。德国刑法学者 Welzel、Armin Kaufmann 否认这种教唆犯。他们认为,不作为不是行为,也不存在不作为的故意,不作为犯与作为犯具有本质的差异;共犯现象以作为犯为前提,不作为不可能成立共犯,因而不可能有教唆不作为犯;教唆、帮助他人实行不作为犯罪时,应成立作为犯的正犯。但通说肯定教唆不作为犯。因为刑法上的行为包括不作为,教唆他人实行不作为犯罪是完全可能的。例如,父亲在女儿面临死亡危险时,第三者唆使父亲不救助的,父亲成立不作为的故意杀人罪,第三者成立故意杀人罪的教唆犯(Roxin)。

(六)对教唆的帮助与对帮助的教唆

对教唆的帮助,是指实施了对教唆犯的教唆行为起帮助作用的行为的情形。例如,将被教唆者带到教唆犯那里接受教唆。对帮助的教唆,是指教唆他人实施帮助行为。例如,教唆他人向盗窃犯提供用于盗窃的工具。一般认为,对这两种行为都不能认定为教唆犯,而只能认定为帮助犯。因为教唆犯是引起正犯的犯罪决意,促使正犯实施符合构成要件的不法行为的人,但上述两种行为并非如此。换言之,这两种行为都没有直接引起正犯的犯罪决意,只是间接地促进了犯罪。

(七)对预备罪、阴谋罪的教唆

教唆他人实施预备罪、阴谋罪时,是否构成教唆犯?对此,存在三种不同观点:

肯定说认为,教唆他人实施刑法规定的所有预备罪、阴谋罪,都能成立教唆犯。因为预备罪、阴谋罪的构成要件是被修正过的,故预备罪、阴谋罪本身也是一种实行行为;如果教唆他人实施预备罪、阴谋罪,使他人的行为产生某种程度的危险,则教唆者成立教唆犯。至于共犯独立性说的主张者,则更容易得出肯定结论。

否定说认为,教唆意指教唆他人实行犯罪,而预备、阴谋是着手实行之前的行为,因此教唆他人实施预备罪、阴谋罪时,不符合教唆的要件。况且,即使教唆他人实行犯罪,也需要他人着手实行犯罪后才成立教唆犯,故单纯教唆他人实施预备罪、阴谋罪,就不可能成立教唆犯。

折中说认为,教唆他人实施独立的预备罪时,构成教唆犯;教唆他人实施从属的预备罪时,不构成教唆犯。因为独立预备罪的行为在刑法上有明文规定,被视为基本构成要件的行为,教唆他人实施这种预备罪,也就是教唆他人实行犯罪,能够成立教唆犯。如果教唆他人实施从属预备罪,则不成立教唆犯。

不难看出,上述三种观点与有关预备罪有无实行行为的三种观点,是完全对应的。

二、帮助犯

帮助犯,也称为从犯,是指帮助正犯的情况。成立帮助犯,要求有帮助的行为与帮助的故意,共犯从属性说还要求被帮助者实行了犯罪。

帮助行为是实行行为以外的行为,这种行为的作用在于使正犯者的实行行为更为容易。帮助行为既可以是有形的,也可以是无形的。前者是指提供犯罪工具、犯罪场所等物质性的帮助行为,后者是指精神上的帮助行为,如提供建议、强化犯意等。帮助行为既可以是作为,也可以是不作为。例如,剧场负责人目睹演员演出淫秽节目而不制止,就成立不作为的帮助犯。概言之,在法律上,对正犯的犯罪行为具有防止义务的人故意不履行该义务的,就是不作为的帮助犯。

帮助行为如果实施在实行行为之前,就被称为预备的帮助犯;如果与实行行为同时实施,则被称为伴随的帮助犯;如果正犯者实行了一部分犯罪后,实施帮助行为的,则是承继的帮助犯。从刑法史上看,还有事后的帮助犯,即是指在正犯实行终了之后的赃物罪、毁灭证据罪、隐匿犯人罪,在大陆法系国家,这些犯罪都成立独立的犯罪,而不被认为是一种共犯,因而不再承认事后的帮助犯的概念。

之所以处罚帮助犯,是因为帮助行为促进了法益侵害,因此,帮助行为与正犯的实行行为之间必须具有因果关系,这就要求帮助行为给正犯以心理的影响或者物理的影响,从而使实行行为更为容易。否则,帮助行为与实行行为之间就没有因果关系,该帮助行为就不可罚。显然,这种因果关系不像实行行为与结果之间的因果关系那样容易限定。一般来说,由于正犯行为是正犯结果的原因,所以,如果帮助行为与正犯行为没有因果性,就不可能与正犯结果之间具有因果性。问题是,当帮助行为仅对正犯行为具有促进作用,而没有对正犯结果起促进作用时,或者说与正犯结果之间没有因果性时,能否将正犯的行为结果归属于帮助犯?

抽象的危险说认为,在通常情况下,在正犯实行之际使正犯的实行更为容易的行为,就间接地对法益产生了危险,这便是作为从犯处罚的理由。因此,不仅不要求帮助行为与正犯结果之间具有因果性,而且不需要帮助行为与正犯行为之间具有因果性。例如,只要一般性地来看,行为强化、助长了他人的犯罪意思,就成立帮助犯。但是,这种抽象的危险说,没有区分可罚的帮助与不可罚的帮助。

具体的危险说认为,帮助行为的因果性尤其是心理的因果性是难以限定的,应当予以放弃,而有必要采取"促进"公式,亦即,采用客观归责原理的"危险增加论",从行为时点有专门知识的人的视点来考察,如果认为帮助行为"提高了正犯行为的成功机会",就成立既遂的帮助(Otto)。据此,向入户盗窃的人提供入户钥匙的,即使正犯没有使用该钥匙,但只要事前能够认定该钥匙可能是必要的,就应认定为既遂的帮助。具体的危险说同样不能区分对既遂犯的帮助与对未遂犯的帮助,也不能区分对未遂犯的帮助与帮助未遂。

正犯行为说认为,只要帮助行为与正犯行为具有因果性即可,或者说,只要帮助行为使正犯行为可能、容易或者促进、强化了正犯行为,就足以认定帮助的因果性(Jescheck / Weigend)。"德国历来的判例采取的立场是,不要求帮助行为与正犯结果之间具有因果性,只要帮助行为促进(fördern)了正犯'行为'就足够了。据此,B将仓库的钥匙交给A,但A认为该钥匙对侵入仓库不起作用,最后用另外的方法侵入仓库窃取了财物时,或者A将铁钳作为侵入仓库使用的工具交给了A,但A没有使用铁钳而用别的方法侵入仓库窃取了财物时,B要被认定为盗窃既遂的帮助。"〔33〕正犯行为说有两点理由:(1)帮助犯是指帮助正犯者,因此,"只要帮助行为援助了正犯,使正犯行为更为容易就足够了。应当将帮助犯的因果关系理解为在物理上或者心理上使正犯行为更为容易"。〔34〕(2)帮助

---

〔33〕［日］西田典之:《共犯理论の展开》,成文堂2010年版,第193页。

〔34〕［日］川端博:《刑法总论讲义》,成文堂2006年第2版,第575页。

行为只能使正犯行为容易,而不可能成为结果的直接原因。所以,将帮助行为与正犯所引起的结果之间的因果关系作为问题,直接证明帮助的因果性,本身是很勉强的。从共犯从属性说的立场出发,正犯行为与结果之间的因果关系要作为正犯的犯罪行为来考虑,帮助行为的法益侵害性以正犯行为与结果之间的因果关系为前提,只要帮助行为与正犯行为之间具有促进关系就可以了。但是,如果认为只要帮助行为与正犯行为具有因果性即可,就无法区分对正犯未遂的帮助与对正犯既遂的帮助。于是,仅仅为未遂的可罚性提供基础的行为,同时也成为对既遂承担责任的根据。这明显不妥当。

正犯结果说认为,只有当帮助行为与正犯结果之间存在因果性时,才能使帮助犯承担既遂的责任。根据因果共犯论,共犯的处罚根据在于,通过正犯引起符合构成要件的法益侵害结果,因此,只有当帮助行为从物理上或者心理上促进、强化了正犯结果时,才能为帮助犯的处罚提供正当化根据。如果帮助行为对构成要件结果的出现没有产生影响,就不可能将正犯结果归属于帮助行为,帮助者就不可能承担既遂的责任。而要认定共犯通过正犯引起了构成要件结果,就要求帮助行为促进了正犯结果。否则,就不可能认为,帮助行为通过介入正犯行为造成了法益侵害结果。

关于正犯行为说与正犯结果说的关系,德国有学者指出,"只要对正犯的行为方式产生了影响,实际上就与结果之间具有因果关系"。〔35〕日本也有学者认为,"如果促进了正犯行为,自然就能评价为促进了正犯结果"。〔36〕问题是,在采取正犯结果说的同时,是否还要求帮助行为与正犯行为之间具有因果性。日本有学者指出:"鉴于共犯的处罚根据是介入正犯行为引起结果,作为(广义的)共犯的成立要件的客观方面的问题,不仅要求与最终的结果之间具有因果关系,而且要求有使正犯行为更为容易的因果性。"〔37〕此外,在采取正犯结果说时,是否要求帮助行为与正犯结果之间具有"没有前者就没有后者"的条件关系?这在德国、日本均存争议。

如果物理的帮助没有起到物理的作用时,是否可能产生心理的因果性?对此,一般是肯定的。问题是,在什么情况下,物理的帮助行为会产生心理的因果性?例如,A 向 B 提供了盗窃所需要的工具,但 B 在盗窃时并没有使用 A 所提供的工具,A 是否成立帮助犯?一种观点认为,即使 B 没有使用 A 提供的工具,但 A 的行为增强了 B 的犯罪决心,因而构成精神上的帮助(Jescheck/Weigend、Cramer、佐伯仁志以及德国判例)。另一种观点则认为,A 的行为没有为 B 的实行行为起到帮助作用,故 A 的行为只构成帮助未遂,因而不可罚(Stratenwerth)。

理论上争论的另一问题是,一种外表无害的"中立"行为(日常生活行为),客观上帮助了正犯时,是否成立帮助犯?例如,出租车司机 A 明知他人在前往某地实施杀人行为,仍然将其运往该地;五金商店的店员 B 明知螺丝刀的购买者将螺丝刀用于盗窃,仍然将螺丝刀卖给购买者。德国判例的观点是主观说,如果提供帮助的人知道正犯想实行犯罪,那么,无论如何,其提供帮助的行为就不再具有日常生活行为的性质,而应认定为帮助犯。反之,如果提供帮助的人认为自己的贡献可能被利用于实行犯罪,但并不知道他人将如何

〔35〕 C. Roxin, Was ist Beihilfe?, in Festschrift für Koichi Miyazawa, nomos, 1995, S. 502f.

〔36〕 [日]大塚仁等编:《大コンメンタ-ル刑法》(第 5 卷),青林书院 1999 年第 2 版,第 576 页。

〔37〕 [日]岛田聪一郎:《他人の行为の介入と正犯成立の限界(二)》,载《法学协会杂志》第 117 卷(2000 年)第 3 号,第 108 页。

犯罪,那么,只有当他认识到正犯者的犯罪风险达到一定程度,以致其行为可以视为对正犯者的促进时,才可以认定为帮助犯;倘若被帮助者既可能利用其帮助追求合法的目标也可能用于追求犯罪的目标,那么,只有当提供帮助者有意地促进对方的犯罪行为时,才可能成立帮助犯。显然,这种观点基本上肯定了中立行为可能成立帮助犯。据此,上述 A、B 分别成立杀人罪与盗窃罪的帮助犯(Jescheck/Weigend、西田典之)。

持相反观点的学者,则试图仅通过采用客观的标准将中性的和职业范畴的行为排除在帮助犯之外(客观说)。例如,如果没有其后的正犯行为,中立行为仍然具有意义时,则中立行为不成立帮助犯。再如,只要中立行为没有直接与犯罪相联系,就不成立帮助犯。据此,上述 A、B 不应承担帮助犯的责任(Schumann、Firsch)。例如,Jakobs 认为,可以认定为帮助犯的仅限定于以下三种情形:(1)帮助者的行为必须被定义为犯罪的一部分;(2)帮助者主动配合正犯的犯罪行为;(3)帮助者处于不作为犯的保证人地位。根据 Jakobs 的观点,出租车司机将乘客运送到犯罪现场的,店主或者店员将面包卖给将要用面包毒杀他人的人的,即使知道正犯的犯罪计划,也不构成帮助犯。出卖螺丝刀给入户盗窃的正犯的,不构成帮助犯;但出售被侵入的住宅的门钥匙,就有可能构成帮助犯。出售农用锄头给他人的,原则上不构成帮助犯,但如果正在斗殴的人冲进店里买锄头,店主或者店员仍然出卖锄头的,就构成帮助犯。

折中说主张,将客观要素与主观要素联系在一起,判断其与犯罪的意义关联。如果行为人通过相应的援助行为有意识地直接促进犯罪,或者援助行为本身虽然是合法的,但行为人明知该行为的唯一目的是犯罪时,就认定为帮助犯。各种学说内部又有诸多不同的观点。

日本刑法理论关于中立行为是否成立帮助犯,存在以下几种具体观点:(1)原则上只有当行为人存在确定的故意时,才能认定为帮助犯(曲田统);或者认为,只要提供中立帮助的行为人具有(片面的)帮助的故意,就成立帮助犯(西田典之)。(2)只有当中立行为超出了正常业务范围时,才能认定为帮助犯(松生光正)。(3)通过利益权衡进行判断,如果中立行为的社会有用性超出了有害性,即中立行为属于被允许的危险时,就不成立帮助犯;反之,则成立帮助犯(林幹人)。(4)只有当中立行为属于有意地提高结果发生危险的行为时,才成立帮助犯(岛田聪一郎)。(5)只有正犯行为与参与行为(中立行为)双方具有相同意义上的犯罪意义时,才认定为帮助犯(丰田兼彦)。(6)中立行为成立帮助犯,必须从主观与客观两个方面进行限定;主观上单纯猜测到对方会犯罪还不够,而是必须认识到对方具有犯罪意思的具体凭据;客观上的贡献必须属于能够提高犯罪实现之危险的贡献(松原芳博)。(7)应当对中立行为的种类进行类型化,然后按照客观归责理论解决(山中敬一)。不过,上述各种观点未必是对立的,只是关注的侧面不同。

帮助的故意的内容与教唆的故意的内容一样存在争议,即是否要求帮助者认识到正犯的实行行为的结果?对此不再赘述。过失的帮助在事实上是可能的,但与过失的教唆一样,存在肯定与否定两种学说。根据德国部分学者的观点,过失帮助他人实行犯罪的,不成立帮助犯,但可能成立过失正犯;帮助过失行为的,不成立帮助犯,却可能成立间接正犯。

通说肯定片面的帮助犯。因为帮助的意思并不要求意思的联络,在正犯不知情的场合,帮助行为仍然可以使实行行为更为容易,只要行为人以帮助的意思,实施帮助行为,促进了法益侵害,就应当认定为帮助犯。但也有人对此持否定态度。因为没有意思联络时,就没有形成共同意思主体,缺乏共犯处罚的前提(共同意思主体说);再者,既然通说否认片面的共同正犯,也就应当否定片面的从犯。帮助帮助者的间接帮助,在刑法上一般没有明文规定,故在刑法理论上也存在肯定与否定两种学说。

通说肯定以不作为方式的帮助与对不作为犯的帮助。前者是指在正犯实施实行行为时,行为人有义务采取干预措施,进而阻止、妨碍、减弱实行行为或者使实行行为的难度、风险增加,但行为人放弃干预,因而属于以不作为方式的帮助(少数观点认为,不作为犯均为正犯)。后者是指对不作为的正犯提供物理的或者心理的帮助的情形。前者需要行为人具有作为义务(属于保证人),后者不需要行为人具有作为义务。

三、教唆犯、帮助犯与共同正犯的区别

上述三种共犯形态,一般是容易区分的。争议在于如何区分共同正犯与有形帮助犯、教唆犯与无形帮助犯。

(一)共同正犯与有形帮助犯

根据形式的客观说,共同正犯与有形帮助犯的区别基准在于:前者是以共同实行的意思,共同实施符合基本构成要件的实行行为;后者是以帮助的意思,实施符合修正的构成要件的行为。这一标准在表面上是清楚的,但在具体认定上则格外困难。根据实质的客观说,共同正犯与有形帮助犯的区别,取决于参与者对犯罪行为整体所起作用的实质重要性。根据犯罪事实支配理论,共同正犯与有形帮助犯的区别,在于参与人是否支配了犯罪事实。不过,即使采取相同学说的人,也会对具体事例得出不同结论。争论特别多的是,如何认识望风行为。例如,甲与乙通谋盗窃丙家财物,甲在门外望风,乙在室内盗窃,甲是共同正犯,还是帮助犯?对此,形成了以下学说:

第一,共同正犯说认为,从整体上观察各行为人的行为,即使没有直接下手,但由于共谋犯罪,而且分担了望风行为,可以认为是共同正犯。

第二,共谋共同正犯说认为,望风人没有实施构成要件的行为,但由于与正犯共谋,因而是共谋共同正犯。

第三,帮助犯说认为,望风行为并不是符合基本构成要件的实行行为,因而对望风行为只能以帮助犯论处。但是,非法监禁中为了防止被害人逃走的望风行为、在现场进行指挥形式的望风行为,则自身具有实行行为性,是共同正犯。

第四,实质的客观说认为,望风行为如果对犯罪的完成起到了重要作用,就是共同正犯;如果望风行为对犯罪的完成只起到了从属作用,则是帮助犯。望风行为所起作用如何,要看行为人对犯罪行为的意识、在共犯者内部的地位以及对实行行为加功的有无、样态及程度来决定。

第五,犯罪事实支配理论认为,应当结合犯罪计划判断望风行为是否对犯罪实施作出了重大贡献。如果得出肯定结论,则望风行为是共同正犯,否则为帮助犯。根据 Roxin 的观点,如果望风行为对犯罪计划的实现是必不可少的时候,就可以认定望风者实现了"合目的的角色分担",属于有责地共同参与,因而属于共同正犯。在 Roxin 看来,为入室盗窃者望风,属于共同正犯。

前三种学说提出了明确的区分标准与结论,但过于形式化;后两种观点注重望风行为的实质重要性,但缺乏明确的判断标准,只能根据具体案件的情形得出具体结论。

日本审判实践将赌博罪的望风行为认定为帮助犯,而将骚乱罪、杀人罪、盗窃罪、抢劫罪的望风行为认定为共同正犯。可以说,日本审判实践一般认为望风行为是共同正犯,其理由是望风行为本身是对实行行为的分担、加功行为;有时也采用共谋共同正犯的学说。

(二)教唆犯与无形帮助犯

无形帮助犯,是强化他人实行特定犯罪的决意,或者是提供建议使他人更容易地实行犯罪,而教唆犯是使没有犯罪决意的人产生实行特定犯罪的决意。换言之,是否使他人产生实行特定犯罪的决意,是教唆犯与无形帮助犯的基本区别。在正犯已有犯罪决意的情况下,教唆者对之进行"教唆"的,属于教唆未遂;如果教唆者的唆使使正犯的犯罪动机得以加强,就可能成立心理上的帮助犯。当正犯已决意犯 A 罪,而教唆者唆使正犯犯 B 罪的,仍然成立教唆犯。当正犯已经决定实施犯罪,只是心存一丝疑虑时,教唆者对之进行"教唆"的,不成立教唆犯,也仅构成心理上的帮助犯。当正犯起初决定实施犯罪,但是后来放弃犯意时,教唆者重新激起正犯的犯罪决意的,依然成立教唆犯。当正犯决意杀 A,而教唆者唆使其杀 B 时,教唆者是成立教唆犯还是帮助犯,在理论上仍存争议。可以肯定的是,当正犯欲盗窃 A 的此财物,而教唆者唆使正犯盗窃 A 的彼财物时,仅成立帮助犯。对已有决意的正犯的犯罪方式(犯罪时间、地点、工具)的唆使,一般仅成立帮助犯。

第五节　共犯论的其他问题

一、共犯与身份

(一)理论概述

关于共犯与身份的理论,主要是为了解决两个问题:一是非身份者与身份犯共同犯罪时,应如何处理;二是当身份成为刑罚的加重或减轻的条件时,对非身份者应如何科处刑罚。对此,很多国家的刑法都有明文规定。

例如,日本刑法第 65 条第 1 项规定:"对于因犯罪人身份而构成的犯罪行为进行加功的人,虽不具有这种身份的,也是共犯。"第 2 项规定:"因身份而特别加重或者减轻刑罚时,对于没有这种身份的人,判处通常的刑罚。"德国刑法第 28 条第 1 款规定:"正犯的可罚性取决于特定的个人要素(第十四条第一款)时,共犯(教唆犯或帮助犯)欠缺此要素的,依照第四十九条第一款减轻刑罚。"第 2 款规定:"法律规定因特定的个人要素而加重、减轻或者免除刑罚的,其规定仅适用于具有此要素的行为人(正犯或共犯)。"奥地利刑法、瑞士刑法以及其他一些国家的刑法,对共犯与身份的问题都设有规定。

要解决共犯与身份的问题,首先需要明确身份的含义。一般认为,所谓身份,是指各构成要件所要求的行为人自身在一定的社会生活上的地位。这种地位不仅包括男女性别、国内人与外国人之别、亲属关系、公务员资格等地位,还包括与一定的犯罪行为有关的犯人在人的关系上的特殊地位或状态。[38] 如伪证罪中的"依法宣誓的证人"、常习赌博罪

---

〔38〕 这是日本最高裁判所 1952 年 9 月 19 日的判决所下的身份定义,参见日本《最高裁判所刑事判例集》第 6 卷第 8 号,第 1083 页。

中的"具有赌博常习的人",都是身份。

身份是否要求某种程度的持续性,是一个颇有争议的问题。例如,目的是否身份?提出这一问题具有现实意义,因为各国刑法对目的犯与非目的犯的共同犯罪如何处理没有规定,因而能否根据刑法关于共犯与身份的规定来解决这一问题,就很有争议。例如,有的国家刑法规定伪造货币罪要求"以行使为目的",否则不构成此罪,如果甲与乙共同伪造货币,甲以行使为目的,而乙并无此目的,对此应如何处理?这就涉及目的是否身份的问题,将这类问题概括起来,就是身份是否要求某种程度的持续性。对此,德国刑法理论以前认为,身份应当具有某种程度的持续性,但现在德国刑法理论的通说认为,身份不要求具有持续性,而且现行德国刑法不再使用"身份"一词,而是使用"特定的个人要素"一语。日本刑法使用的是"身份"一词,刑法理论对目的是否身份的问题,争论相当激烈。否定说认为,身份是一种地位或状态,因而必须具有某种程度的持续性,目的只是一时的心理要素,不能认为身份包括目的。肯定说则认为,对刑法关于共犯与身份的规定应当从实质上进行理解,身份实际上是一种责任要素,因而不一定是一种具有持续性的要素,目的也应包含在身份中。日本最高裁判所 1967 年 3 月 7 日的判决认定走私麻醉药品罪中的"营利目的"是一种"地位或状态",因而是一种身份。不仅真正目的犯中的目的,而且非真正目的犯中的目的,也是身份的一种。

当法律规定具有一定的身份才成立犯罪时,就是真正身份犯(其中的身份称为真正身份或构成身份)。当法律规定身份是刑罚加重或减轻的条件时,就是不真正身份犯(其中的身份称为不真正身份或加减身份)。换言之,在真正身份犯中,身份的有无影响犯罪是否成立;在不真正身份犯中,身份的有无只影响刑罚的轻重。

根据刑法规定与刑法理论的基本观点,不具有特定身份的人与具有特定身份的人共同实施身份犯罪时,构成共犯。例如,非公务员教唆、帮助公务员受贿的,构成受贿罪的共犯;如果规定某种身份能导致刑罚的加重或减轻时,对不具有该身份的共犯仍科处通常之刑。

日本刑法理论对其刑法第 65 条就共犯与身份犯所作的两项规定究竟是一种什么关系,主要存在以下观点:(1)第 1 项是关于真正身份犯的规定,第 2 项是关于不真正身份犯的规定(小野清一郎、西原春夫、大谷实、曾根威彦、前田雅英等)。(2)第 1 项是关于身份犯(包括真正身份犯与不真正犯份犯)中的共犯成立问题的规定,第 2 项是关于不真正身份犯的科刑的规定(团藤重光、福田平、大塚仁)。(3)第 1 项是关于违法身份的"违法的连带性"的规定,第 2 项是关于责任身份的"责任个别性"的规定(平野龙一、西田典之、山口厚)。日本刑法理论对其刑法第 65 条第 1 项中的"共犯"一词的含义也有以下不同理解:(1)认为该项中的"共犯"仅指共同正犯。因为教唆犯与帮助犯从属于正犯,即使没有该项的规定,也能将没有身份的教唆者与帮助者认定为共犯(内田文昭)。(2)认为该项中的"共犯",包括共同正犯与教唆犯、帮助犯(通说)。(3)认为该项中的"共犯"仅指教唆犯与帮助犯。因为真正的身份犯的成立,仅限于实行者具有身份的情形。换言之,就真正的身份犯而言,只有身份者才能成为正犯(平野龙一、中山研一)。(4)认为该项中的"共犯"包含两种情形:一是指非身份者成立对身份犯的共犯,即非身份者可以成立真正身份犯中的教唆犯与帮助犯;二是在不真正身份犯中,非身份者可以成立共同正犯、教唆犯与帮助犯(团藤重光、福田平、大塚仁)。

按照山口厚的观点,共犯与身份的关系主要有三种类型需要讨论;在各种类型中,都需要区分违法身份与责任身份。

第一,非身份者教唆、帮助身份者的情形。首先,在违法身份的场合,如一般人教唆、帮助公务员(违法身份)受贿的,由于非身份者介入身份者时也会间接地引起法益侵害,所以,非身份者也能成立受贿罪的共犯。其次,在责任身份的场合,要区分责任不同的情形:一是在责任加重身份的场合,非身份者不成立身份犯的共犯;如果非身份者的行为(非身份犯)成为处罚对象时,就成为非身份犯的共犯;如果非身份者的行为并非处罚对象时,则不可罚。二是在责任身份减少的场合,非身份者成立身份犯的共犯。例如,日本刑法第212条规定:“妊娠中的女子使用药物或者其他方法堕胎的,处一年以下惩役。”其中的“妊娠中的女子”属于责任减轻,如果非身份者的他人教唆妊娠中的女子堕胎的,则成立本罪的共犯。

第二,身份者教唆、帮助非身份者的情形。在这种场合,由于不能认定作为直接行为者的非身份者具备身份犯的构成要件符合性,根据共犯从属性说,身份者不成立身份犯的共犯。因此,在违法加重身份或者责任加重身份的场合,如果非身份者的行为符合非身份犯的构成要件,则身份者在非身份犯的限度内成立共犯。例如,具有赌博常习的人(责任身份加重)教唆一般人赌博的,只能在普通赌博罪的限度内成立共犯,而非成立常习赌博罪的共犯。在违法减少身份的场合,即使是身份者,也可能介入非身份者而引起更重的法益侵害,进而能够成立非身份犯的共犯。在责任减少身份的场合,由于身份者的责任减少,故成立身份犯的共犯。

第三,非身份者与身份者成立共同正犯的情形。非身份者与身份者可以成立共同正犯。就违法身份而言,通过共同行动引起了身份犯的构成要件结果时,身份者与非身份者成立身份犯的共同正犯。但在违法减少身份的场合,也不能否认成立非身份犯即重罪的共同正犯。与此相对,在责任身份犯的场合,非身份者不能成立身份犯的共同正犯,只有身份者才能成立身份犯的共同正犯;如果对非身份者没有处罚规定,则身份者作为单独正犯受处罚。

德国刑法理论就其刑法第28条的规定,也存在争论。首先,德国刑法第28条所规定的“特定的个人要素”大体相当于日本刑法第65条所称的“身份”,但“特定的个人要素”究竟是责任要素,还是违法要素,抑或价值中立要素,在理论上存在争议。其次,关于第28条第1款与第2款的关系。有人认为,第1款规定的是真正身份犯,承认“罪名”的连带作用,第2款规定的是不真正身份犯,承认“罪名”的个别作用。换言之,第1款规定了真正身份犯的罪名连带性,第2款规定了不真正身份犯的罪名的非连带性(Zipf、Samson)。有人则认为,第1款与第2款都规定了对非身份者的连带作用,只不过两款都对非身份者作出了减轻处罚的规定(Roxin)。

上面所讲的是积极的身份,此外,还有一种消极的身份,是指能阻止犯罪的成立或对刑罚起减轻作用的身份。例如,无证行医罪、无证驾驶罪等,如果行为人是持有执照或驾驶证的人,则不可能构成这种犯罪。这种情况下的执照持有人、驾驶证持有人,就是一种消极的身份。问题在于,具有这种身份的人参与不具有这种身份的人的犯罪行为时,应当如何处理?例如,持有行医执照的医生教唆、帮助没有行医执照的人行医乃至直接实施了实行行为时,如何处理?一般认为,刑法规定消极的身份犯,是为了禁止不具有特定身份的人实施特定的行为，在这种情况下，具有特定身份的人的行为，就不可能是一种实行行为，故具有消极身份的人只成立教唆犯与帮助犯。

（二）具体案例

以上是对有关共犯与身份问题的一般理论概说，下面列举一些具体案件来说明刑法理论对共犯与身份问题的处理。

例一：一般人甲，教唆乙杀死乙的父亲丙，乙果真杀死了丙。甲承担什么责任？通说认为，甲只成立普通杀人罪的教唆犯。因为甲与丙之间不存在尊亲属关系，根据个人责任的原则，甲不承担杀害尊亲属罪的责任。另一种观点则认为，甲成立杀害尊亲属罪的教唆犯，但只科处普通杀人罪之刑。

例二：常习赌博犯甲教唆非常习赌博者乙实施赌博行为，甲承担什么责任？一种观点认为，甲是常习赌博罪的教唆犯，乙只成立单纯赌博罪。因为常习犯的教唆行为与实行行为虽有区别，但不应产生处罚上的差异。具有赌博常习的人教唆他人犯赌博罪时，自应成立常习赌博罪。另一种观点则认为，甲是单纯赌博罪的教唆犯。因为常习赌博罪是就具有赌博常习的人本人从事赌博而言，而不是就教唆、帮助而言。在上述情况下，非常习赌博者乙只构成单纯赌博罪，根据共犯从属性说，对甲也只能依单纯赌博罪的教唆犯处罚。

例三：基于业务占有财物的乙犯业务上侵占罪，非业务者（也没有占有财物）甲参与乙的犯罪行为时，甲应承担什么责任？第一说认为，甲成立业务上侵占罪的共同正犯，但只科处单纯侵占罪的刑罚。第二说认为，甲只成立业务上侵占罪的帮助犯，在单纯侵占罪的法定刑内处断。第三说认为，甲与乙是业务上侵占罪的共同正犯，均依此罪的法定刑处罚。

例四：甲女与乙男企图共同对丙女实施强奸行为，共同对丙女实施了暴力，乙男奸淫了丙女，甲女与乙男是否构成强奸罪的共同正犯？（1）肯定说认为，强奸罪是身份犯，但根据刑法第65条第1项的规定，无身份者（甲女）也是共同正犯。而且，强奸罪是暴行、胁迫与奸淫行为的结合，暴行是实行行为的一部分，甲女实施了部分实行行为，因而是共同正犯。（2）真正身份犯说认为，对于共同正犯，原则上不适用刑法第65条第1项的规定，强奸罪虽然是真正身份犯，但不是亲手犯，非身份者可以以间接正犯的形态实行，即非身份者可以利用身份者实施强奸罪，从而构成共同正犯。（3）共同正犯否定说认为，强奸罪是真正身份犯，女性作为非身份者不可能实现强奸罪的构成要件。女性不可能成立强奸罪的单独正犯，也不可能成立强奸罪的共同正犯。（4）身份犯否定说认为，强奸罪不是身份犯，所以，在上例中，即使不适用刑法第65条第1项，对甲女也应认定为强奸罪的共同正犯。（5）身份犯与正犯否定说认为，要求强奸罪的主体是男性，并非由来于犯罪的法律性质，而于基于自然的事实，所以，强奸罪不是身份犯，不必适用刑法第65条第1项。虽然分担了部分实行行为的就是共犯，但是，强奸罪的本质部分是奸淫行为，不能实施奸淫行为的人，事实上不能成为正犯。即使女性可以实施强奸罪的构成要件中的非本质的一部分，也不是共同正犯，一般只能认定为帮助犯。

由此看来，即便刑法明文规定了共犯与身份的处理办法，也会出现一些难题。

二、共犯与正当化事由

共犯与正当化事由所要讨论的是，在广义的参与人中有一部分人的行为具有正当化事由时，对其他参与人应当如何处理？亦即，正当化事由的法律后果是否具有连带性？

首先，可以肯定的是，如果正犯的行为虽然符合构成要件但却属于违法阻却事由时

(如正当防卫),根据限制从属性说,教唆者与帮助者的行为就不具有可罚性(但如果采取最小从属性说,则会认为教唆者与帮助犯仍然成立狭义的共犯)。反之,如果对正犯不适用违法阻却事由,但能够认定共犯适用违法阻却事由时,也能承认共犯的成立。这是因为,虽然共犯本身不能违法地引起构成要件该当事由,可是共犯完全可能通过介入正犯引起构成要件该当事实,所以,只要行为人认识到了正犯违法地引起构成要件该当事由,即使其自身具有违法阻却事由,也成立共犯。

其次,由于共同正犯不存在从属性问题,所以,一部分共同正犯者具有违法阻却事由时,该违法阻却事由是否适用于另一部分共同正犯者,就存在争议。例如,共同正犯中的一人符合正当防卫的条件时,该正当防卫的效果是否适用于其他共同正犯者?

肯定说的基本观点是,正当防卫应当在共同行为者之间进行连带的判断,而不能分别判断,所以,共同正犯中的一人成立正当防卫时,其他共同正犯者也成立正当防卫。具体理由是,共同正犯具有共犯性,共同正犯者也是因为对其他共同正犯者产生心理的影响,进而与后者的行为及结果之间产生因果关系,进而间接地导致法益侵害结果发生(因果共犯论)。所以,就共同正犯而言,承认违法的连带性(限制从属性说)是妥当的。况且,违法的实质是结果无价值,所以,违法性是连带的。

否定说的基本观点是,行为是否成立正当防卫,要根据各共同正犯者的行为进行个别的判断,共同正犯中的一人的正当防卫效果不能适用于其他共同正犯者。具体理由是,共同正犯具有正犯性,狭义共犯中的违法的连带性(限制从属性)不能适用于共同正犯。而且,即使承认违法的连带性,但违法性的实质不仅有结果无价值,还有行为无价值,对主观的违法要素需要个别的判断(不过,也有结果无价值论者主张否定说)。

与上述的问题相联系的是,共同正犯中的一人防卫过当时,对其他共同正犯者是否适用防卫过当的规定?

肯定说的基本观点是,是否成立防卫过当,应当就共同行为者的行为进行一体化的判断。所以,一人的防卫过当效果也适用于其他共同正犯者。具体的理由是,防卫过当减免处罚的根据是违法性减少,由于共同正犯具有共犯性,所以,对共同正犯也要承认违法的连带性(限制从属性)。倘若对防卫过当的减免根据采取责任减少或者违法、责任减少说,则其他共同正犯在责任减少的限度内减免刑罚。

否定说的基本观点是,是否成立防卫过当,应当就各参与者的行为进行个别判断,所以,一人的防卫过当效果不适用于其他共同正犯者。具体理由是,防卫过当的减免根据在于违法减少,但共同正犯具有正犯性,对共同正犯不能适用违法的连带性(限制从属性)〔39〕;部分实行全部责任的原则,只能在构成要件符合性阶段发挥机能,而不能在违法性阶段发挥机能。日本最高裁判所的判决指出:"共同正犯的场合是否成立防卫过当,应当通过分别检讨各共同正犯者是否分别符合各自的要件来决定。即使某一共同正犯者成立防卫过当,其结果并不是当然地认定其他共同正犯者也成立防卫过当。"〔40〕

三、共犯与错误

在共犯中发生的错误,原则上适用单独犯的错误理论来解决,但是由于具有共犯关

---

〔39〕 如果采取责任减少说,则更容易得出否定说的结论。

〔40〕 日本最高裁判所 1992 年 6 月 5 日决定,载日本《最高裁判所刑事判例集》第 46 卷第 4 号,第 245 页。

系,也就具有一些特殊性。

(一)同一共犯形式内的错误

1.共同正犯的错误

共同正犯的错误,包括同一构成要件内的错误与相异构成要件间的错误。对同一构成要件内的错误,也存在法定符合说与具体符合说的争论。

例如,甲、乙共谋杀害丙,在实行时,都认为对方是丙,但实际上杀死的是丁。对此,法定符合说与具体符合说都认为甲与乙成立杀人既遂的共同正犯。这是所谓客体错误的情况。

又如,甲、乙共谋杀害丙,在实行时,没有击中丙,却击中了丙身边的丁。法定符合说认为,甲与乙成立杀人既遂的共同正犯。具体符合说则认为,甲与乙对丙是杀人未遂的共同正犯,对丁是过失致死,如肯定过失的共同正犯,则认为成立过失致死的共同正犯,如否定过失的共同正犯,则只是实际造成丁死亡的人构成过失致死罪。杀人未遂与过失致死是想象竞合。

对相异构成要件间的错误,也存在抽象符合说与法定符合说的争论。

例如,甲、乙共谋杀害丙,以为丙在草丛中,共同开枪射击,但草丛中不是丙而是丙的一只狗。抽象符合说认为,甲与乙成立毁坏财物罪的共同正犯。法定符合说则认为,甲与乙都无罪(不可罚的不能犯)。因为客观方面与主观方面不存在重合的部分。

再如,甲、乙共谋杀害丙,都开枪向丙射击,结果,甲的一枪打中了丙身边的狗,乙的一枪什么也没有打中。抽象符合说一般认为,甲与乙成立毁坏财物罪的既遂犯的共同正犯。法定符合说认为,甲与乙构成杀人未遂的共同正犯,由于过失毁坏财物不可罚,因而不成立毁坏财物罪。

又如,甲与乙共同加害丙,但甲持杀人的故意,乙只持伤害的故意,丙由于受伤而死。在这种场合,由于伤害罪与杀人罪在构成要件上有重合的部分,一般认为甲与乙在构成要件的重合部分成立共同正犯,即成立伤害罪的共同正犯;如果乙对死亡有过失,则与甲成立伤害致死罪的共同正犯。

2.教唆犯的错误

教唆犯的错误,是指教唆犯所认识的事实与实行犯所实现的结果不一致。这里有两种情况,一是教唆者的意思与实行犯的意思不一致,二是教唆者的意思与实行犯的意思及结果不一致。在此会出现下面的情况:对于教唆者来说是客体错误的,对于实行犯来说是方法错误;反之,对于教唆犯来说是方法错误的,对于实行犯来说是客体错误。根据法定符合说,客体错误与方法错误的区别并不是重要的问题,但对于具体符合说来说,则至关重要。

先说明同一构成要件内的错误的处理。

例如,丙与丁并排站立,甲教唆乙"杀死站在右边的丁",乙却听成了"杀死站在左边的丙",开枪射击,导致丁死亡。在日本,持法定符合说的学者认为,乙构成杀人罪,甲是杀人罪的教唆犯。持具体符合说的部分学者认为,乙构成杀人罪,但甲无罪。因为对于乙来说,是客体的错误,不阻却故意,而对于甲来说,是方法的错误,是杀人未遂与过失致死的问题,但乙没有着手实行杀丙的行为,故甲不成立教唆犯;由于过失教唆不成立犯罪,故甲无罪。持具体符合说的另一部分学者认为,乙构成杀人罪,乙的客体错误对甲而言也是客体错误,故甲也成立杀人罪的教唆犯。德国对此问题的讨论也相当激烈。例如,被告人B企图杀害自己的儿子S,但是又觉得自己"没有能力实施犯罪",于是花钱雇请正犯实施杀害行为。为了不误伤他人,B向正犯讲述了S的习惯与相貌,并将S照片交给正犯;正犯事前也见过了S(并没有完全记住S的相貌)。1985年11月25日晚上,正犯潜伏在马厩中(S习惯于穿过马厩回家),伺机杀害S。当时四周非常黑暗,大约19时的时候,身材与S很相似的邻居N进入了院子并且打开了马厩的门。正犯将N误认为S,从而近距离枪杀了N(庄园继承人案)。此案的正犯无疑构成谋杀罪,但对B的处理则存在不同见解:(1)认为B成立教唆未遂(通说)。因为虽然相对于正犯而言是客体错误,但相对于B而言,属于打击错误。而德国的通说对打击错误采取的是具体符合说。Binding观点也佐证了这一结论。根据Binding的观点,如果正犯误杀之后继续等待并杀害了S,那么,正犯成立两个谋杀罪,B则就对S的谋杀成立教唆犯。(2)认为B成立未遂的教唆犯。因为正犯射杀N的行为也是杀害S的未遂行为,而B教唆了杀害S的行为。但反对者认为,正犯对N实施的既遂的谋杀不能同时被认定为对S的杀害未遂。(3)认为B成立既遂罪的教唆犯。理由是,正犯的错误对教唆者而言并没有影响。(4)认为应当区别对待。有人认为,如果正犯的错误对B而言是可以预见的,则B负教唆既遂的责任;如果正犯的错误对S而言是不可预见的,则B成立教唆未遂。有人指出,如果正犯遵循了B对被害人的描述而实施行为,就成立既遂罪的教唆犯;否则,就属于教唆未遂。

再如,甲教唆乙杀死丙,乙开枪射击丙,却打中了丁。法定符合说认为,乙构成杀人罪,甲是杀人罪的教唆犯。具体符合说则认为,乙对丙是杀人未遂,对丁是过失致死,二者为想象竞合,甲成立杀人未遂的教唆犯。

相异构成要件间的错误的处理,存在抽象符合说与法定符合说的争论。

例如,甲教唆乙杀死隐藏在草丛中的丙,乙开枪射击,但实际上是丙饲养的狗。抽象符合说认为,乙成立毁坏财物罪,如果根据共犯从属性说,则甲是毁坏财物罪的教唆犯。法定符合说则认为,甲与乙都无罪。因为过失毁坏财物不可罚,乙没有实施杀人行为,因而不构成杀人罪,甲也不成立杀人罪的教唆犯。

再如,甲教唆乙打死右边的丙的狗,乙听成打死左边的丙的狗(实际上左边为一儿童),乙开枪射击,打死了左边的儿童。抽象符合说一般认为,乙成立毁坏财物罪与过失致死罪的想象竞合,甲是毁坏财物罪的教唆犯。法定符合说则认为,乙成立过失致死罪,甲无罪。

又如,甲教唆乙"杀死那条狗",乙开枪射击此狗,没有瞄准,打死了一儿童。抽象符合说认为,乙是毁坏财物罪的既遂与过失致死罪的想象竞合。法定符合说则认为乙成立过失致死罪,甲无罪。

还如,甲教唆乙盗窃,乙实施抢劫的,根据法定符合说,甲只在盗窃罪的范围内成立教唆犯。甲教唆乙实施抢劫罪,乙抢劫致人死亡的,如果甲对致人死亡具有预见可能性,甲成立抢劫致死罪的教唆犯。

3. 帮助犯的错误

对于帮助犯的错误,适用上述关于教唆犯的错误的理论。

(二)不同共犯形式的错误

由于共犯的犯罪形式不同并不影响罪质,因此,关于不同共犯形式的错误,一般是在构成要件重合的限度内，成立其中较轻的共犯形式。例如，行为人以共同正犯的意思望风，但实际上只起到了帮助的作用时，只成立帮助犯。行为人以帮助的故意实施心理的帮助而事实上起到了教唆作用的，只能认定为帮助犯。再如，他人已经产生犯罪的决意，行为人以为还没有产生犯罪的决意而实施教唆行为的，也只成立帮助犯。

关于共犯与间接正犯的错误，主要存在以下三种情况：

第一，以间接正犯的意思利用他人犯罪，但产生了教唆的结果。例如，甲误以为乙是没有是非辨别能力的精神病患者，便引诱乙杀人，但乙具有辨别是非的能力，完全理解行为的意义，按甲的旨意杀了人。主观说以行为人实际所具有的故意为标准，认为甲是杀人罪的间接正犯。因为间接正犯的故意与教唆的故意虽有区别，但刑法规定教唆犯依正犯处断（德国、日本刑法均如此规定），因此，应以行为人实际具有的故意处断。客观说以实际所产生的事态为标准，认为甲只成立杀人罪的教唆犯。因为利用者的行为是正犯还是共犯，应是法院判断的问题，而不是利用者的故意内容问题。折中说则认为，不能超越客观的事实关系确定责任，因此，甲只成立杀人罪的教唆犯。因为行为是主观面与客观面的综合体，仅以某一方面为标准进行判断是片面的，必须同时考虑主观与客观两方面；从责任的实质来看，间接正犯的故意包含在教唆的故意之中，故认定为杀人罪的教唆犯具有合理性。

第二，以教唆犯的意思实施教唆行为，但产生了间接正犯的结果。例如，甲误以为乙是精神正常的人，教唆乙杀人，实际上乙是高度的精神病患者，在无责任能力的状态下杀死了人。主观说认为甲是杀人罪的教唆犯，客观说认为甲是杀人罪的间接正犯，折中说认为甲是杀人罪的教唆犯。

第三，被利用者起初具有工具的性质，但后来知道了真相。例如，医生甲意图杀死患者丙，将毒药给不知情的护士乙，乙后来发现是毒药，但仍然注射了该毒药。一种观点认为，甲是杀人罪的间接正犯。因为不管乙是否知情，甲的实行行为（利用行为）已经实行完毕，而且导致了丙死亡的结果，因此，甲与乙是竞合的杀人罪的正犯；甲的行为引起了乙的杀人决意，这虽然也是一种教唆，但应被正犯吸收。另一种观点认为，甲是杀人罪的教唆犯。因为间接正犯的成立要求利用者将被利用者作为工具使用，从而实现犯罪，但在上述场合，由于乙已知情，故不符合间接正犯的条件；由于教唆犯的故意包括了间接正犯的故意，故对甲的行为应以杀人罪的教唆犯论处。还有一种观点认为，甲是杀人未遂的间接正犯。由于乙知情后产生了杀人的故意，因而甲的行为与乙的行为之间不具有相当因果关系，故甲只成立杀人未遂的间接正犯。

四、共犯与中止犯

共犯与障碍未遂，是比较好解决的问题。共同正犯已着手实行犯罪，而没有导致结果发生的，就是共同正犯的未遂。实行犯着手实行犯罪后没发生结果时，教唆犯、帮助犯也成立未遂。共犯与中止犯的关系则比较复杂，需要特别说明。

就共同正犯而言，当所有共同正犯都任意中止犯罪时，理当成立中止犯。共同正犯中的一部分正犯，基于自己的意志停止犯罪，且阻止其他正犯实行犯罪，或防止结果的发生时，这部分正犯就是中止犯；其他正犯成立障碍未遂。如果共同正犯中的一部分正犯自己中止犯罪，但其他正犯的行为导致了结果发生时，就不成立中止犯。因为共同正犯者之间具有相互利用、补充的关系，因此，采取部分实行全部责任的原则。即只实行了一部分实行行为的正犯,是通过其他正犯者的行为实现整个犯罪行为的。因此,即使中止了自己的行为,也只能认为是单纯中止了自己的行为,而不能认为是中止了犯罪。

但有一种观点认为,如果共同正犯的一人(或一部分人)中止了自己的实行行为,就表明其后不再存在意思的联络,因此不能再认为是共同正犯,而应认为是中止犯。但是,一般认为,这种观点忽视了共同正犯的本质。由于共同正犯者是相互利用、补充对方的行为,因而一部分正犯的行为就是整个共同正犯的行为。所以,一旦各行为人基于共同实行的意思开始实施共同实行行为,就存在相互利用、补充的效果,只要中止者没有切断对其他正犯的积极影响,就不能免除其对结果的责任,不能成立中止犯。

教唆犯、帮助犯任意中止教唆行为、帮助行为,而且阻止正犯的行为发生结果时,就成立教唆犯、帮助犯的中止犯。正犯者的障碍未遂,对教唆犯、帮助犯来说属于意外时,教唆犯、帮助犯也是障碍未遂;正犯者基于自己的意思中止犯罪,对教唆犯、帮助犯来说属于意外时,教唆犯、帮助犯仍属于障碍未遂。

中止犯的法律效果仅及于中止者个人,而不及于其他共犯者。但是,这一点与中止犯减免刑罚的理由相关联,在理论构造上不相同。政策说认为,对基于自己的意志而中止犯罪的人,减轻或者免除处罚是为了防止犯罪,因而只能对中止者本人给予这样的恩惠;对于没有中止的人,没有必要给予这样的恩惠。违法减少、消灭说认为,基于自己的意志而中止这一主观的违法要素,给违法性的评价产生影响,使违法性减少或消灭,因此,只有中止者本人的主观的违法要素才使中止者自身的行为的违法性减少或消灭,而对其他共犯者不产生影响。责任减少、消灭说认为,责任是基于违法行为而对行为人的非难,责任本来就是个别性的,只能认为中止者本人的责任减少或消灭。

五、共犯关系的脱离

与中止犯相似又密切联系的一个概念是脱离共犯关系。根据因果共犯论,共犯对与自己的行为(包括教唆行为、帮助行为与共同正犯行为)没有因果关系的构成要件该当事实不承担责任。因此,即使行为人实施了共犯行为,但如果消除了其行为对犯罪的促进效果,使其行为与构成要件该当事实之间没有因果关系,就可以认定为共犯关系的脱离。其后,即使正犯或者其他共同者引起了构成要件该当事实,脱离者对该事实也不承担责任。当然,脱离者对脱离之前的行为不能免除责任。详言之,如果脱离者在着手前脱离,则仅承担预备罪的责任(如果不处罚预备,则不负责任);如果脱离者在着手实行后脱离,则只负未遂的责任(如果脱离者基于自己的意思而脱离时,则以中止犯处理,但部分学者认为不可能成立中止犯)。下面介绍两位日本学者不同的观点。

山口厚认为,成立共犯关系的脱离,要求消除共犯行为所产生的物理的因果性与心理的因果性。(1)着手前的脱离。在着手实行前表示脱离共犯关系,让其他共犯人知道的,就肯定共犯关系的脱离。但共谋的首要分子只有恢复到没有共谋的状态,才能认定为共犯关系的脱离。教唆犯只有切断了教唆行为所引起的心理的因果性,或者说使被教唆者放弃犯意(至少使其一度放弃犯意),才能认定为共犯关系的脱离。如果教唆犯未能使正犯放弃犯意,正犯引起了构成要件该当事实的,教唆犯仍然承担既遂责任。帮助犯也只有切断了帮助行为所引导的物理的因果性与心理的因果性,才能认定为共犯关系的脱离。例如,将犯罪工具借给他人的帮助犯,必须取回借出的工具。在强化了正犯的犯意的场合,必须消除了强化作用。对共同正犯的脱离,也比照上述要件处理。(2)着手后的脱离。在正犯或者其他共犯者着手实行后,由于行为人的行为与构成要件的结果引起之间的因果关系已经设定,只要没有消除这种效果,就不能肯定共犯关系的脱离。即使行为人努力消除这种效果,但如果客观上没有消除,就必须承担既遂的责任。除此之外,其他方面与着手前的脱离相同。显然,在山口厚看来,如果行为与结果之间仍然有因果关系,便不可能成立共犯关系的脱离。

大塚仁则认为,脱离共犯关系,主要是为了解决虽为中止作出了努力但没能防止结果发生的共犯者的责任问题。行为人在为中止作出了努力但结果仍然发生的情况下,由于不符合中止犯的条件,所以不能按中止犯处理;如果按既遂犯处理,也不合适;于是提出脱离共犯关系的概念,比照障碍未遂处理。(1)脱离共同正犯关系。一是共同正犯中的一部分人,在共同实行的过程中,放弃共同实行的意思,中止自己的实行行为,而且努力阻止其他正犯者实行行为,但其他共犯者仍然使犯罪达成既遂。二是共同正犯中的一部分人,在共同实行终了后、达到既遂之前,而且可能防止结果发生的状况下,努力防止结果的发生,但仍然发生了结果。这两种情况都不能认为是共同正犯的中止犯,但行为人为中止犯罪作出了努力,因而被认为是脱离共同正犯关系。三是共同正犯中的一部分人,在共同实行的过程中放弃了自己的犯罪行为,而且让其他正犯者知道自己脱离了他们,因而消除了自己对其他正犯者的犯行的影响。这种情况也被认为是脱离共同正犯关系,但这种形式的脱离共同正犯关系,只限于脱离者在共同正犯关系中居于被动的、消极的地位时才成立。如果行为人在共同正犯关系中居于主动的、积极的地位,即使放弃自己的犯罪行为,并让其他正犯者知道,也还存在共同正犯关系,其给予的影响依然存在,不能认为是脱离共同正犯关系。(2)脱离教唆犯关系。这是指在教唆行为引起正犯者着手实行犯罪后、实行终了之前,教唆者努力阻止正犯者的实行,但正犯达到既遂;或者在正犯者实行终了之后、既遂之前,而且可能阻止达到既遂的状态下,教唆者努力防止正犯的既遂,但正犯仍然达到既遂。由于教唆者为阻止正犯的行为或防止正犯的既遂作出了努力,被认为脱离了教唆犯关系,教唆者只对至脱离时为止的正犯的未遂状态承担教唆犯的障碍未遂的责任。(3)脱离帮助犯关系。这是指帮助犯为阻止正犯者的实行行为作出了努力,或者在正犯者实行终了后,为防止正犯者的既遂作出了努力,但正犯仍然达到既遂,以及帮助者在正犯者的实行行为之前或实行行为中,放弃帮助的故意,完全消除自己的帮助行为对正犯者实行犯罪的有利影响。对帮助犯关系的脱离者,也只是比照帮助犯的障碍未遂处理。

第十章 罪 数 论

第一节 罪数论概述

一、罪数论(竞合论)的意义与地位

共犯论所研究的是数人共同犯一罪的情况,罪数论所研究的则是一人所实施的犯罪是一罪还是数罪的问题。即研究一人所犯之罪是一罪还是数罪的理论,就是罪数论(德国称为竞合论)。[1]

一般来说,一个行为实现一个构成要件的,就是一罪;数个行为实现数个构成要件的,就是数罪。问题是有些行为介于完全的一罪与完全的数罪之间,如一个行为符合数个构成要件,或数个行为符合一个构成要件,对此,如何确定罪数,需要特别加以研究。

罪数论研究行为是构成一罪还是数罪的问题,当行为构成数罪时,还存在对数罪如何处理的问题。由此看来,罪数论具体涉及两方面的问题:一方面是一人所实施的犯罪是构成一罪还是构成数罪,另一方面是构成数罪时应当如何处理。严格地说,前者属于犯罪论的问题,后者属于刑罚论的问题。

但是,德国、日本刑法理论并不是将上述两个问题分别放在犯罪论与刑罚论中进行研究的,而是将其作为一个整体进行说明的,这就导致了一个争论问题:罪数论是应放在犯罪论中研究,还是应放在刑罚论中进行研究?抑或在犯罪论与刑罚论之后,作为与犯罪论、刑罚论相并列的一个问题进行研究?

主张应在犯罪论中研究罪数论的学者认为,确定罪数,影响刑罚适用上的合目的性,而且确定了罪数之后,根据刑法的规定对数罪进行处理也不存在难题,故罪数论的重点是研究行为的罪数,应放在犯罪论中研究。多数学者采取这种做法。

主张应在刑罚论中研究罪数论的学者认为,研究罪数,是为了确定是否存在数罪并罚的前提,也可以说,确定罪数,是为了确定刑罚的适用,因此,应在刑罚论中研究罪数论。极少数学者采取这种做法。

还有人认为,既然罪数论既不单纯是犯罪论的问题,也不单纯是刑罚论的问题,故应在犯罪论与刑罚论之后,研究罪数论。德国、意大利、日本有少数学者采取这种做法。

二、罪数论与竞合论的关系

罪数的认定在日本称为罪数论,在德国称为竞合论。罪数论与竞合论究竟是什么关系?日本的松原芳博教授指出:“罪数论所讨论的是,某个事实成立几个犯罪。犯罪竞合

---

〔1〕 共同犯罪也有罪数问题,只是意味着共同犯罪的罪数问题与一个人犯罪的罪数问题没有区别。

论所讨论的是，在一个人成立数个犯罪的场合，应当科处什么样的刑罚。”[2]可是，一方面，日本的罪数论也讨论如何适用法条、如何科处刑罚的问题。例如，日本刑法学者无一例外地会在教科书的罪数论中讨论法条竞合及其适用规则，只不过通常将法条竞合作为单纯一罪或本来一罪的一种情形来讨论。再如，日本的罪数论中存在“科刑上一罪”的概念，其中包括想象竞合与牵连犯，意指行为虽然触犯数罪，但仅按一个重罪的法定刑科处刑罚。又如，日本刑法理论讨论并合罪（没有经过确定裁判的数罪）时，也论述并合罪的加重主义、吸收主义与并科主义等处理方法，这显然不是单纯对罪数的讨论，而是涉及如何科处刑罚的问题。由此看来，日本的罪数论实际上包含了德国竞合论中的法条竞合、想象竞合与实质竞合的内容。另一方面，德国的竞合论也并非不讨论罪数问题。例如，德国在竞合论中首先讨论行为单数（或行为单一）与行为复数。行为单数不仅包括自然意义上的行为，而且包括自然的行为单数与构成要件的行为单数。只要确定行为复数，便成立数罪即实质竞合。[3] 反之，行为单数就排除了实质竞合（数罪）的可能性，剩下的只是法条竞合与想象竞合的区分。另外，由于行为单数包括构成要件的行为单数，它与日本罪数论关于一罪与数罪的区分所采取的构成要件标准说大体只是表述上的差异。所以，Roxin明确指出：“实质竞合存在于数个犯罪行为在同一程序中被审判或者受制于事后的总和刑的形成的场合……行为单数与行为复数之间的区别，就已经说明了实施数个犯罪行为意味着什么。”“与想象竞合的区分相对应，存在异种类的实质竞合与同种类的实质竞合。在通过数个行为实施不同的犯罪行为时（如今天盗窃明天诈骗），就成立异种类的实质竞合；在通过数个行为数次实现同一构成要件时（如先后对不同的人实施身体伤害），就成立同种类的实质竞合。”[4]显然，其中的行为单数与行为复数的区分实际上是一罪与数罪的区分，只不过德国的竞合论没有像日本的罪数论那样频繁使用一罪、数罪的概念。

日本的罪数论有两个主线：一是行为人所犯的罪数是一罪还是数罪？二是如何评价行为人所触犯的数罪？亦即，在根据犯罪的本质得出行为人的行为触犯数罪的情况下，基于什么样的评价可以只适用一个法条？例如，虽然实质上有数个法益侵害事实，从犯罪的本质出发考虑，原本成立数罪，但基于一般社会观念的评价，适用一个法条就可以包括地评价数个法益侵害事实时，便成立包括的一罪。包括的一罪虽然不是刑法的明文规定，却是基于两个行为之间或者两个法益侵害结果之间的密切性，从处罚的合理性出发而形成的一类现象。又如，想象竞合与牵连犯同样存在数个法益侵害事实，但刑法规定仅科处一个重刑。

德国的竞合论有两个主线：一是行为的数量，即是单数还是复数；二是行为符合分则法条的数量以及法条之间的关系。一个行为虽然实现了多个构成要件，但通过适用其中一个构成要件的法律后果就完全可以清偿其行为所具有的不法内容与责任内容时，便是法条竞合；一个行为实现了多个构成要件，虽然应当评价为数罪，但仅需要适用一个重罪

〔2〕［日］松原芳博：《刑法总论》，日本评论社2017年第2版，第471页。

〔3〕事实上，有的学者（如Kühl）明确指出，所谓行为单一就是一罪，行为复数就是数罪。

〔4〕C. Roxin, Strafrecht Allgemeiner Teil, Band II, C. H. Beck, 2003, S. 833.

的法定刑时,就是想象竞合;数个行为实现数个构成要件时,则是实质竞合。[5]

在日本,罪数论先讨论一罪与数罪的区分标准,然后分为单纯一罪、包括的一罪、科刑上一罪以及并合罪展开讨论;所有涉及一罪与数罪的问题都要归入这四个属概念中。例如,一枪打中被害人头部致一人死亡之类的仅触犯一罪的行为,以及持续犯、法条竞合被归入单纯一罪;附随犯(伴随行为)、共罚的事前行为与共罚的事后行为以及狭义的包括的一罪等归入包括的一罪;想象竞合与牵连犯归入科刑上一罪;并合罪则是指没有经过审判的两个以上的犯罪(西田典之、山口厚)。也有学者将单纯一罪与包括的一罪合并称为本来的一罪,于是将罪数分为本来的一罪、科刑上一罪与并合罪展开讨论(大谷实)。显然,上述四分法与三分法没有本质的区别。

在德国,竞合论先讨论行为单数与行为复数,多数学者将竞合现象分为法条竞合、想象竞合与实质竞合。在日本罪数论中属于单纯一罪的现象,在德国竞合论中大体属于行为单数;日本的包括的一罪基本上属于德国的法条竞合中的吸收关系;日本的科刑上一罪中的牵连犯大多分别属于德国的想象竞合与法条竞合中的吸收关系,少数情形在德国属于实质竞合。不难看出,虽然日本的罪数论与德国的竞合论均使用法条竞合与想象竞合的概念,但二者的内涵与外延并不相同,因而导致对部分现象的处理不同。亦即,德国的法条竞合的吸收关系在日本基本上不属于法条竞合关系,德国的想象竞合的外延要比日本的想象竞合宽得多。

总之,德国多数学者将所有涉及适用一个法条还是数个法条的现象分别归入法条竞合、想象竞合与实质竞合之中,日本学者则将所有现象归入单纯一罪、包括的一罪、科刑上一罪与并合罪之中。德国竞合论与日本罪数论所使用的最下位概念(如持续犯、附随犯、共罚的事后行为等)基本相同(牵连犯除外),而且,日本罪数论的最下位概念基本上都源于德国的竞合论。[6] 另外,虽然对不少现象的归类不同,但其中的部分处罚结局是一样的。例如,德国的法条竞合中的吸收关系所讨论的现象,在日本基本上属于包括的一罪的情形,除个别情形外,处罚结局都是只适用一个重法条。再如,日本的想象竞合与牵连犯实行同一处罚原则,即按一个重罪的法定刑处罚。牵连犯在德国大多被归入想象竞合或法条竞合的吸收关系,也会按一个重罪的法定刑处罚。当然,也有极少数情形导致处罚结局不同。例如,入户抢劫在日本会被认定为牵连犯,但在德国基本上被认定为实质竞合即数罪。再如,在日本,集合犯一般被归入单纯一罪或者包括的一罪;在德国,虽然帝国法院曾经将集合犯作为一个犯罪行为对待,但后来作为实质竞合处理。

如果进一步分析会发现,竞合论是从处理结论(量刑)的合理性目的出发,将各种罪数现象分别归入三类竞合之中,因而将事实关系提升到刑法条文的关系;而罪数论则是从数行为的关联性程度出发,追求处理结论(量刑)的合理性。例如,按照德国学者的观点,

---

〔5〕 德国的竞合论或许能从罗马法中找到渊源。罗马法区分诉的竞合与诉的合并,竞合论的行为单数与行为复数便是与此相对应的。与此同时,罗马法将违反法律作为犯罪的基本单位,即行为违反刑罚法规的数量就是犯罪的数量,竞合论的上述第二个主线便是如此。在刑法上,竞合论起先着眼于实质竞合,对实质竞合采取并科原则或者加重主义,后来为了避免刑罚过于残酷,而逐渐分离出法条竞合(排斥关系)与想象竞合(吸收关系)。费尔巴哈遵从 Koch 的理论,将犯罪竞合区分为三类:一是一个行为违反复数法律的想象竞合,二是数个行为侵害数个法律的客观的竞合,三是数个行为侵害一个法律的主观的竞合,并且主张三种情形均采取并科原则,只是同种类的想象竞合与连续犯采取吸收主义。

〔6〕 日本一些学者的论著所使用的最下位概念都标明了对应的德语概念。

"遇到行为人实现了数个犯罪的构成要件,或者将某一犯罪的构成要件实现了数次,那么,就必须在竞合的框架内回答:在这些对法规的违反之中,哪些是在施以处罚时需加以考虑的?如何从需加以适用的法规中确定刑罚的幅度?因此,在竞合的框架内,需要弄清楚的是:在这数个法规之中,是否适用其中一个法规?以及可能如何适用?对该问题的回答,能够影响到定罪、刑罚和程序上的法律救济手段。"〔7〕日本的罪数论重视数行为(事实)的关联性。在单纯一罪(只能评价为一罪和适用一个法条)与典型的数罪(评价为数罪且适用数个法条)之间,存在诸多不典型现象。数个法益侵害事实之间的关系越密切(侵害一个法益的行为必然或者绝大多数情况下会同时侵害另一法益,如附随犯、共罚的事后行为),因而适用一个法定刑就能包括地评价数个法益侵害事实的,就是包括的一罪;数个法益侵害事实之间的关系密切程度略低,原本成立数罪,但只科处一个最重刑罚(适用一个最重法定刑)的,就属于科刑上的一罪。数个法益侵害事实之间没有关联性的,则是并合罪。

再如,德国刑法理论通过对法条竞合吸收关系的讨论(哪些情形属于吸收关系),解决了日本刑法理论所讨论的部分一罪与数罪的关系。以所谓护赃诈骗为例。甲侵占了代为保管的乙的财物后,向乙谎称财物被盗,导致乙放弃财物的返还请求权。在这种场合,德国刑法理论重视的是所谓共罚的事后行为与主犯罪之间的关系,进而提升到法条竞合关系。亦即,事后的护赃诈骗行为是否属于确保侵占行为所获取的利益的行为,如若得出肯定结论,它就应当退居于主犯罪(侵占罪)之后。于是认为,共罚的事后行为与侵占罪之间属于法条竞合中的吸收关系。如果得出否定结论,则属于实质竞合即数罪。显然,在这种场合,竞合论讨论的是主犯罪法条与从犯罪法条之间的关系。但日本的罪数论是从侵占事实与谎称被盗的诈骗事实之间的关联性展开讨论的,进而认为共罚的事后行为不是法条竞合的吸收关系,而是属于包括的一罪。

又如,在德国,手段行为与目的行为之间的密切关联性并不能决定该行为属于哪一种竞合关系,关键在于手段行为与目的行为是否具有重合性以及适用法条的结论是否合理。例如,德国刑法没有规定入户抢劫罪,入户行为与抢劫行为没有重合之处,因此,入户抢劫不是想象竞合,而是实质竞合。反之,通过剥夺自由(手段行为)来对妇女实施性侵害(目的行为)的,则是想象竞合。但在日本,这些都会因为手段行为与目的行为之间的事实上的牵连关系,而被认定为牵连犯。

罪数论与竞合论虽然对某些具体现象的处理并不完全相同,但并没有实质的差异。竞合论与罪数论都不是单纯从形式逻辑出发,相反的,都在追求量刑合理化的目的。所以,日本的罪数论与德国的竞合论,并不是一种对立的关系。

三、日本确定罪数的标准

关于确定罪数的标准,在刑法理论上主要有犯意标准说、行为标准说、法益标准说(结果标准说)与构成要件标准说。

犯意标准说主张,应当以行为人的犯罪意思的个数决定罪数。这被称为主观说或意思说,新派学者(如牧野英一、木村龟二)大多持这一主张。如木村龟二说:"行为、构成要件符合性、法益虽然是构成犯罪的重要要件,但以某一个要件为基准决定犯罪的单复,是

〔7〕[德]乌尔斯·金德霍伊泽尔:《刑法总论教科书》,蔡桂生译,北京大学出版社 2015 年版,第 471 页。

一种不合适的片面的见解。与此相对,作为构成要件符合性、违法、有责的评价对象的行为的基干是犯罪的意思,犯罪的意思综合包含了构成犯罪的所有要素,所以,以犯罪的意思的单复作为区分犯罪单复的基准才是妥当的。”〔8〕据此,当行为人以一个犯罪意思,实施数个犯罪行为并导致了数个犯罪结果时,只定一罪,这被认为是不合理的。

行为标准说认为,应以犯罪行为的个数为标准确定犯罪的单复。因为犯罪是行为,行为对成立犯罪具有最重要的意义,理所当然一个行为是一个犯罪,数个行为是数个犯罪。行为标准说是日本在“二战”前的有力主张,是德国自古以来的通说。问题在于以什么为标准来确定行为的单数与复数? 在德国,行为单数包括符合构成要件的行为单数与自然的行为单数。符合构成要件的行为单数,主要是指从外部看来存在数个行为,但在法定构成要件上只有一个行为的情形。例如,在一个构成要件要求必须实施数个行为(多行为犯)的情况下,属于行为单数。如强奸罪、抢劫罪,属于符合构成要件的行为单数。再如,持续犯、连续犯也被认为是符合构成要件的行为单数。自然的行为单数,一般是指在短期内多次触犯同一罪名,但根据自然的观察只是一个整体的情形。如在一个场合对一个儿童实施的数个性行为,属于自然的行为单数。〔9〕显然,根据自然主义观念对行为的个数进行法律评价,会存在许多问题。事实上,行为标准说也没有完全坚持数行为成立数罪的原则,而是多多少少承认数行为构成一罪的情形。〔10〕例如,日本采取行为标准说的学者将集合犯、接续犯、结合犯等解释为本来的一罪;采取行为标准说的德国,也将结合犯、连续犯视为一罪。此外,如果彻底坚持行为标准说,想象竞合应是本来的一罪,甚至会认为想象竞合属于法条竞合的一种情形。但是,采取行为标准说的学者并没有达致这种彻底的结论,而是重视法益侵害的结果或者行为违反的法规数量,认为想象竞合属于数罪。

法益标准说提出,应当以被侵害的法益的个数,特别是所发生的结果的个数为标准,决定犯罪的个数。因为犯罪的实质是对法益的侵害,没有侵害法益的行为就不是犯罪,故侵害一个法益就是一个犯罪,侵害数个法益就是数个犯罪。法益标准说为法条竞合与想象竞合提出了明确的标准:法条竞合时,行为只侵害一个法益;而想象竞合时,行为侵害了数个法益。但事实上,并不只是法益侵害的结果影响罪数,法益侵害的形态也是影响罪数的,因此,法益标准说并不全面。法益标准说与上述行为标准说被称为客观说。

构成要件标准说认为,应当以构成要件的评价次数为标准决定犯罪的单复,有的表述为,以构成要件的符合次数为标准确定犯罪的单复,两种表述的实质意义相同。因为整个犯罪论都是以构成要件理论为基调的,罪数论也应如此。根据一个构成要件,对行为只能进行一次评价的,就是一罪;对行为能进行两次评价的,则是两罪;依此类推。换言之,某种事实一次符合一个构成要件的,就是一罪;一次符合两个构成要件,或者两次符合一个构成要件的,则是两罪;依此推理。在评价行为符合几个构成要件时,实质上也应考虑犯罪意思、犯罪行为与所侵害的法益,因而,构成要件标准是一个综合的标准。构成要件标准说在德国是少数说,在日本则是多数说。但是,这一学说受到了批判:构成要件标准说虽然什么都说了,但是和什么都没有说一样。这是因为,如是认为犯罪的个数应当由构成

---

〔8〕[日]木村龟二:《刑法总论》,有斐阁1978年增补版,第429页。

〔9〕其中,有的学者将自然的行为单数归入广义的构成要件的行为单数(Jescheck/Weigend)。

〔10〕大体上可以认为,德国的符合构成要件的行为单数,实际上是采取了构成要件标准说。

要件的评价次数来决定,那么,应当根据什么样的基准来决定构成要件的评价次数呢?结局还是要以法益侵害的个数为基准(山口厚)。

个别化说主张,根据罪数的不同种类,采取不同的区分标准。在该说看来,前述各种学说都是基于“一个标准”区分罪数的。如果要么是一罪,要么是数罪,以一个标准进行区分也是可能的。但是,罪数也有不同种类,以一个标准对所有种类的罪数进行区分,则相当困难。例如,构成要件标准说对区分行为是否属于单纯一罪是适当的,但不能说明包括的一罪、科刑上一罪的一罪性。具体而言,在区分是否单纯一罪时,以构成要件为标准;在包括的一罪的场合,应将“行为与结果”的“一个性”作为标准;在科刑上一罪的场合,应以“行为”的“一个性”作为标准(平野龙一、西原春夫、前田雅英)。

四、德国的行为单数

如上所述,德国竞合论的基本特点是,将所有问题归入三个竞合之中。亦即,将仅适用一个法条的情形均作为法条竞合处理,所以,法条竞合就是法条单一的情形;虽然应当适用数个法条,但只有一个行为或者两个行为之间有重合时,就是想象竞合,所以,想象竞合就是行为单一;如果既不是法条单一,也不是行为单一,就是实质竞合。既然如此,前提就是要区分行为单数与行为复数,于是,“竞合论的中心课题,就在于确定何谓一个行为、何谓数个行为”。[11] 德国竞合论的通说认为,行为单数存在三种不同形态:即自然意义上的行为、构成要件的行为单数与自然的行为单数。

自然意义上的行为,是指行为人通过某个特定的身体动作或者不作为,实现了某个犯罪的构成要件。例如,A打了B一耳光。自然意义的行为,不可能产生竞合问题。

构成要件的行为单数,是指虽然有数个个别的动作,但构成要件将其类型化为一个行为的情形,多行为犯、持续犯、结合犯等属于这一类。例如,抢劫、强奸在德国均属于行为单数,又如,在短缩的二行为犯的场合,倘若行为人实施了目的行为,在德国被认定为构成要件的行为单数。再如,行为人以使用为目的伪造文书,后来又使用所伪造的文书的,也属于构成要件的行为单数。

自然的行为单数包括构成要件的反复实现、构成要件的连续(逐渐)实现等。按照德国的判例与通说,自然的行为单数必须同时符合四个条件:(1)基于单一的意思(动机);[12](2)存在数个同种的行为;(3)数个行为在场所上、时间上具有密切关联性;(4)客观上能够被第三者认为是一体的(有的学者表述为行为所引发的是构成要件结果的量的增加)。例如,行为人实施一个犯罪行为后,在逃跑的过程中又实施另一犯罪的(如妨害公务、毁坏财物、伤害他人等),是德国司法判决认定为行为单数的主要领域。自然的行为单数包括反复的自然行为单数与逐渐的行为单数。前者是指行为人直接、接续地数次实现同一构成要件。例如,行为人将他人家中的财物一件接一件地搬出室外,然后装入车中运走。后者主要是指行为人有步骤地采用数个逐步推进的动作实现构成要件(相当于徐行犯)。

五、罪数的种类

罪数的种类,最简单地就是分为一罪与数罪,但在单纯的一罪与单纯的数罪之间,存

---

〔11〕 Vgl. C. Roxin, Strafrecht Allgemeiner Teil, Band II, C. H. Beck, 2003, S. 798.

〔12〕 如果行为人具有一个单一的意志决定,或者具有一个针对所有行为的同种类的行为意志,或者追求单一的目标,就属于具有单一的意思。

在一些中间形态,对这些中间形态如何分类,是有争论的问题。

日本有学者将罪数分为五类:单纯一罪、包括的一罪、科刑上一罪、并合罪与单纯数罪;有的学者将罪数分为单纯一罪、法条竞合、包括的一罪与数罪,其中数罪又分为科刑上一罪、并合罪与单纯数罪;有的学者将罪数分为单纯一罪、当然一罪(法条竞合)、包括一罪、科刑上一罪、并合罪与单纯数罪。

德国刑法理论根据其刑法规定,在说明行为单数与行为复数的区分标准后,将罪数问题作为犯罪的竞合,分为法条竞合、想象竞合与实质竞合(数罪)展开讨论。

可以说,大陆法系国家刑法理论对罪数的分类,并没有形成一种占支配地位的观点。罪数的分类并不是一个单纯的分类问题,它与区分罪数的标准有联系。尤其是对一些具体的犯罪形态如何归类,与罪数标准的关系更是密切。例如,如果采取行为标准说,则将想象竞合归入一罪之中;如果采取构成要件标准说,则由于对想象竞合能够进行数次评价,而归入数罪中。以下按照单纯一罪、包括的一罪、科刑的一罪与并合罪来论述。

第二节 单纯一罪

一、单纯一罪概述

以一个犯罪意思、实施一个犯罪行为、侵害一个法益的,就是单纯一罪。例如,甲以杀人的故意,一枪击中乙的头部。又如,A 用铁锤砸坏了 B 的汽车。在这种场合,甲和 A 的犯罪意思、犯罪行为、所侵害的法益都是一个,一次符合杀人罪、毁坏财物罪的构成要件,没有争议地被认为是一罪。但是,构成要件本身是具有实质内容的,因而对符合构成要件的事实必须进行规范的评价。

在很多场合,一个罪由一个行为构成,但当构成要件预定由两个以上行为成立犯罪时,实施符合该构成要件的两个以上行为的,仍然为单纯一罪。这里有结合犯、集合犯(常习犯、职业犯及营业犯)几种情况。

结合犯是刑法将两个以上的行为结合起来规定成为一罪的情况。从表面上看,结合犯中的两个以上的行为可以独立地构成犯罪,但刑法考虑到两个以上的行为具有密切联系而且容易同时发生,因而将其规定为一罪。[13] 例如,抢劫罪由暴力、胁迫行为与夺取财物的行为构成,但刑法将其规定为一个犯罪类型,暴力、胁迫与夺取财物的行为就被一体化,不允许轻易将两者分解为两个犯罪,只认为成立单纯的抢劫罪。

集合犯是构成要件预定了由数个相同行为构成犯罪的情况。包括常习犯、职业犯与营业犯。[14]

常习犯是基于犯罪的常习性即反复实施犯罪的癖性的犯罪。由于刑法在构成要件上将常习犯类型化,因而预想行为人实施数次行为以构成常习犯罪,故行为人基于反复实施犯罪的癖性数次实施某种犯罪行为时,就被包含在一个构成要件中,只成立一罪。例如,

---

〔13〕 结合犯在德国被归入法条竞合中的特别关系,即与被结合的犯罪相比,所结合的犯罪属于特别法条。

〔14〕 也有学者将集合犯归入"狭义的包括的一罪"之中(山口厚)。

具有赌博常习的犯罪人,数十次实施赌博行为,也只成立一个常习赌博罪。

职业犯与营业犯都是作为一种业务而反复实施一定的犯罪行为的犯罪,其中以营利为目的的,就是营业犯。因为刑法将一定的犯罪行为作为业务而反复实施的犯罪类型化为一个构成要件,所以,行为人作为一种业务反复实施一定的犯罪行为时,只构成一罪。例如,无证行医罪是指没有医师执照的人将行医作为一种业务而反复从事行医活动的一种犯罪,符合这一构成要件的行为,就只构成一罪,而不构成数罪。

二、法条竞合

(一)日本的法条竞合

法条竞合,是指一个行为符合了数个构成要件,但由于各法条之间存在重合交叉关系,故实质上只符合一个构成要件,排除适用其他构成要件的情况。传统观点认为,法条竞合分为四类:

第一,特别关系,即一个行为既符合特别法的构成要件,也符合一般法的构成要件。根据特别法优于一般法的原则,只适用特别法,以一罪论处。例如,业务上的侵占行为,既符合业务上侵占罪的构成要件,也符合普通侵占罪的构成要件,前者是特别法,后者是一般法,根据特别法优于一般法的原则,只构成业务上侵占罪。再如,规定普通杀人罪的法条与规定杀害尊亲属罪(已废止)的法条之间是普通法条与特别法条的关系。杀害尊亲属的行为,既符合杀害尊亲属罪的构成要件,也符合普通杀人罪的构成要件,但只成立杀害尊亲属罪。但是,如果一枪既打死了尊亲属也打死了他人的,则成立杀害尊亲属罪与一般杀人罪,二者可能是想象竞合。由此可见,法条竞合是以侵害一个法益为前提的。

第二,补充关系,即一个行为既符合基本法的构成要件,也符合补充法的构成要件的情形。根据基本法优于补充法的原则,只适用基本法,以一罪论处。日本刑法理论将补充关系区分为形式的补充关系(明示的补充关系)与实质的补充关系(默示的补充关系)。形式的补充关系可以从法条的表述中找到根据。如日本刑法第108条规定了对现住建筑物等放火罪,第109条规定了对非现住建筑物等放火罪,第110条规定:“放火烧毁前两条规定以外之物,因而发生公共危险的,处一年以上十年以下惩役。”此即明示的补充关系。日本学者所举的默示的补充关系之例是,相对于伤害罪的规定而言,暴行罪是一种补充规定。因为伤害罪以造成伤害结果为要件,而暴行罪不仅减少了伤害结果的要件,而且不得发生伤害结果(日本刑法第208条对暴行罪所规定的构成要件为“实施暴行而没有伤害他人的”)。显然,如果暴行导致他人伤害,则不能认定为暴行罪,而应认定为伤害罪。这便是默示的补充关系。

第三,吸收关系,即一个行为符合两个构成要件,但其中一个构成要件被包含在另一个构成要件中。根据完全法优于不完全法的原则,只适用完全法,以一罪论处。吸收犯存在以下有争议的情形:其一,一个构成要件作为必然的经过或者手段包含在另一个构成要件中。例如,抢劫罪中的暴力、胁迫是抢劫罪的必然手段,因而抢劫罪吸收暴行罪与胁迫罪,强奸罪也是如此。但日本有不少学者认为,这不是法条竞合,而是结合犯。[15] 其二,一个构成要件完全被评价在另一构成要件中,没有必要适用前一构成要件。例如,在日

---

〔15〕 在德国,这种情形属于构成要件的行为单数,而非法条竞合的吸收关系。

本,杀人既遂吸收杀人未遂,属于吸收关系。[16] 其三,从经验上看,一个构成要件通常是另一构成要件的附随的行为。例如,犯杀人罪时,损坏了被害人的衣服。但有人认为,这种情形是包括的一罪,有的则认为是评价的一罪。其四,日本有学者认为,吸收关系并不是法条竞合的问题,而是独立于法条竞合之外的吸收一罪(山口厚)或者包括的一罪(前田雅英)。

第四,择一关系,即一个行为虽然同时符合两个构成要件,但两个构成要件不可两立,具有排他关系。因此,只能适用其中一个构成要件,而不能适用另一构成要件。例如,规定盗窃罪的法条与规定侵占罪的法条是一种择一关系。日本也有学者认为,所谓的择一关系,只不过是事实认定问题,而不是法条竞合问题。此外,日本有学者将择一关系理解为交叉关系,即两个法条之间存在部分交叉,行为处于交叉部分时,就是法条竞合中的交叉关系或择一关系。例如,日本刑法规定了拐取未成年人罪与营利目的拐取罪,当行为人以营利目的拐取未成年人时,由于事实上只有一个法益侵害事实,只能适用一个法条,即以法定刑较重的营利目的拐取罪论处(山口厚)。也有学者认为,拐取未成年人罪与营利目的拐取罪是补充关系的一种表现形式(山中敬一)。

(二)德国的法条竞合

在德国,某个可罚行为的不法内容能够由一个法条予以充分评价时,就适用该法条而排除其他法条的适用,此时便是法条竞合。德国的法条竞合并没有要求法条之间具有逻辑上的包容或交叉关系,只是看适用一个法条能否充分评价行为的不法内容。所以,德国的法条竞合概念并非名副其实。正因如此,德国有学者建议,以法条单一的概念替代传统的且有争论的法条竞合概念更为妥当(H. Jescheck/T. Weigend)。例如,Beling 认为,两个法条处于中立关系时,既可能出现法条竞合,也可能出现想象竞合。这种观点也是德国当今刑法理论的通说。在中立关系的场合,由行为触犯两个法条的通常性来决定法条竞合与想象竞合的区分。详言之,一个行为通常同时触犯 A 罪与 B 罪时,A 罪与 B 罪就属于法条竞合;不具有通常性时,则会成立想象竞合乃至数罪(实质竞合)。例如,故意伤害与故意毁坏财物两个罪是中立关系,在故意伤害行为同时毁坏被害人衣服的场合,由于二者具有通常性,故属于法条竞合(吸收关系);但在其他不具有通常性的场合,则认为两个法条之间没有法条竞合关系。再如,入户盗窃与故意毁坏财物(指破坏门窗等)是法条竞合关系(吸收关系),但在其他不具有通常性的场合,二者则不是法条竞合关系,一个行为同时触犯这两个法条时,则是想象竞合。[17]

1. 特别关系

当一个法条所表述的要素包括了另一个法条表述的全部要素,而且还进一步表述了至少一个特别的要素时,就是特别关系。在特别关系的场合,适用特别法条优于普通法条的原则。特别关系主要包括以下四类:(1)加重的构成要件。例如,谋杀罪包括了普通故意杀人罪的全部要素,而且增加了卑劣的动机要素,因而是特别法条。(2)减轻的构成要件(封闭的特权条款)。例如,受嘱托杀人罪包括了普通故意杀人罪的全部要素,而且增

〔16〕 在德国,这种情形归入补充关系。

〔17〕 德国现在的刑法理论认为,择一关系是特别关系的对立面,一个行为不可能同时符合择一关系的两个法条,故择一关系不是法条竞合的表现形式。

加了“受他人明示且真挚的嘱托”这一要素，因而是特别法条。(3)结合犯。例如，在德国，抢劫罪是盗窃罪与强制罪的结合，规定抢劫罪的法条成为盗窃罪与强制罪的特别法条，当行为构成抢劫罪时，不得适用盗窃罪与强制罪的法条。(4)加重的行为人要素。例如，相对于普通的伤害罪而言，公务员伤害罪就是特别法条。但是，“特别关系的确定，也并不一定总是一个纯粹的逻辑问题。必须通过对被排除适用一方的构成要件的不法程度进行目的论的考量予以补充的现象并不罕见”。[18]

2. 补充关系

德国的补充关系也分为明示的补充关系与实质的补充关系。例如，德国刑法第248b条规定了擅自使用交通工具罪的构成要件与法定刑，同时规定，只有当行为不符合法定刑更重的构成要件时，才能认定为本罪。这就是明显的补充关系。在德国，实质的补充关系是指共犯人既是共犯(教唆犯、帮助犯)又是正犯，犯罪行为从预备到未遂再到既遂，以及从危险犯到对应的侵害犯，从过失到故意、从不作为犯到作为犯等情形。

3. 吸收关系

如果一个犯罪的不法包含了另一犯罪的不法，就通常成立法条竞合的吸收关系。显然，德国的吸收关系特别宽泛。例如，非法侵入住宅与入室盗窃的关系是吸收关系，堕胎罪与伤害罪是吸收关系，不可罚(共罚)的事前行为与事后行为是吸收关系。

在上述场合，虽然原则上适用处于优势地位的法条，但是，被排除适用法条并非完全没有适用的可能。(1)由于实体的或者程序的原因不能适用处于优势地位的法条时，会重新适用被排除适用的法条。例如，故意杀人罪与故意伤害罪通常是特别关系，但在杀人中止造成了伤害的场合，由于不处罚杀人中止，因而要适用故意伤害罪的法条，以故意伤害罪论处。再如，强奸罪是强制猥亵罪的特别法条，然而，一旦行为人强奸中止或者未遂，德国判例与刑法理论就会按强制猥亵既遂定罪量刑。(2)只要不违反量刑的一般原则，在量刑时需要考虑被排除的法条。(3)刑罚不得低于被排除法条的最低刑。(4)在不可罚的事后行为的场合，对仅参与事后行为的人仍然可能适用被排除的法条。例如，甲从超市盗窃了商品，经过收银台时欺骗了收银员。后面的诈骗行为是为了确保前面的盗窃，因而属于不可罚的事后行为。但是，如果没有参与盗窃的乙，在知道真相的情况下与甲共同欺骗收银员的，对乙就可能以诈骗罪处罚。(5)如果处于优势地位的法条仅规定了主刑，而被排除适用的法条规定了附加刑时，也应当适用附加刑。

第三节　包括的一罪

广义的包括的一罪，是指行为虽然引起了复数的法益侵害，但对次要法益的侵害可以评价在对主要法益侵害中，或者可以评价为对一个法益的侵害，以及可以评价为一个行为的情形。概言之，包括的一罪，是指除法条竞合以外的，被评价为一罪的情形的总称，包括以下几种情况。

---

[18] C. Roxin, Strafrecht Allgemeiner Teil, Band II, C. H. Beck, 2003, S. 850.

一、评价上一罪(伴随行为)

评价上一罪,是指虽然存在两个以上的单纯一罪,但只能将其评价为一个犯罪的情况。可以说,评价上一罪介于单纯一罪与科刑上一罪之间。之所以对两个以上的单纯一罪评价为一罪,是对构成要件符合性进行规范评价的结果。例如,A用手枪射击被害人,不仅造成被害人死亡,而且将被害人的西服损坏,A只成立一个杀人罪,这是没有争议的。但从形式上看,A的行为符合杀人罪与毁坏财物罪的构成要件。尽管如此,由于没有必要对这种情况评价为二罪,只在一个构成要件内进行评价即可,所以只评价为一罪(在德国属于法条竞合中的吸收关系)。

二、以完成一个犯罪为目的在同一机会实施的数个行为

例如,以杀人为目的,向被害人的身体刺了数刀。在这种情况下,并不认为前几刀是杀人未遂,最后一刀才是杀人既遂,而是将所有行为包括起来作为一个杀人既遂。即使在被害人死亡后,行为人以为还没有死亡,连续刺了几刀,也不认为被害人死亡后的几刀成立毁坏尸体罪,同样只成立一个杀人既遂。[19]

但是,在上述情况下,对所谓同一机会的评价是比较困难的。一般认为,在行为的时间与场所上有相当的间隔时,原则上不能认定为包括的一罪。但如果行为人明显是为了完成一个犯罪而数次实施行为,也可以认定为包括的一罪。例如,日本曾有如下案件:被告人从某年6月至10月,在东京与桦太两个地方,5次用毒药对同一被害人实施杀人行为,但都没有成功,最后在11月用刀将被害人杀死,日本大审院1938年12月23日的判决认定被告人只犯有一个杀人既遂罪。反之,如果时间、场合虽然没有间隔,但不是属于同一构成要件内的行为的,则不是包括的一罪。例如,被告人误以为被害人是兽而开枪,使被害人负重伤而濒临死亡,发现误中他人以后,为了逃避责任,又故意开枪射击,将被害人当场打死。这种情况就不是包括的一罪,而是业务上过失致伤罪与杀人罪的并合罪。

三、狭义的包括的一罪

狭义的包括的一罪,是指当一个构成要件所规定的数种行为之间存在手段与目的、原因与结果的关系时,行为人对同一法益依次实施了这些行为,可以将这些行为包括地评价为一罪的情形。例如,日本刑法对受贿罪规定了要求、约定、收受三种行为方式,当行为人对同一人要求贿赂,然后又收受贿赂时,就只成立一个受贿罪,而不成立两个受贿罪。

四、接续犯

接续犯,是指侵害同一法益的数个行为,在时间、场所上极为接近的情况。例如,行为人在一个晚上,数次从同一仓库盗窃财物,就是盗窃罪的接续犯。[20] 再如,对同一被害人持续数次殴打,导致被害人数处受伤的,成立伤害罪的接续犯。由于接续犯是在时间、场所极为接近的状况下,对同一法益的侵害,行为人只具有一个犯意或继续的犯意,数个行为又是同一性质,因此只作为一罪处理。

接续犯需要具备以下要件:(1)被害法益的同一性。行为人所实施的数个行为,必须是针对同一法益的,如果侵害了不同的法益,则不是接续犯。(2)犯意的单一性或者继续性。行为人实施数个行为或者是在一个单一的犯意支配下实施的,或者是在一个继续的

---

〔19〕 也有一些学者将这种情形归入下述“狭义的包括的一罪”之中(前田雅英)。

〔20〕 有的学者将接续犯归入上述“狭义的包括的一罪”之中(前田雅英、山口厚)。

犯意支配下实施的。(3)行为样态的同种性。行为人实施的数个行为在样态上必须是属于相同种类,否则不是接续犯。(4)时间、场所的接近性。行为人所实施的数个行为,在时间上与场所上必须是接近的。

五、连续犯

所谓连续犯,是指连续实施数个行为,触犯同一罪名(或侵害同一法益)的情况。

成立连续犯必须具备以下条件:(1)行为方式具有同种性(类似性),即数个行为具有相同的外在和内在的特征。根据德国刑法理论,同种性不限于触犯同一具体罪名的情形。例如,连续实施普通盗窃罪的行为与加重盗窃罪的行为的,也成立连续犯。与此同时,数行为之间还必须具有连续性,但这种连续性不要求像接续犯那样在时间、场所上极为接近。(2)数行为必须侵害相同的法益。有人认为,连续犯只需要侵害同种法益;有人则认为,连续犯必须是侵害同一法益(日本刑法理论的通说)。根据德国的刑法理论,当行为人所侵害的法益分属于数人的人格法益时,就不成立连续犯。例如,连续杀害数人、连续伤害数人、连续强奸数名妇女等,都不构成连续犯。其理由是,侵害一身专属的人格法益的犯罪行为,一般都是重大犯罪,特别是当行为人以连续行为侵害分属数人的人格法益时,往往引起社会各界的注目,都要求刑法严惩这类犯罪。如果将这种情况视为连续犯,则只能认定为一罪,难以为社会所接受。(3)故意的单一性,即必须出于概括的故意。据此,过失犯罪不可能存在连续犯。但是,也有学者认为,不应当作出这种限制。

连续犯的概念早在中世纪就存在于意大利刑法理论中,德国 19 世纪的特别刑法也规定过连续犯,可是,1871 年德国刑法没有规定连续犯,现行刑法也没有规定连续犯。然而,德国刑法理论与判例长期以来承认连续犯概念。但理论上对这一概念的批评也越来越多,因为这一概念缺乏法律根据,与法治国思想相冲突,而且不当规避了数罪处理规则的适用。

日本刑法第 55 条曾将连续犯作为科刑上一罪进行了规定:“连续实施数个行为触犯同一罪名时,作为一罪处断。”但在 1947 年删除了这一条文。删除的原因是,在此之前的日本审判实践上,将此条中的“触犯同一罪名”解释为,不仅包括同一名称的罪名,而且包括在刑法典同一章所规定的、虽然名称相异但罪质相同的犯罪,例如,连续实施盗窃罪与抢劫罪,也被认为是连续犯,只以一罪处断。但这样一来,在涉及既判力的问题上就容易出现不适当的情况。例如,对被告人所实施的几个较轻的盗窃行为确定了较轻的刑罚之后,又发现被告人在此期间还犯有较重的抢劫罪,但由于对一个犯罪作出确定判决之后,必须肯定该判决的效力,不能再更改,于是,对较重的抢劫罪也不能再定罪。第二次世界大战后,日本修改了刑事诉讼法,对司法机关的搜查权进行了限制,难以在短时间内发现连续犯的全部犯罪事实,从而一次性提起诉讼,前述不适当的现象更为突出。为了避免这种现象,只好删除刑法第 55 条关于连续犯的规定。但是,如果不承认连续犯,或者说将所有的连续犯都作为并合罪处理,又带来了诉讼程序上的麻烦。所以,刑法理论上仍然认为,在一定范围内承认连续犯是必要的。现在对连续犯既可能认定为数罪,也可能认定为包括的一罪(前田雅英、山口厚)。日本刑法学者在罪数论中仍然论述连续犯。不仅如此,日本审判实践实际上也在一定范围内承认连续犯。例如,1957 年,日本最高裁判所对一医生在 4 个月内 38 次将麻醉品交付给一患者的行为,认定为包括的一罪。

在德国,早期的司法判决将连续犯视为行为单数,后来联邦最高法院不再肯定连续犯为一罪,而是认定为实质竞合即数罪。

六、不可罚的事前行为与不可罚的事后行为

(一)不可罚的事前行为

不可罚的事前行为,一般是指基本犯罪的预备行为,由于被评价在基本犯罪中,因此,当行为人实施预备行为后,又实施了该罪的实行行为时,其预备行为虽然是应受处罚的行为,但由于只是基本犯罪行为的手段或准备,故没有单独处罚的必要,被刑法理论称为不可罚的事前行为。

(二)不可罚的事后行为

所谓不可罚的事后行为,是指在状态犯的场合,利用该犯罪行为的结果的行为,如果孤立来看,符合其他犯罪的构成要件,具有可罚性,但由于被综合评价在该状态犯中,故没必要认定为成立其他犯罪。例如,行为人盗窃他人财物后又损坏该财物。损坏财物的行为是不可罚的事后行为,只成立盗窃罪(但也有学者持反对意见,因为毁坏财物的行为以一种与转移占有完全不同的方式侵害他人所有权,因而引起了一种新的损害)。

不可罚的事后行为,本身是具备构成要件符合性、违法性与有责性的行为。如果不符合构成要件,就不能称为不可罚的事后行为。例如,行为人盗窃他人财物后,消费了该财物。消费行为本身不符合侵占罪的构成要件,故不能说它是一种不可罚的事后行为。

由此可见,不可罚的事后行为用语本身,容易产生误解。即容易使人认为,凡是利用犯罪行为结果的行为,不管其自身是否符合构成要件,都是不可罚的事后行为。而所谓不可罚的事后行为,是本来能够独立构成犯罪的,只是由于被前犯罪行为所吸收,才不作为独立的犯罪进行评价。于是,德国、日本一些学者提出,不使用不可罚的事后行为这一用语,而代之以"共罚的事后行为"的概念;不可罚的事前行为,也改为"共罚的事前行为"。

不可罚的事后行为的适例是盗窃罪与赃物罪。通说及审判实践认为,实施了盗窃罪的人,自己搬运所盗窃的赃物,不构成搬运赃物罪,其理由是搬运赃物是不可罚的事后行为。但是,另一方面,刑法理论认为,赃物罪在构成要件上是一种身份犯,即必须是本犯以外的人为主体。换言之,本犯自己搬运赃物,并不符合搬运赃物罪的构成要件。因此有人对上述适例提出了疑问。

事后行为之所以不可罚,是因为事后行为被包括在对先行的状态犯的评价中。在此意义上说,后行为是否属于该状态犯的构成要件所预想的违法状态的范围(是否侵害了新的法益,危害结果是否超出了前行为已经造成的结果程度),便是区别不可罚的事后行为与可罚的事后行为的标准。例如,利用盗窃或诈骗取得邮局储蓄存折,欺骗邮局职员,使邮局职员以为行为人是存折的真实所有人,让其提出存款。这被认为是侵害了新的法益,构成独立的犯罪(成立盗窃罪与诈骗罪的并合罪)。再如,盗窃物品后隐瞒真相出售给善意的第三者的,另成立诈骗罪。由此可见,成立不可罚的事后行为必须具备三个条件:(1)事后行为没有侵害新的法益;(2)事后行为没有引起新的损害或者说只是在深化旧的损害(存在争议);(3)事后行为与先前行为针对的必须是同一个受害人(Roxin)。

有的学者强调不可罚的事后行为与不可罚的事前行为的性质区别:(1)不可罚的事前行为能视为基本犯罪行为的一部分;而不可罚的事后行为则不能看成基本犯罪行为的一部分。(2)在基于某种理由使基本行为不成立犯罪时,不可罚的事前行为可能独立地构成犯罪;不可罚的事后行为,即使存在先行行为,但因为缺乏诉讼条件而不能处罚时,对

事后行为也不能独立进行处罚。但有的学者对这种区别提出了疑问。如平野龙一认为,无论是不可罚的事前行为还是不可罚的事后行为,都是作为吸收一罪来讨论的,故对二者应作相同的处理。因此,就不可罚的事后行为而言,不能把先行行为作为一种人的刑罚阻却事由来解释。严格来说,所谓不可罚的事后行为,不是不可罚的行为,而是作为一种情状包括在先行行为中,被给予处罚的共罚行为。

第四节 科刑上一罪

一、科刑上一罪概说

行为在构成要件的评价上被认为是数罪,但在科刑中只作为一罪处理的情况,就是所谓科刑上一罪。具体来说,当一个行为触犯了数个罪名,或者犯罪的手段行为或结果行为触犯了其他罪名时,仅以其最重刑处断(有的国家刑法规定适当加重刑期)的情况,就是科刑上一罪。前者就是想象竞合,后者就是牵连犯。

科刑上一罪的最大特点是依数罪内的最重刑处断(或适当加重刑期)。但对这里的"最重刑"如何理解,并非没有争议。一种观点认为,最重刑是指数罪中法定刑最高的犯罪的法定刑,只要在这个法定刑内处断,就是合法的,不要求法定刑的下限也是最重的。但另一种观点认为,虽然选择了最高的法定刑,但不能科处低于其他犯罪的法定刑下限的刑罚。例如,甲罪的法定刑为1年以上10年以下惩役,乙罪的法定刑为2年以上7年以下惩役,甲罪的法定刑为最重刑。前一种观点认为,只要在甲罪的法定刑内处刑,就是合法的,即可以处1年惩役。后一种观点则认为,虽然选择了甲罪的法定刑,但科处刑罚时不得低于2年惩役,否则就不合理。这一观点得到了多数人的赞成。德国刑法对此还设有明文规定,其第52条第2项规定:"行为触犯数个刑罚法规的,依最重的法定刑确定刑罚。所确定的刑罚,不得轻于其他可能适用的法律所允许的刑罚。"

二、想象竞合

(一)想象竞合的概念与成立条件

想象竞合(观念的竞合),是指一个行为触犯了数个罪名的情况。有的国家刑法对此作了明文规定。如日本刑法第54条第1项规定:"一个行为同时触犯两个以上的罪名……按照其最重的刑罚处断。"瑞士刑法第68条第1项规定:"一行为……触犯数自由刑之罪者,从一重处断并适当加重刑期。"德国刑法第52条的规定,也包括了想象竞合。

想象竞合有两个基本的要件,一是一个行为(行为单数),二是触犯数个罪名。

在日本,所谓一个行为,不是从构成要件的评价上看,而是基于自然的观察,行为人的行为在社会的一般观念上被认为是一个行为。简单地说,所谓一个行为,通常是指自然观念上的一个行为(在德国不是强调一个行为,而是指一个同种或者不同种的构成要件行为单数)。

但是,由于这里的一个行为与触犯数个罪名相关联,因此,除了进行自然的理解外,还要进行某种程度的规范的理解。即当某个行为还能被分成两个行为时,要根据二者之间有无重合关系进行判断。至于达到何种程度的重合关系才能认为是一个行为,则有争议。

例如,对不法持有枪支的人使用枪支实施抢劫的案件,在论述是否存在继续犯(不法持有枪支)与即成犯或状态犯(抢劫)的想象竞合时,就要以对上述两种犯罪的实行行为的理解为前提,考虑行为之间具有何种程度的重合时,才能认为是一个行为。关于这一问题主要存在四种学说:(1)主要部分重合说认为,符合构成要件的各自然行为至少其主要部分是重合的;(2)一部重合说主张,只要在某一点上是重合的就行了(德国的通说);[21](3)着手一体说指出,符合数个构成要件的事实,必须在着手实行阶段一体化;(4)不能分割说以为,实施一种自然行为就必然实施另一种自然行为时,才是一个行为。日本刑法理论一般认为,一部重合说扩大了想象竞合的范围,着手一体说则缩小了想象竞合的范围,主要部分重合说则较为妥当。在上例中,如果行为人是以前所购买的枪支,后来产生了抢劫罪的犯意,将枪支作为抢劫的工具,则其主要部分不是重合的。如果行为人为了抢劫财物而购进枪支,然后实施抢劫行为,则主要部分是重合的。

德国曾发生这样的案件:被告人晚上侵入没有上锁的某居民家,冒充回家的丈夫,想与妇女发生性交,但没有成功。德国法院否认本案是侵入住宅罪与婚姻外诈取性交罪的想象竞合,因为侵入住宅的行为与婚姻外的诈取性交的行为之间不存在重合关系。

所谓触犯数个罪名,是指行为符合数个构成要件,被认为是数罪。这里包括两种情况:一是异种类的想象竞合,二是同种类的想象竞合。前者是指一个行为符合不同的构成要件的情况,例如,行为人破门而入后伤害他人的身体健康,就是一个行为既符合毁损器物罪的构成要件,也符合伤害罪的构成要件。后者是指一个行为数次符合一个构成要件的情况,例如,行为人投掷一炸弹,致使三人死亡,就被认为是一个行为三次符合杀人罪的构成要件。如果根据犯意标准说,同种类的想象竞合,虽然侵害了数个法益,但由于行为人只有一个犯意,因而是本来的一罪,而不是想象竞合。

但是,想象竞合与本来的一罪确实有难以区别的情况。例如,一个行为导致了数个构成要件的结果时,究竟是本来的一罪,还是想象竞合?一般认为,在这种情况下,要由保护法益的独立性来决定。例如,一个放火行为烧毁数个建筑物时,被认定为包括的一罪,因为放火罪的保护法益具有公共性,故不能认为烧毁一个建筑物就是一个放火罪。再如,以一个行为向数名公务员行贿时,则根据公务员的数量成立行贿罪的想象竞合,因为上述行贿行为妨害了各公务员诚实地执行公务。

不作为的想象竞合与并合罪的区别,也是值得讨论的问题。例如,日本曾发生以下案例:被告人在驾驶汽车过程中因为过失导致步行者身负重伤。根据日本道路交通法的规定,在此情形下,被告人既负有对被害人的救护义务,又负有向警察的报告义务;违反上述义务的,构成犯罪,受刑罚处罚。但被告人既没有救护被害人,也没有报告警察,而是逃离现场。被告人违反了两项义务,这是“一个行为”触犯了两个罪名,还是“二个行为”构成并合罪?对此,在日本的判例中,有的采取一罪说,有的采取想象竞合说,还有的采取并合罪说,刑法理论上也存在不同观点。

从审判实践上来看,德国法院认定的想象竞合情况主要有:教唆他人实行盗窃后又买受他人所盗窃的财物的,是盗窃罪与故买赃物罪的想象竞合;诱拐妇女后又强奸该妇女

---

[21] 德国的判例与占绝对主流的观点认为,在触犯数罪的行为中,只要其中有一部分具有同一性就足以成立想象竞合犯。亦即,数行为中只要任何一部分对数罪的构成要件的形成产生共同作用,就成立想象竞合。

的，是诱拐罪与强奸罪的想象竞合；被告人正要侵入商店时，来了一辆巡逻车，便打消了侵入的念头，但巡逻车走后，又起侵入商店行窃的犯意，并实施了该行为，这也是想象竞合；盗窃汽车后为了出售汽车而伪造相关文书（如汽车号牌）的，属于盗窃罪与伪造文书罪的想象竞合；伪造文书并使用伪造的文书骗取财物的，是伪造文书罪与诈骗罪的想象竞合；以爆炸方法杀害数个被害人的，是数个谋杀罪的想象竞合；盗窃后为了毁灭罪证而放火的，是盗窃罪与放火罪的想象竞合；正在逃跑的抢劫犯对追捕者进行射击的，构成普通抢劫与谋杀罪的想象竞合；参加恐怖活动组织后又实施杀人、抢劫等犯罪的，属于想象竞合；如此等等。此外，德国的判例与通说认为，第一个构成要件行为既遂后，在完全终了前实现另一构成要件的，均属想象竞合，如醉酒的盗窃犯在窃取他人财物后驾驶交通工具逃跑的，被认定为想象竞合犯。显然，德国法院认定的想象竞合，包含了下述日本等国刑法中的牵连犯的情况。

日本裁判所认定的想象竞合主要情况有：对正在执行职务的警察实施暴力使之受伤的，是妨碍执行公务罪与伤害罪的想象竞合；以强奸杀人的故意强奸妇女并杀死妇女的，是强奸致死罪与杀人罪的想象竞合；实施骚扰行为时侵入他人住宅的，是骚扰罪与侵入住宅罪的想象竞合；一封诬告状诬告数人的，是数个诬告罪的想象竞合；以一个胁迫行为迫使数人依次交出现金的，是数个抢劫罪的想象竞合；如此等等。

（二）想象竞合的明示机能

德国刑法理论与判例重视想象竞合的明示机能。想象竞合的明示机能，是指由于被告人的行为具有数个有责的不法内容，在判决宣告时，必须将其一一列出，做到充分评价，以便被告人与一般人能从判决中了解其行为触犯几个犯罪，从而得知什么样的行为构成犯罪，进而有利于实现预防犯罪的目的。例如，在他人心脏病发作时，盗窃他人的急救药品，导致他人死亡的，则属于想象竞合。倘若判决仅宣告被告人的行为构成故意杀人罪，可能使被告人与一般人产生盗窃药品的行为不构成盗窃罪的误解，这便不利于特殊预防与一般预防；反之亦然。再如，当行为人为了抢劫而故意致人死亡时，必须评价为抢劫致人死亡与故意杀人罪的想象竞合。因为如果只评价为抢劫致人死亡，就没有表明行为是故意杀人；如果只评价为故意杀人，就没有评价其抢劫行为。

（三）想象竞合与法条竞合的关系

想象竞合与法条竞合的关系不是固定不变的。

例如，既遂的 A 重罪与较轻的 B 罪是法条竞合时，未遂的 A 重罪与较轻的 B 罪可能是想象竞合。例如，在德国，虽然抢劫罪是盗窃罪的特别法条，但如果一个行为同时构成抢劫未遂与盗窃既遂时，则不再是法条竞合，而是想象竞合。因为在这种情况下，如果仅认定为抢劫未遂，就没有评价盗窃既遂的不法内容；仅评价为盗窃既遂，则没有评价抢劫未遂的不法内容，所以，必须用想象竞合来评价这一犯罪事实。再如，根据作为通说的"单一理论"，杀人故意必然同时包含伤害身体的故意，身体伤害是发生死亡的必经状态，于是杀人行为完全包含了伤害行为，规定杀人罪与伤害罪的条文是特别关系。但是，"在杀人罪与多种形态的伤害罪中，对杀人罪的处罚不能充分包含案件的不法内容时，就可能存在想象竞合"。[22] 换言之，如果认定为杀人罪导致处罚较轻，因而不能评价特殊伤害的

〔22〕 Vgl., C. Roxin, Strafrecht Allgemeiner Teil, Band II, C. H. Beck, 2003, S. 856.

不法内容时,就不得按照法条竞合处理,而应认定为想象竞合,按特殊的伤害既遂量刑。

再如,结果加重犯与基本犯是法条竞合,但与加重结果所触犯的罪之间则是想象竞合。例如,德国联邦法院认为,"谋杀罪与抢劫致死罪之间是想象竞合,因此,故意引起的死亡正是抢劫的结果,据此,在有罪判决中就可能明确指出(明示)特别重大而且危险的抢劫行为"。[23]亦即,应认定谋杀罪与故意抢劫致人死亡是想象竞合,而不是法条竞合。德国联邦法院的观点,也得到了德国刑法理论的普遍认可。例如,H. Jescheck/T. Weigend指出:"如果并不缺乏结果加重犯的基本构成要件,加重结果不仅可以由过失而且可以由故意实现时,就必须承认结果加重犯与该故意构成要件或过失构成要件之间是想象竞合。因为只有采用这样的认定方法,才能说明具体案件中加重结果是由故意引起还是由过失引起。"[24]

三、牵连犯

牵连犯,是指犯罪的手段行为或者结果行为触犯其他罪名的情况。在牵连犯的场合,被认为有数个行为,而且符合不同的构成要件,它们之间存在手段与目的、原因与结果的关系。即当甲罪是乙罪的手段,或者丙罪是丁罪的结果时,甲罪与乙罪之间,丙罪与丁罪之间就存在牵连关系。有的国家刑法对此有明文规定,如日本刑法第 54 条第 1 项规定:"……作为犯罪的手段或者结果的行为触犯其他罪名时,按照其最重的刑罚处断。"西班牙刑法第 77 条也有类似规定。德国没有使用牵连犯的概念。

首先,牵连犯要求数行为之间存在手段与目的、原因与结果的关系,如何理解这种关系,则存在主观说与客观说。主观说是采取犯意标准说的新派的立场,认为只要行为人主观上将某种行为作为手段行为或作为结果行为,就应当认为是牵连犯。显然,主观说将牵连犯的成立范围取决于行为人的偶然的认识,并不妥当。客观说主张,根据犯罪行为的性质,行为人所采取的手段,通常是该犯罪所采取的手段时,或者结果属于该犯罪当然所产生的结果时,就是具有手段与目的、原因与结果的关系。在日本,客观说是通说。但要注意的是,客观说也认为,行为人现实所犯的二罪之间,如果只是一种偶然的手段与目的、原因与结果的关系,则不是牵连犯,因此必须对牵连关系类型化,即根据经验法则,某种犯罪通常是另一犯罪的手段或结果时,不管行为人的主观意思如何,就认为是牵连犯。显然,这里的客观说可谓经验说,并非只要两个行为之间存在手段与目的、原因与结果的关系,就具有牵连关系。例如,日本曾有这样的案例:被告人以隐匿的目的侵入他人住宅后,又起盗窃犯意,盗窃了他人财物,裁判所认定为牵连犯。因为侵入住宅通常是盗窃的手段行为,至于行为人的主观意思如何,则在所不问。再如,被告人以抢劫的故意侵入他人住宅后,产生杀人的犯意,杀死了被害人,日本裁判所也认定为牵连犯,这也是因为侵入住宅通常是杀人罪的手段行为。如果根据主观说,上述两个案件都不是牵连犯。倘若某种犯罪通常不是另一犯罪的手段,即使行为人将其作为另一犯罪的手段而实施时,根据客观说,也不能认为是牵连犯。例如,为了骗取保险金而放火,即使行为人认为是以放火手段骗取保险金,但客观说认为放火通常不是骗取保险金的手段,因而不是牵连犯,而是并合罪。如果根据主观说,则该犯罪是牵连犯。

---

〔23〕 转引自[日]只木诚:《观念的竞合における明示机能》,载《研修》2011 年 4 月号(总第 754 号),第 6 ~ 7 页。

〔24〕 H. Jescheck/T. Weigend, Lehrbuch des Strafrechts. Allgemeiner Teil, 5. Aufl., Duncker & Humblot 1996, S. 723.

其次,牵连犯要求数行为触犯其他罪名。即作为手段的行为或作为结果的行为,必须符合另一个构成要件。这里有两个问题需要说明。其一,如果犯罪的手段行为与结果行为是不可罚的事前行为与不可罚的事后行为时,不认为是牵连犯。例如,盗窃财物后又损坏该财物的行为,不是牵连犯,而是不可罚的事后行为;再如,盗窃财物后又搬运赃物的行为,通说认为是不可罚的事后行为,也不是牵连犯。其二,数行为触犯的是相同的罪名时,是否为牵连犯?不少学者持肯定态度。根据这种观点,对牵连犯也可以分为同种类的牵连犯与异种类的牵连犯。

第五节 并 合 罪

一、并合罪的概念

并合罪(实质竞合),是指应当并合处罚的数罪,与包括的一罪、科刑上一罪具有明显区别。由于各国刑法对并合罪的规定不一致,很难给并合罪下一个准确的定义。一般来说,当一人犯数罪,并对这些数罪具有同时审判的可能性时,就有必要将这些犯罪作为整体进行考察,从而确定适当的刑罚,具有这种关系的数罪,就是并合罪。

并合罪首先是能够同时审判的数罪,然而哪些数罪可以同时审判,则要根据各国刑法及刑事诉讼法的规定予以确定。例如,德国刑法第 53 条第 1 款规定:"犯数罪同时受裁判, 因而科处数个自由刑或者数个罚金刑的,应宣告一个总和刑罚。"这一规定表明,并合罪中的数罪原则上是裁判之前的数罪。该法第 55 条第 1 款又规定:"判决发生法律效力的人,在其所宣告刑罚执行完毕、失效或者恩赦以前,因为原裁判以前所实施的其他犯罪行为而被判决的,适用第五十三条和第五十四条之规定。"可见,刑罚执行完毕前发现以前所犯之罪需要处刑的,也应宣告并合罪。日本刑法第45 条则规定:"未经确定判决的两个以上的罪,是并合罪。如果某罪已经确定判决判处监禁以上刑罚时,则只是该罪和其判决确定前所犯的罪是并合罪。"这一规定表明,并合罪中的数罪一般是裁判确定前的数罪。瑞士刑法则规定,在刑罚执行完毕之前的数罪,均为并合罪。

从审判实践来看,并合罪一般是裁判确定前的数罪。在裁判确定后,才发现行为人犯有其他罪行的情况,毕竟是少数。裁判确定前的数罪,被称为同时的并合罪;裁判确定后,将新发现的犯罪与已确定裁判的犯罪并合处理时的并合罪,被称为事后的并合罪。例如,行为人原本犯有甲罪与乙罪,但在发现了甲罪时,就对甲罪确定了裁判,在甲罪的刑罚执行完毕之前,发现了乙罪,便将甲罪与乙罪确定并合刑。甲罪与乙罪就是事后的并合罪。

二、并合处理的原则

对并合罪的处理,有吸收主义、并科主义与加重主义三种情形。

所谓吸收主义,是指在所犯数罪的刑罚中,只选择最重的刑罚作为宣告刑。例如,法国旧刑法第 5 条规定:"犯数重罪或轻罪者,仅宣告其最重之刑。"这就是采取的吸收主义。法国新刑法第 132 - 3 条就同种刑罚仍规定了吸收主义。就死刑、无期徒刑而言,其性质决定了应采取吸收主义。不过,一概采取吸收主义,并不是妥当的办法。而且,即使在判处死刑、无期徒刑的场合,也不一定完全吸收其他刑罚,例如,死刑与无期徒刑往往不应吸收没收刑。

所谓并科主义,是指对数罪分别判处刑罚,然后将数罪所判处的刑罚相加,相加的总合刑期就是宣告刑。就死刑与无期徒刑而言,采取并科主义是不可能的;就有期自由刑而言,采取并科主义也是不现实的;但就罚金刑而言,采取并科主义不是不可能的,也不一定是合理的。

所谓加重主义,是指以数罪中的最高刑罚为基础,再加重一定的刑罚,作为执行的刑期,或者在数刑的合并刑期以下,依法酌情决定执行的刑期。加重主义又可以分为加重单一刑主义与加重综合刑主义。

所谓加重单一刑主义,是指首先确定加重的处断刑,然后在处断刑的范围内确定应当执行的刑罚。例如,日本刑法第47条规定:"并合罪中有两个以上判处有期惩役或者有期监禁的犯罪时,应将最重的罪所规定的刑罚的最高刑期加其二分之一作为最高刑罚,但不得超过对各罪所规定的刑罚的最高刑期的总和。"例如,行为人犯了甲罪与乙罪,其中甲罪是重罪,其最高法定刑为10年惩役,乙罪为轻罪,其最高法定刑为4年惩役,那么,并合处罚时,其处断刑的最高刑就是15年惩役(10年加10年的1/2)。但甲罪与乙罪的最高刑的总和为14年,故甲、乙二罪的处断刑的最高刑为14年惩役。可见,在采取加重单一刑主义时,并不是对每一个罪都分别量刑。

所谓加重综合刑主义,是指对数罪都分别量刑,然后在总和刑期内,根据一定的规则,再确定应当执行的刑罚。根据德国刑法第54条的规定,如果数罪中有一罪被判处终身自由刑,则只执行终身自由刑;如果数罪判处的是其他刑罚,那么,宣告刑应当重于其中的最重之刑,但不得达到(应低于)各刑罚的合计数;而且有期自由刑不得超过15年,罚金刑不得超过720日额。

加重综合刑主义,以"一罪一刑"的思想为基础,但在程序上比加重单一刑主义烦琐。德国旧刑法就是采取加重综合刑主义,在修改刑法时,不少学者主张实行加重单一刑主义,但立法者没有采取这一主张,新刑法仍然采取了加重综合刑主义。加重单一刑主义则以行为责任为根据,认为行为背后的行为人的人格与环境对数个犯罪或多或少是在共同起作用,采取加重单一刑主义就可以考虑行为人的人格与环境,而且在程序上也较方便。

一般来说,加重主义是就有期自由刑而言,当数罪中有一罪为死刑时,不可能采取加重主义。但有的国家刑法规定当数罪中有无期徒刑时,也采取一定的加重方式,这种加重方式显然不可能是刑期上的加重,只能是执行方法上的加重。例如,意大利刑法第72条规定:"如果数罪中的每一项犯罪均可能导致无期徒刑,对罪犯适用无期徒刑,并且实行白天隔离六个月至三年。如果数罪中的一项犯罪可能导致判处无期徒刑并且其他一项或数项犯罪可能导致判处总和刑期超过五年的暂时监禁刑,适用无期徒刑,并且实行白天隔离二个月至十八个月。"

由上可见,刑罚的种类对并合处理的原则是有影响的,事实上,很多国家的刑法并不是只采取某一种原则,而是根据刑罚种类的不同,采取不同的原则,或者说是同时采取了上述原则。下面仅以日本刑法为例简单说明这一问题。

日本刑法第46条第1项与第2项分别规定:"并合罪中有一个罪判处死刑时,不判处其他刑罚,但没收不在此限。""并合罪中有一个罪判处无期惩役或者无期监禁时,不判处其他刑罚,但罚金、科料和没收不在此限。"可见,当一罪应判处死刑或无期自由刑时,就吸收了其他自由刑。这就是吸收主义。

上面已经引用的日本刑法第 47 条的规定，就说明对有期自由刑所采取的是加重主义。其第 48 条第 2 项规定："并合罪中有两个以上的罪判处罚金时，应当在各罪所规定的罚金的最高数额的总和以下判处。"这也是采取的加重主义。

上述第 46 条的规定表明没收与死刑可以并科，无期自由刑与罚金、科料、没收可以并科；其第 48 条第 1 项进一步规定："罚金与其他刑罚应当并科，但第四十六条第一项的情形，不在此限。"第 49 条规定："（一）虽然并合罪中的重罪没有判处没收，但其他犯罪具有没收的事由时，可以附加没收。（二）两个以上的没收，应当并科。"由此可见，罚金、拘留、科料、没收原则上可以与其他刑罚并科，没收之间也应并科。

日本刑法第 53 条还规定："拘留或者科料与其他刑罚，应当并科，但第四十六条的情形，不在此限。""两个以上的拘留或者科料，应当并罚。"

可见，在日本刑法中，死刑、无期自由刑与其他刑罚之间，是吸收主义；有期自由刑之间，是加重主义；财产刑与其他刑罚之间以及财产刑相互之间，基本上是并科主义。

第三编　刑　罚

第十一章　刑 罚 概 述

第一节　刑罚的概念

一、刑罚的概念

刑罚是犯罪的直接法律后果,其内容是国家给犯罪人施加某种痛苦、折磨,使其遭受一定损失或丧失某种社会地位(剥夺一定的法益)。

刑罚的前提是犯罪,犯罪的法律后果是刑罚,没有犯罪就没有刑罚,或者说行为人没有实施犯罪,就不能给予刑罚处罚。这是基本的罪刑关系。

刑罚的承担主体是犯罪人,易言之,刑罚的客体是犯罪人。在大陆法系国家中,传统的原则是,刑罚的承担主体只能是自然人,不能是法人或集体,因为对集体的惩罚违反了责任主义。虽然现在也有一些国家在行政刑法中规定法人可以成为刑罚的承担主体,但在刑法典中仍然维持着传统的做法。法国新刑法则比较例外,规定了大量的法人犯罪。

刑罚的适用主体是国家。尽管外国刑法理论认为犯罪可以分为对国家法益的犯罪、对社会法益的犯罪与对个人法益的犯罪,但对任何一种犯罪适用刑罚时,都必须由国家作为适用主体,决不允许个人或其他机关作为适用刑罚的主体。

刑罚是犯罪的直接法律后果,但又不是一种单纯的法律后果,刑罚本身也是一种社会现象,因此,刑罚与社会的政治、经济、文化等要素有着密切关系。随着时代的变迁,刑罚制度也在不断发展变化。

二、刑罚的本质

从形式上说,刑罚是犯罪的法律后果,是国家剥夺犯罪人的一定法益。从实质上说,刑罚有绝对主义、相对主义、并合主义以及分配主义的对立。根据多数观点,刑罚既是对犯罪的一种国家的、法律的责任报应,又以一般预防和特殊预防为目的。

(一)报应刑论

绝对主义是前期旧派的主张,以绝对的报应刑论为内容,故绝对主义与报应刑论属意义等同的概念。报应刑论将刑罚理解为对犯罪的报应,即刑罚是针对恶行的恶报,恶报的内容必须是恶害,恶报必须与恶行相均衡。恶有恶报、善有善报是古老的、朴素的正义观念,基于报应的原理对恶害的犯罪以痛苦的刑罚进行报应,就体现了正义,这便是刑罚的正当化根据。“因为有犯罪而科处刑罚”(Punitur quia peccatum est),是绝对主义刑罚理念的经典表述。

从报应根据上说，神意报应意味着以刑罚报应犯罪是根据神的意志；道义报应意味着以刑罚报应犯罪是根据社会道义；法律报应意味着以刑罚报应犯罪是根据法律。但是，就报应的对象即报应所针对的是什么而言，神意报应对象并不明确。可以认为，道义报应所对应的是道义责任论，法律报应所对应的是法的责任论。可是，道义责任论与法的责任论都认为，作为谴责对象的行为，必须有可能被行为人的意思所控制，不是基于人的意思的行为，不能作为责任谴责的对象。二者的区别在于，道义责任论将刑事责任视为伦理责任，其根据在于“刑法是将最低限度的社会伦理上升为法规范”的观点；[1]法的责任论强调法与伦理区分，认为刑事责任是一种刑事法律上的责任，因此，即使行为人负有道义上的责任，但若没有法律上的责任，也不可能追究行为人的责任。[2]

美国刑法学者德雷斯勒(J. Dresslar)将报应刑区分为攻击性报应、保护性报应与为受害者平反三种类型。攻击性报应论也被称为公共报复或者社会报复，认为“仇恨罪犯在道德上是正当的”。对罪犯进行公共报复后，就会满足个人的报复情绪，可以防止私人复仇。保护性报应论认为，刑罚是保护社会道德平衡的一种手段。社会由禁止各种危害行为的规范所构成，遵守规范是社会中每个自律成员的义务，每个人只要都遵守了规范，就都同样承受负担和享受利益，因而存在一种平衡；如果一个人拒不承担其应当承担的负担，就破坏了这种平衡，他就成为一个免费的受益者，因而对社会负有债务。所以，要求罪犯向社会还债是公正的，要求罪犯承担与其所欠债务同等或者成比例的刑罚是正当的。为受害者平反论认为，刑罚是“纠错”的一种方式。罪犯通过实施犯罪行为，向受害者与社会发出了一个信息，即他的权利与需求高于受害者的权利与需求；罪犯通过实施犯罪行为，提高了自己相对于其他人的地位，对自身的相对价值提出了一个错误的道德主张。然而，罪犯和受害者享有同等的道德价值，刑罚纠正了罪犯的错误主张，重新肯定了受害者作为人的价值。刑罚意味着罪犯被与他用来征服受害者相类似的方法所征服，因此，罪犯应当得到与其罪行相适应的刑罚。

日本学者松原芳博也将报应刑分为三种类型。第一种类型是“被害报应”。亦即，犯罪使被害人遭受了具体的损害，刑罚作为这种损害的代价或者补偿而具有正当性，其原型是氏族间的复仇。在“被害报应”的时代，问责的主体是被害人或者是作为被害人的人格继承者的遗族，国家只是处于代行者的地位，所以，刑法的性质是私法。“被害报应”观念重视结果的严重程度，形成了“结果责任”。一方面，否认对未遂犯、危险犯的处罚；另一方面，故意的加害与过失的加害、未成年人的加害与精神病人的加害，对被害人所造成的损害没有区别，所以会同等处罚。第二种类型是“秩序报应”。也即，犯罪或者冒犯了神，或者侵犯了主权者的权威，或者扰乱了法秩序，刑罚作为其反面而正当化，其原型是中世纪教会法与绝对王权下的刑法。一般认为，黑格尔所持的“犯罪是对法的否定、刑罚是对犯罪的否定”的报应刑论，也属于这一类。“秩序报应”的主体是神或者国家，因而确立了刑法的公法性质。“秩序报应”重视的是行为人反抗规范的意思，具有违法性的意识却仍然实施违法行为，成为犯罪的基本类型。第三种类型是“责任报应”。此即，犯罪人基于自己的意志选择了犯罪行为，刑罚作为对其责任的清算具有正当性。“责任报应”以人是

〔1〕 参见[日]团藤重光:《刑法纲要总论》，创文社1990年第3版，第37页以下。

〔2〕 参见[日]西田典之:《刑法总论》，弘文堂2010年第2版，第207页。

理性的、具有意志自由为前提,换言之,对行为人的处罚以行为人有责任为前提。反过来说,行为人的责任限定了刑罚的有无与程度。

(二)目的刑论

相对主义则属于新派的理论,以目的刑论为内容,故相对主义与目的刑论是意义等同的概念。目的刑论认为,刑罚本身并没有什么意义,只有在为了实现一定目的即预防犯罪的意义上才具有价值,因此,在预防犯罪所必要而且有效的限度内,刑罚才是正当的。由于目的刑论所提倡的目的基本上是预防犯罪,故目的刑论的内容主要是预防论。预防论分为一般预防论与特殊预防论。根据目的刑论的观点,刑罚的正当化根据在于刑罚目的的正当性与有效性。"为了没有犯罪而科处刑罚"(Punitur ne peccetur)是相对主义刑罚理念的经典表述。

1. 特殊预防

特殊预防,是指防止犯罪人再犯罪。一般认为,特殊预防目的是通过刑罚的保安、威慑与再社会化功能实现的。保安功能,即限制、剥夺再犯条件的功能,是指通过适用刑罚,可以从外部来限制、消除犯罪人再次犯罪的条件,使之永远或者在一定时期内不能再犯。除死刑外,徒刑的保安功能最为明显。威慑功能表现为使犯罪人承受一定的痛苦,使其认识到,犯罪后刑事责任的不可避免性和罪有应得,从而不敢再次犯罪,重受痛苦处遇。再社会化功能,即教育感化功能,通过制定、适用和执行刑罚,使犯罪人养成良好的规范意识,树立和强化对法的信仰与忠诚,从而不愿再次犯罪。

平野龙一指出:"特殊预防论认为,预防犯罪行为人再次陷入犯罪的效果,是刑罚的正当化根据。但在作为特殊预防论前提的刑罚内容中,存在两个有明显差异的内容。一个内容是痛苦或者恶害,即通过施加痛苦或者恶害,对犯罪人进行惩罚,以防止其再犯罪(Intimidation)。在这种场合,刑罚的内容与一般预防论的内容基本相同,故可以说是一般预防论中针对犯罪人自身的侧面。因此,两者合并起来可以称为抑止刑论。另一个内容不是以痛苦(即使伴随着痛苦)而是以此外的方法防止犯罪人再犯罪,这被称为改善刑、教育刑或者犯罪人的重返社会(Reformation, Resocialization)。通常,讲到特殊预防论时,多指改善刑论。"[3]平野龙一是在刑罚的正当化根据意义上论述特殊预防的。他将通过对犯罪人的惩罚防止其再犯罪纳入了一般预防论的内容,形成了抑止刑论。

2. 消极的一般预防

传统的一般预防论是消极的一般预防论,也称威慑预防论。A. Feuerbach 的心理强制说代表了这种预防论,即通过对犯罪规定和适用刑罚而向一般人宣告:谁实施犯罪行为,谁就受到刑罚处罚;从而威慑一般人,使其不敢犯罪。但这种威慑预防论受到了以下批判:(1)国家对什么样的行为具有威慑的权限并不明确,因此,消极的一般预防论不能划定可罚行为的范围,必然导致刑罚过于严厉。因为对任何可能犯罪的人来说,死刑的威慑力总会大于其他刑罚的威慑力,重刑的威慑力总是大于轻刑的威慑力,于是存在刑罚越严厉威慑力越强预防效果越佳的倾向。(2)威慑的效果至少仍然不能得到科学的证明。诚然,一般人在通常情况下,会受到刑罚威慑的影响,但对职业犯、冲动的机会犯来说,并非如此。而且,很多人犯罪并非基于合理的计算,即不是一概将犯罪带来的好处与刑罚带

---

〔3〕 [日]平野龙一:《刑法总论Ⅰ》,有斐阁1972年版,第20页。

来的痛苦进行比较,从而决定实施或者不实施犯罪,而是(至少多数是)在期待不被发觉的侥幸心理下实施犯罪。对这些犯罪人来说,威慑的效果也不明显。此外,消极的一般预防论需要一个基本的前提,威慑对象必须知道相关的刑法规定,但事实表明,威慑对象一般不知道刑法的规定,故不能取得威慑效果。(3)通过威慑进行一般预防,意味着不是因为犯罪受处罚,而是为了他人不犯罪才受处罚,犯罪人成为预防他人犯罪的工具,侵犯了人的尊严。(4)消极的一般预防论存在逻辑矛盾。消极的一般预防论将人视为趋利避害的人,认为当人们认识到实施犯罪可能遭受处罚时,就会削弱实施犯罪的动机,从而遏制犯罪行为。"然而这一结论过于草率。对于已经违反有效刑法规范的社会成员而言,这一结论只有在一个重要的限制条件之下才会成立。虽然根据上述说明,以刑罚加以恫吓以及在大多数的情形下依照规定科处刑罚(因为假使不这样做,恫吓便可能丧失其刺痛效果而不被当真)也符合这种个体的理性利益。然而对他最有利的可能是,倘若只有其余社会成员的违反规范行为遭受处罚,而他本身毫发无伤地侥幸脱险。因而对于这些已经违反规范的相关人等,我们再也无法基于精明自身利益的观点来支持个案中的刑罚科处,亦即那实际上造成痛苦并因此显然必须加以正当化的行动。"〔4〕

3. 积极的一般预防

由于消极的一般预防具有明显的缺陷,逐渐失去了支持,于是刑法理论上出现了积极的一般预防论,即规范预防论。"这个理论有很多版本,其数量如此之多以至于事实上可以不提积极的一般预防理论(Theorie),而称为积极的一般预防的理论群(Theorien)。尽管如此,积极的一般预防论的基本特征可以说还是非常清楚的。因为它不是特殊预防,也就不考虑通过针对特定犯罪规定刑罚来威慑具体的犯罪行为人,所以是一般预防。因为它并不想通过威慑潜在的犯罪行为人,而是通过增强其他民众对法律的忠诚来预防犯罪,所以它又是积极的。最后与之紧密相连的一点是预防,这样就与威慑(英语:deterrence)划清了界限,也就不可能让人想到像'积极的威慑'之类的学说。"〔5〕

德国联邦宪法法院1977年6月1日的判决明显区分了一般预防的积极侧面与消极侧面。根据该判决,一般预防的积极侧面在于"维持、强化对法秩序的持续力与贯彻力的依赖",亦即,"在法共同体面前宣示法秩序的不可侵犯性,据此强化国民对法的忠诚"。〔6〕 综合德国的刑法理论,积极的一般预防的内容是,唤醒和强化国民对法的忠诚、对法秩序的存在力与贯彻力的信赖,从而预防犯罪。换言之,通过对犯罪人的适当处罚,以事实证明刑法规范的妥当性,从而使国民的法意识安定化,增强国民的规范意识,实现一般预防。具体地说,刑罚通过四个方面的效果来实现一般预防:(1)对法的忠诚训练所形成的社会教育学上的学习效果(Lernffekt);(2)使公民都知道法律正在得到贯彻实施的信赖效果(Vertrauenseffekt);(3)平静一般法意识,平息事态的满足效果(Befriedungseffekt);(4)对法规范的妥当性的确证效果。积极的一般预防论也受到了一些质疑:

第一,学习效果意味着通过维持或者唤醒国民的规范意识实现预防犯罪的目的。但

〔4〕 [德]Michael Pawlik:《对预防理论刑罚正当化论据之批判》,钟豪峰译,载《政大法学评论》2010年第117期,第355页。

〔5〕 [美]马库斯·德克·达博:《积极的一般预防与法益理论》,杨萌译,载陈兴良主编:《刑事法评论》(第21卷),北京大学出版社2007年版,第445~446页。

〔6〕 BverfGE,45,256.

是,学习效果也存在疑问。其一,如同积极的一般预防论者对特殊预防所做的批判一样,国家对国民进行规范意识训练的观念是权威主义的表现,规范意识的内容并不是建立在服从关系基础上的"应当遵守国家决定的规范"的意识,而应理解为国民的平等或者立场的交换可能性的"法益尊重意识";规范意识的维持与唤醒不能依靠他律的方法,而应依赖各人内心的自觉。其二,为什么可以为了维持、唤醒规范意识而适用刑罚这种"恶害"?积极的一般预防论者对此的回答是,刑罚旨在传达法规范的重要性和对犯罪行为的真实非难。但这样的说明并不充分,而且最终可能陷入消极的一般预防论。其三,与消极的一般预防论的快乐与否或者利害关系的计算相比,规范意识更为复杂,这会导致刑罚更难以发挥作用(松原芳博)。

第二,信赖效果的特点是针对被害人或者善良的国民,而不是潜在的犯罪人。它旨在向被害人或者善良的国民说明,即使有人违反了规范、侵害了法秩序,但由于国家对之适用了刑罚,所以,规范与法秩序还是值得信赖的,从而消除国民不安的感觉。"诚然,对法秩序的信赖对于社会的安定是重要的,倘若丧失了通过法律维护法秩序的真实感,善良国民的守法精神或许会降低。但是,一旦只是为了确保'作为潜在的被害人'的国民的信赖,就容易通过刑罚追求国民不安感的消解。作为潜在的被害人的国民的'信赖',指向的是国民所希望的处罚的实现,信赖的'确保'只是国民处罚感情的满足。国民信赖的确保,是作为抑止或者规范意识的觉醒实现防止犯罪的结果而产生的东西,不应当作为独立的目的来看待。"〔7〕换言之,信赖效果即使具有报应的内容,也只是一种反射效果,而不一定具有独立的意义。

第三,满足效果的特点是,犯罪案件发生后,国民会产生某种内心的不安,对犯罪人科处刑罚可以使一般国民的法意识得到平静,使国民与犯罪人之间的矛盾得到解决。但满足效果只不过是报应刑的另一种表述,因为所谓使国民的法意识得到平静,基本上是指国民的报应感情得到满足。所以,"积极的一般预防论,与社会心理学上的报应刑的理解是非常接近的"。〔8〕

第四,确证效果(规范确证论)的特点是,犯罪是违反法规范的行为,对犯罪行为科处刑罚,确证了法规范的妥当性。如果说信赖效果是一种作为经验事实的社会心理的信赖,那么,确证效果则旨在说明,科处刑罚本身能够证实规范的妥当性。但这种积极的一般预防论,只不过是"秩序报应"的另一种表述(松原芳博)。正如美国学者所言:"事实上或许很难将积极的一般预防与一种绝对的刑罚理论加以区别。毕竟主张古典的报应理论者意图通过刑罚增强国家权威,或者至少是增强刑事法律(或者社会的、道德的抑或法律的)规范的效力。与现代支持积极的一般预防论的人不同,当时他们虽然并非肯定地想过,国家权威的确认之外还需要另外一个要达到的目的——比如降低犯罪率。然而,如果达到这个目的是无关紧要、可以忽略的,以至于不需要任何经验证明,那么,积极的一般预防与绝对的刑罚理论之间的界限很快就会消失。"〔9〕

此外,积极的一般预防论还受到了以下批判:

---

〔7〕[日]松原芳博:《刑法总论》,日本评论社2017年第2版,第7~8页。

〔8〕[日]松村良之:《社会学、社会心理学と刑罚论》,载《法律时报》第78卷(2006年)第3号,第47页。

〔9〕[美]马库斯·德克·达博:《积极的一般预防与法益理论》,杨萌译,载陈兴良主编:《刑事法评论》(第21卷),北京大学出版社2007年版,第448页。

第一，积极的一般预防论同样会导致重罚的倾向，因为按照积极的一般预防论者对消极的一般预防论的批判观点，越是重刑，越能够训练国民对法的忠诚，国民更能知道法律正在得到贯彻实施，法意识更能得到平静。

第二，根据积极的一般预防论，刑罚的目的指向与犯罪行为无关的其他人对"法的忠诚"，这与消极的一般预防论一样，仍然是将犯罪人作为实现其他利益或目的的工具予以利用。Roxin 教授在为积极的一般预防论辩护时指出："行为人本人在能够对其行为归责的限度内，具有为了共同体而必须忍受刑罚的义务……行为人作为共同体的成员，为了维护共同体的秩序，根据其对自己行为的归责性程度而必须承担责任，因此是正当的。据此，行为人不是作为他人目的的手段而被利用的，而是在共同负担对所有人的命运的责任，作为享有同等权利、负有同等义务的国民的地位中得到确证的。"〔10〕但是，这一辩解缺乏说服力，因为积极的一般预防论在很大程度上是为了论证，即使没有特殊预防必要性的犯罪人，但只要具有一般预防的必要，就应当科处刑罚。这本身就是将犯罪人作为一般预防的工具看待的。另外，Roxin 教授为积极的一般预防论辩护的上述理由，也同样可以成为为消极的一般预防论辩护的理由。

第三，即使是支持积极的一般预防论的人也认为，这种理论还没有经验科学的基础。事实上，人们也只是在象征性或者思想性的层面上主张积极的一般预防论，并力图避免积极的一般预防在经验上的可证明性（Jakobs）。"稍夸张地说，积极的一般预防正因为如此可能显得非常有吸引力，因为它的效果是无法通过经验加以证明的——或者更准确地说，是因为其效果在经验上是不可能证明的。就所有的目的而言，积极的一般预防在经验论上是免疫的；它基本上是'不可反驳的'（不是可以证伪的）。"〔11〕既然如此，积极的一般预防论就没有克服消极的一般预防论缺乏经验科学证明的缺陷。

第四，法官在量刑时，基本上不可能知道什么样的刑罚能够训练国民对法的忠诚，什么样的刑罚能使国民知道法律正在得到贯彻实施，什么样的刑罚能够平静一般人的法意识。换言之，法官不能根据积极的一般预防目的具体确定刑罚程度，结局只能推论"与责任相适应的刑罚能够实现积极的一般预防目的"（阿部纯二）。既然如此，刑罚只要与责任相适应就足够了，完全没有必要强调刑罚符合一般预防的目的。

（三）并合主义

并合主义（综合理论）是一种折中的观点，以相对报应刑论为内容，故并合主义与相对报应刑论乃意义等同的概念。相对报应刑论认为，刑罚的正当化根据一方面是为了满足恶有恶报、善有善报的正义要求，另一方面也必须是防止犯罪所必需且有效的，应当在报应刑的范围内实现一般预防与特殊预防的目的。如果进一步区分，还可以将相对报应刑论分为报应型相对报应刑论与预防型相对报应刑论：前者认为报应是刑罚正当化的主要根据，预防犯罪只是次要根据；后者则认为，预防犯罪是刑罚正当化的主要根据，报应虽

---

〔10〕 [德]Claus Roxin：《刑法における责任と预防》，宫泽浩一监译，成文堂1984年版，第35页。

〔11〕 [美]马库斯·德克·达博：《积极的一般预防与法益理论》，杨萌译，载陈兴良主编：《刑事法评论》（第21卷），北京大学出版社2007年版，第448页。

然是刑罚的本质,但它只是预防犯罪的手段,因而只是次要根据。[12] "因为有犯罪并为了没有犯罪而科处刑罚"(Punitur, quia peccatum est, ne peccetur)是并合主义刑罚理念的经典表述。

由于对刑罚目的存在不同观点,并合主义的内容也存在明显区别。有的主张报应刑与一般预防的综合。例如,A. Feuerbach 实际上是将报应与消极的一般预防作为刑罚的正当化根据的。有的主张报应刑与特殊预防的综合。例如,德国的 Wessels 指出:"犯罪行为之所有的法律后果,必须与法治国家原则和比例性原则相一致……'刑'以负有法律意义上的责任为前提条件……责任原则禁止对不承担责任行为科处刑罚和刑罚超过责任程度……与这个责任原则(Schuldprinzip)具有同等地位的社会化原则(Resozialisierungsprinzip),也是刑罚处罚体系的一个构建基础。刑罚的目的是使行为人能重新融入法制共同体;通过被科处刑罚,行为人将受到惩肃威慑,产生对社会负有责任的意识,在今后的生活中不再违法。"[13]有的主张报应刑与一般预防、特殊预防的并合。例如,德国的 Arthur Kaufmann 指出,刑罚必须体现正义,正义分为平均的正义、分配的正义与法律的正义;与平均的正义相对应的是报应刑(与责任相适应的刑罚),与分配的正义相对应的是特殊预防(与行为人人格的尺度相适应的刑罚),与法律的正义相对应的是一般预防,包括积极的一般预防与消极的一般预防(与共同体的必要性的尺度相适应的刑罚)。[14] 再如,日本的西田典之指出:"相对报应刑论认为,刑罚的目的在于保护法益、抑止犯罪,只是为了控制刑罚的适用才采纳报应刑论,因而是与'没有责任就没有刑罚'的消极的责任主义相联系的。亦即,将与犯罪的结果与情节(违法与责任)相均衡的刑罚作为上限,在此限度内,才能进行一般预防的考虑与特殊预防的考虑。因此,在某些场合,采用替代刑罚的手段进行处理也是可能的。"[15]

报应刑论与目的刑论都是为了说明刑罚的正当化根据,事实上也都可以从某一角度说明刑罚的正当化根据,那么,为什么前期旧派采取报应刑论,新派采取目的刑论,而不是相反呢?这是因为,前期旧派以个人为本位,反对将个人作为社会的手段,报应刑论正是从犯罪人的个人角度说明刑罚的正当化根据的。根据黑格尔的说法,报应刑论实际上是尊重了犯罪人。因为等价的报应刑是对犯罪人理性的荣誉待遇,报应是恢复理性的平衡过程。新派则以社会为本位,主张为了防卫社会而适用刑罚,目的刑论正是从社会角度说明刑罚的正当化根据的。此外,报应刑论以意志自由为前提,具有自由意志的人根据其自由意志选择了反道义的行为,故应当作为道义上的非难而追究责任,刑罚正是作为对这种具有道义责任的行为的报应而对犯罪人科处的恶害。而目的刑论则否认意志自由,认为犯罪是由犯罪人的性格与环境所导致的必然现象,犯罪行为是行为人反社会性格的征表,具有反社会性格的人必须甘心接受社会出于自我防卫所采取的一定措施,刑罚正是改善、教育行为人的反社会性格的一种手段。因此,新派不可能仅采取绝对报应刑论,前期旧派

---

〔12〕 这其中还可以细分,如有人认为报应刑是主要根据,特殊预防是次要根据;有人认为报应刑是主要根据,一般预防是次要根据;有人认为一般预防是主要根据,报应刑是次要根据;有人认为特殊预防是主要根据,报应刑是次要根据。如此等等。

〔13〕 [德]约翰内斯·韦塞尔斯:《德国刑法总论》,李昌珂译,法律出版社 2008 年版,第 7 页。

〔14〕 [德] Arthur Kaufmann:《转换期の刑法哲学》,[日]上田健二监译,成文堂 1993 年版,第 271 页。

〔15〕 [日]西田典之:《刑法总论》,弘文堂 2010 年第 2 版,第 19~20 页。

也不可能仅采取目的刑论。

但是,由于报应刑论与目的刑论是从不同角度说明刑罚正当化根据的,故二者并不完全排斥,而可以结合成为相对报应刑论。因为承认刑罚功能或本质(报应)的人,也可能承认刑罚的目的(预防),反之亦然。事实上,旧派学者也并不否认刑罚目的。如Beccaria、A. Feuerbach等人就积极倡导刑罚目的是预防犯罪。Beccaria 说:"刑罚的目的仅仅在于:阻止罪犯再重新侵害公民,并规诫其他人不要做同等的事情。"〔16〕A. Feuerbach 的心理强制说,则清楚地表明他主张刑罚目的是一般预防。目的刑论者也有不反对报应的。如 Liszt 虽然是目的刑论的倡导者,但他并不一概否认刑罚的报应功能,他只是认为报应刑与犯罪人的人格相分离,只考虑犯罪人的行为,因而不能准确决定刑罚的量。他指出,目的刑与报应刑不是对立的,"认为'因为'与'为了'(quia 与 ne)之间存在对立,是幻想的产物。换言之,镇压与预防没有任何对立。因此,既可以说刑罚是以镇压来预防,也可以说以预防来镇压"。〔17〕 Jescheck/T. Weigend 指出:"就合理的刑事政策而言,本质的问题是,赋予制裁以意义与目的,即所创设的法律效果体系,应根据行为责任的轻重划分层次,同时能够避免再犯。倘若单方面地强调两个方面的某一方,其结局要么陷入非人道的刑事政策,要么坠入不公正的刑事政策。亦即,如果仅将刑罚理解为对责任的报应,那么,行为人就会因为仅仅由于该原则而遭受显著痛苦,这对行为人与其他人都不会带来任何好处。如果仅着眼于刑罚的社会目的(如威吓或者'治疗'行为人),常常就会对行为人判处与其有责地实现的不法不相均衡的制裁。"〔18〕

但 Roxin 认为,报应不能作为一种与预防共同存在的刑罚目的加以考虑,换言之,报应思想不能与预防思想融为一体。因为刑法的任务是保护法益,既然如此,就不允许使用明显不考虑法益保护目的的刑罚;不为刑法任务服务的刑罚,丧失其在社会中的合理根据。刑罚是为特殊预防和一般预防服务的,刑罚的严厉程度不是由报应思想限制,而是由责任程度限制。而且,只要从特殊预防的角度考虑认为是必要的,也不违反一般预防的最小限度要求,刑罚就可以不达到责任的程度。〔19〕

第二节 刑 罚 权

一、刑罚权的概念

所谓刑罚权,是指国家就犯罪对犯罪人进行处罚的权能。从抽象的角度来说,当犯罪发生时,国家就可以处罚犯罪人,这就是一般的刑罚权;从具体的角度来说,当发生具体的犯罪时,国家就可以处罚具体的犯罪人,这就是个别的刑罚权,也被称为刑罚请求权。

个别的刑罚权又可以进一步分为观念的刑罚权与现实的刑罚权。某个具体犯罪发生

〔16〕 转引自黄风:《贝卡里亚及其刑法思想》,中国政法大学出版社 1987 年版,第 85 页。

〔17〕 转引自[日]庄子邦雄:《リスト》,载[日]木村龟二编:《刑法学入门》,有斐阁 1957 年版,第 98 页。

〔18〕 H. Jescheck/T. Weigend, Lehrbuch des Strafrechts Allgemeiner Teil, 5. Aufl., Duncker & Humblot, 1996, S. 741.

〔19〕 Roxin 同时认为,该观点不仅具有从理论上压倒其他学说的意义,而且是对诸多重要实践结果的总结。

后,为了实际上科处刑罚,就需要审判机关对犯罪人作出有罪判决,并确定这种判决。判决尚未确定阶段的刑罚权就是观念的刑罚权,判决确定后的刑罚权就是现实的刑罚权。观念的刑罚权产生于犯罪的成立,现实的刑罚权则产生于判决的确定。有了观念的刑罚权,就可能对犯罪人判处刑罚;有了现实的刑罚权,就可能对犯罪人执行刑罚。

个别的刑罚权,显然是就国家而言,与此相对,犯罪人具有忍受刑罚的义务,于是在国家与犯罪人之间就形成了上述个别的刑罚权与忍受刑罚义务的权利义务关系,这种权利义务关系,就是刑罚法律关系。与上述观念的刑罚权及现实的刑罚权相对应,刑罚法律关系也可以分为观念的刑罚法律关系与现实的刑罚法律关系。

二、处罚条件与处罚阻却事由

犯罪的成立,原则上就导致刑罚权的产生。但有一个例外,即在某些条件下,除了成立犯罪之外,还要求具备其他事由才能发动刑罚权,这种事由就是处罚条件(或称客观的处罚条件,因为这种处罚条件只限于客观事项,而且与行为人的故意、过失内容无关)。

例如,日本刑法第 197 条第 2 项规定:"将要成为公务员的人,就其将要担任的职务,接受请托,收受、要求或者约定贿赂,事后成为公务员的,处五年以下惩役。"通说认为,行为人在关于其将要担任的职务上收受、要求或约定贿赂就成立犯罪,但仅此还不能发动刑罚权,要发动刑罚权还要求行为人后来确实充当了公务员。后来充当公务员,就是一种处罚条件。根据以往的通说,处罚条件是基于一定的政策理由而设,与犯罪的成立要件没有关系,也就是说,不具备处罚条件时,犯罪仍然成立,只是不能处罚而已。因此,对处罚条件事实的认识不是构成要件的故意的要素,处罚条件存在与否,也不影响行为的违法性。

大陆法系国家刑法理论起先承认的这些客观处罚条件,与行为本身没有直接关系,通常是第三者行为的结果,[20]因此,与行为人的故意内容没有任何关系。后来,这种客观处罚条件的内容或范围似乎扩大了。德国数十年来的刑法改革,运用了不少客观处罚条件。这种立法现象,受到了学者们的称赞,特别是一些行为的结果也被认为是客观处罚条件。例如,德国刑法第 227 条规定:"参与斗殴或者参与由多人实施的攻击行为,如果该斗殴或者攻击造成人的死亡或者重伤的,对参与行为者处三年以下自由刑或者罚金。"德国刑法理论认为,其中的"造成人的死亡或者重伤"就是客观处罚条件,行为人对此不必有故意。即行为人参与斗殴或者数人的共同攻击时,原本就构成犯罪,但刑法规定只有在致人死亡或重伤时才处罚,而致人死亡或者重伤却与行为人的互殴故意无关。

在一些故意犯罪中,将某些客观要素作为客观处罚条件来对待,从而不要求行为人对这种客观处罚条件具有认识与放任(包括希望)态度,就解决了将其作为构成要件而要求行为人具有故意所带来的问题。[21] 但是,刑法理论对这种解决方法存在激烈争议。最有争议的是客观处罚条件的性质与地位问题。

第一种观点即传统观点认为,客观处罚条件与行为人的故意无关,不是构成要件要素,也不影响行为的违法性与有责性,只是立法者基于刑事政策的考虑而设立的发动刑罚

〔20〕 如德国刑法第 283 条中的"驳回"申请是由法院决定的,日本刑法第 197 条第 2 款中的"成为公务员"是由他人任命的。

〔21〕 需要指出的是,客观处罚条件概念的提出,虽然事实上解决了这一问题,但起先提出这一概念并非为了解决这一问题,而是因为客观处罚条件与行为无关、与违法性无关。

权的条件;行为人不具备客观处罚条件时,其行为仍然成立犯罪,只是不能适用刑罚而已。于是,客观处罚条件是刑罚论所研究的问题,而非犯罪论的课题。

第二种观点认为,影响违法性的客观处罚条件应属于违法性要素,因而应是构成要件要素;只有不影响违法性的要素,才是客观处罚条件。如平野龙一指出:"能否说这些条件(指客观处罚条件——引者注)与违法性完全没有关系,还有疑问。例如,在事前受贿的场合,可以说,已经收受贿赂的人成为公务员时,人们对公务的公正性的怀疑就进一步增强。因此,将所谓的处罚条件,区分为作为单纯条件的真正处罚条件或外部的处罚条件和与违法性有关的不真正处罚条件或客观的处罚条件,要求对后者至少有过失,则是适当的。"〔22〕德国刑法学者 Jescheck 与 Weigend 也将客观处罚条件分为纯正的客观处罚条件与不纯正的客观处罚条件。Roxin 则认为,刑法之外,基于利益衡量,立法者所设的限制实体可罚性的要件,才是真正的客观处罚条件。

第三种观点认为,根本不存在客观处罚条件。如德国的 Bemmann、Jakobs、Arthur Kaufmann 等认为,所有的客观处罚条件,都是构成要件。日本也有相当多的学者认为客观处罚条件应还原为构成要件。如内藤谦指出,不能认为客观处罚条件与犯罪的成立无关,因为刑罚是对犯罪的制裁,根据与成立犯罪无关的政策理由承认左右刑罚权的发生的事由,显然存在疑问。因此,所谓的客观处罚条件实际上是使违法性的程度增高的要素,因而是构成要件的要素。曾根威彦则认为,客观处罚条件并非与行为无关,相反是行为的一种结果,客观处罚条件是因果进程中的中间结果,犯罪结果则是因果进程中的最终结果,因为"危险"是一种结果,而客观处罚条件都是使行为的危险性增大的要素,因而其本身也是一种结果,应当还原为构成要件要素。

第四种观点认为,客观处罚条件也是犯罪成立的外部条件,于是犯罪成立条件便是构成要件符合性、违法性、有责性与客观处罚条件。

所谓处罚阻却事由,是指虽然成立犯罪,但能阻止发动刑罚权的事由,这种事由通常是因为行为人具有一定的身份关系,因而也被称为人的处罚阻却事由。例如,日本刑法第256 条规定了收受、搬运、保管(寄藏)、购买以及代为销售赃物的犯罪与法定刑,第 257 条第 1 项则规定:"配偶之间或者直系亲属、同居的亲属或者这些人的配偶之间犯前条罪的,免除刑罚。"这种亲属关系就是赃物罪的处罚阻却事由。根据通说,处罚阻却事由只是阻止刑罚权的发动,对犯罪本身的成立并无影响。

〔22〕［日］平野龙一:《刑法总论 I》,有斐阁 1972 年版,第 163 页。

第十二章　刑罚的种类

第一节　刑罚种类概述

形形色色、轻重不同的犯罪，决定了必须有形形色色、轻重不同的刑罚方法。所以，各国刑法并不只是规定一种单一的刑罚方法，而是规定了各种各样、有轻有重的刑罚方法。

每一种具体的刑罚方法都有其自身的内容，使之与其他方法相区别，但可以对各种各样的刑罚方法进行分类（当然，这种分类主要取决于刑法的规定）。从各国刑法的规定来看，对刑罚方法主要有三种分类方法。

第一种分类方法是将刑罚分为主刑与附加刑（从刑）。主刑是一种基本的刑罚方法，一般独立适用；主刑与主刑一般不能同时适用，但并不绝对。例如，有的国家将罚金刑规定为主刑，但罚金刑与其他主刑可以同时适用。一般来说，附加刑是附随主刑适用的刑罚方法，但也有可能独立适用。例如，日本刑法第 9 条规定："死刑、惩役、监禁、罚金、拘留和科料为主刑。没收为附加刑。"意大利刑法、巴西刑法也将刑罚分为主刑与附加刑。

第二种分类方法是将刑罚分为重刑、轻刑与附属刑。如西班牙刑法规定了 10 种重刑、13 种较重刑、8 种轻刑，另规定了附属刑。事实上，这种分类与前面一种分类没有本质区别，重刑与轻刑相当于主刑，附属刑相当于附加刑。

第三种分类方法是将刑罚分为重罪之刑与轻罪之刑，这种分类方法与刑法对犯罪的分类是相适应的。例如，法国旧刑法第 6 条至第 8 条规定，死刑（已废除）、无期徒刑、终身禁锢、有期徒刑、有期禁锢、流放、剥夺公权是重罪之刑；第 9 条规定，惩戒所之短期监禁、有期剥夺公权或亲权、罚金是轻罪之刑。法国新刑法仍然将刑罚分为重罪之刑罚与轻罪之刑罚，但具体种类有增有减。

综合各国刑法的规定来看，死刑与自由刑一般属于主刑或重刑，剥夺各种资格的刑罚方法（资格刑）一般属于附加刑或附属刑。财产刑则不一致，有的国家刑法规定为主刑，有的国家刑法则规定为轻刑或附加刑。

也有的国家刑法在一个条文中规定出所有的刑罚方法，而没有进行分类。泰国刑法就是如此。

刑种的排列一般是由重到轻，即在体系的安排上，重刑罚放在前，轻刑罚放在后，人们可以从这一安排中，知道哪一种刑罚重，哪一种刑罚轻。例如，从上述法国旧刑法的规定中，可以看出无期徒刑重于终身禁锢。由于各种刑罚的内容不同，人们一般可以明确哪种刑罚轻，哪种刑罚重。但在某些情况下，特别是在自由刑多样化的情况下，分清刑罚的轻重并不是十分容易的事情。因此，有的国家刑法对刑罚的轻重设有明文规定。例如，日本刑法在第 9 条规定了刑罚种类之后，在第 10 条特别解释了刑罚的轻重，这一解释具有代表性。该条规定:“(一)主刑的轻重依照前条所列的顺序确定。但无期监禁与有期徭役之间以监禁为重刑,有期监禁的最高刑期超过有期徭役的最高刑期二倍时,以监禁为重刑。(二)同种类的刑罚,以最高刑期较长,或最高数额较多的为重刑;最高刑期或最高数额相同时,以其最低刑期较长,或最低数额较多的为重刑。(三)两个以上的死刑,或者最高刑期、最高数额及最低刑期、最低数额相同的同种类的刑罚,按照犯罪情节决定其轻重。”

确定刑罚的轻重,不是只有形式的意义,而是有实质的作用。因为刑法规定在某些情况下要依最重刑处断,如果不确定刑罚的轻重,就无法依最重刑处断。例如,有的国家刑法规定一人犯数罪时,要依一重罪论处,而所谓一重罪就是最重刑之罪。有的国家刑法则规定一人犯数罪时,要根据最重刑加上一定的刑罚再形成处断刑。再如,有的国家刑法规定观念的竞合与牵连犯的场合,依最重刑处断。

根据各种刑罚的性质与内容,可以将刑罚分为四类:死刑、自由刑、财产刑与资格刑(这只是理论上的分类,各国刑法一般不做这种分类)。死刑以剥夺生命为内容,自由刑以剥夺(或限制)自由为内容,财产刑以剥夺财产为内容,资格刑以剥夺某些资格为内容。

第二节　死　　刑

一、死刑概说

死刑是剥夺犯罪分子生命的刑罚方法,被称为极刑(英美称为 capital punishment,按文字解释便是最高刑的意思)。在人类社会的相当长的历史阶段(奴隶社会与封建社会),死刑是一种重要的甚至是主要的刑罚方法。17、18 世纪的启蒙思想家提出了刑罚人道主义的思想。Beccaria 于 1764 年发表了《论犯罪与刑罚》的名著,首次从理论上系统论证了死刑的残酷性、不人道性与不必要性,明确提出废除死刑或严格限制适用死刑。从此,是应当废除死刑,还是应当保留死刑,便成了长期争论的问题。死刑存废的问题,不单是刑罚制度的问题,而且是哲学的、历史的问题;不仅是刑事法学者关心的问题,而且成为所有阶层的人们都关心的问题。

在废除死刑理论的影响下,突斯展尼(今意大利西部)于 1786 年首先废除了死刑,奥地利于 1787 年废除了死刑。虽然时隔不久又恢复了死刑,但其产生的影响是不可忽视的。19 世纪末 20 世纪初,国际上出现了第一次废除死刑的高潮。圣马力诺、葡萄牙、瑞士、意大利、巴西、挪威、瑞典、冰岛、西班牙、丹麦等国先后从法律上废除了死刑。第二次世界大战后,国际上出现了第二次废除死刑的高潮,有 20 多个国家废除了死刑。截至 2011 年年底,废止死刑的共有 105 个国家,其中 96 个国家完全废除了死刑,其他 9 个国家只是保留了战时的军事审判中等特别情况的死刑。此外,还有 35 个国家已经有 10 年没有执行过死刑,可谓事实上的死刑废止国。保留死刑的国家则有 58 个,其中亚洲、非洲国家占多数。美国联邦和 34 个州保留了死刑,16 个州和哥伦比亚特区废止了死刑。截至 2017 年年底,完全废除死刑的有 106 个国家,废除普通犯罪死刑的有 7 个国家,实务上废除死刑的还有 29 个国家,保留死刑的有 56 个国家。不过,就废除死刑的国家,有以下几

点值得人们注意:

首先,有的国家在废除死刑的问题上,几经反复。如意大利于1889年废除死刑,1926年又恢复死刑,第二次世界大战后又宣告废除死刑。

其次,废除死刑是一个渐进的过程。如1949年5月2日的德国基本法第102条宣布废除死刑;1953年8月4日的法律规定,取消刑法典中关于死刑的条款;1957年的军事刑法取消死刑;1962年的刑法草案采取了废除死刑的立场。又如,英国于1957年制定了限制适用死刑的杀人罪法;1965年10月28日,议会通过了关于对谋杀罪废除死刑的三个修正案;1969年12月16日,继平民院通过了废除死刑法案后,贵族院通过了该法案。

最后,废除死刑的国家采取的方式并不相同。有的国家是通过宪法或法律宣告废除死刑,或者在所有刑事法律中都没有规定死刑这一刑种,如法国、挪威、奥地利、德国等;有的国家对普通刑事犯罪宣告废除死刑,对叛国罪或军事罪则仍然保留死刑,如意大利、西班牙、芬兰、格陵兰等;有的国家虽然在法律上有规定死刑的条款,但事实上废除了死刑,如比利时、爱尔兰等。

从现在的情况来看,死刑存废论与报应刑、目的刑之间的争论或者报应刑、教育刑之间的争论,已经没有必然的理论关联。换言之,即使主张报应刑论,也可能认为报应的内容不应当包括剥夺生命。

二、死刑存废的争论

有关废除与保留死刑的理由,可概括为以下七个方面。

(一)*死刑是否反人道*

废除死刑的观点认为,死刑是反人道的、野蛮的刑罚方法。死刑是刑罚方法中最残酷的一种,其思想背景主要有二:一是杀人偿命的报复思想;二是否认个人的生命价值和强调国家权力的权威主义的刑罚思想。然而报复只是出于一种本能,并非基于理性;人的生命属于天赋,不可受到侵犯,不能被他人剥夺。这是废除死刑论的最基本的理论依据之一。

保留死刑的观点认为,死刑是人道的、符合理性的刑罚方法。对罪恶重大的犯罪人适用死刑,使被犯罪侵害的个人利益与社会利益的价值得以升高,这是人道的。对罪恶重大的谋杀者判处死刑,正是尊重了被害人的生命;否则不仅贬低了被害人的生命价值,而且贬低了其他可能遭受侵害的人的生命价值。保留死刑正是为了保护一般人的生命,使一般人的生命不可侵犯。废除死刑则只是保护了罪该处死者的生命,而没有保护其他一般人的生命,这显然不能为一般人所接受。其实,早在18世纪,Kant与Hegel就将刑罚特别是死刑视为"正义的一种绝对要求",对杀人犯的刑罚,只有剥夺杀人犯与其犯罪行为所侵害的法益价值相等的生命,才能符合正义的内涵。

(二)*死刑是否违反宪法*

废除死刑的观点认为,死刑是违反宪法本质的刑罚方法。不少国家的刑法学者,尤其是日本与美国的刑法学者认为,宪法规定禁止残酷的刑罚,而死刑是最残酷的刑罚方法,故保留死刑是对宪法的重大违反。此外,宪法主张尊重人权,禁止侵犯人的生命,死刑则与此相矛盾。

保留死刑的观点则认为,死刑不是违反宪法的刑罚方法。宪法是保护公民的生命不受非法侵犯,依据法律与法定程序判处死刑,是完全合法的,并不违反宪法。死刑也并非废除死刑论者所说的“残酷的刑罚”。以美国判决为例。20世纪60年代,废除死刑的运动在美国达到了最高潮。联邦最高法院终于于1972年在法曼判决中指出,既存的死刑制度违反宪法第8条关于禁止“残酷、异常的刑罚”的规定,但又解释说,比死刑本身的“残酷、异常”性质更为严重的是,既存制度下完全由陪审团或法官决定是否科处死刑,其适用是恣意的、有差别的,因而应认为是违宪的。此后全美的死刑宣告数减少。但由于各地的恶性案件激增,要求保留死刑的舆论高涨,不少州推行恢复死刑的立法,只是想排除恣意的、有差别的适用死刑的余地。其后,联邦最高法院判示:法曼判决只是说对死刑的适用“完全由没有基准的(unguided)”裁量来决定的死刑制度是违宪的。日本最高裁判所也曾指出:认为刑法规定的死刑本身违反了宪法关于禁止残酷的刑罚的条文的观点,是没有理由的。

(三)死刑是否反平等、反公正

废除死刑的观点认为,死刑是反平等、反公正的刑罚方法。从适用的结局来看,大多是对穷人、地位低的人判处死刑,而对富人、地位高的人极少适用死刑。这样,死刑具有身份刑的一面,表现出明显的不平等。另外,死刑具有不可分割的特点。这就导致对犯罪人判处死刑不可能真正做到罪刑相适应。例如,谋杀1人会判死刑,谋杀5人也是判死刑,谋杀10人也只能判死刑。因此,死刑表现出明显的不公正。

保留死刑的观点则认为,死刑是平等、公正的刑罚制度。死刑并非一概适用于穷人、地位低的人,也适用于富人、地位高的人;是否适用死刑是以犯罪人的罪恶是否重大为标准,至于什么样的人会实施罪恶重大的犯罪行为,这不是死刑所能决定的。因而死刑本身是平等的刑罚制度。另外,对罪恶重大的犯罪人判处死刑,是重罪重判、轻罪轻判的罪刑相均衡原则的必然要求,因而是公正的。至于死刑的不可分割的特点,同样存在于所谓代替死刑的终身监禁的刑罚方法中。例如,谋杀1人会判终身监禁,谋杀5人也是判处终身监禁,谋杀10人也只能是判处终身监禁。用不可分割的刑罚方法代替不可分割的刑罚方法,显然不具有什么实质意义。

(四)死刑能否补救

废除死刑的观点认为,死刑是不能补救的刑罚方法。死刑是剥夺犯罪人生命的刑罚方法,然而人死不可复生。一旦误判,执行死刑后,便不能补救,无法挽回。事实表明,即使采取最谨慎的态度,适用最严格的程序,错杀仍然难以避免。

保留死刑的观点则认为,死刑是慎判难误的刑罚方法。错判死刑执行后,确实不能补救。但是,一方面,由于判处死刑是重大事情,可以唤起法官的谨慎态度,而且通过严格的诉讼程序,可以避免错判现象。另一方面,不能补救也并非死刑所独有。就其他刑罚而言,不仅错判的可能性大,而且通常也不能补救。例如,被误判终身监禁的人,枉死于狱中,其终身丧失的人身自由便无法恢复与补救。即使是被误判有期监禁的人,刑满释放或发现误判后立即释放,但已丧失的数年自由也不能挽回与补救。如果以不能补救为由废除死刑,那么,自由刑也必须废除,资格刑甚至财产刑也没有存在的余地。

(五)死刑是否符合刑罚目的

1. 死刑是否违反改善主义理念

废除死刑的观点认为,死刑是违反改善主义理念的刑罚方法。刑罚不是以恶报恶,不是以痛苦去赎罪,而是为了教育、改善犯罪人,使之尽早重返社会,成为社会的一员。死刑显然不是教育、改善犯罪人的刑罚方法。

保留死刑的观点则认为,死刑不是违反改善主义理念的刑罚方法。高累犯率的事实,不但表明仅仅依靠自由刑与财产刑去改善罪犯是一种失败,而且表明有的犯罪人已具有犯罪癖性,根本不能得到改善。即使对这些人判处终身监禁,他们也会逃跑后重新犯罪或者在狱中继续犯罪,判处死刑才是预防他们再犯罪的有效手段。另外,改善只能就可以改善的犯罪人而言,即改善的前提是犯罪人能够被改善,对能够改善的犯罪人判处死刑,是违反改善主义理念的;但对不能被改善的犯罪人判处死刑,并不违反改善主义理念。

2. 死刑是否具有威慑力

废除死刑的观点认为,死刑是不具有威慑力的刑罚方法。根据 Feuerbach 的心理强制说,死刑应是最有威慑作用的。但是,对杀人犯、政治犯以及其他确信犯,死刑完全不具有威慑力。他们之中有的是亡命之徒,有的是基于某种信念而不计较自己的生命,有的是出于感情因素把生命放在一边。此外,根据 Erik Wolf 的调查与分析,犯罪人之所以实施犯罪,是以为自己的犯罪行为不会被发现,因而死刑实际上起不到威慑作用。而且,有人通过对世界各国死刑存废情况与犯罪率的变化进行统计分析后表明,不少国家在废除死刑后,犯罪率并没有明显上升,不少国家在恢复死刑后,犯罪率也没有明显下降。如联邦德国,1948 年的杀人犯为 427 人,而 1949 年基本法宣布废除死刑以后,杀人犯反而下降为 410 人,此后逐年下降,1953 年为 309 人。再如,Sellin 对美国保留死刑的州和废除死刑的州的杀人罪发生率以及同一州死刑存废期间的杀人罪发生率进行了比较研究,该研究于 1959 年公开发表的成果表明,废除死刑并没有使杀人罪增加。由此看来,死刑并不具有威慑力。

保留死刑的观点则认为,死刑是具有最大威慑力的刑罚方法。人的生命是最宝贵的,犯罪人之所以犯罪,大多是为了自己的快乐,可见犯罪人也是珍惜自己生命的。对想犯罪的人来说,死刑无疑具有最大的威慑力。废除死刑论者是以已经实施重大犯罪、被判处死刑的犯罪人为对象来说明死刑无威慑力的,但因为死刑威慑力的存在所防止的重大犯罪,则不知有多少!而且有人通过统计分析表明,废除死刑后犯罪率明显上升;有人研究表明,每执行 1 起死刑可遏制 7 起谋杀案;有的研究甚至表明,每执行 1 起死刑就可遏制 156 起谋杀案。例如,Archer 于 1975 年公开发表的有关死刑抑止效果的论文指出,在 1933 年至 1969 年,每对 1 个杀人犯执行死刑,杀人犯的数量平均就减少 7 ~ 8 人。

3. 死刑是否有利于维护社会秩序

废除死刑的观点认为,死刑是不利于犯罪人家属以及被害人及其家属的刑罚方法,因而不利于维护社会秩序。对犯罪人判处死刑,自然会引起其家属对社会的抵抗心理,也会使他们的生活不稳定。另外,死刑虽然可能使被害人及其家属的仇恨心理得到一时的消解,但在物质上一无所获,被害人的生命以及其他方面所受的损失,无法得到补救;如果不判处死刑,则可能让犯罪人在受刑期间以劳役所得的一部分来赔偿被害人所受的损失。

保留死刑的观点认为,死刑是有利于维护社会秩序的刑罚方法。死刑犯的家属也能认识到罪恶重大的犯罪人应当判处死刑,产生对抗社会心理的家属只是极少数,随着时间的推移,他们自然会消除这种心理。至于为了给被害人及其家属的物质上的赔偿而废除死刑,则是得不偿失的。对于被害人及其家属而言,满足其要求惩罚犯罪人的心理是最重要的。判处犯罪人死刑,最能满足被害人及其家属的心理要求,也能稳定其正常的心理秩序,这些都有利于社会的稳定。

4. 死刑是否有利于维护善良风俗

废除死刑的观点认为,死刑是不利于维护善良风俗的刑罚方法。杀人现象使人们目不忍睹,死刑也是如此。死刑制度在一定程度上是对原始的野蛮的血仇报复的一种沿袭,换言之,死刑是公开以法律形式肯定原始的野蛮的血仇报复,使之合法化。可见,死刑引起或助长一般人的残忍性,导致人们轻视人命,甚至会鼓励人们去杀人,这不利于维护善良的社会风俗。

保留死刑的观点则认为,死刑是有利于维护善良风俗的刑罚方法。对非法杀人者处以死刑,这是国民的一种确信;对罪恶重大的犯罪人判处死刑,维护了这一确信,使国民的"恶有恶报、善有善报"的正义心理得以满足;使国民认识到国家禁止非法杀人,因而憎恨非法杀人的残忍,这无疑维护了社会的善良风俗。认为死刑会鼓励人们去杀人是毫无根据的。

(六)死刑是否符合民意

废除死刑的观点认为,虽然多数民众主张保留死刑,但是否保留死刑是直接关系犯罪人的生命权这一基本人权的问题,不应当由多数国民的意见来决定。而且,即使考虑民意,现在的民意调查方法也存在问题,亦即,多数国民都是在不了解死刑的实际状态与问题的情况下所作的回答。

保留死刑的观点则认为,保留死刑是符合民意的。例如,日本 2009 年的民意调查表明,只有 5.7% 的人赞成"无论如何都应当废除死刑",85.6% 的人则认为"根据情况有时不得不适用死刑",而且赞成死刑的人还是不断上升。如果刑罚制度脱离了国民意识,就会使国民丧失对刑事司法制度的依赖。

(七)死刑是否符合社会发展潮流

废除死刑的观点认为,死刑是不符合社会发展潮流的刑罚方法。随着社会向前发展以及文明程度的提高,整个刑罚体系与方法是由重到轻再到无;死刑应是从广泛适用到控制适用再到完全不适用。保留死刑已不符合这种社会发展潮流。另外,死刑使社会失去一批能为社会创造财富的廉价的劳动力,不利于经济的发展。不仅如此,死刑在某种程度上还是社会发展的阻力。如反动势力常常以死刑为工具,屠杀成千上万的革命人士。

保留死刑的观点认为,死刑仍是适应社会发展的刑罚方法。至今没有证据表明,死刑不适应当今社会的发展。社会发展并不意味着重大犯罪会自然消失,相反,犯罪阻碍了社会的发展,以死刑遏制重大犯罪,正是有利于社会的发展。死刑虽使社会失去一些劳动力,但事实上罪该处以死刑的犯罪人如果不被处以死刑,他们继续犯罪会给社会财富造成更大的损失。况且,执行终身监禁会使国家花费大量钱财。另外,革命势力为了推动社会的发展,运用死刑对付反动势力是完全必要的。这也表明死刑是有助于社会发展的。

此外,废除死刑论者还提出了其他一些理论依据,如死刑与禁止杀人的法律相矛盾,死刑违反社会契约等。保留死刑论者也提出了其他理论依据,如保留死刑可以避免因废除死刑而导致增加私刑;从优生学的观点来看,保留死刑也是有道理的;等等。

三、死刑的现状与动向

废除死刑与保留死刑的论争仍在继续和发展。这不仅表现在刑法理论上,也表现在立法、司法与社会舆论上。

从刑法理论上看,只要尚有国家保留有死刑,或者说只要立法上存在存废两种现象,那么关于死刑存废的论争就不会休止。即使是同一学者,对死刑的存废在不同时期也会有不同观点。如有些学者,在发生误判死刑的现象时,便主张废除死刑;而当恶性犯罪接二连三出现时,则主张保留死刑。在第二次世界大战前的德国国会中担任刑法委员会主席的 Kahl, 从 1921 年至 1927 年一直是保留死刑论的领导人物,认为死刑对凶恶犯罪是唯一合适的赎罪手段。可是到 1928 年,他就变成一位激进的死刑废除论者。

从立法与司法上看,一方面,有的国家从法律上废除死刑或者严格限制死刑的适用。如最近几年有几个国家废除了死刑;有的国家如日本虽未废除死刑,但努力控制死刑的适用。"二战"后日本的死刑判决数与执行数逐渐减少,到 20 世纪 80 年代,每年的死刑执行数都不超过 5 件。另一方面,有的国家规定死刑的条款数量在增加,如保加利亚、智利、利比亚、苏丹、乌干达、卢旺达等国。另外,由于日益严重的毒品犯罪不仅吞噬了许多人的生命与重大财产,而且诱发了其他恶性犯罪,对社会构成了很大威胁,20 多个国家制定了特别法律以处理毒品犯罪,其中包括用死刑对付毒品罪犯。

从社会舆论上看,有的国家的公众要求废除死刑,以适应世界各国废除死刑的趋势。但不少国家废除死刑后,由于恶性犯罪增加,公众对废除死刑持反对态度,要求恢复死刑的呼声高涨。如法国在废除死刑后所进行的舆论调查表明,大多数人主张恢复死刑。美国已有不少废除死刑的州又恢复了死刑。英国在废除死刑后,随着犯罪率的上升与国际恐怖活动的加剧,要求恢复死刑的呼声日益高涨;1983 年主张恢复死刑的撒切尔首相获胜后,要求恢复死刑的呼声更为激烈,议会两次审议了恢复死刑的提案,第一次以 362 票对 243 票否决了恢复死刑的议案,第二次以 375 票对 195 票否决了恢复死刑的议案。

死刑只适用于恶性犯罪,这一点似乎没有疑问。以日本刑法典规定为例,死刑适用于以下 12 种犯罪:内乱罪、诱致外患罪、援助外患罪、对现住建筑物等放火罪、使爆炸物破裂罪、浸害现住建筑物等罪、颠覆火车等致死罪、交通危险致死罪、将毒物等混入水道致死罪、杀人罪、抢劫致死罪、抢劫强奸致死罪。此外,特别刑法规定了一些可以适用死刑的犯罪,如取缔爆炸物罚则第 1 条规定的使用爆炸物罪;《关于决斗的法律》第 3 条规定的决斗致死罪;《关于处罚劫持航空器行为的法律》第 3 条规定的劫持航空器致死罪等。上述犯罪有的是严重危害国家利益的犯罪,有的是严重危害公共利益的犯罪,有的是致人死亡的犯罪。在日本,2005 年有 13 人被判处死刑,其中故意杀人的 11 人,抢劫致死的 2 人;2006 年有 13 人被判处死刑,其中故意杀人的 2 人,抢劫致死的 11 人;2007 年有 14 人被判处死刑,其中故意杀人的 10 人,抢劫致死的 4 人;2008 年有 5 人被判处死刑,其中故意杀人的 3 人,抢劫致死的 2 人;2009 年有 9 人被判处死刑,其中故意杀人的 5 人,抢劫致死的 4 人;2010 年有 4 人被判处死刑,其中故意杀人的 3 人,抢劫致死的 1 人;2011 年有 10 人被判处死刑,其中故意杀人的 3 人,抢劫致死的 7 人;2012 年有 3 人被判处死刑,其中故意杀人的 2 人,抢劫致死的 1 人;2013 年有 5 人被判处死刑,其中故意杀人的 2 人,抢劫致死的 3 人;2014 年有 2 人(均为抢劫致死)被判处死刑;2015 年有 4 人被判处死刑,其中故意杀人的 2 人,抢劫致死的 2 人;2016 年有 3 人被判处死刑,其中故意杀人的 1 人,抢劫致死的 2 人。

在保留死刑的国家,都从各方面采取一定的措施限制死刑的适用。其一,从主体上进行限制。有的国家刑法规定对不满 18 岁的人不适用死刑,日本少年法第 51 条规定,不满

18 岁的人所犯之罪应判死刑时，根据罪质分别处以无期惩役或无期监禁。另外，对怀孕的妇女不适用死刑，也成为不少国家刑法的明文规定。日本刑事诉讼法规定，执行死刑之日，如果犯罪人是孕妇或者心神丧失的人，则依据法务大臣的命令停止执行。其二，从判决程序上进行限制，如保留死刑的国家一般规定，作出死刑判决时必须在证据上排除一切疑问；死刑判决须经一定高级权威的法院作出或审查许可；采取措施保障被告人的上诉、申诉等权利。例如，日本法律规定，执行死刑由法务大臣的命令决定，由于必须考虑赦免可能，因此判决确定后 6 个月内，法务大臣得作出决定命令。但是，如果有要求上诉、请求再审、非常上告、申请赦免等情况时，从申请之日至手续终了之日的期间，不计入上述 6 个月的期限内。这样，有的犯罪人在被死刑判决确定以后十几年才执行死刑。其三，从实际执行上进行限制，在保留死刑的国家里，宣告死刑的数量与实际执行死刑的数量并不相等，总是后者少于前者，即并非宣告死刑的都得执行死刑。

死刑的执行方法，已由复杂、缓慢、痛苦变为简单、迅速、轻松。联合国经济和社会理事会在《保障将被处死刑者人权的保护措施》中规定，执行死刑应当尽量减少死刑犯遭受痛苦的程度。昔日的残酷执行方法现在已难以见到，美国已采取电气、注射毒药等方法执行死刑；南美诸国多采取枪决办法；日本采取绞首方法，但有学者认为，绞首的具体办法是否符合宪法规定，还值得研究。在古代，为了显示死刑的威慑使用，常常在公开场所执行死刑；现在则通常在非公开的场所执行死刑。此外，有的国家还对执行死刑的日期进行了限制，如日本法律规定，在节假日不得执行死刑。

总之，废除死刑与保留死刑之间的论争，虽然在继续，但限制和废除死刑已成为不可阻挡的趋势。

第三节　自　由　刑

一、自由刑概说

自由刑有广义与狭义之分。广义的自由刑是指剥夺或限制人身自由的刑罚，狭义的自由刑仅指剥夺人身自由的刑罚。通常所说的自由刑是指狭义的自由刑。

在古代社会，生命刑与身体刑是刑罚体系的中心，自由刑的地位并不重要。从资本主义社会开始，自由刑才成为刑罚体系的中心。之所以如此，主要有以下几方面的原因：(1)启蒙思想家对封建的司法制度进行了强烈的批判，其中特别反对残酷的刑罚制度，主张自由、平等、博爱，提倡刑罚人道主义，这就使生命刑与身体刑不可能继续成为刑罚体系的中心。(2)在古代社会，由于被统治者没有或基本上没有自由，故自由刑实际上不能起到惩罚作用。在资本主义社会，公民享有人身自由，而且人们重视自由本身的价值，因而自由刑就能充分起到惩罚作用。(3)资本主义的发展需要大量廉价劳动力，大量适用生命刑与身体刑就不能适应资本主义的发展需要，而自由刑则能保存大量的廉价劳动力，这就使自由刑得以充分利用。(4)无论是主张报应刑论，还是主张教育刑论，自由刑都不失为较好的刑罚方法。也就是说，自由刑既可以发挥报应的功能，也可以实现教育的目的。因而，报应刑论者与教育刑论者以及折中主义者，都赞成自由刑，而不反对自由刑。

但自由刑的地位也受到了冲击,这主要表现在,一些国家罚金刑的适用数量占绝大多数,开放或半开放的监狱设施使自由刑的面目有所改变。但在刑法理论上,仍然认为自由刑是刑罚体系的中心。首先,从立法上看,自由刑是中心,绝大多数犯罪的法定刑都有自由刑,而且是以自由刑为主,有些国家刑法规定的所有犯罪的法定刑都有自由刑。其次,罚金刑适用数量多,固然是就所有犯罪而言的,但基本上都只适用于轻罪,而轻罪的比例又占大多数,所以造成了罚金刑适用比例大的现象;但对传统的犯罪而言,或者说对一般犯罪与严重犯罪而言,一般仍然适用自由刑。

根据自由刑的刑期,可以将自由刑分为四种:(1)终身自由刑,即剥夺犯罪人终身的人身自由;(2)不定期自由刑,即没有固定期限地剥夺犯罪人的人身自由;(3)短期自由刑,即在短时期内剥夺犯罪人的人身自由(有的国家刑法称为拘役或拘留);(4)普通自由刑,即以有确定期限但又非短期地剥夺犯罪人的人身自由为内容。

普通自由刑的期限,各国刑法规定不一致。有的规定1年以上20年以下;有的规定6个月以上15年以下;有的规定1个月以上15年以下;有的规定15日以上24年以下;如此等等。值得一提的是日本刑法关于自由刑期限的修改。2004年,日本刑法将有期惩役与禁锢的期限由1个月以上15年以下提高为1个月以上20年以下,将死刑、无期惩役与禁锢减为有期惩役与禁锢的期限由15年提高到30年,将加重有期惩役与禁锢的期限由20年提高到30年。提高有期惩役与禁锢的期限的主要理由是,从日本1907年制定刑法典到现在,国民的平均寿命大幅度提高,如果仍然维持原来的期限,则不符合国民对刑罚的规范意识。而且,原来的期限导致有期惩役、禁锢与无期惩役、禁锢的差异过大。

根据自由刑的内容,可以将自由刑分为徒刑与监禁。徒刑也叫惩役或劳役,是指在犯罪人的人身自由受剥夺期间,必须从事一定的劳动。监禁也叫禁锢,有的也叫名誉拘禁,是指仅将犯罪人拘禁在监房,不允许其自由活动,被判处监禁的犯罪人不需要从事劳动。事实上,被判处监禁的数量要少于徒刑。

从各国刑事立法与司法实践来看,关于自由刑主要有三个值得特别研究的问题:一是自由刑的单一化;二是短期自由刑的利弊与完善;三是不定期刑。

二、自由刑的单一化

自由刑的单一化,不是从自由刑的刑期上讲,而是从自由刑的内容上言。如前所说,从自由刑的内容上看,可以将自由刑分为徒刑与监禁,现在很多国家刑法都同时规定了这两种自由刑,如日本刑法、法国刑法等。那么,能否取消这二者之间的区别,或者说将二者规定为一种自由刑,这就是自由刑的单一化问题。所谓取消二者之间的区别,实际上是取消监禁刑,只保留徒刑。因为徒刑是大量适用的,监禁是少量适用的;徒刑以服劳役为内容,符合刑罚目的,而监禁只是一种单纯的关押,不一定符合刑罚的目的。所以,自由刑的单一化,实际上是指取消监禁刑。只有少数人主张废除徒刑,实行监禁刑的单一化。

徒刑与监禁的基本区别在于,前者要强制犯罪人服劳役,后者则不强制犯罪人服劳役;除此之外,没有原则区别。但很多国家刑法规定,如果被判处监禁的犯罪人申请服劳役,也可以服劳役,在这种场合,徒刑与监禁实际上就没有什么区别。那么,刑法为什么要规定监禁刑呢?其基本理由在于,对于确信犯、过失犯以及基于非破廉耻的动机的犯罪人应当适用监禁,而不应适用徒刑。

Liszt是自由刑单一化的反对者,他认为,单一化的思想基础是改善罪犯的理论,但现实上存在不能改善的犯罪人,而且自由刑就是对自由的拘束,没有理由取消监禁刑。日本也有不少人认为,对国事犯人与过失犯人只需要拘束自由就够了,没有必要判处徒刑,因而徒刑与监禁并存是刑罚的个别化的要求。

但主张自由刑单一化的学者则认为,被判处监禁的犯罪人只是极少数,而且其中的大部分人都申请服劳役,故二者实际上没有太大区别;将监禁与徒刑并存也给执行机关带来了很多麻烦;所谓对确信犯人、过失犯人以及基于非破廉耻的动机的犯罪人不应科处服劳役,是以蔑视劳动的思想为基础的,这一基础本身就不成立;在民主社会中,不可能有出于应受尊重的动机的犯罪;不服劳役而长期监禁,给受刑者造成了极大的痛苦,不符合刑罚人道主义精神。

德国旧刑法规定了重惩役、轻惩役、拘留与拘禁四种自由刑。但自由刑单一化的主张一直都很强烈。制定现行刑法时,第五立法时期的特别委员会采纳了自由刑单一化的意见,在草案中只规定了单一的自由刑。其理由是:(1)重惩役与轻惩役之间实际上没有区别,在行刑上不可能区别执行重惩役与轻惩役;而且重惩役与轻惩役的行刑目标相同,没有必要在行刑上区别重惩役与轻惩役。(2)重惩役给犯罪人以重惩役犯的烙印,不利于犯罪人重返社会。(3)实行单一自由刑,也不妨碍将犯罪人进行适当的分类,然后将不同的犯罪人收容于不同的设施内,也就是说,实行单一自由刑,也能根据犯罪人的情况进行区别对待。(4)最近很多国家的刑法典、刑法草案也多采取单一的自由刑。这样,德国的现行刑法就实行了自由刑的单一化,其第38条仅规定了一种自由刑。

三、短期自由刑

自由刑中受到批判最多的是短期自由刑,历来的短期自由刑论都是开始说明短期自由刑的弊害,然后探讨代替短期自由刑的良策,有的学者甚至主张完全废除短期自由刑。在"二战"后各国的刑法修改中,解决短期自由刑存在的问题,也成了一个极为重要的课题。但是近些年来,英国、法国、德国、瑞典等国不仅着眼于短期自由刑的报应、威慑机能,而且着眼于它的教育、改善机能,从更为经验的见地去积极评价短期自由刑的效果。

(一)"短期"的概念

研究短期自由刑的问题时,首先必须明确"短期"的含义,即究竟在多长时间以内属于"短期"。当然,这里先应确定短期是针对法定刑而言,还是针对宣告刑或者是执行刑而言。因为即使采用相同的"短期"一词,以法定刑为中心的论者与以执行刑为中心的论者,在论述的含义、内容上就会产生很大差别。但事实上,存在三种短期刑:(1)法定的短期刑,如日本刑法第16条所规定的拘留,其期限为1日以上30日以下;(2)宣告的短期刑,即法定刑的上限可能较高,但法官宣告了较短的刑期;(3)行刑的短期刑,即宣告刑可能不是短期刑,但由于减刑、赦免等而实际执行的是短期刑。

关于"短期"的概念,从1872年召开的第一次国际监狱会议以来,已经争论了一个多世纪。有力的主张是3个月说、6个月说与1年说,此外还有1周说、2周说、6周说(Liszt)、4个月说(Carofalo)、9个月说等,最极端的主张是短期自由刑最下限(最低刑期)应为6小时或12小时。本来,短期自由刑中的短期问题,是以多长刑期有弊害、多长刑期对受刑者的改善、教育不起作用为基准的,即多长刑期以下对受刑者的改善、教育不起作用,就被认为是"短期"。因此反过来说,短期自由刑的最下限应以改善受刑者所必需的最低期限为依据。

1. 3个月说

将短期自由刑的“短期”考虑为3个月,已是较早的立场。1891年于哈雷召开的第二次国际刑事学协会德国分会,第一次将3个月以下的刑期作为短期自由刑;1894年于不伦瑞克召开的德国监狱职员会议,也作出了同样的决议。另外,Georg Gennat与Paul Heilborn等人都主张3个月说。

第二次世界大战后,1946年的国际刑法及监狱委员会的决议指出:“短期自由刑的概念完全是相对的,因各个人与犯罪而异。但是,可以肯定不超过3个月的自由刑都属于这个范围。”这一决议就支持了3个月说。1950年于海牙举行的第12次国际刑法及监狱会议,仍然坚持3个月说。

Wolfgang Mittermaier在1954年发表的《行刑学》一书中指出,为了解答短期的问题,必须充分研究刑罚的效果,一般而言,3个月以下的自由刑只具有一点点价值。这也是主张3个月说。日本的木村龟二也是3个月说的支持者。

2. 6个月说

自从1959年联合国欧洲咨询小组于斯特拉斯堡召开的会议上采纳6个月说以来,该说便居于通说地位。这一见解的代表人之一是H. Mannheim。他说,短期是为了达到拘禁的现代的目的,考虑到拘禁应具有建设性的价值,短期自由刑的短期应为6个月。

此外,德国刑法将6个月以下作为短期自由刑;英国的关于犯罪者处遇咨询委员会认为6个月以下为短期自由刑;日本的多数说采取的是6个月说。

3. 1年说

K. A. Hall就短期自由刑的上限期间指出:“什么样的自由刑应为短期并不明确。但是,我认为3个月或者6个月是太低了,从教育的立场来看,9个月及10个月也太短了,我想提出上限为1年的方案。”〔1〕

在1950年于海牙召开的第12次国际刑法及监狱会议上,法国代表P. Cannat也将短期自由刑定义为1年以下的自由刑。他说:“在3个月内不能对一个人进行再教育,不能教会他一门职业技术。教会一门职业技术的期间,正是决定拘禁的短期的基准。而教会一门职业技术的必要期间,至少是1年。”〔2〕

日本的藤本哲也也赞成1年说。他认为,短期自由刑的“短期”的问题性在于,在此期间内,对受刑者的教育改善有没有充分的时间,期限太短就不能保证有充分的时间教育改善受刑者。

在刑事立法上,法国旧刑法采取的是1年说,这可以从法国旧刑法第57条、第58条的规定中找到根据。

总之,究竟短期的标准如何确定,现在在世界范围内还没有定论,甚至有人认为,什么期限的自由刑为短期自由刑,这是一个感情问题。但可以肯定的是,以前人们仅以弊害为基准来设定“短期”,最近的新动向是以处遇效果为基准来设定“短期”。

(二)短期自由刑的弊害

短期自由刑具有弊害,这一点都是给予肯定的。但由此产生了两种主张:一是主张废

〔1〕 转引自[日]藤本哲也:《刑事政策概论》,青林书院2006年全订5版,第139~140页。

〔2〕 转引自[日]藤本哲也:《刑事政策概论》,青林书院2006年全订5版,第140页。

除短期自由刑；二是主张克服弊害，积极利用。

Baumann 与 Quensel 的弊害论可以代表前者，其主张废除短期自由刑的理由主要有：(1)因为是短期自由刑，所以没有讲究教育、改善手段的余地，或者说没有足够的时间去教育、改善受刑人，且因为时间短、严厉性弱而没有威慑力。(2)短期拘禁只能给受刑人的家族带来物质上、精神上的贫穷，受刑者被释放后难以重返社会。(3)由于执行场所大多设施不齐备，不可能有合格的监狱官指导，受刑者反而会感染恶习，使其人身危险性增大；事实上，短期自由刑一般不是在监狱执行的，而是在警察的留置场(看守所)执行的，谈不上教育、改善。(4)由于这种刑罚的受刑者大多数是初犯，故适用这种刑罚会使他们丧失对拘禁的恐惧感，也造成他们的自尊心低下，不利于防止他们再次犯罪。(5)短期自由刑的受刑者大多属于下层阶级的人，上层阶级的犯罪人往往只被处以罚金，这恐怕加深了不公正感。(6)短期自由的受刑者过多地占用了监狱设施，给行刑实务造成了过大的负担；如此等等。基于这些弊害，有的国家的刑法明确规定，只在不可避免的特殊情况下才能宣告短期自由刑。例如，德国刑法第 47 条第 1 款规定："法院只有在行为或者行为人的性格中存在使自由刑的适用对行为人的影响或者法律秩序的维护必不可少的特别情况时，适用六个月以下的自由刑。"

但是，上述弊害是否为短期自由刑所特有，还必须进行慎重分析与考察。考虑到刑期的长短对受刑者重返社会的影响是有力的要因之一，自由刑的一般弊害，特别是短期自由刑的弊害是不可否认的。但是只强调其弊害，无视其有利的一面，也是为许多学者所反对的。关于这一点，挪威的 Andenaes 在一次国际刑法及监狱会议上曾指出，短期自由刑的弊害论不是一个不能批判的教条，关于挪威的累犯的统计研究表明，不能说短期自由刑的结果是有害的。

认为短期自由刑具有积极意义的人，提出了短期自由刑的一些有利因素：(1)短期自由刑对初犯者、机会犯人、过失犯具有冲击作用，有利于防止他们再次犯罪；(2)从监狱的实际情况来看，刑期短会提高监狱的利用率，反而是短期自由刑的一个优点；(3)由于短期自由刑是自由刑，因而与财产刑不同，在不分贫富起相同作用这一点上，符合公平的观念，避免刑罚的不公平；(4)在短期自由刑是自由刑这一点上，与作为财产刑的罚金刑相比，给受刑者造成的痛苦更为明显，刑罚的性质更加显示出来，具有刑罚的意义；(5)从一般预防的观点来看，保留短期自由刑是必要的；等等。

从各国司法实务来看，至少对交通犯罪者与经济犯罪者，在比较大量地适用短期自由刑。不少学者认为，对这两类犯罪人适用短期自由刑具有意义。引人注目的是荷兰、瑞典、瑞士等国，增加短期自由刑的倾向相当明显。荷兰从 20 世纪 60 年代开始，以"三 S"(short、sharp、shock)理论为指导，采取类似军事训练一样的改造方法，频繁适用短期自由刑且收到引人注目的成效。德国自 20 世纪 70 年代中期以来，短期自由刑的比例保持稳定态势，1/3 的犯人被执行 6 个月以下的自由刑。在日本，从 1977 年起，关于非行少年的处遇采取了 6 个月以内的一般短期处遇与 4 个月以内的交通处遇制度。在英国，将少年犯投入短期收容所，通过严格的训练，获得了良好的改善效果。美国以"三 S"理论为指导，于 1990 年迅速推广震慑禁锢(shock incarceration)，将 14 岁以上 21 岁以下无犯罪倾向的青少年犯聚集起来，进行严格训练(包括文化教育与职业训练等)，也取得了明显的效果。

(三)短期自由刑的代替手段

提出短期自由刑的代替手段,是以短期自由刑具有弊害为前提的,主要目的在于探讨可以代替短期自由刑的方法、手段。

迄今为止,对作为短期自由刑的代替手段的具体提案是相当多的,如:(1)转换为罚金刑;(2)刑罚的执行犹豫、宣告犹豫;(3)强制劳动;(4)剥夺市民权;(5)起诉犹豫;(6)缓刑;(7)裁判上的谴责;(8)善行保证;(9)限制居住;(10)禁止出入饮食店;(11)笞刑;(12)在宅拘禁;(13)不定期刑;(14)资格限制;等等。其中,(7)、(8)两项代替手段对缺乏名誉心、自尊心的犯人没有意义;(9)、(10)两项代替手段在现代都市实际上是不可能的。一般比较关心的是上述(1)、(2)、(3)项替代措施。但是,转换成罚金刑与强制劳动不一定是好的代替手段,宣告犹豫实际上并不科刑,执行犹豫并没执行任何刑罚,严格来说并不是一种代替手段。因此,随着对短期自由刑的再评价,虽然也在探求代替短期自由刑本身的手段,但更多的是探求短期自由刑的执行手段。

例如,德国少年裁判法规定了周末拘禁。周末拘禁,是指每周工作完成后至下周工作开始这一期间,为执行自由刑的时间,一般是星期六下午入监、星期一早晨释放。德国行刑法第 32 条规定,为了避免受刑人产生刑罚目的以外的不良后果,在必要情况下,监狱当局可依职权裁定,或者由受刑人申请,对于被判处 2 周以下自由刑的人,施以周末拘禁。周末拘禁制度,使受刑人与外界的社会关系不因刑罚执行而中断,不影响其学业与职业,在一定程度上弥补了短期自由刑的缺陷。

比利时从 1963 年起采取了夜间及不劳动日(休息日)收容于矫正设施的半拘禁制度。即受刑人白天在监狱外自由地劳动,夜间及不劳动日则入监。这也有助于克服短期自由刑的弊害,但这一制度在休假或失业期间,难以起预期的作用。

此外,英美法的社会服务命令、日本对交通罪犯的开放处遇等,都是旨在改善短期自由刑的执行方法。

总之,与传统的短期自由刑论不同,最近的短期自由刑论在朝着积极评价短期自由刑的方向发展。而且,从现实与历史事实来看,全面废除短期自由刑,在刑事政策上并不现实。故现在的任务在于,既利用短期自由刑的优点,又克服短期自由刑的缺点,对短期自由刑采取现代的活用方法,以教育、改善犯罪人,完成现行刑事政策的使命。

四、不定期刑

(一)不定期刑的定义与沿革

所谓不定期刑,一般是指裁判时不确定自由刑的期间,根据受刑者在服刑中的改善程度,由裁判所或者行刑机关来决定释放的日期。因此,行刑的成绩差,拘禁时间就延长;相反,行刑的成绩好,拘禁期间就缩短。这可以说是不定期刑的特色。

不定期刑分为完全不确定期间的绝对不定期刑与只确定最上限(最高刑期)及最下限(最低刑期)的相对不定期刑。从不定期刑的本来目的——犯罪人没有改善就无限制地继续拘禁,改善了就立即释放——来考虑,最理想的不定期形式是绝对不定期刑。但是,从保障人权的观点来考察,这种绝对不定期刑违反了罪刑法定原则,存在严重问题。因而,可以说现在几乎没有人支持绝对不定期刑。

对犯罪人实行不定期拘禁的思想,自古以来就存在,在宗教裁判上即可见到。此外,1532 年的加罗林纳刑法就规定了不定期刑。但是,那时规定不定期刑是以惩罚犯罪人为目的,而不是以犯罪人的改善更生为目的。以改善受刑者为目的而对之进行不定期拘禁的思想,可以说产生于18世纪末19世纪初。例如,改善思想下的不定期刑制度本身的原理,于1787年由Benjamin Rush提倡,1813年的巴伐利亚刑法典、1814年的奥尔登堡刑法典在此思想指导下采用了不定期刑。19世纪30年代巴伐利亚的Obermaier以及西班牙的Montesinos已经实施过不定期刑。在18世纪末的日本,中井竹山、履轩永牢等人也主张过不定期刑。

此外,在澳大利亚的诺福克岛采用Mark System的Maconochie,以及爱尔兰制的创始者Crofton等人对不定期刑制度作出了不少贡献。

在美国,密歇根州最先于1876年采用了不定期刑制度。1869年,密歇根州制定了对妓女科处3年以下不定期刑的所谓“三年法”。但是作为一种制度的不定期刑,是1877年在纽约州的埃尔迈拉首先实施的。其后,不定期刑制度的采用急速发展,到1915年为止,已有31个州采用了不定期刑制度;到20世纪60年代,除10个州与联邦以外,其他所有的州都采用了不定期刑制度。

但是,从20世纪60年代后期到70年代初,监狱的人口构成与社会的不平等问题表面化,成为美国的重要社会问题,随之在公民权运动的潮流中,不定期刑及量刑不统一的问题,成为占监狱人口大部分的黑人及少数民族等受歧视集团的攻击对象,同时又与当时法院积极干预监狱管理相呼应,不定期刑问题不单是一个法律问题,而且成为社会的、政治的问题。

美国的不定期刑制度通常是判决中不明确确定刑期,只确定上限与下限,在此限度内,一部分由法院、一部分由假释委员会(行政机关)来裁量决定。存在以下四种类型:(1)法官对送至监狱的犯人,没有决定其自由刑的上限与下限的权限,由制定法规定各种犯罪的刑期的上限与下限。在这种场合,实际的受刑期间与假释日期由行政机关来决定。加利福尼亚州采取的是这一种不定期刑制度。(2)制定法规定刑期的下限,由法院具体决定刑期的上限,由假释委员会在此范围内决定实际的受刑期间。(3)法院只决定刑期的下限,制定法规定各种犯罪的上限。(4)法院决定刑期的上限与下限,但法律规定,下限不得超过上限的1/3或1/2。

由上可见,在美国实施的短期自由刑,也是规定了刑期的上限与下限的相对不定期刑。像加利福尼亚州那样,将不定期刑的上限确定为无期,可谓一种理想的不定期刑制度,但是,一般来说,不定期刑制度本身是为了消除刑罚不均衡的一种尝试,从罪刑法定主义与保障人权的观点来看,规定不定期刑的下限反而会助长刑罚的不均衡。即由于规定了下限和设立了拘禁的最低义务期间,造成假释委员会在下限期间未满时,不能办理假释手续,引起不定期刑的固定化。

为了解决这种固定化的问题,美国制定了模范量刑法,规定刑罚期间没有下限,法官根据法定刑只宣告上限,在此范围内,由假释委员会审查、确定释放的时期。但是,作为改善不定期刑的这一努力,导致假释委员会恣意行使裁量权,出现了受刑者长时间收容于监狱的现象。

为了避免收容的长期化所带来的弊害,加利福尼亚州提出了对假释委员会的裁量权进行限制并尽量使量刑的权限回到法官手中的改善策略,但没能起到实际作用。加利福尼亚州最高法院在1972年的Lynch案、1975年的Wingo案与Rodrigues案中指出:“处罚幅度具有弹性的不定期刑本身并不是违法的,但是行政机关不当地行使裁量权,使刑罚明显地超出犯罪的程度;如果这种不相适应的状况给犯人以冲击,伤害了人的尊严,就违反了州宪法第1条第6项关于禁止残酷、异常的刑罚的规定。”这是禁止不定期刑走出的第一步,该州终于在1977年7月1日废除了不定期刑。

(二)不定期刑论争

关于不定期刑的论争,第二次世界大战前与第二次世界大战后的情形并不相同。

在第二次世界大战前,属于新派的学者,基于以行为人责任与教育刑为中心的文化国思想,主张不定期刑的必要性;属于旧派的学者,基于以行为责任与报应刑为中心的法治国思想,否认不定期刑。

但是第二次世界大战后,旧派中出现了积极支持不定期刑的学者,新派中也出现了怀疑不定期刑的论者。换言之,是否主张采取不定期刑,并不反映旧派刑法理论与新派刑法理论的对立立场。现在所争论的,不是历来争论的不定期刑是否违反责任主义的问题,而是为了采用不定期刑,对责任主义应如何理解;是从重视保安的角度采取不定期刑,还是从重视改善的角度采取不定期刑等问题。

站在旧派立场上的学者,对不定期刑的正当化理由的说明主要是:(1)以人格责任论为出发点,强调责任与刑罚的动态的性格,认为与人格责任相适应的刑罚也必须是动态的;(2)采用幅度理论(或幅的理论),认为责任存在幅度,在与有幅度的责任相适应的范围内,以保安、改善为目的,科处必要的不定期刑,并不违反责任主义;(3)从将行为责任与行为者责任统合起来的实质的责任论立场来看,不定期刑是在没有明显脱离行为责任的限度内,又考虑了行为人的危险性,应当得到承认。

但是,首先,强调人格责任论与刑罚的动态性格的见解,受到了批判。例如,这种观点不能说明对常习犯人适用不定期刑的根据。其次,幅度理论也存在如下问题:(1)即使责任存在幅度,它也不是不定期刑的存在基础;(2)认为责任的幅度直接意味着不定期刑的上限与下限,是有疑问的;(3)如果责任存在幅度,那么对所有犯罪与犯罪人都应科处不定期刑,而事实上并非如此;(4)如果责任存在幅度,为什么原则上采取定期刑,而不是采取不定期刑?(5)确定责任的幅度的起算点和基准是什么?(6)如果说不定期刑的下限也是与责任相适应的刑罚,那么,下限执行终了时,责任就追究终了,超过下限继续拘禁就缺乏责任的根据。最后,实质的责任论也存在疑问,因为刑罚的量不能超越行为责任的量。换言之,只能在行为责任的量的范畴内考虑行为人的人身危险性。

(三)对不定期刑制度的赞否两论

由以上的介绍可以看到,从责任主义的立场考虑,采用不定期刑尚存在种种问题。以下就不定期刑的赞成论与否定论的论据,作一些整理、介绍。

首先,赞成不定期刑制度的论据有:(1)不定期刑对实现改善罪犯的目的是最适当的办法;(2)对危险的犯罪人与常习累犯,可以确保长期的拘禁,以维护社会的安定;(3)采用不定期刑可以纠正刑罚的不均衡现象;(4)对初犯者、尚不具有犯罪性格的犯人,可以缩短受刑期间,犯罪人能通过自己的努力,使自己被释放的日期提前,这就能促进犯罪人的改善意欲;(5)刑期不确定对犯罪人具有威慑效果;(6)对不能重返社会的犯罪人,可以继续拘禁,以期处遇的效果;(7)受刑期间能由处遇进度来决定,这对社会与犯罪人都是有利的。

其次,反对不定期刑制度的论据是:(1)使刑罚具有长期化倾向的不定期刑,能否产生改善效果,是有疑问的;(2)不定期刑往往适用于那些贫困者、受到社会的不公待遇的人,因而容易造成社会的不公平;(3)从适用情况来看,不定期刑实际上侵犯了人权;(4)不定期刑的受刑者,不知道自己何时被释放,导致精神上的不安,而且由于释放时期取决于行刑官的评价,使受刑者与行刑官之间产生一种不正当的人际关系;(5)不定期刑对狡猾的受刑者有利,而对不狡猾的受刑者反而严格;(6)不定期刑违反责任主义的原则,实际上是在大大超过责任的量之上科处刑罚;(7)由于从监狱释放的时期不确定,不仅造成受刑者之间的过度紧张,而且对他们的家属也是一种异常的压迫力;(8)根据各种实际调查,不定期刑的效果很糟,难以说是有效的刑事政策手段;(9)对释放的决定过程,缺乏适当手续的保障,其判断基准也不明确;如此等等。

(四)作为常习犯对策与少年犯对策的不定期刑

如何处罚常习犯罪者与少年犯?这是刑法上、刑事政策上的一个重要问题。有的国家对常习犯罪者与少年犯采用了不定期刑制度。

日本的少年法已经对少年犯采取了不定期刑。其第 52 条规定,在对少年犯的处断刑为 3 年以上有期自由刑时,应当在处断刑的范围内,宣告规定了刑罚的上限与下限的不定期刑,但下限不得超过 5 年,上限不得超过 10 年。因此,对少年犯宣告的最重的不定期刑为下限 5 年、上限 10 年的相对不定期刑。问题是,从责任主义的角度来看,究竟下限是责任的限度,抑或上限是责任的限度?第一说为下限说,认为下限是责任刑,上限是基于特殊预防的需要而设定的。第二说为上限说,即上限是基于责任而确定的,下限是预想到少年犯具有提前释放的可能性而设定的。第三说为中间说,认为不定期刑的本质不在于将下限或者上限置于重点,而是基于特殊预防的观点,将下限与上限统一于一定的幅度。

日本改正刑法草案对常习犯罪者规定了不定期刑。其第 59 条规定:"(一)对于常习累犯,可以宣告不定期刑。(二)竞合犯中具有可以宣告前项的不定期刑的犯罪和不得宣告前项的不定刑的犯罪时,依照第六十一条(竞合犯的处断)的规定,仅在应当根据可以宣告不定期刑的犯罪的刑罚予以处断的情况下,可以宣告不定期刑。(三)第一项的不定期刑,在处断刑的范围内确定最高刑期与最低刑期予以宣告,但处断刑的最低刑期不满一年的,定为一年。"但是,日本改正刑法草案恐怕不可能被国会通过。

第四节　财　产　刑

财产刑是以剥夺犯罪人的财产法益为内容的刑罚。综合各国刑法规定来看,财产刑主要有三种:一是罚金,二是科料,三是没收。罚金与科料没有性质区别,只是数量不同,即罚金的数量高于科料的数量。日本刑法与意大利刑法都将罚金与科料作为主刑,此外,日本刑法将没收规定为附加刑(但日本有些刑法学者不将没收归入财产刑)。

一、罚金刑

(一)罚金刑概述

罚金刑起源于原始的赔偿金制度,其历史比自由刑悠久。古罗马的十二铜表法就规定了加害人对被害人支付一定的赔偿金的制度;日耳曼法所规定的罪犯向公共团体交纳和平金的制度,逐渐被认可为国家的罚金刑制度;此外,罚金又是作为刑罚目的以外的增加国库收入的手段被利用起来的(木村龟二)。现在,罚金刑作为对利欲性犯罪的财产刑,具有一定的长处,而且作为一种刑罚方法,对避免短期自由刑的弊害以及作为对轻微犯罪的处罚手段,占有重要的地位。1950 年于海牙召开的第 12 次国际刑法及监狱会议,肯定了罚金刑作为短期自由刑的代替手段的积极意义。在 1960 年召开的联合国第二届防止犯罪与关于犯罪者处遇的会议上,罚金刑也被认为是代替自由刑的适当手段。这是历来的刑法理论所论及的罚金刑的意义。但是,自从标签理论产生以来,便开始强调罚金刑本身所具有的刑事政策意义。即罚金刑与缓刑制度、保护观察制度一样,也是一种社会内处遇,具有重要意义。

此外,很多国家一方面开始从自由刑转向罚金刑(所谓缓和化),另一方面将罚金刑从刑事罚转向行政罚(所谓非刑罚化或非犯罪化)。罚金刑已成为适用最多的刑罚方法,在此意义上说,现代世界刑罚体系的中心已从自由刑移向罚金刑。如果说现代世界刑罚体系的中心仍是自由刑,那么在自由刑中,“金钱化的自由刑”正在成为其中心。

(二)罚金刑的性质

罚金刑是通过给犯罪人以财产性的痛苦,以镇压其犯罪性并使其下次不能犯罪为目的的刑罚。罚金刑通常只适用于轻微的犯罪,剥夺犯罪人一定数量的金钱,以期唤醒犯罪人的规范意识。因此,罚金刑不是像自由刑一样,通过持续性地作用于受刑者的人格来改善受刑者,而是通过作用于犯罪人的规范意识,起到抑制犯罪的效果(井上正治、福田平)。

但是,关于罚金刑的本质,有两种相反的见解。一种见解认为,自由刑剥夺受刑人的身体自由,作用于其人格(或性格)整体;与此相对,罚金刑是外部的生活要素,而且与人格没有联系,只是针对其财产所有权,因此缺乏教化改善的理念(木村龟二)。确实,罚金刑剥夺的是金钱,金钱不是人格的一部分。在此意义上,认为罚金刑只具有非人格性是正确的。另一种见解认为,从罚金刑对象的非人格性,直接得出罚金刑本身的非人格性的结论,是不能令人接受的。即罚金刑是通过剥夺某人的物来攻击其人,在有罪者的财产上打击有罪者的人格,因此,罚金刑是人格性的刑罚。即使不像自由刑那样明显,但在一定限度内仍能收到教育的效果。

这种争论,在结局上是以罚金刑是否与人格有关的刑罚为中心,来谈论罚金刑教育效果的有无。比剥夺金钱自身是否影响人格这一问题更为重要的是,不将犯罪人收监的罚金刑,在唤醒犯罪人的规范意识上是否具有现实意义。例如,对卖淫妇女科处罚金,而卖淫妇女则把罚金当成一种税金或者其他必要经费,这样罚金刑就起不到作用。因此,这里存在罚金刑的适用界限问题。换言之,对规范意识钝化的犯罪人不宜适用罚金刑,对犯轻罪的初犯者、过失犯者或者利欲心较强的犯罪人适用罚金刑,才是适当的(藤本哲也)。

(三)罚金刑的地位

罚金刑在世界各国都非常占有优势。例如,在德国,罚金刑在全部刑罚中所占的比率,1915 年为 51.8%,1955 年为 70%,1983 年为 81%,1991 年为 84%。德国刑法一般对犯罪规定了自由刑与罚金刑的选择科处;在自由刑的上限没有提高时,通常适用罚金刑;即使是严重犯罪,刑法也对其中情节较轻的情形规定了罚金刑;即使是刑法仅规定了自由刑的场合,如果符合减轻处罚的规定或者法院宣告的刑罚为 6 个月以下的自由刑时,也可以(优先)适用罚金刑。法国的轻罪裁判所中罚金刑所占的比率,1947 年为 39.6%,1955 年为 56.3%;1994 年新刑法进一步扩大了罚金刑的适用,对所有轻罪都规定了罚金刑,对所有违警罪都仅规定了罚金刑。瑞典从 1953 年起就达到了 90%。在日本,2010 年,一审判决有罪的人中,被判处罚金的占全部判决的 85%,其中约 80% 的判决所判处的罚金不满 30 万日元(2000 年,90% 的判决所判处的罚金不满 10 万元)。2015 年,被判处罚金的也是占全部有罪判决的 85%,在简易程序对 284168 人所判处的罚金中,被判处 100 万日元的 530 人,不满 100 万日元的 16541 人,不满 50 万日元的 56670 人,不满 30 万日元的 27446 人,不满 20 万日元的 28575 人,不满 10 万日元的 111672 人,不满 5 万日元的 40497 人,科料 2054 人;不满 10 万日元罚金(不包括科料)的占 53.55%。2016 年,被判处罚金的占全部有罪判决的 84%,在简易程序对 263608 人所判处的罚金中,被判处 100 万日元的 481 人,不满 100 万日元的 16600 人,不满 50 万日元的 54792 人,不满 30 万日元的 24249 人,不满 20 万日元的 26396 人,不满 10 万日元的 107921 人,不满 5 万日元的 31342 人,科料 1827 人;不满 10 万日元(不包括科料)的占 52.83%。

由此可见,在观念上,自由刑是刑罚体系的中心;在实际运用上,罚金刑是刑罚体系的中心。问题是,历来被认为只是适用于轻罪才有意义、没有受到重视的罚金刑,为什么现在被大量适用呢? 下面以日本为例回答此问题。

首先,近些年来,随着各种机动车的普及,违反道路交通法的案件与业务上过失致人死伤、重过失致人死伤的犯罪急剧增加,而罚金刑正是适合这些犯罪的刑罚。事实上,罚金刑的 95%、科料的 90% 是适用于业务上的过失犯罪与违反道路交通法的犯罪。这主要是因为罚金刑与科料大多采取略式命令或即决裁判手续,只有这样,才能迅速处理上述案件。

其次,近些年来,对自由刑的不信感增强,特别是认为短期自由刑不仅不能改善受刑者,而且使受刑者的性格恶化,也起不到一般预防作用。因此,为了避免短期自由刑的弊害,在发展刑罚的执行犹豫制度的同时,作为代替自由刑的罚金刑便引人注目。

最后,罚金刑占有优势的最重要理由,在于罚金刑自身的机能。即罚金刑不仅具有避免自由刑弊害的机能,而且作为现代刑罚的典型,在很多方面远远比其他刑罚占有优势。例如,自由刑往往使犯罪性弱的受刑者在监狱内受到其他囚犯的恶劣影响,导致性格恶化。罚金刑不仅不具有这些危险,而且不改变犯罪人的生活环境,使他们继续生活在所习惯的场所。此外,周围的人也不注意到犯罪人,即使知道某人被处了罚金刑,也没有特别反应,不会给他们打上犯罪者的烙印(福田平)。这种观点是从烙印理论出发的,如果说不给犯罪者打上烙印是现代刑事政策的一种重要施策,那么,罚金刑所具有的回避烙印的机能,确实是很重要的。

(四)罚金刑的利与弊

尽管罚金刑占有重要优势,但不能因此否认其弊端;尽管有人强调罚金刑的缺陷,但不能因此抹杀其优点。

概括起来,罚金刑具有以下优点:(1)罚金刑能从数量上反映出犯罪的轻重,可以做到对轻重不同的犯罪科处数额不同的罚金。(2)由于罚金刑是以金钱为媒介对犯罪人的人格进行非难,故给予本人的冲击比较缓和,而且只限于财产性的痛苦;另外,由于在现代社会很多活动与享受都以金钱为前提,所以,罚金刑使得犯罪人可以感知其"生活质量"的损失。(3)罚金刑作为对轻微犯罪的刑罚,能够避免短期自由刑的弊害,避免犯罪人在狱中感染更深的恶习,避免犯罪人对社会生活的不适应,避免影响犯罪人的家庭生活。(4)罚金刑对基于利欲性动机的犯罪人,可以剥夺犯罪所得及实施犯罪的资本,可以使他们感到犯罪无利可图,从而收到很好效果。(5)罚金刑可以适应犯罪人的资产、收入、性格、家庭状态进行适用,能比自由刑起到更好的特别预防作用。(6)罚金刑是可以适用于法人犯罪的刑罚,具有适用技术上的长处。(7)罚金刑对初犯者、过失犯者能起到所期待的冲击效果。(8)罚金刑的执行方法简单,不仅不需要过多的执行费用,而且能增加国库收入;如此等等。

另一方面,罚金刑又具有不少缺点:(1)罚金刑的效果因贫富之差完全不同,对富者来说,罚金是无所谓的负担;对贫者而言,罚金是深重的痛苦。所以,罚金刑有损刑罚的公平性。(2)罚金刑是针对与受刑者的人格没有关系的财产权进行适用的,而且其执行是一时的,罚金缴纳完毕以后,受刑人就不再有受罚的观念,故同生命刑、自由刑相比,其作为刑罚的效果差、作用小。(3)法律上不容易规定罚金刑的低额,规定低了不起作用,规定高了难以执行;即使好不容易规定了罚金低额,一旦发生通货膨胀,就失去了刑罚的效果。(4)罚金可以由本人以外的人来支付,即犯罪人的亲友能代替其交纳罚金,因此罚金刑违反了刑罚的一身专属性的本质。(5)罚金刑对营利性犯罪没有力量,营利性犯罪人可能把罚金当作税金或其他必要开支,而继续从事该犯罪活动。(6)当犯罪人不能缴纳罚金时,往往易科自由刑或留置劳役场,本来作为轻刑的罚金刑却人为地变成了重刑,造成刑罚效果的不公平。(7)只有在生活水平相当高,公民个人拥有足够的"富裕"的资金用于支付罚金的社会,罚金刑才容易执行和起到作用;如此等等。

不过,上述罚金刑的利与弊,不一定只是罚金刑所固有的,或许是刑罚的一般特征。因此,现在要在努力克服罚金刑的缺陷上,设定刑事政策上的目标。例如,为了避免罚金刑中的因贫富之差导致不公平的效果,可以考虑以下方案:(1)在适用罚金刑时,应考虑犯罪人的经济状况,法律明确规定这一量刑基准;(2)法律上应当设立允许分期或延期缴纳的制度;(3)应采用日数罚金刑。又如,对罚金刑的其他缺陷,可考虑如下改善办法:(1)扩大罚金刑的适用范围,特别是允许将短期自由刑转换为罚金刑;(2)对不能缴纳罚金者不易科自由刑或留置劳役场,而采取"自由劳动偿却"或者"社会服务命令"的制度;(3)应多适用罚金刑的执行犹豫制度;(4)对利欲性犯罪应加强罚金刑的适用(藤本哲也)。

(五)罚金刑的量定

为了使罚金刑成为有效的刑罚手段,在量定罚金数额时,首先必须适合行为人的个人的状态,其次必须考虑行为人的支付能力。

关于第一点,主要考虑是科处短期自由刑适当,还是科处罚金刑适当。短期自由刑的弊害历来被重视,作为短期自由刑的代替手段,一是罚金刑,二是执行犹豫制度。如果对行为人不宜科处罚金刑就应直接科处短期自由刑,否则会造成事与愿违的局面。例如,在日本,对不能缴纳罚金的行为人,处1日以上2年以下的留置劳役场,而根据其监狱法规定,对留置劳役场者比照惩役犯对待,原来的罚金刑实质上就接近于惩役刑。于是,对不能缴纳的行为人来说,本来作为短期自由刑的代替手段的罚金变成了短期的留置劳役场,形成一种恶性循环。所以,应将罚金刑与短期自由刑结合起来进行适用。

关于第二点,罚金刑在其性质上,能容易地适应犯罪的重大性、犯罪者的性格及资产、舆论状况进行适用,这是与其他自由刑所不同的特点。正因如此,如果不考虑上述状况均等科刑,反而会出现不均等的结果。这是人们对罚金刑的非难之一,德国有学者也因此称罚金刑是阶级刑。所以,在罚金刑的量定时应考虑行为人的经济状况,这种经济状况就是行为人的客观支付能力。

但是,罚金刑的量定应考虑经济状况的观点与做法又遭到以下种种反对:(1)刑罚的效果不均等并非罚金刑所固有,不必为此而考虑行为人的经济状况;(2)在罚金刑的量定时考虑行为人的经济状况,就违反了平等原则;(3)行为人的经济状况与犯罪及犯罪人的人身危险性无关,因而不是量刑情节;(4)对行为人的经济状况不能正确确定;等等。

不少人对此又提出了反论:(1)罚金可以客观地确定,自由刑则不能客观地确定;(2)现代的平等是实质的、相对的平等,在罚金刑的量定时考虑行为人的经济状况,正是做到了实质的平等;(3)在量刑时应当考虑的不仅是客观的行为,而且包括其他所有的行为人的情况,这里就包含经济状况;(4)经济状况的确定虽然在客观上是困难的,但不是要求算术式的正确,只要大体上考虑就足够了。

总之,可以说,罚金的量定是左右为难。日数罚金刑便应运而生。

(六)日数罚金制

在罚金刑的量定上,考虑行为人经济状况的具体方式之一是日数罚金制。

日数罚金制的原型是1832年的葡萄牙刑法第41条,它在斯堪的纳维亚诸国得到了传播。现代的日数罚金制首先由瑞典的J. C. W. Thyren于1916年提案,随后北欧的芬兰于1921年、瑞典于1931年、丹麦于1939年将其法制化,南美的墨西哥于1929年、巴西于1935年、古巴于1936年将其法制化。现在德国、瑞士、挪威、阿根廷等国实行了日数罚金刑。

日数罚金刑的产生,本来是与行为人有无经济能力无关的,它旨在调和平等原则与责任原则,使罚金刑更为合理化。通常,对罚金额的量定分为两个阶段:

第一个阶段是,根据犯罪的严重程度,决定应缴纳罚金的"日数"。在此,应根据量刑的一般原则来决定日数,如果认为量刑应与责任(或有责的不法)相适应,那么,日数应与责任(或有责的不法)相适应;如果认为量刑应考虑行为人的危险性,那么,决定日数时应考虑行为人的危险性。日数的计算是对行为的客观评价,对同等行为应决定相同的罚金日数。概言之,罚金刑的日数,取决于犯罪人的罪责。

第二个阶段是,考虑行为人的经济能力,决定一日应缴纳的"金额"。例如,甲与乙的行为相同,所处的罚金日数相同;但甲的支付能力是乙的支付能力的2倍,因此,甲每日支付的罚金数额应是乙的2倍。对如何计算的问题,德国刑法学者提出了两个原则:一是"实际收入的原则",即单纯按日换算行为人的实际收入;二是"提供损失的原则",即根据行为人的收入,在厉行节约的前提下,扣除维持最低生活水平的生活费、抚养费及其他必需的开支后,依据多余部分决定一日应缴纳的金额。现在,德国刑法采取的是实际收入

(纯收入)的原则。根据该原则,应当以犯罪人一日挣得的收入及可能的收入(包括年金、资本收益、租金等)为准,同时要扣除税款、保险金、生产费用以及需要履行的不间断的支付义务(如每月必须支付的购房款)等。根据德国刑法第 40 条的规定,一日应缴纳的金额为 1 欧元以上 3 万欧元以下。

这样,将第一阶段决定的日数(对罪责的评价)与第二阶段决定的金额(对支付能力的考虑)综合起来,便是罚金额。在判决中除了指明罚金总额以外,还要指明日数与日额。

由上可见,日数罚金制一方面明示了对罪责的客观否定评价的程度;另一方面,对行为人也确保了刑罚的适当效果,使处于不同经济地位的犯罪人有平等受损之感,而且使量刑过程公开透明,故得到了很高的评价。但是,对这一制度存在以下批评意见:

首先,日数罚金刑在技巧上很不自然。在罚金刑的量定上,名义上采取的是两阶段的算定方法,但法官为了使罚金总额不至太高,可能低标准地量定每一日的金额;此外,法官很可能采取传统的考虑方法,首先决定罚金总额,然后机械地将总额分割为罚金日数与每一日的金额(齐藤诚二)。

其次,充分调查犯罪人的经济能力是很困难的,因此,几乎不可能算定与犯罪人的经济能力相适应的日额(福田平)。而且,法定刑的机能之一是表明对某行为的规范评价,既然如此,法定刑就必须用日数来表示,但这样做就不能发挥法定刑的社会机能,因而法定刑还是明示金额为好(森井章)。

最后,由于每一日的金额由经济能力的大小决定,因此给人们的印象是,有经济能力成了一种坏事,违反了法律面前人人平等的宪法原则;用日数规定法定刑时,在金额上没有上限,容易导致宣告非常高额的罚金;或者即使有法定的上限与下限,但也不能做到痛苦的平等。

由于上述批判,有的国家至现在还没有采用日数罚金制(如日本)。日本 1960 年的改正刑法准备草案未定稿第 49 条规定了一种类似于日数罚金制的制度,但受到了批判,未被后来的草案采纳。[3] 不过,多数观点仍然认为,为了尽量回避设施内处遇,使犯罪人生活在社会内,以期达到刑罚的目的,还是有必要考虑采用日数罚金制。

(七)罚金的执行犹豫、延期缴纳与分期缴纳

罚金刑的最大难题,是对不能缴纳罚金的犯罪人如何处理的问题,即使采取日数罚金制也存在这一问题。为了解决这一问题,有的国家采取了罚金的执行犹豫制度,如法国、日本;多数国家在采取日数罚金制的同时,又允许罚金的延期缴纳与分期缴纳,德国、意大利、瑞士、英国、瑞典、比利时、丹麦、奥地利、巴西、阿根廷等国便是如此;还有的国家采取了自由劳动偿却、社会服务命令制度。

刑罚的执行犹豫制度,最先由比利时的《关于假释与附条件的有罪判决的法律》所采用;而最先采用罚金的执行犹豫制度的,是 1891 年法国的《关于刑罚的减轻与加重的法律》。日本于 1947 年开始实行这一制度。

这一制度在具体适用上是很少的。不过,人们仍然认为这项制度具有意义。因为本

〔3〕 日本不采用日数罚金制的理由主要有以下三点:第一,日数罚金制与日本的现行罚金制度相差甚远;第二,现在的量刑在某种程度上考虑了犯罪人的经济实力;第三,对犯罪人的经济实力作出正确的调查是相当困难的。

来是为避免短期自由刑的弊害而宣告罚金刑的,如果以不能缴纳为理由又易科自由刑,则违反了罚金刑的本来意图。而且,不能缴纳的都是穷人,如果不采取执行犹豫制度,则富人可不进监狱,穷人必须进监狱,造成刑事司法裁判制度上的不公平结果。所以,适当适用罚金的执行犹豫制度,还是有意义的。

罚金的延期缴纳,是指支付期间的延长;分期缴纳,是将罚金予以分割进行缴纳。二者都是使罚金的支付变得更容易的手段,在这一点上,它与罚金的执行犹豫不同。即罚金的延期缴纳与分期缴纳是使罚金刑的执行成为可能的方案,而罚金的执行犹豫是对罚金刑的执行本身给予犹豫的制度。

罚金刑的延期缴纳与分期缴纳制度已被德国、意大利、瑞士、丹麦、比利时、瑞典、奥地利、波兰、英国、美国(部分州)、阿根廷等诸多国家采用,但也并非没有争议。

首先,反对者认为,延期缴纳与分期缴纳使罚金刑作为刑罚的意义减弱,甚至失去刑罚的性格。赞成者则指出,罚金刑的延期缴纳与分期缴纳能使行为人想起自己的行为及其后果,从而增强刑罚效果。

其次,反对者指出,被允许延期缴纳与分期缴纳的人是无资产者或经济不宽裕的劳动者,对这些人即使允许延期或分期缴纳,但大多仍然不能缴纳,结果延期缴纳与分期缴纳也是无意义的。赞成者则认为,被允许延期缴纳与分期缴纳的人不一定只是无资产者和经济不宽裕的劳动者,还有收入不定期的行为人和限定了收入时期的行为人,对他们采取延期缴纳与分期缴纳制度,具有重要意义。

最后,反对者提出,一旦采取延期缴纳与分期缴纳制度,执行机关的负担就大量增加。赞成者则认为,这一点虽然不可否认,但是应注意到,由于采取延期缴纳与分期缴纳,被易科自由刑的人减少了,二者相比,还是采取延期缴纳与分期缴纳的负担小一些。

此外,还有其他争议的问题,如究竟是由执行机关还是由法院来决定延期与分期缴纳?在何种条件下可以允许延期与分期缴纳?延期与分期缴纳的期间如何确定?但可以肯定的是,由于延期缴纳与分期缴纳制度减少了不能缴纳罚金的情况,减少了易科自由刑的执行,因而是一项使罚金刑合理化的重要手段。

(八)不缴纳罚金时的替代措施

罚金刑总是会遇到不能缴纳(既不能自己缴纳,也不能强制缴纳)的情形,对此各国采取了不同的措施。

自由劳动偿却,是解决罚金刑执行难的一种制度。其做法是,对不能缴纳罚金的人,在不限制其自由的情况下,使其从事国家提供的某种劳务,由本人劳动的对价来抵偿罚金的方法。这种方法已被瑞士、挪威、阿根廷等国法制化,但实际上甚少采用。如挪威自采取这种制度以来,没有1件适用这一方法。瑞士自1945年以来只有4件适用了这一方法,但结果有3件仍然靠支付罚金来了结。之所以如此,是因为在现代社会还不具备推行这种方法的各种条件。如什么机关提供劳务?如何计算劳动对价?提供机关是否向国家支付金钱?如此等等,在现代社会都是难题。不过,这种制度的刑事政策上的意义应得到充分肯定。

社会服务命令,由英国《1972年刑事司法法》(Criminal Justice Act 1972)最先采用。不能缴纳罚金的人,必须向国家、地方公共团体提供劳务,或者向民间提供劳务。但采用这项制度的国家并不多。

德国刑法第43条对无法缴纳罚金实行易科自由刑的制度,即一日额罚金等同于一日自由刑,易科自由刑最少为1日。2005年有3775人、2006年有3845人、2007年有3643人、2008年有3982人用自由刑替代罚金刑的执行。为了减轻易科自由刑对不能缴纳罚金的犯罪人的严厉性,德国刑法施行法第293条规定可以由自由劳动替代自由刑,即不能缴纳罚金的人可以通过公益劳动冲抵罚金刑。

日本刑法对不能缴纳罚金的犯罪人留置于劳役场,通过使其劳动来替代罚金的执行。但并非用劳动所得的收益来冲抵罚金数额,而是在宣告判决时,由裁判所在法定的期限内酌情决定留置劳役场的时间。通常是将5000日元换算成一日的留置劳役场加以宣告,这其实也是用自由刑替代罚金的执行。2010年,有7882起案件被适用留置劳役场处分。

总之,罚金刑本身具有不少优点,而且由于对短期自由刑的不信任,使得很多国家大量适用罚金刑;另外,罚金刑又存在较多弊害,使得各国都注重改善罚金刑的量定原则与执行方法。

二、科料

科料也是一种财产刑,是强制犯罪人负担、支付一定数额的金钱的刑罚方法。科料与罚金没有本质差异,主要是数额区别。此外还有一些区别,如罚金刑可以缓刑,而科料不得缓刑。例如,根据日本刑法的规定,罚金的数额为1万日元以上,科料的数额为1000日元以上1万日元以下。再如,根据意大利刑法规定,罚金数额为1万里拉以上1000万里拉以下,科料数额为4000里拉以上200万里拉以下。由于科料轻于罚金,所以,科料一般只适用于轻微犯罪。[4]

与罚金一样,当行为人不能完纳科料时,也能够易科自由刑。如根据意大利刑法第135条、第136条的规定,被判处科料的人,无支付能力而未执行的,75000里拉换算1日监禁刑。日本刑法第18条规定:“不能缴清科料的人,应在一日以上三十日以下的期间内,扣留于劳役场。”

三、没收

(一)没收的意义与性质

一般来说,没收是指剥夺财物的所有权,将财物收归国有。由于各国刑法对没收的规定不同,所以对没收的本质尚存争议。刑罚说认为,刑法是将没收作为附加刑规定的,故没收属于刑罚。保安处分说认为:“仅仅针对各个具体的物的没收(Einziehung;confiscation;confisca),从实质上看,保安处分的色彩浓厚,在立法例中,没收明显是作为保安处分而规定的。在日本刑法中,没收形式上明显属于刑罚的一种,但是,必须注意的是,没收在实质上存在与刑罚不相容之处。”[5]折中说认为:“在法律上,没收是财产刑的一种,是刑罚,但从实质上说,除了刑罚的侧面之外,在消除目的物对社会的危险性,使犯罪人不能保持犯罪所得利益这一点上,也具有保安处分的侧面。”[6]日本的改正刑法草案也设专章规定没收,将没收分为刑罚性质的没收(第75条)与保安处分性质的没收(第74条)。德

---

〔4〕 日本每年判处科料的数量较少,如2012年至2016年,被判处科料的分别为2713人、2352人、2241人、2058人、1831人。

〔5〕 [日]团藤重光:《刑法纲要总论》,创文社1990年第3版,第504页。

〔6〕 [日]前田雅英等编:《条解刑法》,弘文堂2007年第2版,第33~34页。

国刑法中的没收被“随属后果”这一中性概念来表述,但实际上分为刑罚没收与保安没收。前者是指对有责地实施了故意的犯罪行为的正犯或者共犯的制裁性的没收,包括没收犯罪工具与犯罪行为滋生之物(如伪造的货币);[7]后者是指对危险物品或者将来可能用于实行犯罪的物品的没收。

显然,没收犯罪所得之物或犯罪滋生之物、没收供犯罪使用之物,并且当这些财物为犯罪人所有时,就具有刑罚的性质,因为这种没收具有刑罚的惩罚性。如果是没收对公共安全或社会秩序具有危险性的财物时,则属于保安处分。因为这种特定物不问属于谁所有,只是从防卫社会出发而没收的。

日本刑法将没收规定为附加刑,[8]没收只能附加主刑而适用;在无罪、免诉、免除刑罚的情况下,不能科处没收。有的国家刑法则将没收规定为保安处分,如德国刑法第74条、意大利刑法第240条、瑞士刑法第58条。

(二)没收的种类

从没收的对象来看,没收分为一般没收与特别没收。

一般没收,是指剥夺犯罪人的全部财产所有权,即将犯罪人的所有财物收归国有,所以也称为全部没收。古代刑法一般采取这种没收。但近代刑法理论认为,一般没收影响了犯罪人的家庭生活及其继承人的利益,有违背个人责任之嫌,故现在的刑法通常不采取一般没收制度。

特别没收,是指仅将与犯罪有密切关系的特定物收归国有,也被称为特定没收或限制没收。从相对报应刑论的观点来看,没收不是为了单纯的惩罚或报应,而是要消灭再犯罪的条件,以及剥夺犯罪人因犯罪行为所得的财物,从而达到预防犯罪的目的。特别没收正好符合上述目的。因此,现代各国刑法通常采取特别没收制度。

从刑法对没收规定的方式上看,没收可分为必要没收与任意没收。法院必须科处没收时,就是必要没收,在这种情况下,法院没有自由裁量的权限;法院对是否没收具有裁量权时,就是任意没收。

从没收的适用方式上看,没收可分为并科没收、专科没收与单独没收。并科没收,是指将没收作为附加刑,只能与主刑同时适用。日本刑法的规定就是如此。专科没收,是指主刑虽因某种原因而免除时,仍应科处没收。单独没收,是指对违禁物的没收,在这种情况下,不问行为的性质与是否构成犯罪,凡属对社会有危险的违禁物,均予没收。显然,单独没收是一种保安处分性质的措施。

(三)没收的条件与内容

根据一些国家的刑法规定,特别没收需要具备一定的要件。大体而言,没收的要件如下:(1)必须是有体物。如果是无体物,则不可能没收;不动产属于有体物,也可能没收;没收主物时,从物也应没收;当行为人犯伪造罪,真正的部分与伪造的部分能够分割时,仅没收伪造部分;如果不能分割,则全部没收。(2)所没收的物必须不为第三者所有。属于犯罪人与他人共有的物,一般也不能没收。但违禁品之类的物,由于不允许任何人持有,因而可以没收;第三者以恶意取得与犯罪有密切关系的物时,应当没收。(3)必须存在原

---

〔7〕 也有学者认为,这种情形难以称为刑罚意义的没收。

〔8〕 但由于日本刑法规定的没收为特别没收,故不少学者认为,从实质的观点来看,没收具有保安处分的性质。

物。如果原物由于某种原因而不存在,就不能没收。(4)没收的内容必须符合法律的规定。就一般没收而言,由于是没收犯罪人所有的全部财物,因而没收的内容很明确。综合各国的刑法规定,特别没收的内容主要有以下几种:

第一,组成犯罪行为之物。这里的犯罪行为是指符合构成要件的行为,既包括实行行为,也包括教唆行为与帮助行为。在处罚未遂犯与预备犯时,还包括未遂行为与预备行为。所谓组成犯罪行为之物,就是作为犯罪行为所不可缺少的要素的物。例如,赌博罪中的赌资、贿赂罪中的贿赂,就是组成犯罪行为之物。[9]

第二,供犯罪行为所用之物(犯罪工具)。供犯罪行为所用之物,不是犯罪行为不可缺少的要素,只是行为人实施犯罪时所使用的物,包括已经供犯罪所用或将要供犯罪所用的物。例如,杀人用的枪支、走私集团所用的船只、无行医执照的人为了行医所准备的药品,都是供犯罪行为所用之物。美国的"促进理论"认为,行为人以任何方式使用的或者部分使用的,用以实行犯罪、打算实行犯罪、打算用以实行犯罪,或者促进犯罪实施的一切财物,如果与犯罪活动具有"足够联系"或者"密切联系",就属于犯罪工具,应当予以没收。日本的"手段论"认为,供犯罪行为使用的物,是指作为实施犯罪行为的手段而使用的物。当然,在犯罪过程中偶然使用的财物(没有供犯罪所用的意思而使用的财物),一般与违禁品不相当,不应当没收。例如,用脚踢伤被害人的,所穿的皮鞋不应作为供犯罪所用的财物。但是,主要用于蒙面抢劫、蒙面盗窃时所使用的头巾、帽子等则属于供犯罪所用的财物。

第三,犯罪行为滋生之物。犯罪行为滋生之物,包括三种物:一是由犯罪行为所产生的物,即行为人实施犯罪前不存在这种物,正是行为人实施犯罪行为才制造出这种物。例如,伪造货币罪中的伪造的货币、伪造有价证券罪中的伪造的有价证券,就是犯罪行为滋生之物。[10] 二是犯罪行为所得之物,即行为人实施犯罪前原本存在,而行为人实施犯罪行为取得了该物。例如,赌博所赢的金钱,就是犯罪行为所得之物。三是作为犯罪行为的报酬而得到的物,受嘱托杀人所得到的酬金就属于这一类。出售或交换这三类物而得到的金钱或财物,也属于应没收之物。对违法所得及其收益的没收,有纯益主义(扣除成本的违法所得)与总额主义(不扣除成本的违法所得)两种做法。德国刑法在 1992 年以前对犯罪所得的没收采取的是纯益主义,但 1992 年后采取了总额主义。这种纯益主义与总额主义之分,是建立在将没收违法所得与没收供犯罪所用的本人财物等同看待的基础之上的。

第四,对社会具有危险性之物。这类物一般是违禁物或可能用作犯罪之物。例如,根据德国刑法第 74 条的规定,"根据其性质和状况,该物品将危害公众,或者具有被用于违法行为的实施的危险"时,予以没收。再如,奥地利刑法第 26 条第 1 款规定:"根据物的特点,没收有助于避免应受刑罚处罚行为的实施的,行为人用于此等行为之物,准备用于此等行为之物,或因应受刑罚处罚的行为所得之物,应予以没收。"

(四)追征

在不能没收的场合,命令行为人代之以缴纳一定的金钱,就是追征。追征被认为是一

---

〔9〕 贿赂物不是行为的客体(不是犯罪对象)。

〔10〕 伪造罪中所伪造的物均不得认为是行为的客体。

种准没收处分。

所谓不能没收,是指在判决的当时,在事实上或者法律上不能没收。所谓事实上不能没收,一般是指原物被犯罪人消费、毁坏、丢失等,在客观上已经不存在。所谓法律上不能没收,是指原物虽然客观上存在,但由于法定的原因不能没收。例如,第三者已经善意取得了该物。追征的金额应当与所应没收的物的价值相等,但根据什么时间的价格标准算定,尚存争议。一种观点认为,应以犯罪行为时的价格标准来算定;另一种观点认为,应以不能没收时的价格标准来算定;还有一种观点认为,应以裁定追征时的价格标准来算定。后一种观点得到了多数人的同意。

第五节 资 格 刑

一、资格刑的意义

资格刑有广义与狭义之分。狭义的资格刑,是指剥夺犯罪人担任公职或作为公职候选人的资格,以及犯罪人在公法上所享有的其他某种权利,即所谓的褫夺公权。广义的资格刑,除上述狭义资格刑的内容以外,还包括剥夺犯罪人在私法上的某些权利以及从事某种职业与活动的权利。

欧洲大陆法系国家的狭义的资格刑,来自罗马法。罗马法基于报应理论,对犯罪人以人格减等的方法降低其法律地位,从而起到报应作用。这便是狭义的资格刑也被称为名誉刑的原因。但近代刑罚理论的发展,使刑罚的正当化根据由单纯的报应转为报应与预防相结合,而致犯罪人人格减等的名誉刑,不利于犯罪人的再社会化,所以,名誉刑就发展成为资格刑。起先,资格刑只是剥夺犯罪人的公权,随着社会的发展,人们的生活在很大程度上还依赖于私权,依赖于一定的职业与一定的活动,于是,剥夺犯罪人的私权与从事某种职业或活动的权利,也具有了重要意义。资格刑的内容就逐渐扩大,形成现在的广义的资格刑。

资格刑也具有多重性格,有的资格刑具有明显的刑罚性质,因而被规定为主刑或附加刑。例如,法国旧刑法将剥夺公权作为重罪之刑,将有期剥夺公权或亲权作为轻罪之刑。法国新刑法仅将剥夺或限制特定权利规定为轻罪之刑罚。又如,西班牙刑法将完全剥夺权利、剥夺特别权利3年以上、剥夺持有武器权利6年以上、剥夺在某地定居或者去往某地等权利3年以上规定为重刑,将剥夺特别权利不超过3年、暂停职业或者公务不超过3年、吊销驾驶执照1年以上等规定为较重刑。另外,有些资格刑是基于社会保安的需要,是为了防止行为人利用某种资格进行犯罪,因而具有明显的保安处分的性质。例如,德国刑法第44条将禁止驾驶规定为从刑,第61条又将剥夺驾驶许可与执业禁止规定为保安处分。可见,资格刑兼具刑罚与保安处分的性质,不可将现在的资格刑继续称为名誉刑。

二、资格刑的种类与内容

资格刑依其期限,可以分为无期资格刑与有期资格刑。无期资格刑,是使犯罪人终身不能享有某种资格;有期资格刑,则是使犯罪人在一定期限内不能享有某种资格。对此,各国刑法规定不一。有的国家既规定了无期资格刑,也规定了有期资格刑。例如,意大利刑法第28条将剥夺公权分为无期与有期两种。有的国家刑法则仅规定了有期资格刑。例如,德国刑法第45条规定,资格刑的期限为5年以下,没有规定无期资格刑。

资格刑依其适用方式,可以分为必要资格刑与任意资格刑。必要资格刑,是指法院无裁量权而必须宣告的资格刑。例如,德国刑法第45条第1款规定:"因重罪被判处一年以上自由刑者,丧失为期五年的担任公职的资格和从公开选举中取得权利的资格。"任意资格刑,是指法院可以自由裁量的资格刑。

综合各国刑法的规定,广义的资格刑的内容主要有以下几方面:

第一,剥夺公权。剥夺公权,是指剥夺犯罪人在公法上的权利。具体包括以下内容:担任公职的权利、作为公职候选人的权利、选举权与被选举权、获各项荣誉之权等。例如,意大利刑法第28条所规定的剥夺公权,包括剥夺以下权利:一是任何选举中的选举权、被选举权以及其他一切政治权利;二是担任一切公共职务的权利;三是担任监护人或保佐人职务的权利;四是获得学术级别或职位、称号、勋章或者其他公共荣誉标志的权利;五是获得由国家或者其他公共机构负担的薪金、抚恤金和补贴的权利;六是与上述各项列举的职务、级别、称号等相关的荣誉性权利;七是担任或者取得以上各项权利、职务等的权能。

第二,剥夺亲权。剥夺亲权,属于剥夺犯罪人私法上的权利。一般是当犯罪人的犯罪行为违反亲权人的义务时,剥夺其亲权。例如,瑞士刑法第53条第1款规定:"因犯重罪或者被科处自由刑,其教养权或其作为监护人或者保护人的义务因而被破坏的,法官可剥夺其教养权或监护人职务或保护人职务,并宣告其无力行使教养权或担任监护人或保护人。"

第三,剥夺从事一定的职业或营业的权利。剥夺犯罪人从事一定的职业或营业的权利,主要是为了不让犯罪人利用一定的职业或营业活动从事犯罪活动。一般来说,这里的职业与营业是需要经过官署特许的特种行业或应具备特种资格的职业或营业。例如,意大利刑法第30条规定:"禁止从事某一职业或技艺使被判刑人丧失在禁止期间从事要求具备特别许可、特别资格、主管机关批准或准许的职业、技艺、产业、贸易或行业的权能,并且意味着上述许可、资格、批准或准许的失效。禁止从事某一职业或技艺的期限不得少于一个月,也不得超过五年,法律明文规定的情况除外。"

第四,剥夺从事一定活动的权利。剥夺犯罪人从事一定的活动的权利,也就是禁止犯罪人从事一定的活动。这里的活动,一般是本身具有危险性的活动或者可能导致其他危险的活动。例如,瑞士刑法第56条第1款规定:"如果重罪或轻罪是在过量饮用含酒精饮料后实施的,除科处刑罚外,法官还可以禁止被告人在六个月至二年期间进入出售含酒精饮料的酒店。在特殊情况下,禁止进酒店的命令可限制在规定的区域。"剥夺从事一定的活动的权利中,较多的是禁止驾驶。

由于交通工具的发达,个人参与道路交通的机会增多,于是,交通事故犯罪、利用交通工具作为犯罪工具的犯罪,以及犯罪后将交通工具作为逃跑工具或运输赃物的工具的犯罪,就明显增多,禁止驾驶则有利于防止这方面的犯罪。另外,在很多发达国家,汽车等自动车成为人们的生活必需品,人们的生活离不开驾驶机动车,因而,禁止驾驶的惩罚性越来越明显。1951年,联邦德国学者Weber首先提出将禁止驾驶作为刑罚手段,1964年联邦德国的道路交通安全法第37条规定,交通罪犯在一定期间内不得在机动车道路上驾驶机动车。在制定现行刑法的过程中,曾有学者提出应将禁止驾驶作为主刑,但这一意见没有得到采纳,现行德国刑法将禁止驾驶作为从刑。德国刑法第 44 条第 1 款规定:“如果因为在驾驶动力交通工具时,或者与动力交通工具的驾驶相联系,或者在侵害动力交通工具驾驶者的义务之下实施的犯罪行为,被判处自由刑或者罚金刑,法院可以禁止其为期一个月以上三个月以下在道路交通中驾驶任何或者某一确定种类的动力交通工具。”

禁止驾驶的处罚,并不只限于违反交通法规的交通罪犯,对与驾驶车辆有关的犯罪,都能适用禁止驾驶。判处禁止驾驶时,一般不问行为人是否具有驾驶执照。如果行为人具有驾驶执照,则法院在宣告禁止驾驶之后,应扣押行为人的驾驶执照,至期满时发还行为人,并加以注明。

实践证明,禁止驾驶确实能起到刑罚效果,而且可以避免自由刑的各种弊端。Coors 的研究表明,对交通罪犯处以禁止驾驶,通常比处以短期自由刑更具有威慑效果。

三、资格的恢复(复权)

如前所述,资格刑包括无期资格刑与有期资格刑,有期资格刑在期限届满时,理当恢复资格。所谓恢复资格,是指行为人从此之后享有原来具有但曾被剥夺的资格,但行为人因受资格刑之宣告而已经丧失的职务、有关的法律地位与权利则不可能恢复。例如,行为人在犯罪之前为公务员,犯罪后被法院判处某种资格刑而免除公职。在所判处的期间内,行为人原来的公务员资格已经丧失,而且在此期间内不能再担任其他公务员。如果判处的期限届满,则恢复资格,即行为人从此又有权担任公职,但不意味着恢复犯罪前的公务员资格。

资格恢复的内容与资格刑的内容应是相同的,即判决剥夺了什么资格,就恢复什么资格,二者的内容相同。

恢复资格并不一定要期限届满,经过一定期限,符合一定条件的,也可能恢复资格。例如,德国刑法第 45 条规定,资格刑经过期间的一半,而且行为人可望将来不再有故意犯罪行为时,就可以恢复资格。

第十三章 刑罚的适用

第一节 法定刑——刑罚的法定

确定某个行为构成何种犯罪,也就确定了法定刑。但在很多情况下,并不是直接在法定刑的范围内量定刑罚,而是根据法律上或裁判上的加重与减轻事由,将法定刑进行修正,从而确定处断刑;然后在处断刑的范围内,根据量刑的原则与基准进行量刑活动,确定宣告刑。

法定刑,是指刑罚法规各本条所规定的,与构成要件相对应的刑罚。[1] 从立法形式上看,法定刑有三种情况:第一种是法律没有规定特定的刑罚,刑罚的适用完全由法官自由裁量,此即绝对的专断刑主义。但这种法定刑已不存在。第二种是规定相对确定的刑罚,使刑罚有一定的范围,允许法官在一定的范围内裁量和宣告刑罚,此乃相对的法定刑主义。第三种是规定绝对确定的刑罚,使法官没有裁量的余地,此为绝对的法定刑主义。

欧洲中世纪以及资本主义萌芽时期,受国家绝对主义思想的影响,专断刑主义十分明显。随着启蒙思想的传播,法定刑主义代替了专断刑主义。启蒙时代的刑法学者认为,最理想的是绝对的法定刑主义。但是,如果实行绝对的法定刑主义,又会导致对很多具体犯罪的处理不适当,因为它有不能应情科刑的弊端,所以,给法官留有较小余地的相对法定刑主义,在19世纪的刑事立法中就占支配地位。但自19世纪末起,随着实证学派高唱刑法的目的在于防卫社会,出现了扩大法官裁量刑罚的权限的倾向。有的学者称为第二专断刑主义。不少国家的刑法在这种思想的影响下,就确定了幅度较大的相对法定刑,日本刑法典就是如此。

从现在的刑事立法来看,通常都采取相对的法定刑主义,但法定刑的幅度大小则不一致。一般来说,19世纪制定的刑法,法定刑幅度较小;20世纪制定的刑法,受实证学派的影响,法定刑幅度相对较大。绝对的专断刑主义不再被刑事立法所采取,但绝对的法定刑还是可以见到的。例如,日本刑法第81条规定:“与外国通谋,致使其对日本国行使武力的,处死刑。”

---

〔1〕 外国刑法理论与审判实践认为,加重罪状与减轻罪状所规定的都是独立的罪名,故加重、减轻罪状也是构成要件。

第二节　处断刑——法定刑的修正

一、处断刑的概念

对具体犯罪适用法定刑时，往往要对法定刑进行修正。即当存在刑罚的加重或减轻事由时，就要对法定刑进行加重或减轻，从而确定处断范围。加重与减轻后的处断范围就是处断刑。可见，这里的加重与减轻事由是加重与减轻法定刑的事由，因而是修正法定刑的事由，而不是直接加重与减轻宣告刑的事由。

例如，如果法定刑为 3 年以上 10 年以下自由刑，根据法律规定应加重法定刑最高刑期的半数再适用刑罚，则处断刑为 3 年以上 15 年以下自由刑，法官应在这一处断刑的范围内裁量刑罚。

当然，各国刑法对如何加重与减轻规定得并不统一。以减轻为例，根据德国刑法第 49 条第 1 款的规定，在法律规定或者许可减轻刑罚的，适用下列各项规定：(1)法定刑为终身自由刑的，由 3 年以上自由刑代替。(2)有期自由刑时，允许至多科处法定最高刑的 3/4；该标准同样适用于罚金刑的日额金的最高额的确定。(3)自由刑的最低刑为 10 年或者 5 年时，降低至 2 年；自由刑的最低刑为 3 年或者 2 年时，降低为 6 个月；在自由刑的最低刑为 1 年时，降低为 3 个月；其他情形降低至法律的最低限度。

日本刑法规定的减轻，除了死刑与无期自由刑的减轻外，其他刑罚的减轻则采取的是比例制，其第 68 条规定："具有法律规定的应当减轻刑罚的一个或数个事由时，按照以下规定处理：(一)死刑减轻时，减为无期惩役、无期监禁或十年以上的惩役或监禁；(二)无期惩役或者无期监禁减轻时，减为七年以上的有期惩役或监禁；(三)有期惩役或者监禁减轻时，将其最高刑期与最低刑期减去二分之一；(四)罚金减轻时，将其最高数额和最低数额减去二分之一；(五)拘留减轻时，将其最高刑期减去二分之一；(六)科料减轻时，将其最高数额减去二分之一。"其中的第 1 项、第 2 项属于刑种的减轻，其他几项都不能是刑种的减轻。其中的第 3 项是将自由刑的最高刑期与最低刑期都减去 1/2。例如，法定刑为 2 年以上 10 年以下惩役时，具有减轻事由的，则减低为 1 年以上 5 年以下惩役。2 年以上 10 年以下惩役的法定刑，就变为 1 年以上 5 年以下惩役的处断刑。其中的第 4 项也是同时减轻罚金刑的最高金额与最低金额。而第 5 项、第 6 项则只是减低最高刑期与最高金额，这是考虑到拘留的最低刑期与科料的最低金额已经很低，没有再减轻的必要。

二、刑罚的加重减轻事由

如前所述，处断刑是根据加重减轻事由对法定刑所作的修正，因此，处断刑与加重减轻事由密切相关。研究处断刑，主要是研究加重减轻事由。

刑罚的加重与减轻事由，可以分为法律上的事由与裁判上的事由。前者是法律明文规定的加重、减轻事由，一般是指刑法总则规定的加重、减轻事由；后者是由法官认定的加重、减轻事由。

关于法律上的加重事由，各国刑法的规定并不统一。有的则规定了较多的加重事由，如意大利刑法总则第 61 条规定了 11 种一般加重事由；有的刑法规定了较少的加重事由，甚至没有规定加重事由。例如,德国刑法总则原本只规定了提高累犯的最低刑期,但后来删除了关于累犯的规定;日本刑法总则只规定了并合罪加重与累犯加重两种情况。

法律上的减轻事由,各国刑法都有规定,其中分为必要的减轻事由与任意的减轻事由。

裁判上的加重事由,通常是不被考虑的。裁判上的减轻事由,则是被承认的,而且,各国刑法一般对此均设有规定。例如,意大利刑法第 62 条规定了一般减轻事由,第 62 条之二又规定:"除第六十二条所规定的情状外,法官还可以考虑其他一些情节,只要他认为这样的情节可以成为减轻刑罚的合理根据。"日本刑法第 66 条规定:"有值得酌量的犯罪情节时,可以减轻刑罚。"

可以从另一角度将刑罚的加重、减轻事由分为内在于犯罪本身的加重、减轻事由与存在于犯罪之外的加重、减轻事由。结果加重犯、未遂、从犯、限定责任能力等都是内在于犯罪本身的加重、减轻事由;累犯、自首等则是存在于犯罪之外的加重、减轻事由。内在于犯罪本身的加重、减轻事由,都已在犯罪论中得到说明,现在需要说明的只是存在于犯罪之外的加重、减轻事由,从各国刑法的规定来看,主要是累犯与自首。

三、累犯

(一)累犯的意义

从实质意义上说,经过了确定裁判后,又实施犯罪行为的,都是累犯。即以前犯了罪,并受到法院的有罪宣告,其后又犯罪的,都是累犯。实质意义上的累犯,与再犯基本上是一个含义。从形式意义上说,只是上述再犯中,具备一定要件并加重刑罚的,才是累犯。

累犯可以分为特别累犯与一般累犯。特别累犯,是指前罪的罪质与后罪的罪质相同的累犯;一般累犯,则是指前罪的罪质与后罪的罪质不相同的累犯。累犯还可以分为常习累犯与普通累犯。常习累犯,是指累犯者就所实施的犯罪具有常习性;普通累犯,则是指累犯者就所实施的犯罪不具有常习性。但是,常习犯与累犯不是等同概念,常习犯不一定是累犯,累犯不一定是常习犯。正如 M. E. Mayer 所说:"并非所有的累犯者都是常习犯人,也存在有的人偶然数次犯盗窃罪的情形。反之,不是所有的常习犯人都是累犯者,也存在多年依靠诈骗生活而没有受到一次处罚的情形。"〔2〕累犯原本是大陆法系国家刑法上的概念,常习犯原本是英美法中的概念;累犯一般规定在总则中,常习犯一般规定在分则中;累犯一般有形式的基准(累犯可能是偶然的反复犯罪),而常习犯的认定取决于实质标准(具有犯罪习癖因而反复犯罪);对累犯一般是加重处罚,对常习犯则可能采用不定期刑;对累犯加重处罚,是因为行为人无视刑罚的体验而导致责任增加,对常习犯规定加重的法定刑或者科处不定期刑,是着眼于行为人的危险性格。

刑法总论所研究的是形式意义的、一般的、普通的累犯。

19 世纪累犯的增加,是产生实证学派的契机。即不少学者从累犯增加的事实,对古典学派的刑法理论提出了批判,从而产生了实证学派。从刑事立法上看,很多国家的刑法总则都规定了累犯。如法国、意大利、奥地利、日本等国刑法典都在总则中规定了累犯。

德国旧刑法在总则中规定了危险的常习犯,而没有关于累犯的一般规定,但刑法分则中有盗窃的累犯、抢劫的累犯、隐匿赃物的累犯、欺诈的累犯等特别规定。在制定现行刑

---

〔2〕 M. E. Mayer, Der allgemeine Teil des deutschen Strafrechts, Lehrbuch, 2. Aufl., Verlag Winter, 1923, S. 484.

法时,也有少数人反对在总则中设立关于累犯的一般规定,但多数人持相反态度。因为刑法虽然规定了量刑的一般原则,但为了避免量刑上的显著差异,使法官对累犯的量刑有一定的基准,增设关于累犯的一般规定还是必要的。可现行刑法制定不久,德国刑法又于1986年删除了关于累犯的一般规定。[3]

(二)累犯的要件

各国刑法关于累犯的规定很不一致,因此,关于累犯的要件就有很大区别,但综合起来看,主要是两方面的要件:

第一,前罪与后罪都是比较严重的犯罪。德国刑法原第48条规定,要求行为人以前实施两个以上、并被宣告了刑罚的故意犯罪行为,其中因一罪或数罪而执行了3个月以上的自由刑;后罪(或新罪)必须是应当判处自由刑的故意犯罪行为(法定最高刑不得低于1年,且依其犯罪之种类与情节,认为以前所科刑罚未收警戒效果)。其他国家刑法只是从科刑上作了限制,没有要求是故意犯罪,但由于过失犯罪的法定刑较低,实际处刑也较轻(通常处以罚金刑),所以,过失犯罪实际上难以成立累犯。日本刑法规定,累犯的成立,要求前罪与后罪都是被判处惩役的犯罪。

第二,在前罪执行完毕或者免除以后的一定期限内犯后罪。大多数国家刑法规定为5年,如意大利、日本、奥地利等国刑法,都将前罪与后罪的期限规定为5年,超过5年的,就不再视为累犯。[4] 至于5年的起算日是受刑最终日,还是受刑最终日的次日,则存在争议。

(三)累犯的处罚

大多数国家的刑法都规定对累犯加重处罚,但具体的加重办法并不相同。概括起来说,有三种情况:(1)只提高最低刑期。如德国刑法原第48条规定,对累犯“应以六个月为其自由刑之最低度,法律对该犯罪有较重之最低刑度者,依其规定。法定自由刑最高度仍以原有者为准”。(2)只提高最高刑期,这是较多的国家刑法所采取的办法。如日本刑法第57条规定:“再犯的刑罚,是对其犯罪所规定的惩役的最高刑期的二倍以下。”[5]这里就是只加重最高刑期,最低刑期仍然不变。例如,如果某罪的法定刑为3年以上10年以下惩役,则累犯的处断刑为3年以上20年以下。所要注意的是,不管加重多少倍,都不能超过刑法总则所规定的自由刑的最高期限。(3)同时提高法定刑的最高刑期与最低刑期。意大利刑法的规定就是如此。

古典学派一般认为,对累犯加重处罚的根据在于行为的责任加重,即行为人尽管有受刑罚处罚的体验,但不吸取教训而再次犯罪,因而非难可能性大。根据这种观点,只有当刑罚执行完毕之后,才可能成立累犯。实证学派则认为,对累犯加重处罚的根据在于行为人的人格的危险性加重,即行为人反复犯罪表明其危险性格加重。据此,刑罚没有执行完毕时再犯罪的,也成立累犯。

---

〔3〕 之所以删除累犯规定,是基于以下理由:首先,不能简单地从重新犯罪的事实中推论行为人的顽固的反规范性,重新犯罪可能是因为单纯的意志薄弱,也可能是受第三者的影响。其次,对累犯加重处罚,与德国刑法第46条规定的量刑原则相冲突。

〔4〕 也有国家规定为10年,如土耳其刑法;还有的国家没有规定期限,只要前罪判决执行后又犯新罪的,都是累犯。

〔5〕 日本刑法第56条、第57条所称的“再犯”,相当于我国的累犯概念。

四、自首

自首,是指在侦查机关取证调查之前,犯罪人自发地申告自己的犯罪事实,要求给予处理的行为。

自首通常是一种任意减轻的事由,少数国家刑法规定了自首。如日本刑法第42条第1项规定:“犯罪人在搜查机关发觉以前自首的,可以减轻刑罚。”格陵兰刑法第88条规定,“犯罪自首并彻底坦白者”,应酌情减轻。

关于自首减轻刑罚的根据,理论上存在不同观点:一种观点认为,自首减轻刑罚的根据在于,使侦查和处罚更为容易(政策的理由),据此,只要犯罪人在侦查机关发觉前自首,不管是否具有悔悟,都成立自首。另一种观点认为,自首减轻刑罚的根据在于,犯罪人非难可能性的事后减灭,据此,只有基于悔悟向有关机关申告自己的犯罪行为,才成立自首。

自首通常应具备以下两个条件:(1)在犯罪事实或者至少是犯罪人未被发觉时自首。因此,犯罪事实虽被发觉,但还没有发现犯罪人时,犯罪人自发申告自己的犯罪行为的,仍然是自首。但是,如果侦查机关已经确定犯罪人是谁,只是不知道犯罪人在何处时,犯罪人自发申告犯罪行为的,不是自首。不过,被害人、目击者或其他人知道犯罪人而侦查机关不知道时,仍有成立自首的可能。(2)必须自发地申告犯罪行为。申告,是指向有侦查权限的公务员申告,而且必须是自发的。申告的方法不影响自首的成立,有第三者介入的申告也是自首。在书面申告与有第三者介入的申告的场合,必须使侦查机关能确定谁是犯罪人。申告还必须交代出自己的犯罪行为。

与自首相联系的是首服与自白。首服,是指亲告罪的犯罪人自发地向有告诉权的人承认自己的犯罪事实。非亲告罪的犯罪人自发地向被害人承认犯罪事实的,不是首服。自白,是指犯罪人的供述全部或者一部肯定了自己的犯罪事实。自白不要求是自发的。由此可见,自首当然包含了自白,但自白不一定是自首。

第三节　宣告刑——刑罚的量定(量刑)

一、宣告刑与量刑的意义

宣告刑,是指在法定刑——具有加重减轻事由时就是处断刑——的范围内,所量定的具体的、被宣告的刑罚。

决定宣告刑,就是刑罚的量定即量刑问题。从狭义上说,量刑是指法院对现实的、特定的犯罪人宣告特定的刑罚。从广义上说,选定特定刑罚的整个适用刑罚的全过程都是量刑,即法院根据自己的裁量,在法定刑或处断刑的范围内,决定应宣告的刑种与刑度的过程,就是量刑。

量刑的整个过程如下:首先,当刑法所规定的法定刑有两个以上的刑种时,就必须进行刑种的选择;其次,如果具有加重、减轻事由,就要对法定刑进行加重、减轻,形成处断刑;最后,在处断刑的范围内决定刑种、自由刑的具体刑期与财产刑的具体金额。从广义上说,决定宣告缓刑、免除刑罚、宣告保护观察等,也是量刑问题。

量刑是由法官在一定范围内自由裁量的,因为具体的犯罪千差万别,法律不可能就此作出具体的量刑规定,为了适应具体的犯罪情况,只好由法官根据具体犯罪进行裁量。但是,法官的自由裁量并不意味着主观恣意决定,而是要求法官根据具体犯罪情况,努力量定合理的刑罚,从客观上看,所宣告的刑罚必须是妥当的、合理的(Bruns、Jescheck)。如果量刑不当,则是上诉理由之一。

量刑问题是刑法理论的缩写图,古典学派与实证学派在这里表现出明显的对立。古典学派重视犯罪行为本身,认为刑罚应当与客观的犯罪结果相适应;实证学派则重视犯罪人的危险性格,认为刑罚应当与犯罪人的危险性格相适应。

二、量刑基准

(一)量刑基准概述

如上所述,古典学派与实证学派在量刑问题上表现出明显的对立。古典学派站在报应刑论的立场上,强调刑罚的程度要以犯罪本身的程度为根据,认为刑罚特别要与客观的犯罪结果相适应。实证学派站在目的刑论的立场上,重视犯罪人的危险性格,认为刑罚要与犯罪人的危险性格相适应,要考虑预防犯罪的需要,并因此主张不定期刑。

但是,现在的通说是相对的报应刑论,这就决定了量刑一方面要与犯罪人的责任相适应,另一方面又要考虑一般预防与特别预防的需要。对此,很多国家的刑法都有明文规定。如德国刑法第46条第1项规定:"犯罪人的责任是量刑的基础,且应考虑刑罚对犯罪人将来社会生活产生的影响。"第2项规定:"法院在量刑时,应权衡对犯罪人有利和不利的情况。特别应注意下列事项:犯罪人的犯罪动机和目的,行为所表露的思想和行为时的意图,违反职责的程度,行为方式和犯罪结果,犯罪人的履历、人身和经济情况,及犯罪后的态度,尤其是为了补救损害所作的努力。"日本刑事诉讼法第248条规定,在决定是否暂缓起诉时,应当考虑"犯罪人的性格、年龄和境遇,犯罪的轻重和情节,以及犯罪后的态度"。日本刑法理论与审判实践一般认为,这些因素也是量刑时必须考虑的情节。日本改正刑法草案第48条第1项规定:"刑罚应当根据犯罪的责任量定。"第2项规定:"适用刑罚时,应当考虑犯罪人的年龄、性格、经历与环境、犯罪的动机、方法、结果与社会影响、犯罪人在犯罪后的态度以及其他情节,并应当以有利于抑止犯罪和促进犯罪人的改善更生为目的。"瑞士刑法第63条、奥地利刑法第32条都有类似规定。根据这些规定以及刑法理论的基本观点,量刑首先要以犯罪人的责任为基准,其次要考虑一般预防与特别预防的需要。此外,美国的模范刑法典事实上也采取了并合主义。该法典第1.02条将"预防犯罪、促进罪犯的矫正和改造、保障罪犯不受过度的、有失均衡的、恣意的刑罚"等规定为量刑目的。其中虽然没有使用"责任"的概念,但仍然反映出妥当处理报应刑与责任刑关系的内容。

所谓量刑以犯罪人的责任为基准,就是指刑罚的程度应当与犯罪人的责任的程度相适应。[6] 责任主义首先意味着"没有责任就没有刑罚",责任主义的第一个机能就是决定能否科处刑罚。同时,责任主义还有第二种机能,即"责任的程度决定刑罚的程度"或"刑罚的程度必须与责任的程度相适应"。问题是,作为量刑基准的责任,究竟是什么含义?

---

〔6〕不少学者认为,将责任作为量刑的基准,是指量刑不能超过责任的程度,但是,在符合预防犯罪目的的前提下,量刑可以低于责任程度。

“德国的通说认为,量刑责任是‘有责的不法’,不同于犯罪论中与不法相分离而使用的责任概念。例如,布鲁斯(Bruns)将犯罪论中的责任称为‘为刑罚奠定基础的责任’,认为其应与‘量刑责任’相区别。犯罪论的责任,是判断犯罪的成立与否(Ob)的要素,‘量刑责任’是判断程度(Wie)的要素。”[7]日本也有学者认为,责任主义可以分为归责中的责任主义(没有责任就没有犯罪)与量刑中的责任主义(刑罚与责任相适应),后者的“责任”,与作为犯罪成立条件之一的责任(有责性)不是完全等同的含义,而是指违法性与狭义的有责性相乘。“因为刑法上的责任意味着从事了违法行为(不法)的行为者所应承受的规范性非难或谴责,最终决定责任大小的就是违法性的大小和有责性的大小(狭义的责任)相乘而得到的后果——即犯罪本身的轻重(广义的责任)。”[8]但也有学者认为,作为量刑基础的责任与归责中的责任并无区别。因为根据消极的责任主义与点的理论,责任是刑罚的上限,其中的责任就是规范的非难可能性。换言之,作为犯罪成立条件的非难可能性,划定了刑罚的上限(城下裕二)。

量刑除了以责任为基础以外,还要考虑预防的需要。一方面要考虑刑罚的威慑效果(消极的一般预防),考虑唤醒和强化国民的规范意识(积极的一般预防);另一方面要考虑犯罪人的危险性格。前一方面着眼于一般预防,后一方面着眼于特别预防。

由上可见,量刑要同时考虑责任与预防,即属于犯罪事实的情节在行为责任与一般预防中被考虑,作为犯罪人属性的情节(不属于犯罪事实的情节)在行为人责任与特别预防中被考虑,这样,责任与预防便一体化。但问题是,上述二者究竟是何种关系?例如,责任重大但预防必要性较小或者责任轻但预防必要性较大时,应当如何处理?这便是量刑基准问题,对此存在幅的理论(Spielraumtheorie)与点的理论(Punktstrafetheorie)之争。

(二)幅的理论

1. 幅的理论的基本观点

幅的理论认为,与责任相适应的刑罚(或以责任为基础的刑罚)具有一定的幅度,法官应当在此幅度的范围内考虑预防犯罪的目的,最终决定刑罚。这是报应刑论与目的刑论相结合的一种形式,它立足于责任刑,可谓报应型相对报应刑论的一种表现。

幅的理论的提倡者是德国黑格尔学派的 Berner 教授。Berner 教授在刑罚的正当化根据问题上,采取了以报应为基础,同时考虑威慑与改善目的的综合说。由于基于报应观点所要求的刑罚与基于威慑、改善目的所要求的刑罚之间存在矛盾,于是,Berner 教授提倡用幅的理论来消解这一矛盾。Berner 教授指出:“量(Mass)的概念的前提是,某种量(Quantität)在不丧失其质的概念时具有可以增减的一定的幅度(Spielraum)。例如,冰至0度为止仍然是冰,水到80度为止仍然是水,超过了80度时才成为蒸汽。再如,从100头家畜中除去1头,又除去1头,再除去1头,原来的一群家畜仍然是一群家畜。但是,不管在什么样的场合,都会有只要不使质产生变化就不能改变量的界限点。”“刑罚具有感觉的痛苦,虽然能够进行量的程度增减,但止于真正的报应即正当的刑罚,此为民众意识所

---

〔7〕[日]冈上雅美:《责任刑の的意义と量刑事实をめぐる的问题点(一)》,载《早稻田法学》1993 年第 68 卷第 3、4 号,第 112 页。

〔8〕[日]曾根威彦:《量刑基准》,载西原春夫主编:《日本刑事法的形成与特色》,中国法律出版社、日本成文堂 1997 年联合出版,第 147 页。

熟知。没有谁会主张,对犯罪人科处的刑罚,既不能增加一点点,也不得减少一点点,否则必然认定为不正当。当然,在实定法规定了绝对确定的法定刑时,则另当别论;在此外的一切场合,对某个犯罪人是科处1002天的重惩役还是科处1003天的重惩役,对于正义的概念与国家的报应意识恐怕并不那么重要。但是,报应的量确实存在于国民意识中。在此也存在一个界限点,国民感情能够意识到乃至犯罪人本人能够确定地说'这个刑罚过重因而不当'、'这个刑罚过轻因而不当'。大部分的各种立法,都认可最高与最低之间存在一定幅度的相对确定的刑罚规范,在此,能够考虑不同观点的上述意义上的量(Mass)就在起作用。这样,我们便证明了,在不损害刑罚的思辨性概念的前提下,各种相对说具有在正当的报应限度内可以适用的幅度。"〔9〕

Berner 教授的观点得到了 Spendel 等教授的支持。Spendel 认为,量刑时,通常不可能形成绝对正当的唯一的刑罚。针对具体的犯罪而言,存在作为"正当的报应"而与一系列恶害的量相应的幅度。但是,这样的不明确性,不仅基于实际确定刑罚内容的困难程度,而且源自内含于事物本质中的原理的性质。因为法官通常对应当作宽大处理的犯人从轻处理以及在维护法秩序所必需时对犯人进行从重处理,是在行为与行为人的密不可分的相互关系所允许的范围内考虑的。自由刑的特点在于,可以在报应原理所认可的幅度内考虑威慑、教育、保安等刑罚目的。Roxin 指出,幅的理论有利于实现社会政策目的,亦即,责任刑是对一般预防起作用的刑罚,要通过责任刑使社会认为判决是正当的,从而对安定一般人的法意识起作用。换言之,幅的理论有利于实现一般预防。

德国联邦法院1954年11月10日的判决表述了幅的理论的基本含义:"什么样的刑罚与责任相当,不可能正确地决定。在此存在一个有界限的幅度,即下限的刑罚已经与责任相当,上限的刑罚也与责任相当。事实审的法官(Tatrichter),不得超过上限。因此,就刑罚的程度与种类而言,他不得科处他自己也认为与责任不相当的严厉刑罚。但是,在此幅度内应当判处什么样的刑罚,他是可以自由裁量来决定的。"〔10〕此后,德国联邦法院1965年8月4日的判决、1970年10月27日的判决也进一步确定了幅的理论。按照 Dreher 教授对德国联邦法院所确立的幅的理论的归纳整理,幅的理论的具体内容如下:(1)量刑不得超过与责任相适应的刑罚;(2)但是,与责任相适应的刑罚并不是作为明确、确定的东西而存在的,亦即,客观上并不存在与责任相适应的确定的刑罚(点),因此主观上也不可能认识到这种确定的刑罚;(3)取而代之的是,在各种具体的场合,存在由上限与下限所划定的幅度范围,在此幅度范围内,存在与责任相适应的几种或几个刑罚;(4)只有在与责任相适应的幅度范围内选择具体的刑罚,才能发挥特殊预防、一般预防的机能,即只能在与责任相适应的幅度范围内考虑预防犯罪的目的,可以接近甚至达到幅度的上限与下限。不过,如后所述,幅的理论主张者,对客观上是否存在与责任相适应的确定的刑罚(点)以及能否超过幅的上限和下限量刑,还存在不同看法。

美国部分学者所主张的"有限报复"理论,实际上也是一种幅的理论。"其观点是,根据报应思想,刑罚应与罪行和罪犯的可责难性相适应。但是,报应主义在任何特定情形下

---

〔9〕 转引自[日]城下裕二:《量刑基准の研究》,成文堂1995年版,第84~85页。

〔10〕 BGHSt 7,32. 转引自[德]Claus Roxin:《刑法における责任と予防》,宫泽浩一监译,成文堂1984年版,第119页。

实际上都不能确定精确的刑罚量。他们只能提供一个适当刑罚的‘严重性范围’:刑罚低于一定量可能太少,而高于一定量又可能太多。在这个范围内,‘有限报复’的倡导者建议,可以根据功利因素进行调整。其他人更进一步地说,尽管刑罚不能超过在报应上正当的量(即使超过的量出于功利主义),但是如果从功利角度没有进行惩罚的充足理由,允许施加少于应得刑罚的做法。"〔11〕

总体来看,关于责任刑的幅的性质,理论上存在认识困难说与事物本质说。认识困难说认为,真正的责任刑在客观上存在于某一点,但由于人们难以认识这个点,故不得不承认责任刑是一个幅。事物本质说认为,按事物的本质,责任刑只能以幅的形式存在。因为刑罚针对犯罪人而言是一种感觉的痛苦,即使刑罚的量有所增减,也仍然是报应、是正当的刑罚。换言之,不会有人认为,如果对犯罪人所科处的刑罚稍微有所增减,其刑罚便不具有正当性。前述 Berner 教授的观点便是如此。

2. 幅的理论的内部争论

(1)可否基于预防的考虑而突破幅的下限?

在确定了责任刑的幅度后,如果预防的必要性小或者没有预防的必要性时,是否可以低于幅的下限裁量刑罚?对此,德国存在明显分歧。德国的判例否认可以突破下限,换言之,即使被告人的特殊预防必要性极小,也不得科处低于幅的下限的刑罚。〔12〕理论上有不少学者持这种主张。如有学者指出:如果突破幅的下限,"刑罚就会与正义感相矛盾,同时丧失社会目的";〔13〕有的学者指出,如果突破幅的下限,"就与作为正当的责任清算的刑罚的意义不相容"。〔14〕

近来,德国刑法学者一般认为,量刑时可以不受幅的下限的约束。因为德国刑法第46条要求量刑时考虑刑罚对犯罪人将来社会生活所应当发生的作用,故在某些场合必然要求低于幅的下限判处刑罚;综合德国刑法第47条关于原则上避免短期自由刑的规定、第56条关于缓刑的规定,可以得出如下结论:为了有利于行为人的社会化,立法者要求或者允许以特殊预防为由,判处低于与责任相当的刑罚。

(2)可否基于预防的考虑突破幅的上限?

德国主张幅的理论的多数学者都认为,即使预防必要性再大,也不能突破幅的上限裁量刑罚,但 Dreher 指出:"根据德国刑法第46条第1款前段,责任只不过是量刑的基础,只要刑罚的中核仍然处于责任刑,就必须允许以对行为人的效果为理由,摆脱上限与下限。""诚然,突破上限时要慎重……但不可能从《基本法》第1条第1款推导出宪法的不允许性。"〔15〕日本学者井田良也认为,由于日本不存在刑事治疗处分制度,故不得不在某种程度上缓和责任主义的约束,使刑罚发挥一定的改善、治疗、保安的机能。亦即,在特殊预防的必要性极为明显的例外场合(如因为酒精或者药物导致在心神耗弱状态下实施犯罪的中毒者、常习累犯等),在比例原则的制约下,应当承认可以突破责任的上限裁量刑

〔11〕［美］约书亚·德雷斯勒:《美国刑法精解》,王秀梅译,北京大学出版社2009年版,第22~23页。

〔12〕BGH1970年10月27日的判决,参见 BGH 24,132［134］。

〔13〕H. Jescheck/T. Weigend, Lehrbuch des Strafrechts. Allgemeiner Teil, 5. Aufl., Duncker & Humblot, 1996, S. 880.

〔14〕H. J. Bruns, Das Recht der Strafzumessung, Heymann, 2. Aufl., 1985, S. 96.

〔15〕转引自［日］小池信太郎:《量刑における犯行均衡原理と予防的考慮(1)》,载《庆应法学》2006年第6号,第33~34页。

罚。日本也有法官认为,责任刑是一个幅度,但考虑到一般预防与特殊预防的需要,会移动幅的上限与下限。例如,在被告人具有前科因而具有再犯罪可能性时,就可以超出幅的上限科处较重的刑罚。但此时并不是行为责任加重,而是基于刑事政策的理由加重(小林充)。

(3)可否仅以幅中尽可能低的刑罚为基准?

德国学者 Streng 主张非对称性幅的理论,即以责任刑的幅度中尽可能低的刑罚作为基准,然后考虑预防犯罪的需要。Streng 认为,如果在责任刑幅度的中线量刑或者偏上线量刑,在很多情况下都不符合宪法要求的比例原则,同时也可能陷入绝对报应刑。但是,从 20 世纪 90 年代以来,公众大量要求加大刑罚量。另外,犯罪学的实证研究表明,较轻的刑罚如果能够反映犯罪行为的严重程度,就优于符合比例的重刑。这就意味着法官不能盲目地判处重刑。"但是,公民刑法的概念促使法官去迎合大众的价值观和需求。为了在各种观点之间达成和谐,就必须作出妥协:一方面,法官也是公民,受到大众价值观的约束,根据具体的罪责对犯罪人作出量刑;另一方面,法官判处与犯罪人罪责相适应的尽可能低的刑罚,避免非理性的严厉却无益的刑罚。""量刑过程应该包括以下步骤:首先,法官找准法定刑幅度,并确定具体案件中与责任相适应的最低刑。其次,法官明确是否需要基于预防判处高于最低刑的刑罚。因此,'非对称的幅的理论'是针对最低刑而言的。只有大部分公众认为量刑结果公平公正才能达到规范认同的效果,而规范认同是刑法的主要目标,也是刑法区别于警察权等其他公权力的特征。这种量刑过程并不必然存在问题,高水平的法官能够作出让公众乍一看起来较低或很低却最终能接受的刑罚。"〔16〕

(三)点的理论

点的理论认为,不法以及对不法的责任都有特定的、确定的内容,与责任相适应的刑罚只能是正确确定的某个特定的刑罚(点),而不是幅度;不能认为在某种幅度内的刑罚都是等价的制裁、正当的报应;与责任相适应的刑罚常常是一种唯一的存在,即使人们不能确定地把握这个点,但也不能否认这个点的存在。根据点的理论,在确定了与责任相适应的具体刑罚(点)之后,只能在这个点周围或者点以下考虑预防犯罪的需要。〔17〕点的理论有两个基本内容:(1)客观上存在与责任相适应的确定的刑罚(点),法官主观上也能够认识到这种确定的刑罚;(2)法官只能在点周围或者点之下考虑预防犯罪的需要;当然在具有减轻处罚情节的场合,法官能够在点之下低于法定刑考虑预防犯罪的需要。

不难看出,点的理论存在两种类型:一种类型可谓"点周围论",亦即,在确定了责任刑的点之后,只能在点周围考虑预防刑,对预防刑的考虑不能明显偏离点。例如,甲故意重伤乙,倘若责任刑为 5 年有期徒刑,那么,不管甲的预防必要性如何,都不能明显偏离 5 年有期徒刑,如在 5 年周围或者附近(如 4 年徒刑或者 6 年徒刑)宣告刑罚均可。倘若宣告刑低于 4 年徒刑,则明显偏离了点。

另一种类型可谓"点之下论",亦即,在确定了责任刑的点之后,只能在点之下考虑预防刑。例如,甲故意重伤乙,倘若责任刑为 5 年有期徒刑,那么,不管甲的预防必要性如

〔16〕 [德]弗兰茨·施特伦:《德国量刑理论的基本问题与最新进展》,陈学勇、罗灿编译,载《人民法院报》2014 年 6 月 6 日,第 8 版。

〔17〕 参见[日]城下裕二:《量刑基准の研究》,成文堂 1995 年版,第 83 页以下。

何,都只能在3年以上5年之下确定宣告刑。如果甲具有减轻处罚的情节,当然还可以低于法定最低刑(3年有期徒刑)确定宣告刑。

三、刑罚的宣告

法官量刑的结果,是在法定刑或处断刑的范围内,决定和宣告具体的刑罚。被宣告的刑罚就是宣告刑。由法院确定宣告刑内容,就是确定宣告刑主义;不是由法院确定宣告刑的内容,而是在执行过程中由执行机关确定的,就是不确定宣告刑主义。确定宣告刑主义所宣告的自由刑是定期刑,不确定宣告刑主义所宣告的自由刑是不定期刑。不定期刑又可以分为绝对不定期刑与相对不定期刑。绝对不定期刑,是指法院完全不确定刑期;相对不定期刑,是指法院仅确定自由刑的最高刑期与最低刑期。绝对不定期刑实际上使法定刑失去意义,因而被认为违反了罪刑法定原则。

在当今各国,都是以确定宣告刑主义为原则,就自由刑而言,一般是定期刑,只是例外地对少年犯与常习犯宣告不定期刑。

刑罚的宣告,就使国家对犯罪的观念的刑罚权现实化,即宣告刑罚的判决一经确定,就由观念的刑罚权变为现实的刑罚权。

第十四章　刑罚的执行

第一节　各种刑罚的执行

一、刑罚执行概说

法院宣告刑罚的判决确定后,观念的刑罚权就被现实化,可以开始执行刑罚。换言之,宣告刑罚的判决确定后,国家就有了刑罚执行权。

在刑罚执行上,存在两方面的法律关系:刑事诉讼法的关系与矫正法(刑罚执行法)的关系。首先,宣告刑罚的判决,要根据刑事诉讼法规定的程序执行,担当刑罚执行的国家机关与受刑者之间的关系,就是刑事诉讼法的关系。其次,在自由刑的场合,为了对受刑者进行教育改善,就必须根据各种矫正法执行刑罚。矫正机关与受刑者之间的关系,就是矫正法的关系。

在刑罚执行阶段,也存在种种裁量问题。例如,是否决定缓刑、是否附保护观察、是否撤销缓刑等,一般要由法院裁量;再如,是否允许假释、是否撤销假释等,一般由行政机关裁量。这是为了使刑罚的执行适应具体的、复杂的情况,使刑罚的执行具有合目的性、合理性。

刑罚的执行,并不完全是由刑法规定的,实际上大多是由刑事诉讼法、行刑法、监狱法等规定的。下面仅就死刑与自由刑的执行作简单说明。

二、死刑的执行

欧洲大陆国家基本上都废除了死刑,如德国、法国、意大利、奥地利等。

日本刑事法律对死刑是在监狱内用绞首方法执行的。执行死刑时,要在绞首后验尸,并经过5分钟后才能解开绞绳。死刑的执行要有法务大臣的命令。法务大臣的命令原则上是在宣告死刑的判决确定后的6个月内发布。法务大臣发布执行死刑的命令后,应在5日内执行死刑,但在大型节假日不执行死刑。执行死刑时,要有检察官、检察事务官、监狱长或其代表人到场。检察事务官要制作执行记录,检察官与监狱长要在执行记录上签字、盖章。没有检察官或监狱长的许可,其他人不得进入执行现场。

被宣告死刑的犯人如果处于心神丧失状态,或者女犯人处于怀孕期,法务大臣便发布命令停止执行。等犯人精神正常或女犯人分娩后的6个月内,根据法务大臣的命令执行死刑。

三、自由刑的执行

自由刑的执行,被称为行刑(行刑与刑罚的执行不是等同的概念)。由于行刑主要着眼于受刑者的改善、教育,所以,在刑事立法与刑法理论上,一般用"矫正"一词来代替"行刑”概念,但矫正的含义广于行刑的含义。

近代的自由刑,产生于1555年伦敦近郊的感化院;其后,荷兰的阿姆斯特丹于1595年创设了男子惩治场,于1597年创设了女子惩治场。这些设施主要收容流浪者、厌恶劳动者、不良少年、妓女、乞丐等,企图改善他们。但改善、教育思想的普及还是18世纪中叶以后的事情。作为监狱改良家,英国的Howard与美国的Franklin对自由刑执行制度的改良做出了重大的贡献。

Franklin批评了监狱以前的无秩序的杂居拘禁,并根据基督教的信念,提倡日夜使受刑者独居的独居制。这一制度被美国的宾夕法尼亚州的Walnut监狱于1790年采用,因而也被称为宾夕法尼亚制。但这一制度给受刑者造成了重大的痛苦,有损受刑者的人性,因而实际上没有达到效果。

1824年,纽约的Auburn监狱对宾夕法尼亚制进行改良,采用了白天杂居、夜晚独居的制度,被称为Auburn制。这一制度同时要求受刑人在白天的杂居时保持严格的沉默,因而也称为沉默制。独居制与沉默制都属于消极的行刑制度。

与此相对,澳大利亚的Machonochie提出了以积极改善受刑者为目的的累进制,即将受刑者的成绩用分数表示,得到一定分数的,就累进地改变处遇。累进制的核心是实质的不定期刑、分数制(Mark Sysem,Markensystem)与假释。第一期是完全隔离并从事劳动,第二期是白天共同劳动,夜晚隔离,第三期是根据情况允许假释。这一制度在Crofton的努力下,首先在爱尔兰实行。此后,该制度进行修改,在第二期与第三期中间增加一期,使受刑者处于半自由的拘禁状态,增强受刑者抵制诱惑的自制力,为假释后的生活作准备。这一制度也被称为爱尔兰制,引起了各国的注意。现在许多国家采用了累进制。

1877年,爱尔兰制与不定期刑制度结合起来,在纽约的埃尔迈拉矫正院(Elmira Reformatory)得到采用,被称为Elmira System或Reformatory System。德国、法国也相继采用。

作为行刑制度进步表现的,还有受刑者自治制。累进制固然在行刑制度上具有划时代的意义,但它只是考虑了作为个人的受刑者的改善。而行刑的宗旨,不是为了产生好的受刑者,而是为了产生好的社会人。所以,在监狱这一社会里,要实行受刑者自身的自治,以便把他们锻炼成社会人。受刑者自治的思想,最先由瑞士的Pestalozzi提出;受刑者自治的制度,于1914年在Auburn监狱和纽约近郊的Sing Sing监狱被采用,并收到了显著成效,后来被各国广泛采用。但是,这一制度的宗旨容易被少数牢头、狱霸歪曲,因而必须十分注意进行指导与监督。

第二次世界大战后,在美国新泽西的监狱实行的集体疗法,被各国所接受。所谓集体疗法,也被称为集体心理疗法或集体精神疗法,是指将受刑者分为小集体,使他们定期集合在一起,让他们自己议论自己的问题,消除他们的自己处于社会的孤立地位或中心地位的想法,积极地与集体保持联系,培养反犯罪的行为规则与规范意识。

监狱的规模,由以前的大规模逐渐变为中间规模,近年来则倾向于实行小规模的农场式的开放设施与准开放设施。

关于监狱劳动(刑务作业)的本质,虽然有不同看法,但一般认为,监狱劳动一方面是为了保持受刑者的身心健康,培养受刑者的勤劳精神;另一方面也可以作为出狱后的职业训练。此外,对于监狱自身来说,也可以得到一定的收入,从而作为行刑的经费。受刑者是否领取劳动工资，各国规定不一。一般是不领取工资，但即使规定给予工资，也要扣除监狱为受刑者所付出的经费。

为了较好地改善教育受刑者，防止受刑者之间的恶性感染，对受刑者进行合理的分类是必要的。监狱根据不同种类的受刑者，采取不同的矫正措施。通常，未成年犯应与成年犯隔离行刑。

自由刑的执行期限，一般从判决确定之日起计算。判决确定前的羁押期限，应当折抵刑期，或者从刑期中扣除。

第二节　缓　　刑

一、刑罚的执行犹豫概说

刑事法律中的犹豫制度，包括微罪处分、起诉犹豫、宣告犹豫（暂缓宣告）、执行犹豫与假释。

微罪处分，是指警察机关对不需要给予刑事处分的轻微犯罪不送至检察机关。起诉犹豫，是指检察机关对较轻的犯罪有条件地不起诉。[1] 宣告犹豫，是指审判机关经过审判，认为行为人的行为构成犯罪，但暂时不宣告其有罪。执行犹豫，即缓刑，是指宣告有罪，而有条件地不执行所判处的刑罚。本节主要说明缓刑，同时也附带说明宣告犹豫的有关问题。

宣告犹豫制度，是指审判机关经过审判确定行为人的行为构成犯罪，但暂时不宣告其有罪，而在一定期限内交有关机关对行为人进行监督考验。如果行为人在此考验期限内遵守所规定的条件，便不再作有罪宣告；如果没有遵守所规定的条件，则作有罪宣告；如果在考验期内再犯新罪，则新罪与前罪并罚。宣告犹豫制度发源于英美。

关于宣告犹豫的具体产生，有不同的说法。较多的材料证实，从 1842 年开始，英国普通法上的法官就有权对有改善可能性的初犯与少年犯实行宣告犹豫，附条件释放；1879 年简易审判法、1889 年初犯考验法便将宣告犹豫制度立法化。在美国，从 1849 年开

---

〔1〕 在日本，对刑法犯（刑法典规定的犯罪）的起诉犹豫达到 40% 左右甚至更高，其中，对故意杀人与抢劫的起诉犹豫占 4% 左右，对强奸的起诉犹豫占 7% ~8%。2014 年的刑法犯中，被提起公诉的 77405 人，起诉犹豫的 79211 人，其他不起诉（主要是证据不足、被害人撤回告诉、行为人无责任能力）的 44676 人。2015 年的刑法犯中，被提起公诉的 77268 人，起诉犹豫的 78467 人，其他不起诉的 42055 人。2016 年的刑法犯中，被提起公诉的 73060 人，起诉犹豫的 79186 人，其他不起诉的 38929 人。此外，在特别刑法犯中，对兴奋剂犯罪的起诉犹豫为 7% 左右，驾驶机动车过失致死伤案件 90% 左右受到了起诉犹豫的处理。2014 年的特别刑法犯（违反道路交通法的除外）中，被提起公诉的 48022 人，起诉犹豫的 34842 人，其他不起诉的 7463 人。2015 年的特别刑法犯（违反道路交通法的除外）中，被提起公诉的 48768 人，起诉犹豫的 34663 人，其他不起诉的 8063 人。2016 年的特别刑法犯（违反道路交通法的除外）中，被提起公诉的 46450 人，起诉犹豫的 33623 人，其他不起诉的 8488 人。之所以积极运用起诉犹豫制度，大体上是基于以下原因：(1) 使犯罪改过自新、重返社会的刑事司法的目的得到承认，如果起诉犹豫就能使犯罪人改过自新，就不必提起公诉。(2) 起诉犹豫能节省诉讼资源，减少诉讼成本。(3) 起诉犹豫符合日本的风俗与国民感情。(4) 国民对检察官的依赖度较高，检察官的广泛裁量权以及作为其前提的侦查权限得到国民的认可。(5) 起诉犹豫后可以对行为人采取更生紧急保护。

始,法院便利用职权实行宣告犹豫,而且对受宣告犹豫的人实行保护观察(probation);1878 年,马萨诸塞州将宣告犹豫立法化以后,将宣告犹豫与保护观察结合起来的制度便在美国得以确立。此后,从 1907 年起,英国也实行宣告犹豫与保护观察相结合的制度。

在欧洲大陆,一方面接受了英美的宣告犹豫制度,另一方面又朝着与宣告犹豫稍有不同的方向发展。即在欧洲大陆,不是实行宣告犹豫,而是实行缓刑。法院经过审判确定行为构成犯罪后,作有罪宣告,且宣告刑罚,但有条件地不执行刑罚。最先将缓刑立法化的是比利时于 1888 年制定的《关于假释与附条件有罪判决的法律》;随后,法国于 1891 年制定的缓刑法也规定了缓刑制度。

缓刑的目的有两个侧面:消极的侧面是为了避免执行短期自由刑所带来的弊害,以及避免前科制度所造成的弊害;积极的侧面是在保持执行刑罚的可能性的情况下,促使行为人保持善行,不再犯罪。美国学者"通过对青少年和成人缓刑的研究,得出了如下结论:1. 目前监禁的犯人中有很大一部分可以执行缓刑,而重犯率不会因此而上升。2. 适用缓刑的初犯的再犯率比假释犯要低得多。但是,如果缓刑犯有过一次或者两次前科,两者间则没有什么差别"。〔2〕

缓刑有两种方式:一种方式是附条件的有罪判决主义,指行为人在规定的考验期间内,如果没有发生应撤销缓刑的事由,有罪判决本身就失效。法国、比利时采取这种方式,因而也被称为法国·比利时型。另一种方式是附条件的特赦主义,指基于行政处分实行缓刑,行为人在规定的考验期间内,如果没有发生应取消缓刑的事由,就免除刑罚的执行,有罪判决仍然有效。德国于 1895 年、挪威于 1902 年采取这一方式,因而也被称为德国·挪威型。日本于 1908 年以前采取附条件的特赦主义,于 1908 年起采取附条件的有罪判决主义。

通常,缓刑是暂缓执行宣告刑的全部,但是日本刑法于 2013 年增设了部分缓刑制度,新增设的第 27 条之二规定:"下列人在被宣告三年以下惩役或者监禁的场合,考虑到犯罪情节的轻重、犯人的境遇以及其他情况,确认为了防止其再次犯罪具有必要性和相当性时,可以在一年以上五年以下的期间内暂缓执行其部分刑罚:(一)之前并未被判处监禁以上刑罚的;(二)之前虽然曾被判处了监禁以上刑罚,但该刑罚的全部被宣告缓刑的;(三)之前虽然曾被判处了监禁以上刑罚,但从刑罚执行完毕之日或者被免除执行之日起五年之内没有被判处监禁以上刑罚的。""关于根据前项规定暂缓部分执行部分的刑罚,其中未被暂缓执行的部分期间应当执行,自该部分期间执行终了之日或者不予执行之日起,计算暂缓执行的期间。""与前项无关,未被暂缓执行的部分期间执行终了或者不予执行时,还有其他应该执行的惩役或者监禁的,根据第一项规定的暂缓执行的期间,自应当执行的惩役或者监禁执行终了之日或者不予执行之日起算。"例如,甲被判处 3 年惩役,法官认为符合部分缓刑的条件时,可以宣告其中的 2 年为必须执行的实刑(可以假释),对另外 1 年宣告缓刑(如考验期为 3 年)。

二、缓刑的条件

适用缓刑,必须具备一定的条件。各国刑法对适用缓刑的具体条件所作的规定不完全相同,但基本的条件没有原则区别。

---

〔2〕[美]克莱门斯·巴特勒斯:《矫正导论》,孙晓雳等译,中国人民公安大学出版社 1991 年版,第 128 页。

第一,行为人所犯之罪是较轻的犯罪。对此,各国刑法一般从宣告的刑期上进行规定。例如,德国刑法规定为"判处不超过一年的自由刑的",以及对符合一定条件而不超过2年自由刑的,可以适用缓刑。意大利刑法规定,在通常情况下,"宣告不超过二年的有期徒刑或者拘役时",可以适用缓刑;如果犯罪时不满18岁的,则所判处的自由刑不超过3年时,可以适用缓刑;如果犯罪时已满18岁但不满21岁,或者犯罪时已满70岁的,判处不超过2年6个月的自由刑时,可以适用缓刑。日本刑法规定为"被宣告三年以下惩役、监禁或五十万元以下罚金的人"。这些规定都是一种形式上的限制。这种限制表明,各种刑法没有采取特别预防主义。因为根据特殊预防主义的观点,对所有犯罪都具有适用缓刑的可能性。

第二,实质条件是暂不执行刑罚亦可期待行为人不再实施犯罪。例如,德国刑法第56条第1款规定,只有当能够"期待被判决人已经由判决受到警戒,并且在将来无须刑罚执行的影响,也不会再实施犯罪行为"时,才能适用缓刑。奥地利刑法第43条规定,足以防止行为人继续实施犯罪行为,且不执行刑罚即可防止他人实施犯罪行为时,才适用缓刑。之所以在规定刑期条件的同时,规定实质性条件,是因为缓刑的目的不仅仅是避免短期自由刑的弊害,更重要的是促使行为人保持善行,防止其再次犯罪。因此,对虽然处刑较轻但不执行刑罚、仍有再次犯罪危险的行为人,不能适用缓刑。

第三,行为人以前没有犯罪前科,或虽有犯罪前科但已经过一定期限。一般来说,对有犯罪前科的人不适用缓刑,特别是对累犯、常习犯、职业犯不适用缓刑。例如,意大利刑法第164条规定,对于"以前曾因重罪受到过监禁刑处罚的","被宣告为重罪或违警罪惯犯或者职业犯的","由于犯罪人被法律推定为具有社会危险性的人,应当在刑罚之外附加适用人身保安处分的",不得适用缓刑。但不少国家的刑法规定,纵有犯罪前科,然若经过了一定的期限,也可以适用缓刑。例如,日本刑法第25条规定,"以前虽然被判处过监禁以上的刑罚但经缓刑的人,被判处一年以下的惩役或者监禁的,具有应当特别斟酌的情节时",也可以适用缓刑。

三、缓刑的考验期间

缓刑的考验,也就是刑罚执行的犹豫期间,即对适用缓刑的罪犯进行考验的一定期间。各国刑法一般对此都有规定,但具体内容并不相同。概括起来有以下三种情况:(1)裁定主义,即刑法没有规定考验期间,完全由法官自由裁量。美国有些州采取这种做法。(2)法定主义,即考验期间完全由法律确定,法官没有裁量权。例如,意大利将重罪的缓刑考验期间规定为5年,将违警罪的缓刑考验期间规定为2年。(3)折中主义,即刑法只对考验期间作一定幅度的规定,法官可以在此幅度内自由裁量,如德国刑法规定为2年以上5年以下,奥地利刑法规定为1年以上3年以下,日本刑法规定为1年以上5年以下。

在考验期间,有的国家刑法规定要同时并用保护观察制度,由行为人居住地的保护观察所负责进行保护观察,促使行为人在犹豫期间保持善行,遵守一定的纪律。[3]

四、缓刑的撤销

被宣告缓刑的人,如果在考验期间没有遵守一定的条件,或者出现其他特殊情况的

---

〔3〕 在美国,保护观察制度与宣告犹豫制度一开始就是同时并用而不断完善的;并用保护观察时,才能称为probation。

(如行为人在判决之前还犯有其他重罪等),就要撤销缓刑。关于撤销缓刑的条件,各国刑法的规定并不一致。一般来说,在考验期间又犯新罪、屡次违反所应遵循的义务或者在考验前犯有较重的犯罪的,就应撤销缓刑。例如,德国刑法第56条f第1款规定,具有下列情形之下,法院撤销其缓刑:(1)在考验期间实施犯罪,并因此表明作为缓刑的基础的期待没有被满足;(2)严重地或者持续地违反有关缓刑的指示,或者持续地脱离考验帮助者的监督和管理,并且因此使人们有理由担心其将重新实施犯罪的;(3)严重地或者持续地违反义务的。再如,意大利刑法第168条规定,缓刑考验期间内,有下列情形者,撤销缓刑:(1)实施某种应处以监禁刑的重罪或者同等性质的违警罪,或者未履行为其规定的义务的;(2)缓刑前所犯他罪的刑罚与被宣告缓刑的犯罪刑罚相加,超过了适用缓刑的条件限制的。

日本刑法将撤销缓刑的事由,分为必要的撤销事由与任意的撤销事由。如果行为人在考验期间具备必要的撤销事由,则必须撤销缓刑;如果具备任意的撤销事由,则不是必须撤销,而是可以撤销缓刑。其中,必要的撤销事由有三种:(1)在考验期间又犯罪,被判处监禁以上刑罚,且对其刑罚没有宣告缓刑的;(2)对缓刑宣告以前所犯其他罪判处监禁以上刑罚,而对其刑罚没有宣告缓刑的;(3)发觉在宣告缓刑以前曾犯其他罪,被判处监禁以上刑罚的。任意的撤销事由也有三种:(1)考验期间又犯罪而被判处罚金的;(2)交付保护观察的人没有遵守应遵守的事项,且情节严重的;(3)发觉在宣告缓刑前有其他犯罪,已被判处监禁以上刑罚,并已宣告缓刑的。日本历年撤销缓刑的比例一般都在10%~15%。

从各国刑法的规定来看,撤销缓刑的条件或事由并不限于再犯新罪,也不是凡是再犯新罪的都必然撤销缓刑,而是要从适用缓刑的目的出发,只有所发生的事由表明不应当对行为人适用缓刑,或者说所发生的事由表明对行为人适用缓刑不能达到所期望的目的时,才应当撤销缓刑。

撤销缓刑,就意味着要执行原判决所宣告的刑罚,如果是因再犯新罪而撤销缓刑,则应将新罪所判处的刑罚与前罪所判处的刑罚实行并罚。

五、缓刑的适用现状

缓刑自1842年发端于英国以来,逐渐被各国广泛采用。在美国,缓刑是适用最广泛的司法处理方法,也是减少累犯的最有效手段之一。在德国,对1年以下的自由刑,通常可以宣告缓刑;如果有特殊情况,对1年以上2年以下的自由刑,也可以宣告缓刑。"现在,根据成年刑法,在被判处自由刑的全部案件中,有2/3宣告附有保护观察的缓刑,约占全部刑罚的14%。缓刑仅次于罚金刑,占第2位。"[4]在日本,2012年有54509人被判处死刑、惩役和禁锢,其中有31302人被判处缓刑,缓刑适用率为57.43%(其中,故意杀人罪中有22.86%被判处缓刑);2013年有49940人被判处死刑、惩役和禁锢,其中有28442人被判处缓刑,缓刑适用率为56.95%(其中,故意杀人罪中有27.36%被判处缓刑);2014年有50130人被判处死刑、惩役和禁锢,其中有29354人被判处缓刑,缓刑适用率为58.56%(其中,故意杀人罪中有24.45%被判处缓刑);2015年有51680人被判处死刑、惩役和禁锢,其中有30974人被判处缓刑,缓刑适用率为59.93%(其中,故意杀人罪中有

〔4〕[德]Hans-Jürgen Kerner:《ドイツにおける刑事追訴と制裁》,小口浩译,信山社2008年版,第16~17页。

24.84%被判处缓刑);2016年有50602人被判处死刑、惩役和禁锢,其中有31638人被判处缓刑,缓刑适用率为62.52%(其中,故意杀人罪中有25.55%被判处缓刑)。从立法上看,即使再严重的犯罪,日本刑法也尽量考虑适用缓刑的可能性。例如,2004年日本将强盗致伤罪的法定刑由"无期或者7年以上惩役"改为"无期或者6年以上惩役",就是为了使缓刑适用成为可能。[5] 即使提高了很多犯罪的法定刑(如故意杀人罪、有组织的杀人罪、[6]伤害致死罪、强奸致死伤罪等),但法定最低刑都在6年以下(含6年),也是考虑到适用缓刑的可能性。

第三节 假 释

一、假释的沿革

假释,是指在审判机关宣告的刑期还没有执行完毕的过程中,由于符合法定条件,暂时停止执行,提前释放,在剩下的刑期中,如果遵守一定的条件,就认为原判刑罚已经执行完毕的制度。现在世界各国刑法都规定了假释制度,如意大利刑法第176条规定:"被判处监禁的人在刑罚执行期间表现良好,令人确信有所悔改的,如果至少已服刑三十个月或者至少已服满所判刑期的一半并且剩余的刑罚不超过五年,可以获准假释。"日本刑法第28条规定:"被判处惩役或监禁的犯人,如果有悔改表现,在有期刑的执行经过三分之一,无期刑的执行经过十年后,可以根据行政机关的决定准许假释。"假释制度现已成为一个重要的刑罚执行制度。

假释制度起源于澳大利亚。1791年,英国殖民地的澳大利亚南威尔士州知事Commodore Phillip,作为附条件恩赦的形式,对受流刑处罚的囚犯中有悔改表现的人,以停留在岛内为条件予以释放。[7] 1829年、1833年,随着英国采取囚犯分类制,将刑期分为四期,根据囚犯的劳动与行为状况,累进到上级,最上级便是假释。在当时,被假释不是犯人的权利,而是给予犯人的恩惠。

其后的1822年,在澳大利亚出现了累进制的方案,Machonochie加以改进,缓和了假释的条件。这样,累进制与假释从恩惠发展为与社会内处遇相联系。该制度于1835年及1857年移入英国本土。随着其逐渐发展又传入美国,并于1877年在纽约州的埃尔迈拉矫正院(Elmira Reformatory)制度化,与累进制、不定期刑相关联;到1944年,在全州确立了假释制度。欧洲诸国于19世纪中叶同累进制度一起发展了假释制度。1872年的日本监狱规则将假释规定为一项法律制度,其后,1880年的日本旧刑法第53条规定了假释,

---

〔5〕 根据日本刑法第25条的规定,对于被宣告3年以下惩役、禁锢或者50万元以下罚金的人,才可能宣告缓刑。当法定最低刑为7年有期惩役、禁锢时,即使酌量减轻处罚,最低也必须判处3年6个月惩役、禁锢,因而不能宣告缓刑。降低为6年后,法官可以酌量减轻至3年惩役或者监禁,进而可以宣告缓刑。

〔6〕 该罪规定在《关于有组织犯罪的处罚及犯罪收益规制等的法律》中,法定刑原为"死刑、无期或者5年以上惩役",2004年改为"死刑、无期或者6年以上惩役"。

〔7〕 也有一种见解认为,世界上最早的假释制度起源于日本于1790年(宽政2年)创设的人足寄场中所采取的制度(正木亮)。

1931年又设定了假释审查规程。

二、假释的目的与性质

假释是为补救长期自由刑而设。自刑法理论从威吓主义、报应主义进而采取感化主义、教育主义以来,自由刑的刑期就不再像以前那样一成不变,而是随时因受刑人的反应而缩短。如果认为对受刑人已达到感化目的或者能够预期其实现,就不再受宣告刑期的拘束。这样,便可给长期尤其是无期徒刑的受刑者以自新之路,把争取提前出狱的主动权交给受刑者本人,促使其悛悔改善。另外,由于长期受拘禁,犯罪人一直过着单调的生活,缺乏适应正常社会生活的能力。假释就为受刑者设定了一个从监狱到正常社会的过渡阶段,假释期便是使受刑者适应正常社会的过渡期。由上可见,假释是以教育刑论、目的刑论为理论依据的。

关于假释的目的,刑法理论上存在不同观点:

恩惠说认为,假释是根据监狱的具体情况,给予服刑者的一种恩惠。换言之,假释是一种褒赏,旨在维护监狱的秩序。但通说不认为假释是一种单纯的恩惠,因为恩惠说难以说明假释的存在理由与适用条件。事实上,一些国家的假释,已经由原来的恩典性质,演变成为受刑人的权利;由原来只适用于少数表现优良者,转变为适用于多数一般受刑人。

刑罚个别化说认为,假释是为了实现刑罚的个别化,避免自由刑的弊害而采取的一种制度。随着犯人情况的改变,为了避免不必要的刑罚,以实现个别正义,有必要从特殊预防的角度修正基于一般预防所量定的刑罚,是一般预防与特殊预防的调和。这种观点重视假释使定期刑不定期刑化的机能,但同时认为保护观察不一定是必要的,只要有撤销假释的可能性即可。因为撤销假释的可能性,具有使犯人有释放后谨慎行事的意义。

社会防卫说认为,假释是社会防卫的一种手段。这种观点将假释后的保护观察与再收监执行刑罚的可能性作为重点,认为对特别危险的犯罪人不能放任不管,而必须在假释时进行保护观察,犯罪人不能适应社会时必须再次收监执行,唯此才能有效地保护社会。

关于假释的法律性质,理论上也存在不同看法。

刑罚执行形态说认为,假释是刑罚的一种执行阶段。因为任何受刑者都不是一从监狱释放就突然完全自由,必须经过假释这一刑罚执行阶段,假释是在刑期的范围内对刑罚的缓和执行。因此,拘禁期间应限于最小必要限度,在犯罪人从拘禁生活向社会生活过渡的阶段,必须给予监督与援助。这种观点主张积极地运用假释制度,是日本刑法理论的通说。

刑罚形态说认为,假释是以受刑者重返社会为目的的一种社会内处遇的方法,是刑罚执行一部分后对余刑实行执行犹豫的制度。这种观点将假释与缓刑等同看待,缓刑是从一开始就实行执行犹豫,而假释则是在自由刑执行一部分后对剩余的刑罚实行执行犹豫。因此,缓刑与假释都是刑罚的一种形态。根据此说,对假释期间可以与缓刑的考验期间同样的处理,以再犯罪的危险性作为标准规定假释期间(考验期间主义)。

三、假释的条件

各国刑法大致从受刑者的刑种条件、已经执行的刑期条件、受刑者的悔改条件以及其他方面规定假释的条件。

第一,各国刑法都规定,徒刑或监禁刑(包括有期与无期)的受刑者才能被假释。如德国刑法第57条和第57a条规定的有期自由刑与终身自由刑的受刑者;意大利刑法第

176 条规定必须是有期徒刑或无期徒刑的受刑者；日本刑法第 28 条规定必须是“被判处惩役或监禁”的犯罪人。之所以如此规定，是因为假释是为补救长期自由刑而设，对短期自由刑的受刑者无假释之必要。因此，徒刑、监禁以外的拘役、拘留、罚金等不存在假释问题。

第二，受刑者必须经过法定期限。少数国家的刑法明文规定经过一定的具体年限才能假释（年限制）；多数国家的刑法明文规定须经过原判刑期的几分之几才能假释（比例制），如日本刑法规定“有期刑的执行经过三分之一”；还有的国家将上述两种方式结合起来予以规定（混合制），如意大利刑法规定“已服刑三十个月或者至少已服满所判刑期的一半并且剩余的刑罚不超过五年”才能假释。对于无期徒刑或监禁的假释，有的国家的刑法规定须经过 10 年（如日本），有的规定 15 年（如德国、奥地利），有的规定 20 年（如阿根廷），还有的规定 26 年（如意大利）。

第三，受刑者须有悔改表现。如前所述，确立假释制度的主要目的在于促使受刑者加速改恶迁善，悔过自新。因此，只有当受刑者具有悔改表现时，才能假释。各国刑法对此均有明文规定。如意大利刑法规定必须“在刑罚执行期间表现良好，令人确信有所悔改”，日本刑法规定必须“有悔改表现”，如此等等。“悔改的心情”不等于“悔改的表现”，亦即，不仅要求受刑者有悔改的意愿、自新的意欲，而且还必须具备确认不会再犯罪，可以进行作为社会人的自立生活等客观状况。

第四，有的国家刑法还规定其他一些限制条件。如阿根廷刑法第 14 条规定：“累犯不得适用假释。”第 17 条规定：“被撤销假释的罪犯不得再假释。”意大利刑法第 177 条也规定，被撤销假释的罪犯“不得再准许假释”。

四、假释的考验期

假释时受刑者仍有被收监执行的可能，或者说假释有被撤销的可能，同时，现代各国刑法通常规定假释后附有保护观察处分，因此需要有假释考验期的规定。各国刑法一般都作了明确规定。通常，有期徒刑或监禁的假释考验期间为尚未执行完毕的剩余刑期。

至于无期徒刑或监禁的假释的考验期间，有的国家刑法规定为 10 年，多数国家刑法规定为 5 年。无期徒刑或监禁的假释的考验期限与其假释条件中的已执行期限是有关系的，即如果假释时对已经执行的期间要求较长，则假释的考验期较短；反之，如果假释时对已执行的期间要求较短，则假释的考验期较长。

五、假释的撤销

在假释考验期间内，犯罪人必须遵守一定的条件，否则就撤销假释重新收监执行。因此，犯罪人应遵守的条件与假释撤销的条件是一个问题的两个方面。不过二者也有不完全统一的情况。如阿根廷刑法规定犯罪人在假释考验期内应遵守五个条件，但又规定只是在犯罪人违反其中两个条件——“又犯新罪或不履行定居义务”时才“应该撤销假释”。

关于撤销假释的条件大致上可以分为两种类型：一种类型是规定只有重新犯罪或查明假释前还犯有其他罪时，才撤销假释。如奥地利刑法第 53 条第 1 款规定：“违法者在考验期间因应受刑罚处罚的行为被判刑的，如果考虑到新的判决要求如此，以防止违法者继续实施应受刑罚处罚的行为，法院必须撤销附条件缓刑或附条件释放，重新执行刑罚、刑罚一部分或重新执行余刑。”另一种类型是规定除犯罪外，违反了其他条件时也应撤销假释。如日本刑法第 29 条规定：“有下列情形之一的，可以撤销假释的决定：一、在假释期内又犯罪,被判处罚金以上刑罚的;二、假释前犯有其他罪,被判处罚金以上刑罚的;三、对假释前因其他罪被判处的罚金以上刑罚应当执行的;四、在假释期间没有遵守应当遵守的事项的。”西班牙刑法第 93 条规定:“假释期间是指罪犯尚未服刑的整个期间。如果罪犯在该期间犯罪或者不遵守各项规定,刑事监察法官可以撤销假释,收监执行相应期间和等级的刑罚。已经执行的假释期间依然有效。”采取后一种类型的国家占多数。

六、假释的程序

关于假释的程序,各国刑法虽有一定差异,但没有原则上的区别。根据日本犯罪者预防更生法的规定,对其假释程序可概括如下:(1)假释的审理原则上由监狱长提出申请,但是地方委员会也有开始审理的职权。当受刑者已经执行了法定可以假释的期间时,监狱长必须通报地方委员会。但是地方委员会不一定必须开始审理。受刑者没有申请权。(2)地方委员会不是自己直接审理,而是指定一名委员(主查委员)进行审理,然后将审理结果提交委员会进行审议。(3)审理时应考虑受刑人的人格、在狱中的表现、职业方面的知识、入监前的生活方法、家庭关系及其他有关问题,因此重要的是提供充分的材料,特别要听取本人的陈述。法律规定主查委员必须与本人见面,必要时还可要求监狱长或其他监狱官员到场,但受刑人无权要求辩护人或其他人到场。(4)委员会审查后,作出允许或不允许假释的决定。如果允许假释,就决定假释的指定日,并将决定与指定日通知保护观察所,同时对行为人规定应特别遵守的事项。(5)如果对上述决定不服,可以请求中央更生保护会进行审查。

第四节　刑罚的消灭

一、刑罚消灭的概念

所谓刑罚的消灭,是指由于某种事由使因具体犯罪而已经发生的个别的刑罚权消灭。这种使已经发生的刑罚权消灭的事由,称为刑罚消灭事由。

刑罚消灭事由与刑罚阻却事由是两个不同的概念。前者是在已经发生了刑罚权的情况下,使刑罚权消灭的事由;后者是在刑罚权还没有发生的情况下,使刑罚权不发生的事由。

刑罚消灭事由分为消灭观念的刑罚权的事由与消灭现实的刑罚权的事由,后者又可进一步分为消灭刑罚执行权的事由与丧失刑罚宣告效力的事由。

二、刑罚消灭的事由

刑罚消灭事由主要有以下情形:(1) 犯罪人的死亡,包括犯罪法人的消灭;(2) 赦免;(3)超过时效期限;(4)刑罚执行完毕;(5)假释期限届满;(6) 缓刑考验期间届满;(7) 复权。下面就本书前面未涉及的几点作些说明。

第一,犯罪人死亡。刑事责任的一身专属性,决定了犯罪人死亡后,不能再追究其刑事责任,因此,犯罪人死亡就使国家消灭刑罚权。如果犯罪主体是法人,则该法人消灭时,国家的刑罚权便消灭。但是也有例外,如有些国家的法律规定,在应当执行罚金、没收等情况下,如果犯罪人在判决确定后死亡的,也应执行罚金与没收。例如,日本刑事诉讼法

第491条规定:“依据关于没收或租税以及其他捐税或专卖的法令的规定所宣判的罚金或追征,受刑罚宣告人在判决确定后死亡时,可以就继承财产执行。”另外,犯罪的法人如果是在判决确定后由于合并而消灭时,一般也应对合并后的法人执行财产刑。日本刑事诉讼法第492条对此也作了规定。

第二,赦免。赦免制度有着古老的历史,欧洲从罗马的帝政时代开始实行赦免制度。但各国赦免制度的具体内容并不相同。一般来说,赦免可能包括以下内容:一是不追究某一类犯罪人的刑事责任,如果已经作有罪判刑宣告的,则该判决失去效力;二是使对特定犯罪人的有罪判刑失效;三是免除某一类或特定的犯罪的刑罚;四是减轻某一类或特定的犯罪人的刑罚;五是复权,即使因有罪宣告而丧失的资格、权利得到重新恢复。国外的赦免权一般由最高行政机关行使,因而属于行政权。

显然,有的赦免属于消灭观念的刑罚权的事由,有的赦免属于消灭现实的刑罚权的事由,其中也包括消灭刑罚权的事由与丧失刑罚宣告效力的事由,有的赦免则只是减轻刑罚,而并没有使刑罚权归于消灭。

第三,时效。时效分为追诉时效与刑罚时效。超过追诉时效时,就不能提起公诉,不能追究行为人的责任。可见,超过追诉时效是消灭观念的刑罚权的事由。超过刑罚时效时,就不执行判决所确定的刑罚。所以,超过刑罚时效是消灭现实的刑罚权的事由。

关于规定时效的根据,在德国的普通法时代,采取的是改善推测说。其基本观点是,既然犯罪后长时间没有再犯罪,可预想犯罪人已经得到改善,没有处刑与行刑的必要。19世纪的法国采取证据湮灭说与准受刑说。证据湮灭说认为,犯罪证据因时间流逝而失散,难以达到正确处理案件的目的。准受刑说认为,犯罪人犯罪后虽然没有受到刑事追究,但长时期的逃避与恐惧所造成的痛苦,与执行刑罚没有多大差异,可以认为已经执行了刑罚。在日本,有的学者采取规范感情缓和说,即随着时间的经过,对犯罪的规范感情得以缓和,不一定要求给予现实的处罚(大塚仁);有的学者采取尊重事实状态说,即没有追诉犯罪或者没有执行刑罚的状态持续了很长时间后,事实上形成了一定的社会秩序;如果通过进行追诉或者执行刑罚来变更这种事实状态,反而有损刑法维护社会秩序的目的;因此,为了尊重现实已经形成的秩序状态,而设立时效制度(大谷实)。

关于时效的期限,各国刑法均有规定,但追诉时效的期限与刑罚时效的期限不相同。追诉时效的期限都是根据犯罪的法定刑来确定的。一般来说,追诉期限是法定最高期限的2倍或1.5倍。德国刑法第78条规定,谋杀罪不受追诉时效的限制,除此之外的追诉时效的期限为:法定刑为终身自由刑的经过30年,法定最高刑超过10年自由刑的经过20年,法定最高刑为超过5年且10年以下自由刑的经过10年,法定最高刑超过1年且5年以下的经过5年,其他的经过3年。追诉时效从犯罪终了之时起开始计算,如果结果发生在行为之后的,则从结果发生之时开始计算。

刑罚时效的期限则是根据所宣告的刑罚期限来确定的,例如,日本刑法第32条规定:“刑罚的宣告确定后,在下列期间内没有执行的,时效即完成:一、无期惩役或者监禁,三十年;二、十年以上的有期惩役或者监禁,二十年;三、三年以上不满十年的惩役或者监禁,十年;四、不满三年的惩役或者监禁,五年;五、罚金,三年;六、拘留、科料和没收,一年。”

第四,复权。有些国家的刑法规定了前科制度,有些国家的刑法规定了受到有罪宣告的人自动丧失一定的资格与权利。前科消灭后,才能恢复这些资格与权利,所以前科的消灭与复权可以说是同一问题。有的国家刑法就此作了规定,例如,日本刑法第 34 条之二规定:“监禁以上的刑罚已执行完毕或者被免除执行的人,经过十年,未被判处罚金以上的刑罚时,刑罚的宣告丧失其效力。罚金以下的刑罚已执行完毕或者被免除执行的人,经过五年,未被判处罚金以上的刑罚的,亦同。被宣告免除刑罚的人,在宣告确定后,经过二年,未被判处罚金以上刑罚的,免除刑罚的宣告,丧失效力。”这主要是从前科制度的消灭上作规定的。再如,意大利刑法第 178 条以下、瑞士刑法第 77 条以下、德国刑法第 45b 条,就各种资格与权利的恢复作了规定。前科的消灭与复权也被认为是一种刑罚消灭的制度。

第十五章 保安处分

第一节 保安处分概述

一、保安处分的概念与种类

最广义的保安处分,是指为了防止犯罪的危险,保持社会治安,对一切被认为有害的特定的人或物所采取的刑事司法或行政处分,以及为了保护或者矫正行为人,而采取的改善、教育、保护措施。这个意义上的保安处分,包括对物的保安处分和保护处分。[1] 最广义的保安处分,不以犯罪行为的存在为前提。例如,日本少年法对虞犯少年的保安处分,意大利刑法第 49 条对不可罚的不能犯所规定的保安处分,便是如此。

广义的保安处分,是指最广义的保安处分中除保护处分以外的保安处分。包括对人的保安处分与对物的保安处分。当人们将保安处分与保护处分相提并论时,其中的保安处分,便是指广义的保安处分。

狭义的保安处分,是指为了防止再次犯罪,由法院宣告的代替刑罚或者补充刑罚而适用的对人的保安处分。其中包括剥夺自由的保安处分(收容保安处分)与限制自由的保安处分。

最狭义的保安处分,是仅指剥夺自由的保安处分。这种处分有三个特色:一是犯罪后的处分,即以行为人实施了犯罪行为为前提;二是司法处分,即只能是法院宣告;三是具有代替刑罚或者补充刑罚的机能。

一般所说的保安处分,是指狭义的保安处分,即着眼于行为人所具有的危险性格,为了保持社会治安,同时以改善行为人为目的,而施行的一种国家处分。国家对侵害社会的犯罪行为,科处一定的刑罚,期待抑止犯罪和矫正犯罪人。但侵害社会的行为并非都是犯罪,而且对犯罪也不能仅靠刑罚来实现抑止与矫正,例如,对无责任能力的人(达到刑事责任年龄而无责任能力的人)的行为,不管其行为具有多么严重的危险性,也只能在刑罚的范围外处理,因而对刑罚起补充作用的保安处分就是必要的。又如,对某些犯罪人,单凭刑罚并不能实现矫正目的,如常习犯、职业犯等,对他们除了适用刑罚外,还必须采取隔

---

〔1〕 保护处分也具有多种含义。保护处分虽然也具有保护社会的一面,但侧重于对行为人尤其是少年犯的保护。典型的保护处分有:(1)教育处分。如瑞士刑法第 84 条规定:"儿童需要特殊之教养照料,尤其是难教育、无人管教或具有明显的危险性的,审判机关可命令为教育帮助、收容于适当的家庭或教养院。"(2)保护观察。主要是对被判处缓刑或者假释的少年犯适用的处分。(3)送至教护院或养护设施。教护院,是指收容有不良行为或者有实施不良行为危险的少年的场所;养护设施,一般是指收容没有保护者的儿童、受虐待的儿童以及其他需要养护的儿童的设施。(4)送至少年院。少年院一般是指收容由家庭法院裁判的、进行矫正教育的机构。

离、治疗等方法,这些方法对社会的保安才是有效的,这就是保安处分。再如,对由于性格缺陷而实施犯罪行为的人,必须实行特别监护,并进行治疗,才能满足社会一般大众的保安需求。社会保安的思想、保安处分具有有效性的思想、对性格缺陷者的治疗思想,就是保安处分的理论基础。

根据各国刑法的规定,保安处分主要适用于下列人:限制责任能力及无刑罚适应能力的无责任能力的人,刑罚对其缺乏矫正效果的常习犯、职业犯,毒品犯与酗酒犯,流浪犯罪者,有重大危险性的传染病者,具有危险的生理缺陷或性格异常的人,等等。

对人的保安处分包括两种情况:一是剥夺自由的保安处分,例如,将无责任能力的人、限定责任能力的人、醉癖者、常用麻药者收容于监护设施内;二是不剥夺自由但限制自由的保安处分,如禁止行为人从事一定的职业、限制行为人的居住地点、对行为人实行保护观察等。例如,德国刑法第61条规定了6种保安处分措施:(1)收容于精神病院;(2)收容于戒除瘾癖的设施;(3)保安监督;(4)行状监督;(5)剥夺驾驶许可;(6)职业禁止。前三种属于剥夺自由的保安处分,后三种属于限制自由的保安处分。再如,意大利刑法第215条明确将保安处分分为剥夺自由与非剥夺自由两种。剥夺自由的保安处分有:(1)收容于农垦区或者劳动场;(2)收容于治疗看守所;(3)收容于司法精神病院;(4)收容于司法教养院。非剥夺自由的保安处分有:(1)监视自由;(2)禁止在一个或者数个市镇或者一省或者数省滞留;(3)禁止去酒店和出售含有酒精饮料的公共店铺;(4)将外国人驱逐出境。

对物的保安处分,主要是指没收、封闭营业场所、解散法人等。如奥地利刑法第26条规定了作为保安处分的没收,其第1款规定:“根据物的特点,没收有助于避免应受刑罚处罚行为的实施的,行为人用于此等行为之物,准备用于此等行为之物,或因应受刑罚处罚的行为所得之物,应予以没收。”意大利刑法第236条所规定的对物的保安处分的种类中,也包括没收。

二、保安处分的性质

所谓保安处分的性质,实际上指保安处分与刑罚的关系,即保安处分在本质上与刑罚是不同的处分(二元主义),还是同一的处分(一元主义)?

基于道义责任论与报应刑论的古典学派认为,刑罚是对犯罪的道义的非难与报应;保安处分则不具有这种非难的内容,而是针对行为人的危险性格,为了社会的保安,而预防将来的对社会的侵害。因此,刑罚与保安处分的性质不同。这是二元主义的基本观点。

二元主义认为刑罚与保安处分具有以下区别:(1)虽然刑罚与保安处分均以存在犯罪行为为前提,但是,刑罚是以责任为根据的;而保安处分是以行为人实施犯罪的危险性为根据的。(2)刑罚以具体行为表现出来的责任为基础;而保安处分以行为人实施犯罪的危险性为基础。(3)刑罚是对犯罪行为的制裁,以报应为本质;而保安处分是对再犯的预防,以隔离、改善为本质。(4)刑罚以痛苦或者恶害为其本质内容;保安处分则不以痛苦、恶害为本质内容。(5)刑罚作为镇压犯罪的手段,将一般预防作为首要目的,同时也为特殊预防目的服务;而保安处分作为预防犯罪的手段,所追求的只是特殊预防目的。(6)刑罚是伦理的非难的表现形式;保安处分不具有非难的意义,在伦理价值上是无色的。(7)犯罪预防不是刑罚的本质,却是保安处分的本质。(8)刑罚是以过去的犯罪行为为根据,对过去的犯罪行为给予相均衡的报应,故刑罚的期限是确定的;保安处分以行为人有实施犯罪的危险性为根据，因此，只要存在这种危险性，就要继续不定期地实行保安处分。

考虑到以上区别，对保安处分的性质可作如下分析：(1)保安处分是对各具体犯罪人的处分，并不将一般人作为防范处分的对象。(2)保安处分以存在犯罪（不一定要求有责）为前提。(3)作为保安处分前提的犯罪，不一定以有罪的确定为必要，因为有的保安处分（如附保护观察的宣告犹豫）就是为了回避有罪宣告而确立的。(4)作出保安处分时，必须认定犯罪人的特定行为所显示的将来的危险性，危险程度不同，保安处分的种类便不同。(5)保安处分属于伴随着剥夺或者限制自由的隔离或者改善处分；换言之，刑罚的基本性格是剥夺自由，隔离、改善只是刑罚的效果；而保安处分的基本性格是隔离、改善，剥夺、限制自由是从属于隔离、改善的。(6)保安处分原则上是一种行政处分，属于行政机关的权限，不应由法院宣告；与此相对，刑罚是一种刑事处分，属于审判机关的权限，不能由其他机关宣告。

实证学派着眼于行为人的危险性，刑法的使命是对这种危险性施加社会保安处分或者教育、改善行为人，因而认为刑罚与保安处分之间没有质的区别，二者具有共同的特性，这就是一元主义。一元主义的具体理由如下：

第一，对犯罪的实证研究结果表明，只在犯罪人所实施的行为中寻找刑事责任的根据，在犯罪对策上是不符合目的的。实际上，应以犯罪人的素质、经历、环境与状况为评价对象的观点已经反映在刑事立法上，缓刑、不定期刑、假释等就是如此。将犯罪行为以外的情况予以考虑，就表明犯罪人的社会危险性是刑罚的量定基础，因而与保安处分没有区别。

第二，基于报应刑论的罪刑均衡是不可能实现的，不定期刑的采用使报应刑论所主张的定期的处遇逐渐失去了基础，因此不应承认刑罚与保安处分的区别。

第三，报应刑论所说的刑罚的报应并不是唯一的目的，而是通过刑罚保全社会秩序，刑罚的内容虽然是恶害，但近代刑罚并不是非人道的恶害，并不是为了将痛苦施加于犯罪人。保安处分虽然在价值上是无色的，但这是从个人主义的行为伦理所得出的结论，如果以全体主义的行为伦理为根据，就绝不是无色的。

第四，刑罚以犯罪行为为前提，是对犯罪行为所征表的社会危险性的处分；保安处分则不问犯罪行为的有无，为了社会防卫而对社会的危险性所给予的处分。既然都是对社会的危险性所给予的处分，因此在本质上没有差异。所以，保安处分与刑罚一样，在法律上是一种刑事处分，原则上应由审判机关宣告。

一元主义可以进一步分为保安处分一元主义与保安刑一元主义。保安处分一元主义主张废除刑罚与保安处分的区别，将二者统合为社会防卫处分（通常所称的一元主义，是指保安处分一元主义）。1921 年 Ferri 所起草的意大利刑法草案贯彻了保安处分一元主义的观点，这一草案取消了刑罚的概念，代之以制裁的概念，但这一草案没有被意大利当局采用。此外，1962 年的瑞典刑法将刑罚与保安处分统一为制裁，彻底实行了保安处分一元主义。保安刑一元主义主张，通过将保安处分的机能融入刑罚而消解二者的本质区别。据此，不是根据行为人的责任的轻重，而是根据行为人的危险性的程度，科处不定期的自由刑（保安刑，Sicherungsstrafe）。显然，保安刑一元主义放弃了刑罚的本质内容。

从事实上看，一般采取的是二元主义。Stoos 于 1893 年起草的瑞士刑法第一准备草案,最初将保安处分作为与刑罚并列的一项制度予以规定。这种二元主义的做法,后来被德国、奥地利、法国、意大利等国的刑法草案所继承,1930年的意大利刑法、1932年的波兰刑法、1933年修改后的德国刑法、1937年的瑞士刑法等,都在规定刑罚的同时规定了保安处分。此外,有的国家在刑法典以外以单行法规的形式规定了保安处分,1930年比利时制定的对精神病患者及常习犯人的社会防卫法就是如此。

三、保安处分的发展

早在18世纪末,德国学者Klein就论述了保安处分的必要性,但保安处分理论的展开以及在立法上采用保安处分,则是19世纪末的事情。因为19世纪末,犯罪大量增加,尤其是少年犯罪、累犯、流浪者、乞丐、厌恶劳动者的增加,促使人们对刑事古典学派的理论进行反省。保安处分就是对以道义责任为基础的报应刑理论的反省而提出来的。Ferri与Liszt为了改变以前的刑罚概念的内容,而提倡社会防卫论,从而使保安处分的理论得以发展。另外,自由刑的执行现状不理想,导致“自由刑的破产”,使人们深感保安处分制度的必要性。具体而言,导致保安制度产生与发展的要因如下:(1)基于道义责任论的报应刑认为,即使是具有再犯危险性的犯罪人,但如果其属于无责任能力的人,就必须置于刑法之外处理;(2)仅以作为报应的刑罚手段对付累犯并不成功,累犯人在释放后依然会犯罪;(3)对常习犯人,为了镇压与预防的需要必须进行个别的处置;(4)对少年犯必须实行以改善为目标的处分;(5)为了弥补短期自由刑的缺陷,有必要实行保安处分制度;(6)对具有责任能力的酒精中毒者、厌恶劳动者,必须采取刑罚以外的特殊手段。

现在欧洲大陆诸国都实行了保安处分制度,保安处分的法律形式经历了一些变迁。保安处分的发展大致上可以分为四个时期。

第一个时期是罗马法以后到19世纪末(1893年)由Stoos制成瑞士刑法第一准备草案为止。换言之,在Stoos制定上述草案前,就实际上存在保安处分,理论上也提出了保安处分的概念。例如,1810年的法国刑法第66条规定将少年犯“移交双亲”“移交慈善事业家或慈善院”,就具有保安处分的性质;1860年的瑞士犯罪精神病人收容法,就是一项有关保安处分的法律。从理论上说,最初提出保安处分概念的,是18世纪末的德国学者Klein。从18世纪初期开始,德国在司法习惯上,就对可能再犯罪的犯人在保安上实行不定期的、严格的监督,或者在劳役场所采取强制措施。Klein指出,这种措施不是刑罚,而是保安处分,进而提倡在刑罚之外设立不以恶害为必要的、以犯罪人的危险性为考虑对象的保安处分。但在当时,他的这种理论没有得到多数人的赞成。后来,Ferri与Liszt提倡了社会防卫理论,社会防卫理论虽然主张的是保安处分的一元主义,但使Klein的二元主义理论复活,也给Stoos制定刑罚与保安处分并存的刑法草案提供了思想根据。在以往的刑法适用中,短期自由刑对镇压犯罪不仅是无能的,而且是有害的,报应刑理论对职业犯、常习犯是无力的,而且对大量增加的少年犯应当采取特别的改善方法。Stoos以此为背景,对Klein在100年前提出的刑罚与保安处分的二元主义进行了若干修正,巧妙地使新旧两派的观点妥协,将保安处分作为行政处分规定在刑法草案中,形成了1893年的瑞士刑法草案,被人们称为瑞士刑法第一准备草案。这一做法,被以后的西欧各国刑法修正草案作为典范,很多国家在刑法典中将保安处分作为刑罚的补充,成为一项不可缺少的制度。外国刑法理论认为,Stoos的草案对保安处分的立法化具有划时代的意义。

第二个时期是从Stoos的草案制成以后到第一次世界大战结束前后为止。Stoos草案的基本思想是将报应主义与犯罪预防主义结合起来，被认为是社会防卫主义的刑法，它一方面维持了罪刑法定主义、责任主义的原则，同时又将犯罪的预防放在比报应更为重要的地位，对常习犯人、职业犯人、厌恶劳动者、酒精中毒犯罪者实行改善、隔离；被认为是所谓“社会民主主义刑法”中的保安处分的代表型。Stoos 草案在 20 世纪初对整个欧洲都产生了影响，其间，刑事人类学派的理论与犯罪统计的研究对保安处分的发展产生了重大影响。报应刑对生来性犯罪人与常习犯没有作用、短期自由刑对镇压犯罪有害无用、对少年犯应采取特别改善处分，成为一般性认识。这就为保安处分进一步奠定了理论基础。

第三个时期是从第一次世界大战结束前后到 1921 年 Ferri 起草意大利刑法草案及法国刑法草案时止。在这一时期中，意大利的实证学派立足于社会责任论，对传统的刑罚概念进行了否定，主张将刑罚与保安处分统一为制裁。Ferri 的一元主义刑法草案虽然没有被意大利采用，但仍然起到了很大的影响作用。这一草案的特色在于，不区分刑罚与保安处分，刑罚实际上成为保安处分的一部分，是完完全全的保安处分一元主义的草案。虽然现在几乎没有采用保安处分一元主义的国家，但一些人认为，一元主义仍然是将来的理想形态。

第四个时期就是此后的保安处分单行法时代。即对具有危险性的人特别是具有常习犯罪危险的人，采取单行法的形式规定进行保安处分。例如，1930 年比利时社会防卫法、1935 年西班牙流浪者及嫌疑犯处分法、1929 年荷兰常习犯人法、1933 年德国危险的常习犯及保安处分法，等等。这就使保安处分的二元主义得到了进一步发展，也使保安处分的范围进一步扩大。

第二节　保安处分的一般要件

一、概说

很多国家的刑法根据保安处分的种类确定具体的适用要件，换言之，不同种类的保安处分，有不同的适用条件。例如，德国刑法规定了 6 种保安措施，其第 63 条第 1 款规定，在无责任能力或限制责任能力状况下实施了违法行为的，如果对行为人及其行为的总体评价，表明其还会实施严重的违法行为，因而对公众具有危险性，法院应当命令收容于精神病院。第 64 条第 1 款规定，有过度服用酒精饮料或者其他麻醉剂的习癖，或者昏醉中的违法行为或起因于其习癖的违法行为受有罪之判决，或者仅因证明其为无责任能力或不能排除其系无责任能力者而没有受有罪之判决，如果因其习癖将来有实施严重违法行为的危险的，法院应命收容于戒除瘾癖的设施。德国刑法第 66 条以下还规定了保安监督、行状监督、剥夺驾驶许可、职业禁止的适用条件。

虽然各国刑法对不同的保安处分规定了不同的适用条件，但可以从这些不同的条件中概括出一般要件。所概括出的一般要件与保安处分的性质密切联系，换言之，保安处分的性质决定了保安处分的一般要件。从保安处分的性质来看，确定保安处分的一般要件必须符合合目的性与合理性。

合目的性决定了保安处分的一般要件必须符合保安处分的目的。保安处分的目的是防止对社会有危险的人侵害社会及治疗、改善有危险的人,所以,保安处分的一般要件要首先着眼于行为人的危险性,这就决定了适用保安处分的主观要件是行为人对社会具有危险性。

其次,不能为了社会的保安,而随意对行为人适用保安处分。换言之,不能为了社会的保安而侵害国民的自由权利,因此,只有当行为人实施了违法行为时,才能适用保安处分。所以,行为人实施了违法行为是适用保安处分的另一个要件,这一要件是合理性的要求。

行为人所具有的危险性与行为人所实施的违法行为,就是适用保安处分的一般要件。

二、行为人的危险性

适用保安处分,要求行为人必须具有危险性,这是保安处分的性质决定的。关于这一点,很多国家的刑法有明文规定。例如,意大利刑法第202条第1款规定:"只有对实施了被法律规定为犯罪的行为并且具有社会危险性的人,才可以适用保安处分。"再如,巴西刑法第76条也规定,保安处分的适用要件之一是"行为人有犯罪危险性"。德国刑法针对不同种类的保安处分所规定的条件中,都要求是"将有严重违法行为且因而危及公众的人""将来有实施严重违法行为的危险的人"。

所谓危险性,是指行为人有实施违法行为的可能性与盖然性,或者说行为人有实施违法行为的"性向"。但这里的可能性或盖然性不是随意决定的,而应当是以某种客观事实或状况为基础形成的。至于这种危险性形成的原因,则因学派的不同而有不同的解释。有的强调行为人的人格或素质的决定作用,有的强调环境的决定作用,有的则认为二者相互作用形成危险性。

是否凡是具有危险性的行为人就是保安处分的适用对象,或者说是否应当在行为人的危险性达到一定程度时才能适用保安处分,这在理论上并没有形成完全一致的观点。一种观点只谈危险性,而不谈危险性的程度,认为凡是有实施违法行为可能性的,就应适用保安处分。另一种观点则认为,作为保安处分适用要件的危险性,并不是一种单纯的可能性,而是达到一定程度或相当程度的危险性。否则,任何危险性都有可能成为适用保安处分的条件,这会导致保安处分的不合理性。

问题在于对行为人的危险性及其程度如何确定?这是十分重要的问题。关于这个问题,基本上有三种立法例:(1)由法官或检察官根据不同事件的具体情况进行自由确定,这种情况比较少见。(2)在立法上规定了衡量危险性的标准,法官应当依照法定的标准衡量行为人的危险性及其程度。例如,意大利刑法第203条第2款规定:"具有社会危险性的人身特点,根据第133条列举的情节推论。"其第133条所规定的各项情节为:行为的性质、类型、手段、对象、时间、地点和其他方式,对犯罪被害人造成的损害或者危险的程度;故意或过失的程度,犯罪的原因和犯罪人的特点,刑事处罚前科尤其是犯罪人在犯罪前的品行和生活,犯罪时的品行或者犯罪后的品行,犯罪人所处的个人、家庭和社会生活环境。(3)折中主义,首先在立法上以一定的形式规定危险性的表现,在此基础上,法官再根据具体事件确定危险性及其程度。德国刑法的规定就是如此。如前面引用的德国刑法第63条、第64条的规定就说明了这一点。

事实上,不管采取哪一种立法体例,行为人的危险性及其程度都必须由法官或检察官进行确定,即使像意大利刑法那样规定了危险性的衡量标准,但它实际上只是规定了法官应当从哪些方面来判断行为人的危险性及其程度,并没有规定一个具体的衡量标准。所以,适用保安处分还需要有客观方面的要件,这就是违法行为。

三、违法行为

适用保安处分的另一个一般要件是行为人实施了违法行为。这里的违法行为,一般是指具有构成要件符合性与违法性的行为,有些保安处分也适用于具有构成要件符合性、违法性、有责性的犯罪行为。

从刑法理论上看,对违法行为如何理解还存在争议。有一种观点认为,只有对实施了犯罪行为,同时表明具有再犯罪危险性的人,才能适用保安处分。但通说认为,保安处分的目的与性质,决定了适用保安处分的根本性条件是行为人具有再犯罪的危险性,因此,行为人虽然没有实施犯罪行为,但从其实施的其他违法行为来看,足以表明其具有上述危险性时,就应当适用保安处分。

需要指出的是,并不是对所有实施了犯罪行为的人,都在宣告刑罚的同时宣告保安处分,或只给予保安处分。只有当所实施的犯罪行为能够说明行为人有再犯罪或实施严重违法行为的危险性时,才适用保安处分(不排斥同时适用刑罚)。根据各国刑法的规定,就实施犯罪的原因而言,一般是指以下情形:因为具有服用酒精饮料或麻醉剂的习癖而实施的犯罪行为,因为性冲动而实施的犯罪行为,因为精神疾病而实施的犯罪行为,等等。概言之,能说明行为人具有侵害社会的危险性的犯罪行为,才是适用保安处分的条件。由此看来,在保安处分中,违法行为所具有的意义主要是危险性的征表,当然对适用保安处分也具有基础作用。

作为保安处分适用条件的犯罪行为,也可能是已经适用了刑罚的犯罪行为。换言之,行为人实施某种犯罪行为,在执行刑罚后,如果认为行为人具有再犯罪的危险性,也应适用保安处分。

第三节　保安处分的适用与执行

一、保安处分的适用原则

一般来说,行为人实施了违法行为,表明行为人具有再犯罪的危险性时,就具备了适用保安处分的一般要件。但从刑法理论上看,适用保安处分还要遵循两个原则:必要性原则与相当性原则。

必要性原则,是指保安处分只有由于行为人的危险性,并基于社会保安的需要,才有适用的必要性;行为人的危险性,必须是在只有适用保安处分才能消除的情况下,才有适用的必要性;如果有其他方法可以消除行为人所具有的危险性,就应当适用其他方法,而不能适用保安处分。这是因为保安处分虽然与刑罚有性质区别,但仍然是一种剥夺或限制人身自由的方法,如果滥用保安处分,就必然侵害国民的自由权利,所以必须坚持必要性的原则。

坚持必要性原则,就需要考虑伦理的容许性。有的学者认为,保安处分制度是建立在保护社会安全的有效性与目的性的基本思想之上的。以国家的司法处分,对有害于社会或对社会具有危险性的特定的人加以特别的矫治、治疗或监禁,可能对社会的公安秩序具有很高的目的性与有效性。但从法治国家原则与罪责原则来看,仅仅基于有效性与目的性,还没有足够的理由来施行上述保安处分。只有在具有有效性与目的性的同时,还具有伦理的容许性,才能适用保安处分(Welzel)。因为刑法是以伦理为基础的法律规范,而保安处分也是刑法上的法律效果,故不能容许有违背伦理观念的法律效果(保安处分)。只讲究目的性而无限制地以国家权力来达到社会保安效果的刑事政策,被认为只存在于集权统治的国家。例如,德国在集权主义国家体制下就提倡“法律是有利于民族与政党的所有一切规定”。在此口号下,就出现违背伦理观念的保安处分,如送集中营监禁、强制阉割等,这是历史的教训。因此,现代的保安处分,在考虑有效性与目的性的同时,还应考虑伦理的容许性。

相当性原则,是指保安处分的适用必须与行为人的危险性以及社会的保安需要相当,也就是说,保安处分作为对行为人的特别的危险性所采取的防卫措施,应当与所要防卫的危险程度及所预期的预防目的成相当比例关系(Jescheck)。有的国家刑法对相当性原则有明确规定(参见德国刑法第62条)。

根据相当性原则,法院在适用保安处分时,除了考虑保安处分的目的与社会保安的需要之外,还要使保安处分的内容与行为人的危险性(包括违法行为的严重程度)相适应。这一方面可以避免法院以社会保安为借口,滥用保安处分,侵害国民的自由权利;另一方面促使法院在科处保安处分时,认真确定行为人的危险性程度,选定适当的保安处分方法与期限。

可以认为,必要性原则主要是对是否适用保安处分起限定作用,相当性原则主要是对如何适用保安处分起限定作用。

二、保安处分的宣告

单纯宣告保安处分时,在宣告方面不存在特别问题。即只要行为人符合适用保安处分的条件,有权机关作出适当的保安处分决定,就可以宣告。但由于保安处分与刑罚是两种不同性质的措施,前者是后者的补充,因而,在适用刑罚时仍然可以适用保安处分,这就是所谓的保安处分与刑罚的竞合。在这处情况下,如何宣告保安处分,则是需要说明的问题。

当需要并处刑罚与保安处分时,原则上是将刑罚与保安处分同时宣告(宣告上的并科主义,并科宣告主义);如果行为人的行为不构成犯罪,应宣告无罪,但应科处保安处分时,则在宣告无罪时宣告保安处分;但在某些情况下,也可能事后宣告保安处分。例如,意大利刑法第205条规定:“法官在处罚判决或者开释判决中对保安处分的适用做出决定。有下列情况之一的,可以采用事后的处置决定适用保安处分:(1)在宣告处罚的情况下,在刑罚执行期间或者在被判刑人有意逃避刑罚的执行期间;(2)在宣告开释的情况下,如果推定有关人员具有社会危险性并且相关保安处分的最低持续期尚未经过;(3)法律规定的情况,并且不受时间的限制。”再如,巴西刑法第79条规定:“保安措施应列入有罪判决书或无罪判决书中。”这就表明保安处分与处刑或无罪判决应一并宣告。

保安处分与刑罚并科,是以二元主义为前提的,即只有承认保安处分与刑罚具有不同的性质,才能将保安处分与刑罚并科。如果采取一元主义,将保安处分与刑罚并为一体,则不能将保安处分与刑罚并科;即使存在二种以上制裁方法的并科,也不能认为是刑罚与保安处分的并科。

现代各国一般采取二元主义，故一般允许刑罚与保安处分并科，并以同时宣告为原则。但在某些情况下，虽然判决有罪或无罪时，未能确定行为人具有需要科处保安处分的危险性，但事后确定行为人具有这种危险性时，根据保安处分的目的与性质，也可以在事后宣告保安处分。

也有少数国家采取择一主义（宣告阶段的一元主义），即只能在刑罚与保安处分中选择其一予以宣告（实际上是以宣告保安处分代替刑罚）。在没有宣告刑罚的情况下，不产生刑罚宣告的法律效果。挪威刑法第39条采取了这种做法。

三、保安处分的执行

如果单纯科处保安处分，则在执行该保安处分方面，也不存在特别问题。但是，当保安处分与刑罚并科时，就存在是先执行刑罚还是先执行保安处分的问题。从理论上说，由于保安处分是刑罚的补充，理当先执行刑罚，后执行保安处分。这主要是基于三个方面的理由：(1)责任主义的要求。适用刑罚是以行为人具有责任为前提的，而保安处分并非如此，为了坚持责任主义，就必须先执行刑罚。(2)重视刑罚的一般预防作用的要求。如前所述，刑罚被认为是侧重于一般预防的，保安处分是侧重于特别预防的。或者说，刑罚的一般预防作用明显，保安处分的特别预防作用明显。从社会的整体上看，应当重视一般预防的作用，所以应先执行刑罚。(3)在刑罚执行阶段也可能存在保安处分的处遇方法，而保安处分执行阶段不可能存在刑罚的处遇方法，因而应先执行刑罚。

但是，这一点也并不绝对，考虑到刑罚与保安处分的特点，在立法上也有规定原则上先执行保安处分的。例如，德国刑法第67条第1款规定，如果在判处自由刑的同时宣告收容于精神病院、收容于戒除瘾癖的设施的保安处分的，先执行保安处分，后执行刑罚。再如，奥地利刑法第24条规定："收容于安置精神病违法者的机构，或收容于安置需要戒除瘾癖的违法者的机构，应先于自由刑的执行。"德国与奥地利刑法的这种规定，是考虑到对某些行为人而言，保安处分措施比刑罚能起到更好的预防作用，这类行为人往往是精神异常者、性格异常者与具有某种癖性的犯罪人。

保安处分虽然可以与刑罚同时宣告，但这并不意味着必须既要执行刑罚，也要执行保安处分。当然这也是有争议的问题，也有不同的立法例。换言之，当保安处分与刑罚同时宣告，而且已经执行一种制裁时（或者已经执行刑罚，或者已经执行保安处分），另一种制裁是否执行？对此有两种主义：

第一，并科执行主义。即一方执行后，再执行另一方，不问另一方有无执行的必要。如意大利刑法第211条第1款规定："与监禁刑并处的保安处分，在监禁刑执行完毕或者以其他方式消灭后执行。"但并科执行主义受到了批判：由于剥夺自由的保安处分与自由刑具有实质的共通性，故并科执行主义具有侵犯人权的危险。

第二，代替主义。即已经执行一方后，如果没有必要就不执行另一方；反过来说，已经执行一方后，在有必要的时候才执行另一方。德国刑法与奥地利刑法就是采取这一主义。例如，奥地利刑法第24条第1款规定，保安处分的"收容期间折抵刑期。刑期届满前被取消收容的，将违法者收监执行，但其余刑被附条件释放或者无条件释放的，不在此限"。日本改正刑法草案采取了有条件的代替主义，其第110条规定："已经被执行刑罚的人，如果认为没有必要执行保安处分，裁判所可以解除保安处分。已经被执行保安处分的人，如果认为没有必要执行刑罚,裁判所可以免除刑罚的全部或者部分。"

一般认为,如果采取保安处分二元主义的立场,从理论上说,应当实行并科主义;但从实际上看,代替主义是妥当的。因为刑罚与保安处分虽然性质不同,但在执行上有共通之处,在刑罚执行阶段也具有治疗的要素,实际上很难实行并科主义(Maurach/Gössel/Zipf)。从保安处分的目的与性质来看,如果执行一方就达到目的,就没有必要执行另一方。因此,代替主义既符合实际,也不违背保安处分的目的。

各　论

第一编　对个人法益的犯罪

第十六章　对生命、身体的犯罪

第一节　本章犯罪概述

一、对生命、身体犯罪的类型

在刑法理论中,对生命、身体的犯罪(特别是杀人罪)是最典型的犯罪类型;刑法总论(如在论述因果关系、未遂、错误理论时)常常以杀人罪为例展开讨论。但是,也必须注意,以生命、身体为保护法益的犯罪,有其特殊性。

对生命、身体的犯罪,包括对人及胎儿的生命、身体的侵害与造成危险(威胁)的行为。因此,本章之罪的对象(行为客体,以下一般表述为对象)仅限于人与胎儿,但人与胎儿存在明显区别,因而对人的生命、身体的犯罪与对胎儿的生命、身体的犯罪构成不同的犯罪。"胎儿的生命"是一般性表述,旨在将死胎排斥在外。侵害人的生命的行为构成杀人罪与过失致死罪;侵害人的身体的行为构成伤害罪与过失致伤罪;对人的身体有侵害危险的行为构成暴行罪;对需要扶助的人的生命、身体不予扶助因而产生危险的行为构成遗弃罪。而对胎儿生命、身体的侵害或造成侵害危险的行为,则构成堕胎罪。[1]

二、人的含义

(一)刑法上的人

对生命、身体的犯罪的对象是人,各国刑法条文都明确规定杀人罪是对人的杀害,伤害罪是对人的身体的伤害。刑法上的人理所当然以自然科学上的人为前提,但与自然科学上的人也有区别,即必须对自然科学上的人进行法律判断。首先,对生命、身体的犯罪的对象仅限于自然人,而不包括法人。其次,仅限于他人,即自杀行为不构成杀人罪,自杀未遂的也不受刑罚处罚。[2] 最后,杀人罪、伤害罪、暴行罪、遗弃罪的对象只能是有生命的人,而不包括胎儿与尸体。

(二)人的始期

关于胎儿从何时转变为人的问题,存在以下五种学说:

1. 独立生存可能性说。此说着眼于对象的生物学、医学的性质,认为只要处于可能在母体之外维持其生命的状态,便是人。可是,即使具有独立生存的可能性,但如果仍然处于母体内,就只能是胎儿而不是人。而且,这种观点导致许多堕胎行为构成杀人罪,使刑

---

〔1〕 本书只讨论外国刑法中的重点犯罪,以及对中国具有借鉴意义的部分犯罪,故以下不具体讨论堕胎犯罪。

〔2〕 英国普通法一直处罚自杀行为,1961 年的自杀行为法才废除自杀罪。

法关于堕胎罪的规定事实上丧失意义,因而只是极少数学者的观点。

2. 分娩开始说或者阵痛开始说。此说认为,孕妇开始分娩或者开始分娩前的阵痛时,胎儿便成为人。德国旧刑法与法国旧刑法规定杀婴罪时,采取的便是此说。开始分娩时,胎儿便成为婴儿,成为杀婴罪的对象。没有独立规定杀婴罪的国家,一般不采取这种学说,否则就扩大了杀人罪的范围。然而,现行德国刑法虽然废除了杀婴罪,但是其理论通说与判例现在仍然采用阵痛说,因为孕妇开始分娩,出现分娩时的开口阵痛时,婴儿就开始脱离母体,于是已经存在需要刑法保护的人的生命。如果医生在为孕妇分娩的过程中故意或者过失导致婴儿死亡,就成立故意杀人罪或者过失致人死亡罪(过失杀人罪)。日本有少数学者主张阵痛说,其理由是,由于堕胎的定义是"人工地排出处于自然的分娩期之前的胎儿",故杀人罪与堕胎罪应以"自然分娩期"为区分标准。但是,持反对观点的学者认为,"开始分娩"的确认是相当困难的;将还处于母体内的"胎儿"认定为与之有区别的"人",不符合社会的一般观念,也有违反罪刑法定主义的嫌疑;而且,在剖宫产的场合,也不可能以开口阵痛为标准。此外,在胎儿还处于母体内时,不能直接对其生命、身体进行攻击,不宜将其作为杀人罪的对象。

3. 部分露出说(一部露出说)。此说主张,胎儿的身体有一部分露出母体时,就成为人的始期。这是日本判例的立场与刑法理论的通说。此说的论据是,只要胎儿露出一部分,[3]其他人就可能在母体外对之直接进行加害,因而值得保护;如果要等到全部露出才认定为人,就会遇到证明的困难:行为人实施加害行为时,胎儿是否全部露出?如果不能证明全部露出,就必须采取事实存疑问时有利于被告的原则,只能认定为堕胎罪,这显然不合适。此外,以此为标准也容易区分杀人罪(或杀婴罪)与堕胎罪。[4] 但是,此说也存在问题。(1)胎儿一部分露出母体后,如果不能证明有独立生存可能性时,对之进行加害的,就不能认定为杀人罪与伤害罪。例如,有的早产婴儿,是否有生存的可能还不能得以证明,如果因为对一部分露出的早产婴儿进行加害就构成杀人罪与伤害罪,便不合理。(2)对于母体内的胎儿也可以借助工具(如药物)"直接"进行加害,故以"直接加害的可能性"为标准,缺乏合理性。(3)胎儿还可能一部分露出后又缩回母体,按照部分露出说,则该胎儿在成为人后又变成了胎儿,这是难以理解的。(4)从方法论上来说,以行为的样态(独立侵害的可能性或者直接侵害的可能性)为标准决定"人"的范围,也是不妥当的。因为一个对象是不是人,是由其自身的价值来决定的,而不是由对其可以采取什么攻击方法来决定的。

4. 全部露出说(分娩完毕说)。胎儿全部露出母体时才是人(平野龙一、町野朔、松原芳博、松宫孝明)。首先,全部露出说是各国民法上的通说,因为只有全部从母体中露出,才能作为权利主体享有各种权利,在刑法上采取全部露出说与民法可协调。其次,全部露出说的标准很明确。英国刑法采取全部露出说。不过也有学者指出,全部露出说的标准虽然明确,但行为人在实施攻击行为时,对行为对象是否全部露出,必须进行事后的判断。

---

〔3〕 部分露出说没有强调露出的是身体的什么部位(即使是先露出脚也被认定为"人"),但有学者考虑到与脑死亡之间的关系,主张以露出头部的时点作为标准(林幹人)。对此持反对态度的学者则认为,出生的标准与脑死亡标准没有直接关系(山口厚)。

〔4〕 即使采取部分露出说,也以部分露出的时点具有生命存续的可能性为必要;如果侵害了缺乏生命存续可能性的"人",也不能成立杀人罪与伤害罪。

亦即,虽然行为人是在母体外进行攻击的,但此时行为对象是否完全露出母体,则难以证明。此外,全面露出说着眼于保护价值,认为胎儿的保护价值低或者保护的必要性小。但是,在全部露出的时点能否真的区分保护价值的高低,则不无疑问。

5. 独立呼吸说。胎儿全部露出母体且能独立呼吸时才是人,因为只有在此时,原来的胎儿才有生存的可能性,对之才有杀害和伤害的可能性(大场茂马)。但国外刑法理论一般认为,这种学说导致对人的生命保护不力。

上述争论涉及对人的生命保护的力度以及是否有必要将孕妇分娩过程中医生等人的行为纳入刑法的调整范围的问题。此外,还涉及另一具体问题,即以作为或者不作为杀害了通过堕胎排出的婴儿的,应当如何处理?多数说主张,如果堕胎排出后的婴儿具有生存可能性,则行为成立杀人罪;否则仅成立堕胎罪。少数说则认为,既然胎儿已一部分露出母体,不管其是否具有生存可能性,都属于"人",故上述行为成立堕胎罪与杀人罪的并合罪。

(三)人的终期

对一个濒死的人开枪,导致其死亡的,无疑构成杀人罪;对一个尸体开枪的,则只能构成损坏尸体罪。因此,对象是生是死,对被告人的刑事责任影响重大。如何确定人的终期也就成为一个很重要的问题。人的终期即人的死亡,刑法上的"死亡"显然是指"整体死",而不是指"部分死"。

关于人的终期,主要有以下两种观点:(1)三征候说,即以呼吸不可逆转地停止,脉搏不可逆转地停止跳动,以及瞳孔反应消失(扩散)为基础进行综合判断,从而确定人的终期。日本的通说仍然是三征候说。(2)脑死亡说,即脑的机能不可逆转地丧失时为人的终期。采用脑死亡说的根据是,人由精神与身体两个要素组成,如果两个要素的本质部分都不可逆转地丧失,就不值得作为人保护。而人的脑(包括大脑与脑干)的机能不可逆转地丧失时,可以视为丧失了人的精神与身体的本质要素(井田良)。脑死亡说是德国的通说、日本的有力说。

从现在的实际情况来看,虽然主张脑死亡的越来越多,但脑死亡概念现在还存在问题。从脑死亡后不可能再复生这一点来说,脑死亡说是有一定道理的。但是,赞成脑死亡观点的人多是从脏器移植的需要出发的,或者说提出脑死亡的概念与脏器移植是密切联系的。为了避免出现有人为了保全他人的生命而利用脑死亡的概念,判定脑死亡的医生与进行脏器移植的医生必须分开,否则就必然带来认定脑死亡的随意性。但是,从多数国家的实际情况来看,判定脑死亡的医生与进行脏器移植的医生不可能分开,这就避免不了人们会对脑死亡概念产生不信任感。再者,脑死亡的判定标准现在并不统一,全面适用脑死亡标准也必然带来混乱。而且,脑死亡的概念现在还没有被一般国民接受,如果全面适用脑死亡的概念,难免遭到国民的异议。将血液还在循环、心脏还在跳动的生命现象作为"尸体"处置,难以为国民接受。基于上述理由,许多国家刑法理论与审判实践还没有普遍采取脑死亡的判断标准,即一般还是采取综合判断标准。

由于一些国家的器官移植法明确规定允许摘出脑死亡者的器官移植于需要的患者,于是有的学者主张死亡标准的相对性。一种主张是,原则上采取三征候说,但在被害人本人选择脑死亡标准时则采取脑死亡标准。亦即,器官移植法创设了人具有例外地选择脑死亡的权利,而且为了器官移植而摘出人体器官的也阻却了损坏尸体罪的违法性。但是,持反对观点的学者指出,人的死亡是一个客观的概念,不具有由本人的意志来决定的性质。另一种主张是,在通常情况下采取三征候说,但是在器官移植的场合,不管本人的意志(与本人的意志无关)如何均采取脑死亡标准(相对的脑死亡说)。这一主张有利于器官移植,但是也受到了批判。因为人是法益的享有主体,其终期不能根据行为目的或者法领域不同而相对化。

显然,刑法理论需要讨论的问题是,器官移植法规定允许摘出脑死亡者的器官,是否意味着人的死亡标准由三征候说改为脑死亡标准。在解释论上,对此存在三种解说:其一,既然允许摘出脑死亡者的器官,就表明器官移植法采取了脑死亡标准。其二,只是在提供器官时才承认脑死亡标准,在其他场合仍然采取三征候说。其三,脑死亡并不是人的死亡,只不过器官移植法规定了经过脑死亡者本人同意的器官移植是一种违法阻却事由。但是,这种观点与被害人对死亡的承诺无效明显相冲突。

第二节　杀　人　罪

一、杀人罪概说

本节所论述的杀人罪,是指以故意断绝他人生命的行为为内容的犯罪,其保护法益是个人的生命。根据各国的刑事立法例,可以根据不同标准将杀人罪分为不同的种类。

首先,根据是否有预谋将杀人罪分为谋杀罪与故杀罪(如德国刑法第 211 条、第 212 条,法国刑法第 221 - 3 条、第 221 - 1 条,瑞士刑法第 111 条、第 112 条,意大利刑法第 577 条第 1 款、第 575 条等)。当然,谋杀与故杀的区分标准,各国并不一定相同。

其次,根据杀人罪的对象的特点将杀人罪分为普通杀人罪与杀害尊亲属罪(如法国旧刑法第 299 条、意大利刑法第 577 条)以及杀婴罪(如德国刑法原第 217 条、法国旧刑法第 300 条、瑞士刑法第 116 条、意大利刑法第 578 条)。在古代,杀婴罪是一种比普通杀人罪更为严重的犯罪,而在现代,杀婴罪则是比普通杀人罪要轻的犯罪。这是考虑到行为人动机的特殊性与行为样态的异常性。因对象不同而规定成为不同的罪并给予不同的刑罚处罚的做法是否合适,是颇有争议的问题,故有的国家刑法删除了杀害尊亲属罪(日本)与杀婴罪(德国、法国)。

再次,根据行为的样态也可将杀人罪作出分类。例如,法国刑法第 221 - 5 条的毒杀罪,[5]就是根据杀人行为的样态所规定的罪名;日本特别刑法所规定的决斗杀人罪也属于这一类。

最后,根据被害人是否同意,可以将杀人罪分为一般杀人罪与广义的同意杀人罪,后者包括教唆自杀罪、帮助自杀罪以及受嘱托杀人罪与得承诺杀人罪。

二、普通杀人罪

普通杀人罪,是指一般的故杀罪,即普通的故意杀人罪(以下简称为杀人罪)。

---

[5] 法国旧刑法第 301 条就规定了毒杀罪。

（一）对象

杀人罪的对象是行为人以外的自然人。作为杀人罪对象的自然人，只要是有生命的人即可，或者说只要行为时尚有生活机能即可，对象的健康状态并不影响本罪的成立。因此，故意杀死濒死者、即将死亡的高龄人、畸形人、民法上宣告死亡的人以及宣告判处死刑的人，也构成杀人罪。

故意损坏尸体的行为，不构成杀人罪，只构成损坏尸体罪。对象已经死亡，而行为人误认为其为活人而实施“杀害”行为的，属于认识错误问题。根据具体危险说，如果在当时的情况下，一般人也会认为该尸体为活人，就表明行为人的行为具有侵害生命的危险性，因而应以杀人未遂论处。如果在当时的情况下，一般人不会认为该尸体为活人，则行为人的行为不构成杀人未遂，根据客观的危险说，该行为属于不可罚的不能犯。

出生前的胎儿，只是堕胎罪的对象，不能成为杀人罪的对象。但是，如果依法施行堕胎，从母体中排出的是有生存可能性的婴儿，行为人明知其有生存可能性而将其窒息死亡的，则构成杀人罪。

（二）行为

杀人罪的行为，就是在自然死期之前断绝人的生命。至于杀人的手段、方法则在所不问：既可以是有形的方法（物理的方法），如刺杀、绞杀、射杀、毒杀等；也可以是无形的方法（精神的方法），如故意给对方以强烈的精神刺激致其休克死亡的，也构成杀人罪。既可以是作为，也可以是不作为。间接正犯也能构成杀人罪。如利用不知情的第三者，将毒药送给被害人喝致其死亡的，利用者就是杀人的间接正犯。利用被害人的错误或者无意思能力而使其自杀的，也构成杀人罪，而不是教唆杀人罪。例如，故意对不能理解死亡意义的幼儿说，“如果死亡则进入非常美好的世界”，并告知自杀的方法，致使幼儿自杀的，也构成杀人罪。

根据客观的未遂犯论，杀人行为必须有引起被害人死亡结果的现实危险性，否则不构成杀人罪，而是不可罚的不能犯。〔6〕所谓没有引起被害人死亡结果的现实危险性的行为，通常是指采取迷信以及其他绝对没有致人死亡危险的方法的行为。例如，以杀人意思，将硫黄粉末给他人吃的，不构成杀人罪，只是不能犯，因为这种行为绝对不可能致人死亡（只是相对于杀人罪而言是不能犯，依然可能构成伤害罪）。与此相对，具有上述现实可能性而没有致人死亡的，则成立杀人未遂。例如，向被害人的静脉里注射没有达到致死量的空气，将没有达到致死量的黄磷给他人吃，将加入了氰酸钾、气味与颜色异常的饭给被害人吃等，都构成杀人未遂，而不是不能犯。

行为人开始实施具有断绝他人生命的现实危险性的行为时，就是杀人罪的着手时期。例如，以杀人的故意，开始将枪口瞄准被害人时，是杀人罪的着手。以杀人为目的，将加入了毒药的馒头交付给被害人时，即使被害人没有吃该馒头，也认定为已经着手实行杀人行为。以杀人为目的邮送毒药的，根据到达主义，对方收到该毒药时，才是杀人的着手；根据寄送主义，行为人开始实施寄送行为时为杀人的着手。

---

〔6〕不过，如果采取纯粹的主观说或者主观的危险说，也可能认为行为构成未遂犯（参见德国刑法第23条第3款）。

(三)故意

杀人罪的故意内容是,行为人认识到对象是有生命的自然人,同时对杀人行为造成死亡结果的可能性有认识,对结果既可以是希望,也可以是容认,即未必的故意也能构成杀人罪。事先不知道被害者的人数与姓名的,也不妨碍杀人罪的成立。杀人罪的故意包括附条件的故意。例如,行为人决定,如果对方不满足自己的要求就杀死对方,这也被认为是杀人的故意。如果对方不满足自己的要求而实施杀人行为的,便构成杀人罪。

(四)罪数

由于个人的生命是一身专属法益,各自具有独立的价值,因此,杀人罪的罪数是以对象为标准进行评价的,即根据被害者的人数确定杀人罪的数量。例如,以一个行为杀死两个人的,构成两个杀人罪。当然由于只有一个行为,故成立想象竞合。〔7〕以杀人的故意强奸妇女,致妇女死亡的,也只成立强奸致死罪与杀人罪的想象竞合。再如,以杀人的故意,数次对同一人进行攻击,最后致人死亡时,由于数个攻击行为是基于同一杀人故意且只针对同一被害人,故只成立一个杀人罪。

以杀人故意向被害人刺杀,同时损坏了被害人的衣物的,属于评价上一罪(伴随行为),只成立杀人罪。因为损坏衣物通常属于杀人行为的附随情况,可以评价在杀人罪中。

侵入他人住宅杀人的,在日本构成侵入住宅罪与杀人罪的牵连犯,以一罪从重处罚。在德国,如果认为二者之间存在重合关系,以想象竞合论处;如果认为二者之间没有重合关系,则成立实质竞合(数罪)。

至于杀人后遗弃尸体的,或者强奸妇女后担心妇女告发而杀死妇女的,都成立数罪。前者成立杀人罪与遗弃尸体罪,后者成立强奸罪与杀人罪,实行并罚。

三、谋杀罪

有的国家将杀人罪分为故杀罪与谋杀罪。但各国刑法对谋杀罪的规定并不完全一致。

例如,德国刑法第211条规定:“谋杀者,是指出于谋杀兴趣,为满足性欲,出于贪婪或者出于卑劣的动机,恶意地或者残忍地或者用危害公众的方法或者为了能够实施或者掩盖另一犯罪而杀人。”法国刑法第221-3条规定:“有预谋地故意杀人的,成立谋杀罪。”瑞士刑法第112条则规定,“行为人行为时特别毫无顾忌的,尤其是其动机、行为目的或者犯罪方式特别恶劣的”,属于谋杀。由此可见,以上三个国家刑法中的谋杀定义并不完全相同,可以认为,法国刑法中的谋杀,是一种本来意义的谋杀。概括起来说,不是基于情绪激动而故意杀人的,就可以构成谋杀。也应注意的是,激愤杀人也不一定都是故杀罪,有的国家刑法将激愤杀人规定为独立于故杀罪之外的犯罪。谋杀罪的法定刑均重于普通故意杀人罪的法定刑。

德国刑法理论的通说认为,谋杀罪与普通故意杀人罪之间属于层级关系或者法条竞合的特别关系。因为谋杀罪不仅符合普通杀人罪的全部要件,而且增加了加重要素。但是,德国的判例却认为,谋杀罪与普通故意杀人罪的不法内涵不同,是两个相互独立的构成要件。

---

〔7〕将上述行为评价为想象竞合,与评价为单纯一罪显然会带来处理上的不同,前者会导致法定刑的加重,后者则不产生这种效果。

四、杀害尊亲属罪

从历史沿革上看,自罗马法规定了 Parricidium(杀害父母)以来,在许多国家的刑法中都可以见到杀害尊亲属罪,但是现在只有少数国家刑法规定了该罪。如日本刑法原第 200 条规定:"杀害自己或配偶之直系尊亲属者,处死刑或者无期惩役。"法国刑法也有杀害尊亲属罪的规定。意大利刑法第 577 条将杀尊亲属与卑亲属作为杀人罪的加重情况予以规定。

杀害尊亲属罪与普通杀人罪的区别在于主体与对象不同,即主体必须是被害人的直系卑亲属,而被害人必须是行为人的直系尊亲属。所谓行为人的尊亲属,包括行为人自己的尊亲属与配偶的尊亲属。是否具有上述亲属关系,以实施杀害行为时为标准,如果行为人实施杀害行为时具有上述亲属关系,而被害人死亡时不具有这种亲属关系的,也不妨碍本罪的成立。至于何为尊亲属,何为配偶,则依据民法的规定处理。配偶死亡后不再认定为配偶,但是,在杀害配偶后的同一机会里杀害配偶的尊亲属的,仍然构成杀害尊亲属罪。

刑法设立杀害尊亲属罪并规定比普通杀人罪更重的法定刑,原来的立法理由是,尊重、报答尊亲属是社会生活的基本道义,因此对尊亲属应特别保护,即对杀害尊亲属的应当加重处罚。但是,越来越多的学者、法官、律师认为,这样的规定是违宪的,尤其是在日本,刑法学者与裁判所都认为设立此罪并规定过重的法定刑违反了宪法。

日本最高裁判所于 1950 年曾作出判决,认为日本刑法原第 200 条关于杀害尊亲属罪的规定是合宪的,但遭到了刑法学者的反对。因为即使是在杀害尊亲属的场合,也有不少是值得宽恕的,再者刑法对杀害尊亲属罪规定的法定刑过于苛刻,因此认为日本刑法第 200 条违反了宪法所规定的平等原则。后来在 1973 年 4 月 4 日的一次判决中,最高裁判所大法庭改变观点,认为日本刑法第 200 条违反宪法。〔8〕 刑法学者主要从两个方面说明该条违宪。一方面,将杀害尊亲属特别看待,违反了宪法所确立的平等原则。另一方面,规定过重的法定刑,使一些应当宽恕的行为得不到宽恕,这也是违宪的。正因如此,日本于 1995 年删除了刑法第 200 条。

五、杀人预备罪

杀人预备罪是一个独立的犯罪。由于刑法分则以既遂为模式,原则上不处罚犯罪预备,当需要处罚严重犯罪的预备行为时,必须在分则中对该犯罪预备行为作出特别规定,于是,这种犯罪就成为独立的犯罪。

所谓杀人预备,是指杀人的准备行为,并且是尚未着手实行的行为。这种行为对杀人目的的实现起实质的作用,因而具有一定的危险性。例如,为了杀人而调剂毒药、准备凶器的行为,就属于杀人预备。

杀人预备罪属于目的犯,即行为人主观上必须具有实施普通杀人罪、谋杀罪或杀害尊亲属罪的目的,简单地说,必须具有杀人的目的。但是,大陆法系国家的刑法学者认为,这

---

〔8〕 导致最高裁判所改变观点的案件是:一名女性被告 14 岁时被其亲生父亲强奸,此后,其父强迫她与自己像夫妻一样生活了 10 年。被告人后来结识了一名男子,并打算与之结婚,但其父知道此事后十分恼怒,在十几天里对她进行胁迫、虐待。最后,被告人下决心将其父杀死。面对这一案件,最高裁判所的 8 名法官认为,杀害尊亲属与杀害一般人相比,应受高度的道义的非难,在法律上加重其刑是合宪的;但是如果加重的程度超过了合理的范围,则是违宪的;日本刑法第 200 条规定的法定刑过重,无论如何减轻都不能符合缓刑条件,因而是违宪的。而另外 6 名法官则认为,不管加重刑罚的程度如何,将杀害尊亲属的行为特别看待本身就是违宪的。虽然都认为规定杀害尊亲属罪的第 200 条是违宪的,但理由并不相同。

里的杀人目的,既可以是确定的,也可以是未必的,还可以是附条件的。

杀人预备罪是否存在共同正犯、教唆犯与帮助犯,一直是有争议的问题。肯定说认为,杀人预备罪既然是经过修正的独立的构成要件,其行为就是一种实行行为,正犯的实行行为就是符合这种修正的构成要件的行为,而不是要求符合基本犯罪的构成要件。所以,共同实施杀人预备的行为,理应构成杀人预备罪的共同正犯;教唆、帮助他人实施杀人预备行为的,则是杀人预备罪的教唆犯与帮助犯。否定说认为,共同正犯以共同实施实行行为为必要,教唆犯是教唆正犯者,帮助犯是帮助正犯者,既然是杀人预备罪,就表明没有实行行为,因而不可能成立杀人预备罪的共同正犯、教唆犯与帮助犯。由此可见,这种分歧根源于对修正构成要件的看法不同。日本的审判实践否认杀人预备罪的帮助犯,但肯定杀人预备罪的共同正犯与教唆犯。理由是,预备罪本身是一种轻罪,而帮助行为又是一种较轻的犯罪行为,如果处罚预备罪的帮助犯,则不符合立法意图。

杀人预备罪也可能与其他犯罪产生竞合与吸收关系。例如,以杀人为目的侵入他人住宅而没有着手实行杀人行为的,属于杀人预备罪与侵入住宅罪的想象竞合。再如,以杀人为目的实施了杀人预备行为后,进而着手实施了杀人罪的实行行为的,属于吸收犯,即杀人罪吸收杀人预备罪。承认属于吸收犯,是以杀人预备罪是独立罪名为前提的。

六、参与自杀罪、同意杀人罪

(一)处罚根据

狭义的参与自杀罪包括教唆自杀罪、帮助自杀罪,同意杀人罪则包括受嘱托杀人罪与得承诺杀人罪。广义的参与自杀罪则包括上述两类犯罪。

在19世纪以前,由于强调个人对国家的义务以及宗教的影响,自杀行为通常构成犯罪。19世纪以来,欧洲大陆国家一般不处罚自杀行为。但自杀行为不受处罚的实质根据何在,在刑法理论上是有争议的。违法阻却说认为,自杀行为因为没有违法性,而不构成犯罪。其中,有人认为,在承认个人的意思决定具有很高价值的个人主义的法体系中,应最大限度地尊重个人的自主决定权,自杀并不违法。有人提出,自杀是刑法所放任的行为(当失去生存希望的人自己放弃生命时,法律就不应介入,否则侵害了个人的尊严;为了保障个人的尊严,对自杀行为给家庭与社会带来的危害应当予以放任),因而不违法。有人指出,自杀行为是自己处分自己法益的行为,所以不违法(平野龙一、西田典之、前田雅英等)。还有人指出,虽然不可否认自杀行为侵害了值得保护的生命,因而存在结果不法或结果无价值(所以,阻止他人自杀的行为成立紧急避险),但现行刑法并不存在禁止放弃自己生命的规范(在此意义上说,个人对生命具有自主决定权),所以,自杀行为不违反法规范,因而行为不法(行为无价值)被否定(井田良)。可罚的违法性阻却说认为,自杀行为是违法的,但不具有可罚的违法性(大谷实、曾根威彦等)。责任阻却说认为,自杀虽然是违法的,但由于没有期待可能性而阻却责任(泷川幸辰、阿部纯二等)。

既然自杀不是犯罪,又为什么处罚教唆自杀与帮助自杀的行为呢?这与不处罚自杀的理由具有直接联系。持违法阻却说与可罚的违法性阻却说的学者认为,教唆自杀与帮助自杀,并不是刑法总则上的共犯行为,而是刑法分则规定的独立的犯罪行为,即既然自杀不是犯罪,根据共犯从属性说的观点,就不能将这种行为作为刑法总则上的共犯来理解。法律是将生命作为所有价值的根源来给予特别保护的,因而不允许有人参与他人的自杀行为。换言之,自杀是对生命这一重大法益的自己处分,刑法禁止他人介入是具有充分合理性的。这是德国、日本刑法理论的通说。主张自杀行为缺乏行为无价值的学者认为,虽然自杀并不违法,但法律依然期待个人的生命得到保护,因此,个人对自己的生命决定权受到限制。一方面,法律并不对个体自杀提供协助(如果要死就必须一个人死);另一方面,即使法律不禁止自杀,但也可能禁止参与他人的自杀行为(否定他人生命的行为)。禁止的目的,是通过不允许参与自杀,使自杀者"孤立",尽可能不实施自杀行为,从而间接地保护生命。主张责任阻却说的学者则认为,自杀行为是违法的,从共犯从属性的立场来看,教唆、帮助自杀就是参与了违法行为,是从属的共犯,当然应当受处罚。

至于同意杀人罪的处罚理由,则较易说明。由于生命并不是本人可以随意处分的法益,被害人的同意并不阻却行为的违法性,因此具有可罚性。

(二)参与自杀罪

参与自杀罪是教唆有意思能力的人使之自杀,或者对有意思能力的人的自杀进行帮助的犯罪。德国刑法没有规定本罪(但规定了业务性促进自杀罪),日本、瑞士、葡萄牙等国刑法规定了本罪(以下主要介绍的是日本参与自杀罪的相关内容)。

本罪的对象是能够理解自杀的意义,并且能自由地作出意思决定的人。幼儿、心神丧失者由于不具有上述能力,而不能成为本罪的对象;如果教唆或者帮助他们自杀,则被认为是杀人罪的间接正犯,不构成参与自杀罪。

本罪的行为表现为两种形式:(1)教唆自杀,使没有自杀决意的人产生自杀的决意。教唆的方法、手段没有限制,如怂恿、利诱、胁迫、欺骗、命令等,既可以是明示的方法,也可以是暗示的方法。日本曾有如下判例:丈夫硬说妻子不贞,预见到妻子可能自杀,但仍然反复直接、间接地实施暴力、胁迫,结果妻子终于自杀。裁判所认定丈夫的行为构成教唆自杀罪。所应注意的是,在以胁迫方法教唆他人自杀的场合,其胁迫行为必须没有达到使他人丧失自由意志的程度,否则便成立普通的杀人罪(间接正犯)。欺骗行为使对方没有认识到自己行为的意义时,也成立杀人罪的间接正犯。(2)帮助自杀,即对已经产生自杀决意的人的自杀行为给予援助。帮助自杀包括物理的帮助与心理的帮助。前者如提供自杀的工具,后者如指示自杀的方法、强化对方的自杀心理等。作为帮助自杀的援助只能是自杀的实行行为以外的援助行为,如果直接动手杀死对方,则属于同意杀人罪。〔9〕

参与自杀罪的着手时期一直存在争议。一种观点认为,只有当本人实际着手实行自杀行为时,才是参与自杀罪的着手(大塚仁、西田典之、山口厚等)。主要有三点理由:(1)同意杀人罪的着手时期是开始实行杀害行为之时,为了与此统一协调,参与自杀罪应以本人实际着手实行自杀行为时为着手。(2)如果认为开始实施教唆、帮助行为为着手,那么,在本人没有实施自杀行为的情况下,就应成立参与自杀罪的未遂罪,这便扩大了处罚范围。(3)根据共犯从属性说,也应以本人着手实行自杀行为为着手。另一种观点则认为,开始实施教唆、帮助行为时即为本罪的着手(平野龙一、大谷实、前田雅英等)。其

---

〔9〕 德国刑法第217条第1款规定:"以促进他人自杀为目的,业务性地为其提供、创设或者介绍机会使之自杀的,处三年以下自由刑或者罚金。"本罪属于抽象的危险犯。"业务性"是指行为人意图连续或者重复性地实施自杀促进行为,但不要求行为人具有营利目的。提供、创设自杀机会,是指为自杀者提供、创设使自杀行为成为可能实施或者更容易实施的外在条件。介绍自杀机会,是指为意欲自杀者与能够为其提供或创设自杀的外在条件的帮助者之间建立联系,使双方愿意提供和接受相应的帮助。不过,本罪的设立遭到了德国不少学者的反对与批评。

基本理由是,本罪是独立的犯罪,而不是刑法总则上的共犯,故不能根据共犯从属性说认定本罪的着手。要求本罪与同意杀人罪统一协调也是没有道理的,因为在同意杀人的场合,单纯接受嘱托与承诺而没有着手杀人,就不具有可罚性,故应以实际开始杀人为着手;而教唆、帮助自杀的行为本身具有可罚性,理应以开始实行教唆、帮助行为时为本罪的着手。从论理上看,后一种观点的理由比较充足;但从刑法谦抑主义的观点来看,前一种观点则有利于缩小处罚范围。还有一种观点认为,行为超出了单纯的教唆、帮助领域,现实地驱使他人自杀时,是本罪的着手(团藤重光)。但这种观点不具有明确性。

葡萄牙刑法第162条规定,行为人诱导他人自杀,或者对他人自杀提供帮助,如果他人尝试或者实施了自杀行为的,行为人成立协助自杀罪。亦即,只要被害人尝试进行自杀的时候,协助自杀罪就已经完成了。

(三)同意杀人罪

同意杀人罪,是指受被害人的嘱托,或者得到被害人的承诺而实施杀人行为的犯罪。

本罪的对象也必须是能够理解杀人的意义,并且对死亡有自主决定能力的人,而不能是幼儿与心神丧失者。[10]

本罪的行为表现为在接受了被害人的嘱托或得到被害人的承诺后杀死被害人。嘱托、承诺与杀害行为之间必须具有因果关系,即因为有被害人嘱托或承诺,才实施杀害行为。所谓嘱托,是指被害人请求、要求行为人杀死自己;所谓承诺,是指被害人同意将自己杀死。嘱托与承诺通常必须具备四个条件:(1)嘱托者与承诺者必须具有认识、辨别能力;(2)必须是本人的真实意志;(3)嘱托必须是明示的,承诺则既可以是明示的,也可以是暗示的;(4)嘱托与承诺必须存在于杀害行为之时(德国刑法理论要求存在于行为之前)。当然,各国对同意杀人罪中的被害人的嘱托与承诺的要求并不完全相同。例如,日本刑法仅要求"受他人嘱托或者得到他人的承诺",德国刑法要求"基于被害人明确的和真挚的要求",奥地利刑法要求"受他人真挚且迫切的嘱托",瑞士刑法要求"因值得尊敬的动机,尤其是出于同情,经被杀之人严肃且迫切的请求"。可见,有的国家刑法所规定的同意杀人罪,仅指受嘱托杀人;而有的国家刑法所规定的同意杀人罪,则包括受嘱托杀人与得承诺杀人。因为在得承诺杀人的场合,往往是杀人者先提出杀死被害人,而得到被害人同意的;受嘱托杀人则是被害人自己先提出让杀人者杀死自己的,显然前者的危害大于后者,或者说前者的危害并不一定轻于普通杀人罪。所以,有的国家刑法规定的同意杀人罪不包括得承诺杀人。

日本刑法理论认为同意杀人罪是实害犯,被害人死亡的,行为人成立本罪的既遂犯;被害人没有死亡的,行为人成立本罪的未遂犯(具体危险犯)。与之不同,德国刑法理论认为本罪是抽象的危险犯。虽然个人对自己的生命拥有自主决定权,但并不拥有让他人杀害自己的自主决定权,国家必须确保被害人自始至终掌控自己的生命,直到生命的最后一刻还能够自主决定自己是否继续生存。但是,受嘱托杀人的行为,则具有导致被害人不能在最后一刻自主决定自己是否继续生存的抽象危险。由于只需要存在抽象危险,故不需要具体判断被害人在最后一刻是否希望继续生存。

---

〔10〕 葡萄牙刑法第160条第5款明文规定,诱导不满14周岁的未成年人或者无意志行为能力的人自杀的,按普通杀人罪处罚。

本罪的故意内容除了对杀人的事实具有认识、容认的心理状态外，还要求行为人认识到存在被害人的嘱托或承诺。如果被害人本来没有嘱托与承诺，但行为人误认为有嘱托与承诺而杀死被害人时，属于刑法上的错误，只能按同意杀人罪论处。如果被害人事实上承诺杀害自己，而行为人并不知道，以普通杀人的故意实施了杀人行为时，则有不同的处理意见。第一种观点认为，这种情况属于以重罪故意犯轻罪，仍应以轻罪处理，即以同意杀人罪论处（大谷实、前田雅英等）。第二种观点认为，行为人的杀人行为与被害人的承诺没有任何关系，或者说被害人事实上的承诺并不影响行为人的故意内容，因此应成立普通杀人罪的既遂（内田文昭）。第三种观点认为，由于行为人具有普通杀人罪的故意，又由于被害人事实上承诺杀害，故只能成立普通杀人未遂罪（平野龙一）。第四种观点认为，该行为触犯普通杀人未遂罪与同意杀人罪，但后者被前者吸收（井田良）。

（四）参与自杀、同意杀人与普通杀人之间的区别

如前所述，日本刑法规定了参与自杀罪与同意杀人罪，而且法定刑相同，参与自杀与同意杀人的区分就不具有特别重要的意义。但由此带来的疑问是，前者仅仅是参与，后者是直接杀害他人，为什么处罚相同？一种观点认为，后者的违法性明显重于前者，所以，规定相同的法定刑并不妥当。或许是由于具体案件中难以区分二者，而一并规定在同一条文且法定刑相同（中森喜彦）。另一种观点则认为，由于二者都是基于法益主体的自由意志而选择死亡进而使自己丧失生命，所以，行为人的不法与责任内容相同，规定相同的法定刑就具有正当性（林幹人）。

在日本等国，参与自杀与杀人是此罪与彼罪的区别，而且法定刑相差很大；在德国等国，一般性的参与自杀与杀人则是罪与非罪的区别。所以，二者的区分非常必要。

首先，需要讨论的是自杀与他杀的区别。对此，主要考虑的是以下两个方面：其一，被害人是否愿意死亡？自杀者必须完全自主决定选择死亡，自主选择的前提是，能够正确认识并评估放弃生命的意义与影响，而且，放弃生命的决定不存在重大瑕疵。因此，如果被害人完全没有认识到相应的行为会导致自己死亡，就不可能属于自杀。当被害人认识到相应行为会导致自己死亡时，如果被害人的意志决定符合有效承诺的条件（除处分权限外）的，就可以认定为自主决定选择死亡（德国的通说）。其二，由谁支配杀害行为？一般认为，对参与自杀与同意杀人的区分，可以准用刑法总论中共犯与正犯的区分标准。亦即，是被杀者基于自由的意志决定自己实现构成要件结果，还是由行为人支配了结果的实现（结果要首先归责于行为人的行为）。例如，行为人虽然实施了一定行为，但只要没有实施引起结果的行为，结果的实现掌握在被害人手中时，行为人就仅成立参与自杀罪。当然，由于正犯与共犯的标准本来就存在争议，事实上也存在不同的区分标准，所以，在具体判断过程中会存在争议。

其次，需要讨论参与自杀罪与普通杀人罪的区别。被害人虽然认识到相关行为会导致自己的死亡，但同意自杀受到了欺骗或者胁迫时，应当如何定罪，就成为问题。以下就四种情形进行简单阐述：

其一，共同自杀时，可能成立参与自杀罪。例如，在双方各自实施杀死自己的行为时，一般认为未死的一方构成参与自杀罪。因为共同自杀往往是相互给对方以自杀的勇气，在此意义上说，就是相互给对方以精神上的帮助。如果是互相杀死对方，则不成立参与自杀罪，而是成立同意杀人罪。

其二,在对自杀的动机存在错误时,应当如何处理?日本重点讨论的是对伪装共同自杀的案件如何处理的问题。例如,行为人并没有自杀的意图,但伪装与对方共同自杀,对方以为自己自杀后行为人也会自杀,其实行为人并不自杀。承诺无效说认为,伪装共同自杀的行为构成普通杀人罪。因为被害人之所以自杀,是建立在行为人也将自杀的考虑之上,而行为人却利用了被害人的错误使其自杀,这实际上是杀人罪的间接正犯(日本的判例、团藤重光、大塚仁等)。此说受到的批判是,既然被害人认识到死亡,就不能认为其存在错误。承诺有效说认为,伪装自杀的行为只构成教唆自杀罪。因为被害人对自己要自杀身亡并没有误解,只是对自杀的动机有误解,伪装者的行为仍不失为教唆性质;伪装共同自杀不能等同于直接杀害他人,将其按普通杀人罪论处并不合适(平野龙一、曾根威彦、前田雅英等)。此说受到的批判是,参与自杀罪与普通杀人罪相区别的核心在于,本人的意思决定是否自由;认为只有被害人认识到死亡就对自杀没有错误,是过于形式化的判断。法益关系的错误说认为,行为人成立教唆自杀罪,因为只有关于法益关系的错误,才影响同意的效力,关于其他方面的错误不影响同意的有效性。只要自杀者对处分自己的生命法益没有陷入错误,其对自杀的同意就是有效的。即使这种同意是因为受骗,也不能成立普通杀人罪(西田典之)。

其三,被害人并没有患绝症,但行为人欺骗对方,使对方误以为自己患上绝症而自杀的,是成立教唆自杀罪还是普通杀人罪,在理论上也存在争议。一种观点认为,该行为使被害人产生了对自己的生命有直接关系的错误(法益关系的错误),因而成立普通杀人罪。另一种观点则认为,被害人对自杀本身并没有认识错误,对行为人仅成立教唆自杀罪。

其四,基于行为人的暴力、胁迫而决意自杀的场合,也存在参与自杀罪与普通杀人罪的区分。一般来说,如果暴力、胁迫导致被害人并非基于自由的意志决定而自杀,就不成立参与自杀罪,而应认定为杀人罪。

第三节 伤 害 罪

一、伤害罪概说

本节的伤害罪(广义的伤害罪),包括不同类型的伤害罪与对身体施加暴行的犯罪。在犯罪学上,伤害罪是一种典型的暴力犯或粗暴犯。在刑法学上,伤害罪又是状态犯的典型例,这便使伤害罪成为一种具有代表性的犯罪,故刑法总论也常以伤害罪为例进行论述。伤害罪的保护法益是人的身体或健康的安全,这是其与杀人罪的本质区别。

伤害罪与杀人罪的法条关系,是刑法理论争论的问题。有人认为,杀人罪与伤害罪是一种补充关系,即杀人罪是伤害罪的最终阶段,伤害是杀人的前一阶段。因此,如果行为成立杀人罪就不成立伤害罪。在此意义上说,伤害罪的法条是杀人罪的法条的补充规定(Jescheck、Eser)。有人认为,杀人罪与伤害罪是特别关系。因为行为成立杀人罪时,必然符合伤害罪的构成要件。所以,杀人罪的法条是特别法条,伤害罪的法条是普通法条(Geerds、Schmidhäuser 等)。有人认为,杀人罪与伤害罪是吸收关系。因为杀人罪的构成要件比伤害罪的构成要件更具有完全性(小野清一郎、西原春夫等)。有人认为,杀人罪与伤害罪是择一关系(Hirschberg)。据此,在行为符合杀人罪构成要件时,也可能认定为伤害罪。当然,也有学者(Mösl)否认杀人罪与伤害罪之间存在法条竞合关系。

伤害罪与杀人罪的心理关系,也是存在争论的问题。根据对立理论,杀人故意排除伤害的故意。因为杀人与伤害是不同的概念,而且“根据行为人的认识世界”,杀人不包括伤害。根据单一理论,杀人故意必然同时包含伤害身体的故意,因为从生理学上来说,身体伤害是造成死亡的必经状态(该状态在逻辑上至少可以秒为单位计算)。

以上争论所涉及的重要问题是,当行为人以杀人故意实施杀人行为,后来又中止杀人行为,但对被害人造成了严重伤害时,是以杀人中止论处,还是以重伤害罪论处?如果认为杀人罪与伤害罪是择一关系,就会以重伤害罪论处。同样,如果采取单一理论,也会以重伤害罪论处,而不会认定为杀人中止。当然,这种争论与刑法对中止犯的法律后果的规定有关。在日本,由于刑法对中止犯规定了“应当减轻或者免除处罚”的法律后果,所以,刑法理论的通说认为,对上述情形依然应认定为杀人中止。在德国,由于刑法对中止犯仅规定了免除处罚的法律后果,所以,对上述情形认定为故意杀人中止与伤害罪的想象竞合,结局会以(严重)伤害罪处罚。

各国刑法通常根据伤害的程度与伤害行为的样态,将伤害罪分为不同的具体类型,其中有简有繁。侵害他人身体的犯罪,除了造成他人身体实际伤害的犯罪之外,还有暴行罪(或殴打罪)。

二、普通伤害罪

普通伤害罪,包括造成他人轻伤与重伤的伤害罪(为了论述的方便,下面通常只表述为伤害罪)。

(一)对象

伤害罪的对象是他人的身体,自伤行为不构成犯罪。各国刑法虽然通常规定了教唆自杀罪与帮助自杀罪,但没有规定教唆自伤罪与帮助自伤罪。因此,只要教唆、帮助自伤的行为不符合间接正犯的条件,就不构成犯罪。

问题在于对伤害胎儿的行为应当如何处理?行为人对母体内的胎儿进行伤害,又没有造成堕胎,但胎儿出生后的身体存在受伤害的结果。对此,出现了四种解决办法:

第一,认定对胎儿的伤害构成伤害罪,因为将一定阶段的胎儿解释为“人”是可能的。但是,将胎儿解释为人,属于类推解释,违反了罪刑法定原则。

第二,认定为对母体的伤害罪或过失致伤罪。其中有人认为,胎儿是母体的一部分,故伤害胎儿就是伤害母体。有人则认为,伤害胎儿就使母亲生育健康子女的正常的生理机能受到侵害,因此能够认定为对母亲的伤害罪或过失致伤罪。但这一观点存在问题。因为刑法上往往规定了堕胎罪,孕妇本人堕胎也构成犯罪,如果把胎儿视为母亲自身的一部分,则无法解释堕胎罪,故胎儿与人应当是有区别的。再者,伤害胎儿毕竟只是伤害了胎儿,并没有对母亲的生理机能造成伤害,所以不能认定为对母体的伤害。

第三,认定为对出生后的人的伤害罪,即对该胎儿实施伤害行为就构成对该胎儿成为人以后的伤害。理由在于,行为人的行为是一种伤害性质,只不过在实行行为与结果发生之间,介入了胎儿这一因素,但这一介入因素并不影响伤害罪的性质;胎儿何时成为人,对杀人罪来说是重要的,但对伤害罪来说则并不重要,因为出生后的人事实上是因为在母体内受伤害而导致身体有伤害结果的。德国也有判例持这种观点。[11] 藤木英雄则提出了两点理由:其一,既然行为人实施了对人具有伤害、死亡的危险性的行为,那么,该行为是作用于胎儿还是作用于人就没有关系,当然成立对人的犯罪。其二,实行行为时不以存在行为客体为必要。将伤害胎儿认定为对人的伤害,受到了以下三个方面的批判:其一,伤害罪是状态犯,在结果发生的同时犯罪便终了,既然是对胎儿产生伤害结果,就应当将此时认定为既遂时期,但此时并不存在人。其二,按照将伤害胎儿认定为对人的伤害的逻辑,孕妇因为不注意而导致对出生后的子女产生伤害时,也成立过失致伤罪,这显然不妥当。其三,过失堕胎不具有可罚性,但如果将过失导致胎儿伤害的行为认定为对出生后的人的过失致伤罪,则会产生处罚的不均衡。

第四,宣告无罪(否定说)。首先,伤害罪的行为对象必须是人,认为伤害罪的对象包括胎儿,实际上是一种不利于被告人的类推解释,违反了罪刑法定主义。其次,刑法上对攻击人的生命与身体的行为都设有处罚规定,而对攻击胎儿的行为只设有堕胎罪的规定,这就表明刑法不处罚伤害胎儿的行为。最后,堕胎罪比伤害罪轻,如果造成胎儿死亡的行为只构成堕胎罪,而造成胎儿伤害的行为却构成伤害罪,这是不合理的。这是德国、日本刑法理论的通说。但作为通说的否定说也受到了批判。其一,虽然是对胎儿实施伤害,但其结果是对出生后的人产生伤害时,其比造成胎儿死亡更悲惨,可谓违法性与责任更重,不应当否认这种行为的可罚性。其二,否定说只是以过失堕胎不可罚为根据,但不处罚过失堕胎行为,是因为难以证明。可是,受到伤害的儿童在出生后,其伤害与行为人的过失行为之间有无因果关系是容易证明的。

(二)行为

伤害罪的行为,是伤害他人身体的行为。在日本,关于伤害的含义,存在三种学说:

第一,身体完全性侵害说认为,伤害是指对身体的外部完整性的侵害,因为身体的外部完整性本身,也是应受保护的身体法益。这种学说受到了批判。一方面,根据这一学说,去掉他人发须、剪去他人指甲等行为,都可能成立伤害罪,但这明显扩大了伤害罪的范围。另一方面,根据这种观点,引起他人头痛、导致他人腹泻,也不是伤害,这又不尽合理。

第二,生理机能障碍说认为,伤害是指对人的生理机能的侵害,或者说是给他人生理机能造成障碍的行为。此说认为,去掉发须、指甲的行为,明显不符合社会观念上的伤害概念;将这种行为认定为伤害也不利于区分伤害罪与暴行罪;而且伤害罪的法定刑一般较重,将上述行为认定为伤害罪,明显不合情理。此乃日本的判例与通说的立场。

第三,折中说认为,侵害人的生理机能以及导致身体外形的重要变化的,就是伤害。据此,将他人头发全部连根拔掉的属于伤害;拔掉一根头发、剪掉无害于身体的指甲,就不能认为是伤害。但是,"重要变化"的基准并不一定明确。

日本的审判实践曾将下列情形认定为伤害:引起表皮脱落、以精神刺激方法使人大脑

[11] 被告人使孕妇服用 Thalidomide 镇静剂后,妨害胎儿四肢发育,以致出生后成为畸形儿,但对母亲身体与健康则没有任何影响,反而具有医疗失眠之效果。检察官以该药物影响胎儿健全发育以及妨害母亲生育正常胎儿之作用为由,认为被告人的行为成立对母亲的伤害罪。起诉后,法院认为,胎儿与母亲为两个独立的生命体,胎儿虽然依存于母体而存在,但并不属于母体的一部分。既然该药物对母亲之健康并无任何影响,就母体而论,自无成立伤害罪之余地。至于胎儿的伤害,在加害行为(药物发生影响)之时刻,亦不成立伤害罪;唯因其影响,胎儿嗣后出生时,已妨害其身体机能,故于出生之时刻,始构成伤害罪。

出血、使人长时间失去意思能力、引起头痛或呕吐、使人感染病毒、使人胸部疼痛、将他人头发连根拔掉等。

伤害罪的实行行为通常表现为暴力,即行使物理的有形力致人身体受伤害。但是,这并不排斥使用无形方法也可以构成伤害罪。例如,欺骗特定的被害人,使之食用腐烂物品而引起腹泻,或者使用胁迫的方法致使被害人患上精神病,或者引诱被害人坠入坑道导致受伤,或者以性交等方式使异性染上性病(限于没有规定传染性病罪的国家),[12]都会被认定为伤害罪。伤害罪的实行行为既可以是作为,也可以是不作为。

德国刑法实际上采取了折中说,其刑法规定的伤害罪包括两类行为:一是损害他人身体健康的行为,二是虐待他人身体的行为。损害他人身体健康,是指引起或者加重被害人的病理性状态(不问是暂时性还是长期性)。例如,销售有害食品导致他人身体健康受到损害的,使他人感染疾病的,向儿童出售酒精饮料导致其身体受损害的,恐吓被害人进而损害其身体健康的,都属于损害他人身体健康。所谓虐待(Misshandeln)他人身体,是指通过恶劣地不当对待他人身体,对他人正常的身体状态和完整性造成一定(并非微不足道)损害的行为。例如,长期跟踪他人导致其情绪抑郁的,打人一耳光导致被害人身体疼痛的,任意剪掉他人头发的,都属于虐待他人身体。

一般来说,伤害罪是一种结果犯,在区分了轻伤罪与重伤罪的国家,就是依结果的轻重来定罪,即造成轻伤的定轻伤罪,造成重伤的定重伤罪。德国刑法在普通伤害罪之外,还规定了危险伤害罪、虐待受照顾人罪、重大伤害罪、损伤女性外阴罪。危险伤害罪包括以下五类行为:通过投毒或者投放其他有损健康的物质的,利用武器或者其他危险工具的,采用阴险方法袭击的,与其他参与者共同实施的,以危及生命的方法实施的。其中的“危险工具”,并非任何可以致人伤害的工具。首先,“工具”,是指可以为人力所移动的物件,如刀具、木棒、石块、砖头等。人力不能移动的东西,不是工具。例如,虽然用砖头砸人属于利用危险工具伤害他人,但将被害人头部撞向墙壁的,则不属于利用危险工具。不过,如果推倒一堵墙从而伤害被害人的,则属于利用了危险工具。其次,“危险工具”,是指按物件的客观属性或者具体使用方法足以对他人造成较为严重伤害的工具,恶犬、烟头、酒瓶、登山靴等,均可以被评价为危险工具。

有的国家刑法有处罚伤害未遂的规定(如德国);有的国家刑法没有处罚伤害未遂的规定(如日本)。在后种立法例之下,使用有形的方法进行伤害而未遂时,通常构成暴行罪;使用无形的方法进行伤害而未遂时,则不构成犯罪。

(三)故意

由于一些国家刑法在规定伤害罪的同时规定了暴行罪,因此,伤害罪究竟是单纯的故意犯,还是暴行罪的结果加重犯,则不无争议。主要有三种观点:

第一种观点认为,伤害罪是暴行罪的结果加重犯,因此行为人主观上只要有单纯的暴行的故意即可,对伤害不需要有故意。因为刑法通常规定“施加暴行而未致人伤害时”构成暴行罪(参见后述暴行罪),这便表明,施加暴行而致人伤害时构成伤害罪,所以只需要有暴行的故意,而无须伤害的故意。再者,暴行罪的法定刑通常高于过失致伤罪的法定

---

〔12〕 如果以他人感染性病为传染性病罪的构成要件,则该行为成立传染性病罪;如果仅将性病患者的卖淫、嫖娼及其他猥亵行为本身规定为犯罪,故意使他人染上了性病的行为成立伤害罪。

刑,如果要求伤害罪必须有伤害的故意,当行为人仅有暴行的故意而过失致人伤害时,就应以过失致伤罪论处,这便显失公平。况且暴行都是可能导致伤害结果的,二者相互重合,要区分暴行的故意与伤害的故意,既很困难,也不合理。日本的审判实践采取这一观点。但是,这一观点没有考虑到使用无形方法犯伤害罪的情形,由于无形方法不可能构成暴行罪,因而伤害罪并非都是暴行罪的结果加重犯。在使用无形方法犯伤害罪时,便要求对伤害有故意。

第二种观点认为,伤害罪是故意犯。因为既然是伤害罪,就必须有伤害的故意;刑法通常只是规定,"伤害他人身体的,处……",这种表述本身就说明伤害罪不是暴行罪的结果加重犯;以暴行的故意造成伤害结果时,是暴行罪与过失致伤罪的想象竞合,不会导致不公平的现象。如果把伤害罪视为一个完全独立的犯罪,这一观点具有合理性。但事实上确实存在着以暴行罪的故意造成伤害结果的情形,如果将这种案件都当暴行罪处理,显然也是不合理的。

第三种观点认为,伤害罪原则上是故意犯,但也包含结果加重犯的情况。当伤害罪是故意犯时,要求有伤害的故意;当伤害罪是结果加重犯时,只要求有暴行罪的故意。此外,使用有形的方法时,属于结果加重犯,只要求有暴行罪的故意;使用无形的方法时,属于故意犯,要求有伤害的故意。

如前所述,德国刑法规定了危险伤害罪,其中的一种情形是,以危及生命的方法实施伤害行为。德国的判例认为,在这种情形下,不要求行为人认识到自己的行为危及他人生命,或者说不要求行为人将自己的行为评价为足以危及他人生命的行为,只要认识到危及他人生命的客观事实即可。但有学者认为,至少要求行为人在外行人平行评价的意义上认识到自己的行为足以危及他人生命。

(四)违法性阻却事由

正当防卫、紧急避险、治疗行为、亲权者或监护人行使惩戒权等,在法定限度内都可以阻却伤害行为的违法性。

关于治疗行为的性质,理论上存在争议。通说认为,治疗行为虽然符合医疗行业规范,并且具有治疗效果,但仍然可能符合伤害罪的构成要件(如截肢行为),只能通过被害人承诺或者推定的承诺使之合法化。少数观点认为,治疗行为一开始就不符合伤害罪的构成要件,因而不成立犯罪。但是,这种观点存在疑问。例如,在医生切除癌症患者的舌头挽救了患者生命的场合,对治疗行为造成的伤害与治疗行为带来的利益,必须进行独立的刑法评价,而不能认为前者被后者吸收因而不符合伤害罪的构成要件(町野朔)。亦即,在上述场合,必须承认治疗行为符合伤害罪的构成要件,只是通过法益衡量阻却违法性而已。如果认为治疗行为不符合伤害罪的构成要件,同时认为被害人承诺是违法阻却事由,那么,专断的治疗行为(如没有经过患者承诺而切除患者的舌头)便不符合伤害罪的构成要件,因而不构成伤害罪,这一结论显然不妥当。

值得研究的是同意伤害的问题。日本刑法明文规定了得承诺的杀人罪,其法定刑明显轻于故意杀人罪,但是没有明文规定得承诺的故意伤害罪。于是,对于得承诺的伤害应当如何处理,在刑法理论上存在激烈争论。德国刑法第 228 条规定:"经过受伤者的同意而实施的身体侵害行为,只有在即使该行为得到同意也违反善良风俗时,才是违法的。"从字面含义来看,如果伤害行为得到了被害人同意,但仍然违反善良风俗时,也应当以故意伤害罪论处。可是,这种将伤害承诺的有效性与善良风俗相联系的规定,难免带来争议。德国、日本在得承诺的伤害问题上,几乎存在相同的争论观点。

第一种观点认为,以是否违反公序良俗为标准判断行为是否构成故意伤害罪。日本的行为无价值论者认为,在被害人承诺的伤害案中,如果行为违反了公序良俗,就不问伤害的轻重,以故意伤害罪论处;如果不违反公序良俗,即使造成了重大伤害,也不认定为故意伤害罪(大塚仁)。德国的行为无价值论者按字面含义理解其刑法第 228 条的规定,认为行为是否违背善良风俗,应从行为是否违反法秩序(特别是根据行为人的动机)进行判断。这种观点实际上将善良风俗作为故意伤害罪的保护法益,使故意伤害罪成为对社会法益的犯罪,明显不符合刑法将故意伤害罪规定为对个人法益的犯罪的立法事实。德国与此相近的一种观点认为,身体并不是单纯的个人法益,就所有人的生命与身体健康都必须得到保护而言,存在公共利益。这里的公共利益,是指社会自我维持的利益。因此,如果得到承诺的伤害行为,使被害人长时间不能参与社会生活,社会对被害人的期待不能得以实现时,这种伤害行为就不能正当化(Weigend)。根据这种观点,在被害人承诺时,只有造成身体长时间重伤的,才不阻却违法性。这一终局性的结论或许是可取的,但是,其理由明显不当。其一,将身体法益当作社会法益,是纳粹观点的残余。其二,根据这种观点,如果被害人本来是卧床不起的人,经过同意的伤害就是合法的;而被害人是生理机能正常的人,经过同意的伤害就是违法的。可是,前者更需要刑法的保护。其三,既然身体是社会法益,个人的承诺就应当完全无效。所以,上述观点也有自相矛盾之嫌。

第二种观点认为,得承诺的伤害一概不成立犯罪。日本的前田雅英认为,既然刑法只规定了得承诺的杀人罪,而没有规定基于承诺的伤害罪,就表明基于被害者承诺的伤害一概不成立犯罪。但是,这种观点没有考虑身体与生命的关联性。生命以身体为前提,对身体的伤害越严重,对生命的威胁就越紧迫。因此,至少可以肯定,对身体的严重伤害接近于杀人。既然如此,就不能将承诺杀人与承诺伤害做出两种截然不同的处理。德国也有学者认为,得承诺的伤害一概不可罚,进而主张删除刑法第 228 条。例如,持此观点的 R. Schmitt指出了以下几点理由:其一,生命、身体是被害人自己的法益,被害人对生命、身体伤害的承诺应当毫无例外地排除可罚性;其二,刑法第 228 条是纳粹时代基于其人口政策而制定的条文,现在不应当继续保留这样的条文;其三,身体是个人专属法益,第 228 条将其与善良风俗相联系,明显不当;其四,第 228 条的规定不明确,违反宪法的要求因而无效。但是,这些理由难以成立。其一,根据这种观点,得到承诺的杀人也不成立杀人罪,这难以被人接受,也不符合刑法的规定。其二,德国刑法第 228 条的规定,并非产生于纳粹时代,而是在此之前便存在。其三,第 228 条的规定是否妥当、是否明确,是需要通过解释处理的,单纯从立法论上予以否定,不一定能得到解释者的赞成。

第三种观点认为,得承诺的轻伤害不成立故意伤害罪,但得承诺的重伤害成立故意伤害罪。如日本学者平野龙一指出,只能以伤害的重大性为标准判断得承诺的伤害是否阻却违法;如果认为“重大”的标准不明确,就以是否具有“死亡的危险”为标准做出判断。西田典之与山口厚也认为,考虑到对侵害生命的承诺无效,只能认为对生命有危险的重大伤害的承诺是无效的。德国有不少学者认为,身体虽然是个人的法益,但对身体伤害的承诺会受到一定限制。例如,Roxin 认为,对生命有危险的伤害的承诺,以及虽然对生命没有危险但不能恢复的重大伤害的承诺,是无效的。一方面,对生命的承诺是无效的,所以,对生命有危险的伤害的承诺也是无效的。另一方面,刑法要保护法益主体人格发展的可能性,不能恢复的重大伤害妨碍了法益主体的人格发展,对于这种承诺应当予以限制。

日本最高裁判所1980年11月13日的判例的观点是,应当综合考虑得到承诺的动机与目的、行为的手段、方法与样态、结果的重大性等,判断得到承诺的伤害是否具有适法性。但这种判断标准并不明确。德国的判例认为,如果伤害行为可能导致严重身体伤害或者具有危及生命的具体危险的,原则上就属于违反善良风俗。但是,如果行为人基于合理、善良的目的实施伤害行为,并且得到被害人承诺的,即使可能对被害人造成严重的身体伤害,也不违反善良风俗。

三、伤害致死罪

伤害致死罪是典型的结果加重犯。事实上存在两种类型:一是行为人具有伤害的故意,但造成了死亡结果;二是行为人仅有暴行罪的故意(在德国基本上也属于具有伤害罪的故意),但由此暴行导致他人死亡。前者如,行为人以伤害的故意,用石块砸被害人,石块击中头部,导致被害人死亡。后者如,行为人以暴行的故意,用石块砸被害人,石块并没有击中被害人,但被害人因为惊慌而从悬崖上摔下致死。伤害致死罪的这两种类型,决定了伤害致死罪中的故意既可以是伤害罪的故意,也可以是暴行罪的故意。出于其他故意致人死亡的,不构成伤害致死罪。

伤害致死罪要求行为人没有预见到被害人的死亡,如果预见并容认被害人死亡,则构成杀人罪。从责任主义的观点来看,又要求行为人有预见被害人死亡的可能性。但许多国家的审判实践上并没有做到这一点,通常只要行为人在暴行或伤害的故意支配下造成了他人死亡,就认定为伤害致死。日本的审判实践就明确指出不要求行为人对加重结果有预见可能性。但各国刑法理论的通说,坚持责任主义,要求行为对加重结果有预见可能性。亦即,成立伤害致死罪,一方面要求行为人对伤害结果具有故意,另一方面对死亡结果(至少)有过失。于是,伤害致死罪与过失致死罪是特别关系。倘若行为人对伤害结果持直接故意、对死亡持间接故意时,当然要肯定行为人的行为成立杀人罪(谋杀罪)。日本刑法理论一般不讨论是否还要肯定行为人的行为成立伤害致死罪。但是,由于德国刑法所规定的结果加重犯要求行为人对加重结果“至少”有过失,亦即对加重结果持故意的情形并非排除在结果加重犯之外,所以,刑法理论的通说认为,上述行为在成立杀人罪(谋杀罪)的同时也成立伤害致死罪,但也不属于想象竞合。因为相对于杀人罪(谋杀罪)而言,伤害致死罪处于补充地位,故对上述行为只能按杀人罪(谋杀罪)处罚。

伤害致死罪要求伤害行为或暴行与被害人死亡之间必须具有因果关系,即死亡结果必须是由伤害行为或暴行造成的,如果是其他原因引起了死亡结果,则不成立伤害致死罪。不仅如此,刑法理论还要求伤害行为与死亡之间具有特别的因果关联,即必须存在特殊的归责关系。致死性说认为,只有当伤害行为造成了被害人伤害的结果,进而由这种伤害结果导致被害人死亡的,才成立故意伤害致死罪(平野龙一、Kühl)。据此,如果伤害行为直接导致被害人死亡的,则只是故意伤害罪与过失致人死亡罪的想象竞合。但是,日本的判例只要求伤害行为与死亡结果之间具有相当因果关系乃至条件关系,就肯定伤害致死罪的成立。例如,数名被告人长时间对被害人实施暴行,被害人因极度恐惧在从现场逃走的途中进入高速公路后遭遇交通事故而死亡。日本最高裁判所认定被告人的行为构成伤害致死罪。德国的判例也只要求伤害行为与死亡结果之间具有特定的风险关联,或者说,伤害行为在类型上有造成他人死亡的危险,就成立伤害致死罪。例如,行为人用上膛的枪支敲打被害人头部,在敲打过程中不慎触发扳机射中被害人,德国联邦法院认定行为人构成伤害致死罪。但这一认定遭到了许多学者的反对。

问题在于,伤害致死罪中的死亡者是仅限于直接受伤害或暴行的人,还是包括其他人。例如,甲对乙施加暴行,乙本能地躲闪而踩了丙的脚,致丙倒地死亡。一种观点认为,伤害致死罪中的死亡者只限于直接受伤害或遭受暴行的人,故甲的行为只构成暴行罪(也可能同时触犯过失致死罪因而成立想象竞合)。对具体的事实认识错误采取具体符合说的学者,一般会持这种观点。另一种观点认为,伤害致死罪中的死亡者包括其他人,故甲的行为构成伤害致死罪。日本判例以及大谷实、前田雅英等学者采取这种观点。采取这种观点的学者,一般对具体的事实认识错误采取法定符合说。此外,可以肯定的是,如果行为人对作为伤害、暴行对象以外的人具有伤害、暴行的未必的故意,进而导致其死亡的,无疑成立伤害致死罪。

四、危险驾驶致死伤罪

为了应对重大恶性交通事故,日本于2004年在刑法第208条之二中增设了危险驾驶致死伤罪。该条第1项规定:"受酒精或者药物的影响,在难以正常驾驶的状态下,驾驶四轮以上的汽车,因而致人伤害的,处十五年以下惩役;致人死亡的,处一年以上有期惩役。以难以控制的高速度行驶,或者不具有控制行驶的技能而驾驶四轮以上汽车,因而致人死伤的,亦同。"同条第2项规定:"以妨害人或者车的通行为目的,进入行驶中的汽车的近距离前,明显接近其他通行中的人或车,并且以可能产生重大交通危险的速度驾驶四轮以上汽车,因而致人死伤的,与前项同。有意无视红色信号或者与之相当的信号,而且以可能产生重大交通危险的速度驾驶四轮以上汽车,因而致人死伤的,亦同。"此后又对本条作过修改。

2013年,日本制定了《关于对危险驾驶自动车致人死伤行为等的处罚的法律》(2014年5月20日开始施行),将上述刑法第208条之二的规定移至该单行刑法,并且对法条进行了一定修改。该单行刑法第2条规定:"实施下列行为,因而致人伤害的,处十五年以下惩役;致人死亡的,处一年以上惩役:(一)受酒精或者药物的影响,在难以正常驾驶的状态下,使自动车行驶的行为[13];(二)以难以控制自动车行驶的高速度,使自动车行驶的行为;(三)不具有使自动车行驶的技能而使自动车行驶的行为;(四)以妨害人或者车的通行为目的,进入行驶中的自动车的近距离前,明显接近其他通行中的人或者车,并且以可能产生重大交通危险的速度驾驶自动车的行为;(五)有意无视红色信号或者与之相当的信号,并且以可能产生重大交通危险驾驶自动车的行为;(六)驶入禁止通行的道路(是指根据道路标识或者道路标示,或者依照其他法令的规定,禁止自动车通行的道路或者其中部分路段,在此道路通行可能对人或车造成交通危险,因而以政令方式予以规定),并且以可能产生重大交通危险的速度驾驶自动车的行为。"

危险驾驶致死伤罪,是由故意的危险行为(基本行为)造成死伤结果而成立的犯罪,因而具备结果加重犯的构造。但是,其基本行为并不是刑法典规定的犯罪,而是道路交通法规定的犯罪。此外,作为基本行为的危险驾驶行为,虽然相当于暴行,但并不等于暴行。

---

〔13〕"使自动车行驶的行为"的原文为"自動車を走行させる行為",也可译为"驾驶自动车的行为"。

只有当危险驾驶行为的危险实现了死伤结果时,才成立危险驾驶致死伤罪;如果死伤结果的发生与驾驶行为的危险性没有关系,则不成立本罪。

作为基本行为的危险驾驶行为,是具有危险性的行为,故行为人必须认识到这种危险性。但是,理论上认为,只要行为人认识到作为危险性的基础的事实即可。因此,在行为人认识到自己是在超速行驶的情况下,即使其轻信不会造成死伤结果,也不能否认其对危险性具有认识。但日本的判例认为,只要行为人对危险驾驶行为具有认识,即使对发生死伤结果没有过失,也成立危险驾驶致死伤罪。

五、关于伤害罪的特殊规定

日本刑法对伤害罪作了两个特别规定。

(一)伤害现场助势罪

伤害现场助势罪仅存在于日本刑法之中。日本刑法第206条规定:"当发生前两条的犯罪(指伤害罪与伤害致死罪——引者注)时,在现场助势的,虽然没有亲手伤害他人,也处一年以下惩役或者十万元以下罚金或者科料。"

关于伤害现场助势罪的法律性质,理论上存在不同观点。一种观点认为,本条是将不构成伤害从犯(帮助犯)的单纯的助势行为规定为独立的犯罪。因此,如果对特定的正犯助势,则成立伤害罪的从犯,而不成立本罪。只有针对不特定的正犯助势时,才构成本罪(平野龙一、大塚仁、大谷实、曾根威彦等)。日本大审院的判例曾指出,本条所处罚的是在伤害现场单纯助势的行为;如果使特定的正犯者容易实行伤害行为,则成立伤害罪的从犯。另一种观点则认为,在伤害现场助势是帮助行为的一种,只是刑法考虑到其看热闹起哄的心理对这种帮助行为作出特别从轻处罚的规定。据此,对任何伤害正犯助势,都构成本罪(团藤重光、町野朔、西田典之、前田雅英等)。还有一种观点认为,本条是对在伤害罪或者伤害致死罪的犯行现场进行帮助及其实行未遂形态予以从轻处罚的规定(山口厚)。

伤害现场助势罪的成立,从时间上看,要求发生在伤害或伤害致死罪的行为实施之际,即发生在引起伤害或伤害致死的暴行开始之后、终了之前;从地点上看,要求发生在暴行实施的现场。所谓助势,是指用语言或动作为正犯者呐喊、鼓劲等增强或者刺激正犯者气势的行为。助势者本人必须没有亲手实施伤害行为,如果先助势后又亲手伤害他人,或者先实施了部分伤害行为后来助势,则助势行为由伤害行为吸收,不成立数罪。

(二)同时伤害的特例

日本刑法关于伤害罪还有一个特殊规定,其第207条规定:"二人以上实施暴行伤害他人的,在不能辨别各人暴行所造成的伤害的轻重或者不能辨认何人造成了伤害时,即使不是共同实行的,也依照共犯的规定处断。"

本来,二人以上没有意思联络而同时对他人施加暴行时,只能分别作为单独犯,对自己的行为所造成的结果承担责任,不能以共犯论处。假如不能证明伤害结果是由谁的行为造成的,则二人以上均只构成暴行罪。这是对同时犯的处理原则,也是责任主义的要求。但立法上认为,这样处理就宽纵了罪犯,于是规定上述特殊的同时犯以共犯论处。

究竟应当如何认识上述规定的性质,日本刑法理论上存在争议。有人认为是一种法律上的推定,有人主张是一种法律上的拟制,有人提出是举证责任的转换,通说则认为,既是举证责任的转换,也是法律上的拟制。

由于本规定是自己责任原则的例外,故必须限制其适用范围。适用该条,必须具备以下条件:(1)二人以上在没有意思联络的情况下,对同一被害人施加暴行。否则,应直接适用刑法总则关于共同正犯的规定。(2)二人以上的暴行,在外形上可以评价为基于意思联络的一个共同实行行为,即二人以上的暴行在时间与场所上必须接近,至少是在同一机会施行的。(3)二人以上的暴行造成了伤害结果,但不能辨认各人所加伤害的轻重,或者不能辨认造成伤害的是谁,或者不能证明谁的行为造成了轻伤害、谁的行为造成了重伤害,或者不能证明被害人的伤害是由谁的暴行所引起。(4)被告人不能证明自己的暴行与伤害结果之间没有因果关系。[14]

另一个争论问题是,日本刑法规定的这一特例,是仅适用于伤害罪,还是同时适用于伤害致死罪。通说认为,本条仅适用于伤害罪。因为这一特例是违反刑法基本原则的,必须严格控制其适用范围,而且刑法只规定了造成伤害的情况,并没有规定伤害致死;再者,在伤害致死的场合,一般容易证明是谁的行为造成了死亡,无须适用特例(大塚仁、大谷实、前田雅英、山口厚等)。少数人则认为,伤害致死罪是伤害罪的结果加重犯,伤害致死时也存在举证困难,故也必须适用这一特例(团藤重光、藤木英雄)。日本最高裁判所1951年9月20日的判决指出,二人以上没有共谋,对他人实施暴行,造成了伤害致死的结果,不能辨别何人的行为造成了致死的伤害时,根据本条,均应承担伤害致死罪的责任。

还有一个争论问题是,对承继的共犯是否有可能适用本条?例如,甲开始对丙实施暴行后,乙出现在现场,并与甲一起对丙实施暴行,导致丙受伤,但不能查明丙所受之伤是乙参与前的暴行(甲的a行为)所致还是乙参与后的暴行(甲乙共同实施的b行为)所致。一种观点认为,由于不能辨别丙的伤害是a行为造成还是b行为造成,故应当适用本条(前田雅英、林幹人)。另一种观点则认为,本罪原本就缺乏合理性,故应限制适用。在上例中,由于至少可以肯定甲成立伤害罪,而并非任何人对丙的伤害结果不负责任,所以,应当否认本条的适用。不过,后一种观点存在处罚的不均衡现象。

六、暴行罪

暴行罪,是指对他人施加暴行而未致人伤害的犯罪。

将暴行明确规定为独立的犯罪有日本、意大利、瑞士等国刑法。日本刑法第208条规定:"实施暴行而没有伤害他人的,处二年以下惩役、三十万元以下罚金或者拘留或科料。"意大利刑法第581条规定:"殴打他人,未造成身体或者精神的疾病,经被害人告诉的,处六个月以下徒刑或者六十万里拉以下罚金。"瑞士刑法第126条规定:"殴打他人未造成身体或健康损害的,处拘役或者罚金。本罪告诉才处理。"由此可见,三个国家的刑法对暴行罪罪状的描述没有实质区别。区别在于日本刑法将暴行罪规定为非亲告罪,法定刑也高于意大利与瑞士的规定。[15]

"暴行"一词在不同的场合有不同的含义,可以将暴行分为四种:(1)最广义的暴行,它包括不法行使有形力(物理力)的一切情况,其对象不仅可以是人,而且可以是物。据

〔14〕 日本曾发生以下案件:A在对被害人实施暴行时,B、C赶到现场。然后A、B、C三人共谋后对被害人实施暴行造成伤害结果,但不能确定伤害结果是在B、C加入之前造成的,还是在B、C加入之后造成的。日本大阪地方裁判所1997年8月20日的判决,对A、B、C适用刑法第207条,均以伤害罪的共同正犯论处。

〔15〕 其实,在1947年以前,日本刑法也是将暴行罪规定为亲告罪,法定刑也较低。1947年在修改部分刑法条文时,考虑到暴行否定了民主主义的基础,才提高了暴行罪的法定刑,将暴行罪规定为非亲告罪。

此,暴行分为对人暴行与对物暴行。(2)广义的暴行,是指不法对人行使有形力,但不要求直接对人的身体行使。即使是对物行使有形力,但因此对人的身体造成强烈的物理影响时,也构成暴行(间接暴行)。(3)狭义的暴行,是指对人的身体不法行使有形力。(4)最狭义的暴行,是指对人的身体行使有形力并达到足以压制对方反抗的程度。

暴行罪中的暴行是指狭义的暴行。暴行的成立只要求对人的身体不法行使有形力,在性质上不要求足以发生伤害结果。使用无形方法攻击他人身体的,不成立暴行罪。日本判例的基本立场是,如果有形力(物理力)接触了被害人的身体,即使缺乏伤害的危险,也成立暴行罪;此外,如果具有伤害的危险,即使有形力没有接触被害人的身体,也成立暴行罪。概言之,暴行包括针对人的身体实施的一切不法攻击行为,不以该行为具有引起伤害结果的性质为必要。例如,剪断、剃去他人头发的,短时间拘束他人身体的,抓住他人衣服往前拽的,在被害人耳边打鼓敲钟使被害人产生感觉意思朦胧的,向被害人撒盐的,向被害人投掷石块的,向被害人挥舞日本刀的,驾驶车辆逼挤并排行驶的汽车的,连续几天利用噪音导致邻居慢性头痛的,都被裁判所认定为暴行。对于判例的这一立场,有的学者持赞同态度(团藤重光、大塚仁、内田文昭等);有的学者基本持赞成态度,但同时主张抑制暴力范围的扩张(大谷实、西田典之[16]);有的学者则认为,只有当物理力具有伤害的危险时,才成立暴行罪(野村稔、京藤哲久等);有的学者则主张,只有当物理力接触了被害人的身体或者物理力的效果及于被害人时才成立暴行罪(平野龙一、中森喜彦等)。按照山口厚的观点,伤害未遂虽然可能成立暴行罪,但暴行不等于伤害罪的未遂犯;所以,既不能要求行为人具有伤害的故意,也不能要求行为具有伤害的危险,因为没有理由要求被害人忍受他人向自己行使的非法物理力。但是,为了使暴行与胁迫之间有明确的界限,暴行应当以物理力及于被害人的身体为必要。如果认为暴行不需要物理力及于人的身体,只要其效果及于人的身体即可,那么,就会将人的心理自由、行动自由也纳入暴行罪的保护法益,使得暴行概念过于宽松,因而不妥当。

问题是,虽然是有形的方法,但不能评价为暴力时,是否属于暴行。例如,使人饮用有毒物质的,是否属于暴行。肯定说与否定说不仅影响暴行罪的成立与否,而且影响对其他涉及暴行的犯罪的认定。例如,对于将有毒物质给他人饮用后取走被害人财物的行为,肯定说主张成立普通抢劫罪,而否定说主张成立昏醉抢劫罪。

成立暴行罪要求有暴行的故意,但持伤害的故意实施暴力而未造成伤害结果时,也成立暴行罪。

七、参与斗殴罪

德国刑法第 231 条第 1 款与第 2 款分别规定,"参与斗殴或者参与由多人实施的攻击行为,如果该斗殴或者攻击造成人的死亡或者重伤的,对参与行为者处三年以下自由刑或者罚金","如果参与斗殴或者攻击是不受谴责的,不得根据第一款的规定处罚"。

斗殴,实际上是指群殴,以至少三人积极参与为必要。如果三人中,有一人只是单纯地采取保护性防卫(如用手抱着自己的头),则因为只有二人的积极参与,而不成立斗殴。

---

〔16〕 西田典之认为,在行为没有接触被害人身体的场合,只有当行为具有伤害的危险,且行为人具有伤害故意时,才能认定为暴行罪。持反对观点的学者则认为,暴行罪不等于伤害罪的未遂犯,故不能要求行为人具有伤害故意。

反之,如果三人都实施攻击性防卫,就属于斗殴。如果一人面对其他二人的不法攻击而实施正当防卫的,仍然属于斗殴。因为斗殴并不以全部参与者的行为具有违法性为必要。换言之,三人中如果有一人的行为是合法的,仍然符合斗殴的构成要件,只是此人具有违法阻却事由而已。

多人实施的攻击,是指至少二人出于敌意而对他人的身体进行攻击。[17] 从客观方面来说,攻击者必须共同合作,但不以成立共同正犯为必要。从主观方面而言,所有的攻击者必须以造成被害人的身体伤害为目标。所以,同时犯不属于多人实施的攻击。多人实施的攻击与斗殴的区别在于:攻击不以双方或者相互的打斗为要件,攻击的对象可能是完全没有防卫能力的人。

参与,是指在行为现场出于敌意参与打斗,以积极地参加为必要。[18] 在法律上有义务阻止斗殴或者攻击的人,没有履行阻止义务的,不构成参与,充其量只是帮助犯。参与不以直接进行打斗为必要,只要对打斗具有物理性的共同作用即可。根据通说,在现场欢呼助势的行为,也属于具有物理性的共同作用,因而属于参与行为。[19]

根据德国的通说与判例,行为人是否在死伤结果发生之前退出斗殴与攻击,并不重要。换言之,即使行为人在死伤结果发生之前退出斗殴与攻击的,也实现了本罪的构成要件。理由是,只要死伤结果与斗殴或者攻击的整个经过具有因果关系即可,至于个别的参与行为与死伤结果之间的因果关系及其客观作用,对其参与行为的可罚性并不重要。因为斗殴或者攻击的可罚性根据在于其典型的危险性,在死伤结果发生之前退出斗殴或者攻击的行为人,其行为的作用在退出后仍然存在,并且持续至结果发生。由于共同造成了斗殴或者攻击的状态,且退出前的共同作用增加了斗殴或攻击所带来的危险,事实上也往往激化了参与者之间的冲突,故退出者应按本罪处罚。

至于在死伤结果发生之后才加入斗殴或者攻击的人,是否也成立本罪,则存在争议。判例和部分学者持肯定态度,因为法条没有限制参与的时间;如果持否定回答,就会导致每个参与者都主张其在死伤结果发生之后才参与,进而使本条丧失适用的余地。另一部分学者则认为,虽然法条没有限制参与的时间,但从规范目的来看,法律仅处罚死伤结果发生前的参与行为。事实上,在死伤结果发生之后才参与的行为,与斗殴或者攻击的整个经过的危险性并没有因果关系,故不能令事后的参与者对参与前的危险性负责。

根据通说,上述"如果该斗殴或者攻击造成人的死亡或者重伤的",属于客观处罚条件。只要死伤结果与斗殴或者多数人的攻击之间具有因果关系(如果没有斗殴或者攻击,就不会发生死伤结果)即可,不必考察各参与行为与死伤结果之间的因果关系。如果在死伤结果发生时,斗殴与攻击尚未开始,则不能适用本条。不管是造成斗殴或攻击的参与者的死伤,还是造成旁观者、过路人或者介入的警察的死伤,都符合这一条件。存在争议的是,如果死伤结果是由于被攻击者正当防卫所致的,是否属于这里的死伤结果。通说与判例认为,只要死伤结果与斗殴或者攻击之间具有因果关系,即使该结果由正当防卫行为引起,也应适用本条。换言之,本罪中的死伤结果,不必具有违法性。此外,由于本罪属

〔17〕 也有学者(如 Hirsch)认为,"出于敌意"并不具有独立的意义,不是特别的主观要素。

〔18〕 这里的参与是正犯行为,而不是指帮助行为。

〔19〕 也有学者(Stree)认为,通说将心理作用等同于物理性的共同作用,存在缺陷;进而主张,对于在场欢呼助势的,只能认定为参与的帮助犯。

于抽象的危险犯,所以,即使斗殴行为造成了行为人自身的严重伤害,也同样成立参与斗殴罪。

由于死伤结果是客观处罚条件,故通说认为,参与人只需认识到斗殴或者多数人攻击的状态的存在,并参与斗殴或攻击即可,对于死伤结果不必具有预见与预见可能性。但Hirsch指出,通说的观点严重违反了责任主义,故主张本罪是“故意与违反注意义务的组合”,行为人至少对于死伤结果具有预见可能性时,才能成立本罪。Roxin则认为,死伤结果是构成要件要素,行为人对此至少必须具有预见可能性。

如果参与斗殴或者攻击是不受谴责的,则不能以本罪论处。其中的“不受谴责”并不等同于罪责,还包含了参与行为是否具有违法性的问题。这里涉及何时可以适用正当防卫规定的问题。可以肯定的是,行为人出于正当防卫对其他斗殴参与者进行攻击的,虽然也符合参与斗殴罪的构成要件,但应适用德国刑法第231条第2款的规定,不以参与斗殴罪论处。德国的判例与理论认为,如果行为人在约定的斗殴失败后,违反约定以短刀刺杀对方的,并不是正当防卫行为。即使参与人能在斗殴或攻击期间为了防止个别的伤害行为而主张正当防卫,但不得因此否认整体参与斗殴或者攻击的违法性。

第四节　过失致死伤罪

一、过失致死伤罪概说

过失致死伤罪,是指过失致他人死亡、伤害的犯罪,其保护法益是生命、身体的安全。在欧洲大陆与日本,过失致死伤罪是发案很多的犯罪,之所以如此,是由于工场、矿山、土木建筑的增加,特别是交通工具的发展,使过失致死伤的案件大量发生,而这些犯罪通常都包括在过失致死伤罪中。

过失致死伤罪主要包括过失致死罪与过失致伤罪。此外,有的国家还规定了业务上过失致死伤罪、重过失致死伤罪。这些犯罪的最主要特点,在主观上表现为过失,在客观上表现为造成了他人的死亡或者伤害。

二、过失致伤罪

过失致伤罪,是指过失造成他人身体伤害的行为。

行为人主观上只能是过失,而不能存在故意。这里所说的故意不仅包括伤害的故意,而且包括暴行的故意,即行为人故意实施暴行而致人伤害的,不是成立过失致伤罪,而是成立故意伤害罪。过失,是指违反了法律上的注意义务。这种注意义务,除了法律规定的义务以外,还可能是习惯上、条理上所要求的义务。一般来说,注意义务的内容包括结果预见义务与结果回避义务。假想防卫、假想避难时,行为人有过失并造成他人伤害的,构成本罪。

过失致伤的行为,既可以是作为,也可以是不作为(如被保护人处于身体受伤害的危险境地,保护人由于过失没能施加保护,导致发生伤害结果);既可以是行使有形力,也可以是行使无形力(如违反注意义务使用音波导致他人耳聋)。

过失致伤罪要求行为造成致人伤害的结果。从各国刑法的规定来看,不要求结果为重伤害，过失造成轻伤害的也构成本罪，过失造成重伤害的，则是加重处罚的条件。

三、过失致死罪

过失致死罪，是指过失造成他人死亡的行为。

过失致死罪与过失致伤罪有许多相同点与相似点，其主要区别在于，本罪必须发生他人死亡的结果。如果行为人有过失并造成他人死亡，就成立本罪。例如，给婴儿哺乳的母亲，于睡眠前没有使乳房离开婴儿，导致乳房压着婴儿的口和鼻，使婴儿窒息死亡，就成立过失致死罪（日本判例）。在德国，行为人唆使醉酒者驾驶汽车，导致发生车祸而将行人碾死的，行为人让自己饲养的未驯服的恶狗到处乱跑，恶狗将小孩咬死的，被法院认定为过失致死罪。再如，甲将自己的海洛因提供给乙，乙注射海洛因后死亡。德国联邦最高法院曾认定甲的行为构成过失致死罪，但该判决结论受到了学界的强烈批评。后来，德国联邦最高法院对类似案件否认了过失致死罪的成立。但是，如果提供毒品的人，发现吸毒者出现无意识的状态后，没有叫来医生，吸毒者因而死亡的，法院仍然认定为不作为的过失致死罪。又如，被告人驾驶没有尾灯的拖斗卡车在黑暗中行驶，被警察拦下，警察指示被告人将拖斗卡车开到下一个加油站，自己跟着被告人的拖斗卡车行驶，以确保整个过程的安全。在拖斗卡车再次启动前，警察将红灯从道路上拿走。正在此时，另一辆卡车驶近，并从后面撞上了被告人处于无灯状态的拖斗卡车，导致后面卡车的副驾驶死亡。德国联邦最高法院肯定了被告人的行为与被害人的死亡之间具有因果关系，也肯定了被告人具有预见可能性，进而认定被告人成立过失致死罪（但不少学者对此判决持批判态度）。

一个过失行为造成数人死亡的，是过失致死罪的想象竞合。过失致死罪的法定刑一般在 5 年以下，如德国刑法、意大利刑法都规定为 5 年以下的自由刑，但日本刑法仅规定为 50 万元以下的罚金。[20]

四、业务上过失致死伤罪

（一）概念

业务上过失致死伤罪，是指从事业务的人员，违反业务上的注意义务，造成他人死伤的行为。有的国家刑法没有将业务上过失致死伤的行为规定为独立的犯罪，而是作为一般的过失致死伤罪论处，德国刑法就是如此。有的国家刑法则在过失致死伤罪之外，另规定了业务上过失致死伤罪，意大利、日本等国刑法就是如此。如日本刑法第 211 条前段规定："懈怠业务上必要的注意，因而致人死伤的，处五年以下惩役、监禁或者五十万元以下罚金。"

（二）主体

本罪的主体，必须是从事容易引起死伤结果的业务的人员，因而是一种身份犯。这里的关键是如何理解业务。根据日本审判实践与刑法理论，所谓业务，是指人基于社会生活上的地位而反复、继续从事的，而且有侵害他人生命、身体可能的事务。[21] 这种业务不仅

---

〔20〕 1991 年前的法定刑为 20 万元以下罚金。不过，日本刑法另规定了重过失致死伤罪与业务上过失致死伤罪，其法定刑均为 5 年以下惩役、监禁或者 50 万元以下罚金。

〔21〕 请注意，只是本罪中的"业务"要求有侵害他人生命、身体的可能性；其他犯罪（如业务上侵占罪等）中的"业务"则不要求这一点。

包括正当业务,而且包括违法性质的业务。例如,没有行医执照的行医活动,没有驾驶执照的驾驶行为,也属于本罪中的业务;如果在行医或驾驶过程中过失致人死伤的,就构成本罪。根据上述定义,业务必须具备以下三个条件:

第一,必须是基于社会生活上的地位的事务。业务必须是人在维持社会生活上所从事的事务,它在社会分工中占有一席之地。因此,自然的日常行动不是业务,如饮食、睡眠、步行、在家照看子女、做家务等,都不是业务。但是,娱乐性的狩猎、与自己本来的业务无关的驾驶,只要行为人是反复、继续实施的,也被认为是业务。因为设立本罪是考虑到业务人员有高度的注意义务,故处罚较重。上述狩猎与驾驶行为,如果是反复、继续实施的,行为人也就有高度的注意义务,因而也应包括在业务中。

第二,必须具有反复性、继续性。业务都是行为人要反复、继续从事的事务,如果只是在特定场合从事一次的活动,就不是业务。但应注意的是,只要性质上是要反复、继续实施的,或者只要行为人有继续实施的意思,即使行为人只实施了一次,也不失为业务。例如,出租汽车司机,第一次驾驶汽车便过失致人死伤时,就构成本罪。再如,没有行医执照的人,有反复、继续行医的意思,其第一次行医的活动就是一种业务。如果行为人在第一次行医活动中致人死伤,就构成业务上过失致死伤罪。

第三,必须具有危险性。业务必须含有对人的生命、身体造成侵害的危险,因为只有这样的业务才有意义作为犯罪而类型化。如驾驶汽车,驾驶船舶,制造、贩卖、保管危险物品,在幼儿园、学校监护、教育儿童、学生等都认为是有危险性的业务。以防止他人生命、身体的危险作为义务内容的业务也包括在内。而骑自行车的行为,一般被认为没有危险性,故不是业务。

(三)行为

业务上过失致死伤罪,要求行为人怠于业务上的必要的注意,并因而导致他人的死伤。所谓怠于业务上的必要的注意,是指在从事业务时,违反了该业务所具体要求的注意义务。例如,汽车司机没有注意路口的红灯,继续向前行驶而导致行人死亡,医生没有注意辨明病人,误给不该施行手术的病人施行手术,这些行为都构成本罪。本罪的行为既可以是作为,也可以是不作为。行为必须造成他人的伤害或者死亡,否则不构成本罪。

第五节 遗 弃 罪

一、遗弃罪的概念

所谓遗弃罪,是指将需要扶助的人置于不受保护的状态,从而使其生命、身体处于危险状态的犯罪。奥地利刑法将遗弃罪规定为对生命的危险的犯罪;德国、瑞士刑法明文规定遗弃罪是对生命造成危险以及对健康造成严重危险的犯罪。日本刑法在伤害罪之后规定了遗弃罪,于是理论上对遗弃罪的罪质存在争议。判例与多数说认为,遗弃罪是使被遗弃者的生命、身体处于危险状态的犯罪;[22]有力说认为,遗弃罪只是对生命的犯罪,即对

---

〔22〕 持这种观点的学者会在伤害罪之后讨论遗弃罪。

生命造成危险的犯罪,而不包括对身体造成危险的情形(平野龙一、大谷实、西田典之、山口厚)。[23]还有学者认为,遗弃罪是对生命造成危险以及对身体造成重大危险的情形(前田雅英)。上述观点都认为,遗弃罪是一种对个人法益的犯罪。但也有学者认为,遗弃罪既是对个人法益的犯罪,也是对社会法益的犯罪,因为实施遗弃行为不仅威胁了被遗弃者的生命、身体的安全,而且破坏了社会风俗(大塚仁)。

与此相关联的是,被害人同意的遗弃行为是否构成遗弃罪。一种观点认为,如果被害人的同意违反公序良俗,则该同意无效,遗弃行为仍然成立犯罪(大塚仁)。这是行为无价值论的观点,以遗弃罪侵犯了社会法益为前提。另一种观点认为,既然被害人具有同意的权限,且刑法没有特别处罚的规定,经过同意的遗弃行为便不可罚(山口厚)。这是结果无价值论的观点,以遗弃罪属于对个人法益的犯罪为前提。还有一种观点认为,遗弃行为对生命具有危险时,被害人的同意无效,遗弃行为仍然成立犯罪(中森喜彦)。

在古代宗法社会,遗弃罪一般仅限于亲属之间,或者说仅限于家庭之间,遗弃罪的罪质便是义务的违反。但现代社会,由于机械化、航空交通与道路交通的频繁,必要的危险行为越来越多,因而很容易使一些人处于无自救力、需要扶助的状态。于是,遗弃罪的范围便扩大了,而不仅限于亲属之间。换言之,遗弃罪的罪质不只是义务的违反,更重要的是对他人生命、身体造成危险。

二、遗弃罪的对象

一般来说,遗弃罪的对象是没有自救力、需要扶助的人。各国刑法对此规定不同。就保护责任者遗弃罪而言,一般规定为需要扶助的人。就单纯遗弃罪而言,有的国家刑法没有特别限制对象范围(如德国、奥地利),有的国家刑法限制了对象范围。日本刑法将单纯遗弃罪的对象规定为“因年老、年幼、身体障碍或者疾病而需要扶助的人”。其中的年老、年幼、身体障碍是容易理解的概念,问题在于怎样理解“需要扶助”。如果认为遗弃罪是对生命、身体造成危险的犯罪,就会将“需要扶助”理解为生活不能自理。如果认为遗弃罪是对生命造成危险的犯罪,就会将“需要扶助”理解为“只有他人扶助才能摆脱对生命的危险”。此外,对一些具体问题也存在争议。例如,酩酊者是否属于因疾病而需要扶助的人？日本刑法理论一般对此持否定见解,但其审判实践上持肯定回答。再如,因食用麻醉药品而昏迷者是否属于因疾病而需要扶助的人？德国审判实践上对此持肯定看法。

三、遗弃罪的行为

如后所述,遗弃罪分为单纯遗弃罪、保护责任者遗弃罪与遗弃致死伤罪。一般认为,单纯遗弃罪中的遗弃行为是指狭义的遗弃,即积极移置;保护责任者遗弃罪中的遗弃,除包括狭义的遗弃外,还包括单纯不保护。

狭义的遗弃即积极移置,是指行为人将被害人从安全场所移至危险场所或从某危险场所移至更危险的场所(有人认为还包括阻止被遗弃者接近保护人)。这显然是一种作为的形式,它要求使被遗弃者与保护者之间产生场所上的隔离。例如,行为人将自己所生的年幼子女放置到人烟稀少的马路上,就是一种积极移置。德国刑法第221条第1款第1项规定,将某人“置于无助的状态”的,构成遗弃罪。“置于”行为既可以采取暴力、胁迫的手段,也可以采取欺骗的手段。一般来说,只有当行为改变了被害人所处的场所时,才属

〔23〕 持这种观点的学者会在杀人罪之后伤害罪之前讨论遗弃罪。

于"置于无助的状态"。但德国的判例与不少学者认为,"置于无助的状态"不以发生空间转移为前提。例如,行为人殴打被害人,使之处于不能独立向医生求救的状态,然后置之不顾的,也属于将被害人"置于无助的状态"。不仅如此,德国的通说还认为,不作为也可能满足"置于无助的状态"的条件。

所谓单纯不保护,是指行为人与被遗弃人虽然没有场所上的隔离,但行为人不给被遗弃人以生存所必要的保护。例如,不提供必要的食物、对病人不提供必要的治疗等。这是一种不作为的遗弃行为,以行为人具有保护责任为前提。争论的问题是,当被害人身处无助的状态,负有救助义务的人消极离去时,是属于狭义的遗弃还是属于单纯不保护。有人认为,狭义的遗弃也包括消极离去,即行为人本来与被遗弃者生活或处于同一场所,但行为人从该场所离去,使被遗弃者的生命、身体处于危险状态。这也要求使被遗弃者与保护者之间产生场所上的隔离。但是,只有具有保护义务的人消极离去的,才可能成立遗弃罪。所以,多数观点认为,消极离去应当属于单纯不保护。

遗弃行为的成立不要求产生现实的法益侵害,即不要求致被遗弃者死亡或伤害,只要对被遗弃者的生命、身体产生危险就成立遗弃行为,因此,遗弃罪是危险犯。这是没有争议的。德国刑法明文将遗弃罪规定为具体的危险犯。遗弃罪的具体危险,是指极有可能出现法益侵害的危急状态,或者说,遗弃行为没有造成他人死亡或者严重的身体伤害,纯属偶然。但是,日本刑法没有明文要求遗弃罪发生具体危险,于是对遗弃罪是哪一种危险犯就存在争议。例如,甲将自己的婴儿放在警察署门前,确认警察抱走婴儿后才离去。抽象的危险说认为,只要行为人实施了遗弃行为就成立遗弃罪,因为法条没有要求遗弃行为发生具体的危险。所以,甲的行为成立遗弃罪(大塚仁)。限定的抽象的危险说认为,遗弃罪虽然是抽象的危险犯,但在罪质上仍然需要行为产生某种程度的危险性。如果行为人预想到他人会实施适当的行为或者由于其他原因,导致遗弃行为不会对被害人的生命产生危险时,就不能认定为遗弃罪(大谷实)。或者认为,作为遗弃的内容,应当要求存在针对被害人的实质性危险(山口厚)。据此,上述甲的行为不成立遗弃罪。[24] 具体的危险说认为,只有当遗弃行为产生具体危险时,才能认定为遗弃罪。法条虽然没有明文要求发生具体的危险,但由于遗弃的概念缺乏明确性,故有必要通过具体的危险限定处罚范围。据此,上述甲的行为不成立遗弃罪(团藤重光)。

四、遗弃罪的故意

遗弃罪是故意犯罪,同时又是危险犯,因此,遗弃罪的故意要求行为人认识到被遗弃的对象是老幼、残废或因疾病而需要扶助的人,并认识和容认自己的遗弃行为使被遗弃者的生命、身体处于危险状态。如果行为人认识到和容认自己的行为给被害人的生命、身体产生现实的侵害,则不是遗弃罪的故意,而是杀人罪或伤害罪的故意。此外,如果行为人没有认识到自己的行为使被害人的生命、身体处于危险状态,由于过失引起被害人死亡或者伤害的,也不构成遗弃罪,只构成过失致死伤罪。例如,日本于1985年曾发生过行为人将处于泥醉状态的配偶放在浴室洗澡并不加看护致其死亡的案件。从客观上看,行为人是将需要扶助的被害人移置于危险的场所。但是,行为人以前也曾经实施过这种行为,目

〔24〕 也有持相同观点的学者认为,甲的行为仍然有抽象的危险(因为行为人不能确实证明领走婴儿的人会扶助婴儿),构成遗弃罪。

的在于使对方解酒,行为人完全没有认识到自己的行为会使对方的生命、身体处于危险状态。因此,裁判所否认行为人有遗弃罪的故意,而以过失致死罪论处。

五、遗弃罪的类型

德国、奥地利、瑞士、日本等国刑法,都规定了三种类型的遗弃罪,即单纯遗弃罪、保护责任者遗弃罪与遗弃致死伤罪。例如,奥地利刑法第82条规定:"(1)将他人置于无助状态,且在该无助状态下弃之不管,因而危及他人生命的,处六个月以上五年以下自由刑。(2)将受其保护之人或其他有义务帮助之人置于无助状态而不顾,因而危及他人生命的,处与第一款相同的刑罚。(3)行为导致他人死亡的,处一年以上十年以下自由刑。"该条三款所规定的分别是单纯遗弃罪、保护责任者遗弃罪与遗弃致死罪。

(一)单纯遗弃罪

单纯遗弃罪,是指将他人移置于危险场所的行为。

单纯遗弃罪的主体与被害人之间不要求存在亲属或其他某种关系,换言之,单纯遗弃罪的主体不要求是对被遗弃者有保护责任的人。根据德国、奥地利等国刑法的规定,单纯遗弃罪的对象可以是任何人,包括健康的成年人。根据日本刑法的规定,单纯遗弃罪的对象必须是需要扶助的人。例如,没有保护责任的人,将躺在自己所占有的场所内的需要扶助的人,移置于其他危险的场所时,就构成单纯遗弃罪。

单纯遗弃罪的行为,必须是积极移置的行为。消极离去与单纯不保护不构成本罪。因为本罪的行为与被遗弃人之间并不存在扶助与被扶助的权利义务关系,只有当行为人实施积极移置的行为时,其行为才有可罚性;没有保护责任的人消极离去与单纯不保护,则不具有可罚性。

(二)保护责任者遗弃罪

保护责任者遗弃罪,是指对被遗弃者具有保护责任的人所实施的遗弃行为。

本罪中的遗弃行为,既可以是积极移置,也可以是消极离去,还可以是单纯不保护。如果认为本罪是具体的危险犯,那么,只有对生命、身体健康产生了具体危险时,才成立本罪。德国曾发生以下案件:女被告人F有两个孩子,大的是5岁的女孩,小的是10个月的婴儿。F于某年12月24日晚离开孩子与朋友聚会。她出发前照料了婴儿,并嘱咐大女儿在第二天早晨给婴儿喂牛奶。F原本打算第二天(25日)中午回家,但后来决定12月28日回家。她清楚自己的行为可能导致婴儿死亡,但并不担心5岁的女儿。F于28日回家时,发现婴儿已死亡在未供暖的房间,大女儿也处于心力交瘁的状态。F对婴儿成立保护责任者遗弃(致死)罪,但由于大女儿没有出现具体危险,F对大女儿也没有遗弃的故意,故对大女儿不成立遗弃罪。

保护责任者遗弃罪的主体,必须是对老幼、残废或因疾病而需要扶助的人具有保护责任的人,即是对上述人员的生命、身体具有保护义务的人,因而属于身份犯。当保护责任者以积极移置的方式实施遗弃行为时,其身份属于加重身份;当保护责任者以单纯不保护的方式实施遗弃行为时,其身份属于奠定可罚性基础的构成身份。

一般认为,这种保护义务来源于以下四个方面:(1)法律、法令所规定的保护义务。如民法所规定的亲权者对子女的监护义务。(2)基于合同所产生的保护义务。例如,雇主与雇员签订合同,两人同住在一起,雇员患疾病时雇主有保护的义务。如果雇主实施遗弃行为,就构成本罪。(3)基于事务管理所产生的保护义务。例如,行为人本来没有义务接纳病人，但一旦行为人将病人安置在自己的住宅内，行为人就对病人负有保护义务。(4)基于习惯、条理产生的保护义务。这种义务是根据具体情况，从法律精神上引申出来的。例如，结成团体的登山队队员，相互之间产生保护义务。汽车司机过失撞伤行人后，就产生了保护义务。但德国的判例认为，没有过错的汽车司机，对于负有独立责任的事故被害人没有保护义务；而饭店店主（或者邀请者）对于因为醉酒而神志不清的客人存在保护义务。

值得研究的是，汽车司机过失撞伤行人后逃跑的案件应当如何处理的问题。例如，造成事故的司机单纯逃走（例一），或者造成事故的司机原本打算救助被害人，使被害人坐在自己的车内而离开现场，但途中将被害人放置在其他场所（例二）。在这种情况下，除了构成业务上过失致死伤罪或者交通犯罪以外，是否成立保护责任者遗弃罪？一般认为，这种情况成立两罪：一是业务上过失致死伤罪或者其他交通犯罪，二是保护责任者遗弃罪。[25] 但关于保护义务的发生根据，则存在不同观点。第一种观点认为，保护义务源于道路交通法所规定的救护义务；第二种观点认为，保护义务源于行为人过失撞伤行人的先前行为；第三种观点认为，保护义务源于行为人“接受”被害人或者将被害人置于自己的支配领域内的行为。根据第一、二种观点，上述例一、例二均成立保护责任者遗弃罪；根据第三种观点，上述例二成立保护责任者遗弃罪，但例一不成立遗弃罪。

（三）遗弃致死伤罪

遗弃致死伤罪，是单纯遗弃罪与保护责任者遗弃罪的结果加重犯。如前所述，单纯遗弃罪与保护责任者遗弃罪是危险犯，不要求发生死伤结果。如果行为人实施遗弃行为导致被遗弃者死伤，则构成本罪。因此，构成本罪要求遗弃行为与被遗弃者死伤之间具有因果关系。特别要指出的是，行为人对死伤结果必须没有认识与容认的心理态度，否则就成立杀人罪或伤害罪。例如，行为人于寒冷的冬天将婴儿移置于马路上，致婴儿死亡的，应认定为杀人罪，而不是遗弃致死伤罪。但是，杀人罪的实行行为必须具有致人死亡的危险性，因此，如果行为人没有将需要扶助者置于明显的危险状态，就只能认为是遗弃罪。

日本曾有两个判例。其一，被告人甲在驾驶汽车时过失轧了乙，甲打算将乙送往医院，于是让乙坐在助手席上，但途中担心被发觉，便打消了送往医院的念头，企图将乙遗弃于某地，在开车寻找遗弃地点的过程中（行驶了29公里），乙死在车内。东京地方裁判所1967年9月30日的判决，认定甲构成不作为的杀人罪。其二，被告人丙在某天晚上8时左右，因疏忽而撞倒了前方过马路的丁（伤势约需要3个月的治疗），丙没有采取其他必要措施，而是使丁坐在自己的车内离开了现场，但途中将丁遗弃在马路上，假称叫医生而逃走。日本最高裁判所1958年7月24日的判决，认定丙的行为构成保护责任者遗弃罪。

平野龙一针对第一个判例指出：“在这种场合，虽然存在让乙坐在助手席上而开车的作为，但送往医院就能得救，不送往医院就死亡，而不是因为使乙坐在车上继续开车而死亡，因此，仍可认定为不作为杀人。在这种情况下，过失伤害的先前行为，与打算送往医院的‘接受’以及放入车中处于他人不能干涉的‘管理下’的状态等竞合在一起，使得能够认定为不作为杀人。因此，如果依照这一先例，只是单纯因车轧人使其重伤而逃走的‘先前行为’，还不足以导致认定为不作为杀人。”第二个案件“虽然与前述东京地方裁判所判决

---

〔25〕 虽是成立两个犯罪，但有人认为两罪是想象竞合，有人认为两罪是并合罪。

的案件几乎相同,但这种场合,没有认定成立不作为的杀人罪。这不仅是因为没有预见死亡结果,而且因为没有杀人罪成立要件的作为义务。……在保护责任者预见死亡而置之不理的场合,要对遗弃致死的情形进行处罚的话,不作为的杀人与不作为的遗弃致死的区别,不是取决于对死亡有无预见,而是取决于作为义务的程度。换言之,即使在有杀人故意,但没有成立杀人罪的足够的作为义务的情况下,要以保护责任者遗弃罪从轻处罚。这样,在不作为场合,从重罪逐渐到轻罪的处罚,就分别由作为义务的强弱来决定。"〔26〕

争论的问题是,行为人(保护责任者)明知自己消极离去会使被害人得不到救助而死亡,但仍然故意离去的,是成立杀人罪还是遗弃致死罪。日本的通说与判例认为成立杀人罪(当然需要有致人死亡的具体危险),理由有二:其一,遗弃致死罪是结果加重犯,因而不包括对加重结果有故意的情形;其二,在限定保护责任(作为义务)的范围的场合,难以通过作为义务的轻重区分遗弃致死罪与不作为的杀人罪。但大谷实认为,上述行为应成立遗弃致死罪,理由也有二:其一,如果认为只要有杀人故意就不成立遗弃致死罪,而成立杀人罪或者杀人未遂,那么,只要以杀人故意而消极离去的就都成立杀人未遂,但这一结论不合理。其二,通说将遗弃罪中的保护责任者的地位与不作为杀人罪中的保障人地位等同看待了,但为遗弃罪中的保护责任(保护义务)与杀人罪的实行行为奠定基础的作为义务并不是等同的;与保护责任者遗弃罪中的保护义务违反相比,杀人罪的作为义务违反必须对人身具有更高的危险。

---

〔26〕 [日]平野龙一:《刑法总论Ⅰ》,有斐阁1972年版,第157~159页。

第十七章　对自由、安宁的犯罪

第一节　本章犯罪概述

在现代社会，个人自由或多或少受到了限制；越是尊重个人自由，越会发生相互摩擦。如何对二者进行调整，是本章理论的重要课题。这里的自由不是指抽象的自由，而是仅限于有具体内容的自由，通说认为包括身体活动自由与意思决定自由，至于对政治的自由、宗教的自由、社会的自由的侵害行为，则一般不认为是对自由的犯罪（Wachenfeld）。具体而言，本章犯罪可细分为以下几类：一是非法剥夺自由罪（法益为身体移动的自由），二是胁迫罪、强制罪（法益为意思决定自由），三是广义的略取罪、诱拐罪（法益为身体移动的自由与身体的安全），四是强奸罪、强制猥亵罪（法益是性的自主决定权或者自己决定的自由），五是侵入住宅罪（法益是是否允许他人进入住宅、建筑物的自由或者住宅、建筑物的安宁）。[1]

法益性质存在争议的是侵犯秘密罪。以往刑法理论大多将侵犯秘密罪归入对自由的犯罪，但是，现在不少学者将其与对名誉的犯罪相并列，归入对人格法益的犯罪（或称为对秘密、名誉的犯罪）。本书仍按传统做法，将其归入对自由、安宁的犯罪。

还有一些犯罪虽然也侵犯了自由，如抢劫罪、恐吓罪、滥用职权罪等，但它们另有更为本质的法益，因而应由其他章节说明。

第二节　非法剥夺自由罪

一、保护法益

非法剥夺自由罪，是指故意以逮捕、拘禁或其他方法非法剥夺他人自由的行为。[2]

一般认为，本罪的保护法益是人的身体移动（行动）的自由，即人的身体离开一定场所移动的自由（少数学者将本罪的法益解释为“人身的自由”）。但如何理解身体移动自由的内容，则存在争议。可能的自由说认为，本罪的法益是可能的自由，即只要想移动身

---

〔1〕　当然，对法益的具体内容还存在一些争议。

〔2〕　从各国刑法的规定看，本罪的罪名并不统一，有的着重于本罪的罪质确定罪名，有的着重于行为的方式确定罪名。不管罪名如何，本罪的罪质都是非法剥夺公民的人身自由。各国刑法除了规定一般的非法剥夺自由罪外，还规定了本罪的加重形态，即非法剥夺自由致死伤罪。

体就可以移动的自由(德国的判例与通说、日本的判例、植松正、大塚仁、大谷实、曾根威彦等)。现实的自由说认为,本罪的法益是现实的自由,即在打算现实地移动身体时就可以移动的自由(平野龙一、中山研一、西田典之、前田雅英)。可能的自由说将具有身体移动的可能性本身作为重要问题,而现实的自由说则认为,在对方没有产生离开一定场所(移动)的意思时,其身体移动的自由并没有受到侵害。

例如,甲拘禁熟睡中的乙(如将熟睡的乙反锁在房间),但事实上没有侵犯乙的身体移动自由时,应当如何处理?可能的自由说认为,甲的行为成立非法剥夺自由罪的既遂。现实的自由说则认为,甲的行为要么不成立犯罪(日本不处罚本罪的未遂犯),要么仅成立非法剥夺自由罪的未遂犯(德国处罚本罪的未遂犯)。

二、对象

非法剥夺自由罪的对象,是具有身体移动自由的自然人。

由于身体移动的自由以意思活动的自由为前提,因此,通说认为,事实上完全没有意思活动能力的婴儿与高度的精神病患者,不能成为本罪的对象。但是,只要有基于意识从事身体移动的能力,就能成为本罪的对象,并不一定要求有正常的意思能力。如能够从事身体移动的幼儿、精神病患者也能成为本罪的对象。这一点几乎是没有争议的。只要是具有身体移动的意思的人,即使不能靠自力移动,但只要可以将其移动意思转达给他人、借助他人移动身体,或者能够利用器械移动身体,就可以成为本罪的对象。因此,依靠轮椅移动身体的人,也能成为本罪的对象。

那么,是否要求对象具有现实的、具体的行动意思或能力呢?例如,行为人将熟睡中的人反锁在房间里,待他醒来之前就打开了锁,此行为是否构成非法剥夺自由罪?对此,有两种观点:(1)根据可能的自由说,本罪的成立不要求被害人具有现实的、具体的行动意思能力,只要他有这种可能性即可。在上例中,被害人任何时候都有醒来的可能性,因此,上述行为侵害了被害人的自由,构成非法剥夺自由罪(无限定说,德国的判例与通说、日本的判例采取此说)。(2)根据现实的自由说,非法剥夺自由罪不是危险犯,而是实害犯,故本罪的对象只能是有现实的、具体的行动意思或能力的自然人,一时丧失这种意思或能力的人,只有在他们恢复了这种意思或能力后,才能成为本罪的对象,所以,上例的行为不构成非法剥夺自由罪(限定说)。

与上述问题相联系的是,是否要求被害对象认识到自己被剥夺自由的事实。持无限定说的人认为,身体活动的自由只需是一种可能的自由,所以,只要被害人有行动自由的可能性,即使没有认识到自己被剥夺自由的事实,也不影响犯罪的成立。持限定说的人则认为,如果某人没有认识到自己被剥夺自由,就表明行为没有妨害他的意思活动,因而没有侵犯其自由,故该行为不构成犯罪。只有当某人认识到自己被剥夺自由的事实,才能证明行为侵犯了其自由,进而对该行为以非法剥夺自由罪论处。因此,本罪的对象必须认识到自己被剥夺自由的事实。

三、行为

非法剥夺自由罪的行为,主要是逮捕(有的国家称为拘留)与监禁,有的国家刑法对此有明文规定。如日本刑法第220条规定:“非法逮捕或者监禁他人的,处三个月以上七年以下惩役。”法国旧刑法也有类似规定。有的国家刑法则采取了概括性规定,如德国刑法第239条规定:“非法监禁他人或者以其他方法剥夺他人自由的,处五年以下自由刑或者罚金。”

(一)日本的逮捕、监禁罪

按照日本刑法理论的通说,所谓逮捕,是指直接拘束人的身体、剥夺其身体移动自由的行为。逮捕的方法一般是有形的,如使用绳索捆绑被害人的四肢。这种有形方法通常伴随着暴力行为,但逮捕过程中的暴力不另成立暴行罪,而是被评价在逮捕行为中。逮捕虽然多是有形方法,却也不排除无形方法。例如,使用胁迫方法使被害人完全丧失自由。[3] 但是,如果被害人还有一定的自由,就不能认为是逮捕。例如,将被害人的两只手捆在背后,由于被害人还有行走的自由,故不构成逮捕。[4]

所谓监禁,是指使被害人难以脱出一定的场所,从而剥夺其身体自由。这里的一定的场所,通常是指像房屋这样的隔离的场所,但并不限于这种场所,只要是单纯的一定的地域即可,换言之,不要求是封闭或包围的场所。监禁不要求完全剥夺被害人的身体活动自由。将被害人置于容易逃出的场所时不构成监禁,不过,如果虽有从一定场所逃出的出口,但被害人不知道该出口,或者虽有逃出的方法,但该方法对被害人的生命、身体具有危险的,也应认为构成监禁。监禁只要求使被害人失去自然状态下的自由,因此,将被害人关在较大的场所,被害人还有某种程度的身体活动自由时,也不失为监禁。而且,即使场所内有一定的娱乐设施、有一定的保健措施,或者行为人与被害人同居于该场所,也构成监禁。

监禁的方法既可以是有形的,也可以是无形的。例如,将人禁闭于一室,上锁、封门或利用狗看门等,就是监禁。此外,监禁也可以是利用他人的恐惧心、羞耻心或使用欺诈方法使被害人陷入错误等。例如,迫使被害人进入货车车厢后,高速行驶,使之不敢轻易跳下车。再如,将妇女洗澡时的换洗衣服拿走,使被害妇女基于羞耻心无法走出浴室。又如,假称送被害人回家,使之坐在自己的车里,然后快速将车开走。监禁行为既可以是作为,也可以是不作为(应当使被害人逃出一定的场所,而不履行该义务),还可以是间接正犯(如利用不知情的警察收审被害人)。

逮捕与监禁要求有时间上的继续性,虽然时间的长短不影响犯罪的成立,但是瞬间的拘束则不构成非法剥夺自由罪,只能构成暴行罪。由于本罪是继续犯,所以,只要逮捕或监禁行为还在继续,就认为犯罪仍在继续,其间参与犯罪的,构成共犯。

非法剥夺自由的行为,只能出于故意,故意的内容是行为人认识、容认非法剥夺他人自由的行为与结果。过失剥夺他人自由的,不成立犯罪。

(二)德国的拘禁罪

德国刑法第239条规定的非法剥夺自由罪(拘禁罪)的构成要件是,“监禁他人或者以其他方法剥夺他人自由”。其中的“监禁”要求行为人利用外在的设施阻止被害人离开特定的空间。显然,德国“监禁”的外延明显比日本的窄。这是因为,日本仅规定了逮捕与监禁,而没有规定其他方法,而德国刑法有其他方法的规定。前述驾驶车辆高速行驶使被害人不能下车的案件,在日本属于监禁,但德国则存在争议。有学者认为属于监禁,但判例与多数学者认为不属于监禁,而是属于以其他方法剥夺他人自由。捆绑被害人的行

---

〔3〕 行为人没有使用任何物理的手段,只是胁迫说“如果离开此地就杀了你”。对此,有的学者主张成立非法剥夺自由罪;有的学者则认为,由于身体的移动不存在物理的障碍,只能认定为强制罪。

〔4〕 但这种行为在日本并非不构成犯罪,而是构成暴行罪。

为,在日本属于逮捕,在德国也属于以其他方法剥夺自由。关于偷走被害人的衣服使之滞留洗浴场所的案件,在日本属于监禁;德国的部分学者主张,如果克服障碍可能会对被害人的生命或者身体造成危险,因而不能期待被害人克服障碍时,就成立拘禁罪。

德国刑法没有规定拘禁行为必须达到一定时间,但刑法理论与判例均认为本罪是持续犯,极为短暂地剥夺他人自由的行为,并不成立拘禁罪。至于持续多久才能成立拘禁罪,则没有具体标准。刑法理论认为,几分钟甚至一分钟左右的拘禁就符合拘禁罪的构成要件(当然还要考虑其他因素);德国联邦最高法院的判例,将拘禁他人半小时的行为认定为拘禁罪。

四、违法性阻却事由

大多数国家刑法都规定本罪的行为必须是"非法地"逮捕或监禁。刑法分则条文通常不在构成要件中特别规定"非法地"这一要素,那么,为什么在本罪中作如此规定呢?一种观点认为,在本罪中作如此规定只具有语感上的意义,没有其他特别的含义。另一种观点则认为,逮捕、监禁行为缺乏违法性的情况很多,刑法如此规定是为了特别说明只有合法以外的逮捕、监禁才构成本罪。其实,二者没有严格的对立,都不否认应该根据一般原理讨论本罪的违法性,都不认为"非法"是本罪的特别的构成要件要素。

阻却非法剥夺自由行为的违法性的事由很多。第一类是法令行为。例如,警察根据合法的逮捕令或其他合法令状,逮捕、拘留或监禁犯罪的嫌疑人、被告人,父母基于惩戒权,征得家庭裁判所的同意,将未成年的子女置于惩戒场所,依法使精神病患者住进精神病院等,都是法令行为,不构成非法剥夺自由罪。第二类是正当防卫与紧急避险行为。例如,为了防止凶暴的醉汉危害他人的生命或身体,不得已拘束其身体的行为,就不构成本罪。第三类是基于被害人承诺的行为。被害人基于真实的自由意志,嘱托或同意将自己置于特定场所时,行为人的行为阻却违法性。

问题在于使用欺骗、诡计征得他人同意,使其丧失身体移动自由的行为是否成立非法剥夺自由罪?可以肯定的是,如果被害人并没有同意自己丧失身体移动自由,无疑成立非法剥夺自由罪。再者,行为人欺骗被害人,使其误以为没有身体移动的自由,只能滞留在某场所的,由于被害人是误以为没有身体移动的自由而产生滞留的意思,并不存在有效的同意,不影响非法剥夺自由罪的成立。例如,谎称电梯停电,使乘用电梯的被害人误以为自己只能滞留在电梯中的,仍然成立非法剥夺自由罪。存在争议的是,被害人同意丧失移动身体的自由,但该同意是基于受欺骗而产生的情形。例如,被告人欺骗被害人说:"为了进行身体测试,你在一间小屋里呆数日后,给你一定报酬。"被害人照此办理。再如,行为人原本打算强奸妇女,但隐瞒强奸意图,谎称送被害妇女回家,而使其乘坐自己驾驶的汽车将其载走。持无限定说的人主张,由于被害人的同意是基于行为人的欺骗,因而该同意是无效的,故仍然成立非法剥夺自由罪。持限定说的人主张,被害人同意的动机如何,并不影响其同意的性质,既然她同意被剥夺自由,就是没有侵犯她的自由,因而行为人的行为不构成非法剥夺自由罪。再如,行为人甲欺骗乙说去D地,让乙在A地上车后,行驶至B地时,如果去D地就应当左拐,但行为人驾驶车辆右拐。乙意识到受骗而要求下车,但行为人不理睬,继续疾速前行,乙最终在C地逃出车外。甲的行为成立监禁罪(非法剥夺自由罪)没有疑问,但如何确定监禁的期间?日本最高裁判所认定,从A地到C地均成立监禁罪。山口厚也认为,由于对场所移动自由予以处分的自由也是本罪的保护法益,所以,也可以赞成最高裁判所的结论。

五、非法剥夺自由致死伤罪

非法剥夺自由致死伤罪,是非法剥夺自由罪的加重犯。由于是结果加重犯,所以要求剥夺自由的行为与致人死伤的结果之间具有因果关系,即致人死伤的结果,必须是由逮捕、监禁行为本身或者是作为逮捕、监禁的方法行为本身所导致的。如果是在逮捕、监禁的过程中,故意实施杀人行为或者伤害行为的,则是非法剥夺自由罪与杀人罪或伤害罪的并合罪,不成立本罪。

本罪的成立以行为本身构成非法剥夺自由罪为前提。如果是合法的剥夺自由,导致了他人的死伤,则只成立过失致死伤罪,而不成立本罪。

行为人将逮捕、监禁行为作为杀人罪的手段,即先逮捕、监禁被害人,然后杀死被害人的,只成立杀人罪,不另成立本罪。

第三节　胁　迫　罪

本节的胁迫罪,包括狭义的胁迫罪与强制罪(强要罪、强迫罪)。

一、胁迫罪

(一)概念与罪质

胁迫罪,是指以加害于他人或与其密切关系的人的生命、身体、自由、名誉或财产相通告,威胁他人的行为。

关于本罪的罪质,日本刑法理论上存在两种对立观点。一种观点认为,本罪是对私生活的平稳或者安全感的侵害犯或者危险犯(大谷实、中森喜彦、前田雅英等);另一种观点认为,本罪是对意思活动自由的危险犯(大塚仁、西田典之等)。根据前一种观点,私生活的平稳是一种独立的法益,故本罪的成立,不以左右特定的决意、行动为前提。后一种观点,为了将单纯的警告以及告知凶吉祸福的情形排除在犯罪之外,要求本罪的成立以对意思活动的自由造成危险为前提。可是,单纯的警告也可能产生侵害被害人意思活动自由的危险,所以,折中观点认为,本罪的罪质是通过侵害安全感而给被害人的意思活动自由造成危险(山口厚)。德国刑法理论认为,本罪的保护法益是个人的法安定性,即被害人对法秩序安定性的信赖。

(二)行为

胁迫罪的行为表现为以对对方或与其关系密切的人的生命、身体、自由、名誉或财产加以侵害相通告。德国刑法作了限制性规定,即胁迫罪的行为表现为以对对方或者与其关系密切的人实施重罪相胁迫;"重罪"是指法定最低刑为一年以上自由刑的罪名。

所谓胁迫,一般是指以引起对方的恐惧心理为目的,以恶害相通告。各国刑法通常将胁迫与暴力并列规定,胁迫与暴力虽有相同的一面,但也有明显区别。胁迫可分为以下三类:(1)广义的胁迫,是指以引起对方的恐惧心理为目的,以恶害相通告的一切情况。至于恶害的内容、性质,通告的方法,则没有特别限制;对方是否产生了恐惧心理,也在所不问。一般认为妨害执行公务罪、加重脱逃罪、恐吓罪中的胁迫,是广义的胁迫。(2)狭义的胁迫，是指加害的内容限于特定种类的胁迫，或者是要求被害人基于恐惧心理实施一定作为或不作为的胁迫。(3)最狭义的胁迫，是指不仅引起了对方的恐惧心理，而且达到了足以压制对方反抗的程度的胁迫。如有的国家刑法所规定的抢劫罪、强奸罪，就要求胁迫手段达到足以压制被害人反抗的程度。

胁迫罪中的胁迫，是指狭义的胁迫。换言之，胁迫罪中的胁迫具有一定的限制，这种限制在各国刑法中不尽一致。例如，就加害的对象而言，有的国家刑法规定限于对方本人以及对方的亲属，以加害此外的人相通告的，不构成犯罪（如现行日本刑法）；有的国家刑法则规定限于对方本人以及与对方有密切关系的人（如德国刑法、日本改正刑法草案）。以加害恋人相通告的行为，根据前者的规定不构成犯罪，根据后者的规定则构成犯罪。[5] 就加害的范围而言，有的国家刑法采取限制列举的规定方法，如现行日本刑法规定，加害的范围仅限于生命、身体、自由、名誉与财产。刑法条文没有规定贞操，但日本刑法理论认为，贞操包含在自由之中。所要指出的是，日本的判例与刑法理论的通说并不要求对这些法益的加害内容本身达到犯罪程度。[6] 另一些国家则采取了概括式的规定方法，但具体规定也不相同。例如，德国刑法规定必须是以"犯重罪相胁迫"，这便要求加害的内容本身达到重罪程度；日本改正刑法草案则规定的是"以不法加害相通告"。相比之下，现行日本刑法与德国刑法的规定，使胁迫罪的构成要件较为具体，也限定了胁迫罪的成立范围。

胁迫中所通告的恶害必须是行为人可以左右的，即行为人可以决定是否实现恶害的内容。因为只有这样，才足以使被害人产生恐惧心理。所应注意的是，如果行为人所告知的恶害是由第三者实现时，并使被害人知道行为人居于对第三者的行为能产生影响的地位，就应认为是胁迫，至于行为人实际上能否居于这种地位则不影响胁迫的成立（间接胁迫）。如果行为人所告知的恶害并不是行为人可以左右的，则不构成胁迫，只能认为是"警告"。例如，说对方将遭雷打等，就不是胁迫。也有少数新派学者认为，这种警告也使对方产生不安的感觉，应以胁迫论处。

胁迫罪在德国属于抽象危险犯，但日本刑法理论一般认为胁迫罪是具体危险犯，因此，胁迫中所通告的恶害必须足以使对方产生恐惧心理。是否足以使对方产生恐惧心理，并不是一个简单判断，它涉及以什么为依据、以什么为标准的问题。就判断依据而言，一般认为，应根据通告的内容与周围的情况进行判断。就判断标准而言，则存在主观说与客观说的争论。主观说认为以是否足以使特定的被害人产生恐惧心理为标准，客观说主张以是否足以使一般人产生恐惧心理为标准。这里可能出现四种情形：(1)行为既足以使一般人产生恐惧心理，事实上也使被害人产生了恐惧心理。这种行为无疑构成胁迫。(2)行为既不足以使一般人产生恐惧心理，也不足以使被害人产生恐惧心理。这种行为不构成胁迫。(3)行为足以使一般人产生恐惧心理，但事实上没有使被害人产生恐惧心理。根据客观说，这种行为也构成胁迫。(4)行为不足以使一般人产生恐惧心理，但由于

---

[5] 对法人能否成立胁迫罪，是存在争议的问题。通说认为，由于胁迫是对自然人的犯罪，故对法人不可能成立胁迫罪。但也有学者认为，法人也有意思决定自由，对法人也能成立胁迫罪（西田典之、今井猛嘉）。

[6] 有的学者认为，所通告的加害行为必须构成犯罪，因为如果现实的加害行为都不构成犯罪，那么，仅以这种加害行为相通告的，更不应构成犯罪（平野龙一、山口厚）；换言之，如果现实的加害并不受刑事处罚，那么，与之相对应的安全感就不能成为刑法的保护法益。有的学者主张，所通告的加害行为，至少必须具有违法性（中森喜彦、曾根威彦）。

被害人是胆小者或迷信者,所以产生了恐惧心理。这种情形是最有争议的。主观说认为,只要行为人知道被害人是胆小者或迷信者,并利用这一点通告恶害,即使不足以使一般人产生恐惧心理,也构成胁迫。只有这样,才能保护被害人的法益。客观说则认为,对犯罪的实行行为性应当进行客观评价,行为人是否知道被害人为胆小者或迷信者,并不影响行为的客观危险性。既然行为并不能使一般人产生恐惧心理,就表明行为没有客观危险性,因而不构成胁迫。

通告恶害的方法没有特别限制,通常是语言与文字的方法,但还包括以动作表示的方法以及其他使被害人能认识到告知内容的方法。通告不要求是明示的,默示方法也不妨碍胁迫的成立。通告既可以是直接通告,也可以是通过第三者通告。以文字方法通告时,既可以是署真名,也可以是署假名或不署名。

对方得知行为人所通告的恶害时,就构成胁迫既遂。胁迫既遂不以被害人实际产生恐惧心理为必要。

(三)故意

胁迫罪只能由故意构成,行为人对以恶害通告对方,使对方产生恐惧心理的行为与结果具有认识、容认态度。只要行为人具有使对方产生恐惧心理的认识、容认态度,即使同时还有其他的目的,也不妨碍本罪的成立。至于行为人是否具有实现恶害的意图,则不影响本罪故意的成立。德国刑法虽然要求以实施重罪相胁迫,但不要求行为人认识到自己所胁迫的内容符合重罪的构成要件。过失不能构成本罪,行为人没有胁迫的故意,实施某种行为过失导致他人产生恐惧心理的,不构成胁迫罪。

二、强制罪

强制罪(也可译为强迫罪或强要罪),是指以暴力、胁迫方法,强迫他人为一定之作为、容忍或不作为的行为。对于强制罪的罪质,理论上没有明显分歧。但本罪的法益究竟是意思决定的自由,还是意思活动(行动)的自由,也并非没有疑问。从本罪的行为内容来看,应将意思活动自由作为本罪的法益。

(一)行为

强制罪的行为表现为使用暴力、胁迫方法,迫使他人实施没有义务实施的行为、容忍一定的行为或不实施有权利实施的行为。

在日本,强制罪的暴力,是指广义的暴力,即不法对人行使有形力,只要求暴力针对被害人实施,而不要求直接针对被害人的身体实施。如果使用暴力,使被害人在失去身体移动自由的情况下实施机械性动作,则不构成强制罪,而是成立非法剥夺自由罪。强制罪的胁迫,是指狭义的胁迫,不要求达到压制被害人反抗的程度。[7]

在德国,判例曾经过于扩大暴力的外延,导致使被害人受到心理影响的行为也被认定为暴力。例如,以在道路上静坐的方式抗议公交公司涨价,导致电车无法通行的,被认定为以暴力方式构成的强制罪。1995 年,德国宪法法院虽然裁定静坐行为不是暴力,但如何界定暴力的问题仍然没有解决。刑法理论的多数说认为,暴力是指为了压制现实或者

---

〔7〕 对法人能否成立强制罪,在日本刑法理论上存在争议。多数说持否认态度;少数说则认为,法人也存在以法人机关为中介的法人的意志决定、意思活动,强制罪仅以对意志决定、意思活动的侵害作为成立要件,故对法人也能成立强制罪。

预想中的反抗,通过行使身体力量(身体有形力)对他人进行强制。强制罪中的暴力,不要求身体力量达到严重程度,轻微的身体力量造成被害人身体受到强制性影响的,就足以成立强制罪。据此,将汽车停在道路中间使其他车辆无法通行的,也是行使有形力,构成强制罪。强制罪中的暴力包括绝对暴力与相对暴力。前者是指完全排除了被害人的意志自由的情形(如将他人捆绑起来);后者是指尚未完全排除被害人的意志自由,而是旨在强迫被害人作出特定的意志决定的情形。从另一角度来说,强制罪中的暴力包括直接暴力与间接暴力。前者是指直接针对被害人实施的暴力;后者是指针对物品或者他人实施暴力,进而间接地对被害人造成物理影响的情形。

关于强制的结果,德国、意大利、瑞士等国刑法规定有三种情况:(1)使他人实施没有义务实施的行为。如强迫他人借财物给自己,强迫他人在较长时间内将物品顶在头上等。(2)强迫他人容忍某种行为。例如,行为人合法借走他人财物后,过了归还期没有归还,却以暴力、胁迫方法强迫他人容忍自己延期归还。(3)强迫他人不实施有权利实施的行为,或者说妨碍他人行使权利的行为。例如,以暴力、胁迫方法妨碍他人从事正当的娱乐活动。问题是,上述"义务""权利"是否仅限于法律上的义务与权利?肯定说认为,只要法不禁止,就应保护其行动自由;反之,只要不是法所强制要求的,其不行动的自由也应受到保护。所以,上述义务、权利是指法律上的义务、权利。否定说主张,上述义务、权利不限于法律上的义务、权利,而应通过比较、权衡实质的目的、手段进行判断。例如,在社会观念上被认为是义务、权利的,也属于上述义务、权利。

行为人开始实施暴力或胁迫行为时,即为本罪的着手。着手实行后没有发生结果,或者实行行为与结果之间没有因果关系的,都成立强制罪未遂,而不是只成立暴行罪或胁迫罪。

(二)故意

本罪由故意构成,行为人对以暴力、胁迫方法强迫他人为一定之作为、容忍或不作为的行为与结果具有认识与容认态度。行为人主观上不是一种单纯的暴行或胁迫的故意,行为人必须认识、容忍强迫他人为一定之作为、容忍与不作为。

(三)罪数

抢劫罪、强奸罪、恐吓罪(敲诈勒索罪)、非法剥夺自由罪等,实际上都是特定的强制罪。例如,抢劫罪是以暴力、胁迫方法强迫对方交出财物——实施没有义务实施的行为;非法剥夺自由罪是以暴力方法使他人失去身体活动自由——妨碍他人的权利行为。所以,当行为既符合强制罪的构成条件,又符合上述犯罪的构成要件时,就应认为是法条竞合,只成立抢劫、强奸等罪。

第四节 略取与诱拐罪

一、略取与诱拐罪概说

(一)概念与保护法益

略取与诱拐罪,一般是指使他人离开原来的生活环境,将其移至自己或第三者的实力支配内的犯罪。这一类犯罪除了狭义的略取罪、诱拐罪以外,还包括买卖人口罪、掳人勒赎罪、收受被拐取者罪等。

对于略取及诱拐罪的保护法益的认识,涉及许多具体问题的处理。例一,在被害人没有监护人的情况下,是否成立本罪?例二,监护人能否成为本罪的保护主体?例三,经过监护人同意的,是否成立本罪?例四,征得被拐取者本人同意,但违反监护人意志,使被害人脱离监护人监护的,是否成立本罪?

第一种观点认为,本罪的保护法益是被拐取者的自由。理由是,略取罪与诱拐罪所预想的自由概念,不是现实的自由概念,而是抽象的自由概念。所以,只要对被害人设定了不法的实力支配,就具有本罪的违法性。这一观点对上述前三个问题都持肯定回答,但对第四个问题持否定回答(当然,如果对象为未成年人,则由于其承诺无效,依然成立略取与诱拐罪)。根据这一观点,略取或诱拐婴幼儿或处于无意识状态的人,就不一定构成犯罪。因为被拐取者的自由以意思决定自由为前提,而这些人不一定有意思决定能力。但是,刑法规定了拐取未成年人的犯罪,故这一观点与刑法的规定不相符合,也不利于保护未成年人的法益。

第二种观点认为,本罪的保护法益是对被拐取者的监护权或者人与人之间的保护关系。理由是,将自由作为本罪的保护法益,不仅缺乏明确性,而且导致不能意识到自由的婴幼儿不能成为本罪的对象。只有将监护权与亲权作为本罪的保护法益,才能解决这一问题。这一观点对上述前三个问题都持否定回答,但对第四个问题持肯定回答。但是,这一观点虽然考虑到了对婴幼儿及精神病患者法益的保护,但走向了另一极端,既没有充分考虑到略取或诱拐正常成年人的犯罪情况,也没有考虑到监护人也可以成为本罪主体的情况。

第三种观点认为,本罪的保护法益原则上是被拐取者的自由,但当被拐取者为未成年人或精神病患者时,也包括被害人与监护人之间的人身保护关系(监护权)。这一观点考虑到了不同类型的略取及诱拐罪,是日本以往的通说。持这一观点的人,都对上述第一问题持肯定回答,但对上述第二至第四个问题存在争议。此说受到的批判是,将抽象的监护权作为保护法益并不妥当。发生诱拐事件时,不免使监护人产生精神上的痛苦,与子女被杀害父母也会产生精神上的痛苦一样,不能认为监护人产生了精神痛苦就是对本罪的保护法益的侵害。

第四种观点认为,本罪的保护法益是被拐取者的行动的自由以及被拐取者的身体的安全。理由是,本罪以使被拐取者脱离原本的生活环境、将其置于不法的实力支配内为本质,故其保护法益是人的自由;婴儿也能成为本罪的对象,因为在这种场合,由于监护状态的改变,侵害了婴儿的生存与生活的安全。监护权并没有与保护未成年人相区别的独立意义,将侵害监护权的正当行使的行为理解为侵害被拐取者的安全即可。这一观点原则上对上述前三个问题都持肯定回答,对第四个问题持否定回答。此观点在日本已成为多数说。

关于略取及诱拐罪的表现形态,理论上也有争议。继续犯说认为,既然本罪的保护法益主要是被害人的自由,那么,当对被害人自由的侵害处于继续状态时,犯罪就在继续,因而是继续犯。状态犯说认为,刑法另外规定了帮助略取及诱拐罪、收受被拐取者罪等,如果认为本罪是继续犯,则上述行为应以共犯论处;只有认为是状态犯,上述行为才能独立成罪。持这种观点的人,一般认为本罪的保护法益是监护权以及人与人之间的保护关系。

继续犯或者状态犯说认为，本罪的保护法益原则上是被害人的自由，因而本罪原则上是继续犯；但是当行为人所略取或诱拐的是没有行动自由的婴幼儿或严重的精神病患者时，由于其保护法益是人身保护关系，故应认为是状态犯。这三种学说与上述有关本罪的保护法益的前三种观点相对应。对本罪的保护法益持上述第四种观点的学者中，有的认为本罪是继续犯罪，有的则认为本罪既可能是继续犯，也可能是状态犯。

（二）行为

略取及诱拐罪的行为，是略取与诱拐，二者合称为拐取。

拐取，一般是指不法使他人离开原来的生活环境，将其置于自己或第三者实力支配内的行为。其中的略取，是指以暴力、胁迫手段实施上述行为。这里的暴力，不要求达到足以压制被害人反抗的程度，但必须达到使被害人处于自己或第三者的实力支配内的程度。诱拐，是指以欺骗、诱惑手段实施上述行为。欺骗，是指以虚假事实使被害人陷入错误；诱惑，是指以甜言蜜语打动对方，使对方作出不正确的判断，所以诱惑没有达到欺骗程度。略取与诱拐的实质区别在于，是否违反被拐取者及监护人的意志而实施。但是，如果利用被害人的心神丧失或不能抗拒的状态，或使被害人处于上述状态，而将被害人置于自己或第三者实力支配内的，则是略取。上述暴力、胁迫、欺骗与诱惑，不要求一定对被拐取者实施，对被拐取者的保护人实施也构成本罪。

关于略取与诱拐是否要求对被拐取者有场所的转移，有必要说与不要说之争。必要说认为，略取及诱拐的本质要素是使被拐取者离开原来的场所。作为通说的不要说则认为，略取及诱拐的本质要素不是使被拐取者离开原来的场所，而是将被拐取者置于行为人或第三者的实力支配内，在没有场所转移的情况下，也可以做到这一点。例如，在拐取未成年人的场合，行为人对监护人实行欺骗，或者实施暴力、胁迫使监护人离去，便使被拐取者置于自己的实力支配内，因而构成犯罪。

另一争论问题是，略取及诱拐的成立，是否要求被拐取者事先处于受保护的状态。例如，对被拐取者再进行拐取是否成立略取及诱拐？一种观点认为，略取及诱拐要求使被拐取者离开原来的生活环境，而处于原来的生活环境就是处于受保护的状态，如果行为不是使他人离开受保护的状态中，则不能认为是拐取。另一种观点则认为，不要求被拐取者事先处于受保护状态。事实上，两种观点在结局上并没有区别。就对被拐取者再实行拐取而言，后一种观点肯定其为略取或诱拐；前一种观点则认为，在这种情况下，被拐取者一定也是处于某人的监护之下，再进行拐取就侵害了监护关系，还是构成略取与诱拐。

略取及诱拐罪，以行为人开始实施暴力、胁迫、欺骗或诱惑行为时为着手，以将被害人置于自己或第三者的实力支配内时为既遂，仅仅使被害人从受保护状态中离去，还不构成本罪的既遂。

（三）罪数

行为人同时采取略取与诱拐手段实施犯罪时，只构成一罪。在实施略取行为时，其暴力表现为非法剥夺被害人人身自由的，成立略取罪与非法剥夺自由罪的想象竞合。如果是在实施了略取及诱拐行为后，再进行非法拘禁，则成立牵连犯（日本）或者想象竞合（德国）。

二、拐取未成年人罪

拐取未成年人罪，是指略取或诱拐未成年人的犯罪。多数国家都将略取或诱拐未成年人的行为规定为独立的犯罪。如德国刑法第235条第1款、日本刑法第224条、瑞士刑法第183条都规定了本罪。

本罪的对象是未成年人。关于未成年人的年龄界限,各国刑法规定并不完全统一。例如,日本刑法理论根据民法的规定将未成年人解释为未满20岁的人,德国刑法明文规定为未满18岁的人,瑞士刑法明文规定为未满16岁的人。即使未成年人已经结婚,在民法上已经不存在亲权保护人,但在刑法上他们仍然是未成年人,能够成为本罪的对象。

本罪的行为为略取或者诱拐,二者一并实施时,也只构成一罪。

成立本罪要求行为人认识到对象是未成年人,这种认识不要求是确定的认识,可以是未必的认识。至于犯罪的动机与目的如何,则在所不问,即使是以养育未成年人为目的而实施略取或诱拐行为,也构成本罪。但是,如果是出于营利、猥亵、勒赎等目的,在刑法有特别规定的情况下,则不构成本罪,而是构成其他有关犯罪。

三、营利等拐取罪

营利等拐取罪,是指以营利、猥亵或者结婚为目的,略取或者诱拐他人的行为。

本罪的对象是他人,不问是男性还是女性,不管是成年人还是未成年人,也不论是有意思能力的人还是无意思能力的人。

本罪的行为是略取与诱拐。但这里的略取与诱拐必须有特定的目的,对此各国刑法规定的也并不一致。有的只规定了猥亵目的,有的规定了猥亵与结婚目的,有的则规定了营利、猥亵与结婚目的。所谓营利目的,是指通过略取、诱拐行为使自己或者第三者取得财产上的利益,不要求行为人以继续、反复营利为目的,以一次性取得利益为目的也成立本罪,也不问所取得的或将要取得的利益是否合法。例如,行为人略取或诱拐妇女,使之从事卖淫,目的在于使她卖淫的收入偿还其所欠的债务。这种情况也属于以营利为目的。此外,行为人起先是合法地使被害人置于自己的实力支配内,此后以营利为目的对被害人进行欺骗或诱惑,使之置于第三者的实力支配内的,也成立本罪。所谓猥亵目的,是指以将被拐取者作为猥亵行为的主体或者对象为目的,不管猥亵行为是为了行为人而实施,还是为了第三者而实施。所谓结婚目的,是指以使被拐取者与行为人或第三者结婚为目的。这里的结婚,只要求是事实上的婚姻,不要求是法律上的婚姻。

本罪以被拐取者被置于行为人或第三者的实力支配内为既遂,是否达到营利、猥亵与结婚目的,不影响本罪的既遂。

以营利、猥亵、结婚为目的,略取或诱拐未成年人时,构成本罪,不另成立拐取未成年人罪。以其中一种目的实施了略取或诱拐行为,然后又以其中的另一目的实施略取或诱拐行为时,成立包括的一罪。例如,行为人以结婚的目的略取或诱拐妇女,然后改变主意,以营利目的再进行略取或诱拐。由于前后的行为侵害的是同一法益,触犯的是同一法条,所以不以并合罪论处,只成立包括的一罪。

四、掳人勒赎罪

(一)概念

掳人勒赎罪,在德国、日本等国的刑法中,属于对自由的犯罪,在意大利等国的刑法中,属于对财产的犯罪。换言之,掳人勒赎罪的保护法益是双重的,既包括他人的自由,也包括他人的财产,这就取决于立法者着眼于哪一种保护法益。

从相关国家的刑法对掳人勒赎罪构成要件的规定来看,就可以明确本罪的定义。德国刑法第239a条规定："诱拐或者绑架他人,目的在于利用被害人对其安危的担心或者第三者对被害人安危的担心进行勒索的,或者利用由其行为造成的这种状态进行勒索的,处五年以上自由刑。"日本刑法第225条之二规定："(一)利用近亲者或者其他人对被略取者或者被诱拐者安危的忧虑,以使之交付财物为目的,略取或者诱拐他人的,处无期或者三年以上惩役。(二)略取或者诱拐了他人的人,利用近亲者或者其他人对被略取者或者被诱拐者安危的忧虑,使之交付财物或者要求交付财物的,与前项同。"此外,日本刑法第227条第4项后段还规定,"收受被略取者或者被诱拐者的人,利用近亲者或者其他人对被略取者或者被诱拐者安危的忧虑,使之交付财物或者要求交付财物的",处2年以上有期惩役。

(二)行为与主观要素

本罪的行为是略取、诱拐(日本刑法规定还包括收受)他人。主观上除故意外,另具有特定目的,即利用被拐取者的近亲者或其他人对被拐取者安危的忧虑,使之交付财物或要求财物。[8]

概言之,掳人勒赎行为有三种类型:(1)利用被拐取者的近亲者或其他人对被拐取者的安危的忧虑,以使之交付财物为目的,而略取或者诱拐他人。在这种情况下,行为人实施略取或诱拐行为时,主观上就有上述目的,行为人正是为了使他人交付财物才实施略取或诱拐行为的。换言之,这一类型的掳人勒赎罪属于目的犯。意大利刑法规定了这种类型的掳人勒赎罪。(2)在实施了略取或诱拐行为之后,利用被拐取者的近亲者或其他人对被拐取者的安危的忧虑,使之交付财物或要求交付财物。在这种情况下,行为人实施略取或诱拐行为时,并没有使他人交付财物或要求交付财物的目的,而是在实施了略取或诱拐行为之后,才产生上述目的的。德国刑法与日本刑法都规定了上述两种类型的掳人勒赎罪。(3)行为人收受被拐取者之后,利用被拐取者的近亲者或其他人对被拐取者的安危的忧虑,使之交付财物或要求财物。在这种情况下,没有略取与诱拐行为,但有收受被拐取者的行为,而且上述目的是在收受后产生的。只有日本刑法规定了这种类型的掳人勒赎罪。

上述三种类型的掳人勒赎罪,都要求行为人利用被拐取者的近亲者或其他人对被拐取者的安危的忧虑。但在三种类型中,这一要素的地位是不同的。在第一种类型中,这一要素属于主观的构成要件要素。只要行为人以此目的实施略取或者诱拐行为即可,即使实际上并不存在对被拐取者的安危有忧虑的人(忧虑者),也不影响本罪的成立。行为人必须旨在使忧虑者交付财物,而不得旨在使被拐取者本人交付财物(否则成立抢劫罪)。在第二与第三种类型中,这一要素属于客观的构成要件要素。至于如何确定"忧虑者"(被勒赎的人)的范围,则存在争议。第一种观点认为,忧虑者仅限于像近亲属那样担心被拐取者的人,而不包括单纯表示同情的第三者;第二种观点认为,忧虑者应限于具有事实上的保护关系的人;第三种观点认为,对忧虑者不应有特别限定,一般的熟人也包括在内。不过,上述几种观点的实际区别并不大,因为通常只有与被拐取者有密切关系的人,才会对被拐取者的安危产生忧虑,行为人也绝不会利用没有任何关系的第三者的"忧虑"

---

〔8〕 德国刑法所规定的掳人勒赎罪还包括利用被绑架人对自己安危的担心,但其他国家刑法所规定的掳人勒赎罪只限于利用第三者担心的情形。

进行勒索。

上述三种类型的掳人勒赎罪,都要求行为人以使忧虑者交付财物为目的或要求忧虑者交付财物。换言之,其中的财物,是忧虑者所管理的财物,而且不包括财产上的利益。[9]

如果行为构成掳人勒赎罪,就不再成立其他略取及诱拐罪,也不成立收受被拐取者罪。

(三)加重、减轻处罚事由

规定了掳人勒赎罪的刑法,一般都规定了加重、减轻处罚(包括加重或减轻法定刑)的事由。例如,德国刑法规定,“行为人因行为轻率导致被害人死亡的”,加重法定刑(结果加重犯)。奥地利刑法规定,“行为导致被诱拐或者被绑架人死亡的”,加重法定刑(结果加重犯)。各国刑法一般将解放被拐取者作为减轻处罚的事由。例如,德国刑法第239a条第4款规定,行为人放弃犯罪目的,使被害人返回原生活环境的,减轻处罚。日本刑法第228条之二也规定,犯掳人勒赎罪,“在提起公诉前,将被略取或者被诱拐的人解放至安全场所的,减轻刑罚”。设立这样的减轻规定,显然是为了更好地保护被害者的合法权益。

五、其他略取与诱拐罪

(一)扣押人质罪(绑架人质罪)

掳人勒赎罪,只是将被拐取者作为人质,以勒索财物。事实上还存在通过略取或者诱拐行为,将被拐取者作为人质,以实现其他不法目的的犯罪。于是,在各国刑法上出现了不同的立法例。

有的国家刑法所规定的绑架人质罪,既包括以勒索财物为目的的情形,也包括实现其他目的的情形。俄罗斯刑法第126条所规定的绑架罪,以及第206条所规定的劫持人质罪就是如此。[10]

有的国家刑法除规定掳人勒赎罪之外,另规定了扣押人质以实现其他目的的扣押人质罪。如德国刑法第239b条规定:“诱拐或者绑架他人,意图以致死或者重伤被害人或者剥夺其一周以上的自由相威胁,强制其或第三者为一定行为、容忍或者不为一定行为的,或者利用由其行为造成的这种状态实施这种强制的,处五年以上自由刑。”本条规定的扣押人质罪,不包括以勒索财物为目的的行为。

日本刑法典规定了掳人勒赎罪,另在《关于处罚人质强要行为等的法律》中规定了人质强要罪,即逮捕或者监禁他人,将其作为人质,要求第三者实施没有义务实施的行为或者不行使权利的行为,以及为了要求第三者实施无义务实施的行为或者不行使权利,以作为人质为目的,逮捕、监禁他人的行为。杀害人质的,加重法定刑(处死刑或者无期惩役)。

(二)买卖人口罪

关于买卖人口罪,有的国家没有规定,有的国家规定为买卖奴隶罪或奴隶交易罪,有的国家规定了买卖儿童罪,而且所规定的构成要件也不完全相同。

---

〔9〕 但意大利、韩国刑法规定的掳人勒赎罪,包括以索取财产性利益为目的的情形。日本刑法虽然明确区分财物与财产性利益,掳人勒赎罪也要求行为人以使忧虑者交付财物为目的,但仍然有学者认为,本罪中的财物包括财产性利益(西田典之)。

〔10〕 前者是侵害人身自由的犯罪,后者属于危害公共安全的犯罪;前者要求隐蔽性,后者不要求隐蔽性。

日本刑法第226条之二规定了下列犯罪行为:“收买他人的”“收买未成年人的”“以营利、猥亵、结婚或者对生命、身体的加害为目的,收买他人的”“出卖他人的”“以移送至所在国外为目的,买卖他人的”。买卖行为不要求使被害人有场所的转移。买卖行为完成后,才能成立既遂。如果只是签订了买卖的合同或协议,则不成立既遂。根据日本的判例与刑法理论的通说,收买、出卖他人,是指通过支付对价现实地取得对他人的支配。对价不限于金钱,只要能评价为财产性利益即可。对他人的支配,不以完全拘束他人的自由为必要,只要使他人处于难以脱离行为人的影响的状态即可。对此,应当根据拘束的程度、被害人的年龄、行为的具体状况等进行综合判断。

德国刑法第236条规定了买卖儿童罪,但限于将受自己照顾或者教育的儿童出卖给他人或者无权地将不满18岁的人介绍收养等行为。意大利刑法第601条规定了买卖奴隶罪,即“贩卖或者以任何方式买卖奴隶或者处于类似奴役状态的人”的行为,构成本罪。奥地利刑法第104条所规定的是奴隶交易罪,即从事奴隶交易的行为,以及致使他人沦为奴隶、置于与奴隶相似的境地,或者致使他人有沦为奴隶或者被置于与奴隶相似的境地危险的行为,构成本罪。

(三)移送国外拐取罪

移送国外拐取罪,是指以将他人移送国外为目的,而略取或诱拐他人的行为。日本、韩国等国刑法规定了这一犯罪。

本罪的行为仍然表现为略取与诱拐,行为人必须以将被害人移送国外(所在国外)为目的。成立本罪只是要求行为人具有这一目的,并不要求行为人已经将被害人移送至国外(所在国外)。

第五节　对性自由的犯罪

一、对性自由的犯罪概说

性犯罪有许多种类,如强奸罪(强制性交罪)、强制猥亵罪、公然猥亵罪、通奸罪、劝诱淫行罪、淫秽物品犯罪等。日本等国刑法,将这些犯罪规定为侵害社会法益的犯罪,即妨害风化的犯罪。[11] 但是,在刑法理论上,一般认为,其中的强奸罪与强制猥亵罪,不同于其他犯罪,因为这两类犯罪不只是妨害风化,更重要的是侵害了个人的性的自由。[12] 又由于大陆法系国家学者认为个人法益重于社会法益,因此,便将强奸罪与强制猥亵罪从侵害社会法益的犯罪中抽出来,放在侵害个人法益的犯罪中进行讨论。也有学者认为,公然猥亵、劝诱淫行等罪均应归入对个人法益(性的感情)的犯罪。因为性的伦理、风俗不应成为刑法上的保护法益,而且伦理、风俗也只不过是多数人感情的集合(平野龙一)。

---

〔11〕 意大利刑法原本将这些犯罪规定为对社会法益的犯罪,但1996年修改刑法时,将它们归入侵犯人身自由的犯罪。

〔12〕 一种观点认为,强奸罪与强制猥亵罪的法益不仅包括性的自由,而且包括性的感情,即这些犯罪侵害了他人的性的羞耻心。但一般认为,应当将人对抱有性的羞耻心的事项的自主决定的自由即性的自由作为保护法益。

上述强奸罪,包括普通的强奸罪、准强奸罪及强奸致死伤罪,强制猥亵罪也包括普通的强制猥亵罪、准强制猥亵罪、强制猥亵致死伤罪等。

二、强奸罪(强制性交罪)

(一)强奸罪概说

在任何国家的刑法中,强奸都是犯罪,而且是严重的犯罪。从立法上看,强奸罪分为两种类型:一是传统的强奸罪,是指以暴力、胁迫手段与妇女性交的行为。这种类型的强奸罪的被害人仅限于妇女,其中的"性交"依然指男子将阴茎插入妇女阴道的行为。二是强制性交罪,是指以暴力、胁迫手段与他人性交的行为。这种类型的强制性交罪的被害人不限于妇女,相反,妇女对男性、男性对男性、妇女对妇女都可以实施强制性交罪。其中的"性交",包括了肛交、口交等行为。例如,西班牙刑法第179条规定:"如果性侵犯(指使用暴力或者胁迫手段侵犯他人性自由的行为——引者注)是通过阴道、肛门或者口腔等肉体途径,或者以阴道和肛门的接触进行的,构成强奸罪,处六年以上十二年以下徒刑。"再如,澳大利亚刑法第268.14条将强奸罪定义为未经同意的性插入行为,该条同时规定:"性插入是指:(a)将某人身体的任何部分或由某人操纵的任何物体插入(任何程度地)他人的生殖器或肛门;或(b)将某人的阴茎插入(任何程度地)他人的口中;或(c)前述(a)项和(b)项所定义的性插入行为的继续。"日本刑法第177条原本规定:"以暴行或者胁迫手段奸淫十三岁以上的女子的,是强奸罪,处三年以上有期惩役;[13]奸淫未满十三岁的女子的,亦同。"但2017年将本条修改为:"使用暴行或者胁迫对十三岁以上的人实施性交、肛门性交或者口腔性交(以下称为'性交等')的,是强制性交罪,处五年以上有期惩役;对不满十三岁的人实施性交等行为的,亦同。"

上述两种强奸罪的类型,不仅使得强奸罪的范围不同,而且影响了强制猥亵罪的外延。如果刑法规定的是第一种类型的强奸罪,那么,强行与他人(包括妇女与男性)口交或者肛交的,成立强制猥亵罪;如果刑法规定的是第二种类型的强制性交罪,那么,强行与他人口交或者肛交的,依然成立强制性交罪。不仅如此,有的国家的刑法似乎不再区分强制猥亵罪与强奸罪。例如,德国刑法第177条将强行与被害人的性交以及类似的性行为都归入强奸行为,可以认为,该条已经不再区分强制猥亵罪与强奸罪。

此外,传统的强奸罪,原本不包括丈夫对妻子的强奸,但强制性交罪包括了丈夫对妻子的强奸。例如,德国刑法第177条、奥地利刑法第201条原本将强奸罪限于"为婚姻外之性交",但后来修改本条,删除了这一限制。

西方国家刑事立法上由传统的强奸罪转向强制性交罪,主要是受女权主义犯罪学的影响。女权主义犯罪学认为,将强奸罪的实行主体限于男性和将强奸罪的被害人限于女性,是对女性的歧视;认为丈夫不能成为强奸妻子的主体,不利于保护妇女的性权利。所以,应当考虑女性对男性强奸的可能性与现实性,即应当将犯罪主体与对象的规定改为中性规定,承认丈夫可以成为强奸妻子的主体。[14]

---

〔13〕 2004年修改为"处五年以上有期惩役"。

〔14〕 美国从20世纪70年代后半期开始,考虑到女权主义犯罪学的主张,在强奸罪方面出现了以下三个方面的变化:(1)除了被害人真挚的同意以外,不认定存在同意。(2)在夫妻间也适用强奸罪的规定。(3)关于强奸罪的法律规定出现了中性化的表述。

鉴于我国刑法规定的强奸罪属于传统的强奸罪,下面主要以传统的强奸罪为中心展开论述。[15]

(二)强奸罪的保护法益

刑法理论的通说认为,强奸罪的保护法益是性自由或者性的自主决定权,亦即决定与谁、何时、实施怎样的性行为的自由。但近年来,日本有些学者对通说进行了批判,并提出了一些新的观点。

木村光江指出:"性自由被认为意味着与谁、何时、如何保持性关系的自由,但彻底地重视这样的性的自主决定权即同意,就会出现以下现象:只要假装是满足被害人自我实现的权利,提出事实动摇明确地'违反意思的自由而实施行为'这一心证,就能变得无罪……如果强调同意的有无,并将其替换为'有无反抗',那么就必须存在着'达到凌驾于反抗之上程度的暴力、胁迫';以此为根据,通说和判例要求'达到使得反抗显著困难程度的暴力、胁迫'。"[16]木村光江提议,应该强奸罪理解为性方面的暴力罪,并变更对被害人同意的解释方向,将其作为构成要件该当性(违法性)的阻却事由来对待。

齐藤丰治认为,强奸罪是对性本身,以及存在于其根基中的性的人格权的攻击。辰井聪子将性的人格权作为保护法益,认为踏入本应隐秘的性领域并迫使对方公开该领域的行为,所侵害的是人格的统合性,是人的尊严。在日本最近的裁判例中,关于强奸罪的法益侵害性,同时言及侵害被害人的性自由与人格或尊严的裁判例也在增加。

井田良则指出,强奸罪的被害的实质在于被强迫与犯人共有性行为这一特殊的身体接触体验,并将性的自主决定权理解为对于性行为(这种性行为试图侵害被害人不希望被他人进入的身体秘密领域)的防御权。佐伯仁志也赞成这一见解。

(三)强奸罪的主体

传统观点认为,强奸罪的主体是男子,这是就直接正犯而言,妇女成为强奸罪的教唆犯与帮助犯,则是不可否认的。不仅如此,妇女还可以成为强奸罪的间接正犯,即妇女利用精神病患者或刑事未成年人强奸其他妇女时,便构成强奸罪的间接正犯。还有学者认为,强奸罪的实行行为包括了暴力、胁迫行为,而妇女完全可以为了男子的强奸得逞而实施这种实行行为,因而妇女可以与男子构成强奸罪的共同正犯。日本的审判实践也采取这一观点。由此看来,强奸罪不是亲手犯。现在也有学者认为,传统强奸罪并不是身份犯,只是疑似身份犯(山口厚)。如果是强制性交罪,妇子则可以成为强奸罪的直接正犯。

如上所述,如果是强制性交罪,丈夫无疑可以成为强奸妻子的主体。问题是,就传统的强奸罪而言,丈夫可否成为强奸妻子的主体?日本的通说认为,在理论上可以肯定,丈夫可以成为强奸妻子的主体。因为婚姻关系的存在,并不意味着妻子就特定的性行为具有同意的义务(大谷实、西田典之、山口厚等)。[17] 日本地方裁判所的判例,是以婚姻关系实质上是否破裂作为标准予以认定的,即如果婚姻关系实质上已经破裂,则丈夫可以成为

---

〔15〕 以下如无特别说明,"强奸罪"概念一般指传统的强奸罪。

〔16〕 [日]木村光江:《強姦罪の理解の変化—性的自由に対する罪とすることの問題性—》,载《法曹时报》第55卷(2003年)第9号,第8~10页。

〔17〕 少数学者认为,一旦进入婚姻关系,就意味着夫妻双方具有性的结合的合意。所以,新婚之夜妻子因害怕性交或者身体不适而拒绝性交,丈夫使用暴力强行性交的,不应认定为强奸罪。同时认为,夫妻间也可能成立强奸罪,即在婚姻关系实际上破裂时,丈夫强行与妻子发生性交的,仍然成立强奸罪(林幹人)。

强奸妻子的主体。但通说认为,这一标准缺乏法的安定性,事实上也没有作出这种限定的必要。此外,丈夫当然可以成为第三者强奸妻子的共犯。

(四)强奸罪的行为

强奸罪的行为表现为使用暴力、胁迫手段奸淫妇女,但近年来一些国家的刑法则不要求暴力、胁迫手段。关于强奸罪以及强制性交罪中的手段行为,在刑事立法上主要表现为三种情形:

第一种情形是,要求行为人采取暴力、胁迫手段,并且根据暴力、胁迫程度的不同,将强奸罪或者强制性交罪分为不同的种类(如奥地利刑法第 201 条、第 202 条)。

第二种情形是,要求行为人采取暴力、胁迫手段,但对暴力、胁迫的程度没有明文规定,日本刑法便是如此。于是,刑法理论对暴力、胁迫的含义便展开了争论。第一种观点认为,这里的暴力、胁迫与抢劫罪中的暴力、胁迫一样,必须达到压制被害人反抗的程度;第二种观点认为,只要是暴力、胁迫,而不问其程度,都成立强奸罪的暴力、胁迫;第三种观点认为,强奸罪中的暴力、胁迫,不要求达到压制被害人反抗的程度,只要达到使被害人明显难以反抗的程度即可。至于是否达到了这种程度,则应根据被害人的年龄、精神状况、健康状况、行为的时间、场所以及其他情况,依据社会的一般观念进行客观判断。上述第三种观点是通说。持这一观点的人认为,一方面,强奸罪在性质上是与通奸相区别的,所以其手段必须是某种程度的暴力、胁迫,如果不问暴力、胁迫的程度,则容易混淆强奸与通奸的区别。另一方面,也不能要求暴力、胁迫达到压制被害人反抗的程度,因为这种要求不利于保护妇女的性的自由。强奸罪的暴力、胁迫与抢劫罪的暴力、胁迫不可等同理解,因为刑法在抢劫罪之外,还规定了恐吓罪,暴力、胁迫没有达到压制被害人反抗程度时,虽不构成抢劫罪,却能构成恐吓罪,故仍能保护被害人的财产。而在强奸罪中,没有类似恐吓罪的规定(如前所述,有的国家刑法具有类似规定),如果认为暴力、胁迫没有达到压制被害人反抗程度时就不构成强奸罪,行为人的行为也不可能构成其他罪,这显然不利于保护被害人的性的自由。日本之所以要求强奸罪必须是通过暴力或胁迫使被害人处于反抗显著困难的状态下进而实施奸淫行为,是因为日本刑法在强奸罪之外另规定了准强奸罪。例如,对心神丧失中的人实施奸淫行为,成立准强奸罪。日本在 2017 年修改刑法时,也有人提出应该一般性地取消暴力、胁迫要件,因为暴力、胁迫要件不当缩小了强奸罪的成立范围。但是,一方面,日本现在的判例并没有严格地理解暴力、胁迫要件;另一方面,即便取消了暴力、胁迫要件,如果存在被害人的有效同意,仍然不可能成立强奸罪。如果取消暴力、胁迫要件意味着即使违反被害人意思的认定没有超出合理怀疑也要认定为强奸罪,则并不妥当。因此,多数意见仍然主张不应该一般性地取消暴力、胁迫要件。

第三种情形是,不要求暴力、胁迫手段,只要违反被害人意志便可成立强奸罪或者强制性交罪(否定模式)。美国一些州采取否认模式,被通俗地称为"说不行就是不行"(No means No)模式,只要被害人不同意性交,而行为人与之性交的,便构成强奸罪。德国联邦议院于 2016 年 7 月 7 日,通过了《第 50 次刑法修正法——改善对性自主权的保护》,将美国的否定模式引入刑法第 177 条的强奸罪。亦即,只要违反了被害人可得认知的意愿,对之实施或者任其实施性行为的,或者促使其对第三人实施性行为或者忍受第三人对之实施性行为的,就构成强制性交罪。此外,下列行为也规定为强制性交行为:行为人利用他人无法形成或表述反对意思而实施性行为的,利用他人因其身体或者心理状态导致形成或者表述意思受到显著限制而实施性行为的(行为人确定得到他人同意的除外),行为人利用措手不及的时刻实施性行为的,行为人利用被害人若抵抗将会遭受可感受的恶害的情境而实施性行为的,行为人以胁迫方式实施性行为的。如果行为人以暴力或者严重胁迫手段实施性行为,则属于法定刑升格的情形。

此外,有的国家刑法明文规定了麻醉手段,[18]有的国家刑法将使用麻醉手段的强奸规定在准强奸罪中。

传统的强奸罪中的奸淫,是指男子的阴茎插入妇女的阴道。只要阴茎有一部分插入,不论插入多少,不论是否射精,也不论被害人的处女膜是否因奸淫破裂,都构成强奸既遂。这不仅在英美法系国家是通说,在日本等国家也是通说。开始实施作为手段行为的暴力、胁迫时,是强奸罪的着手;着手实行后未能奸淫的,则为未遂。强制性交罪中的性交不仅包括自然性交,而且包括口交与肛交,甚至还包括其他性行为。

在要求强奸行为必须使用暴力、胁迫手段的情况下,行为人的奸淫行为与其所实施的暴力、胁迫之间必须有因果联系,即行为人必须是通过暴力、胁迫使被害人难以反抗而实施奸淫行为的,才构成强奸罪。不仅如此,行为人的暴力、胁迫还必须达到使被害人明显难以反抗的程度之后,违背被害人的意志而实施奸淫,才构成强奸罪。如果行为人着手实施了暴力、胁迫,但尚未达到使被害人明显难以反抗的程度时,该被害妇女基于某种原因以身相许进行通奸的,即使奸淫行为已经完成,但由于暴力、胁迫没有达到构成要件所要求的既遂程度,故只能以强奸未遂论处(Blei)。德国曾发生如下案件:被告人决定强奸下班回家的妇女,于是从后面扑向妇女,使妇女倒地并受轻微伤。妇女得知被告人的意图后,因害怕继续受伤害,便假称自己离婚后很久没有与男人性交,并佯装同意与被告人性交。被告人相信了妇女的话,认为起先使用的暴力已经不再起作用了,而是妇女自愿与自己性交。随后妇女建议推迟到第二天性交,被告人拒绝了,并催促马上性交。表面上同意的妇女听从了被告人的要求,二人站着进行了性交。州法院认定被告人已经着手实施强奸行为,但因为放弃强奸而使得强奸免予刑罚处罚;被告人的行为触犯伤害罪与强制罪(行为单数)。但联邦最高法院并没有认可这一结论。另外,如果被害妇女起先是自愿与行为人通奸,但在行奸过程中突然改变主意不愿完成奸淫行为,此时行为人使用暴力、胁迫手段,使被害妇女明显难以反抗而完成奸淫行为的,则认为其奸淫行为与暴力、胁迫之间具有因果联系,仍然构成强奸罪(德国曾发生类似案例,法院认定为强奸罪)。

(五)强奸罪的故意

强奸罪的成立要求行为人具有强奸故意,故意的内容取决于构成要件的内容。例如,就传统的强奸罪而言,行为人必须明知妇女反抗自己的强行奸淫行为,但仍然实施暴力、胁迫,使被害妇女明显难以反抗而强行奸淫。如果行为人误认为被害妇女没有反抗自己的行为,误将妇女的反抗行为认为是害羞的表现,而实施奸淫行为的,则属于构成要件的错误,可阻却故意,不构成强奸罪(Lackner)。同样,如果行为人起先认为被害妇女并不反抗,但当其进一步实施行为时,发现妇女全力反抗,便停止自己的行为时,也不认为具有强奸的故意。

---

[18] 奥地利刑法第201条明文规定:"麻醉视同严重的暴力。"意大利刑法将使用麻醉品作为强制性交罪的加重情节。

强奸罪的故意并不限于确定的故意,未必的故意也可成立强奸罪。行为人可推知被害妇女将反抗,但甘冒实现强奸罪构成要件行为的危险而实施强奸罪的构成要件行为,则被认为是未必的故意。

三、准强奸罪

准强奸罪在不同的国家具有不同的含义,有的国家的准强奸罪是指乘机奸淫罪,有的国家的准强奸罪则是指奸淫幼女罪。

(一)乘机奸淫罪

乘机奸淫罪(乘机性交等罪),是指乘被害人心神丧失或不能抗拒而对之实施性行为。德国、意大利、奥地利、瑞士、日本等国刑法对此均有规定。由于行为人并没有使用暴力、胁迫手段,因而对性自由侵害的程度轻于普通强奸罪,故多数国家刑法所规定的乘机奸淫罪的法定刑,都轻于普通强奸罪的法定刑。

1. 行为

乘机奸淫罪的行为,表现为乘被害人心神丧失或不能抗拒而对之实施性行为。不同国家刑法规定的行为对象与行为内容不完全相同。传统的乘机奸淫罪的对象为妇女,行为内容是性交行为。现在,有的国家刑法规定的行为对象包括妇女与男性,行为内容包括自然性交、口交、肛交乃至其他性行为。

所谓心神丧失,是指由于精神的障碍,丧失了对性行为的正常判断力。因此,心神丧失既可能是由于精神病所引起,也可能是由于其他原因所引起。例如,处于泥醉状态时不能正常判断性行为,就被认为是心神丧失。

所谓不能抗拒,是指由于心神丧失以外的原因,在心理上或身体上不能抗拒或明显难以抗拒。例如,熟睡状态、重病状态,就属于不能抗拒的状态。日本曾发生过以下案件:医生利用患病少女对自己的信赖,使少女误认为医生的奸淫行为是必要的治病方法,从而奸淫了该少女。日本名古屋地方裁判所认为,这是乘妇女不能抗拒而奸淫,构成准强奸罪。[19] 行为人起先准备乘妇女熟睡进行奸淫,但着手实行后,被害妇女惊醒并反抗,行为人便使用暴力、胁迫手段奸淫的,构成普通强奸罪,而不构成乘机奸淫罪。

行为人利用被害人处于心神丧失或不能抗拒的状态而实施奸淫行为,就符合乘机奸淫罪的构成要件。

日本刑法还规定了另一情形的乘机奸淫罪行为,即使妇女心神丧失或不能抗拒而进行奸淫。显然,这种行为不要求通过暴力、胁迫手段使妇女心神丧失或不能抗拒,否则构成普通强奸罪。此外的使妇女心神丧失或不能抗拒的手段都包含在内。例如,使用麻醉物使妇女暂时丧失意识,使用欺骗手段使妇女产生错觉,使妇女陷于极度恐怖而不能抗拒的状态等,都属于使妇女心神丧失或不能抗拒。

2. 故意

乘机奸淫罪,要求行为人有奸淫的故意。问题在于典型的乘机奸淫罪(不包括使妇女心神丧失或不能抗拒而奸淫情形)是否要求行为人明知被害妇女处于心神丧失或不能抗拒的状态。一般来说,这一点也是肯定的。有的国家刑法对此有明文规定,有的国家刑

---

〔19〕 日本也有判例和学者否认这种行为构成准强奸罪,如东京地方裁判所 1983 年 3 月 1 日的判决,否认类似的行为构成乘机奸淫罪。

法也有暗示。例如,瑞士刑法第 191 条规定:“明知被害人为无判断能力人或无反抗能力人,而与之为性交行为、与性交相类似的性行为或者其他性行为的,处十年以下重惩役。”这就明确要求行为人明知被害妇女处于心神丧失或不能抗拒的状态。德国、日本刑法条文采取“利用……而……”“乘……而……”的表达方式,也暗示了行为人必须明知被害妇女处于心神丧失或不能抗拒的状态。因为这种情形的乘机奸淫罪,是在没有使用暴力、胁迫的情况下实施的,如果行为人不明知被害人处于心神丧失或不能抗拒的状态,就表明行为人只有通奸的意图与行为,而不能构成此罪。

(二)奸淫幼女罪

奸淫幼女罪(奸淫儿童罪),是指与幼女(儿童)发生性交(实施性行为)的行为。许多国家将奸淫幼女的行为列为独立的犯罪,如日本刑法第 177 条在规定了强制性交等罪的构成要件与法定刑后,紧接着规定:“对不满十三岁的人实施性交等行为的,亦同。”德国、奥地利、瑞士等国刑法,则专门规定了与儿童性交罪,其中的儿童既包括幼女,也包括男童,性交的含义也较为宽泛。下面仅论述传统的奸淫幼女罪。

1. 对象

奸淫幼女罪的对象,是一定年龄以下的幼女。各国刑法对这一法定年龄的确定不尽相同,与刑事责任年龄也不一定一致。如日本刑法规定为 13 岁,但刑事责任年龄为 14 岁,这是基于刑事政策的考虑。

2. 行为

由于幼女没有性行为能力与认识能力,因而不管幼女是否“同意”发生性交,行为人与幼女的性交行为,都是侵害其性自由的行为。基于同样的道理,不管行为人采取何种手段,凡是与幼女发生性交的,就构成奸淫幼女罪。换言之,奸淫幼女罪的行为,只是一种单纯的奸淫行为。因此,奸淫幼女罪通常是以开始性交为着手,而不是像强奸罪那样,以开始实施暴力、胁迫行为时为着手。根据理论通说与审判实践,奸淫幼女罪仍应以阴茎插入幼女阴道为既遂,如果仅有性器官的接触而没有插入,则只成立未遂。奸淫幼女只能是与幼女发生性交,猥亵幼女则是对幼女实施性交以外的行为。行为人意欲插入,但由于某种原因而只达到性器官接触程度的,属于奸淫幼女未遂;反之,行为人只意欲进行性器官接触而满足性欲,事实上也只有性器官接触的,属于猥亵幼女。如果将性器官的接触视为奸淫幼女罪的既遂,则混淆了猥亵幼女与奸淫幼女的区别。

问题在于行为人使用暴力、胁迫手段强行与幼女发生性交时,是构成强奸罪,还是构成奸淫幼女罪?这就要看各国刑法的规定,大致有四种立法例与处理方法:

第一,在规定强奸罪的构成要件时,明确将幼女排除在行为对象之外。在这种情况下,行为人使用暴力、胁迫手段强行奸淫幼女时,仍然不符合强奸罪的构成要件(因为强奸罪的对象只能是幼女以外的少女或妇女),只能按奸淫幼女罪论处。

第二,在规定强奸罪的构成要件时,虽然没有明确将幼女排除在行为对象之外,但规定了奸淫幼女按强奸罪的法定刑从重处罚,或者规定了重于强奸罪的法定刑(如泰国)。在这种情况下,行为人以暴力、胁迫强行奸淫幼女时,应按奸淫幼女罪论处。这是理所当然的。

第三,在规定强奸罪的构成要件时,没有明确将幼女排除在行为对象之外,而且奸淫幼女罪的法定刑并不重于甚至轻于强奸罪的法定刑。在这种情况下,行为人以暴力、胁迫手段奸淫幼女的,不定奸淫幼女罪,而定强奸罪。因为这种行为符合强奸罪的构成要件。再者,如果对强奸幼女的仍然依奸淫幼女罪论处,则强奸幼女的处较轻的刑罚,强奸妇女的处较重的刑罚,这也是不可思议的。即使在法定刑相同时,由于奸淫幼女罪的构成要件属于对强奸罪的一种补充性质,故行为符合强奸罪的构成要件时,也应适用强奸罪的法条。

第四,刑法对强奸幼女有明文规定。如法国旧刑法第 332 条第 3 款规定:"强奸未满十五岁之未成年人者,处本刑十年至二十年之最高度刑。"这种立法例与第二种情况的结局是相同的。法国新刑法规定普通强奸罪处 15 年徒刑,强奸不满 15 岁的未成年人的处 20 年徒刑。

3. 故意

奸淫幼女罪的成立,首先要求有奸淫幼女的故意。需要讨论的是,奸淫幼女的故意是否要求行为人明知被害人为幼女。对此各国刑法条文往往没有明确规定,但并不意味着不要求行为人明知被害人为幼女。根据大陆法系国家的刑法理论,故意包括认识内容与意志内容,而认识内容除了包括对行为、结果的认识外,还包括对行为客体(对象)的认识。在奸淫幼女罪中,行为人对幼女这一特定对象必须有认识,即行为人必须明知自己所奸淫的是幼女,这如同贩卖毒品罪要求行为人认识到所贩卖的是毒品一样。如果行为人没有明知被害人是幼女,也没有强奸的故意,客观上也没有采用暴力、胁迫等手段,当然不构成奸淫幼女罪。不少学者在自己的教科书中也明确指出,奸淫幼女罪要求行为人认识到被害人是幼女。不过要注意,大陆法系国家刑法理论所讲的明知,并不仅限于确定的故意,也可以是未必的故意,即行为人并非确实知道被害人为幼女,但不予过问,甘愿冒可能实现奸淫幼女罪构成要件的危险而奸淫被害人,则被认为是未必的故意。如果行为人误以为对方并非幼女,在征得其同意的情况下与之性交的,属于事实认识错误,阻却奸淫幼女罪的故意,不成立奸淫幼女罪。

但是,也有的国家刑法明文规定不要求行为人明知被害人为幼女。如意大利刑法第 609 条之六条规定:对于与未满 14 岁未成年人发生性行为的,"犯罪人不得以不知晓被害人的年龄作为开脱罪责的理由"。但其他大陆法系国家的刑法一般没有类似规定。至于英美刑法,则一直对奸淫幼女罪采取严格责任的做法,即只要行为人客观上与幼女发生性交,即使不明知对方为幼女,也成立奸淫幼女罪。这种做法与普通法的传统有关,但可以认为是结果责任的残余。

四、强制猥亵罪

强制猥亵罪,是指以暴力、胁迫等方法对他人进行猥亵的行为。强制猥亵罪具有强制性质,因而它不只是破坏了社会风尚,更重要的是侵害了个人的性自由,与强奸罪在罪质上是相同的,因此多数国家刑法将强制猥亵罪与强奸罪规定在一起。例如,德国刑法将强制性交与强制猥亵规定在一个条文中(第 177 条);瑞士刑法第 189 条规定强制猥亵罪,第 190 条规定强奸罪;日本刑法第 176 条规定强制猥亵罪,第 177 条规定强制性交等罪。需要说明的是,有的国家刑法所规定的强制猥亵罪,已经不是传统的强制猥亵罪,亦即,不一定以行为人实施暴力、胁迫为前提,只要行为人违反被害人意志实施猥亵行为的,即使没有采用暴力、胁迫手段,也成立强制猥亵罪。鉴于我国刑法规定的强制猥亵罪属于传统型的犯罪,故下面主要介绍的是传统的强制猥亵罪。

（一）对象

强制猥亵罪的对象，不是所有的人，而是达到一定年龄的人，这与强奸罪相似，因为对没有达到一定年龄的幼男幼女进行猥亵，不管是否采用强制手段，都构成准强制猥亵罪。与传统强奸罪不同的是，本罪的对象不限于女性，而是既包括女性，也包括男性。所以，本罪存在四种情形：男性对女性实施猥亵行为，男性对男性实施猥亵行为，女性对男性实施猥亵行为，女性对女性实施猥亵行为。

（二）行为

强制猥亵罪的行为，是以暴力、胁迫手段实施猥亵行为。可能表现为以下几种情况：(1)强行对他人实施猥亵行为；(2)强制他人对自己实施猥亵行为；(3)强制他人与第三者实施猥亵行为；(4)强制他人忍受第三者对之实施猥亵行为。总之，既可以是强制他人以积极的举动实施猥亵行为，也可以是强制他人消极忍受猥亵行为。问题的关键在于如何理解这里的暴力、胁迫以及猥亵的含义。

对强制猥亵罪中的暴力、胁迫，有四种不同的理解：(1)暴力、胁迫必须达到压制被害人反抗的程度；(2)暴力、胁迫需要达到使被害人明显难以反抗的程度；(3)暴力、胁迫不问大小、强弱；(4)暴力不问大小、强弱，但胁迫必须达到被害人明显难以反抗的程度。德国、日本的通说仍然是第(2)种观点，理由与强奸罪中的理由相同。但在德国与日本，第(4)种观点也是有力的观点。其理由是，强制猥亵行为，往往可以乘被害人疏忽时采取轻微的暴力实施，这与强奸罪是不同的；再者，强制猥亵罪的法定刑低于强奸罪的法定刑，对其中的暴力做不同的理解也是应当的。

强制猥亵罪的行为，除了要求有暴力、胁迫外，还要求有猥亵行为。德国审判实践认为，猥亵行为是在性方面与正常的、健康的、整体的平均感情相矛盾的行为。日本审判实践认为，猥亵行为是无益地兴奋或刺激性欲，而且损害普通人在性方面的正常羞耻心，违反良好的性道德观念的行为。[20] 猥亵行为既可能表现为接触被害人的身体，也可能表现为不接触被害人的身体。如前田雅英指出："猥亵行为不以接触被害人的身体为必要，使人裸体而拍摄其照片的行为也包括在内。"[21]英美法系国家的判例与刑法理论也认为，猥亵行为既可能接触妇女身体，也可能不接触妇女身体。

但是，如前所述，各国刑法对强奸（强制性交）罪规定的外延不同，猥亵行为的外延与强奸（强制性交）的外延成反比，即强制性交的范围越宽，猥亵行为的外延就越窄。在德国、奥地利等国，强制性交罪与强制猥亵罪几乎不可能划分。在2017年修改性犯罪之前的日本，猥亵也具有相对的意义。例如，在被害人为妇女或幼女的情况下，猥亵行为是自然性交以外的行为，如口交、肛交均属于强制猥亵罪的内容。但是，在被害人为男性的情况下，猥亵行为则包括性交行为。例如，妇女强行与男性发生性交的，成立强制猥亵罪。在2017年修改性犯罪之后的日本，上述行为者构成强制性交等罪。

在暴力本身就构成猥亵行为时，或者猥亵行为本身也是暴力行为时，不影响强制猥亵罪的成立。例如，违反妇女意愿强行将手指插入其阴道，强行以自己的阴部压挤妇女的阴部，强行接吻，强行剥光妇女的衣服等，都构成强制猥亵罪。

---

〔20〕 不管对强制猥亵罪的保护法益持何种立场，猥亵行为的范围都会随着人们的性观念的变化而变化。

〔21〕 [日]前田雅英：《刑法各论讲义》，东京大学出版会2015年第6版，第94页。

(三)故意

强制猥亵罪只能由故意构成。德国的通说和日本以往的学说认为,强制猥亵罪是倾向犯,即除了要求行为人对构成要件的客观事实具有故意外,还要求行为人是为了兴奋、刺激或满足性欲而实施强制猥亵行为。如果行为人没有上述主观倾向,则不构成本罪。例如,医生为了检查患者的病情,使患者裸露并触摸,但由于没有猥亵的主观倾向,因而不构成猥亵罪。提出强制猥亵罪是倾向犯,主要也是为了使本罪与治疗行为及类似行为相区别。根据这一观点,出于报复等目的强制猥亵他人的,也不构成强制猥亵罪。例如,日本曾发生过这样的案件:被告人不是为了满足性欲而是为了报复,以向对方泼洒硫酸相胁迫,迫使一名23岁的女性裸体站立5分钟,并进行了摄影。日本最高裁判所1970年1月29日的判决指出:“成立刑法第176条前段的强制猥亵罪,要求其行为是在刺激、兴奋或者满足犯人的性欲这种性的意图支配下实施的;当行为人胁迫妇女赤身裸体拍摄照片的行为,是出于报复、侮辱或者虐待妇女的目的时,构成强要罪或者其他犯罪,而不构成强制猥亵罪。”〔22〕

这一判决虽然得到了佐伯千仞、大塚仁等人的赞同,但遭到了平野龙一、内藤谦、町野朔、前田雅英等许多学者的反对。平野龙一认为,强制猥亵罪的法益是个人的性的自由,故只要行为人认识到自己实施的猥亵行为侵害了被害人的性的自由即可;即使并非出于刺激或者满足性欲的倾向,也完全可能侵害被害人的性的自由。内藤谦指出:“强制猥亵罪以被害人的性的自由作为保护法益,因此,既然行为人实施了上述一定的客观行为(指上述判决所认定的行为——引者注),并且认识到该行为(具有故意),即使是仅出于报复、侮辱、虐待的目的,也应认为成立该罪。”〔23〕町野朔提出:“既然行为人实施了明显侵害被害人的性的羞耻心的行为,侵害了性的自由这种保护法益,只要行为人对这种行为存在故意就成立强制猥亵罪。除此之外,没有任何理由要求行为人具有特别的心理。”〔24〕前田雅英写道:“除了对客观的构成要件要素的认识之外,还要求内心的倾向,限定了处罚范围。但是,第176条并没有以目的犯的目的的形式规定‘猥亵倾向’。在实施了足以使被害人产生性的羞耻心的客观行为,并对此有充分认识的场合,就满足了强制猥亵罪的法益侵害性、责任非难与可罚性。被害人的性的自由、感情是否被侵害,是客观地决定的,与行为人的主观没有关系。即使缺乏使责任升高的猥亵倾向,也没有理由否认其构成要件符合性。……承认倾向犯的最大论据在于,如果不考虑内心倾向,就不能决定处罚范围。但是,例如,是治疗行为还是猥亵行为,从外观上看就可以区分。如果完全是治疗行为,即使有猥亵目的,也不应当处罚。反之,只要认识到明显侵害性的羞耻心的行为而实施该行为的,即使缺乏猥亵目的,也值得处罚。”〔25〕可以肯定的是,否认猥亵罪是倾向犯以及否认倾向犯概念的观点,在日本已成为通说。因此,后来的地方判决没有遵循前述最

---

〔22〕 日本《最高裁判所刑事判例集》第24卷第1号,第1页。但写入判决的少数意见指出,成立强制猥亵罪,“只要求行为人认识到属于猥亵行为的事实而实施;……猥亵行为是损害普通人的性的羞耻心、违反善良的性道义观念的行为;某种行为是否属于猥亵行为,应当客观地依照社会一般观念,即站在普通人的立场,观察该行为本身,来作出决定。……刑法第176条的强制猥亵罪并不以出于兴奋、刺激、满足行为人(犯人)性欲的目的为必要。即使出于报复、侮辱、虐待的动机或者目的,也不妨害本罪的成立”。

〔23〕 [日]内藤谦:《刑法讲义总论》(上),有斐阁1983年版,第219页。

〔24〕 [日]町野朔:《刑法总论讲义案Ⅰ》,信山社1995年第2版,第187页。

〔25〕 [日]前田雅英:《刑法各论讲义》,东京大学出版会1999年第3版,第95~96页。

高裁判所的观点。如行为人为了取得他人的把柄,迫使他人裸体进而拍摄他人的裸体照片。东京地方裁判所 1987 年 9 月 16 日的判决,认定该行为成立强制猥亵罪。

2016 年 10 月 27 日,日本大阪高等裁判所对一起行为人为了获得金钱而猥亵儿童的案件认定为强制猥亵罪(准强制猥亵罪),被告人以没有刺激、满足性欲的内心倾向(性的意图)为由提起上诉。日本最高裁判所大法庭于 2017 年 11 月 29 日变更了 1970 年的判例,认定将性的意图一律作为强制猥亵罪的成立要件并不合适。

五、准强制猥亵罪

与准强奸罪一样,准强制猥亵罪也包括两种情况:一是乘机猥亵罪,二是猥亵儿童罪(或猥亵未成年人罪)。

乘机猥亵罪,是指乘他人处于心神丧失或不能抗拒的状态而进行猥亵的行为。在日本,还包括使他人处于心神丧失或不能抗拒的状态而进行猥亵的行为。

猥亵儿童罪,是指对儿童进行猥亵的行为。与奸淫幼女罪一样,本罪的成立不要求行为人有暴力、胁迫行为,只要有单纯的猥亵行为就构成本罪。

六、强奸致死伤罪、强制猥亵致死伤罪

强奸致死伤罪是强奸罪(包括准强奸罪)的结果加重犯,强制猥亵致死伤罪是强制猥亵罪(包括准强制猥亵罪)的结果加重犯。各国刑法对此均有规定,只不过有的只规定了致死情形,而没有规定致伤情形(如德国),有的则对致死与致伤均有规定(如日本)。这两个罪有共同点,也存在相同的问题,故一起说明(为了叙述方便,下面统一表述为强奸、强制猥亵致死伤罪)。

强奸、强制猥亵致死伤罪,首先要求由于行为人实施基本的强奸、强制猥亵行为而导致被害人伤害或死亡。强奸行为导致被害妇女怀孕的,不属于强奸致伤。强奸行为导致被害妇女处女膜破裂的,也不属于强奸致伤。[26] 即使奸淫未遂或猥亵未遂,但其暴力、胁迫导致被害人死伤的,也成立强奸、强制猥亵致死伤罪。[27] 问题在于致死伤的行为是仅限于暴力、胁迫及奸淫、猥亵行为,还是包括在强奸、强制猥亵的机会中所实施的有密切关系的行为?换言之,是要求死伤结果必须由基本犯的行为本身导致,还是只要求死伤结果是行为人在实施基本犯的时候造成?一种观点认为,死伤的结果必须是由基本犯的行为本身造成的。因为本罪是强奸罪、强制猥亵罪的结果加重犯,既然如此,就要求加重结果是由基本犯的行为本身所造成。另一种观点认为,在不少案件中,死伤结果并不是由基本犯的行为本身造成,而是由与强奸、强制猥亵有密切关系的行为造成,为了保护被害人的生命、身体,立法者在制定本条时,当然考虑到了这些情况。[28] 但可以肯定的是,被害人在犯罪人的犯罪行为结束后,为了逃走而受伤的,不能认定为强奸、强制猥亵致伤罪;被害人被强奸、强制猥亵后自杀的,不能认定被告人成立强奸、强制猥亵致死罪。

强奸、强制猥亵致死伤罪,通常是指行为人对死伤有过失。对此,一些国家的刑法有

---

〔26〕 日本最高裁判所 1950 年 3 月 15 日的判决,将处女膜破裂认定为伤害,但受到了学者的批判,因为处女膜破裂是强奸行为必然或者通常产生的结果。

〔27〕 对于行为人以强奸目的对妇女使用暴力,导致妇女死亡后立即奸淫妇女的行为,日本最高裁判所曾认定为强奸既遂致死罪。但有学者认为,奸淫尸体不属于强奸,故对上述行为应认定为强奸未遂致死罪(山口厚)。

〔28〕 日本曾发生以下案件:共犯人的一名强奸妇女后,被害妇女感到有被其他共犯人强奸的危险而逃走,在寻求救助时摔倒受伤。日本最高裁判所认定为强奸致伤罪。

明文规定。例如,德国刑法明文规定,必须是因为“轻率”导致被害人死亡,才认定为强奸、强制猥亵致死罪。而“轻率”是一种重过失,不包括轻过失在内。而有些国家的刑法对此没有规定。在这些国家就遇到了这样的问题:行为人在实施强奸、强制猥亵时,对死伤结果持故意的应如何处理?由于对伤害持故意与对死亡持故意是有区别的,所以需要分开说明。

当行为人实施强奸、强制猥亵行为而对伤害具有故意时,一种观点认为,成立伤害罪与强奸、强制猥亵罪的想象竞合。理由是,强奸、强制猥亵致伤罪是结果加重犯,因此,对结果不可能是故意,因而不可能成立强奸、强制猥亵致伤罪。再者,强奸罪、强制猥亵罪的法定刑比较高,按想象竞合处理,也不会产生刑罚不公平的现象。另一种观点则认为,上述行为只成立强奸、强制猥亵致伤罪。根据是,如果强奸、强制猥亵致伤罪不包括故意伤害,按伤害罪与强奸罪、强制猥亵罪的观念竞合处理,只能判处强奸罪、强制猥亵罪的刑罚,而强奸罪的法定刑明显轻于强奸、强制猥亵致伤罪的法定刑,这显然是不公平的。而且从刑事学上考虑,也不需要区分行为人对伤害结果有无故意。从罪刑均衡的观点来看,后一种观点或许是可取的。

当行为人实施强奸、强制猥亵行为而对死亡具有故意时,一种观点认为,成立杀人罪与强奸罪、强制猥亵罪的想象竞合。基本理由是,杀人行为与强奸、强制猥亵行为不是有密切关系的行为;而且杀人罪的法定刑往往最高,按想象竞合处理,不致产生刑罚不均衡的现象。另一种观点认为,成立杀人罪与强奸、强制猥亵致死罪的想象竞合。理由是,考虑到杀人不能成为强奸、强制猥亵的手段,以及仅适用强奸、强制猥亵致死罪可能会轻于杀人罪,因而不合理,所以也要考虑适用杀人罪的规定。还有人认为,结果加重犯并不限于对加重结果有过失,对加重结果持故意也可能成立结果加重犯。因此,在实施强奸、强制猥亵行为时具有杀人故意的,既符合杀人罪的构成要件,也符合了强奸、强制猥亵致死罪的构成要件,但其中只有一个杀人行为,故成立杀人罪与强奸、强制猥亵致死罪的想象竞合。

七、其他性犯罪

除了上述典型的侵害性的自主权的犯罪以外,许多国家的刑法还规定了或者新增了其他一些性犯罪。

德国刑法第 174 条规定了对受保护者的性侵害罪。根据该条第 1 款的规定,行为人对被委托对其进行教育、培训或者在生活管理上进行照顾的不满 16 岁的人,实施或任其实施性行为的,行为人对被委托对其进行教育、培训或者在生活管理上进行照顾的,或者得在职务或者工作领域中从属于自己的不满 18 岁的人,滥用与教育、培训、照顾、职务或者工作关系相联系的依附性,实施或任其实施性行为的,行为人对于自己或者配偶、生活伴侣或共同生活在类似婚姻或生活伴侣关系共同体的不满 18 岁的自然或者法定血亲直系卑亲属,实施或任其实施性行为的,处 3 个月以上 5 年以下自由刑。第 2 款规定了教育、培训等机构中的人员滥用权力或者地位,对不满 16 岁或者不满 18 岁的人实施或者任其实施性行为的犯罪。

日本刑法于 2017 年增加了监护人猥亵罪与监护人性交等罪。亦即,监护人乘其对被害人具有影响力(利用其影响力),对不满 18 岁的人实施猥亵或者性交等行为的,按照强制猥亵、强制性交等罪的法定刑处罚。所谓“监护人”,是指现实地对不满 18 岁的人进行监督、保护的人,而不问其在法律上是否有监护权,但是,要求行为人与不满 18 岁的人之间，从经济的、精神的观点来看，在整体生活上持续地存在依存与被依存或者保护与被保护的关系，典型的是亲子关系、养子女关系等，教师、体育教练等原则上不能成为本罪的行为主体。所谓“乘其对被害人具有影响力”，是指在具有一般地、持续地对被监护者的意思决定产生影响的关系的状况中，以此为前提而实施性行为，但不要求行为人为了利用影响力而实施积极的行为（如诱惑、威吓等）。概言之，只要监护人借助影响力对被监护人实施性行为，原则上就成立本罪，除非存在影响力被遮断的情形。此外，即使被监护者承诺性行为，但如果承诺是基于监护人的影响力而作出的，也不能否认本罪的成立。

除了刑法典的规定以外，日本的特别刑法也有关于性犯罪的规定。例如，日本儿童福祉法第34条第6项禁止“使儿童实施淫行的行为”，第60条第1款对违反者处以10年以下惩役或300万日元以下罚金或者并处惩役与罚金。“淫行”包括性交行为与猥亵行为。判例认为，“使儿童实施淫行的行为”也包括使儿童以行为人为对方实施淫行的情形；在这种情形中，“必须超过实施淫行行为本身所内含的程度，对儿童产生事实上的影响力，鼓动其实施淫行等，从而使得儿童实施淫行”。[29] 例如，儿童的养父认识到儿童处于不能抗拒自己使其实施性交、不能与亲生母亲商量这样的心理状态之下，还使儿童与自己实施性交的行为，属于“使儿童实施淫行的行为”。再如，日本《关于规制及处罚嫖宿儿童与儿童色情行为等并保护儿童等的法律》第4条规定，“嫖宿儿童”的，处5年以下惩役或者300万日元以下的罚金。“嫖宿儿童”，是指向儿童或者其保护人“提供对价或者约定提供对价，对该儿童实施性交等行为［指性交或类似性交行为，或者以满足自己的性好奇心为目的，接触儿童的性器官等（指性器官、肛门或乳头），或让儿童接触自己的性器官等］”（该法第2条第2款）。此外，该法律还处罚嫖宿儿童的斡旋行为（该法第5条）、劝诱行为（该法第6条）。上述法律中的儿童，是指不满18岁的未成年人。需要说明的是，虽然上述规定似乎属于特别刑法，但如果行为同时符合上述规定与刑法典的相关规定的，并不是一概适用“特别刑法”；相反，如果刑法典规定的法定刑较重，完全可能适用刑法典。

第六节　侵入住宅罪

一、概念与保护法益

侵入住宅罪（或侵入住宅等罪），是指无故（或非法）侵入他人住宅、建筑物等场所的行为。

在刑事立法上，有的国家刑法将侵入住宅罪规定为对公共法益的犯罪。例如，德国刑法在“妨害公共秩序的犯罪”一章中规定侵入住宅罪，日本的旧刑法以及现行刑法，都是将侵入住宅罪视为一种对社会法益的犯罪。很早的刑法理论，也认为侵入住宅罪是对社会法益的犯罪。其理由主要是，侵入住宅罪不仅侵害了他人住宅的安全，而且使邻居、周围的人产生不安全感。

现在，多数国家刑法将侵入住宅罪规定为对个人法益的犯罪，刑法理论一般也持这一

[29] 东京高等裁判所2010年8月3日判决，载日本《高等裁判所刑事判例集》第63卷第2号，第1页。

观点。即使有的国家刑法将侵入住宅罪规定为对社会法益的犯罪,刑法理论上也常认为它是对个人法益的犯罪。不过,其中有人认为侵入住宅罪是财产罪的一种(Beling),理由是,侵入住宅的行为主要是侵害住宅内的财产的犯罪手段。有人则认为侵入住宅罪是对自由的犯罪(Hippel),根据是,虽然侵入住宅的行为在许多情况下是侵害财产的手段,但也有不少侵入住宅的行为是侵害他人的生命、身体及其他人格法益的犯罪手段,所以将侵入住宅罪视为一种财产犯罪是失当的;再者,虽然侵入住宅罪在许多情况下是作为其他犯罪的手段实施的,但当行为同时成立侵入住宅罪与其他犯罪时,就应明确侵入住宅罪自身的性质——侵害或威胁了住宅内的个人的生活自由。

关于侵入住宅罪的具体保护法益,存在不同学说。

(一)德国的学说

关于侵入住宅(等)罪的法益,德国刑法理论上存在一元说与相对化说。

一元说可以分为公共秩序或社会利益说与个人利益说。公共秩序说认为,侵入住宅罪的法益是公共秩序或者社会利益。因为刑法将本罪规定在“妨害公共秩序的犯罪”中;而且从实质上说,住宅位于共同社会整体中,有机地与整体共同社会相联系,侵入住宅的行为,会使该住宅左邻右舍在日常生活上产生不安感,造成社会秩序的破坏(Wachenfeld)。但有学者批判说,不能根据错误的立法体例理解侵入住宅罪的法益,侵入住宅行为导致左邻右舍不安,只是其反射的、附随的效果(Welzel)。

个人利益说认为侵入住宅罪的法益是个人法益,但对个人法益的具体内容又存在诸多不同理解。其中,住宅平稳说认为,侵入住宅罪的法益是个人利益中的住宅平稳或安宁(Allfeld)。占有说认为,侵入住宅罪的法益是个人利益中的占有权或者与占有保护权相近似的权利(Beling、Frank)。住宅权说(通说)认为,侵入住宅罪的法益是住宅权,即住宅权人决定谁可以进入和可以停留在住宅内的权利。其中,有人重视住宅权中的意思活动的自由(Berge),有人重视住宅权中的决定的自由或者主观的决定意思(Heimberge),有人重视住宅权中的处分意思(Binding),有人重视住宅权中的排除的权利(Lenckner)。新住宅权说认为,侵入住宅罪的法益,是通过住宅权与物理的障壁所特别保护的、具有特殊潜在自由机能的占有(Engeln)。

相对化说主张,侵入住宅罪的法益应根据不同领域(侵入对象)相对化。如Amelung认为,住宅平稳的背后存在五种不同类型的利益,即支配土地的利益、安全的利益、保守秘密的利益、不受他人妨害的利益以及为了实现上述诸利益而产生的自由与利益。

(二)日本的学说

日本刑法理论上,主要存在旧住宅权说、安宁说(平稳说)与新住宅权说。

旧住宅权说认为,侵入住宅罪的法益是住宅权,住宅权的内容是居于家长地位的人对他人进入住宅的许诺权。根据这一规定,只要不违反屋主的意愿,即使违反住宅内的其他权利人的意愿,或者侵害了住宅的安宁,也不认为是犯罪。反之,只要违反了家长的意思,即使征得其他人的同意,也成立侵入住宅罪。[30] 这种观点受到了不少学者的批判。其

---

〔30〕 日本的大审院时代曾采取此说。例如,行为人在妇女的丈夫外出时,以通奸目的征得妇女同意而进入住宅的,被认定为侵入住宅罪。理由是,住宅权属于作为家长的丈夫(日本大审院1918年12月6日的判决,大审院1939年12月2日的判决)。

一，住宅权的概念本身是不明确的；其二，认为犯罪是对权利的侵害，这是19世纪古典思想的残余；其三，这一观点产生了谁是住宅权的主体的问题，而且很容易得出家长是住宅权主体的结论，这便不利于保护在住宅内共同生活的全体成员的利益。

安宁说（平稳说）认为，侵入住宅罪的法益是事实上的住宅的安宁或平稳。所谓住宅的安宁，是指住宅内的成员的生命、身体、财产等没有受侵害的危险性。理由是，住宅关系到共同生活的全体成员的利益，这种利益的主体不只是家长，而是住宅内共同生活的全体成员；刑法规定侵入住宅罪，就是要保护在住宅内共同生活的全体成员的安宁免遭外部的侵害。但是这一观点也受到了批判。首先，安宁的含义并不明确，难以判断何种侵入住宅的行为侵害了住宅安宁。如果安宁是指住宅的宁静，那么，小偷悄悄从敞开的大门溜进住宅内的，就不构成本罪；如果安宁是指个人隐私，则公共建筑物不能成为本罪对象；如果安宁是指违反居住者的意思，那么，其内容与后述新住宅权说便没有区别（西田典之）。其次，即使在不侵害安宁的条件下侵入住宅，也可能违反了权利人意愿。换言之，权利人有权不让他人进入自己的住宅，而不问该行为是否侵害了住宅安宁，但安宁说却忽视了这一点。最后，既然侵入住宅罪是对个人自由的犯罪，它与个人的意思决定就不可分离。此外，不退去罪以违背有居住权、管理权人的退去命令为前提，这也与个人的意思决定相联系。如果认为本罪的法益是住宅的安宁，则与本罪的性质不相符合。

新住宅权说认为，侵入住宅罪的法益是住宅权，但住宅权不是家长的许诺权，而是管理住宅的一种权利以及是否许可他人进入的自由权利（许诺权）。因为侵入住宅罪是对个人法益（自由）的犯罪，行为是否侵害了个人生活自由，取决于是否违反权利人的意思。而且，权利的主体不限于家长，住宅内共同生活的全体成员都是权利主体，因此不会产生旧住宅权说所存在的问题。此说现已成为日本刑法理论的通说。[31] 但持安宁说的学者对新住宅权也进行了批判：首先，当行为人以平稳方式进入他人住宅时，仅因违反居住者的意思而认定为侵入住宅罪，并不合适。其次，根据新住宅权说，丈夫在家、妻子外出时，如果行为人的进入行为得到了丈夫的同意，但明显违反妻子的意志时，并不成立侵入住宅罪。可是，为什么在家的丈夫的住宅权优于外出的妻子的住宅权，这是新住宅权说难以回答的。最后，如果采取安宁说，只要行为人侵入一个住宅，即使住宅内有数人，也成立一罪。而根据新住宅权说，如果侵入一个住宅的行为，违反了数人的意志，则应认定为数罪，这显然不合适（井田良）。

二、对象

关于侵入住宅罪的对象，各国刑法的规定并不完全相同。例如，德国刑法规定为“他人的住宅、经营场所或者安宁的地产，或者用于公共服务或公共交通的封闭场所”，日本刑法规定为“他人的住宅或者有人看守的宅邸、建筑物或者船舰”，瑞士刑法规定为“房屋、住宅、房屋内锁闭之空间、直接属于房屋的以栅栏等包围的场所、庭院或者花园”，意大利刑法规定为“住宅或者其他私人居住场所或者其从属部分”，等等。侵入住宅罪的对

---

〔31〕 瑞士、意大利等国刑法规定，侵入住宅的行为以违反权利人之意思为前提，据此，不管进人住宅的行为是否侵害了住宅的安宁，只要违反了权利人的意思，就构成侵入住宅罪。这实际上采取了新住宅权说。奥地利刑法没有将违反权利人的意思作为侵入住宅罪的要件，但同时规定“未经权利受到侵害之人授权，不得对行为人进行追诉”，这从另一角度表明了新住宅权说的立场。

象范围,与对侵入住宅罪的性质的认识有密切关系。例如,德国刑法认为侵入住宅罪侵害的是社会法益,所以,其对象不仅包括个人的住宅,还包括用于公共服务或者公共交通的封闭场所。再如,意大利刑法认为侵入住宅罪侵害的是个人法益,所以,其对象仅限于个人住宅及附属场所。

关于住宅的含义,刑法本身并没有明确规定,理论上有不同的表述:有人认为,住宅是供人起居寝食的场所;有人主张,住宅是由人占居的场所;有人提出,住宅是日常生活所使用的场所。由于住宅是不要求人看守的场所,也不要求锁闭,需要特别保护,故将其限定为个人的日常生活场所较为妥当;将其限定为供人起居寝食的场所,则过于狭窄(山口厚)。据此,单纯的实验室、研究室、事务室等,不是住宅。

通说认为,住宅不必是他人永久性的日常生活场所,一时的日常生活场所也不失为他人住宅。因此,在旅馆、饭店暂住的一个房间,也就是旅客的住宅。他人定期或不定期使用的别墅,当然属于住宅。住宅只要求是事实上供人从事日常生活所使用的场所,故不要求居住者一直生活在其中,即居住者暂时不生活在其中时,也应认为是住宅。

由于住宅是日常生活使用的场所,所以要求有一定日常生活设备。天桥下、野外的土洞、寺院的檐下等地方,即使是乞丐、流浪者从事日常生活的场所,也不能认为是住宅。但是,住宅只要求是具有能够从事普通的日常生活的设备,所以,一间小屋、一个帐篷也被视为住宅。由此可见,住宅并不要求是建筑物。在刑法没有明文将船只规定为对象的德国,如果船只用于住宿等日常生活,也属于住宅。但是,如果原本不是为了提供住宿,只是用于临时休息或者过夜的普通汽车,则不属于住宅。

当住宅是建筑物时,并不意指建筑物的全部。换言之,该建筑物的任何一部分都被认为是住宅,如建筑物中的客厅、走廊、厕所、储藏室以及屋顶都是住宅的一部分。所以,行为人侵入该建筑物的任何部分以及爬上屋顶的行为,就属于侵入住宅的行为。

住宅是否包括住宅周围的围绕地,则取决于各国刑法的规定。可以肯定的是,侵入住宅周围的围绕地的行为(如翻进住宅周围的围墙内),构成侵入住宅罪,因为这种行为侵害了他人的生活自由。但有的国家(如瑞士、意大利)刑法明文规定了住宅的附属场所、庭院,因此,其刑法中的住宅不包括住宅周围的围绕地。日本刑法没有另规定住宅的附属场所、庭院,但通说认为,住宅除了指供日常生活使用的房屋、建筑等场所之外,还包括其周围的围绕地(附属地)。德国的部分判例与学者认为,与住宅相联系的开放空间如花园、阳台、停车场、庭院等属于住宅,另一部分学者则认为这些场所不是住宅,而是"安宁的地产",侵入其中的同样构成犯罪。

住宅必须属于他人占有或使用,即只要行为人不是生活在其中的住宅,就认为是他人的住宅。行为人以前曾经在某住宅与他人共同生活,如果后来离开该住宅,则该住宅属于他人的住宅。例如,日本曾有如下判决:对于脱离父母的子女而言,父母的住宅就属于他人的住宅;分居的丈夫为了拍下妻子不贞节场面的照片,而侵入自己所有的住宅时,构成侵入住宅罪。

住宅也不要求他人合法占有,即使是他人不适法地占有的住宅,也能成为侵入住宅罪的对象。因为即使是不适法地占有住宅,事实上也存在需要保护的生活自由。例如,房东为了将不交付房租的房客赶走而侵入房客居住的房间时,也属于侵入他人住宅。再如,房东在租赁合同期满之后,侵入租户实际居住的房屋的,也属于侵入他人住宅。

侵入住宅罪的对象，除了狭义的住宅外，还包括宅邸、建筑物、船舰及其他法律规定的场所。所谓宅邸，是指住宅以外的供居住使用的建筑物，如没有人居住的空房、锁闭的别墅等。建筑物，是指有墙壁或支柱，有屋顶，可供居住或有其他用途的土地上的定着物，至少是人可以出入其内部的定着物。因此，机关的厅舍、事务室、学校、工厂、仓库、寺院等，都属于建筑物。建筑物的附属围绕地也属于建筑物的一部分。德国刑法第 123 条中的"经营场所"，是指长期或者暂时用于从事商业、科学、艺术等活动的封闭空间（不管能否移动），外国驻德国境内的使领馆属于经营场所；"安宁的地产"，是指借助可视的保护措施（如墙壁、栏杆等）防止他人随意进入的不动产；"用于公共事务的封闭场所"，是指机关单位、学校等所使用的封闭空间；"用于公共交通的封闭场所"，是指一般人所使用的客运与货运交通空间，包括交通运输工具以及服务于公共交通的建筑物。

三、行为

侵入住宅罪的行为，表现为两种情况（两种犯罪类型）：一是积极地侵入，即通常所说的侵入（侵入住宅罪）；二是消极地不退去（不退去罪）。本罪并非亲手犯，没有亲自实施侵入与不退去行为的人，也能成立本罪的共同正犯与间接正犯。

（一）侵入

一般来说，侵入是指违反住宅权人的意志，以身体进入他人住宅及其他受保护的空间（以下一般仅表述为住宅）。将物品扔入他人住宅，或者向他人住宅拨打骚扰电话的，不成立侵入住宅。[32] 对侵入的理解，并非简单问题。行为是否构成侵入，与侵入住宅罪的保护法益具有直接联系。从形式上说，侵入住宅要求行为人进入他人住宅。但进入他人住宅并不等于侵入他人住宅，要将进入认定为侵入，还要求具备实质条件；而这种实质条件就要联系侵入住宅罪的保护法益。旧住宅权说认为，侵入是指没有正当理由，违反住宅权人的意思的进入。安宁说指出，侵入是以侵害他人住宅安宁的形式进入（侵害安宁说）。至于进入的行为是否侵害了他人住宅的安宁，则应从主客观两个方面进行判断。新住宅权说主张，侵入是违反住宅权利人的意思的进入（侵害意思说）。而且，就一些具体案例而言，即使持相同学说的人，也会得出不同的结论。

例一：行为人以抢劫的意图进入他人住宅，但同时又征得了居住人的同意时，是否属于侵入住宅？对此存在以下观点：（1）侵入是指非法侵入或无故侵入，以抢劫的意图进入他人住宅，当然属于非法或无故侵入。（2）以抢劫的意图进入他人住宅，就侵害了他人住宅的安宁，故应认为是侵入。（3）虽然居住人的同意可以阻却违法，但这是在行为人没有抢劫意图的前提下"同意"的，如果居住人知道行为人具有抢劫意图，就不会同意。因此，应认为行为人的进入没有征得居住人的同意，故属于侵入。根据上述三种观点，如果刑法处罚抢劫预备，该行为是抢劫预备与侵入住宅罪的观念的竞合。（4）既然居住人同意行为人进入，就不能认为行为人的进入是侵入。德国刑法理论的通说认为，通过欺骗的方式获得权利人同意，进而进入住宅的，不成立侵入。

例二：以诈骗目的伪装顾客进入商店时，是否属于侵入？对此存在以下主张：（1）商店权利人只是允许顾客进入，并没有允许怀有恶意的人进入，因此，该行为属于侵入。（2）以诈骗的目的单纯进入商店时，还不能说侵害了住宅等的安宁，因而不构成侵入。

---

〔32〕 法国最高法院将反复拨打骚扰电话的行为，认定为暴行罪。

(3)商店是顾客进出的场所,只要行为人的进入在社会观念上是被人接受的,即使违反权利人的意思,也不成立侵入。(4)不能认为这种行为违反了权利人的意思,因此不成立侵入。德国多数学者认为,以违法目的进入开放时的营业场所的,不成立侵入。但是,如果进入的外在方式超出了权利人允许的范围时,仍然可能成立侵入。例如,持凶器蒙面闯入超市打算抢劫的,成立本罪。

例三:丈夫不在家时,行为人以与该丈夫的妻子通奸的目的进入住宅时,是否属于侵入?对此存在以下说法:(1)既然行为人的进入得到了妻子的同意,即使行为人具有通奸的目的,但只要进入的样态没有侵害住宅的安宁,就不属于侵入。(2)住宅是夫妻共同生活的场所,因此住宅的安宁是夫妻共同的安宁。夫妻中的一方可以代表另一方表示同意他人进入,但这是以不违反另一方的意思为前提的。行为人以与妻子通奸的目的进入住宅时,一般是违反丈夫意思的,因此,上述行为仍然构成侵入。(3)住宅权属于生活于其中的所有成员,其中的权利人一时不在住宅时,并不丧失自己的权利,因此上述行为违反了其中的权利人的意思,属于侵入。(4)妻子是住宅的事实上的管理人,既然征得了妻子的同意,即使违反丈夫的意思,也不成立侵入。德国的刑法理论认为,在多人对住宅享有权利的场合,原则上各权利人都平等、独立地享有居住权,亦即,任何一方都可以允许第三者进入住宅,其他权利人不能仅因为自己对此感到不愉快而拒绝第三人进入。但是,如果一方允许第三人进入是对权利的滥用,导致不能期待其他权利人容忍时,则认为第三者不被允许进入住宅。据此,上例中的行为人的行为属于侵入。

由此可见,行为人既没有征得居住人同意,同时侵害了住宅安宁的进入,肯定构成侵入;行为人既征得居住人的同意,又没有侵害住宅安宁的,肯定不构成侵入。问题是,没有征得居住人同意但又没有侵害住宅安宁的进入,以及征得了居住人的同意但又侵害了住宅安宁的进入,是否构成侵入。在此问题上还难以消除观点的对立。

绝大多数国家刑法规定,侵入行为的成立不以暴力、胁迫为前提,这是由侵入住宅罪的罪质决定的。只有个别国家刑法规定,侵入住宅罪的成立,以使用暴力、胁迫为前提。如奥地利刑法第109条第1款规定:“以暴力、暴力威胁强行进入他人住所的,处一年以下自由刑。”

根据安宁说,侵入住宅罪是一种继续犯,即行为人从侵入时起到退去时止,对住宅的安宁的侵害处于继续之中。[33] 但住宅权说认为,侵入住宅罪是状态犯。后者认为,侵入后的滞留事实虽然在继续,但这并不属于“侵入”这一构成要件该当事实的继续。再者,不退去罪是为了处罚不法滞留而设立的特别犯罪类型。如果本罪是继续犯,则没有必要特别规定不退去行为。

侵入的着手时期,是开始侵入他人住宅时。有人认为,身体的一部分进入住宅时就是侵入既遂(德国通说);有人认为,身体的大部分进入住宅时才是侵入既遂;有人认为,身体的全部进入住宅时才是侵入既遂(日本通说);有人认为,侵入后有一定的滞留时间才是侵入既遂;有人认为,对住宅的安宁产生侵害或威胁时,才构成侵入既遂(安宁说)。将侵入住宅理解为继续犯的学者认为,单纯的瞬间侵入后立即退去的,属于犯罪未遂。

---

〔33〕 也有部分持新住宅权的学者持此观点(西田典之),日本的判例也认为侵入住宅罪是继续犯(日本最高裁判所1956年8月22日判决)。

(二)不退去

侵入住宅罪的另一行为形式是不退去(不退出)。[34] 所谓不退去,是指经权利人要求退去,仍不退去。因此,不退去属于真正不作为犯。

由于不退去是一种真正不作为犯,而不作为犯的成立以特定义务为前提。不退去都是行为人合法或者过失进入住宅后而不退去,故从权利人要求退去时起,行为人便产生了退去义务。如果行为人合法或过失进入他人住宅后,他人并不要求行为人退去,则行为人不退去的行为不构成犯罪。所以,各国刑法都规定,不退去是经要求退去而不退去。

有权要求行为人退去的人,不只是居于家长地位的人,住宅的居住人、看守人都有要求退去的权利。不仅如此,即使是不合法地占有、使用住宅的人,也有要求他人退去的权利。例如,不交付租金的房客,有权要求他人退出自己所居住的住宅。权利人的要求必须采取通过语言或者动作使对方明确了解的方法。要求他人退出的某种暗示不能使他人了解因而未退的,不构成犯罪。

从有权人要求进入者退去时起,进入者就有义务退去,但这并不意味着有权人一提出要求,进入者就立即成立不退去的侵入住宅罪。通常,从提出要求时起,经过退去所必要的时间,进入者仍不退去时,才认为是既遂。故通说认为,不退去罪没有成立未遂的余地。但也有学者认为,如果进入者在必要的时间内被权利人推出住宅,便成立犯罪未遂(木村龟二、大塚仁、内田文昭)。

如果行为人开始便是违法侵入他人住宅,后经要求退去仍不退去,则只构成侵入住宅罪,不构成两罪。换言之,相对于侵入住宅罪而言,不退去罪具有补充性质。值得讨论的是侵入住宅罪能否由不作为构成,以及不作为的侵入与不退去的关系。德国刑法理论没有争议地认为,负有监管义务的人不阻止被监管者侵入权利人受保护的住宅等空间的,属于以不作为的方式侵入住宅。例如,父母不阻止自己的未成年幼童闯入他人住宅的,成立侵入住宅罪。争论的问题是,行为人正当或者过失进入他人住宅等受保护的空间后却不离开的,是否属于不作为的侵入。多数学者持肯定回答,但也有学者认为,将这种行为认定为侵入,不仅不符合侵入的用语含义,而且无形中减少或者删除了不退去罪中的"经权利人要求离去"的要件,因而不当。

四、故意

侵入住宅罪由故意构成,行为人明知自己的侵入或不退去行为违反权利人意思(住宅权说),或侵害他人住宅安宁(安宁说),而积极侵入或消极不退去。从刑事立法上看,一般并不要求行为人出于不良目的,但许多国家的审判实践则重视侵入住宅的目的,即行为人以不法目的侵入他人住宅时,才构成犯罪。一般来说,持安宁说的人重视侵入的目的,因为行为人持不法目的侵入他人住宅时,才会侵犯他人的住宅安宁。[35] 持住宅权说的人则不强调侵入的目的,而是重视被害人的意志。

五、违法性阻却事由

侵入住宅罪的成立,要求侵入行为是无故或非法的。德国、瑞士等国刑法规定必须是

---

〔34〕 根据日本的刑法理论,不退去与侵入住宅是并列的两个犯罪行为,而不是一个犯罪的两种表现形态。

〔35〕 但也有持安宁说的学者(如前田雅英)认为,不应强调行为人的目的,因为是否侵害住宅安宁,只需从客观上考察,行为人的目的并不能左右其进入行为是否侵害了住宅安宁。

“违法侵入”,日本刑法规定必须是“无正当理由侵入”。[36] 这便暗示着有不少违法性阻却事由,概言之,合法进入他人住宅,就是违法性阻却事由。

法令行为、紧急避险行为,阻却违法性。例如,基于法令,以扣押、搜查等目的,进入他人住宅时,不构成侵入住宅罪。再如,为了避免狂犬、疯牛的袭击而侵入他人住宅的,属于紧急避险,不构成侵入住宅罪。

得到居住人、看守人承诺或推定的承诺而进入住宅时,不构成侵入住宅罪。所应指出的是,以前一般认为得到承诺的进入是违法性阻却事由,但现在一般认为得到承诺(同意)的进入是缺乏构成要件符合性。因为得到居住人、看守人的承诺而进入住宅,就不能说是侵入住宅,因而应认为进入住宅的行为不符合侵入住宅罪的构成要件。但是,承诺必须是居住人、看守人自由、真实的意思表示,如果行为人使用胁迫方法使居住人、看守人表示承诺,则不影响犯罪的成立。此外,如果居住人、看守人同意行为人进入住宅的某一房间,而行为人无故侵入其他房间时,也不影响犯罪的成立。

问题是,在被害人基于错误而承诺时,应如何处理?安宁说认为该承诺无效,侵入行为依然成立犯罪。而持新住宅权说的学者中,部分认为,该错误属于法益关系的错误,因而承诺无效;部分认为,该错误不是法益关系的错误,所以承诺有效。

一般来说,承诺既可以是明示的,也可以是暗示的。例如,进入商店、酒店、饭店等场所,一般认为是得到推定承诺的。换言之,行为人进入上述场所时,推定有权人会同意,因而阻却违法性。问题在于缺乏明示承诺的场合。根据安宁说,在这种场合,如果以侵害安宁的方式侵入,仍然成立侵入住宅罪。所以,以顺手牵羊式的盗窃为目的进入百货商店的,由于还没有侵害其安宁,故不成立侵入住宅等罪;如果以侵害其安宁的方式进入,则成立侵入住宅等罪。根据新住宅权说,要根据有无推定的承诺来决定,或者说,取决于行为人的进入行为是否属于一般的、包括的承诺范围。以盗窃目的进入百货商店的,没有超出商店权利人包括的承诺范围,因而不成立侵入住宅等罪。

第七节　侵犯秘密罪

一、侵犯秘密罪概说

秘密是与一定的主体有关系的事实。首先,它不为一般人所知悉(非公知性);其次,主体对其具有隐秘的意思;最后,对其进行隐秘是一种利益。大体而言,可以将秘密分为国家秘密、企业秘密(商业秘密)与个人秘密。

本节的侵犯秘密罪,主要是指侵犯个人秘密的犯罪,不包括侵犯国家秘密的犯罪。通常,个人在私生活方面具有许多秘密,如果不当地泄露个人的秘密,就会给个人带来不利影响。刑法规定侵犯秘密罪,就是为了防止侵犯他人秘密的行为,从而保护公民私生活的安宁。

奥地利、意大利等国刑法都规定了侵犯商业秘密的犯罪。日本的改正刑法草案规定

---

〔36〕 1995 年以前规定为“无故侵入”,但当时的刑法理论均将“无正当理由侵入”解释为不法侵入。

了泄露企业秘密的犯罪,但现行刑法并未规定该犯罪。现在,日本对某些侵犯商业秘密的犯罪,实际上是按照财产犯罪处理的。例如,下列行为被认定为盗窃罪:盗窃他人记载有商业秘密的纸张的;用公司的复印纸复印商业秘密,然后将复印件盗走的;将记载有商业秘密的原件拿出公司外复印,然后将原件返还原处,而将复印件拿走的。下列行为被认定为侵占罪:将自己在业务保管或使用的商业秘密资料取出、泄露或者转卖给他人。下列行为被认定为诈骗罪:为了出卖商业秘密,诈称公司使用而从资料保管人员处借出商业秘密资料,复印后返还原件,而将复印资料出卖。下列行为被认定为背信罪:违背自己的任务,将自己管理的商业秘密资料泄露给竞争对手或者他人。[37]

总体来说,侵犯秘密罪可以大致分为三种类型:一是探知他人秘密的犯罪,二是泄露他人秘密的犯罪,三是非法利用他人秘密的犯罪。对此,各国刑法规定不完全一致,有的规定比较详细(如德国刑法、奥地利刑法、意大利刑法、瑞士刑法),有的规定比较简单(如日本刑法)。下面论述私拆信件罪、泄露秘密罪与侵害言论隐私权罪,并简单介绍其他相关犯罪。

二、私拆信件罪

私拆信件罪(侵害书信秘密罪),是指无故开拆他人封缄书信的行为。

(一)对象

私拆信件罪的对象是他人的封缄书信。

首先,必须是书信。书信,是指由特定人邮寄或转交另一特定人的、表达某种意思的文书。这里的特定人既包括自然人,也包括法人,还包括不具有法人资格的团体。[38] 书信并不限于邮寄的书信,由其他人转交的或准备由本人直接送交的表达某种意思的文书,也不失为书信。因为这种文书中通常也会有秘密,所以同样需要保护。所谓表达某种意思,需要从广义上理解,如传达某种意思、表达感情、记载事实等都应包括在内。此外,书信也并不限于公民之间的文字信件,其他能表达意思的图画、照片、原稿等,都属于书信。

其次,必须是封缄的书信。所谓封缄,是指将书信用包皮包装并封闭缄口,使他人从外部不能得知其内容。例如,装进信封并用浆糊封口、装进小箱并上锁、装进袋子并用绳子系着袋口使之达到难以解开的程度等,都属于封缄。此外,用书信本身进行封缄的书信,也能成为本罪的对象。例如,在一张纸的正面表达意思,然后将正面折叠在里面,并用浆糊等进行封闭,使他人不能从外部得知其内容时,就属于封缄书信。收信人合法开拆书信后又对此书信进行封缄的,该书信仍属封缄书信,也能成为本罪对象。明信片不能成为本罪的对象;封口处于容易打开的状态时,也不认为是封缄书信;将没有封缄的书信放入抽屉并上锁时,该书信也不能称为封缄书信。

最后,必须是由其他人写给其他人的书信,即不属于行为人应知的书信。换言之,行为人既不是写信人,也不是收信人。自己写给他人的书信在封缄后自己拆开的,以及他人写给自己的书信自己拆开的,自然不构成本罪。德国刑法明文规定本罪对象必须是行为

---

〔37〕 显然,日本的做法并没有从根本上解决问题。所以,一些学者主张,有必要直接对财产性信息给予刑法上的保护。

〔38〕 但也有学者认为,由于本罪是对个人法益的犯罪,所以,公共团体之间的信件应排除在外(大谷实、西田典之)。

人"无权知悉的他人封缄信件或者其他文件"。

(二)行为

私拆信件罪的基本行为表现为开拆。所谓开拆,是指破坏封缄或致封缄失效,使书信内容处于一种可能被第三者知道的状态。开拆不要求破坏封皮,即使封皮完好,但只要使书信内容处于可能被第三者知道的状态,就属于开拆。行为人开拆书信后,是否阅读了书信的内容,能否读懂书信的内容,都不影响本罪的成立。因此,私拆信件罪,属于抽象的危险犯。一般认为,只要开拆行为使书信内容处于可能被第三者知道的状态,就构成本罪的既遂,而不是待行为人或第三者知道书信内容后才构成既遂。

随着科学技术的发展,一些人往往能够使用技术手段,在没有开拆的情况下,就能知道书信的内容。由于这种行为同样侵犯了他人的秘密,因此有必要对之进行处罚。于是,有些国家刑法对此作了明文规定。例如,德国刑法第202条第1款第2项规定,"虽未开拆但以技术手段非法探知"他人封缄信件或其他文件的,也构成犯罪。奥地利刑法也有类似规定。这样的规定显然具有借鉴意义。日本刑法仅规定了开拆行为,因此,使用开拆以外的方法得知书信内容的,不构成犯罪。

开拆行为必须出于故意,因疏忽误将他人书信当做自己的书信而开拆的,均属于没有犯罪故意,不成立本罪。

(三)亲告罪

日本、瑞士等国刑法规定私拆信件罪为亲告罪。之所以规定为亲告罪,是考虑到本罪所侵犯的是较轻微的个人法益,而且追诉的结果可能使秘密更为公开,对被害人更不利。问题在于,哪些人有告诉权?第一种观点认为,发信人有告诉权,收信人在书信到达后才有告诉权。第二种观点认为,发信人有告诉权,收信人在书信发出后便有告诉权。第三种观点认为,在书信到达收信人之前,只有发信人有告诉权;在书信到达收信人之后,只有收信人有告诉权。第四种观点认为,不管书信处于何种状态,发信人与收信人都有告诉权。从保护个人秘密的观点来看,第四种观点比较合适(日本的通说)。

三、泄露秘密罪

泄露秘密罪(或侵害职业秘密罪、泄露业务上知悉他人秘密罪),是指医师(含职业心理医师)、药剂师、药商、助产师、宗教师、律师、辩护人、公证人等人或曾从事这些业务的人,无故泄露因业务所知悉之他人秘密的行为。

(一)主体

泄露秘密罪属于身份犯,只有上述基于职业了解他人秘密的人才能成为本罪主体,其中的宗教师,是指神父、僧侣、牧师等从事宗教职务的人;辩护人指没有取得律师资格的辩护人。德国刑法规定的主体范围较广,包括税务顾问、税务代理人、专利代理人、婚姻顾问、家庭顾问、国家承认的社会工作者或社会教育人员等。

(二)对象

泄露秘密罪的对象,是具有上述身份的人因业务所知悉的他人秘密。所谓秘密,是指只能让特定的小范围的人知悉的事实,让他人知道这种事实就给本人带来不利影响。秘密不一定要本人意识到,例如,某人具有某种肉体上或精神上的缺陷,即使他并没有意识到这种缺陷,但只要这种缺陷让他人知道会给他带来不利,就属于秘密。此外,即使是一部分人已经知道的事实，对于尚不知道的人来说，仍然属于秘密。但公众所知道的事实则不是秘密。

问题在于，是只要本人主观上认为某种事实是秘密即可，还是要求一般人认为某种事实客观上是秘密才行？对此存在以下四种观点：(1)只要本人主观上有作为秘密的意思，就属秘密；(2)客观地看，值得作为本人的秘密予以保护的事项，则是秘密；(3)客观地看，值得作为本人的秘密予以保护的事项，或者本人特别明示的主观的秘密，都叫秘密；(4)客观地看，具有作为秘密的利益，而且本人也意欲将其作为秘密的事项，才算秘密。

秘密的主体是现实存在的人。根据通说，这里的人包括自然人与法人，以及没有法人资格的团体；秘密只能是私生活上的秘密，不包括公共生活上的秘密。不过，对私生活上的秘密应作扩大解释。

本罪的秘密必须是本罪主体由于业务所知悉的秘密。例如，医生或药商，由于其业务而得知某人患有性病，律师因为担任辩护人而得知某妇女曾被强奸，这便属于本罪的秘密。如果具有本罪身份的人知道的秘密，与业务没有关系，而是在某种场合偶然得知的，则不属于本罪的秘密。

（三）行为

泄露秘密罪中的泄露行为，是指将秘密告诉给尚不知道的他人。他人既可以是一人，也可以是多人。如果告诉已经知道的人，则不叫泄露。〔39〕 泄露的方法没有限制，既可以是口头的，也可以是书面的。至于泄露行为是否要求他人知悉秘密的内容，则存在不同观点：多数说认为，虽然不要求对方知悉秘密的内容，但要求对方有知悉秘密的可能性；少数说认为，只有当对方现实地知悉了秘密的内容，才能认定为泄露。泄露不仅可以由作为构成，也可以由不作为构成。例如，将记载他人秘密的纸张或笔记本，暂时合法地放在可能被他人阅读的地方后，有义务收藏而不收藏，就属于不作为的泄露。〔40〕 行为人无故将秘密告知他人后，即使不准他人转告其他人时，也成立泄露。

行为人的告知到达对方时，即使对方还没有了解行为人所告知的内容，也认为是泄露既遂。这主要是就书面告知而言。因为文书已经到达对方，对方就有知悉秘密的可能性，这便发生了侵害他人秘密的危险，故应认定为既遂。

（四）违法性阻却事由

泄露秘密必须是无故的，或者说是没有正当理由的。因此，对某种秘密负有向特定机关告知义务的人，向特定机关告知该秘密时，就阻却违法性。例如，许多国家的法律规定，对传染病实行强制隔离治疗，医生发现传染病后，必须报告特定机关。所以，医生按规定向特定机关报告某人患传染病的，不属于泄露秘密。再者，根据法益权衡原则，为保护较大法益而告知秘密时，也阻却违法性。例如，在法庭上，当某种秘密属于证据时，行为人为了作证而向法庭告知秘密时，就不构成泄露秘密罪。

四、侵害言论隐私权罪

侵害言论隐私权罪，是指未经谈话人同意，以窃听器或录音机窃听或盗录他人不公开之谈话的行为。德国、奥地利、瑞士等国刑法都规定了这种犯罪。

---

〔39〕 但有人持反对意见，认为这种行为仍然成立泄露。

〔40〕 这以事先的放置行为不构成泄露为前提，如果事先的放置本身构成泄露，则不再成立不作为的泄露。

当今世界,各式各样的窃听器已泛滥成灾,五花八门的录音机也充满市场。一些人便利用这些工具侵害他人的谈论自由,因此刑法特设此罪,以保护公民的谈论自由。

本罪的对象,是他人不公开的谈话。这里的不公开,首先是指谈话形式上的不公开,至于是否要求内容必须是不公开的事项,则尚存争议。有人认为,只要形式上是不公开的谈话即可;有人则认为,其内容也必须是不公开的事项。

本罪的行为表现为使用窃听器、录音机窃听或盗录他人的非公开性谈话。窃听,仅就行为人得知内容而言,不要求使谈话的内容固定下来;盗录,是指将他人的谈话内容予以固定,行为人是否当场得知其内容,不影响犯罪的成立。此外,行为必须未经谈话人同意,否则不构成犯罪。

根据德国刑法的规定,将盗录的言论公开通告第三人,侵害了他人合法权益的,也构成犯罪;但是,如果公开通告是为了维护重大公共利益的,则阻却违法性。根据瑞士刑法的规定,为救灾机构、救助机构或者安全机构录制他人通话的,不成立犯罪。

五、其他犯罪

除了上述犯罪外,德国、日本等国的刑法典以及特别刑法规定了一些其他侵犯个人秘密的犯罪。

例如,德国刑法第201条仅规定了利用录音侵犯他人秘密的犯罪,后来增加的刑法第201a条规定了利用录像侵犯他人私密的生活领域的犯罪。根据该条的规定,对处于住宅内或者处于特别防止受窥视所保护的空间内的他人,无故制作或者转播录像,因而侵害了被录像者最私密的生活领域的,无故使第三者得以使用足以严重损害被录像者名誉的他人录像的,意图使第三者取得以获取对价,制作或者提供不满18岁的他人裸体录像的,均构成犯罪。

德国刑法第202a条增加了刺探数据罪,即无故(或擅自)克服存取防护而使自己或者第三者取得并非为自己所制作的数据的,构成犯罪。第202b条规定了截取资料罪,即无故(擅自)使用技术方法,使自己或者第三者取得并非为行为人所有的、由非公开资料传送或资料处理设施使用的电磁性传送资料的,构成犯罪。第202c条规定了对前两条的预备罪的处罚。第202d条新增了资料赃物罪,亦即,意图为自己或者第三者谋取利益或者为了损害他人,对于非供公众取用且系由他人以违法行为取得的资料,使自己或者他人取得、交付给他人、散布或者以其他方法使之取用的,构成犯罪。

近几年来,日本的附属刑法也增设了有关侵害他人秘密的犯罪。例如,不正当竞争防止法新增了侵害营业秘密罪:以取得不正当利益或者损害营业秘密保有者为目的,以窃取、骗取、强迫以及其他不正当手段取得他人营业秘密的,或者使用、开示以不正当方法取得的营业秘密的,以犯罪论处。分期付款贩卖法也新增了侵害信用卡信息罪:业务上可能知悉信用卡信息(包括持卡人姓名、卡号、有效期限等)的人,以为自己或者第三者谋取不正当利益为目的,提供或者盗用他人信用卡信息,或者有偿接受提供的,处3年以下惩役或者50万元以下罚金。

第十八章 对名誉、信用的犯罪

第一节 对名誉的犯罪

一、对名誉的犯罪概说

(一)概念与保护法益

对名誉的犯罪,是指公然毁损或者侮辱他人名誉的犯罪,主要有毁损名誉罪与侮辱罪。这里首先需要明确名誉的含义。一般认为,名誉有三个方面的含义:(1)内部的名誉,即客观存在的人的内部价值或真实价值。(2)外部的名誉(社会的名誉),是指社会对人的价值判断(名声)。外部的名誉可以分为规范的名誉与事实的名誉,前者是指本来应当受到的评价,后者是指现实通常的评价。[1] (3)主观的名誉(名誉感情),是指本人对自身价值的意识与感情。[2] 通说认为,由于外部力量不能对内部的名誉产生影响,因此,内部的名誉不是刑法保护的对象。外部的名誉是刑法保护的对象(是毁损名誉罪的保护法益),这是没有争议的,问题在于名誉感情是不是刑法保护的对象(是否属于侮辱罪的保护法益)。

第一种观点认为,毁损名誉罪与侮辱罪的保护法益是外部的名誉(日本通说)。主要有三点理由:(1)单纯的个人主观意识、感情不值得用刑法保护。(2)侮辱罪要求公开实施,这就表明侮辱罪的保护法益只是外部的名誉;如果认为侮辱罪的保护法益是名誉感情,则不应要求公然实施,但事实上并非如此。(3)如果将侮辱罪的保护法益解释为名誉感情,则对不具有名誉感情的幼儿、精神病患者、法人不能实施侮辱罪,这显然不利于保护这些人的名誉。

第二种观点认为,毁损名誉罪与侮辱罪的保护法益是规范的名誉,即外部的名誉中本来应当受到的评价。根据德国的多数说,名誉是从人的尊严中引申出来的,任何人具有且应当受到社会认可的人格价值。山口厚指出,不能一概将外部的名誉作为保护法益,否则就会出现人的“虚名”也会受到刑法(毁损名誉罪)保护的结果。然而,若果真如此,则难以保护正当的言论自由。因此,只能将规范的名誉作为刑法的保护法益。

第三种观点认为,毁损名誉罪的保护法益是外部的名誉,侮辱罪的保护法益是名誉感情。也有三点理由:(1)从历史沿革来看,自日耳曼法以来,一直明确地保护被害人的名

---

〔1〕 规范的名誉与事实的名誉既可能是一致的,也可能是不一致的。当某人“徒有虚名”时,就意味着事实的名誉与规范的名誉不一致。

〔2〕 此外,德国还有学者提出了人际间的名誉概念与功能性的名誉概念。前者认为,名誉是人的尊严所要求的,为人的独立性奠定基础的与他人之间的认可关系(Zaczyk);后者认为,名誉是指每个人所具有的、满足作为平等的商谈主体所必须符合的规范期待的能力(Amelung)。

誉感情,这种名誉感情在目前也是应当保护的。(2)毁损名誉罪与侮辱罪在法律上的性质是不同的,二者的法定刑也不同,因此,不能认为二者的保护法益完全相同。(3)侮辱罪以公然为要件并不说明它侵害的只是外部的名誉,而是说明刑法只处罚公然侵害他人名誉感情的行为,不处罚非公然侵害他人名誉感情的行为。

第四种观点认为,毁损名誉罪与侮辱罪的保护法益,首先都是外部的名誉,其次是名誉感情。主要有两点理由:(1)毁损名誉罪与侮辱罪事实上都首先侵害了他人的外部的名誉,其次也侵害了他人的名誉感情,将两罪的保护法益作完全不同的理解是有疑问的。(2)只保护外部的名誉,或者只保护名誉感情,是有悖法制沿革的。

第五种观点认为,毁损名誉罪与侮辱罪的保护法益都是名誉感情。理由是,外部的名誉与名誉感情是不能分离的,刑法对外部名誉的保护,实际上可以认为是对名誉感情的保护。这是极少数人的主张。

(二)毁损名誉罪与侮辱罪的区分标准

毁损名誉罪与侮辱罪的区分标准,与上述保护法益的争论密切联系。持上述第二种观点的人认为,毁损名誉罪与侮辱罪的区别,只是保护法益上的区别,即前者侵害的是他人外部的名誉,后者侵害的是他人的名誉感情。而持上述第一、第三、第四种观点的人一般认为,毁损名誉罪与侮辱罪的区别,在于是否指摘事实,即指摘事实毁损他人名誉的,构成毁损名誉罪,不指摘事实而轻蔑对他人的价值判断的,构成侮辱罪。这是一种通说。这一通说主要基于以下理由:首先,毁损名誉罪与侮辱罪的保护法益是相同的,因此不可能从保护法益上区分二者。其次,毁损名誉罪与侮辱罪的法定刑之所以不相同,就是因为二者的侵害样态不相同。最后,各国刑法都只要求毁损名誉罪必须指摘事实,而没有要求侮辱罪必须指摘事实。

二、毁损名誉罪

毁损名誉罪,是指公然指摘事实,毁损他人名誉的行为。其中又分为毁损生者名誉罪与毁损死者名誉罪。

(一)毁损生者名誉罪

1. 对象

毁损生者名誉罪(以下一般简称为毁损名誉罪)的对象,是他人的名誉。本罪的名誉,一般仅指外部的名誉(或其中规范的名誉)。作为名誉内容的人的价值,不限于人的行为或者人格的伦理价值,还包括政治的、社交的、学术的、艺术的能力,以及身体、精神的素质和职业、身份、血统等在社会生活上的价值。但是,单纯的经济上的支付能力,则不是本罪的对象。本罪的名誉,还只能是社会对人的积极评价,不包括消极评价,一个人的坏名声不能成为本罪的对象。问题是,社会对人的一般评价与本人的真实价值相一致时,是否对本罪产生影响?换言之,与真实价值不一致的假定的名誉,以及受过高评价的虚名,是否是保护的对象?日本刑法理论的通说是,作为本罪法益的外部的名誉,是指现实存在的评价(事实的名誉),故即使是与真实价值不一致的假定的名誉、受到过高评价的名誉,也是本罪的保护对象。但德国的多数说与日本的有力说则认为,只有与内部的名誉相对应的评价(规范的名誉),才是本罪的保护对象。

作为名誉主体的人,除了自然人外,还包括法人与不具有法人资格的团体。这是一个曾经有过争论的问题。例如,关于法人能否成为本罪对象的问题,在德国刑法学界与司法界曾有激烈争论，审判上既有采用肯定说的判例，也有采用否定说的判例，现在德国的通说是肯定说。[3] 日本的判例与通说也采取肯定说。就自然人而言，则无论是年幼者，还是精神病患者，无论是犯罪人，还是道德败坏者，都能成为名誉主体。但这里的人，必须是特定的人，如果不是毁损特定人的名誉，则不构成犯罪。[4] 此外，本人的名誉与本人亲属的名誉应当加以区分。例如，公然指摘妻子与人通奸，或公开指摘妻子有盗窃习性等，只能认为是对妻子名誉的毁损，不能认为是对丈夫名誉的毁损。

2. 行为

毁损生者名誉罪的行为表现为公然指摘事实，毁损他人名誉。

首先要指出的是，日本刑法要求行为人必须公然实施毁损名誉的行为，而德国、奥地利、瑞士等国刑法则只要求向第三者散布足以毁损他人名誉的事实便构成犯罪。德国刑法规定，如果公然毁损他人名誉，则属于加重法定刑的情节。

关于公然的含义，有三种看法：(1)公然是不特定的而且是多数人可以认识到的状态；(2)不管是特定的人还是不特定的人，只要是多数人可能认识的状态，就是公然；(3)公然是指不特定的人或者多数人可能认识的状态。第三种观点是通说。因为不仅在多数人可能认识到的场所，会发生侵害他人名誉的危险性与盖然性，而且在不特定人可能认识的场所，即使是不特定的少数人，也会发生侵害他人名誉的危险性与盖然性。[5]

所谓不特定人，是指对方不是因为特定关系而受到限定的人，即行为人在实施毁损名誉的行为时，有多少人可能认识到行为人所指摘的事实，是不能由某种特殊关系进行限制的。例如，道路上的行人、公园里的游人、广场上的听众等，就属于不特定人。所谓多数人，当然不能由数字进行限定，只能说有相当的人数就是多数人。

面对不特定的人，或者特定的多数人实施行为时，就认为有公然性。问题在于行为人是直接面对特定的少数人实施行为，但此特定少数人可能进行传播，使不特定人或多数人可能认识时，是否具有公然性。肯定说认为，这种行为具有侵害他人名誉的危险性与盖然性，应认为具有公然性（传播性理论）。否定说认为，行为是否具有公然性，应就行为自身而言，既然行为人不是公然实施行为，就不能因为具有传播的可能性，而认定行为具有公然性。肯定说着眼于结果的公然性，否定说着眼于行为自身的公然性。但是，刑法所要求的是行为自身的公然性，故肯定说存在疑问。再者，肯定说导致由对方是否传播来决定行为人的行为是否成立犯罪，也是不妥当的。而且，肯定说会扩大处罚范围，因为面对特定人毁损他人名誉时，都有被传播的可能性，于是，公然性的条件就几乎丧失了作用。

所谓指摘（主张、宣称）事实，是指向不特定人或多数人告知足以降低对人的社会评价的具体事实。德国刑法规定为"主张或者散布足以使他人受到公众轻蔑或者受到贬低的事实"。原则上，不问所指摘的事实是真实的还是虚假的（但德国等国刑法要求行为人

---

〔3〕 德国刑法第194条第3款与第4款肯定了行政机关、立法机关等可以成为侮辱罪、诽谤罪的被害人。

〔4〕 在承认法人、机关等可以成为本罪被害人的前提下，也要求行为人毁损特定的法人或者机关。但是，不能确定特定范围的群体性对象，不能成为本罪的被害人。例如，行为人说"行政官员都嫖娼"的，不成立毁损名誉罪，但手指着特定的行政官员说"行政官员都嫖娼的"，则构成毁损名誉罪。

〔5〕 日本大审院1937年发表的见解是，即使是多数人，但如果在其数量或集合的性质上，完全能保守秘密，绝对不可能传播时，不能说是公然。

指摘虚假事实[6]),不问是一般人所知道的事实还是一般人所不知道的事实,也不问是现在的事实还是过去的事实,甚至还可以是以过去或现在的事实为基础所预想出的将来的事实。事实的内容原则上没有限制,可以是与被害人的政治的、社交的、学术的能力有关的,也可以是与被害人的身份、职业、性格有关的,还可以是与被害人的身体、精神素质或特征有关的。总之,凡可能引起社会对人的评价的事实,或者说凡是可能成为社会评价对象的事实,都可以成为行为人所指摘的事实。但有两个限制条件:其一,如果刑法另规定了毁损信用罪,那么,关于经济能力方面的事实,不属于本罪范围(如日本、韩国);否则,关于经济能力方面的事实,也属于本罪范围。其二,所指摘的事实必须有侵害特定人名誉的可能性。由于只有一定的具体的事实才能降低社会对人的评价,所以这里的事实必须是相对具体的事实。

行为人指摘事实时,不要求点名道姓,综合其所指摘的事实能得知被害人是谁就可以了。指摘的方法没有限制,既可以是口头的、文字的,还可以是图画的,甚至是动作性的。行为人是将事实作为真实事实进行指摘,还是当作传闻、传言指摘,都不影响本罪的成立。

通说认为,毁损他人名誉,是指行为造成了可能降低对特定人的社会评价的状态,至于现实上是否降低了对特定人的社会评价,不影响本罪的成立。换言之,本罪不以现实上降低了对特定人的社会评价为要件。因此,本罪是抽象的危险犯。也有人认为,本罪不是不要求现实降低对特定人的社会评价,而是因为难以证实这一点,所以只要行为人指摘了可能侵害对特定人的社会评价的事实,就认为发生了毁损名誉的结果,即将对结果的判断转换为对行为本身的判断(前田雅英)。还有学者认为,毁损名誉罪以降低了对他人的社会评价为要件,故本罪属于侵害犯,而非危险犯(曾根威彦)。

随着互联网的普及,毁损名誉罪的认定出现了新的问题。可以肯定的是,将毁损名誉的事实在网络上散布的,肯定成立毁损名誉罪。存在疑问的是以下问题:首先,网络运营商明知他人利用网络毁损他人名誉,却不采取措施删除的,能否成立毁损名誉罪的正犯或者帮助犯?西田典之指出,在这种场合,如果网络运营商无视被害人的删除要求,有可能构成不作为的单独正犯,因为只有网络运营商处于可以删除这种言论的排他性支配地位,至少也应当成立帮助犯。其次,利用网络的毁损名誉行为是状态犯还是持续犯,其行为何时终了?有学者认为,毁损名誉罪不是持续犯,而是状态犯,在公然指摘事实的时点,犯罪同时即告终了(山口厚)。但也有学者认为,利用网络毁损名誉的行为属于持续犯。亦即,当行为人在网络上发表毁损他人名誉的言论时,其行为就已经既遂,但只要网络上的言论没有被删除,其毁损名誉的实行行为就没有终了,仍然处于持续状态(渡边卓也)。还有学者认为,即使毁损名誉罪不是持续犯而是状态犯,但只要所披露的事实仍然存在于网络,毁损名誉的抽象危险就在一定时间内持续增加,所以,言论被删除时才是实行行为的终了时期(镇目征树)。[7]

---

〔6〕 德国刑法第186条对罪状的表述没有要求主张或者散布虚假事实,但其对客观处罚条件的规定表明,如果行为人所主张或者散布的是能证明为真实的事实,则不可罚。客观处罚条件不是故意的认识内容,所以,不需要行为人认识到自己所主张或者散布的事实并不真实。至于行为人所主张或者散布的事实是否真实,则由法庭判断。一方面,行为人误以为自己主张或者散布的是真实事实,但法庭认定为虚假事实的,仍成立犯罪。另一方面,行为人误以为自己主张或者散布的是虚假事实,但法庭认定为真实事实的,则不可罚。

〔7〕 日本大阪高等裁判所认为,在犯人向网络管理者提出删除毁损名誉的内容时,因损害发生的抽象危险归于消解,毁损名誉罪实行终了。

3. 故意

毁损生者名誉罪只能由故意构成，其故意内容是认识、容认自己的行为会毁损他人名誉。通说认为，不要求行为人特别具有毁损他人名誉的目的。此外，行为人是否认为自己所指摘的是真实事实，也不影响故意的成立，即行为人即使确信其指摘的是真实事实，也不妨碍本罪的成立。

（二）毁损死者名誉罪

毁损死者名誉罪，在许多国家的刑法中都有明文规定（如德国刑法第189条、瑞士刑法第175条、日本刑法第230条第2项）。

毁损死者名誉罪的保护法益，存在以下观点：(1)本罪的保护法益是死者遗族的名誉。这一主张受到了批判。因为行为人是针对死者的，而不是针对死者遗族的，故不能认为本罪的保护法益是死者遗族的名誉。如果行为侵害死者遗族的名誉，则应直接依据毁损生者名誉罪论处。(2)本罪的保护法益是遗族或社会对死者的孝敬与虔诚感情。德国的刑法理论采取这一观点。(3)本罪的保护法益是对死者进行社会评价的公共利益。但是，本罪属于亲告罪，如果认为本罪侵害了公共利益，则显然不符合立法精神。(4)本罪的保护法益是生者对死后不受名誉毁损的愿意或者期待（松原芳博）。(5)本罪的保护法益是死者的名誉。这大体上是日本的通说。但这一主张存在缺陷，因为将死者作为某种法益的主体，与整个刑法体系不协调。

毁损死者名誉罪，同样要求公然指摘事实。日本刑法明确要求指摘虚假的事实，至于这种虚假的事实是否为行为人自己所虚构，则不影响本罪的成立。

毁损死者名誉罪的故意，与毁损生者名誉罪的故意不完全相同。因为本罪的行为必须是指摘虚假事实，这就要求行为人确实知道自己所指摘的是虚假事实，否则就不构成犯罪。

（三）违法性阻却事由

如前所述，毁损名誉罪的行为表现为指摘事实，而且这里的事实，原则上不管是真实事实还是虚假事实。“原则上”一词暗示，在某些情况下，如果事实确属真实时，可能阻却行为的违法性。关于这一问题，刑法上出现了三种立法例：

第一种立法例是，如果指摘的是真实事实，原则上不构成犯罪，此以德国刑法为代表。根据德国刑法第186条与第187条规定，只有在行为人所指摘的事实“不能证明是真实的”或属于“不真实的事实”时，才构成毁损名誉罪。换言之，如果行为人所指摘的事实为真实事实时，则不处罚。奥地利刑法也有类似规定。

第二种立法例是，即使所指摘的是真实事实，也构成犯罪，此以英国刑法为代表。英国刑法规定，毁损他人名誉的行为，属于侵害了重大法益，即使所指摘的是真实事实，也必须以犯罪论处。

第三种立法例是，原则上不管所指摘的是真实事实还是虚假事实，都成立毁损名誉罪，但指摘真实事实时如符合一定条件，则不处罚，此以日本刑法为代表，它是上述两种立法例的折中。日本刑法第230条之二的第1项规定：“前条第一项的行为（指毁损生者名誉罪——笔者注），经认定是与公共利害有关的事实，而且其目的纯出于谋求公益的，则应判断事实的真伪，证明其为真实时，不处罚。”根据这一规定，行为人虽然指摘了有损他人名誉的事实，但如果具备了该条所规定的事实的公共性、目的的公共性与事实的真实性的条件,则不处罚。[8] “事实的公共性”,是指行为人所指摘的事实必须是与公共利害有关的事实。“目的的公共性”,是指行为人指摘事实纯出于谋求公益。倘若行为人在出于谋求公益的同时,又具有其他私人目的,而主要目的是谋求公益时,也不处罚。“事实的真实性”,是指行为人所指摘的事实被证明为真实事实,而不是虚假事实。日本刑法在同条还规定了两个特例,第2项规定的特例是:“与尚未提起公诉的人的犯罪行为有关的事实,在适用前项规定时,视为与公共利害有关的事实。”据此,如果行为人在提起公诉之前指摘犯罪事实,则只要证明目的的公共性与事实的真实性,就不处罚。之所以特设此规定,是因为在提起公诉前公开某种犯罪事实,实际上协助了司法机关的侦查活动,而且公开这种犯罪事实,有利于公众监督对犯罪的追诉活动,故应视为具有目的的公共性。第3项规定的特例是:“前条第一项行为所指摘的事实,与公务员或者基于公选的公务员候补人有关时,则应判断事实的真伪,证明其为真实时,不处罚。”据此,如果是指摘公务员或公务员候选人的事实,只要证明事实的真实性,就不处罚。

日本、瑞士等国刑法都规定,符合一定条件的指摘真实事实,“不处罚”。那么,怎样理解这一规定的性质,则不无争议。处罚阻却说认为,行为人的行为构成犯罪,但阻却处罚。违法性阻却说(通说)认为,行为虽然符合构成要件,但不具有违法性。构成要件符合性阻却说认为,上述行为本身就不符合构成要件。

问题是,行为人以为自己指摘的是真实事实,但不能证明其真实性时(真实性的错误),应当如何处理?A说认为,既然不能证明真实性,不管基于何种根据指摘事实,都不能免除处罚(日本的旧判例、日高博义)。B说认为,在不能证明事实性的情况下,如果是基于相当的根据指摘事实的,且其具有较高价值的,属于刑法总则规定的违法性阻却事由;即使缺乏相当的根据,但结果被证明是真实的,也阻却处罚(前田雅英)。[9] C说认为,真实性的证明只是阻却处罚,并不阻却故意;在行为人对误信真实性具有过失时,应当处罚(町野朔、山口厚)。以上三说都将真实性的证明作为处罚阻却事由。D说认为,事实的真实性是违法阻却事由,行为人误以为指摘的事实具有真实性时,属于事实认识错误,缺乏犯罪故意,因而不可罚(牧野英一)。E说认为,事实的真实性是违法阻却事由,但行为人误以为指摘的事实具有真实性时,属于违法性的认识错误,只有在错误不可避免时,才阻却责任(福田平)。F说认为,事实的真实性是违法阻却事由,对违法阻却事由的错误属于事实认识错误。行为人以可能证明真实的资料为根据而误信事实的真实性时,阻却责任故意;行为人单纯误信可能证明事实的真实性的资料时,是对违法性的评价错误,不阻却故意(大塚仁)。以上三说均将真实性的证明作为违法阻却事由。G说认为,以可能证明的资料为根据指摘事实时,缺乏构成要件符合性;行为人误信事实的真实性的,属于事实认识错误,阻却犯罪故意。

三、侮辱罪

有的国家刑法对侮辱罪的构成要件规定得较为具体,有的国家刑法则规定得较为简

---

[8] 关于这一规定的性质,在日本刑法理论上存在处罚阻却事由说(前田雅英)、违法阻却事由说(通说)与构成要件该当性阻却说(团藤重光)。

[9] 前田雅英虽然认为日本刑法第230条之二的第1项规定的是处罚阻却事由,但没有得出有罪的结论。因为名誉这种人格权与言论自由(表现自由)这种宪法上的价值相冲突时,需要进行实质的判断。

单。前者如瑞士刑法第177条第1款的规定:“以言词、文字、图画、动作或暴力行为攻击他人名誉的,处三个月以下监禁刑或者罚金。本罪告诉的才处理。”后者如德国刑法第185条的规定:“侮辱人的,处一年以下自由刑或者罚金;以行动进行侮辱的,处二年以下自由刑或者罚金。”

(一)对象

侮辱罪的对象是他人的名誉。如前所述,关于侮辱罪的保护法益,有人认为是外部的名誉,有人主张是名誉感情。如果持前一观点,则侮辱幼儿、精神病患者、法人以及没有法人资格的团体,都能成立侮辱罪,因为这些主体都具有外部的名誉。如果持后一观点,则只是对具有名誉感情的人实施侮辱行为才构成犯罪,故对幼儿、精神病患者、法人以及没有法人资格的团体实施侮辱行为不构成犯罪,因为这些人没有名誉感情。通说采取前一种观点。

(二)行为

侮辱罪的行为就是侮辱。日本刑法要求侮辱必须公然进行,刑法理论对公然的理解,与前述毁损名誉罪中的公然的理解是一致的。奥地利刑法要求侮辱必须“公然或者在多人面前”实施。德国刑法没有要求公然与在第三者面前实施,亦即,仅对被害人实施侮辱,没有第三者在场的,也成立侮辱罪。意大利刑法只要求当面侮辱,如公然当面侮辱,则加重处罚。

所谓侮辱,是指表示出对他人的轻蔑的价值判断。[10] 所表示的内容,无论是关于他人能力、品性的,还是关于他人身体、身份的,都不影响犯罪成立。表示的方法,既可以是口头的,也可以是书面与图画的,还可以是动作的与暴力的。打耳光、剪头发等也可能构成侮辱。但以动作实施的侮辱,不以接触被害人的身体为前提。有的学者认为,侮辱行为可以表现为不作为,即在法律上有表示敬意的义务而不表示时,即为不作为的侮辱(木村龟二、大塚仁)。至于侮辱行为是否包括指摘事实,则有争议。如果主张侮辱罪的保护法益与毁损名誉罪一样,都是外部的名誉,那么,就会认为不包括指摘事实。如果主张侮辱罪与毁损名誉罪的保护法益不同,那么,就会认为侮辱罪也可以是指摘事实(也有例外)。但是,如果认为侮辱罪也可以指摘事实,就会导致侮辱罪与毁损生者名誉罪存在想象竞合,然而事实上没有这样认定的必要。换言之,如果认为侮辱罪不包括指摘事实,那么,其与必须指摘事实的毁损生者名誉罪的区别就很清楚了(山口厚)。德国刑法第192条规定,如果行为人所主张或者散布的事实是真实的,只有当主张或者散布的方式或者根据具体情形能认定对被害人的侮辱时,才成立侮辱罪。换言之,在德国刑法中,主张或者散布事实也能成立侮辱罪。

侮辱行为必须针对特定人或可推知的人,即行为人在第三者面前侮辱特定的人或可推知的人。行为人实施侮辱时,不要求被害人在场(意大利刑法例外,要求当面侮辱)。侮辱行为只要足以侵害他人的名誉,就构成犯罪;行为是否足以侵害他人的名誉,应根据当时的具体情况进行客观判断。通说认为,侮辱罪是抽象的危险犯,行为人一经实施侮辱

---

[10] 德国刑法理论与判例认为,行为人必须表达自己对被害人的轻蔑的价值判断,如果只是转述他人对被害人的轻蔑的价值判断,而没有表示自己认可这种判断的,则不成立侮辱罪。但日本刑法理论与判例并没有提出这样的要求。

行为,就认为犯罪既遂,不要求行为实际上侵害了他人的名誉。

关于侵犯名誉与侵犯性自主权的关系,德国判例的立场是,单纯侵犯性自主权的行为,不成立侮辱罪,但如果行为在侵犯性自主权的同时也侵害了被害人的名誉,则能认定为侮辱罪。例如,谎称被害少女有盗窃嫌疑,出于性的意图对其进行搜身的;骑自行车时突然抓摸路边妇女的下体的;在被害人家做客时一边抚摸被害人,一边轻浮地表示被害人很漂亮欲与之发生性关系的;以提供报酬为条件,要求与被害人发生性关系的。上述行为均被认定为侮辱罪。

此外,德国刑法第 199 条对侮辱罪还有一个特别规定,亦即,侮辱他人的,如果当场被他人以侮辱方式反击,得免除双方或者一方的刑罚。

(三)故意

侮辱罪的成立,要求行为人有侮辱他人的故意,这种故意既可以是确定的故意,也可以是不确定的故意,不要求行为人具有损害他人名誉的目的。

第二节　对信用及业务的犯罪

一、毁损信用罪

日本、韩国等国刑法规定了毁损信用罪(或称妨害信用罪)。日本刑法第 233 条规定,“散布虚伪的传闻或者使用诡计,毁损他人信用”的行为,构成毁损信用罪。韩国刑法第 313 条规定:“散布虚假事实或者以其他欺骗方法,妨害他人信用的,处五年以下劳役或者一百万元以下罚金。”

(一)对象

毁损信用罪的对象是人的信用。这里的信用,是指对人的经济方面的社会评价,因此,信用与名誉具有共同性,即都是一种社会评价。有的学者据此认为,毁损信用罪属于对名誉的犯罪。但是,信用只是对人的经济方面的评价,不包括对人的伦理价值的评价,因此它与名誉是有区别的。正因如此,有的学者认为毁损信用罪属于对财产的犯罪。但多数学者认为,毁损信用并不一定伴随着对财产的损害,信用虽与财产比较接近,但二者不能等同;毁损信用罪基本上是一种对人格的犯罪,但又有接近财产罪的特点。日本裁判所的观点是,信用虽与财产权有密切关系,但毁损信用的行为不一定是引起侵害财产权结果的行为。

虽说毁损信用罪中的信用是指人的经济方面的信用,但对其具体内容仍有不同看法。日本以往的判例与通说认为,信用是指有关人的支付能力与支付意思的信用。但有学者认为,除了有关人的支付能力与支付意思的信用外,还包括有关商品的品质、效能、人的技能等方面的信用(西田典之)。日本最高裁判所 2003 年 3 月 11 日的判决,也认为对商品品质的社会信赖属于本罪的信用。信用的主体是人,包括自然人、法人以及没有法人资格的团体。

(二)行为

毁损信用罪的行为表现为散布谣言,或使用诈术毁损他人的信用。

散布谣言,是指向不特定的人或者多数人传播与事实不相符合的谣言。行为人所传播的话语,只要有一部分内容是虚假的,就可认为是谣言。谣言是否为行为人所捏造,也在所不问。行为人直接向不特定的人或者多数人传播,或者通过特定的人而向不特定的人或者多数人传播,就构成散布。

使用诈术,是指欺骗、诱惑他人,或者利用他人的不知情或认识错误。使用诈术可能是公然进行的,也可能是秘密进行的。受骗的一方与信用受毁损的一方不是同一人时,也不影响本罪的成立。

毁损信用,是指行为使他人的信用处于可能降低的状态,但不要求他人的信用实际上降低。因此,通说认为,本罪属于具体的危险犯(但也有不少学者认为本罪是侵害犯)。

(三)故意

毁损信用罪要求由故意构成,行为人对散布谣言、使用诈术毁损他人信用的行为与结果具有认识、容认的态度。在行为人散布谣言毁损他人信用时,必须认识到自己所散布的是不真实的谣言,如果认为他人的话是真实的,进而传播给其他人,则不构成毁损信用罪。

二、妨害业务罪

妨害业务罪,包括两种类型:一是指散布谣言、使用诈术妨害他人业务的行为;[11]二是指以威力或者暴力妨害他人业务的行为。[12]

作为本罪法益的业务,与业务上过失致死伤罪中的业务基本相同,但也有相异之处。(1)业务上过失致死伤罪中的业务,要求是对人的生命、身体具有某种危险的业务;而本罪的业务则不要求这一点。(2)业务上过失致死伤罪中的业务,包括为了娱乐所从事的驾驶与狩猎等业务;而本罪的业务不包括这种业务。(3)业务上过失致死伤罪中的业务,既包括合法的业务,也包括非法的业务;而本罪的业务只能是受刑法所保护的合法的业务。(4)业务上过失致死伤罪中的业务,既可以是公务,也可以是私务;而本罪的业务是否包含公务还存在争议。之所以产生上述区别,是因为业务上过失致死伤罪中的业务,是业务上注意义务的根据,而本罪的业务是刑法保护的对象,二者理所当然是有区别的。

本罪中的业务,是否包括公务,或者说公务在何种范围内属于本罪中的业务,涉及本罪与妨害执行公务罪的关系,在理论上存在争议。(1)积极说认为,公务都包含在业务之中,妨害执行公务罪与妨害业务罪竞合时,成立法条竞合或者想象竞合关系。因为公务也只不过是作为公务员的个人的社会活动,不管公务的性质如何,都需要通过妨害业务罪来保护(大谷实)。(2)消极说认为,公务不包含在业务之中,因为妨害执行公务罪与妨害业务罪的保护法益不同,刑法规定的手段也不同(吉川经夫)。(3)身份区分说认为,公务员履行的公务不属于业务,但非公务员履行的公务属于业务(内藤谦)。(4)公务区分说认为,以一定的基准(现业性、民间类似性、非权力性)区分公务,其中一方(具有现业性、民间类似性、非权力性的公务)专属妨害业务罪中的业务,其他专属妨害执行公务罪的公务(多数说)。(5)限定积极说认为,以一定的基准(权力性等)区分公务,只有其中一方(非权力性)不属于本罪的业务,但对非权力性公务的妨害,则属于本罪与妨害执行公务罪的竞合(判例观点、有力说)。(6)修正积极说认为,对于以暴力妨害业务的,采取限定积极

〔11〕 与毁损信用罪的行为相同。

〔12〕 日本刑法所规定的"威力",是指足以压制他人自由意志的势力,是暴力、胁迫的扩张形态。

说,但对于以诡计妨害业务的,应采取积极说(西田典之、山口厚)。

众所周知,妨害执行公务罪中的公务(或职务)必须具有合法性(不成文的构成要件要素),那么,妨害业务罪中的业务是否也必须具有合法性呢?一般认为,如果是民间业务,即便是违法业务,也不一定排除在妨害业务罪的保护范围之外。但如果认为妨害业务罪中的业务包括公务时(修正积极说),倘若公务不具有合法性的,则不能以妨害业务罪予以保护。这是因为,既然以暴力、胁迫手段妨害执行公务时,也要求公务具有合法性,那么,在以散布谣言、使用诈术妨害不合法的公务时却以犯罪论处,显然是不协调的。所以,如果公务的违法性达到不受妨害执行公务罪保护的程度时,也不能以妨害业务罪予以保护(山口厚)。

本罪所采取的手段行为是散布谣言、使用诈术或者使用威力或者暴力,行为的结果是使他人的业务活动受到妨害,不要求有明确的具体被害数额。[13] 例如,店铺正在营业中,但行为人却向他人传递"暂停营业"的虚假消息,导致顾客不来店铺的行为,成立妨害业务罪。日本判例中被认定为妨害业务罪的行为主要有:行为人先后 17 次以他人名义进行虚假的商品订购,导致商家进行徒劳的商品配送的;将障碍物沉入海底,使他人的渔网破损的;为了争夺读者,报社经营者将自己发行的报纸设计成与他人报纸相混淆的样式的;为了盗拍他人银行卡的密码,伪装成一般客户长时间占据无人看守的自动取款机的;暗中切断有线电视公司的信号传播线路的;在电话机上安装阻碍发送应答信号的"魔术机",使计算电话费的装置不能起作用的;在电表上设立某种装置使电表慢走的;在公寓食堂餐厅投放蛇的;在有节目表演的酒店客席上烧烤牛的内脏,散发出恶臭的;在股东大会会场大声吼叫的;为了为难律师,夺走律师携带的装有庭审日记的提包后予以隐匿的;将死猫放进被害人办公桌的抽屉内,使被害人发现的;在毕业典礼即将开始时,号召家长唱国歌时不要起立,并怒吼对其行为予以制止的校长、教师的;将货运火车的开关阀门打开,让火车装置的煤炭散落下来的;剪断用于捕捞海产品的渔网,将捕获的海产品放掉的;如此等等。

三、妨害计算机业务罪

近些年来,电子计算机迅速普及,各类机关、企业、团体都普遍采用计算机处理各种事务,计算机发挥着越来越重要的作用。与此同时,妨害计算机业务的犯罪也越来越多。为了处罚这种犯罪,一些国家近年来在刑法中增加了妨害计算机业务罪,有的则是在特别法中规定了妨害计算机业务罪。这里主要就日本刑法规定的妨害计算机业务罪(损坏计算机等妨害业务罪)作些说明。

日本于 1987 年 6 月在刑法第 234 条之后,增设了第 234 条之二,新设了妨害计算机业务罪。该条规定:"损坏供他人业务上使用的电子计算机或者供其使用的电磁记录,或者向供他人业务上使用的电子计算机中输入虚伪信息或不正当的指令,或者以其他方法使电子计算机不能按照使用目的运行或者违背使用目的运行,妨害他人业务的,处五年以下惩役或者一百万日元以下的罚金。"[14]

---

〔13〕 至于本罪是危险犯还是实害犯,则存在争议。

〔14〕 此外,日本 1999 年制定的关于禁止非法侵入等行为的法律,将非法侵入计算机信息系统的行为规定为犯罪。简言之,直接通过他人的计算机或者网络,利用他人的 ID 号或者密码冒充他人,利用计算机的弱点(漏洞)非法侵入计算机信息系统的,构成犯罪。

本罪的对象，是由电子计算机所从事的业务，而不是指电子计算机本身。另外，这里的电子计算机，是指本身具有独立地处理情报能力的计算机。

根据上述规定，本罪的行为表现为以下几种形式：

第一，损坏他人业务上所使用的电子计算机或者其电磁记录。电磁记录，是指使用电子方式、磁气方式以及其他不能通过人的知觉认识的方式制作的供电子计算机进行信息处理所使用的记录。软盘以及计算机的内存数据资料等就属于电磁记录。损坏电子计算机，主要是指物理性的破坏；损坏电磁记录，除物理性的破坏外，还包括消除软盘与其他电磁记录上的内容。

第二，向供他人业务上所使用的电子计算机中输入虚伪信息或不正当的指令。虚伪信息，是指信息中包含了与事实不相符合的内容。不正当的指令，是指超出他人业务范围的指令，或者说是他人业务过程中原本并不期望的指令。

第三，使用其他方法，使电子计算机不能进行符合使用目的的运行，或者使电子计算机违背使用目的而运行。如破坏电子计算机的温度、湿度环境，切断电源，破坏计算机的附属设备等，就属于使用其他方法妨害计算机业务。使用目的，是指电子计算机的使用者，根据自己的具体业务，使该电子计算机处理一定信息与数据的目的。

上述三类行为的结果，是妨害了他人的业务。但究竟是必须实际发生妨害了他人业务的结果，还是只需要有妨害业务的危险，则存在争议。有的学者认为，本罪是侵害犯，而不是危险犯，如果只是发生了妨害业务的危险，而没有产生现实的结果，则不构成本罪。有的学者则主张，本罪是具体的危险犯，而不是抽象的危险犯，只要行为发生了妨害业务的抽象危险，就成立本罪。

妨害计算机业务罪，只能由故意构成。

德国刑法也规定了类似的犯罪，只不过规定在毁损罪中。例如，德国刑法第 203a 条规定了变更电磁记录罪，亦即，违法删除、封锁或者变更他人的电磁电录，或者使之失效的，处 2 年以下自由刑或者罚金；而且，未遂犯与预备犯均受处罚。第 303b 条规定，对他人具有重要性的电磁记录处理，以删除、变更、损坏等方式造成显著干扰的，处 3 年以下自由刑或者罚金，未遂犯与预备犯亦罚。

第十九章　对财产的犯罪

第一节　财产犯罪概述

一、财产犯罪的概念

对财产的犯罪(财产犯罪或财产罪),是指侵犯他人财产的犯罪。不管各国刑法典将财产犯罪置于什么地位,从现实上看,财产犯罪总是属于发案率高、危害性重的一类犯罪。各国宪法都规定,财产权神圣不可侵犯;刑法则通过规定财产犯罪来保护这种财产权。因此,可以说,财产犯罪是侵犯宪法、刑法所保护的财产权的一类犯罪。

财产权的得失与变更,本来在民法上都有完整的规定,从而形成了财产秩序,财产犯罪则破坏了这种财产秩序。但有两点值得注意:

首先,财产犯罪的补充性。侵犯财产的行为,只有超出了民法调整的范围时,才能认为是财产犯罪。换言之,如果某种行为虽然侵犯了财产,但可以通过民法措施充分恢复财产秩序时,就没有必要适用刑罚。[1] 这是由刑法的补充性所决定的,表现在财产犯罪方面,就称为财产犯罪(立法)的补充性。

其次,财产犯罪的历史性。大部分财产犯罪,都是古老的犯罪,属于刑事犯或自然犯;即使是一些较新的财产犯罪,也可以在古代的刑法中找到雏形。这一特点同时告诉人们,对财产犯罪的对象与保护法益的解释,要适应社会的历史变化。例如,最古老的财产犯罪的对象,只包括有形的财物;但社会的发展决定了财产犯罪的对象不仅包括有形的财物,还包括无形的财物。

此外,财产犯罪一般具有反伦理性。但是,反伦理性的强弱,并不能决定财产犯罪是否成立。例如,反伦理性较弱的“使用盗窃”,也被许多国家的刑法规定为犯罪。

二、财产犯罪的种类

各国刑法规定了不同类型的财产犯罪,主要有盗窃罪、抢劫罪、诈骗罪、敲诈勒索罪(恐吓罪)、侵占罪、背信罪、赃物罪以及毁弃罪等。对这些犯罪可以根据不同的标准划为不同的种类。

(一)取得罪与毁弃罪

根据行为人是否取得财产,财产犯罪可以分为取得罪与毁弃罪。前者是指不法取得或利用财产的犯罪(如盗窃罪、诈骗罪、赃物罪等);后者是指消灭财产价值的犯罪。取得罪是财产罪的中心,毁弃罪是财产罪的边缘。但是,就对财产的侵害而言,毁弃罪是严重

---

〔1〕 很多国家的刑法一般没有将不动产作为盗窃罪的对象,就是因为盗窃不动产的行为可以由民法顺利且简便地处理。

的犯罪。因为取得罪可以通过各种途径将财物归还给被害人,而毁弃罪则使财产消失。难怪奥地利刑法将毁坏财物罪放在财产犯罪之首。但从刑法上看,取得罪总是重于毁弃罪,原因之一是取得罪的发案率明显高于毁弃罪,为了抑制取得罪,必须规定较重的法定刑。

取得罪又可进一步分为直接取得罪与间接取得罪。顾名思义,前者是指直接取得财物或财产性利益的犯罪(如盗窃罪、诈骗罪等),后者是指对他人不法取得的财物再间接地取得的犯罪(如赃物罪)。间接取得罪的规定,对抑制直接取得罪起到了重要作用。

直接取得罪可再分为夺取罪与侵占罪。前者是指行为人直接从被害人处取得被害人所占有的财物(如盗窃罪、抢劫罪等),后者是指行为人取得自己暂时占有的财物(如各种类型的侵占罪)。夺取罪是财产犯罪中的基本犯罪类型。

夺取罪又可分为违反被害人意思的夺取罪(如盗窃罪、抢劫罪)与被害人基于瑕疵而同意交付的夺取罪(如诈骗罪、敲诈勒索罪,有时称为交付罪)。

(二)财物罪与利益罪

根据财产犯罪对象的特点,可以将财产犯罪分为财物罪与利益罪。前者是指对财物的犯罪,所侵犯的对象是财物;后者是指对财产性利益的犯罪,所侵犯的对象是财产性利益(在日本称为二项犯罪〔2〕)。在德国、日本等国刑法中,哪些财产犯罪的对象只能是财物,哪些财产犯罪的对象既可以是财物还可以是财产性利益(二者合称为财产或者利益),是由刑法分则明文规定的。

(三)对个别财产的犯罪与对整体财产的犯罪

对个别财产的犯罪,是指对被害人的个别财产(如财物、债权、无体财产权等)进行侵害的犯罪。其特点是,只要使被害人丧失了个别财产,即使同时使被害人获得了相应的利益,也成立犯罪。盗窃罪、侵占罪、赃物罪等都属于对个别财产的犯罪。对整体财产的犯罪,是指对被害人的财产状态整体进行侵害的犯罪。其特点是,将财产的丧失与取得作为整体进行综合评价,如果没有损害就否认犯罪的成立。背信罪就属于对整体财产的犯罪。至于抢劫罪、诈骗罪、敲诈勒索罪能否成为对整体财产的犯罪,则有争议。德国的通说认为,诈骗罪、敲诈勒索罪属于对整体财产的犯罪;日本的通说则认为,诈骗罪、敲诈勒索罪是对个别财产的犯罪。

德国刑法理论一般将财产犯罪分为两大类:第一大类是对所有权的犯罪,其中包括侵害所有权的犯罪与转移所有权的犯罪。侵害所有权的犯罪,是指毁损财物的犯罪;转移所有权的犯罪,是指并非单纯地侵害所有权,而是像使所有权转移那样实施行为(不可能是在法律上转移所有权),其表现就是取得(Zueignung),行为人主观上必须有取得意思(意图获得类似所有权人那样对财物的实力支配,并且至少暂时地将该财物视为自己所有的财物)。〔3〕 盗窃罪、抢劫罪、侵占罪属于对所有权的犯罪。第二大类是对整体财产的犯罪。如上所述,对整体财产的犯罪,是指使被害人资产(财产)状况整体上恶化的犯罪,其中包括侵害整体财产的犯罪(背任罪或背信罪)与使他人的整体财产减少,因而使自己或

---

〔2〕 因为日本刑法分则条文一般在第一项(相当于我国刑法中的第一款)规定对财物的犯罪,在第二项规定对财产利益的犯罪。

〔3〕 如后所述,取得意思只是非法所有目的中的一个内容,而不等于非法所有目的。

者第三者的财产增加的犯罪(诈骗罪、敲诈勒索罪)。诈骗罪、敲诈勒索罪要求行为人具有获利目的(Bereicherungsabsicht)。获利目的意味着行为人有使利益转移的意图,是与上述意味着转移所有权的取得意思没有关系的概念。德国的诈骗罪与敲诈勒索罪的客观构成要件只是要求使被害人的整体利益减少,而没有要求财产的转移(这一点与日本明显不同),但使财产转移的行为也是处罚对象。

除此之外,德国刑法还有两类财产犯罪,即事后参与罪与其他财产罪。事后参与罪包括赃物罪与庇护罪,庇护罪的特点是确保犯罪所得的利益;其他财产罪如取回质物罪、无权使用质物罪、无权使用交通工具罪、窃取电力罪等。

三、财产犯罪的对象

(一)财物

财产犯罪的对象首先是财物(或者物)。关于财物,有很多争议的问题。

1. 财物是否仅限于有体物?

财物是否仅限于有体物,在理论上有多种学说。在刑法规定了无形物的国家,也无例外地存在争议。德国刑法在"盗窃和侵占"一章中专门规定了盗窃电力罪(第248c条),刑法关于财物是否包含无体物仍然存在争论。日本刑法第245条规定,"电气也视为财物";那么,这种规定究竟属于例外规定(法律拟制),还是一种注意规定呢?

有体性说认为,财物只限于有体物,有体物包括固体物、液体物与气体物,瓦斯、蒸汽等属于有体物;光、热等则属于无形物。刑法规定将电"视为"财物,就表明电原本并不是财物。故这种规定只是例外规定,而不能理解为"像电这样的无形物都是财物"。换言之,将光、热等无形物解释为财物,属于类推解释,违反了罪刑法定主义。[4]

物理管理可能性说认为,财物并不限于有体物,具有物理的管理可能性的东西就是财物。除了电以外,其他有物理管理可能性的水力、人工冷气等都是财物。刑法关于将电视为财物的规定,属于注意规定,而不是例外规定。其理由主要有以下三点:(1)在科学发展的时代,无形的能源不仅逐步增加,而且起着重要作用,这种无形的能源,理当成为刑法保护的对象。(2)电与电以外的无形能源并没有实质的区别,没有理由只保护电而不保护其他无形能源。(3)作为财产犯罪对象的财物,在性质上,必须是能够实际转移占有的。凡是有物理管理可能性的有体物与无形物,都能被转移占有,因此,这些物均应认为是财物。

事务管理可能性说则认为,凡是具有事务的管理可能性的东西,都是财物,如牛马的牵引力、债权、情报等,都有事务的管理可能性,因此属于财物。因为财产犯罪是对物所具有的或附属的经济价值的侵害。这种观点过于扩大财物的范围,使财物与财产性利益没有任何区别,因而受到了批判。

---

[4] 窃电行为是否构成盗窃罪,曾有争议。过去的法国与日本审判实践,曾对财物作扩大解释,认为财物包括电,因此,窃电行为构成盗窃罪。而同一时期的德国审判实践则认为电不属于财物,因此,窃电行为不构成犯罪;并指出,认为电属于财物的观点,违反了罪刑法定主义。只是在后来刑法规定了盗窃电力的犯罪后,才将窃电行为认定为犯罪。现在,虽然一些国家明确规定了电也视为财物,但电以外的一些能源(如水力、人工冷气等)究竟是否属于财物,则仍然成为问题。有的国家刑法明文规定,所有有经济价值的能源都是财物。例如,意大利刑法第624条第3款规定:"在刑事法律的意义上,电能和其他具有经济价值的能源也被视为动产。"但许多国家并没有这样的规定。在这种情况下,根据有体性说,电力以外的能源仍不能视为财物,因为刑法并没有将它们视为财物,如果将它们也视为财物,则违反罪刑法定原则。德国的刑法理论与审判实践就持这种观点。

可以肯定,事务管理可能性说是极少数人的主张。根据有体性说与物理管理可能性说,情报、商业秘密本身都不是财物。[5] 日本以往的通说是物理管理可能性说,但现在占支配地位的学说是有体性说。因为将电"视为"财物的规定,明显是以电不是财物为前提的。物理管理可能性说的界限并不明确,由于盗窃等罪并无数额限制,如果认为无形物可以成为盗窃对象,则会无限扩大盗窃罪的范围;事实上,也没有将电以外的无形物作为财物的判例。

2. 财物是否仅限于有价值之物?

刑法理论就财物的价值存在三种观点。第一种观点则认为,财物的价值包括客观价值与主观价值,但只有当主观价值能够用金钱来评价时,才是财物(江家义男)。第二种观点认为,财物的价值包括客观价值与主观价值,只要物品具有客观价值或者主观价值,就能成为财产罪的对象。客观价值,是指财物所具有的客观的经济价值,如汽车、食品、金钱等都具有客观价值。主观价值,是指所有者、占有者主观的、感情的价值,不需要能够用金钱评价,如情书、照片等具有主观价值(团藤重光)。第三种观点认为,财物的价值包括交换价值(金钱价值)与使用价值。没有交换价值的物品也可能具有使用价值。例如,情书就是具有使用价值的物品(山中敬一)。

可以肯定的是,既然财物是财产罪的对象,自然就要求财物具有财产性价值。从实际上看,作为财产犯罪对象的财物,一般是具有客观的经济价值即金钱的交换价值的物。但从理论上看,作为财产犯罪对象的财物,并不要求具有这种客观的经济价值。换言之,只要所有人、占有人主观上认为该物具有价值(主观价值),即使其客观上没有经济价值,也不失为财产犯罪的对象。例如,某些纪念品、礼品、书信,本身并不具有客观的经济价值,但所有人、占有人认为其具有价值;社会观念也认为这种物是值得刑法保护的物,因而属于财物。只有客观上与主观上都没有价值的物,才不是刑法上的财物。所以,上述第二种观点成为通说。

一般认为,对于所有人、占有人没有积极价值,但落入他人之手后可能被用来进行不当活动的物,也被认为是有价值的财物(消极的价值),能成为财产犯罪的对象。例如,银行收回的准备销毁的破损纸币,对于银行已经没有积极价值。但只要有使用的可能性,就不能落入他人手中。盗窃这种破损纸币的,也构成盗窃罪。但是,近年来有学者对这种观点提出了异议。理由如下:处罚财产犯罪的目的,并不是为了防止其他犯罪,而是为了保护他人对财物效用的享用;如果行为人取得具有消极价值的财物后恶意利用的,按恶意利用行为本身追究罪责即可。例如,如果行为人盗取破损纸币后到银行兑换完整货币的,应当以诈骗罪追究责任,而不应将事先的盗取行为认定为盗窃罪。再如,日本最高裁判所认定,以他人名义从银行开户领取存折的行为构成诈骗罪(对象为银行的存折)。但持反对观点的学者认为,即使被告人享受了存款、取款的利益,但银行没有丧失对应的利益。最

---

[5] 日本刑法理论与审判实践的通说认为,情报、秘密等本身不是财物,但记录情报、秘密的文书、纸张等则是有体物。因此出现了以下情况:(1)将记录了情报、秘密的文书、纸张窃走的构成盗窃罪。对象是文书、纸张,而不是情报、秘密。(2)用自己的复印纸,在情报、秘密的存放地复印情报与秘密,只取走复印件的,不构成犯罪。(3)用公司的复印纸就地复印情报与秘密,只取走复印件的,也构成盗窃罪。对象是复印纸,而不是情报与秘密本身。(4)将情报、秘密资料取出后,拿到外面复印,并送回情报与秘密资料的,也构成盗窃罪。因为行为人盗出了原本,对象也是记录着情报、秘密的文书、纸张。

高裁判所实际上是为了防止行为人恶意利用该存折(如用于汇款诈骗或者洗钱等)而将该行为认定为诈骗罪,但是,后来恶意利用的行为所侵害的法益并非银行的财产性利益,而且按后来恶意利用的行为性质追究罪责即可(松原芳博)。

除中国刑法之外,其他各国刑法都没有要求财产犯罪中的财物必须数额较大,即没有要求作为财产犯罪对象的财物必须是数额较大的财物。[6] 问题是,价值低廉的物是不是财产犯罪对象。例如,盗窃价值低廉的物品(如一张普通的报纸)是否构成盗窃罪? 德国刑法第248a条规定,盗窃、侵占价值低廉之物的,属于亲告罪;但刑事追诉机关基于特殊的公共利益,认为有必要依职权主动起诉的,不在此限。意大利刑法第626条也有类似规定。由此可见,价值低廉之物,并非一概排除在财产犯罪对象之外。但许多国家的刑法对此并无明文规定,这就导致了理论上的争议。例如,日本刑法理论一般认为,盗窃价值低廉的物,不构成犯罪。但理由并不相同。一种观点认为,作为刑法所保护的对象的财物,并不包括价值低廉的物,易言之,作为财产犯罪对象的财物,并不包括价值低廉的物。因此,盗窃价值低廉的物,并不符合盗窃罪的构成要件。另一种观点认为,任何财物都能成为刑法保护的对象,而不问价值是否低廉。所以,盗窃价值低廉的物,也符合盗窃罪的构成要件。但是,这种行为并不具有可罚的违法性,因而不构成犯罪。赞成可罚的违法性理论的学者,一般持后一种主张;不赞成可罚的违法性理论的学者,一般持前一种主张。

3. 财物是否仅限于动产?

财产犯罪中的财物是否仅限于动产的问题,一方面取决于是何种具体的财产犯罪,另一方面也取决于各国刑法的具体规定。

就诈骗罪、敲诈勒索罪而言,各国刑法一般规定既可以是动产,也可以是不动产。例如,德国刑法在规定盗窃罪、抢劫罪时,使用"动产"一词,但在规定诈骗罪、敲诈勒索罪时,则使用"财产"一词。奥地利刑法也是如此。这表明,诈骗罪、敲诈勒索罪的对象既可以是动产,也可以是不动产。日本等国刑法对财产犯罪都是使用"财物"一词,但刑法理论与审判实践都认为,诈骗罪、敲诈勒索罪的对象既可以是动产,也可以是不动产。

就侵占罪而言,各国刑法规定不一。德国刑法第246条规定侵占罪的对象只能是动产,奥地利刑法规定则表明可以是侵占不动产,日本刑法使用的是"财物"一词,但刑法理论与审判实践均认为侵占罪的对象包括不动产。

问题在于盗窃罪与抢劫罪的对象是否仅限于动产。德国、奥地利、瑞士等国刑法都明文规定这两个罪的对象只能是动产。自罗马法以来,一直就认为盗窃罪的对象只能是动产。但是,在刑法没有明文规定的国家,这个问题也并非没有争论。[7]

如在日本,虽然主张盗窃罪、抢劫罪的对象只能是动产的观点曾经是通说,但在现代社会,侵害不动产而且使所有人难以恢复对该不动产的占有的案件并不少,显然必须积极

---

〔6〕 西班牙刑法第234条规定,盗窃价值400欧元以上财物的行为构成盗窃罪(1年内三次以上盗窃且累计金额达到400欧元的,也构成盗窃罪);其第623条规定,盗窃财物的价值不超过400欧元的,属于违警罪,处以定点管制或者罚金。

〔7〕 也有学者指出:"财物概念还在与犯罪定型的关系上呈现出受到限定的外观。例如,作为诈骗罪对象的财物既可以是动产,也可以是不动产,但作为盗窃罪对象的财物只限于动产。但是,这实际上是由来于'骗取'与'窃取'这种构成要件的行为的概念的反射性限制,而不是财物概念本身的问题。"([日]团藤重光:《刑法纲要各论》,创文社1990年第3版,第553页。)

保护所有人的不动产。因此,从第二次世界大战前开始,主张处罚盗窃不动产行为的观点就相当有力,而且得到越来越多的人的赞同。第二次世界大战后的日本,连续出现了非法占据他人土地,在他人土地上建房居住或开店铺经商的案件。而且在不少情况下,行为人还使用暴力、胁迫手段占据土地。完全靠民法处理这种现象,已经不能充分保护被害人的法益。为了解决这个问题,日本于 1960 年增加了侵夺不动产罪,即在规定盗窃罪的第 235 条之后,增设第 235 条之二:"侵夺他人的不动产的,处十年以下惩役。"这实际上是一种折中规定,它一方面在盗窃罪的条文后增设该规定,似乎告诉人们,盗窃不动产也构成犯罪。另一方面,它又没有使用"盗窃"一词,而是使用"侵夺"一词。事实上,凡是没有使用暴力、胁迫而侵犯他人的不动产的行为,都构成该罪。在此意义上说,事实上承认了盗窃罪的对象可以是不动产。意大利刑法也规定了侵犯不动产的犯罪,其第 631 条规定:"为全部或者部分将他人不动产据为己有,移动或者改变不动产的分界线的,处三年以下有期徒刑和四十万里拉以下罚金。"这一条所规定的行为,似乎更明确地肯定了盗窃罪的对象可以是不动产。但是,就狭义的盗窃罪而言,其对象只能是动产。

日本刑法理论的多数说认为,作为抢劫罪对象的财物不包括不动产(平野龙一、大塚仁、大谷实、中森喜彦等),但同时认为,抢劫不动产的行为可以成立抢劫利益罪(二项抢劫)。基本理由是,因为刑法增设了侵夺不动产罪,所以,盗窃罪中的财物便不包括不动产、与盗窃罪的罪质相同的抢劫罪(抢劫罪与盗窃罪通常是特别关系)中的财物,也不应当包括不动产。也有学者认为,不动产可以成为抢劫罪的财物,即使用暴力压制他人反抗后改变不动产登记名义的,成立抢劫财物罪(西田典之)。

4. 财物是否包括违禁品?

所谓违禁品,是指法律上禁止私人占有、持有的物品,如毒品、枪支等。通说认为,违禁品也是财物,能够成为财产犯罪的对象。但为什么违禁品也能成为财产犯罪的对象,则有多种不同的理由。有人说,行为人可能以占有违禁品为目的,因而违禁品可以成为财产犯罪的对象;有人讲,违禁品既不是无主物,也不是脱离支配物,因而能成为财产犯罪的对象;有人称,违禁品只是说明在行政上禁止私人持有、占有,这并不妨碍违禁品可以成为财产犯罪的对象;有人言,没收违禁品需要一定的法律手续,在没有法律手续还不能没收时,他人的占有是可能的,因此对于没有法律手续的夺取行为,必须进行处罚;如此等等。

5. 财物是否包括葬祭物?

葬祭物,主要是指尸体、遗骨以及棺内的其他物品。这种物能否成为财产犯罪的对象,在刑法理论上也存在争议。许多国家的刑法(如德国、法国、日本、奥地利刑法)规定了毁损或取得葬祭物的犯罪(或妨害死者安息罪)。一种观点认为,葬祭物应排除于财产犯罪的对象之外,因为刑法已经将取得葬祭物的行为规定为独立的犯罪。另一种观点认为,葬祭物可以成为财产犯罪的对象,行为人取得葬祭物时,属于取得葬祭物罪与财产犯罪的想象竞合。因为只要从行为人方面来看是有财产价值的,就能成为财产犯罪的对象;至于这种物是否是葬祭物,则在所不问。而且,刑法规定的取得葬祭物罪的法定刑较低,将取得葬祭物的行为一律按该罪处理,未免有失刑罚的均衡。

6. 财物是否包括人的身体?

人的身体本身不是财物,不能成为财产犯罪的对象。但是,从人的身体分离出来的部分,则是财物。例如,从人的头上剪下的头发作为假发材料的,就属于财物。德国刑法理论的多数说认为,镶嵌在牙槽中的假牙、植入人体内的心脏起搏器等也不是财物。但日本的多数说与德国的少数说则认为,安装在人体上作为人体一部分来使用的假肢、假牙等等,理当属于财物,是财产犯罪的对象。至于从人体分离出来的精子、卵子、脏器是否属于财物,在理论上有不同观点。有人认为,可以将它们解释为财物(山口厚)。有人认为,它们是人格权的对象物,而不是财物;但是,经过加工因而丧失了同一性时,才可以成为财物(町野朔)。

更有争议的是受精卵。一种观点认为,虽然从人体分离出来的精子、卵子、脏器等属于财物,但受精卵如同胎儿一样,即使处于母体外,也不属于财物(山口厚)。另一种观点则认为,既然从人体取出的血液、精液、卵子、脏器等是刑法保护的对象,那么,处于母体外的受精卵就更值得刑法保护,否则便有失均衡。因此,即使是受精卵(胚胎),在能够肯定人的管理、处分权限的限度内,也可以成为财产犯罪中的财物(井田良)。

(二)财产性利益

所谓财产性利益,大体是指普通(狭义)财物以外的财产上的利益,包括积极财产的增加与消极财产的减少。例如,使他人负担某种债务(使自己或第三者取得某种债权),使他人免除自己所负担的债务(不限于民法意义上的债务),使债务得以延期履行,如此等等。专利权、商标权、著作权等知识产权,实际上也是财产性利益,但侵犯这种利益的犯罪,通常是由特别法规定的,故一般不是财产犯罪的对象。

财产性利益只能成为部分财产犯罪的对象。对此,存在不同的立法例(以诈骗罪为例):

第一,将财物与财产性利益分别规定。如日本刑法第 246 条规定的诈骗罪对象仅限于“财物”,但该条第 2 项规定:“以前项方法,取得财产上的不法利益,或者使他人取得的,与前项同。”在日本刑法分则关于财产犯罪的规定中,如果某种犯罪的对象既可以是财物,也可以是财产性利益,那么,分则条文通常是在第一项规定对财物的犯罪,在第二项规定对财产性利益的犯罪(二项犯罪)。[8] 因此,一方面,“财物”不包含财产性利益。另一方面,如果没有“二项犯罪”的规定,则侵犯财产性利益的行为不成立犯罪。例如,日本刑法第 235 条规定的盗窃罪的对象仅限于“财物”,故盗窃财产性利益的行为不可能成立盗窃罪。1968 年英国盗窃罪法也是将诈骗财物与诈骗财产性利益分别规定:第 15 条规定的是诈骗财物的犯罪,第 16 条规定的是诈骗财产性利益的犯罪。

第二,将财物与财产性利益规定在同一款中。如前述韩国刑法第 347 条第 1 款规定,诈骗罪的对象为“财物”或者“财产上之利益”(其第 329 条所规定的盗窃罪的对象仅限于“财物”)。俄罗斯联邦刑法第 159 条第 1 款规定的诈骗罪对象包括“他人财产”与“他人财产权利”(其第 158 条所规定的盗窃罪的对象仅限于“财产”)。

第三,以“财产”“不正当利益”等概念指称财物和财产性利益。例如,德国刑法第 242 条与第 249 条规定的盗窃罪与抢劫罪的对象限于“动产”(或“可移动的物品”),而第 263 条所规定的诈骗罪的对象是“财产”,其中的“财产”便包含了动产、不动产等财物以及财产性利益。再如,意大利刑法第 624 条与第 628 条规定的盗窃罪与抢劫罪的对象仅限于

---

〔8〕 但也有个别条文例外。如其第 246 条之二(只有一项)规定的使用电子计算机诈骗的对象就是财产性利益,故难以称为二项犯罪。

“他人的动产”，但第640条规定的诈骗罪的对象则为“不正当利益”，后者显然包括财物与财产性利益。

上述三种立法体例虽然形式不同，但也有共同点。其一，财物与财产性利益（或财产上的利益、不正当利益）是两个不同的概念。如果刑法明文规定的对象为财物或动产，那么，侵害财产性利益的行为则不成立犯罪。根据上述规定，在日本、韩国、德国、意大利等国，盗窃财产性利益不成立盗窃罪（也不成立其他犯罪）；至于抢劫财产性利益的行为是否成立抢劫罪，也取决于刑法分则有无明文规定。[9] 其二，诈骗罪的对象宽于盗窃罪的对象，即盗窃罪的对象仅限于财物，而诈骗罪的对象除包含财物外，还包含财产性利益。单从财物的角度而言，如果说盗窃罪的对象仅限于动产，则诈骗罪的对象还包含不动产。[10]

需要讨论的是，财产性利益究竟包括哪些内容？（1）债权的取得。债权的取得无疑属于财产性利益。争论问题是，只是口头约定了财物的转移时，能否认为取得了财产性利益。例如，甲的赌博诈骗行为使对方输了钱，约定对方届时付款。一种观点认为，甲的行为成立诈骗财产性利益的既遂；另一种观点则认为，甲的行为仅成立诈骗财物的未遂。理由是，要认定行为人取得了财产性利益，就必须有相当于取得财物的具体利益的转移，但本案中并不存在利益的转移。（2）债务的免除。债务的免除肯定属于财产性利益，对此没有任何争议。（3）债务的延期履行、债务清偿的暂缓。这在德国、日本均被认定为财产性利益。日本的审判实践认为，债务的延缓履行也是财产性利益。日本刑法理论的通说肯定债务的延缓履行属于财产性利益，但许多学者同时认为，只有在债务的延缓履行导致债权的财产价值减少时，才宜认定为财产性利益。（4）劳务、服务。对此还有争议。无限定说认为，劳务、服务本身是财产性利益，因此，假冒地震灾区的志愿者，让他人提供劳务的，构成诈骗罪（井田良）。德国的通说与判例采取无限定说。限定说则认为，劳务、服务本身不是财产性利益，但劳务、服务所约定的对价才是财产性利益（町野朔、松原芳博）。（5）使用银行卡的利益（银行卡密码）。例如，甲窃取乙的银行卡后，在ATM旁使用暴力手段迫使乙说出密码。在甲取出现金前，能否认定甲抢劫了财产性利益。日本东京高等裁判所的判例对此持肯定态度，因为获得密码后，就可以从账户内取走现金这一财产性利益，但也有学者对此持反对态度。（6）职位。在德国，取得可以领取报酬的职位，就认为取得了财产性利益，但日本没有承认职位本身属于财产性利益。（7）购买资格、消费资格的骗取。在日本，伪造处方购买药品的，不会被认定为诈骗罪。但是，在高尔夫球场禁止黑社会成员进场打高尔夫球，而且对进入的人员要查验身份时，黑社会成员隐瞒自己的身份，冒充普通人进场打高尔夫球的，也被认定为诈骗罪。[11] 总体来说，财产性利益的范围

---

〔9〕 例如，日本、韩国刑法将抢劫财产性利益的行为规定为犯罪，而德国与意大利刑法没有规定财产性利益可以成为抢劫罪的对象（可以成为敲诈勒索罪的对象，但其规定的敲诈勒索罪似乎可能包含我国的抢劫罪的部分情形）。

〔10〕 在上述立法例中，诈骗罪的对象之所以宽于盗窃罪，主要原因在于：盗窃罪是违反被害人意志而转移占有，但在以往，没有经过被害人同意，几乎不可能转移不动产、财产性利益，即使在某些情形下转移了不动产、财产性利益，也难以产生实际效果，况且很容易通过民事手段恢复原状；而诈骗罪则不同，由于转移不动产、财产性利益的行为，得到了受骗者或被害人的同意（尽管存在瑕疵），行为人不仅能够取得不动产、财产性利益，而且难以通过民事手段补救。由此可见，诈骗罪对象宽于盗窃罪对象的立法例具有合理性。

〔11〕 当然，这种行为是骗取消费资格还是骗取服务，抑或骗用了设施，还值得讨论。

特别宽泛(德国比日本更宽泛)。

四、财产犯罪的保护法益

财产犯罪的保护法益是他人的财产,对此基本上没有疑问。颇有争议的问题是,这里的财产究竟是指他人对财物的所有权及其他本权,还是指单纯的对财物的占有本身。在以盗窃罪为中心的讨论中,形成了本权说、占有说与形形色色的中间说。[12]

(一)本权说

本权说认为,财产犯罪的保护法益,是指财物的所有权及其他本权。本权,是指法律上的正当占有权利,即行为人占有财物是基于法律上的正当理由,本权首先是指所有权。除了所有权以外,还有其他本权,如租借权、抵押权等。行为只有侵害了他人的这种本权,才构成财产犯罪;如果只是侵害了他人对财物的单纯占有,则不构成财产犯罪。例如,窃取他人合法所有的财物,成立盗窃罪;但盗窃他人不法占有的财物,则不构成犯罪。再如,以恐吓的方法取得他人合法所有的财物时,构成敲诈勒索罪;但以恐吓的方法要求对方返还属于自己的财物时,则不构成敲诈勒索罪。本权说的理由有以下几点:

第一,刑法在规定财产犯罪时,都是使用"他人的财物""他人的动产"之类的用语,而不是使用"他人占有的财物"之类的用语,德国、日本、奥地利、瑞士刑法都是如此。这就告诉人们,财产犯罪侵害的是所有权及其他本权,而不只是侵害一种单纯的占有。

第二,只有采取本权说,才能说明不可罚的事后行为。只有将盗窃、抢劫等财产犯罪的保护法益理解为所有权及其他本权,才能解释为什么行为人实施这些犯罪后又毁损财物的,不另构成犯罪,而是评价在盗窃、抢劫等犯罪中,使事后的毁损行为成为不可罚的行为。如果将财产犯罪的保护法益仅仅理解为单纯的占有,则盗窃、抢劫财物后又毁损的,应当构成两罪。但无论是理论上,还是审判实践上,都不认为这种情况构成两罪。

第三,刑法所规定的财产犯罪,是遵从了宪法的精神,而宪法所重视的是对所有权的保护,所以刑法主要是保护财产的所有权,与此同时作为补充,也保护其他本权。

(二)占有说

占有说认为,财产犯罪的保护法益,是事实上的占有本身,不仅包括合法的占有,而且包括非法的占有。据此,行为人盗窃他人非法占有的财物也构成盗窃犯罪,即使是盗窃罪的被害人又从盗窃犯处窃回自己的财物的,也构成盗窃罪。同样,以恐吓方法要求对方返还属于自己的财物的,也构成敲诈勒索罪。占有说也有自己的理由:

第一,刑法只是规定财产犯罪的对象是"他人的财物""他人的动产"等,而没有规定是"他人的所有物""他人所有的动产"。这就表明,刑法所保护的并不限于他人的所有权,即财产犯罪的保护法益并不只是所有权及其他本权。

第二,虽然从历史沿革上看,财产犯罪的保护法益是所有权及其他本权,但随着社会的复杂化,这种观点已经不能适应现在的形势。因为所有权只是一种抽象的权利,财物的经济效益主要是由对财物的占有、管理而取得的。为了保护所有权,首先必须保护占有本身。而且不管财物的所有者是谁,对财物的占有都应当给予保护,否则就不利于对所有权的保护。

---

〔12〕 换言之,这一讨论并不适用于所有的财产犯罪,只是适用于转移占有的部分犯罪,主要包括盗窃罪、抢劫罪。

第三,通说(包括持本权说的学者)认为,盗窃、抢劫违禁品时,也构成犯罪,而他人对违禁品的占有缺乏法律根据,这实际上表明本权说是不成立的。因为如果彻底坚持本权说,对上述行为便不能以犯罪论处。另外,持占有说的人也不否认自救行为可以阻却违法,即从盗窃犯那里取回被盗物的行为,如果符合自救行为条件的,也不构成盗窃罪。

(三)中间说

不少学者认为,本权说使财产犯罪的保护法益过于窄小,使一些本该当作犯罪处理的行为(如租借合同到期后,出租人窃回目的物),不能以犯罪论处;与此相对,占有说则使财产犯罪的保护法益过于扩大,使一些本不该当犯罪处理的行为(如盗窃罪的被害人从盗窃犯处取回被盗物),也得以犯罪论处。因此,出现了居于本权说与占有说之间的中间说。中间说形形色色,具有代表性的是以下三种学说。

1. 平稳占有说

平稳占有说认为,财产犯罪的保护法益,是本权(包括所有权) 以及平稳的占有。在这种学说看来,财产犯罪的保护法益是本权还是占有,是如何发挥刑法的作用来维护财产秩序的政策问题。既然刑法的任务是保护法益,而且是由法秩序所肯定的法益,那么,财产犯罪的保护法益基本上应是民法上的所有权及其他本权。在民事关系极为复杂的现代社会,民事纠纷应由民事方法来处理,刑法的作用是保护由占有这种事实关系所体现出来的财产秩序。因此,当需要民法上使用强制方法才能恢复原状的适当的法律关系时,就属于平稳的占有,这种占有值得刑法保护。例如,租借人占有所租借的财物,即使租借人在合同到期时应当返还财物而并没有返还,但此时只能通过民事方法来解决,租借人此时的占有仍属于安全的占有,刑法对此仍应保护。如果出租人任意取回财物的,就构成犯罪。

2. 与本权无对抗关系的占有说

此说认为,财产犯罪一方面以保护所有权与其他本权为目的,另一方面首先要保护本权的前提——对财物的占有本身。但是,当本权与事实上的占有产生一种相互对抗的关系时,只要事实上的占有一方与本权的对抗没有合理的理由,则不保护这种占有。可以看出,此说是以本权说为基础的学说。日本刑法学者大塚仁持此观点,其基本理由是,财产犯罪终究是为了保护财产的所有权与其他本权。如果认为财产犯罪的保护法益是单纯的占有,则不能说明不可罚的事后行为。但是在现代社会,财物的所有与占有的分离已经相当复杂。在这种财产关系下,要充分保护所有权及其他本权,首先必须保护基于本权的占有;而为了保护这种基于本权的占有,也必须保护不基于本权的占有。因为当行为人侵害财物的占有时,这种占有是否基于本权是不明确的。但是,对一切占有都无条件地保护也是不妥当的。之所以要保护占有,是为了彻底保护所有权及其他本权,因此,当占有与本权所产生的对抗关系没有合理的理由时,就不能进行保护。例如,被害人在被盗后立即将被盗的财物取回来就不能认为是犯罪。因为盗窃犯对财物的占有,一开始就是与本权相对抗的,而且没有合理的理由,因此不能对这种占有进行保护。

3. 合理占有说

此说认为,财产罪的法益是基于合理的理由的占有,在被害人与行为人的关系一眼就能明白不值得保护的占有,不是财产罪的法益。与平稳占有说相比,合理占有说更加限制了财产罪的范围。[13]

不少日本学者,从不同的问题领域讨论财产犯罪的保护法益。第一个问题领域是,夺回自己的所有物的行为是否成立夺取罪?这被称为“狭义的财产罪的保护法益论”。第二个问题领域是,第三者从盗窃犯人那里窃取赃物的,或者窃取违禁品的行为,是否成立财产犯罪?这被称为“广义的财产犯罪的保护法益论”。第三个问题领域是,关于财产犯罪的一般性的对象的要保护性,是从民法的见地进行判断(民法从属性),还是从刑法独自的见地进行判断(刑法独自性)?这被称为“最广义的财产犯罪的保护法益”。

如前所述,德国几乎没有争议将盗窃罪归入对所有权的犯罪,据此,盗窃罪的保护法益至少包括所有权。问题是,盗窃罪的保护法益只是所有权,还是包括占有。亦即,他人对财物的占有能否成为盗窃罪的独立保护法益。部分学者认为,盗窃罪的保护法益只包括所有权,而不包括占有。虽然盗窃行为以破除他人占有为前提,但仍然侵害的是所有权中的权能。但是,德国的判例与多数学者则认为,盗窃行为不仅侵害了所有权,而且侵害了所有权之外的占有,否则就不能说明为什么盗窃罪的法定刑高于侵占罪的法定刑。显然,德国的这种争论与日本的本权说、占有说之间的争论并不相同。

(四)学说的具体差异

上述几种学说,并非毫无意义的争论,在许多情况下,不同的学说往往得出不同的结论。下面简单地举几例。

例一:被害人(所有者)在被盗后立即从盗窃犯处窃取被盗财物。本权说认为不成立盗窃罪;占有说认为成立盗窃罪(但如果属于自救行为,则阻却违法性);三种中间说都认为不成立盗窃罪。

例二:被害人(所有者)在被盗后经过一段时间从盗窃犯处窃取被盗财物。本权说认为不成立盗窃罪;占有说认为成立盗窃罪(但如果属于自救行为,则阻却违法性);平稳占有说认为成立盗窃罪;与本权无对抗关系的占有说认为不成立盗窃罪;合理占有说认为不成立盗窃罪。

例三:借贷期满后借贷人不返还,出借人取回出借物。本权说与合理占有说认为不成立盗窃罪;其他三种学说均认为成立盗窃罪。

例四:在物品买卖过程中,在民法上已经转移了所有权,但卖主还没有交付物品时,买主擅自从卖主处取走物品。本权说认为不成立盗窃罪;占有说认为成立盗窃罪。[14]

从上述争论与实例可以看出,即使被害一方在民法上没有对抗的权利,也不意味着行为人一方不构成财产犯罪。问题在于如何处理私力救济的禁止与被害人财产的保护之间的关系。本权说注重以被害一方民事权利的有无决定行为人一方刑事犯罪的存否,似乎权衡了双方的实质利益,但忽略了法治国家的重要原则。占有说从法治国家禁止私力救

〔13〕 此外的说法还有:(1)盗窃等罪的保护法益,首先是所有权,其次是作为占有的基础的本权以及作为占有的实质所反映的财产利益。(2)盗窃等罪的法益是显示了具有权利人外观的占有本身。(3)基于法秩序,不直接受非难所享有的财产上的利益,是盗窃等罪的保护法益。(4)盗窃等罪的保护法益,原则上是所有权及其他本权与占有(第一原则);在本权与占有发生冲突时,只有可以与本权对抗的合法占有,值得以法律保护。赤裸裸的违法占有,在本权面前必须让步(第二原则);例外地存在单纯的占有就是保护法益的情况(第三原则),对违禁品的占有就属于这种情况。

〔14〕 未能发现中间说对此问题的明确意见。

济、原则上必须采取民事诉讼手段恢复权利的立场出发,主张对占有的侵害成立财产罪。据此,被害一方在民事上是否存在正当权利,并不左右刑法的保护与否。但是,占有说没有权衡当事双方各自的具体利益,一概禁止现状的改变,这便存在疑问。所以,不可避免地出现各种中间说。各种中间说,实际上都是法益保护与法治原则之间的调和。[15]

特别需要说明的是,即使德国的判例与多数人认为,他人对财物的占有也是盗窃罪的保护法益,但就相同案件得出的结论与日本的占有说得出的结论并不一定相同,因为德国刑法在盗窃罪之外规定了一些侵害占有的犯罪。例如,德国刑法第 248b 条第 1 款规定:“违反有权使用者的意志,使用其动力交通工具或者自行车,如果不适用其他较重之刑罚规定的,处三年以下自由刑或者罚金。”但是,这种行为在日本一般会认定普通盗窃罪。再如,德国刑法第 248c 条规定的窃取电力罪,在日本没有争议地认定为盗窃罪。又如,根据德国刑法第 289 条的规定,所有权人以违法意图,从用益权人、抵押权人或者其他具有使用权或者留置权的人那里取走自己的动产的,成立取回质物罪,但这种行为在日本也会成立盗窃罪。

五、财产犯罪的财产损失

德国的通说与判例认为,诈骗罪、敲诈勒索罪、背信罪等的法益是财产。由于对法益的侵害就是犯罪结果,所以,如何理解财产,既是财产罪的保护法益问题,也是财产罪的损失认定问题。刑法理论上存在法律的财产说、经济的财产说与法律的·经济的财产说。这种争论是以诈骗罪为中心展开的。

(一)法律的财产说

法律的财产说认为,一切财产罪都是侵害财产上的权利的犯罪。换言之,刑法规定财产罪是为了保护民事法上的权利。因此,财产犯罪的成立不以行为造成经济损害为前提,只要侵害了民事法上的权利,即使在经济上没有损害,也成立财产犯罪;反之,只要没有侵害权利,即使造成了重大经济损害,也不能成立财产犯罪。其基本理由是,经济生活中存在各种各样的经济利益、财产关系,哪些内容受法秩序保护,由规制私人财产关系的民事法决定,决定的表现是民事法上的权利。刑法规定财产罪就是为了保护民事法上的权利,刑法上的财产便是民事法上的权利的总和。例如,行为人实施诈骗行为,被害人基于不法原因给付的,不成立诈骗罪;第三者从盗窃犯那里骗取其所盗财物的,由于没有欺骗原所有权人,故不成立诈骗罪。

法律的财产说旨在从形式上保护民事法上的权利。但是,不管是在理论上还是在实践上,法律的财产说的缺陷都相当明显。法律的财产说的理论基础,是刑法从属于民法的思想。但是,刑法从属于民法的思想早已衰退。更为重要的是,法律的财产说并不符合经济生活的现实。法律的财产说为了明确处罚界限,使用了民事法上的权利这一范畴,但民事法上的权利,是民事法为了规制经济生活所创造的概念,而当时还没有考虑用刑法规制经济生活,用民事法上的权利概念解释刑法上的财产,颇为牵强。德国帝国法院早期的判例曾采取法律的财产说,但现在几乎无人主张此说。

---

[15]　以往曾经认为,本权说是结果无价值论的观点,占有说是行为无价值论的观点。但现在一般认为,并不存在这种对应关系。换言之,行为无价值论者完全可能采取本权说,结果无价值论者完全可能采取占有说。

(二)经济的财产说

经济的财产说(纯粹经济的财产说)认为,作为整体的具有经济价值的利益就是财产,因而是财产犯的保护法益;经济价值一般等同于金钱价值,金钱上的得失是判断有无损害的标准。因此:(1)由于盗窃犯对赃物的占有,就是在享受金钱上的利益,这种占有也是其财产,故所有权人从盗窃犯处骗回被盗财物的,只要没有提供相当价值的财物,就使盗窃犯遭受了金钱损失,属于刑法上的损害。债权人从债务人处骗取与债权额相当的财产的,也是如此。类似于这样的行为都成立对财产的犯罪。(2)受骗人基于不法原因给付的,也不影响对其财产损害的认定,即实施诈骗的行为人成立诈骗既遂。例如,在禁止堕胎的情况下,孕妇为了购买堕胎药而支付货款,但实际因受欺骗购买了无效堕胎药的,其财产遭受了损害。再如,妓女对嫖娼费的债权虽然是无效债权,但只是在民事诉讼上不能实现,对妓女而言事实上具有金钱价值,也属于财产。而且,只要将劳动力视为财产,卖淫这种劳动力与一般劳动力没有区别。所以,采取欺骗行为使妓女免收嫖娼费用的,也成立诈骗既遂。(3)没有金钱价值的东西,即使其权利是成立的,也不属于财产;侵害这种权利的,不成立对财产的犯罪。(4)虽然侵害了具有金钱价值的利益,但如果提供了相当对价,没有造成金钱价值的整体减少的,就不存在刑法上的损害。

虽然德国判例从1910年起就采取了经济的财产说,但经济的财产说成为有力的学说还是20年后的事情。经济的财产说成为有力学说的重要原因有:(1)刑法从属于民法的观念受到批判,刑法的独立性思想受到重视。(2)以不法原因给付与诈骗罪的问题为契机,判例采取了纯粹经济的财产说。(3)刑法目的由权利保护思想转向法益保护思想,也为经济的财产说提供了根据。

经济的财产说虽然具有合理性,但也有扩大处罚范围之嫌。例如,根据经济的财产说,债权人以欺骗方法行使权利实现债权的成立诈骗罪。这可能难以被人接受。

与经济的财产说的具体结论接近的是人的财产说。人的财产说认为,财产是人格发展的基础,是人所具有的经济潜能。就具体财产而言,这一学说得出的结论与经济的财产说的结论没有区别。例如,骗取盗窃犯的赃物的,人的财产说也认为成立诈骗罪。

(三)法律的·经济的财产说

法律的·经济的财产说(折中说)认为,所谓财产,是指法秩序所保护的(违法的利益除外)、作为整体的具有经济价值的利益。因此,关于不法原因给付与诈骗罪的问题,与法律的财产说在本质上相同(也存在一些具体差异);关于成立财产罪是否需要经济损害的问题,与经济的财产说相同。

本来,折中说是针对法律的财产说提出来的;法律的财产说崩溃之后,折中说便与经济的财产说展开了论争。对于折中说的观点可作如下概括:其基本思想是法秩序的统一性、实质主义与结果无价值论;财产是指法秩序所保护的或者法秩序并不非难的、具有经济价值的利益的整体,刑法上的法益虽然不要求是民事法上的权利,但也不应是民事法上不保护的违法利益;行为人欺诈他人,使他人基于不法原因而给付财物的,不成立诈骗罪;从盗窃犯那里骗取赃物的,给原所有权人造成了财产的损害,成立诈骗罪,因为在相对于第三者的关系上说,盗窃犯的占有也是法秩序所保护的;无效的债权与不法的劳动力,不管如何具有经济价值,也不属于财产。不难看出,折中说与经济的财产说对一些现实问题的解释是相当接近的(参见本章第四节有关诈骗罪的财产损失的部分论述)。

第二节　盗　窃　罪

一、盗窃罪概说

盗窃罪(窃盗罪),是指窃取他人占有的财物的犯罪。盗窃罪是典型的财产犯罪,也是财产犯罪中发案最多的犯罪。许多国家的刑法(如德国、意大利、法国、日本等国刑法)都将盗窃罪规定在财产犯罪之首。但有的国家刑法规定得相当详细,有的国家刑法则规定得相当简单。例如,德国刑法第 242 条规定了基本的盗窃罪,第 243 条规定了盗窃的特别严重情形(加重盗窃罪),第 244 条规定了携带武器或者其他危险工具盗窃、结伙盗窃与侵入住宅盗窃,第 244a 条规定了严重的结伙盗窃,第 245 条规定了对盗窃罪的保安处分,第 247 条规定了家庭或亲属间的盗窃告诉的才处理,第 248a 条规定了盗窃价值微薄的财物的告诉的才处理,各条的规定都非常详细。而日本刑法仅在第 235 条规定:"窃取他人的财物的,是盗窃罪,处十年以下惩役或者五十万元以下罚金。"〔16〕

盗窃罪属于财物罪,财产性利益不是盗窃罪的对象。盗窃罪是典型的取得罪,而且是违反被害人的意志取得他人占有的财产,故对自己占有的财物不可能成立盗窃罪。根据多数国家刑法的规定以及刑法理论的通说,盗窃罪以非法占有(不法所有、不法领得)为目的,但非法占有的含义因人而异,故盗窃与盗用的关系相当复杂。

二、盗窃罪的对象

盗窃罪的对象是他人占有的他人财物。即使是自己所有的财物,但由他人占有或由公务机关的命令由他人看守时,也视为他人的财物(日本刑法第 242 条),因而所有人窃取该财物时,也构成盗窃罪。日本刑法没有明文限定盗窃罪中的财物的范围,但刑法理论的通说与判例,将盗窃罪对象的财物限定为有体物(但包括电力)。德国刑法明文规定盗窃罪的对象是可移动的财物(虽然也可以译为动产,但与民法上的动产不是等同含义);凡是客观上可以移动的财物,即使原本是不动产的一部分,也可以成为盗窃罪的对象。

(一)占有的含义

占有,是指对财物的事实上的支配或者现实支配。因此,刑法上的占有是比民法上的占有更为现实的一个概念。例如,刑法上的占有不要求只是为了自己而占有,为了他人占有也包括在内;再如,在刑法上不承认由代理人所占有;还如,刑法上的占有,并不因为继承而当然转移给继承人。〔17〕 正因如此,有的学者主张用"持有""所持"代替"占有"一词。德国民法上以"Besitz"一词表示占有,但刑法理论在论述盗窃罪中的他人占有的财物时,以"Gewahrsam"一词表示占有或持有。

---

〔16〕 该条中的"或者五十万元以下罚金"是 2006 年修改刑法时增加的。

〔17〕 根据德国的理论,被继承人死亡时,其生前直接占有的作为遗产的财物,在民法上由其继承人占有(即使继承人不在场也是如此);但在刑法上,该财物由死者的女管家占有。

(二)占有的要素

一般认为,占有是由占有意思(主观的要素)与占有事实(客观的要素)组成。

占有意思,是指事实上支配财物的意思。占有的意思,并不一定限于对具体财物的特定的、具体的支配意思,通常只要是对自己支配的场所内的财物具有概括、抽象的支配意思(自然的支配意思)就够了。例如,对自己房间里的财物,一般认为具有占有的意思;即使房主外出,也对房间里的财物具有占有的意思。对财物的占有意思,既可以是明确的支配意思,也可以是潜在的支配意思。例如,在睡梦中,即使失去了对财物的认识,也认为具有占有的意思。但在某些情况下,如果事实上的支配并不明显,则要求有积极的占有意思。[18] 占有者死亡或者占有者确定地放弃其占有意思时,就是占有意思的消灭时间。

占有事实,是指对财物的事实上的支配或现实支配。事实上的支配,并不等同于物理上的支配,而是根据社会一般观念上进行判断的。因此,即使他人在物理上并没有支配财物,但根据社会一般观念完全可能认定他人占有了财物。换言之,事实上的支配,并不要求现实的握有,根据主体对财物的支配力、财物的形状、性质,可以认为主体占有财物的,就属于事实上的占有。例如,主人所喂养的家禽即使离开主人外出,但由于家禽会自己回家,理当认为主人事实上占有着家禽。再如,他人土地上所生长的树木,即使没有人看守,也应认为他人占有该树木。

对于放置在公路、火车站的候车室或站台等公共场所的财物,应根据占有事实与占有意思,并考虑财物的形状、大小、行为人离开财物的时间长短、空间距离等进行综合判断。一般来说,只要他人对财物的支配没有障碍,就可以认定为他人占有了财物。

(三)占有的主体

占有的主体只仅限于自然人,故许多国家的刑法都规定的是盗窃"他人的财物"。不过,这并不意味着不保护法人与国家的财产。法人与国家所有的财物,由其代表人占有,因此也属于自然人占有的财物。至于自然人是否具有意思能力或责任能力,则在所不问,幼儿、精神病患者以及其他心神丧失者,都可以成为占有的主体。例如,精神病人离开自己的房屋外出流浪时,也不能否认他对房屋及屋内财物的占有。

问题在于死者能否成为占有的主体,下面通过三种案例讨论这个问题。

第一,以杀害他人进而取走财物的意思,杀死他人并取走财物的案件。在这类案件中,由于行为人取得财物时被害人已经死亡,便产生了以下问题:如果不承认死者为占有的主体,能否将取得财物的行为评价为抢劫罪?从结论上看,都认为这种行为构成抢劫杀人罪,但理论构造并不相同。第一种观点肯定死者的占有,即被害人死亡后也继续占有其财物,取走其财物就侵害了死者的占有。由于行为人以暴力致人死亡,故成立抢劫杀人罪。但问题是,死者不可能对财物有占有的意思与事实上的支配。第二种观点主张,行为人在杀害的瞬间,被害人的占有便转移至行为人,因而成立抢劫杀人罪。第三种观点主张,抢劫罪的成立,只要求行为人着手实行时被害人占有着财物,并不要求其后被害人还占有着财物,因而上述案件构成抢劫杀人罪。第四种观点主张,从整体上看,应认为上述

---

[18] 德国学者 Welzel 认为,占有有三个要素:一是现实的要素,即事实上支配着财物;二是规范的、社会的要素,即事实上的支配应根据社会生活的原则进行判断;三是精神的要素,即有占有的意思。实际上,前两个要素就是占有的事实,后一个要素就是占有的意思,故与上述两个要素的观点没有本质区别。

案件是以杀害、盗窃一连串的行为对被害人生前的占有进行侵害与转移的，故能成立抢劫杀人罪。第五种观点认为，在上述案件中，被害人死亡时，抢劫杀人罪便既遂；被害人死亡后是否仍然占有财物，则不是需要讨论的问题。

第二，杀害他人后才产生取得财物的意思，进而取得财物的案件。在这种案件中，由于行为人取得财物时，被害人已经死亡，因此，杀人后取得财物的行为究竟构成什么罪对此争论不休。第一种观点认为，取得财物的行为仅构成侵占脱离占有物罪。因为从物理上说，行为人不可能侵害死者生前的占有，故不能成立盗窃罪。第二种观点认为，取得财物的行为构成盗窃罪。但有各种各样的理由。有人肯定死者是占有的主体，被害人死亡后仍然继续占有着财物，取得该财物的行为当然构成盗窃罪。有人说，被害人死亡后，其继承人便占有该财物，取得财物的行为侵害了继承人的占有，故成立盗窃罪。有人说，被害人生前的占有，在财物与被害人死亡的时间、场所接近的范围内，仍然是刑法保护的对象。对取得该财物的行为，就应认定为盗窃罪（日本最高裁判所持此观点）。第三种观点认为，上述行为构成抢劫罪。行为人在杀害他人后，又利用被害人的死亡而取得财物，就使这种行为具有抢劫的性质。故这种行为除了构成杀人罪以外，还构成抢劫罪。但这种观点受到了较多的批判。因为抢劫罪中的暴力、胁迫是夺取财物的手段，所以，要求行为人在实施暴力、胁迫行为时就有取得财物的故意；而在这类案件中，行为人是在杀害他人后才产生取得财物的故意的，因而不能认定为抢劫罪。

第三，与被害人的死亡毫无关系的第三者夺取被害人财物的案件。一般认为，这种案件只成立侵占脱离占有物罪。因为在这种情况下，被害人既没有占有的意思，也没有事实上支配财物，故不能承认死亡后还占有着财物。如果杀害被害人的本人夺取财物，则可对这种行为进行整体评价，认为构成抢劫罪或盗窃罪；但由毫无关系的第三者夺取财物时，则不能认为构成抢劫罪或盗窃罪。不过，当被害人的财物能认定为属于死者家属占有时，可以认定为盗窃罪。例如，被害人死亡后，其家属已到达死亡现场时，应认为死者家属占有了财物，此时夺取该财物的，就构成盗窃罪。

概言之，对死者的占有存在以下观点：(1)肯定死者为占有的主体；(2)否定死者的占有，但针对杀人犯而言，肯定死者生前的占有；[19](3)否定死者的占有，也否定死者生前的占有；(4)否定死者的占有，但当夺取财物的行为与夺取他人生前的财物可以等同看待时，例外地肯定死者生前的占有。

此外，如果行为人误以为他人还活着而盗窃他人财物，但事实上他人已经死亡，财物不在他人占有之下的，德国认定为盗窃未遂。例如，母亲外出旅游，女儿一人在家，女儿在母亲于旅游途中死亡后，得知母亲死亡的消息前，窃取了母亲的宝石。由于宝石的所有权转移给女儿，女儿在母亲死亡时是宝石的单独所有者，故认定为盗窃未遂（不能犯未遂）。

（四）占有的他人性

盗窃罪的对象，必须是他人占有的财物。如果侵害行为人自己占有的他人财物，则不可能构成盗窃罪，只能构成侵占罪。

---

〔19〕 即在杀人犯杀害他人后，发现财物而取走的，应认定为盗窃罪。所盗窃的对象不是死者占有的财物，而是死者生前占有的财物。

1. 具有上下主从关系时的他人性

当数人共同管理某种财物,而且根据合同规定存在上下主从关系时,下位者是否也占有着该财物？这一问题关系到下位者的犯罪行为性质。例如,商店的店员与店主共同管理商店的财物,店主与店员是一种上下主从关系,那么,是否可以认为店员也占有着商店的财物？如果持肯定回答,则店员取走财物的行为构成侵占罪;如果持否定回答,则店员取走财物的行为构成盗窃罪。对此,主要有三种看法:

第一种看法认为,应当承认上下主从者之间共同占有财物,即下位者也占有着财物。但是下位者取走财物的行为同时侵害了上位者的占有,因此应构成盗窃罪。然而,如果承认上下主从者之间共同占有财物,则上位者取走财物的行为也构成盗窃罪。这显然不妥当。

第二种看法认为,下位者取走财物,属于侵害了复合占有的内部关系,而不是侵害了外部的占有,因此本质上属于违背了主占有者的信任,应成立侵占罪,而不是盗窃罪。这种看法也受到了批判,因为上下主从之间未必有这种信赖关系。

第三种看法认为,基于雇佣等合同具有上下主从关系的双方,事实上共同支配财物时,刑法上的占有通常属于上位者,而不属于下位者。即使下位者事实上握有财物,或者事实上支配财物,但也只不过是一种单纯的监视者或占有辅助者,而不是占有者。因为下位者并没有占有的意思,他只是作为上位者的手足机械地支配财物。因此,下位者基于非法占有目的取走财物时,构成盗窃罪。但是,如果上位者与下位者具有高度的信赖关系,下位者被授予某种程度的处分权时,就应承认下位者的占有。在这种情况下,下位者任意处分财物就构成侵占罪。这种看法可谓通说。此外要注意的是,商店的收银员在结算前对货款的占有,属于其单独占有。收银员在结算前非法占有货款的,不成立盗窃罪,而成立业务(职务)侵占罪。

关于运输中的货物的占有,需要具体判断。德国的学说与判例认为,如果雇主掌控运输路线,就认定为雇主继续占有运输中的货物,而非由司机占有货物。但是,如果是长距离的运输,在雇主对司机没有继续性监督的情况下,不能因为仅有驾驶记录就认定雇主占有运输中的货物。

2. 共同占有

在数人共同占有某种财物并处于对等地位时(不存在上下主从关系),其中任何一人的占有都是刑法保护的对象,因此任何一方侵害他方占有时(或者说侵害共同占有时),都构成盗窃罪,而不是构成侵占罪。对于这一点,有的国家刑法有明文规定(如意大利刑法第627条)。同等的共同占有的典型例是夫妻对共同财产的占有。

3. 封缄委托物的他人性

行为人受他人委托占有某种封缄的包装物(以下简称包装物)时,却取出了包装物中的财物(以下简称内容物)。在这种情况下,谁占有着包装物以及谁占有着内容物,就是需要明确的问题。换言之,这种行为是否侵害了他人(委托人)的占有？如持肯定回答,则该行为构成盗窃罪;如持否定回答,则该行为构成侵占罪。

第一种观点认为,行为人虽然占有了包装物,但考虑到委托人是将财物包装后交由行为人占有的,因此应认为委托人仍然继续占有着内容物,受委托的行为人只不过是占有的辅助者,如果行为人取出包装物,就属于侵害了他人的占有,应以盗窃罪论处(团藤重光、大塚仁等)。这种观点无视行为人现实地支配整个包装物的一面,受到了批判。也有学者指出,行为人开封取得内容物的,侵害了委托人对内容物的占有,成立盗窃罪;行为人取得包装物整体时,也应认为侵害了委托人对内容物的占有,应认定为盗窃罪(山口厚)。

第二种观点认为,委托人是将整个包装物交由行为人占有,而不是只将包装物的包皮交由行为人占有,事实上行为人也握有着整个包装物,故行为人取出内容物并没有侵害他人的占有,只是侵害了自己所占有的他人财物,当然只构成侵占罪(中森喜彦等)。这种观点将事实上的握有等同于刑法上的占有,也受到了批判。

第三种观点认为,对包装物与内容物应分别处理。如果行为人侵害了整个包装物,就构成侵占罪,因为整个包装物是转移给行为人占有的。如果行为人只是侵害了内容物,就构成盗窃罪,因为内容物的占有仍然属于委托人(日本的判例、大谷实、前田雅英等)。这种观点不仅难以自圆其说,而且有失均衡,因为侵占罪的法定刑一般低于盗窃罪的法定刑,而根据这一观点,侵害整个包装物的,只构成侵占罪,而侵害其中的内容物的,却构成盗窃罪。

德国的学说与判例认为,就自动贩卖机这样的封闭容器来说,由钥匙的持有者占有其内容物;在容器没有封闭的场合,由于内容物与容器一并移动,因而由容器的管理者单独占有。

4. 遗忘物与遗失物的占有

日本刑法理论与判例没有明确区分遗忘物与遗失物,德国刑法理论与判例则进行了区分。可以肯定的是,如果甲将自己的财物遗失在银行、旅馆、机关单位等处,那么,甲便不再占有该财物,该财物由上述场所的所有人或者负责人占有。如果甲将财物遗失在商场,德国也会认为商场所有人或者管理者占有了财物,但日本刑法理论与判例会视商场的具体状况进行判断。

在德国,如果占有者暂时将财物遗忘在某处,并明确知道遗忘的地点,且客观上没有明显障碍使占有者重新取得对该财物的支配的,一般仍然认定占有者继续占有该财物。如果甲将财物遗忘(并非遗失)在乙支配的空间,一方面要肯定甲继续占有,另一方面也要肯定乙占有该财物,因而认定为共同占有。但是,如果能认定占有者已经丢失(遗失)了自己的财物,则占有者不再继续占有该财物。在日本,如果占有者暂时遗忘了财物,在短暂的时空范围内,也会认为占有者仍然占有自己的财物;但是,如果占有者遗忘的时间较长、空间距离较远,即使明确知道遗忘的地点,即使客观上没有明显障碍使其重新取得对该财物的支配,也可能认定其没有继续占有。可以认为,就遗忘物而言,与日本相比,德国刑法理论与判例更为宽泛地认定原占有者的占有。

不难看出,从占有的一般定义来说,日本与德国是没有差异的。但是,在具体案件的认定方面,德国与日本存在一定区别。

三、盗窃罪的行为

盗窃罪的行为表现为窃取他人财物。

(一)窃取的含义

窃取,是指违反占有人的意思,排除他人对财物的占有,将财物转移给自己或者第三者占有。

所谓违反占有人的意思,也包括没有基于占有者的意志。如果转移占有的行为不违反占有人的意志,则该行为不符合盗窃罪的构成要件。占有人看见行为人的行为时没有阻止的,不意味着占有人表示同意。但是,为了设置使人陷入盗窃的圈套,将财物放置于某处的,则应认定为同意。行为人窃取该财物的,在德国认定为盗窃未遂(不能犯未遂),在日本则需要判断是盗窃未遂还是不能犯。

在共同占有的场合,只有得到了全部占有人的同意,转移财物占有的行为才不成立盗窃罪;共同占有人的一人违反其他占有人的意思而转移财物的,同样成立盗窃罪。对于行为人采取欺骗方法使幼童将财物交付给自己的案件,日本一般以幼童的同意无效为由直接认定为盗窃罪;德国则认为,行为人的行为虽然得到了幼童的同意,但由于违反了幼童的父母或者监护人(共同占有人)的意思,因而仍然成立盗窃罪。

在通常情况下,窃取行为是否违反占有人意志,比较容易判断,但在附条件同意的场合,会存在不同看法与做法。例如,将铁片置于自动贩卖机中进而取得商品的,在德国与日本均认定为违反占有人意志的盗窃。有争议的是使用他人银行卡从自动取款机中取款的行为。德国的判例与通说采取了外观通常性的区分标准。亦即,与向自动贩卖机中投放铁片的异常外观相比,即使使用他人银行卡从自动取款机中取款,其外观也是正常的,或者说符合转移现金的外观,因而不能认定违反占有人的意志,不成立盗窃罪。显然,这样的做法会形成明显的处罚漏洞,因此,德国 1986 年增加了利用计算机诈骗罪(第 263a 条),后来还增加了滥用信用卡罪(第 266b 条)。日本刑法虽然也增加了利用计算机诈骗罪,但对上述行为则几乎没有争议地认定为盗窃罪。奥地利的判例也认为,无权限地使用他人银行卡从自动取款机中取款的,成立盗窃罪。因为与使用自己的信用卡但没有返还的意思的主观事项不同,无权限地使用他人银行卡的行为,是从外部就可以认识的客观事项。

在德国、日本等国,窃取并不必须是秘密取走,违反被害人的意志,公然、公开转移他人财物的,也属于窃取(抢劫财物的行为也符合窃取的要件)。大多数国家的刑法(如德国、日本等)没有规定抢夺罪,故公然夺取财物的行为,也属于窃取(某些情况下的抢夺可能认定为抢劫)。将他人所管理的财物假装成自己所有的财物,出卖给善意的第三人使其搬运的行为,属于盗窃。

窃取行为要求占有的转移,即一方面是他人丧失占有(排除他人的占有),另一方面是设定新的占有。单纯使他人丧失占有的行为,不属于窃取。但是,设定新的占有,并不限于设定由行为人占有;设定为第三者占有的,也不失为窃取。例如,行为人没有处分权,却擅自出卖他人占有的财物,使不知情的买主搬走财物的,成立盗窃罪。[20]

窃取的手段与方法没有限制。所应指出的是,如果行为人在实施盗窃行为时,即使有欺骗行为,但该欺骗行为并没有使对方基于认识错误而交付财物时,仍然构成盗窃罪。例如,行为人伪装成顾客,到商店试穿衣服,然后穿着衣服伪装上洗手间后逃走的,也是窃取行为,而不构成诈骗罪。因为被害人并没有基于某种认识错误处分衣服。如果行为人试穿着衣服,对店员说:“我将衣服穿回去后马上就送钱来。”店员信以为真,同意行为人穿走衣服,而行为人并不送钱到商店来的,则构成诈骗罪。

---

〔20〕 也有学者认为,只有当使第三者取得的行为,可以与行为人自己取得等同看待时,才能认定为窃取(西田典之)。但反对者认为,除了以毁坏为目的转移给第三者的以外,其他情形均应认定为窃取(山口厚)。

（二）着手时期

德国、日本等国刑法规定，盗窃罪的未遂也应受处罚。因此，明确盗窃罪的着手具有重要意义。一般认为，行为人开始侵害他人占有的财物时，就是盗窃罪的着手。但由于盗窃案件存在不同的类型，所以，并没有绝对的具体标准。如侵入住宅盗窃的案件，一般来说，行为人侵入住宅时还不能认定为盗窃罪的着手，只有物色或接近财物时，才认为是着手（客观说）。〔21〕 再如，进入仓库进行盗窃的案件，大体而言，行为人以盗窃的目的开始侵入仓库时，就认为是着手（主观说与客观说都持这一观点）。又如扒窃案件，通常认为，当行为人的手接触被害人口袋的外侧时，才是着手（客观说）。〔22〕

（三）既遂时期

关于盗窃罪的既遂时期，外国刑法理论上主要有以下四种学说：(1)接触说，行为人的手接触作为盗窃罪对象的财物时就是既遂；(2)取得说，行为人或者第三者取得了财物的占有时便是既遂；(3)转移说，行为人已经将财物进行了场所上的转移时则是既遂；(4)隐匿说，行为人将财物隐藏在不容易发现的场所时才是既遂。

一般认为，接触说使盗窃罪的既遂过于提前，而且不符合盗窃罪的本质。转移说与隐匿说则使盗窃罪的既遂过于推后，也不符合盗窃罪的本质。取得说则是通说，因为窃取的本质是侵害他人对财物的占有，使目的物转归自己或第三者占有，而取得说正是符合这一本质。

虽然取得说是通说，但在一些具体的盗窃犯罪案件中，还是要根据财物的性质、形状、被害人对财物的占有状态、窃取行为的样态等进行判断。例如，就体积较小的财物而言，只要行为人将该财物放在自己的身上，如拿在手中、夹在腋下、放入口袋、藏入怀中等，就认为盗窃既遂。再如，就体积较大的财物以及其他难以搬出的财物而言，只要行为人使该财物处于可以搬出的状态，就构成盗窃既遂（盗窃汽车时，使汽车发动处于可以逃走的状态，就是盗窃既遂）。又如，从被害人占有的状态来看，如果行为人使财物脱离了被害人的监视、支配时，就成立盗窃既遂。还如，行为人在店铺内盗窃不可能藏在身上的财物，在这种情况下，由于占有人对财物的支配较强，行为人将财物搬出店外，使财物脱离了占有的监视时，就属于盗窃既遂。反之，在主人不在家的房间盗窃不可能藏在身上的财物时，由于占有人对财物的支配力较弱，只要行为人准备搬出财物时，就视为盗窃既遂。

由于盗窃犯罪的样态复杂，即使根据同一认定标准，有些盗窃究竟是既遂还是未遂，也是有争议的。特别是当行为人的取得与被害人对占有的丧失并不一致时，就会出现认定上的困难。例如，列车上的乘务员，将列车上的货物扔到列车外的某地，打算后来回到该地取回财物。在这种情况下，由于被害人已经丧失了对财物的占有，一般认为，行为人将财物扔下列车时，便构成盗窃既遂，而不是等到行为人实际取回财物时才是盗窃既遂（日本最高裁判所1949年12月22日的判例）。但能否说行为人扔下财物时就取得了该财物呢？这就很微妙了。如果行为人自己记住了扔下的地理位置，而且其他人难以发现该财物的所在场所，即使行为人还没有回到该场所取回财物时，也可以认为行为人取得了财物。

〔21〕 但有人认为，行为人侵入住宅时，就是盗窃罪的着手（主观说）。

〔22〕 但有人认为，行为人的手向被害人的口袋方向伸展时，就是着手（主观说）。

此外,被害人是否丧失了对财物的占有,也并不是一个容易认定的问题。例如,行为人在他人家的浴室里取得了一个戒指,打算以后再取回去,便将戒指藏在浴室的某个隐蔽地方,能否认为被害人已经丧失了对戒指的占有? 因为戒指事实上还在被害人的浴室里,如果戒指所藏的地方并不是那么难发现,就难说被害人丧失了对戒指的占有。但一般认为上述行为已经属于盗窃既遂,理由是行为人事实上支配了戒指。

德国的通说与判例认为,如果根据社会的一般观念,行为人取得了对财物的现实支配,亦即,能够避免前占有人的阻碍控制所取得的财物,而且使前占有人如若不排除行为人的控制就不能再支配该财物,就要认定为财物已经转移给行为人占有,因而成立盗窃既遂。下面以值得讨论的一些事件为例,介绍德国的学说与判例。

1. 在店铺内的盗窃

在德国,行为人在店铺内盗窃体积较小、容易藏于衣服内的商品的,只要行为人将商品转移至"一身专属领域"或"禁忌领域"("占有飞地",如藏在衣服口袋里),即使根据社会的一般观念该财物还处于他人支配的空间内,也认定为排除了他人的占有并且转移为自己占有(盗窃既遂)。因为身体是禁止他人触碰的禁忌领域,被害人要取回商品就必须侵入禁忌领域,但这在经验法则上会受到重大抵抗,因而并非可以无障碍地取回商品。在这样的场合,被害人是否设置报警器并不重要,行为人的行为实际上是否受到了监视也没有关系。换言之,当行为人身藏小商品经过收银台时,即使通过报警器得知行为人窃取了商品,行为人仍然还在店铺内,也要认定该行为构成盗窃既遂。

如果行为人没有将商品藏在禁忌领域,只是以盗窃的故意将商品拿在手上或者放入购物篮中时,还不能认定为转移了占有。例如,行为人企图将笔记本电脑拿出店铺,而被店主夺回的,就不能认定为盗窃既遂。就这样的情形而言,只有当行为人拿着商品离开了店铺,才能认定为盗窃既遂。一般来说,根据社会的一般观念,只要行为人拿着商品经过了收银台,就可以认定为离开了店铺。

2. 在店铺外的盗窃

上述对店铺内盗窃的分析,也适用于在住宅内的盗窃,亦即,在他人住宅盗窃财物时,已经将财物藏于自己的禁忌领域的,即使还没有离开被害人住宅,也成立盗窃既遂。同样,在其他场所盗窃的,如果行为人将财物转移至其他禁忌领域(如自己或者第三者的住宅内、车内等),也必须认定为盗窃既遂。再如,行为人将财物转移到他人的住宅或者土地之外时,通常也会认定为盗窃既遂。但有判例认定,行为人将300公斤重的保险柜从建筑物搬出5米外正要乘车的,成立盗窃未遂。

3. 隐匿财物的盗窃

这是指将窃取的财物隐匿在被害人支配的空间内的情形。一般来说,仅此还没有侵害他人的占有。但是,如果行为人所隐匿的场所是其可以自由地、没有障碍地进入的场所,则能认定该行为已经排除了他人的占有且设定了新的占有,因而成立盗窃既遂。

4. 占有的松弛

如果没有转移财物的占有,只是使他人对财物的占有松弛的,不成立盗窃既遂。例如,店主让顾客试穿衣服的场合,就是使占有松弛的情形。行为人试穿衣服后逃走的,成立盗窃既遂。即使行为人在试穿阶段(试穿前)就具有不法取得的意思,穿上衣服后逃走的,也仅成立盗窃既遂,而不成立诈骗罪。

此外,在德国,盗窃既遂与盗窃终了不是等同概念。一般来说,只要行为人对财物设定了新的占有,就成立盗窃既遂。与此相对,行为人对物的占有已经确实化了才是盗窃终了。窃取财物(既遂)后行为人仍然在他人支配的空间内的,或者还处于现场旁边很近的地方的,或者处于被追赶的状态的,盗窃行为都还没有终了。对盗窃既遂后终了前的行为,仍然可能适用加重构成要件,而且也能成立共同正犯、帮助犯。

四、盗窃罪的主观要素

盗窃罪只能出于故意。问题在于,行为人是否必须具有非法占有目的(德国刑法表述为违法所有目的,日本刑法理论表述为不法领得目的,以下均表述为非法占有目的)。如果持肯定态度,则需要进一步回答:如何理解非法占有的目的。

(一)非法占有目的的要否

关于盗窃罪的目的,各国刑法上出现了两种不同的立法例。一种立法例是明确规定盗窃罪必须具有非法占有目的。例如,德国刑法第 242 条明文规定,盗窃罪必须"以使自己或者第三者违法所有"为目的。奥地利、瑞士、意大利等国刑法都有类似规定。在这种立法例之下,非法占有目的就成为盗窃罪的主观要素。如前所述,德国的盗窃罪属于对所有权的犯罪。但是,盗窃罪的客观构成要件只需要转移财物的占有,而不要求所有权的转移;主观构成要件的违法所有目的,则是指转移所有权的意思。另一种立法例则没有明文规定盗窃罪必须出于某种特定目的(如日本刑法)。这种立法例也并不意味着非法占有目的绝对不是盗窃罪的主观要素,但由于缺乏明确规定,常常引起解释论上的争论。

非法占有目的必要说认为,成立盗窃罪,要求行为人在故意之外另具有非法占有目的。

一方面,财产犯分为毁弃罪与取得罪,盗窃罪属于取得罪,其主观要件除了盗窃故意外,还要求有非法占有的意思。毁弃罪是单纯导致对财物不能利用的犯罪,取得罪则是获取财物的利用可能性的犯罪,所以,后者的实行行为必须是出于利用财物的目的而实施的。这个意义上的非法占有目的,具有区分取得罪与毁弃罪的机能(区分盗窃罪、诈骗罪与毁坏财物罪的机能),而且能够说明二者的法定刑差异。另一方面,行为对法益的侵害达到了值得科处刑罚的程度时,才能成立犯罪;显然,暂时使用他人财物的行为(盗用行为)对法益的侵害还没有达到值得科处刑罚的程度,所以,非法占有目的具有限制处罚范围的机能(区分盗窃罪、诈骗罪与非罪行为的机能)。由于非法占有目的具有上述区分罪与非罪、此罪与彼罪的机能,因而成为盗窃罪的主观要素。此外,既然盗窃罪的本质终究是侵犯所有权与其他本权,就要求以侵犯所有权的样态实施行为,因此,单纯侵害占有的意思还不够,还必须具有作为所有权者(本权者)进行处分的意思。换言之,缺乏这种占有意思的行为(盗用行为),并不成立盗窃罪。

非法占有目的不要说认为,只要行为人具有盗窃罪的主观故意即可,不必另具有非法占有目的。

日本学者大塚仁在论述盗窃罪的主观要件时指出,要求盗窃罪具有非法占有目的,是想以行为人是否具有该目的为标准来区分盗窃罪与毁坏财物罪、不可罚的盗用行为的界限。但是,无论在哪一方面,都不具有充分理由。首先,关于盗窃罪与毁坏财物罪的区别。既然以非法占有目的实施盗窃行为的构成盗窃罪、以毁坏财物的意思实施毁坏行为的构成毁坏财物罪,那么,在行为人以毁坏的意思夺取了他人财物时,理当成立毁坏财物罪;但是,果真如此,对于行为人以毁坏的意思取得了他人财物后却没有毁坏财物的行为,就难以处理。由于毁坏财物罪以开始实施具体的毁坏行为为着手,因此,既然行为人只是夺取了财物而没有实施毁坏行为,就不能作为犯罪处罚,这便不利于保护被害人的财产。此外,根据非法占有目的必要说,对于行为人当初以毁坏财物的意思夺取了他人财物,其后遵从财物的经济用途进行利用、处分的,也难以处理。由于行为人不具有盗窃的意思,所以不能认定为盗窃罪;由于缺乏委托信任关系,也不能成立侵占罪。其次,关于盗窃罪与不可罚的盗用行为的区别。诚然,暂时擅自使用他人财物的行为,只要几乎没有夺取他人财物的物体与价值,就不具有可罚性。但是,这种行为之所以不构成盗窃罪,并不是因为行为人缺乏非法占有目的,而是因为其行为本身不能被认定为盗窃行为。例如,擅自借用他人桌上的小刀削铅笔,或者随意骑着他人停放在广场角落的自行车绕广场一周的行为,虽然都是遵从财物的经济用途进行了利用,并且在行为时具有像所有人那样予以利用的意思,但仅此还不能认为行为人取得了财物的占有,不属于可罚的窃取行为。所以,不依赖非法占有目的,也能区分盗窃罪与不可罚的盗用行为。大塚仁进一步指出,如果对盗窃罪、诈骗罪的保护法益采取本权说,那么就会要求非法占有目的;如果采取占有说,则不会要求非法占有目的。虽然盗窃罪的保护法益最终是所有权及其他本权,但是,大体合理的占有也是盗窃罪的保护法益,既然行为人认识到其行为侵害了他人对财物大体合理的占有而实施盗窃行为,原则上便成立盗窃罪,而不需要非法占有目的。

曾根威彦也采取非法占有目的不要说。他指出,非法占有目的必要说,以行为人不具有非法占有目的(排除意思)为由,为盗用行为的不可罚性奠定了基础。但是,以没有被客观事实证明的单纯的意思来决定犯罪的成立与否是存在问题的。对于盗用行为的不可罚性,应根据不存在排除权利者或其危险的客观事实,从客观违法性的见地来提供依据。非法占有目的必要说,以是否具有非法占有目的(利用意思)来区分盗窃罪与毁坏财物罪,并认为有无非法占有目的能够说明盗窃罪与毁坏财物罪的法定刑差异(前者重、后者轻)。但是,仅仅根据没有被客观事实证明的内心动机、意思,决定法定刑的差异并不妥当;盗窃罪的法定刑重的根据,是随着对象的占有的转移,利益也转移、行为人取得不正当利益这种客观事实。

针对非法占有目的不要说的观点,非法占有目的必要说进行了反驳。

首先,如果不要求非法占有目的,仅从客观行为上区分盗窃罪与毁坏财物罪,那么,只有在客观上没有夺取财物的占有而直接毁坏财物时,才成立毁坏财物罪;夺取了财物后予以隐匿、毁弃的,都成立盗窃罪。这显然不合理。而且,在这一点上,非法占有目的不要说,不能说明盗窃罪、诈骗罪与毁坏财物罪的法定刑差异。至于行为人以毁坏的意思取得了他人财物后却没有毁坏财物的,当然成立毁坏财物罪;同样,行为人起初以毁坏财物的意思夺取了他人财物,其后遵从财物的经济用途进行利用、处分的,理当成立侵占脱离占有物罪。

其次,如果不要求非法占有目的,仅从行为本身区分盗窃罪与不可罚的盗用行为,是相当困难的。因为盗窃罪是状态犯,盗用行为的可罚性要根据夺取占有时的情况进行判断,即使是对事后的客观利用程度是否具有可罚的违法性的判断,也必须考虑行为人夺取占有时的利用意思。所以,将非法占有目的作为主观要件是必要的。

最后,本权说与非法占有目的必要说、占有说与非法占有目的不要说并不具有必然的联系,因为即使采取本权说,也可以认为只要侵害了占有就侵害了权利人对该财物的使用、收益、处分等本权机能,因而不要求非法占有目的;反之,即使采取占有说,也可能对处罚范围作出特别限定,进而要求非法占有目的。

日本的判例一贯坚持非法占有目的的必要说的立场,只不过在不同时期对非法占有目的的内容要求不同。[23]

(二)非法占有目的的内容

1. 日本的学说与判例

关于非法占有目的中的"占有"的含义,日本刑法理论上存在不同学说:

第一说认为,非法占有目的,是指排除权利人,将他人财物作为自己的所有物(排除意思),并遵从财物的(经济)用途,对之进行利用或者处分的目的(利用意思)。例如,大谷实认为,排除意思是主观的违法要素,利用意思则是责任要素。一方面,既然财产罪的本质是侵犯所有权及其他本权,那么,作为其主观要件,仅有侵害的意思还不够,还必须具有像所有人那样进行支配的意思;盗用行为不具有这种意思,所以不成立盗窃罪。另一方面,盗窃罪与毁坏财物罪在侵害他人对财物的占有方面具有相同点,但刑法之所以对盗窃罪处罚更重,是因为基于利用意思夺取财物的责任比基于毁坏、隐匿财物的意思而夺取财物的责任更重。所谓利用意思,是指享受财物所具有的某种效用的意思。

第二说认为,非法占有目的,是指将自己作为财物的所有人进行支配的目的(仅有排除意思即可)。因为诈骗、盗窃等罪的本质是侵犯财产,使自己或者第三者成为财物的所有权人。例如,团藤重光认为,盗窃罪、诈骗罪的本质是侵犯所有权,所以,非法占有目的的内容应是作为所有人进行支配的意思。就毁坏财物罪与取得罪的区别而言,只要是所有人,就有破坏、隐匿的自由,故只要有毁坏、隐匿的意思,就可以说具有非法占有的意思。就与盗用行为的区别而言,一时使用的意思还不能被评价为作为所有人进行支配的意思,但具有消费目的物的价值的意思时,可以肯定非法占有目的;因为如果不是所有人就不能消费财物的价值,所以,如果具有消费财物的价值的意思,就具有作为所有人进行支配的意思。

第三说认为,非法占有目的,是指遵从财物的(经济)用途进行利用的意图(仅有利用意思即可;如后所述,关于利用意思也存在不同理解)。因为诈骗、盗窃等罪不是单纯地转移财物的占有,而是以转移占有后积极地利用财物为目的。如前田雅英指出,对占有的侵害只有达到值得科处刑罚的程度时,才具有构成要件符合性;一时使用他人财物的行为的可罚性,取决于对权利人就财物进行利用的实际侵害程度;所以,非法占有目的并不要求有"作为所有人进行支配的意思"。但是,仅从客观面还不能区分毁坏行为与盗窃、诈骗行为,所以,需要具有遵从财物的本性进行利用的意思。此外,遵从财物的本来的用途进行利用、处分的意思,并不影响违法性,取得罪与毁弃罪对他人财产的法益侵害性没有差异,甚至可以说毁弃罪的法益侵害性更严重。尽管如此,取得罪的法定刑依然重于毁弃罪,这是因为对于国民来说,取得罪是具有诱惑性的、容易实施的行为,需要严厉禁止。但

[23] 其实,还存在更为细致的争论。如后所述,由于非法占有目的通说是指排除意思与利用意思,所以,有的学者对排除意思持肯定态度、对利用意思持否定态度(如团藤重光);有的学者相反,对排除意思持否定态度,对利用意思持肯定态度(如前田雅英)。

是,在这种场合,不需要具有经济上得利的意思,只要具有符合财物的本性的利用意思即可。

上述三种观点涉及的第一个实际问题是:盗窃罪与毁坏财物罪应如何区别?

例一:行为人以毁坏他人财物的意图取出财物,随后毁坏该财物。第一说主张成立毁坏财物罪,第二说主张成立盗窃罪(毁坏行为属于不可罚的事后行为),第三说主张成立毁坏财物罪。

例二:行为人以毁坏他人财物的意图取出财物,但其后并没有毁坏财物,而是单纯放置。第一说主张成立毁坏财物罪,第二说主张成立盗窃罪,第三说主张成立毁坏财物罪(因为毁坏是使财物丧失或减少效用的一切行为,隐匿财物也属于毁坏财物)。

例三:行为人以毁坏他人财物的意图取出财物,但其后产生非法占有目的,利用该财物。第一说主张成立毁坏财物罪与侵占脱离占有物罪,第二说主张成立盗窃罪,第三说主张成立侵占脱离占有物罪。显然,对非法占有目的的理解不同,盗窃罪与毁坏财物罪的界限就不同。

上述三种观点涉及的第二个实际问题是:对盗用他人财物的应如何处理?

按理说,三种学说会得出不同结论,但从学说的实际运用来看,持各种学说的人,并不认为任何盗用行为都不成立犯罪,或者说,都可能认为一定的盗用行为具有非法占有目的,进而认定为盗窃罪。例如,以使用后返还的意思,将他人的自行车使用了5分钟后返还原处的,各种学说都不认为成立盗窃罪,但理由各不相同;反之,以使用后返还的意思,将他人的自行车使用了一天,次日才归还的,各种学说都认为构成盗窃罪。再如,对于以使用后抛弃的意思擅自使用他人汽车的,各种学说也都主张成立盗窃罪,因为“使用后抛弃”的意思中既包含了排除意思(抛弃),也包含了利用意思(使用)。

日本审判实践主张,非法占有目的的内容是“排除权利人,将他人的财物作为自己的所有物,并遵从其经济用途进行利用、处分的意思”。[24]据此,非法占有目的由排除意思与利用意思构成。

排除意思的主要机能是,将不值得科处刑罚的盗用行为排除在犯罪之外。所以,不可能事先形式地确定排除意思的含义,然后据此区分盗窃罪与盗用行为,而应根据刑法目的、刑事政策等从实质上划定不值得科处刑罚的盗用行为的范围,再确定排除意思的含义。关于排除意思(盗窃与盗用行为的区别)的具体内容,严格说认为,行为人必须具有完全排除权利人,并且由自己取代权利人的意思,但多数学者则对此进行了一定的缓和化。根据山口厚、松原芳博等学者的观点,排除意思,是指试图引起可罚的法益侵害(妨害他人对财物的利用)的意思。首先,即使只有暂时使用的意思,但如果没有返还的意思的,就持续地剥夺了权利人对财物的利用可能性,应当认定有排除意思。例如,擅自使用他人的自行车后将自行车毁弃的,具有排除意思。其次,即使具有事后返还的意思,但如果从返还的时间、财物的性质等来看,其间明显妨害被害人对财物的利用的,也具有排除意思。对此,应通过考察被害人的利用可能性与必要性的程度、预定的妨害被害人利用的时间、财物的价值等来判断是否具有可罚性。最后,即使具有事后返还的意思,对利用可

---

〔24〕 日本大审院1915年5月21日判决,载日本《大审院刑事判决录》第21辑,第663页。泷川幸辰、藤木英雄、平野龙一、大谷实、中森喜彦等人支持判例的观点。

能性的妨害也比较轻微,但如果具有消耗财物的价值的意思的,或者说,导致权利人的财物价值减少的,也具有排除意思。例如,从超市窃取商品后伪装退货的,对商品具有排除意思,因而成立盗窃罪。

上述第一种情形的排除意思,表现为排除权利人对其财物本身的占有的意思;如果权利人不能占有自己的财物,就不可能利用、处分自己的财物,所以,这种情形下的排除意思是达到了可罚程度的妨害他人利用财产的意思。第二种排除意思,表现为排除权利人对其财物的利用可能性的意思;由于财物是被权利人利用以达致其目的的工具,对财产的保护更重要的是对权利人利用财产的保护,所以,这种情形下的排除意思也是达到了可罚程度的妨害他人利用财产的意思。第三种排除意思,表现为排除权利人对其财物的价值的占有与利用的意思;由于权利人占有财物是为了利用财物的价值,对财物的保护实质上是为了保护权利人对财物价值的享有,所以,这种情形下的排除意思同样是达到了可罚程度的妨害他人利用财产的意思。

关于排除意思的认定,日本的审判实践起先基本上以行为人是否具有返还意思为基准进行判断。例如,单纯为了一时使用而将他人财物转移为自己占有的,不成立盗窃罪。但是,对于以使用后抛弃的意思夺取他人船只的,认定为具有非法占有目的。后来,即使行为人具有返还意思,判例也可能认定行为人具有非法占有目的。例如,行为人从某日上午7时至次日下午1时擅自使用他人汽车然后返还的,行为人为了搬运赃物多次于夜间使用他人汽车次日早晨返还的,行为人擅自使用他人汽车约4小时却因无证驾驶被检举的,出于复印目的将秘密资料拿出并且复印后返还原处的(其间约2小时),都被认定有非法占有目的。

关于利用意思的具体内容,有的学者理解为遵从从财物的典型利用方法进行利用、处分的意思(少数说),有的学者理解为"享受财物所产生的某种效用的意思"或者"享受财物自身具有的利益或效用的意思",有的学者理解为除了隐匿、毁弃之外的意思都具有利用意思。后两个理解不存在实质差异,都旨在将单纯毁坏、隐匿意思排除在外。

关于利用意思的认定,日本的审判实践起先要求行为人具有"遵从财物的经济用途进行使用、处分的意思";但在难以认定遵从了财物的经济用途进行利用、处分的意思时,只要求具有"遵从财物的本来用途进行使用、处分的意思",如为了投虚假选票,而将投票用纸取出的,被认定具有非法占有目的;不仅如此,只要行为人具有"享受财物所产生的某种效用的意思"时,也属于具有利用意思,如为了捆木材而切割电线的,也被认定具有非法占有目的。不难看出,日本的审判实践虽然坚持非法占有目的必要说,并且认为非法占有目的包括排除意思与利用意思,但对其内容存在缓和化的倾向。[25] 由此可见,所谓排除意思,并不限于永久性排除权利人的意思。

2. 德国的学说与判例

如前所述,德国刑法明文要求盗窃罪具有非法占有目的。德国刑法理论认为,非法占有目的包括两个要素:一是排除意思(Enteignung),即排除所有权人的意思。就排除所有

---

〔25〕 关于非法占有目的的性质,日本学者有不同理解。有的学者认为,非法占有目的是违法要素;有的学者认为,非法占有目的是责任要素;有的学者认为,非法占有目的中的排除意思是违法要素,利用意思是责任要素。

权人而言,只要有间接故意即可。这是因为,盗窃犯通常只是对排除所有权人持容忍态度(in Kauf nehmen),而没有将排除所有权人当作目的,如果不是只要有间接故意就可以了,否则会形成处罚漏洞。二是取得意思(Aneignung),亦即,使财物成为自己或者第三者之物的意思。取得意思是一种意图,因而不能是间接故意。〔26〕

(1)所有权的承认

虽然非法占有目的包括排除意思与得取意思,但首先可以肯定的是,只要行为人承认他人的所有权,就不成立盗窃罪。例如,为了从寻找失踪宠物的人那里获得酬谢金而取得他人宠物的,不成立盗窃罪。因为这种行为虽然侵害了他人对宠物的占有,但行为人仅具有获得酬谢金的目的,仍然承认他人以宠物的所有权。再如,士兵服役期满时发现自己的帽子丢失了,为了避免赔偿,盗窃了他人的帽子后将其作为自己的帽子退还给部队的衣装部。判决认为,士兵只有将帽子退还给所有人的意思,而没有排除所有权人的意思。为了避免赔偿而就帽子的同一性进行欺骗的行为,只是是否成立诈骗罪的问题。又如,为了返还给所有权人,将出卖的赃物再窃取回来的,以索取赎金为目的窃取他人绘画的,判例也否认盗窃罪的成立。理由是,行为人窃取财物时没有转移所有权的意思,相反承认本来的所有权人,因而缺乏非法占有目的。

(2)排除意思

排除意思,是指行为人为了获得对财物的支配地位,意图在事实上持久地(dauernhafn)排斥或破坏他人对财物的支配关系。这被认为是非法占有目的的消极要素。排除意思,不以对所有权人产生财产上的损害为必要。例如,违反他人意志,以更高价值的财物换得他人价值较低的财物的,也成立盗窃罪。〔27〕 如果在取得他人财物时具有返还的意思的,则缺乏排除占有的意思,不成立盗窃罪(消耗了财物价值的除外);但是,如果行为人打算在使用后抛弃财物的,则认为具有排除占有的意思。排除意思具有使盗窃行为与单纯非法使用行为(Gebrauchsanmassung)相区别的机能。单纯使用的意图虽然也能被认定具有将他人财物作为自己财物的意思,但缺乏排除意思。

关于排除意思,还存在排除的对象或者占有的对象的问题。〔28〕 关于非法占有的对象,德国刑法理论在盗窃罪问题上存在物质理论(物体理论)(Substanztheorie)、价值理论(Werttheorie;Sachwerttheorie)与结合理论(Vereinigungstheorie)之争。物质理论认为,所谓非法占有目的,是指行为人具有将他人的财物本身(物质、物体)非法予以占有的意思。价值理论认为,所谓非法占有目的,是指行为人具有非法占有他人财物的价值的意思。结合理论认为,只要行为人具有非法占有他人的财物本身或者财物的价值的意思,就是具有非法占有目的。显然,结合理论实际上是择一理论。德国刑法理论与审判实践的通说是结合理论。根据物质理论,行为人取走他人财物后,将依附于财物的经济价值抽出后将该物返还的,不成立盗窃罪,这显然不合适。根据价值理论,取得缺乏经济价值的财物的行为,也不成立盗窃罪,这在德国并不妥当。所以,结合理论成为通说。

根据结合理论,虽然行为人打算返还所窃取的财物,但如果具有剥夺财物价值的意思

---

〔26〕 也有学者在排除意思与取得意思的基础上,要求行为人具有基于所有权人的地位而自由处理财物的意思。

〔27〕 当然,擅自交换财物的行为,在某些情况下,可能通过推定的承诺阻却违法性。

〔28〕 这一问题不仅与排除意思有关,也与取得意思有关。

的，也能肯定行为人具有排除意思。问题是，如何确定财物的价值范围？通说与判例认为，即使剥夺了财物的价值，也并非都能认定有排除意思。只有当行为人旨在剥夺内在于财物的固有价值，或者被内化于财物自身的（经济的）价值，进而使财物在夺取的范围内没有价值的，才能认定有排除意思。例如，以使用后返还给他人的意思窃取他人电话卡的，以取款后将存折返还给他人的意思而窃取他人存折的，具有排除意思，成立盗窃罪。[29] 但是，如果行为人没有侵害内在于财物的价值的意思，或者说超出了这一界限，就不成立侵犯所有权的盗窃罪，只能成立其他犯罪。例如，以取款的意思窃取他人存折时，为了证明身份同时窃取了他人的护照，并且打算使用后返还存折与护照。虽然对存折具有排除意思，但对护照没有排除意思，因为护照所具有的证明同一性的机能完全没有受到侵害。再如，从他人 U 盘中复制数据予以使用的，只要没有变更财物的价值，即使行为人具有获得经济利益的意思，也不具有排除意思。

行为人并非完全剥夺财物的价值，只是使财物的价值相当程度地减少时，也能认定有排除意思。例如，在 2 年间擅自使用他人机械的，能认定行为人具有排除意思。至于需要何种程度的价值减少，则是一个价值判断问题。行为人盗窃新书，打算阅读后返还的，由于阅读后就使新书变成了旧书，不能像新书一样出售，因而具有排除意思。但是，如果是在书店阅读新书的，则不能直接认定有排除意思。

行为人盗用他人汽车后搁置不管的，如果考虑到场所的远近等具体事项，没有特别的负担就能恢复以前的占有的，就认定具有返还的意思，因而否认排除意思。反之，如果行为人打算盗用后放在第三者容易盗走的场所，能否返还依赖于偶然因素的，则能认定具有排除意思。

行为人从所有权人处窃取财物后，将该财物作为另一种财物出卖给所有权人的，也能认定具有排除意思。因为在这种场合，行为人实际上否认了所有权人的所有权。

（3）取得意思

取得意思，是指使财物成为自己或者第三者之物的意思，或者说行为人意图使自己或者第三者具有类似所有人的地位，而将所取得之财物作为自己或者第三者所有之财物。这被认为是非法占有目的的积极要素。

首先，将他人财物当做自己财物的意思，包括将被害财物编入（列入、纳入）自己财产的意思以及将他人财物的价值当作自己的财产的意思。

行为人至少一时地将窃取的财物置于自己身边，或者具有利用意思时，即行为人具有将被害财物编入自己财产的意思时，就意味着行为人将被害财物当做自己的财物。盗窃罪是侵犯所有权的犯罪，而不是利得犯罪，所以不要求行为人具有获得经济利益的意思。但是，单纯的开始占有本身，还不能说行为人将自己当作所有权人的意思。因为如果仅凭占有的开始就认定行为具有将被害财物当作自己财物的意思，就会导致夺取财物的所有行为都构成盗窃。但是，以毁坏的意思而夺取财物时，就缺乏将他人财物当作自己财物的意思。毁坏行为虽然也可谓擅自行使所有权的权能，但并没有使行为人财产状态发生变

---

〔29〕　这一点与日本不同。在日本，行为人窃取存折后在柜台取款的，分别对存折成立盗窃罪、对现金成立盗窃罪（并罚）。德国之所以仅认定为盗窃罪，是因为民法的规定不同。德国民法典第 808 条第 1 款规定："在规定证书所许诺的给付可向任何持有人履行的同时，发出记有债权人姓名的证书的，债务人因向证书的持有履行给付而免除债务。持有人无权请求给付。"

化。例如,为了毁坏而窃取他人文书的,就没有将该文书当作自己文书的意思。与此相反,男性基于癖好窃取女性内衣的,具有将内衣当作为自己财物的意思。再如,为了打开监狱的门,打算使用后扔掉钥匙的,对钥匙也具有得取意思。

由于取得的对象既包括财物本身也包括财物的价值,所以,将他人财物的价值当做自己的财产时,也具有取得意思。与排除意思不同的是,在具有将他人财物的价值当做自己的财产的场合,原本能够认定行为人具有将财物本身当做自己的财物的意思。因此,没有必要独立讨论财物的价值。

其次,取得意思还包括将被害财物或者财物的价值使第三者取得的意思。德国1998年第六次刑法修正时,在盗窃罪中增加了"违法使第三者取得的意思"。在此之前,由于仅规定了使自己取得的意思,因而非常宽泛地认定行为人具有取得财物价值的意思,以便填补处罚的漏洞。例如,帮助他人盗窃以便获得报酬的,也认定为具有使财物的价值当作自己的财产的意思,现在则不需要这样解释。

最后,取得意思必须是超越确定的认识的意图(意图的必要性),而不能只是未必的故意。例如,基于意图的必要性,就有必要区分容器与内容物。盗窃犯旨在取得内容物,并没有将容器作为搬运手段的想法,而是打算立即抛弃容器的,就不能认定其对容器具有取得意思。而且,如果行为人只是为了盗窃现金,但内容物没有价值的,就只能认定为盗窃未遂。再如,就犯人从监狱脱逃时所穿的衣服而言,由于不得不穿着衣服逃走,而不是意图取得衣服,所以,对监狱的衣服不具有取得意思。此外,即使取得意思附有一定条件时,也不能否定行为人具有取得意思,问题在于是否作出了最终的意思决定。例如,行为人窃取他人的财物作为确保他人履行债务的质押物时,只要有债务人不履行债务就出卖该财物的意思,就具有了最终的意思决定,因而具有取得意思,构成盗窃罪。

(4)占有目的的违法性

非法占有目的要求目的具有违法性。但"违法"这一要件本身是客观的构成要件要素,也是故意的认识内容,因而与犯罪论体系中的违法性不是一个含义。占有目的是否违法,需要根据民事法律规范进行判断。如果行为人具有取得财物的权利,就不可能成立盗窃罪。

在行为人对特定物享有债权(请求权)的场合,行为人擅自从拒不交付(履行)的债务人处取走特定物的,其目的的违法性被否认。如果不享有债权但误以为享有债权的,则阻却故意。

在对象为种类物尤其是金钱的场合,对擅自夺取金钱等种类物的行为,能否认定目的的违法性,则存在争议。德国判例认为,这种场合不能否认违法性,因为在对象为种类物的场合,债务人对交付什么样的物具有选择权。不过,虽然判例否认违法性,但通常行为人认为自己享有取得种类物的权利,因而能阻却故意(但是,有人批判道,这种情形只不过是违法性的错误)。刑法理论的通说则认为,金钱不可能有品质的区别,故选择权是没有意义的,既然如此,享有金钱债权的场合,在期限届满时擅自夺取金钱的,应当否认违法性。不过,这种观点不应适用于金钱以外的场合。

顺便指出的是,奥地利通过违法所有目的这一要件,将暂时使用他人财物的行为、以损害或剥夺为目的的窃取行为,以及为所有者所实施的行为,排除在盗窃罪之外。

3. 英美法中的非法占有目的

英国普通法一直要求盗窃罪、诈骗罪的行为人主观上具有“永久性剥夺他人财产的意图”。但是,一方面,英国刑法并不要求行为人具有获利意思(lucri causa),即使以毁坏的意思夺取或者骗取他人财物的,依然成立盗窃罪或诈骗罪。例如,被告人的朋友因为盗窃他人的马而受到追诉,被告人以毁灭罪证的目的,将他人的马牵出后使之摔死于矿井的,也被认定为盗窃罪。因为就盗窃罪的主观要件而言,只要行为人具有不诚实地完全剥夺所有人的财物的意思就够了,而不要求有获利的意思。另一方面,由于英国刑法明文要求盗窃罪、诈骗罪具有“永久性剥夺他人财产的意图”,所以,暂时的盗用行为、骗用行为不构成盗窃罪、诈骗罪。例如,擅自将他人的马牵走后放置在30英里以外的场所的,虽然成立其他罪,却不成立盗窃罪。但是,在英国的判例上,以下三种虽不具有永久性剥夺他人财产的意图的行为,仍然被认定为盗窃罪或诈骗罪:(1)为了索要金钱等而夺取他人财物的,成立盗窃罪或诈骗罪。这是指为了使财物的所有人买回或者给予报酬而取得所有人财物的情形。例如,将所有人的马牵走后,要求所有人给付金钱,否则不归还马的,成立盗窃罪。再如,在被害人家里做工的人,将被害人掉在院里的贵重金属拿回自己家,要求被害人给付报酬才返还的,成立盗窃罪。(2)以质押目的一时使用他人财物的,被认定为盗窃罪。(3)以消费财物的价值的意思一时使用他人财物的,也被认定为盗窃罪。

1968年英国盗窃罪法明文规定,盗窃必须具有“永久性剥夺他人财产的意图”。但是,一方面,该法第6条第1款规定,行为人虽然不具有使他人永久性地丧失财产的意图而取得属于他人的财产,但如果行为人不顾及他人的权利,具有将该财产作为自己的财产进行处置的意思的,视为具有永久性剥夺他人财产的意图。第6条第2款规定,合法或者非法地占有或支配他人财产的人,在不可能履行归还义务的情况下,为了自己而未经他人许可放弃该财产的,属于将他人财产作为自己的财产进行处置。显然,前述三种虽不具有永久性剥夺他人财产的意图,但仍然被判例认定为盗窃罪的情形,在制定法上被视为具有永久性剥夺他人财产的意图。另一方面,该法第12条又规定了未经授权而使用他人的机动车辆或其他运输工具罪。据此,盗用行为原则上不认为具有永久性剥夺他人财产的意图,因而不成立盗窃罪。

由此看来,英国刑法与判例似乎与日本的上述第二说相同,即行为人具有将他人的财产作为自己的财产进行支配的意思时,便具备盗窃罪的主观要件(非法占有目的)。

通过上述分析,大体可以得出以下结论:其一,日本、德国、英国刑法注重保护被害人的财产,不仅保护财物本身,而且保护财物的价值。其二,不具有非法占有目的,仅具有毁坏意图的,原则上只成立毁坏财物罪,而不成立盗窃罪、诈骗罪。其三,如果刑法规定了使用盗窃罪,对非法占有目的的认定就会比较严格;如果刑法没有规定使用盗窃罪,对非法占有目的认定就会比较宽泛。

五、特殊盗窃

有的国家刑法只用一个法条规定了盗窃罪,而且只有一个罪状与法定刑(如日本刑法),有的国家刑法则用数个法条规定了各种盗窃罪,除普通盗窃罪之外,还规定了加重盗窃罪以及特殊类型的盗窃。下面简单介绍德国刑法中的携带武器或者其他危险工具盗窃与侵入住宅盗窃(入户盗窃)。

德国刑法第244条规定的携带武器或者其他危险工具盗窃,是普通盗窃罪的加重构成要件。

德国刑法没有明文规定“武器”的含义与范围,根据德国的判例,步枪、手枪、气枪、匕首、砍刀、催泪弹等均属于武器。但是,仅具有枪支等武器外形的器具不一定属于武器,只有当行为时具有对人体造成显著伤害的功能,处于可以被使用的状态,才是本罪的武器。不能发射子弹的枪支,以及没有装入子弹的枪支,不属于本罪的武器;但在枪支功能正常的情况下,如果能够立即装入子弹的,也属于武器。已经装入子弹的枪支,即使没有上膛,也是本罪的武器。“危险工具”,是指具有与武器相似的功能的物件。德国的司法判例将刀刃较长的折叠刀、美工刀乃至螺丝刀都认定为危险工具。大体而言,本罪中的武器相当于性质上的凶器,危险工具则相当于用法上的凶器。[30]

“携带”,是指将武器或者其他危险工具(以下省略表述为武器)带在身上或者置于身边附近,从而可以随时没有障碍地使用。(1)从空间角度来看,不需要行为人将武器拿在手上或者放在身上,只要放在随时可以使用的身边附近即可。根据德国的判例,行为人将武器放在数米之外的,属于携带;但放在200米之外的,则不属于携带。另外,虽然武器放在身上或者置于身边附近,但如果不能随时没有障碍地使用的,也不能认定为携带。例如,将武器放在锁好、捆好的背包里实施盗窃行为的,不能认定为携带武器盗窃。(2)从时间角度来看,要求在实施盗窃行为时携带了武器。其一,行为人在着手盗窃前携带武器的,无疑属于携带武器盗窃;其二,不需要事前准备武器,在盗窃的现场或附近获得武器的,也属于携带;其三,不需要在盗窃行为的整个过程中携带武器;其四,在盗窃行为既遂之后终了之前携带武器的,虽然司法判例认定为携带武器盗窃,但部分学者持反对态度。(3)从主体角度来看,在共同犯罪中,只要参与人中有人携带武器,其他知情的人均构成携带武器盗窃。原本合法携带武器的人实施盗窃的,司法判例与多数学者都认为构成携带武器盗窃(以行为人认识到自己携带了武器为前提)。(4)从主观目的来看,携带武器或者其他危险工具盗窃的,不需要有以暴力、胁迫压制他人反抗的意图,只要行为人认识到自己携带了武器或者其他危险工具即可。但是,如果行为人意图以暴力或者胁迫手段阻止、压制他人的反抗,而携带武器与其他危险工具之外的器具(如绳子、胶带、假枪等)或者药物的,也要认定为携带武器盗窃罪。

德国刑法第244条规定的侵入住宅盗窃罪,也是普通盗窃罪的加重构成要件。本罪的住宅原则上与侵入住宅罪的住宅相同;一家人居住的房屋中,即使部分房间作为经营公司的办公室的,也属于住宅;旅客所住的宾馆房间,同样属于住宅。侵入,是指闯入、翻入、用虚假钥匙或者用其他非用于正常开锁的工具侵入住宅,或者隐藏在住宅内盗窃。在德国,结合犯属于加重构成要件的一种类型。侵入住宅盗窃实际上是结合犯,所以,行为人为了盗窃侵入住宅后,实际上在与住宅相分离的办公场所盗窃的,也成立侵入住宅盗窃。反之,如果行为人为了盗窃而侵入办公场所,实际上却是从住宅盗窃财物的,则不成立侵入住宅盗窃。

六、盗窃罪的罪数

财产犯罪的保护法益,不是一身专属法益,因此,盗窃罪的罪数不是由被害法益的数

---

〔30〕 性质上的凶器,是指原本用于杀伤他人的物件;用法上的凶器,是指从使用方法来看,可能用于杀伤他人的物件。

量决定,而是由盗窃行为的数量,即侵害占有的行为个数来决定。例如,行为人一次盗窃了由一人占有的属于数人所有的全部财物时,只成立一个盗窃罪。应当注意的是,即使有数个盗窃行为,在日本也大有可能属于包括的一罪。例如,行为人在一天之内,三次从某仓库盗窃财物,就只构成一个盗窃罪(接续犯),而不认为构成三个盗窃罪。

行为人侵入他人住宅后窃取了财物的,属于盗窃罪与侵入住宅罪的牵连犯(或者想象竞合,或者法条竞合中的吸收关系),不成立盗窃罪与侵入住宅罪的并合罪。窃取他人财物后,诈称是自己的财物而从第三者那里骗取金钱的,则是盗窃罪与诈骗罪的并合罪。

在日本,盗窃他人存折后,假冒存款人从银行柜台取出存款的,成立盗窃罪与诈骗罪的并合罪,盗窃罪的对象是存折本身,诈骗罪的对象是银行的现金。盗窃银行卡后,假冒持卡人从银行柜台取出现金的,成立盗窃罪与诈骗罪的并合罪,盗窃罪的对象是银行卡本身,诈骗罪的对象是银行的现金。盗窃银行卡,从自动取款机取出现金的,是两个盗窃罪(并合罪),其中一个盗窃罪的对象是银行卡本身,另一个盗窃罪的对象是银行的现金。

盗窃罪是状态犯,盗窃既遂以后,其违法状态仍在存续。但是,在这种状态下,盗窃犯对所盗财物实施其他侵害行为的,也只构成盗窃罪,而不另外构成其他犯罪。例如,行为人盗窃他人财物后,又使用、变卖、毁弃该财物的,也不构成其他犯罪,因为这种行为被评价在盗窃罪中,所以只成立盗窃罪。但是,如果事后行为侵害了新的法益,则认为这种事后行为不能评价在盗窃罪中,因而成立另一犯罪。

七、侵夺不动产罪

将侵夺不动产(或窃占不动产)作为一个独立的犯罪,只见于少数国家(如日本、意大利等)的刑法规定。下面以日本规定为例展开说明。

如前所述,盗窃罪是将他人占有的财物取走,只有这样才能称得上窃取,但不动产是不能被取走的,因此盗窃罪的对象不包括不动产。但侵害他人不动产的行为是存在的,对这种行为给予刑罚处罚也是必要的,为了解决这一问题,日本刑法于1960年新设了侵夺不动产罪。

侵夺不动产罪,是指侵害他人对不动产的占有的行为。

顾名思义,侵夺不动产的对象只能是他人占有的不动产。不动产,一般是指土地以及土地上的定着物。土地并不是仅指地面,而是包括土地上的空间与地下。土地上的定着物则只限于建筑物。本来,根据民法的规定,土地上生长的树木也是不动产,但刑法理论并不这样认为。因为树木可以与土地分离,而且是可以被窃取的,故行为人窃取土地上的树木时,直接构成盗窃罪,而不是构成侵夺不动产罪。作为本罪对象的不动产,必须是他人占有的不动产。不过,即使该不动产的所有权属于行为人,但属于他人占有或者基于有关命令而由他人看守时,也认为是他人占有的不动产。所有人侵夺该不动产的,也成立本罪。

对不动产不可能像其他物品那样进行窃取,故刑法使用侵夺一词。所谓侵夺,是指排除他人对不动产的占有,而将该不动产设定为自己或者第三者占有。被判例认定为侵夺不动产的行为主要有:不经允许在他人的土地上建住宅或店铺;移动边界线使他人土地的一部分归自己占有;住进他人占有的空房;假称他人的土地为自己的土地而出卖或出租;将他人的空房作为仓库堆放物资;擅自耕种他人的农田,在土地上建苗床、播种子;在他人的土地上挖坑,取走泥土之后,填埋渣土与废弃物;在公园的规划用地上,建造简易建筑物;超出土地使用权限,在土地上堆放大量废弃物,导致难以恢复原状;等等。不管是哪一种侵夺行为,都要求使不动产的占有状态发生质的变化。因此,租赁人在租赁期满后,仍然赖着不搬走的,不成立侵夺不动产罪。由于侵夺不动产罪是指侵害了他人对不动产的事实性支配,所以,行为人篡改不动产登记的,或者通过虚假手段非法取得不动产登记的,不成立本罪。

一般认为,侵夺不动产罪不是继续犯,而是状态犯。行为排除了他人对不动产的占有,而将该不动产设立为自己或第三者占有时,就构成本罪的既遂。既遂后的行为,只要没有进一步侵害其他法益,就属于不可罚的事后行为,不成立数罪。

侵夺不动产罪只能由故意构成,行为人对排除他人对不动产的占有、将该不动产设定为自己或第三者占有,具有认识与容认态度,就成立本罪的故意。与盗窃罪一样,是否需要行为人具有不法所有的意图,存在争议。

八、亲族相盗

(一)意义与性质

德国、法国、日本、意大利、奥地利等多数国家刑法,对亲族相盗都作了特别规定,使亲族相盗与一般盗窃在处理上相区别。所谓对亲族相盗作特别规定,并不是指将亲族相盗作为一个独立的罪名,而是将亲族相盗进行特别处理。这种特别处理因各国刑法的规定不同而不同。如德国、瑞士刑法采取自诉原则,即亲族相盗只有在告诉的情况下才当盗窃罪处理。法国、西班牙采取不予定罪或不追究刑事责任的原则,如法国旧刑法与西班牙现行刑法规定亲族相盗仅“负民事赔偿责任”,法国新刑法第311-12条规定,盗窃尊、卑直系亲属之财物,盗窃配偶之财物的,“不得引起刑事追究”。日本刑法采取的是免除处罚与自诉相结合的原则,即对配偶之间、直系血亲与同居的亲属之间的盗窃,采取免除处罚的原则;对上述以外的亲属之间的盗窃,采取自诉原则。

需要研究的是对亲族相盗作上述特殊规定的理由何在,这是颇有争议的问题。

人的处罚阻却事由说认为,亲族相盗符合盗窃罪的构成要件,也是违法且有责的行为,但“法律不进入家庭”,即亲族间犯财产罪时,与其由国家干涉,不如交由亲族间自由处理。因此,亲族相盗属于一身的处罚阻却事由。这一观点虽然可谓通说,但并非没有缺陷。“法律不进入家庭”的观念并不妥当,它意味着家庭立于法治之外;根据这一理由,亲族间的伤害、暴行也应由亲族间自由处理,这是不可能的。

可罚的违法性阻却事由说认为,与一般社会上的人与人之间的关系不同,亲族间的关系具有很强的结合关系,形成共同的消费体,因此,亲族间即使相互侵害财产的所有权与占有,也具有不违法的一面(不是指完全没有违法性);而且,亲族间对财物的所有、占有关系并不一定明确。所以,亲族相盗就使得盗窃行为的违法性减少,结果使亲族相盗没有可罚的违法性。这一观点也存在问题。如果说亲族相盗都不构成犯罪,这一学说是有道理的,但亲族相盗可能是告诉就处理,也可能是免除处罚,这两种情况都说明亲族相盗具有可罚的违法性,而不是没有可罚的违法性。

责任阻却事由说认为,亲族之间形成一种共同体,从规范意识来看,在这一共同体中,不能期待亲族间不进行相互侵害,即不能期待亲族间不相互进行盗窃。由于没有这种期待可能性,因此设亲族相盗的特别规定。显然,这一学说难以成立。它既不能说明为什么亲族相盗只是免除处罚,而不是不构成犯罪,也不能说明为什么亲族间没有不相互盗窃的期待可能性。

(二)适用条件

亲族相盗显然只适用亲族之间,这里的亲族范围,各国刑法规定不一。德国刑法规定为亲属、监护人、照管人、共同生活者;瑞士刑法规定为亲属或者家庭成员;日本刑法将“配偶、直系血亲或者同居的亲属”规定为一类,将“其他亲属”规定为第二类;英美国家刑法所规定的亲族相盗,一般只限于配偶。

问题在于,所谓亲族关系,究竟是谁与谁之间有亲族关系。第一种观点认为,亲族关系是指盗窃犯人与财物的所有人及占有人之间必须具有亲族关系;第二种观点认为,亲族关系只要求盗窃犯人与财产的所有人之间具有亲族关系;第三种观点认为,亲族关系只要求盗窃犯人与财物的占有人之间具有亲族关系。这三种观点与盗窃罪的法益密切相关。主张盗窃罪侵害的法益只是占有的人采取第三种观点;主张盗窃罪侵害的法益是所有权及其他本权的人采取第二种观点;主张盗窃罪侵害的法益包括占有与本权的人采取第一种观点。

如果本来不存在亲族关系,而行为人误认为存在亲族关系,或者与此相反时,应当如何处理呢?这个问题不仅与刑法上的错误理论有关,而且与对亲族相盗的性质的看法也密切相关。

主张人的处罚阻却事由说的学者认为,亲族相盗完全具备构成要件符合性、违法性与有责性,亲族关系的有无与犯罪是否成立并没有直接关系,因此,关于亲族关系的认识错误是与故意或责任没有关系的问题。如果本来是亲族的财物,而行为人误认为是他人的财物进行盗窃的,应适用亲族相盗的特别规定;如果本来是他人的财物,而行为人误认为是亲族的财物进行盗窃的,则不适用亲族相盗的特别规定。

主张可罚的违法性阻却事由说的学者认为,对于亲族关系的认识错误,属于对违法性或违法性阻却事由的认识错误。如果本来是亲族的财物,而行为人误认为是他人的财物进行盗窃时,应当适用亲族相盗的特别规定;如果本来是他人的财物,而行为人误认为是亲族的财物进行盗窃时,则属于违法性阻却事由的认识错误,如果能够认为这种错误是一种事实错误,则不成立犯罪。

主张责任阻却事由说的学者认为,对于亲族关系的认识错误,属于对期待可能性的错误。如果本来是亲族的财物,而行为人误认为是他人的财物进行盗窃时,不能认为没有期待可能性,仍然成立犯罪;如果本来是他人的财物,而行为人误认为是亲族的财物进行盗窃时,属于没有期待可能性,不成立犯罪。

第三节 抢 劫 罪

一、抢劫罪概说

抢劫罪(强盗罪),是指行为人以非法占有为目的,使用暴力、胁迫以及其他不法手段,使他人不能抗拒,进而强取财物或者财产性利益,或者逼迫他人交付财物或者财产性利益的行为。这个一般性定义,不能适用于所有国家刑法的规定,但大抵能够包括一般国家刑法所规定的抢劫罪的内容。

就违反所有人或占有人的意思取走财物而言,抢劫罪与盗窃罪有相同之处。也正因为如此,有的国家刑法规定,“盗窃+暴力、胁迫”就是抢劫罪(如瑞士刑法第140条、法国旧刑法以及英美刑法,由此可以明白“强盗罪”的本来意义)。这个意义上的强盗罪与盗窃罪的区别在于,是否实施了暴力、胁迫行为进而压制被害人的反抗,其他方面似乎都是相同的,甚至可以说,强盗罪是盗窃罪的加重形态。

但是,多数大陆法系国家的刑法还是将抢劫罪规定为以暴力、胁迫方法强取财物的行为,即抢劫不是“盗窃+暴力、胁迫”,而是“暴力、胁迫+强取(夺取)财物”。[31] 这样,抢劫罪就是暴行罪、胁迫罪或者强制罪与盗窃罪的结合犯。因此,抢劫罪的保护法益是意思活动的自由与财产(具体内容取决于如何理解盗窃罪的保护法益,如在德国,抢劫罪的保护法益就是意思活动的自由与所有权)。由于各国刑法都将抢劫致人伤亡规定为结果加重犯,所以,作为结果加重犯的抢劫罪的保护法益也包括了人的生命、身体。

一般来说,抢劫罪的对象不仅包括动产,而且还包括财产性利益,当然也有例外。从立法体例上看,主要存在以下几种类型:(1)规定抢劫罪的对象仅限于动产,而不包括不动产与财产性利益(如奥地利刑法);(2)规定抢劫罪的对象仅限于动产,但另外规定以暴力、胁迫方法妨碍他人对不动产的占有的犯罪,对于以暴力、胁迫方法获得财产性利益的行为,以敲诈勒索罪处罚(如意大利刑法);(3)在同一条的第1款规定针对财物的抢劫罪,在第2款规定针对财产性利益的抢劫罪(如日本刑法);(4)在一个法条中规定针对动产的抢劫罪,在另外的法条中规定抢劫性敲诈勒索罪,后者实际上是抢劫财产性利益的犯罪(如德国刑法)。

抢劫罪是危害严重的犯罪,也是发案率较高的犯罪,各国刑法都给它规定了较重的法定刑,而且一般对抢劫致死伤罪规定最严厉的刑罚。保留死刑的国家规定为死刑,废除死刑的国家规定为终身自由刑。

抢劫罪有不同的类型,各国刑法规定不一。德国刑法规定了普通抢劫罪、加重抢劫罪、抢劫致死罪、事后抢劫罪(抢劫性盗窃罪)与抢劫性敲诈勒索罪;奥地利刑法只规定了普通抢劫罪、抢劫性盗窃罪与加重抢劫罪;日本刑法规定了普通抢劫罪、抢劫利益罪、事后抢劫罪、昏醉抢劫罪、抢劫致死伤罪、抢劫强奸罪、抢劫强奸致死罪、抢劫预备罪等。

二、普通抢劫罪

普通抢劫罪,是指以暴力、胁迫手段强取他人财物的行为(为了论述方便,下面一般简称为抢劫罪)。

(一)对象

抢劫罪的对象是他人占有的财物。德国、奥地利、意大利等国刑法明文规定,抢劫罪的对象必须是他人动产(可移动的物品)。但日本等国刑法并无明确规定,因而存在争议。多数观点认为,普通抢劫罪的对象不包括不动产,因为抢劫罪与盗窃罪具有相同的特性,既然盗窃财物不包括不动产,那么,抢劫财物也不包括不动产。据此,下列两种情形仅成立抢劫利益罪,而不成立普通抢劫罪:(1)以暴力、胁迫手段将他人名义的不动产变更

---

〔31〕　由此可见,“抢劫”与“强盗”一词实际上是有区别的,本书使用“抢劫罪”一词,不仅仅是为了使之适合于我国的习惯说法,而且是采用语词的本来含义。下面主要介绍的是以暴力、胁迫手段强取财物的抢劫罪。

登记为自己名义的不动产;(2)使用暴力、胁迫手段,事实上占有他人不动产。不过,少数学者认为,上述第一种情形应成立普通抢劫罪。但也有少数学者认为,普通抢劫罪的对象包括不动产,上述第一种情形成立普通抢劫罪,因为行为人事实上支配了对不动产的占有;但上述第二种情形则成立抢劫利益罪,因为行为人只不过取得了占有不动产这种事实上的利益(西田典之、山口厚)。抢劫罪的对象只是他人占有的财物,但即使是自己的财物,如果属于他人占有或基于公务机关的命令由他人看守时,使用暴力、胁迫强取该财物的,也构成抢劫罪。

(二)行为

抢劫罪的行为表现为以暴力、胁迫手段强取他人的财物。绝大多数国家刑法都把抢劫罪的手段限定为暴力与胁迫,而不包括其他手段。暴力、胁迫手段与取得财物之间必须具有关联性。

1. 暴力、胁迫的对象

首先要讨论的是,暴力、胁迫的对象有无限定。对此,日本刑法理论存在两种观点:一种观点认为,暴力、胁迫的对象不一定限于财物的所有者、占有者与直接持有者,只要是行为人强取财物的障碍者即可(通说)。另一种观点则认为,前一种通说的理解过于宽泛。例如,甲为了盗窃于深夜侵入他人住宅后,为了避免婴儿啼哭吵醒家人进而妨碍自己盗窃,于是用东西塞住婴儿的嘴。按照通说,甲的行为也成立抢劫罪,但这个结论显然不合适。[32] 所以,虽然暴力、胁迫的对象不一定限于财物的所有者、占有者,但至少应是财物的占有辅助者或者应当协助保管财物的人。德国刑法理论的通说认为,暴力的对方,不必是财产的被害人,只要至少在行为人看来是具有保护占有意思的人即可。所以,如果行为人对没有保护占有意思的人实施暴力的,则不成立抢劫罪。例如,对幼儿实施暴力,旨在使其父母忍受行为人强取财物的,由于对具有保护占有意思的父母仅存在心理的作用,所以,不能评价为以暴力手段抢劫,只能判断是否成立胁迫手段的抢劫。同样,胁迫的对象也不限于财产的被害人,只要胁迫行为对财产的被害人构成一种恶害,也能成立抢劫罪。例如,在宾馆以加害顾客相要挟,使宾馆管理者不敢阻止,进而要求宾馆管理者交付财物的,也成立抢劫罪。

2. 暴力、胁迫的含义

按照德国刑法理论的通说,抢劫罪中的暴力,是指为了排除现实的或者预期的反抗,通过将物理的有形力作用于他人的身体,而行使强制力。其中的物理的有形力,只要是单纯的身体举动即可。手指按动爆炸开关的,也属于行使物理的有形力。抢劫罪的暴力只能是对人暴力,而不包括对物暴力。亦即,暴力行为必须直接或者间接作用于人的身体,单纯对人产生心理作用或者单纯的对物暴力,不能评价为抢劫罪中的暴力。例如,为了妨碍所有权人回到住宅,而破坏其汽车轮胎或者堵塞道路的,不属于对人暴力。但是,将被害人监禁在房间的,则是间接地对人暴力(破坏汽车轮胎或者堵塞道路的行为虽然阻碍了被害人进入家门,但没有侵害其身体移动自由,因而与监禁不同,不能评价为暴力)。对睡眠或者酩酊中的人实施暴力的,也能成立抢劫罪。例如,为了防止被害人万一呼救而将其拽到偏僻道路的,属于暴力行为。但是,被害人处于完全不能反抗的状态时,将被害

---

〔32〕 前田雅英虽然采取通说的观点,但认为这种情形不成立抢劫罪。

人放在口袋里的手移开的,不应认定为暴力(但德国判例认定为暴力)。

德国刑法明文规定,抢劫罪中的胁迫手段必须以对身体或生命的现时危险相胁迫。胁迫,是指行为人以能够左右或者假装能够左右的恶害相通知,从被害人的角度来看实现恶害具有真实性。如果被害人根本不在意,则仅成立未遂。胁迫的内容必须是加害于他人的生命或者身体,而且对身体的加害必须是重大的加害。以打耳光相胁迫的,不构成抢劫。所谓现时危险,则与阻却违法的紧急避险中的现时危险相同。

日本刑法理论的通说与判例认为,抢劫罪中的暴力与胁迫,必须达到了足以压制对方反抗的程度。[33] 之所以如此要求,是因为刑法在规定抢劫罪的同时,还规定了敲诈勒索罪。暴力、胁迫没有达到上述程度而取走财物的,仅成立敲诈勒索罪。[34]

对暴力、胁迫是否达到了足以压制对方反抗程度的判断,理论上存在着主观说与客观说的争论。主观说主张,应当以被害人的主观状态为基准,在具体的案件中,只要暴力、胁迫确实足以压制被害人的反抗,就构成抢劫罪。客观说提出,应当以一般人的主观状态为基准,只有暴力、胁迫足以压制一般人的反抗时,才成立抢劫罪。在通常情况下,上述两说不会得出不同结论,只是当被害人特别胆小或特别顽强的时候,才出现不同结局。当暴力、胁迫不足以压制一般人的反抗,但由于被害人特别胆小,事实上压制了被害人的反抗时,主观说认为成立抢劫罪,客观说认为不成立抢劫罪。当暴力、胁迫足以压制一般人的反抗,但由于被害人特别顽强,事实上不足以压制被害人的反抗时,主观说认为不成立抢劫罪,客观说认为成立抢劫罪。由此看来,主观说导致由被害人的胆量大小决定行为是否构成抢劫罪,因而不妥当,故通常采取客观说。

但是,在采取客观说时,仍然存在如何判断暴力、胁迫是否达到了足以压制一般人反抗的程度问题。一般认为,首先应着眼于暴力、胁迫本身的客观性质,要考虑暴力、胁迫的强度、样态、工具、时间、场所,考虑行为人的人数、年龄、性别等,同时也要考虑被害人的人数、年龄、性别、性格等,然后以一般人为标准进行综合判断。

还有一个值得研究的问题,即暴力、胁迫虽然没有达到足以压制一般人反抗的程度,但行为人认识到被害人特别胆小,所以采取了只需要压制被害人的暴力、胁迫手段,这种行为是否构成抢劫罪? 前述主观说认为成立抢劫罪。采取客观说的人则有不同看法,一种观点认为,由于行为人认识到被害人特别胆小,因而实施足以压制被害人反抗程度的暴力、胁迫,理当成立抢劫罪;如果行为人没有认识到被害人特别胆小,则不成立抢劫罪。另一种观点认为,对抢劫罪中的暴力、胁迫应当进行客观评价,行为人对被害人胆量的认识,并不能改变暴力、胁迫本身的客观性质,因此上述行为不成立抢劫罪。

在日本,抢劫罪中的暴力,只要求对人行使有形力,但不要求直接对人的身体行使有形力,因此,对物体行使有形力,从而压制被害人的意志与行动自由,达到了压制被害人反

---

〔33〕 德国刑法理论与判例不讨论暴力、胁迫是否压制被害人反抗的问题。总体来看,德国抢劫罪中的暴力范围宽于日本。

〔34〕 日本也有学者主张,抢劫罪中的暴力、胁迫行为首先必须足以压制被害人的反抗,其次还必须具有对生命、身体的高度危险性。根据这种观点,只有两种胁迫情形可以构成抢劫罪:(1)以对被害人的生命、身体实施高度危险的暴力行为相通知,并为实现恶害进行了准备。(2)因为胁迫而将被害人逼入绝路,诱发了被害人的物理性反抗,进而招致了行为人与被害人的对立冲突状况。因此,抢劫罪的胁迫要求行为人与被害人的接近性或者当面性,通过电话等进行隔地胁迫的不成立抢劫罪(松原芳博)。

抗的程度时,就属于抢劫罪的暴力。杀害被害人的行为完全压制了被害人的反抗,理当属于抢劫罪的暴力。再如,将行人突然绊倒,随即夺走行人携带的物品而逃走的,一般也认为构成抢劫罪。至于抢劫罪中的胁迫,则不问行为人所告知的恶害的种类与性质。还应注意的是,暴力、胁迫的对方,并不一定要是财物的所有人或占有人,只要是针对阻碍行为人强取财物的人实施暴力、胁迫就行了。

3. 强取财物的含义

在日本,要求行为人夺取财物与暴力、胁迫手段之间具有客观的关联性。所谓强取财物,是指行为人以暴力、胁迫压制对方的反抗(中间结果),违反对方的意思而将财物转移给自己或第三者占有。通常是行为人自己夺取财物,但也可以是在压制对方的反抗后,由对方交付财物。不仅如此,行为人实施了暴力、胁迫,乘被害人没有注意财物时而取走财物的,也构成抢劫罪。但行为人实施暴力、胁迫,导致被害人逃跑时失落财物,行为人在追赶时拾起该财物的,则不属于强取财物。强取财物的要件表明,行为人以暴力、胁迫压制被害人的反抗,与夺取财物之间必须存在因果关系。

但是在某些情况下,行为人的暴力、胁迫与夺取财物之间可能并没有因果关系,这便产生了抢劫罪是既遂还是未遂的问题。例如,行为人实施了暴力、胁迫行为,而且达到了足以压制一般人反抗的程度,但是实际上并没有压制被害人的反抗,被害人基于恐怖心理或者怜悯心理而交付了财物,对这种行为的处理有不同意见。(1)成立抢劫既遂罪。因为行为人实施的暴力、胁迫行为达到了抢劫罪所要求的程度,而且被害人也交付了财物,这便是强取财物,应成立抢劫既遂罪。但这一观点受到了批判,因为抢劫罪是违反被害人的意思而强取财物,在上述情况下,并没有违反被害人的意志,故不能认为是抢劫既遂罪。(2)成立抢劫未遂罪。理由是,行为人实施了足以压制被害人反抗的暴力、胁迫行为,就表明行为人实施了抢劫罪的实行行为。但是,抢劫罪的既遂还要求强取财物,而强取财物是违反被害人意思的,即暴力、胁迫——压制被害人的反抗——夺取财物之间必须有因果关系。[35] 上述情况下并不存在这种因果关系,故只成立抢劫未遂罪。此观点在刑法理论上虽然是种通说,但审判实践上却并非如此。[36] (3)成立抢劫未遂与敲诈勒索罪的想象竞合犯。因为是否压制被害人的反抗,是区分抢劫罪与敲诈勒索罪的关键。没有压制被害人反抗的暴力、胁迫行为,既属于抢劫未遂,又符合敲诈勒索罪的构成要件。(4)被害人基于恐怖心理交付财物的,对方成立抢劫既遂罪(因为此种情形的交付财物与对方的暴力、胁迫之间具有因果关系);被害人基于怜悯心理交付财物的,对方成立抢劫未遂罪(因为此种情形的交付财物与对方的暴力、胁迫之间没有因果关系)。

与日本不同的是,德国只要求目的关系的主观性(目的性关联)。亦即,行为人必须是为了取得财物而对他人使用暴力、胁迫手段,但不要求暴力、胁迫与取得财物之间具有客观的因果关系。例如,为了防止熟睡中的被害人反抗而监禁被害人,但被害人根本没有醒来,行为人因此而取得财物的,也成立抢劫既遂。

---

[35] 当然,行为人以抢劫的故意,首先夺取财物,接着实施暴力以确保已经夺取的财物的行为,也构成抢劫既遂罪。

[36] 日本审判实践上并不十分重视上述因果关系。例如,实施暴力、胁迫时,趁对方不注意而取走财物,认定为抢劫既遂。再如,行为人基于抢劫的故意,在对被害人实施暴力、胁迫之际,被害人由于害怕而逃走,将所持物品遗留在现场,行为人取走该物品的,也认为是抢劫罪。

从目的性关联引申出另一个要求,即暴力、胁迫与夺取财物之间必须具有时间上、场所上的接近性。亦即,必须是在盗窃的着手时实施暴力、胁迫;在盗窃的预备阶段实施暴力、胁迫的,不能认定为抢劫罪。例如,行为人使用暴力、胁迫手段迫使被害人说出财物的存放地之后,行为人为了取得财物必须前往另一地点的,就仅成立强制罪与盗窃罪。在这种场合要成立抢劫罪,就要求行为人通过拘束被害人的身体等手段,使暴力、胁迫的作用持续到盗窃的着手时点。

行为人没有夺取财物的意思而实施了暴力、胁迫行为后,利用这种状态夺取财物的,因为缺乏目的性关联,而不成立抢劫罪。但是,在产生夺取财物的意思后,如果默示的胁迫仍然在持续,则能成立抢劫罪。例如,行为人在伤害或者强奸后,被害人处于完全不能反抗的状态,行为人夺取被害人的现金的,不成立抢劫罪。但是,行为人在强奸后,在按倒被害人的状态中夺取现金的,则认为暴行处于持续中,因而成立抢劫罪。再如,行为人为了强吻被害人而抱住被害人,并抓住被害人的左手腕,然后发现了被害人手腕上的手表,进而夺取了手表的,判例认定为抢劫罪。[37]

行为人虽然为了夺取财物而实施暴力、胁迫,但是,如果所夺取的财物与当初打算夺取的财物完全不同的,则由于欠缺目的性关联,对财物仅成立盗窃罪。例如,行为人为了夺取枪支而对被害人实施暴力,[38]但在寻找枪支的过程中发现了现金进而夺取现金的,德国判例认为对现金仅成立盗窃罪(此前的行为成立强制罪或者其他犯罪)。

在行为人以其他目的监禁被害人后,利用被害人不能反抗的状态而夺取财物的,是否构成抢劫罪?亦即,能否认定行为人为了夺取财物而以不作为的方式实施了暴力?德国判例得出了肯定结论,但受到了学界的批评,因为积极的暴力行为与单纯不解除监禁状态的不作为之间,并不具有等价性;而且判例的结论会导致处罚的不均衡(与出于其他目的实施暴力使被害人昏迷,然后起意夺取财物的行为不构成抢劫罪相比,上述行为也不应当构成抢劫罪)。

4. 抢夺行为的性质

德国、日本等国刑法均没有规定抢夺罪,所以面临着对抢夺行为如何处理的问题。德国的通说认为,抢劫罪的暴力仅限于为了排除反抗的情形,所以,如果只是为了避免反抗而利用被害人的惊愕取得财物的,不属于抢劫罪中的暴力,仅成立盗窃罪。但是,如果行为人抓住被害人的提包时,被害人不松手,行为人用力夺取的,德国判例认定为抢劫罪。

在日本,单纯的对物暴力也不成立抢劫罪,所以,抢夺行为通常仅成立盗窃罪。因为抢夺行为虽然是对物暴力,但不是为了压制被害人的反抗。不过,也有学者认为,如果使用了足以压制被害人反抗的暴行的,也应认定为抢劫罪(大塚仁、大谷实、前田雅英)。对此持批评态度的学者则认为,如果这种观点的旨趣在于暴力不以实际作用于被害人的意思为必要,则并不妥当(町野朔)。但可以肯定的是,虽然旨在抢夺,但在被害人拒不放手时,行为人拽倒被害人的,或者利用机动车夺取财物的,则可以评价为对被害人使用了暴力,认定为抢劫罪。

---

〔37〕 日本将这一内容放在抢劫的故意中讨论。

〔38〕 德国刑法没有将盗窃枪支、抢劫枪支的行为规定为独立的犯罪,盗窃枪支的成立加重盗窃罪。

(三)故意

抢劫罪是故意犯,行为人对以暴力、胁迫压制对方的反抗而强取财物具有认识与容认的态度。抢劫罪的故意不要求行为人对财物的数量有认识。例如,在德国,行为人原本为了夺取被害人钱包里的5欧元而殴打被害人,后来发现并夺取了被害人钱包里的700欧元的,由于当初的夺取意思没有发生重大变更,因而对全额成立抢劫罪。在日本,也不要求行为人对财物的种类有认识。但德国则不同,如果财物并非行为人当初所预定的种类(枪支),则对当初的预定的财物成立抢劫未遂,对现实夺取的财物(如现金)成立盗窃罪。至于行为人是否必须具有非法占有目的,在德国没有争议(需要有非法占有目的,其内容与盗窃罪中的非法占有目的相同),但在日本则存在与盗窃罪一样的争议。

在通常情况下,行为人实施暴力、胁迫行为时,就具有强取财物的故意,即行为人为了强取财物而实施暴力、胁迫行为。问题是,当行为人出于其他犯罪故意或基于其他原因实施暴力、胁迫,压制了对方的反抗后,才产生夺取财物的意思并乘被害人不能反抗夺取财物的,应如何处理呢?这在德国属于目的性关联的问题,在日本则属于抢劫罪的故意问题。

日本刑法理论上有两种主张:(1)上述夺取财物的行为只成立盗窃罪。因为在上述情况下,行为人实施暴力、胁迫时,并没有将暴力、胁迫作为抢劫财物的手段,因而不符合抢劫罪的基本结构;如果把先前的暴力、胁迫追认为抢劫罪的手段,则扩大了抢劫罪的成立范围,违反了罪刑法定主义(团藤重光、大塚仁、大谷实、前田雅英等)。这是日本刑法理论的通说(也可谓德国的通说)。(2)上述行为成立抢劫罪。理由是,行为人积极利用自己的行为所造成的不能反抗的状态而夺取财物,与重新实施暴力、胁迫而夺取财物,没有性质上的不同,应当同等看待(藤木英雄)。日本审判实践上的做法并不一致。有的判例认为,行为人实施暴力后,趁被害人处于不能反抗的状态取走财物的,认定为盗窃罪;[39]有的判例则认为,行为人强奸妇女后,趁妇女畏惧而取走财物的,应认定为抢劫罪。[40]

至于行为人出于其他故意,于正在实施暴力、胁迫的过程中产生夺取财物的意思,并夺取财物的,则没有争议地被认定为抢劫罪。

(四)着手、既遂及罪数

行为人以抢劫的故意,开始实施(足以压制被害人反抗的)暴力、胁迫行为时,就是抢劫罪的着手。行为人以抢劫的故意侵入他人住宅,而没有开始实施暴力、胁迫行为时,不认为已经着手实行抢劫行为。因此,这种行为只成立抢劫预备罪与侵入住宅罪的想象竞合。此外,即使行为人有抢劫的故意,并且已经夺取了财物,但如果还没有实施暴力、胁迫行为,就还没有着手实行,也只能认定为盗窃罪;如果夺取财物时,被对方发现或阻止,行为人继而实施暴力、胁迫时,则开始实施暴力、胁迫时为抢劫罪的着手。在这种情况下,盗窃罪被抢劫罪吸收,只成立抢劫罪,不另成立盗窃罪。

---

〔39〕 东京高等裁判所1973年3月26日的判决指出,以其他目的实施暴力、胁迫后,产生了夺取财物的意思而夺取财物的,只有在产生了夺取财物的意思后,又实施了使被害人不能反抗的暴力、胁迫时,才构成抢劫罪。也有相反的判例。

〔40〕 日本大审院1944年11月24日的判决指出,以强奸目的实施暴力、胁迫,但被害人由于畏惧而提供金钱,行为人取得该金钱的,构成抢劫罪。也有相反的判例。

行为人以暴力、胁迫手段取得了财物的占有时,就是抢劫罪的既遂时期。问题是行为人先实施盗窃行为取得了财物,被对方发现后实施暴力、胁迫,但并没有取得新的财物时,是抢劫既遂还是抢劫未遂。持抢劫既遂的观点认为,上述行为从整体上评价,就认为是抢劫既遂。持抢劫未遂的观点则认为,行为人先取得的财物,与暴力、胁迫之间并没有因果关系,在上述情况下应成立盗窃既遂罪与抢劫未遂罪,由后罪吸收前罪。此外,抢劫罪是状态犯,既遂后处分赃物的行为,只要没有侵害新的法益,就属于不可罚的事后行为。

行为人对一家庭里的数人实施暴力、胁迫,但只侵害一个占有时,只成立一个抢劫罪(本来的一罪)。行为人以一个暴力、胁迫行为从数人那里强取财物时,成立抢劫罪的想象竞合。行为人以盗窃的故意侵入他人住宅,窃取财物后,进而实施暴力、胁迫强取财物的,一般认为从整体上评价为一个抢劫罪(包括的一罪)。行为人以抢劫的故意侵入他人住宅,窃取财物后,进而实施暴力、胁迫强取财物的,一般认为成立单一的抢劫罪。行为人窃取财物后,又产生抢劫的故意,实施暴力、胁迫手段强取新的财物的,则构成盗窃罪与抢劫罪的并合罪。

三、抢劫利益罪

抢劫利益罪见于日本刑法,是指以暴力、胁迫手段不法取得或使他人取得财产上的利益的行为。普通抢劫罪抢劫的是财物,抢劫利益罪所抢劫的是财产上的利益。[41]

抢劫利益罪的对象是财产上的利益,即财物以外的财产性的利益,包括积极利益的增加与消极利益的减少,如免除债务、免除出租费用、免除饮食费等。财产上的利益既可以是永久性的利益,也可以是一时性的利益,因此,行为人以暴力、胁迫手段强行一时占有他人不动产的,也构成本罪。

抢劫利益罪的行为是使用暴力、胁迫手段而取得财产上的利益。至于财产上的利益的取得,是否必须基于被害人的处分行为,则有必要说与不要说之争。必要说认为,抢劫利益罪的成立,以被害人对财产上的利益有处分行为为必要,即必须是被害人因为受暴力、胁迫而作出将财产上的利益给予行为人的决定。因为只有这样要求,才能明确财产上的利益是否转移给行为人,进而防止扩大抢劫利益罪的处罚范围。不要说则认为,抢劫利益罪的成立,并不要求被害人有处分行为。因为抢劫利益罪是抢劫罪的一种,既然行为人使用暴力、胁迫压制了被害人的反抗,就不能要求被害人还必须有处分行为,只要求行为人实际上得到了财产上的利益就行了。日本审判实践上起先是采取必要说,后来逐渐转向不要说。不要说成为现在的通说。

虽然通说采取不要说,但是否要求现实地、具体地转移了财产性利益,则仍有争议。首先存在争议的是,行为人以免除债务为目的而杀害债权人,但被害人一方仍有债权凭证的,是成立抢劫利益罪(抢劫杀人罪),还是杀人罪?日本的下级裁判所曾将这种行为认定为抢劫利益罪,因为这种行为不仅造成了债权的继承人不能或者明显难以行使债权的情形,而且使债权人一方在相当长时间内不可能迅速行使债权。然而,不少学者指出,成立抢劫利益罪,虽然不要求被害人具有处分行为,但必须现实地、具体地转移了财产上的利益。在上述案件中,只有当不存在债权凭证、被害方事实上不可能行使债权时,才成立

---

〔41〕 德国刑法规定的抢劫罪的对象仅限于动产,不包括财产性利益,但其刑法第255条规定的抢劫性勒索罪,实际上包含了抢劫利益的情形。

抢劫利益罪(西田典之、山口厚)。其次,继承人杀害其他继承人或者被继承人的,一般成立杀人罪,而不认定为抢劫利益罪。因为作为抢劫对象的财产性利益,必须是在未压制反抗的状态下,被害人可以任意处分的利益,但在上述情形中,人的死亡是启动遗产继承的唯一原因,作为继承对象的财产性利益,并非被害人能够任意处分的利益。最后,为了取得公司的经营权而杀害了经营者的,也不是因为杀害行为而转移了经营上的利益,故仅成立杀人罪,而不成立抢劫利益罪。

抢劫利益罪的设立,解决了许多问题。例如,当场使用暴力、胁迫手段强迫债权人免除债务、当场使用暴力强迫饭店免收饮食费等,既不能当普通抢劫罪处理,也不能当敲诈勒索罪处理,而设立抢劫利益罪则解决了这方面的问题。日本审判实践中认定较多的抢劫利益罪,主要有以下四个方面的案件:一是行为人乘坐出租车,到达目的地时为了不付出租车费,而采取暴力、胁迫手段强迫出租司机免除该费用;二是行为人无钱饮食后,使用暴力、胁迫手段强迫饮食店免收饮食费;三是债务人使用暴力、胁迫手段强迫债权人免除或减少债务;四是以暴力、胁迫手段强行占有他人不动产。有争议的是,行为人窃取他人财物后,以暴力、胁迫手段逃避被害人的返还请求的,应当如何处理?如果符合事后抢劫罪的构成要件,当然成立事后抢劫罪,如果不符合事后抢劫罪的构成要件,则存在是否构成抢劫利益罪的问题。日本的判例认为,上述行为成立盗窃罪与抢劫利益罪的包括的一罪,应以其中之一的重罪即抢劫利益罪处断。但也有学者认为,对返还请求权的侵犯,只是盗窃罪的共罚的事后行为,不能成立独立的处罚对象。

四、准抢劫罪

这里所称的准抢劫罪包括三种情况:一是事后抢劫罪,二是抢劫性盗窃,三是昏醉抢劫罪。

(一)事后抢劫罪

事后抢劫罪,是指犯盗窃罪的行为人,为了保护赃物、逃避逮捕或者湮灭罪证,于行为时实施暴力或者胁迫的行为。大多数国家刑法都规定了事后抢劫罪,但这种事后抢劫罪与普通抢劫罪有很大区别,它并不是严格意义上的抢劫罪,而是法律所拟制的抢劫罪,因此法律往往规定“以抢劫罪论”;当然,由于法律的规定,这种行为就成为一种独立的犯罪。下面以日本刑法规定及其刑法理论与判例为例予以说明。

1. 主体

事后抢劫罪的主体,为盗窃犯。这里的盗窃犯,只要求是已经着手实行了盗窃行为的犯人,至于该盗窃行为是既遂还是未遂,则在所不问。盗窃未遂时,行为人虽然不可能为了保护赃物而使用暴力、胁迫,但可能为了逃避逮捕或湮灭罪证而使用暴力或胁迫。其他财产犯罪人不能成为事后抢劫罪的主体。

问题是,犯抢劫罪的行为人抢劫财物后,为了保护赃物、逃避逮捕或湮灭罪证,而于行为时使用暴力、胁迫的,能否成立事后抢劫罪?一种观点认为,由于抢劫包含了盗窃,所以,犯抢劫罪的行为人仍然可能成立事后抢劫罪(平野龙一、山口厚)。据此,后来的暴力、胁迫行为致人死亡或者伤害的,便可以认定为抢劫致死伤罪。另一种观点则认为,以抢劫的故意实施暴力、胁迫后,为了逃走等而实施暴力、胁迫行为致人死亡或者伤害的,即使不认定为事后抢劫罪,也可能直接认定为抢劫致死伤罪。而且,设立事后抢劫罪的本旨,在于将犯盗窃罪的人事后实施暴力、胁迫行为的作为准抢劫罪处罚,如若认为事后抢劫罪的前提犯罪包括抢劫罪,则使抢劫罪与事后抢劫罪的界限模糊(大谷实、前田雅英、山中敬一)。

争论激烈的问题是,事后抢劫罪是否属于身份犯?例如,甲盗窃了A的财物后逃走,并对追来的A实施暴力,没有实施盗窃的乙知情后,参与甲的行为对A实施暴力、胁迫。甲无疑成立事后抢劫罪,乙是否构成事后抢劫罪的共同正犯?〔42〕

身份犯说认为,事后抢劫罪属于身份犯,因为盗窃犯以外的财产犯罪人,为保护赃物、逃避逮捕等而实施暴力、胁迫的,并不成立抢劫罪。其中,真正身份犯说认为,事后抢劫罪属于真正身份犯,故根据刑法总则关于不具有身份的人与具有身份的人共同实行犯罪构成共同正犯的规定,对上例中的乙应以事后抢劫罪的共同正犯论处。但有人批判道,盗窃行为是任何人任何时间都可以实施的行为,将盗窃犯人确定为身份存在疑问;对非盗窃犯人适用事后抢劫罪的规定,也不符合刑法分则的规定。不真正身份犯说认为,事后抢劫罪属于不真正身份犯。因为设立本罪,是为了防止行为人在盗窃的机会中实施暴力、胁迫,故本罪是加重暴行、胁迫罪的不真正身份犯。但持这种观点的人对上例得出的结论也不同:一种观点认为,上例中的乙只成立暴力、胁迫罪的共同正犯;另一种观点则认为,上例中的乙成立事后抢劫罪的共同正犯,但仅在暴力、胁迫罪的法定刑内科处刑罚。对真正身份犯说的批判同样适用于不真正身份犯说。再者,根据不真正身份犯说,对于教唆他人犯事后抢劫罪的,只能认定为暴行罪、胁迫罪的教唆,这是不合理的。复合身份犯说认为,为了保护赃物而实施暴力、胁迫的,属于真正身份犯;为了逃避逮捕或者湮灭证据而实施暴力、胁迫的,属于不真正身份犯。故对上例中的乙如何定罪,取决于甲与乙的目的。

非身份犯说认为,事后抢劫罪不属于身份犯,对于上述问题,应当作为是否成立承继的共同正犯问题来解决。因为事后抢劫的既遂、未遂是以盗窃的既遂、未遂为标准的,故窃取行为是事后抢劫罪的实行行为的一部分;而盗窃行为只不过是暴行、胁迫的先行行为,不应认定事后抢劫罪属于身份犯。其中,承继的共同正犯肯定说认为,上例中的乙成立事后抢劫罪的共同正犯。因为事后抢劫罪是结合犯,而乙实施了部分实行行为。承继的共同正犯否定说认为,乙只是暴行、胁迫罪的共同正犯。因为乙的行为与甲事先取得财物没有因果性,只能对暴力、胁迫负责,而不能对事后抢劫罪负责。

2. 行为

事后抢劫罪的行为是为了保护赃物、逃避逮捕或湮灭罪证,而于行为时实施暴力、胁迫行为。这里的暴力、胁迫与普通抢劫罪中的暴力、胁迫一样,必须达到了足以压制被害人反抗的程度。暴力、胁迫的对方,可以是发现或追踪行为人的任何第三者(包括警察),〔43〕不要求一定是盗窃罪的被害人。

问题在于,暴力、胁迫行为与盗窃行为的关联性。亦即,在事后的什么时间或场所实施暴力、胁迫行为,才能成立事后抢劫罪?不管刑法使用何种表述("行为时""立即""当场"等),都是难以把握的。日本刑法对此并没有明文规定,审判实践与刑法理论解释为必须是"在盗窃现场继续延长的场所""在盗窃现场或者盗窃机会的继续中"。

---

〔42〕 还有另外一种可能:实施盗窃的甲逃走后并没有对追来的A实施暴力,而没有实施盗窃的乙知情后,为使甲保护赃物、逃避逮捕而单独对A实施暴力。

〔43〕 在针对执行公务的警察实施暴行、胁迫的情况下,成立事后抢劫罪与妨害执行公务罪。但二罪是一种想象竞合,而不是并合罪。

日本刑法理论的通说认为,事后抢劫罪中的暴力与胁迫必须是在实施盗窃的机会中实施。所谓盗窃的机会,是指盗窃的现场以及与该现场相连接的追还财物或逮捕犯人的状况中。原则上要求在时间与场所上必须与盗窃行为密接,但是即使在时间与场所上有一定距离,如果仍处于追赶犯人的过程中,则认为是盗窃现场的延长,被认为是在盗窃的机会中(机会延长的理论);在这种情况下,盗窃犯实施暴力或者胁迫行为的,就成立事后抢劫罪。提出这种观点的理由是,事后抢劫罪与普通抢劫罪属于同一性质的犯罪,因此必须做到能够将行为人实施的暴力、胁迫评价为夺取财物的手段;而要成立这种评价,就要求暴力、胁迫行为必须是在盗窃行为之后,或者放弃盗窃犯意后的很短时间内实施,使得在社会观念上(不是在刑法上)认为盗窃行为还没有终了。因此,只有在盗窃现场以及与现场相连接的追还财物或逮捕犯人的状况下,才能使社会观念上认为盗窃行为尚未终了;在这种状态中实施暴力、胁迫行为的,也使事后抢劫罪与普通抢劫罪具有同一性质。如果在相隔很远的时间和场所实施暴力与胁迫,则不成立事后抢劫罪。

详言之,在判断是否处于盗窃的机会中时,要从以下四个方面考虑:一是场所的连接性(必须是在盗窃现场或与之密接的场所);二是时间的连续性(必须是着手盗窃后或者既遂后的很短时间内);三是与盗窃事实的关联性(实施暴力、胁迫必须与盗窃事实有一定的关联性);四是追赶事态的继续性(要求处于被追赶的状态中)。日本有以下一些判例:犯盗窃罪后30分钟、相隔1公里的地方,行为人实施暴力不使被害人取回财物的,成立事后抢劫罪。行为人从饮酒熟睡的被害人身上窃取财物,为了湮灭罪证,产生杀人之念,但由于来了客人而不能实行,终于在11个小时之后杀死被害人的,也被认定为事后抢劫罪。但是,行为人实施盗窃行为后逃跑,在离现场只有200米的地方,偶然遇到警察质问而对警察使用暴力的,则不认为是事后抢劫罪,因为此时的暴力与盗窃事实没有关联性。

3. 目的

事后抢劫罪属于目的犯,行为人在实施了盗窃行为后实施暴力或胁迫行为时,必须出于特定的目的。日本刑法则规定必须是出于防止财物的返还、逃避逮捕或者隐灭罪证的目的。至于行为人是否实现了上述目的,则不影响事后抢劫罪的成立。出于其他目的而实施暴力、胁迫行为的,不成立事后抢劫罪。[44]

4. 既遂标准

关于事后抢劫罪的未遂与既遂,存在四种学说:

第一,由暴行、胁迫的既遂与未遂,决定事后抢劫罪的既遂与未遂。其理由是,事后抢劫罪属于身份犯,盗窃犯人以保护赃物等目的着手实行暴行、胁迫而未遂时,理当属于事后抢劫罪的未遂;抢劫致死伤时,即使没有取得财物,也属于既遂。基于同样的理由,在暴行、胁迫既遂的情况下,即使先前的盗窃未遂,也应认定为事后抢劫罪的既遂。但是,这种观点忽视了事后抢劫罪的财产犯罪性质;又由于暴行、胁迫几乎没有成立未遂的余地,这种观点会导致事后抢劫罪不存在未遂。

第二,以盗窃行为的既遂与未遂,决定事后抢劫罪的既遂与未遂(通说)。因为普通抢劫罪就是以取得财物作为既遂标准的,事后抢劫罪也应如此。对此存在的疑问是,当盗

---

〔44〕 关于特定目的的内容,各国刑法规定不尽一致。奥地利刑法规定只能是为了保护赃物,这是着重考虑到事后抢劫罪与普通抢劫罪的同质性而作出的规定;意大利规定必须是为了保护赃物或逃避处罚。

窃犯人为了保护赃物而实施暴行、胁迫时,便没有成立事后抢劫未遂罪的余地,这不符合刑法处罚事后抢劫未遂的规定。而且,事后抢劫罪属于身份犯,既然如此,就应根据实行行为(暴行、胁迫)区分既遂与未遂,而不应根据有关行为主体(盗窃犯)的要件(盗窃行为是否既遂)区分既遂与未遂。

第三,以最终是否取得财物为标准,决定事后抢劫罪的既遂与未遂。在盗窃未遂的情况下,认定为事后抢劫罪的未遂;但在盗窃既遂的情况下,如果财物最终被追回,也应认定为事后抢劫罪的未遂。因为本罪是财产犯罪,基本类型是在盗窃行为的延长线上为了确保所窃取的财物而实施暴行、胁迫行为。但对前述第一种学说的批判,同样适用这种学说。

第四,根据不同目的采取不同标准:在行为人已经取得了财物的场合,只要为了窝藏赃物而对他人实施暴行、胁迫,就成立事后抢劫的既遂;在行为人出于逃避逮捕或者隐灭罪迹的目的实施暴力、胁迫时,只有通过暴力、胁迫取得了财物,才成立事后抢劫既遂。但这种观点不完全符合事后抢劫罪的规定。

(二)抢劫性盗窃

抢劫性盗窃类似于前述事后抢劫罪,在德国、瑞士、奥地利、意大利等国刑法中均有规定。例如,德国刑法第252条规定:"盗窃时被当场发现,为了维持对赃物的占有,而对人使用暴力,或者以对身体或者生命的现时危险相胁迫的,处与抢劫罪相同的处罚。"下面以此规定为例予以说明。

抢劫性盗窃,是侵害所有权与意思活动自由的犯罪,在行为人还没有最终确保占有的阶段,为了使占有确实化(平稳)而实施暴力、胁迫的行为,与为了取得占有而实施暴力、胁迫的行为,具有同质的可罚性。

抢劫性盗窃罪的行为主体,是已经盗窃既遂的犯罪人。如果在盗窃未遂的阶段使用暴力、胁迫进而取得财物的,则成立普通抢劫罪;盗窃行为实质性终了后的盗窃犯人,也不能成为抢劫性盗窃的行为主体。抢劫既遂的犯罪人,也可以成为抢劫性盗窃的行为主体,因为抢劫行为完全符合盗窃的构成要件。在抢劫既遂后成立抢劫性盗窃的场合,如果具备了抢劫致死等加重事由,也要适用加重条款;如果抢劫既遂与抢劫性盗窃的有责的不法程度相同,则仅适用普通抢劫的规定,抢劫性盗窃成为共罚的事后行为。

行为必须发生在盗窃的现场(现场性)。可以肯定的是,盗窃行为实质性终了以后,盗窃的现场性被否认。德国刑法理论的通说与判例认为,除了盗窃行为实质性终了的基准之外,还要求与盗窃行为具有时间上、场所上的接近性。因为只有附加这样的限制,才能确保抢劫性盗窃与抢劫的同质性。例如,被告人与被害人同乘一辆长途车,被告人乘机窃取了被害人的钱包,在行驶了50公里后为确保赃物对被害人实施暴力。判例否认了本案时间上、场所上的接近性。不过,也有学者对判例的结论提出了疑问。

争论的问题是,是需要盗窃犯人被他人发现后才实施暴力、胁迫,还是在被发现前为了先发制人而实施暴力、胁迫的也成立抢劫性盗窃罪?从法条的表述(betroffen)来看,要求盗窃犯人被发现是很自然的,但通说与判例认为,设立抢劫性盗窃罪的旨趣,是处罚为了确保未平稳占有的赃物而使用暴力、胁迫的行为,所以,不应当要求盗窃犯人已经被他人发现。

本罪中的暴力、胁迫与普通抢劫罪中的暴力、胁迫的含义与要求相同。暴力、胁迫的对象,至少在行为人的认识上,只要是具有恢复占有的意思的人即可。亦即,客观上正在或者准备实施恢复占有的人，主观上具有恢复占有的意思的人，以及行为人认为具有恢复占有的意思的人，都可以成为暴力、胁迫的对象。

抢劫性盗窃罪只能出于故意，而且行为人必须具有维持对赃物的占有的意图。但是，这一意图不必是唯一的动机，只要行为人旨在防止赃物被夺回就够了。由于本罪以维持占有为前提，所以，行为人必须现实地占有了赃物。如果行为人放弃了赃物的占有后实施暴力、胁迫行为的，就不能认定其具有维持占有的意图。

从确保抢劫性盗窃与普通抢劫的同质性的角度来看，维持对赃物的占有的意图，也应当与抢劫罪的非法占有目的作同质的理解。因此，作为已经计划好的取得手段而实施暴力、胁迫的，也能认定有维持占有的意图。反之，如果打算在逃走的过程中抛弃赃物的，就不能认定有维持占有的意图。

行为人出于维持占有的意图开始实施暴力、胁迫行为时，是抢劫性盗窃的着手，而且只要实施了暴力、胁迫行为就是既遂（虽然有成立未遂犯的可能性，但成立范围很窄）。即使维持占有的意图没有实现（如先前盗窃既遂的财物被人夺回），也不影响抢劫性盗窃的既遂。所以，本罪是断绝的结果犯，即客观上不需要实现维持占有的意图。

（三）昏醉抢劫罪

昏醉抢劫罪见于日本刑法，是指使他人昏醉，压制其反抗，进而窃取其财物的行为。使人昏醉属于广义的暴力行为，而且由于其行为压制了被害人的反抗并窃取财物，故与抢劫罪的性质相同。

所谓使人昏醉，是指使用麻醉药、安眠药、酒精等物品，使他人一时性或继续性地产生意识障碍，陷入难以事实上支配自己财物的状态。使人昏醉，也就使人不能反抗，即压制了其反抗。应当注意的是，在这种情况下，行为人必须是积极地使人昏醉，而不只是单纯地利用他人昏醉状态盗窃财物，后者仅成立盗窃罪。行为人在实施使他人昏醉的行为时就有夺取财物的故意的，成立昏醉抢劫罪；在他人已经昏醉的状态下才产生夺取财物的故意的，只成立盗窃罪。由于使人昏醉的行为是压制他人反抗的行为，故当行为人开始实施使人昏醉的行为时，就是昏醉抢劫罪的着手；行为人事实上支配了财物时，就是昏醉抢劫罪的既遂。昏醉本身不能评价为伤害，故不能因为被害人的昏醉而将本罪评价为抢劫致伤罪。

五、抢劫致死伤罪

抢劫致死伤罪，是指行为人犯抢劫罪（广义）致人死伤的犯罪。这里可能存在两种类型：一是作为抢劫罪的结果加重犯的犯罪，这是严格意义上的抢劫致死伤罪；二是作为故意犯的抢劫伤人罪与抢劫杀人罪，即行为人故意杀伤他人以夺取财物的犯罪。后一种类型的犯罪能否成立抢劫致死伤罪，在各国刑法规定中并不统一；在刑法没有明文规定的国家，理论上也还有争议（以下均表述为抢劫致死伤罪）。

（一）主体

抢劫致死伤罪的主体是抢劫犯，即必须是实行了抢劫行为的犯罪人。至于抢劫行为是既遂还是未遂，则不影响抢劫致死伤罪的成立。另外，这里的抢劫犯，不仅包括普通抢劫罪的犯人，而且包括抢劫利益罪、准抢劫罪、加重抢劫罪的犯人（当然，这取决于各国刑法对抢劫罪的规定）。

（二）行为

抢劫致死伤罪的行为，除了要求有抢劫行为之外，还要求有致人伤害或者致人死亡的行为。

有的国家(如德国)刑法只规定了抢劫致死罪,而没有规定抢劫致伤罪,即只有抢劫致人死亡,才成立抢劫罪的结果加重犯。有的国家(如奥地利)刑法规定了抢劫必须致人死亡或者致人重伤或者严重的长期伤害,才成立抢劫致死伤罪,即对伤害的范围与程度作了明确限定。有的国家刑法规定了抢劫致死伤,但对伤害的范围与程度没有限定,这便造成了理论上的争议。如日本刑法第 240 条规定:"强盗致人负伤的,处无期或者六年以上惩役;致人死亡的,处死刑或者无期惩役。"对这里的"伤"该作何理解,就有不同观点。一种观点认为,其中的"伤"即伤害罪中的伤害,因而包括各种类型的伤害;另一种观点则认为,其中的"伤"必须重于伤害罪中的伤害,即必须达到由医师治疗的程度。此外,通说认为,这里的伤害,既可以是作为结果加重犯的伤害,也可以是行为人故意伤害而抢劫财物,即故意伤害与过失伤害都包括在内。

抢劫致死罪要求行为导致他人死亡。问题在于对这种死亡是仅限于过失,还是同时包括故意与过失。对此,德国刑法第 251 条明确要求"至少轻率地造成他人的死亡";而"至少轻率"一词表明包含故意造成他人死亡的情形。但这种"抢劫杀人"属于想象竞合(抢劫致死罪与谋杀罪的想象竞合),而不进行数罪并罚。日本刑法对此没有明文规定,理论上对故意致人死亡时是否也成立抢劫致死罪便展开了激烈的争论。

肯定说认为,行为人犯抢劫罪时,具有杀人故意因而致人死亡的,也成立抢劫致死罪。根据这一观点,抢劫致死罪既包括作为结果加重犯的抢劫致死罪,也包括作为结果犯的抢劫杀人罪。理由如下:(1)谋财害命故意杀人后取得财物或取得财物后故意杀人,是犯罪学上的一种犯罪类型,实践中经常出现这种类型的犯罪,刑法正是考虑到了这种情况,而将这种犯罪学上的犯罪类型规定为刑法上的犯罪类型——抢劫致死罪。(2)刑法规定了处罚抢劫致死伤的未遂,而只有故意杀人抢劫财物时才成立未遂罪,如果认为致死只能是过失,则处罚抢劫致死罪的未遂的规定没有任何意义。(3)从法定刑上看,抢劫致死罪的法定刑明显重于一般抢劫罪与过失致死罪的法定刑之和,这也表明抢劫致死罪不限于过失致人死亡,否则本罪的法定刑就应当比现在低。

否定说认为,抢劫致死罪只是一种结果加重犯,因而行为人对加重结果只能是过失。首先,从法条的用语来看,"致死"是结果加重犯的表述方式;其次,作为结果加重犯的抢劫致死伤罪是一种利欲犯,而杀人罪是一种攻击犯,二者的行为定型并不相同,不能认为抢劫致死罪包括了故意杀人。否定说面临的问题是,对故意杀人立即取得财物的案件应如何处理。一种观点认为,成立抢劫致死罪与杀人罪的想象竞合(小野清一郎)。但有学者认为,这种观点将致人死亡的一个事实作为两个罪的评价根据,并不妥当。另一种观点认为,成立抢劫罪与杀人罪的观念竞合(泷川幸辰)。但这种观点可能导致刑罚不均衡的现象,即抢劫时故意杀人的,其法定刑(杀人罪的法定刑)低于抢劫时过失致人死亡的法定刑。由于否定说存在难以克服的弊端,故肯定说成为日本刑法理论与审判实践的通说。

根据肯定说,以抢劫的意图故意杀害他人后取得财物的,成立抢劫致死罪(或抢劫杀人罪)。问题是,取得何种范围内的财物,属于抢劫致死罪。例如,A 从甲城市出差到乙城市,行为人在乙城市杀害 A 后,再到甲城市的 A 住宅取得财物的,也成立抢劫致死罪吗?日本下级裁判所的判例并不一致。有的判例主张,不一定要求杀害他人与夺取财物之间具有时间的、场所的连接性;有的判例主张,只有在可以肯定行为的连续性、意思的单一性的范围内，承认抢劫致死罪。例如，甲以抢劫现金的意图杀害 A 后，在杀害的现场又发现 A 的金银首饰一并取走的，仅成立抢劫致死罪。再如，乙以抢劫意图杀害 B，当场取得了财物。两天后为了处理尸体而来到现场，发现了 B 身上的其他财物而一并取走。后一行为不应包含在抢劫致死罪中(单独成立侵占脱离占有物罪；如承认死者的占有，则成立盗窃罪)。又如，丙按照其事先计划，将 C 杀害后赶到其家取走财物。对此，应认定为抢劫致死罪。显然，将丙的行为认定抢劫致死罪，主要考虑了行为人的主观意图。但也有学者认为，不应考虑行为人的主观意图，而应根据杀人行为与取得财物之间是否存在直接联系这一客观标准进行判断。

抢劫致死伤罪要求有致人伤亡的结果，那么，这种结果是否必须由作为抢劫手段的暴力、胁迫所致呢？手段说认为，死伤结果必须由作为抢劫手段的暴力或胁迫所造成。因为结果加重犯是由基本的犯罪行为导致加重结果，而本罪中致人死伤的基本犯罪行为只能是作为抢劫手段的暴力、胁迫行为。机会说认为，死伤结果不要求是由作为抢劫手段的暴力、胁迫行为造成。只要是在抢劫的机会中所实施的行为造成了死伤结果，就成立抢劫致死伤罪。因为在抢劫的机会中实施残暴行为的情形并不少见，对此有加重处罚的必要。根据机会说，抢劫犯人在逃走的过程中偶然遇见以前的仇人而将其杀害的，或者抢劫的同伙在抢劫过程中因为意见分歧而相互杀伤的，也成立抢劫罪的结果加重犯，这显然不合适。关联性说认为，抢劫手段的暴力、胁迫致人伤亡的，以及在抢劫机会中与抢劫有密切关联性的行为致人伤亡的，都应认为是抢劫致死伤罪。据此，抢劫犯人为了报复被害人而利用抢劫的机会杀死杀伤被害人的，抢劫的共犯人在犯抢劫罪的机会中相互争斗而杀死杀伤对方，不成立抢劫致死罪。但此说的最大缺陷在于，关联性的界限不明。鉴于上述各种学说的缺陷，扩张的手段说认为，作为抢劫的暴力、胁迫致人死伤的，以及在与事后抢劫类似的状况中的暴力、胁迫致人死伤的，成立抢劫致死伤罪。

（三）未遂

抢劫致死罪的未遂与既遂(日本刑法规定处罚抢劫致死伤罪的未遂)，也是一个有争议的问题。突出的问题是，行为人以杀害他人为手段强取财物时，其既遂、未遂的区分标准是什么？

第一种观点认为，只有当抢劫行为致人死亡但又没有强取财物时，才是抢劫致死罪的未遂。因为本罪是结果加重犯，如果没有发生加重结果，便不成立结果加重犯，也就无所谓结果加重犯的未遂。故只有发生了加重结果但又没有强取财物时，才能认定为抢劫致死罪的未遂。

第二种观点认为，在以杀害手段强取财物的案件中，只有杀人未遂的成立抢劫致死罪的未遂。因为抢劫致死罪的保护法益所重视的是人的生命，是否既遂应以是否发生死亡结果为标准。据此，行为人以抢劫意图杀害他人后，即使未取得财物，也成立抢劫致死罪的既遂(通说)。

第三种观点认为，在以杀害手段强取财物的案件中，只有杀人既遂且取得财物的，才是抢劫致死罪的既遂。因此，如果杀人未遂或者虽然杀人既遂但未取得财物的，均成立抢劫致死罪的未遂。

由于伤害罪没有未遂，故对于抢劫致伤罪(抢劫伤人罪)能否存在未遂，也存在争议。肯定说认为，应按抢劫致死罪一样解决抢劫致伤罪的未遂问题。否定说则认为，由于伤害未遂被评价为暴行罪,而暴行是抢劫罪的手段行为,因此,在暴行没有产生伤害结果时,只能评价为普通抢劫罪,而不能认定为抢劫致伤罪的未遂(通说)。

六、抢劫强制性交等罪、抢劫强制性交等致死罪

抢劫强制性交等罪、抢劫强制性交等致死罪,是日本于2017年6月修改刑法后所形成的两种犯罪。在此之前的日本刑法第241条规定:“抢劫犯强奸女子的,处无期或者七年以上惩役。因而致女子死亡的,处死刑或者无期惩役。”此即抢劫强奸罪及抢劫强奸致死罪。抢劫强奸罪,是指在实施抢劫行为的机会中强奸妇女的犯罪,它是抢劫罪与强奸罪的结合,属于典型的结合犯。行为人必须先实施抢劫行为,后实施强奸行为,才成立抢劫强奸罪;先实施强奸行为,然后在强奸的机会中实施抢劫行为的,则不构成抢劫强奸罪,而是抢劫罪与强奸罪的并合罪。由于仅因抢劫、强奸行为的顺序不同就导致处罚轻重明显不同因而不合理,再加上2017年6月修改刑法时将强奸罪修改为强制性交等罪,所以,2017年6月修改后的刑法第241条第1项规定:“犯抢劫罪或其未遂罪的人也犯了强制性交等罪(第一百七十九条第二项[45]之罪除外,下同)或其未遂罪的,或者犯强制性交等罪或其未遂罪的人也犯了抢劫罪或其未遂罪的,处无期或者七年以上惩役。”

抢劫强制性交等罪的行为主体既可以是抢劫犯,也可以是强制性交等犯,至于抢劫与强制性交等行为是否既遂,则在所不问,只要求是已经着手实行抢劫或者强制性交等行为的犯罪人。如果行为主体是抢劫犯人,就要求在抢劫行为外另实施了强制性交等行为。强制性交等行为只要是在抢劫的机会中实施即可,即只要行为人利用了抢劫罪的暴力、胁迫行为使被害人处于不能反抗的状态而实施强制性交等行为的,或者说在抢劫行为继续压制着被害人反抗的状态中实施强制性交等行为的,就构成本罪,不另要求有暴力、胁迫行为;而且只要在抢劫的机会中实施了强制性交等行为,就构成抢劫强制性交等罪;即使行为人在强制性交等前返还了所强取的财物,也不妨碍抢劫强制性交等罪的成立。如果行为主体是强制性交等犯人,就要求在强制性交等机会中实施抢劫行为。

日本刑法第241条第1项规定,犯抢劫强制性交等罪时,如果所犯之罪均为未遂罪的,除致人死伤的场合外,可以减轻其刑。但是,如果基于自己的意思中止了任何一个犯罪时,则减轻其刑或者免除处罚。据此,如果其中任何一个犯罪既遂,就不能减轻其刑。

日本刑法第241条第3项规定:“因第一项之罪的行为致人死亡的,处死刑或者无期惩役。”行为人对致人死亡,既可以是故意也可以是过失。本项之所以没有规定致人伤害,是因为本罪的法定刑很重,对致人伤害的行为适用基本法定刑也是合适的。

第四节 诈 骗 罪

一、诈骗罪概说

广义的诈骗罪,是指使用欺骗手段,取得或者使第三者取得他人财物或者财产性利益

---

[45] 该项规定:“利用自己为现实监护人而拥有的影响力,对未满十八岁的人实施性交等行为的,依照第一百七十七条的规定处罚。”

的行为。

一般认为,关于诈骗罪的保护法益是个人的财产,因为诈骗罪的本质就是使用欺诈方法取得他人的财产。据此,使用欺诈手段侵害财产以外的法益的行为,不构成诈骗罪。例如,使用欺诈手段与他人结婚的行为,就不构成诈骗罪。但是,日本最高裁判所的判例指出:处罚诈骗罪,不只是因为该行为侵害了被害人的财产权,而且因为采取这种违法手段的行为具有扰乱社会秩序的危险。在德国,也有学者(如 Mezger)认为,诈骗罪的保护法益除财产外,还包括财产的法律交易中的诚实信用,因为处罚诈骗罪就对维持财产交易上的诚实信用起到了重要作用。但通说认为,这种作用只是一种反射效果。如果认为诈骗罪的保护法益包括财产交易上的信义诚实的维持,则使诈骗罪的构成要件观念改变,使诈骗罪失去财产罪的性质,因而不妥当。

问题是,当欺骗行为取得了财物或财产上的利益,又确实侵害了国家法益时,是否成立诈骗罪?例如,行为人欺骗公务员,取得了本不应取得的国家救济物质时,是否成立诈骗罪?有的国家(如德国)刑法将这种行为规定为独立的犯罪,因而不成立普通的诈骗罪。有的国家刑法对此没有规定,刑法理论便展开了激烈的争论。一种观点认为,侵害国家法益的欺诈行为,不构成诈骗罪;另一种观点则认为,只要欺诈行为侵害了国家、公共团体的财产,就构成诈骗罪。

诈骗罪有形形色色的种类,各国刑法规定的繁简程度也不一。例如,德国刑法规定了普通诈骗罪、计算机诈骗罪、补助金诈骗罪、投资诈骗罪、信贷诈骗罪等;奥地利刑法规定了普通诈骗罪、加重诈骗罪、常业性诈骗罪、给付诈骗罪、保险诈骗罪等;日本刑法只规定了普通诈骗罪(包括诈骗利益罪)、准诈骗罪与使用电子计算机诈骗罪。

日本刑法明确区分了诈骗财物与诈骗财产性利益的犯罪,前者是转移财物的犯罪,后者是转移财产性利益的犯罪(但有争议);德国刑法只是规定了诈骗行为必须造成财产损失,没有要求客观上必须转移财物或者财产性利益,但要求行为人主观上具有获取不法利益的目的。按照通说,日本的诈骗罪的构造是:欺骗行为→认识错误→处分行为→取得财产→财产损失;[46]德国的诈骗罪的构造是:欺骗行为→认识错误→处分行为→财产损失。在德国,诈骗罪几乎没有争议地属于对整体财产的犯罪;但在日本,多数学者认为诈骗罪是对个别财产的犯罪,只有少数学者主张诈骗罪是对整体财产的犯罪。

二、普通诈骗罪

(一)概念

各国刑法分则对普通诈骗罪(本标题以下简称诈骗罪)构成要件的描述繁简不一。瑞士刑法第 146 条第 1 款比较完整地规定诈骗罪构成要件:"以使自己或他人非法获利为目的,以欺骗、隐瞒或歪曲事实的方法,使他人陷入错误之中,或恶意地增加其错误,以致决定被诈骗者的行为,使被诈骗者或他人遭受财产损失的,处五年以下重惩役或者监禁刑。"其他国家的刑法一般没有完整地规定诈骗罪的全部构成要件要素。例如,德国刑法第 263 条第 1 款规定:"意图使自己或第三者获得不法财产利益,以虚构、歪曲或者隐瞒事实的方法,使他人陷入或者维持错误,从而造成他人财产损失的,处五年以下自由刑或者罚金。"日本刑法第 246 条第 1 项的规定较为简单:"欺骗他人使之交付财物的,处十年以

---

〔46〕 日本也有学者认为,财产损失不是诈骗罪的客观构成要件要素。

下惩役。”韩国刑法第347条第1款也是如此:“欺骗他人而接受他人交付之财物或者取得财产上之利益的,处十年以下劳役或者二百万元以下罚金。”英国1968年盗窃罪法第15条第1款规定:“以永久性剥夺他人财产的意图,通过欺骗方法不诚实地取得属于他人的财物的,处十年以下监禁。”

日本刑法理论与审判实践普遍认为,除了行为对象与行为人的故意与目的之外,诈骗罪(既遂)在客观上必须表现为一个特定的行为发展过程:行为人实施欺骗行为→对方陷入或者继续维持认识错误→对方基于认识错误处分(或交付)财产→行为人取得或者使第三者取得财产(德国不需要此环节)→被害人遭受财产损失。

(二)对象

诈骗罪的对象包括两类:一类是他人的财物,另一类是他人的财产上的利益。这一点与盗窃罪有区别。如前所述,日本刑法分别规定了诈骗财物的犯罪与诈骗财产性利益的犯罪(二项犯罪);而其他国家刑法则将它们视为一个罪,没有区分财物与财产性利益。

需要指出的是,德国刑法规定,诈骗罪的成立要求行为人为了“获得财产上的不法利益”,日本刑法规定,行为人以欺诈手段获得“财产上的不法利益”的构成诈骗罪,瑞士刑法也有类似规定。但刑法理论没有争议地认为,这种规定并不是指诈骗罪的对象是“不法”利益,而是指“不法”地获得财产上的利益。从法律规定的表述上看,“不法”是财产的定语,是修饰财产的,但应当理解为,“不法”是获得财产的状语,是限定手段的性质的。“不法”本身是客观要素,需要根据民事法律规范判断。

(三)欺骗行为

1. 欺骗行为的实质

诈骗罪中的欺骗行为,表现为向受骗者表示虚假的事项。事项的虚假,既可以表现为全部事项的虚假,也可以表现为部分事项的虚假。虚假的表示既可以通过提出某种证据予以证明,也可以不提出任何证据。

欺骗行为,不仅必须是使他人(受骗者)产生与客观真实不相符的观念(认识错误)的行为,而且必须是使他人(受骗者)陷入或者继续维持(或强化)处分财产的认识错误的行为。换言之,诈骗罪的“‘欺骗’行为,是作为取得财物、财产上利益的手段而实施的,故必须有使受骗者实施交付或者其他财产处分行为的‘欺骗行为’。因此,即使是使对方陷入错误的行为,但如果不是使对方基于该错误实施交付或者其他财产处分行为,就不能说该行为是作为诈骗罪实行行为的‘欺骗’行为。例如,欺骗他人,使其转移注意力,并乘机取得其占有的财物的行为,由于不是通过其行为使对方引起错误并基于该错误实施交付或者其他财产处分行为,不能说是诈骗罪的实行行为,所以,不成立诈骗罪,只能成立盗窃罪”。〔47〕

2. 欺骗行为的内容

首先,行为人可以就事实进行欺骗。事实不限于自然事实,而且包括行为人或者他人已经实施的行为、行为人的身份、行为人的能力等。例如,行为人没有履行合同的能力,但谎称具有履行合同的能力而通过合同骗取他人财物的,当然成立诈骗罪。

事实不限于事物的过程,而且包括规则及其含义。就规则进行欺骗,是指行为人通过

〔47〕 [日]福田平:《刑法各论》,有斐阁2002年全订第3版增补版,第252页。

对法律、法令以及其他规则的虚假陈述或解释，使对方陷入认识错误。

事实不限于客观的外在的事实，还包括主观的心理的事实或主观的内在事实（innere Tatsache）。后者是指行为人就本人或者第三者的意思作虚假表示，从而使对方陷入或者继续维持认识错误。例如，顾客在消费时无钱支付对价的“支付能力”，属于客观的外在事实；顾客在消费时没有打算支付对价的“支付意愿”，属于主观的内在事实。无论顾客是就支付能力的客观事实进行欺骗，还是就支付意愿的内心意思进行欺骗，都可能构成诈骗罪中的欺骗行为。英美刑法以往的主导性规则是，诈骗犯罪并不适用于关于将来行为的错误陈述，即行为人怀有违背承诺的意图而作出承诺的，并不构成诈骗罪。但是，越来越多的制定法规定，行为人作出有悖于当时意图的虚假承诺的，成立诈骗罪。

可以肯定的是，就过去的事实与现在的事实作出虚假表示的，都成立欺骗。问题在于，能否就将来的事实进行欺骗？德国刑法理论认为，事实（Tatsachen）是指能够验证其为真或为假的性质的，现在或过去的具体历程（事件）或状态。现在或过去的事实，都具有验证其为真或为假的性质。“将来”或“未来”则是相对于现在与过去的概念，不符合事实的定义；而且对将来事实的预测或表示，在预测或表示的当时并不能证明其为真还是为假；只有所预测或表示的事实发生或不发生时，才能验证真假，而此时已属于现在或过去之事实，并非将来之事实；但行为是否成立欺骗属于行为当时的问题。因此，关于将来事实的预测或表示，不属于诈骗罪所欲规范的事实，即使事后发现当时预测有误，也不成立欺骗。〔48〕日本虽有少数学者赞同上述观点，但通说与判例则承认可以就将来的事实成立欺骗。日本大审院 1917 年 12 月 24 日的判决指出：“成立诈骗罪所要求的欺骗，只要通过虚伪的意思表示，使他人陷入错误就够了。其意思表示不以与现在或者过去的事实有关为必要，即使关于将来的事项，如果违反自己现在的意思状态而告知他人，足以使他人陷入错误，也不能认为欠缺诈骗罪的欺骗手段。”〔49〕

其次，价值判断不同于事实，各人的价值判断互不相同、见仁见智，于是，能否就价值判断进行欺骗就成为问题。

否定说认为，只有事实才有真假之别，故只有就事实进行欺骗才可能成立诈骗罪。与事实相对的是意见（或观点），无论是纯粹的价值判断（bloße Werturteile），还是单纯的意见表述（reine Meinungsäßerungen），都不属于欺骗。德国刑法第 263 条将欺骗方法限定为“以虚构、歪曲或者隐瞒事实的方法”，所以，德国刑法理论的通说与判例不认为虚构价值判断属于欺骗。日本也有少数学者持否定说。如植松正认为，只有对事实的欺骗才是诈骗罪中的欺骗，不可能就价值判断进行欺骗。例如，行为人将一匹驽马声称为“体格实在健壮之马”，使对方以为该马为骏马而高价购买的，并不构成诈骗罪；但如果谎称“该马去年在东京赛马时取得冠军”，使人信以为真，高价购买，则成立诈骗罪。

肯定说认为，就价值判断进行虚假陈述或表示的，也可以成立欺骗。如平野龙一指出：“欺骗行为，是指使人陷入错误的行为。除此之外没有特别限定。因此，不仅可以是有关事实的欺骗，而且可以是有关评价的欺骗。不仅包含因要素的错误法律行为无效的

〔48〕 不过，科学上的、自然规律上的将来的事实，会被认定为现在的事实。例如，谎称几天后会发生月全食或者日全食，从而向他人兜售望远镜或者墨镜的，也成立诈骗罪。这是因为，虽然几天后发生月全食或者日全食虽然是将来的事实，但这种将来的事实是以现在的天体配置为前提的。

〔49〕 日本《大审院刑事判决录》第 23 辑，第 1621 页。

场合,而且包含理由的错误而只是可以取消法律行为的场合。"[50]日本的判例也持肯定说。美国模范刑法第223.1条规定的欺骗行为包括"造成或加强包括法律、价值、意思及其他有关心理状态之错误之印象"。大体而言,只要刑法没有明文将欺骗内容限于事实,便可以认为,就价值判断进行虚假陈述的,也属于欺骗行为。

3. 欺骗的方式

欺骗行为既可以是语言的陈述,也可以是文字的表述,既可以直接向受骗者陈述或者表述,也可以通过第三者向受骗者转述。

欺骗行为可以是举动的虚假表示,包括明示的举动欺骗与默示的举动欺骗(默示的表示)。前者如,一个无业人员穿上工商人员制服的行为,就可能成为诈骗罪中的欺骗行为。后者如,行为人在出卖某项财物时就默示了他是有权处分财物的人;行为人在外币兑换处拿出一张作废的外国纸币交给负责兑换的职员时,就默示了这张纸币在该外国是法定的流通货币。如果行为默示的内容与事实相反,就属于默示的举动欺骗。

在德国,默示的举动欺骗也被称为推断性的欺骗,所以,行为人的举止是否具有欺骗行为,需要以社会的一般观念为基准,以具体状态下的行为举止的客观意义(行为举止是否隐含着对某种事实的表达)为根据进行判断。例如,签订合同时,就默示地表示自己具有履行合同的意思与能力;在餐馆点菜以及在宾馆办理住宿手续时,就默示地表示自己具有支付对价的意思与能力。在某些场合,即使表达的是真实事实,也可能被认定为推断性的欺骗。例如,行为人提出的合同要约的内容是,将已经在报纸上登载的死亡告知登载到网络上。虽然合同要约的内容本身是真实的,但由于外观类似于支付请求文书,行为人旨在使无支付义务的人支付登载费用的,就属于欺骗行为。但是,以下情形不能认定为推断性的欺骗:(1)买卖合同中的价格。在买卖合同中提出价格时,并不意味着该价格是合适的,而是应当由市场参与者利用自己的情报与知识进行判断。在买卖合同中单纯提出过高的出卖价格或者过低的购买价格的,不属于诈骗罪中的欺骗行为。但是,存在固定价格的场合除外。(2)单纯的利用错误。如果不是通过欺骗行为使他人产生错误、维持或者强化错误,只是单纯利用他人错误的,不属于推断性的欺骗行为。例如,购买商品时由于店员多找钱而取得的,不属于推断性的欺骗行为(日本对此存在争议)。[51] 再如,与宾馆签订正常的入住合同后,产生不支付的意思或者丧失支付能力,仅按原合同内容消费,而没有请求追加服务的,也不能成立推断性的欺骗行为。(3)错误汇款。德国的判例否认被害人错误汇款后行为人冒领存款的行为属于推断性的欺骗行为(也否认存在不作为的

---

〔50〕[日]平野龙一:《刑法概说》,东京大学出版会1977年版,第21页。

〔51〕日本对此存在争议。例如,甲在商店购物时,卖方多找钱给顾客,顾客收受了多找的钱。对此,日本一般分三种情形说明:(1)顾客收到找钱之后,才意识到卖方多找钱,仍然离开现场的,成立侵占脱离占有物等。对此没有争议。(2)在卖方正要交付找钱时,顾客当场就发现店员多找钱,但没有告知店员,照收不误的。日本刑法理论的多数说认为,根据社会生活的条理,顾客有义务将多找钱的事实告知店员,顾客没有履行告知义务,应成立诈骗(财物)罪。少数学者认为,在这种场合,肯定顾客具有告知义务,意味着肯定行为人具有保护交易对方财产的义务,因而认定为诈骗罪存在疑问,宜认定为侵占脱离占有物罪。(3)在卖方多找钱之后,询问顾客是否多找了钱时,顾客予以否认的,通说认为后面的欺骗行为(否认多找钱)只是侵占脱离占有物罪的不可罚的事后行为,而不能另认定为诈骗罪。但是,也有学者认为,后面的欺骗行为虽然不成立对财物(找钱)的诈骗,但属于骗取财产性利益(骗免债务),因而成立对财产性利益的诈骗罪,与侵占构成包括的一罪。

欺骗行)。例如,乙误向甲的银行账户汇款1万欧元后,德国判例根据其民法规定认为甲取得了对银行的有效债权,即使向银行请求支付,也不属于虚假的表示。(4)错误记账。例如,当银行工作人员给行为人的银行账户错误地多记载了存款时,行为人发现后向银行请求支付的,以前的判例认定行为人构成诈骗罪,但德国联邦最高法院2000年11月8日的判决认为,这种情形应当与错误汇款的处理相同,即不认定为诈骗罪。理由是,基于德国民法典第780条形成的债务约定,银行账户名义人取得请求权,银行只是享有取消权。因此,银行账户名义人取出、汇出银行误记的金额的行为,并不包含了自己的银行账户还有充分的存款余额的表示,故不存在欺骗行为。〔52〕

不作为能否成立欺骗(诈骗罪中的欺骗行为能否表现为不作为),是国外刑法理论争议的问题。

全面否认说一概否认欺骗行为可以表现为不作为,但理由各不相同。如Hellmuth Mayer认为,不作为只有在意思方面与作为等价时,才可能与作为等价;而不真正不作为犯只有直接包含在构成要件的记述中时,才能与作为等价。但是,许多犯罪的构成要件行为不可能由不作为实施,如不作为的夺取行为几乎是不可能的,诈骗罪也是如此。如果以不允许的方法对构成要件行为进行变更解释,就会使构成要件的外延扩大。Grünwald否认不作为可以构成欺骗的主要理由有:故意的重要要素是对因果经过的目的性操纵的意欲,不作为并不存在这种意欲;不仅如此,诈骗罪还是目的犯,目的是引起外界事象的目的实现意思,而不作为的领域不可能存在这种目的。换言之,构成要件要求作为超过的内心倾向的目的时,不作为不可能实现该构成要件。

部分否认说只承认特定的部分不作为可以成立欺骗行为。Bockelmann以是否存在保证人的义务为中心展开讨论。他认为,不作为的实行,只有在行为人就结果的实现可能答责的场合才可以考虑;其他的考虑方法则不允许。因为在行为人以其态度引起某种结果属于刑法特别规定的构成要件时,只有能够将结果的发生归属于行为人时,才能认定构成要件的符合性。因此,只有通过不阻止他人陷入认识错误时,才成立不作为的欺骗。如果他人已经陷入了认识错误而不履行说明义务使其继续维持认识错误的,则不成立不作为的欺骗。如果处罚单纯使他人维持错误的不作为,就会导致不当处罚对他人错误进行经济利用的一切行为。概言之,不作为不可能引起已经发生的结果,而且也不可能避免已经发生的结果。所以,在他人已经陷入认识错误的情况下,具有说明义务的人不履行说明义务,使他人继续维持认识错误的,不成立诈骗罪。

肯定说认为,诈骗罪中的欺骗行为完全可能由不作为构成。德国刑法理论的通说与判例采取肯定说。日本刑法理论承认不作为的欺骗;日本判例的立场是,当行为人具有告知事实的法律上的义务时,单纯对事实的沉默也成立欺骗。如行为人隐瞒既往病史签订生命保险合同的行为,行为人隐匿准禁治产者身份而借款的行为,行为人不说明已经设定抵押权的事实而出卖土地的行为,都被认定为不作为的欺骗行为。英美刑法以往认为沉默(不披露)不构成欺骗,即使行为人明知被害人是基于不明真相而交付财物的,也不成立诈骗罪。但是,这一规则发生了变化,一些案例表明,当被告人有义务向被害人披露信

---

〔52〕 有关错误汇款与错误记账的认定,日本与德国完全不同(起因于民法的规定不同),日本的通说与判例认为,上述第三、四种行为都成立诈骗罪。

息时,如果被告人不披露的,也成立诈骗罪。

不作为成立欺骗,以行为人具有告知真相义务(或说明义务)为前提。日本刑法理论与判例认为,不作为的欺骗的告知义务来源,除了基于法律、法令等明文规定产生的告知义务之外,还包括基于合同、交易习惯、条理特别是诚实信用原则引起的义务。德国的通说与判例认为,由不作为构成欺骗行为,以行为人处于保证人地位为必要。当行为人对陷入错误的被害人具有积极的告知义务时,行为人便处于保证人地位(告知义务的来源与其他不真正不作为犯的义务来源相同)。例如,因投保的财产丢失而获得了保险金的人,在发现了丢失的财产后,有向保险公司告知财产被发现的义务。如果不履行告知义务,使保险公司维持对被保险人没有请求权的错误,导致保险公司不行使该债权(处分行为),因而没有实现请求权的(财产损失),构成诈骗罪。基于法律、法令的规定,可以产生作为义务。例如,根据有关社会福利的法律规定,享受社会福利的人,有义务告知相关事实的发生情况。再如,根据德国保险合同法第 23 条的规定,在签订保险合同后,被保险人如果发现了危险增加的事情,就有义务告知保险公司。基于特别的信赖关系也能产生作为义务。特别的信赖关系,是指具有保护对方财产的义务,在交易惯例上,处于不得使对方负担未知风险的地位。例如,投资顾问、税务顾问、律师等人,在相关事务方面就具有保护当事人财产的义务。根据德国的判例,出租人以自己需要使用为由达成解除租赁合同的合意后,自己并不需要使用的,有义务向承租人告知该事实。需要说明的是,合同、诚实信用原则虽然可能引起作为义务,但单纯的合同关系并不直接产生作为义务。例如,如前所述,错误汇款或者错误记账时,银行账户名义人没有向银行说明的义务。

(四)陷入错误

根据诈骗罪的基本构造,欺骗行为必须使受骗的对方(受骗者)陷入或者继续维持、强化认识错误。从受骗者事前是否存在认识错误来看,可以将欺骗类型分为两种:一是在他人没有任何认识错误的情况下,行为人使用欺骗手段使他人陷入处分财产的认识错误。二是在他人已经由于某种原因陷入认识错误的情况下,行为人通过欺骗手段使他人继续维持或者强化处分财产的认识错误。不管是作为还是不作为,都存在这两种类型。

1. 受骗者的范围

诈骗罪中包含使他人(受骗者)陷入认识错误进而处分财产的要素,故诈骗罪的受骗者只能是自然人,而且必须是具有处分能力的自然人。因为只有具有处分能力的自然人,才可能陷入认识错误;不仅自然人以外的动物、组织体等不可能陷入认识错误,而且不具有处分能力的婴幼儿、严重精神病患者也无所谓陷入认识错误和处分财产。

大陆法系国家刑法理论与审判实践公认“机器不能被骗”,只有对自然人实施欺骗行为,才可能构成诈骗罪,对此不存在任何争议。如平野龙一指出:“诈骗罪以欺骗行为使他人陷入‘错误’为要件。因此,采用吸铁石从老虎机中吸出并取得弹子时,或者以铁片取代硬币从自动贩卖机中取得香烟时,由于不存在错误,所以不是诈骗,而是盗窃。”〔53〕日本的判例也认定机器不能成为诈骗罪的受骗者。系统考察德国刑法第 248c 条、第 263 条、第 263a 条、第 265a 条,也会得出德国刑法规定的诈骗罪不承认对机器的诈骗的结论。德国刑法理论也明确指出,德国刑法第 263 条的诈骗罪,“以欺骗与错误为前提,符合这一

〔53〕 [日]平野龙一:《刑法概说》,东京大学出版会 1977 年版,第 213 页。

要素的无疑是人的错误而不是机器的‘错误’”。[54] 正是因为机器不能被骗，为了避免处罚漏洞，德国刑法与日本刑法增加了利用计算机诈骗罪。同样，韩国刑法关于各种具体诈骗罪的规定，以及韩国大法院的判例，也表明诈骗罪的欺骗行为的对象不能是机器。

英美刑法的理论与判例同样认为诈骗罪的受骗者只能是自然人，而不包括机器。“除非有人被诱使相信原本为假的事物为真，否则不存在欺骗。因此，如果将一枚假币或者非法定的硬币投入自动贩卖机或者类似装置，是不存在欺骗的。如果这种行为的结果是取得了财物，也不能判处诈骗罪（但是，如果被告人以永久性剥夺他人财产的意图，其不诚实取得财物的行为，可以被判处盗窃罪）。”诈骗罪的成立“必须有人受欺骗……欺骗必须作用于被害人（受骗者）的大脑，并且欺骗必须是取得财物的原因”。[55] 或者说，“欺骗必须影响被害人的头脑”。[56]

2. 受骗者与被害人不必为同一人

通常，诈骗中的受骗者（财产处分者）与被害人具有同一性（以下简称二者间的诈骗）。但是，在诈骗罪中，也存在受骗者（财产处分者）与被害人不是同一人（或不具有同一性）的现象。此即三角诈骗（Dreieckbetrug），也叫三者间的诈骗，其中的受骗者可谓第三人。英美刑法也认为诈骗罪的受骗者与财产被害人不必为同一人，即诈骗罪的成立，“不要求从受骗者手中取得财物。因此，如果被告人（一位保险代理人）不诚实地诱使某人与一家保险公司签订保险合同，而且该行为的结果是这家公司给付被告人佣金的，被告人对所骗取的佣金成立诈骗罪”。[57] 概言之，诈骗罪中的受骗者与财产被害人不必为同一人。

3. 受骗者陷入或强化认识错误

错误，是指受骗者的意识与事实、真相不一致。错误必须以处分财产为内容。详言之，只有当欺骗行为导致受骗者陷入处分财产的认识错误时，该欺骗行为才是诈骗罪中的欺骗行为，进而可能成立诈骗罪。团藤重光指出：“欺骗，作为骗取手段，是使人陷入错误的行为。以行为时的具体情况为前提，要求具有使一般人陷入错误的可能性的行为，而且仅此就够了。错误，只要是使对方产生交付财物的动机这样的错误就可以了。因此，理所当然，没有必要使对方产生法律行为的要素的错误，缘由的错误就够了。”[58] 反过来说，受骗者处分财产的行为必须是基于认识错误作出的。换言之，“欺骗行为与骗取财物之间必须有定型的因果关系，如果不是因为欺骗行为产生错误，基于错误而交付财物，诈骗罪就没有既遂。被欺骗的人没有产生错误，只是基于怜悯之情而给与财物于行为人时，这只是诈骗未遂。这样的场合，实际上不能说‘骗取’”。[59] 所以，如果受骗者没有陷入或者继续维持认识错误，就不可能认定为诈骗既遂。

受骗者的认识错误必须是现实的。因为只有当受骗者陷入了现实的错误，才可能基于这种错误处分财产。因此，行为人潜入列车或者剧场，即使司机或者演出者不知道有人

---

〔54〕 [德] Ulrich Sieber：《コンピエ－タ犯罪と刑法 I》，[日]西田典之、山口厚译，成文堂1986年版，第205页。
〔55〕 Richard Card, *Criminal Law*, 14th ed., Butterwords, 1998, pp. 304, 310.
〔56〕 Janet Dine & James Gobert, *Cases & Materials on Criminal Law*, 2nd. ed., Blackstone Press Limited, 1998, p. 392.
〔57〕 Richard Card, *Criminal Law*, 14th ed., Butterwords, 1998, p. 310.
〔58〕 [日]团藤重光：《刑法纲要各论》，创文社1990年第3版，第611页。
〔59〕 [日]团藤重光：《刑法纲要各论》，创文社1990年第3版，第613页。

潜入而发动列车或者开始演出的,也不能说这种劳务的交付是基于错误所致。但是,如果一定的事项属于理所当然,而没有充分认识时,也属于产生了错误。例如,行为人没有支付对价的意思却向卖方订货的,不要求卖方积极地认识到行为人会支付对价。

关于行为人持不法获得的存折到银行柜台取款的案件,日本几乎没有争议地认定为诈骗罪,但德国刑法理论存在争议。一种观点认为,根据德国民法典第 808 条的规定,在银行支付对应的现金后,存折(存款)的所有人对银行的债权就不复存在,所以,银行职员不会审查取款人是否具有取款权限,因而没有陷入认识错误。另一种观点则认为,如果银行职员出于故意或者重大过失,则并不免除银行对存折所有人的债务,所以,银行职员多多少少还是会关心存款人是否具有取款权限,因此能够认定银行职员陷入了认识错误。

需要讨论的问题是,受骗者对行为人所诈称的事项有所怀疑时,能否认定为陷入错误。

德国的通说认为,受骗者对行为人的欺骗行为存在怀疑时,原则上并不妨碍陷入认识错误的认定。换言之,不能仅仅因为受骗者对欺骗行为抱有疑问,就否认其存在认识错误。至于受骗者的确信必须达到何种程度,则存在争议。Lackner 指出,刑法规定诈骗罪所保护的是财产法益,如果受骗者认为行为人所声称的事项是可能的(möglich),即使存在怀疑,但仍在此基础上交付财物的,就不影响陷入认识错误的认定。Krey 则认为,如果受骗者认为行为人所声称的事实,很有可能(wahrscheinlich),并因而处分其财物时,便可认定为陷入认识错误。Giering 提出,受骗者认为行为人所声称的事项具有极高度的可能性(überwiegende Wahrscheinlichkeit)时,才属于陷入认识错误。

也有学者从被害人学的角度提出相反的见解。如 Amelung 指出,刑法是国家保护法益的最后手段,如果被害人本身可以通过适当的手段来保护其法益,而任意不采用该手段时,则刑法没有介入的余地。既然客观上存在足以令人怀疑的事实,被害人主观上也确实产生了怀疑,却仍然交付财物,便可以认为被害人在足以保护其法益的情况下不予保护,在评价上仅属于涉及风险的投机行为,缺乏刑法保护的必要性,故不符合陷入认识错误的要件。Schünemann 也赞成这一观点。

但 Roxin 反对上述见解。他指出:首先,将被害人理论作为刑法的普遍原则,使刑罚的必要性取决于被害人保护的必要性的观点,违反刑法精神。例如,即使被害人疏于保护自己的财物,导致对财物的占有弛缓而被盗时,也不能因此否定行为人成立盗窃罪。在认定诈骗罪时,如果因为被害人容易轻信他人,便将其排除在刑法的保护范围之外,则不符合立法精神。其次,刑法的补充性的基本内涵是,国家能够使用较轻微的方法以预防社会损害时,则没有适用刑法的余地。显然,该原则是针对国家的行为而言,适用对象并不包括一般国民,并不是说,"国民可以自我保护时,刑法便没有适用的余地"。再次,被害人学将刑法的补充性原则扩张解释为"要求国民自我保护"的原则,这也不符合历史事实。因为从历史的发展来看,禁止国民采用私刑,将刑罚权赋予国家独占,正是为了解除国民的自我保护任务。最后,被害人学的论点也违反刑事政策。如果个人因为轻易相信他人就不能得到国家保护,那么,个人在公众生活中就必然时时刻刻提心吊胆,个人行为的自由也随之受到限制。

在法人内部的下位从业员陷入认识错误时,上位管理者发现受骗的,能否以管理者没有陷入错误为由否认诈骗罪的成立,则存在争议。德国判例认为,应当以有权限的管理者的认识为基准，而不能以下位从业者的认识为基准，因而否认诈骗罪的成立。但也有学者对判例的观点持批判态度。

4. 认识错误与恐惧心理的竞合

在行为人的一个行为同时具有欺骗行为与恐吓行为的性质，因而被害人既陷入认识错误也产生恐惧心理的情况下，可谓认识错误与恐惧心理的竞合。日本的刑法理论与审判实践在此问题上存在四种不同观点。第一种观点即通说与判例认为，行为人并用欺骗与恐吓手段，对方在陷入认识错误的同时基于恐惧心理交付财物的，属于诈骗罪与敲诈勒索罪的想象竞合犯。第二种观点认为，上述情形成立包括的一罪。因为想象竞合犯是指一个行为触犯两个以上的罪名，而当一个行为仅侵害了一个财产时，认定为触犯了两个罪名并不妥当。第三种观点认为，对上述行为仅以敲诈勒索罪论处即可。因为想象竞合犯与包括的一罪都必须是一个行为侵害了数个法益，上述行为仅侵犯了一个法益，不能认定为想象竞合犯与包括的一罪。又由于使人产生恐惧心理重于使人陷入认识错误，所以，仅认定为敲诈勒索罪更为合适。第四种观点认为，上述行为属于法条竞合中的择一竞合。择一竞合，是指可以同时适用于一个行为的数个构成要件，处于可以两立的关系时，只适用其中某一构成要件，排除其他构成要件的适用。在上述情况下，如果适用诈骗罪的规定，就排除适用恐吓的规定；反之亦然。但是，发生所谓择一关系时，对具体案件应适用哪一法条，并不是法条本身的竞合问题，而是案件事实究竟符合哪一构成要件的问题。所以，将上述情形视为择一竞合，在日本几乎没有得到承认。

（五）处分财产

在日本，诈骗罪中的处分财产或财产处分行为是指受骗者基于认识错误将财产转移给行为人或第三者占有的行为。在德国，处分行为是指直接导致经济意义上的财产减少的所有法律上或者事实上的作为、忍受与不作为。财产处分行为在日本刑法中属于明文规定的构成要件要素，但德国刑法没有明文规定这一构成要件要素，因而存在争议，但通说认为，处分行为是诈骗罪的不成文的构成要件要素。日本刑法第246条原本使用的是“处分”一词，但后来为了使刑法用语平易化，而改为“交付”一词，但刑法理论与判例仍然认为“交付”就是处分的意思。不过，这里的处分与民法上的处分不是等同含义。民法上的处分虽然也都能成为诈骗罪中的处分，但不属于民法上的处分的行为也可能成为诈骗罪中的处分行为。

1. 处分行为要素的根据与机能

极少数学者认为，处分行为不是诈骗罪的构成要件要素。刑法理论的通说与审判实践，都将处分行为作为诈骗罪的构成要件（以既遂为模式）要素。通说之所以将它作为不成文的构成要件要素，主要是基于以下两个方面的理由：

首先，诈骗罪与敲诈勒索罪一样，以行为人基于他人有瑕疵的意思而取得财物或者财产性利益为构成要件要素。在诈骗罪中，受骗者的处分行为是在“欺骗行为”、基于欺骗行为引起“认识错误”，与行为人“取得财产”之间起连接作用的要素。如果缺乏受骗者的处分行为，即使行为人取得了财产，也不能认定为“骗取”了财产。

其次，在以受骗者的财产处分行为为构成要件要素这一点上，诈骗罪与违反被害人意思而取得财物的盗窃罪相区别。在以财物为对象的场合，由于诈骗罪的成立（既遂）要求受骗者基于认识实施财产处分行为，所以，一般认为，盗窃罪与诈骗罪处于相互排斥的关系,而不会发生竞合。正因如此,处分行为存在与否,成为区分诈骗罪与盗窃罪的关键。

2. 处分行为的客观面

受骗者的处分行为必须是基于认识错误,而认识错误的陷入或者继续维持是由于行为人的欺骗行为所致。这种"认识错误"与"财产处分行为"的构成要件要素之间的关系,在刑法理论上也被称为因果关系。但由于这种因果关系仅存在于受骗者的内心思考领域,所以常常被称为"心理的因果性"。如果不存在这种心理的因果性,即如果处分行为不是基于认识错误,则不属于诈骗罪中的处分行为。

当行为人的欺骗行为达到了诈骗罪的欺骗程度,但对方仍然识破骗局,却又基于其他原因处分财产的,只能认定行为人的行为成立诈骗未遂。例如,行为人虽然实施了达到诈骗罪程度的欺骗行为,但对方并没有陷入认识错误,而是基于怜悯之心交付财物的,应当认定为诈骗未遂。

日本刑法理论认为,在对象为财物的场合,处分行为是指受骗者基于认识错误将财物转移给行为人或第三者占有。客观上转移给行为人或第三者永久性占有、长时期占有、暂时占有的,使行为人或第三者即时消费的,使行为人或第三者当场处分财物的,都属于转移财物的占有。受骗者由于对方的欺骗行为造成对财物占有的"弛缓"时,还不存在处分行为,对方不足以成立诈骗罪。日本曾有以下判例:X 受到 A 的欺骗,打算将装有现金的包袱皮转移至 B 处,为此从自己的房间取出该包袱皮。当 X 将包袱皮置于自己家的大门处而去厕所时,在大门处的 A 拿着包袱皮逃走。日本最高裁判所的判决认为,"将现金置于行为人事实上可以自由支配的状态"就属于处分行为,进而认定 A 的行为成立诈骗罪。但学者们普遍认为,在这种场合,财物的占有仍然属于 X,A 的行为只是使 X 的占有弛缓,应成立盗窃罪。

问题是,当行为对象是财产性利益时,是否要求利益的转移。山口厚等教授认为,由于诈骗罪是转移罪,所以,即使是诈骗财产性利益的,也要求有利益的转移即受骗人或者被害人将利益转移给行为人;行为人单纯获得利益的行为不成立诈骗罪。但井田良等教授则认为,不需要有利益的转移性,只要行为人获得了利益,就可以成立诈骗罪。

通说认为,受骗者的处分行为,只要是使财物或者财产性利益转移给行为人或第三者占有或享有就够了,不要求有转移财产的所有权或其他本权的意思表示。在德国,少数强调处分行为必须"具有意识"的学者主张,如果受骗者没有转移所有权的意思则不是处分行为。英美刑法理论也认为,诈骗罪和盗窃罪的主要区别在于,具有盗窃意图的被告人是通过欺骗手段占有被害人的财产,而诈骗罪只有在被告人取得了被害人的财产所有权时才成立。例如,D 出于盗窃意图而租用了 V 的马匹不归还,但由于租赁合同的存在表明马匹的所有权并未随着占有而转移,故不成立诈骗罪。

处分行为既可以表现为受骗者直接将财产处分给行为人或第三者(直接交付),也可能表现为间接交付,即通过辅助者转移给行为人或第三者。财产处分行为不限于法律行为,也包括事实行为。在法律行为的场合,其法律行为在民法上是否有效或者是否可以撤销,都不影响诈骗罪的成立。财产处分行为不限于积极的举动,或者说,"处分行为这一构成要件要素,不应在民法意义上理解,而是包括了被害人的一切作为、忍受与不作为"。〔60〕日本曾发生如下案件:在自己住宅的电表上装上倒转的软线,将倒转后的电表数显示给检电人员,

〔60〕 [德]Ulrich Sieber:《コンピエ-タ犯罪と刑法 I》,[日]西田典之、山口厚译,成文堂 1986 年版,第 254 页。

使检电人员免除其支付大约400千瓦的电费。日本大审院认定为诈骗罪。

德国、日本刑法理论一般认为,处分行为必须是导致被害人财产损失的"直接"原因,即被害人的财产损失必须"直接"产生于处分行为(直接性要件)。换言之,必须是处分行为本身导致财物与财产性利益的直接转移(日本),或者说必须是处分行为直接导致被害人的财产损失(德国)。因为"在诈骗罪中,财物或者财产上利益的取得,限于基于被害人认识错误的行为,行为人'直接'取得的场合,而不包括行为人通过新的违法行为取得的情况。这种'直接性'要件虽然不是法律条文记述的要件,但为了合理地限定诈骗罪的成立范围而作为必要的要件,是德国的通说"。〔61〕要满足直接性要件,就必须是受骗者的处分行为直接导致被害人的财产减少,而并非介入了行为人的新的犯罪行为才使被害人的财产减少。例如,欺骗他人在空白纸上签名的,并不成立诈骗罪。受骗方基于认识错误实施了数个行为,由数个行为导致财产损失的,也能肯定处分行为的直接性。例如,从业人员受骗后与行为人签订借款合同时,得到了上司的许可,其后再由从业人员将借款交付给行为人的,不能否认被害方有处分行为,也不能否认直接性要件的符合性。

3. 处分行为的主观面

由于转移财产占有的行为就是处分行为,所以问题在于:是只要有客观的转移占有的事实(含不作为)就够了(处分意识不要说),还是必须意识到转移占有(处分意识必要说)。

处分意识必要说(日本的通说)认为,处分行为不仅要求受骗者客观上有处分财产的行为,而且要求主观上有处分财产的意识(意思)。例如,前田雅英指出:"作为处分行为的主观面的处分意思,是指认识到财物的占有或者利益的转移及其引起的结果。即使外形上存在处分行为,但不是基于真正的意思时,不成立诈骗罪。即使看上去是使用欺骗手段夺取财物,但从不具有处分意思的幼儿或精神障碍者处取得财产的行为属于盗窃。再如,向酩酊者说'请签名作个纪念'使其在免除债务的文书上署名的行为,因为欠缺处分意思,不能认为有处分行为,所以不成立诈骗罪。……为什么必须有某种处分意思呢?因为(1)能否仅在客观面确实区分盗窃与诈骗还存在疑问;(2)如果认为无意识的处分就够了,那么,事实上就会扩大处罚立法者明确规定不可罚的盗窃利益行为。"〔62〕日本的判例也采取处分意识必要说。韩国大法院的判例指出:"诈骗罪是欺骗他人,使他人陷入错误,引起错误者的处分行为,以便取得财物或者财产上利益的犯罪。这里的处分行为意味着财产的处分行为,处分行为要求被害人主观上的处分意思和处分意思支配下的客观处分行为。"〔63〕

处分意识不要说认为,只要客观上有处分行为即可,不以处分意识为必要。如平野龙一指出:"诈骗罪以基于错误的'交付'即处分行为为必要。处分行为、交付行为不以意思表示为必要,事实行为即可。……而且也包含没有意识到交付的内容的情况(所谓无意识的交付)。"〔64〕西田典之也赞成处分意识不要说,他指出,如果能够从客观上认定存在

---

〔61〕［日］平野龙一:《犯罪论の诸问题(下)各论》,有斐阁1982年版,第333页。但平野认为,行为人就免除交费、车费的债务而言,仍然成立诈骗罪。

〔62〕［日］前田雅英:《刑法各论讲义》,东京大学出版会2015年第6版,第235~236页。

〔63〕［韩］吴昌植编译:《韩国侵犯财产罪判例》,清华大学出版社2004年版,第112页。

〔64〕［日］平野龙一:《刑法概说》,东京大学出版会1977年版,第214页。

处分行为,就可以区分诈骗罪与盗窃罪,故不需要处分意识。诈骗罪中的一种最典型的类型是,行为人欺骗他人使其不能认识到自己的财产转移给行为人。但如果要求受骗者有处分财产的意思,则上述典型类型的诈骗便不成立诈骗罪,在骗取财产性利益场合甚至无罪,这是不妥当的。

德国的通说采取"区别说",即在诈骗财物的场合,因为有必要与盗窃罪划定界限,所以必须是有意识的处分行为;而在诈骗债权等财产性利益的场合,因为没有必要与盗窃罪划定界限,所以可以是无意识的处分行为。换言之,在骗取财产性利益的场合,如果要求处分意思,就会产生处罚漏洞。例如,投保人有义务向保险公司说明丢失的财物已找回,但投保人不履行告知义务,导致保险公司没有行使保险金的返还请求权的(存在不作为的处分行为),保险公司的相关人员并没有产生处分意思。概言之,如果要求处分意思,那么,骗取债权与骗免债务的许多情形,都不成立诈骗罪,因而不妥当。之所以如此,是因为德国规定的盗窃罪仅限于财物,而不包括财产性利益。

如果采取处分意识必要说,则存在如何确定处分意识的问题。换言之,即使同样坚持处分意识必要说,但如果对处分意识的内容要求不同,也会得出不同结论。反之,由于对处分意识的理解不同,处分意识必要说与处分意识不要说也会就同一案件得出相同结论。

例如,平野龙一举例指出,鱼市场的 X,将鱼分成若干箱,并按箱出卖。A 在 X 不知情时,从甲箱拿了几条鱼到乙箱,进而声称购买乙箱。X 以为是原来数量的鱼,于是按原来数量的价格将乙箱交付给 A。在这种场合,X 对多出的鱼没有转移给 A 占有的意思,但是,具有将乙箱转移给 A 的意思,所以,也可以说对其中的鱼具有处分行为。德国学者 Otto 认为这种场合成立诈骗罪。显然,主张处分意识不要说的平野龙一认为,在上例中,即使 X 没有处分意识,A 的行为也成立诈骗罪。但是,主张处分意识必要说的山口厚、林幹人则认为,在上例中,X 具有处分意识,因为 X 认识到自己将乙箱的鱼转移给 A,所以,A 的行为成立诈骗罪。再如,行为人甲在住宿、饮食后,产生不交付费用的意思,向饭店管理人员乙声称"我送朋友后回来结账"而逃走。主张处分意识必要说的学者认为,乙具有处分意识,因而甲的行为成立诈骗罪。主张处分意识不要说的学者认为,尽管乙没有处分意识,但甲的行为依然成立诈骗罪。

不难看出,日本刑法理论中的处分意识不要说与处分意识必要说在具体结论上并不存在特别差异。因为处分意识不要说一般将"处分意识"理解为财产处分者对所处分的财产的价值(价格)、数量、种类、性质有完全的认识,进而认为不要求这种完全的认识;而且,持处分意识不要说的学者,为了肯定受骗者"基于意思而转移占有",也要求受骗者有某种转移的意思。而持处分意识必要说的学者通常对处分意识作缓和的解释,认为只要出于转移占有的意思,[65]即使并未具体地认识到所转移的财物或者利益的存在,也认为存在处分意思。于是,二者的对立呈现表面化的局面。

日本刑法理论一般认为诈骗罪与盗窃罪是对立关系或者排他关系。德国的通说也认为,转移财物占有的诈骗罪与盗窃罪处于排他的关系。[66] 受骗人对转移财物的占有具有处分意识的,成立诈骗罪;与此同时,由于能够认定被害人对转移财物的占有具有合意,所

〔65〕 按照山口厚的观点,只要对财物或者利益表面上的转移具有认识即可。

〔66〕 只有少数学者认为,诈骗罪与盗窃罪可能成立想象竞合。

以否定盗窃罪的成立。反之,如果转移财物的占有违反被害人的意志,则成立盗窃罪,由于被害人没有处分行为与处分意思,而否认诈骗罪的成立。于是,盗窃罪中的违反被害人意志或者缺乏合意的要件,与诈骗罪中的处分行为与处分意思的要件,就可以作同一理解,从而确保诈骗罪与盗窃罪的排他关系。

如何认识受骗者的处分意思的范围,是区分诈骗罪与盗窃罪的关键。例如,甲看到乙桌上的信封里装着1万日元,就向乙提出“把这个空信封”给自己用,乙误以为是空信封,就同意将信封给甲用。日本一部分学者认为,乙没有认识到信封里有钱,所以没有处分意思,甲的行为构成盗窃罪,而不构成诈骗罪。另一部分学者则认为,乙具有处分意思,所以,甲的行为构成诈骗罪。又如,行为人经过超市的收银台后,店员的认识究竟波及什么范围?德国判例认为,行为人将商品包装盒中塞入其他商品后,经过收银台时店员不知情的,店员对包装盒中的所有商品具有处分意思,行为人的行为成立诈骗罪。再如,行为人通过超市的收银台时,只将小型手推车中的一部分商品拿到收银台上,而将另一部分商品予以隐匿。德国的判例认为,店员只是认识到了放在收银台上的商品,对隐匿的商品没有处分意思,故行为人对隐匿的商品不成立诈骗罪,而成立盗窃罪。

争议的另一问题是,处分意思是否必须具有自愿性?或者说,处分意思是否必须基于自由的意思决定?德国的判例认为,处分行为必须基于自由的意思决定,如果被害人没有其他选择的可能,就不能认为有处分行为,只能认定为盗窃罪。例如,行为人冒充警察“追缴”、“没收”或者“扣押”被害人的财产,被害人误以为行为人是警察而容忍行为人将财物取走的,德国判例认定为盗窃罪。但是,也有学者认为,判例的观点导致诈骗罪的成立范围过窄,因而不合适。

4.财产处分者的范围与资格(三角诈骗)

诈骗罪的基本构造决定了财产处分者必须是受骗者(理论上对此存在争议)。如果财产处分者不是受骗者,而是受骗者之外的第三人,就不能认定财产处分者基于认识错误处分了财产,因而不符合诈骗罪的特征。

就二者间的诈骗而言,财产处分者既可能是财产所有者,也可能是财产的单纯占有者。问题是,在受骗者与被害人不是同一人(三角诈骗)的情况下,财产处分者与受骗者是否必须同一。换言之,是必须由受骗者处分财产才成立诈骗罪(既遂),还是必须由被害人处分财产才构成诈骗罪。国外的少数观点认为,财产处分者必须是财产的被害人,但理由并不相同。

大塚仁认为:“交付财物的人,通常是受骗者本人,但只要处于受受骗者的财产处分行为约束的地位、状态,也可以是与受骗者不同的人。例如,在诉讼诈骗的场合,受骗者是裁判所,但财物的交付者是基于裁判所的命令,现实地提供财物的败诉人等。”〔67〕显然,大塚仁是将财产处分行为与交付行为作为两个不同的概念来把握的,即处分财产的是法官,而交付者是败诉者。

团藤重光指出:“受骗者与交付者不要求是同一人。可以是欺骗甲而使乙交付财物。”〔68〕川端博指出:“如果采取以下观点,即只要有欺骗行为,并且有谁基于欺骗行为产

---

〔67〕［日］大塚仁:《刑法概说(各论)》,有斐阁1996年第3版,第252~253页。

〔68〕［日］团藤重光:《刑法纲要各论》,创文社1990年第3版,第614页。

生了‘财产上的损害’,就完全可能成立诈骗罪,那么,受骗者与处分行为者就不一定必须一致。”〔69〕这两位学者虽然将处分行为与交付行为视为相同概念,但同时认为财产处分者即交付者可以不是受骗者。

通说认为,在三角诈骗中,不仅要求受骗者与财产处分者是同一人,而且要求现实的财产处分者必须具备一定的条件,因为盗窃罪中存在利用第三者窃取财物的间接正犯。由于盗窃罪与诈骗罪处于排他的关系,所以,必须根据一定的基准区分三角诈骗与盗窃罪的间接正犯。换言之,只要当财产处分者与财产被害人之间具有某种特别关系时,如果可能认定为诈骗罪,就会否定盗窃罪的成立。例如,行为人欺骗收银员的店员,使店员将商品转移给自己占有的,店主是诈骗罪的被害人,由于店员基于认识错误而处分商品,故不成立盗窃罪的间接正犯。问题是,财产处分者与被害人必须是一种什么样的特别关系。对此,德国、日本的刑法理论上存在不同观点。

阵营说(Lagertheorie)主张,以受骗者是与行为人的关系密切还是与被害人的关系密切为区分标准;换言之,以受骗者是属于行为人阵营还是属于被害人阵营为标准进行区分。如果受骗者属于被害人阵营,则行为人的行为成立诈骗罪;反之,则成立盗窃罪。阵营说是德国的通说,是日本的少数说。根据阵营说,只要财产处分者处于站在财产损失的被害人一方,可以事实上处分财产的地位就够了。所以,具有处分权限的人,占有财物的人以及财物的占有辅助者,都可以成为财产处分者。例如,欺骗看守车辆的保安,从停车场内开走车辆的,也成立诈骗罪。阵营说虽然是德国的通说,但也受到了批判。其一,如后所述,阵营说难以说明诉讼诈骗,因为法官总是处于中立的地位,而不会属于被害人阵营。其二,阵营说的界限模糊,许多情形难以判断处分行为者处于哪一阵营。德国有如下判例:A 要借用 B 的私家车但被拒绝,于是 A 前往 B 所住的公寓,欺骗公寓主人 C 说:“我得到了 B 的许可来取其车钥匙。”C 将 B 的房间打开后,从 B 的房间取出钥匙交给 A。A 使用该钥匙开走了 B 的私家车。德国法院认定 A 的行为成立盗窃罪。德国的另一判例是:乙租用丁所经营的车库,将自己的私家车停放在该车库内,丙为车库的管理员。依照惯例,乙将备用钥匙交给丙持有。甲与乙关系密切,甲曾多次征得乙的同意,从丙处得到车钥匙将车开出。某日,甲欺骗丙说得到了车主乙的认可,向丙索取车钥匙。甲得到了丙所持有的乙的车钥匙后,使用该钥匙将停在车库的乙的私家车开走,据为己有。德国法院认定甲的行为成立诈骗罪。

如果采取阵营说,就需要讨论财产处分者主观上是否必须认识到没有超越自己的职责。关于这一点,德国有学者主张,如果根据生活经验,能够认定第三者是在可以想象的范围内处分被害人的财产,那么,就要将处分财产的效果归属于被害人。例如,女佣人听主人说,X 公司的职员要来家里取电视机去修理,行为人冒充 X 公司的职员来取电视机,女佣人就将电视机交给了行为人。这种情形成立三角诈骗。但是,如果女佣人没有从主人那里听到这样的话,却将电视机交给行为人的,行为人则成立盗窃罪的间接正犯。

授权说或权限说是日本的通说,德国的少数说。本说的内容是,受骗者在被害人概括性授权范围内处分财产时,肯定其行为属于处分行为,因而行为人的行为构成诈骗罪;反

〔69〕[日]川端博:《集中讲义刑法各论》,成文堂 1999 年版,第 122 页。

之,受骗者处分财产的范围超出了被害人的概括性授权时,则不属于处分行为,因而行为人的行为成立盗窃罪。因为在三角诈骗中,被害方的处分行为也是区分被告人的行为是属于“违反意思的转移占有”的盗窃罪,还是属于“基于意思的转移占有”的诈骗罪的要件。因此,只有当被害人之外的其他人所实施的转移占有的行为,可以视为“基于被害人的意思”的行为时,才能肯定属于处分行为。而要能够得出这种结论,就必须是被害人授权受骗者处分其财产的场合。

除了上述两种主要学说之外,还有其他少数说。例如,主观说认为,应以受骗者是否为了被害人而处分财产为基准:如果受骗者是为了被害人而处分财产,则行为人的行为构成诈骗罪;反之,行为人的行为成立盗窃罪。再如,事实的接近说(Lehre von der tatsächlichen Nähe)或事实的介入可能性说(Lehre von der tatsächlichen Einwirkungsmöglichkeit)认为,只要作为受骗者的第三人,与财产之间具有客观的接近关系,对财产具有事实上的介入可能性,那么他就可以成为财产处分者,因而成立三角诈骗。

诉讼诈骗(Prozeßbetrug),一般是指行为人将被害人作为被告人而向法院提起虚假的诉讼,使法院产生判断上的错误,进而获得胜诉判决,使被害人将财产转移给行为人或第三者所有,或者由法院通过强制执行将被害人的财产转移给行为人或者第三者所有。刑法理论公认,诉讼诈骗是三角诈骗的典型形式。[70] 德国、日本等国的刑法,并没有将诉讼诈骗规定为独立的犯罪,但是刑法理论的通说与审判实践均认为诉讼诈骗成立诈骗罪,只有极个别学者心存疑虑。

团藤重光针对诉讼诈骗构成诈骗罪提出了一直就存在的两个疑问:其一,在以形式真实主义为前提的民事诉讼制度之下,法院认识到当事人的主张虚假时,也必须受此拘束而作出一定的判决,那么,利用这种诉讼制度提出虚假主张的行为能否成为诈骗罪中的“欺骗他人”的行为?其二,作为被害人的败诉方,是在知道法院误判的同时,不得已服从判决,而向胜诉方提供财物(或财产上的利益)的,那么,这是否属于任意的“处分财产”?特别是,因为被害人没有任意提供财物而由法院强制执行时,能否说被害人实施了处分财产的行为?

学者们针对第一个疑问的回答是,法官完全可能成为处分财产的受骗者。因为即使采取形式真实主义,法官仍应根据事实作出判决。法官得知当事人的虚假主张后,也有作出正确判决的相应途径。所以,法官根据当事人提出的虚假证据作出错误判决,显然是受欺骗的结果,故不可否认其为受骗者与财产处分者。

多数学者们针对第二个疑问的回答是,财产处分者不是败诉方,而是受欺骗的法官。如平野龙一教授指出:在诉讼诈骗的场合,法官是被欺骗者,同时也是交付者,而且法官具有使被害人将财物交付给行为人的权限,因此成立诈骗罪。这种观点得到了广泛认同。德国也一直将法官视为财产处分者。也有学者针对诉讼诈骗提出了三角诈骗的另一种类型:受骗人是法官,处分行为者仍然是被害人。亦即,在诉讼诈骗中,受骗者是法官,由于法官具有强制处分他人财产的权限,被害人具有依照裁判实施处分行为的义务,所以仍然是三角诈骗。换言之,作为处分行为人的被害人,是基于受骗者的意志支配而实施了处分

---

[70] 在法官作出行为人胜诉的判决时,就可以认为,行为人取得了诸如能够要求被害人交付财物这种可以强制执行的具体权利。因此,在判决确定时,就可以肯定成立诈骗罪(对财产性利益的诈骗)。

行为,因而与二者间的诈骗存在相同的构造(柏木千秋)。不难看出,这种观点与上述将法官作为处分行为者的观点有一个共同点,即都承认法官具有处分财产的权限。就被害人占有的财物来说,这一观点是具有一定道理的,即法官没有占有财物,不可能交付财物,故法官没有实施处分行为,将财物交付给被告人的仍然是被害人,所以,被害人是处分行为者。但是,这一解释也不无疑问。根据这种解释,只要受骗人能够支配被害人的意志(或者说,只要被害人基于受骗人的强制而实施交付行为),就可以成立三角诈骗。据此,当受骗人利用事实上所具有的违法强制力,要求被害人交付财物时,也成立三角诈骗。但这样的结论并不妥当(杉本一敏)。

在被害人的权利或者财产性利益遭受损失的场合,德国对三角诈骗的认定范围比较宽。换言之,由于在这种场合不存在诈骗罪的与盗窃罪的区分问题,为了避免处罚漏洞,所以,只要受骗者善意处分了被害人的权利或者财产性利益,就认定为三角诈骗。例如,基于外观法理(表见代理),法律效果应当归属于被害人时,就会认定为三角诈骗。再如,家具公司的厨具部门的从业人员,伪装自己具有收款权限而收受了商品货款的,被认定为三角诈骗。因为根据德国商法第56条有关外观法理的规定,家具公司不能再要求顾客付款,顾客成为受骗者和财产处分者,公司成为被害人。又如,在V将自己对K的债权让与给G之后,仍然要求不知道债权让与事实的K履行债务。根据德国民法典第407条的规定,由于G不能再请求K履行债务,所以,K履行债务的行为导致G的债权消失,V的行为成立三角诈骗。

(六)取得财产

如前所述,“取得财产”只是日本等国刑法对诈骗罪的要求,德国刑法没有将取得财产作为诈骗罪的构成要件要素。行为人或第三者取得财产,意味着财产由受骗者、被害人占有转移至行为人或第三者占有(或取得)。正因如此,受骗者、被害人所处分的、所丧失的财产与行为人、第三者所取得的、所占有的财产,必须具有同一性。这在刑法理论上称为“素材的同一性”要件。

诈骗罪通常表现为行为人直接取得受骗者处分的财产,但并不限于这种狭义的直接取得,还包括其他类型,如通过第三者取得财产。存在争议的是,欺骗行为导致受骗者放弃(抛弃)财物,行为人进而拾得财物的,是否成立诈骗罪既遂?

第一种观点认为,上述行为成立诈骗罪(既遂)。如福田平指出,由于没有必要将交付解释为仅限于直接交到行为人手中,在欺骗他人使之放弃财物进而拾得该财物的场合,可以说通过介入对方的财产处分行为而取得了财物的占有,成立诈骗罪。这种观点可谓刑法理论的通说。

第二种观点认为,上述行为成立盗窃罪。如团藤重光指出,在这样的场合,没有交付的形态便取得了事实上的支配,所以成立盗窃罪。因为诈骗罪的结构是行为人实施欺骗行为,使对方陷入认识错误,对方基于认识错误实施处分行为,行为人通过对方的处分行为取得财产。所以,取得财产应是直接取得对方交付的财产,在对方放弃财产的情况下,行为人在另外的状态下取得对方放弃的财产的,就缺乏处分行为与取得行为的关联性。而且,放弃财产的行为本身不能被评价为处分行为。

第三种观点认为,上述行为成立侵占脱离占有物罪,因为他人丢弃或抛弃的财物,是脱离他人占有的财物。既然如此,行为人取得该财物的,只能成立侵占脱离占有物罪。

（七）财产损失

1. 财产损失概说

关于诈骗罪中的财产损失，主要存在两种立法例。

一种立法例明文要求诈骗行为造成被害人财产损失。如德国刑法第 263 条第 1 款规定："意图使自己或第三者获得不法财产利益，以虚构、歪曲或者隐瞒事实的方法，使他人陷入或者维持错误，从而造成他人财产损失的，处五年以下自由刑或者罚金。"瑞士、意大利、奥地利刑法也有类似规定。这种立法例表明，诈骗罪（既遂）的成立以使被害人遭受财产损失为前提。而且，根据德国刑法理论的通说，诈骗罪是对整体财产的犯罪。亦即，根据客观的判断标准，被害人在处分财产后的整体财产价值少于处分财产前的整体财产价值时，就是有财产损失。判断财产损失的时点，是处分财产的时点。由于财产的减少是一种经济的判断，所以，在财产面临较大的丧失危险时，也可能评价为已经产生了财产损失。但是，允许进行这样评价的情形只能是，财产丧失的危险大，现在的资产状况已经恶化。

如何判断被害人是否存在财产损失，以及财产损失多少，首先取决于如何理解财产。如前所述，就相同的案件，法律的财产说、经济的财产说以及法律的・经济的财产说会得出不同的结论。德国的判例究竟是采取了经济的财产说还是法律的・经济的财产说，难以下结论。判例认为，凡是从经济上看具有金钱价值的财物或者利益（具有经济价值），就是财产。例如，所有权、担保权、债权等民法上的权利，对财物的占有，增加财产的具体的期待以及劳动力等，均属于财产。如就占有而言，完全丧失对财物的占有当然属于财产损失；不仅如此，就一时的丧失占有来说，如果需要因一时丧失而支付对价的，也因为有经济价值，进而属于财产损失。与此相对，不认定具有经济价值的情形是，不具有金钱价值的文书。例如，持有他人的护照并没有使行为人的整体财产增加，故骗取他人护照的行为不成立诈骗罪。

但是，根据法律的・经济的财产说，法不承认的经济价值就不值得刑法保护。在德国，争议主要集中在以下四个方面。（1）违法的劳务。例如，甲欺骗乙说，如果你毁坏了丙的车辆，我给你 5 万元，乙毁坏了后，甲并不给钱。根据法律的・经济的财产概念，这种劳务不保护；根据经济的财产说，根据这种劳动的不适法是否影响经济价值来决定是否值得保护。德国判例认为，对逃税物品的保管、运输行为不具有可以计算的经济价值。2001 年德国卖淫法肯定了性服务的合法性，因此，卖淫者提供的性服务就属于刑法保护的财产。行为人谎称支付费用让卖淫者提供性服务，但事后不支付费用的，对性服务本身构成诈骗罪。（2）无效的请求权。例如，共同盗窃中的甲欺骗乙说，只偷得了 1 万元进而分了 5000 元给乙，实际上偷了 5 万元。法律的・经济财产说认为，甲不构成诈骗罪；经济的财产说则认为，甲是否构成诈骗罪，取决于请求权是否具有经济价值。德国判例则认为，无效的请求权没有经济价值。（3）基于违法的占有。例如，欺骗盗窃犯人使之将赃物交付给自己的，是否成立诈骗罪？根据经济的财产概念，这种占有也受保护，这样处理与盗窃他人窃取的赃物以盗窃罪论处是协调的。法律的・经济的财产概念对此有争议。有学者主张，根据民法的占有保护规定，基于违法的占有也应当受保护；有学者主张，基于犯罪原因的占有不受保护。（4）违法目的的预付款。例如，凶手在杀人前从雇凶获得的预付款，是否受保护？经济的财产说持肯定回答；同样，假装贩卖毒品而让他人提供预付款的，成立诈骗罪。法律的·经济的财产说对此存在争议:一种观点认为,通过对违法目的作出否定评价来否认刑法上的保护;另一种观点认为,金钱的所有、占有本身是合法的,所以值得保护。

另一种立法例没有明文要求诈骗行为造成被害人财产损失。日本刑法第246条规定:“欺骗他人使之交付财物的,处十年以下惩役。”“以前项方法,取得财产上的不法利益,或者使他人取得的,与前项同。”由于刑法没有明文规定财产损失,所以,日本理论上便存在不同观点。

第一种观点认为,尽管刑法第246条没有明文规定财产损失,但作为诈骗罪的成立要件的“财产损失”还是必要的。在作为财产犯罪的诈骗罪中,单纯的财物或者财产性利益的转移是不够的,只有通过财物或者利益的转移,在被害方发生实质的财产损失,才能维持诈骗罪作为“财产犯罪”的特征。而且,诈骗罪中的财产损失必须与财物或利益的移转同时发生,在交易之后由传闻产生的损害等间接损害并不包含在其中(松宫孝明、田山聪美)。

第二种观点认为,作为诈骗罪的保护法益的财产,是指经济上的交换价值。在被害人关于自己的财物或者财产性利益所具有的经济上的交换价值陷入认识错误而接受交易的场合,被害人就存在法益关系的错误。在这种场合,被害者关于转移财产的同意就是无效的,故行为人的行为成立诈骗罪(山口厚、佐伯仁志、桥爪隆等)。例如,被害人受欺骗后认为自己所有的高价古董只是仿制品,并按照行为人提出的便宜价款交付的,就是典型的法益关系的错误。与此相反,在店主并不打算向未成年人出售香烟时,未成年人欺骗店主,店主以为对方是成年人并出售香烟的场合,由于店主获得了作为香烟价款的反对给付,对自己交付香烟的经济上的交换价值并不存在认识错误,即不存在法益关系的错误。因此,该未成年人的行为不成立诈骗罪。由此可知,只有被害方对“经济上的”关心事项才被诈骗罪所保护。这一观点虽然以不存在“法益关系的错误”为理由否定诈骗罪的成立,但归根结底还是以没有发生客观的“财产损失”为由否定诈骗罪的成立(杉木一敏)。

第三种观点认为,行为人要成立诈骗罪,被害人就必须关于“作为交付、处分判断基础的重要的事项”被欺骗并陷入认识错误。其中对被害人而言的“重要的事项”,并不必然局限于“经济上的交换价值”。即使是经济上的交换价值“以外”的事项,根据场合的不同也能够成为对被害人而言重要的关心事项。换言之,即使是在对于经济的交换价值“以外”的事项实施欺骗行为的场合,诈骗罪也能够成立。例如,关于暴力团成员隐瞒身份利用高尔夫设施的案件,日本有两个著名的判决,事实上采取了第三种观点。

一个判决的案情是,暴力团成员X与高尔夫俱乐部会员A一起去B高尔夫俱乐部,隐瞒了暴力团成员的身份打高尔夫球。B高尔夫俱乐部在相关约定条款中明确禁止暴力团成员利用俱乐部,而且将有关部门提供的情报进行电子化处理,对利用高尔夫设施的人员进行姓名确认。A在加入俱乐部时曾誓言不介绍暴力团成员,也不与暴力团成员结伴打球,却采取欺骗手段帮助X提出申请,X则不靠近服务台而开始打球(宫崎事件)。日本最高裁判所2014年3月28日的判决指出,利用者是不是暴力团成员,是B高尔夫俱乐部的从业人员是否准允其利用高尔夫设施的重要事项,尽管如此,A却不说明同伴者X

是暴力团成员，并为其申请利用高尔夫设施，该行为使高尔夫俱乐部从业人员误以为X不是暴力团成员，当然属于诈骗罪中的欺骗行为，该行为导致利用高尔夫设施的合同成立，X利用了高尔夫俱乐部的设施，因而成立诈骗罪（对财产性利益的诈骗）。[71] 这样判决的理由是，如果高尔夫球场允许暴力团成员使用，就会存在使用该球场的其他顾客减少，进而损害高尔夫球场的信用和评价的可能性，所以从高尔夫球场的“经营上的观点”来看就可以理解拒绝暴力团成员使用这一措施。

另一个案件是，暴力团成员Y与Z共同隐瞒身份，先后去C高尔夫俱乐部与D高尔夫俱乐部申请利用高尔夫设施。尽管两家高尔夫俱乐部制定了排除暴力团的条款，也有拒绝暴力团成员使用的告示牌，但两家高尔夫俱乐部并没有对顾客是不是暴力团成员进行逐一确认，而且，周边的高尔夫球场默许暴力团成员使用的情况也很多（长野事件）。日本最高裁判所2014年3月28日认定，在这样的状况下，不能说暴力团成员没有告知自己是暴力团成员而申请使用高尔夫场的行为，表明了“自己不是暴力团员”的含义，因而不属于“欺骗他人的行为”，否认了诈骗罪的成立。[72]

此外，关于以诈骗手段取得证明文件等文书的行为是否构成诈骗罪的问题，日本较早的判例一般否认诈骗罪的成立，但后来以及最近的判例则肯定诈骗罪的成立。例如，暴力团成员声称自己不是暴力团成员，在邮政储蓄银行开户领取存折的，被认定为诈骗罪。判决理由是，在交易过程中，银行大多重视“交易对象是不是暴力团成员”这一事实，而且重视这一点在客观上具有合理性。在本案中，银行确立了一律拒绝暴力团成员开设账户的方针，采用了使申请开户人在申请书上表明、确认“不是暴力团成员”的措施，并且确立了在申请人存在嫌疑时向警察局等进行问讯、确认的体制。据此，可以肯定行为人就“交易对象是不是暴力团成员”这一“重要事项”实施了欺骗行为，并且取得了银行的存折，因而成立诈骗罪（诈骗对象为存折本身）。刑法理论对此存在不同观点。一种观点认为，证明文书不具有财产性，不属于财物（平野龙一、前田雅英等）；而且，如果将证明文书认定为财物，与刑法规定的有关不实记载证明文件的犯罪不协调（西田典之）。另一种观点则认为，证明文件具有财产性，骗取证明文书的成立盗窃罪（山口厚）。

在承认财产损失是诈骗罪的构成要件要素的前提下，对于如何理解财产损失，日本存在以下几种学说。

形式的个别财产说认为，日本刑法没有将诈骗罪规定为对整体财产的犯罪，而且刑法对骗取财物与骗取财产性利益采取了相同的规定方式，因此，诈骗罪（包括骗取财物与骗取财产性利益）是对个别财产的犯罪，财物的交付（丧失）、财产性利益的转移（丧失）本身就是财产损失。因为在如果不受欺骗就不会交付财物的情况下，被害人由于受欺骗而交付财物时，就导致被害人丧失了使用、收益、处分财物的利益；在如果不受欺骗就不会转移财产性利益的情况下，被害人由于受欺骗而转移财产性利益时，就导致其财产性利益的丧失，即使整体财产没有减少，对被害人而言也是财产损失。所以，只要基于行为人的欺骗行为丧失财物、财产性利益，就存在财产损失。即使行为人提供的反对给付与被害人交付的财物价值相当甚至超过了后者的价值，也不妨碍诈骗罪的成立（福田平）。

---

〔71〕 日本《最高裁判所刑事判例集》第68卷3号，第582页。

〔72〕 日本《最高裁判所刑事判例集》第68卷3号，第646页。

实质的个别财产说认为,从日本刑法对诈骗罪与背信罪的不同规定可以看出,诈骗罪是对个别财产的犯罪,而且,既然诈骗罪是侵犯财产罪,那么就要求有实质的财产上的损失。其中,有的学者认为,"财产损失"本身是诈骗罪(既遂)的一个独立要件(如前田雅英)。也有的学者则认为,虽然要求实质的财产上的损失,但是,将财产损失作为独立的要件在日本刑法中缺乏法文上的根据;由于丧失(转移)财物、财产性利益本身就是诈骗罪的法益侵害,因此,没有必要将财产损失作为与转移财产相区别、相并提的要件;问题只是在于财物、财产性利益的转移、丧失本身是否具有实质的法益侵害性(山口厚)。

财产价值减少说认为,诈骗罪与背信罪一样,都是对整体财产的犯罪;将诈骗罪与背信罪区别对待,缺乏实质理由。诈骗罪的成立以被害人的整体财产减少为必要,而且,由于损害与利益处于表里关系,故即使通过欺骗行为取得财物,但如果支付了相当对价时,则不成立诈骗罪(泷川幸辰)。但是,持财产价值减少说的学者,并不主张仅就损害与利益进行客观上的金钱价值的比较,而是主张既比较客观价值,也比较主观价值。

折中说认为,诈骗财物罪(一项犯罪)属于对个别财产的犯罪,诈骗利益罪则既包含对整体财产的犯罪,也包括对财物以外的个别财产权的犯罪。就诈骗财物罪而言,只要受骗者处分或交付了财物,就应认定为存在财产损失,而不要求被害人整体财产的减少。就诈骗利益罪而言,应区分不同情况判断是否存在财产损失:针对个别财产权实施诈骗行为时,只要能够认定如果没有欺骗行为被害人就不会转移债权等个别财产权,那么,转移个别财产权时,就造成了财产损失;针对整体财产实施诈骗行为时,只要没有给被害人的整体财产造成损害,就不能认定为诈骗利益罪(团藤重光)。

可以肯定的是,至少在通常情况下,只要行为人或第三者基于受骗者的处分行为取得了财产,就造成了被害人的财产损失。只有在例外情况下才需要进一步的判断。

2. 不法原因给付与诈骗罪

当行为人实施欺骗行为使受骗者陷入认识错误后,受骗者也可能同时基于不法动机处分财产。例如,在卖淫违法的前提下,女子原本没有卖淫的意思,却声称向男子卖淫,使男子向其交付费用,但女子收取费用后逃之夭夭。男子之所以交付费用,是因为女子实施了欺骗行为;但嫖娼本身具有非法性,故男子交付费用"嫖娼"便属基于不法原因。于是,产生了以下问题:受骗者基于不法原因处分财产的,是否存在财产损失,应否认定行为人的行为构成诈骗罪?

德国的判例认为,行为人使用欺骗手段,使对方陷入错误并基于不法原因给付财产的,不影响诈骗罪的成立。例如,行为人将没有效能的、原价为 30~40 芬尼〔73〕的堕胎药诈称为具有效能的堕胎药,以 10 马克的价格卖给某孕妇。由于堕胎是犯罪,故孕妇购买堕胎药品而支付金钱的行为,属于不法原因给付。德国帝国法院采取经济的财产说,认定本案被告人的行为成立诈骗罪。

在法国,行为人使用欺骗手段使他人基于不法原因给付财物的,既不承认"受骗者没有财产损失因而不成立诈骗罪"的主张,也不接受"欺骗行为没有达到刑法所要求的欺骗行为的程度"的观点,而是认定为诈骗罪。

日本的审判实践同样持肯定态度。如日本大审院的判决指出:"虽然在民法上不能

---

〔73〕 芬尼是德国以前的辅币单位,等于百分之一马克。

请求其返还,但并不因此而妨碍诈骗罪的成立。因为既然以欺骗手段使他人陷入错误而交付财物,那么,其行为就不法地侵害了他人财产权。”〔74〕日本最高裁判所将赌博诈欺认定为诈骗罪,因而表明了肯定态度。

日本刑法理论上,只有极少数学者持否定说。如泷川幸辰指出,基于不法原因给付时,给付者是为了实现法所禁止的目的,既然如此,便处于法的保护之外;如果不存在应受法的保护的财产,也就不发生财产损失,所以,基于不法原因给付时应否认诈骗罪的成立。但是,绝大多数刑法学者都持肯定态度。肯定的理由大体如下:(1)在基于不法原因给付的场合,于所交付的财物、财产性利益本身不具有不法性,所以,认定诈骗罪的成立也不是不可能的。(2)在基于不法原因给付的场合,如果对方不受欺骗就不会交付财物,所以,可以认为受骗者基于欺骗者的行为而作出了不法原因给付,能够认定诈骗罪的成立。(3)在基于不法原因给付的场合,虽然给付者没有民法上的返还请求权,但在刑法上值得保护。(4)由于不法的原因只是存在于受益者,所以,应适用(日本)民法第708条但书的规定,承认给付者具有返还请求权。因此,可以认定诈骗罪的成立。亦即,通过否认给付者的行为属于不法原因给付,肯定行为人的行为成立诈骗罪。(5)财产损失不是诈骗罪的独立要件,所以,财产转移本身就具有法益侵害性;既然不法原因给付时受骗者基于认识错误转移了财产,对方的行为当然成立诈骗罪。

3. 免除非法债务与诈骗罪

行为人使用欺骗手段,使他人免除法律不予保护的非法债务的,是否存在财产损失?例如,甲男以嫖娼并支付费用的意思与卖淫女乙实施性行为,但性行为结束后,甲男发现自己身无分文,便采取欺骗手段,使乙免除嫖宿费用(非法债务)。甲男的行为是否就其免除的非法债务成立诈骗罪?

德国在卖淫合法化之前曾有如下判例:两名被告人与一名妓女发生性交后,以伪造的货币支付了嫖宿费。虽然州法院认定被告人的行为成立诈骗罪,但德国联邦法院的判决指出:“被告人的上诉指责该有罪判决,主张妓女的财产没有受到侵害。该上诉理由是正当的。在法律上,性交并不存在可以估算为金钱的任何价值。因此,妓女委身于人的行为本身并不是财产处分行为。对于‘顾客’而言,也不是财产上的利益。基于这样的理由,妓女对‘顾客’所具有的费用‘请求权’,与通过违反公序良俗的法律行为所取得的价值也不是同一的。因此,欺骗妓女使之免除嫖宿费用的,并不是实施了诈骗行为。”〔75〕显然,州法院采取了经济的财产说,认定被告人的行为构成诈骗罪,但联邦法院并非如此。但在2001年卖淫合法化之后,上述行为成立诈骗罪。

韩国曾发生如下案件:被告人甲本来不想给酒吧小姐任何费用,但表面上和酒吧小姐约定支付卖淫费用而与之性交。甲用窃取的信用卡刷卡的方式,摆脱支付嫖宿费用。韩国大法院的判决指出:“原审对上述公诉事实,以贞操不能成为财产罪的对象,而且其卖淫费用是违背善良的风俗而不是法律上受保护的经济利益为根据,判决被告人甲以欺诈的手段摆脱卖淫费用的行为不构成诈骗罪。一般来说,之所以不能从经济上评价男人与妇女之间的性行为以及妇女和相对方之间达成的以取得钱财或者财产上利益等为对价实

---

〔74〕 日本大审院1910年5月23日判决,载日本《大审院刑事判决录》第16辑,第906页。

〔75〕 [日]平野龙一编:《判例教材·刑法各论》,东京大学出版会1980年版,第182~183页。

施性行为的约定行为,是因为该契约本身是以违背善良风俗以及其他社会秩序为内容的无效的法律行为。但是,由于诈骗罪对象上的财产上利益,不一定意味着私法上保护的经济上的利益,因此,妇女以收到钱财为前提而卖淫时,该行为的费用相当于诈骗罪对象的财产上利益,而且欺诈妇女进而脱离性行为的费用时,成立诈骗罪。"〔76〕显然,原审对财产采取的是法律的财产说或法律的·经济的财产说,而大法院采取的是经济的财产说。

对于类似的案件,日本审判实践上存在两种不同判例。例如,对于使卖淫者免除嫖宿费用的案件,就存在两种对立的判决。

日本札幌高等裁判所1952年11月20日的判决否认诈骗罪的成立。案情是,被告人嫖娼并饮食住宿,后来采用欺骗手段使对方免收上述费用,其中嫖娼费为1000日元,其他费用为3230日元。原审裁判所认定被告人共诈骗了价值4230日元的财产性利益,显然将嫖娼费也计算在内。但札幌高等裁判所判决指出:"本来卖淫行为是违反善良风俗的行为,这种契约是无效的,故被告人并不因此负担嫖娼费债务;对于欺骗卖淫者使其免除嫖娼费的,不能认定为取得了财产上的不法利益。所以,对上述1000日元不成立诈骗罪。"〔77〕据此,非法的财产性利益不是诈骗罪的对象。换言之,使对方丧失非法的财产性利益的,不能认定为财产损失。

日本名古屋高等裁判所1955年12月13日的判决肯定诈骗罪的成立。案情为,被告人两次嫖娼,但使用欺骗手段使对方免收2500日元的嫖娼费。原审认定,卖淫契约违反公序良俗,不能认定被告人获得了财产上的不法利益,因而不成立诈骗罪。但名古屋高等裁判所的判决指出:"即使原审认定的契约违反公序良俗,根据民法第91条是无效的,但民事上的契约是否有效与刑事上有无责任,是本质不同的问题,二者没有任何联系。像诈骗罪这样的以侵害他人的财产权为本质的犯罪之所以受到处罚,并不只是为了单纯地保护被害人的财产权,还因为以这种违法手段所实施的行为有扰乱社会秩序的危险。而且在扰乱社会秩序这一点上,签订卖淫契约时采取欺骗手段与在通常交易时采取欺骗手段,没有任何差异。……嫖娼费也可以成为刑法第246条第2项的诈骗罪的对象,故认定不成立诈骗罪的原审判决适用法律有误,这种错误显然影响了判决。"〔78〕据此,非法的财产性利益也是诈骗罪的对象。换言之,使对方丧失非法的财产性利益的,也能认定为财产损失。

与审判实践相对应,日本刑法理论上也存在两种不同观点。

持否定说的有平野龙一、中森喜彦、曾根威彦、西田典之、山口厚等学者。如平野龙一指出:"诈称嫖宿后支付金钱而使对方实施卖淫行为,然后使用欺骗手段使对方免除嫖娼费的,由于这种劳务与债权本身具有不法性,故应认为不成立诈骗罪。"〔79〕曾根威彦指出:"使女性实施卖淫行为后,在还没有支付嫖宿费用的阶段,欺骗女性使之免除嫖宿费用的,应否认诈骗罪的成立。因为在这种场合,在行为人实施欺骗行为之前就已经产生了不法原因;既然卖淫行为因违反公序良俗而不承认具有民法上的对价请求权,那么,根据法律的·经济的财产说的立场,刑法上便没有对之进行保护的必要。这里的问题是免除

---

〔76〕[韩]吴昌植编译:《韩国侵犯财产罪判例》,清华大学出版社2004年版,第13页。

〔77〕日本《高等裁判所刑事裁判特报》第2卷第24号,第1276页。

〔78〕日本《高等裁判所刑事判例集》第5卷第11号,第2018页。

〔79〕[日]平野龙一:《刑法概说》,东京大学出版会1977年版,第220~221页。

事后的支付,既然利益(对价请求权)本身是通过卖淫行为取得的,是不法的,那么,就无效的债权而言,应认为没有财产上的损害。"〔80〕概言之,持否定说的学者都认为,诈骗利益罪中的利益,必须是合法的利益;如果骗取的是不法的利益,则没有财产损失,所以不成立诈骗罪。

持肯定说的有团藤重光、福田平、大谷实、内田文昭、前田雅英等学者。如大谷实指出:"关于使用欺骗手段,使人卖淫,免除支付'卖淫费'的行为,是否成立诈骗利益的问题,存在民法上不受保护的经济利益在刑法上也不受保护的否定说,与应当承认刑法上的要保护性的肯定说的两种对立。在这种场合,在如果不受欺骗对方就不会实施性行为这一点上,与上述情形(指基于不法给付的情形——引者注)相同,所以,认为值得刑法上保护的肯定说是妥当的。在这种场合,诈骗利益罪的对象,是提供性行为这种劳务。这一结论,也适用于通过欺骗行为免除支付基于情人契约的生活费,以及免除基于卖淫契约的卖淫费的情形。这种场合的诈骗利益罪的对象,是生活费或卖淫费的支付这种财产上的利益。"〔81〕概言之,持肯定说的学者认为,不能以是否违反民法来决定有无诈骗罪的财产损失。

4. 行使权利与诈骗罪

具有从对方取得财物或者财产性利益的正当权利(如享有到期且无抗辩理由的债权)的人,为了实现其权利而使用了欺骗手段的,是否成立诈骗罪?

德国的审判实践上,除了在两次世界大战之间的一段时期,部分判决对行使权利的行为予以处罚外,都不处罚狭义的行使权利的行为。例如,被告人以子弹的碎片导致脚行走不便的虚假理由申请战伤者年金,从而作为战伤者领受了年金,但实际上,被告人也有肺病,且肺病是由于战争中的寒冷与食物不足所致。原审认定被告人的行为成立诈骗罪,但德国联邦法院 1955 年 10 月 11 日的判决指出,虽然被告人实施了欺骗行为,但在法律上仍有战伤者年金请求权,因而并不违法,于是撤销了原审的有罪判决。又如,被告人实际上是从军时因交通事故受伤,但其谎称因炮弹受伤而领受战伤者年金。不来梅上级地方法院 1962 年 6 月 20 日的判决指出,根据法律规定,即使在从军时因交通事故受伤,也能领受战伤者年金;被告人虽然实施了虚假申请行为,但由于其在法律上具有战伤者年金请求权,故没有取得违法的财产性利益,进而宣告被告人的行为不构成诈骗罪。反之,如果行为人不具有法律上的权利而以行使权利的名义实施诈骗行为的,则成立诈骗罪。例如,女被告人因为与其丈夫处于分居中而没有得到扶养,她明知自己在法律上没有资格领取从军者家属援助金,但提供丈夫名义的虚假证书,领取了援助金。德国最高法院 1918 年 1 月 8 日的判决,以被告人没有领受权利为由认定诈骗罪的成立。

德国的刑法理论也一直主张狭义的行使权利的行为不成立诈骗罪。例如,在 20 世纪初,德国刑法理论上广泛采取的学说是,如果具有形式的"法的请求权",即使立证困难,也缺乏违法性,不成立诈骗罪。第二次世界大战后,狭义的行使权利的行为不可罚的结论,几乎没有争议。如 Roxin 指出,刑法的适用只能限定于维持社会生活秩序上不可避免的场合,只有对社会产生了重大侵害才能科处刑罚。因此,侵害私法上的所有权的行为,

---

〔80〕 [日]曾根威彦:《刑法各论》,弘文堂 2012 年第 5 版,第 158~159 页。

〔81〕 [日]大谷实:《刑法讲义各论》,成文堂 2012 年第 4 版,第 284~285 页。

并不都成立刑法上的侵犯财产罪。所以,问题在于,刑法对何种侵害、在何种范围内对所有权秩序进行保护。具体地说,违反归还义务而存续的所有权,相对于正当的权利者而言,就不值得保护。因此,通常不处罚行使权利的结论是妥当的。

日本大审院曾于1913年12月23日作出判决,对狭义的行使权利与诈骗罪的成立与否提出了三个处理原则:其一,在法律上享有从对方取得财物或者财产性利益的正当权利的人,在实现其权利时,使用欺骗手段,在其权利范围内取得财物或者财产性利益的,不成立诈骗罪。其二,在上述情形下,超出其权利范围取得财物或者财产性利益的,如果该财物或者财产性利益在法律是可分的,则仅就超出部分成立诈骗罪;如果该财物或财产性利益在法律上是不可分的,则就整体(或全部)成立诈骗罪。其三,即使行为人具有正当权利,但如果没有实现权利的意思,单纯以行使权利为借口,或者基于与正当权利没有任何关系的其他原因,骗取对方财物或财产性利益的,就取得的财物或者财产性利益的整体成立诈骗罪。

就第三项原则而言,日本刑法理论基本上没有争议。因为行为人虽然具有正当权利,但当其没有实现权利的意思,只是以行使权利为借口骗取财物或者财产性利益,或者基于与正当权利没有任何关系的其他原因骗取财物或财产性利益时,根本不属于行使权利的行为,理所当然成立诈骗罪。

对于第二项原则,日本刑法理论存在争议。有的学者赞成该项原则,但也有学者反对该项原则。因为财物或财产性利益的可分与不可分,并不一定明确;而且,可分时仅就超出权利范围部分成立诈骗罪,而不可分时则就整体成立诈骗罪,这本身也不尽合理。

至于第一项原则,日本刑法理论上的争论更为激烈,大体上存在四种不同观点。第一种观点认为,以欺骗方法行使权利的行为不成立诈骗罪。其中,有的学者认为这种行为不符合诈骗罪的构成要件;有的学者认为这种行为阻却违法性。第二种观点认为,以欺骗方法行使权利的行为构成诈骗罪。其中有的学者指出,即使行使权利,但由于采用了欺骗行为这种不相当的方法,所以仍然成立诈骗罪。第三种观点认为,以欺骗方法行使权利的行为原则上成立诈骗罪,但如果其行为处于相当性的范围之内,则阻却违法性。具体理由是,上述行为符合诈骗罪的构成要件,而且,以欺骗手段行使权利本身也是不妥当的。所以,只要不存在自救行为、正当防卫等违法性阻却事由,就应认定为诈骗罪;但是,当行为人具有行使权利的正当目的、没有超出权利范围,而且其手段具有社会的相当性时,则阻却违法性。第四种观点认为,对以欺骗手段行使权利的行为,应当进行实质的判断,然后得出是否构成诈骗罪的结论。但判断的基准不只是手段的社会相当性,而是要综合以下各种因素进行判断:其一,权利性的有无。如果具有正当权利,则无罪的可能性较大;但是,如果虽然享有权利却超出了权利的范围,就不能认为在整体上具有行使权利的目的。其二,手段的必要性。在具有权利的情况下,需要考虑有无自行骗回的必要性,这需要根据行为状况的紧急性、法律侵害的程度、被害人的态度等进行判断。其三,手段的相当性。需要考虑行使权利的行为在何种程度上被社会一般观念所允许。第一种观点与德国学说相同。第二、三种观点以行为无价值为基础,认为为了行使权利所实施的欺骗行为不具有社会相当性,所以具有违法性。

5. 对受骗者交付财产提供相当对价(反对给付)的情形

德国刑法将诈骗罪规定为对整体财产的犯罪,但是,刑法理论与审判实践上并不是单纯从客观价值上理解和认定财产损失，而是联系受骗者（被害人）的目的、财产的主观价值等认定财产损失。

由于德国刑法将诈骗罪规定为对整体财产的犯罪，所以，德国的判例原则上认为，财产主体所具有的金钱价值的总额因为处分行为而减少时，就存在财产损失。因此，一般来说，如果行为人实施欺骗行为，使被害人交付财物，而行为人提供的反对给付（填补）并不少于被害人交付的财物的金钱价值时，就不存在财产损失，不成立诈骗罪。但是，填补仅限于由欺骗行为直接产生的反对给付，而不包括通过损害赔偿请求等事后的独立行为所形成的必要给付。

例如，被害人表示签订支付确定保险费的保险合同，尽管行为人也保证签订这样的合同，但行为人所属的公司是相互保险公司，行为人使被害人加入了负有支付追加金义务的保险。加入支付确定的保险费的保险的，如果在支付保险费后发生了事故，加入者就成为单纯的接受保险金的债权人；而加入相互保险的，一方面成为接受保险金的债权人，另一方面在某些场合还负有支付追加金的义务。对此，1887 年德国帝国法院的一个判决指出，关于作为诈骗罪要件的"损失"是什么的问题，可能有两种观点：一种观点认为，被害人基于认识错误处分财产时，即如果知道真相就不会处分财产时，不管这种处分在客观上是否给被害人的财产带来了不利，都属于造成了财产损失。另一种观点认为，仅此还不能认定为损失，只有当被害人处分财产的行为在客观上对其财产造成了侵害时，才能认定为损失。后一种观点是正确的。前一种观点将财产的构成要素的变更本身视为损害，但是，这种变更本身是一切交易的必然结果，原则上存在于所有的交易中，不能直接将其作为刑法上的损失。否则，就无视了刑法条文要求诈骗罪发生损失的规定。姑且不谈赠与等行为，在一般的交易中，被害人的给付与行为人的反对给付是一体化的，在认定是否发生了财产损失时，仅仅考虑被害人一方给付了财物是不够的，必须将被害人财产价值的减少与因此而导致的财产价值的增加进行客观比较。财产不管是积极的还是消极的，是人的财产关系的总体，必须从整体上考虑。这里的"整体"，是指只有其金钱上的整体价值减少时才是受到损害，增加时是获得利益。但是，是否发生了财产损失，要根据行为当时的被害人的个别的财产关系来决定。除金钱外，其他的财物并不是对一切人都具有相同价值，也不是一切人都可以同样利用；尽管如此，个别化原则（Grundsatz der Individualisierung）也并不意味着完全根据被害人的恣意或爱好来认定财产损失。如果现实上提供给被害人的物，可以利用于被害人的合同目的，则不存在损失。于是，是否产生了财产损失，不是由被害人是否要利用来决定，而是由被害人能否利用来决定。因此，对单纯的爱情利益、经济上无价值的东西、单纯的处分自由等的侵害，不能认定为财产损失。根据上述立场，德国帝国法院对上述案件作出了以下判断：被害人虽然负有支付追加金的义务，但相互保险中事先支付的保险费加上追加金，在许多情况下少于确定支付的保险费。此外，作为对被害人不利的因素，重要的是该保险公司的财产状况，因此不能一概断定有无损失，事实审还必须就上述情况作进一步调查。

此后的判例都适用个别化原则，即法院除了考虑金钱价值的减少外，还同时考虑金钱价值以外的市场情况、个人的利用可能性、个人的资产状况等。例一：进口黄油的价格原本高于国产黄油价格，被告人却将进口的黄油冒充国产黄油并以国产黄油价格出卖。但是，被害人以进口黄油销路不好为由，想购买的是国产黄油。法院认定被害人存在财产损失,被告人的行为构成诈骗罪。例二:被告人使用欺骗手段,使对方购买其不能阅读理解的杂志。法院认为,所购买的杂志对于被害人而言没有实质价值,因而存在财产损失,被告人的行为成立诈骗罪。例三:被告人为榨汁机的贩卖者,被告人在对 K 实施贩卖行为时,原本没有减价出售但声称减价出售。且在贩卖时,被告人知道 K 陷入经济困难,而且 K 还有其他债务,会陷入财产危机。被告人在对 B 实施贩卖行为时,B 携带的金钱不够,但被告人谎称减价使 B 购买。B 为了支付货款,不得不借款。法院认为,被告人的行为造成了被害人的财产损失。换言之,受骗者为了履行与被告人之间的合同而不得不从事其他不利的经济交易时,应认定被告人的行为造成了财产损失。

德国刑法理论的通说认为,诈骗罪(既遂)的成立要求财产价值的减少,财产价值的增减,通过一般的市场价值与个别的价值两个阶段的判断来决定。首先将行为人因欺骗行为所取得的财产与其提供的对价在纯客观价值上进行比较,如果行为人取得的财产价值高于其提供的对价,则受骗者存在财产损失;如果二者相等,则客观地比较受骗者就所处分的财产与所接受的对价的主观价值,如果受骗者所处分的财产的主观价值高于所接受的对价的主观价值,则受骗者存在财产损失。因为并非任何财物对于所有人都具有相同的价值,所以,在进行客观价值的比较之后,必须通过权衡财物对被害人的有用性、目的等要素,判断财物对被害人的主观价值的增减。

但是,德国刑法理论的少数说认为,诈骗罪(既遂)的成立不要求财产价值的减少。其中,人的财产概念(personaler Vermögensbegriff)认为,法益是法规范所保护的、人对客体(对象)的事实上的支配关系。因此,财物或者所有物等对象不是法益,所有权者与财产的占有者等主体也不是法益,财产主体与对象的现实的关系才是法益。财产是人格发展手段,对其价值不能进行数量考虑,不能进行客观评价。所以,财产价值的减少不能作为财产损失要件。即使具有金钱价值的财产状态没有减少,但欺骗行为引起了违反具体交易的客观意义、目的与本质的财产状态时,通常就能认定为财产损失。在存在反对给付的场合,问题不在于财产价值的减少,而在于反对给付是否符合被害人设定的目的。如果反对给付不符合被害人设定的目的,就存在财产损失。但是,人的财产概念受到了批判。一方面,人的财产概念导致财产犯罪的保护法益是人格发展自由的一个侧面,这并不合适;另一方面,人的财产概念也缺乏明确性。动的财产概念(dynamischer Vermögensbegriff)认为,对财产的保护,既包括保障财产增加,也包括确保财产本身;在复杂多变的经济状态下,停滞意味着后退,所以,财产概念必须向在经济发展与经济活动中起作用的财产要因扩展。换言之,即使财产没有减少,但没有给被害人带来客观上可以期待的财产增加,也应认定为财产损失。不过,这种学说也没有得到多数学者的认同。

人的财产说与动的财产说不要求财产价值的减少,这便与德国刑法将诈骗罪规定为对整体财产的犯罪、明文要求诈骗罪造成财产损失不相符合,因此,在德国成为少数说。但是,如果认为诈骗罪是对个别财产的犯罪,人的财产说与动的财产说明显具有合理因素。

日本刑法没有将诈骗罪规定为对整体财产的犯罪,日本的判例没有言及财产价值的增减。日本判例认为,在如果没有欺骗行为对方就不会交付财物的情况下,由于交付财物是由欺骗行为所致,所以,交付财物本身就是财产损失。例如,被告人将在市场上均有销售、容易购买的电动按摩器,谎称为市场上难以购得的特殊治疗器而贩卖,即使其提供的商品与受骗者交付的金钱价值相当，但由于缺乏被告人标榜的功效，认定成立诈骗罪。又如，谎称烧酒的酒精含量高于实际含量而出卖的，即使出卖价格与实际的酒精含量相当，也构成诈骗罪。反之，被害人接受非医生的诊断，以其所定价格购买了药品的，由于所购入的药品适合治疗被害人的疾病，而否认了诈骗罪的成立。

6. 就交付财产的用途、接受者进行欺骗的情形

这是指受骗者虽然就自己将财产交付给他人不存在认识错误，但就所交付财产的真实用途、财产的真实接受者存在认识错误的情形。

（1）单方给付

例如，行为人甲声称为灾区募捐，受骗者乙交付了财物，但事实上甲并不是为灾区募捐，而是将所"募捐"的财物交给了自己的亲友（单方给付的情形）。与这种募捐诈骗相类似的，还有乞讨诈骗、救济金诈骗、补助金诈骗、奖励金诈骗等情形。在受骗者没有就交付财产期待任何反对给付的情况下，是否存在财产损失，甲的行为是否成立诈骗罪。

对于类似上述募捐诈骗的单方给付的案件，德国判例指出，即使受骗者没有期待任何反对给付，也可以说存在财产损失。

德国刑法理论上，只有少数学者否认上述募捐诈骗之类的案件存在财产损失，其理由是，捐赠者没有期待物质的对价，并且知道自己的捐赠会造成自己客观的、经济上的损失时，在此限度内不可能存在欺骗。因为诈骗罪中的财产损失，以受骗者没有认识到财产损失为条件（无意识的自己加害，[82] unbewußte Selbstschädigung）。在募捐诈骗的场合，受骗者已经认识到自己的财产损失，对方的行为当然不成立诈骗罪。但是，德国刑法理论的通说与判例认为，类似募捐诈骗的行为成立诈骗罪。在这种场合，财产处分者处分财产不是出于经济利益的考虑，而是为了实现社会目的；如果交付财产的社会目的得以实现，交付财产就成为实现主体社会目的的手段，当然无所谓财产损失；反之，如果受骗者交付财产的社会目的失败，就应认定为财产损失（目的失败论，Zweckverfehlungslehre）。

日本判例在此问题上的立场，相当于德国的"目的失败论"。例如，行为人基于县的认可指令进行地震后的重建工程，工程完工后提出虚假内容的工程竣工精算书，领受过高的补助金。日本大审院 1932 年 2 月 2 日的判决指出，领受发放的不当过高的补助金时成立诈骗罪。再如，行为人提供虚假的建筑费精算书，领取农业仓库奖励金，也被认定为诈骗罪。但是，如果行为人通过欺骗手段取得住宅补助金的行为，符合公营住宅法的行政目的，则否认诈骗罪的成立。又如，对于提供虚假材料，骗取多额预算，使多额预算由被告人等任意支配消费的行为，也不只是单纯认定为财产法规的违反行为，而是同时认定为诈骗罪。然而，对于虚报人工费，将领取的人工费用于广告、通信等方面的，由于人工费与广告费、通信费属于同一类项目，所领取的费用实现了同一社会目的，故否认诈骗罪的成立。由此可见，行为人虽然不当取得补助金、预算，但如果没有严重脱离其原本用途的，并不成立诈骗罪，因而与德国的"目的失败论"相当。

---

〔82〕 部分学者主张的无意识的自己加害理论认为，诈骗罪的成立仅限于被害人没有自己加害的意识的情形，即被害方没有认识到会产生财产损失，就为自己加害的性质奠定了基础；如果意识到会发生财产损失，仍然处分财产，则对方的行为不成立诈骗罪。例如，被害人原本可以顺利取回自己被扣押的驾驶证，但检察官欺骗被害人说："如果你给我 300 欧元，我可以让警察把驾驶证还给你。"被害人信以为真，给了检察官 300 欧元。根据无意识的加害理论，由于被害人是有意识的自己加害，所以检察官不构成诈骗罪。

(2)双方给付

德国曾发生以下双方给付的案件:被告人谎称,某种杂志卖出后的收益,提供给当地医生研修使用,不少人因为受骗而购买。德国法院的判决指出,定购者并不只是为了得到作为反对给付的杂志,而且期待其交付的金钱能够为支援社会的设施作贡献;如果这种期待没有实现,对于定购者而言就存在可以计算的经济损失,因而产生了诈骗罪中的财产损失。据此,即使受骗者获得了金钱上等价的反对给付,但如果没有实现社会目的,也存在财产损失。

关于双方给付的情形,德国刑法理论中的人的财产说主张,应当考虑社会目的等内容,如果受骗者的社会目的失败,则应认定存在财产损失。德国刑法理论的通说则认为,只要反对给付的价值不低于受骗者交付的财产价值,就没有财产损失,而不考虑社会目的实现与否。例如,行为人谎称自己家庭贫困而贩卖杂志的,只要购买者获得了与其支付的金钱价值相当的杂志,就不存在财产损失。只有在财产价值减少的前提下,才讨论社会目的实现与否的问题。不过,对价是否相当也不只是考虑客观的金钱价值,同样要考虑主观价值。例如,行为人将某地产品冒充灾区产品予以出售,受骗者以支援灾区的意思而购买该产品。如果该产品没有不合适之处,那么,就没有财产价值的减少,因而不存在财产损失。但是,如果受骗者没有使用该产品的必要,只是因为受骗而购买,或者受骗者是专门援助受灾地区的财团时,由于反对给付的价值低于受骗者交付的财产价值,因而存在财产损失。由此可见,在行为人就交付财产的用途、对接受者进行欺骗并提供了反对给付的情况下,德国刑法理论通说仍然会肯定诈骗罪的成立。

日本的判例大多肯定双方给付的情形存在财产损失,因而肯定诈骗罪的成立。例如,国家根据农地法要将未开垦的土地出卖给农业经营者,但是,没有经营农业意思的被告人购买了该土地。日本最高裁判所1951年4月1日的判决指出,虽然被告人的行为具有侵害农业政策这一国家法益的侧面,但与此同时,也侵害了作为诈骗罪的保护法益的财产权,因此不排除诈骗罪的成立。日本只有少数判例否认诈骗罪的成立。

日本刑法理论的多数说也采取肯定说(与目的失败论相类似)。日本刑法理论在这方面重点讨论的是,行为人使用欺骗手段,取得公法规制下的某种物品的行为是否成立诈骗罪。例如,没有资格购买配给品的人,使用诈骗手段购买该配给品的,刑法理论一般主张认定为诈骗罪(所谓配给诈骗)。[83] 在为了实现某种积极的行政目的,分配稀少物质以实现具体的规制目的场合,财产的交付与其规制目的的实现之间处于交换关系,就这一点存在欺骗、认识错误时,可以肯定诈骗罪的成立(前田雅英、山口厚)。

7. 财产增加的期待

在财产增加的期待充分具体化的场合,财产增加的期待就具有经济上的价值,因而要作为财产予以保护(德国的通说)。例如,在建设工程招投标中,被告人通过欺骗手段中标的,导致以最低价投标的一方没有中标的,就属于造成了财产损失,因而成立诈骗罪。但是,如果财产增加的期待不是具体的,则不是刑法所保护的财产。例如,购买者通过欺骗手段使商品销售者打折销售的,由于销售者对打折之前的销售收入的期待不是保护对象,即使其收入减少,购买者也不成立诈骗罪。再如,在被继承人还处于生存状态时,即使

〔83〕 使用欺骗手段偷税的,符合诈骗(利益)罪的构成要件,但各国刑法都将其排除在诈骗罪之外。

签订了便于在被继承人死亡时不当地继承财产的合同的,也不认为有财产上的损失。

8. 缔约诈骗与履约诈骗

德国刑法理论所讨论的是,在签订合同阶段与履行合同阶段,双方在什么情形下成立诈骗罪,以及如何计算财产损失的问题。

缔约诈骗,是指行为人在与被害人签订合同时就事实进行了欺骗。在这种场合,要比较双方发生的债权价值,只有当受骗者产生了经济上的损失时,才能认定为财产损失。由此产生的问题是,签订合同所产生的对财产的具体危险能否认定为财产的减少。对此一般持肯定态度,亦即,只要行为人通过欺骗手段使对方与自己签订了不利于对方的合同,就成立诈骗既遂。例如,行为人明知自己不具备雇用单位所要求的专业知识,却通过欺骗手段使雇主与自己签订雇用合同的,由雇用所产生的经济负担就能认定为财产损失(缔约阶段的损失)。在受骗者可以解除合同但伴随危险时,也不能否认财产损失。但是,在合同规定履行前就可以解除的场合,则不能认定对财产有具体危险,在解除期间经过前都不能认定有财产损失。

在因缔约诈骗签订合同的时点成立诈骗罪的场合,如果合同按预定得到履行,诈骗就继续到履约阶段。因此,在签订合同就达到既遂的诈骗,由于履行而终了的,整体上成立一个诈骗罪。

履约诈骗分为真正的履约诈骗与不真正的履约诈骗。真正的履约诈骗,是指行为人在签订合同的阶段没有实施欺骗行为,但在履行合同的阶段对被害人实施欺骗行为,造成被害人财产损失的情形。例如,销售者与对方签订了有效的打折销售合同,但在履行阶段通过掺水方式使商品按没有打折的通常价格卖给对方。再如,销售者与对方签订有效的汽车销售合同,但在履行阶段,销售者将一辆二手车冒充新车交付给对方。这样的行为都成立诈骗罪。不真正的履约诈骗,是指行为人在签订合同的阶段对被害人实施了欺骗行为,而且这种欺骗以及被害人由此产生的认识错误,在履行合同的阶段也继续产生影响。例如,行为人将一辆已经行驶 10 万公里的汽车谎称是只行驶了 5 万公里的汽车出售给他人的,成立诈骗罪。

9. 二重抵押与二重买卖

二重抵押,是指行为人 A 将自己的不动产对 B 设定抵押权之后,乘尚未登记之机,就同一不动产又对 C 设定抵押权并进行登记的情形。

日本大审院的判例曾认定二重抵押行为构成诈骗罪,理由是,二重抵押行为,使前一抵押权人 B 的位次后退,造成了其财产上的损失,故 B 是财产被害人;二重抵押行为又欺骗了后一抵押权人 C。由于诈骗罪中的受骗者与被害人不必为同一人,故 A 的行为成立诈骗罪(三角诈骗)。但是,后来的判例否认二重抵押行为成立诈骗罪。因为成立三角诈骗的犯罪,要求受骗者具有处分被害人财产的法律上或者事实上的权限或地位,而后一抵押权人 C 并无处分前一抵押权人 B 的财产的权限与地位。不过,由于 A 违背了自己的任务,故成立背信罪。

关于二重抵押是否成立诈骗罪,在日本刑法理论上存在不同见解。第一种观点认为,二重抵押行为成立诈骗罪(吉田常次郎)。第二种观点认为,对前一抵押权人成立背信罪,对后一抵押权人成立诈骗罪,但两者属于想象竞合(牧野英一、木村龟二)。第三种观点也认为,对前一抵押权人成立背信罪,对后一抵押权人成立诈骗罪,但两者属于法条竞合(择一关系)(宫本英修)。第四种观点认为,对前一抵押权人成立背信罪,对后一抵押权人不成立犯罪(小野清一郎)。

二重买卖,是指行为人A将动产或不动产出卖给B之后,又将该动产或不动产出卖给C,并将动产转移给C或将不动产登记于C的名下的情形。

在C是善意的场合,由于C获得了财产,不存在财产损失,故A对C不可能成立诈骗罪;由于C并不具有处分B的财产的权限与地位,故不能认定A的行为构成C为受骗者、B为被害人的三角诈骗。但是,倘若A已经将动产转移给B或将不动产登记于B的名下,然后将动产或不动产出卖给C,C将对价交付给A的,则C存在财产损失,A的行为构成诈骗罪。但这已不是典型的二重买卖问题。在C是恶意的场合,则C有可能与A构成侵占罪的共犯。

(八)主观目的

在日本,由于诈骗罪也需要财物或者财产性利益的转移,所以,刑法理论并没有就诈骗罪的主观目的进行特别的讨论。亦即,就转移占有的客观事实本身而言,诈骗罪与盗窃罪没有区别,所以,关于盗窃罪中的非法占有目的的观点也可以适用于诈骗罪。

但是,德国刑法对诈骗罪与盗窃罪规定的目的并不相同:盗窃罪是对所有权的犯罪,主观的超过要素是违法所有目的;诈骗罪是对整体财产的犯罪,主观的超过要素是违法获利目的。获利目的既包括使财产性利益增加(使经济意义上的财产状况增加)的目的,也包括避免损害赔偿请求等使消极财产减少的目的。获利目的不仅包括使自己获利,而且包括使第三者获利。获利目的不必是最终目的,为了实现其他目的而不可缺少的中间目的也是获利目的。例如,为了给父母支付医药费而骗取他人现金的,也具有获利目的。

并不是所有的获利都符合获利目的,在使被害人将利益转移给自己或者第三者这一诈骗罪的构造上,要受到"素材同一性"的限制。素材同一性,是指行为人或者第三者所获取的利益,是被害人的财产损失的反面。但是,不要求损失与获利是完全同一关系。根据素材同一性的要件,从第三者那里获得报酬这样的从外部获得利益的情形,不成立诈骗罪。例如,按销售业绩获得提成作为报酬的公司销售员,通过欺骗行为与购买者签订商品销售合同,旨在从公司获得提成的,不能认定对购买者具有获利目的。因为购买者的损失与行为人获得的提成不具有素材的同一性,故不能认定行为人具有将购买者作为被害人而使自己获利的意图。但是,由于公司获得了商品的销售合同这样的利益,销售员具有使公司获得该利益的意图,所以,可以认定销售员具有使购买者作为被害人而使第三者获利的意图。此外,如果销售合同可能解除,而行为人取得提成的,则能认定销售员具有将公司作为被害人而使自己获利的意图。

获利意图必须是违法的,对此需要根据民事法律规范予以判断。例如,为了实现到期且对方没有抗辩理由的私法上的请求权的,其目的不具有违法性。为了实现自己的债权,而制造可以抵消的状况的,也不具有违法性。对于对方没有根据的请求,由于证明困难而使用欺骗手段使之免予请求的,也不具有违法性。但是,在这种场合,根据法律的·经济的财产说,原本就不存在财产损失。

违法获利意图中的"违法"是客观要素,行为人误以为存在到期且对方没有抗辩理由的私法上的请求权的,阻却构成要件的故意。按照德国司法判例的观点,客观上不存在损害赔偿义务,但主观上以为存在损害赔偿义务,进而通过欺骗手段让对方免除损害赔偿义务的,由于有关赔偿义务的错误与事实相关,因而能认定行为人具有故意,但只能成立不能犯的未遂。[84]

(九)未遂与罪数

行为人以骗取财产的意思开始实施欺诈行为时,就是诈骗罪的着手时期。有时,行为人为了骗取财产,可能要先实施某种行为,然后再以所实施的行为为依据去实施欺诈行为,在这种情况下,仍以开始实施欺诈行为时为着手。例如,日本刑法没有规定保险诈骗罪,即保险诈骗属于一般的诈骗罪。行为人为了骗取保险金,事先放火烧毁自己的财物,然后假称失火而向保险公司请求支付保险金。在这种情况下,开始实施烧毁财产的行为还不是诈骗罪的着手,假称失火而向保险公司请求支付保险金时才是诈骗罪的着手。在诉讼欺诈的场合,行为人向法院提起诉讼时为着手。

行为人着手实施欺诈行为后,如果没有骗取财物或者财产上的利益的,就是诈骗罪的未遂。行为人实施欺诈行为后,被欺诈者由于陷入错误而交付或转移财产,行为人或者第三者因此而占有财物或得到财产上的利益时,则是诈骗罪的既遂。如果行为人虽然得到了财产,但不是由于被害人陷入错误而交付或转移财产,也只能成立诈骗罪的未遂。在诈骗对象为不动产时,被害人作出转移所有权的意思表示的,还不是既遂,只有完成了事实上的占有转移或者所有权转移登记时,才成立诈骗罪既遂。[85] 在实施取款诈骗或者转款诈骗时,例如,使用他人的存折在银行柜台上取款或者转款的,取款或者转款手续完成时就构成诈骗既遂。

行为人实施一个欺诈行为,数次获得同一人的财产的,成立诈骗罪的包括的一罪(日本)。行为人实施一个欺诈行为,获得数人的财产的,则成立数个诈骗罪的想象竞合。通过欺骗方法取得财物后,又通过欺骗方法使对方免除其债务的,例如,没有支付对价的意思在餐馆就餐后,又通过欺骗方法使餐馆免收费用的,由于最终只侵害了一个法益,仅认定为包括的一罪(日本)。骗取财物后,为了免除支付对价的债务而对被害人使用暴力或者以暴力相威胁的,如果不符合事后抢劫罪的成立条件,则是抢劫罪与诈骗罪的混合的包括的一罪(井田良)。一般来说,实施盗窃、侵占等行为时采取了欺骗手段的,只成立盗窃罪、侵占罪,不另成立诈骗罪(但存在不同观点)。在承认牵连犯的国家,伪造文书或者使用伪造的文书实施诈骗行为的,属于牵连犯。

在德国,实施了其他财产犯罪之后,通过欺骗行为单纯确保所获得的利益,而没有扩大财产损失的,欺骗行为就是先前的财产犯罪的不可罚(共罚)的事后行为。例如,行为人盗窃存折后利用存折取款的,德国判例仅认定为盗窃罪。理由是,后面的欺骗行为不具有独立的违法性,因而没有必要认定为诈骗罪。但在日本,会认定后面的行为侵害了新的法益,因而成立诈骗罪,而不会认定为不可罚的事后行为。

(十)其他问题

1. 领取误汇存款的行为性质

前面介绍了德国关于错误汇款、错误记账的认定。但日本的认定与德国的认定不同,

---

〔84〕 这种行为在日本成立不可罚的不能犯;德国之所以认定为未遂犯,是因为德国刑法关于未遂犯的规定采取了主观主义的未遂犯论。

〔85〕 在这种情形下,日本的判例与通说认为是对财物的诈骗既遂,而不是对财产性利益的诈骗既遂。

下面介绍日本的理论观点与判例。例如,乙误将现金划入甲的账户,甲隐瞒该事实,乘机从银行柜台取走现金的行为,构成何罪?

一种观点认为,甲的行为构成侵占脱离占有物罪。理由是,虽然甲所提取的现金的确是由银行占有的,但由于现金已经划入甲的账户,甲任何时候都可以提取现金。所以,相对于甲而言,银行对现金的支配力相当弱。况且,在民事上,即使是乙误划入甲的账户,甲与银行也成立普通存款合同,甲取得了普通存款债权(林幹人)。

另一种观点则认为,甲的行为成立诈骗罪。理由是,在他人误将现金划入甲的账户的情况下,甲还并没有占有该现金,或者说,该现金并不处于名义人(甲)的占有之下。虽然在民事上,可以认为甲取得了存款债权,但是,在刑法上,不能承认原本没有权限的甲享有存款债权(西田典之、前田雅英)。这种观点是日本的通说,判例也认定这种行为构成诈骗罪。[86] 日本东京高等裁判所于1994年9月12日,将从机器上取走他人错误转入的多余存款的行为认定为盗窃罪。此后,日本最高裁判所于1996年4月26日在民事判决中认定,错误汇款时,无论是否存在作为原因的法律关系,错误汇款的受领人对银行享有存款债权。但该民事判决针对的案件是,受领人的债权人扣留了与错误汇入的多余款项相关的多余的存款,本来的汇款人向该债权人提起了第三者异议之诉,最高裁判所只是驳回了该汇款人的诉讼请求,因而并不意味着,对于原本没有请求权的受领人的支付请求权,刑法也应当予以正面肯定。因此,日本最高裁判所2003年3月12日的刑事判决,仍然肯定了领取错误汇款的行为构成诈骗罪。理由是,在错误汇款的场合,银行在实际业务中存在更正程序;对于受领人账户的多余存款是退回给汇款人还是支付给受领人,是需要由银行来决定的重要事项;为了让银行采取更正程序,错误汇款的受领人有义务将真相告知银行(诚实信用法则上的义务);行为人隐瞒真相取走存款的,成立诈骗罪。

2. 无钱饮食的行为性质

无钱饮食是日本刑法理论经常讨论的问题。

行为人一开始就没有支付费用的意思,却与普通客人一样在餐馆点菜食用的,成立诈骗罪(瑞士刑法明文将骗取饮食、住宿、服务的行为规定为独立的犯罪)。诈骗对象是食物。

行为人在点菜食用时具有支付费用的意思,在餐馆收费阶段产生不支付费用的意思,而乘店员不注意时逃走的,不成立诈骗罪。因为在食用阶段没有诈骗的故意;在支付阶段没有诈骗行为。

行为人在点菜食用时具有支付费用的意思,在餐馆收费阶段产生不支付费用的意思,而假装外出一会儿溜走的,具有成立诈骗罪的余地。因为在后一阶段,行为人实施了使餐馆免除债务的欺骗行为,并且具有诈骗的故意。但是,认定这种行为成立诈骗罪,以不要求被害人具有处分意思或者对处分意思作非常缓和的理解为前提。日本判例对此的认定并不一致,有的没有认定为诈骗罪,有的认定为对财产性利益的诈骗罪。

行为人以不支付费用的意思点菜食用后,使用暴力迫使餐馆免除费用的,无疑成立犯罪。但对构成何罪,存在争论。第一种观点认为,该行为成立诈骗(财物)罪与抢劫利益罪的并合罪。即前一阶段是诈骗财物,后一阶段是抢劫财产性利益。但这种观点存在重复评价的问题。第二种观点认为,诈骗罪被抢劫利益罪吸收,仅成立抢劫利益罪。这种观

---

〔86〕 如果行为人利用他人存折等在机器上取款,则成立盗窃罪。

点采用了事后抢劫罪的理论，即为了确保诈骗的财物而使用暴力，故仅成立抢劫利益罪。但是，诈骗财物与抢劫利益的罪质与对象不同，认定二者之间存在吸收关系，也有疑问。第三种观点认为，成立诈骗（财物）罪与暴行罪的并合罪。因为前一行为已诈骗既遂，而后一阶段的暴力指向的利益，与前一阶段取得的利益具有同一性，不应另成立抢劫罪，只能认定为暴行罪。但是，这种观点会出现不均衡的现象。例如，如果甲一开始具有支付费用的意思而点菜食用，后来产生不支付费用的意思而使用暴力迫使餐馆免除费用的，成立抢劫利益罪；乙一开始就不具有支付费用的意思而点菜食用，后来使用暴力迫使餐馆免除费用的，反而仅成立诈骗罪与暴行罪，处罚更轻。这显然不合适。

3. 信用卡诈骗的构造

日本刑法没有规定信用卡诈骗罪，但对类似于我国刑法中的恶意透支的行为性质，存在激烈争论。即持卡人 A 没有支付款项的意思与能力，在信用卡特约商户 B，向职员出示从发卡银行 C 处领取的自己名义的信用卡，在签购单上签名，接受商品的交付的，是否成立诈骗罪（瑞士刑法已明文将这种行为规定为独立的犯罪）？如果成立诈骗罪的话，受骗者与被害人是谁？

第一种观点认为，A 的行为不成立诈骗罪。因为信用卡交易的本质，在于避免持卡人不支付的风险，以促进交易。发卡银行 C 审查 A 的支付能力与信用，向 A 发放信用卡并先行垫付，使特约商户 B 对 A 的支付意思与能力既无审查义务，也不关心，因此，特约商户 B 既无认识错误也无财产损失，A 的行为当然不成立诈骗罪（山中敬一）。再者，在诈骗罪的适用上，为了防止债务不履行，而强调特约商户 B 对持卡人 A 的支付意思与能力的加强关心、加强调查，便与信用卡制度的目的、机能背道而驰（伊东研祐）。

否定说在日本受到了批判。因为否定说只是强调了信用卡制度的一面，存在将合同与事实、法律相混同的嫌疑。发卡银行 C 与特约商户 B 之间的垫付协议，并不意味着特约商户 B 对持卡人 A 的支付意思与能力可以漠不关心。持卡人 A 的支付能力会不断发生变化，虽然在发行信用卡时具有支付能力，但在使用信用卡时未必有支付能力；发卡银行 C 在发行信用卡时，是以 A 发行时的支付能力为审查对象的，而在 A 购买商品时，特约商户 B 当然会关心 A 的支付能力与意思。与此同时，由于特约商户 B 的 POS 终端与发卡银行 C 管理个人信用情报的主计算机相连接，可以进行在线认证，这种认证手续关涉到对 A 的支付意思的推定。正是因为存在不能防止交易被害的情形，所以需要适用作为最终手段的刑法；对 A 没有支付意思而取得商品的行为难以认定为其他犯罪，只能以诈骗罪论处。

第二种观点认为，A 假装具有支付意思而使特约商户 B 交付商品、进而取得商品时，特约商户 B 为受骗者与被害人，A 成立诈骗（财物）罪（大谷实）。

但这种学说存在的问题是，由于发卡银行 C 的垫付，特约商户 B 并不遭受财产损失，所以，将特约商户 B 认定为诈骗罪的被害人并不一定妥当（西田典之）。

第三种观点认为，A 不正当使用信用卡后，发卡银行 C 从特约商户 B 收到签购单，误以为 A 会从账户支付款项，而向特约商户 B 垫付完毕时，A 的行为成立诈骗利益罪（藤木英雄）。这种观点虽然认为被害人为发卡银行 C，但一方面认为，被害人损失的是财产性利益，另一方面认为只有当发卡银行垫付完毕时，A 的行为才成立诈骗罪，即 A 通过特约商户 B 的介入而欺骗了发卡银行 C（实际上将 A 理解为间接正犯）。

但这种观点在日本也受到了批判。一方面,不管持卡人 A 是否支付,发卡银行 C 都应当向特约商户 B 垫付,换言之,即使发卡银行 C 知道特约商户 B 受欺骗,也不得不向特约商户 B 垫付。所以,发卡银行既没有受欺骗,也没有认识错误。既然如此,就难以认定为发卡银行人员为受骗者。另一方面,将诈骗既遂确定为发卡银行垫付时,导致不当地推迟了诈骗既遂的成立(长井园)。

第四种观点(通说)认为,A 不正当使用信用卡时,受欺骗的特约商户 B 处分了发卡银行 C 的财产,发卡银行 C 成为被害人,因而属于三角诈骗。其中,(1)有人认为,特约商户 B 使发卡银行 C 垫付时,A 的行为成立诈骗(财物)罪。但是,这种观点不能合理说明损害结果与取得行为之间的关系(既然 A 取得的是财物,而发卡银行 C 损失的是财产性利益,何以认定 A 诈骗了财物)。(2)有人认为,A 不正当使用信用卡,从特约商户 B 处取得商品,使发卡银行 C 产生了垫付债务负担的损害时,A 的行为成立诈骗利益罪。但是,就诈骗罪而言,A 取得的财产应与被害人损失的财产具有同一性,而这种观点没有维持这种同一性。(3)有人认为,A 向特约商户 B 不正当使用信用卡后,发卡银行 C 向特约商户 B 垫付,因而免除了持卡人 A 的债务时,A 的行为成立诈骗利益罪。据此,发卡银行 C 尚未向特约商户垫付时,诈骗处于未遂阶段。但这种观点使既遂时间过于推迟,因而存在疑问。(4)还有人认为,诈骗罪不必具有财产转移性质,A 不正当使用信用卡时,特约商户 B 为受骗者,B 虽然交付了自己的财产,但由于该损失波及发卡银行 C 这种"第三者效果",A 的行为成立诈骗(财物)罪。但这种观点似乎不符合诈骗罪的财产转移性质。(5)有人认为,持卡人 A 向特约商户 B 购入商品,B 制作好签购单时,就使发卡银行 C 产生债务,A 此时便取得了免除交付货款的利益,此时成立诈骗利益的既遂罪。这种观点使既遂时期更明确,似乎也解决了同一性问题。

从上述介绍可以看出,在日本,虽然少数学者认为,持卡人通过特约商户透支的行为不成立诈骗罪,但刑法理论的通说肯定该行为成立诈骗罪,而且属于三角诈骗,即受骗者与处分人为特约商户职员,被害人为发卡银行。

在德国,对于持卡人通过特约商户透支的行为,也有认定为诈骗罪的判例。判决的理由是,行为人没有支付的意思却出示信用卡,向特约商户职员请求购物、消费,就构成诈骗罪中的"欺骗";发卡银行与特约商户之间存在持续的特别利益关系,特约商户对持卡人的支付状况持关心态度;当特约商户职员以为持卡人具有支付能力与意思时,应肯定其陷入了认识错误;直接性要件与素材的同一性,也不存在疑问。德国也有判例否认诈骗罪的成立,但否认的原因是在具体案件中特约商户职员欠缺认识错误;否认成立诈骗罪的判例,并非一般性地认为在类似案件中,特约商户职员都不可能陷入认识错误。

英国刑法审判实践与刑法理论,对不正当使用信用卡的行为性质也存在争议。

例如,持卡人 A 在特约商户 B 购物时恶意透支,店员按照通常的手续进行确认后,交付了商品。在一审的庭审过程中,店员作证时说,自己并不想知道持卡人 A 与发卡银行 C 之间所规定的限额,只关心商店能否获得支付。一审法院认定持卡人 A 的行为成立诈骗利益罪。但控诉院撤销了一审判决,理由是:首先,与利用空头支票购物不同,就信用卡而言,发卡银行 C 与特约商户 B 之间事前存在合约,特约商户 B 会得到发卡银行 C 的垫付,不可能遭受财产损失;其次,店员实际上并不因为持卡人 A 的欺骗而陷入认识错误。但是,贵族院否认了控诉院的见解。首先,使用空头支票购物与不正当使用信用卡恶意透支,没有实质区别,受理支票与受理信用卡的特约商户都能得到银行的保证。其次,店员证言的重要点在于:店员是否因为持卡人A伪装成具有使用权限的模样而交付商品,以及如果店员知道了持卡人A没有使用权限是否仍然交付商品;显然,如果店员知道持卡人没有使用权限就不会交付商品,所以,持卡人实施了欺骗行为,店员陷入了认识错误。但是,贵族院的这种观点,在英国刑法理论上也遭受了强烈批评。因为当店员只关心发卡银行C是否向特约商户B垫付,而不关心持卡人A是否具有使用权限时,难以认定店员是因为持卡人的欺骗而交付商品(难以认定职员因为认识错误而处分财产)。

三、补助金诈骗罪

在福利国家,存在各种各样的补助金(补贴)。本来,只有具备一定条件的人,才能领取补助金,但许多人通过欺骗手段领取补助金。显然,行为人所骗取的不是自然人的财产,而是国家或者地方政府的财产。

日本刑法对此行为没有明文规定,因而存在争议。通说认为,国家、地方政府也可以成为财产权的主体,其财产性利益也应得到刑法的保护,上述行为成立诈骗罪。否定说认为,诈骗罪是对个人法益的犯罪,而不是对国家法益的犯罪。而诈骗补助金的行为是对国家法益的侵害,因而不成立诈骗罪(团藤重光、大塚仁)。

德国刑法第263条规定了普通诈骗罪,第264条明文规定了补助金诈骗罪。补助金诈骗罪的行为类型如下:(1)就自己或者他人有关补助金的重要事实,向批准补助金的主管机关或者其他参与补助金程序的机构或者个人,作有利于自己或者他人的不正确的或者不完全的说明。这一类型没有限定正犯者的范围,接受补助金的企业的从业员、第三者均可以成为正犯。公务员在审查补助金申请、确定补助金额、准备交付通知时,认识到申请者的申告不真实,而仍然向上司提出相关文书的,成立本罪与背信罪的想象竞合。(2)违背使用限制使用补助金。此项犯罪属于身份犯,主体只能是根据有关补助金的法令,具有一定申告义务的人,特别是接受补助金的人,即为了自己或者他人申请补助金,或者请求补助金或者补助利益的人。行为表现为事后不存在交付补助金的要件,或者违反交付补助金的目的而使用补助金。(3)违反规定导致补助金发放人不知道有关补助金的重要事实。(4)在补助金程序中,使用通过不正确或者不完全的说明而获得的有关补助金的正当性或者有关补助金的重要事实的证明。

相对于第263条而言,第264条属于特别条款。与第263条相比,第264条实行了处罚的早期化。即只要在补助金程序中实施了欺骗行为(轻率地实施即可),不管对方是否产生认识错误,也不管对方是否作出交付补助金的决定,更不管对方是否交付了补助金,都成立补助金诈骗罪既遂(抽象的危险犯)。

四、使用计算机诈骗罪

(一)使用计算机诈骗罪概述

随着计算机的普及,利用计算机实施财产犯罪的现象越来越普遍。所以,许多国家都增设了使用计算机诈骗罪或者简称为计算机诈骗罪。

日本刑法于1987年6月新设了此罪,刑法第246条之二规定:“除前条(指规定普通诈骗罪的第246条——引者注)规定外,向他人处理事务所使用的电子计算机输入虚伪信息或者不正当的指令,从而制作与财产权的得失、变更有关的不真实的电磁记录,或者提供与财产权的得失、变更有关的虚伪电磁记录给他人处理事务使用,取得财产上的不法利益或者使他人取得的,处十年以下惩役。”瑞士刑法第 147 条规定:“为使自己或者他人获得财产利益,通过不正确、不完全或者未经许可而使用数据,或者以类似方式,对电子或者类似的数据处理或者数据传输程序发生影响,造成他人的财产损失或者可能直接造成财产损失的,处五年以下重惩役或者监禁刑。”如后所述,德国刑法第 263a 条也规定了计算机诈骗罪。

根据日本学者的解释,计算机诈骗的立法旨趣如下:现在,在以银行业务为首的各种交易领域,债权、债务的管理、结账、资金转移等财产权的得失、变更的事务,不通过人而基于电磁记录进行自动处理的机制正在增加,其结果,在从各个交易的成立至履行或者结账为止的过程中,人的参与程度便极为稀薄。而一些行为人正是利用了这一特点,直接通过向计算机输入虚伪信息或不正当指令,从而取得债权或者减免债务。但是,制定于 1907 年的日本刑法,没有设置以这种事务处理机制为前提的处罚规定,其规定的盗窃罪又只限于狭义的财物,而不包括财产性利益:一方面,上述行为没有欺骗他人(因为机器不能被骗),因而不符合诈骗罪的构成要件;另一方面,上述行为在没有窃取财物的情况下,不符合盗窃罪的构成要件。所以,增设利用计算机诈骗罪,就是为了处理那些既不符合诈骗罪也不符合盗窃罪构成要件的行为。由于对于窃取财物的行为可以适用盗窃罪的规定,故该规定只处罚通过计算机取得财物以外的财产性利益的行为(内田幸隆)。例如,不法利用他人的储蓄卡,从自动取款机上将他人的存款转移到自己的存折上,但又没有取出存款的行为,由于还没有取得财物,只是取得了财产性利益,所以在日本、德国、韩国不能认定为盗窃。再如,将他人的存款转移到自己的存折后,在还没有现金化的期间,通过自动付款缴纳电话、水电等费用,由于行为人没有取得现金,仅取得了财产性利益,在日本、德国、韩国也不能认定为盗窃罪。此外,金融机构的工作人员通过计算机非法增加自己的存折中存款数额的行为,尽管取得了事实上可以自由处分的财产上利益,但在不当操作计算机阶段,因为没有介入人的判断作用,缺乏欺骗与受骗者的认识错误的要件,在日本、德国、韩国也不成立诈骗利益罪。所以,增设上述条文,正是为了对应这种处罚上的空隙(西田典之)。

日本的使用计算机诈骗罪的对象是财产性利益,而不是财物本身(德国的计算机诈骗罪则并非如此)。上述各国法条规定的犯罪行为,实际上可谓盗窃财产性利益或者至少包括了盗窃财产性利益,而德国、日本、瑞士等国刑法均将盗窃罪的对象限定为狭义的财物,故上述行为不成立盗窃罪。另外,诈骗罪的对象可以是财产性利益,而诈骗罪的受骗者必须是自然人,而上述法条规定的犯罪行为没有欺骗自然人,故不成立普通诈骗罪。于是,刑法不得不增设使用计算机诈骗罪。

(二)德国的计算机诈骗罪

德国刑法第 263a 条规定:“以使自己或者第三者获得违法的财产利益的意图,通过对他人的计算机形成不正当的程序,使用不正确的或者不完全的数据,无权限地使用数据,或者通过无权限地作用于操作过程,影响数据处理过程的结果,致使他人遭受财产损失的,处五年以下自由刑或者罚金。”

本条规定了四种行为类型,其中的“通过无权地作用于操作过程”属于行为类型的兜底规定,“影响数据处理过程的结果”“致使他人遭受财产损失”是四种行为类型的共同要件。关于第一种行为类型中“不正当的程序”中的“不正当”的含义,理论上存在主观说与客观说之争。前者认为不正当是指违反处分权人的意志;后者认为,只需要客观地判断程序是否对相关人员所要求的机能起作用。在实践中,大量的行为符合“无权限地使用数据”的规定,最后一种行为类型也有“无权限”的规定。关于“无权限”的含义,存在不同观点。第一种观点认为,违反数据处分权者意志的行为,就属于无权限(主观说)。但此说导致违反契约使用了电子机器(械)的所有行为都符合构成要件,如擅自使用了他人洗衣机的行为也成立计算机诈骗罪,因而受到了批判。第二种观点认为,只有对数据处理产生了不正当作用,才属于无权限;如果计算机的运作没有产生问题,则不属于无权限。但这种观点导致处罚范围过窄。第三种观点即判例与通说认为,要通过与诈骗罪的类比进行解释,亦即,假如是对人使用数据,至少属于推断性的欺骗时,才是无权限。

由于第263a条只包括因缺乏欺骗行为而导致无法适用第263条的情形,所以,其他方面的要素最大限度地以诈骗罪(第263条)的要素为蓝本。例如,就财产损失与非法占有目的而言,第263a条的要求与第263条完全一样。再如,第263a条也是包含了结果和财产转移的犯罪,要求行为人所意图获得的利益与被害人的财产损害之间具备素材的同一性。此外,与诈骗罪一样,计算机诈骗罪也要求财产的处分与损害之间存在直接性关联(直接性要件)。在数据处理过程的结果和财产处分行为之间介入了人的行为时,则存在诈骗罪与计算机诈骗罪的区分问题。当介入的人并未进行内容上的操作时,数据处理过程与结果之间符合直接性要件,此时依照第263a条处罚。如果介入的人进行了内容上的操作时,则数据处理结果与财产损害之间缺乏直接性要件,由于介入的人陷入了认识错误并实施了直接导致财产损失的行为,应适用第263条认定为诈骗罪。

在德国,就第263a条来说,对不正当使用密码卡的行为的适用具有最重要的意义(这一点与日本的处理明显不同),其所涉及的是通过使用作为密码卡履行职能的各种银行卡和密码(Codenummer),从金融机构的自动取款机中无权提取现金但又不属于诈骗、不构成诈骗罪的行为。通说认为,这一行为符合第263a条第1款所规定的“通过……无权限地使用数据……影响数据处理的结果”。[87]其中的“数据”便包括金融机构分配给账户所有者的密码,以及在银行卡中以电磁形式所储存的信息。

由于第263a条只具有填补第263条漏洞的功能,其适用范围便只限于表现出具有类似诈骗罪的不正当使用银行卡的行为。一个不享有银行卡权利的人(如使用盗窃的银行卡)使用该卡从自动取款机中提取现金的行为,就符合了第263a条的构成要件。例如,A从B处盗窃了一张磁条密码化了的欧元支票卡。使用者凭该卡可以通过输入账户所有者个人所分配的密码从自动取款机上提取一定数额的现金,但最高不超过500马克。A在一个月之内,使用该卡和密码多次取款,每次皆不超过500马克,总额达5100马克。A的行为成立第263a条规定的计算机诈骗罪。[88] 反之,如果A欺骗银行职员,通过提交支票卡以及使用B的欧元支票的手段,在银行柜台取得金钱的,则会成立诈骗罪(第263条)。在上例中,A对数据的利用并不属于诈骗罪中的欺骗行为,并且陷入错误以及财产处分行为是在数据处理过程的影响之下作出的,而不是受骗的自然人作出的,因此,为了填补第263条所产生的漏洞,便应合理地适用第263a条。

---

〔87〕该规定是为了特意处罚这类行为而在立法程序结束之际增补进第263a条第1款的。

〔88〕这种行为在日本几乎没有争议地被认定为盗窃罪。

如果行为人借助密码装置生产伪造的密码卡并通过利用账户数据以及银行客户的密码从银行的自动机器上提取现金的,也会因为存在与诈骗类似的行为而依照第 263a 条认定为计算机诈骗罪。同样,当银行卡的所有人允许行为人基于某种目的提取一定金额,而行为人却违背该目的超越授权范围使作银行卡的,同样适用第 263a 条的规定。例如,银行卡所有人乙女把银行卡交给行为人甲使用,并告知了密码,以便在其住院期间甲代她交纳已到期的 150 马克罚金。但甲一共取了六次,共 2400 马克,其中的 2250 马克供自己使用,剩下的帮助乙交纳了罚金。对甲的行为应适用第 263a 条,认定为计算机诈骗罪。[89]

虽然在某些情形下从银行自动取款机上提取现金的行为符合侵占罪的构成要件,但第 263a 条包括了对借助银行卡和密码从银行取款的规制,因而对这种行为排除第 246 条(侵占罪)与第 242 条(盗窃罪)的适用。

反之,当享有权利的银行卡持有人从银行取款时,即使其账户显示并无保证金却仍超过授信额度透支的,也并没有实现与诈骗罪所类似的不法,因而不适用第 263a 条。例如,行为人是一个邮政账户的持有人,也开通了欧元支票功能,他通过使用一张有密码的欧元支票卡以及分配给他的密码,几天内分四次在银行的不同机构取出了 1600 马克。但他明知自己的账户上并无保证金,并且他并不具有偿还该笔金额的能力。该行为人并不应因计算机诈骗(第 263a 条)而受处罚,而是依照与背信罪类似的滥用信用卡罪(第 266b 条)予以处罚。[90]

德国刑法第 265a 条规定了骗取给付罪,即意图不缴纳费用,骗取自动设备或者服务于公共目的的电信网络的给付,交通工具的运输,或者展览演示或者场所的进入的行为。但是,如果这种行为符合了侵占罪的构成要件,则不能认定为骗取给付罪,而应认定为侵占罪(侵占罪的法定刑高于骗取给付罪);如果利用计算机所支持的操作实施上述的行为,符合了第 263a 条的构成要件,则优先适用第 263a 条认定为计算机诈骗罪(法定刑高于侵占罪),而不是适用第 265a 条。例如,S 通过非法手段取得了一种能操纵特定自动赌博机上的游戏过程的计算机程序。他携带该程序以及笔记本电脑进入了一家酒店,该酒店内安装了一种按照这种程序运行的自动赌博机。S 先在游戏机上玩了几个回合的游戏,并把所获得的信息输入随身携带的电脑中,以便确定该程序处于哪一个游戏状态。A 借助程序运行的知识而按下风险键,通过这种方式从自动赌博机中赢取了约 150 马克。除了侵犯著作权等罪外,联邦最高法院肯定了对 S 的行为适用第 263a 条。反之,如果参与玩纸牌游戏,借助巧妙的游戏装置始终能够知道其他游戏者的牌,而其他人对此并未感觉到的,则成立诈骗罪(第 263 条)。

如果不当使用银行卡的行为人,以不法所有目的非法占有他人的银行卡,不具有返还意思的,除了成立第 263a 条规定的计算机诈骗罪之外,还因银行卡占有关系的不同,对银行卡本身成立盗窃罪或者侵占罪。因为对银行卡本身的非法占有并不能评价在第 263a 条中,而且,盗窃或者侵占银行卡的行为不属于共罚的前行为,所以,应当对盗窃罪或者侵占罪与计算机诈骗罪实行并罚。

---

〔89〕 如前所述,在日本,如果行为人在自动取款机中取款会成立盗窃罪,如果在银行柜台取款则会成立诈骗罪。

〔90〕 在日本,对这种行为根据其取款方式,分别认定为盗窃罪(在自动取款机中取款)与诈骗罪(在银行柜台取款)。

第五节 敲诈勒索罪

一、敲诈勒索罪概说

所谓敲诈勒索罪(恐吓罪),一般是指恐吓他人,使之交付财物或财产上的利益的行为。一般来说,敲诈勒索罪的基本构造为:行为人实施恐吓行为——对方产生恐惧心理——被害人基于恐惧心理处分财产——行为人或第三者取得财物或者财产性利益——被害人遭受财产损失。但是,其一,日本刑法理论的通说要求被害人有处分行为,在德国刑法理论上,处分行为是不是本罪的构成要件要素还存在争议,德国、日本的判例没有将处分行为作为构成要件要素;其二,德国刑法并没有将"行为人或第三者取得财物或者财产性利益"作为构成要件要素,日本刑法明文要求被害人有交付行为,与之对应的就是行为人或第三者取得财产;其三,德国刑法明文规定了财产损失的要件,刑法理论认为敲诈勒索罪是对整体财产的犯罪,但日本刑法条文没有将财产损失规定为构成要件要素,刑法理论认为敲诈勒索罪是对个别财产的犯罪。此外,德国刑法第255条还规定了抢劫性敲诈勒索罪,亦即,行为人通过对人实施暴力,或者以对生命、身体的现时危险相胁迫实施敲诈勒索的,按抢劫罪的法定刑处罚。

敲诈勒索罪与诈骗罪、抢劫罪有类似之处。就基于被害人有瑕疵的意思而取得财物或财产上利益而言,敲诈勒索罪与诈骗罪有共同点,但诈骗罪以欺诈为手段,敲诈勒索罪则以恐吓为手段。敲诈勒索罪是以使被害人产生恐惧心理而取得财产,这与抢劫罪相似,但抢劫罪的暴力、胁迫压制了被害人的反抗,敲诈勒索罪的恐吓行为并没有达到这一程度。于是,敲诈勒索罪究竟是与诈骗罪平行(类似)的犯罪,还是与抢劫罪平行(类似)的犯罪,就存在争议。倘若认为,敲诈勒索罪是与诈骗罪平行的犯罪,即都是被害人基于有瑕疵的意思处分财产的犯罪,那么,就可以根据处分行为的有无,使敲诈勒索罪与盗窃罪、抢劫罪相区别,敲诈勒索罪与盗窃罪、抢劫罪就成为排他关系。反之,如若认为敲诈勒索罪是与抢劫罪平行的犯罪,就意味着不要求被害人有处分行为,进而需要根据暴力、胁迫的轻重程度判断敲诈勒索罪与盗窃罪、抢劫罪的关系。例如,以对生命、身体的现在的危险相胁迫转移财产的,在德国就可能同时成立抢劫罪与抢劫性敲诈勒索罪,以轻微的暴力、胁迫转移财物的,则可能同时成立盗窃罪与敲诈勒索罪,于是需要讨论各自犯罪之间的关系与区分方法。

敲诈勒索罪的法益除了被害人的财产外,还包括被害人的自由。这一点与抢劫罪相似,与诈骗罪则具有明显区别。至于敲诈勒索罪中的财产法益,是仅指所有权及其他本权,还是包括占有权,则与盗窃罪一样存在争议,这种争议影响许多具体问题的处理。

二、成立条件

(一)行为对象

敲诈勒索罪的对象是他人占有的财物以及财产上的利益。德国、奥地利、日本等国刑法的规定都肯定了这一点。其中的财物包括动产与不动产。即使是自己所有的财产,如果属于他人合法占有,或者基于公务机关的命令由他人看守时,也认为是由他人占有的财产。财产上的利益包括积极利益的增加,也包括消极利益的减少。

(二)恐吓行为

敲诈勒索罪的行为表现为恐吓他人,使之交付财物或财产上的利益。所谓恐吓,是指向对方实施暴力、胁迫,要求其交付财物或者处分财产性利益的行为。按照日本的学说与判例,如果暴力、胁迫行为达到了压制他人反抗的程度,则构成抢劫罪。如果不是要求对方交付财物或者处分财产性利益,则成立暴行罪、胁迫罪或者强制罪,而不成立敲诈勒索罪。德国刑法规定的敲诈勒索的行为是,违法使用暴力或者以显著的恶害相胁迫,强制他人实施、容忍或者不实施一定行为。所以,德国的敲诈勒索罪明显是以强制罪为基础的对整体财产的犯罪。其中的暴力,是指对人暴力,只要实施直接或者间接对人起作用的有形力就可以。在德国,以暴力相威胁通常会符合抢劫性敲诈勒索罪的构成要件,所以,普通的敲诈勒索罪的成立范围较小。与日本不同的是,德国通常不是以暴力是否压制了被害人的反抗来区分抢劫罪与敲诈勒索罪的。

作为恐吓手段的胁迫,是指以恶害相通告,以使对方产生恐惧心理。恶害的种类没有限制,包括对被害人(广义)的生命、身体、自由、名誉等进行胁迫。通告的方法,既可以是明示的,也可以是默示的;既可以是语言,也可以是文书或者动作、举动;既可以直接通告被害人,也可以通过第三者转告被害人。这种恶害,只要足以使人产生恐惧心理即可(但各国刑法的规定也有区别),不需要达到抑制被害人反抗的程度。但德国刑法规定必须以显著的恶害相胁迫。

行为人所告知的恶害是将由行为人自己实现,还是将由第三者实现,也在所不问。但在后一种情况下,行为人必须使被恐吓者知道行为人能够影响第三者,或者让被恐吓者推测到行为人能影响第三者。在这种情况下,不要求行为人与第三者有共谋关系。但是,敲诈勒索罪中的恶害是不要求实现的。通告虚伪事实使被恐吓者产生恐惧心理进而交付财物的,也成立敲诈勒索罪。以加害第三者相通告时,如果使被害人感觉到对自己的加害一样的,也属于胁迫。例如,行为人将枪指向银行的顾客,以加害顾客相告知的,也属于对银行职员的胁迫(德国判例)。

恐吓或者胁迫的内容可以是不作为,换言之,以不实施某种行为相通告的(以不作为为内容的胁迫),也可能成立敲诈勒索罪。例如,以不通告警察相胁迫,要求盗窃犯人给自己 1000 欧元的,成立敲诈勒索罪。

恶害的实现并不要求其自身具有违法性。如上所述,行为人知道了他人的犯罪事实,向司法机关告发是合法的。但以告发进行胁迫从而取得财产,则构成敲诈勒索罪。存在争议的问题是,甲得知乙犯了抢劫罪后,为了违法取得乙所抢劫的财物,以向警察告发相胁迫,乙产生恐惧心理,将所抢劫的财物一部或者全部交付给甲的,应当如何处理?对财产犯罪的法益持本权说的学者一般认为,甲的行为不成立敲诈勒索罪,但有成立胁迫罪或者强制罪的余地。因为乙的占有没有任何根据,不值得刑法保护。持占有说的学者一般认为,甲的行为成立敲诈勒索罪,因为相对于甲而言,乙的占有也值得刑法保护。持中间说的学说一般认为,甲的行为成立敲诈勒索罪,因为甲、乙之间虽然不存在本权与事实上占有的对立关系,但乙的占有本身是值得保护的。

（三）处分行为

1. 日本的学说与判例

根据日本刑法理论的通说，恐吓是使用暴力、胁迫手段使被恐吓者产生恐惧心理，然后处分财产，进而使行为人取得财产。处分财产的人必须是被恐吓者。与诈骗罪一样，也存在三角恐吓（三角敲诈勒索）的情形。即被恐吓者与财产的被害人不是同一人。在这种场合，被恐吓者必须具有处分被害人财产的权能或地位。如果恐吓行为没有使被害人产生恐惧心理，被害人在毫不畏惧的状态下出于其他原因交付财物的，行为人仅成立敲诈勒索罪的未遂犯。胁迫行为使被恐吓者产生恐惧心理后，被恐吓者告知警察，警察为了逮捕行为人而让被恐吓者前往约定地点交付财物时，也只成立恐吓未遂。因为敲诈勒索罪中的被恐吓者必须有处分财产的行为，这种情况下的"交付财产"并不是处分财产的行为，而是协助警察逮捕罪犯的行为。被恐吓者的财产处分并不限于其本人直接交付，也可以是因为恐怖而默许行为人取得财产。

虽然日本刑法理论的通说将被害人产生恐惧心理进行处分财产作为敲诈勒索罪的构成要件要素，但由于暴力也可以成为敲诈勒索罪的恐吓手段，敲诈勒索罪与抢劫罪的区别在于暴力、胁迫行为是否达到了足以压制被害人反抗的程度，所以，日本判例侧重于判断暴力、胁迫的程度，而没有重视处分行为的判断，或者说，处分行为几乎丧失了重要性。例如，日本判例认为，行为人乘被害人感到恐惧而默认之机取走财物的，成立敲诈勒索罪的既遂。不仅如此，即使被害人就暂缓支付没有明示的意思表示，但恐吓行为已经使被害人对收回钱款感到绝望的，判例也认定为敲诈勒索罪的既遂。再如，行为人对被害人实施恐吓行为，被害人因遭受暴力、胁迫产生恐吓心理，答应交付若干现金给行为人并拿出了钱包，但在被害人还没有交付时，行为人趁机夺走了钱包。判例没有认定为敲诈勒索未遂与盗窃罪既遂的想象竞合，而是认定为敲诈勒索既遂。又如，对被害人实施恐吓行为后，趁被害人不注意而拾得受恐吓的被害人所遗落的财物的，也被认定为敲诈勒索既遂。但也有学者对判例持批评态度。

2. 德国的学说与判例

德国刑法理论对处分行为存在必要说与不要说。根据处分行为必要说，如果暴力行为导致被害人没有意思活动的余地（绝对的暴力），则不成立敲诈勒索罪；但根据处分行为不要说（德国判例的立场），这样的行为也可能成立敲诈勒索罪。必要说与不要说在两个方面会产生区别：其一，关于行为人没有违法所有的意图因而不能认定为盗窃罪、抢劫罪，也不存在处分行为的案件。例如，为了一时使用，而对被害人实施暴力、胁迫行为，在被害人没有处分行为时，行为人夺取他人动产。采取不要说的判例认为，这种行为可能成立敲诈勒索罪或者抢劫性敲诈勒索罪。但如果采取必要说，这种行为仅成立强制罪。其二，关于使用暴力不履行债务而逃走的案件。如果要求处分行为，则该行为不成立敲诈勒索罪。但如果不要求处分行为，则可能成立敲诈勒索罪。例如，使用暴力不支付出租车费而逃走的，判例认定为抢劫性敲诈勒索罪。

（1）处分行为不要说

德国判例采取处分行为不要说。根据判例的观点，抢劫性敲诈勒索罪的构成要件内容是，通过对人暴力或者以对生命、身体的现在的危险相胁迫，而使财产转移的行为。抢劫只不过在适用于夺取财物时是特别的构成要件。因此，首先要讨论行为是否成立抢劫罪,如果不成立抢劫罪,就只需要讨论是否成立抢劫性敲诈勒索罪。据此,通过胁迫手段夺取财物的行为,同时成立盗窃罪与敲诈勒索罪。这一做法使得敲诈勒索罪成为微型抢劫罪。

就转移财物的行为同时成立抢劫罪与抢劫性敲诈勒索罪的情形而言,从首先判断是否成立抢劫罪的立场来看,什么样的场合成立抢劫罪就更成为问题。在这一点上,德国判例并不注重被害人的内心,而是从外观上看,可以评价为夺取(Nehmen)的,就构成抢劫,可以评价为被害人交付的,就属于抢劫性敲诈勒索。例如,行为人以殴打相威胁,让被害人自己将钱包递交给行为人的,判例认定为抢劫性敲诈勒索罪。

在行为人使具有保护财产的意思与能力的第三人交付财产时,由于该第三者居于财产的保持者一方,德国判例认定成立三角敲诈勒索。例如,行为人迫使恋人将受伤男友的手表交付给自己的,成立敲诈勒索罪。但是,如果是对无关的第三者实施暴力、胁迫而使之交付财物的,则成立强制罪与盗窃罪的间接正犯,而不成立敲诈勒索罪。

(2)处分行为必要说

德国学说上的多数见解采取处分行为必要说,亦即,敲诈勒索罪与诈骗罪一样,都要求被害人具有处分行为。但与诈骗罪不同的是,在被害人受到暴力、胁迫的敲诈勒索罪中,如何确定对财物的处分行为的内容则需要讨论。要认定被害人有处分行为,最低限度的要求是,被害人具有负担减少财产的行为的意思。在此基础上,有学者提出,只有当被害人的参与是转移财产的必要环节时,才能认定为有处分行为;有学者主张,只有当被害人具有现实的选择可能性时,才能认定有处分行为。但也有学者认为,不必附加上述要件。

根据处分行为必要说,与诈骗罪中存在三角诈骗一样,敲诈勒索罪也存在三角敲诈勒索。不仅如此,三角诈骗中有关权限说与阵营说的争论,也同样适用于敲诈勒索罪。

与抢劫罪暴力、胁迫行为与夺取财物之间只需要主观的目的性关联不同,在敲诈勒索罪、抢劫性敲诈勒索罪中,暴力、胁迫行为与被害人的处分行为、财产损失之间必须具有客观的因果关系。例如,被害人虽然受到胁迫,但并非基于胁迫的压力,而是基于警察的建议将金钱交付给行为人的,由于欠缺客观的因果关系,行为人仅成立敲诈勒索的未遂犯。

(四)财产损失

如前所述,日本的敲诈勒索罪属于对个别财产的犯罪。敲诈勒索罪的着手时期为开始实施恐吓行为之时;行为人排除被害人对财产的占有,将财产设定为自己或第三者占有时,就是本罪的既遂之时。存在争议的是以下案件:黑社会成员甲恐吓被害人乙,迫使乙向甲名义的银行存折划入了现金。甲为了提取现金前往银行,但在此期间,收到报警的警察已经通知银行,甲未能提取现金。甲的行为是恐吓(财物)既遂还是未遂?日本下级裁判所的判例认定为恐吓未遂。理由是,成立恐吓既遂,要求转移财物,造成被害人的财产损失。在通常情况下,当现金划入对方的存折后,实质上可以视为对方接受了现金,能够认定为财物的转移,成立恐吓财物既遂。但是,在本案中,乙将现金划入甲的存折后,由于警察已经通知银行拒付,还不能视为甲已接受了现金,不能认定财物已经转移给甲,故针对现金而言,只成立恐吓未遂。

德国刑法将敲诈勒索罪规定为对整体财产的犯罪(奥地利刑法第144条也有相同规定)。财产损失要件的判断方法,与诈骗罪的财产损失的判断方法相同。例一:以一时使用他人的出租车的意图对他人实施暴力。在本案中,占有的丧失属于财产损失。例二:债务人为了使债权人免除自己的债务而实施暴力。德国判例的立场是,如果不知道债务人身份的,就认定有财产损失;如果知道债务人身份的,由于暴力行为并不导致行使债权的困难,因而不认定有财产损失。但是,由于宾馆对利用者的行李享有担保权(德国民法典第704条),利用者使用暴力、胁迫方法将自己的行李拿走的场合,即使判明了利用者的身份,也因为侵害了担保权而认定有财产损失。例三:夺取他人美术品,以支付赎金为返还条件。由于夺取美术品时具有返还的意思,因而不能认定具有违法所有的目的。但根据德国民法典第861条、第985条的规定,美术品的返还应当是无偿的。因此,就赎金而言存在财产损失。例四:原本不存在债务,但强制他人在债务书上签字。在这类案件中,对财产产生了具体的危险,也能认定有财产损失。亦即,存在债权请求的预计,而且对已经签字的债务书缺乏确实的反证手段,故应认定为有财产损失。例五:使用暴力、胁迫手段让被害人说出财产(如黄金)的隐藏场所。德国判例认为,只是让人说出财产的隐藏场所,还不能认定使对方遭受了财产损失。例六:夺取银行卡后,使用暴力、胁迫手段让被害人说出密码。德国判例肯定在打听到密码的时点存在财产损失。

(五)主观要素

敲诈勒索罪只能由故意构成。行为人对自己以恐吓行为使对方产生恐惧心理进而作出财产处分,并使自己或第三者取得财产,具有认识、容认态度。在日本,敲诈勒索罪是转移财产占有的犯罪,所以,有关盗窃罪中的非法占有目的,基本上也适用于敲诈勒索罪。

德国刑法关于敲诈勒索罪的主观目的规定与诈骗罪相同,即行为人必须具有使自己或者第三者违法获利的意图(目的)。例如,使人交付容器旨在获取内容物,但容器中并没有内容物的,行为人对容器没有获利目的。因为行为人只有将内容物纳入自己财产的意图,故只有认定为敲诈勒索未遂。获利目的必须具有违法性。例如,为了实现到期且没有抗辩事由的请求权的,否认获利目的的违法性。反之,毒品贩卖者,使用暴力、胁迫手段迫使没有交付对价的购买者交付对价的,毒品贩卖者由于不具有合同上的对价请求权,也没有损害赔偿请求权,故成立(抢劫性)敲诈勒索罪。

三、行使权利与敲诈勒索罪

为了行使自己的权利,而使用恐吓手段的,是否成立敲诈勒索罪?

德国刑法第263条规定,如果行为人为了追求其目的而使用暴力或者胁迫被认为是应当受谴责的,恐吓行为具有违法性。由于为了行使权利而采用暴力、胁迫通常不具有受谴责性,所以,基于权利而使用恐吓手段取得财产的,在德国原则上不成立敲诈勒索罪。例如,被告人H对雇主K享有900马克的债权,H与S、T共同胁迫K,迫使K交付债务证书,并约定在数日后支付。被告人还让K向H交付彩电、向T交付手表作为担保。原审认定被告人就彩电与手表成立抢劫性勒索罪,但联邦法院首先确认,只要存在实体法上的请求权,就不能认定其取得财产性的利益具有违法性;即使其手段违法,也不成立敲诈勒索罪。在本案中,被告人不具有取得彩电与手表的权利,被害人丧失这些财物是一种财产损失。但是,由于被告人意欲得到的利益(900马克)与被害人的财产损失(丧失彩电与手表)之间,缺乏素材的同一性,故不成立敲诈勒索罪。

日本刑法对此没有明文规定,理论上存在激烈争论。

例一:盗窃罪的被害人为了取回自己被盗的宝石,对盗窃犯进行胁迫的,是否构成敲诈勒索罪?本权说认为,敲诈勒索罪是财产罪,而财产罪的保护法益是所有权及其他本权,既然如此,只要行为人在私法上具有正当的权利,那么,实现这种权利的行为就不可能构成敲诈勒索罪。但着眼于行为人的违法手段,可以认为该行为构成胁迫罪。占有说认为,敲诈勒索罪的保护法益是财产的占有,盗窃犯的占有也是敲诈勒索罪的保护法益,只要行为人的行为不符合正当防卫、自救行为等违法性阻却事由的条件,就能成立敲诈勒索罪。持中间说的论者则认为,即使是自己的财产,但只要是由他人平稳地占有时,就只能采取民事诉讼上的强制措施来恢复原状,不能允许被害人随意采取措施。因此,只要行为人的行为不符合正当防卫、自救行为等违法性阻却事由的条件,就成立敲诈勒索罪。

例二:债权人为了救济自己的债权,对债务人实行胁迫使其交付财物时,是否构成敲诈勒索罪?(1)无罪说的理由是:胁迫行为本身虽然违法,但当胁迫行为是为了实现正当的债权时,则不违法;敲诈勒索罪保护私法上的权利,具有使对方交付财物的权利的人,只要是基于占有者的意图而接受交付,就缺乏敲诈勒索罪的定型性;敲诈勒索罪是对整体财产的犯罪,而以胁迫手段实现债权的行为没有给被害人造成整体财产的减少,故被害人没有财产损失(柏木千秋)。(2)胁迫罪说认为,敲诈勒索罪是对整体财产的犯罪,刑法设立财产罪是要保护私法上的权利关系,如果行为人具有基于交付者的意思而取得财物的权利,那么就表明行为人的行为没有使对方遭受财产上的损害(没有使对方财产恶化),因而不成立敲诈勒索罪;但是,如果行使权利的手段超过了法律所允许的范围,则成立胁迫罪(中森喜彦、曾根威彦、西田典之、林幹人)。此说受到的批判是,只要个别的财物、利益受到了侵害,就存在财产损失,仅此就可以认定行为侵害了财产性利益;敲诈勒索行为原本是一体化的行为,将手段行为与目的行为分开考察,缺乏合理性;根据法秩序的要求,即使是实现权利也必须采取合法的手段,对为了实现债权而采取违法手段的行为不认定为敲诈勒索罪,就破坏了统一的法秩序。(3)敲诈勒索罪说认为,敲诈勒索罪与盗窃罪一样,是对个别财产的犯罪,要求发生财产上的损害结果;债权人使用胁迫手段使债务人交付财产,事实上损害了债务人对财产的使用、收益与处分权,故应以敲诈勒索罪论处;既然否认私力救济,那么,非经法律手段使他人交付财物,就可以认定该行为成立敲诈勒索罪;此外,要求他人履行债务的胁迫手段不具有相当性时,对这种行为就不能再评价为行使权利的行为,这种行为与取得财物的结果就要一体化地被评价为敲诈勒索行为(大塚仁、福田平、前田雅英、山口厚、木村光江)。[91] 日本的判例曾经采取胁迫罪说,但后来判例态度发生变化,采取了敲诈勒索罪说。[92]

行为人以暴力、胁迫手段,行使内容并不特定、存在与否并不明确的权利时,只要对方拒不交付财物具有正当理由,就应认定行为人构成敲诈勒索罪。

四、罪数

在日本,行为成立敲诈勒索时,对作为手段的暴力、胁迫行为不再适用暴行罪、胁迫罪

---

〔91〕 大塚仁、福田平、前田雅英、木村光江等教授认为,只有在满足了:(1)处于权利范围内,(2)有行使实力的必要性,(3)在社会一般观念看来手段具有相当性的要件时,才可以阻却敲诈勒索罪的违法性。

〔92〕 日本有如下判例:数名被告人对负有3万日元债务的被害人实施胁迫,迫使被害人交付了6万日元。日本最高裁判所1955年10月14日的判决指出:“对他人享有权利的人,其行使权利的行为,只要在其权利范围内而且没有超出社会一般观念容忍的程度,不产生任何违法问题,但是,超出上述范围、程度时则是违法的……就上述6万元认定敲诈勒索罪的成立是正当的。”(日本《最高裁判所刑事判例集》第9卷第11号,第2173页)。

的规定(法条竞合)。行为人同时实施欺骗行为与恐吓行为,被害人因此交付了财产时,如果欺骗也是使被害人感到恐惧的要素,被害人因畏惧而交付财产的,成立敲诈勒索罪。争议的问题是,如果被害人在陷入错误的同时,因畏惧而交付财物的,应当如何处理?通说主张成立诈骗罪与敲诈勒索罪的想象竞合,但有的学者主张成立包括的一罪,有的学者主张仅认定为敲诈勒索罪。

在德国,行为人佯装(欺骗)可以左右恶害的实现时,也符合胁迫的条件。在欺骗手段仅对胁迫起作用时,欺骗行为缺乏独立的违法性,故仅评价为敲诈勒索罪即可(法条竞合的吸收关系)。例如,并没有拍摄却假装拍摄到了被害人的裸照,而以公开照片相威胁索取财物的,仅成立敲诈勒索罪。反之,如果欺骗行为具有独立于胁迫之外的违法性时,通说认定为诈骗罪与敲诈勒索罪的想象竞合。例如,尽管没有公开实际上拍摄到的裸照的意图,却以公开裸照相威胁而索要财物的,是诈骗罪与敲诈勒索罪的想象竞合。行为人通过诈骗等财产犯罪手段取得他人财物后,为了避免返还请求而使用暴力、胁迫的,存在后行为是否成立敲诈勒索罪的问题。判例认为,如果先前的财产犯罪已经造成了财产损失,那么,后行为就没有产生新的财产损失,因而仅成立强制罪。不过,也有判例将实施诈骗行为后立即实施暴力的行为认定为抢劫性敲诈勒索罪。因此,有学者认为判例缺乏一致性。行为人盗窃他人财物后为了避免财物的返还而使用暴力、胁迫的,不仅存在有无财产损失的问题,而且存在敲诈勒索罪与抢劫性盗窃罪(事后抢劫罪)的关系问题。如果当场为避免财物的返还而实施暴力、胁迫行为的,才能认定为抢劫性盗窃罪,所以,倘若在此后的时点实施暴力、胁迫也适用抢劫性敲诈勒索,刑法关于抢劫性盗窃罪的规定就丧失了意义。基于这样的考虑,德国判例对上述情形在盗窃罪之外仅认定为强制罪。例如,行为人盗窃啤酒后被被害人发现,于是采取胁迫手段妨碍返还的,德国判例对后行为认定为强制罪。

第六节　侵　占　罪

一、侵占罪概说

一般来说,侵占罪是指将不属于他人占有的他人之物据为己有的行为。侵占罪可以分为侵占脱离占有物罪、委托物侵占罪(普通侵占罪)与业务上侵占罪。侵占罪与盗窃罪、抢劫罪、诈骗罪、敲诈勒索罪一样,也是财产罪,但侵占罪既不是像盗窃罪、抢劫罪那样的夺取罪,也不是像诈骗罪、敲诈勒索罪那样的交付罪,而只是一种取得罪。

根据德国刑法第 246 条第 1 款规定,使自己或者第三者违法取得(所有)他人可以移动的财物的,构成侵占罪;第 2 款规定,如果行为人侵占的财物是被委托给行为人的,则加重法定刑。不难看出,法条并没有区分侵占脱离占有物与侵占委托物,只是将委托关系作为加重处罚的事由。在德国,侵占罪(第246 条第1 款)与盗窃罪的区别在于,盗窃罪中的违法取得是主观的超过要素,而侵占罪中的违法取得是客观要素,但只要求作为客观的行为被在外部发现即可。换言之,取得行为并不要求现实地排除他人的所有权,将财物作为自己或者第三者的财物,只要存在取得意思被发现的行为即可。因此,不能在客观面之后再检讨主观面,而是在检讨主观的取得意思之后,再检讨领得意思是否被客观地发现。在德国,凡是将他人的所有物作为自己或者第三者的物处理的,就成立侵占罪,不管行为人是否占有他人的财物。所以,盗窃行为也可能符合侵占罪的构成要件。于是,侵占罪是兜底构成要件,亦即,凡是符合盗窃等重罪的构成要件的,就优先适用盗窃罪等重罪的法条。

委托物侵占罪的法益是财物的所有权以及委托关系。由于委托物侵占罪的对象是“自己占有的他人的财物”,所以,财物的所有权是首要的保护法益,而占有则不属于其保护法益(这一理解,与对盗窃罪的法益采取何种学说没有关系)。其次,委托关系也是委托物侵占罪的保护法益。如果没有侵害委托关系,则属于侵占脱离占有物罪。

侵占脱离占有物罪仅以侵害所有权为要件,是侵占罪的基本类型。委托物侵占罪,要求除侵害所有权外,还必须侵害委托关系,可谓侵占脱离占有物罪的违法加重类型。业务上侵占罪,是就业务上占有的财物实施侵占行为,可谓委托物占有罪的责任加重类型。也有学者认为,侵占脱离占有物罪是单纯的侵占罪,而委托物侵占罪与业务上侵占罪都具有背信性,因而与背信罪具有相同性质。

侵占罪的法定刑轻于盗窃罪,对此存在不同的说明。有人认为,由于盗窃罪侵占了他人的占有,而侵占罪没有侵害他人的占有,故侵占罪的违法性轻于盗窃罪。有人认为,在侵占罪的场合,财物处于行为人可以自由处分的状态,故对行为人具有诱惑性,导致行为的责任非难减少,因而其法定刑轻于盗窃罪。还有人认为,盗窃罪的发案率远远高于侵占罪,为了实现一般预防,刑法对盗窃罪规定的法定刑重于侵占罪。

二、委托物侵占罪

委托物侵占罪,是指侵占自己占有的他人的财物的行为。[93]

(一)主体

委托物侵占罪的主体,必须是他人财物的占有者。奥地利刑法第133条规定,本罪的主体是就财物受到委托的人。日本刑法规定,根据公务机关命令保管自己财物的人也能成为本罪主体。因此,本罪是身份犯。

(二)对象

1. 对象概说

委托物侵占罪的对象,是自己占有的他人财物。日本刑法规定还包括根据公务机关的命令所保管的自己的财物。

对于财物的范围,各国刑法规定不一。德国、瑞士、意大利刑法明文规定只能是他人的动产。日本、韩国等国刑法只规定是“物”或“财物”。日本与韩国的刑法理论与审判实践认为,委托物侵占罪的对象既可以是动产,也可以是不动产,但不包括财产性利益。奥地利判例与多数说认为,财产性利益也能成为委托物侵占罪的对象。

作为本罪对象的财物,必须是由行为人占有的财物。这里的占有,是指对财物具有事实上或者法律上的支配力的状态;只要行为人对财物具有这种支配力即可,不要求行为人事实上握有该财物。换言之,本罪中的占有,不仅包括事实上的支配,而且包括法律上的支配。因为只要行为人对财物具有法律上的支配,就可能滥用这种支配力侵害他人的财

[93] 由于德国刑法并没有特别规定委托物侵占罪,故本部分的讨论包括德国刑法第246条第1款规定的侵占罪的内容。

产。例如,持有他人提货单的人,就处于可以任意处分寄存物品的地位,因而在法律上支配了寄存物品,寄存物品成为行为人占有的财物。但是,已经进行登记的不动产,所有权的登记名义人占有该不动产。不动产的租借人虽然是事实上的支配者,却不是不动产的占有者。至于未登记的不动产,则由事实上的支配者占有。

行为人对财物的占有,必须以财物的所有者(或者得到所有者的授权而具有委托权限的人)与行为人之间的委托关系为根据。这种委托关系的发生原因具有多样性,如使用借贷、委任、寄存等。委托关系不一定要有成文的合同,根据日常生活规则,事实上存在这种委托关系即可。德国刑法第 246 条第 2 款规定的委托关系,是指行为人有义务返还财物或者有义务按照委托者规定的特定目的使用的情形。例如,借贷之物、保管之物、附所有权保留所购买的物,都存在委托关系。奥地利的判例与通说认为,委托关系必须存在于取得行为之前。在行为对象是有体物的场合,要求行为人必须事前单独占有财物,而且对该财物负有特定的义务。但是,在取得行为的时点不必是单独占有。在行为对象是财产性利益的场合,要求行为人被赋予单独的法律上的处分权,而且对该利益负有特定的义务。对财物或者财产性利益的义务,是指行为人为了委托人而对财物或者财产性利益进行使用、保管、交付第三者、返还委托者的义务。

根据德国的判例与学说,行为对象必须是特定的。例如,公司的董事长为了自己所有而约定将公司制造的商品出卖给他人的,只要没有将其中的商品特定化,就不能成立侵占既遂,而且只有在着手分离时才成立未遂犯。

行为人所占有的财物,必须是他人的财物,即财物的所有权属于他人。共有物也被认为是他人的物,故侵占共有物的行为构成本罪。根据民法规定,在动产买卖中,只要签订了买卖合同,财物的所有权就转移。因此,在合同签订后,财物事实上转移之前,对于卖主来说,该财物是他人的财物。卖主第二次出卖此物的,构成委托物侵占罪。德国的判例与学说认为,根据民法的规定,财物的所有权归属于行为人以外的人时,才能成为侵占罪的对象。容易产生问题的是,在转移占有时,财物的所有权是否同时转移给行为人,因而是否符合他人性的要求。例如,自助加油时,汽油加入到汽车油箱后,行为人产生了不支付对价的意思而逃走的,汽油的所有权归属就成为问题。根据德国民法典第 947 条、第 948 条的规定,即使汽油被混合之后,原来的所有权人也享有共同所有权。再者,只要进行了所有权保留,就符合他人性要件。而且,即使不认定为所有权保留,但只要认为所有权转移产生于支付对价时,也能认定上述行为成立侵占罪。

2. 争议问题

(1)金钱

民法理论一般认为,金钱的占有者就是金钱的所有者。如果原封不动地将这种观点纳入刑法,就意味着对于金钱不可能成立委托物侵占罪。但这是存在疑问的。所以,在刑法上,金钱的他人性就成为解释问题。

首先,当委托人将金钱封装于一定容器,并交付行为人保管,并明确表示不允许消费、使用的场合,受托者具有保护委托者的所有权的义务。换言之,在这种场合,金钱是作为特定物交由行为人管理的。对于行为人而言,属于自己占有的他人财物。如果行为人消费该金钱,便成立委托物侵占罪。

其次,委托人将金钱作为不特定物转移给受托人时,其法律意义上的所有权也同时转移给受托人。受托者处分该金钱的行为,属于背信行为,不成立委托物侵占罪。

最后,当委托者确定了用途而将金钱委托给行为人管理时,对于行为人而言,该金钱也属于自己占有的他人财物。例如,甲将A交付的用于购买股票的金钱予以消费的,该金钱属于行为人占有的财物。问题是,甲暂时使用该金钱的行为是否成立委托物侵占罪?日本判例的一贯立场是,在上述情况下,甲暂时挪用也属于侵占;即使甲具有日后填补金钱的意思与能力,也不例外。但日本刑法理论对此判例持怀疑态度。有人认为,甲暂时挪用的行为不属于符合构成要件的侵占行为;也有人认为,甲暂时挪用的行为虽然符合侵占的构成要件,但缺乏可罚的违法性;还有人以甲不具有侵占故意为由,得出甲的行为不成立委托物侵占罪的结论。再如,宾馆的服务员收到了自己负责接待的顾客的现金后,没有交给宾馆而据为己有。德国的判例认定该现金的所有权归属于宾馆,服务员的行为构成侵占罪。

此外,乙将存折交给甲,委托甲从银行提取存款给乙使用的,甲为委托者乙提取的现金属于乙。因此,如果甲任意消费金钱的,成立委托物侵占罪。

(2)存款

存款的占有是值得讨论的重要问题。例如,乙将自己的现金交给甲,让甲以甲的名义将现金存入银行后,甲以自己使用的目的取出该存款的,是否成立委托物侵占罪?肯定说认为,存款名义人是法律上的支配者。因此,村长将其保管的作为村的基本财产的现金存入银行时,该现金属于村长自己占有的他人的财物;以自己使用的目的从银行取出存款时,成立委托物侵占罪(日本判例的通说)。理由是,对存款债权的支配与对本金(现金)自身的支配,在法律上可以同等看待(小野清一郎)。事实上,上述行为人在存款的限额内对作为不特定物的金钱行使法律上的支配,无论是直接取出现金还是将存款转入其他账户,都成立委托物侵占罪。否定说则认为,事实上,银行的准备金少于存款额,所以,肯定存款人对于存入银行的现金的占有,只不过是一种拟制。换言之,存入银行的现金,应当由银行占有,而不是由存款人占有。

采取肯定说时,以能够承认法律上的支配作为肯定对存款的占有的前提。如果行为人没有取款的权限,就不能认定其占有了存款。例如,A因为外出旅行,就将存折、印鉴交给甲保管。按照日本的通说,如果甲将存折、印鉴据为己有,则成立委托物侵占罪(对象为存折、印鉴)。但是,其一,如果甲持存折在银行柜台取款的,成立诈骗罪(一项诈骗,诈骗对象为现金);其二,如果甲在自动取款机取款的,成立盗窃罪;其三,如果甲在银行柜台将A的存款转入其他账户的,成立诈骗罪(二项诈骗,诈骗对象为财产性利益);其四,如果甲在自动取款机上转款的,成立使用计算机诈骗罪。这四种情形之所以不成立委托物侵占罪,是因为甲对A的存款并不具有法律上的支配力,存折显示的现金的所有权属于银行,而不属于A。对侵占罪中的占有越是规范化、观念化的理解,越以法律上的支配力为必要。就存款而言,单纯的事实上的支配关系还不能认定为占有。所谓法律上的支配力,就是指取款的权限。没有取款的权限,就没有法律上的支配力。例如,在路上拾得他人银行卡后在自动取款机取款的,成立对银行的盗窃罪,而不是成立对持卡人的侵占脱离占有物罪(井田良)。但是,根据奥地利的判例,乙将存折委托给甲保管时,存款本身作为财物受刑法保护。因此,甲违反约定取出存款或者将存款转入自己账户的,对存款构成委托物侵占罪。

如前所述,关于领取误汇存款的行为性质,日本存在不同观点:一种观点认为,此种情形下的存款由名义人甲占有,故甲的行为只成立侵占脱离占有物罪。但持反对观点的学者认为,甲对存款不具有正当的取款权限,不存在法律上的支配,因而没有占有存款。所以,不能认定为侵占脱离占有物罪。另一种观点认为,存款由银行占有,甲则视取款的行为方式成立诈骗、盗窃等罪。

(3)二重买卖

例如,甲将自己所有的不动产卖给乙,收取了乙交付的对价,但在还没有进行所有权转移登记时,又将该不动产卖给丙,并进行了所有权转移登记(所有权转移给丙)。甲是否成立委托物侵占罪?

通说认为,甲的行为成立委托物侵占罪。首先,委托物侵占罪对象既包括事实上支配的财物,也包括法律上支配的财物,甲将不动产卖给乙之后,在没有进行所有权转移登记时,仍然是不动产的名义人,因而能够处分不动产,所以在法律上占有着不动产。其次,委托物侵占罪具有侵害委托信任关系的一面,而甲、乙之间也存在委托信任关系。因为签订了买卖合同,甲就有义务为乙保管该不动产,这便是一种委托信任关系。最后,随着买卖合同的成立,该不动产的所有权便转移给乙,故属于乙的财物。[94]

如果丙不知道真情而善意取得不动产的,甲是否对丙成立诈骗罪?一般认为,在上述情况下,由于向丙的转移登记已经结束,丙不存在任何财产上的损失,甲不成立诈骗罪。而且,丙不具有处分乙的不动产的权限与地位,故甲的行为认定为三角诈骗(丙为受骗者、乙为被害人),也是不妥当的。[95]

如果丙知道真情、恶意取得不动产的,丙是否构成委托物侵占罪的共犯?这与民法规定相关联。日本存在否定说的判例。但也有学者与判例认为,根据日本民法第177条的规定,关于不动产物权的取得、丧失及变更,未依登记法所定进行登记,不得以之对抗第三人。由于并没有进行向乙的转移登记,故如果丙只是单纯知情,则相当于该条的第三人,丙在民法上可以有效取得不动产的所有权,当然不成立委托物侵占罪的共犯。但是,如果丙不相当于民法第177条的第三人,而属于背信的恶意者,则丙不能在民法上有效取得不动产的所有权。在这种情况下,丙可以成为甲的委托物侵占罪的共犯。此外,丙不可能成立赃物罪。因为赃物罪以本犯既遂为前提,但在甲将不动产出卖给丙之前,其委托物侵占罪并没有既遂。

(4)所有权保留

例如,甲分期付款购买汽车,只有付清全款后才享有汽车的所有权,此前的汽车所有权归属于出卖方,但甲在没有付清全款后就将汽车用于抵押。德国、日本的判例与通说,均认为甲的行为构成侵占罪。因为甲在抵押汽车时,汽车的所有权属于卖方,甲的行为侵犯了卖方对汽车的所有权。但是,日本还存在另外三种学说:第一种学说认为,只有当行为人在较早的时期擅自处分所有权保留的财物时,才成立侵占罪;如果在将要付清全款时才擅自处分汽车的,则不成立侵占罪(中森喜彦)。第二种学说认为,甲的行为构成背任

---

〔94〕有人认为,只要买卖合同成立,就应认为该不动产属于乙的财物;有人则认为,只有当乙支付了(大部分)对价后,该不动产才是乙的财物。

〔95〕当然,如果甲已完成了向乙的不动产转移登记,然后又隐瞒事实将该不动产出卖给丙的,则无疑对丙成立诈骗罪。

罪(藤木英雄)。第三种学说认为,甲的行为原则上成立侵占罪,但根据付款的情况有可能缺乏可罚的违法性(西田典之),或者阻却故意或者责任(阿部纯二)。

(5)不法原因给付物

基于不法原因而委托给付的财物,能否成为本罪的对象,是很有争议的问题。例如,甲欲向公务员乙行贿,而将财物委托给丙转交,但丙将该物据为己有。根据民法规定,甲没有返还请求权,那么,丙的行为是否成立委托物侵占罪呢?

否定说认为,在上述情况下,既然甲对财物没有返还请求权,其反射效果表明,财物的所有权已经转移给丙,因此该物不是他人的财物,丙的行为不构成委托物侵占罪。如果将丙的行为以犯罪论处,则破坏了法秩序的统一性,违反了刑法的谦抑性。况且,在上述情况下,并不存在法律意义上的委托信任关系,故丙的行为也没有侵害委托信任关系。

肯定说认为,虽然在民法上给付者对不法原因给付物没有返还请求权,但接受者也没有取得所有权。而刑法对财产的保护,并不限于对被害人的具体的财产所有权的保护,对在外表上属于侵害了他人所有权的一切行为,刑法都是予以禁止的,上述丙的行为在外表上确实侵害了他人的财产所有权,因此其行为成立委托物侵占罪。况且,刑法与民法的目的不同,不能认为民法上不保护的,刑法就绝对不保护。日本的判例持这种立场。但是,既然在民法上已经不属于他人的财物,就很难在刑法上肯定其为他人的财物。

区别说认为,如果属于民法上的不法原因给付物,则不是委托物侵占罪的对象。换言之,行为人侵占民法上的不法原因给付物的,不成立犯罪。理由与上述否定说相同。但是,不法原因委托物,则可以成为委托物侵占罪的对象。因为在委托方不是终局性地使受托者取得利益,而只是暂时将财物交给受托者管理时,不属于民法上的不法原因给付物,故委托者仍然享有返还请求权。所以,对于受托者而言,当然属于自己占有的他人财物。概言之,如果给付者的意思是转移所有权时,给付者就没有返还请求权,对方就不成立委托物侵占罪;如果给付者没有转移财物的所有权的意思,给付者就享有返还请求权,受托者将财物据为己有的,就成立委托物侵占罪。但是,区别说受到了批判。一方面,不法原因给付物与不法原因委托物的区分本身就是不成立的。另一方面,即使是具有转移所有权意思而给付的情形,不管经过多长时间,如果没有获得一定的对价,给付者也可以请求返还。所以,不能以给付时点具有转移所有权的意思为由,直接否认对给付者利益的保护。于是,问题不在于给付者有无转移所有权的意思,而在于从客观的观点看,给付者是否存在值得法保护的利益。例如,为了雇凶杀人而预付的现金,不管给付者的意思如何,都不可能成为值得刑法保护的财产。至于给付者是否存在值得刑法保护的利益,则归结于给付者对其利益能否请求国家的保护。就此而言,刑法与民法的判断不能产生龃龉(法秩序统一性的要求),因此,只要属于民法上的不法原因给付物,就不能成为侵占罪的对象(井田良)。

还有一种折中说认为,当丙还具有将财物的所有权交付对方的意思而转移财物的占有时,其行为不构成犯罪。如果丙没有这种意思,则不能否定其行为构成侵占罪。但由于该财物是基于不法原因的给付物,因而不是构成委托物侵占罪,而是构成侵占脱离占有物罪。可是,由于侵占脱离占有物罪的对象是他人的财物,故这种观点也难以成立。

(6)赃物

对赃物的侵占也存在同样的问题。例如,甲起先不知道是赃物而受委托保管了乙的财物,事后知道乙的财物为其盗窃所得的赃物后,便擅自消费了该赃物。甲的行为是否成立委托物侵占罪?

肯定说主张,甲的行为成立委托物侵占罪。理由如下:首先,乙所盗窃的物,在民法上属于原被害人所有的物,对于甲而言,依然属于他人的财物。所以,甲的行为侵害了原被害人的所有权。其次,既然盗窃犯乙对财物的占有,也是值得刑法保护的占有,那么,所有权人以外的人与盗窃犯人之间的委托信任关系,也是值得刑法保护的。既然甲的行为侵害了委托者乙与其之间的委托信任关系,理应对委托者成立委托物侵占罪。最后,赃物犯罪所侵害的是财物的所有权人对财物的追求权,但在上例中,甲所侵害的是乙对财物的平稳的占有,故应另成立委托物侵占罪(日本的判例、大谷实、前田雅英等)。

否定说认为,甲的行为不成立委托物侵占罪,虽然相对于原被害人而言,成立侵占脱离占有物罪,但此罪被赃物犯罪吸收(包括的一罪)。理由如下:首先,侵占罪是对所有权的犯罪,既然委托人(盗窃犯人)乙没有所有权,甲便对其不成立侵占罪。其次,委托物侵占罪是侵害委托信任关系的犯罪,但在上例中,原所有人与甲并不存在委托信任关系。由于财物的所有权归属原所有人,故甲对原所有人成立侵占脱离占有物罪。最后,由于甲在知道是赃物后所实施的赃物犯罪行为,妨害了原所有权人对该财物的追求权,因而成立赃物犯罪。其后取得赃物的行为,没有必要以独立犯罪论处,而应被赃物犯罪吸收(大塚仁、西田典之、曾根威彦、山口厚等)。

德国的判例与通说认为,以违法目的就财物进行委托的场合存在委托关系。例如,委托他人保管出卖赃物所得的资金的,存在委托关系。但是,如果委托者的行为违背所有权人的利益的,则不认为具有委托关系。例如,行为人接受盗窃犯人的请求保管赃物时,将赃物据为己有的,不存在委托关系。

(三)行为

委托物侵占罪的行为,表现为侵占。关于侵占的意义,有取得行为说与越权行为说之争。越权行为说认为,侵占,是指破坏委托信任关系,对委托物实施超越权限的行为。理由是,委托物侵占罪的本质是违背委托信任关系的犯罪,而且财产犯罪并不要求行为人具有违法取得的意图;只要行为人超越权限对委托物实施某种行为,就是侵占。如果要求行为人必须有违法取得的意图,便过于缩小了侵占罪的范围,不利于保护财产所有权。但越权行为说已经衰退。

取得行为说认为,侵占,是指将占有变为所有的一种"取得行为"。行为人对他人之财物,原本只具有占有关系,但行为人出于违法取得(领得)的意思,违法取得受委托占有的他人财物。据此,实现违法取得意思的一切行为都属于侵占。详言之,侵占罪的保护法益是所有权及其他本权,单纯破坏委托信任关系的超越权限的行为,并没有给本权造成侵害;只有当行为人主观上有违法取得的意思,客观上实施了实现违法取得意思的行为时,才有侵害本权的危险,成为侵占行为。这是德国、日本刑法理论与审判实践的通说。侵占行为既可以是事实上的处分行为,如消费、使用,也可以是法律上的处分行为,如出卖、抵偿债务等。侵占行为既可以是作为,也可以是不作为。行为人应当将自己占有的财物送交有关人或机关,但以违法取得的意图而不送交的,就是不作为的侵占。

德国的学说与判例认为,取得意思被客观地发现时,就存在取得行为。取得意思发现与否,以外部可以认识的状态是否表现出取得意思为标准。取得意思被客观地发现的典型例就是事实处分行为与法律处分行为。与此相反,即使没有取得意思也可能实施的中立行为,还不能认定取得意思的发现。例如,拾到了他人的遗忘物,由于不知道行为人是否打算申告(归还),所以,不能认定取得意思的发现。对于应当返还的物单纯不返还的,不能认定取得意思的发现,但如果行为人长时间使用的,则可以认定为取得意思的发现。取得意思的发现,要求行为人将财物本身或其价值纳入行为人或者第三者的财产。因此,行为人或第三者必须取得了对他人财物的某种类似于物权的支配。例如,约定出卖自己完全没有支配的他人财物的,不属于取得行为。但是,对财物的支配只要是间接占有就足够了。例如,甲借了乙的书之后又将书借给丙,丙以为书是乙所有便向乙提出购买此书,乙答应出卖此书的时,就能认定乙对书的支配,因而成立取得行为。

实施了取得(侵占)行为后,其后能否再次对取得的相同财物实施侵占行为(侵占后的侵占)?德国判例的观点是,在构成要件上,不可能重复侵占(构成要件的解决方式)。但是,德国与日本刑法理论上则有不少学者认为,重复侵占也是可能的,只不过在罪数上,作为共罚的事后行为处理就可以了(罪数的解决方式)。根据罪数的解决方式,由于后来的取得行为是共罚的事后行为,所以,后来的参与者也可以作为侵占罪的共犯处罚。赞成构成要件的解决方式的学者则认为,一旦将行为对象作为自己所有的财产后,就难以再侵占。而且,罪数的解决方式导致时效制度基本丧失了意义。更有争议的是,在自己取得后再使第三者取得的,应当如何处理?一种观点认为,即使在自己取得后事实上也能再使第三者取得,所以,对自己取得的财物能够认定第三者取得。与此相对,另一种观点认为,行为人只有一次排除所有权的意思,所以,不能对自己取得的财物认定第三者取得。

委托物侵占罪一般没有未遂,许多国家的刑法也没有设立未遂处罚规定(但德国刑法处罚未遂犯)。因为理论上认为,行为人一经实施侵占行为,即使侵占行为还没有实施终了,也是本罪的既遂。这就造成了着手就是既遂的局面。这虽然是理论上的通说,但存在不少问题。例如,行为人出卖自己受委托所保管的他人的不动产,究竟何时为既遂,就是没有解决的问题。有人认为,只要行为人有出卖的意思表示就是委托物侵占罪的既遂。有人则认为,只有对不动产实行了转移登记时才是既遂。根据前一观点,本罪没有未遂的余地,根据后一种观点,本罪的未遂是可能的。对于行为人就出卖他人所有的财物而提出要约的案件,在奥地利存在既遂说与未遂说之争。

(四)主观要素

委托物侵占罪的主观要件是故意。故意的内容表现为对侵占自己占有的他人财物具有认识、容认的态度。持取得行为说的学者一般认为,本罪还要求行为人有违法取得的意图或者意思。问题在于如何理解违法取得的意思?

在德国,侵占罪中的取得意思与盗窃罪的违法取得(所有)的意思一样,是指将自己或者第三者作为财物的所有权人那样处理他人的财物的意思。但与盗窃罪的违法所有必须是一种意图不同的是,侵占罪的取得意思不必是意图,只要认识到财产属于自己的就够了。例如,会计发现账面上存在亏损,因担心追究职务上的责任,就打算用自己的钱一点一点地填补,但为了避免被发觉,在收钱顾客的现金时没有记账。德国判例认为,行为人将收受的金钱作为自己的金钱来处理,因而成立侵占罪。但理论上有学者指出,既然士兵退役时为了避免被追究责任,窃取同事的帽子后当作自己帽子而上交的,因为不具有违法取得(所有)的意图而不成立盗窃罪,那么,本案也不能成立侵占罪。但是,对这一观点持反对意见的学者指出，与返还帽子时不能认为否认了所有权的意思相对，不记账时则否认了所有权人的所有权，因而能认定具有取得意思。

日本的判例认为，委托物侵占罪中的违法取得的意思，是指占有他人财物的行为人，违背任务，就该财物没有处分权限，却具有只有所有者才能处分的意思（处分意思）。有的学者则认为，委托物侵占罪中的违法取得的意思，是指占有他人财物的行为人，违反委托人的旨趣，遵守该财物的经济用途进行利用的意思（利用意思）。两种观点对一些具体案例会产生不同结论。例如，行为人以隐匿的意思处分财物的，根据处分意思说，成立委托物侵占罪；根据利用意思说，不成立委托物侵占罪。

根据取得行为说，违反委托人的意思，一时使用委托物的行为，原则上不成立委托物侵占罪。但是，如果行为人以所有人不允许的样态、程度予以使用，产生了所有人不允许的价值侵害时，则成立委托物侵占罪。例如，在 A 公司任职的甲，为了在退职后在 B 公司利用 A 公司的秘密资料，将自己管理的 A 公司的秘密资料拿出公司外复印，然后将秘密资料返回的，被日本裁判所认定为委托物侵占罪。

接受委托保管特定用途的金钱或者其他不特定物的人，具有日后填补的意思与能力，一时挪用金钱或者不特定物的，能否成立委托物侵占罪？日本的判例认为，这种行为并不缺少违法取得的意思，因而成立委托物侵占罪。刑法理论上的有力说认为，如果行为人确实具有填补的意思与能力，就不能认定为委托物侵占罪。其中，有人认为，在这种场合，行为人不具有违法取得的意思（大塚仁、大谷实）；也有人认为，在这种情形，不存在侵占行为（平野龙一、町野朔、前田雅英）。还有一种观点认为，保管人对特定用途的金钱以及其他不特定物客观上不可能存在侵占行为，因而不成立委托物侵占罪；对其他不特定物（支票等）在客观上则可能存在侵占行为，但需要根据挪用的数额、预想到的填补空缺的确实性等，判断是否缺乏可罚的违法性或者违法取得的意思（西田典之）。

受托者使第三者取得的意思，是否属于委托物侵占罪中的违法取得的意思？德国的刑法条文对此作出了肯定规定，日本的判例与通说持肯定态度。但日本也有学者认为，如果是使与自己完全无关的第三者取得委托物，只能成立背信罪或者毁弃罪，但不成立委托物侵占罪。

（五）与诈骗罪的关系

以违法取得的意思，通过欺骗手段对他人的财物或者财产性利益取得占有或者处分权的，成立诈骗罪。

行为人侵占委托物后，对委托人实施欺骗行为，使委托人免除行为人的返还义务的，只成立委托物侵占罪，不成立诈骗（财物）罪。在这种场合，欺骗是侵占的手段，而且不存在财物的转移（财物原本由行为人占有），故不成立诈骗（财物）罪。问题是，行为人对于财物的返还请求权，能否成立诈骗利益罪？一般认为，虽然财物的返还请求权，可以成为财产性利益，行为也符合诈骗利益罪的构成要件，但在上述场合，财物的返还请求权与委托人的财物所有权指向的是同一利益，因而不能认定行为人侵害了新的法益，诈骗行为只能作为共罚的事后行为处理。有学者认为，上述行为有可能成立委托物侵占罪与诈骗罪，因而属于包括的一罪。但是，侵占罪的法定刑低于盗窃罪、诈骗罪，之所以如此，是因为行为人已经占有了他人财物，这种诱惑要素使得行为人的责任减少。为了不淹没这一立法旨趣，对于上述欺骗行为只能作为共罚的事后行为处理（西田典之）。也有学者认为，如果对上述行为仅认定为侵占罪,就会导致处罚的不均衡,故应认定上述行为是侵占罪与诈骗罪的想象竞合。

占有了他人财物的行为人,将该财物谎称是自己所有的财物用于提供担保,骗取他人财物的,提供担保的行为是侵占行为,骗取财物的行为侵害了新的法益,因而是侵占罪与诈骗罪的想象竞合。

三、业务上侵占罪

业务上侵占罪,是指以违法取得的意思,侵占由自己因为业务所占有的他人财物的行为,是委托物侵占罪在身份上的加重犯。至于是违法加重身份还是责任加重身份,则存在争议。主张违法身份的观点认为,因为侵占业务上占有的财物,常常破坏了行为人与多数人之间的信赖关系,故其法益侵害的范围较广,而且发案率较高,所以刑法有必要对这种行为加重处罚(大塚仁、中森喜彦)。主张责任身份的观点认为,就具体的个别的侵占行为而言,本罪不可能使法益侵害的范围扩大,只是责任非难加重(大谷实、曾根威彦、西田典之、山口厚)。

本罪的主体是基于业务而占有他人财物的人。一方面,行为人在法律上或事实上占有着他人的财物;另一方面,这种占有不是基于一般的委托关系,而是基于行为人的业务。因此,有人认为,本罪是真正身份与不真正身份相结合的复合的身份犯。这里的业务,是指行为人基于社会生活上的地位,而反复、继续实施的,以占有、保管财物为内容的事务。与业务上过失致死伤罪中的业务的区别在于,它不要求这种事务具有危险性。本罪中的业务的根据,不问是基于法令,还是基于合同或习惯,但是,这种业务的内容必须是占有、保管他人的财物。业务既可以是本职业务,也可以是兼职业务,还可以是代替他人所从事的业务。

本罪的行为是侵占自己由于业务关系所占有的他人的财物,包括事实上的处分与法律上的处分。

在日本,业务上侵占罪属于双重身份犯,因为相对于侵占脱离占用物罪而言,委托物侵占罪是基于身份关系的加重犯;相对于委托物侵占罪而言,业务上侵占罪又是进一步的身份犯。于是,存在几种共犯关系需要讨论。其一,业务上占有者教唆、帮助业务上占有者实施侵占行为的,成立业务上侵占罪的共犯,对此没有争议。共同实行的,则是业务上侵占罪的共同正犯。其二,基于委托关系的占有者教唆、帮助业务上占有者实施侵占行为的,一般认为,前者成立委托物侵占罪的共犯,后者成立业务上侵占罪。其三,有争议的是,没有占有他人财物的人(非身份者)参与了业务上侵占罪时,应当如何处理?日本判例的观点是,非身份者成立业务上侵占罪的共犯,但是应科处委托物侵占罪的共犯之刑。但这种罪名与科刑相分离的观点受到了学者们的批判。多数观点认为,非身份者成立委托物侵占罪的共犯,业务上占有者成立业务上侵占罪。

四、侵占脱离占有物罪

侵占脱离占有物罪,是指以违法取得的意思,侵占遗失物、漂流物或其他脱离占有的他人财物的行为。

本罪的对象是遗失物、漂流物以及其他脱离占有的他人财物。遗失物,是指并非基于占有人的意思而脱离了占有,却不属于任何人占有的物。由此可见,遗失物不同于遗弃物,后者是被本人所抛弃的物。漂流物,是指随水漂流的遗失物,实际上也是一种特殊的遗失物。所谓脱离占有的他人财物,则是指并非基于占有人的意思而脱离占有,并且不属于任何人占有或者偶然由行为人占有的他人财物。例如,他人误送给行为人的财物、邮局误投的邮包、车内所遗留的乘客的携带品、他人醉酒时放置而事后不知所在地的财物、盗窃犯人盗窃后所遗弃的物、随风飘来的他人的衣物等,都属于脱离占有的他人财物。此外,古墓葬中的物,也被认为是脱离占有的他人财物。作为本罪对象的物,只要求不是行为人所有的物,或者说只要求是他人所有的物,即使所有权究竟是谁还不明确,也不影响本罪的成立。因此,无主物不能成为本罪的对象。

本罪的行为表现为侵占,即违法取得对脱离占有物的占有。一般认为,行为人违法取得财物的占有时,即为本罪的既遂。

第七节　背　信　罪

一、背信罪概说

一般来说,背信罪(背任罪或违背任务罪),是指依法律、公务机关命令或法律行为为他人处理事务的人,为谋求自己或第三者的利益,或以损害他人的利益为目的,而违背其任务,致使他人财产遭受损失的行为。例如,甲委托乙出卖自己所有的房屋,乙与买主丙通谋,使房屋以较低的价格出售,致使甲的财产遭受损失。甲的行为成立背信罪。需要说明的是,德国、奥地利等国刑法没有规定目的要件,于是,背信罪成为损害他人整体财产的犯罪。

关于背信罪的本质,历来有滥用权限说与背信说之争。由 Binding 最先提出的滥用权限说认为,背信罪是滥用法律上的权限而侵害他人财产的犯罪,它主要发生在与第三者的对外关系上(如上例中的乙与买主丙的关系),这种行为只限于法律行为。但这里的权限的意义并不明确。此后,Frank 将权限解释成为代理权。德国刑法理论现在所说的滥用权限,就是指滥用代理权。由德国判例主张的背信说认为,背信罪是以违背诚实义务侵害财产为内容的,背信行为除了存在于与第三者的关系中外,还存在于与本人(委托人)的对内关系中,它并不限于法律行为,凡是破坏事实上的信任关系的事实行为,都能成立本罪。

上述两种学说各有所长,1933 年德国在部分修改刑法时,综合了上述两种观点。德国现行刑法也是如此,其第 266 条第 1 款规定:“行为人滥用依法律、官方委托或者民事法律行为所获得的处分他人财产或者使他人承担义务的权限,或者违反依据法律、官方委托、民事法律行为或者信任关系所承担的维护他人财产利益的义务,致使委托人的财产利益遭受损失的,处五年以下自由刑或者罚金。”该条前段是根据滥用权限说作出的规定,后段根据背信说作出的规定。不过,滥用构成要件只不过是背信构成要件的特别类型。奥地利刑法第 153 条仍然采取滥用权限说。

日本刑法没有明文规定,理论上存在三种学说。滥用权限说(少数说)认为,背信罪的本质是滥用法律上的代理权而侵害财产的犯罪,只有法律行为才成立背信罪,事实行为不成立背信罪。理由是,设立背信罪是为了处罚有组织地进行财产运用时的侵害财产的行为,与诈骗、侵占、恐吓等罪不同,属于对权利的犯罪;将背信罪的本质理解为滥用法律上的代理权,有利于明确界定本罪的范围。但是,诈骗罪、敲诈勒索罪等也包括了对权利的侵害,不能认为背信罪只是侵害权利的犯罪;而且这种观点过于缩小了背信罪的范围。

日本的判例和以往的通说采取背信说,即背信罪是违反诚实信用义务侵害财产的犯罪,背信行为不限于法律行为,而且包括事实行为,即背信行为是一切违背任务的行为。因为背信罪是侵占罪的补充规定,作为事实行为的背信行为,也具有当罚性。这种学说导致背信罪与侵占罪的竞合,也难以限制背信罪的范围。

背信的滥用权限说认为,本罪是背弃信赖,滥用权限而侵害财产的犯罪(如果超出权限侵害财产则成立侵占罪);背信行为限于违反任务的行为,但不限于法律行为。理由是,这样理解背信罪的本质,既有利于明确背信罪的财产犯罪性质,也有利于界定背信罪的范围。

背信罪包含了对信任关系的破坏,这一点不容置疑,正因如此,其与委托物侵占罪的区别就成为难题。特别是为他人处理事务的人,对自己占有的他人财物进行不法处分时,是构成背信罪还是侵占罪,就存在争论。第一说认为,区分的标准在于行为是法律行为还是事实行为。背信罪是一种滥用权限的法律行为,侵占罪是一种侵害特定物或特定利益的事实行为。此说采取的是滥用权限说的观点,但将背信罪的本质仅仅理解为滥用权限则受到了批判。第二说认为,区分的标准在于对象。如果对象是自己占有的他人财物,则是侵占罪;如果对象是财物以外的财产上的利益,则是背信罪。但这种区分缺乏根据。而且,在行为人以加害委托人的目的,对财物实施背信行为时,根据该说既不成立侵占罪,也不成立背信罪。这显然不妥当。第三说认为,区分的标准在于行为是脱离权限还是滥用权限。对委托物脱离权限任意处分的是侵占罪,作为事务处理而滥用权限对委托物进行处分的是背信罪。显然,什么是脱离权限,什么是滥用权限,是一个无法分清的问题。而且脱离权限的行为,也不一定成立侵占罪。第四说认为,区分的标准在于行为是侵占还是背信,如果行为人取得财物,则是侵占罪;如果行为人实施其他违背任务的行为,则是背信。第五说认为,区分的标准在于行为人的主观目的,行为人为了自己的利益或以自己的名义处分财产时,是侵占罪;行为人为了损害委托人的利益或者以委托人的名义处分财产时,则是背信罪。但这一理论与各国刑法的规定并不一致。第六说认为,区分的标准在于行为的名义以及为谁考虑,行为人以自己的名义实施行为或者为了自己考虑而实施行为的,成立侵占罪;行为人以委托人的名义并且不是为了自己考虑而实施行为的,是背信罪。

不管如何区分背信罪与侵占罪,它们之间总会发生竞合关系。如何认识和处理这种关系,就涉及如何定罪的问题。一种观点认为,二者之间为普通法与特别法的关系,背信罪是普通规定,侵占罪是特别规定。根据特别法优于普通法的原则,二者竞合时,应以侵占罪论处。另一种观点认为,二者之间为择一关系,即侵占罪与背信罪在本质上是有区别的,如果行为符合侵占罪的构成要件,一般就不可能符合背信罪的构成要件。

二、背信罪的成立条件

背信罪的客观方面需要具备三个要素:行为主体为他人处理事务的人;实施违背任务的行为;造成他人财产上的损害。此外,主观方面必须具有故意,至于是否要求图利或加害目的,则各国刑法规定不一。

（一）行为主体

背信罪的主体是为他人处理事务的人。背信罪具有违背信义原则的一面，所以，行为人必须是为他人处理事务的人。这里的“他人”泛指行为人以外的人，包括法人乃至国家机关。行为人处理他人事务时，具有诚实处理的法律上的义务，行为人与委托人之间必须存在一种信任关系。行为人破坏这种信任关系，才能成立背信罪。这种信任关系，既可能是基于法律、法令产生的，也可能是基于委任、雇佣、承包等合同产生的，还可能是基于一定的地位与习惯产生的。

日本刑法没有明文规定他人事务的内容是否仅限于财产上的事务，于是理论上存在争议。少数人认为，不管行为人为他人处理什么事务，只要造成了他人财产上的损失即可。换言之，只需要在结果上进行限定，而不应在他人事务的内容上进行限定。多数人则主张，背信罪是财产罪，因此他人的事务只能是财产上的事务，法律对结果的限定，实际上也限定了他人事务的内容；处理他人非财产上的事务，而造成他人财产损失的，并不构成背信罪。例如，医师不遵守规则治病，导致他人财产上损失的（如多付医疗费），就不构成背信罪。德国、奥地利等国刑法明确地限定了他人的事务必须是财产上的事务。据此，只有为他人处理财产事务的人，才能成为本罪主体。所处理的事务，也不限于行为人直接担当的事务。根据通说，其中的“处理”只能是裁量性的处理，而不包括机械性的处理；否则，无背信可言。处理事务的“权限”，不限于独立行使的权限，包括作为辅助者、代理人而行使的权限。

（二）背信行为

在日本，背信罪的行为是违背任务的行为，也可以说是违背信任的行为。持滥用权限说的人认为，违背任务的行为就是滥用代理权的行为。持背信说的人则认为，违背任务的行为是破坏行为人与委托人之间的信任关系的行为，即违反了作为处理他人事务的人所应当遵循的法律上的义务。违背任务的行为，既可以是作为，也可以是不作为。至于某种行为是否违背了信任，则应根据法律或合同的具体规定、交易上的惯例、信义原则、他人事务的性质与内容、行为人的权限范围以及社会的一般观念等进行综合判断。例如，税收人员不按规定任意减少税收额；银行职员明知第三者面临破产，在没有担保或充分担保的情况下贷款给第三者；现金管理人员不按规定将现金借给他人；仓库管理人员在没有收取提货单的情况下，将货物交给他人；本来没有盈利却伪装盈利向股东分红或者向董事会成员发放董事奖金；违规对商业票据进行背书；违规进行债务担保；不阻止第三者搬走自己保管的他人财物；在财务账簿上做虚假记载；从合同相对方接受回扣。如此等等，都是背信行为。公司经理在业务范围内的冒险投资行为，虽然致公司财产受到损失，但一般为社会观念所接受，不认为是背信行为。但如果超越了正常的业务范围，仍然可能构成背信罪。

在德国，背信罪的行为分为滥用处分权的行为类型与违背信任关系的行为类型。

成立滥用处分权类型的背信罪，要求行为人具有对外部有效地处分他人财产的法律上的权限，或者具有使他人负担债务的法律上的权限。滥用处分权，意味着超越了内部关系（行为人与被害人之间）的限制处分财产，但就外部关系而言，仍然对被害人（委托人）具有法律上的拘束力。因此，滥用处分权的行为仅限于法律行为。而且，基于外观法理处分效果仅拘束被害人时，也不能评价为滥用处分权。根据德国的判例与通说，成立滥用处分权类型的背信罪，除了滥用处分权之外，还必须违背财产维护义务。违背财产维护义务与后述违背信任关系中所要求内容相同。在1986年增设滥用信用卡罪之前,德国对于持卡人滥用信用卡是否构成背信罪的问题存在争议。一种观点认为,持卡人具有使发卡银行负担债务的权限,故滥用信用卡的行为属于滥用处分权限,因而成立背信罪。但判例认为,违背财产维护义务是滥用处分权类型的背信罪的前提,持卡人对发卡银行不具有财产维护义务,故不成立背信罪。[96]

成立违背信任关系类型的背信罪,要求行为人违背财产维护义务。显然,如果不进行一定的限制,必然导致处罚范围过宽。于是,刑法理论对财产维护义务进行限制,提出了两个标准:(1)必须是主要义务(Haupftpflicht),仅有附随义务还不够。换言之,财产维护义务必须具有信任关系的本质内容。这一限制,使单纯违反合同的行为不能成立背信罪。(2)必须在裁量上具有独立性。如果行为人没有独立判断的余地,就不能构成背信罪。这一限制,使仅从事机械性作业的行为人不可能成立背信罪。根据德国刑法的规定,财产维护义务的发生根据有法律、官方委托、民事法律行为以及信任关系。其中的信任关系是一种纯粹事实 上的信任关系。法律关系自始无效或者法律关系终了之后,也可能基于信任关系而存在财产维护义务。例如,被解雇的公司人员,如果还持有保险柜的钥匙,就仍然对保险柜中的财产具有保护义务。至于法律行为因违反法律或者公序良俗而无效时,是否存在事实上的信任关系,则存在争议。虽然有学者持否定态度,但德国判例持肯定回答。例如,非法组织中的金钱管理者,将用于违法活动的经费据为己有的,也成立背信罪。违背信任关系类型的背信行为,既可以是法律行为,也可以是事实行为,既可以是作为,也可以是不作为。例如,受委托的律师不采取适当措施行使损害赔偿请求权,导致时效经过的,成立背信罪。

(三)财产损失

规定了背信罪的各国刑法,都要求背信行为造成委托人财产上的损失。这里的财产上的损失包括两种情况:一是由于背信行为实际上减少了委托人的财产,二是由于背信行为导致委托人应当增加财产而没有增加,前者为积极的损失,后者为消极的损失。其中的财产,当然仅限于行为人有义务维护的财产。根据通说,是否造成了财产上的损失,应由经济的观点进行判断,而不是由法律的观点进行判断。例如,银行职员在没有担保的情况下,贷款100万元给第三者。虽然从法律上看,银行并没有受到损失,因为存在100万元的债权。但从经济上看,没有担保便贷款就是一种经济上的损害,因而造成了财产上的损失,构成背信罪。

日本的判例与部分学者认为,所谓造成委托人财产上的损失,也不限于造成财产损失的实害,只要有发生实害的危险即可。但是,有学者认为,将财产损失的危险认定为财产损失,存在疑问(山口厚)。德国的判例曾经宽泛地将财产损失的危险认定为财产损失,但德国宪法法院2010年6月23日的判决指出,将对财产的具体危险评价为现实损失,存在宪法上的疑问,进而要求通过经济方式计算具体的危险对被害人的财产造成了多大数额的损失。

背信行为造成委托人财产上的损失时,即构成本罪既遂。只要确定有财产上的损失,即使损失的具体数额还不确定,也不影响本罪的成立。背信行为造成财产上的损失后,行

---

〔96〕 奥地利刑法仅规定了滥用处分权类型的背信罪,所以,不要求行为人具有财产维护义务,故意滥用信卡的行为也可能成立背信罪。

为人弥补了一定损失的,也不影响本罪的成立。

(四)主观要素

背信罪主观上只能是故意,行为人对自己的行为违背任务,以及造成他人财产上的损失,具有认识、容认的态度。问题在于除了这种故意之外,是否还要求具有其他目的。德国、奥地利等国刑法,没有要求有其他目的,据此,背信罪不是目的犯。瑞士刑法规定,行为人具有图利目的时,加重法定刑,据此,图利目的只是加重法定刑的条件。日本刑法则要求行为人必须出于图利或者加害委托人的目的,据此,背信罪是目的犯。

所谓图利目的,是指以使自己或者第三者获取利益为目的。这里的利益是否仅限于财产上的利益,在日本存在争议。限定说认为,由于背信罪是财产罪,所以,行为人的图利目的只能是谋图财产上的利益;如果认为包括非财产性利益,则刑法的规定没有意义,因为行为人违背任务肯定是为了谋求某种利益,果真如此,刑法不必特别规定这种目的;正因为如此,刑法将图利限定在财产性利益的范围内。但非限定说认为,这里的利益并不限于财产上的利益,行为人为了身份上的利益以及其他利益而违背任务的,都可以构成本罪。因为图利不是故意内容而是犯罪的动机,故没有必要将图利限定为图谋财产性利益。例如,行为人为了保持与第三者的特殊关系,而违背任务损害委托人的利益,就可以构成背信罪。行为人为了委托人的利益而违背任务的,当然不构成背信罪。在行为人主观上同时存在几种目的时,则应根据目的的主从来确定是否成立背信罪。日本最高裁判所1998年11月25日的判决指出,即使具有为委托人谋利的动机,但如果该动机不是决定性的动机,而是以主要为了第三者的利益而违背任务的,也成立背信罪。图利目的属于主观的超过要素,因此,即使客观上没有实现图利的结果,也不影响犯罪的成立。

所谓加害目的,是指以给委托人造成损害为目的。对于加害目的内容,也存在限定说与非限定说之争。限定说认为,这里的损害只限于财产上的损害,如果行为人为了在其他方面加害委托人而违背任务的,则不成立本罪。根据限定说,加害目的不属于主观的超过要素,与其对应的客观要素是造成委托人财产损失。非限定说认为,为了在其他方面加害委托人的,也成立本罪。据此,加害目的也属于主观的超过要素。

三、背信罪与诈骗罪的关系

为他人处理事务的人,欺骗委托人使其交付财物的,应当如何处理?例如,保险公司的业务员甲,通过隐瞒被保险人乙的重大病情,欺骗保险公司,使保险公司与乙签订保险合同,进而从保险公司领取介绍费的,应当如何处理?

第一种观点认为,甲的行为只成立诈骗罪,其背信罪被诈骗罪吸收。因为违背任务并非背信罪的特有概念,诈骗罪、侵占罪中也可能违背任务。相对于其他财产犯罪而言,背任罪属于补充规定,所以,违背任务的行为构成其他犯罪时,阻却背信罪的成立。背信罪与诈骗罪是异质的犯罪,认为诈骗罪吸收背信罪是不合适的。

第二种观点认为,甲的行为仅成立背信罪,诈骗罪被背信罪吸收。因为违背任务的行为构成背信罪,既然如此,就不能再将其评价为诈骗罪。可是,诈骗罪的法定刑重于背信罪的法定刑,让轻罪吸收重罪并不妥当。

第三种观点认为,甲的行为属于诈骗罪与背信罪的想象竞合。因为诈骗罪与背信罪是异质的犯罪,不可能相互吸收。但由于甲只实施了一个行为,又同时触犯了两个罪名,故属于想象竞合。这是刑法理论的通说。

第八节 赃 物 罪

一、赃物罪的本质

赃物罪是关于赃物的犯罪,即对财产犯罪所取得的财物予以收受、搬运、保管、购买或者就赃物的买卖进行斡旋的犯罪。19世纪前,大多认为赃物罪是一种事后共犯,当作本犯者的共犯处理。但19世纪后,欧洲各国刑法一般将19世纪前的事后从犯独立为三种犯罪类型:一是对人的庇护罪,如隐匿犯人、毁灭证据等;二是对物的庇护罪,即确保、增加本犯犯罪所得的财产性利益;三是狭义的赃物罪,即不是为了本犯者,而是为了自己或第三者的利益而实施的间接取得赃物的犯罪。现行德国刑法依然规定了这三种类型的犯罪。现在一般认为,赃物罪是财产罪,但它与其他的财产罪不同,即赃物罪的成立以他人犯有财产罪为先决条件。

赃物罪的本质是一个有相当争议的问题。追求权说认为,赃物罪是使本犯的被害人对自己财物的追求权造成困难的犯罪,其保护法益是本犯的被害人对自己财物的追求权。追求权的有无,与民法上追求权的有无相一致。这种学说重视了赃物罪的财产犯罪性质,是日本以往的通说,德国也有少数学者采取此说。据此,只有财产犯罪所取得的,且本犯的被害人具有追求权的财物,才是本罪中的赃物,故不法原因给付物不是赃物。追求权说的基本理由是,刑法是将赃物罪作为一种财产罪规定的。但是这一学说也存在问题。首先,根据这一学说,在民法上没有追求权的物,就不能成为赃物,但这显然不合理。例如,根据民法规定,经过一定期间后,被害人对被盗物不再享有追求权,因而该物便不是赃物。行为人收受、搬运这种被盗物的,就不构成赃物罪。这是不能被人接受的。其次,部分赃物罪的法定刑可能重于盗窃、诈骗、侵占等罪的法定刑,采用追求权说,不能说明这种法定刑的差异。

违法状态维持说认为,赃物罪是维持本犯的行为所造成的违法财产状态的犯罪,其保护法益是适法的财产状态。所以,本罪的违法性并不取决于民事法,而应从刑法的立场进行独立的判断。这是德国的通说,日本也有不少学者采取这一学说。德国刑法专设了"犯罪庇护与赃物罪"一章,认为赃物罪与庇护犯人罪、隐匿犯人罪具有相同性质,因而认为赃物罪的本质是维持违法状态。根据违法状态维持说,赃物罪就不是严格的财产罪,赃物的范围不限于财产犯罪所取得的财物,非法狩猎所得到的鸟兽、贿赂罪中的贿赂,以及其他在民法上没有追求权的物,都可以被认定为赃物。[97] 意大利刑法采取了违法状态维持说。但该说中的违法状态的内容十分暧昧,也过于扩大了赃物罪的对象,因而不当扩大

---

〔97〕 德国刑法在1974年以前,将赃物罪的对象规定为"可罚的行为所得",而不限于财产犯罪所得。在这种立法例之下,通说采用违法状态维持说。与此同时,也存在榨取说(Ausbeutunfgstheorie)、受益说(Nutzniessungs-theorie)以及综合说(如违法状态维持说与榨取说的结合)。1974年,德国刑法将赃物犯罪的对象规定为"他人盗窃的财物,或者其他通过对他人的财产实施的违法行为所取得的财物"。据此,赃物罪成为独立的财产罪,赃物罪的对象也仅限于财产犯罪所得的财物。但是,刑法理论的通说与判例依然采取违法状态维持说,而且榨取说、受益说也基本消失。

了赃物罪的处罚范围。

与违法状态维持说相似的观点认为，刑法设立赃物罪，是为了通过禁止在犯行之后对本犯者实施协力、援助行为，使本犯者孤立化，从而消除财产犯的诱因，避免形成买卖赃物的黑市。据此，赃物罪的保护法益，是禁止财产取得罪的刑法规范的实效性。

综合说可以分为两种类型：一是以追求权说为基础，同时考虑违法状态维持说；二是以违法状态维持说为基础，同时考虑追求权说（新违法状态维持说）。综合说一般同时考虑了赃物罪的间接取得犯的性质、对本犯者的事后援助性质以及包庇本犯者的性质。即在与本犯的被害人的关系上，考虑追求权说；在与本犯的关系上，考虑违法状态维持说。与追求权不同的是，综合说不要求本犯的被害人在民法上有追求权，只要有事实上的返还请求权即可；而且认为，即使是不法原因给付物，也可以成为赃物罪的对象。与违法状态维持说不同的是，综合说仍然将赃物罪的对象限定为财产犯罪所得的赃物。不过，因为追求权说与违法状态维持说不全面，就将二者结合起来考虑赃物罪的性质，也可能造成基准的不明确性。

二、具体的赃物罪

各国刑法都规定了赃物罪，但赃物罪的具体种类则不完全相同。通常有收受赃物罪、搬运赃物罪、保管（寄藏）赃物罪、购买赃物罪与斡旋处分赃物罪等。

（一）主体

德国刑法第259条的规定，明显将本犯者排除在赃物罪的主体之外，本犯者是共同正犯的场合，当然排除在外。但对于本犯者教唆、帮助赃物罪的，通说认为至少属于共罚的事后行为，也有学说认为，这种情形原本不符合赃物罪的构成要件。存在争议的是，甲盗窃了丙的财物后，将赃物出卖给乙，乙成立赃物罪后，甲再从乙处取得赃物的，是否成立赃物罪？一种观点认为，既然乙属于本犯者，那么，甲再从乙处取得赃物，仍然可能成立赃物罪。但也有学者认为，如果只是恢复原来的占有，就没有产生新的法益侵害性，因而不构成赃物罪。还有学者指出，这种情形只能作为本犯的共罚的事后行为处理。

日本刑法对赃物罪的主体没有明文限制，但刑法理论与审判实践都认为，赃物罪的主体是本犯的正犯者以外的人，即本犯的正犯者不能成为赃物罪的主体。例如，盗窃犯人盗窃财物后又搬运、销售赃物的，不构成赃物罪。通常认为，本犯的正犯者处理赃物的行为，是一种不可罚的事后行为。本犯的正犯者以外的人与正犯者共同实施赃物罪的行为时，对于正犯者而言，是共罚的事后行为，因而只有正犯者以外的人成立赃物罪。这是没有争议的问题。但是，当乙从盗窃犯甲收买了赃物后，在将赃物转卖给他人时，甲协助乙进行斡旋、保管、搬运的，则不属于不可罚的事后行为，而应成立赃物罪。

德国、日本的通说均认为，本犯的教唆犯、帮助犯能成为赃物罪的主体。例如，甲教唆他人犯盗窃罪以后，又收买所盗物品的，则成立盗窃罪与购买赃物罪的并合罪（数罪并罚），而不是只成立盗窃罪。因为事后处理赃物的行为，不能评价在教唆、帮助行为中。亦即，本犯者（如盗窃罪的正犯）的违法取得的意思在本犯中得到了评价，故对事后处分的行为没有独立评价的必要；但是，本犯的教唆犯、帮助犯只是作为本犯的共犯来评价的，故对于其事后参与处分赃物行为有必要作为独立的赃物罪来评价。少数说认为，本犯的教唆行为、帮助行为与事后处理赃物的行为之间，通常存在手段与结果的关系，所以，可以作为牵连犯处理。还有学者认为，本犯的教唆犯、帮助犯与共同正犯一样，都是直接参与了对财物的占有、所有的侵害,既然共同正犯不另成立赃物罪,教唆犯与帮助犯也不应另成立赃物罪。此外,在采取共犯独立性说的意大利,本犯的教唆犯、帮助犯不能成立赃物罪的主体。

(二)对象

赃物罪的对象是赃物。赃物首先是一种财物,不包括财物以外的财产上的利益。但作为权利载体的证书可以成为赃物罪的对象。其次,赃物必须是犯罪所取得的财物。依据追求权说,赃物必须是财产犯罪所取得的、被害人在法律上有追求权的财物(只有财产犯才能成为本犯)。德国刑法明文规定为"他人盗窃的财物,或者其他通过对他人的财产实施的违法行为所取得的财物",瑞士刑法明文规定为"通过财产犯罪行为所获得之赃物",日本刑法明文规定为"盗窃的物品及其他财产犯罪行为所得之物",据此,贿赂、走私物品、伪造的文书等不是赃物。但依据违法状态维持说,赃物还可以是财产犯罪以外的某些犯罪所取得的财物。例如,贿赂罪中的贿赂、走私罪中的走私物品、伪造的文书、非法狩猎罪中的鸟兽等。赃物并不限于动产,因为诈骗罪、敲诈勒索罪等财产犯罪的对象可以是不动产;虽然搬运、寄藏不动产是不可能的,但收受、购买、斡旋不动产的买卖则是完全可能的,故不能否认不动产也可以成为赃物罪的对象。

根据德国的通说,财产犯成为赃物罪的本犯没有疑问。不仅如此,赃物罪也可以成为赃物罪的本犯,即在乙成立赃物罪之后,甲对乙取得的赃物也可能成立赃物罪。此外,根据德国刑法的规定,只要是违法行为侵害了他人财产时制造了违法的占有状态的,这种犯罪也能成为赃物罪的本犯。例如,行为人误以为自己有合法的请求权,而使用暴力、胁迫等方法取得他人财物的,虽然因为认识错误仅成立强制罪,尽管强制罪也不是财产罪,但仍然属于本犯。第三者对该违法行为取得的财物实施收受、搬运、保管、购买等行为的,成立赃物罪。此外,所有权人承诺占有状态的场合,即使本犯者基于犯罪行为而占有的财物,也不能成为赃物罪的对象。例如,所有权人甲与乙共谋,为了骗取保险而假装让乙窃取自己的汽车。即使乙的行为成立保险诈骗罪,但其"窃取"的汽车不能成为赃物罪的对象。这是因为,既然得到了所有权人的承诺,就不能说该占有状态是违法的。因此,即使知情的第三者购买该汽车,也不成立赃物罪。

赃物虽然必须是本犯实施财产罪所取得的财物,但并不要求本犯的行为符合成立犯罪的所有条件,通说认为,只要本犯的行为具有构成要件符合性与违法性即可,而不要求具备有责性与可罚性。意大利、西班牙刑法明文规定,即使本犯是不可归责或者不受处罚的,也不影响赃物罪的成立。例如,实施盗窃行为的人只有 13 岁,没有达到刑事责任年龄,缺乏有责性,但其所盗窃的财物仍然属于赃物。因为依据追求权说,在上述情况下,被害人仍有追求权,刑法也应当保护被害人的这种追求权。依据违法状态维持说,赃物罪是维持、助长本犯所造成的违法财产状态的犯罪,因此也只需要本犯的行为具有构成要件符合性与违法性。此外,赃物罪中的赃物,还必须是本犯既遂后所取得的赃物,如果本犯的行为并没有既遂,行为人参与其中的,则不是赃物罪,而是本犯的共犯。不过,德国的判例与通说认为,即使是在未遂阶段,本犯者取得的财物也可能成为赃物罪的对象。换言之,德国是从本犯与财物罪的时间关系上展开讨论的。判例与通说认为,本犯行为必须在赃物罪的行为之前,赃物罪的行为必须在本犯行为之后。这是因为,既然将维持违法的占有状态作为赃物罪的处罚对象,那么,就必须是预先产生了违法的占有状态,只有这样才能避免本犯行为与事后的赃物犯罪行为的混同。但少数学者认为,不必要求本犯与赃物罪有时间上的间隔,因为时间上的间隔仅具有偶然性。例如,精品店的责任人员甲将女士衬衣拿在手上,对恋人乙说“给你礼物”。乙将衬衣拿走。在德国,就背信罪而言,在乙拿走衬衣时,甲的行为才充足背信罪构成要件。甲、乙的行为完全是同一的,乙不成立赃物罪。与之相反,就侵占罪而言,当甲说“给你礼物”时就已经既遂,此时制造了违法的占有状态,因此,乙拿走衬衣的行为构成赃物罪。但是,假如甲对乙说“你可以从店中拿走你喜欢的东西”,由于在德国只有在对象特定化时才成立侵占罪,所以,乙拿走商品的行为与对象特定化是同一的,故乙不成立赃物罪。

一般来说,赃物必须是财产罪所取得的原物。犯罪所得的财物由第三者善意取得后,不再是赃物。因为第三者的善意取得不是违法状态,本犯的被害人也丧失了追求权。如果财物与原物丧失了同一性,也不是赃物。大体而言,如果物的本质部分没有变化,则没有丧失同一性,不问物的财产价值是否变化,都应肯定其赃物性。德国、日本刑法理论认为,赃物被出卖或交换后所得到的金钱或代替物,原则上不认为是赃物。例如,用所盗窃的金钱购买的商品不是赃物。不过,如果取得代替物的行为本身构成财产犯罪,则可以对新的本犯成立赃物罪。当然,就具体问题还存在争议。例一:甲将盗窃的日元兑换成美元后,该美元是否属于赃物?持追求权说的学者认为不是赃物,因为被害人对于美元没有追求权。而持违法状态维持说与综合说的学者则认为,该美元也属于赃物。例二:甲将盗窃的物品进行加工后所形成的物品,是否属于赃物?持追求权说与综合说的学者,一般不认为是赃物,因为材料的所有者对加工物丧失所有权,本犯的被害人也没有返还请求权。但持违法状态维持说的学者认为,该加工物仍然属于赃物。例三:盗窃的物品与其他动产相结合形成附合时,是否属于赃物?持追求权说与综合说的学者,一般不认为是赃物,因为当盗窃的物品是从物时,本犯的被害人没有返还请求权。但持违法状态维持说的学者认为,该附合物仍然属于赃物。

(三)行为

1. 日本赃物罪的行为类型

根据日本刑法的规定,赃物罪的行为类型有无偿收受、搬运、保管、购买(有偿受让)与买卖的斡旋(就有偿处分进行斡旋)。

无偿收受,是指无偿接受赃物的交付或者无偿取得赃物,包括作为赠物予以接受、无利息的消费借贷等。无偿收受赃物罪的成立要求赃物实际上转移给行为人,如果只是有收受的合同,而没有实际转移赃物,则不成立本罪。出于暂时使用的意思而借用赃物的,不属于无偿收受赃物。此外,无偿收受赃物必须是基于本犯者的意思。如果行为人拾取某种物,并且认识到这种物是赃物,则不成立无偿收受赃物罪,只成立侵占脱离占有物罪。相对于后几种行为类型而言,无偿收受赃物罪的法定刑较轻,因为行为人只是得益于本犯者的行为,而没有助长本犯。

搬运,是指受委托将赃物进行场所上的转移。是有偿搬运还是无偿搬运,并不影响搬运赃物罪的成立。既称搬运,就要求使赃物在场所上有一定距离的转移,这里的距离只能进行质的确定,而不能进行量的确定,即只要搬运赃物的行为给追求赃物造成了某种程度的困难,就成立搬运赃物罪。问题是,行为人将赃物搬运至被害人的住宅时,是否成立本罪?否认说认为,将赃物搬运至被害人住宅,就没有造成追求的困难,自应不成立搬运赃物罪(大塚仁、大谷实、曾根威彦、松原芳博等)。肯定说认为,如果行为人不是为了被害人的利益,而是为了本犯者的利益将赃物转移至被害人住宅,则构成搬运赃物罪(中森喜彦、前田雅英、井田良,西田典之由否认说改为肯定说)。日本最高裁判所采取肯定说。[98]还有学者指出,上述行为如果有害于对赃物的"正常恢复",就可能成立搬运赃物罪。但如果行为人只是被害人的代理人等(处于从属地位),完全听从被害人的指挥行事,则不成立搬运赃物罪(山口厚)。

保管(或寄藏),是指受委托为本犯者保管、隐藏赃物。委托人既可以是本犯者,也可以不是本犯者;行为人既可以是有偿保管,也可以是无偿保管。保管赃物罪的成立,要求行为人事实上接受了赃物(现实地转移对赃物的占有),单纯同意保管赃物,还不能成立本罪。保管与收受的区别在于,保管时行为人没有取得处分赃物的权利,而收受时行为人则取得了处分赃物的权利。如果刑法规定本罪只能由故意构成,则会产生这样一个问题:甲不知某物为乙盗窃所得赃物而进行保管,后来明知是赃物却继续保管的,是否成立保管赃物罪?肯定说将保管赃物罪理解为继续犯,认为甲的行为成立保管赃物罪。因为在赃物可能返还,而且不存在拒绝返还的理由时,知情后继续保管赃物的行为,与起初明知是赃物而保管的行为,没有区别(大谷实、西田典之)。日本判例采以肯定说。否定说将保管赃物罪理解为状态犯,认为甲的行为不成立保管赃物罪。因为就赃物罪而言,使被害人不能行使或者难以行使追求权的状态,是由转移赃物的占有的行为造成的,而单纯的保管行为只不过没有变更这种状态,知情后继续保管与起初明知是赃物而保管,在法益侵害上并不具有等价性(平野龙一、中森喜彦、曾根威彦等)。也有学者在采取肯定说的同时,主张在甲不能或者明显难以返还赃物时,从不具有期待可能性的角度否认保管赃物罪的成立。

购买(有偿受让),是指有偿地接受赃物的交付,取得对赃物的处分权,购买并不限于以金钱买得赃物,还可以是以物交换赃物、作为抵偿债务而取得赃物、以支付利息方式消费赃物,以及从购买人处再有偿取得赃物等。购买赃物要求现实地转移赃物,仅成立买卖赃物的合同时,还不成立本罪。与无偿取得赃物的收受不同,购买是有偿地取得赃物。

买卖(有偿处分)的斡旋,是指对赃物的有偿的法律上的处分进行斡旋的行为,或者说,是指以居间方式参与赃物的有偿处分。斡旋行为本身是有偿还是无偿,是以本犯者名义进行还是以行为人自己的名义进行,是直接与买主斡旋还是通过第三者与买主斡旋,均不影响本罪的成立。至于斡旋行为达到何种程度才成立本罪,还有争议。第一种观点认为,只要有斡旋行为便成立本罪。因为考虑到赃物罪具有助长财产犯罪的侧面,故只要存在斡旋行为,就有充分的可罚性。日本的判例持此观点。第二种观点认为,经斡旋达成了买卖合同时才成立本罪。因为只有当斡旋行为导致就赃物成立买卖合同时,才使本犯的被害人不能或者难以行使追求权。第三种观点认为,完成了赃物的法律上的处分时,即赃物现实地转移给他人时,才成立本罪。因为现实地转移了赃物,才妨碍了本犯的被害人行

---

[98] 盗窃罪的被害人请行为人帮忙找回被盗物品,行为人经过调查找到了盗窃犯,从盗窃犯处购回赃物,并将赃物搬运至被害人处。日本最高裁判所1952年7月10日的判决认为,行为人的行为是为了盗窃犯的利益,而承继了对赃物的取得,并转移了赃物的所在地,从而使得被害人对被盗财物的正常恢复难以实现时,就应成立搬运赃物罪。

使追求权。而且,赃物犯罪的其他类型都要求现实地转移赃物,故斡旋行为也不例外。

2. 德国赃物罪的行为类型

德国刑法第 259 条第 1 款规定了以下两种行为类型:

第一,购买、使自己或者第三者取得赃物。购买,是指有偿受让。所谓取得,是指对赃物取得了独立的现实处分力,亦即,使赃物处于与本犯者无关的,可以为了自己进行处分的状态。当然,可以由数人共同取得,即只要形成共同的处分力就够了。能够被评价为取得了现实处分力的情形,是能认定行为人有取得意图的情形。因此,以损坏的意图取得赃物的,不能认定为取得。要评价为取得,还必须是不受本犯者的影响能够自由处分赃物。因此,单纯的保管、一时的使用还不能认定为取得。与本犯者共同消费赃物的,不属于取得。取得包括直接占有与间接占有。取得不限于为了自己而取得,也包括为了使第三者取得;使第三者取得时,不问第三者是善意还是恶意。这种行为类型以本犯者的了解、知情为前提,因此,盗窃、抢劫本犯犯罪所得赃物的,不成立赃物罪。存在争议的是,通过诈骗、敲诈勒索取得本犯犯罪所得赃物的,是否成立赃物罪? 以前的通说认为,欺骗、强制也是一种事实上的协力关系,因而成立赃物罪。但现在的通说是,这样的行为不成立赃物罪。

第二,贩卖(有偿处分)或者帮助贩卖(参与有偿处分)。前者是独立性的有偿处分,后者是从属性的有偿处分。后者是指帮助本犯者有偿处分赃物,因此,行为人必须属于本犯者的阵营。帮助本犯者以外的有偿处分行为者或者帮助购买人的,不属于参与有偿处分,但可能对有偿处分行为者或者购买人成立赃物罪的共犯。无论是独立性的有偿处分还是从属性的有偿处分,都要求本犯者了解、知情,而且必须是能给本犯者带来经济利益这样的处分(出卖、交换、用于担保等,但不包括赠与)。如果将赃物出卖给本犯的被害人,那么,由于违法的占有状态没有持续,已经恢复到合法的占有状态,无论被害人是否知道所购买的物是自己的物,都不成立赃物罪。不仅如此,根据德国的判例,如果将赃物出卖给侦查人员,也仅成立赃物罪的未遂犯(不能犯未遂)。

(四)主观要素

关于赃物罪的主观要素,各国刑法规定并不一致。德国、日本、意大利等国刑法规定赃物罪是故意犯,因此,行为人必须认识到自己收受、搬运、保管、购买、斡旋的是赃物,即必须认识到对象的赃物性,这种认识既可以是确定的认识,也可以是未必的认识。至于本犯者是谁、被害人是谁等问题,则不需要有认识。但审判实践表明,要证明行为人认识到对象的赃物性是十分困难的。日本的检察机关为了解决这方面的问题,曾经建议,或者根据一定的客观事实推定行为人认识到了赃物性,或者新设过失赃物罪,但没有被立法机关采纳。西班牙刑法第 301 条明文规定了过失赃物罪。瑞士刑法原本规定了过失赃物罪,但 2003 年的新刑法取消了过失赃物罪。

争议的问题是,赃物罪的成立,是否以行为人与本犯者之间具有意思联络或者合意为前提? 肯定说的理由是,赃物罪是以助长、庇护本犯为特色的,所以,应当要求行为人与本犯者之间就赃物的搬运、保管等具有意思联络或者达成合意。而且,如果强调赃物罪侵害了本犯的被害人的追求权,又不要求行为人与本犯者之间具有意思联络与合意,那么,只要行为人知道是赃物而搬运就构成犯罪,这明显不合适。否定说的理由是,赃物罪的本质是使本犯的被害人不能或者难以行使追求权,只要行为人知道是赃物而实施本罪的行为,就侵害了本犯的被害人的追求权,故不必要求行为人与本犯者之间具有意思联络与达成合意。

需要说明的是,大多数国家都没有区分为了本犯者而实施的赃物罪与为了自己或第三者而实施的赃物罪。因此,无论行为人是为了自己或第三者实施赃物行为,还是为了本犯者实施赃物行为,都构成相同的赃物犯罪。但是,德国刑法明文区分了上述两种情形。即行为人为了本犯者的利益而帮助本犯者保全其犯罪行为所得利益的,构成对本犯者的庇护罪(刑法第 257 条);狭义的赃物罪(刑法第 259 条),必须是为了使自己或第三者获得利益。[99] 使自己或者第三者获利,必须是一种意图,必须是某种追加的金钱利益;与诈骗罪、敲诈勒索罪中的获利意图不同的是,赃物罪中的获利意图不需要素材的同一性。德国判例认为,以通常的市场价格购买赃物的,不能认定有获利意图。问题是,使本犯者获利的意图是否属于使第三者获利的意图?德国判例持否定回答,因为刑法第 259 条对本犯者与第三者使用了不同的表述,而且,为了本犯者利益所实施的行为,可以按庇护罪处罚。

此外应当指出的是,德国、日本等国刑法都就赃物罪规定了亲属间犯罪的特例。例如,日本刑法第 257 条规定:“配偶之间或者直系血亲、同居的亲属或者这些人的配偶之间犯前条罪的(指赃物罪——引者注),免除处罚。”德国刑法第 259 条第 2 款明文规定,对赃物罪适用刑法第 247 条的规定。根据第 247 条的规定,于亲属或者同居的共同体之间,或者被监护人对监护人实施赃物罪的,告诉的才处理。

三、德国的庇护罪

德国刑法第 257 条第 1 款规定:“意图使实施了违法行为的人确保其行为的利益,而对之予以援助的,处五年以下自由刑或者罚金。”本罪与赃物罪规定在同一章中,但本罪属于妨害司法的犯罪,而不是对财产的犯罪(其中的一些行为在其他国家属于赃物罪)。亦即,如果没有妨害行为,被害人或者国家机关能顺利追究本犯者责任,从而恢复适法状态,但行为人却实施了妨害行为;对本犯者追究责任具有恢复对被害人所造成的损害,再次剥夺本犯者通过本犯所获利的利益的可能性,但庇护行为使这种可能性丧失或者减少。就违法行为所获得的利益而言,原本是要由国家机关或者被害人来恢复原状的,庇护行为则侵害了恢复原状的期望。因此,庇护罪所保护的是消除犯罪行为的影响的司法作用。与此同时,设立庇护罪也有利于保护被害人对恢复原状的请求权,因而本罪也具有对个人法益犯罪的性质。但由于本罪同时保护公共利益,所以,不认可被害人对庇护罪的同意。

本罪的行为主体是正犯者与共犯者之外的人,但是,共犯者教唆未参与本犯的人实施庇护行为的,则按庇护罪的教唆犯处罚。对本犯既遂之前的参与者,作为本犯的帮助犯处罚,而不以庇护罪论处;本犯终了后的参与者,则以庇护罪论处。争论的问题是,在本犯既遂后终了前的参与者,是作为本犯的帮助犯处罚还是以庇护罪论处?德国判例认为,帮助犯与庇护罪处于排他关系,区分的标准是,行为人的意图是为了使本犯行为成功,还是为了确保本犯所获得的利益。但也有观点认为,应当优先认定为帮助犯。

---

〔99〕 由于德国刑法第 259 条规定的狭义的赃物罪,要求行为人出于使自己或者第三者获利的目的,故有学者认为,该规定在某种意义上采用了榨取说或受益说。

受庇护的本犯者必须实施了符合构成要件且违法的行为，但不需要具有责任。本犯不限于财产犯罪，未遂犯、获得了可能需要剥夺的利益的犯罪，都可以成为受庇护的本犯。因此，受贿罪也可以成为受庇护的本犯。

实施庇护行为时，本犯者必须存在（残存）因本犯所获得的利益（行为对象）。问题是，如何确定利益的范围？亦即，是仅限于本犯者因违法行为直接获得的利益（直接利益），还是包括由直接利益转换成的其他利益（代替利益）？从法条表述上看，包括代替利益是完全可能的，但为了避免处罚范围的扩大，判例与通说认为应当限定为违法行为直接获得的利益。例如，盗窃犯人将出卖赃物获得的现金存入银行账户后，行为人从账户取出现金交给盗窃犯人的，判决否认了庇护罪的成立。因为直接利益是赃物，出卖赃物所获得的对价缺乏直接性，因而不能成为庇护罪的对象。但是，金钱则存在例外，一种货币兑换成另一种货币的，将现金从一个账户转移到另一个账户的，将金钱用于投资国债的，仍然属于直接利益。

庇护罪的行为是对确保本犯的直接利益而予以援助，但如何定义援助行为还存在争议。少数说认为，援助行为是指在行为人的认识上适合确保利益的所有行为。通说认为，客观上适合确保利益的行为，而且主观上打算确保利益的行为，才属于本罪的行为。援助行为，必须是客观地适合避免本犯者的利益被剥夺、使得恢复原状的期望被恶化的行为。例如，帮助寻找购买赃物的买主的行为，确保了本犯者对赃物的经济价值，妨害了为所有权人对赃物的剥夺，因而属于援助行为。再如，其他帮助本犯出卖赃物的行为，也属于援助行为。[100] 修理赃物的行为，使赃物免予破坏的保护行为，因为主观上不是为了确保利益，故不属于援助行为。只要行为人处于保证人地位，不作为也可以成为援助行为。例如，发现了赃物的警察，不采取任何措施的，成立庇护罪。

庇护罪只能由故意构成，行为人需要认识到本犯的存在，但不要求认识到本犯的犯罪种类，只要认识到本犯因违法行为获得了利益即可。除了故意之外，行为人还必须意图使实施了违法行为的人确保其行为的利益。换言之，行为人必须具有使恢复原状的期望恶化、保护本犯的利益不被剥夺的意图。

第九节　毁　弃　罪

一、毁弃罪概说

毁弃罪，是指毁弃、损坏财物的犯罪，也属于财产罪。与其他财产罪的区别是，其他财产罪是取得财物或者财产上利益的犯罪（德国刑法中的背信罪除外），而毁弃罪是毁灭或减少财物本身的犯罪，行为人并不取得财物或财产上的利益。毁弃罪虽然也侵害了财产，但它重点侵害的是财物本身的效用或价值。一般认为，毁弃罪是对所有权的犯罪。

各国刑法规定了多种类型的毁弃罪。例如，德国在刑法分则第 27 章“毁弃罪”中规定了损坏物品罪、变更电磁记录罪、干扰电脑使用罪、毁损公共物品罪、毁损建筑物罪、毁

〔100〕 如果一个行为同时触犯庇护罪与赃物罪，则属于想象竞合。

损重要工作器械罪。奥地利在刑法分则第六章“侵害他人财产的犯罪”中规定了损坏物品罪、严重的损坏物品罪、损坏数据罪、干扰计算机系统功能罪、滥用计算机程序或进入口令罪。日本在刑法分则第40章“毁弃和隐匿罪”中规定了毁弃公用文书、电磁记录罪,毁弃私文书、电磁记录罪,损坏建筑物及损坏建筑物致死伤罪,损坏器物罪,损坏境界罪,隐匿书信罪。

各种毁弃罪的行为内容,都表现为对行为对象实施毁弃、损坏行为即毁坏行为。但如何理解毁坏的含义,在德国、日本均存在争议。下面以损坏物品为例,对德国、日本的学说与判例作一些介绍。

二、德国的损坏物品罪

德国刑法第303条第1款规定:“违法损坏(beschädigen)或毁坏(zerstören)他人之物的,处二年以下之自由刑或罚金。”同条第2款规定:“不具有权限,对他人之物的外观进行并不轻微且并非暂时性的变更的,亦同。”损坏物品罪属于对所有权的犯罪。

(一)行为对象

损坏物品罪的行为对象是他人的物。本罪中的物,仅限于有体物,液体、气体也属于物,但能源、电磁记录(另有规定)、电气不属于物;债权不是物,但债权凭证等文书属于物。本罪的对象虽然是有体物,但以分离、特定化为必要,故流水、空气、自然的雪等不是本罪的对象。与盗窃罪不同的是,本罪的对象包括不动产,例如,使土地荒废的行为也构成本罪。只要是能够成为所有权对象的有体物,无论是否具有经济价值,都能成为本罪的对象。因为毁弃罪不是对整体财产的犯罪,而是为了保护所有权这种形式的法律地位。但是,像杀害狂犬病狗这样的行为,因为缺乏值得保护的价值,而不符合损坏物品罪的构成要件。但也有学者认为,这种情形不是构成要件符合性阶段的问题,而应在违法性层面处理。此外,虽然动物在民法上不是物,但在刑法上属于物,因而能成为本罪的对象。

作为本罪对象的物,必须属于他人所有(他人性)。对此,应当根据民法判断某物是否属于他人的所有物。共同所有的物、所有权保留的物以及担保物均可以成为本罪的对象。尸体虽然属于物,但原则上属于无主物,故对损坏尸体的行为不按本罪处罚。牙齿、头发、血液、精液等身体的一部分,如果从人身分离出来后,则属于人的所有物。

(二)行为样态

按照德国刑法的规定,损坏物品罪的行为分为损坏、毁坏与外观变更三种样态。损坏与毁坏只有程度之分,没有本质区别,亦即,毁坏是指特别显著程度的损坏。例如,将物品烧毁、将动物杀害的,就属于毁坏。所以,只要理解了损坏,也就不难理解毁坏。外观变更是2005年增加的行为类型。

1. 损坏

按照德国的判例与通说,损坏包括两种情形:使物的物质的完整性受到相当程度的侵害(物质损伤),或者使物的通常的使用价值相当程度地减少(效用减损)。需要注意的是,根据通说的观点,物质损伤与效用减损都以对物自身的有形作用为前提。换言之,如果没有对物行使有形力的,即使造成物质损伤或者效用减损,也不属于损坏。不过,也有学者认为,对物自身的有形作用不是损坏的前提。例如,Schroeder认为,“所谓‘损坏’,可以用物质性损毁以及功能性妨害之外的概念去定义:损坏财物是对财物状态的变更,即对财物所有人就持有该财物所享有的利益的不利变更。"[101]与之相反,有的学者则采取了物理的毁损说。例如,Schmoller认为,只有当行为导致财物自身被损坏,并且给财物造成了明显可见的损耗时,才能认定为损坏。

按照判例与通说,物质损伤是指破坏了物的完整性,据此,撕掉书中的一页就是物质损伤;至于效用减损则相当宽泛,如使手表等机械解体,在轨道上固定障碍物等。某种行为是否属于损坏,与能否修理没有关系,但轻微的损坏不属于刑法上的损坏。如果需要花大量时间、劳力、费用修理的,一般会认定为损坏。将他人汽车四个轮胎的气全部放掉的,因为侵害了汽车的使用价值,属于损坏。但是,如果是在汽车修理厂或者加油站附近实施该行为的,由于容易向轮胎填充空气,对这种轻微的损坏就不会认定为犯罪。

对他人财物的修理是否属于损坏,还存在争议。例如,行为人以隐灭证据为目的擅自修理某种物品。有学者认为,所有权包含了决定财物作用的权能,故这种修理行为属于损坏。不过,由于2005年增加了外观变更的行为类型,因此,即使这种行为不属于损坏,也能认定为外观变更。

吃掉他人的食物、放掉他人烟花等按照通常使用方法消费他人之物的,不属于损坏(可能成立盗窃罪)。例如,违反他人的意志,向他人发送他人不愿意看到的传真,消耗了他人大量传真纸和墨的,不属于损坏。

根据通说,没有对物自身行使有形力,单纯使物的使用可能性减少的,不属于损坏。其中主要包括单纯剥夺财物与单纯使财物不能利用的情形。例如,将他人戒指扔入海中,使他人的宠物逃走的,属于单纯剥夺财物,不属于损坏。但是,如果戒指在海中生锈、宠物因而死亡的,则属于损坏。单纯使财物不能利用,是指在没有对物行使有形力的情况下,导致他人不能利用财物。例如,夺走他人汽车的钥匙,使他人不能使用汽车的,不能认定为对汽车的损坏(夺取汽车钥匙的行为本身可能构成其他财产罪)。

从物质损伤的角度来说,涂鸦、污损、张贴行为导致物质的表面损伤的,属于损坏。此外,涂鸦、污损、张贴行为导致除去涂鸦、污损、张贴时必然伴随物质的损伤的,也属于损坏。不过,即使为了除去涂鸦、污损、张贴需要费用,但只要不伴随物质的损伤就能恢复原状的,则不能认定为损坏。

从效用减损的角度来说,只要涂鸦、污损、张贴行为,通过对物自身的有形作用力,侵害了物的使用价值,导致物的使用价值减少,也能认定为损坏。但这类行为是否侵害了物的使用价值,需要根据社会一般观念判断。例如,在交通标识上涂鸦的,污损透明的告示牌使之不透明的,污损广告的外表的,都能评价为损坏。不仅如此,向他人服装上扔西红柿或者鸡蛋、泼洒啤酒,只要达到难以清洗的程度的,以及向交通摄像头上涂抹芥末的,都构成损坏物品罪。至于艺术品这样的具有美观目的的物品,只要涂鸦等行为导致外观变化就属于损坏。在桥上张贴大量海报影响美观的,也属于损坏。但是,如果涂鸦、污损、张贴行为只是导致与物的机能和美观目的无关的外观变化,只是单纯侵害了物的所有权人自由变更物的形状的权利,没有侵害使用价值的,则不属于损坏。

近年来,德国出现了以偏重"使用价值的减损"解释损坏的判例。例如,被告人为了躲避交通监控摄像,在自己的机动车内装备了数个反射镜,致使交通监控摄像头在开启闪

---

[101] Schroeder, Zur Sachbeschädigung durch Plakatieren und Beschmieren, JR 1987, S. 360.

光灯之时过度曝光,从而没能拍出足以确认开车人身份的监控摄像。巴伐利亚州高级法院2006年的判决认定该行为构成损坏物品罪,判决理由是,损坏这一概念,并不需要将物质的侵害作为要件;只要通过对财物所施加的有形影响,使得该财物依照本来的用法所体现出的(技术层面的)使用可能性持续性地低下或者减少,就属于损坏;在依照本来的用法所体现出的使用可能性这一点而言,被告人的行为使得测速装置已完全无法按照其功能被加以利用。不过,这一判决也受到了学者的批判。因为上述行为对于测速装置自身的使用可能性并无破坏,该装置仍然可以在其他情况下依照其用法进行摄影;在装置的性能并没有被损坏且能够依照其用途进行使用的情况下,认定行为人损坏了该装置,可能属于不被允许的类推解释。

损坏行为必须具有违法性。不过,这一要件旨在提示违法阻却事由。亦即,如果损坏物品的行为属于正当防卫、紧急避险等违法阻却事由的,则不得认定为犯罪。值得注意的是,对于涂鸦、张贴等损坏他人物品的行为,不能以艺术自由、言论自由为由否认其行为的违法性。得到被害人同意的损坏行为,部分学者主张阻却构成要件符合性,部分学者主张阻却违法性。

2. 外观变更

由于判例认为单纯的外观变更不属于损坏,所以,德国刑法于2005年在第303条中增设了第2款,使外观变更成为处罚对象。不过,如果外观变更属于损坏时(如向美术作品上泼墨),则优先适用第1款关于损坏的规定。

根据立法理由书的表述,增设外观变更,是为了保护物的所有权人自由地决定物的外观的权能。所以,为了使所有权人的权能得到保护,不需要外观的不良变更,即外观的良好变更也成为处罚对象。据此,上述涂鸦、污损、张贴行为,即使不属于损坏,也可能属于外观变更。为了限制处罚范围,法条规定,只有当外观变更并不轻微且并非暂时性的变更时,才以犯罪论处。例如,在已经污损的大墙壁上刻画并不醒目的记号的,就属于轻微。再如,花一点点时间、劳力、费用就可以简单地除去的,也属于轻微。再如,一旦下雨就可以消失的,就属于暂时性的变更。但被害人自己立即消除的,不能评价为暂时性的变更。

外观变更也要求行为通过对物自身的直接作用来实现。例如,在阳台上晒衣服,在他人建筑物前拉横幅的,因为没有直接作用于物自身,故不属于外观变更。

外观变更行为必须是没有权限地实施的,因此,如果外观变更行为得到了权利人的同意,则阻却构成要件符合性。

三、日本的损坏器物罪

日本刑法第261条规定:"……损坏或伤害他人之物者,处三年以下惩役或者三十万日元以下罚金或者科料。"

本罪的对象除文书、建筑物、船舶等之外(损坏这些财物的行为另有特别规定)的他人财物,包括动产与不动产,还包括他人饲养的动物。凡是作为所有权的标的物,都能成为本罪的对象,但无体的财产性利益除外。至于何为损坏,刑法理论则存在争议。

效用侵害说认为,凡是有害财物的效用的行为,都属于毁弃、损坏。因为毁弃罪的核心就是损害财物的效用;财物的效用的减失与财物的物质性的破坏,在反价值性上是完全等同的,都是导致财物不能使用。使物的效用减失的行为,包括在事实上、感情上有害于物的本来效用的行为。效用侵害说可以分为一般的效用侵害说与本来的用法侵害说。根据效用侵害说，无论是直接剥夺所有权人对于财物的占有还是间接地妨害所有权人对于财物之利用的行为，都有可能损坏器物罪。例如，在他人的餐具中投入粪尿的，使他人鱼池中的鱼游走的，在他人的条幅上写上“不吉”二字的，都属于损坏行为。

效用侵害说受到了一些学者批判。如松原芳博指出：“如果将损坏财物的不法内容理解为对财物本来的效用予以持续性侵害，则有超出文本所规定的‘毁弃’、‘损坏’、‘伤害’等行为去加以定罪处罚之嫌。如将他人监禁使其不能在假期中利用其别墅、将他人机动车的钥匙藏起来、谎称自己将餐具浸染了尿液等行为，即便是支持效用侵害说的学者也不会认为成立损坏财物罪。同样，如果将案件1（将餐具浸过尿液的行为——引者注）称之为对餐具的‘损坏’，就违反了日常用语常规。再如，如果将案例2（放走他人养的鲤鱼的行为——引者注）称之为对鲤鱼的‘伤害’，就完全无视了用语的含义。如果说这不违反罪刑法定主义，那么，就几乎不能认为还有违反罪刑法定主义的解释了。”〔102〕但是，对于不具有物理性毁损的行为一概不以损坏器物罪论处，必然导致处罚范围过窄。所以，日本的判例与通说一直采取效用侵害说。

有形侵害说认为，通过对财物的有形的作用，毁损财物的无形的价值，以及毁损财物的物体的完整性的行为，就是毁弃、损坏。此说旨在限制毁弃罪的处罚范围。但是，“有形的作用”的界限并不明确（例如，隐匿行为也对财物存在有形的作用），结局与效用侵害说没有实质区别。

物质的毁弃说（物理的毁弃说）认为，从物质上（物理上）破坏、毁损财物的一部或者全部，因而侵害财物的本来的效用的行为，才是毁弃、损坏。理由是，毁弃、损坏概念的本来的意义，不在于有形的作用、有形力的行使这种手段、方法自身的有形，而在于通过这样的方法物质性地破坏、毁损财物的全部或者部分，从而造成侵害财物的效用的结果（曾根威彦、松原芳博）。

物质侵害说的出发点在于，物的使用可能性（效用）并不具有客观的“对物的意义”，而只是具有“对人的意义”。如果采取效用侵害说，就将“所有权人对于财物的利用”以及“所有权人对该财物所享有的利益”当作损坏器物罪所保护的对象，从而忽略了财物本身的物质性。但是，财物是供人利用的，完全不考虑财物效用就走向了另一个极端，导致损坏器物罪所保护的对象从财物的“所有权”变成财物的“无损性”。于是，物质侵害说导致处罚范围过窄。例如，根据这种观点，行为人夺取他人的财物后予以隐匿，但没有非法占有目的的，既不成立盗窃罪也不成立损坏器物罪。〔103〕这便不能被判例和多数学者接受。

附带说明的是，日本刑法规定了损坏建筑物罪。存在争议的是，有损他人建筑物的美观的行为（如在他人建筑物上张贴广告），是否成立本罪？根据效用侵害说中的一般的效用侵害说，由于有害财物的本来的用法或者效用的一切行为都是损坏，而建筑物的外观、美观也是建筑物的重要效用，所以，在建筑物上张贴广告的行为也属于损坏。根据效用侵害说中的本来的用法侵害说，只有物质性地损害了财物的全部或者一部，或者导致财物处

---

〔102〕［日］松原芳博：《刑法各论》，日本评论社2016年版，第372～373页。

〔103〕瑞士刑法第141条、奥地利刑法第135条将侵害他人对财物的占有但没有非法占有目的的行为，规定为独立的犯罪。

分不能根据其本来用法进行利用的状态,才属于损坏。所以,只有当张贴广告的行为导致不能按照建筑物的本来用法利用建筑物时,才成立破坏建筑物罪。对建筑物美观的侵害,只是判断是否导致效用减失的一个资料。根据物质的毁弃说,张贴广告等损坏建筑物美观的行为,不属于损坏。日本最高裁判所的判例,对于在建筑物上张贴多张广告的行为,认定为破坏建筑物罪。

第二编 对社会法益的犯罪

第二十章 危害公共安全的犯罪

第一节 本章犯罪概述

本章所称危害公共安全的犯罪,是指威胁作为维持安定的社会生活前提的社会安全的犯罪,包括威胁不特定或者多数人的生命、身体或者财产的犯罪,以及危害公共安定生活、危害公众健康的犯罪。主要有骚乱罪与恐怖活动罪、放火罪与失火罪、投毒罪与爆炸罪、决水罪与妨害水利罪、妨害交通的犯罪、毒品犯罪和环境犯罪等。

从危险的发生范围来看,危险犯中最重要的是公共危险犯,即以公共的平稳、安全为保护法益的危险犯。关于公共危险,理论上有以下不同见解:(1)对不特定的生命、身体、财产的危险,就是公共的危险;(2)不管是否特定,只要是对多数人的生命、身体、财产的危险,就是公共的危险;(3)对不特定而且多数人的生命、身体、财产的危险,才是公共的危险;(4)对不特定或者多数人的生命、身体、财产的危险,就是公共的危险。第四种观点为通说。因为公共危险犯,是将生命、身体、财产等个人法益抽象为社会法益作为保护法益的,故最应重视其社会性,即重视量的"多数";也就是说,"多数"是公共的危险这一概念的核心,"少数"场合应当排斥在外。但是,即使是"少数",如果是不特定的,就有向"多数"发展的盖然性,对多数人的生命、身体、财产形成危险。

危害公众健康的犯罪可否归入公共危险犯,既存在不同的立法例,也存在不同的理论学说。例如,奥地利刑法将危害公共安全的犯罪与环境犯罪规定在同一章,而德国刑法分别规定了这两类犯罪。再如,德国刑法基本上没有区分危害公共安全的犯罪与危害公众健康的犯罪,但瑞士刑法分别规定了危害公共安全的犯罪与危害公众健康的犯罪。日本刑法分则采用了"小章制",有的学者将毒品犯罪、污染净水与投毒罪归入与公共危险罪不同的危害公众健康罪(如大塚仁),有的学者则将这些犯罪归入公共危险罪(如西田典之)。

骚乱罪与恐怖活动罪是否属于公共危险犯,也存在不同的立法例。例如,德国刑法将其规定为扰乱公共秩序的犯罪,而没有列入公共危险罪,而日本刑法则在放火罪之前规定了骚乱罪。法国刑法将恐怖活动罪规定在"危害民族、国家及公共安宁罪"一卷中。

大体可以肯定的是,上述各种犯罪都是对社会法益的犯罪,本章一并论述。

第二节 骚乱罪与恐怖活动罪

一、骚乱罪与恐怖活动罪概说

广义的骚乱罪,是指聚众实施暴行或者胁迫,侵害公共安宁的犯罪。日本刑法将它规定为独立的一章,并放在“放火及失火罪”一章之前,德国刑法将它规定在“妨害公共秩序的犯罪”一章中,故可以肯定骚乱罪是侵害公共安全的犯罪,这种犯罪不仅侵害了不特定或者多数人的生命、身体或重大财产的安全,而且侵害了超越这种法益之上的作为社会生存基本条件的治安秩序。

骚乱罪属于必要的共犯。这种犯罪以利用群众心理、或受群众心理驱使为特点,以不安定的社会形势为背景,因此,在社会安定的形势下,很少发生这种犯罪。广义的骚乱罪主要包括狭义的骚乱罪与聚众不解散罪。此外,有的国家还规定了煽动犯罪活动罪,在此一并介绍。

各国刑法在骚乱罪之外,还规定了恐怖活动犯罪。恐怖活动犯罪的类型多种多样。如奥地利刑法将组织、领导、参加恐怖主义集团、实施恐怖主义活动、资助恐怖主义行为规定为犯罪。德国刑法明文规定了建立、参加恐怖组织的犯罪。法国刑法以专章规定了恐怖活动罪。

二、骚乱罪(狭义)

狭义的骚乱罪,是指聚众实施暴行或者胁迫,侵害公共安宁的行为。

本罪的主体是聚合起来的多众。多众,是指多数人的集合状态,至于其中的多数人究竟应以多少人为起点,则不能进行形式上的确定。从实质上说,一定的人数所实施的暴行或胁迫达到了足以侵害某个地方的公共安宁程度时,该人数便认为是多数人。日本审判实践认为,多众是指适合于实施危害某一地方的公共安宁的暴力、胁迫的多人。因此,是否多众,不是单纯考虑参与的人数,而是要同时考虑组织、武装等程度。聚合,是指多数人在一定的时间内集合在同一场所。聚合并不一定要求有组织,单纯的乌合之众也可以。

日本刑法将骚乱罪的主体进行了区分。首谋者,是骚乱的中心人物,主要负责策划、组织,不一定要在现场指挥骚乱活动。首谋者不限于一人,但没有首谋者时也能成立骚乱罪。指挥他人者,是在聚集起来的多众实施暴行、胁迫之际,指挥全部或者部分参与者的人。指挥既可能是在现场指挥,也可能是在其他场所进行指挥。带头助势者,是指率先积极实施增大骚乱事态的行为的人,带头助势者不以直接实施暴行、胁迫为必要。附和随行者,即其他被群众心理所驱动的一般参与者,包括直接实施了暴行、胁迫的人。单纯参与谋议的人,不能以本罪论处。德国刑法规定,骚乱(破坏国家安宁)罪的主体包括正犯与其他参与人(狭义的共犯),而且处以相同的刑罚。

骚乱罪的行为是最广义的暴行(暴力)与最广义的胁迫,即只要是对人或者对物行使有形力,便认为是本罪的暴行,对被害人本人或者其亲属以恶害相通告的,便是本罪的胁迫。但是,这里的暴行、胁迫,必须达到足以侵害某个地方的安宁的危险程度。至于这种危险是抽象的危险,还是具体的危险,在学说上尚有争议。

骚乱罪的成立,以形成多众的共同意思为必要。根据通说,集合的多众具有以下意思之一,则构成共同意思:(1)自恃多众的合力而亲自实施暴力或者胁迫行为的意思;(2)使多众实施暴力或者胁迫行为的意思;(3)参加多众的合力的意思。通说认为,共同的意思可以是未必的共同意思,不要求主体对各个具体的暴行、胁迫有确定的认识,也不要求各人有相互联络或者相互认识的意思。共同意思不要求存在于集合的当初,实施暴力、胁迫行为时存在共同意思即可。至于参与者的故意,则根据个人责任的原理确定。

实施骚乱罪同时又触犯杀人罪、侵入住宅罪、恐吓罪、破坏建筑物罪等罪名的,属于想象竞合,不按数罪处理。

三、聚众不解散罪

聚众不解散罪,是指意图实施暴行、胁迫而聚众,受解散命令后仍不解散的行为。

聚众不解散罪的主体是以实施暴行、胁迫为目的而聚合起来的多众,因而本罪属于目的犯。这里的目的不要求在聚合的当初就存在,聚合起来之后才形成上述目的的,也不影响本罪的成立,但必须是在受解散命令之前存在上述目的。

本罪的行为实际上是骚乱罪的预备行为,如果聚合起来的多众开始实施了暴行、胁迫,则只成立骚乱罪。聚众不解散罪是真正不作为犯,即构成犯罪的行为不在于多众聚合起来,而在于聚合起来的多众受解散命令后仍不解散。

四、公然煽动犯罪罪

德国刑法第 111 条第 1 款规定:“公然地在集会上或通过散发文书的方式煽动实施违法行为的,依教唆犯的规定处罚。”第 2 款规定:“煽动不成功的,处五年以下自由刑或罚金。但是处罚不得重于煽动成功时应处的刑罚;适用第四十九条第一款第二项的规定。”

虽然对公然煽动犯罪的行为按教唆犯的规定处罚,但煽动并不同于教唆。教唆是由特定的行为人对特定的具体犯罪行为的直接促使,被教唆者也是特定的,教唆者还可能是犯罪团体中的一员。但是,公然煽动犯罪罪并不要求行为人煽动他人实施特定的犯罪行为,即不要求所煽动的违法行为的确定性,也不要求被煽动者具有特定性。这是因为,就煽动性犯罪而言,因果关系的具体可预测性和可操作性在很大程度上是不可能的。因为煽动者对被煽动者的不法行为没有详细的了解,也无法对其进行直接的控制。将公然煽动犯罪的行为入罪的理由不在于煽动者像教唆那样参与了他人的犯罪行为(作为从犯),而是因为煽动不特定的人群实施犯罪的行为本身具有特别的危险。在单纯的煽动的场合,煽动者根本就不知道其行为将会如何对被保护的法益造成损害。也就是说,他不知道何人会真正地被煽动去实施犯罪。被煽动的人数越难以确定,对煽动的公开性的要求就越严格。因此,德国刑法第 111 条要求行为人公然地在集会上或通过散发文书的方式煽动他人实施违法行为。这里的违法行为,是指符合构成要件的违法行为,不要求被煽动者具有责任。

当然,如何处理本罪与言论自由的关系,则成为重要问题。例如,德国人口普查的反抗者在 1987 年做出呼吁,说服尽可能多的人撤回自己的联系方式,并且呼吁人们“隐匿”发放给他们的要求填写的表格。于是,导致人口普查表格没有用处,这次普查遭到破坏。法律执行机构认为,从人口普查中撤回自己的联系方式的行为属于德国刑法第 303 条规定的损坏物品。据此,呼吁撤回联系方式的媒体和海报张贴运动就成为公然煽动犯罪罪的行为。但是,有学者认为,反抗者是以侵犯隐私为由拒绝人口普查的,并且破坏人口普查无疑是被保护的言论权利,为了达到这个目的所运用的手段虽然是损坏物品的犯罪行为,但按损坏物品罪处理即可,而不应当认定为公然煽动犯罪罪。

规定公然煽动犯罪罪的不只是德国刑法,许多国家的刑法都有类似规定。例如,奥地利刑法 281 条规定:“行为人在印刷品、无线电广播中或者以公众能够知晓的其他方式,煽动他人不服从法律的,处一年以下自由刑。”第 282 条第 1 款规定:“行为人在印刷品、无线电广播中或者以公众能够知晓的其他方式,煽动他人实施应受刑罚处罚的行为,如果未作为该行为的参与人受到更为严厉的处罚的,处二年以下自由刑。”与德国将公然煽动犯罪罪规定为反抗国家权力的犯罪不同,奥地利刑法将本罪规定为对公共秩序的犯罪。

与德国、奥地利刑法所规定的将煽动他人实施违法行为都作为犯罪处罚不同,有的国家仅将煽动他人实施特定的严重犯罪的行为规定为犯罪。例如,挪威刑法第 94 条规定的公然煽动犯罪罪,仅限于煽动他人实施几种严重危害国家独立与安全的犯罪(分裂国家罪、外患罪、战争期间资敌罪等)。

五、恐怖活动罪

广义的恐怖活动罪,包括组织、领导、参加恐怖活动组织的犯罪,以及实施杀人、放火等恐怖活动的犯罪。可以肯定的是,作为恐怖活动内容的杀人、放火、绑架等行为,在任何国家刑法中都是犯罪。在立法例存在区别的主要表现在以下两个方面:

首先,对于恐怖组织所实施的杀人、放火、绑架等犯罪行为,是以普通的杀人、放火、绑架等罪处理,还是以恐怖活动罪处理?有的国家刑法没有专门规定独立的恐怖活动罪,故对恐怖活动组织实施的上述犯罪行为,以普通犯罪论处(如德国、日本)。有的国家刑法规定了恐怖活动罪,对恐怖活动组织实施的上述犯罪行为,以规定了加重法定刑的恐怖活动罪论处。例如,法国刑法第 421－1 条以下规定,实施杀人、伤害、绑架、劫持航空器等罪,在其同以严重扰乱公共秩序为目的,采取恐吓手段或者恐怖手段进行的单独个人或者集体性攻击行为相联系时,构成恐怖活动罪。法国刑法对恐怖活动罪规定的法定刑高于与之相对应的犯罪的法定刑。

与此相联系的是,资助恐怖活动的行为性质,在各国刑法中也不完全相同。法国、奥地利刑法都将资助恐怖活动的行为规定为独立的犯罪。而在日本等国刑法中,资助恐怖活动的行为,成立相应犯罪的共犯。

其次,建立、参加恐怖活动组织本身,是否成立犯罪?日本等国刑法没有将建立、参加恐怖活动组织本身规定为犯罪。但许多国家的刑法都将这种行为规定为犯罪。例如,德国刑法第 129a 条将建立恐怖组织、援助恐怖活动组织的行为规定为犯罪。法国刑法第 421－2－1 条也将参加恐怖活动组织的行为规定为犯罪。据此,只要成为恐怖活动组织的成员,即使尚未实施恐怖活动,也成立犯罪。

最后,关于恐怖组织的准备活动,一些国家刑法都作了既遂犯化的规定。例如,德国立法机关 2009 年通过了《起诉准备实施危害国家安全的严重暴力犯罪法案》,以应对国际恐怖主义的威胁,尤其是恐怖主义训练、使用网络准备实施恐怖主义袭击以及独狼恐怖分子所诱发的危险。这一法案的通过为德国刑法典引入了三个新罪名:(1)德国刑法第 89a 条规定了准备实施严重危害国家的暴力犯罪的犯罪。严重暴力犯罪,是指危及生命(杀人)或者个人自由(绑架)的犯罪,意图实施危及或者足以危及国家或者国际组织的存续或安全,摧毁、剥夺联邦德国宪法的法律效果或者破坏联邦德国的宪法原则行为的,亦包括在内。其中的准备行为，包括教导他人或者受他人教导制造、使用武器或者其他类似凶器的技能，制作、取得、保管、持有武器等。(2)德国刑法第 89b 条规定，为了实施危害国家安全的严重暴力犯罪，出于接受指令的目的而与他人建立联系的，作为独立的犯罪处罚。(3)德国刑法第 91 条规定，对鼓励他人实施危害国家安全的严重暴力犯罪的行为，予以处罚。这三个罪名都将准备行为既遂犯化，显示了预防的性质。这三个罪名都放弃了对于恐怖行为的从属性要求，而是单独地、独立地处罚准备行为，对准备行为的处罚与任何后续行为无关。亦即，对准备行为的处罚，不以该行为引起任何恐怖主义行为为必要。

为了瓦解恐怖活动组织，德国、法国等国刑法都规定了刑罚减免制度。如德国刑法第 129 条规定了建立犯罪组织罪，第 129a 条规定了建立恐怖组织罪，两个条文同时规定，行为人"自愿地并认真地努力阻止该组织的继续存在或者与其目标相适应的犯罪行为的实施"，或者"自愿地将其所知道的情况及时地向有关机关公开，以致尚能阻止其知道的犯罪行为的"，减轻刑罚或者免除刑罚。法国刑法第 422－1 条规定："图谋进行恐怖活动的任何人如其告知行政当局或司法当局，从而得以避免犯罪既遂，且在相应场合，得以侦破其他罪犯的，免予刑罚。"第 422－2 条规定："恐怖活动罪之正犯或共犯，如其告知行政当局或司法当局，从而得以制止犯罪行为，或者得以避免犯罪造成人员死亡或永久性残疾，且在相应场合，得以侦破其他罪犯的，其所受之自由刑减半；在当处之刑罚为无期徒刑时，所受之刑罚减为二十年徒刑。"

第三节　放火罪与失火罪

一、放火罪的基本问题

(一)概念与罪质

侵害不特定或者多数人的生命、身体或者财产的犯罪，被称为公共危险罪。放火罪是公共危险罪的代表，其保护法益便是不特定或者多数人的生命、身体、财产的安全。

公共危险犯分为抽象的危险犯与具体的危险犯。德国、法国、日本等国刑法根据对象不同，将放火罪与失火罪分为许多具体的犯罪，其中既包括抽象的危险犯，也包括具体的危险犯。抽象的危险犯的成立，不要求发生具体的危险。但是，如果行为根本不威胁公共安全，则不能成立放火罪。例如，海边的一间小屋，周围没有其他房屋以及植物和其他可能燃烧的物，行为人点火烧毁该屋的，一般不成立放火罪，只构成破坏建筑物罪。据此，即使是抽象的危险犯，也应根据事实合理判断有无危险。具体的危险犯的成立，则要求发生具体的危险。行为是否造成了具体的危险，则应根据对象的具体状况、火力的大小、与可燃物的距离等进行判断。

(二)行为

放火罪的构成要件行为，是放火烧毁一定对象(目的物)的行为。其中的放火，是指引起对象燃烧的行为，既可以是作为，也可以是不作为。在作为形式放火时，既可以是直接向对象点火，也可以是利用媒介物使对象燃烧。不作为的放火，则是指负有灭火的法律上义务的人,在容易灭火的状况下,却不采取灭火手段。法律上的义务,除了法律、法令规定的义务之外,还包括由于职业、职务、合同、先前行为等产生的义务。不过,灭火义务的有无,常常难以判断。例如,行为人的失火行为,是否导致他有灭火义务?行为人单纯逃走时,是否构成不作为的放火罪?这除了要考虑行为人在客观上能否扑灭火灾之外,还要考察行为人主观上有无利用既存的火力的意思。如果得出肯定结论,则能认定不作为放火罪的成立。

行为人开始实施具有发生烧毁的现实危险性的某种行为时,就是放火罪的实行行为的着手。通常行为人向媒介物点火时被认定为着手,但并非绝对如此。例如,行为人准备媒介物或手持媒介物前往放火场所,均属于放火的预备行为;但行为人向目的物泼洒汽油、煤油时,即使还没有点火,也被认为是着手。再如,发生自然火灾后,行为人向已经燃烧的物体与尚未燃烧的物体之间投放引火物的,也是放火罪的着手。

放火行为导致目的物烧毁时,就是放火罪的既遂。德国、日本等国刑法都使用了"烧毁"一词,[1]但怎样理解烧毁的概念,则还存在不同观点。

独立燃烧说认为,火离开媒介物转移到目的物后,目的物达到了可以独立燃烧的状态时,就是烧毁。因为目的物处于能够独立燃烧的状态时,就给附近居民的生命、财产造成了重大威胁,能认定已经发生了公共危险。另外,烧毁不仅是放火罪的要件,而且是失火罪的要件,但由于刑法不处罚失火罪的未遂,故如果不将独立燃烧认定为烧毁,则不当地缩小了失火罪的成立范围。这一学说重视了放火罪的公共危险性质,是德国与法国的通说。但是,有人批判这一学说不仅忽视了放火罪的财产犯罪性质,而且使放火罪的既遂时期过于提前,使放火罪没有成立中止犯的余地。另外,该说导致对难燃性建筑物的放火行为几乎只能成立未遂。

丧失效用说提出,物的重要部分由于被燃烧而失去效用时,就是烧毁。这一观点过于强调放火罪的财产犯罪性质,而没有重视公共危险罪的一面。一般认为,丧失效用说推迟了放火罪的既遂时间。

重要部分燃烧说(燃烧起来说)主张,物的重要部分起火开始燃烧,达到了不容易灭火的状态时,就是烧毁。这一学说认为,独立燃烧说只重视放火罪的公共危险罪的性质,使放火罪的既遂过于提前;而丧失效用说则只重视放火罪的财产罪的性质,使放火罪的既遂过于推迟。重要部分燃烧说,则克服了二者的缺陷,也重视了放火罪的公共危险罪与财产犯罪性质。但是,如何判定重要部分的开始燃烧的时间,则相当困难。所谓"燃烧起来"只不过是一种感觉上的基准。

毁弃说认为,由于火力而使目的物达到了毁弃罪中的损坏程度时,就是燃烧。这一学说也是想同时考虑放火罪的公共危险罪与财产犯罪性质,并想给放火罪提供一个容易认定的标准。但是,判断单纯由火力造成的损坏,既行不通,也与其宗旨不符。

究竟采取哪一学说,各国刑法理论还是从本国建筑物等具体状况出发的。例如,欧洲大陆国家的建筑物多为石砖结构,放火行为要使目的物独立燃烧,通常要经过相当的时间,放火行为使建筑物丧失效用不一定是容易的事情。于是,采取独立燃烧说,既不会导

---

[1] 日本刑法原本使用的是"烧毁"一词,但1995年将其修改为"烧损";不过,刑法理论认为,二者的含义完全相同。

致放火罪没有未遂的余地,也不会导致放火罪都是既遂。而日本的建筑物多为木质结构,放火行为很容易引起目的物独立燃烧。如果采取独立燃烧说,恐怕放火罪就不会存在未遂与中止。因此,日本刑法理论以往一般不赞成独立燃烧说。由于日本建筑物的建材与结构正在发生变化,现在又有人主张独立燃烧说;此外,日本的判例一般采取独立燃烧说。

上述学说主要是就放火对象为普通建筑物等而言的。由于难燃性、不燃性建筑物的增加,刑法理论对不燃性建筑物的放火既遂与未遂的标准又展开了争论。新丧失效用说认为,对于不燃性建筑物放火时,如果火力导致建筑物丧失效用,就成立放火既遂。例如,火力导致水泥墙壁脱落,或者发生了可能致人死亡的瓦斯泄露时,成立放火既遂。理由是,放火罪是公共危险罪,火力损坏了建筑物发生了公共危险时,便成立放火罪;"烧毁"不一定意味着目的物本身的烧毁。修正毁弃说认为,火力造成不燃性建筑的一部分损坏,使其他部分有导火的公共危险时,就是放火既遂。据此,如果放火行为导致有毒瓦斯的泄露,则成立放火既遂。但是,上述两种学说不一定与法定的构成要件相符合。因为法律的表述常常是"烧毁建筑物",而上述两种观点导致建筑物本身没有烧毁时,也成立放火既遂。维持独立燃烧说的见解认为,对于不燃性建筑物的放火,也应以独立燃烧说为既遂标准。因此,如果火力导致水泥墙壁脱落,或者导致瓦斯泄露,但没有使建筑物独立燃烧时,依然成立放火未遂。因为构成放火既遂要求"烧毁建筑物",只有建筑物独立燃烧时,才能认定为烧毁建筑物。日本地方裁判所的判例,采取了独立燃烧说。

(三)故意

放火罪由故意构成,包括确定的故意与未必的故意。在抽象的危险犯的场合,行为人只需要认识到自己放火燃烧的是某种特定的物,不需要认识到自己的行为会引起他人的死伤。换言之,抽象的危险犯不要求行为人认识到具体危险的存在。但在具体的危险犯场合,是否要求行为人认识到具体危险的发生,则存在争议。危险认识不要说的理由是,放火罪的既遂时期是燃烧,如果要求行为人认识到具体危险的发生,则要等到具体危险的发生时才是既遂,这是有矛盾的;再者,也难以认定行为人是否认识到了具体危险。危险认识必要说的根据是,刑法所规定的具体的危险犯,以发生具体的危险为构成要件要素,根据责任主义的观点,行为人对该具体的危险必须有认识,否则便是一种结果责任。对危险的认识与放火罪的既遂,是没有关系的问题。

(四)罪数

以放火罪为代表的公共危险罪,其保护法益不是实行行为的直接目的物的财产价值本身,而是公共的生命、身体与财产的安全,这就使这类犯罪在罪数问题上具有一定的特色。即一个放火行为烧毁数个目的物时,只要所发生的公共危险能包括地被评价为一个,就只成立一个放火罪。例如,一个放火行为,烧毁两个建筑物,但只侵害了一个公共安全时,就只成立一个放火罪。再如,一个放火行为,烧毁了刑法规定的数个不同的目的物时,只按其中最重的规定处罚,而不当数罪处理。

二、放火罪的具体类型

(一)日本、韩国的放火罪类型

日本、韩国刑法都根据对象的不同,将放火罪规定为不同的种类。

1. 对现住建筑物等放火罪

对现住建筑物等放火罪,是指故意放火烧毁现在供人居住或现有人在内的建筑物、火

车、电车、船舰或矿井的行为。日本、韩国刑法将它规定为独立的犯罪

本罪的对象是现在供人居住或现有人在内的建筑物、火车、电车、船舰或矿井等。所谓现在供人居住,是指犯罪人以外的人作为起居寝食(日常生活)的场所而正常使用;犯罪人以外的人,包括犯罪人的妻子与其他家属。这种场所,不要求昼夜无间断地有人生活在其中,也不要求放火的当时有人在内。例如,只要是他人夜间睡觉的房屋,即使在白天放火,也成立本罪。此外,某建筑物只要有一部分是供人现在居住的,那么,整个建筑物都是本罪的对象。所谓现有人在内,是指放火的当时有犯罪人以外的人在建筑物等内,由于有人在内,就不再要求是供人居住的场所。

这里有两个值得研究的问题。(1)甲在乙居住的房屋放火时,乙偶然在别的地方死亡,甲的行为是否构成本罪?一般认为,由于乙居住的房屋属于现供人居住的建筑物,而且本罪的成立不要求放火的当时有人在内,故甲的行为仍应成立对现住建筑物放火罪。不能因为乙事实上不在房屋内或在他处死亡,而否认甲的行为构成本罪。(2)甲杀害乙后,放火烧毁乙的房屋,应当如何处理?一种观点认为,甲的行为除了成立杀人罪以外,不成立对现住建筑物放火罪,只成立对非现住建筑物放火罪。因为甲杀害乙后,乙的房屋就不再是现在供人居住的建筑物;再者,刑法对现住建筑物放火罪规定较重的法定刑,是考虑到本罪对居住者、现在其内的人的生命、身体的危险性大,既然行为人事先已杀害他人,就没有必要再考虑对他人生命、身体的危险性。这是一种通说。另一种观点认为,甲的行为除了成立杀人罪以外,还成立现住建筑物放火罪。因为乙所居住的房屋,本来属于现在供人居住的建筑物,这种性质并不与乙的死亡同时消失;根据社会的一般观念,该房屋仍然应认定为现在供人居住的建筑物。这种观点实际上只重视了现住建筑物的物理性,而没有考虑现住建筑物与人的生命、身体安全的关系,因而受到了批判。

对现住建筑物等放火罪的行为,是前述的放火行为。行为人主观上只能是故意,行为人认识到犯罪对象是现在供人居住或者现有人在内的建筑物、火车、电车、船舰、矿井等,还认识到自己的放火行为会使上述目的物烧毁的事实。行为人对非现住建筑物等放火,但预见到自己的行为会延烧到现住建筑物等时,也具有对现住建筑物等放火罪的故意。如果本来是现住建筑物,但行为人误认为是非现住建筑物而放火的,属于抽象的事实错误,一般认为只成立对非现住建筑物放火罪。

行为人以杀人或者伤害的故意放火而导致他人伤亡时,成立杀人罪或伤害罪与本罪的想象竞合;行为人以骗取保险金为目的而放火烧毁住宅、骗取保险金时,日本刑法理论与审判实践认为成立诈骗罪与本罪的并合罪(并罚的数罪)。被害人的承诺虽然阻却违法性,但居住者同意放火烧毁自己的建筑物时,按对非现住建筑物放火罪处理。

日本、韩国刑法对现住建筑物等放火罪规定了最高刑为死刑的法定刑。

2. 对非现住建筑物等放火罪

日本的对非现住建筑物等放火罪,是指故意放火烧毁现在非供人居住并且现无人在内的建筑物、船舰、矿井等物的行为。韩国刑法则分别规定了对公用建筑物等的放火罪与对一般建筑物等的放火罪。

本罪的对象是现在没有人居住并且现在没有人在内的建筑物、船舰与矿井等物。这里的人,包括犯罪人与犯罪人以外的人。但是,如果目的物属于他人所有,则本罪是抽象的危险犯。如果目的物属于犯罪人本人所有,则是具体的危险犯,只有当行为发生了具体

的公共危险时，才能成立本罪；[2]如果放火烧毁自己所有的物，但并不发生具体的公共危险时，则不成立本罪（不可罚）。

本罪的行为是前述的放火行为。主观要件是故意，行为人认识到放火的对象是现在没有人居住、并且现在无人在内的建筑物等，并认识到自己的放火行为会烧毁上述目的物。由于放火烧毁自己所有的物时，属于具体的危险犯。通说认为，行为人必须认识到具体的公共危险的发生，其具体内容是认识到烧毁自己所有的物可能延烧到他人所有的物；同时，行为人对延烧至他人所有的物，必须没有希望与容认的态度，否则就是对现住建筑物等放火罪。[3]

3. 对建筑物等以外的放火罪

对建筑物等以外的放火罪，是指故意放火烧毁建筑物、船舰、矿井等以外之物，因而发生公共危险的行为。这里的物包括犯罪人与犯罪人以外的人所有的物。本罪属于具体的公共危险犯，其行为、故意内容与前述放火烧毁自己所有物的犯罪相同。

（二）德国的放火罪类型

德国的放火罪包括四种具体类型：放火罪（第306条）、加重放火罪（第306a条）、特别重大放火罪（第306b条）与放火致死罪（第306c条）。不难看出，与日本、韩国根据不同对象规定放火罪的具体类型不同，德国刑法是根据危险程度与结果的严重程度规定放火罪的具体类型的。

放火罪，是指燃烧他人物品或者放火烧毁其一部或者全部的行为。放火对象包括建筑物或者住宅（小屋）、工厂、营业场所、办公场所、机械设备、交通工具、森林、草原以及农业、食品业、林业的设备或产品。本罪是抽象的危险犯，法条没有要求发生具体危险。

加重放火罪包括两种类型：（1）燃烧下列他人之物或者放火烧毁其一部或者全部的行为：供人居住的建筑物、船舰、住宅或者其他类似空间，教堂或者其他供从事宗教活动的建筑物，供人暂时停留的空间且于他人惯于停留该处的期间内。（2）实施第306条规定的放火行为，对他人健康损害产生危险的。

特别重大放火罪包括两种类型：（1）实施放火罪或者加重放火罪，对他人的健康造成重大损害，或者对多数人的健康造成损害的。（2）犯加重放火罪具有下列情形之一的：对他人生命产生危险的，意图实现或者隐匿其他犯罪而放火的，阻止或者妨害灭火的。其中的“多数人”显然是规范的构成要件要素，因而具有不明确性。刑法理论上，有人提出50人以上才是多数人（如Schroth），有人提出20人以上为多数人（如Rengier），有人提出10人以上是多数人（如Bayer）。德国的司法判例针对有14名被害人的放火案指出，不管怎么说，在被害人有14人的场合，就应当认定为多数人。其一，特别重大放火罪的对象包括放火罪与加重放火罪的全部对象，而放火罪的对象包括机动车、小屋，但机动车、小屋中的人不会太多，所以，不能将多数人理解为非常多的人。其二，刑法第306b条将对多数人的健康造成损害与对1人的健康造成重大损害等同处理。通常，只要放火行为存在相当的危险性，就会有人遭受重大损害。如果将多数人理解为非常多的人，刑法关于对多数人的健康造成损害的规定就丧失了意义。其三，从法定刑来看，将多数人理解为非常多的人也

---

〔2〕 刑法理论上称这种犯罪为间接放火罪，以别于放火烧毁他人所有物的直接放火罪。

〔3〕 认为不要求行为人认识到具体的公共危险的观点，也是相当有力的学说。

不合适。

放火致死罪,是指犯放火罪、加重放火罪、特别重大放火罪,至少轻率地致人死亡的情形。轻率,是指严重过失,即行为人很容易预见行为的危险性。

三、失火罪

失火罪是与放火罪相对应的过失犯罪。多数国家的刑法一般只规定了单一的失火罪,日本刑法除了规定与各种放火罪相对应的诸失火罪之外,还规定了业务上失火罪与重过失失火罪。

失火罪的对象包括前述各种放火罪的对象,但对于行为人自己所有的物,则要求发生具体的公共危险;日本刑法规定,对建筑物等以外之物的失火,也要求发生具体的公共危险。

失火行为,是指过失引起火灾,烧毁前述对象的行为。失火行为既可以是作为,也可以是不作为。德国刑法理论认为,行为人由于故意放火行为而延烧放火目的物以外之物,而不通知消防队灭火,任其烧毁的,属于不作为的失火行为,在这种情况下,行为人的行为构成放火罪与失火罪。

失火罪只能由过失构成,即行为人因为不注意而引起火灾,造成对象被烧毁。多数国家要求失火罪发生对象被烧毁的结果,但德国刑法规定的失火罪,只要求对他人的健康产生危险,而不要求造成实害。

第四节　投毒与爆炸罪

一、投毒罪

作为公共危险罪的投毒罪,是指将毒物或者其他危害人体健康的物质投入供不特定或者多数人使用的水源、水道、水井等的行为。

根据德国刑法第 314 条的规定,行为人向被控制的水源、水井、输水管道或者饮用水贮存器的水投放毒物或者其他损害人体健康的其他物质,或者向被确定公开销售或者供公众使用的物品中投放毒物或者其他损害人体健康的物质,以及将被投放了毒物或者其他损害人体健康的物质的物品予以销售、陈列待售或者置于流通的,构成公共危险的投毒罪。显然,本罪并不限于狭义的投放毒物的行为,而是包括了将有毒物品予以销售、陈列以及置于流通的行为。上述行为致人重伤或死亡的,成立结果加重犯。

日本刑法除规定了污染净水罪、污染水道罪之外,另规定了将毒物等混入净水罪、将毒物等混入水道罪。污染净水罪,是指污染供人饮用的净水因而导致不能饮用的行为。其中的“供人饮用”,是指供不特定或者多数人饮用,不包括为供特定人饮用而装入杯中的水。污染水道罪,是指污染由水道供公众饮用的净水或者其水源,因而导致不能饮用的行为。将毒物等混入净水罪,是指将毒物或者其他足以危害他人健康的物质混入供人饮用的净水内的行为。毒物,是指具有化学作用,即使少量饮用也足以危害人的健康的物质,如氰酸钾等。足以危害他人健康的物质,是指如果饮用就会有害于他人健康的有害物质。将毒物等混入水道罪,是指将毒物或者其他足以危害他人健康的物质混入由水道供公共饮用的净水或者其水源内的行为。日本刑法对上述几种犯罪均规定了结果加重犯。

瑞士刑法规定的污染饮用水罪,包括故意或者过失用危害健康的物质污染人或者家畜饮用水的行为。

二、爆炸罪

传统的爆炸罪,是指使火药、锅炉等爆炸,产生公共危险的行为。对此,外国刑法一般均有规定。不仅如此,德国、奥地利等国刑法还特别规定了核爆炸、释放离子辐射等犯罪。

德国刑法第307条规定了引起核能爆炸罪,即故意(第1款)或者过失释放核能引起爆炸,危害他人身体、生命或者具有重大价值的财物的行为。[4] 本罪属于具体的危险犯。行为人因其行为至少轻率地导致他人死亡的,成立结果加重犯。德国刑法第309条规定的是滥用离子辐射罪,此罪包括三种类型:(1)以损害特定的他人健康为目的使用足以危害他人健康的离子辐射的行为(第1款)。(2)对不特定的多数人使用离子辐射的行为(第2款)。[5] 上述两种滥用离子辐射的行为造成他人重伤、多数人的伤害或者他人死亡的,成立结果加重犯。(3)以损害他人具有重大价值的财物为目的而使用离子辐射的行为(第6款);本罪处罚未遂犯。滥用离子辐射罪是以人的生命、身体、具有重大价值的财产作为保护法益的抽象的·具体的危险犯。德国刑法第311条规定了释放离子辐射罪,即违反行政法上的义务故意(第1款)或者过失(第3款)释放离子辐射或者引起核裂变,足以危害他人生命、身体或者具有重大价值的财物的行为。过失犯与未遂犯均受处罚。本罪也是以人的生命、身体、具有重大价值的财产作为保护法益的抽象的·具体的危险犯。德国刑法第312条还规定了故意(第1款)或者过失(第6款)安置有瑕疵的核技术设备罪。

德国刑法上述条文规定的有关核能爆炸、释放离子辐射的犯罪与德国刑法规定的其他公共危险罪具有共同点(均属以人的生命、身体以及具有重大价值的财物为保护法益的危险犯),但又呈现不同的特点:(1)其他的公共危险罪以故意的既遂行为引起危险的发生为前提,而第307条1款、第309条第1款与第2款、第310条第1款第1项规定的犯罪,只要求故意行为引起危险的发生。(2)其他的公共危险罪大多以对人的生命、身体造成具体危险为前提,而第309条第1款和第6款、第311条第1款规定的是抽象的·具体的危险犯。(3)第311条规定的释放离子辐射罪以侵害行政法上的义务为前提,采用了具有行政从属性的空白构成要件立法例。(4)结果加重犯的法定刑一般重于其他公共危险罪的结果加重犯的法定刑。

第五节 决水罪与妨害水利罪

一、决水罪

决水罪,是利用水的破坏作用侵害公共安全的犯罪,同时也具有财产罪的性质。

---

〔4〕 为了故意引起核能爆炸而实施的预备行为,也受处罚(第310条第1款第1项)。

〔5〕 本类型的预备行为也受处罚(第310条第1款第1项)。

关于决水罪的规定,有的国家比较简单,如瑞士刑法只有一个条文规定了决水罪;有的国家则规定得比较详细,如日本刑法规定了较多的具体罪名。德国刑法原本将决水罪分为危害生命之决水罪、危害财产之决水罪与过失决水罪,但后来仅规定了一个决水罪。根据德国刑法的规定,决水罪是具体的危险犯。日本刑法将决水罪分为决水浸害现住建筑物等罪、决水浸害现住建筑物等以外之物罪以及过失决水罪。日本刑法规定,决水浸害现住建筑物等罪是抽象的危险犯,决水浸害现住建筑物等以外之物罪是具体的危险犯。

决水,是指使受到控制的水的自然力解放出来,造成泛滥。解放的手段没有限制,至于水是河流中的水还是贮存的水也在所不问。在某种对象已经受到河水泛滥的浸害,行为人决溃堤防使水量增加时,也认为是决水。浸害,是指由于水力(使水浸泡或者淹没某物)而使物丧失、毁坏,或者使物的效用减少或消失。浸害既可以是永久性的,也可以是一时性的。

各国刑法除了规定故意的决水罪之外,都规定了过失决水罪。作为抽象危险犯的决水罪的故意,不需要行为人认识到会发生公共危险;作为具体危险犯的决水罪的故意,则要求行为人认识到会发生公共危险。过失的决水罪一般要求发生浸害结果。

二、妨害水利罪

妨害水利罪,是与决水罪有密切联系的犯罪,主要包括妨害防汛罪与破坏水利设施罪。

妨害防汛罪,是指在水灾发生之际,隐匿、毁损防汛用具或者以其他方法妨害防汛用具的行为。本罪要求发生在水灾之际,水灾之际包括水灾正在发生与水灾即将发生两种情况;从实质上说,这里的水灾必须产生了公共危险的状态。本罪的行为表现为隐匿、毁损防汛用具,或者以其他方法妨害防汛活动,凡是妨害了防汛活动的行为,都属于本罪的行为;本罪属于抽象的危险犯,只要行为人实施了上述行为,不问行为实际上是否妨害了防汛活动,就构成本罪既遂。本罪只能由故意构成。

破坏水利设施罪,是指故意毁坏堤防、堰坝、水闸等水利设施的行为。一般认为,本罪的保护法益是水利权,但水利权是属于多数人享有的权利,侵害水利权的行为也就是有公共危险的行为。本罪的行为表现为毁坏、决溃、破坏各种作为控制水流之用的水利设施,一切作为与不作为,只要足以破坏水利设施而使之失去控制水流之效用的,就属于本罪的行为。日本刑法规定本罪为故意犯,而且是抽象的危险犯,只要行为人实施了破坏水利设施的行为就构成既遂,而不问是否实际产生了妨害水利的结果。瑞士刑法规定,本罪既可能由故意构成也可能由过失构成,故意破坏水利设施罪要求行为人明知自己的行为危及他人的身体、生命或者财产。

第六节 妨害交通的犯罪

一、妨害交通的犯罪概说

妨害交通的犯罪,是指破坏交通工具或者交通设备,以及其他侵害交通安全的犯罪。由于交通工具与设备在现代社会中发挥着重大的作用,妨害交通时会给不特定的或者多数人的生命、身体或者财产带来危险，故属于公共危险罪，本罪的保护法益就是公共的交通安全。

关于妨害交通的犯罪，各国刑法的规定形式与内容有一定区别。例如，德国、意大利与日本等国刑法对这方面犯罪的规定都比较详细，但规定方式并不相同。意大利与日本刑法将破坏交通工具、破坏不同的交通设备分别规定为不同的犯罪，而德国刑法则规定在一起，但德国刑法对妨害交通的具体行为描述得很详细。

二、破坏交通设备罪

破坏交通设备罪，是指故意损坏或者堵塞铁道、陆路、水路或者桥梁，从而妨害交通往来的行为。日本刑法将损坏或者堵塞陆路、水路或者桥梁的行为规定为妨害交通罪，将损坏铁路或其标志、灯塔或浮标的行为规定为交通危险罪，后者的法定刑重于前者。意大利刑法也作了类似的分类，德国刑法没有这样区分。

破坏交通设备罪的对象是交通设备：(1)铁道及其标志。铁道不仅仅是指火车轨道，而且指有轨电车与火车直接使用的设施，如火车所穿过的隧道、供电车或火车通行的桥梁等，也属于铁道。铁道标志是指有轨电车、火车所必需的信号器及其他目标物。(2)陆路。陆路即陆上的道路，只要是供人、车通行的陆上道路就是陆路。(3)水路。水路是指供船舶航行用的河流、运河、港口等。(4)桥梁。桥梁除包括河流、湖泊上的桥梁之外，还包括陆地上的天桥，但属于铁道的桥梁除外。(5)灯塔与浮标。灯塔是指为了便于船舶航行而在陆地上设立的标志，浮标则是基于同样的目的在水上设立的标志。

破坏交通设备罪的行为表现为通过作用于交通设备而妨害交通安全的行为，各国刑法规定的不完全一致。德国刑法规定的破坏交通设备罪的行为有：毁弃、损坏或除去交通设备，设置障碍，提供虚假的标志或信号以及其他类似的危险行为。意大利刑法的规定与德国的相似。日本刑法规定妨害交通罪的行为是损坏与堵塞，交通危险罪的行为是毁损以及其他方法。毁弃、损坏或除去，是一种物理的破坏，但并非一切损坏交通设备的行为都能构成本罪，只有达到足以妨害交通安全程度的毁弃、损坏，才属于本罪的行为。堵塞，是指在道路上设置有形的障碍物，在相当时间内使道路堵塞。堵塞同样要达到足以妨害交通安全的程度，如果在道路上放置很小的物体，或者物体虽有一定体积，但放置时间极短，则不认为妨害了交通安全，因而不属于堵塞。提供虚假的标志或信号，是指另外设立某种妨害交通安全的标志或信号，或者以某种方法改变正常的标志与信号。其他类似的危险行为，包括所有作用于交通设备而妨害交通安全的行为。

破坏交通设备罪由故意构成，行为人必须认识到自己的行为有造成交通工具倾覆、脱轨、沉没、毁坏等危险。

破坏交通设备罪是具体的危险犯，即要求破坏交通设备的行为产生使交通工具发生倾覆、脱轨、沉没、毁坏等危及他人的生命、身体或重大财产的危险，只要发生这种危险就构成本罪的既遂，不要求发生现实的实害。如果行为造成了致人死伤的结果，则是结果加重犯，构成破坏交通设备致死伤罪。

三、破坏交通工具罪

破坏交通工具罪，是指故意破坏火车、电车、船舶等交通工具，危及他人生命、身体或重大财产的行为。

破坏交通工具罪的对象是交通工具，日本刑法只规定了火车、电车与船舰，其他多数国家的刑法则包括所有的交通工具,如德国刑法只使用“交通工具”“运输工具”这样的概念。由于本罪是危害交通安全的犯罪,因此,有的国家对交通工具进行了限制,如日本刑法规定必须是现有人在内的火车、电车、船舰。至于如何理解“现有人在内”,则有争议。有人认为,必须是着手实施实行行为时有人在内;也有人认为,必须是发生结果时有人在内;还有人认为,只要从着手实行到结果发生时的某一时间内有人在内即可。显然,最后一种观点比较全面,也注重了破坏交通工具罪的罪质。多数国家并没有对交通工具本身进行限制,但从罪质上进行了限制,即必须发生危害交通安全的危险。

破坏交通工具罪的行为,表现为作用于交通工具而使交通工具发生倾覆、沉没等危险的破坏行为。其中的破坏必须是对交通工具的实质性破坏,即导致交通工具的机能一部或者全部丧失,这种机能丧失的结果是足以使交通工具发生倾覆、沉没等危险,故单纯砸毁交通工具的窗户玻璃的行为,一般不构成本罪。

破坏交通工具罪由故意构成,行为人对自己的破坏行为足以使交通工具发生倾覆、沉没等危险具有认识、容认的态度。

破坏交通工具的行为造成他人死亡时,构成结果加重犯(破坏交通工具致死罪)。少数说认为,其中的他人只限于交通工具内的人,而不包括交通工具附近的其他人。这是根据结果加重犯的构造得出的结论。通说则认为,其中的他人不限于交通工具内的人,造成交通工具周围的人死亡的,也成立破坏交通工具致死罪。这是着眼于破坏工具罪的公共危险性质得出的结论。由于结果加重犯对加重结果只能是过失,故产生了如下问题:行为人具有杀人的故意而破坏交通工具时应如何处理?对此有三种观点:(1)破坏交通工具致死罪不包括故意造成他人死亡的情形,故上述行为构成杀人罪与破坏交通工具致死罪的想象竞合。这种观点旨在照顾刑罚的均衡,但存在两个问题:一是将故意造成加重结果的行为评价为结果加重犯,二是将死亡结果作了双重评价。(2)破坏交通工具致死罪不包括故意致人死亡的情形,上述行为构成杀人罪与破坏交通工具罪的想象竞合。这一观点旨在克服前一种观点的两个缺陷。(3)破坏交通工具致死罪包括故意杀人的情形,所以,杀人既遂时只成立破坏交通工具致死罪,但杀人未遂时成立破坏交通工具罪与杀人未遂的想象竞合。但这种观点有自相矛盾之嫌,即在杀人既遂与杀人未遂时所适用的标准不一致。

四、交通危险罪

德国刑法第315a条规定了水陆路空交通危险罪,其中包括两种行为类型:(1)因服用酒精饮料或者其他麻醉药品,或者由于精神上或者生理上的缺陷而不能安全驾驶的人,仍然驾驶轨道车辆、缆车、船舶或者航空器,因而对他人的身体、生命或者具有重大价值的财物产生危险的(未遂犯亦处罚)。(2)轨道车辆、缆车、船舶或者航空器的驾驶人员或者其他为其安全负有责任的人员,因严重违反义务的行为而触犯有关保障上述交通工具的安全的法规,因而对他人的身体、生命或者具有重大价值的财物产生危险的。上述两种情形属于故意犯,如果故意实施上述行为但过失造成危险,或者过失实施上述行为过失造成危险的,则构成相应的过失犯罪。

德国刑法第315c条规定了道路交通危险罪,其中包括两种行为类型:(1)因服用酒精饮料或者其他麻醉药品,或者由于精神上或者生理上的缺陷而不能安全驾驶交通工具的人,仍然驾驶交通工具,因而对他人的身体、生命或者具有重大价值的财物产生危险的

（未遂犯亦处罚）。（2）严重违反交通规则且鲁莽地实施下列行为之一，因而对他人的身体、生命或者具有重大价值的财物产生危险的：未遵守先行权规则的，不当超车或者在超车时不当行使的，在人行道上不当行使的，在视线有盲点处、交叉路口等复杂路段过速行使的，在复杂路段未靠右侧车道停车的，在高速公路或者快速道路掉头、逆向行驶或者试图掉头、逆向行驶的，没有使停止或者不能行驶的车辆保持可以辨识的足够距离的。上述两种情形属于故意犯，如果故意实施上述行为但过失造成危险，或者过失实施上述行为过失造成危险的，则构成相应的过失犯罪。

德国刑法第316条规定了醉酒驾驶罪，因服用酒精饮料或者麻醉药品而不能安全驾驶，但仍然驾驶交通工具参与交通活动，如果不能按上述第315a条和第315c条的规定处罚的，便以醉酒驾驶罪处罚（1年以下自由刑或者罚金）。故意犯本罪和过失犯本罪的，处罚相同。

日本的特别刑法规定了醉酒驾驶罪与酒后驾驶罪（带酒气驾驶罪）。醉酒驾驶罪，要求行为主体在驾驶车辆时处于醉酒状态，即由于受酒精的影响而处于可能难以正常驾驶的状态（规范的构成要件要素）；酒后驾驶罪，要求行为人在驾驶车辆时，体内酒精的含有量达到了政令规定的程度（血液中每毫升0.3毫克，呼吸时每立升0.15毫克）。前者的法定刑为1年以下惩役或者30万日元以下罚金；后者的法定刑为3年以下惩役或者50万日元以下罚金。醉酒驾驶罪与酒后驾驶罪均为故意犯。关于醉酒驾驶罪的故意内容，存在以下观点：（1）需要认识到自己处于可能难以正常驾驶的状态；（2）不需要认识到自己处于可能难以正常驾驶的状态，只要认识到自己体内含有相当量的酒气即可；（3）不需要认识到自己处于可能难以正常驾驶的状态，但需要认识到醉酒的程度。日本最高裁判所的态度是，只要行为人认识到自己因为饮酒而在体内含有酒精并驾驶车辆就够了；至于是否达到了可能难以正常驾驶的状态，只需要进行客观的判断，而不需要行为人对此也有认识。关于酒后驾驶罪的故意内容，没有争议的是，行为人必须认识到自己因饮酒而在体内带有酒气。存在争议的是，是否要求行为人认识到体内的酒精含量达到了政令规定的数量。多数学者认为，由于饮酒者通常不可能正确地认识到这一点，所以，如果要求对此有认识，就几乎不存在故意犯罪了。因此，不需要行为人对体内酒精的具体含量有认识。

第七节　毒品犯罪

一、毒品犯罪的立法形式与保护法益

毒品，是指鸦片、海洛因、吗啡、大麻等麻醉品与兴奋剂。有关毒品的犯罪，则是指输入、制造、贩运、持有、使用毒品的犯罪以及其他与此有关的犯罪。由于毒品犯罪的危害严重，而且涉及的罪名很多，故大多数国家都不在刑法典中规定毒品犯罪，而是以单行的特别法形式作出规定，德国、奥地利、法国、瑞士等国均是如此。意大利、西班牙及日本的刑法典虽然规定了某些毒品犯罪，但关于毒品犯罪的特别法大量存在，对毒品犯罪的处理主要依靠特别法。例如，日本关于毒品犯罪的特别法有鸦片法、麻醉药取缔法、大麻取缔法、

兴奋剂取缔法等,此外,药事法、关税法中也有关于毒品犯罪的规定。

像日本的特别法这样的立法形式,固然使毒品犯罪的构成要件明确、具体,但带来了不少问题。例如,贩卖麻醉药与贩卖兴奋剂构成两个不同的罪,而成立这两个罪要求行为人认识到自己所贩卖的是麻醉药或者兴奋剂,但在许多情况下,行为人原本贩卖的是麻醉药,而他认为是兴奋剂,或者相反,这便给处理犯罪带来了麻烦。德国的特别法原来也是如此,有鉴于过于详细的规定反而不利于处罚毒品犯罪,德国于 1982 年在麻醉药法中,将所有的毒品都称为麻醉药,于是,行为人对毒品种类的认识错误就不影响犯罪的成立。

毒品犯罪的保护法益是公民的生命、身体与健康。问题在于,毒品犯罪是对个人法益的犯罪还是对社会法益的犯罪?如果是对个人法益的犯罪,那么,毒品犯罪的保护法益就是吸毒者的生命、身体与健康,毒品犯罪行为就类似于帮助自杀、自伤的行为。但一些国家的刑法并没有规定帮助自杀、帮助自伤罪,却无一例外地规定了毒品犯罪。而且,如果将毒品犯罪理解为对个人法益的犯罪,那么,完全可能以被害人自我答责为由,否认贩毒者、制毒者的刑事责任。所以,不能将毒品犯罪理解为对个人法益的犯罪,只能理解为对社会法益的犯罪。所谓理解为对社会法益的犯罪,是指毒品犯罪的保护法益是不特定多数人的生命、身体、健康。事实上,吸食毒品具有群体性与传染性的特征,即使针对特定的人贩卖毒品也会导致多数人吸食该毒品。所以,任何毒品犯罪都不可能只是针对特定的个人犯罪。正因为毒品犯罪是危害不特定多数人生命、身体、健康的犯罪,所以,不能以被害人自我答责为由否认毒品犯罪的构成要件符合性,也不能以被害人同意或者承诺为由否认毒品犯罪的违法性。但是,毒品犯罪不以造成他人死亡、身体伤害为前提,换言之,各国刑法规定的各种毒品犯罪,都是抽象的危险犯。

二、毒品犯罪的类型

各国特别刑法规定的毒品犯罪类型相当多,特别是在日本等国,同样是输入、制造等行为,由于毒品的种类不同,就构成不同的犯罪。

(一)输入毒品罪、输出毒品罪

输入毒品罪,是指非法将毒品从国外输入本国的行为。

输入毒品罪的行为,表现为非法将毒品从国外(包括不属于任何国家管辖的地区以及国外的船舶与航空器)运往国内的行为。行为人将毒品从国内带往国外,然后又将该毒品带回国内时,也成立输入毒品罪。输入行为不限于随身携带,采取其他任何方法(如邮寄等)使毒品从国外移入国内的行为,都属于输入毒品。一旦行为人将毒品输入本国内,即构成犯罪既遂。

问题是,"输入"(既遂)的标准是什么?一般认为,陆路输入时,以毒品已运入本国的国境线内为输入。但海路或空路输入毒品时,认定标准则有争议。领海(空)说认为,运载毒品的船舶或者航空器进入本国的领海或者领空时构成既遂。到达说认为,运载毒品的船舶到达港口或者航空器着陆时为既遂。登陆说(领土说)认为,将毒品从船舶上搬往地面或者从航空器上取出毒品时为既遂。[6] 关税线说认为,毒品已经过关税检查处所并

---

〔6〕 根据此说,所谓输入,并非泛指将毒品从外国搬运至本国的一切行为,而是仅指最终阶段的搬入本国领土的行为。

从检查处所运出时为既遂。运出可能说认为,运载毒品的船舶或航空器到达本国领域后,毒品处于能够从船舶或航空器内运出的状态时为既遂。

日本的判例通说采取登陆说。基本理由如下:首先,刑法处罚输入毒品罪的未遂犯,如果采取领海(空)说,则意味着没有成立未遂犯的余地,因而与刑法规定相抵触。其次,刑法一般规定,如果输入得到相关机关的许可则不以输入毒品罪论处,但事实上,通常只要在将毒品搬入陆地前得到了许可便阻却犯罪的成立,故领海(空)说与到达说会不当扩大处罚范围。再次,如果采取领海(空)说,那么,装有毒品的船舶或者航空器单纯经过本国领海或者领空时,也可以认定为输入毒品既遂,这显然不合适。最后,关税线说与运出可能性说,导致本罪的既遂时期过晚。但是,也有不少学者主张领海(空)说。因为毒品进入本国领海、领空就对公众健康产生了危险;制造毒品罪、持有毒品罪都可以发生在本国领海、领空内,与之相比较,输入毒品罪也应以进入本国领海(空)为既遂标志。

输入毒品罪只能由故意构成,行为人必须认识到自己所输入的是毒品。以营利为目的不是本罪成立的主观要件,但可能是法定刑加重的事由。

输入毒品罪与海关法上所规定的走私罪,是法条竞合关系,行为成立输入毒品罪时,不再成立走私罪。

输出毒品罪,是指非法将毒品从本国输出国外的行为。只要行为人以将毒品输出国外为目的而向前往国外的船舶、航空器、车辆等装载毒品,即成立输出毒品罪。至于毒品是否到达预定的外国,是否超出本国领海、领空、领土,则不影响本罪的成立。因此,严格地说,输出行为不是本罪的客观要素,而是主观要素。

(二)制造毒品罪

制造毒品罪,是指故意非法制造毒品的行为。

首先,应当在广义上理解制造,具体包括以下行为:一是使用化学方法将毒品原料制造成毒品;二是不使用化学方法,只是对毒品进行调剂、混合;三是将毒品进行分割装入容器(毒品的量的精制)。其次,制造毒品必须是非法的,经过有关机关批准的业务人员或者研究人员,在合法范围内制造毒品的,不成立制造毒品罪。

制造毒品罪显然只能由故意构成,至于行为人出于何种动机与目的制造毒品,则不影响本罪的成立。

(三)贩运毒品罪

贩运毒品罪,是指非法贩卖或者运输毒品的行为。它实际上是两个罪:贩卖毒品罪与运输毒品罪,由于二者联系密切,许多国家的特别法将它规定为一个罪名。

贩卖,是指向不特定或者多数人有偿转让,包括买卖与交换。贩卖不以先买后卖为必要,只要以营利为目的将毒品买进或者卖出,便属于贩卖;贩卖不以反复实施为必要,只要有一次买卖或交换行为,即属于贩卖;贩卖不以实际上获利为必要,只要实施了上述贩卖行为,即使未获利的,也属于贩卖。运输,是指转运输送,将毒品从此地运往彼地。[7]从国外运往国内的,则成立输入毒品罪。只要行为人实施上述两种行为之一的,就成立贩运毒品罪。贩卖毒品时,以出售成交为既遂;运输毒品时,以已经开始起运为既遂,不以到达

---

〔7〕 在没有规定输出毒品罪的国家,将毒品从国内运输至国外的,也成立运输毒品罪。在规定了输出毒品罪的国家,运输毒品仅限于在国内运输毒品。

目的地为既遂。

贩运毒品罪必须是非法的,如果根据法令、命令等正常出卖或者运输特定毒品,则是违法性阻却事由。构成本罪要求行为人主观上有贩卖或者运输的故意。

(四)持有毒品罪

持有毒品罪,是指没有法定理由而非法持有毒品的行为。

一般来说,持有是以对物的实力支配关系为内容的行为,只要实力支配关系在存续,就认为持有在存续;至于实力支配关系是否存在,则要根据有关的具体情况以及社会观念进行判断。因此,持有毒品,就是将毒品置于自己实力支配内的行为。持有不要求是物理的握有,行为人认识到毒品的存在,并使毒品处于自己可以管理的状态时,便可以认为是持有;持有不要求本人直接持有,介入他人的行为而行为人能够实现自己的持有时,也构成持有;持有不要求持有者是毒品的所有人和具有持有毒品的权利。

详言之,持有包括以下类型:(1)直接持有与间接持有:行为人直接对毒品具有实力支配关系的,属于直接持有;行为人通过直接持有的他人间接地对毒品具有实力支配关系的,属于间接持有。例如,甲委托乙为自己保管毒品时,乙是直接持有,甲为间接持有。(2)排他的持有与重叠的持有:只有直接持有,并不同时存在间接持有时,属于排他的持有;同时存在直接持有与间接持有时,属于重叠的持有。(3)单独持有与共同持有:一人持有毒品时,属于单独持有;二人以上共同持有毒品时,属于共同持有。上述区分,对于能否认定行为人之间存在转让毒品、交付毒品的犯罪行为,具有重要意义。

持有必须是没有法定理由的行为,行为人基于法律、法令持有毒品的,属于正当化事由,不成立本罪。

持有只能是故意的,行为人不仅认识到自己所持有的是毒品,而且有积极地为自己或者他人保管毒品的意思。至于是否需要出于特定的动机与目的,各国刑法规定不一。例如,意大利刑法规定,意图贩卖而持有毒品时,才成立犯罪;但日本的刑法规定,行为人持有毒品的动机与目的如何,不影响持有毒品罪的成立。

(五)交付、取得毒品罪

不以牟利为目的、不以有偿为代价而交付、取得毒品的行为,也被相关国际公约和不少国家的刑法规定为犯罪。

例如,经修正的《1961年麻醉品单一公约》[8]第36条规定,缔约国应当采取措施,对下列出于故意的行为科处适当刑罚:“违反本公约规定的麻醉品的种植、生产、制造、提制、调制、持有、供给、兜售、分配、购买、贩卖、以任何名义交割、经纪、发送、过境寄发、运输、输入及输出,以及任何其他行为经该缔约国认为违反本公约的规定者。”《联合国禁止非法贩运麻醉药品和精神药物公约》[9]第3条规定,各缔约国应采取可能的必要措施,将下列故意行为确定为其国内法中的刑事犯罪:“生产、制造、提炼、配制、提供、兜售、分销、出售、以任何条件交付、经纪、发送、过境发送、运输、进口或者出口任何麻醉药品或精神药物。”不难看出,根据上述公约,任何交付毒品的行为均成立犯罪。

---

〔8〕 本公约于1985年9月21日对中国生效。

〔9〕 中华人民共和国政府于1988年12月20日签署本公约,于1989年12月23日交存加入书,公约于1990年11月11日对中国生效。

再如,法国刑法第 222－37 条规定:“非法运输、持有、提供、转让、取得或者使用毒品的,处十年监禁,并处 7500000 欧元罚金。”第 222－39 条规定:“向他人非法转让或提供毒品,供其个人消费的,处五年监禁,并处 75000 欧元罚金。”日本兴奋剂法第 41 条之二第 1 项规定:“擅自持有、转让或者受让兴奋剂的,处十年以下惩役。”第 2 项规定:“以营利目的犯前项之罪的,处一年以上有期惩役,或者根据情形处一年以上有期惩役和五百万元以下罚金。”日本大麻取缔法第 24 条之二第 1 项规定:“擅自持有、转让或者受让大麻的,处五年以下惩役。”第 2 项规定:“以营利目的犯前项之罪的,处七年以下惩役,或者根据情形处七年以下惩役和二百万元以下罚金。”此外,日本鸦片法第 52 条、麻醉药品与精神药品取缔法第 66 条与第 66 条之四,也有类似规定。其中的转让,是指将对毒品的法律上的或者事实上的处分权限授予对方,并且,将毒品的持有转移给对方。受让则是转让的反对概念,即从相对方接受对毒品的法律上或者事实上的处分权限,并且接受毒品的持有的转移。

(六)使用毒品罪

使用毒品罪,是指没有法定理由吸食、涂擦、注射毒品以及其他使用毒品的行为。

使用毒品的方法没有限制。对人使用毒品时,主要是指吸食、涂擦或者注射毒品,也包括其他一些使用方法,例如,将毒品加热后吸入蒸汽,将毒品置入人体的某器官内等。对人使用毒品时,其中的“人”包括行为人本人与他人。对动物使用毒品的,也成立使用毒品罪。例如,行为人给自己的家禽注射毒品时,也构成使用毒品罪。日本最高裁判所于 1980 年曾作出判决,认定给马注射兴奋剂以提高马的竞争力的行为,构成使用兴奋剂罪。此外,未经允许在从事研究、制造药品的过程中使用毒品的,也构成使用毒品罪。

使用毒品必须没有法定理由,如果根据法律、法令使用毒品,或者遵照特定医师的医嘱而使用一定的毒品,则不构成使用毒品罪。使用毒品罪只能由故意构成,行为人必须明知自己所使用的是毒品。

第八节　环境犯罪

一、环境犯罪的保护法益

各国刑法都以不同的类型、不同的立法方式规定了环境犯罪,有关环境犯罪的立法被称为环境刑法。

关于环境犯罪的法益,德国、日本等国的刑法理论上主要存在三种学说。

第一,生态学的法益论(环境中心主义的法益论)认为,环境犯罪的法益是生态学意义上的环境本身(水、土壤、空气)以及其他环境利益(动物、植物)。例如,日本学者伊东研祐主张,处罚环境犯罪的目的,并非仅在于恢复环境保全方面被违反的行政规制(确认相关规制的妥当性),还在于使人们对环境保全的伦理感有所觉醒并加以维持(刑罚权行使的伦理形成机能),环境刑法的保护法益是生态系统本身,环境犯罪是侵犯这一意义上的法益的抽象的(一具体的)危险犯。德国环境刑法立法者起初认为,环境媒体(空气、土壤、水、植物等)或者环境变数本身是环境犯罪的保护法益。[10] 由于环境犯罪都侵害了环境本身,故环境犯罪属于实害犯。据此,对包含人类在内的整个自然环境的保全存续产生影响的所有改变,都是对环境法益的侵害。

但是,生态学的法益论也存在疑问。例如,为了维护自然环境的循环体系,不得不在某种程度上牺牲人类的利益。在为了保全作为整体的环境的情况下,即使对人的生命、健康产生直接的影响,或者对人的自由、财产造成了侵害,也不属于法益侵害。因此,发展中国家为了确保粮食而进行的开发行为,只要伴随有对存在于开发地域的动植物的生存、地形、景观的变更,就存在法益侵害。进一步而言,即使人将饿死、人类将要灭亡,也必须维持生态环境。可是,保护环境最终还是为了保护人的利益,换言之,环境犯罪的法益必须与人相关联。

第二,人类中心的法益论认为,法益是人格发展的前提条件,只有生命、健康、身体的安全才有成为法益的资格,环境犯罪的保护法益,是人的生命、身体、健康。环境只是因为给人类提供了基本的生活基础,才受到刑法保护,否则人类没有必要保护环境;所以,只能以人类为中心来理解环境犯罪的保护法益。环境自身不是保护法益,只是行为对象;环境刑法的目的与作用在于保护人的生命、身体、健康法益免受被污染的环境的危害,所以,只有人的生命、身体、健康才是环境犯罪的保护法益。据此,环境本身不是保护法益,只有在对人类的生存、健康必要的限度内才受到保护(Hohmann、Hassemer)。换言之,只有当对环境的侵害,间接地侵害了人的生命、身体、自由、财产等传统法益时,才是对法益的侵害。与生命、身体、健康没有关系的环境,即使是一种公共利益,也不是刑法所保护的法益。由于环境犯罪只是对人的生命、身体等造成了危险,故环境犯罪原则上是危险犯;而且,只有当环境污染行为具有间接地侵害人的生命、身体、健康的危险时,才能成立环境犯罪。

从解释论上来说,人类中心的法益论与传统的法益论保持了一致性。可以肯定的是,环境的污染不仅危害现存人的生命、身体、健康,还可能危及尚未出生的子孙后代的生命、身体、健康。如果采取人类中心的法益论,环境犯罪对现存人的生命、身体、健康的法益只是一种危险犯,而对子孙后代则只能是抽象的危险犯。然而,如果说只有当污染环境的行为对人的生命、身体、健康产生了危险才构成犯罪,就必须设定某种客观的标准,亦即,什么样的、何种程度的污染行为才是对人的生命、身体、健康产生危险的行为?日本有学者(斋野彦弥)提出了以下四个标准:(1)一旦污染了就极难恢复,即对环境的侵害具有不可逆性、非恢复性;(2)在损害现实化的场合,对多数人造成严重损害的结果重大性;(3)如果不处罚就容易被模仿,具有同种污染行为被反复实施的诱发性;(4)与其他要因相结合,导致结果发生的复杂性。但是,这样的标准仍然过于抽象。

第三,生态学的人类中心的法益论认为,水、空气、土壤、植物、动物作为独立的生态学的法益,应当得到认可,但是,只有当环境作为人的基本的生活基础而发挥机能时,才值得刑法保护。换言之,只有存在与现存人以及未来人的环境条件的保全相关的利益时,环境才成为独立的保护法益。据此,本说实际上是将保护法益往前移动;其宗旨是,为了人类

---

〔10〕 持生态学的法益论的部分学也认为,环境犯罪的法益,不是环境本身或者环境要素、环境媒体,也不是理想的"自然状态"的环境,而是使现状的环境媒体(环境要素)的相互作用的活力发挥机能的,作为自然体系的整体的生态系。

的生物学的发展，将危险回避作为共同体的任务。于是，理念的、实际意义的环境刑法的保护法益，是具有作为人类的基本生活基础的机能的环境。简言之，生态学的人类中心的法益论承认环境媒体等生态学的法益，同时认为生态学的法益只有与人类中心的法益相关联，或者与人类中心的法益不相抵触时，才成为保护法益。这种折中的法益论是当今德国的通说。日本也有不少学者采取生态学的人类中心的法益论。例如，今井猛嘉指出，人类只能与生态系统共存荣，生态系统的破坏会直接或者间接引起人类生活水准的恶化。因此，环境刑法的目的，就是防止因人类的各种活动而导致环境遭受不必要的负荷。环境刑法的保护法益有两个方面：一是人的生命、身体机能与财产等相关的利益；二是与此相关联的生态系统的保持。换言之，环境刑法首先应当考虑的是人类的重要利益，但在与人类利益相关的范围内，也应动用刑罚来保证环境保护的利益。〔11〕

可以想象，在生态学的法益与人类中心的法益的逻辑关系上，存在两种理解。其一，要求生态学的法益与最终的人类法益具有关联性。换言之，只有能够还原为人的生命、身体、自由、财产的环境法益，才是值得刑法保护的法益。这种理解接近人类中心的法益论。〔12〕 其二，生态学的法益，只要与人类中心的法益不相抵触，就是独立的法益。这一理解不要求生态学的法益最终与人类中心的法益相关联。据此，对稀有动植物的保护，即使对人类的法益无益，但只要对人类的法益无害，就可以成为生态学的保护法益的内容。问题在于，后一理解中的对人类的法益无害的生态学的法益，究竟与人是什么关系？有人认为，这种法益与人类无关，其本身是一种独立的法益（Rengier）；有人认为，这种法益并非与人类无关，而是人享受自然环境的权利（町野朔）。显然，后者的见解又接受了人类中心的法益论。

町野朔不赞成生态学的人类中心的法益概念，而是将环境权作为环境犯罪的保护法益。町野主张“人格的法益概念”，认为法益必须限定为人格的发展前提，只有生命、健康、身体的安全才有资格成为法益；刑法应当保护人免受恶的环境的侵害，而不是保护环境免受恶的人的侵害。刑法处罚环境犯罪不是为了保护环境本身，而是为了人而保护环境。环境本身只是行为对象，而不是保护法益。在町野看来，人享受优美的自然环境的环境权才是环境犯罪的保护法益。这种环境权不是一般的环境伦理，而是个别的环境权，即要求清洁的自然环境、优美的自然景观、物种的多样性、野生动植物的存在等权利。町野的观点与作为通说的生态学的人类中心的法益论的区别主要在两个方面：一是对法益本身存在不同的理解；二是对保护法益的内容存在形式上的表述差异。町野教授认为，环境本身是行为对象而不是保护客体，只是因为人具有环境权，所以，污染环境就侵害了人的环境权。而生态学的人类中心的法益论则认为，保护环境本身便是为了保护人的利益，如果某种环境不符合人的利益，就不可能受到刑法的保护。所以，二者只是表述上的差异，而不是真正的区别。事实上，只要污染了环境，就可以认为侵害了人的环境权。在此意义说，将环境权作为保护法益与将环境本身作为法益，对处罚范围不会产生明显影响。再者，环境权虽然是个人法益，但却是每一个人都平等享有的权利，任何个人都难以独立地

---

〔11〕［日］今井猛嘉：《环境犯罪》，载［日］西田典之编：《环境犯罪と证券犯罪》，成文堂2009年版，第70页。

〔12〕实质的区别在于，人类中心的法益论不承认环境本身是法益，而这种生态学的、人类中心的法益论承认环境本身是保护法益，故使水质环境、大气恶化的行为，因为侵害了生态学的法益，而成为侵害犯。

行使这项权利。换言之,只有保护了环境,每个人才能真正享受这项权利。于是,每个人的环境权实际上体现为环境本身这项集体利益。“尽管传统刑法只保护个人权利和价值,但在上个世纪,保护集体利益和价值已日益成为刑法的一个重要任务。”〔13〕

可以肯定的是,国外刑法及其刑法理论不再认为环境犯罪是单纯的秩序违反,而是与伤害罪、盗窃罪、诈骗罪等真正的刑事犯具有同等非难程度的犯罪。

二、环境犯罪的主要类型

德国刑法第 324 条规定,行为人无权地污染水域或者其他使水质产生不利改变的,构成污染水域罪。关于本罪的保护法益,有一种观点认为,只有受管理的水才是本罪的保护法益;但通说认为,受管理的水与没有受管理的水都是本罪的保护法益。水域包括地面上的水域(地表水)、地下水与海洋。污染水域的行为方式,则没有任何限定,但必须是无权行为。因此,得到有权机关的许可,或者作为所有者而实施的行为,一般成为违法阻却事由。本罪不仅包括从外部可以认定的污染的情形,而且包括导致水质的物理的、化学的或者生物学的性状的恶化,如使水温朝不利的方向上升或者下降,使排水速度朝不利方面改变,都符合本罪的构成要件。但是,如果对水质的改变程度轻微,水质可以自然地恢复原状的,不属于本罪的污染水域与不利改变。根据德国的通说,本罪是结果犯(实害犯或者具体的危险犯),但是,由于污染概念是一个宽泛的概念,故也有学者认为本罪是抽象的危险犯或者具体的·抽象的危险犯(Rogall)。只要行为使水域污染或者使水质产生不利改变,行为人就不得以水域原本受污染等作为辩护理由。德国的判例指出,企业在排水时,超出行政机关规定的界限值,使水质产生不利变化的,就符合水域污染罪的构成要件,不要求证明超出的排水量、有害物质的内容与排放时间、地点。刑法不仅处罚故意的污染水域行为(包括未遂行为),而且处罚过失的污染水域行为。

德国刑法第 324a 条规定,行为人违反行政法上的义务,使物质进入、渗入或者泄入土壤中,以危害他人、动物、植物健康,或者污染其他有重大价值的财物或者水域的方式,或者在广泛范围内污染土壤或者使土壤作不利改变的,构成污染土壤罪。本条不仅明确规定了行为的结果(污染土壤或者使土壤作不利改变),而且规定了行为内容与方式。故意行为与过失行为都可以成立本罪,未遂犯也受处罚。

德国刑法第 325 条规定,行为人在设施特别是经营场所或者机器的运转过程中,违背行政法的义务,造成空气改变,足以危害设施范围外的人、动物、植物健康或者其他有重大价值的财物,或者违背行政法上的义务,在设施特别是经营场所或者机器的运转过程中,向设施范围外释放大量有害物质的,构成污染空气罪。根据通说,本罪的保护法益是空气(大气)本身,属于抽象的·具体的危险犯。本罪属于身份犯,使用设施特别是负责经营场所或者机器运转的人,才能成为本罪主体。本罪的行为表现为违背行政法上的义务,造成空气改变或者向设施范围外释放大量有害物质。所谓造成空气改变,是指通过排放粉尘、瓦斯、蒸汽、臭气等,造成了适合侵害设施范围外的人的健康、动物、植物以及其他重大价值财物的状态。换言之,只有对设施范围外的人、动物、植物等造成潜在的危险时,才成立本罪。所谓有害物质,是指损害人的健康、动物、植物或者其他有重大价值的财物的物

---

〔13〕[瑞典]汉斯·舍格伦、约兰·斯科格编:《经济犯罪的新视角》,陈晓芳、廖志敏译,北京大学出版社 2006 年版,第 65 页。

质，以及持续性地污染或者不利改变水域、空气或者土壤的物质。本罪既可以由故意构成，也可以由过失构成。但是，对各种交通工具（如动力交通工具、铁道交通工具、空中交通工具与水上交通工具）的使用，不适用有关本罪的规定。

德国刑法第325a条规定，行为人违背相关行政法上的义务，在设施特别是经营场所或者机器的运转中，造成足以危害设施范围外的人的健康的噪音的，或者违背行政法关于防止噪音、震动或者非离子辐射的义务，在设施特别是经营场所或者机器的运转中，给他人的健康、不属于行为人的动物或者具有重大价值的他人财物造成危险的，构成制造噪声、震动、非离子辐射罪。本罪是抽象的·具体的危险犯。无论故意行为，还是过失行为，都可以成立本罪。但是，对各种交通工具的使用，不适用有关本罪的规定。

德国刑法第326条规定，行为人在被允许的范围之外，或者以严重违反规定或允许的方式，处理、储存、排放、去除有害废物，或者违反禁止规定或缺乏必要许可，将有害废物输入、输出、通过德国范围，以及违反行政法上的义务，不交出放射性废物的，构成非法处理废物罪。其中的有害废物，包括可能含有或者产生对人或者动物具有公共危险且能传播的毒物或者病原体的废物，具有致癌或者有害生育、改变遗传的废物，具有爆炸危险、自燃或者严重放射性的废物，依其性质、特点与数量，足以持续性地污染或不利改变水域、空气、土壤，或者给动物、植物的生存造成危险的废物。本罪的行为包括三大类：一是违法地处理、储存、排放、去除有害废物；二是走私废物或者使废物通过德国境内；三是应当交出放射性废物而不交出。前两类行为的未遂，也构成本罪；第三类行为仅处罚既遂行为。三类行为都可以出于故意与过失。私人家庭非法处理垃圾的行为，垃圾处理场非法处理垃圾的行为，都有可能成立本罪。为了防止过于扩大处罚范围，德国刑法第326条同时设置了最低限度条款，即如果处理的废物数量小因而明显排除了对人、水域、空气、土壤、动物、植物的损害效果的，不得处罚。

德国刑法第327条规定，行为人未经批准或者违反禁令，运转（开动）核技术设施，占有或者全部或部分地拆除准备运转或者关闭的核技术设施，明显改变该设施及其运转，或者明显改变使用核燃料的经营场所及其状况的，构成未经许可运转核设施罪。[14] 德国刑法第328条规定，行为人未经批准或者违反禁令，对核燃料进行保管、运输、加工、改造、使用、输入、输出的，以及有义务交出而不交出核燃料，或者向无权者交付核燃料的，构成未经许可处理核燃料罪。[15] 概言之，未经许可运转核技术设施和未经许可处理核燃料的行为，构成犯罪。由于核技术设施与核燃料是特别危险的危险源，所以，没有经过行政法上的许可的行为，以及违反行政法禁令的行为，都可能构成本罪。上述两罪都是抽象的危险犯，不要求发生具体危险。

德国刑法第329条还规定了危害需要保护的区域的犯罪，包括三个不同的构成要件。其一，违反根据联邦环境保护法而公布的法律命令，或者基于该法律命令而颁布的命令，在应当防止空气污染与噪声的特别保护区域，或者在发生空气循环的停滞状态的场合有可能加剧空气污染对环境的恶劣影响的区域，操作设施的行为。本罪的法益是特定区域的空气状态、静谧以及人的健康。本罪属于抽象的危险犯，不要求发生具体的危险。过失

〔14〕 本条还将非法运转其他危险设施的行为规定为犯罪。

〔15〕 本条还将非法处理其他放射性物质、危险物质的行为规定为犯罪。

犯也受处罚。本规定可谓刑法第325条的补充规定。其二,在水源或者矿泉保护区域,违反保护水源或矿泉的法令,实施危害水质的行为。本罪的法益是作为环境媒体的水。本罪是抽象的危险犯。过失犯也受处罚。本规定是对刑法第324条的补充规定。其三,违反有关自然保护区、国立公园及其景观的规定,除去、取得、采掘、堆积地下资源或者土壤的其他构成部分,变更、废止河流,排放各种湿地的水,以及开垦森林,因而损害自然保护区、国立公园的重要构成部分的行为。本罪的法益是包含景观在内的自然环境本身。本罪属于侵害犯。过失犯也受处罚。

第二十一章　损害公共信用的犯罪

第一节　本章犯罪概述

经济秩序、交易秩序作为社会法益具有重要意义。为了维护正常的经济秩序、交易秩序，就必须确保经济交易中常用的技术手段的公共信用。例如，货币、有价证券、各类文书、印章等作为技术手段，在社会生活中发挥着重大的作用，必须确保这些技术手段的公共信用。其中，货币、有价证券，作为经济交易的支付、清算手段，具有非常重要的作用；文书、印章作为有关权利、义务关系的证据，以及作为身份关系和其他事实关系的证明手段，也具有相当的重要性。不仅如此，作为新的支付手段的磁卡（如借记卡），已被广泛用于经济生活。这种磁卡似乎既不同于货币与有价证券，也不同于一般的文书与印章，但对人们的经济生活起着巨大作用。在经济生活中伪造（广义）这些技术手段的行为，损害了其公共信用，给社会活动本身产生重大障碍。

也有学者将本章的犯罪称为伪造罪，因为损害货币、有价证券、各类文书、印章、磁卡的公共信用的行为，主要表现为伪造、变造以及使用伪造、变造的货币、有价证券、各类文书、印章、磁卡的行为。不过，即使学者们将本章犯罪称为伪造罪时，依然认为伪造罪所侵害的法益就是公共信用。

第二节　伪造货币罪

一、伪造货币罪概说

关于伪造货币罪的保护法益，刑法理论上存在争议。从刑法学说史上看，首先强调伪造货币罪对国家货币发行权的侵害，因而认为本罪是对国家法益的犯罪，这种观点一直持续到中世纪。资本主义生产关系的发展，使不少学者开始主张伪造货币罪的保护法益是货币的公共信用这一社会法益。现在可以肯定的是，各种学说都承认，货币是经济交易的重要手段，货币的真正性的公共信用，是伪造货币罪的保护法益。问题是，伪造货币罪的保护法益，除了货币的公共信用外，是否还包括国家的货币发行权？例如，行为人擅自制造了货币，而该货币不得不被承认因而有效时，是否成立伪造货币罪？[1]

---

〔1〕　日本于1946年进行新旧货币的替换时，所采用的方法是，发给国民相当于100日元的证纸，然后由国民将证纸粘贴在旧币上作为新币使用。行为人将并非通过正规手续获得的证纸粘贴在旧币上，制作成新币。但行为人制作的该新币是完全有效的，可以流通的。

消极说(通说)认为,伪造货币罪的保护法益仅限于货币的公共信用。其中,有的学者强调伪造货币罪对货币作为交易手段的信用的侵害,主张以货币是否有效来区分是否伪造。因为只要货币是有效的,对于使用者等人而言,就没有蒙受损失。有的学者认为,损害货币的公共信用的行为,除了制作无效的假货币外,还包括使人们对国家的货币制度产生重大疑问的行为。即使擅自制作的货币是有效的、可以流通的,也属于伪造货币。因为即使从结局上看所制作的货币是有效的,但当制作行为使人们对货币的真正性产生疑问,导致侵害了国民对货币制度的信用时,是值得科处刑罚的。换言之,即使伪造货币后,由于某种原因事实上不能使该伪造的货币无效,但也不能否认伪造行为具有侵害货币的公共信用的抽象危险性。

积极说认为,除了货币的公共信用外,国家的货币发行权也是伪造货币罪的保护法益。因为国家是通过独占货币发行权以维护货币信用的,而且,国家为了维护经济安全也必须规制货币的发行量。如果第三者任意发行货币,就妨碍了国家的利益与任务。但是,如何理解国家的货币发行权,也不是没有疑问的。有的学者将国家的货币发行权理解为国家的威信与权力;有的学者认为,国家的货币发行权,是指国家调节货币发行量的金融政策权限。据此,上述擅自制作有效的货币的行为,也成立伪造货币罪。

关于伪造货币罪的保护法益之争还涉及另一重要问题,即伪造外国货币的是否成立伪造货币罪?有的学者站在世界主义的立场上,主张伪造货币罪的保护法益只是货币的公共信用或者交易安全,因此,行为人不管是伪造国内货币,还是外国货币,也不问行为的时间、场所以及行为人的属性,都应当给予相同的处罚(Maurach)。有的学者则站在本国主义的立场,刑法规定的伪造货币罪,是仅指伪造本国货币的犯罪,因而保护法益包括国家的货币发行权。

伪造货币罪主要有以下具体犯罪:伪造货币罪(狭义)、行使伪造的货币罪、伪造货币预备罪。

二、伪造货币罪(狭义)

伪造货币罪,是指意图供行使之用,伪造或者变造通用的货币的行为。

(一)对象

伪造货币罪的对象是通用货币。德国刑法理论认为,货币是在特定地域中,作为经济活动、交易行为的主要支付手段,由共同认可的机关统筹发行的,在该地域内具有普遍的流通性,并具有确信之效力的媒介。在一些刑法典中,“货币”一词有广狭二义:广义的货币包括硬币、纸币与银行券,狭义的货币仅指硬币。作为伪造货币罪对象的货币,一般是指广义的货币。硬币,是指金属货币;纸币,是指由政府或者其他发行权者所发行的代替硬币的货币;银行券,是指政府授权的特定银行所发行的代替货币的证券。

货币必须具有通用性,即必须是有强制通用力的货币;只要具有强制通用力,即使国家已经停止印制或者发行,也属于通用货币,因此,通用并不等于事实上的流通。通用货币的强制通用力并不以永久通用或全国通用为限,即使限于特定时间或特定地区通用的货币,也能成为本罪对象。问题是某种货币的通用期限已满,但处于兑换期间时,该货币是否通用货币?一种观点认为,由于该货币可以兑换成今后通用的货币,故应认为是通用货币。另一种观点认为,既然已经过了通用期限,就表明没有强制通用力,因而不能认为是通用货币。从形式上说,后一种观点有道理;但从实质上说,前一种主张具有合理性。

至于绝对没有强制通用力的古钱与废币,则无疑不属于通用货币。

伪造货币是否包括伪造外国货币,取决于各国刑法的规定。日本刑法分别规定了伪造货币罪、行使伪造的货币罪与伪造外国货币罪、行使伪造的外国货币罪,大体可以认为,日本刑法理论关于伪造货币罪的保护法益的争论,主要围绕伪造本国货币的犯罪展开。德国刑法第146条规定了伪造货币罪,其第152条规定,伪造外国货币的行为,也适用第146条的规定。根据德国刑法理论的通说,虽然外国货币不具有本国的法定货币的资格,但其并不因此丧失货币的本质。法国刑法将伪造、变造在法国具有法定通用力或者由法国或国际机构发行的具有法定通用力的货币规定为一种犯罪,另将伪造、变造不再具有法定通用力或者不被认可的法国货币或者外国货币规定为一种较轻的犯罪。

(二)行为

伪造货币罪的行为,是伪造或者变造货币的行为。有的国家刑法将伪造货币与变造货币规定为不同的犯罪,如瑞士刑法;大多数国家刑法则将伪造与变造规定为一个犯罪,如德国、法国、意大利、日本等国刑法均是如此。

伪造,是指没有货币发行权的人,印制外观上足以使一般人误认为是真币的假币。首先,伪造者是没有货币发行权的人。其次,伪造的方法没有限制,例如,将古钱进行加工、将银行券复印后再加工等。最后,所伪造的货币必须在外观上与真币极为相似,使一般人依通常收受货币的习惯不易发现其为伪币;或者说,只有加以特别注意或者具有专业知识的人才能发现其为伪币。当然,这里只要求外观相似,不要求与真币完全相同。如果行为人印制不可能使一般人误认为是真币的仿制品的,不属于伪造货币,只能称为模造(仿造),不构成伪造货币罪。〔2〕但是,如果行为人以伪造货币的故意,着手实行伪造货币的行为,由于技术拙劣,而未能制造出使一般人误认为是真币的假货币的,则成立伪造货币的未遂犯。

伪造货币罪的行为是否仅限于模仿真币进行伪造,在理论上存在争议。例如,国家并没有发行票面价值为20元的货币,但行为人伪造了这种货币。少数观点认为,如果不存在对应的真货币,就不可能使人误以为是真货币,故这种行为不成立伪造货币罪。也有学者认为,虽然伪造货币要求有对应的真货币,但这种行为也成立伪造货币罪。因为只要行为人伪造的货币与真货币相似,就属于有对应的真货币。再如,国家现在没有发行票面价值500元的货币,但预定不久的将来发行这一面额的货币。行为人在国家发行前伪造票面价值500元的货币的,由于与预定发行的货币相对应,故仍然成立伪造货币罪。德国、日本的通说认为,只要制作了足以使一般人误以为是真币的假币,就成立伪造货币罪,而不要求存在与之相对应的真币。事实上,在受保护的货币中,有许多一般人不熟悉的货币,特别是各种纪念硬币,一般人并不熟悉其名称与形态,如果要求存在与之相对应的真币,则不利于保护货币的公共信用。德国判例曾将行为人伪造实际上并不存在的票面价值20马克的行为认定为伪造货币罪(RGSt 58,564)。在欧盟发行欧元前,德国刑法理论就伪造预定将来发行的欧元的行为进行了讨论,通说认为,对这种行为应当以伪造货币罪论处。

---

〔2〕日本在特别刑法中将模造货币的行为规定为犯罪,法国刑法、瑞士刑法在伪造货币罪之外规定了模造货币罪(制造与货币符号具有相似性的物品、印刷品或者样票的行为)。

变造,是指没有货币发行权的人,对真正的货币进行加工,使其价值等发生改变的行为。变造必须是对真币进行加工,而且没有损害货币的同一性;如果行为人对废币进行加工,则是伪造;行为人不仅加工,而且破坏真币的原形,如溶解硬币,另铸新币的,也属于伪造,而不是变造。变造的结果是使真币的价值改变,除了直接增加票面价值外,还可能是不改变票面价值只增加货币的数量,如将九张货币拼凑成十张货币。再如,行为人将面额1000日元的纸币的表里分开后形成两张,在没有印刷符号的白面贴上白纸,形成两张1000日元的纸币,法院认定为变造货币罪。又如,行为人将面额100日元的银行券加工成面额为500日元的银行券,判例认定为变造,但不少学者主张认定为伪造。因为对于银行券的同一性而言,面额是最重要的要素,如果改变了面额,就使银行券丧失了同一性。德国、瑞士、意大利等国刑法规定,变造的结果必须是使真币的价值增高;奥地利、日本等国刑法对此没有明文规定,刑法理论认为,使票面价值减少的行为也不失为变造,但实际上没有出现过这样的案件。就金属币而言,使金属量减少的行为,也是变造。变造也必须是在外观上足以使一般人误认为真币。

(三)主观要素

伪造货币罪只能由故意构成,故意的内容是对自己伪造或者变造货币的事实具有认识与容认态度。但是,德国、奥地利、瑞士、日本等国刑法规定,构成本罪除了具有故意之外,还要求有特定的目的。德国刑法规定必须"具有使其作为真正的货币进入流通或者使其进入流通成为可能的意图",奥地利刑法规定必须"意图将其作为真币使用",瑞士刑法规定必须"意图将其作为真币流通",日本刑法规定必须"以行使为目的"。在日本,刑法理论没有争议地将"以行使为目的"解释为"以将伪造的货币作为真正的货币置于流通为目的"。故可以认为,上述几国刑法的规定的实质内容相同:都是以行使的目的或者以将所伪造、变造的货币,作为真正的货币进行流通的目的。行使目的不仅包括以行为人自己行使为目的,还包括介入他人进行流通的目的。如果行为人出于行使以外的目的(如以作为学校的教材为目的),则不构成伪造货币罪。意大利刑法规定,向伪造货币者或者中间人购买或者以任何方式接受伪造、变造的货币的,只有具有将其置入流通的目的,才构成犯罪。[3]

例如,日本邮政局的职员盗窃了邮政局保管的现金后,以掩盖盗窃犯罪为目的伪造了银行券,并将伪造的银行券混入邮政局保管的现金中。如果说只是为了避免检查,还不能认定有行使目的,但是,只要有导致不知情的其他人使用伪造的银行券的可能性,行为人对此有认识,就能认定行为人具有行使的目的。

三、行使伪造的货币罪

广义的行使伪造的货币罪,是指行使或者以行使为目的交付、取得(接受)或者输入伪造、变造的货币的行为。

(一)对象

行使伪造的货币罪的对象,是伪造、变造的硬币、纸币或银行券。在日本,只要所行使的货币属于伪造、变造即可,而不问伪造者、变造者是否以行使为目的,也不问伪造、变造的行为人是谁。例如,行使以作为学校教材为目的而伪造的货币的,都构成本罪。但在德

---

〔3〕 但是,意大利刑法、法国刑法则不要求行为人以行使为目的。

国,所行使的必须是以置于流通为目的而伪造、变造的货币。

(二)行为

行使伪造的货币罪的行为,主要表现为四种情况:行使,以行使为目的交付,以行使为目的取得,以行使为目的输入。

行使,是指将伪造、变造的货币作为真正的货币进行流通。例如,用伪造、变造的货币购买商品,兑换成其他货币,作为保证金提供给他人,等等。使用行为本身合法与否,不影响本罪的成立。将伪造、变造的货币作为真币赠与给他人也构成行使。但是,为了证明自己的经济能力而向他人出示伪造、变造的货币的行为,不是行使;将这种假币作为标本进行出卖的,也不是行使。行使的对方必须是不知情的人,着手行使时立即被对方发现为伪造、变造的货币的,成立本罪的未遂。存在争议的是,在自动贩卖机上使用伪造货币的,是否成立行使伪造的货币罪?对此一般持肯定回答(日本判例),但是,只有当他人从自动贩卖机中取出后可能将其作为真币使用的,行为人才属于以行使目的的伪造货币。如果投入自动贩卖机中后购买了商品,但他人取出时不可能作为真币使用的(如普通铁片不可能使一般人误以为是真币),则不成立伪造货币罪,仅成立盗窃罪。也有学者认为,行使的对象必须能够认识到是伪造的货币,所以,一看便明知是假币却以使用真币那样的动作在自动贩卖机上使用的,不属于行使伪造的货币罪。[4]

交付,是指向知情的对方交付伪造、变造的货币的行为。知情包括两种情况:一是对方已经知道行为人交付的是伪造、变造的货币;二是行为人告诉对方是伪造、变造的货币而交付。交付既可能是有偿的,也可能是无偿的。交付伪造的货币罪,实际上是行使伪造的货币罪(狭义)的教唆、帮助行为;由于刑法将其规定为独立的犯罪,故接受者行使伪造、变造的货币时,交付者就不成立行使伪造的货币罪的教唆犯或帮助犯。至于伪造货币罪的共犯人相互分配所伪造、变造的货币的行为,则不另成立交付伪造的货币罪。

取得,是指以置于流通为目的,取得伪造、变造的货币的行为。德国、日本、奥地利等国刑法规定了取得伪造的货币罪。

输入,是指以置于流通为目的,从国外输入伪造、变造的货币的行为。奥地利、瑞士等国刑法规定了输入伪造的货币罪。根据日本的判例与通说,在船舶输入的场合到岸起货时是既遂,航空器输入的场合着陆后从航空器搬出时是既遂。但也有者认为,只要船舶进入领海、航空器进入领空就构成既遂。

此外,法国刑法规定了持有伪造、变造的货币罪,意大利刑法规定了持有专门用于伪造、变造货币的水印或工具的犯罪。

---

〔4〕 日本刑法第148条规定的行使伪造的货币罪的法定刑为"无期或者三年以上惩役",未遂犯也应当处罚;第152条还规定了取得伪造的货币后知情行使罪,亦即,取得伪造的货币后,知道是伪造的货币而使用的,仅处罚金或者科料。这种行为虽然也符合诈骗罪的构成要件,但通说、判例认为诈骗罪被本罪吸收。因为如果认定为诈骗罪,对取得伪造的货币后知情使用罪特别从轻处罚的旨趣就被淹没了。例如,山口厚指出:"在使用伪造的货币购买商品等场合,仅成立行使使用伪造的货币罪,诈骗罪被该罪吸收,而不再成立诈骗罪。这是因为,在使用伪造的货币的场合,如果肯定诈骗罪的成立,那么,就取得伪造的货币后知情使用罪而言,也要成立诈骗罪,于是便淹没了对取得伪造的货币后知情使用罪从轻处罚的旨趣。"([日]山口厚:《刑法各论》,有斐阁2010年第2版,第425页)。需要注意的是,本罪中的取得,仅限于以合法方法获得。如从银行取钱时取出了假币,购买商品时对方找零时给了假币等。如果行为人窃取、骗取、购买伪造的货币后再使用的,则不认定为本罪,而是认定为行使伪造的货币罪。

值得研究的一个问题是,甲向不知情的对方乙交付伪造、变造的货币,并令乙购买物品时,成立何罪?第一种观点认为,甲构成行使伪造的货币罪,因为交付伪造的货币罪必须是向知情的对方交付,但乙并不知情。换言之,甲将伪造的货币交付给乙购物,如同将伪造的货币投入自动贩卖机一样。根据这一观点,甲将伪造的货币交付给乙时,就成立行使伪造的货币罪的既遂。第二种观点认为,甲构成行使伪造的货币罪的间接正犯,因为甲是利用不知情的人行使伪造货币。根据这一观点,乙将伪造的货币置入流通时,甲才成立行使伪造的货币罪的既遂。第三种观点认为,甲构成交付伪造的货币罪,因为行使是直接进行流通,而交付是间接进行流通,上述行为正属于后者。三种观点都有道理,但较多的人是赞成第一种观点。

(三)主观要素

本罪只能是由故意构成,其中,交付、取得、输入伪造货币罪除了要求有故意之外,还要求有行使的目的。不以行使为目的的交付、取得、输入伪造、变造的货币的行为,不构成本罪。[5]

(四)罪数

伪造、变造货币的行为人,又行使所伪造、变造的货币的,构成伪造货币罪与本罪的牵连犯(在没有牵连犯概念的国家,会被认定为想象竞合犯)。争论的问题是,甲以伪造、变造的货币冒充真币使用,从而取得财物或者财产上利益时,应当如何处理?日本的判例与通说认为,甲的行为只成立行使伪造的货币罪,诈骗罪被此罪吸收。理由主要有两点:首先,行使伪造的货币时,一般要出现诈骗的事态,立法者在规定行使伪造的货币罪时,已经预定了它们之间的这种关系,故不另成立诈骗罪。其次,行使伪造的货币罪的法定刑重,认定它与诈骗罪之间存在吸收关系,不会造成刑罚不均衡的现象。少数说认为,上述甲的行为成立行使伪造的货币罪与诈骗罪的牵连犯。因为这两个罪的性质不同,一个是对社会法益的犯罪,另一个是对个人法益的犯罪,不可能成立吸收关系,只能是一种牵连关系。

四、伪造货币预备罪

由于伪造货币罪是十分严重的犯罪,故许多国家的刑法处罚伪造货币的预备行为。

伪造货币预备罪,是指以供伪造、变造货币之用为目的,准备器械或原料的行为。德国刑法对预备犯的处罚实属例外,但不管是在德国还是日本,对伪造货币预备罪的规定具有特色。例如,德国刑法第83条第1款规定:"预备实施针对联邦的特定的叛乱行为的,处一年以上十年以下自由刑。"其中的"预备"行为没有确定的范围。但德国刑法第149条对伪造货币预备罪的构成要件规定得相当详细,预备行为的内容十分具体。再如,日本刑法原则上也不处罚预备犯,处罚预备犯时,一般也没有规定预备行为的内容。如日本刑法第199条规定了杀人罪,第201条规定:"以犯第一百九十九条之罪为目的进行预备的,处二年以下惩役,但可以根据情节免除刑罚。"然而,日本刑法对伪造货币预备罪,则规定了行为内容,其第153条规定:"以供伪造、变造货币、纸币或者银行券之用为目的,准备器械或者原料的,处三个月以上五年以下惩役。"于是,理论上对伪造货币预备罪的性质就

[5] 法国、日本等国刑法另规定了取得后知情行使罪。即行为人取得时不知道是伪造的货币,因而不成立取得伪造的货币罪,但知道是伪造的货币后却行使了该货币的,则成立取得后知情行使罪。根据通说,取得后知情行使伪造的货币的,排除诈骗罪的适用。

产生了争议。一种观点认为,本罪是将伪造货币罪的预备行为的一部分规定为独立的犯罪,这是日本判例和部分学者的主张。根据这种观点,在甲为乙伪造货币准备工具时,只要乙没有着手实行伪造货币的行为,甲既不成立伪造货币预备罪,也不成立伪造货币罪的帮助犯。另一种观点认为,本罪是将伪造货币罪的预备行为以及帮助行为的一部分规定为独立的犯罪,据此,上述甲的行为成立伪造货币预备罪。后一种观点是德国刑法理论的通说,日本也有许多学者赞成这种观点。

伪造货币预备罪的对象是供伪造、变造货币所用的一切工具;行为表现为准备、交付上述工具的行为;行为人主观上必须是以供伪造、变造货币之用为目的,以供他人伪造、变造货币之用为目的也不影响本罪的成立。根据德国刑法理论的通说,行为人实施预备行为后又着手实行的,不另认定为伪造货币预备罪。[6]

第三节　伪造有价证券罪

一、伪造有价证券罪概说

有价证券作为一种经济交易手段起着重要作用,刑法为了确保公众对有价证券的信任与信赖,特别规定了伪造有价证券的犯罪。本来,有价证券也是文书的一种,故法国旧刑法、日本旧刑法将其规定在伪造文书罪中。现在多数国家都将伪造有价证券罪从伪造文书罪中独立出来,因而可以认为,伪造有价证券罪是伪造文书罪的特别罪。

关于伪造有价证券罪的保护法益,理论上有两种主张:一是主张其保护法益为社会对有价证券的信用;二是主张其保护法益是蒙受了伪造的有价证券损害的被害者的财产利益。现在一般持前一种主张,因为根据后一种主张,只有当伪造有价证券的行为造成了他人财产上的损失时才构成犯罪,这不仅不符合实际,而且使伪造有价证券罪的性质由侵害公共信用的犯罪变为侵犯财产的犯罪。

伪造有价证券罪的具体类型主要有:伪造有价证券罪(狭义)、虚伪记载有价证券罪、行使伪造的有价证券罪。

二、伪造有价证券罪(狭义)

伪造有价证券罪,是指以行使为目的,伪造、变造有价证券的行为。

(一)对象

伪造有价证券罪的对象是公债券、政府的证券、公司的股票、旅行支票以及其他有价证券。有价证券是表示财产权利的证券,权利人行使或者处分证券上所表示的权利,就必须占有该证券。有价证券通常具有一定的流通力,可以在市场上流通,在性质上与通用货币有相似之处,故德国刑法将特定的有价证券视为货币进行保护。[7]

---

〔6〕德国刑法理论的通说认为,规定伪造货币预备罪的法条与规定伪造货币罪的法条之间,属于法条竞合中的补充关系。

〔7〕德国刑法以不同的条文分别规定了伪造货币罪与伪造有价证券罪,但在一个条文中规定了伪造货币和伪造有价证券的预备罪。

有价证券与通用货币存在区别:首先,有价证券既可能是由政府发行,也可能由私人发行;货币则只能由政府发行。其次,有价证券虽然通常具有流通性,但也可能没有流通性(商法上强调有价证券的流通性,刑法上的有价证券不以具有流通性为必要);货币则均具有强制通用力。最后,有价证券虽然在事实上有时可以直接代替金钱,但在法律上只是财产权利的证书;货币在事实上与法律上都是直接代替金钱的。

有价证券通常有:公债券、政府的证券、公司的股票等。公债券是公共机关发行的证明债务的证书,分为国家债券与地方债券。政府的证券是以政府名义发行的有价证券。股票是由公司发行的表示股东地位的证券。除此之外,支票、货物兑换券、仓库证券、商品券、火车票、赛马券、赛车券、奖券,以及外国政府或外国公共团体发行的公债证书等,都是有价证券。[8] 至于合同证书、邮局存款的存折、收据、邮票、[9]高尔夫会员证等则不认为是有价证券。[10]

(二)行为

伪造有价证券罪的行为,是以行使为目的,伪造、变造有价证券的行为。

伪造,是指没有制作权限的人,冒用他人的名义制作有价证券的行为。首先,要求行为人是没有制作权限的人;但是,具有制作有价证券的一般权限的人,超出其权限范围随意制作有价证券的,也属于伪造。其次,要求冒用他人名义。这里的他人,通常是真实的人,但也可以是虚构的人。冒用他人名义时,可能冒用他人的印章、署名等,这种行为属于伪造有价证券罪的构成要件所预想到了的行为,不另构成独立的犯罪,而是被伪造有价证券罪吸收。最后,必须有制作行为,且制作成外观上使一般人误认为是真实的有价证券的虚伪证券,至于采取何种伪造方法、虚伪证券是否具备法律上的有效形式与要件、其记载的内容与事实是否相符合,均不影响伪造的成立。

变造,是指没有权限的人,对真实的他人名义的有价证券擅自进行变更的行为。例如,对真实的有价证券上的日期、金额等进行更改,就是典型的变造。[11] 但德国刑法规定的变造有价证券的行为,仅限于使有价证券面额增加的情形。所变造出的有价证券即使在法律上是无效的,也不影响变造的成立。但是,如果行为人更改了真实有价证券的本质部分,制作成新的有价证券,则不是变造,而是伪造。例如,将没有中奖的奖券进行变更,使之成为中奖的奖券,就是伪造。变造的对象,只限于他人名义的有价证券;变更自己所有的自己名义的有价证券就不构成犯罪;变更他人所有的自己名义的有价证券则属于毁弃罪。

---

〔8〕 但有的国家(如德国、瑞士、奥地利等)刑法所规定的伪造有价证券罪,仅限于伪造官方的有价证券。

〔9〕 瑞士刑法规定的伪造有价证券罪,包括伪造邮票的行为。奥地利刑法规定,能够证明费用或者税款已经支付的官方印章,视同官方的有价证券。

〔10〕 日本最高裁判所1991年4月5日的判决曾认为,电话磁卡属于有价证券。刑法理论上,有的学者对该判决结论持否定态度(西田典之、山口厚等);有的学者对该判决结论持肯定态度,但肯定的理由不同:有人认为,电话磁卡的可读部分是有价证券;有人认为,电话磁卡的磁气部分是有价证券;有人认为,可读部分与磁气部分作为一体成为有价证券。但是,日本于2001年修改刑法时,增加了有关支付用磁卡的电磁记录的犯罪。伪造、变造电话磁卡的行为,成立支付用磁卡电磁记录的不正当制作罪。

〔11〕 日本最高裁判所1991年4月5日的判决指出,擅自篡改电话磁卡的电磁信息部分所记载的可能通话的度数的行为,属于变造有价证券。

(三)主观要素

伪造有价证券罪由故意构成,行为人对伪造、变造有价证券的事实具有认识、容认的态度。除此之外,行为人还必须具有行使的目的,即具有将伪造、变造的有价证券作为真正的有价证券予以使用(或者置于流通)的目的,包括以行为人自己使用为目的与以使他人使用为目的。

三、虚伪记载有价证券罪

虚伪记载有价证券罪,是指以行使为目的,对有价证券进行虚伪记载的行为。

本罪的对象是有价证券。这里的有价证券不一定是法律上有效的有价证券,也可能是他人伪造的有价证券,只要被一般人误认为是真正的有价证券即可。

本罪的行为是以行使为目的,对有价证券进行虚伪的记载。有一种观点认为,所谓虚伪记载,是指违反有价证券真实性的一切记载,无论是以自己名义记载,还是以他人的名义记载。但是,在以他人名义记载的场合,只能是就有关背书、保证等附随的证券行为进行虚伪记载,如果就有关发行、使用等基本的证券行为进行虚伪记载,则是伪造有价证券罪。通说则认为,虚伪记载是指具有制作权限的人,违反有价证券的真实性的记载,无论是就有关附随的证券行为的虚伪记载,还是就有关基本的证券行为的虚伪记载,都属于虚伪记载有价证券的行为。行为人既可以是对既存的有价证券进行虚伪记载,也可能在制作新的有价证券时进行虚伪记载。

虚伪记载有价证券罪由故意构成,行为人除了具有一般的故意内容外,还必须具有行使的目的,这里的行使目的,不以置于流通为必要,只要求是使虚伪记载的有价证券作为真正的有价证券发挥作用的目的。

四、行使伪造的有价证券罪

广义的行使伪造的有价证券罪,是指行使、出卖以及以行使为目的交付、取得、输入伪造、变造或虚伪记载的有价证券的行为。

本罪的对象是伪造、变造或者虚伪记载的有价证券。这种有价证券是否由行为人自己伪造、变造或做虚伪记载,在所不问;行为人或者他人伪造、变造、虚伪记载有价证券时,是否具有行使的目的,也与本罪成立无关。

概言之,本罪大体包括行使、出卖以及以行使为目的交付、取得、输入等行为。所谓行使,是指将伪造、变造的有价证券作为真正的有价证券、将虚伪记载的有价证券作为真实记载的有价证券进行使用。与行使伪造的货币罪不同,本罪不要求置于流通。[12] 行为人将伪造的有价证券给他人看以证明自己的经济能力时,也认为是行使。出卖,是指将伪造、变造的有价证券作为真实的有价证券而有偿转让的行为。[13] 交付,是指告知对方是伪造、变造或虚伪记载的有价证券而给与对方。取得,是指有偿或者无偿获得伪造、变造或者虚伪记载的有价证券的行为。输入,是指将伪造、变造或者虚伪记载的有价证券从国外输入到国内。上述行为都只能是故意实施的,但行为人在交付或输入伪造、变造或虚伪记载的有价证券时,还必须以行使为目的,否则不构成本罪。

---

〔12〕 日本最高裁判所1991年4月5日的判决指出,将变造的电话磁卡插入磁卡式公用电话机使用的行为,属于行使变造的有价证券。

〔13〕 如果刑法没有规定出卖行为,则出卖行为属于行使行为。

伪造有价证券罪、虚伪记载有价证券罪的犯罪人,又行使伪造、变造、虚伪记载的有价证券的,与本罪成立牵连犯(在没有规定牵连犯的国家会认定为想象竞合)。行为人以行使为目的,向他人交付数张伪造的有价证券或者输入数张伪造的有价证券时,属于想象竞合。行为人行使伪造、变造、虚伪记载的有价证券、骗取他人财物或者财产性利益的,除成立行使伪造有价证券外,还成立诈骗罪,二罪为牵连犯(在没有规定牵连犯的国家会认定为想象竞合)。因为有价证券不一定具有流通性,行使有价证券是遵从有价证券的用法进行使用,故行为人行使伪造有价证券时,就不一定伴有诈骗行为,应当认为立法者在规定行使伪造有价证券时,没有预想其包括诈骗罪。另外,行使伪造有价证券与诈骗之间,存在通常的手段与结果的关系,所以应当认为是牵连犯。

第四节　有关支付用磁卡电磁记录的犯罪

一、本节犯罪概说

德国刑法第152a条规定了有关支付用磁卡的犯罪,即行为人为了在法律交往中进行欺骗或者为了使欺骗成为可能,伪造、变造本国或者外国的支付用磁卡,为自己或者第三者取得、出卖、交付或者使用伪造、变造的支付用磁卡的行为,构成犯罪。

日本于2001年修改刑法时,增设了第十八章之二“有关支付用磁卡的电磁记录的犯罪”,其内容是对不正当制作支付用磁卡的电磁记录,将不正当制作的支付用磁卡的电磁记录提供给他人使用,持有不正当磁卡记录的磁卡,准备不正当制作支付用磁卡电磁记录等行为规定为犯罪。

之所以增设本章,显然是因为随着信用卡等支付手段的广泛普及,利用支付用磁卡进行犯罪的现象大量增加。而刑法规定的伪造有价证券罪、行使伪造的有价证券罪,难以包含不正当制作支付用磁卡电磁记录的各种犯罪。再者,将不正当制作支付用磁卡电磁记录等行为,按伪造有价证券等罪处理,也使刑罚过重。此外,不正当获取他人磁卡信息的行为十分猖獗,也需要由刑法规制。

二、犯罪类型

日本刑法所规定的犯罪类型,完全包含了德国刑法所规定的犯罪类型,下面以日本刑法规定的犯罪类型为例予以论述。

(一)支付用磁卡电磁记录的不正当制作等罪

支付用磁卡电磁记录的不正当制作等罪,客观上包含四种行为类型:一是不正当制作供他人财产上的事务处理使用的电磁记录,且该电磁记录构成信用卡或者其他有关价款或者费用的支付用磁卡;二是不正当制作构成提取存款使用的磁卡的电磁记录;三是将不正当制作的上述电磁记录提供给他人用于财产上的事务处理;四是出让、出借或者进口以不正当制作的上述电磁记录作为其构成部分的磁卡。

支付用磁卡包括两大类:一类是信用卡以及其他用于支付费用、代价的磁卡;另一类是储蓄卡(现金卡)。不正当制作,是指没有制作权限或者滥用制作权限而制作有可能提供给他人在处理财产事务时使用的支付用磁卡的电磁记录,并且该电磁记录与磁卡连为一体。如果仅仅不正当制作了与磁卡相分离的电磁记录,则成立本罪的未遂犯或者预备犯。另外,不正当制作的电磁记录必须具有可供现实使用的内容,但不要求具备真正的磁卡的外观。提供使用,是指将不正当制作的支付用磁卡的电磁记录提供给他人用于财产上的事务处理。只要行为人为了使他人用于财产上的事务处理,而将不正当制作的支付用磁卡置于可以在被使用的电子计算机中使用的状态,电磁记录的内容可以通过电子计算机读取时,就属于提供使用的既遂。出让与出借,都是指将以不正当制作的电磁记录作为其构成部分的磁卡交付他人的行为。不同的是,出让是指将磁卡的处分权转移给对方,而出借只是许可对方使用磁卡。至于对方是否知道所接受的磁卡为不正当制作的磁卡,则不影响出让与出借的成立。进口,是指将不正当制作的磁卡从外国运入国内的行为。所进口的不正当制作的磁卡必须是可供使用的完成品,进口未完成品的不成立本罪。

支付用磁卡电磁记录的不正当制作等罪,主观上出于故意,并必须以使他人财产上的事务处理出现错误为目的,故本罪属于目的犯。即使行为人并无提供给他人用于财产上的事务处理的目的,但如果行为人认识到最终会有人提供给他人使用,则可以认定存在本罪的目的。利用支付用磁卡所具有的现金贷款功能的目的时,也属于具有本罪的目的。

(二)持有不正当电磁记录的磁卡罪

持有不正当电磁记录的磁卡罪,是指以使他人财产上的事务处理出现错误为目的,持有不正当电磁记录的磁卡的行为。持有,是指对磁卡的事实上的支配。行为人所持有的必须是不正当电磁记录的磁卡(完成品)。之所以将这种行为规定为犯罪,是因为不正当制作的支付用磁卡有反复使用的可能性,故持有行为造成法益侵害的危险性很大;而且,由于不正当制作的支付用磁卡的内容和外观与真正的磁卡没有区别,在机器上使用时难以发现。

(三)准备不正当制作支付用磁卡电磁记录罪

准备不正当制作支付用磁卡电磁记录罪,是指以供不正当制作支付用磁卡电磁记录的犯罪行为使用为目的,而实施的各种准备行为。准备行为的内容如下:(1)取得供他人用于财产上的事务处理的电磁记录的信息。取得,是指通过从磁卡上复制等手段将该信息转移为自己的支配下(如通过速读而获取磁卡信息等)。(2)知情而提供上述信息。提供,是指将磁卡信息置于对方可以利用的状态的行为(如将记录了磁卡信息的记录媒体交付给对方,通过网络向他人发送磁卡信息等)。(3)保管不正当取得的上述信息。保管,是指将磁卡信息置于自己的实力支配下(如将磁卡信息保存在硬盘中)。(4)为不正当制作支付用磁卡电磁记录而准备器械或者原料。器械、原料,是指客观上可能用于不正当制作支付用电磁记录的磁卡使用的一切东西。准备,是指通过购买、制作器械、原料等,使之置于可以经由利用而达到目的的状态的行为。

第五节 伪造文书罪

一、伪造文书罪的基本问题

(一)保护法益

广义的伪造文书罪,是指伪造、变造文书、制作虚伪文书以及使用伪造、变造的文书或者内容虚伪的文书的行为。

关于伪造文书罪的保护法益,刑法理论上存在争论。公共信用说认为,伪造文书罪的保护法益是文书的公共信用。文书作为维持社会生活的手段具有重要意义,因为文书不仅表示法律上的权利义务关系,而且表示以经济交易关系为首的各种重要的事实关系,或者说是证明上述关系的重要手段。刑法规定伪造文书罪,就是为了保护这种具有重要意义的文书的公共信用。由于伪造文书罪所侵害的是文书的公共信用,因此,本罪的成立只要求行为对文书的公共信用产生侵害的危险,〔14〕而不要求现实发生侵害财产的结果。这是日本的通说。此说受到的批判是,信用并非伪造文书罪的固有法益,伪造文书罪可能使各种各样的法益危险化。

交易安全说认为,伪造文书罪的保护法益是法律交易(交往)与证明过程的安全和信赖。因为文书与货币、有价证券一样,是法律的、经济的交易手段。对这种手段的真正性或者真实性的公共信用的保护,旨在保护法律交易与证明过程的安全和信赖。这是德国的多数说(学者们的表述不完全相同〔15〕)。不过,在德国,"交易"的内容是作为多种利益的集合来理解的。〔16〕

预备罪说认为,伪造文书罪的保护法益不具有统一特征,其可能侵害的法益是多种多样的,所以,伪造文书罪的法益,是通过行使伪造的文书所可能侵害的某种法益。换言之,伪造文书罪,是行使伪造的文书罪或者以行使为手段的其他犯罪的预备行为(Liszt、宫本英修)。预备罪说与交易安全说的实质差异表现在两个方面:其一,是否使用"法律交易与证明过程的安全和信赖"这样的表述;其二,是着眼于保护客体(利益自身),还是着眼于使保护客体危险化的行为。

文书机能说认为,伪造文书罪的保护法益是文书的机能。其中,有的学者重视文书的意思表示机能(正田满三郎),有的学者重视文书的证明机能(泉二新熊、平野龙一),有的学者重视文书所具有的使意思表示持续性地固定化的机能(川端博),有的学者重视意思表示与意思表示者相对应的机能即保证机能(Samson、林幹人)。其实,文书机能说并不完全否认公共信用说与交易安全说,而是旨在使交易的内容明确化。

对伪造文书罪的保护法益理解不同,必然导致伪造文书罪的处罚范围不同。

(二)保护对象

伪造文书罪的现实保护对象究竟是什么,各国刑法的规定并不同。

德国刑法采取的是形式主义,即伪造文书罪的保护对象是制作文书的名义的真实性,即形式上的真实性。据此,只有没有制作权限的人冒用他人名义制作成文书,才成立伪造文书罪。其理由有:其一,为了保护文书的公共信用,首先必须尊重文书形式上的真实性;即使文书的内容真实,但违反制作权人的意思,冒用其名义制作文书的,也不能被允许。其二,如果采取实质主义的观点,则只要文书的内容真实,便认定行为人缺乏伪造的故意,这就使伪造文书罪的构成要件变得含混不清。其三,即使文书的内容虚假而制作名义是真实的,也可以就虚假的内容追究制作名义人的责任。

---

〔14〕 至于是只要求抽象的危险,还是要求具体的危险,则存在不同观点。

〔15〕 如 Roxin 认为,伪造文书罪的保护法益是证明过程的纯洁性。

〔16〕 有的学者认为,日本的公共信用说接近德国的交易安全说。

法国刑法所采取的是实质主义,即伪造文书罪的保护对象是文书内容的真实性,即实质的真实性。据此,有制作权限的人制作内容违反了真实性的文书的行为,也成立伪造文书罪。其理由在于:只要文书的内容与事实关系相符合,即使文书的形式不是真实的,也不会产生任何实害,故不能当犯罪论处。

日本、瑞士刑法则采取的是折中主义,即以形式主义为基础,同时对文书内容的真实性进行保护。据此,没有制作权限的人冒用他人名义制作文书的,以及有制作权限的人制作内容虚假的文书的,都成立伪造文书罪。理由是,如果仅仅采取形式主义,则有制作权限的人制作内容虚假的文书时不能当犯罪处理,而刑法又有必要对这种行为进行抑制。所以,应当以形式主义为基础,同时并用实质主义。

(三)文书的概念

1. 文书的含义

伪造文书罪的文书,是指使用文字或者代替文字的符号,以某种程度的存续状态,表示意思或者观念的物体,其表示的内容在法律上或者社会生活上可以作为重要事项的证据。

文书分为广义的文书与狭义的文书。狭义的文书,是指用文字或者其他发音符号制成的文书;广义的文书,除了包括狭义的文书之外,还包括用象形的符号制作的文书,即图画。狭义的文书必须具备以下要件:

第一,必须是用文字或者其他代替文字的发音符号制作而成的(表示的方法)。这里的文字包括本国文书与外国文字,其他发音符号主要包括盲人用的点字、电信符号、速记符号等,但录音磁带上的录音由于不能被人看见,故不是文书。通过视觉映像表示出来的意思不是文书,但如果打印出来成为印刷物,则是文书。正因如此,一些国家刑法增加了非法制作、提供电磁记录的犯罪。但是,根据德国刑法第 11 条第 3 款的规定,在刑法分则条文有关文书的含义指示了适用本款规定时,声音、影像载体、数据储存器、图像以及其他表现形式,均属于文书。不过,德国刑法第 267 条关于伪造文书罪的规定,没有指示适用第 11 条第 3 款。

第二,必须表示在具有某种程度的存续状态的物体上(表示的继续性)。这里的物体,不限于纸张,写在布、木板、陶器、金属板等上面时,也不失为文书,用粉笔写在黑板上时也是文书。但用手指或其他东西写在泥沙上的文字、符号则不是文书。

第三,所表示的内容必须具有一定的连贯意义,能够被客观地理解(表示的程度)。因此,使用只能由本人理解或者只能在特定的当事者之间了解的符号制作的东西,则不是文书;标签、名片之类的没有连贯意义的东西也不是文书。当然,文书并不要求以文章的形式出现,以省略的方式出现时也不失为文书。对意思或者观念的表示应有具体性,表示抽象思想的小说、诗歌、作为艺术作品的图画不是文书。

第四,在法律上或社会生活上,能够作为重要事项的证据,而且从保护文书的公共信用的观点来看,其表示的内容必须是值得在刑法上进行保护的(证明的机能)。换言之,文书必须具有证明法律关系或者社会生活上的重要事项的机能。法律关系,是指有关权利义务的发生、维持、变更、消灭的关系,包括公法关系与私法关系,如买卖合同、取款证明等。社会生活上的重要事项,是指除权利义务外的重要事项,如身份证、履历表等。从证明机能的角度来说,文书分为目的文书与偶然文书。目的文书,是指从一开始就是为了证明某种法律关系或者重要事项而制作的文书,公文书都属于目的文书。偶然文书,是指制作时虽然没有证明法律关系与重要事项的意思,但后来对法律关系或者重要事项起证明作用的文书。私文书既可能是目的文书,也可能是偶然文书。

第五,必须存在名义人(保障的机能)。由于文书是表示一定的意思或者观念的,因此必须存在作为这种意思或者观念的主体的名义人。如果不存在名义人,或者不能判明名义人是谁,就没有必要对其进行保护,因而不能称为文书。名义人既可以是自然人,也可以是法人,还可以是没有法人资格的团体,但这些名义人都必须是特定的,否则也不能成为本罪中的文书。但是,只要通过文书的形式与内容能判断出名义人就足够了,不需要名义人的署名与盖章。

文书必须有名义人,但名义人是否必须是实际存在的人,则是另外的问题。必要说认为,名义人必须是实际存在的人,因为虚无人名义的文书很少得到他人的信用,所以伪造虚无人名义的文书,不具有侵害公共信用与交易安全的实质的危险。不要说则认为,只要所伪造的文书被通常人认为是实际存在人名义的文书即可,即使名义人实际并不存在也是文书,但是一看便知是虚无人名义的文书,则不是伪造文书罪中的文书。不要说是日本、韩国的通说。[17] 以死者名义制作的私文书,只有制作日期是死者生存的日期时,才成立伪造私文书罪。

文书的名义人与制作人并不是等同的概念。名义人是从文书记载的内容中所理解到的意思主体;制作人一般是指现实表示文书内容的人。名义人与制作人相一致的文书叫做真正文书;虽然是真正文书但内容违反真实性时,称为虚伪文书。名义人与制作人不一致时叫做不真正文书或者伪造文书。但是,伪造文书的范围,依对制作人的理解不同而不同。关于制作人的含义,有观念说与事实说之争。前者认为,表示文书内容的意思主体就是制作人;后者认为,实际上实施制作文书行为的人才是制作人。例如,代理人以被代理人的名义制作文书、得到名义人承诺而制作的文书,事实说认为是伪造文书,观念说则认为是真正文书。

2. 文书的原本性

伪造文书罪中的文书,不管是公文书还是私文书,原则上必须是原本,因为社会的信用建立在原本的基础上。此外,复本即名义人一开始就制作了数本时,每个复本都属于文书。誊本、抄本只有经过认证时,才属于文书。问题在于,复印件是否文书?例如,行为人复印某种文书,然后在复印件上进行篡改,最后再进行复印。该行为的罪责如何?这涉及以下四个问题:

第一,复印件是否是文书?肯定说的理由是:利用复印机进行复印,其内容、笔迹、形状,能够完全同原本一样地再现出来,因此,人们看到复印件时,不仅相信原本的存在,而且相信复印件与原本的内容相同,故复印件能够直接转达原本制作人的意思内容。既然如此,复印件就与原本具有同等程度的社会机能与信用性,应当肯定其文书性质。韩国大

---

〔17〕 被告人想以假名就职,便在履历表与雇用合同书上记载了虚假的姓名、出生年月、住所、经历等,并贴上了自己的照片。日本最高裁判所1999年12月20日的判决指出,"从这些言语的性质、机能等来看,即使被告人贴上了真实的照片,或者被告人不具有免除上述文书所产生的责任的意思,但表示在这些文书上的名义人与被告人是不同人格的人,这是显而易见的,应当说产生了名义人与制作人的人格的同一性的龃龉",进而认定被告人的行为成立伪造有印私文书罪(日本《最高裁判所刑事判例集》第53卷第9号,第1495页)。

审院的判例认为,在一般交易情况下,复印件经常替代原件使用,复印件的作为证明手段的机能越来越大,故有必要对复印件的社会信用予以保护。因此,伪造复印件以及使用伪造的复印件也属于伪造文书和使用伪造的文书。否定说的理由是:复印件毕竟只是证明原本存在以及原本内容的手段,因此它本身还不是文书;认为复印件是文书的观点违反了罪刑法定主义。

第二,复印件的制作名义人能否说是原本制作名义人?肯定说认为,由于复印件能够直接转达原本制作人的意思内容,故原本制作名义人就是复印件的制作名义人。否定说则认为,复印件的制作人本身,不是原本的制作名义人;因此,复印件只有制作人,而没有制作名义人,故应否认其文书性质。

第三,复印件中的印章或署名是否有效?有效说认为,既然复印件已经将印章或署名复印下来,那么,它就同复印件中的其他内容一样具有有效性。无效说则认为,复印件中的印章或署名只不过是原件的复写,对这种复写的印章或署名与现实所盖的印章或所作的署名不能同等看待。

第四,上述行为是否构成伪造?一种观点认为,如果复印件的内容与原本一致,复印者只是名义人的制作辅助人,则制作人就是名义人,由于二者之间不存在不一致,故不属于伪造。如果复印件与原本内容不一致或者没有原件,而行为人伪装成有制作权限的人进行复印,则复印者就是制作者,即制作者与名义人不一致,此时就构成伪造。另一种观点认为,由于复印件本身不是文书,因此,对复印件进行篡改然后再复印的行为就不是伪造。

(四)伪造

文书的伪造,是指没有制作权限的人,冒用他人名义制作文书的行为。伪造这一概念在刑法上有四种含义:最广义的伪造,是指伪造、变造、制作虚伪文书以及行使等一切行为;广义的伪造,是指伪造、变造与制作虚伪文书,其中包括有形伪造与无形伪造,前者是指没有制作权限的人冒用他人名义制作文书,后者是指有制作权限的人制作违反真实性的文书;狭义的伪造,是指广义伪造中的有形伪造,如果采取形式主义,则伪造仅指有形伪造,无形伪造不属于伪造,而是叫做制作虚伪文书;最狭义的伪造,是指狭义的伪造中的除去变造的伪造。通常所说的伪造,就是指这种最狭义的伪造。

构成最狭义的伪造必须具备两个基本要件:一是伪造的主体必须是没有制作权限的人。如果有制作权限的人制作内容虚伪的文书(无形伪造),则不是伪造。二是必须冒用他人名义。所谓冒用,是指没有制作权限的人随意使用他人的名义,使用得到社会承认的他人的别名、笔名等也是冒用他人名义。

由此可见,名义人与制作人的不一致,是有形伪造的重要特征。那么,如何理解与确定文书的制作人呢?行为说(事实说)认为,物理地制作文书的人,就是制作人。例如,社长指示秘书制作社长名义的文书时,秘书是制作人。故秘书的行为符合伪造文书罪的构成要件,但因为得到了社长的承诺,而阻却违法性。于是,文书的制作权限是违法阻却事由。意思说(观念说)认为,在文书中表示意思、观念或者使他人在文书中表示意思、观念的人,是制作人(德国与日本的通说)。在上例中,制作人是社长,故秘书的行为不成立伪造文书罪(阻却构成要件符合性)。效果说认为,文书效果的归属者,是制作人。在上例中,文书的效果归属于社长,故社长是制作人,秘书的行为不成立伪造文书罪(阻却构成要件符合性)。

冒用代理资格制作文书的,是否成立伪造文书罪,是存在争议的问题。例如,甲并非A的代理人,却以行使的目的制作了“A的代理人甲”名义的文书。甲的行为是否成立成立伪造文书罪?由于伪造是指冒用他人名义制作文书,故“A的代理人甲”名义文书的名义人是谁,就成为争论问题。名义人不同,行为的性质就不同。被代理人(本人)说认为,甲冒用A的名义制作文书,属于有形伪造。因为代理人是为了被代理人而制作文书的,故其制作的文书是被代理人名义的文书;代理名义的文书,是法律效果归属于被代理人的文书,故被代理人是名义人;而且,一般人也认为被代理人是文书的意思、观念的表示者,为了保护文书的公共信用,有必要将被代理人作为名义人,进而认定制作行为构成伪造文书罪。代理人说认为,甲是冒用“A的代理人甲”制作文书,故属于无形伪造。因为“A的代理人”所表示的是一种资格,属于文书内容的一部分,甲将自己的意思表示在文书中,故甲是制作名义人。虚无人说认为,“A的代理人甲”是并不存在的虚无人,如果制作虚无人名义的文书,且足以使一般人产生误信,则属于有形伪造。

行为人在得到了制作名义人的有效承诺而制作文书时,一般应认为是制作真正文书,因为行为人并没有冒用他人名义,而是得到名义人的承诺,或者说是按照名义人的意思进行制作的,这与名义人制作文书没有区别,故不构成伪造(观念说)。这里所阻却的是构成要件符合性。但是,如果某种文书按其性质只能由名义人自己制作,则得到名义人承诺而制作该文书时,也属于伪造。例如,无证驾驶与没有携带驾驶证驾驶,存在重要区别。甲无证驾驶受到查处时,征得有驾驶证的乙的同意,在“没有携带驾驶证的交通事件表”上签署乙的姓名。甲的行为成立伪造私文书罪。

伪造的方法、手段没有限制。例如,冒用他人名义制作新的文书,或者利用既存的文书进行伪造。行为人对名义人进行欺诈或者胁迫,如在名义人不知情的情况下使之署名或盖章,或者使名义人误认为是自己的文书而署名、盖章的,属于伪造文书的间接正犯。行为人所伪造的文书,必须在形式上、外观上足以使一般人认为是由有制作权限的人在权限范围内所制作的文书。如果伪造的文书达到了这种程度,即使或多或少还不具备文书的条件,或者还不具备法律上有效的要件,也认为是伪造。而且,伪造行为达到上述程度就是既遂,是否发生实害不影响伪造的成立。

(五)变造

变造,是指没有变更权限的人,就真正成立的他人名义的文书的非本质部分进行不法变更。变造分为广义的变造与狭义的变造。狭义的变造,是指没有变更权限的人,对真正成立的他人名义的文书的非本质部分进行变更;广义的变造,是指就真正成立的文书(包括他人名义与本人名义的文书)的非本质部分进行不法变更,包括狭义的变造与制作虚伪文书中的变造(无形变造)。通常所说的变造是指狭义的变造。

成立狭义的变造必须具备三个要件:(1)变造的主体必须是对真正文书没有变更权限的人;具有权限的人对真正文书进行虚伪的变更,属于无形变造。(2)变造的对象必须是已经成立的他人名义的真正文书;对于未完成的文书进行加工,或者对自己的文书进行变更的行为,都不属于变造。(3)必须是对文书的非本质部分进行变更,而使之具有新的证明力。如果行为人就真正成立的他人名义的文书的本质部分进行变更,使之具有新的证明力,则属于伪造。故伪造与变造的关键区别在于是否对文书的本质部分进行变更。例如,对某种证件中的姓名进行变更就属于对本质部分的变更,因而是伪造。再如,对已经失效的文书进行变更使之成为可以重新利用的文书,也属于伪造。

变造的手段、方法也没有限制,例如,行为人在真正文书上消除对自己不利的文字,而加上有利于自己的文字,就属于变造。行为人所变造的文书必须足以使一般人认为该文书具有新的证明力;达到这种程度时,就是既遂,实害是否发生不影响既遂的成立。

(六)制作虚伪文书(无形伪造)

制作虚伪文书,是指有文书制作权限的人,制作内容违反真实的文书,即无形伪造。这种行为并非在任何国家的刑法中都被规定为犯罪。例如,德国刑法采取形式主义,认为无形伪造不构成犯罪(例外地规定了制作不正确的健康证明书罪);而采取实质主义的法国、采取折中主义的日本与瑞士等国刑法则认为,无形伪造也构成犯罪。

无形伪造必须具备两个要件:首先,制作虚伪文书的主体,必须是有制作文书权限的人,这是无形伪造与有形伪造的关键区别。有制作权限的人在权限范围内制作文书时,无论是以自己的名义,还是以他人的名义都成立无形伪造;只要在权限范围内,即使是滥用权限,也是无形伪造。其次,所制作的文书必须在内容上违反真实。这里所强调的是内容是否违反真实,即使文书所记载的内容违反法规,或者在法律上不发生效力,但只要其内容与真实事实相一致,就不能认为是无形伪造。

制作虚伪文书的方法、手段没有限制,所制作的文书必须达到使一般人误认为是内容真实的文书,达到这种程度时即为既遂,发生实害不是成立既遂的条件。

(七)行使

本节犯罪行为中的行使,是指将伪造文书作为真正文书,或者将虚伪文书作为内容真实的文书,使对方认识到内容或者置于使对方可能认识到其内容的状态的行为。换言之,行使是以伪造文书、虚伪文书发挥真正文书的效用为目的而使用,因而不要求遵从文书的本来用法进行使用。

行使的对象必须是伪造、变造的文书或者是虚伪文书,至于伪造、变造以及虚伪制作的主体是谁则在所不问。同样,这种伪造文书或虚伪文书在外观上必须足以使一般人误认为是真正文书。

行使的对方是否限于与该文书具有某种利害关系的人,在理论上存在争议。少数人持肯定说,因为行使文书通常是为了使对方实施与权利、义务或者社会生活上的重要事项有关的某种行为,如果不具有这样的意义,就不可能侵害文书的公共信用,因而没有必要处罚。例如,儿子为了使母亲高兴而将伪造的存折给母亲看的,就不是行使。但多数人认为,不应当限定行使的对方,只要利用文书发挥其作为证据的作用,就属于行使。所以,单纯让他人为自己保管而将伪造的文书交付给对方的,不属于行使。

行使的对方还必须是不知情的人,即对方不知道行为人所行使的是伪造文书或虚伪文书。因为行使是将伪造文书、虚伪文书作为真正文书或内容真实的文书进行使用,如果对方知情,则不可能是行使。行为人以为对方不知情而行使,对方事实上知情的,成立行使的未遂犯。

行使的方法没有限制,如出示、交付等。行使要求将文书置于使对方认识到或可能认识到文书内容的状态。例如,行为人在开车时携带伪造的驾驶执照的,还不是行使,因而不构成行使伪造的公文书罪。但遇到交通警察检查执照时,行为人出示该伪造的驾驶执照的,则属于行使伪造的公文书罪。但是,将伪造的供公众阅览的登记簿等置于相应的公务机关时,则属于行使。成立行使罪,要求行为人将伪造的文书本身出示、交付给他人,以口头或者书面转达伪造的文书的内容的行为,不属于行使。

(八)主观要素

伪造文书罪与行使伪造的文书罪,都只能由故意构成。至于是否需要具有其他主观要素,则存在不同立法例。在法国,伪造文书罪不属于目的犯,无论行为人出于何种目的伪造、变造文书,均成立伪造文书罪。但在日本、德国、奥地利、瑞士等国,伪造文书罪属于目的犯,但目的的内容存在很大差异。如日本刑法仅规定为"以行使为目的";而德国刑法规定,只有当行为人以为了在法律交易(交往)中进行欺骗为目的而伪造、变造文书或者使用伪造、变造的文书的,才构成伪造文书罪、行使伪造的文书罪。瑞士刑法规定,以损害他人财产或其他权利,或者以使自己或他人获得非法利益为目的伪造、变造、行使的,才构成犯罪。在意大利,伪造各种公文书的犯罪不是目的犯,但伪造私文书罪是目的犯(以为自己或其他人获得好处或者使他人遭受损害为目的)。

二、伪造文书罪的具体类型

广义的伪造文书罪包括许多具体的犯罪类型,这也因各国刑法规定的不同而不同。例如,德国刑法在"伪造文书罪"一章中规定了以下罪名:伪造文书罪、行使伪造的文书罪、伪造技术图样罪、伪造具有价值的数据罪、间接伪造文书罪、变更官方证明罪、获取虚假的官方证明罪、伪造健康证书罪、制作不正确的健康证明罪、使用不正确的健康证明罪、滥用证明文件罪等。日本刑法规定了伪造诏书罪、伪造公文书罪、制作虚伪的公文书罪、不实记载公证证书原本罪、行使伪造的公文书或虚伪公文书罪、伪造私文书罪、制作虚伪诊断书罪、行使伪造的私文书或虚伪诊断书罪等。

(一)伪造公文书罪

伪造公文书罪,是指以行使等为目的,伪造、变造公文书的行为。公文书在性质上比私文书具有更强的证据力和更高的公共信用度,因此,日本等国刑法规定,伪造公文书罪的法定刑重于伪造私文书的法定刑。[18]

伪造公文书罪的主体没有限制,非公务员可以成为本罪主体自不待言,公务员制作自己没有权限制作的公文书时,也成立本罪。行为人所伪造的文书必须是公文书,即应当由公务机关或者公务员,以其名义在权限范围内制作的文书。公文书的制作权限,既可以由法律、法令规定,也可以由公务机关的内部规章制度决定,还可以由习惯决定。应注意的是,由公务员制作的文书,必须是与职务有关的文书;如果与职务无关,即使由公务员制作,也不能成为本罪的对象。公文书的内容既可以是基于公法上的关系而制作的,也可以是基于私法上的关系而制作的;至于这种公文书是否由公务机关持有或保管,则在所不问。

伪造公文书的行为是有形伪造,即最狭义的伪造与狭义的变造。伪造的公文书必须足以使一般人误认为是真正的公文书。行为人伪造公文书必须以行使、进行欺骗等为目的。

---

〔18〕 日本刑法还将伪造公文书行为分为伪造有印公文书罪与伪造无印公文书罪,有印是指使用了印章或者署名的公文书。由于有印的公文书在信用上高于无印的公文书,因此,对前者的处罚重于后者。

（二）制作虚伪公文书罪

制作虚伪公文书罪，是指具有公文书制作权限的公务员，以行使为目的制作虚伪的公文书的行为。此即对公文书的无形伪造。

制作虚伪公文书罪的主体，是具有公文书制作权限的公务员。因为规定本罪是为了处罚公务员滥用文书的制作权限而制作虚伪文书的行为，故本罪的主体只能是在职务上具有制作该公文书权限的公务员；正因如此，受制作名义人的委托因而具有制作公文书权限的人也能成为本罪主体。

制作虚伪公文书的行为，表现为以行使或者进行欺骗等为目的，对文书做虚伪记载。例如，行为人明知不存在某种事实，但制作文书证明存在某种事实。再如，公务机关的记录员在作会议或审判等记录时，制作虚伪的记录。这里的虚伪记载，还包括无形变造，即有制作权限的公务员，滥用其权限，对既存的公文书进行不法的变更，使其内容违反真实的行为。

甲教唆公务员乙制作虚伪公文书，乙却伪造了公文书时，甲的行为客观上符合制作虚伪公文书罪的教唆犯的客观构成要件，问题是能否认定甲具有伪造公文书罪的教唆犯的故意？根据肯定说，甲成立伪造公文书罪，其理由是，伪造公文书罪与制作虚伪公文书罪的法益与行为样态是共通的，从日常生活的实态来看，能够认定实质上的构成要件的符合性。根据否定说，甲仅成立制作虚伪公文书罪，其理由是，不能以罪质相同为由，认为甲具有伪造公文罪的教唆犯的故意，否则便扩大了故意的成立范围。

（三）行使伪造的公文书、虚伪公文书罪

行使伪造的公文书、虚伪公文书罪，是指行使伪造、变造的公文书或者虚伪公文书的行为。

行使的对象必须是伪造、变造的公文书或者虚伪公文书。行使，是指将伪造、变造的公文书作为真正文书或者将虚伪文书作为内容真实的文书，使他人认识到或者可能认识到文书内容的行为。

行使伪造的公文书、虚伪公文书而骗取财产的，在日本成立本罪与诈骗罪的牵连犯（通说），在德国成立本罪与诈骗罪的想象竞合犯。

（四）伪造私文书罪

伪造私文书罪，是指以行使等为目的，伪造、变造私文书的行为。

私文书，是指与他人的权利义务或者事实证明有关的文书，故并非一切私人名义的文书都是本罪中的私文书。这种文书必须是以他人名义制作的，如果是以自己的名义或者公务机关或公务员的名义制作文书，则不构成伪造私文书罪。如前所述，所谓与事实证明有关的文书，是指足以证明社会生活交往事项的文书，例如，推荐表、履历表、成绩证明、慰问信等。从实践上看，这种社会生活交往事项必须是具有一定程度重要性的事项。伪造私文书罪的行为表现为以行使等为目的，伪造或者变造私文书。利用未完成的既存文书进行加工，变更既存文书的重要部分而使之丧失同一性，形成已完成的文书的，或者使用无效的既存文书制作成新的文书的，都属于本罪的伪造。但是，伪造私文书罪的成立，不要求文书内容、形式的完整性，只要具备让一般人误以为是真正文书的外观形式与内容就足够了。变造，则是指没有权限的人对他人名义的私文书加以变更，没有达到损害同一性程度的行为。如果对私文书的本质内容或者重要部分加以变更，形成具有新的证明力的文书,则属于伪造私文书。在日本存在争议的是如下情形。

1. 得到承诺的情形

伪造私文书时,如果事前得到了名义人的承诺,是否成立本罪?判例对此持肯定回答。例如,甲无证驾驶时被抓获,由于甲事先已经征得拥有驾驶执照的乙的同意,以乙的名义在交通违章记录卡上填写了相关事项。判例认为,甲的行为成立伪造私文书罪。再如,针对代替考试的案件,如甲冒用乙的名义参加私立大学入学考试进行笔试答题,判例也认定为伪造私文书罪。刑法理论存在两种观点:一种观点认为,只要存在名义人的承诺,就不构成伪造私文书罪。另一种观点则支持判例的立场。支持判例的理由是:(1)出于违法目的的承诺无效,故不能肯定存在基于承诺的制作权限;(2)从私文书的性质来看,需要本人亲自署名;(3)无法将上述行为后果的责任转移至名义人。不仅如此,名义人也可能构成伪造私文书罪的教唆犯、帮助犯或者(共谋)共同正犯。

2. 冒用代理名义的情形

由于伪造私文书罪不包括无形伪造,因此,冒用代理名义制作私文书的行为,是否属于有形伪造就成为问题。[19] 例如,甲原本没有代理权限,却以"乙的代理人甲"的名义制作文书。再如,并非银行行长的 A 以"B 银行行长 A"的名义制作文书的,是否成立伪造私文书罪?日本的判例与通说认为,由于这种文书的效果归属于乙或者 B,所以,甲与 A 的行为属于有形伪造,成立伪造私文书罪。少数说则认为,由于文书上记载了甲与 A 的名义,所以,接收文书的对方可以向甲与 A 追究该文书的责任,因此,甲与 A 只是冒用了头衔或者资格,属于无形伪造,因而不构成伪造私文书罪。

3. 使用俗称的情形

一般来说,在使用俗称(艺名、笔名、化名、曾用名等)制作私文书的场合,只要在与接收人的关系上,不属于虚构或者伪称了制作文书的责任主体,就不构成伪造私文书罪。但是,如果使用俗称导致文书的接收人误以为是不同于制作人的其他人,而且,制作人也认识到这种危险的,则成为伪造私文书罪。不过,对于一些具体案件,也存在争议。例如,甲偷渡到日本之后,在长达 25 年的时间里,一直以具有合法在留资格的乙的名义生活。甲在出国时以乙的名义填写了再入境许可申请书。日本最高裁判所认为,该文书的名义人是具有合法在留资格的乙,而乙与不具有合法在留资格的甲不具有人格的同一性,进而认定甲的行为成立伪造私文书罪。但有学者认为,乙这一俗称作为识别甲的姓名已经确定下来,二者实际上具有人格的同一性,故不应认定为伪造私文书罪。还有学者指出,本案的问题不在于甲是否使用了俗称,而在于文书本身的性质。属于偷渡者的被告人与具有合法在留资格的人,不具有人格的同一性,故甲的行为成立伪造私文书罪。

4. 使用假名的情形

使用假名的情形,一般属于有形伪造。例如,被通缉的犯人甲为避免暴露身份,而在履历表、劳务合同上填写虚假的姓名、出生日期等。日本最高裁判所认为,这种行为使制作人与名义人不存在人格同一性,因而属于伪造私文书。刑法理论的通说也认为,甲的行

---

〔19〕 韩国刑法第 232 条规定了冒用资格制作私文书罪,所以,对这种行为认定为冒用资格制作私文书罪,而不需要讨论是否构成伪造私文书罪的问题。不难看出,刑法是否另规定了冒用资格制作私文书罪,会对伪造私文书罪的认定产生直接影响。质言之,如果没有规定冒用资格制作私文书罪,冒用资格制作私文书的行为会被认定为伪造私文书罪。

为存在使相对方认识到甲是其他人格的危险性，甲也认识到这种危险性，故判决具有合理性。

5. 冒用头衔的情形

例如，甲律师原本不具有法学博士学位，但冒用法学博士的头衔制作了私文书的，不构成伪造私文书罪。但是，如果存在使相对方认识到甲是其他人格的危险性，甲也认识到这种危险性，则仍然成立伪造私文书罪。例如，A律师与B律师的姓名相同，B律师具有法学博士学位，不具有法学博士学位的A律师冒用法学博士的头衔制作私文书的，有可能成立伪造私文书罪。再如，张三是律师，但原本不是律师的同名同姓的张三，冒充律师从事律师业务，制作法律文书的，构成伪造私文书罪。[20]

（五）行使伪造的私文书罪

行使伪造的私文书罪，是指行使伪造、变造的私文书的行为。

行使的对象是伪造、变造的私文书，至于是自己伪造、变造的私文书，还是他人伪造、变造的私文书，则不影响本罪的成立。行使伪造私文书骗取财产的，构成本罪与诈骗罪的牵连犯（日本）或者想象竞合（德国）。

三、非法制作电磁记录罪、提供非法制作的电磁记录罪

在现代社会，对权利义务或者社会生活上的重要事项起证明作用的，已经不限于文书，而是包括了大量的电磁记录（电子资料）、机械记录等。所以，德国、日本等国刑法在伪造文书罪之外，规定了非法制作电磁记录方面的犯罪。

例如，德国刑法第268条规定，行为人以在法律交往中进行欺骗为目的，制作不真实的机械记录或者变造机械记录的，或者行使不真实的或者变造的机械记录的，处5年以下自由刑或者罚金，未遂犯也受处罚。所谓机械记录，是指经由机械设备部分或者全部自动产生的相关资料的描述，并且是一般人或者专业人员可以辨认的，能够证明法律上的重要事实的记录。所谓制作，是指伪造，不问行为人是否具有制作权限。行为人通过对机械的记录过程进行干扰进而影响记录结果的，也属于制作不真实的机械记录（第268条第2款）。

再如，德国刑法第269条规定：行为人以在法律交往中进行欺骗为目的，储存或者变造具有重要性的电子资料（数据），使人误以为存在真正的或者变造的文书的，或者行使上述储存或者变造的电子资料的，处5年以下自由刑或者罚金。未遂犯也受处罚。本罪属于目的犯，凡是在法律交往时对电子资料（数据）产生虚假的影响的，就属于在法律交往中进行欺骗。

日本刑法于1987年增加了刑法第161条之二，该条以四项分别规定："以使他人的事务处理出现错误为目的，不正当制作供该处理事务使用的有关权利、义务或者证明事实的电磁记录的，处五年以下惩役或者五十万元以下罚金。""前项犯罪与应由公务机关或者公务员制作的电磁记录有关的，处十年以下惩役或者一百万元以下罚金。""以第一项的目的，将不正当制作的有关权利、义务或者证明事实的电磁记录，提供给他人处理事务使用的，与不正当制作该电磁记录的，处同一刑罚。""前项犯罪的未遂，应当处罚。"前两项规定的是非法制作电磁记录罪，第三项规定的是提供非法制作的电磁记录罪。

---

〔20〕 当然，如果行为人取得了财物或者财产性利益（日本），或者导致被害人遭受财产损失（德国），则会同时成立诈骗罪。

电磁记录,是指利用电子方式、电磁方式或者其他不能通过人的知觉认识的方式制作的,供电子计算机处理信息使用的信息。如磁带、磁盘、IC 卡等。电磁记录必须是供他人处理事务时使用的有关权利义务或者证明事实电磁记录。

不正当制作(非法制作),是指没有制作权限或者滥用制作权限而制作电磁记录的行为。例如,即使具有制作权限,但如果制作了违反计算机设置运营主体(有决定权限者)的意志的虚假电磁记录的,也成立本罪。再如,参与制作电磁记录的辅助者,输入虚假的数据或者改变相关程序,使记录的内容违反有决定权限者的意图的,同样成立本罪。提供,是指将非法制作的电磁记录提供给他人作为处理事务而使用。提供非法制作的电磁记录因而构成犯罪的,不需要提供者本人非法制作了电磁记录,也不需要在非法制作的当时就存在使他人的事务处理出错误的目的。给他人处理事务使用,是指将非法制造的电磁记录置于他人的计算机可以使用的状态之下。开始提供时即为着手,提供终了即为既遂。

以使他人的事务处理出现错误为目的,是指意图使他人在处理事务时,由于使用了非法制造或者提供的电磁记录而造成发生错误的结果。因此,单纯非法获取他人信息的行为,不成立本罪。事务处理,是指对在社会生活上具有意义的事项的处理,即处理对财产上、身份上以及其他人的生活关系上产生影响的事项的一切工作。

第六节　伪造印章罪

一、伪造印章罪概说

伪造印章罪,是侵害印章、署名的公共信用的犯罪,具体说是伪造、变造或者不正当使用印章、署名的犯罪。

印章、署名一般是在制作文书、有价证券时使用,由于印章与署名在许多场合构成了文书、有价证券的一部分,故成立伪造文书罪、伪造有价证券罪时,就不再成立伪造印章罪,即后者被前者吸收。通常,只是在伪造文书、伪造有价证券未遂时,伪造或不正当使用印章、署名的行为才成立独立的处罚对象。伪造印章罪是抽象的危险犯,只要行为产生了侵害印章、署名的公共信用的危险,就构成既遂,而不问对他人是否产生实际损害。

印章,是指为了证明人的同一性而使用的文字或者符号。对于印章的范围,理论上存在争议。一种观点认为,印章仅限于印影(为了证明人的同一性,在物体上所显现出的文字或其他影迹),而不包括印形(显现印影所必要的刻有文字或其他符号的物体)。理由如下:首先,在证明人的同一性方面起重要作用的是印影,印形本身只不过是一种手段,因此只需要保护印影的公共信用,而没有必要保护印形本身。其次,法律规定伪造印章与伪造署名都构成犯罪,这表明印章与署名具有同等的证明力,因而说明法律所保护的是印影,而不包括印形本身,因为只有印影才与署名具有同等的证明力。另一种观点则认为,印章包括印影与印形。因为印形在社会生活中起着重要作用,行为人制造他人印形时,就已经侵害了印章的公共信用。另外,通说认为,印章的内容并不限于人的姓名,其他在社会生活中经常使用的、能够证明人的同一性的文字或符号都是印章,如手印也是印章。但邮局加盖的邮戳是印章还是文书,则是有争议的问题。概言之,如何区分印章与省略文书，尚存争议。日本的判例与部分学者的观点是，如果表示的内容超出了人的同一性因而具有一定的意义，即使极为简略，也属于文书。持相反观点的学者则认为，如果文书表示的内容简略到可以与印章同等看待时，则应认定为印章。

署名，是指主体通过表示自己的文字，而写下的姓名或者其他称呼。国外姓名的特点，决定了署名包括只署姓或者只署名。至于署名是仅限于自己署名，还是包括非自己署名的记名（记名不是亲笔署名，而是以印刷等方式表示姓名），则有争议。

二、伪造印章罪的具体类型

（一）伪造公印罪

伪造公印罪，是指以行使为目的，伪造公务机关或者公务员的印章或者署名的行为。

本罪中的印章与署名，是指公务机关或者公务员的印章或者署名。但应注意的是，这种印章或者署名，必须是公务上使用的印章或署名。

本罪的行为是伪造公印的行为。伪造印章，是指没有权限的人，在纸张或者其他物体上表示出使一般人误认为是真印的印影，除了包括使用伪造的印形以外，还包括使用笔或其他工具描摹公印章。如果认为印形本身也是印章，则伪造印形的行为也属于伪造印章。伪造署名，是指没有权限的人，在纸张或者其他物体上记载使一般人误认为是他人署名的文字或符号，既可以是伪造真实人的署名，也可以是伪造虚无人的署名。

伪造公印的行为人必须以行使为目的，否则不成立本罪。

（二）不正当使用公印罪

不正当使用公印罪，是指不正当地使用公务机关或公务员的印章或署名，或者使用伪造的公务机关或公务员的印章或署名的行为。

本罪包括两种情况：一是不正当地使用公务机关或公务员的印章或署名，即行为人没有权限使用印章、署名，却遵从真正的印章、署名的用法进行使用，或者超越权限进行使用。二是使用伪造的公务机关或公务员的印章或署名，即将印章或署名处于使他人阅览或者可能阅览的状态。

（三）伪造私印罪、不正当行使私印罪

伪造私印罪，是指以行使为目的，伪造他人印章或者署名的行为。他人，是指行为人以外的人，而且必须是公务机关与公务员以外的人。他人包括法人、没有法人资格的团体与外国人。伪造他人印章或者署名的行为，必须出于行使的目的。

不正当行使私印罪，是指不正当地使用他人的印章或署名，或者使用伪造的他人印章或署名的行为。

第七节　破坏计算机信息系统的犯罪

一、本罪概述

由于计算机的普及，破坏计算机信息系统的犯罪也相应而生，刑法不得不作出相应的处罚规定。

例如,德国刑法第303a条规定了变更电磁记录罪,对违法删除、封锁或者变更他人的电磁记录或者使之无效的行为,处2年以下自由刑或者罚金;不仅如此,本罪还处罚未遂犯与预备犯。德国刑法第303b条规定了干扰计算机使用罪,构成要件行为包括以下三种类型:(1)针对他人具有重要性的电磁记录处理,实施第303a条规定的行为的;(2)意图使他人不利,而对他人具有重要性的电磁记录处理输入或者传输电磁记录的;(3)对他人具有重要性的电磁记录处理或者储存设备予以损坏、毁坏、变更或者使之失效的。对他人的经营组织、企业或者公务机构具有重要性的电磁记录处理实施上述行为的,提高了法定刑。本罪也处罚未遂犯与预备犯。德国将上述两个犯罪规定在毁损罪一章,因而可以认为,上述两个犯罪属于对个人法益的犯罪。

日本于2011年修改刑法时,在刑法典分则中增加了第十九章之二即"有关非法指令电磁记录的犯罪"(共2个条文),旨在应对破坏计算机信息系统的犯罪(如制造计算机病毒)。由于计算机病毒具有破坏计算机信息系统这种社会性的基础设施的危险,日本刑法将本章之罪置于对社会法益的犯罪。具体而言,本罪的保护法益是社会一般人对电子计算机程序的信赖(井田良)。下面对日本的"有关非法指令电磁记录的犯罪"的具体类型作一些介绍。

二、犯罪类型(日本)

(一)制作、提供非法指令电磁记录等罪

根据日本刑法第168条之一第1项规定:"无正当理由,以供他人的电子计算机运行之用为目的,制作或者提供下列电磁记录或者其他记录的,处三年以下惩役或者五十万元以下罚金:(一)在他人使用电子计算机之际,发生不正当指令,使得电子计算机不能按他人的意图运行,或者使电子计算机的运行违反他人意图的电磁记录。(二)除前号所列情形外,记录了前号的不正当指令的电磁记录或者其他记录。"同条第2项规定:"无正当理由,将前项第一号所列的电磁记录提供给他人的电子计算机运行之用的,与前项同。"第3项规定:"前项之罪的未遂,应当处罚。"

"电子计算机"不仅包括个人的电脑,而且包括具有同样功能的手机。第1项第1号规定的电磁记录,是指计算机病毒,即出于破坏他人的计算机信息系统的目的或者骚扰目的所非法制作的特殊程序。"违反他人意图",是指该计算机程序的功能一般性地、类型性地违反使用者的意图。第1项第2号所规定的电磁记录或者其他记录,是指电磁记录或者其他记录已经实质性地完成计算机病毒的内容,但尚未将其置于计算机运行的状态之中。如记录了非法程序的源代码的电磁记录,以及相关内容记录在纸质媒体上时,就属于第2号规定的情形。所谓"不正当指令",是指不为社会一般人允许的指令。例如,根据使用者浏览网站的状况,自动生成符合使用者喜好的跳入式广告图片的广告播放程序,就不属于不正当指令;但是,如果自动生成以诈骗为目的的程序,则属于不正当指令。

实施本罪行为必须无正当理由,如果为了制作杀毒软件而在自己的计算机上实施相关行为,则不属于无正当理由。制作,是指使不正当指令电磁记录等开始存在或者重新存在于记载媒体上。第168条第1项的提供,是指将不正当指令电磁记录等转移给不知情者的支配之下,使之处于事实上可以利用的状态。第168条第2项的提供,是指在对不正当指令电磁记录不知情的第三者的计算机上,使不正当指令电磁记录处于可以运行的状态。

本罪只能由故意构成,并且需要以供他人的电子计算机运行之用为目的。

（二）取得非法指令电磁记录等罪

日本刑法第 168 条之三规定："无正当理由，以前条第一项之目的，取得或者保管该项各号所列的电磁记录或者其他记录的，处二年以下惩役或者三十万元以下罚金。""以前条第一项之目的"，是指以供他人的电子计算机运行之用为目的。取得，是指将明知是不正当指令电磁记录等而将其转移在自己的支配下的一切行为。保管，是指使不正当指令电磁记录处于自己实力支配下的一切行为。

第二十二章　破坏风俗的犯罪

第一节　本章犯罪概述

破坏风俗的犯罪，是破坏性生活、经济生活、宗教生活中的社会风俗、习惯的犯罪。但是，社会风俗是什么，是否值得刑法保护，则是大有争论的问题。大体而言，风俗，是指在社会中作为健全的、善良的东西而被广泛承认的行为样态与社会秩序（井田良）。关于本章犯罪的规定，显示了维持秩序的最低限度的规则；本章犯罪都是可能对社会造成一定实害的犯罪。例如，有关坟墓、尸体的犯罪，会使一般人产生强烈的厌恶感。再如，公然猥亵以及有关淫秽物品的犯罪，也会使不想看到的人产生厌恶感与羞耻心。又如，有关赌博与彩票的犯罪，类似于毒品犯罪，也会对社会产生有害性。不过，有的学者将本章的犯罪称为对公众的犯罪，旨在使本章犯罪的法益能够还原为公民个人的法益。有的学者将本章的犯罪称为对社会精神环境的犯罪，强调本章之罪是对社会法益的犯罪。

本章的犯罪，基本上是无被害人的犯罪，就立法论上而言，应否对这些犯罪实行非犯罪化，是值得讨论的问题。从解释论上来说，如何合理地确定处罚范围，是非常重要的问题。

第二节　猥亵与重婚罪

一、猥亵与重婚罪概说

猥亵与重婚罪，是侵害健全的性风俗的犯罪，通常称为风俗犯。主要有公然猥亵罪、传播淫秽物品罪与重婚罪。不少国家还规定了近亲相奸、通奸以及有关卖淫的犯罪。[1]

关于猥亵与重婚罪的保护法益，通说认为是公众健全的性风俗或性秩序。因为性行为本来具有非公然性，某种行为即使不具有非公然性，但也是有限度的，违反了非公然性的原则或者超出了一定的限度，就侵害了健全的性风俗或性秩序。但有学者认为，性风俗、性秩序不能成为保护法益。有关性的情报、信号的特殊性在于，它不是对人的理性的

---

〔1〕 需要说明的是，日本刑法将淫秽物品表述为“猥亵物品”，即猥亵行为中的“猥亵”与猥亵物品中的“猥亵”是一个含义，由于猥亵物品的表述不符合我国的表述习惯，本书将外国刑法中的猥亵物品表述为淫秽物品。但应注意，猥亵行为与淫秽物品在内容上是性质相同的，即猥亵行为是直接从行为表现形式上破坏性风俗，淫秽物品则是从物品的表现形式上破坏性风俗。

侧面直接起作用,而是对人的本能的侧面直接起作用,即刺激、满足人的性欲。一旦接触了强烈的性信号的人,就会陷入难以通过自己的意志避免性欲的刺激、兴奋。公然猥亵以及淫秽物品犯罪,侵犯的是不想看到的人的自由和感情。所谓不想看到的人的自由和感情,是指不引起非本意的性欲刺激、满足的自由,或者说,是对性欲的自己控制权。另外,处于性的发育阶段的青少年,因为对性信号会产生过剩的反应,或者不能将性信号作为性信号予以正确理解,公然猥亵以及淫秽物品犯罪会妨害他们的性方面的能力(性信号的接受能力以及对性欲的控制能力)的发育。因此,就青少年而言,即使他们具有同意能力,但从家长主义的见地来看,也有必要通过阻断过剩的性信号,保护其将来的性方面的能力。所以,公然猥亵罪、淫秽物品犯罪的保护法益,是成人的性欲自己控制权,以及为保障未成年人获得性信号的正当接受能力(性的社会化)的环境(松原芳博)。此外,近来有一种立法倾向,即将重婚罪规定在破坏家庭的犯罪中,这样,重婚罪的保护法益就不是性风俗,而是家庭关系,如瑞士刑法、意大利刑法就是如此。

强奸罪(强制性交罪)、强制猥亵罪也可谓破坏了性风俗,故日本刑法将强奸罪、强制猥亵罪与公然猥亵罪、传播淫秽物品的犯罪,均规定为对社会法益的犯罪。但由于强奸罪、强制猥亵罪侵害的主要是个人的性自由,日本刑法理论上则将它们作为侵害自由的犯罪进行研究。另外,如上所述,公然猥亵罪、散布、传播淫秽物品的犯罪,也可谓侵害了个人的法益。例如,公然猥亵行为,使不想看到了猥亵行为的人看到其猥亵行为,因而侵害了个人的性的感情或者个人的性的权利。所以,德国刑法将公然猥亵罪、散布淫秽物品罪等,均规定在为性的自我决定权的犯罪。

二、公然猥亵罪

公然猥亵罪,是以公然实施猥亵行为为内容的犯罪。日本、奥地利、意大利、法国等国刑法都规定了本罪。

公然猥亵罪的行为表现为公然实施猥亵行为。首先,要求猥亵行为的公然性。所谓公然,是指使猥亵行为处于不特定人或者多数人可能认识到的状态。公然性只要求使上述人可能认识到,而不需要使上述人实际认识到,因而本罪是抽象的危险犯。问题是如何判断上述可能性及其程度。例如,在不可能有人通行的海边暴露性器官,就不认为具有公然性;但是清早在公园暴露性器官是否有公然性呢?这就要根据具体情况进行判断。如果通常没有人清早到该公园游玩或经过,则认为没有公然性,反之则认为有公然性。但是,如果着眼于本罪对个人法益的侵害性质,则不一定要求行为具有公然性。例如,德国刑法第 183 条规定,男子通过露出性器官而烦扰他人的,不以公然性为要件。但是,德国刑法第 183a 条规定,公然实施性行为,意图或者明知地借此引起公愤的,如果不构成第 183 条的犯罪,处 1 年以下自由刑或者罚金(与第 183 条的法定刑相同)。另一种观点则认为,所谓不特定人或者多数人中的"人",并不是指任何人,而是指未成年人以及其他不希望接触猥亵行为的成年人(松原芳博)。据此,公然在希望看到的成年人面前实施猥亵行为的,不成立公然猥亵罪。

其次,要求有猥亵行为(有的国家刑法表述为淫乱行为)。一般来说,猥亵行为是指刺激或者满足行为人或者他人的性欲,有害普通人正常的性的羞耻心,违反善良的性道义观念的行为。这里的行为必须是身体动作,不包括发表言论;在公共场所发表任何下流的言论,都不构成公然猥亵罪。这里的"有害"普通人正常的羞耻心,也只要求是一种可能性,而不必实际上侵害了普通人的羞耻心。但是,公然猥亵罪中的猥亵行为与强制猥亵罪中的猥亵行为,并不是完全等同的。例如,后者通常是性交之外的刺激或满足性欲的行为,否则便构成强奸罪;但女子强行与男子性交的,成立强制猥亵罪。本罪的猥亵行为既包括性交之外的上述行为,也包括性交行为(当然,也有国家分别规定了公然性交行为与其他猥亵行为)。例如,夫妻在公开场合发生性交,就构成公然猥亵罪。一般来说,性交行为与暴露性器官是典型的猥亵行为。所以,有的国家(如德国、法国)刑法所规定的公然猥亵罪,仅限于暴露性器官的行为与公然的性行为。

存在争议的是,为了使公众观览,雇主雇请表演者从事裸体表演的案件,究竟应当怎样处理?第一种观点认为,表演者的行为构成陈列猥亵物品(淫秽物品)罪。因为公映淫秽的电影、电视属于陈列淫秽物品罪,而裸体表演与上述行为只是形式不同,实质上完全一样。但是,将人的身体解释成物品被认为是一种类推解释,违背了罪刑法定原则。第二种观点认为,表演者的行为构成公然猥亵罪,雇主的行为构成陈列淫秽物品罪。这一主张同样有类推解释之嫌。第三种观点认为,表演者的行为构成公然猥亵罪,雇主是本罪的教唆犯或帮助犯。因为公然猥亵罪是以人的动作使他人知觉,陈列淫秽物品罪则是以物品使他人知觉,故不能认为裸体表演是陈列淫秽物品。还有学者指出,就裸体表演这类行为而言,只要对观看者的年龄进行了确认(排除了未成年人),就不成立任何犯罪(松原芳博)。

行为人公然强制实施猥亵行为时,构成公然猥亵罪与强制猥亵罪的想象竞合。

三、传播淫秽物品罪

(一)概念

传播淫秽物品罪,通常是指贩卖、散布、陈列淫秽物品,或者以贩卖、散布、公然陈列为目的而制造、输入、持有淫秽物品的行为。这一定义大抵包括了各国刑法所规定的传播淫秽物品罪的内容。

传播淫秽物品罪的保护法益是健全的性风俗或性秩序,传播淫秽物品的行为是以公开淫秽物品的方式,违反性行为非公开性的原则,这就侵害了健全的性风俗或性秩序;如果行为人制造、输入、持有淫秽物品,只是为了自己一人观览,则不能认为侵害了健全的性风俗或性秩序,因为这种行为并没有违反性行为非公开性的原则;但是行为人以贩卖、散布、公然陈列为目的,制造、输入、持有淫秽物品的行为,则有侵害性风俗或性秩序的可能性,因而也以犯罪论处。

(二)对象

传播淫秽物品罪的对象,是淫秽物品。这里的物品,除了包括文书(如小说、纪实文学等)、图画之外,还包括其他物品,如录音、录像、雕刻。概言之,凡是能够被人视觉、听觉感觉到的淫秽性物品,都包括在内。2001 年,日本刑法还增加规定了电磁记录的记录媒介。

关于“淫秽”的含义,有的国家刑法有规定,例如,意大利刑法第 529 条第 1 款规定:“在刑事法律的意义上,根据一般感情标准对性道德构成侵犯的行为和物品被视为淫秽的。”但许多国家的刑法条文上并没有规定淫秽的定义,而是由法官在判例中确定的。例如,德国帝国法院于 1881 年指出,在性关系方面有害羞耻感情与道德感情的文书,是淫秽文书。1957 年的德国联邦法院指出,所谓淫秽,是指在性关系方面与正常的、健全的、整体的平均感情相矛盾。日本最高裁判所于 1951 年指出,淫秽物品是指无益地兴奋或刺激性欲,损害普通人对性的正常的羞耻心,违反良好的性道义观念的物品。这些定义都很抽象,问题在于如何具体判断物品的淫秽性。其中比较关键的是科学作品、艺术作品与淫秽性的关系。

第一,一般来说,科学性、艺术性与淫秽性是两个不同的观念,故不能用科学性、艺术性否定淫秽性,也就是说,即使是科学作品、艺术作品,也可能同时是淫秽作品。但是也要具体分析。纯粹的科学著作、论文及优秀的艺术作品,往往排斥作品的淫秽性。例如,医学专业书籍,即使其中有详细的性的记述,也不会有人认为是淫秽作品。但是,小说、纪实文学等作品则不同,这些作品中可能出现有关性的描写,这就会导致作品既有科学性、艺术性,又有淫秽性。有的学者认为,如果上述作品的思想性、科学性、艺术性很高,就可以使性的描写升华,从而使淫秽性消失;但是,在这种作品中,也不能有多余的性的描写,否则也可能成为淫秽作品。如果思想性差,科学性、艺术性低,性的描写成了作品的主要内容,则认为是淫秽作品。

第二,作品中是否存在淫秽性,应当从作品的整体进行判断,而不能仅就某一部分进行片面判断。例如,作品的某一部分有淫秽描写,但对整部作品进行全面考察时,认为淫秽描写所占比重很小,作品的思想性、科学性、艺术性仍然占主导地位,乃至使读者淡化了其中的淫秽描写,此时就不应认为该作品是淫秽作品。反之,如果将上述作品中有关性的描写拼凑在一起编成为一部作品,则无疑是淫秽作品。不过,在刑事立法与刑法理论上,也有主张采取部分判断的做法与观点,即整部作品中,有一部分是淫秽描写,则认定整部作品为淫秽作品。

第三,在判断作品的淫秽性时,不仅要判断作品自身的淫秽性,还要联系作品的特点、销售方法、读者对象等进行相对判断。这就是 Binding 提出的相对淫秽文书的概念,即在判断作品的淫秽性时,应当联系作品的特点、销售方法、广告方法、读者对象等进行考察。例如,将有关性交的论文刊登在普通报纸上,就属于传播淫秽物品;但在限定了读者范围的专业刊物上发表,则不属于传播淫秽物品。再如,某些艺术作品,陈列在展览馆供有限的人参观时,不是传播淫秽物品;但将它复制后散发,则可能是传播淫秽物品。相对淫秽文书的概念得到了不少学者的赞成,德国、日本、美国的审判实践也采用这一概念。意大利刑法实际上肯定了这一概念,其第 529 条第 2 款规定:“艺术作品或者科学作品不被视为淫秽的,除非这类作品被以非学习的目的提交买卖、出卖或者提供给不满十八岁的未成年人。”据此,有淫秽内容的艺术或科学作品,不视为淫秽物品,但传播给未成年人时,则属于淫秽物品。这就肯定了淫秽物品的相对性。

但是,也有学者否定相对淫秽文书的概念。如日本学者前田雅英指出,如果作品没有淫秽性,就不能因为其贩卖方法不当而认为有淫秽性;虽然同样的照片,贴在小学校门前与贴在红灯区,其可罚价值是有差别的,但客观上没有淫秽性的物品,不管陈列在任何场所,都不会有淫秽性。但是他又认为,如果陈列方法不具有可罚性,即使作品被认为是淫秽的,也不能构成传播淫秽物品罪。

第四,在判断作品的淫秽性时,还需要将作品的艺术性、科学性与淫秽性进行比较衡量,这就是所谓的比较衡量说。例如,将发表某部作品所侵害的法益,与发表该部作品给社会所带来的思想的、艺术的、科学的、学术的利益进行比较时,如果后者的利益大,则认为发表这部作品是正当行为。据此,发表该作品,虽然符合传播淫秽物品的构成要件,但由于发表该作品带来了更大的利益,因而阻却行为的违法性。但很多学者不赞成这种观点。因为作品是否具有淫秽性,是构成要件符合性的问题,而不是违法性的问题。

第五,淫秽性的有无,应当根据社会通念进行客观判断。根据社会通念,是指以成年的一般人、普通人的观念为基准,而不能以未成年人的观念为基准;这种观念包括正常的性的羞耻心与善良的性的道义观念。所谓进行客观判断,是指不要考虑没有表现在作品中的作者的主观意图。究竟该如何判断,日本最高裁判所于 1980 年 11 月 28 日在一个案件中所作的判决是很有意义的,该判决指出:“判断文书的淫秽性时,必须考虑该文书关于性的描写的露骨、详细程度及描写手法,这种描写在全书中所占的比重,这种描写与文书所表现的思想等的关联性,文书的构成与展开,以及思想性、艺术性等对性刺激的缓和程度,以及全书整体是否引起读者的好色兴趣等方面。应当综合这些情况,依照时代的健全社会通念,进行判断。”〔2〕

以上讨论的是何谓“淫秽”。那么,淫秽“物品”是否仅限于有体物呢?例如,储存了淫秽图像的电脑硬盘是否淫秽物品?日本有判例认为,作为信息的图像数据本身就是淫秽物品。但许多学者认为,这种观点超出了解释的限度。于是,日本通过修改法条,使淫秽物电磁记录或者其他记录,也成为部分淫秽物品犯罪的对象。再如,德国刑法分则条文一般表述为“淫秽文书”,但分则条文就淫秽文书的内容指示适用刑法总则第 11 条第 3 款的规定,根据该款的规定,淫秽的声音、影像载体、数据储存器、图像以及其他表现形式,均属于淫秽文书。

(三)行为

传播淫秽物品罪的行为,是贩卖、散布、公然陈列淫秽物品,以及以贩卖、散布、陈列为目的制造、输入、持有淫秽物品。

贩卖,是指出于面向不特定人或者多数人的目的而有偿转让淫秽物品。只要出于这种目的,即使仅向一人出卖一次,也足以成立贩卖。贩卖要求现实转让了淫秽物品,如果只是成立了买卖合同,则不能认为是贩卖。多次反复贩卖淫秽物品的,也只属于一种贩卖行为,构成一个犯罪。贩卖的对方,本来是必要的共犯,但由于各国刑法均不处罚购买淫秽物品的行为,因而购买方不成立教唆犯与帮助犯。

散布,是指无偿地向不特定人或者多数人交付淫秽物品。如果当然或者从趋势上是交付不特定人或多数人时,即使实际上接受者不过几人,也可以称为散布。散布也要求现实地交付,只达成协议时还不是散布。以邮送方式散布时,只有当对方收到淫秽物品时,才认为是散布。2011 年,日本刑法第 175 条增加了一项规定,即通过电信通讯的发送,散布淫秽的电磁记录或者其他记录的,也认定本罪。

公然陈列,是指将淫秽物品置于不特定人或者多数人可能观览的状态。例如,放映淫秽电影、录像,在开放的陈列室放置淫秽物品等行为,均属于公然陈列。将淫秽物品置于不能被他人观览的封闭室内时,不属于公然陈列。房间虽然与外界隔绝,但室内的人不特定,行为人将淫秽物品置于其中的,也属于公然陈列。计算机的普及,使公然陈列淫秽物品罪的行为与认定发生了重大变化。例如,行为人将淫秽图像数据记忆、存储于电脑网络

〔2〕 日本《最高裁判所刑事判例集》第 34 卷第 6 号,第 433 页。

主机硬件上,他人通过电话连线就可以在电脑上再现、浏览淫秽图像。日本大阪高等裁判所和最高裁判所认定该行为构成陈列淫秽物品罪,因为行为人将记忆、存储了淫秽图像数据置于不特定多数人可以认识的状态。再如,行为人在互联网的主页上公开了淫秽图像,但东京地方裁判所认定,行为人就藏置这种淫秽图像的电脑硬盘也成立公然陈列淫秽物品罪。于是,固定了淫秽信息的有体物,也成为淫秽物品(媒介说)。但是,对于相同的案件,也有裁判所(如冈山地方裁判所)认为,作为有体物的电脑是不具有任何淫秽性的物,将电脑本身认定为淫秽物品,是并不自然和附有技巧性的解释。行为人所陈列的淫秽物品,不是电脑,而是作为情报、信息的图像数据。据此,固定了淫秽信息的电脑不是淫秽物品,只有无形的淫秽情报才是淫秽物品(情报说)。也有学者认为,上述行为都不构成公然陈列淫秽物品罪。再如,行为人将作了马赛克处理的淫秽图像公布在网络上。判例认为,只要从网络上存取下来的人大多可以当场直接去除马赛克,就认定为公然陈列淫秽物品罪。但是,也有学者对此持反对态度。因为公然陈列,要求使淫秽物品显在化,即使认为容易直接去除马赛克的图像属于淫秽物品,但不能认定行为人"公然陈列了"淫秽物品。

制造,是指制作淫秽物品,包括创作与复制;输入,是指将淫秽物品从国外移到国内;持有,是指将淫秽物品置于自己事实上的支配之下,不要求事实上握有淫秽物品。这三种行为都要求以贩卖、散布、公然陈列为目的,否则不构成犯罪。所应指出的是,上述目的,是指在本国内贩卖、散布、公然陈列。如果行为人为了在国外贩卖、散布、公然陈列,而制造、持有或者输出淫秽物品的,则不构成犯罪。

除了上述行为之外,有的国家刑法还规定了其他一些传播淫秽物品的行为。如日本刑法第175条第2项规定,以有偿散布为目的,持有淫秽物品或者保管淫秽的电磁记录的,按散布淫秽物品罪的法定刑处罚。

需要说明的是,有的国家刑法对散布、贩卖的对方以及散布、贩卖的场合等没有任何限制,有的国家刑法则有一定限制。例如,德国刑法第184条规定,将淫秽物品以各种方式提供给不满18岁的人,或者在不满18岁的人可以进入的场所陈列淫秽物品的,或者未经他人要求而使他人取得的,以及其他类似行为,构成散布淫秽物品罪。根据第184a条的规定,向公众散布或者陈列暴力淫秽文书或者人兽淫秽文书的,则没有对方年龄与场所的限制。第184b条则对散布、取得、持有、制作、获得、储存、提供、宣传儿童淫秽文书的行为,作了严厉处罚的规定。所谓儿童淫秽文书,是指具有下列内容之一的文书:(1)由未满14岁的人所实施的、对其实施的或者在其面前实施的性行为;(2)刻意表现完全或者部分裸露的儿童的性的身体姿势;(3)以性刺激的方式表现儿童裸露的生殖器或者臀部。

(四)故意

传播淫秽物品罪只能由故意构成,这里的关键是,行为人是否必须认识到物品的淫秽性?一种观点认为,淫秽性的认识不是故意的要件,只要行为人认识到该物品的存在以及该物品具有露骨的性的内容即可;淫秽性的认识属于违法性的内容,与故意的成立没有关系。通说则认为,淫秽性的认识是对规范的构成要件要素的认识,因而是故意的要件。但是,淫秽性的认识究竟是什么内容,也是值得注意的。前田雅英认为,刑法所规定的非难要素是以国民的一般规范意识为基础的,因此,只要行为人认识到"一般人会认为该物品是淫秽物品",就表明行为人认识到了物品的淫秽性;即使行为人以自己的审美意识确信不具有淫秽性,但只要行为人认识到一般人通常会认为具有淫秽性,就认为具有本罪的故意;有时,行为人有这种想法,即"虽然一般人认为是淫秽物品,但我认为艺术性很高不是淫秽物品",这也能够肯定行为人具有本罪的故意。如果行为人的想法是"谁也不会认为是淫秽物品",则不能认定行为人具有淫秽性的认识。另外,行为人对淫秽性的认识,不要求是确定的认识,未必的认识也能成立本罪的故意。

四、近亲相奸罪

近亲相奸罪,在许多国家刑法中都有规定,不少国家将其规定为妨害家庭的犯罪,德国、瑞士刑法就是如此。

近亲相奸罪,是特定的亲属之间自愿相奸的行为。首先,近亲一般是指直系亲属以及亲兄弟姐妹。其次,相奸即和奸,性行为的双方都是自愿的,因而这里只能是单纯的性行为,不能够采取暴力、胁迫手段,否则便构成强奸罪(强制性交罪)或强制猥亵罪(如妇女强制与男子发生性交)。

德国有不少学者认为,近亲相奸罪(乱伦罪)并没有侵害法益,因而应当废除本罪。但德国联邦宪法法院认为规定本罪并不违宪,肯定了刑法规定本罪的合理性。

五、重婚罪

重婚罪,是指有配偶而重为婚姻或与有配偶之人缔结婚姻的行为。有的国家刑法将重婚罪规定在妨害家庭罪中,有的国家刑法则将重婚罪规定在破坏风俗罪中。

重婚罪的行为有两种情况。第一种情况是有配偶而重婚。"有配偶"表明已经存在一种婚姻关系,"重婚"则表明在有婚姻关系的基础上又成立了一种婚姻关系。问题是前后婚姻是否必须属于法律上的有效婚姻。有的国家刑法对此有明文规定,如意大利刑法第 556 条第 1 款规定:"受具有民事效力婚姻约束的人缔结另一项同样具有民事效力的婚姻的,处一年以上五年以下徒刑。"据此,重婚罪的前后婚姻关系都必须具有民事效力。但是,多数国家的刑法对此没有明文规定,只是规定"有配偶而重为婚姻",有的学者便认为,前后两种婚姻既可以是法律上的婚姻,也可以是事实婚姻(牧野英一)。但通说认为,事实婚姻的判断具有随意性,如果认为前后婚姻包括事实婚姻,则不当地扩大了处罚范围,故前后婚姻只能是法律上的婚姻。

第二种情况是与有配偶的人缔结婚姻。这里的缔结婚姻,也必须是缔结法律上的婚姻。这种主体是无配偶的人即相婚人,相婚人必须明知对方是有配偶的人。

重婚罪是否继续犯与如何确定其追诉期限是一个密切相关的问题。多数国家刑法对此没有明文规定,但意大利刑法第 557 条规定,重婚罪的追诉时效,"自两个婚姻中的一个被解除之日或者第二个婚姻因重婚而被宣告无效之日起计算"。

第三节 赌博与彩票罪

一、赌博与彩票罪概说

赌博与彩票罪,是通过偶然的情况获取财物的犯罪。

日本的判例与通说认为，由劳动取得财产，是国民健全的经济生活的风俗，而赌博与彩票罪，则损害人们的勤劳意欲，助长人们的侥幸心理，而且还诱发许多犯罪，给国民经济的机能以重大的妨害。刑法设立赌博与彩票罪，就是为了保护由劳动取得财产这种国民健全的经济风俗。德国帝国法院也曾认为，刑法规定赌博罪的目的在于将基于自然之赌瘾的经济的剥削置于官方的监督与约束之下。但德国刑法理论的通说认为，赌博与彩票罪，是给他人财产造成危险的犯罪，因而是一种财产罪。因为开设赌场乃至参与赌博，都是意欲损害他人而使自己得利，在此意义上说，赌博罪是一种有造成他人财产损失的危险性的行为，而且只有这种具有造成他人财产损失危险的行为，才具有可罚性。奥地利刑法将赌博罪归入对财产的犯罪。日本学者平野龙一也指出，之所以处罚赌博行为，是因为行为人期望射幸而赌博，从而遭受财产上的损失，或者利用他人的射幸心而损害他人财产；故在此意义上说，赌博罪是对财产的犯罪。

像摩纳哥那样，公开允许赌博与彩票行为的国家也不少见。但多数国家的刑法处罚特定的赌博与彩票行为，如德国、意大利、奥地利、日本等国刑法均规定了赌博罪。不过，有些国家刑法仅处罚开设赌场与发行彩票的行为，而不处罚单纯的赌博行为，法国旧刑法就是如此。德国刑法以前只处罚开设赌场、常习赌博、职业赌博与公开发行彩票的行为，现在也处罚公然参与赌博的行为。

赌博与彩票行为，本来都是侵害社会健全的经济风俗的行为，但是出于财政、经济政策的考虑以及其他理由，许多国家总是在一定范围内允许某种赌博与彩票行为。这种被允许的赌博与彩票行为，虽然符合赌博与彩票罪的构成要件，但它们是基于法令而实施的行为，故不成立犯罪。

此外，一些国家的刑法规定，虽然是赌博行为，但违法性程度轻微、不足以侵害社会经济风俗时，就不当犯罪处理。例如，奥地利刑法规定，为消磨时间或者赌注很小的，不成立犯罪；德国刑法虽然没有这种规定，但审判实践上一直持这种主张。日本刑法规定，“以供一时娱乐之物进行赌博的”，不构成犯罪。这一规定的理由是，以少量的价值赌博，属于日常娱乐范围内的行为，不值得科处刑罚。供一时娱乐之物，是指为了当时娱乐而要消费的物品，如以食物、香烟等赌博便是其例。虽然日本的判例认为，以金钱赌博的不属于以供一时娱乐之物赌博，但日本刑法理论认为，即使不是以即时消费的物本身赌博，而以与即时消费之物程度相当的金钱赌博的，也不应以赌博罪论处。

赌博罪主要有单纯赌博罪、常习赌博罪、开设赌场罪、聚众赌博罪，彩票罪主要有发行彩票罪、经销彩票罪与授受彩票罪。

二、赌博罪

（一）单纯赌博罪

单纯赌博罪，是指以偶然的情况为输赢，以财物从事博戏或者赌事的行为。

所谓以偶然的情况为输赢，是指胜负由偶然的情况所决定，即由行为人所不能左右的情况来决定胜负。偶然的情况只要求是行为人主观上不能确定的情况，不要求是客观上不能确定的情况。至于这里的情况是过去的情况、现在的情况，还是将来的情况，则在所不问。由于需要争胜负，参与者必须是二人以上，故赌博罪是必要的共犯。关于竞技游戏（Geschicklichkeitsspiel，如下棋、打牌、球类运动等）的性质，各国刑法规定与刑法理论的观点并不相同。德国刑法理论认为，竞技游戏的输赢主要取决于参与者的身体或者精神能力、注意程度与技巧等,而不是取决于偶然。所以,即使以财物进行竞技游戏的,也不成立赌博罪。奥地利刑法规定,只有当胜负属于偶然或者以偶然为主时,才是赌博。而日本刑法理论的通说与判例认为,即使参与人的技能多少能左右胜负,但只要介入了偶然因素,就成立赌博。

偶然的情况是否必须存在于参与者双方(全员)?通说对此持肯定态度,如果参与人的一方使用欺诈手段来支配胜负,则成立诈骗罪,而不是赌博罪,其他人的行为就不成立赌博罪。但也有学者认为,在上述情况下,使用欺诈手段的人成立诈骗罪,而其他参与人主观上仍然是想侥幸取胜,所以成立赌博罪。

所谓以财物进行博戏或赌事,是指以财物为赌注从事博戏或赌事。这里的财物不限于有体物,只要是财产上的利益即可。一般来说,财产价值的多少在所不问,但有的国家刑法规定赌注轻微时不构成犯罪。以财物为赌注,则是指以偶然的输赢来决定将一定的财物交付给胜者,但不要求现实地提供财物。

赌博分为博戏与赌事。德国刑法理论就二者的区别有三种学说:客观说认为,由参与人或者其代理人的动作来决定胜负时是博戏,不介入这种动作来决定胜负时是赌事;主观说指出,参与人只是以自己的主张是否正确来决定胜负时为赌事,其他情况则是博戏(Frank);动机说主张,以娱乐、取乐的动机争胜负时是博戏,为了认真地强调自己的意思而争胜负时是赌事(Kohlrausch)。德国刑法之所以这样区别,是因为德国刑法只处罚博戏行为,而不处罚赌事(Wette,或称打赌)行为。德国刑法理论认为,赌事与赌博不是等同概念,参与打赌者的动机与目的在于确认彼此间互相对立的意见争执,至于赌赢的赏金则不是重点,也不是打赌本身的目的;打赌的结果还可能是双方均获利或者第三者获利。所以,对打赌行为不应认定为赌博罪。日本刑法原本将博戏与赌事并列起来规定为,“以财物就偶然的输赢进行博戏或者赌事的”,构成赌博罪;1995 年修改为,“赌博的”,成立赌博罪。

单纯赌博罪是举动犯,行为人开始从事博戏或者赌事时为着手时期,而且一经实施即为既遂,即成立既遂不要求决定出输赢与实现财物的得失。

单纯赌博罪是否必须发生在特定的场所或公然进行,各国刑法的规定不一。有的国家对此没有限制性规定,只要属于上述赌博行为,无论在何种场所进行,都构成单纯赌博罪,日本刑法就是如此。有的国家刑法则要求公然赌博或者发生在公共场所,否则不成立犯罪。例如,德国刑法规定,“参加公开的赌博的”,才构成本罪。

(二)常习赌博罪

常习赌博罪,是指以赌博为常习而从事赌博的犯罪,是单纯赌博罪的加重类型。

常习赌博罪的主体,必须是具有赌博的常习性的人,即是具有反复从事赌博行为癖性的人。关于常习性的意义,是一个有争议的问题。一种观点认为,常习性是指作为人格形成的结果而有较强的犯罪倾向,因此它不是行为的属性,而是行为人的属性;即常习性是对行为人的定型,而不是对行为的定型。另一种观点认为,常习性既是行为的属性,也是行为人的属性,即既是对行为的定型,也是对行为人的定型。还有一种有力的观点认为,常习性并不是行为人的属性,而是行为的主观属性,因为并不是常习者从事赌博才构成常习赌博罪,而是主观上有赌博常习时才构成常习赌博罪。

在判断是否常习性的赌博时,要考察行为人反复实施赌博行为的事实,特别要综合考察赌博行为的性质、种类、金额等事实，据此进行客观判断。至于赌博的前科事实，则要具体分析。如果以前科事实为基础推断行为人赌博的常习性，则要求前科的赌博行为与现实的赌博行为之间有时间上的连续关系，这种关系使法官能够认识行为人的常习性，能够发现行为人的一种人格态度。如果虽然有赌博的前科，但以后很长时间内没有从事赌博，现实只是偶尔赌博的，则不能认定为有常习性。再者，虽然没有赌博前科，也可能根据现实的有关事实认定为有常习性，例如，以赌博为职业时就容易认定其常习性。

常习赌博罪的行为，仍然是博戏与赌事，行为人反复实施的赌博行为，作为一个整体，构成一个常习赌博罪，故本罪是典型的集合犯。

赌博的常习者与非常习者共同赌博时，根据部分犯罪共同说，只成立单纯赌博罪的共同正犯，但常习者按常习赌博罪处断，非常习者按单纯赌博罪处刑。非常习者教唆或者帮助常习者赌博（第一种情况），或者常习者教唆或帮助非常习者赌博时（第二种情况），根据总论中的共犯与身份的原理解决，但由于共犯与身份原理并没有形成一致意见，故上述问题在处理上仍然是有分歧的。例如，有人认为，两种情况都只成立单纯赌博罪的教唆犯与帮助犯；有人认为，第一种情况成立单纯赌博罪的教唆犯或帮助犯，第二种情况成立常习赌博罪的教唆犯或帮助犯；有人认为，第一种情况成立常习赌博罪的教唆犯或帮助犯，第二种情况成立单纯赌博罪的教唆犯或帮助犯；有人认为，第一种情况虽然成立常习赌博罪的教唆犯或帮助犯，但只能按单纯赌博罪的教唆犯或帮助犯科刑，第二种情况则是单纯赌博罪的教唆犯或帮助犯；如此等等。

成立常习赌博罪的行为人，具备累犯条件（同种累犯）时，是否适用累犯加重的规定？一种观点持肯定态度，因为常习犯与累犯并不矛盾，前者也不能包括后者。另一种观点持否定态度，因为累犯的反复是常习性的一部分内容。还有一种观点认为，常习犯本来是广义的累犯的一种，二者的性质具有共同点，在此意义上说应否定适用累犯加重的规定；但是，累犯并不直接成立常习犯，常习犯是以常习性为要件的特殊累犯，因此，如果对常习犯不适用累犯加重的规定，则忽视了常习犯的特殊性，故应肯定适用累犯加重的规定。

（三）开设赌场罪

开设赌场罪，一般是指意图谋利，公然开设、经营赌场的行为。凡是规定了赌博罪的刑法，就都规定了开设赌场罪，因为这种行为不仅比单纯参与赌博的行为严重，而且直接引诱他人赌博，给他人赌博创造了条件。

开设赌场，是指开设以行为人为主宰，在其支配下由他人从事赌博活动的场所，或者以行为人为主宰，提供赌博的机会。可以认为，开设赌场，就是设置赌场、经营赌场。行为人是否亲临赌场，不影响本罪的成立；也不要求行为人引诱他人至自己所开设或经营的赌场。德国刑法规定，准备赌博器具的行为，也构成开设赌场罪。

开设赌博场罪的成立，也不要求将赌博者聚集于一定场所。行为人为了进行棒球赌博，达到以服务费为名从胜者那里征收一定比率金钱的目的，设立事务所，采用电话受理赌博申请，对其进行整理，进行赌资、服务费的计算，而没有赌博参加者的场所的集合的情形，也属于开设赌场（日本的判例）。

有的国家刑法规定，开设赌场罪的成立要求行为人主观上有谋利的目的。谋利的目的，是指以从赌博者那里收取入场费、手续费等作为开设赌场的代价，从而不法获取财产上的利益。至于行为人是否获取了这种利益，则不影响本罪的成立与既遂。日本判例认为,以图利的意思开设了赌场,就成立犯罪既遂,不问实际上是否有人在其赌场内实施了赌博行为。刑法理论认为,当开设赌场的行为具备赌博者参加聚集的具体危险性时,成立开设赌场罪既遂。开设赌场的行为人自己也从事赌博构成赌博罪的,在日本被认定为并合罪,实行并罚。

有的国家(如德国)只禁止未经官署批准的开设赌场的行为,据此,开设、经营赌场的行为如果得到官署批准,则不构成本罪。

三、彩票罪

彩票罪,是指非法发行、经销或授受彩票的行为。但是,许多国家的刑法,如德国、法国刑法只处罚非法发行彩票的行为。

本罪的对象是彩票。所谓彩票,是指事先记入了号码的一种票证,这种票证发行后,采取抽签、摇奖等方法,在购买者之间进行不平等的分配;持有中彩票证的人,将获得一定的利益;持有没中彩票证的人,就要丧失财产的一部或者全部。如果没中彩时也不丧失财产,则不属于彩票。

显然,彩票也是以偶然的情况决定财产的得失,这一点与赌博是相同的,这就造成了区分赌博与彩票的困难。一般来说,在赌博时,所有的参与者都有获取财产的可能性与丧失财产的危险性,在彩票罪中,只有购买者有丧失财产的危险性,发行者则不具有这种危险性。日本大审院1914年7月28日的判决曾指出,对于彩票罪与赌博罪,应当根据是否以抽签的方式决定胜负、提供者在提供财物的同时是否丧失其财物所有权、当事人双方是否都不负担危险来区分。

本罪的行为主要是发行、经销、授受。发行,是指向多数人有偿转让彩票;只要行为人是面向多数人出卖,即使实际上只有少数人购买时,也构成犯罪。经销,是指在发行人与购买者之间进行买卖斡旋的行为。授受,是指除发行、经销之外的转移彩票所有权的一切行为。

第四节　有关坟墓、尸体的犯罪

一、挖掘坟墓罪

挖掘坟墓罪,是指故意挖掘他人坟墓的行为。

犯罪主体没有限制,坟墓的所有人、被埋葬者的子孙,也能成为本罪主体。犯罪对象为坟墓即埋葬死者的尸体、遗骨、遗发等场所,不问有无管理人,也不问有无墓石与墓碑。但是,如果具有墓石、墓碑,却并没有埋葬死者尸体、遗骨等,则不认为是坟墓。

本罪的行为是挖掘坟墓。挖掘,是指除去坟墓上的覆盖土的一部或者全部,或者使墓石受到破坏或解体,从而损坏坟墓的行为。挖掘行为不要求使坟墓内的尸体、遗骨等暴露在外,也不以取得或者隐匿尸体、遗骨等为必要。

依法对尸体进行解剖或从事其他方面的验证而挖掘坟墓,或者经过允许搬迁坟墓而挖掘坟墓的行为,属于违法性阻却事由,不成立本罪。

二、损坏、遗弃尸体等罪

损坏、遗弃尸体等罪，是指故意损坏、遗弃或取得尸体、遗骨、遗发及棺内所藏物品的行为。

犯罪主体没有限制，死者的亲属也能成为本罪主体。犯罪对象是尸体、遗骨、遗发以及棺内所藏置的物品。尸体不仅是指整体，而且包括其中的某一器官；遗骨、遗发是为了纪念死者而保存或应当保存的尸骨与头发；棺内所藏置的物品，是指与尸体、遗骨、遗发一起放置于棺内的物品，即随葬品。

本罪的行为包括损坏、遗弃与取得三种方式。损坏，是指物理的破坏，如切断尸体的四肢，割掉脑袋等。奸尸属于侮辱行为，不属于损坏。遗弃，是指不按照习俗上的埋葬方法而放弃，遗弃虽然通常必须伴有场所上的转移，但负有埋葬义务的人单纯不埋葬的不作为，也被认为是遗弃。杀人犯杀人后单纯将尸体置于现场的行为，不构成不作为的遗弃尸体，但为了湮灭罪证而将尸体隐匿起来的，构成遗弃尸体罪，成立杀人罪与遗弃尸体罪的并合罪，而非牵连犯与吸收犯。取得，是指不法占有，取得的方法没有限制，直接取得与间接取得，盗窃取得与收买取得等，都能成立本罪。

存在争议的问题是，本罪的行为能否同时成立财产罪，例如，取得棺内所置物品时，除成立本罪外，是否还成立盗窃罪？否定说认为，考虑到本罪与财产罪的区别，对尸体等进行损坏、遗弃、取得等行为，不另成立财产罪；而且本罪的法定刑大大轻于财产罪的法定刑，这是因为刑法将本罪的对象作为信仰感情的对象，而不是作为财产。肯定说认为，棺内所置物品，乃至尸体、遗骨、遗发等，也是一种财物，能够成为财产罪的对象。如果损坏、取得这些对象的行为只构成损坏、取得尸体等罪，则同其他的财产罪相比，其法定刑过低，这是不合理的。故应认为，上述行为成立本罪与财产罪的想象竞合。

三、密葬非正常死亡者罪

密葬非正常死亡者罪，是指将没有经过检验的非正常死亡者予以埋葬的行为，是日本等国刑法所规定的一个犯罪，设立这个犯罪并不是为了直接保护宗教风俗，而是出于警察目的所规定的一种行政犯。

本罪的对象是非正常死亡者，非正常死亡，是指非自然死亡，并且死因不明。正因如此，才需要检验。如果是自然死亡，或者虽然是非自然死亡，但知道死因，也就没有必要检验，行为人埋葬这种尸体的行为，没有必要处罚。

本罪的行为是没有经过检验而进行埋葬，可以理解为在没有经过特定机关检验的状态下进行埋葬，埋葬的方法不影响本罪的成立。

第三编　对国家法益的犯罪

第二十三章　对国家存在的犯罪

第一节　本章犯罪概述

对国家法益的犯罪，是一种严重的犯罪，这一点是没有争议的。虽然从刑法理论上看，大多数学者都将这种犯罪置于对个人法益的犯罪、对社会法益的犯罪之后，但从刑事立法上看，许多国家的刑法仍然将它规定在刑法分则之首，德国、意大利、日本等国刑法都是如此。

各国刑法都重视对国家法益的犯罪，但存在两种不同的重视理由。其一，国家法益是国家权威、国家的不可侵犯性，这种法益超越个人法益，因而应当得到重视；其二，国家只不过是为了国民的生活与福利而存在的机构，因此对国家法益的犯罪就侵害了多数国民的利益，故应得到重视。前一种看法是基于国家主义、全体主义的刑法观得出来的结论；后一种看法是基于个人主义的刑法观所得出来的结论。这两种看法，会给具体犯罪的解释带来细微的差异。

各国刑法对国家法益的犯罪所作的规定详略不一。德国、意大利等国刑法规定得相当详尽，日本刑法规定得较为简单。对国家法益的犯罪可以分为两类，即对国家存在的犯罪、对国家作用的犯罪。对国家存在的犯罪，主要是内乱罪、外患罪以及对国家关系的犯罪；对国家作用的犯罪，包括一般国民从外部侵害国家作用的犯罪与公务员从内部侵害国家作用的犯罪。本章先讨论对国家存在的犯罪。

第二节　内　乱　罪

一、内乱罪概说

内乱罪是以国家的内部秩序作为直接攻击对象的犯罪，或者说，是从国家的内部威胁国家存在的犯罪，其保护法益是国家的存在。

内乱罪侵害了国家的存在，因而也侵害了刑法本身存在的基础，当然是一种最重大的犯罪。但从社会学的观点来看，内乱是一种反抗现存国家秩序的社会势力的爆发性行动，如果这种行为成功，确立了新的秩序时，其自身的犯罪性就被完全否定，认定内乱罪的刑法本身也不存在。因此，内乱罪是处于刑法极限的犯罪，也正因如此，各国刑法都将内乱罪规定为危险犯，而不是侵害犯。

内乱罪是典型的政治犯与确信犯，难以从道义非难的角度理解其刑事责任。所以，有些国家的刑法典对内乱罪规定的法定刑并非最重的法定刑。

内乱罪包括狭义的内乱罪与预备内乱罪、阴谋内乱罪，有的国家刑法还规定了帮助内乱罪，实际上是将内乱罪的帮助行为规定为独立的犯罪。

二、内乱罪（狭义）

各国刑法对内乱罪的规定并不相同，一般来说，内乱罪是指以暴力、胁迫方式，颠覆政府、分裂国土及危害宪法秩序的行为。

内乱罪的主体没有特殊限制，也不问是本国人，还是外国人。问题在于本罪是否属于必要的共犯？虽然从审判实践上看，本罪一般是多数人共同实施的，但多数国家对此没有明文规定；只有日本刑法明文规定本罪为必要的共犯，因此犯罪主体必须是多数人；这些多数人必须基于内乱的目的而集团化，[1]单纯聚集起来的多数人不能成为本罪的主体。

内乱罪的行为是以暴力、胁迫方式颠覆政府、分裂国土以及危害宪法秩序。首先，行为的方式必须是暴力、胁迫。有的国家刑法仅限于暴力，而不包括胁迫（如瑞士）。德国刑法规定的是采取暴力或者以暴力相威胁的方式。日本刑法规定的是暴动，但暴动是指多数人结合起来实施暴力、胁迫，至少达到了有害于一个地方安宁的程度。一般来说，这里的暴力、胁迫是指最广义的暴力与胁迫。[2] 暴力包括对人实施暴力与对物实施暴力，因而包含杀人、伤害、放火等行为；胁迫是以恶害相通告，恶害的种类没有限制。

其次，行为内容可概括为三种：颠覆政府、分裂国土与危害宪法秩序。例如，德国刑法规定的内乱罪包括危害国家存在与变更宪法秩序，而依据德国刑法的解释性规定，所谓危害国家存在，包括颠覆国家主权、破坏国家统一与分裂国土。再如，瑞士刑法所规定的内乱罪的行为内容为：实施旨在以暴力修改联邦或者州宪法的行为，取消符合宪法的国家机关或者使之无法行使职权的行为，将瑞士的一部分从联邦或者州分离的行为。

日本刑法则将内乱罪的行为内容规定为暴动，将颠覆政府、窃据国土与紊乱国宪规定为目的。即“以破坏国家的统治机构、排除国家对领土的国权以行使权力，以及其他破坏、扰乱宪法确定的基本统治秩序为目的”而实施暴动的，构成内乱罪。

日本刑法理论的通说认为，行为人犯内乱罪时，实施了杀人、伤害、放火等犯罪行为的，仅成立内乱罪，即杀人、伤害、放火等罪被内乱罪吸收。但是，如果行为人利用暴动的机会进行泄愤报复或者实施与内乱无关的强奸等行为时，则另外成立其他犯罪，实行并罚。

三、预备内乱罪、阴谋内乱罪

内乱罪是最重大的犯罪，除了处罚内乱的未遂外，还要处罚内乱的预备与阴谋行为。许多国家的刑法都是如此。预备内乱罪，是指内乱罪的预备行为；阴谋内乱罪，则是指内乱罪的阴谋行为。预备，是指为实行内乱进行各种准备，例如，准备武器弹药、召集人员等。阴谋，是指二人以上策划内乱、形成合意，阴谋并不一定要求秘密商议。预备与阴谋，都要求没有达到实施暴力、胁迫的程度，否则便成立内乱罪或内乱未遂罪。

---

〔1〕 这里的“集团化”，只是意味着多数人基于同一目的而形成多众犯，而非等同于我国刑法中的“犯罪集团”。

〔2〕 但有的国家刑法对此有限制性规定，例如，奥地利刑法规定，内乱罪中的胁迫仅限于以暴力相胁迫。

阴谋可以说是广义的预备的一种,一部分国家刑法将阴谋与预备分别进行规定,另一部分国家刑法则将阴谋与预备规定在一起。前者如奥地利刑法,其第244条第1款规定:“与他人协议共同实施内乱行为的,处十年以下自由刑。”第2款规定:“以其他方法预备内乱,因而造成实施内乱行为的危险,或者导致危险明显扩大,或者与外国共同准备内乱的,亦同。”第1款规定的是阴谋内乱罪,第2款规定的是预备内乱罪。后者如日本刑法,其第78条规定:“预备或者阴谋内乱的,处一年以上十年以下监禁。”

德国、奥地利、日本等国刑法对预备内乱罪、阴谋内乱罪作了特别的中止、自首等规定。即预备或阴谋内乱而没有达到暴动程度时,自动中止或自首的,不处罚或减轻处罚。这种特别规定是为了鼓励行为人不实施内乱罪的实行行为,从而有效地保护国家法益。

第三节　外　患　罪

外患罪是从国家的外部侵害国家安全存在的犯罪,其保护法益是国家的存在,各国对外患罪规定的种类不完全相同。

一、诱致外患罪

诱致外患罪,是指与外国通谋,致使对本国行使武力的行为。例如,日本刑法第81条规定:“与外国通谋,致使其对日本国行使武力的,处死刑。”德国刑法第100条规定:“在本法空间效力范围内具有生活基础的德国人,意图造成对联邦德国的战争或者武装活动,与本法空间效力范围外的政府、团体或者机构或者中介人之一建立或者维持联系的,处一年以上自由刑。”

日本刑法理论认为,上述条文中的“外国”,是指外国政府、军队、外交使节等国家机关,不包括私人和私人团体。德国刑法规定的范围则较广,除了外国政府以外,还包括其他团体、机构以及中介人。日本刑法规定要求与外国“通谋”,即产生意思联络,不问是直接联络的,还是介入第三者而间接联络的;至于是谁发起意思联络则在所不问。德国刑法只要求与外国政府、团体等建立或维持关系,建立或维持关系必须是意图引起对本国的战争或者武装活动。日本刑法中的“对日本国行使武力”,是指通过军事力量对日本进行攻击,但不限于国际法上的战争。日本刑法要求外国已经对本国行使武力,否则便是未遂,因此规定了绝对的死刑。德国刑法不要求发生这种结果,法定刑相对较低。

二、援助外患罪

援助外患罪,是指在外国对本国行使武力时,为外国军事服务或者给予其他军事上利益的行为。

本罪的行为状况必须是外国对本国行使武力时,这里的行使武力不限于国际法上所说的战争,凡是外国军事力量侵害本国安全的行为,都认为是对本国行使武力。本罪的行为是为外国军事服务或者给予其他军事上的利益。为外国军事服务,包括直接为外国参与战争或行使武力,作为外国军队的一员从事有助于外国的活动等。给予其他军事上的利益,主要是指提供军事物资、食物等,凡是给外国行使武力提供有形或无形的有利手段或方法的,都包括在内。但理论上认为,在外国军事占领区内,本国国民给予外国军事上利益的行为，缺乏期待可能性，阻却责任。

三、泄密罪

作为外患罪之一的泄密罪，包括许多内容，下面主要说明德国、奥地利刑法的规定。

泄密罪中的“密”，是指国家秘密。德国刑法第93条规定：“国家秘密，是指为了防止给联邦德国的外部安全造成严重不利益的危险，而只提供给被限定的人员范围的和必须对外国势力加以隐瞒的事实、物体或者知识。”奥地利刑法第255条规定：“本章所称国家秘密，是指为使奥地利共和国或奥地利共和国与外国、超国家机构、国家间机构的关系免受重大不利的危险，只对有限的人员范围公开，对外国、超国家机构或者国家间机构保密的事实、物品或者判决，尤其是文字、图纸、模型和信息。”

泄密罪中的“泄”，包括各种方式，德国刑法主要规定了以下行为：向外国势力或者其中介人通告国家秘密，让无权知悉者得到国家秘密，公开国家秘密，出卖国家秘密，非法获取国家秘密等。奥地利刑法也规定了泄露、出卖、刺探国家秘密等行为。

第四节 对国家关系的犯罪

一、对国家关系的犯罪概说

对国家关系的犯罪，也被称为妨害国交罪，其犯罪类型主要有侵害外交代表罪、侵犯外国国旗国徽罪、违背局外中立命令罪。

关于这类犯罪的保护法益，理论上有两种不同的观点：一种观点认为，本罪的保护法益是国家对外的地位。因为本国刑法并不直接保护外国法益，即不能认为本国刑法规定上述犯罪是为了保护外国法益；而且从刑法规定来看，都是将上述犯罪放在侵害国家法益的犯罪之中，这就表明，刑法规定对国家关系的犯罪是为了保护本国在对外关系上的地位。另一种观点认为，本罪的保护法益是外国法益，之所以保护外国法益是基于国际法上的义务。因为上述犯罪并不是直接危害本国存在的犯罪，而且一般规定只有当外国政府请求处理时才追诉，故应认为本罪的保护法益是外国法益，而不是本国的对外地位。其实，这两种观点并非完全对立，因为根据国际法在某种程度上保护外国法益，有利于维持本国与外国的正常关系，从而保护国家对外的地位。

对国家关系的犯罪，有相互主义与单独主义两种立法例。相互主义，是指只有当外国法律对同一犯罪有明文规定时，才能适用本国法。单独主义，是指不管外国法律对同一犯罪有无规定，都适用本国法。德国、意大利刑法采取的是前者，日本等国刑法采取的是后者。

各国刑法对本节犯罪，都规定了诉讼条件。例如，日本刑法规定的损坏外国国徽罪，“经外国政府请求的，才能提起公诉”。瑞士刑法规定的干扰与外国关系的犯罪，要求外国政府或国际组织请求，并且有联邦委员会的授权，才能追诉。德国刑法规定的诉讼条件更严格，其第104a条规定：“本章之罪（指敌对外国的犯罪——引者注），只有当联邦德国与他国具有外交关系，订有互惠保护规定，并且互惠保证在行为当时仍然有效，经外国政府的刑罚请求和联邦政府授权给予刑罚追究时，才能追诉。”

二、侵害外交代表罪

侵害外交代表罪,是指对因公务滞留本国的外国元首、外国政府的组成人员或在本国内被承认的外国外交代表进行攻击或侮辱的行为。

本罪的对象是外国元首、外国政府的组成人员以及得到本国政府承认的外交代表,但这些人必须因公务滞留在本国,如果上述人员因私事滞留本国,则没有必要给予特殊保护,攻击或侮辱他们的行为,不能构成对国家法益的犯罪。

本罪的行为主要是攻击与侮辱,[3]攻击,包括殴打、伤害与妨害自由,如果是杀人,则直接按杀人罪处理;侮辱,是指采取暴力或者其他手段公然贬低上述人员的人格,有的国家刑法还规定了诽谤,即公然捏造事实贬低上述人员的人格。

三、侵犯外国国旗国徽罪

侵犯外国国旗国徽罪,是指故意损坏、除去、污秽外国国旗、国徽的行为。

本罪的对象是外国的国旗、国徽,怎样确定"外国"的范围是一个有争议的问题。例如,有的国家虽然在国际法上得到承认,但本国还没有承认,或者相反。一种观点认为,本罪须经外国政府的请求才处理,没有得到本国承认的"国家",就不可能提出诉讼请求,故这里的外国只能是得到本国承认的外国。但多数人认为,这里的外国包括未被本国承认的国家,因为即使是未被本国承认的国家,其名誉也应受到尊重与保护,而且外国政府的请求只是诉讼条件,而不是犯罪成立条件。

本罪的行为主要表现为损坏、除去、污秽外国国旗、国徽。损坏,是指使用毁坏、破坏国旗、国徽自身的方法,使国旗、国徽象征外国的威信、尊严的效用减少或者丧失,如将国旗划破,使国徽缺损等。除去,是指不毁坏、破坏国旗、国徽自身,而以使用场所的转移、隐匿等方法,使国旗、国徽减少或丧失在正常场所的象征效用,如将国旗降下、将国旗转移到另外的地方等。污秽,是指将导致人产生厌恶感的物体附着在国旗、国徽上,或者将国旗、国徽置放在使人产生厌恶感的物体上,从而减少或丧失国旗、国徽的效用,如将国旗涂上黑墨,用粘有泥土的鞋践踏国徽等。

本罪只能由故意构成,一般不要求有特定的目的,但日本刑法规定,行为人必须"以侮辱外国为目的",即行为人损坏、除去、污秽国旗国徽,是为了表示出对该外国的侮蔑意思。至于行为是否损害了外国的名誉感情,则不影响本罪的成立。

四、违背局外中立命令罪

违背局外中立命令罪,是指在外国交战之际,违背关于局外中立命令的行为。在国际法上,中立国负有一定的义务,为了履行这种义务,国家就要求国民实施一定的行为或不实施某种行为,于是颁布有关命令,本罪则是违背这种局外中立命令的行为。

本罪要求发生在外国交战之际,即本国以外的两个以上的外国之间正式宣战或事实开战,而正处于战争状态。本罪的行为是违背局外中立命令,至于什么样的行为才是本罪的行为,则依命令内容决定,故本罪的构成要件是典型的空白构成要件。

---

〔3〕 德国刑法第102条与第103条分别规定了攻击外国代表罪与侮辱外国代表罪,前者的法定刑重于后者的法定刑。

第二十四章 对国家作用的犯罪

第一节 妨害执行公务的犯罪

国家的作用,大多数场合由公务员担负的公务来实现;为了保证公务员依法执行公务,就必须处罚妨害执行公务的犯罪。妨害执行公务的犯罪,主要包括妨害执行公务罪、职务上强制罪、损坏封印罪、非法避免强制执行罪等类型。

一、妨害公务罪

妨害公务罪,在不同国家刑法中有不同的表述。日本刑法规定的是妨害执行公务罪,即在公务员执行职务时,对之施加暴力或者胁迫的行为。奥地利、瑞士刑法规定的妨害执行公务罪,是指以暴力、胁迫方法妨碍公务员执行公务的行为。德国刑法规定的是抗拒执行人员罪。日本刑法理论的通说认为,妨害执行公务罪的保护法益不是公务员的身体与自由,而是公务的顺利执行(具体内容尚存争议)。下面分别介绍日本的妨害执行公务罪与德国的抗拒执行人员罪。

(一)日本的妨害执行公务罪

1. 对象

妨害执行公务罪的对象是公务员。大体而言,公务员的特征如下:其一,必须是在国家或地方公共机构、团体中从事公务;其二,必须是依法从事公务或者经指定或受委托从事公务;其三,必须是处理以某种程度的精神的、知能的判断为内容的事务的人员。

2. 行为时间

妨害执行公务罪的行为,必须实施于公务员执行职务之时。

(1)职务的合法性(适法性)

职务,是指由公务员依法执行的国家与地方公共团体的事务。日本刑法没有明文规定公务员执行职务必须具有合法性,导致刑法理论上产生分歧。少数人认为,既然刑法并没有明文要求执行职务的合法性,就表明不要求有合法性,只要能认定公务员是在执行职务即可。但通说持肯定态度,主要有两点理由:其一,刑法设立妨害执行公务罪,旨在处罚妨害公务的适正作用的行为,如果保护公务员的违法行为,就与法秩序相矛盾。而且,许多违法的职务行为实际上被刑法规定为犯罪,如果一方面将违法的职务行为规定为犯罪,另一方面又保护这种违法的职务行为,就明显相冲突。其二,公务员的违法的职务行为,都是侵犯人权的行为,根据刑法保障人权的观点,当然不能保护违法的职务行为。

一般认为,公务员执行职务的合法性,必须具备以下要件:

第一,公务员的行为属于该公务员的一般的、抽象的职务权限范围。对于公务员,通常会在事务和场所方面限定职务的范围,如果在事务或场所上超出了其范围,就不认为是执行职务。例如,警察征收税金就超出了其一般的、抽象的职务权限范围。但是,甲派出所的警察到乙派出所的管辖区域巡视,就没有超出抽象的职权范围,因为这是内部分工问题,不影响一般的、抽象的权限范围。公务员的抽象的职务权限,不一定是法令明文规定的,也不要求是独立的权限,根据上级的指示、命令管理事务时,也属于抽象的职务权限范围。

第二,公务员具有实施该职务行为的具体的职务权限。在许多情况下,公务员虽然有抽象的职务权限,但不一定有具体的职务权限。特别要注意的是,某些职务行为,是要经过指派、委托等才能实施的,如果不存在指派、委托等,就不能认为该公务员的行为属于具体的职务权限范围。例如,死刑执行官某甲,只是被指派执行某乙的死刑时,他才有对乙执行死刑的具体的职务权限(当然必须在规定的时间与地点);但他对死刑犯某丙就没有执行死刑的具体的职务权限。

第三,公务员的行为必须符合作为公务员职务行为有效要件的法律上的重要条件与方式。公务员职务行为的有效要件,往往在法律上规定为一定的条件与方式,公务员在执行职务时理当符合这些条件与方式,否则就不认为是合法的执行职务的行为。例如,执行死刑、逮捕人犯等职务行为,法律都规定了严格的条件与方式,只有遵守这种条件与方式时,才是合法的职务行为,否则就是违法的行为。

问题是,在判断公务员的职务行为是否合法时,应当以什么为基准?主观说认为,应当以该公务员的认识为基准,即该公务员认为合法时,就是合法的,该公务员认为违法时,就是违法的。据此,刑法规定本罪是为了保护公务员的主观上的职务的适正。但这种学说实际上是取消了职务行为合法性的要件。折中说认为,应当以一般人的见解为标准。据此,刑法规定本罪是为了保护公务适正的外观。但是,究竟什么是一般人的见解并不明确,容易导致判断的随意性。客观说认为,应当由法院进行客观判断,即法院依据法律、法令对公务员的职务行为进行客观判断,而不问该公务员与一般人是如何认识的。这种学说避免了主观说与折中说的缺陷,也有利于保护职务行为和防止职务行为对个人利益的侵害。

在上述三种学说中,客观说是通说。但是,是采取行为时标准,还是采取裁判时标准,也是有争议的。行为时标准说认为,应当根据该职务行为实施时的具体状况进行客观判断。据此,刑法规定本罪是为了保护行为时适正的职务。裁判时标准说(纯客观说)认为,应当由法院在事后进行纯客观的判断。据此,刑法规定本罪是为了保护结局上、客观上适正的职务。这两种观点会对同一行为得出不同的结论。例如,公务员依照刑事诉讼法的规定,对嫌疑人进行逮捕,嫌疑人则对公务员实施暴力或胁迫;从逮捕的当时来看,这种逮捕是必要的,属于刑事诉讼法上的合法的职务行为,但后来事实证明,该嫌疑人并不是犯罪人。根据行为时标准说,嫌疑人的行为构成妨害执行公务罪;根据裁判时标准说,嫌疑人的行为不构成犯罪。日本最高裁判所 1966 年 4 月 14 日的判决指出,职务行为是否合法,不应从事后纯客观的立场进行判断,而应根据行为当时的状况进行客观的、合理的判断。

(2)在执行职务时

妨害执行公务罪的行为,要求实施于公务员执行职务时。执行职务时,固然包括正在执行职务，但从保护公务的见地来看，还包括将要着手执行公务时。就一体性或继续性的职务行为而言，不应该将其执行过程分割成具体阶段来讨论其是否开始、终了，即使呈现暂时中断或者停止，也认为是在执行职务中。是否正在执行职务，往往要联系职务的特点进行判断。例如，警察在街头巡视时，即使偶然与他人闲谈，但只要不是在休息，就认为是在执行职务。公务员在执行职务时，也会有休息的时间，休息时不认为是在执行职务。

3. 行为样态

妨害执行公务罪的行为，表现为对执行职务的公务员施加暴力或者胁迫。一般来说，这里的暴力与胁迫，是指广义的暴力、胁迫。暴力不要求直接对公务员的身体施行，只要向公务员行使有形力即可；虽然是对物行使有形力，但如果对公务员的身体有物理影响时，也认为是本罪的暴力(间接暴力)。此外，对与公务员执行职务具有密切关系的辅助人员施加暴力时，也能成立本罪。

胁迫是以使他人产生恐惧感为目的，而以恶害相通告，恶害的种类、性质，通告的方法都没有限制。胁迫不要求直接对公务员施行，即使是对第三者进行胁迫，但妨害了公务员执行职务时，也构成本罪。

那么，暴力、胁迫必须达到什么程度呢？这涉及本罪是抽象的危险犯还是具体的危险犯。抽象的危险犯说着眼于本罪的保护法益，认为暴力、胁迫只要达到了足以妨害公务员执行职务的程度时就成立本罪，而不问暴力、胁迫在当时的情况下有无造成执行职务困难的现实可能性。具体的危险犯说则认为，只有具有造成执行职务困难的现实可能性，才成立本罪。理由是，既然本罪的保护法益是公务本身，暴力、胁迫就要受这种保护法益的限定，只有当暴力、胁迫具有使职务难以执行的现实可能性时，才能认为侵害了公务这种法益；而是否具有这种现实可能性，应当根据行为当时的情况进行具体判断。

4. 故意

妨害执行公务罪只能由故意构成，行为人对对方是公务员并且在执行公务，以及对公务员施加暴力、胁迫的事实，必须具有认识、容认的态度。至于施加暴力、胁迫的动机如何，则不影响本罪的成立。

值得研究的问题是，公务员的职务行为本来是合法的，但行为人误认为是违法的，进而对公务员实施暴力、胁迫时，是否阻却故意？第一种观点认为，本罪中的职务行为的合法性是处罚条件，因此，对职务行为的合法性的认识错误不阻却故意。根据这种观点，对违法的职务行为的反击也能成立犯罪，因而不能被多数人接受。第二种观点认为，职务行为的合法性是构成要件要素，对职务行为的合法性的认识错误属于事实的认识错误，故阻却故意。理由是，由于合法的职务才值得刑法保护，故针对合法的职务实施暴力、胁迫时，才符合本罪的构成要件，即职务行为的合法性是没有记述下来的构成要件要素，行为人对此必须有认识。如果行为人没有认识到职务行为的合法性，就不能成立故意。此外，由于对合法性的认识可以是未必的认识，所以不会导致放纵犯罪人。第三种观点认为，职务行为的合法性是违法性的要素，对职务行为合法性的认识错误是法律上的错误，因此不阻却故意。第四种观点(二分说)认为，如果行为人欠缺对作为违法性基础的行为事实本身的认识，则是事实错误，阻却故意；如果不欠缺这种认识，则不影响故意的成立。例如，警察出示了逮捕证，但行为人没有看到而产生错误认识，进而以暴力、胁迫进行妨害的，属于事实认识错误；如果行为人看到了逮捕证，但对警察行为的评价产生错误认识，而以暴力、胁迫手段进行妨害的,属于法律认识错误。第五种观点认为,职务行为的适法性,是规范的构成要件要素,只要认识到"一般人可能认为是适法的",就存在故意。据此,对适法性的认识错误原则上属于事实认识错误。但是,如果行为人轻率地认为公务员的职务行为具有违法性,则不阻却故意的成立。这一结论与二分说的结论基本相同。

此外,如果公务员的职务行为本来是违法的,而行为人误认为是合法的,进而对公务员实施暴力、胁迫时,不认为具有本罪的故意,不成立本罪。

(二)德国的抗拒执行人员罪

德国刑法第113条第1款规定:"在受命执行法律、法令、判决、法院裁定或者行政行为(处分)的公职人员或者联邦国防军的军人实施相应的职务行为时,使用暴力或者以暴力相威胁进行抗拒,或者以实力进行攻击的,处三年以下自由刑或者罚金。"不难看出,德国的抗拒执行人员罪,只是将权力性的公务作为保护对象。也有学者认为,本罪不仅保护国家执行行为(公务),而且保护从事执行行为的公职人员。本罪的主体既可以是执行行为的对方,也可以是其他人。本罪的最高法定刑原本为2年自由刑,但2011年提高到3年自由刑。

1. 行为对象

行为对象,是受命执行法律、法令、判决、法院裁定或者行政行为(处分)的公职人员或者联邦国防军的军人,或者说,是担当执行行为的人员。亦即,与具体的个别事项相关联,具有实现国家意志,在必要的场合有强制实行权限的人员。不具有这种权限的人员,如向当事人送达罚款通知的人员,不属于担当执行行为的人员。警察、法院的执行人员是典型的担当执行行为的人员(以下简称执行人员)。

不过,德国刑法第114条扩大了本罪的行为对象,亦即,享有警察官员权力与义务的人员,检察机关的侦查人员,即使是非公职人员,其执行行为也等同于第113条的公职人员的执行行为;受委托支援执行行为的人员,以及在发生事故等紧急状态下的消防人员、救灾人员,也能成为本罪的对象。[1]

2. 构成要件行为

本罪的构成要件行为,是使用暴力或者以暴力相威胁进行抗拒,或者以实力进行攻击。

暴力抗拒,即以暴力方式进行抗拒。只有当行为人以阻止执行行为或者使执行行为难以进行为目的而实施积极的举止,才属于抗拒。因此,暴力抗拒,就是对执行人员的身体行使有形力,至少是间接地行使有形力,给执行人员的身体造成强制性影响。所谓阻止执行行为,是指使执行行为不能进行;所谓使执行行为难以进行,是指使得执行人员如果不行使并非轻微的有形力就不能从事执行行为。例如,针对警察要通过的车辆封锁道路的行为,突然跳到警察车辆前面的行为,都被法院认定为暴力抗拒。暴力抗拒不包括单纯的消极抗拒与不服从。例如,单纯的静坐示威的,就不属于暴力抗拒。再如,行为人在被警察抓住手腕时,只实施为了逃走的行为的,在被警察围住时,打算损坏警察的车辆而驾驶自己的车辆前行后逃走的,都没有被认定为暴力抗拒。有争议的案件是,在执行人员实施职务行为之前就堵住门不让执行人员进入的行为。法院认为,在执行行为的时点实施

[1] 当然,如果认为德国刑法第114条规定的是独立罪名,则不能将上述人员作为抗拒执行人员罪的行为对象。

有形力的行为，以及在预定的执行行为之前准备妨害执行行为时行使行形力的，也属于暴力抗拒。但是，这一判决结论受到了不少学者的批判。

以暴力相威胁进行抗拒，是指以实施暴力相通告，阻止执行行为或者使执行行为难以实施。换言之，胁迫的内容仅限于暴力。以自杀相通告的，由于不是针向执行人员，所以不属于以暴力相威胁进行抗拒。

以实力进行攻击，是指以敌对的意图，直接对执行人员的身体实施暴力，但不要求造成对身体的伤害。与前两种行为不同的是，行为人以实力进行攻击时，不需要具有阻止执行或者使执行行为难以进行的意思。因此，即使出于单纯的憎恨而以实力进行攻击的，只要行为发生在执行行为之时，就成立本罪。

3. 执行行为

暴力、胁迫等行为阻止、妨碍执行行为的，或者在执行人员从事执行行为时对之以实力进行攻击的，才成立本罪。所以，如何理解和认定执行行为就成为重要问题。此外，行为人对执行行为的性质等产生认识错误时，应当如何处理，也需要讨论。

（1）执行行为的范围

根据德国刑法第 113 条的规定，成立本罪时要求执行人员从事执行行为。换言之，本罪并非保护警察这样的执行人员的所有行为，只是保护具体的执行活动。如前所述，作为构成要件要素的执行行为，是指以对特定的、个别事项的规制为目的的国家意志，预定由担任其职务的执行人员予以实现，必要时通过国家强制措施予以贯彻的活动。

在执行人员将直接强制作为可能采取的措施时，其活动属于执行行为。例如，警察为了拘留犯人而进入建筑物的，或者为了搜查违法的赌博而进入夜总会的，属于执行行为；法院的执行官根据刑事诉讼法的相关规定，对现实有危险的特定人采取保护措施的，也属于执行行为。执行行为不限于实施具体的强制处分的场合，只要是有可能进行强制处分的活动，就足以成为执行行为。

在执行人员将间接强制作为可能采取的措施时，也能认定其活动属于执行行为。例如，交通警察按照交通管理法的规定，进行一般性的交通检查时，让通行者停止的行为也属于执行行为。因为交通警察在行使这种权限时，也可能采取间接强制措施。

如果只是单纯公务上的行为，则不属于执行行为。例如，一般性的监视活动、侦查活动，不属于执行行为；巡逻警察对通行人的质问、警察对嫌疑人的讯问，也不是执行行为。

本罪的行为必须发生地执行行为时。所谓执行行为时，是指执行行为已经开始或者即将进行，且没有执行终了。例如，在执行行为的内容是进入建筑物从事某种活动时，不仅进入行为时属于执行行为时，而且从建筑物撤出时也是执行行为时，但前往建筑物的途中不属于执行行为时。

（2）执行行为的合法性

德国刑法第 113 条第 3 款的规定："职务行为不合法时，行为人的行为不依本规定受处罚。即使行为人误以为职务行为是合法的，亦同。"据此，只有当执行行为具有合法性时，才能成为阻止、妨碍的对象。该规定的内容，究竟是构成要件要素，还是正当化事由，抑或是客观处罚条件，在刑法理论上存在争议。但由于法条明文规定了对认识错误如何处理，所以，这种争论没有实际意义。

关于执行行为合法性的判断，德国判例提出了三个标准或要求：其一，执行人员具有事务上、地域上的管辖权;其二,执行行为符合相关法律规定的重要方式,特别是遵守了对受侵害者予以保护的规定;其三,根据职责义务,对是否符合执行行为的要件进行了事实确认(在某些场合,需要根据职责义务进行裁量)。显然,判例对合法性采取的是形式判断,而没有进行实质判断。亦即,判例不要求执行行为本身充足相关法令规定的要件(不要求执行行为实质上符合相关法令的规定)。例如,即使被逮捕的人根本不是实施了犯罪行为的人,但只要逮捕行为本身符合上述形式要件,就具有合法性。这被称为"刑法上的合法性概念"要件。由于这种形式的判断可能导致公民不得不忍受国家对其基本权利的干涉与侵犯,有学者提出"实质的合法性概念",即必须从实质上判断执行行为是否合法。但是,德国宪法法院仍然肯定了"刑法上的合法性概念"的合宪性。

根据判例的立场,左右执行行为合法性的重要方式,主要有以下情形:其一,在进行直接强制时,必须事前将进行直接强制的旨意告知对方。例如,在对嫌疑人进行拘传或者采集血液前,必须说明执行行为的目的。其二,在对轻微的秩序违反行为进行警告时,告知拒绝权、得到同意属于重要方式。其三,对搜查、强制执行的见证人的保护,属于重要方式。

根据判例的观点,如果执行人员对符合执行行为的要件履行了事实确认的义务,执行行为就是合法的。例如,法院的执行官没有过错地误以为他人的住宅是债务人的住宅,而在该他人的住宅进行的执行行为,具有合法性。这样判断的理由是,由于需要迅速作出判断,所以,要知道全部事实作出正确评价是不可能的,不应当让执行人员有受到正当防卫的危险。至于事实确认时是只要有单纯的过失就不合法,还是只有存在重大过失时才不合法,判例的立场并不明确,但可以肯定的是,如果存在重大过错时,执行行为就违法。

即使上级执行人员的命令是违法的,但只要下级执行人员误信了相关的事实关系,那么,下级执行人员的执行行为也被认定为合法的。

执行人员对为执行行为提供根据的法律产生错误理解时,不影响执行行为合法性的判断,因为能够期待执行人员具有必要的法律知识。例如,警察在对非法滞留的外国人进行身体拘束时,误以为不需要经过法官决定的,不能否认警察执行行为的违法性。

受违法的执行行为侵害的公民,对执行行为进行抗拒的,不成立抗拒执行人员罪。而且,即使抗拒行为符合伤害等罪的构成要件时,也可能成立正当防卫。因为违法的执行行为属于正当防卫中的"违法的攻击"。

(3)关于适法性的错误

德国刑法第113条第3款规定的是,行为人误将违法的执行行为当作合法的执行行为而进行抗拒时,不成立抗拒执行人员罪。但是,如果将执行行为的合法性作为本罪的构成要件要素,那么,上述行为原本应当成立不能犯未遂,但是,由于第113条并没有未遂犯的处罚规定,所以,第3款的规定只不过是对不可罚的确认。

德国刑法第113条第4款规定了相反的认识错误的处理。亦即,行为人误将合法的执行行为当作违法的执行行为而进行抗拒的,如果这种错误可以避免,则可以酌情从轻或者减轻处罚,倘若行为人的责任轻微,则免除处罚;如果行为人的错误无法避免,而且根据其所认识的情形,也不能期待其通过法律救济途径抵制被误认为违法的执行行为,则其行为不受处罚;如果行为人的错误无法避免,但根据其所认识的情形,可以期待其通过法律救济途径抵制被误认为违法的执行行为,则可以从轻、减轻处罚,倘若行为人的责任轻微,则免除处罚。由此看来，上述规定是将执行行为合法性的认识错误，当作法律认识错误来处理的。

4. 抗拒执行人员罪与强制罪的关系

德国2003年的判例认为，抗拒执行人员罪是强制罪的特别类型，所以，行为成立抗拒执行人员罪时，排除适用德国刑法第240条关于强制罪的规定。之所以如此，是因为在2011年修改刑法之前，抗拒执行人员罪的法定刑轻于强制罪，抗拒执行人员罪属于减轻构成要件。但在2011年提高抗拒执行人员罪的法定刑之后，两罪的法定刑均为"三年以下自由刑或者罚金"，不过，由于抗拒执行人员罪的行为样态比强制罪的行为样态窄，现在依然将抗拒执行人员罪解释为强制罪的特别类型。

二、职务上强制罪

职务上强制罪，是指为使公务员实施或者不实施某种行为，或者为使其辞职，而对公务员实施暴力、胁迫的行为。如果说妨害执行公务罪，是针对公务员正在执行的职务所实施的犯罪，职务上强制罪则是针对公务员将来执行的职务而实施的犯罪。

本罪的行为是以一定的目的，对公务员实施暴力、胁迫，这里的暴力、胁迫与妨害执行公务罪中的暴力、胁迫一样，都是广义的暴力、胁迫。

行为人除了对构成要件事实具有认识、容认态度之外，还要求有特定的目的：其一，为了使公务员实施某种行为，这种行为当然是公务员在职务上可能实施的行为，只要这种行为与公务员的职务有联系即可，即使是为了使公务员实施权限范围外的行为乃至违法行为，也成立本罪(奥地利刑法仅规定了此类型)。其二，为了使公务员不实施某种行为，这里的行为则必须是合法的职务行为，即不使公务员实施合法的职务行为。如果为了使公务员不实施违法的行为，而对公务员实施暴力、胁迫，则不构成本罪。其三，为了使公务员辞职，既包括作为妨害执行公务的手段而使公务员辞职，也包括与执行公务无关的、单纯基于个人的原因而使公务员辞职。行为人主观上具备上述三种目的之一即构成本罪。

三、损坏封印罪

损坏封印罪，是指损坏公务员所施加的封印或查封的标记，或用其他方法使封印或标记失效的行为。

本罪的对象是公务员所施加的封印或查封的标记。封印，是指为了禁止任意的处分，表示禁止启封的意思而施加的封缄或其他装置。封印上不要求盖有印章，但必须是公务员在其职务上特意施加的；私人施加的封印，或者公务员在职务外施加的封印，不能成为本罪的对象。查封，是指公务员将其职务上必须保护的物转移给自己占有的行为，其中的物不问是有形动产还是不动产。查封的标记，则是指封印之外的表明由查封取得的占有而特意施加的标记。封印与查封的标记，都必须是合法的。公务员滥用职权违法所施加的封印或查封标记，不能成为保护对象；在法律上缺乏有效要件或方式的封印或查封标记，也不是本罪的对象。封印与查封的标记，还必须存在于行为的当时，如果行为时已失去效力，则不能成为本罪的对象。此外，德国刑法还将查封、扣押的物作为本罪的对象，奥地利刑法则将损坏查封、扣押之物规定为独立的犯罪。

本罪的行为是损坏封印或查封的标记，或者使用其他方法使封印或查封标记失效。损坏，是指物理上的毁损、破坏或者除去，从而使封印或标记失去事实上的效力。虽未毁损封印、标记本身，但将封印、标记转移至他处的行为，也属于损坏。使用其他方法使封印或查封标记失效,是指不进行物理上的损坏,而使封印、标记失去事实上的效力的行为。例如,本来有禁止出入的标记,行为人却无视该标记而出入,就属于这种行为。在这种情况下,如果行为又触犯其他罪的,则作为想象竞合处理。例如,秘密将施加了封印的酒桶中的酒流出后窃走,就构成本罪与盗窃罪的想象竞合。

本罪只能由故意构成。本来是合法的封印、标记,而行为人误认为是违法的封印、标记的,与妨害执行公务罪中的认识错误相同。

四、非法避免强制执行罪

非法避免强制执行罪,是指以避免强制执行为目的,而隐匿、损坏财产,或将财产伪装让与,伪装承担债务的行为。关于本罪的保护法益,在理论上存在争议。一种观点认为,本罪的保护法益,主要是作为个人法益的债权人的债权,因为强制执行制度的目的在于实现债权。据此,本罪的成立以存在债权为前提。另一种观点认为,本罪的保护法益是作为国家作用的强制执行的正确适用。据此,本罪的成立只要求有合法的执行就够了,而不以存在债权为前提。

本罪的主体没有限制,不一定限于债务人,第三者也能成为本罪主体。

本罪的行为是隐匿、损坏财产,或将财产伪装让与、伪装承担债务。其中的财产包括动产、不动产以及债权,但必须是能够作为强制执行的对象的财产。隐匿,是指使实施强制执行的人不能或者难以发现财产。将自己的物伪称为他人的物而使财产的所有关系不明的行为,也属于隐匿。损坏,除了包括物理的破坏外,还包括减少财产价值的其他一切行为。伪装让与,是指没有真实让与的意思,却与对方通谋表面上伪装让与,使财产所有权人的名义变更。伪装承担债务,是指本来没有债务却伪装承担了债务。知情的伪装接受让与者或伪装的债权人,成立本罪的共犯。

本罪由故意构成,行为人主观上必须具有避免强制执行的目的,其主观想法是,即使公务机关实施强制执行,也不能达到强制执行的效果。因此,本罪的成立,要求行为人在有受强制执行的现实可能性的客观状况下实施上述行为。

第二节　妨害司法的犯罪

一、妨害司法的犯罪概说

司法机关行使司法权,对于维护法律秩序与伸张正义起着重要作用,不能受到非法妨害,否则,就难以维持正常的法律秩序,难以伸张正义,从而使国家威信受到损害。故各国刑法都规定了妨害国家司法权的犯罪(“司法犯罪”)。

瑞士与奥地利刑法设专章规定了司法犯罪(“对于司法的重罪与轻罪”“对于司法的犯罪”);其他国家大多分散规定,如德国刑法除设有伪证罪与诬告罪两章之外,还在其他章节中规定了妨害司法的犯罪(包括洗钱罪);日本刑法也分设了脱逃罪、隐匿犯人和隐灭证据罪、伪证罪、诬告罪等章。

从内容上看,各国刑法对妨害司法犯罪的规定也不完全相同。例如,日本刑法所规定的妨害司法的犯罪,都是妨害刑事司法的犯罪,如破坏国家基于司法权而依法对人犯的逮捕、拘留(脱逃罪),阻碍国家刑事追诉工作(隐匿犯人及隐灭证据),妨害刑事证据的真实性(伪证罪),导致刑事司法的错误(诬告罪)。而奥地利、瑞士等国刑法所规定的妨害司法的犯罪,包括了妨害民事司法的犯罪。

二、日本的脱逃罪

国家的作用包括司法作用,司法作用包括拘禁作用,脱逃罪便是侵害国家拘禁作用的犯罪,其保护法益是国家的拘禁作用。脱逃罪包括被拘禁者自身脱逃与其他人使被拘禁者脱逃两种情况:前一种情况包括单纯脱逃罪与加重脱逃罪,后一种情况包括抢夺被拘禁人罪、援助脱逃罪与私放被拘禁人罪。

(一)单纯脱逃罪

单纯脱逃罪,是指已决或未决囚犯擅自脱离拘禁场所的行为。

本罪的主体是已决或未决的囚犯。囚犯,是指正在被拘禁于监狱中的人,故被假释的犯人、暂时停止刑罚执行的人,被保释的人等,都不是囚犯。根据逮捕、拘留或收监执行命令,犯人被送至监狱的途中时,还不是囚犯;但是,一旦被拘禁在监狱,以后为了更换监狱而将犯人从此监狱送至彼监狱的途中,则是囚犯。已决的囚犯,是指受到确定判决,作为判决而被拘禁的囚犯,如执行自由刑而被拘禁或者等待执行死刑而被拘禁的囚犯。不能缴纳罚金,而易科为自由刑或者留置劳役场的犯人,属于已决的囚犯。未决的囚犯,是指在判决确定前,根据刑事诉讼程序被拘禁的人,即作为嫌疑人或被告人而被拘禁起来的人。上述拘禁必须具有合法性,但只要求实质上与基本程序上的合法性,程序上的细微的缺陷不影响合法性。

本罪的行为是单纯脱逃,即被拘禁者本人脱逃看守人的实力支配。脱逃的方法是除了加重脱逃罪的方法以外的其他方法。脱逃可以是一时性的,而不要求是长期性的。行为开始侵害拘禁作用时,就是实行行为的着手。行为人完全脱离拘禁状态时,就是既遂。一旦既遂,则逃脱行为终了,故本罪是状态犯,而非持续犯。例如,行为人已经越过监狱的围墙时就是既遂。但是,如果行为人虽然已经越过围墙,而被看守人继续追踪时,如何区分既遂与未遂,存在以下不同观点:(1)只要犯人逃至监狱围墙外,即使被看守人继续追踪,也成立脱逃既遂。(2)即使犯人逃至监狱围墙外,但如果还处于看守人等的追踪中,就仍然属于未遂;只有当追踪者完全看不到犯人的身影时,才是既遂(日本的判例与理论通说)。(3)犯人逃至监狱外受到继续追踪,马上可能抓获犯人时,还是未遂;但如果追踪时间长、场所移动大,则是既遂。

日本监狱法还有一个特殊规定,即因天灾而被放出的囚犯,如果在放出后24小时以内,没有出现在监狱或警察官署,就以单纯脱逃罪论处。

(二)加重脱逃罪

加重脱逃罪是相对于单纯脱逃罪而言。

日本刑法规定的加重脱逃罪是指“因执行裁判被拘禁的已决犯或者未决人,或已受拘票执行的人,损坏拘禁场所或者拘束的器具,或实施暴力、胁迫,或者二人以上通谋脱逃的”行为。据此,行为人以下述五种方式之一犯脱逃罪的,就构成加重脱逃罪:(1)损坏拘禁场所;(2)损坏拘束的器具;(3)实施暴力;(4)实施胁迫;(5)二人以上通谋脱逃。其中的拘禁场所,是指拘禁犯人的场所;拘束的器具,是指手铐、脚链等拘束犯人身体自由的器具;损坏,是仅指物理的毁损,故取下手铐放在地上逃走的行为,不构成加重脱逃罪;暴力与胁迫,是指作为脱逃的手段,而对看守人或者协助看守的人实施的广义的暴力与胁迫;二人以上通谋脱逃,是指二人以上为了脱逃而进行意思联络,并要求行为人通谋后脱逃;二人通谋脱逃但只有一人逃走的,逃走者只成立单纯脱逃罪,共谋者构成援助脱逃罪。行为人开始实施损坏、暴力、胁迫行为,或者共谋者开始共同实施脱逃行为时,为本罪的着手,脱离看守人的实力支配时为既遂。根据日本的判例与通说,下列三种情形属于未遂:(1)行为人开始实施损坏拘禁场所或者拘束的器具,但没有完全脱离拘禁状态时,属于未遂。因为开始实施损坏行为时就是加重脱逃罪的着手,〔2〕而没有完全脱离拘禁状态,则意味着没有既遂。(2)行为人已经开始对看守人或者协助看守的人实施暴力或者胁迫行为,但没有完全脱离拘禁状态时,属于未遂。(3)二人以上通谋逃脱的,实际上开始实施逃走行为但没有完全脱离拘禁状态时,成立未遂。因为只有脱逃的通谋但没有实施具体的逃走行为的,不是加重脱逃罪的着手。

行为人以暴力、胁迫方式脱逃时,也触犯了妨害执行公务罪,但刑法理论认为,加重脱逃罪当然包括了妨害公务的行为,而加重脱逃罪的条款与妨害执行公务罪的条款,是特别条款与一般条款的关系,应依特别条款排除一般条款的法理解决。

(三)抢夺被拘禁人罪

抢夺被拘禁人罪,是指抢夺依法令被拘禁之人的行为。抢夺,是指使被拘禁人脱离看守人的实力支配,转移至自己或者他人的实力支配内。手段包括暴力、胁迫、欺骗等方法,但单纯放走被拘禁者使之逃走的行为,不构成本罪。至于被拘禁者的意思如何,不影响本罪的成立。

(四)援助脱逃罪

援助脱逃罪,是指以使依法被拘禁的人脱逃为目的,提供器具,或以其他方法使其容易脱逃的行为。本罪本来是脱逃罪的帮助行为或教唆行为,但被拘禁人自己脱逃是缺乏(或减少)期待可能性的,因此法定刑较轻;而援助被拘禁人脱逃的,则并非缺乏(也不减少)期待可能性,或者说援助者的行为不是由人情弱点决定,因此,援助脱逃罪的法定刑,应当重于脱逃罪的法定刑。这就是将援助脱逃的行为作为独立犯罪予以规定的原因。

援助行为包括使犯人容易脱逃的一切行为,例如,提供脱逃所需的工具、指示脱逃的机会与方法、撤除拘禁所用的械具、对看守人使用暴力或胁迫方法等。日本刑法将本罪的构成要件行为规定为“提供器具或者实施其他使其容易脱逃的行为”。据此,脱逃的帮助行为无疑属于其中。问题是教唆脱逃的行为是否构成援助脱逃罪?从文言上看,教唆脱逃是否属于“使其容易脱逃的行为”还存在疑问,但既然帮助行为也受处罚,就没有理由将引起脱逃的危险性更大的教唆行为排除在外。所以,日本刑法理论认为,教唆脱逃的行为也构成援助脱逃罪。行为人实施本罪行为的目的,必须是为了使依法被拘禁的人脱逃。只要援助行为实施终了,便成立本罪的既遂;被拘禁者是否脱逃,不影响本罪的既遂。

(五)私放被拘禁人罪

私放被拘禁人罪,也称看守人援助脱逃罪,是指对依法被拘禁的人进行看守或护送的人员使被拘禁人脱逃的行为。

---

〔2〕 但是,也有学者认为,在这种场合,并没有产生脱离拘禁的具体的危险,不应认定为着手(西田典之、山口厚等)。

本罪是身份犯，主体必须是看守或者护送依法被拘禁人的人员；其看守或护送任务，必须具有法律根据。行为人的身份只需存在于行为时，被拘禁人脱逃的事实即使发生在看守、护送任务解除后，也不影响本罪成立。

本罪的行为，包括使被拘禁人容易脱逃的一切行为，既可以是作为，也可以是不作为。负有防止被拘禁者脱逃的义务人，明知被拘禁人脱逃而不防止的，就是不作为。

三、德国的释放囚犯罪、囚犯暴动罪

德国、奥地利、瑞士等国刑法均不处罚单纯脱逃的行为，理由是，个人受拘禁失去自由后，往往出于各种原因擅自脱离拘禁场所，以求重获自由，这是人之常情，因而不能期待行为人不擅自脱离拘禁场所。但是，德国对以暴力等方式脱逃的行为，仍然以犯罪论处。

（一）释放囚犯罪

根据德国刑法第120条的规定，释放被拘禁者（囚犯），唆使被拘禁者脱逃或者在被拘禁者脱逃时予以援助的，处3年以下自由刑或者罚金。

所谓被拘禁者，是指按照形式上的程序被拘禁，被剥夺身体移动自由，处于拘禁执行机关的监督之下的人。例如，服刑人员、未决的被逮捕者等。根据德国刑事诉讼法第127条的规定，被临时逮捕的人，即使还没有移送至拘禁设施内，也属于被拘禁者。但是，根据德国刑事诉讼法第81a条被带至医院进行血液采集的人员，则不属于被拘禁者。开放处遇中的被拘禁者也能成为本罪的对象。例如，虽然强制入院的病房楼的大门没有上锁、可以外出，但判例认为，既然执行机关具有指定所在地的权限，那么，被强制入院的人就属于被拘禁罪。德国刑法第120条第4款规定，依官厅命令受管束于某机构内的人，也等同于被拘禁者。

释放囚犯罪的构成要件行为是释放被拘禁者，唆使被拘禁者脱逃，或者援助被拘禁者脱逃。德国刑法不规定单纯脱逃罪，是因为被拘禁者自己脱逃缺乏期待可能性。但是，其他人释放被拘禁者以及教唆、帮助被拘禁者脱逃的，则不缺乏期待可能性。一方面，被拘禁在一起的囚犯为了自己的释放而相互利用的，也不认定为释放囚犯罪。另一方面，被拘禁者教唆外部人员释放自己或者援助自己释放的，即使外部人员作为本罪的正犯处罚，对被拘禁者本人也不以教唆犯论处。

（二）囚犯暴动罪

根据德国刑法第121条的规定，被拘禁者以集合于一体的力量，对监管机构的官员及其他公务员，或者受委托对被拘禁者从事监视、照护或者检查的人员实施强制行为（德国刑法第240条）或者以实力进行攻击的，或者以暴力越狱的，或者以暴力协助其中一人或其他被拘禁者越狱的，构成囚犯暴动罪。

本罪行为必须以集合于一体的力量实施。“集合”，是指二名以上的被拘禁者以外观明显的形式，以实施暴力或者胁迫为目的而集合于某一场所。“一体的力量”，不必是共同正犯的行为，只要构成要件行为是基于集合力而实施即可了。例如，一人实施积极的构成要件行为，其他人通过望风、监视而予以支援的，就属于“一体的力量”。对监管机构的官员等人实施强制行为，是指使用暴力或者以显著的恶害相威胁，强制监管机构的官员等人实施、容忍或者不为一定的行为。以实力进行攻击，是指直接对监管机构的官员等人的身体实施暴力，但不要求造成对身体的伤害。只要行为人实施了强制行为或者以实力进行攻击的行为，就构成本罪的既遂。以暴力越狱，是指通过暴力手段脱逃，其中的暴力包括对人暴力与对物暴力,但对物暴力仅限于对防止被拘禁者脱逃的物的暴力。例如,将防止脱逃的栏杆锯断的,就属于对物暴力。使用钥匙将监室的门打开的,不属于对物暴力。以暴力协助其中一人或其他被拘禁者越狱的,也包括对人暴力与对物暴力。暴力越狱以及暴力协助越狱,以摆脱拘禁状态为既遂时点。行为人从监室逃出但还处于拘禁设施范围内的,属于未遂。

四、隐匿犯人、隐灭证据与妨害处罚罪

(一)概说

隐匿犯人与隐灭证据罪,是以侵害国家的刑事侦查、刑事审判、刑罚执行等刑事司法作用为内容的犯罪,前者是庇护犯人使之逃避刑事审判或刑罚执行的行为,后者是妨害充分利用刑事证据的行为。虽然两罪多是为了庇护犯人而实施,但“为了庇护犯人”并不是构成要件,只要侵害了国家刑事司法作用,即使是为了给犯人带来不利,也能成立犯罪。

从沿革上看,隐匿犯人与隐灭证据罪曾经是作为共犯处理的。在中世纪的德国,将这种行为作为正犯的加重行为而与正犯科处同一刑罚,加罗林纳刑法典与德国的普通法,通常也是将这种行为作为共犯的一种进行处罚的,即使在19世纪,也有不少学者认为这种行为是事后从犯。大陆法系国家刑法现在一般将它作为独立的犯罪处理,不再认为是共犯的一种。

隐匿犯人与隐灭证据罪,与赃物罪具有相似的性质与特点,即都有庇护犯罪的一面,正因如此,德国刑法将二者规定在同一章中,分为人的庇护罪(妨害处罚罪)与物的庇护罪(赃物罪,参见本书第十九章第八节)。但是,日本、奥地利、瑞士等国刑法将赃物罪规定为财产罪,刑法理论也认为,从本质上看,赃物罪是造成被害人难以挽回财产的行为,因而是财产罪;而隐匿犯人与隐灭证据罪,则是侵害国家刑事司法作用的犯罪。正是考虑到这种不同性质,德国刑法理论通常是将隐匿犯人与隐灭证据罪同赃物罪区别对待的。此外还有一种胁迫证人罪,与上述两种犯罪有联系,但也有区别。

(二)隐匿犯人罪(日本)

隐匿犯人罪,是指隐匿犯人或者脱逃的人犯或使之隐避的行为。

1. 对象

本罪的对象是犯人或者脱逃的人犯。这里的犯人是指犯了罪的人,司法机关是否开始对之进行刑事追诉、是否已经判决等,均在所不问。故侦查中的嫌疑人、起诉后的刑事被告人、判决确定后的受刑人,以及尚未被逮捕的现行犯等,都能成为本罪的对象。至于是实行犯、还是教唆犯或帮助犯,则无关紧要。此外,预备犯、阴谋犯也能成为本罪的对象。但是,日本刑法对犯人所应判处的刑罚有限制,因而不是一切犯人。亦即,作为本罪对象的犯人,是指应处罚金以上刑罚的犯人,即所犯之罪的法定刑为罚金以上刑罚的犯人,法定刑是罚金刑以下的刑罚的(如日本刑法中的侮辱罪),则该犯人不能成为本罪的对象。

犯人是犯了罪的人。那么,如何理解这里的“犯了罪的人”呢?第一种理解是,“犯了罪的人”是指真正犯了罪的人(团藤重光、平野龙一、大谷实等)。因为如果所隐匿的人不是真正犯了罪的人,就谈不上侵害了国家的司法作用(没有违法性);再者隐匿不是真正犯了罪的人,在人情上是难免的,因而期待可能性很低(缺乏有责性)。这种理解会产生一些问题。例如,由哪个法院判断对象是否真正犯了罪的人,是审判被隐匿人的法院,还

是审判隐匿人的法院？这就造成适用上的困难。而且，当行为人成功地使嫌疑人、被告人隐避时，要证明被隐匿者是否真正的犯罪人，也并不容易。再如，根据这种理解，隐匿人如果轻信被隐匿人不是真正犯了罪的人，就会阻却故意，因而不成立犯罪，这就不合理。

第二种理解是，“犯了罪的人”不限于真正犯了罪的人，还应当包括受到怀疑而处于侦查或追诉过程中的人（日本的判例、藤木英雄、西田典之、中森喜彦）。因为要保护刑事司法作用，就必须对隐匿犯罪嫌疑人的行为也进行处罚，否则便达不到立法目的。换言之，隐匿作为侦查对象的嫌疑人，与隐匿真正的犯罪人，在妨害包含侦查权的司法作用这一点上，没有任何区别。这一解释也有缺陷。根据这一观点，因司法机关的重大失误而受侦查或追诉的人，也是犯了罪的人，隐匿这种人的行为就是犯罪，这就过当地保护了国家的司法作用，容易侵犯国民的权利。另外，此说将侦查开始前的真正的犯人排除在外，也不妥当。

第三种理解是，“犯了罪的人”包括真正犯了罪的人，以及在隐匿行为的实施阶段，根据客观的、合理的判断，能够有把握地怀疑为真正犯了罪的人（大塚仁、前田雅英）。只有这样，才能调和国家司法作用的保护与人权的保护。这种观点因为缺乏明确性，实际也是难以适用的。

可以肯定的是，即使是真正犯罪的人，但如果超过了追诉时效，或者经过了告诉期间的亲告罪，也不能成为本罪的对象。

本罪的对象除了犯人之外，还包括脱逃的人犯，脱逃的人犯包括自身脱逃的人犯，以及被抢夺出狱的人犯。至于这些人犯罪后是否被判有罪，或处以何种刑罚，则对成立本罪没有影响。

2. 行为

本罪的行为表现为隐匿犯人或使犯人隐避。隐匿，是指提供避免官方发觉或逮捕的场所。使犯人隐避，是指除隐匿以外的避免被官方发现或逮捕的一切行为。例如，提供逃走的资金、提供化装用品、转告官方搜查的动静、提供相关信息、提供用于化名的证件、将犯人送至潜伏的场所、在警察调查犯人所在场所时作虚假陈述、作为犯人的替身向警察自首等，都包括在内。使犯人隐避的行为既可以是作为，也可以是不作为，例如，有逮捕义务的警察，故意不逮捕犯人时，就是以不作为方式使犯人隐避。普通公民明知谁为犯人，而不报告司法机关的单纯不作为，不成立本罪。行为人对同一犯人进行隐匿，同时又使之隐避的行为，属于包括的一罪；对同一案件的数名共犯人，实施一个隐匿、使之隐避的行为时，属于本罪的想象竞合。

根据日本刑法理论的观点，本罪属于抽象的危险犯。只要行为人实施了隐匿或者使犯人隐避的行为，即使司法机关知道犯人的隐藏地点，也构成本罪。但是，行为人劝犯人逃亡，犯人没有听从的，由于完全没有发生危险，故不成立本罪。日本曾发生以下案件：犯人已被依法关押，但行为人（教唆者）却让第三者（实行者）作为替身犯人自首。日本福冈地方裁判所 1986 年 8 月 5 日的判决认为，只有当被关押的犯人被释放时，行为人才成立隐匿犯人罪；如果替身犯人自首不具有可信性，没有产生释放被关押的犯人的迹象，则不成立隐匿犯人罪。但日本最高裁判所 1989 年 5 月 1 日的判决指出，上述行为具有使被关押的犯人免除关押的性质，成立隐匿犯人罪。显然，二者对隐匿犯人罪的保护法益范围存在不同认识。

隐匿犯人罪只能由故意构成,行为人必须认识到自己隐匿的是犯人,而且对自己的隐匿、使犯人隐避的行为有认识、容认态度。如果行为人并没有认识到对方是犯人,而提供场所、资金的,则不成立本罪。

3. 犯人教唆他人隐匿自己的可罚性

犯人本身隐匿、隐避的,因为缺乏期待可能性,而不可能成立本罪。问题是,犯人教唆第三者隐匿自己的,是否成立隐匿犯人罪的教唆犯(第三者无疑成立隐匿犯人罪)?由于日本刑法对此没有明文规定,刑法理论便存在激烈争论。

肯定说存在三种观点:(1)以共犯从属性为根据的学说:既然被教唆的第三者成立隐匿犯人罪,那么,根据共犯从属性说,犯人当然成立本罪的教唆犯。但是,共犯从属性只是意味着教唆犯的成立至少要求被教唆者实施实行行为,并不意味着只要被教唆者有实行行为,教唆者就一定成立教唆犯。(2)以期待可能性为根据的学说:犯人本身的隐匿行为因为缺乏期待可能性而不可罚,但是教唆他人犯隐匿犯人罪的行为,则使他人陷入了犯罪,而不缺乏期待可能性。但是,既然犯人本身的隐匿行为缺乏期待可能性,那么,让他人隐匿自己也是缺乏期待可能性的。诚然,犯人使他人陷入了犯罪,但是,不能因此肯定行为人具有期待可能性。(3)以滥用自己防御权以及法益侵害性的危险增高为根据的学说:犯人本身的隐匿行为不可罚,是因为这种行为属于刑事诉讼法中被告人的防御自由的范围内的行为,而教唆他人隐匿自己的行为,已经超出了防御自由的范围;而且,犯人本身的隐匿与教唆他人隐匿自己的行为,对刑事司法作用的侵害性存在差异。但是,犯人本身的隐匿实际上也引起了侦查等司法活动的混乱,教唆他人隐匿自己的行为不一定增加了违法性。

否定说也存在三种观点:(1)以共犯独立性为根据的学说:犯人本身实施的隐匿、隐避的实行行为不可罚,而教唆行为也是实行行为,犯人教唆他人隐匿自己的行为,也是犯人实施的隐匿犯人的实行行为,故不可罚。但是,共犯独立性说已经被完全否认,故现在已没有人赞成这种观点。(2)以不存在期待可能性为根据的学说:既然犯人作为隐匿犯人罪的正犯都是没有期待可能性的,那么,作为更轻的犯罪形式的教唆犯,也是没有期待可能性的。但是,上述肯定说中的第二、三种观点,以自己的理由对此学说进行了批判。(3)以必要的共犯的观点为根据的学说:隐匿犯人实际上属于必要的共犯,但刑法不处罚被隐匿的犯人,犯人教唆他人隐匿自己的行为,也属于定型的不受处罚的范围。但是,这种观点缺乏实质的理由。

上述肯定说中的第二种学说,与否定说中的第二种学说,都是相当有力的观点。

4. 共犯的隐匿行为的可罚性

例如,甲与乙共同实行了犯罪,甲为了使乙逃避司法机关的逮捕等,而实施了使乙容易逃走的行为。甲的行为是否成立隐匿犯人罪?这可谓共犯人是否"犯了罪的人"的问题。

肯定说认为,对共犯人实施隐匿行为的法益侵害性,大于犯人自己隐匿的法益侵害性;犯人自己隐匿没有超出刑事诉讼法中的防御自由的范围,而对共犯实施隐匿行为,则超出了防御自由的范围。日本的判例采取这种观点。

否定说认为,甲与乙具有共同的不被发觉的利益,因此,甲隐匿自己与甲隐匿共犯人乙一样,都属于不具有期待可能性的行为。

(三)隐灭证据罪(日本)

隐灭证据罪,是指隐灭、伪造、变造有关他人刑事被告案件的证据,或者使用伪造、变造的证据的行为。

本罪的对象,是有关他人刑事被告案件的证据。刑事被告案件,除了指正在法院处理的刑事案件之外,还包括将来可能由法院处理的刑事案件。民事案件、行政案件的证据不是本罪的对象。证据除了物证之外,还包括证人与被害人等可能处于证人地位的人。据此,隐匿证人、被害人的行为,成立隐灭证据罪。“他人”,是指行为人以外的人,隐灭自己的刑事被告案件的证据,由于缺乏期待可能性,故不包括在内。问题是自己的刑事被告案件的证据,同时也是共犯人的刑事被告案件证据时,行为人实施隐灭行为的,是否成立本罪?这里涉及“他人”是否包括共犯人的问题。第一种观点认为,共犯人的刑事被告案件,也应视为他人的刑事被告案件,故上述行为成立本罪。因为“共犯人”不是本人,只能属于“他人”。此观点受到的批判是,如果是单独犯则不处罚,然而因为有共犯关系则受处罚,这是不均衡的。第二种观点认为,共犯人的刑事被告案件,应视为自己的刑事被告案件,故上述行为不成立本罪。理由是,犯罪人隐灭自己的犯罪证据而不可罚,是因为缺乏期待可能性;而隐灭共犯人的犯罪证据与隐灭自己的犯罪证据具有共同的利益,也缺乏期待可能性。但是该观点忽视了一个问题,即共犯案件的证据,对每一个共犯人所起的作用并不相同。第三种观点认为,如果专门为了其他共犯人而隐灭证据,就属于隐灭他人刑事被告案件的证据,因而成立本罪;反之,如果专门为了本人或者既为本人也为其他共犯人而隐灭证据,则不成立本罪。其中,有的学者提出的理由是,专门为了共犯人而隐灭证据时,并不缺乏期待可能性(大谷实)。有的学者提出的理由是,隐灭自己的证据之所以不可罚,是因为考虑到其处于被告人、嫌疑人的地位,所以,专门为共犯人隐灭证据的,应评价为隐灭他人的刑事案件的证据。但是,这种观点是用犯罪的主观内容来限制“他人刑事被告案件”,在方法上不能令人满意。

本罪的行为包括三种类型:一是隐灭证据,二是伪造、变造证据,三是使用伪造、变造的证据。隐灭不限于物理的消失,而是包括妨碍证据出现、使证据的价值减少、消失的一切行为。例如,隐匿证据、使可能作为证人的人隐避等都是隐灭证据的行为。伪造证据,是指制作出不真实的证据。变造证据,是指对真正的证据进行加工,从而改变证据价值;将与犯罪无关的物改变成为证据的行为,则属于伪造。使用伪造、变造的证据,是指明知是伪造、变造的证据,而将其作为真正的证据对侦查机关、法院使用。

犯罪人教唆第三者为自己隐灭证据的,是否成立本罪的教唆犯,存在着与隐匿犯人罪完全相同的争论。

日本刑法还对隐灭证据罪及隐匿犯人罪,规定了亲属犯罪的特例(瑞士等国刑法也是如此)。亦即,犯人的亲属为了犯人的利益而隐灭证据或者隐匿犯人的,可以免除刑罚。这一规定的根据也是期待可能性的理论。当然这里存在许多问题,例如,甲犯人的亲属乙,教唆他人丙为甲隐灭证据的行为,该如何处理?丙为实行犯,乙为教唆犯,这是没有问题的,那么,对乙是否适用免除处罚的规定呢?有的持肯定态度,有的持否定态度。再如,他人丙教唆甲犯人的亲属乙隐灭证据时,对乙可以适用免除处罚的规定,对丙仍然按一般的隐灭证据罪的教唆犯处理。

(四)妨害处罚罪(德国)

1. 妨害处罚罪概说

德国刑法第 258 条以及第 258a 条分别规定了妨害处罚罪与利用职务妨害处罚罪。第 258 条第 1 款规定:“对于他人因违法行为而受刑罚法规所规定的刑罚或者处分(刑法第 11 条第 1 款第 8 项[3])的全部或者部分,行为人有意图地或者明知真相而实施妨害行为的,处五年以下自由刑或者罚金。”第 258 条第 2 款规定:“对于他人被科处刑罚或者处分的执行的全部或者部分,行为人有意图地或者明知真相地实施妨害行为的,亦同。”第 258a 条是关于参与刑事诉讼或者处分的宣告程序的公务员犯前条罪的规定。

本罪的保护法益是德国的刑事司法。但是,第 258 条并不是对妨害刑事司法作用整体的处罚规定,其中的第 1 款规定了妨害刑罚或者处分的犯罪结果,被称为对刑事责任追究的妨害或者妨害刑事责任追究。第 258 条第 2 款将妨害被宣告的刑罚或者处分的执行作为犯罪结果,被称为对执行的妨害或者妨害执行。不难看出,第 258 条处罚对象仅限于,妨害对犯罪科处刑罚的宣告与执行,以及妨害对违法行为作出处分的宣告、执行。

2. 妨害处罚罪的成立条件

(1)本犯

法条表述的是“违法行为”,所应注意的是,就妨害处分的宣告而言,只要本犯者实施了违法行为即可;但就妨害刑罚的宣告而言,本犯者仅实施了违法行为还不够,还必须是可罚的(具备有责性与客观处罚条件)。只要客观上存在本犯,因而产生了国家刑罚权或者处分权就够了,不要求对本犯者已经开始侦查活动。

妨害处罚罪仅限于妨害对他人的刑罚与处分。因此,本犯者妨害对自己进行处罚的(自己庇护),对本犯不得作为本罪的正犯处罚。至于本犯者能否成立本罪的共犯,后面将具体说明。

(2)妨害

如前所述,妨害处罚罪包括对刑事责任追究的妨害与对执行的妨害。

首先,对刑事责任追究(包括处分)的妨害包括全部妨害与部分妨害。可以肯定的是,刑法第 258 条规定的是结果犯,要求产生妨害结果。妨害行为导致时效经过或者作出确定的无罪判决这样的刑罚被终局性地免除的,无疑属于全部妨害。争论的问题是,妨害行为导致处罚延迟的,能否评价全部妨害。通说认为,如果仅将时效经过或者作出确定的无罪判决的情形评价为全部妨害,都会导致第 258 条的处罚范围过窄,所以,妨害行为导致处罚延迟相当时间的,也属于全部妨害。判例认为,只要延迟了 10 天就属于全部妨害,但有学者主张延迟两周或者三周才能认定为全部妨害。妨害行为必须导致处罚的延迟,如果仅导致侦查活动延迟的,还不能称为全部妨害。因为侦查活动的延迟不必然导致刑罚的宣告延迟,故不能认定为产生了妨害结果。造成妨害的典型情形是,有利于嫌疑人的虚假陈述,隐匿犯人,破坏、隐匿、伪造证据,援助嫌疑人逃走。部分妨害,是指使刑罚的量轻于真实的量(原本应当科处的量)。例如,原本应当适用加重构成要件,但妨害行为导致仅适用于基本构成要件。

妨害行为一般是作为,但不作为也可能构成。对此,需要区分一般公民与公务员来说

[3]　此处是指各种矫正与保安处分、追缴、没收以及禁用处分。

明。一般公民原则上并不负有协助实现刑事制裁的义务。虽然德国刑法第 138 条规定了不通报犯罪计划罪,导致一般公民具有通报犯罪计划的义务,但一般公民就妨害处罚罪并不产生保证人地位。在刑事诉讼法上,就具有供述义务的人而言,其是否产生妨害处罚罪的保证人地位,还存在争议。对于因抢劫性敲诈勒索罪被确定了有罪判决的被告人,在证人讯问环节拒绝说出共同正犯者的姓名的案件,判例认为,违反提供证言的义务只是德国刑事诉讼法第 70 条第 2 款规定的秩序违反行为,因而对刑事司法并不处于保证人地位。

但是,德国刑法第 258a 条规定的利用职务妨害处罚罪的主体,是参与刑事诉讼或者处分的宣告程序的公务员,这些人对刑事追究负有法律上的义务,因而其不作为可能构成妨害处罚罪。但是,这些公务员的作为义务也并非没有限定。特别有争议的是,公务员在工作时间外认知了犯罪行为时,是否产生作为义务? 例如,被告人是一名警察,他在工作时间外去酒吧时发现酒吧从事管理卖淫的业务。判例认为,一般来说,从刑事司法这种公益与私人生活的自由的利益衡量来说,只是就一定的重大犯罪产生作为义务,但管理卖淫不是重大犯罪,因而否定了警察的作为义务。此外,从保护私人生活的角度来说,就工作时间外认知的事项而言,即使因重大犯罪产生了追究犯人责任的义务,但只有在工作时间时才产生作为义务。例如,警察于工作时间外在饮料店发现了逃走的犯人,但当时什么也没有做。判例认为,警察当时没有采取立即通报等措施拘束犯人身体的作为义务。没有参与刑事诉讼与处分的宣告程序的其他公务员,只要没有向追究刑事责任的机关报告的义务,就与一般市民一样,原则上不产生作为义务。监狱干部听到监狱内的目击职员说,某职员对被收容者实施了伤害行为,但监狱干部什么也没有做。判例认为,由于缺乏法令上的义务,否定了作为义务的产生。

其次,对处罚的妨害,是指妨害刑罚或者处分的执行。例如,隐匿受到有罪判决的人,替代犯罪人执行自由刑等。存在争议的是,第三者帮助缴纳罚金的行为是否成立妨害处罚罪? 例如,某团体的责任人及其代理人因为犯污染水质罪被判处罚金,但该团体管理者决定由团体缴纳该罚金。团体的管理者是否构成妨害处罚罪? 判例认为,区分犯人直接用自己的金钱缴纳罚金与借钱缴纳罚金后再偿还,是不具有合理性的。而且,如果在犯人缴纳罚金后禁止第三者赠与,则是对私生活的过分介入。所以,即使第三者缴纳罚金,也不成立妨害处罚罪。

(3)主观要素

妨害处罚罪只能由故意构成,行为人对妨害行为与妨害结果必须是具有意图或者具有确定的认识(明知真相)。但是,对于本犯的存在则只需要未必的故意。

3. 一身的处罚阻却事由

德国刑法第 258 条第 5 款规定,实施本条规定的行为,同时旨在妨害对于自己科处刑罚或者处分全部或者部分,或者对于自己被科处刑罚或者处分的执行的全部或者部分的,免予处罚。这一规定的内容被称为免责的一身的处罚阻却事由。

只要以避免对自己的处罚为动机,就不受妨害处罚罪的处罚。因此,即使由于错误地担心自己受处罚而实施了本罪的行为,也可能适用第 5 款的规定。例如,与杀人犯同居的甲担心自己被作为共犯处罚而实施妨害行为的,适用第 5 款的规定。即使担心所处罚的犯罪与本犯行为是不同的犯罪,也不影响第 5 款的适用。

反之,如果行为人不具有避免自己处罚的动机,对其实施的妨害行为就不适用第 5 款的规定。例如,本犯者在实施放火行为前与行为人约定,让行为人在事后作本犯者不在现场的虚假证言。行为人事后作出了本犯者不在现场的虚假证言。判例认为,行为人是专门为了妨害对本犯者的处罚而实施的妨害行为,因而不适用第 5 款的规定。但不少学者认为,在本案中,行为人可能作为放火罪的共犯处罚,也应当认定其具有避免自己受处罚的动机。

德国刑法第 258 条第 6 款还规定,为了亲属的利益而实施妨害行为的,免除刑罚处罚。

五、洗钱罪

(一)洗钱罪概说

洗钱罪在各国刑法中皆有规定,但有的国家(如日本)规定在特别刑法中,有的国家(如德国)规定在刑法典中。下面介绍德国的洗钱罪。

德国刑法在"包庇与赃物罪"一章的第 261 条规定了洗钱罪,根据该条第 1 款的规定,隐匿来自上游犯罪的对象,隐匿该对象的来源,或者妨害对来源的侦查、对象的发现、利益剥夺、没收、保全或者产生妨害的危险的,构成洗钱罪。第 261 条第 2 款规定,为自己或者第三者取得第 1 款规定的对象的,或者在取得对象时知悉其来源而保管,或者为自己或者第三者使用第 1 款规定的对象的,也按洗钱罪论处。第 261 条是 1992 年制定的条文,但此后被反复修改。关于本罪的保护法益,通说认为,除了司法以外,还包括上游犯罪所侵害的法益。也有学者认为,除此之外,适法的金融、经济循环也是保护法益。洗钱罪与庇护罪、赃物罪的保护法益不同,因而属于想象竞合。

(二)主体

洗钱罪的主体包括上游犯罪的正犯者。虽然在 1992 年的立法当初将上游犯罪的正犯排除在洗钱罪的主体之外(要求对"他人的"实施的上游犯罪实施洗钱行为),但 1998 年修改刑法时删除了"他人的"规定。不过,第 261 条第 9 款第 2 句的规定,意味着当上游犯罪的参与者(包括正犯与共犯)因为上游犯罪而受处罚时,则不处罚其洗钱罪。但需要说明的是,2015 年在第 9 款中增加了第 3 句,亦即,在来自上游犯罪的对象置于流通的场合,如果存在与上游犯罪不同的独自的违法性,上游犯罪的正犯者也可能受到洗钱罪的处罚。

(三)对象

上游犯罪包括所有的重罪(法定最低刑为 1 年以上自由刑的犯罪)、受贿罪、毒品犯罪、走私罪、关税赃物罪、伪造银行卡罪、买卖人身罪、盗窃罪、侵占罪、敲诈勒索罪、赃物罪、诈骗罪、计算机诈骗罪、补助金诈骗罪、背信罪、伪造文书罪、伪造数据罪、间接制作虚假文书罪、交易中的受贿罪、开设赌场罪、处理废弃物罪、处理放射性物质罪、制作虚假公文书罪等,以及作为职业或者集团成员实施的犯罪,有关犯罪组织的轻罪和恐怖组织、犯罪组织成员实施的轻罪。

由于洗钱表现为隐匿来自上游犯罪的对象、隐匿该对象的来源,或者妨害对来源的侦查、对象的发现、利益剥夺、没收、保全或者产生妨害的危险,所以,上游犯罪的"来源性"(洗钱罪的对象)就成为重要的构成要件要素。(1)直接产生于上游犯罪的对象,当然属于来自上游犯罪的对象(原有对象)。如犯罪所得的赃物、实施犯罪获得的报酬、赎金、伪造的货币等。虽然有观点认为供犯罪所用的物件(犯罪组成之物)不是原有对象,但联邦最高法院2009年2月18日的判例,对贿赂肯定了上游犯罪的来源性。(2)就通过对原有对象的替换或交换所得到的对象(代替对象)而言,在何种范围内肯定其来源性,则成为问题。判例认为,从经济上看,与上游犯罪具有因果关系的就具有来源性。在由违法所得的金钱购买物品的场合,只要违法所得金钱的比例不是太小,就能认定来源性。例如,行为人用1万欧元购买汽车,其中有100欧元是上游犯罪的收益时,就应认定汽车来自上游犯罪。有观点认为,在上述场合,违法所得金钱占1%还不足以肯定来源性,但占5%就足以认定为来源性。(3)就混合的情形而言,则存在争议。例如,能否将部分污染导致全部污染的观点适用于金钱混合的情形?倘若行为人将1万欧元存在银行账户,但其中的1000欧元来自上游犯罪,此时能否认为1万欧元被污染因而具备来源性?就一起银行账户中有5.9%至35%的资金属于违法收益,剩下的资金均为合法收益的案件,联邦最高法院的判决指出,如果从经济上看,只要并非完全不重要程度的金额来自上游犯罪,就可以就账户内的全部资金认定为上游犯罪的来源,进而认定上述账户的全部资金属于洗钱罪的对象。

当然,部分洗钱罪的对象不要求来自上游犯罪。例如,与违反税法相关联的对象,就不需要具有来源性要件。

(四)行为

第261条第1款规定的三种行为如下:(1)隐匿,是指使来自上游犯罪的对象难以被发现的行为。(2)隐匿对象的来源,是指使对上游犯罪的对象的来源的侦查产生困难的所有误导性的行为。例如,在正常交易中隐瞒来源以现金或者转账方式进行结算的行为,就属于隐匿对象的来源。(3)妨害对来源的侦查、对象的发现、利益剥夺、没收、保全或者产生妨害的危险。妨害,是指产生了妨害结果的情形,例如,导致侦查不能进行,导致不能作出没收、保全等处分。产生妨害的危险,是指产生妨害的具体危险。例如,在为了兑换敲诈勒索获得的金钱而将金钱运输到德国外的第三者手中时,行为人对此实施了帮助行为。由于该第三者是匿名侦查官,法院认为没有引起具体的危险。

第261条第2款规定的三种行为如下:(1)取得,是指在本犯者了解、知情的情况下,获得对对象的处分力。出于使本犯者孤立的旨趣,虽然盗窃、抢劫上游犯罪的对象的不属于取得,但通过诈骗、敲诈勒索取得对对象的处分力的,仍然属于取得。根据联邦最高法院2001年7月4日的判例,律师没有从被污染的金钱中获得报酬的权利。因此,律师从上游犯罪所得中收取律师费用的,成立洗钱罪。但是,联邦最高法院2004年3月30日的判决,根据德国基本法第12条第1款的规定,考虑到刑事辩护人的活动,认为只有当刑事辩护人在收取报酬的时候确定地认识到报酬来源于上游犯罪时,才能适用第261条第2款的规定,认定为洗钱罪。(2)保管,是指为了自己或者第三者而有意识地占有。按照判例的观点,将上游犯罪得到的财物单纯地放在家里,同居的其他人放任不管的,还不能评价为保管。(3)使用,是指按照对象的使用方法进行使用的一切行为。与上游犯罪人共同所有银行账户的人,将该账户的资金转入其他账户后取出现金的,被联邦最高法院认定为使用。根据第261条第6款的规定,在第三者先前并非因犯罪行为取得了对象时,不适用第2款的规定。例如,甲(第三者)善意地从上游犯罪者乙那里取得了乙盗窃的财物后,丙再从甲处取得、保管、使用该财物的,不适用第2款的规定。再如,上游犯罪者将毒品犯罪所得的现金存入银行后,该资金就成为银行得到的对象。针对该现金实施的取得、保管、使用行为,不适用第2款的规定。这一规定是为了避免使一般的交易行为产生过大的负担。但是,第三者因犯罪行为取得的对象,则并不排除在处罚范围之外。

(五)主观要素

故意当然可以构成洗钱罪,但德国刑法第261条第5款规定,行为人对对象来自违法行为这一构成要件要素,不需要有故意,只要存在轻率(重过失)即可。[4] 亦即,行为人由于特别的不关心或者严重的不注意,原本当然能认识到对象来自上游犯罪却无视了这一点。德国联邦最高法院认为,处罚轻率行为并不违反责任主义。而且,在对事后参与行为的处罚这一点上,虽然与洗钱罪相同的赃物罪仅限于故意犯,但这并不妨碍对轻率的洗钱罪予以处罚。

六、伪证罪

(一)伪证罪概说

大体而言,伪证罪,是指依法宣誓的证人、鉴定人、翻译人,作虚伪的陈述、鉴定、翻译的行为,其保护法益是国家审判作用的安全(具体表述不一,例如,有学者表述为法院及其他诉讼中正确认定事实的公益)。

在罗马法中,伪证罪分为宣誓与陈述两个方面,只处罚虚伪陈述的行为,而不处罚虚伪宣誓的行为,中世纪的日耳曼法原则也是如此。但教会法将虚伪宣誓作为亵渎神灵的行为以重罪论处。德国普通法时代,伪证罪被作为冒犯神的尊严的犯罪,视为伪造罪的一种。18世纪后半期,又出现了将这种行为作为诈骗罪来理解的观点。19世纪初,一般认为伪证罪侵害了诚实信用,于是将其纳入伪造罪的范畴。德国、日本现行刑法将伪证罪规定在伪造罪之后,就是受了这种影响。但是,现在比较一致的观点认为,伪证罪的保护法益是国家的审判作用,而不再认为是对神的犯罪、伪造罪或者诈骗罪。

伪证罪包括狭义的伪证罪、虚伪鉴定、翻译罪等(各国刑法的表述不一),下面只介绍日本的伪证罪与德国的伪证罪。

(二)日本的伪证罪

伪证罪,一般是指经依法宣誓的证人作虚伪陈述的行为。

伪证罪的主体是依法宣誓的证人。依法宣誓,既可能在刑事、民事案件中进行,也可能在非诉讼案件中进行。宣誓要求根据有关法律规定的程序进行,但是轻微违反有关规定的宣誓也可能是本罪中的宣誓。没有宣誓能力的人的宣誓,则是无效的。具有拒绝证言权的人,不行使该项权利,宣誓后作虚伪陈述的,也成立本罪。宣誓是否必须在虚伪陈述之前,还存在争议。日本的通说与判例认为,虽然原则上先宣誓后作证,但在作为证人进行陈述之后,再进行事后宣誓的,也属于本罪中的宣誓。另一种观点则认为,从法条表述来看,只限于事前宣誓,事后宣誓的虚假陈述的非难可能性小于事前宣誓,故事后宣誓的不成立伪证罪(大塚仁、曾根威彦、前田雅英等)。还有学者认为,先作虚假陈述再事后宣誓的,事后宣誓的内容本身也属于虚假陈述,因而仍然成立伪证罪(平野龙一)。

伪证罪的行为表现为虚伪的陈述。关于"虚伪"的含义,理论上存在争论。主观说认为,虚伪是指所陈述的事实内容违反了证人的主观记忆(体验),或者说证人所陈述的内

---

[4] 需要注意的是,并不是说对洗钱罪中的任何构成要件要素都可以是重过失,只是对这一点构成要件要素可以是重过失,对其他的构成要件要素必须出于故意。

容与其记忆中的事实(体验)不相符合。因此,只要违反了证人的记忆,即使碰巧与客观事实相符合,也成立伪证罪;反之,只要没有违反证人的记忆,即使与客观事实不相符合,也不成立伪证罪。据此,成立伪证罪,要求行为人认识到陈述的内容是违反自己体验的事实。其道理在于,证人是将自己经历过的事实记忆下来,然后进行陈述;违反自己的记忆进行陈述,就有侵害国家审判作用的危险;证言所再现的是证人五官感知的东西,只有当这种再现与证人的感知不相符合时,才能当犯罪处理(团藤重光、福田平、大塚仁、藤木英雄、大谷实)。显然,主观说大体上注重行为无价值。日本的判例一直采取主观说。

客观说认为,虚伪是指所陈述的事实内容违反了客观的真实性。证人以为是真实的事实而陈述时,即使不是真实事实,也因为没有伪证罪的故意而不成立伪证罪;如果行为人认为是虚伪的陈述,但只要与客观事实相符合,就不成立伪证罪。据此,成立伪证罪,要求行为人认识到自己的陈述违反客观的真实(泷川幸辰、小野清一郎、植松正、平野龙一、内田文昭、中山研一、西田典之、中森喜彦、山口厚等)。因为只有当陈述与客观事实不相符合时,才侵害了国家的审判作用。如平野龙一指出:"伪证罪被认为是表现犯的典型,但这是因为对伪证罪采取了主观说。根据主观说,如果作出与'认为是真实的事情'不同的证言,就成立伪证罪;即使所作的证言偶然与客观事实相符合,也成立伪证罪。但在这种场合,也不是说单纯的'违反宣誓'就是违法的。因为违背良心作出证言,就具有使刑事司法产生错误的一般危险。在判断有无危险性时,如果不考虑行为人'以为什么是真实的'这一主观内容,就不能作出判断。在此意义上可以说,该主观要素是决定行为违法性的主观要素。与此相反,如果对伪证罪采取客观说,认为证言不符合客观事实时才成立伪证罪,则以为是'虚伪的'这一心理内容只不过是故意内容,而不存在主观的违法要素。所谓诉讼,是在不明确什么是真实的场合,法院根据各人认为是真实的事实进行判断的制度,故主观说并非没有理由。但是,将刑罚的干涉仅限于证言陈述的事实在客观上是虚伪的场合,才是妥当的。"〔5〕显然,客观说大体上注重结果无价值。

折中说认为,违反自己体验的陈述,在行为(作证)时能评价为违反了客观真实时,才成立伪证罪。据此,成立伪证罪,要求行为人认识到陈述的内容违反自己的体验,而且在行为时具有客观的虚伪性。因为与证人的体验不同的陈述,具有误导法官自由心证的危险,进而产生误判的危险。而裁判活动是一个动态的构造,裁判上的"真实"是变化的;是否存在误判的危险,应以行为时存在的事情为基础、以行为时为基准进行判断。所以,仅仅违反自己的体验,还不成立伪证罪,还要求作证时能评价为违反了客观真实(前田雅英,但也有学者认为,这种学说也是客观说)。

此外,还有一种观点认为,对于"虚伪"陈述的意思内容,应当采取主观说,但是,对于伪证罪的违法实体,应当采取客观说。换言之,"虚伪"陈述是伪证罪的构成要件要素,"违反记忆(体验)的陈述"是伪证罪构成要件符合性的基础。但是,成立伪证罪,还要求陈述的内容违反客观真实这一违法要素。

陈述既可以是作为,也可以是不作为。例如,证人将道听途说的事实说成是自己目睹的事实,将推测的事实说成是直接经历的事实等,都是作为方式的虚伪陈述。反之,证人在陈述时,对自己记忆中的事项全部或者一部保持沉默,使整体上的陈述成为虚伪陈述

---

〔5〕［日］平野龙一:《刑法总论 I》,有斐阁 1972 年版,第 126～127 页。

时,就构成不作为的伪证罪。但是,单纯保持沉默而不陈述时,不成立伪证罪。[6] 陈述内容必须与裁判上的争论点(有罪与无罪的判断、量刑判断等)具有关联性(重要性)。至于行为人所陈述的事实在法律上是否具有合法效力,则不影响本罪的成立。

伪证罪是抽象的危险犯(主观说与客观说均认同),既不要求现实上发生侵害国家审判作用的结果,也不要求有发生这种结果的具体的危险;在事前宣誓的场合,只要行为人在一次的询问程序中陈述全部终了,就构成既遂;在事后宣誓的场合,则宣誓终了时成立既遂。因此,虽然行为人在讯问中有过虚伪陈述,但如果在陈述全部终了之前进行更正,则不成立本罪。[7] 但在终了之后进行更正的,仍然成立伪证罪,只是基于坦白减免刑罚。[8]

教唆他人作伪证的,成立伪证罪的教唆犯。一种观点认为,伪证罪是亲手犯,不可能有间接正犯(大塚仁);另一种观点则认为,伪证罪并非亲手犯,只要有可能发生妨害国家的公正审判职能的危险,就可以成立(共谋)共同正犯或者间接正犯。另一争议问题是,刑事被告人就自己的案件作虚伪陈述是不构成犯罪的,但被告人教唆他人为自己作伪证时,是否成立伪证教唆罪?一般来说,对犯人教唆他人隐匿自己或者隐灭证据的行为持教唆犯否定说的,对本问题也持否定说;同样,对犯人教唆他人隐匿自己或者隐灭证据的行为持教唆犯肯定说的,对本问题也持肯定说。不过,也有学者认为,犯人教唆他人隐匿自己的,不成立隐匿犯人罪的教唆犯,但被告人教唆他人为自己作伪证的,应当成立伪证罪的教唆犯(平野龙一)。理由如下:(1)隐灭证据罪限于"他人的刑事案件",而伪证罪并不限于他人的刑事案件。(2)被告人之所以不成立伪证罪的正犯,是因为刑事诉讼法不承认被告人具有证人资格,而不是否认其犯罪性。(3)作为共犯人的证人(被告人),对自己的犯罪事实作伪证时,也应以伪证罪处罚。概言之,被告人原本可以构成伪证罪的正犯(刑法并没有明文将被告人排除在本罪主体外),只是由于与沉默权相关的政策理由,才不承认被告人可以成为伪证罪的正犯。但教唆他人为自己作伪证则与沉默权没有关系,当然成立伪证罪的共犯。

日本刑法在伪证罪之外还规定了虚伪鉴定、翻译罪,本罪是指经依法宣誓的鉴定人、翻译人,作虚伪鉴定、翻译的行为。主体是经依法宣誓的鉴定人、翻译人。行为表现为作虚伪的鉴定或者翻译。虚伪的含义与伪证罪一样,存在主观说与客观说的争议。当鉴定、翻译是以书面报告形式完成时,则提交书面报告时为既遂,以口头形式完成时,鉴定、翻译整体终了时为既遂。

(三)德国的伪证罪

1. 概述

德国刑法第153条规定了未宣誓的虚假陈述罪:"在法庭或者其他负责证人或者鉴定人宣誓询问的机构,未经宣誓作虚假陈述的,处三个月以上五年以下自由刑。"第154条第

---

〔6〕 意大利刑法例外,其第372条规定,证人"对自己知晓且被询问的事实完全或者部分地不予透露的",也构成伪证罪。

〔7〕 奥地利刑法第291条规定,行为人在针对自己的询问结束前,更正已经作出的不真实的陈述的,不以伪证罪论处。

〔8〕 日本刑法第170条规定:"犯前条之罪(即伪证罪——引者注)的人,在其提供证言的案件判决确定前或者实行惩戒处分前自行坦白的,可以减轻或者免除处罚。"

1 款规定了虚假宣誓罪:“在法庭或者其他负责接受宣誓的机构,作虚假宣誓的,处一年以上自由刑。”第 160 条第 1 款规定了诱导虚假陈述罪:“诱导他人进行虚假宣誓的,处二年以上自由刑或者罚金。诱导他人进行虚假的代替宣誓保证或者虚假的非宣誓陈述的,处六个月以下自由刑或者一百八十日额罚金。”此外还规定了其他犯罪。

未宣誓的虚假陈述罪与虚假宣誓罪的基本对比如下:(1)主体不同:未宣誓的虚假陈述罪的主体是证人与鉴定人,而虚假宣誓罪的主体是进行了宣誓的人,包括民事诉讼中的当事人与翻译人员;(2)场所不同(参见上述法条的规定);(3)构成要件行为的内容不同:未宣誓的虚假陈述罪的行为是虚假陈述,虚假宣誓罪的行为是虚假陈述和宣誓。此外,未宣誓的虚假陈述罪没有未遂犯与过失犯,而虚假宣誓罪还处罚未遂犯与过失犯。

2. 未宣誓的虚假陈述罪

本罪的主体是在诉讼法上属于证人或者鉴定人的人。民事诉讼中的当事人、刑事诉讼中的嫌疑人、被告人不是本罪主体,翻译人也不是本罪主体。

行为人必须在法庭或者其他负责证人或者鉴定人宣誓询问的机构作虚假陈述。其中的陈述,原则上仅限于口头陈述,但具有听觉障碍、口头表达障碍的则另当别论(参见德国法院组织法第 186 条)。根据判例的观点,书面鉴定存在虚假内容时,如果欠缺口头陈述,也不成立本罪。

关于虚假的含义,存在客观说、主观说与义务说。客观说认为,陈述内容与实际真相不符合的,就是虚假;主观说认为,陈述内容与陈述者的认识不符的,就是虚假;义务说认为,没有再现理当能够唤起、获得的最好认识的,就是虚假。判例与通说采取客观说,因为客观的虚假陈述才对司法机关产生危险性;德国刑法第 160 条规定了针对善意者诱导虚假陈述的犯罪,如果不采取客观说,该犯罪就没有任何意义了。

但是,客观说并不意味着陈述的对象仅限于外部的事实,内心的事实也可以成为陈述的对象。例如,在询问证人现在的记忆时,就必须以证人是否按照自己的内心来陈述为标准判断虚假性。也有学者认为,就这样的事实而言,客观说与主观说的结论没有区别。

只有在证人、鉴定人所负有的真实义务范围内,才可能成立未宣誓的虚假陈述罪。例如,关于证人身份的内容、民事诉讼中的证明决定中所确定的事项、刑事诉讼中影响定罪量刑的所有内容,都是询问证人的对象(询问对象)。但是,询问对象可能因为质问而扩大范围。在证人、鉴定人就询问对象外的事项进行自发性的陈述时,即使可能影响法官的判断,但只要属于真实义务范围之外的事项,就不可能成立本罪。例如,在有关非婚生子的抚养费的民事案件审理过程中,非婚生子的母亲(德国刑法第 153 条规定的未宣誓的虚假陈述罪的被告人)在作为证人被询问到在受孕期间是否和丈夫以及特定的男性 S 性交时,被告人回答既没有和丈夫性交,也没有和 S 性交,然后还说“此期间只和被告性交”。法院认为,只有“没有和丈夫与 S 性交”这部分是询问对象,被告人负有真实义务;“此期间只和被告性交”在否定了与丈夫以及 S 性交这一点上,只不过属于自发性的陈述,只要没有确认证明对象的事后扩张,即使自发性的陈述部分是虚假的,也不成立未宣誓的虚假陈述罪。

对事实的沉默也可能满足虚假性的要求。当对询问对象存在真实义务时,即使没有质证,证人也必须全面陈述询问对象的事实;将不完全的陈述当做完全的陈述时,就具有虚假性。但是,如果为了完全不陈述而明确拒绝陈述的,则不属于虚假陈述。

未宣誓的虚假陈述罪不处罚未遂犯,询问终结的时点就是本罪的既遂时点。所谓询问终结的时点,是指法官表明不能再期待证人提供更多的信息,证人自己也表明已经没有证言可陈述,到此为止陈述的证言已经妥当的时点。例如,检察官认为证人作了虚假陈述,要求证人留在法庭。判例认为,在这种场合,证人询问还没有终了,因而不构成本罪。虽然作出虚假陈述,但在询问终结前更正的,不成立未宣誓的虚假陈述罪。

在同一审级中,证人询问有数次终结的场合,虽然每一次证人询问终结时均成立未宣誓的虚假陈述罪,但要作为构成要件的行为单数处理,不实行并罚。

3. 虚假宣誓罪

虚假宣誓罪,并不是只要有宣誓行为就构成犯罪,而是以虚假陈述为前提的虚假宣誓才构成本罪。前述关于虚假陈述的内容也适用于本罪。

宣誓的主体除了证人、鉴定人之外,还包括民事诉讼中的当事人以及各种诉讼中的翻译人员。基于良心或者宗教的理由不希望宣誓的,可以进行代替宣誓的确认,或者援用以前的宣誓或者以前的确认;这种确认视同宣誓。只要行为人表达出"我发誓"("我宣誓")这一宣誓的本质部分,就构成宣誓。在德国的诉讼法上,证人以及刑事诉讼中的鉴定人采取事后宣誓的制度;但就翻译人员以及民事诉讼中的鉴定人而言,则可能采取事前宣誓。

虚假宣誓罪是重罪,也处罚未遂犯,所以,未遂与既遂的成立时点就成为需要讨论的问题。在事后宣誓的场合,虚假陈述终了后,开始说出宣誓内容时还属于未遂(以此之前仅成立未宣誓的虚假陈述罪),宣誓终了时成立本罪的既遂。在事前宣誓的场合,开始虚假陈述时是本罪的未遂,询问的终结时点是本罪的既遂。

虚假宣誓罪是故意犯,但是,德国刑法第 161 条规定了过失虚假宣誓罪,亦即,过失实施虚假宣誓罪的,处 1 年以下自由刑或者罚金。例如,证人没有负责地利用客观根据唤起对记忆的正确性的疑问时,就存在过失。根据判例,证人只有集中精力唤起记忆的义务,而没有为收集信息作准备的义务。但是,鉴定人具有为收集信息作准备的义务。

4. 诱导虚假陈述罪

诱导虚假陈述罪,包括诱导他人进行虚假宣誓,以及诱导他人进行虚假的代替宣誓保证或者虚假的非宣誓陈述(法定刑轻于前一种情形),并且处罚未遂犯。诱导虚假陈述罪,被认为是虚假宣誓罪与未宣誓的虚假陈述罪的间接正犯。亦即,进行陈述的实行行为者被作为善意的工具加以利用的情形。只有当行为不能适用德国刑法总则关于教唆犯的处罚规定和其第 159 条的教唆虚假陈述的规定时,才能适用其第 160 条关于诱导虚假陈述罪的规定。

5. 减免事由

德国刑法第 157 条第 1 款规定,证人或者鉴定人犯虚假宣誓罪或者未宣誓的虚假陈述罪时,为了避免亲属或者自己受处罚或者被科处剥夺自由的矫正与保安处分的危险,而作虚假陈述的,法院酌情减轻刑罚;在未宣誓的虚假陈述的情形,完全免除刑罚。同条第 2 款规定,没有达到宣誓年龄的人作未宣誓的虚假陈述的,法院酌情减轻刑罚或者完全免除刑罚。

6. 虚假陈述的更正

德国刑法第 158 条规定,适时(rechtzeitig)更正虚假陈述的,法院得酌情减轻因实施虚假宣誓、未宣誓的虚假陈述等罪的刑罚或者免除刑罚。如果行为人的更正不能在判决时被援用，或者已经对他人造成不利，或者行为人已经被告发或者已经开始侦查的，则不属于“适时”。

7. 参与形态

未宣誓的虚假陈述罪、虚假宣誓罪属于亲手犯，要求行为人自己进行虚假陈述与宣誓。此外的人不能构成共同正犯与间接正犯，只能成立教唆犯或者帮助犯。为了避免处罚的漏洞，德国刑法第160条规定了诱导虚假陈述罪。

七、诬告罪

诬告罪，一般是指意图使他人受刑事或者其他处分，而向有关机关或有关公务员作虚假告发的行为。

（一）诬告罪的保护法益

关于诬告罪的保护法益，理论上有不同的观点。[9] 第一种观点认为，诬告罪的保护法益首先是国家法益，其次才是个人法益。这里的国家法益，是指以国家的审判作用为前提的、国家的侦查权以及其他处分的调查权的正确行使；个人法益，是指个人私生活的安定，因为被诬告人作为嫌疑人被有关机关调查，就使其私生活的安定受到了侵害。根据这一观点，即使诬告行为得到了被诬告人的同意（承诺诬告），也不妨害本罪的成立，因为这种行为仍然侵害了国家法益，但在量刑时可以考虑从轻处罚。第二种观点认为，诬告罪的保护法益只是国家法益——国家的刑事司法作用及处分作用，因此，得到了被诬告人同意的诬告行为，也成立诬告罪，而且量刑时没有必要考虑从轻处罚。第三种观点认为，诬告罪的保护法益首先是个人法益，其次才是国家法益。据此，自己诬告自己犯罪（自己诬告），或者得承诺诬告，都不成立诬告罪。

关于诬告罪的保护法益的争议，主要涉及承诺诬告、自己诬告是否构成犯罪的问题。如果重视国家法益，则自己诬告、得承诺诬告都构成诬告罪，如果重视个人法益，则这种行为不构成诬告罪。[10] 下面分别介绍日本的诬告罪与德国的诬告罪。

（二）日本的诬告罪

日本刑法第172条规定：“以使他人受刑事或者惩戒处分为目的，作虚伪的告诉、告发或者其他申告的，处三个月以上十年以下惩役。”

1. 客观要素

诬告罪的行为表现为虚伪的告诉、告发或者其他申告。告诉、告发，是指犯罪的被害人或者其他人申告犯罪事实，并要求处罚犯罪人的意思表示；其他申告，是指请求予以刑事处分、申请予以惩戒处分以及申告与此相关事实（以下一并简称为告发）。虚伪，没有争议地被理解为违反客观事实，如果所告发的内容与客观事实相符合，就不能认为侵害了国家的审判作用，因而不能以犯罪论处。至于所告发的内容是全部虚伪，还是部分虚伪，并不影响本罪的成立。

行为人所告发的内容，必须是刑事处分或者其他处分的原因，即因为有告发的事实，才能使被诬告人受到刑事或者其他处分。如果行为人所告发的事实虽然违反真实性，但只是对案情有些夸张，不影响犯罪是否成立时，则只是不实的告发，还不构成诬告罪。告

---

〔9〕 德国刑法、日本刑法都将诬告罪规定为独立的一章，而没有归入其他章节中。

〔10〕 意大利刑法在诬告罪之外，另规定了自我诬告罪。

发的事实也不要求十分具体,就抽象的事实进行告发,也不影响诬告行为的成立,但是必须足以引起司法机关的侦查、调查等活动。

行为人必须向侦查机关、惩戒权者以及可以促使惩戒权的发现的机关告发。告发必须是自发的,如果是在公务机关或公务员进行调查、侦查时作虚伪的陈述,则不成立诬告罪。自发告发的方式没有限制,是口头的还是书面的、是署名的还是匿名的、是以自己名义还是以他人名义,都不影响犯罪的成立。

被诬告的他人必须是实在人,而不能是虚无人,因为虚无人不可能受到刑事或其他处分,在这种情况下,就不能表明行为人有诬告的目的;而且诬告虚无人,并没有侵害国家的刑事司法作用。只要是实在人,其是否具有责任能力,是否具备受刑事或其他处分的身份,是自然人还是法人,都在所不问。

如前所述,诬告行为得到被诬告者同意的,也成立诬告陷害罪。因为诬告罪首先保护的是作为国家审查作用前提的侦查权、调查权。既然诬告行为侵害了国家法益,就应以本罪论处。从实质上看,被诬告者现实地存在时,就容易作为侦查的开端而受到重视。但是,以替代真正的犯罪人受处罚为目的,诬告自己犯罪的,则不能以诬告罪论处。这种行为虽然也侵害了国家法益,但是,刑法条文中的诬告是指诬告他人犯罪,因而不包括诬告自己犯罪。诬告虚无人的行为也侵害了国家法益,但刑法条文规定诬告行为必须"以使他人受刑事或惩戒处分为目的",虚无人不可能受到刑罚或者惩戒处分,故这种诬告行为也不成立诬告罪。

虚伪的告发到达一定的官署时即为既遂,通过邮局投递诬告状时,也是以到达官署为既遂。但是,所谓"到达",只要求处于有关公务员可能阅览的状态,至于是否接收、事实上是否阅览、是否着手进行调查、或是否提起了公诉等,都不影响既遂的成立。

2. 主观要素

首先,诬告罪只能由故意构成,行为人认识到所告发的事实是虚伪事实却故意告发。这里的认识是否包括未必的认识还有不同看法。一种看法认为,对虚伪事实的认识只要是未必的认识即可。因为故意包括未必的故意,诬告罪是故意犯,当然没有理由排除未必的故意;再者,具有未必的认识时,行为人就认识到了可能使他人受到刑事处分或其他处分,因而具有违法性。另一种看法认为,对虚伪事实的认识只能是确定的认识。因为所有的告发人,通常只是认识到存在某种违法事实的可能性,从另一方面说,告发人都认识到自己告发的内容可能是虚伪的事实。如果认为未必的故意可能构成诬告罪,则现实中的大部分告发行为都可能成为诬告罪,这就不恰当地限制了告诉权、告发权的行使。

其次,诬告罪是目的犯,即"以使他人受刑事或惩戒处分为目的"。一种观点认为,为了限制诬告罪的成立范围,行为人必须希望他人受刑事或惩戒处分(团藤重光、福田平、曾根威彦)。但日本的判例与通说认为,这里的"以……目的",是指只要有使他人受刑事或惩戒处分的认识即可,而且未必的认识即可。还有学者认为,必须客观上存在使他人受刑事或者惩戒处分的可能性(平野龙一)。

根据日本刑法第 173 条的规定,犯诬告罪的人,在裁判决定之前就诬告事实予以坦白的,可以减轻或者免除刑罚。这是基于政策性的考量所作的规定。

(三)德国的诬告罪

德国刑法第 164 条第 1 款规定:"以使他人开始遭受或者继续遭受官方的处理或者其

他措施为目的,尽管确定地认识到不实,但对官厅或者对负责受理告发的公务员或者军队的长官,或者公然地,提出他人有违法行为或者违反职务义务的嫌疑的,处五年以下自由刑或者罚金。”第2款规定:“基于相同的目的,尽管确定地认识到不实,对第一款规定的机关或者公然地,提出足以使官厅对他人开始或者继续进行官方的处理或者其他措施的事实或者其他主张的,亦同。”其中第1款规定的诬告犯罪事实,第2款规定的是诬告秩序违反行为等事实。下面主要围绕第1款的规定作些说明。

第1款规定的嫌疑对象,必须是特定的、具有生命的他人,但不要求行为人提供特定他人的姓名,只要有特定的可能性即可。因此,针对不详者、死者提出的嫌疑,不成立诬告罪;针对自己提出嫌疑的,也不成立诬告罪,但可能成立谎报犯罪罪(第145d条,即向官厅谎报发生了违法事实等)。由于诬告罪的保护法益包含了司法,所以,即使得到了被诬告者的同意,也成立诬告罪。

提出嫌疑的行为(诬告行为),需要通过事实的主张或者证据的提示而实施,既包括提出新的嫌疑,也包括强化已有的嫌疑。

嫌疑的内容是违法行为或者违反职务义务的行为。这里的违法行为,是指符合构成要件的行为。如果提出的有嫌疑的事实明显不可能受到刑事制裁,官方没有因此开展活动的,则不属于提出嫌疑的行为。例如,所提出的事实经过了追诉时效的,或者被诬告人不满14岁的,不属于提出嫌疑。

行为人提出的嫌疑必须是虚假的,对嫌疑的虚假性采取客观的判断,但如何判断则存在争议。例如,身为店铺监视员的被告人虽然通报说“F调换了钱”,但他确信F实施了盗窃行为,却没有看到F的实际行动。判例认为,在本案中,只有在客观上没有实施犯罪行为的场合,才能认定虚假性(犯罪嫌疑说)。根据这一立场,只要不是明显地无根据就不成立诬告罪。但不少学者认为,应当以行为人作为嫌疑根据的事实是否具有客观的真实性作为判断基准(事实主张说)。根据这一立场,即使对真犯人的嫌疑,只要提出嫌疑的根据是虚假的,也成立诬告罪。

根据判例的立场,对事实的夸张,如果不变更事实关系的法律性质,就不符合诬告罪的构成要件。但是,如果夸张的结果,导致适用了加重的构成要件,或者增加了被评价为一个犯罪的事实(如原本只能评价为一罪,但夸张的结果导致可以评价为两个罪),则产生了本质上的性质变更,因而具有虚假性。

行为人对事实的虚假性必须有确定的故意,但对其他构成要件要素则可以是未必的故意。此外,行为人还必须具有使被诬告人遭受官司的处理或者其他措施的目的。但这一目的不必是最终的目的与动机。其中的“措施”包括矫正与保安处分、追缴、没收等措施。

第三节　滥用职权罪

一、滥用职权罪概说

滥用职权罪,是以公务员滥用职权或者在履行职务时实施违法行为为内容的犯罪,是渎职罪的一种。渎职罪是与公务员的职务有关的犯罪,其保护法益是国家作用的公正性,以及公民对公务的公正性的信赖。具体地说,渎职罪是国家机关内部成员的腐败行为与侵害国家作用的行为。这种犯罪大致分为滥用职权罪与贿赂罪,但是二者的性质又明显不同。滥用职权罪存在直接的被害人,而贿赂罪并不存在直接的被害人,故前者仅用国家法益不能说明,后者则可以仅用国家法益来说明。

一般认为,滥用职权罪的保护法益包括两个方面的内容:一是公务的适正执行(公正性)以及国民对公务适正执行的信赖这一国家法益;二是滥用职权行为的对方的个人法益(自由与权利)。因此,即使存在被害人的承诺,也能成立滥用职权罪。滥用职权罪的国家法益的内容,首先是公务的客观的公正性,这一点没有异议;其次是公务的外观的公正性;再次是对公务员侵害人权的防止;最后是国民对公务的公正性的信赖感。

日本的滥用职权罪大致可以分为普通公务员滥用职权罪与特别公务员滥用职权罪。现行德国刑法没有规定普通公务员滥用职权罪,例如,德国刑法第 339 条规定了枉法裁处罪,第 340 条规定了职务上伤害罪,第 343 条规定了刑讯逼供罪,第 344 条规定了追诉无责任者罪,第 345 条规定了对无责任者执行刑罚、处分罪,第 353 条规定了超收费用罪,第 353 条规定了超收税款罪,这些都属于滥用职权的犯罪。法国刑法规定了针对公共事项的滥用职权罪与针对个人的滥用职权罪。

二、日本的滥用职权罪

(一)滥用职权罪

滥用职权罪,是指公务员滥用职权,使他人实施无义务实施的事项(侵害自由),或者妨害他人行使权利(妨害权利)的行为。与此相应,本罪的保护法益是职务的适正执行与个人的利益。根据通说,只有当行为同时侵害了两个法益,才成立滥用职权罪。

滥用职权,一般是指在形式上属于一般的职务权限的事项,但行为人假借行使职权,实施实质的、具体的违法行为或不正当行为。即表面上是行使职权的行为,实际上是违法的或不正当的行为。

关于"职权"的含义,有两种理解:限定说认为,滥用职权中的职权,并不是泛指一般的职务权限,而是指足以使行使职权的相对方产生法律上、事实上的负担或者不利益的特别的职务权限。无限定说则认为,侵害自由、妨害权利不需要由来于特别的职务权限,只要公务员将不法行为作为职务行为实施,其结果侵害了个人的自由、权利,就属于滥用职权。换言之,只要公务员基于一般的职务权限实施的行为侵害了自由、妨害了权利,就属于滥用职权;或者说,必须是属于一般的职务权限的行为产生了侵害自由、妨害权利的结果。根据日本最高裁判所的判例,一般的职务权限无须明文的根据规定,只要通过综合性地、实质性地考察法律制度,能认定具有该权限即可。例如,法官对监狱长假装以正当目的从事调查行为,获得监狱长的许可,调阅和拍摄当时的日本共产党委员长宫本显治的身份台账。日本最高裁判所认定为滥用职权罪。

所谓"滥用",是指公务员就属于一般的职务权限的事项,假借行使职权,实施实质的、具体的违法或不正当行为。主要有两种类型:(1)假装职务型,即将个人行为假装为职务行为而实施。例如,法官为了与自己所承办的刑事案件的女被告人进行私人交际,夜间将其从家中叫出,在咖啡厅谈论赔偿问题,构成滥用职权罪。(2)职务遂行型,即不符合职务行为的要件却仍然实施。例如,本为他人合法所有的土地,不属于公务机关占有保管,但公务员却在该土地上插上"由公务机关占有保管"的虚伪标记,妨害了他人行使土地所有权。

问题是,滥用职权的行为,是否仅限于具有足以让相对方认识到是行使职权的外观,且左右了相对方的意志的行为?所涉及的具体问题是,在相对方未注意时,或者秘密实施的行为(如窃听行为),能否构成滥用职权罪?(1)以压制意志说为根据的否定说认为,滥用职权罪具有保护个人法益的侧面,其构成要件与强制罪的构成要件相同,必须强制相对方实施一定的作为、不作为,故职权的行使,以作用于相对方的意志为必要。因此,对方没有意识到的窃听行为,没有对相对方的意志产生作用,故不成立滥用职权罪。(2)以外观必要说为根据的否定说认为,成立本罪虽然不要求压制相对方的意志,但如果职权行使不能被任何人认识到,就不能成立本罪。反过来说,只有具有行使权利的外观,才成立滥用职权罪。据此,公务员的非法窃听行为不成立滥用职权罪。(3)肯定说认为,只要非法实施了对国民造成不利后果的侵害国民自由、权利的职权行为,就构成滥用职权罪。至于是否具有行使职权的外观、是否属于左右相对方意志而对其施加影响的行为,并不影响滥用职权罪的成立。据此,公务员的非法窃听行为成立滥用职权罪(多数说)。

行为人滥用职权的结果,是使他人实施了没有义务实施的事项,或者妨害了他人行使权利。其中的权利,包括隐私等事实上的利益。发生这种结果时,就构成本罪的既遂,这二者之间必须具有因果关系。〔11〕

从表面上看,滥用职权罪似乎是强制罪的特别法条,但是,日本刑法理论的通说与判例认为,一个行为同时触犯滥用职权罪与强制罪的,属于想象竞合。一方面,强制罪的法定刑(3 年以下惩役)高于滥用职权的法定刑(2 年以下惩役或者监禁),如果认为滥用职权罪是特别法条,就会导致处罚的不均衡。另一方面,滥用职权罪的保护法益不仅包括个人法益而且包括国家法益,所以,公务员滥用职权以暴力、胁迫方式使他人实施无义务实施的事项,或者妨害他人行使权利的,当然同时成立滥用职权罪与强制罪。因此,"公务员使用暴力、胁迫手段实施滥用职权的行为时,成立本罪与强制罪的想象竞合"。〔12〕

(二)特殊公务员滥用职权罪

特殊公务员滥用职权罪,是指执行或者辅助执行审判、检察、警察职务的人员,滥用职权,逮捕或监禁他人的行为。本罪是身份犯,主体必须是执行或者辅助执行审判、检察、警察职务的人员,这些人员的职务性质,导致容易侵犯人权,所以刑法进行特别规定。实际上,本罪是非法剥夺自由罪的加重情况,因而可以说是一种不真正身份犯。本罪的行为表现为滥用职权,逮捕或者监禁他人。

(三)特别公务员暴行、凌辱、虐待罪

日本刑法第 195 条规定的特别公务员暴行、凌辱、虐待等罪,是指执行或者辅助执行审判、检察、警察职务的人员,在执行其职务之际,对被告人、犯罪嫌疑人或者其他人实施暴行、凌辱、虐待的行为。这是一种特殊的滥用职权罪。其中的暴行、凌辱、虐待包括使被害人产生肉体、精神痛苦的一切行为,其中当然包括强制猥亵、强制性交等。在此意义上说,特别公务员暴行、凌辱、虐待罪与强制猥亵罪、强制性交等罪是特别关系(前者为特别

---

〔11〕 日本刑法不处罚滥用职权的未遂,因此,公务员滥用职权让他人实施没有义务实施的行为,但对方并未同意的,或者滥用职权安置了窃听设备,但未能窃听到内容的,不成立滥用职权罪。

〔12〕 [日]山中敬一:《刑法各论》,成文堂 2009 年第 2 版,第 766 页。

法条)。但是,由于特别公务员暴行、凌辱、虐待罪的法定刑低于强制猥亵罪、强制性交等罪的法定刑,而且适用其中任何一个法条都不可能充分评价行为的不法内容,所以,日本刑法理论的通说与判例认为,特别公务员在执行其职务之际实施强制猥亵、强制性交等行为的,属于想象竞合,而不是法条竞合。

三、德国的滥用职权罪

(一)旧刑法中的滥用职权罪

1871 年德国旧刑法规定了各种各样的职务犯罪,刑法理论将职务犯罪分为真正(纯粹)的职务犯罪与不真正的职务犯罪。前者是指只有公务员才能构成的犯罪,如滥用职权罪、刑讯逼供罪等;后者将公务员身份作为加重事由的犯罪,也称为混合的职务犯罪,如职务上伤害罪、职务上剥夺自由罪、职务上侵入住宅罪等。第二次世界大战后,有学者将职务犯罪分为侵害法益的职务犯罪与违反固有义务的职务犯罪。

德国旧刑法第 339 条规定,“公务员滥用职权或者以滥用一定的职权相胁迫,违法强制他人作为、容忍或者不作为的”,构成滥用职权罪(也可译为职务上的强制罪)。但这一规定在 1943 年被纳粹删除。

根据帝国法院时代的判例,职权以行使对他人产生不利的权限为内容,但判例没有明确判断标准。在纳粹时代,关于职权的含义,刑法理论上存在以下不同见解:(1)具有在特定条件下进行强制处分资格的公务员的权限的总体。根据这种观点,并不是所有的公务员都能成为滥用职权罪的主体,只有警察这样的公务员才能成为滥用职权罪的主体。(2)使对他人的不利益产生效力的权限。帝国法院的判例大体上采取了这种观点,但这种观点导致滥用职权罪的处罚范围过窄。(3)对他人进行有利或者不利活动的权限。这一观点被认为缺乏明确性。(4)具有公权力的所有公务员的权限。(5)所有的委托给公务员的任务的总体。据此,公务员的任务就是职权,因而可能导致职权的范围过宽。

关于滥用的含义,德国旧刑法时代的判例有不同的表述。例如,公务员以违法的方式实施职务上的行为;违反有关适用强制处分的法律或者行为规则,着手对不符合处分要件的人予以处分;公务员在不符合法律上的要件时,利用属于他自身的权限实施行为;尽管欠缺法律上的要件,即超越合法的限度使用职权;如此等等。

强制他人作为、容忍或者不作为可谓滥用职权罪的结果,与普通的强制罪相同,判例与学说都认为没有必要将二者进行不同的理解。但是,强制行为必须是违法的,至于是指滥用职权的行为违法,还是指强制的目的违法,在当时也存在争议。

(二)职务上伤害罪

德国旧刑法与现行刑法均规定了职务上伤害罪。现行德国刑法第 340 条第 1 款规定:“公务中在执行职务时或者在与其职务关联中,犯伤害罪或者使他人犯伤害罪的,处三个月以上五年以下自由刑;情节较轻的,处五年以下自由刑或者罚金”。第 2 款规定处罚本罪的未遂犯,第 3 款规定对第 1 款前段行为适用第 224 条至第 229 条有关伤害罪的各种规定。

本罪被规定在渎职罪中,但本罪侵害了公民的身体,而且伤害罪原本是普通犯罪,所以,一般认为本罪属于不真正的职务犯罪。本罪不仅侵害了个人法益,而且侵害了国家法益(法治国家性),因为公务员在受托从事执行公共职务的过程中所实施的伤害行为,国家负有责任。职务上伤害罪,不仅因为在职务中实施而加重了对个人法益的侵害,而且作为国家不法从内部对国家进行了攻击。因此,与普通伤害罪相比,职务上伤害罪具有质的上升。诚然,职务上伤害罪与普通伤害罪具有共同的不法,即对他人身体的侵害相同,但通过职务中的犯罪行为造成的法益侵害与对国家的法治国家性的侵害之间,具有机能的关联性,这使职务上伤害罪形成了具有新价值的法律构造。在此意义上说,职务上伤害罪是独立的犯罪。但是,也有学者否认真正的职务犯罪与不真正的职务犯罪的区别,认为与其说职务上伤害罪是普通伤害罪的加重类型,还不如说是特别类型。

职务上伤害罪要求主体必须是公务员,而且伤害行为必须与职务有关联性。一种观点认为,所谓关联性,是指职务行为与伤害之间具有内在的(心理的)关联性。另一种观点则认为,只要职务行为与伤害之间具有外形上的关联性即可。例一:警察A在餐馆进行私人活动时,用自己私人的枪支故意向B射击造成伤害。在本例中,A的伤害行为既不是发生在执行职务时也不是发生在其职务关联中,因而仅成立普通伤害罪。A是警察的事实,充其量只能对普通伤害罪的量刑起有限的作用。例二:警察A在餐馆进行私人活动时,用职务上使用的枪支故意向B射击造成伤害。之所以伤害B,是因为B与A的妻子有持续的不正当关系,A对B怀恨在心。A利用职务上使用的枪支的行为,虽然在武器使用方面违反了义务,但仅此还不能认定伤害行为与职务的关联性,因为A没有执行职务,也不处于与其职务的关联中,故只能认定为普通伤害罪。例三:警察A基于职务上的需要待在餐馆时,纯粹基于私人的理由,利用职务上使用的枪支故意向B射击造成伤害。A的伤害行为与其职务具有关联性,亦即,A在与职务的关联中实施了伤害行为,或者说,A在实施职务行为的机会中实施了伤害行为,因而应认定为职务上伤害罪。例四:警察A在餐馆逮捕B,而且利用职务上使用的枪支故意向B射击造成伤害。A之所以对B实施逮捕与伤害,是因为B与A的妻子有不正当关系,A对B怀恨在心,即纯粹基于私人的理由。A显然是在执行职务(逮捕)中实施伤害行为,没有疑问地成立职务上伤害罪。

(三)枉法裁处罪

德国刑法第339条规定:"法官、其他公务员或者仲裁人,以有利于或者不利于一方为目的,枉法处理或者裁决法律事件的,处一年以上十年以下自由刑。"本罪的主体不限于法官,而是包括处理法律事件的其他公务员与仲裁人。本罪的重要构成要件要素是"枉法",也可以理解为滥用法律。关于"枉法"的含义,德国刑法理论存在不同学说。

客观说认为,当裁判或者处理在客观上超越了法律裁量的范围时,便可以认定为枉法。这是德国刑法理论的通说。但客观说也受到了批评:如果法官、公务员或者仲裁人的处理、裁决在客观上明显与法律相违背,采取客观说是没有疑问的。但是,并不是每个不公正的处理与裁决都是在客观上违反法律的。例如,德国刑事诉讼法第261条规定了自由心证原则,亦即,"对证据调查的结果,由法官根据他在审判过程中建立起来的自由内心确信而决定"。法官所作出的判决虽然并不明显与法律相违背,但如果违反其内心确信的,也应当认定为枉法。根据客观说,却不能认定为枉法。

主观说认为,是否枉法取决于法官、公务员和仲裁人在适用法律时是否有意识地违背自己的法律确信(juristische Überzeugung),在得出肯定回答的情况下,即使裁判、处理结果在客观上符合法律规定,也属于枉法。主观说的主张者较少。因为法秩序是客观的,而不是因人而异的,对枉法的认定也应当根据客观的标准来进行。如果采用主观说,就使认定枉法的标准不是法律或者带普遍意义的公正,而是行为人的主观信念,这便难言妥当。

义务侵害说认为,枉法的本质在于法官、公务员或者仲裁人侵害了其所履行的职责,或者说违背了其职责义务。义务侵害说与客观说的区别在于,在法律规范存在多重含义的情况下,如果法官、公务员或者仲裁人出于与案件事实无关的考虑而作出裁判的,即使在客观上不违背法律裁量范围,根据义务侵害说也属于枉法,但根据客观说则不属于枉法。不难看出,义务侵害说的认定范围宽于客观说。

例如,法官甲驳回了 A 要求其房客 B 搬离住房的请求,该判决在论据上不够充分,但是从法律上来说仍然可以认为是一种属于法律裁量权范围内的少数说的观点,甲对自己裁判的公正性确定不疑。无论根据哪一种学说,甲的行为都不构成犯罪。假若在上例中,甲原本认为少数说并不可取,但是他厌恶 A 并且认为关于住房租赁的法律忽视了弱者的利益,因而仍然采用少数说而驳回了 A 的请求,那么,根据客观说会否认甲的行为成立枉法裁处罪,根据主观说和义务侵害说则会肯定甲的行为成立枉法裁处罪,因为该判决虽然从法律的角度是可以接受的,但甲是基于与案件事实无关的考虑而作出的,同时也违背了其"内心确信"。

四、法国的滥用职权罪

针对个人的滥用职权罪,法国刑法作出了如下规定:第 432 -4 条第 1 款规定:"行使公权力的人或者担当公务的人,在履行职务或者执行任务时,或者在履行职务或者执行任务的机会中,恣意地命令或者实施侵害个人自由的行为的,处七年监禁,并处十万欧元罚金。"第 2 款规定:"侵害个人自由的行为达到七天以上的拘禁或者扣留的,处三十年徒刑,并处四十五万欧元罚金。"第 432 -5 条规定的构成要件是,行使公权力的人或者担当公务的人,在履行职务或者执行任务时,或者在履行职务或者执行任务的机会中,明知发生了非法剥夺自由的事实,在有权终止该事实时故意不予终止,以及在无权终止该事实时故意不提请主管机关进行干预。第 432 -6 条规定的构成要件是,监狱管理人员违法接收或者关押他人,或者无故延续关押时间。第 432 -8 条规定的行为是,行使公权力的人或者担当公务的人,在履行职务或者执行任务时,或者在履行职务或者执行任务的机会中,非法侵入住宅。第 432 -9 条规定的行为是,行使公权力的人或者担当公务的人,在履行职务或者执行任务时,或者在履行职务或者执行任务的机会中,非法侵害公民通信秘密。第 432 -10 条规定的行为是,行使公权力的人或者担当公务的人,以各种税款的名义,违法加收或减免税款。

当初的草案原本表述为"行使公权力的人,在履行职务时……",但后来在审议时修改为现在的规定。之所以要更为严厉地处罚滥用职权罪,是因为行使公权力的人或者担当公务的人的行为不仅对侵害他人的权利负有责任,而且蔑视职务上的义务。根据法国的判例,行使公权力的人或者担当公务的人,并不具有逮捕或者监禁他人的权限,但为了超越权限而错误地利用其资格的,也属于执行任务的机会中滥用职权。

第四节 贿赂罪

一、贿赂罪概说

(一)贿赂罪的保护法益

贿赂罪可分为受贿罪与行贿罪。德国有学者认为,贿赂罪的核心在于公务员将自己的职务行为作为图谋不法利益的工具,而与相对人(行贿一方)之间达成的不法协议(Wessels)。即公务员实施或者许诺实施特定的公务行为或不实施特定的公务行为,而相对人交付或者许诺交付某种利益作为相对代价,从而形成不法约定。

关于贿赂罪的立法形式,一直有两种立场:起源于罗马法的立场是,贿赂罪的保护法益是职务行为的不可收买性;起源于日耳曼法的立场是,贿赂罪的保护法益是职务行为的纯洁性(或公正性)。根据前一立场,不管公务员所实施的职务行为是否正当合法,只要要求、约定或收受不正当的报酬,就构成贿赂罪。根据后一种立场,只有当公务员实施违法或不正当的职务行为,从而要求、约定或收受不正当的报酬时,才构成贿赂罪。从现在的刑事立法来看,一般是将二者结合起来考虑,即以职务行为的不可收买性为基础,同时考虑职务行为的纯洁性。具体地说,凡是规定了单纯受贿罪与加重受贿罪的刑法,都是这种立场。因为单纯受贿罪并不要求行为人实施了职务上的不正当行为,即使没有侵害职务行为的公正性,但如果侵害了职务行为的不可收买性,也构成犯罪;如果行为人实施了职务上的不正当行为,则构成加重受贿罪,因为该行为同时侵害了职务行为的不可收买性与公正性,故加重处罚。德国、意大利、瑞士、日本等国刑法都是如此。

贿赂罪的保护法益,德日刑法理论上存在很大争议。

信赖保护说在德国与日本具有不同的内容。德国的信赖保护说认为,贿赂罪的保护法益,是公众对国家机能担当者的纯粹性、不可收买性以及国家行为的客观性的依赖;只要呈现使职务被收受这样的外观,这种信赖就被动摇。日本的信赖保护说认为,贿赂罪的保护法益是职务行为的公正性以及国民对职务行为的公正性的信赖(大谷实、西田典之、前田雅英等)。[13] 也有学者认为,贿赂罪的保护法益是职务的不可收买性与职务行为的公正性,以及社会对职务行为公正性的信赖。日本裁判所也一致认为受贿罪的法益是国民对国家作用公正性的信赖。如日本大审院1931年8月6日的判决指出:"法律之所以处罚受贿罪,不仅在于保持公务员执行职务的公正性,而且在于确保社会对职务公正性的信赖。"[14]日本最高裁判所1959年12月9日的判决指出:"有必要保持公务的威信与公正,对此不必多言。假如国民丧失了对执行职务的信赖,也是不行的。……如果公务员的职务伴随着金钱或其他利益的贿赂,显然侵害了该职务的威信与公正,丧失了对执行职务的信赖。"[15]日本的信赖保护说的基本理由是,职务行为的公正性本身无疑是值得保护

〔13〕 德国也有一些学者采取这个意义上的信赖保护说(如Krey)。

〔14〕 日本《大审院刑事判例集》第10卷,第412页。

〔15〕 日本《最高裁判所刑事判例集》第13卷第12号,第3186页。

的。不仅如此,如果国民认为公务员的职务行为都是为贿赂所左右的,就会导致国民的失望与不安,导致对政府的不信任、对国家政权的不信任。而且,对正当的职务行为、过去的职务行为的贿赂,也使国民对职务行为的公正性产生怀疑。所以,国民对职务行为的公正性的信赖作为保护法益,也能说明对正当的职务行为、过去的职务行为的贿赂的可罚性根据。

信赖保护说受到的批判是,“社会的信赖”的实体不明确,不能发挥法益概念的机能。首先,如果说这种信赖是现实的社会心理事实,那么,直接侵害、威胁这种信赖的是媒体对贿赂案件的报道以及对处理贿赂案件的侦查、司法活动的报道,秘密实施的贿赂行为只不过是侵害或者威胁这种信赖的间接原因;而且,只要行为人认为不会被发觉,就缺乏对法益侵害或者危险的认识与容认态度。按照信赖保护说,采取笨拙的、容易被发现的方式行贿受贿的,其违法程度高,而采取巧妙的、难以被发现的方式行贿受贿的,其违法程度更轻,这显然不符合事实。不仅如此,犯贿赂罪后自首的反而应当成为加重处罚事由。此外,采取信赖保护说,意味着处罚使国民产生疑惑的行为,贿赂罪的各个要件就必须由国民可以看得见的“外观”来决定,但这与贿赂罪的构成要件不协调。其次,如果说这种信赖是国民对公务员不要渎职(贿赂)的期待,那么,这只是禁止贿赂的规范得到遵守的状态本身,而不是通过禁止所要保护的法益。而且,对职务行为的公正性的信赖,只是保护职务行为公正性的反射效果,不能成为独立的法益。此外,信赖保护说也不能说明所有的贿赂犯罪(松原芳博)。

纯粹性说(纯洁性说、公正性说)认为,贿赂罪的保护法益是职务行为的公正性(或不可侵犯性)(Binding、泉二新熊、町野朔、曾根威彦、山口厚、松原芳博等)。因为在民主国家,公务员是全体国民的服务者,其职务行为的纯洁性、公正性具有特别重要的意义,值得刑法保护。但是,对职务行为的信赖并不是贿赂罪的独立法益,而是许多对国家法益犯罪的共同法益;国民对职务行为的信赖,是通过保护职务行为的公正性所产生的一种反射性效果;对职务行为的“信赖”也是极为抽象的概念,将其作为法益会导致处罚范围不明确。不过,纯粹性说存在致命的缺陷:根据此说,公务员就过去的职务行为收受报酬的,以及就正当合法的职务行为收受报酬的,不成立受贿罪,但这一逻辑结论有悖刑法的规定。特别是,各国刑法都规定了单纯受贿罪,公务员是否因为受贿而违反职务上的义务,并不影响单纯受贿罪的成立。但纯粹性说不能解释这一点。

公务员确实客观公正地履行了职务,就不成立受贿罪,这只是纯粹性说的逻辑结论,但持公正说的学者并不认为这种行为不构成犯罪。例如,主张纯粹性说的山口厚指出:“即使职务行为本身是合法的,就该职务行为授受贿赂的依然成立贿赂罪。这是因为,由此产生了‘职务行为被置于贿赂的影响之下的危险’,‘产生了履行职务时不当行使裁量权的危险’。因此,应当在包含履行职务时适当行使裁量权的意义上理解‘职务的公正’。受贿罪就是在这个意义上理解的对‘职务的公正’的危险犯。”〔16〕但是,职务行为被置于贿赂的影响之下,并不意味着当然对职务行为的公正性产生危险。山口所称的危险,只不过是一种拟制的危险(高桥则夫)。此外,根据纯粹性说,“就贿赂实施了收受等行为的公务员,并没有实施与贿赂处于对价关系的职务行为的意思时,应认为不成立受贿罪。这是

---

〔16〕［日］山口厚:《刑法各论》,有斐阁2010年第2版,第612页。

因为,在公务员不存在实施职务行为的意思时,就不存在将职务行为置于贿赂的影响之下的危险,因而也就缺乏肯定受贿罪成立的实质根据。”〔17〕

国家意志篡改说(德国以往的有力说)认为,受贿罪所侵犯的法益是国家意志(Staatswill),即受贿罪使国家意志受到无端阻挠与违法篡改。由于实施受贿罪的公务员与行贿人之间彼此形成不法约定,公务员在收受或者期待收受贿赂的情形下,自然不能依法客观、公平、正确地执行其公务行为,这无异于篡改了国家意志(Eb. Schmidt、Arthur Kaufmann、Henkel、Bockelmann、Baumann)。此说与纯粹性说有相似之处,但就对过去的职务行为的贿赂而言,纯粹性说主张不成立贿赂罪,而国家意志篡改说主张成立贿赂罪。不过,国家意志篡改说存在严重缺陷。根据此说,当公务员故意篡改了国家意志时,就具有可罚性,而且比就将来的“篡改”收受贿赂具有更重的可罚性,没有理由再要求公务员实施收受贿赂等行为。但是,这种结论并不符合德国刑法的规定。〔18〕

不可收买性说(无报酬性说)认为,受贿罪的保护法益是职务行为的无报酬性(Unentgeltlichkeit von Amtshandlungen)、不可收买性(Birkmeyer、平野龙一、木村龟二等)。公务员除了领取固定薪金外,对其所执行的职务行为,不得收受任何报酬,贿赂行为破坏了这种无报酬性。如 Birkmeyer 指出,根据刑法的规定,公务员就过去的职务行为收受报酬是可罚的,就合法的职务行为收受报酬也是可罚的,因此,贿赂罪的保护法益,与其说是职务行为的纯粹性、职务上的义务的不可侵犯性,不如说是职务行为的无偿性、不可收买性。从比较法的角度来看,大多数法律都将侵害职务行为的不可收买性作为贿赂罪的本质。平野龙一指出:“国家的作用即公务,必须得到公平地执行。公务大多通过裁量来执行的,但这种裁量不能只是为了某个人的利益。如果为了某个人的利益而进行裁量,此外的人在不能得到利益这个意义上便受到了损害。在公务员作为其裁量行为的对价而收受利益,进行这种不公平的裁量时,所导致的危险就特别大。因此,规定贿赂罪就是为了禁止将公务作为利益的对价来执行。说贿赂罪的保护法益是公务的不可收买性,正是这个意思。此外,不正当执行公务时,成为加重刑罚或者扩张处罚范围的理由,但这是次要的。处罚贿赂罪的基本理由,在于上述不可收买性。”〔19〕不过,此说没有明确说明“为什么对公务提供利益本身是违法的”,也难以说明斡旋受贿罪的处罚根据。

折中说认为,贿赂罪的保护法益是职务行为的不可收买性以及职务行为的公正性(团藤重光、大塚仁)。一方面,刑法规定了单纯受贿罪,不管职务行为是否公正,只要收受贿赂就构成受贿罪,这说明贿赂罪的法益是职务行为的不可收买性。另一方面,刑法规定了因违背职务义务的加重收受罪,即如果实施了不公正的职务行为,则加重处罚,这说明刑法在以职务行为的不可收买性为基础的同时,考虑了职务行为的公正性。此说受到的批判是,对职务行为的公正性的保护,可以作为职务行为的不可收买性的反射效果得到保障,故没有必要强调职务行为的公正性。

廉洁性说认为,受贿罪的法益是公务员应当清廉的义务,即受贿罪侵害了公务员应当清廉的义务(小野清一郎)。但由于这种观点导致不要求受贿行为与职务之间具有关联,

〔17〕［日］山口厚:《刑法各论》,有斐阁2010年第2版,第612页。

〔18〕德国以往的有力说是国家意志篡改说,现在的通说则是信赖保护说。两说之间特别争论的是加重受贿罪的成立范围问题。

〔19〕［日］平野龙一:《刑法概说》,东京大学出版会1977年版,第294～295页。

而且“清廉”的含义过于宽泛,故几乎没有得到学者的赞同。

之所以产生不同的学说,而且争论相当激烈,是因为关于贿赂罪的保护法益的观点,必须说明对过去的职务行为的不正当报酬构成贿赂罪、对公正的职务行为的不正当报酬也构成贿赂罪,以及斡旋受贿的行为构成犯罪。另外,学者们对职务行为的公正性、国民对职务行为的公正性的信赖、职务行为的不可收买性等表述,也有不同的理解。

(二)贿赂罪的种类

贿赂罪主要可以分为受贿罪与行贿罪。有的学者认为,行贿与受贿实际上是一个罪,属于必要共犯关系。但多数人认为,行贿与受贿都是独立的犯罪,二者并不一定是必要的共犯。因为二者虽有共同点,但受贿罪是以违反义务为内容的,行贿罪是以引起受贿为内容的;而且前者是身份犯,后者不是身份犯;再者,公务员要求贿赂时,没有相对人的行为就能成立犯罪,故不一定是必要的共犯。

受贿罪有较多类型。通常各国刑法都规定了单纯受贿罪与加重受贿罪;有的国家还根据主体的区别规定了不同的受贿罪,例如,奥地利刑法规定了公务员受贿罪、企业主管受贿罪、鉴定人受贿罪与斡旋受贿罪,前两种犯罪中都包括了单纯受贿与加重受贿两种情况。日本刑法原本只在第197条规定了单纯受贿罪与加重受贿罪,在第198条规定了行贿罪,但后来为了适应处罚的需要,逐渐增加了一些犯罪类型:1941年增加了受托受贿罪、事前受贿罪、使请托人向第三者提供贿赂罪与事后受贿罪,1958年又增加了斡旋受贿罪。1980年提高了受贿罪的法定刑。德国刑法规定了受贿罪的基本犯(收受利益罪)与加重犯(受贿罪)。下在分别介绍日本与德国刑法中的贿赂罪。

二、日本的贿赂罪

(一)法条规定

日本刑法第197条第1项规定:“公务员就职务上的事项,收受、要求或者约定贿赂的,处五年以下惩役;实施上述行为时接受请托的,处七年以下惩役。”前段规定的是普通受贿罪,后段规定的是受托受贿罪。同条第2项规定:“将要成为公务员的人,就其将要担任的职务,接受请托,收受、要求或约定贿赂,事后成为公务员的,处五年以下惩役。”这是关于事前受贿罪的规定。

日本刑法第197条之二规定了使请托人向第三者提供贿赂罪:“公务员就其职务上的事项,接受请托,使请托人向第三者提供贿赂,或者要求、约定向第三者提供贿赂的,处五年以下惩役。”

日本刑法第197条之三分别规定:“公务员犯前两条之罪,因而实施不正当行为,或者不实施适当行为的,处一年以上有期惩役。”“公务员就其职务上曾实施不正当行为或者不实施适当行为,收受、要求或者约定贿赂,或者使他人向第三者提供贿赂,或者要求、约定向第三者提供贿赂的,与前项同。”“曾任公务员的人,就其在职时接受请托在职务上曾实施不正当行为,或者不实施适当行为,收受、要求或者约定贿赂的,处五年以下惩役。”前两项规定的是加重受贿罪,第三项规定的是事后受贿罪。

日本刑法第197条之四规定了斡旋受贿罪:“公务员接受请托,使其他公务员在其职务上实施不正当行为,或者不实施适当行为,作为其进行或者已经进行斡旋的报酬而收受、要求或者约定贿赂的,处五年以下惩役。”

日本刑法第198条规定了行贿罪:“提供第一百九十七条至第一百九十七条之四规定

的贿赂,或者就此进行申请或者约定的,处三年以下惩役或者二百五十万元以下罚金。”

(二)共同要素

1. 职务行为的含义

贿赂罪因公务员的职务行为与贿赂之间具有对价关系而成立,在此意义上说,贿赂罪的核心要件是职务行为与贿赂的对价关系(职务关联性)。如果能够肯定这种对价关系,则意味着将职务行为置于贿赂的影响之下,从而对职务的公正性产生危险。所以,如何确定与贿赂具有对价关系的职务行为的范围,成为重要问题。

首先,所谓职务,是指公务员基于其地位应当作为公务处理的一切事务,其范围虽然大多由法令规定,但由于法令不可能完全列举公务员的事务,故公务员为了完成其任务而立于公务员的立场所实施的行为,也属于职务。换言之,职务并不限于法令直接规定的事务。职务不仅包含自身正当的职务,而且包含了不正当的职务。例如,公务员违反保守秘密的规定,向他人泄露秘密以收受贿赂的,成立加重受贿罪。[20] 职务行为不仅包括作为,而且包括不作为。例如,侦查人员故意中止侦查以收受贿赂的,构成加重受贿罪。

其次,职务行为包括以下三种情形:

第一,具体的职务权限。公务员就自己所担任的具体职务构成受贿罪,不存在疑问。具体职务范围虽然原则上取决于法令,但由于法令规定不可能穷尽,所以,只要根据合理解释能认定属于公务员权限内的职务即可。或者说,只要是与公务员的地位相应而作为公务处理的一切事项,就属于具体职务。例如,校长同意将学校使用的教材全部委托给某书商,进而收受书商提供的利益的,构成受贿罪。

第二,一般职务权限。根据判例与通说,受贿罪中的职务不限于具体的职务,只要属于该公务员的抽象的、一般的职务权限范围的事务即可(一般的职务权限论)。换言之,内部的事务分工对于职务行为的判断并不重要;只要是该公务员所属组织所管理的事务,就属于贿赂罪中的职务行为。例如,税务机关的职员受自己分管区域之外的纳税人的请求,希望在所得税调查之时给予适当减免,并收受贿赂的,判例认定为受贿罪。但是,如果甲市税务机关的职员受乙市的纳税人的请求,进而收受财物的,则不会适用一般的职务权限论(是否成立斡旋受贿则是另一回事)。所以,即使采取一般的职务权限论,也需要根据公务员的地位、改变分管事项的可能性、事务处理的具体情况等,能够认定公务员实际上具有左右公务的可能性(平野龙一、町野朔、山口厚)。

第三,与职务密切关联的行为。根据日本的判例与学说,除了公务员的本来的职务行为外,与职务有密切关联的行为也是职务行为。与职务有密切关联的行为,主要有以下类型:其一,准职务行为(基于与本来的职务相关联的行为),即从规定职权的法令当然类推出来的职务行为,而且具有类比本来的职务行为的公务的性质。其二,事实上所掌管的职务行为,亦即,基于习惯上或者事实上的地位而形成的职务行为。或者说,是由公务员的本来的职务行为派生出来的行为。如本来的职务行为的前阶段的、准备性的行为。认定这种行为属于职务行为没有疑问。其三,利用自己的职务的影响力所实施的行为。例如,对与自己具有同一权限的公务员做工作,对与自己具有不同权限的公务员做工作,对非公

---

〔20〕 当然,违法的行为在何种意义上可以称为职务行为,是存在问题的。但大体可以肯定的是,如果除去违法行为中的违法要素,该行为属于公务员的职务范围内的行为,则该违法行为属于职务行为。

务员的行政指导性工作,对非公务员的斡旋行为。不过,对于其中的哪些情形不应认定为职务行为,还存在争议。例如,国立大学的音乐教师在主考时,接受应考学生的利益。主考行为是其本来的职务行为。国立大学的音乐教师让学生购买钢琴的行为,则是与职务行为有密切关联的行为。但是,该教师劝学生购买电冰箱的行为,则与职务行为没有关系。再如,国会议员就某种事项对其他议员进行劝说的行为,也是与职务有密切关联的行为。

最后,职务行为不仅包括现在的职务行为,而且包括过去的职务行为与将来的职务行为。可以肯定的是,公务员就现在的职务行为构成受贿罪没有疑问。需要说明的是以下几种情形:

第一,已经结束的职务。通说与判例认为,公务员就过去的职务即已经结束的职务实施受贿行为的,也成立受贿罪。但持反对观点的学者认为,现在收受利益不可能左右过去的公务,因而不成立受贿罪(町野朔)。但是,一方面,日本刑法针对过去的非法职务行为以及过去的斡旋行为规定了加重受贿罪,既然如此,对过去的职务行为当然能成立单纯受贿罪。另一方面,如果贿赂与过去的职务行为处于对价关系,人们就会对过去职务的公正性产生疑问,因而同时损害了国民对公务员现在所担任职务的公正性的信赖。

第二,职务的调任。需要讨论的是,公务员调任到一般职务权限不同的其他职位之后再收受贿赂的(也属于已经结束的职务),是否成立受贿罪?例如,被告人从甲市税务机关调任到乙市税务机关之后,就在甲市工作期间的职务行为收受贿赂的,是否成立受贿罪?战前的判例认为,如果公务员与对方在调任之前有约定的,构成(约定)受贿罪(即约定时就成立受贿罪的既遂,而不是因为调任后的收受行为构成受贿罪)。但是,第二次世界大战后的判例发生了变化,亦即,只要在收受贿赂的当时仍然是公务员,就构成受贿罪;现在是否仍然担任与贿赂具有关联性的职务,并非受贿罪的要件。据此,上述被告人的行为成立受贿罪。再如,被告人从建筑部门调任至住宅供给部门后,就以前的职务收受了贿赂。最高裁判所的判例指出,即使公务员调任至一般职务权限并不相同的其他职务后,就其以前的职务提供和接收贿赂的,只要提供和接收贿赂的当时,接收者仍然是公务员,就分别构成行贿罪与受贿罪。[21] 判例的观点得到了不少学者的支持(平野龙一、西田典之、中森喜彦、前田雅英、山口厚、井田良等)。支持判例的理由主要有以下几点:其一,尽管存在一般职务权限的变更,但如果接受贿赂就会有损于社会对其变更前的职务公正性的信赖。其二,从法条表述上看,并没有将过去的职务排除在外。其三,由于事后受贿罪的主体是“曾任公务员的人”,如果不认定为单纯受贿罪,反而不利于处理单纯受贿罪与事后受贿罪的关系。其四,由于事后受贿罪要求受请托实施职务上的不公正行为,因此,如果认定为事后受贿罪,就会导致因一般职务权限的变更不同而产生处罚的不均衡。不过,也有学者批判这种观点,认为这种行为仅成立事后受贿罪,而不成立单纯受贿罪(团藤重光、大塚仁、曾根威彦、町野朔)。

第三,将来的职务。根据日本的判例与刑法理论的通说,即使是公务员将来可能担任的职务,也属于贿赂罪中的职务,但要求存在将来担任该职务的盖然性,否则,就难以肯定职务行为与贿赂之间的对价关系(西田典之、山口厚)。例如,面临改选的现任市长,就再

---

〔21〕 日本最高裁判所1983年3月25日判例,载日本《最高裁判所刑事判例集》第37卷第2号,第170页。

次当选后的职务接受请托并收受贿赂，判例认定为受托受贿罪（而不是事前受贿罪）。但也有学者以再次当选市长缺乏盖然性为由，主张其行为仅成立事前受贿罪或者单纯受贿罪。

2. 贿赂的含义

一般来说，贿赂是与公务员职务有关的、作为不正当报酬的利益。

（1）对价关系

贿赂必须与职务行为具有关联性，而且是作为职务行为的不正当报酬的利益，即这种利益与职务行为或者准职务行为之间，必须存在对价关系。这种对价关系只要求对一定的职务行为或准职务行为的给付，而不要求与某种具体的职务行为或准职务行为之间有完全相应的对价关系。例如，不法古董商为了使警察将来对自己宽大处理，给警察提供了水果，该水果就属于贿赂。至于宽大处理的内容如何，则不影响贿赂的成立。应注意的是，所谓不正当的报酬，并不要求公务员的职务行为本身是不正当的，而是指公务员不应当收受利益却收受了利益，这种利益就是一种不正当的报酬。

（2）贿赂的内容

可以肯定的是，贿赂必须是一种利益，即必须是能够满足人的欲望或者需要的利益，[22]如果不是利益就不可能成为贿赂。贿赂除了财物、财产性利益之外，还包括其他非物质性利益，如提供地位、提供就职机会、提供艺术表演以及性交等。之所以如此，是因为贿赂罪不是财产犯罪，而是侵犯国家法益的犯罪。不管对贿赂罪的保护法益采取何种观点，都没有必要也不应当将贿赂限定为财物与财产性利益。

（3）贿赂与社交上的礼物

社交上的礼物不是贿赂，这一点没有疑问，但二者的区分并非易事。一种观点认为，只要与公务员的职务行为具有对价关系，就必须认定为贿赂。纯粹的社交礼仪之所以否认贿赂性，是因为其与职务行为没有对价关系（判例的立场）。另一种观点则认为，即使与职务行为存在对价关系，但如果没有超出社交礼仪的范围，也应当否认贿赂性（理论通说）。采取后一种观点时，需要根据公务员的职务内容、该职务与提供利益者的关系、当事人之间的亲疏、利益的种类与多少、收受利益的经过等情况进行判断。有的人利用社交机会或场合，进行行贿、受贿，这就要把握一个关键，即给予或收受利益，与公务员的职务行为或准职务行为有无关联。例如，某甲为了使公务员某乙不履行对自己不利的职务行为，在春节期间送去礼物，某乙明知甲的意图收受了礼物，该礼物就是贿赂。在报酬、礼物与贿赂不可分割时，整体上认定为贿赂。

（三）单纯受贿罪

单纯受贿罪，是指公务员在有关其职务的事项上，要求、约定或收受贿赂的行为。

本罪的主体为公务员，公务员身份必须存在于犯罪行为时。

本罪的行为表现为要求、约定或者收受贿赂的行为。要求，是指作出要求对方提供贿赂的意思表示。只要公务员提出要求，即使相对人没有相应的行为，也成立犯罪，而且既遂。不仅如此，只要意思表示达到了足以使对方认识到的程度，即使对方没有现实地认识

---

〔22〕 这种利益的范围如何，各国刑法规定不一。例如，奥地利刑法规定必须是“财产上的利益”，瑞士刑法规定为“非应得的利益”。

到,也成立受贿既遂。约定,是指行贿人与受贿人就授受贿赂形成合意。只要形成约定,就是犯罪既遂,即使后来解除约定,也不影响犯罪成立。至于是谁先提出约定,也与成立犯罪无关。收受,是指接受贿赂,接受贿赂是在职务行为之前,还是在职务行为之后,都在所不问;当贿赂为有形财产时,行为人取得了贿赂时就是既遂,当贿赂为无形利益时,现实上享受了这种利益时为既遂。

值得研究的是,“要求”贿赂是否包括恐吓(敲诈勒索)行为?换言之,公务员就其职务的有关事项,使用恐吓方法使对方交付财物的行为,是构成受贿罪,还是敲诈勒索罪?交付财物者(被恐吓者)的行为应当如何处理?关于公务员的罪责,理论上有两种观点:一种观点认为,只成立敲诈勒索罪。因为贿赂必须是行贿人任意交付的,但上述情况下的交付者,并不是任意交付,而是被迫交付,故公务员只成立敲诈勒索罪。再者,受贿罪与敲诈勒索罪只能是择一关系,即要么成立受贿罪,要么成立敲诈勒索罪。因此,上述公务员的行为成立敲诈勒索罪,就不再成立受贿罪。另一种观点认为,成立敲诈勒索罪与受贿罪的想象竞合(日本的判例与理论通说)。理由是,交付贿赂并不限于任意交付的情形,因为在并非完全任意地交付贿赂时,只要公务员接受了贿赂,就有害于社会对职务行为公正性的信赖。敲诈勒索罪与受贿罪所侵害的法益并不相同,故不可能是择一关系。而且,只认定为敲诈勒索罪,会造成量刑上的不均衡。因此,上述公务员的行为既成立敲诈勒索罪,也成立受贿罪,但由于只有一个行为,故二者为想象竞合。

公务员在有关职务行为的事项上,使用欺诈方法使对方交付财物的,也产生同样的问题。一种观点认为,由于公务员并无执行职务的意思,所以,仅成立诈骗罪,而不成立受贿罪。但判例与通说认为,这种情形也成立受贿罪与诈骗罪的想象竞合。

关于交付者的罪责,理论上也有争议。一种观点认为,交付者的行为不成立行贿罪。因为行贿罪是非公务员诱惑公务员违反职务的行为,行贿人必须是任意交付贿赂,而上述情况并非如此。另一种观点认为,交付者的行为成立行贿罪。因为行为人在受到恐吓后,是否交付贿赂,仍然具有任意性;在可以不交付贿赂的情况下,却交付了贿赂,便引起公务员违反义务;而且在有些场合,与其说行为人受到了恐吓,倒不如说实际上是利用机会提供贿赂,故应以行贿罪论处。这两种观点还在继续争论。

本罪只能由故意构成,公务员等对行为对象的贿赂性必须有认识,即认识到自己要求、约定或收受的是与自己职务有关的、作为不正当报酬的利益。但是,并不要求行为人认识到行为对象在刑法上是贿赂。如果行为人误认为自己要求、约定、收受的是正当的报酬,则不具有本罪故意。就已经实施或者正在实施的职务行为要求、约定、收受贿赂,只要认识到贿赂性即可。问题是,就将来的职务行为要求、约定、收受贿赂时,是否需要有实施与贿赂具有对价关系的职务行为的意思?主张受贿罪的保护法益为职务行为的公正性的学者,一般持肯定回答。因为如果公务员没有这种意思,就表明职务行为没有置于贿赂的影响之下的危险,缺乏以受贿罪论处的实质根据。

(四)受托受贿罪

受托受贿罪,是指公务员就职务上的事项,接受请托而要求、约定、收受贿赂的行为。受托受贿罪是单纯受贿罪的加重类型。请托,是指请求公务员实施某种职务行为或不实施某种职务行为(包括正当的职务行为与不正当的职务行为)。接受请托,是指公务员承诺了请托,这种承诺既可以是明示的,也可以是暗示的。刑法之所以对这种行为加重法定刑,是因为这种接受请托的受贿行为,使贿赂与职务行为的对价关系更为明确,因而对职务行为的公正性以及国民对职务行为的公正性的信赖的侵害更为严重。

(五)事前受贿罪

事前受贿罪,是指将要充当公务员的人,就其将要担任的职务,接受请托而要求、约定或者收受贿赂,并充当了公务员的犯罪。本罪的主体是将要充当公务员的人。行为表现为在关于其将要担任的职务上,接受请托而要求、约定或收受贿赂。实施了上述行为即构成犯罪,但还有一个处罚条件,即行为人必须后来担任了公务员,否则就不能处罚。[23]

(六)使请托人向第三者提供贿赂罪

使请托人向第三者提供贿赂罪,是指公务员就其职务的事项,接受请托而使请托人向第三者提供贿赂,或要求、约定提供的行为。例如,公务员甲为司法考试的阅卷人,应试人员乙请求甲给予及格,甲接受这一请求,但同时让乙给第三者某丙提供财物的,构成使请托人向第三者提供贿赂罪。本罪的主体是公务员,但他们自己不接受贿赂,而是使第三者取得利益。接受请托,是指对他人关于职务上的事项的请求给予承诺。使请托人向第三者提供贿赂、或者要求、约定提供贿赂,是本罪的实行行为。但是,给第三者提供的贿赂,必须与公务员的职务行为有对价关系。这里的第三者,是指公务员以外的人,包括自然人、法人以及没有法人资格的团体,也包括本罪的教唆犯与帮助犯。第三者是否认识到目的物为贿赂,不影响本罪的成立。

(七)加重受贿罪

加重受贿罪,是前四种犯罪的加重类型,即公务员犯前四种受贿罪,而从事不正当行为或不从事应当从事的行为,或者对现在或将来违反职务义务的行为要求、约定或收受贿赂的行为。刑法之所以对这种行为加重处罚,是因为这种行为已经侵害了职务行为的纯洁性或公正性。加重受贿罪有两种情况:其一,受贿后为请托人实施了不正当行为,或者没有实施应当实施的行为。前者如税务官员收受他人财物后,为他人办理不合法的减税手续;后者如警察收受财物后,不逮捕现行犯。在上述情况下,行为人的受贿行为与违反职务的行为必须具有因果关系,即因为受贿才实施违反职务的行为。其二,公务员对现在或将来违反职务的行为要求、约定或收受贿赂的行为。即行为人以违反职务义务作为条件来要求、约定或收受贿赂。

(八)事后受贿罪

事后受贿罪,是指曾任公务员的人,于其在职时接受请托,关于职务上曾从事不正当的行为或不从事应当从事的行为,要求、约定或收受贿赂的行为。例如,甲曾是公务员,于在职期间,曾接受乙的请托,实施违反职务的行为,甲退职后要求、约定或收受乙的贿赂,就构成事后受贿罪。本罪的主体是曾任公务员的人。要求、约定、收受贿赂的行为,必须发生在退职之后,如果于在职期间实施上述行为,则构成通常的受贿罪(单纯受贿罪或加重受贿罪)。如果行为人于在职期间要求或约定贿赂,退职后才接受贿赂的,则由通常的受贿罪吸收事后受贿罪,而不成立数罪。

---

〔23〕 不过,事后"充当了公务员"这一要素,是客观处罚条件,还是构成要件要素,在理论上还存在争议。处罚条件说是通说。

(九)斡旋受贿罪

斡旋受贿罪,是指公务员接受请托,使其他公务员在其职务上从事不正当的行为或不从事应当从事的行为,作为其进行或已进行斡旋的报酬而要求、约定或收受贿赂的行为。

本罪的主体是公务员,但即使是公务员,如果不是基于其地位,而是以私人关系使其他公务员违反职务的,也不构成本罪。问题是,公务员基于什么样的立场实施斡旋行为时,才成立本罪?其一,无限制说认为,凡是公务员对其他公务员从事斡旋行为的,都成立本罪(立法当局者的见解)。理由是,法条并没有限定为“利用公务员的地位”等表述。但是,斡旋受贿罪并不是取得任何报酬的犯罪,其中的贿赂是对斡旋行为的报酬,如果斡旋行为与公务员的地位没有关系,就不能当做一种受贿犯罪来处理。所以,无限制说不当扩大了本罪的处罚范围。其二,限定说认为,只有当公务员积极地利用其地位实施斡旋行为时,才能认定为本罪(小野清一郎)。理由是,本罪的保护法益不仅包括公务的公正性,而且包括公务员的廉洁性,所以,只有当行为人利用了公务员的地位实施斡旋行为时,才同时侵害了这两种法益。但是,法条并没有要求积极地利用公务员的地位,这一观点导致斡旋受贿罪的处罚范围过窄。其三,折中说认为,只要公务员以公务员的立场实施斡旋行为就成立本罪(判例与通说)。理由是,本罪的主体被限定为公务员,而不包括私人;即使是公务员但如果完全离开了公务员的立场,就相当于私人行为。另外,法条没有要求积极地利用公务员的立场。所以,只要以公务员的地位实施斡旋行为即可。

那么,什么样的场合属于以公务员的立场实施斡旋行为呢?主要有以下情形:其一,公务员利用其职务权限的背景所具有的事实上的势力,以及与特定的职务、地位相伴随的威信、声望,对其他公务员实施斡旋行为(有威信的情形)。国会议员等对行政官员的斡旋就属于这一类。其二,斡旋的公务员与被斡旋的公务员在相同官厅工作,虽然业务上没有关联性,但平时存在相互请托的关系,进而利用这种关系实施斡旋行为(有面子的情形)。在这种场合,行为人利用了基于作为公务员的经历的交友关系与连带意识。与此相对,纯粹利用私人之间的友情关系、学校的师兄(姐)师弟(妹)关系、亲属关系从事斡旋行为的,不属于以公务员的立场实施斡旋行为。

本罪的行为表现为接受请托,使其他公务员在其职务上从事不正当的行为或不从事应从事的行为,作为其进行或已进行斡旋的报酬而要求、约定或收受贿赂。例如,某建筑公司负责人,请托某议员向公平交易委员会委员长做工作,让后者不就该建筑公司违反反垄断法的行为进行刑事告发,议员接受请托并收受了报酬。尽管议员的斡旋被拒绝,但最高裁判所仍然认定其行为构成斡旋受贿既遂。再如,甲市税务机关的公务员向乙市税务机关的公务员斡旋,让后者直接受理存在非法记录的税务报表,进而收受贿赂的,成立斡旋受贿罪。斡旋受贿罪中的贿赂,是对公务员“进行斡旋或者已经进行斡旋”的报酬,所以,先斡旋然后要求、约定、收受贿赂的(斡旋先行型),或者先约定、收受贿赂然后再斡旋的(贿赂先行型),都成立斡旋受贿罪。但是,只要公务员就斡旋接受请托并收受贿赂的,就成立斡旋受贿的既遂,因为这种行为至少有侵害职务行为公正性的抽象危险。因此,公务员接受请托并收受贿赂,但没有从事斡旋活动的(要求有从事斡旋的意思),或者从事了斡旋活动但被拒绝的,或者斡旋行为成功的,都属于斡旋受贿既遂。特别需要注意的是,本罪的斡旋行为不同于前述与职务有密切关系的行为。如果能够肯定斡旋行为具有职务关联性,则不成立斡旋受贿,而是成立前述单纯受贿罪、受托受贿罪或者加重受贿罪。[24] 与加重受贿罪不同的是,斡旋受贿罪不需要现实地实施了不正当的职务行为。

(十)行贿罪

行贿罪,是指对公务员等人现在或将来的职务行为(包括违反职务的行为)请求(提出申请、许诺)、约定或交付贿赂的行为。

行贿罪的主体没有限制。行为表现为对公务员现在或将来的职务行为请求(许诺)、约定或交付贿赂。请求,即请求、促使公务员接受贿赂,只要口头提出即构成本罪,不要求使贿赂处于对方可能接受的状态,但是必须达到使对方可能认识到是贿赂的状态。至于对方实际上是否认识到行为人要提供贿赂,则不影响犯罪。约定,是就贿赂事项在行贿受贿双方之间达成协议,哪一方先提出约定,不影响本罪的成立。达成约定时,行贿方构成行贿罪既遂,受贿方构成受贿罪既遂,二者为必要的共犯。交付,是指将贿赂交给对方使之接受,只有当对方接受贿赂时,才是交付;如果对方没有接受,则只能认为是请求。行为人之所以请求、约定或交付贿赂,是期望对方实施某种职务行为或者违反职务的行为。

即使行贿人的行为相当于受贿的教唆(如请求对方接受贿赂)、帮助(如约定、交付贿赂),但只在行贿罪的限度内成立犯罪,而不成立受贿罪的共犯。同样,受贿人实施了要求贿赂的行为的、行贿人实施了请求给予贿赂的行为的,即使对方拒绝因而不成立犯罪,也分别独立构成受贿罪的既遂与行贿罪的既遂。

(十一)没收与追征

日本刑法第197条之五规定:"犯罪人或者知情的第三者收受的贿赂,应当没收。贿赂的全部或者一部分无法没收时,追征其价款。"

没收、追征的相对方是受贿的犯罪人或者知情的第三者。犯罪人不仅包括共同正犯,而且包括教唆犯与帮助犯。知情的第三者,是指犯罪人之外的知道是贿赂的人。第三者是法人或者具有法人格的社团时,要求其代表者或者责任者知情。通说认为,这里的第三者,仅限于使请托人向第三者提供贿赂罪中的第三者。但也学者认为,除此之外,还应包括恶意转得公务员收受的贿赂的第三者(中森喜彦)。

没收、追征的对象是已经收受的贿赂。行贿人虽然已经提供但还没有被收受的贿赂,不能根据日本刑法第197条之五的规定没收,只能根据日本刑法第19条的规定,作为犯罪组成之物没收(任意没收,而非应当没收)。"收受的贿赂",不仅包括构成受贿罪的不正当利益,而且包括公务员在职时所要求、约定的,退职后所收受的不正当利益。

按照判例的观点,受贿人将贿赂目的物退还给行贿人的,不是向受贿人追征其价款,而是向行贿人实施没收。在这种场合,由于贿赂回到了授受前的状态,所以,不应向受贿人追征其价款,故学界一般支持判例的观点。但是,向行贿人实施没收,不是为了避免受贿人保持不正当利益,而是为了防止被退还的目的物再次用于贿赂,所以,应当适用日本刑法第197条之五的没收。如果受贿人消费了贿赂目的物后退还给行贿人等同价值款物的,则向受贿人追征其价款。此外,礼物与贿赂相混同不能区分时,整体认定为贿赂,全部

[24] 在此意义上说,斡旋受贿罪中的贿赂与前述各种受贿罪中的贿赂并不相同。亦即,前述各种贿赂都是职务行为的对价,而斡旋受贿罪中的贿赂只是基于公务员的地位的斡旋行为的对价,并不是职务行为的对价。换言之,斡旋行为不是职务行为,否则,就成立受托受贿罪、斡旋受贿罪。

予以没收。在共同受贿的场合,按分配的价款分别没收、追征;如果具体分配金额不明的,则按平均金额分别没收、追征。

只有当收受的贿赂目的物是有体物,而且现存于收受者之处时,才能没收该目的物。就金钱而言,只要维持了特定性也属于没收的对象。但是,金钱与其他金钱混同时,或者金钱存入银行时,则成为追征的对象。在作为职务行为的对价将金钱借给公务员使用时,由于贿赂不是金钱本身,而是金融利益,所以,不能根据日本刑法第 197 条之五没收公务员所借的金钱,而应适用其第 19 条有关任意没收的规定。在贿赂属于某种权利时,不能没收权利本身,但如果权利化体为股票、支票等有价证券,则根据其第 197 条之五的规定没收该有价证券。

如果贿赂的全部或者一部分无法没收时,则追征其价款。日本刑法总则规定的追征,仅限于当初可能没收但事后不能没收的情形(事后不能没收)。与此相对,其第 197 条之五的追征,不仅包括事后不能没收的情形,而且包括贿赂目的物不是有体物因而一开始就不能没收的情形(原始不能没收)。因为贿赂包括有形、无形等所有能够满足人的需要的利益,为了不使受贿人保持不正当利益,在原始不能没收时也必须追征。因事后不能没收而进行的追征,具有没收的换刑处分的性质,而因原始不能没收所进行的追征,则具有没收利益的性质。

属于事后不能没收的情形主要是,金钱的消费或者混同,物品的转让或者灭失等。属于原始不能没收的情形主要是,受到接待、债务免除等。男女间的性交这样的不能用金钱换算的贿赂,以及金融利益这样的难以算定追征价款的贿赂,不能成为追征的对象。当贿赂内容是取得高尔夫会员权时,会员权是无形的债权上的法律关系,虽然不能没收,但应当追征其价款。公务员收受的是有公开价格但没有公开发行的股票时,贿赂的内容不是股票,而是以公开价格取得股票的利益,应当追征其价款(如果没收股票,则适用总则第 19 条关于没收的规定)。

关于追征价款的计算时点,存在收受时说、不能没收时说与裁判时说。判例与通说采取收受时说,即按收受时贿赂目的物的价款予以追征。因为公务员在收受贿赂时所取得的是与当时的价款相当的利益,公务员在收受了贿赂时其行为就终了,其后目的物款的变动是与收受行为无关的其他原因造成的。收受时说存在的问题是,如果收受目的物后价格上涨,公务员高价出卖了目的物的,会导致受贿人保持不正当利益;如果收受目的物后价格急跌,会对受贿人造成残酷的结果。于是,有的学者主张按命令追征的裁判时(口头辩论终结时)的价款(裁判时说)或者不能没收时的价款(不能没收时说)予以追征。可是,持反对意见的学者指出,在裁判时,目的物已被消费或者处分因而并不存在,此时要计算其价款相当困难。不能没收时说虽然可以处理目的物为有体物的情形(如按出卖价格追征),但当目的物是无形物时,则难以计算价款,而且容易导致有体物的追征与无体物的追征不协调。所以,判例与通说采取收受时说。

也有学者针对不同的贿赂目的物提出了不同追征标准。亦即,如果公务员所收受的有形或者无形的贿赂保持了特定性、仍然处于行为人占有之下,则按裁判时该利益的价款予以追征(裁判时说);如果是所收受的贿赂被消费这样的情形,由于行为人将该贿赂纳入了自己的一般财产,就应当按所纳入的价款追征(利益保护说)。此外,在没收有体物的场合,如果没收时价值已经减少(如收受了一辆新车,但没收时该车已经成为二手车),

就应当在没收车辆的同时,追征相当于所减少的价值的价款(山口厚)。

三、德国的贿赂罪

(一)法条规定

德国刑法第 331 条规定的是收受利益罪。其中第 1 款规定:"公务员、欧洲公务员或者对公务负有特别义务的人员,就行使职务,为自己或者第三者要求、约定或者收受利益的,处三年以下自由刑或者罚金。"第 2 款规定:"法官、欧盟法院成员或者仲裁人,将其已经实施或者将要实施的裁判行为作为对价,为自己或者第三者要求、约定或者收受利益的,处五年以下自由刑或者罚金。犯本罪未遂的,亦罚。"可以看出,第 2 款规定的收受利益罪是第 1 款规定的收受利益罪的加重犯。第 1 款中的利益是行使职务的对价,第 2 款中的利益是职务行为(裁判行为)的对价。

德国刑法第 332 条规定的是受贿罪,其中第 1 款规定:"公务员、欧洲公务员或者对公务负有特别义务的人员,将其已经实施的违反职务上义务的行为,或者将要实施的违反职务上义务的行为作为对价,为自己或者第三者要求、约定或者收受利益的,处六个月以上五年以下自由刑或者罚金。情节并不严重的,处三年以下自由刑或者罚金。犯本罪未遂的,亦罚。"第 2 款规定:"法官、欧盟法院成员或者仲裁人,将其已经实施的违反职务上义务的裁判行为,或者将要实施的违反职务上义务的裁判行为作为对价,为自己或者第三者要求、约定或者收受利益的,处一年以上十年以下自由刑或者罚金。情节并不严重的,处六个月以上五年以下自由刑或者罚金。犯本罪未遂的,亦罚。"第 3 款规定:"行为人以将来的行为作为对价,要求、约定或者收受利益时,已经向他人表明了(1)自己在行为时违反义务的,或者(2)只要在自己裁量范围内进行裁量时受该利益的影响的,适用上述第 1 款与第 2 款的规定。"第 1 款中的利益是违反义务行为的对价,第 2 款中的利益是违反义务的裁判行为的对价,第 3 款中的利益是对将来违反义务或者因利益影响裁量的承诺(表示)的对价。

(二)各罪之间的关系

德国刑法第 332 条规定的受贿罪(Bestechlichkeit),只有当处于与利益有对价关系的职务行为违反了义务时,才能成立(相当于日本的加重受贿罪)。在 1997 年 8 月 13 日的德国渎职对策法之前,第 331 条规定的收受利益罪(Vorteilsannahme),虽然不要求违反义务,但要求特定的职务行为与利益之间具有对价关系。经过 1997 年的修改,现在只要利益与行使职务具有对价性即可,而不要求具有特定性的职务行使。第 331 条规定的是基本构成要件,第 332 条规定的是加重构成要件。

第 331 条第 2 款对法官基于职务行为收受利益的行为,加重了法定刑。但是,由于法官也是公务员,所以,对法官也可能适用第 331 条第 1 款。亦即,对法官在裁判行为(职务行为)之外就行使职务而要求、约定、收受利益的,仍然适用第 331 条第 1 款。

收受利益罪、受贿罪与提供利益罪、行贿罪是对应(表里)关系。所不同的只是行为主体,行为样态则是对向、表里关系。剩下的构成要件要素,如利益、行使职务或者违反义务的职务行为、对价关系等都相同。所以,对收受利益罪、受贿罪的讨论,同时也是对提供利益罪、行贿罪的讨论。第 333 条规定的是基本构成要件,第 334 条规定的是加重构成要件。

与多数国家刑法规定不同的是,德国的行贿罪与受贿罪的法定刑基本相同。收受利益一方的受贿罪被称为消极的渎职(passive Bestechung),提供利益一方的行贿罪被称为积极的渎职(aktive Bestechung)。

贿赂罪是必要的共犯,但对行贿罪一方不适用受贿罪的共犯规定。对参与其中的第三者根据其属于哪一阵营来判断:如果属于收受方阵营,就适用德国刑法第28条的规定,认定为收受利益罪或者受贿罪的教唆犯或者帮助犯;反之,则认定为提供利益罪、行贿罪的共犯。如果第三者处于中立的地位,则对双方均成立共犯,但由于如果认定为收受利益罪、受贿罪的共犯,就会根据德国刑法第28条减轻处罚,所以,按照不减轻处罚的提供利益罪、行贿罪的共犯处理就可以了。

(三)成立条件

1. 利益

作为贿赂的利益,包括物质的与非物质的所有利益。换言之,公务员或第三者不享有请求权的,可以客观地测量的,在经济上、法律上、个人状况上有利的一切现象,都是利益。例如,除了金钱之外,旅行费用的支付、酒店费用的支付、住宿的提供、延期或者暂缓履行到期的债务等,都是利益。避免解雇、避免披露有损于职业机会的秘密等损失,也是利益。

性交以及其他性服务的提供也是利益,但是,性交的机会本身,以及在道路上的拥抱、接吻不是利益。至于名誉心的满足是否属于利益,在理论上还有争议。

即使在收受与合同规定的给付相应的报酬时,签订合同本身也是利益。例如,约定让公务员进行程序设计作为副业而支付报酬的,签订这样的合同本身就是利益。在签订住宅建设合同时打折减价的场合,即使原来的价格比较贵,整体上看实际上在经济方面没有获利的,打折减价的约定本身也属于利益。因为"公众的信赖"这种法益受到了侵害,由于贿赂罪不是财产犯,所以不需要行贿方存在财产损失。

利益不需要受贿人直接得到,换言之,间接的利益也可以。但是,由于1997年修改法条时,明文规定向第三者交付利益的也成立犯罪,所以,现在已经没有必要扩张解释间接的利益。例如,公务员要求他人向自己所属的体育团体或者政党等捐款的,成立收受利益罪或者受贿罪。

需要说明的是,如果公务员基于违反职务义务的行为直接获得利益的,则不成立收受利益罪与受贿罪。因为收受利益罪与受贿罪,必须是收受他人提供的利益。但是,如果公务员向国家机关等虚报申报后使企业得到了金钱,企业将因为虚报申报而获得的金钱分配给公务员的,公务员成立受贿罪。

2. 行为

收受利益罪、受贿罪的构成要件行为是要求、约定与收受利益。要求,是指通过明示或默示的方式,使对方认识到公务员等意欲对行使职务或者职务行为获得利益。约定,是指就使得公务员等将来对行使职务或者职务行为获得利益的意向的请求,以明示或者默示的方式表示接受。收受,是指现实地自己受领所要求的、约定的或者对方提供的利益,或者使利益提供给第三者。与此相应,提供利益罪、行贿罪的构成要件行为则是请求(提出申请)、约定与提供(交付)利益的行为。

3. 违法的约定(对价关系)

违法的约定这一构成要件要素,是渎职罪的本质。亦即,利益必须作为公务员等行使职务或者职务行为的对价,流入公务员或者第三者。简言之,利益与行使职务、职务行为之间必须形成对价关系(违法的约定)。[25] 对此,需要区分收受利益罪与受贿罪进行说明。

(1)收受利益罪

在1997年修改之前,成立收受利益罪要求利益与特定的职务行为之间具有对价关系。特定的职务行为,并不需要根据时间、理由、实施方法等使职务行为被个别、具体地决定,只要公务员等在特定的任务内或者生活关系领域内朝一定的方向活动即可。但是,职务行为的实质的内容至少需要大致确定。

1997年修改后,不具有特定性的行使职务被包括在对价关系的对象之中,因此,只要形成一般的好意(allgemeines Wohlwollen)、博取好感,就足以构成违法的约定。例如,向担当货物供应的公务员提供与订货没有关系的利益,创造氛围的,提供与特定的反对给付没有关系的利益,建立关系,为以后的反对给付奠定基础的,都属于违法的约定。再如,为了对拘留所责任人员的亲切表示好意,被拘留的人提出送给其蒜肠和酒的,也能被认定为对行使职务的违法约定(但在1997年修改之前不能认定为违法约定)。概言之,只要是在有关公务员的事项中,为了博取好感、投其所好或者制造影响而提供与接受利益的,就与行使职务具有对价关系,形成了违法的约定。

所谓行使职务,是指公务员等能通过该行为而担负起在公务上所托付的任务,包括现在、过去、将来的行使职务。亦即,只要利益与现在、过去、将来的行使职务具有对价关系,就成立第331条第1款规定的收受利益罪。其中的职务不需要具体的职务行为,只要在其公务任务领域中具有抽象权限即可。因此,只要利益与非特定的公务行为相关联,就形成违法的约定。不要求利益与具体的职务行为相关联,旨在将通过利益进行"攀扯关系"或者"感情投资"之类的行为予以规制。

就职务行为而言,在1997年以后,只要特定的职务行为是对价关系的对象,就存在违法的约定,这一点与1997年之前没有变化。法官与仲裁人为主体的收受利益罪(第331条第2款,加重规定),被限定为特定的职务行为。但法官属于公务员,其实施第331条第1款规定的犯罪时,则只需要与行使职务形成违法约定即可。

所谓职务行为,是指具有公共任务的活动,属于职务义务行为且由公务员以职务特性实施的行为,均属于职务行为。既包括对外发生作用的职务活动,也包括对内发生作用的活动,既包括作为的职务活动,也包括不作为。只要公务员的活动与其任务之间具有机能关系,就能肯定职务行为。例如,拘留所的值班警察对被讯问完毕押送回来的嫌疑人拍照,然后将照片交给媒体的,探访辖区居民的民警知道辖区居民中有职业赌博的情形,而不作任何处理的,警察局负责采购警用器材的后勤人员,在验收所购买的器材时发现瑕疵,却向警察局隐瞒信息并传达给供应商的,都属于职务行为。

无论是行使职务还是职务行为,都必须具有职务性。属于公务员等的职责,以带有职务特点的形式执行的情形,就具有职务性。从业务分担上说,即使是其他公务员担当的业务也不能否认职务性。例如,负责处理从A至H姓氏人员税务的公务员,在处理H之后的人员的税务时,也具有职务性。

---

〔25〕 行使职务是就德国刑法第331条第1款规定的犯罪而言,职务行为则是就其第331条第2款、第332条第1款、第2款规定的犯罪而言。

在1997年以前,带有职务性的行为必须与私人行为相区别。与公务员等的职责完全没有关系的行为属于私人行为。即使在职务的机会、勤务的时间、勤务的场所实施的,即使是利用职务上获得的知识实施的,只要与职责完全没有关系,也属于私人行为。例如,负责补助工作的机关职员,个人在工作时间就补助法进行讲解的,警察对与职务无关而目击的事故进行虚伪陈述的,建筑局的职员利用基于业务获得知识,制作建筑图提交给建筑局审查的,都被认定为私人行为。他们基于这些行为而收受利益的,不成立收受利益罪与受贿罪。

在1997年修改法律之前,只要判断公务员等为获得对价所实施的副业是否不符合职务行为就够了,但在1997年之后,需要讨论公务员要求、约定、收受的利益是否属于为了创造氛围的行使职务的对价。例如,W公司的M向建设、维护大桥的工程师(被告人)提出,将程序设计作为副业,以其妻的名义支付报酬。判决认为,综合考虑被告人与M具有业务上的关系,以及向上司隐瞒副业等事实,被告人所得到的报酬与其行使职务之间具有对价关系(形成了违法的约定)。

与行使职务之间的对价关系,需要就具体案件进行综合判断,需要考虑的因素主要有:对提供利益的理解有没有其他的旨趣、公务担当者的地位、当事者之间业务上的关联性、提供利益的方法(是公开的还是隐匿的)、利益的种类、价值与数量等。例如,世界杯赛的主要广告主的董事,将世界杯赛的免费入场券寄送给州政府的数名要人。首先,就对代表政府观看世界杯赛这种行使职务而言,入场券不是对价而是手段。在此基础上,综合考虑以下事实否认了免费入场券与行使职务的对价关系:其一,被告人在确定寄送入场券给对方时没有考虑业务上的关联性;其二,在给环境部长G寄送时虽然写上了"对您的协力表示衷心感谢"的字样,但被告人原本不知道G是收到入场券的人,寄送地址上没有隐匿工作单位(提供利益的方法);其三,入场券不能转让,而且政府要人即使没有该入场券也可能观看(利益的内容)。

在构成要件行为是要求(收受利益罪)、请求(提供利益罪)这种形态的场合,是由意思表示形成违法约定的,只要意思表示到达对方即可。此外,即使提供利益是受强制的,也不能否认违法的约定。在这种场合,公务员等成立敲诈勒索罪与收受利益罪的想象竞合。〔26〕

(2)受贿罪

受贿罪要求利益是违反义务的职务行为的对价。从德国刑法第332条、第334条处罚违反义务的职务行为来看,即使是有意图地违反职务上的义务,也不失为具有职务性。根据判例的观点,公务员等不仅在实施职务上义务范围内的行为时具有职务性,而且在实施相关职务规定所禁止的行为时滥用自己的职务的,也具有职务性。例如,将酒精饮料交付给收容于精神病院的人员的,为了虚假申报而伪造文书的,都是违反义务的行为,具有职务性。行为人因此而收受利益的,成立受贿罪。也有学者认为,在担当的公务与相关行为之间,至少必须具有某种机能关系。

违反义务的职务行为也可以是不作为。例如,警察放任违法营业,公务员不向上司告发同事的渎职行为,因而要求、约定、收受利益的,成立受贿罪。

---

〔26〕 在受贿罪的场合,则成立敲诈勒索罪与受贿罪的想象竞合。

根据德国刑法第332条第3款第2项的明文规定,在公务员等具有裁量余地的场合,即使是在裁量范围内,但只要其裁量因为收受利益而受到了影响,就认定具有义务违反性。所谓裁量,是指存在数个适法的行为可以选择的情形;在判断基准具有确定性的场合,不属于裁量。换言之,即使在裁量范围内作出了并不违法的裁量,因此而要求、约定、收受利益的,也并非成立收受利益罪,而是成立处罚较重的受贿罪。

就将来的职务行为而言,即使公务员内心原本没有打算违反义务,但如果对外表示出将要违反义务的,就形成了受贿罪的违法约定,因而成立受贿罪。之所以不考虑这种内心保留,是因为从公务的无瑕疵性与公众的信赖保护目的来看,只要在外观上显示出可以收买违反义务的行为,就应以受贿罪处罚。此外,在1997年之后,即使行为人假装实施了职务行为,进而因此收受利益的,也成立受贿罪。

4. 处罚范围的限定

德国刑法第331条第3款规定,行为人约定或者收受的利益,并非其要求的利益,并且主管机关在其权限范围内事先批准,或者行为人立即提出报告且主管机关批准其收受的,不适用第331条第1款的规定,即不认定为收受利益罪。由此可见,主管机关的事前许可作为违法阻却事由起作用。在不能期待事先得到许可的场合,行为人在表示需要得到许可的同时可以暂定收受利益,在不能作出这种表示时,只要许可在客观上是可能的,而且行为人没有打算延迟报告,也能阻却违法性。与之相应,在上述场合,提供利益的人也不成立提供利益罪。

存在问题的是,获得研究经费形式的外部资金的场合。例如,医疗器械的制造商,根据销售情况,捐款给大学医院用于研究,在大学医院工作负责订货的医生,是否构成收受利益罪。德国的判例指出,对照意思决定的客观性与对不可收买性的信赖这种法益来看,在遵守大学法的规定符合获得外部资金的程序(报告与许可)时,不成立收受利益罪。